最高人民法院
指导性案例裁判规则理解与适用

民事诉讼卷

上册

江必新 何东宁 沈红雨 李延忱 崔晓林 何利 著

中国法制出版社
CHINA LEGAL PUBLISHING HOUSE

图书在版编目（CIP）数据

最高人民法院指导性案例裁判规则理解与适用．民事诉讼卷：上下册／江必新等著．—北京：中国法制出版社，2024.1
　ISBN 978-7-5216-3778-6

　Ⅰ．①最… Ⅱ．①江… Ⅲ．①最高法院-审判-案例-中国②最高法院-民事诉讼-审判-案例-中国 Ⅳ．①D925.05②D925.118.5

中国国家版本馆CIP数据核字（2023）第138634号

策划编辑：李小草　韩璐玮（hanluwei666@163.com）
责任编辑：赵律玮（ayu.0907@163.com）　　　　　　　　封面设计：蒋　怡

最高人民法院指导性案例裁判规则理解与适用．民事诉讼卷：上下册
ZUIGAO RENMIN FAYUAN ZHIDAOXING ANLI CAIPAN GUIZE LIJIE YU SHIYONG. MINSHI SUSONG JUAN：SHANGXIACE

著者／江必新　何东宁等
经销／新华书店
印刷／保定市中画美凯印刷有限公司

开本／730毫米×1030毫米　16开	总印张／52.75　字数／829千
版次／2024年1月第1版	2024年1月第1次印刷

中国法制出版社出版
书号 ISBN 978-7-5216-3778-6　　　　　　　　　　　　（上下册）定价：178.00元

北京市西城区西便门西里甲16号西便门办公区
邮政编码：100053　　　　　　　　　　　　　　　　传真：010-63141600
网址：http：//www.zgfzs.com　　　　　　　　　　编辑部电话：010-63141793
市场营销部电话：010-63141612　　　　　　　　　印务部电话：010-63141606

（如有印装质量问题，请与本社印务部联系。）

作者介绍

江必新 男,1956年9月出生,湖北枝江人。西南政法学院法学学士、中国法制史硕士,北京大学宪法与行政法学博士。现兼任中国法学会副会长,湖南大学教授。1999年被评为"全国十大杰出中青年法学家"、2009年被评为"当代中国法学名家",2015年获中国行政法学"杰出贡献奖"、2016年获第二届"金平法学成就奖"。在《中国社会科学》《求是》《中国法学》《法学研究》等出版物发表论文400余篇。

何东宁 男,湖南慈利人,法律硕士。合著《民法总则与民法通则条文对照及适用提要》《民商审判疑难问题解析与典型案例指导》《新民事诉讼法配套规则适用指引》《新民事诉讼法再审程序疑难问题解答与裁判指导》等30部著作。在《判解研究》等出版物上发表论文20多篇。

沈红雨 女,浙江桐乡人,中国人民大学法学博士。合著《最高人民法院指导性案例裁判规则理解与适用·民事诉讼卷》;参与撰写《中华人民共和国民法典理解与适用》、《最高人民法院新民事诉讼法司法解释理解与适用》、《最高人民法院商事仲裁司法审查年度报告》系列出版物、《中华人民共和国涉外民事关系法律适用法条文理解与适用》、《最高人民法院关于审理外商投资企业纠纷案件若干问题的规定(一)条文理解与适用》、《中国国际商事仲裁年度报告》系列出版物;在《中国应用法学》《人民司法》《法律适用》《涉外商事海事审判指导》等出版物发表论文10余篇。

李延忱 男,辽宁丹东人,法律硕士。合著《最高人民法院指导性案例裁判规则理解与适用·民事诉讼卷》等,在《立案审判指导与参考》等出版物上发表论文近10篇。

崔晓林 女,湖南常德人,法学硕士。合著《最高人民法院指导性案例裁判规则理解与适用·民事诉讼卷》,参与撰写《国家赔偿法律实务操作全书》《最高人民法院关于审理国家赔偿案件确定精神损害赔偿责任适用法律若干问题的解释理解与适用》《人民法院国家赔偿案件文书样式制作依据与应用说明》等,曾在《中国审判案例要览》《人民法院案例选》《法律教学案例精选》《国家赔偿办案指南》等出版物上发表文章10余篇。

何 利 女,博士。合著和参与撰写《法治与和谐的中国路径研究》《法治与和谐的域外路径研究》《最高人民法院指导性案例裁判规则理解与适用·公司卷二》《最高人民法院指导性案例裁判规则理解与适用·民事诉讼卷》《最高人民法院审判监督业务指导》《新民事诉讼法配套规则适用指引（一审及简易程序卷）》《合同法、担保法理论与实务》《减刑、假释制度改革研究》《婚姻家庭继承法案例教程》《监狱行刑制度改革研究》《民商审判疑难问题解析与典型案例指导》等10余部,在国家级期刊和核心期刊上发表论文20余篇,有10余篇论文在全国、四川省论文比赛中获特等奖、二等奖、三等奖。

出版修订说明

2020年5月28日,第十三届全国人民代表大会第三次会议审议通过了《中华人民共和国民法典》(以下简称民法典),自2021年1月1日起施行。民法典是新中国成立以来第一部以法典命名的法律,开创了我国法典编纂立法的先河,具有里程碑意义。民法典系统整合了新中国成立70多年来长期实践形成的民事法律规范,汲取了中华民族5000多年优秀法律文化,借鉴了人类法治文明建设有益成果,是一部体现我国社会主义性质、符合人民利益和愿望、顺应时代发展要求的民法典,是一部体现对生命健康、财产安全、交易便利、生活幸福、人格尊严等各方面权利平等保护的民法典,是一部具有鲜明中国特色、实践特色、时代特色的民法典,被称为"社会生活的百科全书""市场经济的基本法""权利保障的宣言书"。民法典在中国特色社会主义法律体系中具有重要地位,是一部固根本、稳预期、利长远的基础性法律,是新时代我国社会主义法治建设的重大成果,为人类法治文明进步贡献了中国智慧、提供了中国方案,推动"中国之治"进入更高境界。

法律是治国之重器,良法是善治之前提。编纂民法典,就是通过对我国现行的民事法律制度规范进行系统整合、编订纂修,形成一部适应新时代中国特色社会主义发展要求,符合我国国情和实际、体例科学、结构严谨、规范合理、内容完整并协调一致的法典。编纂民法典突出科学"编纂"形式,不是制定全新的民事法律,而是按照系统、协调、统一的原则,对现有民事法律进行全面、系统、有序地科学建构;也不是简单的法律汇编,而是对已经不适应现实情况的规定进行必要的修改完善,对社会经济生活中出现的新情况、新问题作出有针对性的新规定。民法典以我国现行的、制定于不同时期的民法通则、物权法、合同法、担保法、婚姻法、收养法、继承法、侵权责任法和人格权方面的民事法律规范为基础,结合我国经济社会发展对民事法律提出的新需求,进行全面系统的编订纂修,系统全面地规定了自然人、法人、非法人组织在民事活动中享有的各种人身和财产权益,具有系统性、层次性、科学性的特点，集中体现着民法的价值、理念和原则。通过确立民事主体、民事权利、民事法律行为、民事责任等民事总则制度，确立物权、合同、人格权、婚姻家庭、继承、侵权责任等民事分则制度，来调整各类民事关系。形成了包括民法通则为总则编和物权、合同、人格权、婚姻家庭、继承、侵权责任6个分编以及附则在内的民法典，合计7编，共计1260条，超过10万字，是我国法律体系中条文最多、体量最大、编章结构最复杂的一部法律。

（一）总则编。规定民事活动必须遵循的基本原则和一般性规则，统领民法典各分编。共10章、204条，主要内容有：1.规定了民法典的立法目的和依据。其中，将"弘扬社会主义核心价值观"作为一项重要的立法目的，体现坚持依法治国与以德治国相结合的鲜明中国特色。同时，规定了民事权利及其他合法权益受法律保护，确立了平等、自愿、公平、诚信、守法和公序良俗等民法基本原则。还规定了民事主体从事民事活动，应当有利于节约资源、保护生态环境。2.规定了三类民事主体。一是自然人。规定了自然人的民事权利能力和民事行为能力制度、监护制度、宣告失踪和宣告死亡制度等。二是法人。规定了法人的定义、成立原则和条件、住所等一般规定，并对营利法人、非营利法人、特别法人三类法人分别作了具体规定。三是非法人组织。对非法人组织的设立、责任承担、解散、清算等作了规定。3.规定了民事权利制度，包括各种人身权利和财产权利。对知识产权作了概括性规定，以统领各个单行的知识产权法律。同时，对数据、网络虚拟财产的保护作了原则性规定。还规定了民事权利的取得和行使规则等内容。4.规定了民事法律行为制度、代理制度。一是规定民事法律行为的定义、成立、形式和生效时间等。二是对意思表示的生效、方式、撤回和解释等作了规定。三是规定民事法律行为的效力制度。四是规定了代理的适用范围、效力、类型等代理制度的内容。5.规定了民事责任、诉讼时效和期间计算制度。一是规定了民事责任的承担方式，并对不可抗力、正当防卫、紧急避险、自愿实施紧急救助等特殊的民事责任承担问题作了规定。二是规定了诉讼时效的期间及其起算、法律效果，诉讼时效的中止、中断等内容。三是规定了期间的计算单位、起算、结束和顺延等。

（二）物权编。规定调整因物的归属和利用而产生的民事关系。共5个分编、20章、258条，主要内容有：1.第一分编为通则，规定了物权制度基础性规范，包括平等保护等物权基本原则，物权变动的具体规则，以及物权保护制度。2. 第二分编规定了所有权制度，包括所有权人的权利，征收和征用规则，国家、集体和私人的所有权，相邻关系、共有等所有权基本制度。进一步完善了业主的建筑物区分所有权制度：一是明确地方政府有关部门、居民委员会应当对设立业主大会和选举业主委员会给予指导和协助。二是适当降低业主共同决定事项，特别是使用建筑物及其附属设施维修资金的表决门槛，并增加规定紧急情况下使用维修资金的特别程序。三是明确物业服务企业和业主的相关责任和义务，增加规定物业服务企业或者其他管理人应当执行政府依法实施的应急处置措施和其他管理措施，积极配合开展相关工作，业主应当依法予以配合。3. 第三分编规定了用益物权制度，明确了用益物权人的基本权利和义务，以及建设用地使用权、宅基地使用权、地役权等用益物权。进一步完善了以下制度：一是明确住宅建设用地使用权期限届满的，自动续期；续期费用的缴纳或者减免，依照法律、行政法规的规定办理；二是完善农村集体产权相关制度，对土地承包经营权的相关规定作了完善，增加土地经营权的规定，并删除耕地使用权不得抵押的规定，与土地管理法等作了衔接性规定；三是增加规定"居住权"这一新型用益物权，明确居住权原则上无偿设立，居住权人有权按照合同约定或者遗嘱，经登记占有、使用他人的住宅，以满足其稳定的生活居住需要。4. 第四分编对担保物权作了规定，明确了担保物权的含义、适用范围、担保范围等共同规则，以及抵押权、质权和留置权的具体规则。进一步完善了担保物权制度，为优化营商环境提供法治保障：一是扩大担保合同的范围，明确融资租赁、保理、所有权保留等非典型担保合同的担保功能，增加规定担保合同包括抵押合同、质押合同和其他具有担保功能的合同。二是删除有关担保物权具体登记机构的规定。三是简化抵押合同和质押合同的一般条款。四是明确实现担保物权的统一受偿规则。5. 第五分编对占有的调整范围、无权占有情形下的损害赔偿责任、原物及孳息的返还以及占有保护等作了规定。

（三）**合同编**。规定了维护契约、平等交换、公平竞争，促进商品和要素自由流动，完善合同制度。合同编共3个分编、29章、526条。主要内容有：1. 第一分编为通则，规定了合同的订立、效力、履行、保全、转让、终止、违约责任等一般性规则，完善了合同总则制度。一是通过规定非合同之债的法律适用规则、多数人之债的履行规则等完善债法的一般性规则。二是完善了电子合同订立规则，增加了预约合同的具体规定，完善了格式条款制度等合同订立制度。三是完善国家订货合同制度，规定国家根据抢险救灾、疫情防控或者其他需要下达国家订货任务、指令性计划的，有关民事主体之间应当依照有关法律、行政法规规定的权利和义务订立合同。四是针对实践中一方当事人违反义务不办理报批手续影响合同生效的问题，明确了当事人违反报批义务的法律后果，健全合同效力制度。五是完善合同履行制度，落实绿色原则，规定当事人在履行合同过程中应当避免浪费资源、污染环境和破坏生态。同时，在总结司法实践经验的基础上增加规定了情势变更制度。六是完善代位权、撤销权等合同保全制度，进一步强化对债权人的保护，细化了债权转让、债务移转制度，增加了债务清偿抵充规则、完善了合同解除等合同终止制度。七是通过吸收原担保法有关定金规则的规定，完善违约责任制度。2. 第二分编为典型合同。在现行买卖合同、赠与合同、借款合同、租赁合同等15种典型合同的基础上增加了4种新的典型合同：一是保证合同。二是保理合同。三是物业服务合同。四是合伙合同。第二分编还在总结实践经验的基础上，完善了其他典型合同。一是通过完善检验期限的规定和所有权保留规则等完善买卖合同。二是为维护正常的金融秩序，明确规定禁止高利放贷，借款的利率不得违反国家有关规定。三是落实党中央提出的建立租购同权住房制度的要求，保护承租人利益，增加规定房屋承租人的优先承租权。四是针对前些年客运合同领域出现的旅客"霸座"、不配合承运人采取安全运输措施等严重干扰运输秩序和危害运输安全的问题，维护正常的运输秩序，细化了客运合同当事人的权利义务。五是根据经济社会发展需要，修改完善了赠与合同、融资租赁合同、建设工程合同、技术合同等典型合同。3. 第三分编"准合同"分别对无因管理和不当得利的一般性规则作了规定。

（四）**人格权编**。从民事法律规范的角度规定自然人和其他民事主体人格权的内容、边界和保护方式，不涉及公民政治、社会等方面权利。共6章、51条，主要内容有：1. 第一章规定了人格权的一般性规则。一是明确人格权的定义。二是规定民事主体的人格权受法律保护，人格权不得放弃、转让或者继承。三是规定了对死者人格利益的保护。四是明确规定人格权受到侵害后的救济方式。2. 第二章规定了生命权、身体权和健康权的具体内容，并对实践中社会比较关注的有关问题作了有针对性的规定。一是鼓励遗体捐献的善行义举，确立器官捐献的基本规则。二是明确规范从事与人体基因、人体胚胎等有关的医学和科研活动应遵守的规则。三是规定了性骚扰的认定标准，以及机关、企业、学校等单位防止和制止性骚扰的义务。3. 第三章规定了姓名权、名称权的具体内容，并对民事主体尊重保护他人姓名权、名称权的基本义务作了规定。一是对自然人选取姓氏的规则作了规定。二是明确对具有一定社会知名度，被他人使用足以造成公众混淆的笔名、艺名、网名等，参照适用姓名权和名称权保护的有关规定。4. 第四章规定了肖像权的权利内容及许可使用肖像的规则，明确禁止侵害他人的肖像权。一是规定禁止任何组织或者个人利用信息技术手段伪造等方式侵害他人的肖像权，并明确对自然人声音的保护，参照适用肖像权保护的有关规定。二是规定肖像权的合理使用规则。三是对肖像许可使用合同的解释、解除等作了规定。5. 第五章规定了名誉权和荣誉权的内容。一是对行为人实施新闻报道、舆论监督等行为涉及的民事责任承担，以及行为人是否尽到合理核实义务的认定等作了规定。二是规定民事主体有证据证明报刊、网络等媒体报道的内容失实，侵害其名誉权的，有权请求更正或者删除。6. 第六章进一步强化对隐私权和个人信息的保护，并为制定个人信息保护法留下空间。一是规定了隐私的定义，列明禁止侵害他人隐私权的具体行为。二是界定了个人信息的定义，明确了处理个人信息应遵循的原则和条件。三是构建自然人与信息处理者之间的基本权利义务框架，明确处理个人信息不承担责任的特定情形，合理平衡保护个人信息与维护公共利益之间的关系。四是规定国家机关及其工作人员负有保护自然人的隐私和个人信息的义务。

（五）**婚姻家庭编**。规范夫妻关系和家庭关系的基本准则，并增加了新的规定。共5章、79条，主要内容有：1. 第一章重申了婚姻自由、一夫一妻、男女平等等婚姻家庭领域的基本原则和规则，并对相关内容作了进一步完善。一是规定家庭应当树立优良家风，弘扬家庭美德，重视家庭文明建设。二是规定了最有利于被收养人的原则。三是界定了亲属、近亲属、家庭成员的范围。2. 第二章规定了结婚制度，并对有关规定作了完善。一是将受胁迫一方请求撤销婚姻的期间起算点由"自结婚登记之日起"修改为"自胁迫行为终止之日起"。二是不再将"患有医学上认为不应当结婚的疾病"作为禁止结婚的情形，并增加规定一方隐瞒重大疾病的，另一方可以向人民法院请求撤销婚姻。三是增加规定婚姻无效或者被撤销的，无过错方有权请求损害赔偿。3. 第三章规定了夫妻关系、父母子女关系和其他近亲属关系，并完善了有关内容。一是明确了夫妻共同债务的范围。二是规范亲子关系确认和否认之诉。4. 第四章对离婚制度作出了规定，并对相关内容作了进一步完善。一是增加离婚冷静期制度。规定了提交离婚登记申请后三十日的离婚冷静期，在此期间，任何一方可以向登记机关撤回离婚申请。二是规定经人民法院判决不准离婚后，双方又分居满一年，一方再次提起离婚诉讼的，应当准予离婚。三是关于离婚后子女的抚养，将"哺乳期内的子女，以随哺乳的母亲抚养为原则"修改为"不满两周岁的子女，以由母亲直接抚养为原则"。四是将夫妻采用法定共同财产制的，纳入适用离婚经济补偿的范围，以加强对家庭负担较多义务一方权益的保护。五是将"有其他重大过错"规定为离婚损害赔偿的适用情形。5. 第五章对收养关系的成立、收养的效力、收养关系的解除作了规定，并进一步完善了有关制度。一是删除被收养的未成年人仅限于不满十四周岁的限制，修改为符合条件的未成年人均可被收养。二是将收养人须无子女的要求修改为收养人无子女或者只有一名子女。三是在收养人的条件中增加规定"无不利于被收养人健康成长的违法犯罪记录"，并增加规定民政部门应当依法进行收养评估。

（六）**继承编**。规定关于自然人死亡后财富传承的基本制度，以满足人民群众处理遗产的现实需要。共4章、45条，主要内容有：1. 第一章重申了国家保护自然人的继承权，规定了继承的基本制度，并对有关内容作了进一步完善：一是增加规定相互有继承关系的数人在同一事件中死亡，且难以确定死亡时间的继承规则。二是增加规定对继承人的宽恕制度，对继承权法定丧失制度予以完善。2. 第二章规定了法定继承人的顺序和范围，以及遗产分配的基本制度，并完善了代位继承制度，增加规定被继承人的兄弟姐妹先于被继承人死亡的，由被继承人的兄弟姐妹的子女代位继承。3. 第三章规定了遗嘱继承和遗赠制度，并进一步完善了遗嘱继承制度。一是增加了打印、录像等新的遗嘱形式。二是修改了遗嘱效力规则，删除了公证遗嘱效力优先的规定，切实尊重遗嘱人的真实意愿。4. 第四章规定了遗产处理的程序和规则，并进一步完善了有关遗产处理的制度。一是增加遗产管理人制度，明确了遗产管理人的产生方式、职责和权利等内容。二是完善遗赠扶养协议制度，适当扩大扶养人的范围，明确继承人以外的组织或者个人均可以成为扶养人，以满足养老形式多样化需求。三是完善无人继承遗产的归属制度，明确归国家所有的无人继承遗产应当用于公益事业。

（七）侵权责任编。规定民事主体侵害他人权益应当承担的法律后果。共10章、95条，主要内容有：1. 第一章规定了侵权责任的归责原则、多数人侵权的责任承担、侵权责任的减轻或者免除等一般规则，并对相关规定作了进一步完善：一是确立"自甘风险"规则，规定自愿参加具有一定风险的文体活动，因其他参加者的行为受到损害的，受害人不得请求没有故意或者重大过失的其他参加者承担侵权责任。二是规定"自助行为"制度，明确合法权益受到侵害，情况紧迫且不能及时获得国家机关保护，不立即采取措施将使其合法权益受到难以弥补的损害的，受害人可以在保护自己合法权益的必要范围内采取扣留侵权人的财物等合理措施，但是应当立即请求有关国家机关处理；受害人采取的措施不当造成他人损害的，应当承担侵权责任。2. 第二章规定了侵害人身权益和财产权益的赔偿规则、精神损害赔偿规则等；并对有关规定作了进一步完善：一是完善精神损害赔偿制度，规定因故意或者重大过失侵害自然人具有人身意义的特定物造成严重精神损害的，被侵权人有权请求精神损害赔偿。二是增加规定故意侵害他人知识产权，情节严重的，被侵权人有权请求相应的惩罚性赔偿。3. 第三章规定了无民事行为能力人、限制民事行为能力人及其监护人的侵权责任，用人单位的侵权责任，网络侵权责任，以及公共场所的安全保障义务等，并对相关规定作了进一步完善：一是增加规定委托监护的侵权责任。二是完善网络侵权责任制度，细化了网络侵权责任的具体规定，完善了权利人通知规则和网络服务提供者的转通知规则。4. 其他各章分别对产品生产销售、机动车交通事故、医疗、环境污染和生态破坏、高度危险、饲养动物、建筑物和物件等领域的侵权责任规则作出了具体规定，并对有关内容作了进一步完善：一是完善生产者、销售者召回缺陷产品的责任，增加规定，依照相关规定采取召回措施的，生产者、销售者应当负担被侵权人因此支出的必要费用。二是明确交通事故损害赔偿的顺序，即先由机动车强制保险理赔，不足部分由机动车商业保险理赔，仍不足的由侵权人赔偿。三是进一步保障患者的知情同意权，明确医务人员的相关说明义务，加强医疗机构及其医务人员对患者隐私和个人信息的保护。四是增加规定生态环境损害的惩罚性赔偿制度，并明确规定了生态环境损害的修复和赔偿规则。五是加强生物安全管理，完善高度危险责任，明确占有或者使用高致病性危险物造成他人损害的，应当承担侵权责任。六是完善高空抛物坠物治理规则。规定禁止从建筑物中抛掷物品，强调有关机关应当依法及时调查，查清责任人，并规定物业服务企业等建筑物管理人应当采取必要的安全保障措施防止此类行为的发生。

(八) 附则。明确了民法典与婚姻法、继承法、民法通则、收养法、担保法、合同法、物权法、侵权责任法、民法总则的关系。规定在民法典施行之时，同步废止上述民事单行法律；作为与民法通则、婚姻法相关的法律解释，也同步废止。

"徒法不足以自行"。2021年1月1日，新中国成立以来第一部以"法典"命名的法律——民法典已正式实施，这是新时代全面依法治国具有里程碑意义的一件大事。民法典的生命在于实施，民法典的权威也在于实施。为确保统一正确适用民法典，对标民法典立法精神和法律规定，全面清理司法解释及相关规范性文件，最高人民法院对中华人民共和国成立以来至2020年5月28日当时有效的591件司法解释及相关规范性文件、139件指导性案例进行了全面清理。其中，与民法典规定一致，未作修改、继续适用的共计364件；对标民法典，对名称和部分条款进行修改的共计111件；决定废止的共计116件；决定对2件指导性案例不再参照适用。

为便于广大读者和法院工作人员准确理解和适用民法典及其司法解释，我们对"最高人民法院指导性案例裁判规则理解与适用系列"丛书进行了修订。本系列丛书修订主要有以下几个特点：一是注重准确对标法律和司法解释的最新规定。围绕民法典的立法精神和实践成果，对民法典及其司法解释相关内容进行阐释，准确把握民法典和相关司法解释条文的具体内涵和适用要点、难点，确保法律和司法解释得以正确贯彻实施。二是有机融入立法、司法的最新成果。自2020年以来，最高人民法院还制定了与民法典配套的7件新的司法解释，涉及适用民法典的时间效力、担保制度、物权、婚姻家庭、继承、建设工程合同、劳动争议等方面。本系列丛书在修订过程中对所引用的法律和司法解释进行了全面更新，同时也将近年来司法实践中所取得的成果融入其中，以增强本书的精准性、指导性和时效性。三是在更新的同时，注重对原有成果的承继。由于民法典施行之后，婚姻法、继承法、民法通则、收养法、担保法、合同法、物权法、侵权责任法、民法总则等法律以及与民法通则、婚姻法相关的法律解释同步废止。因此，我们在进行修订时，不是简单地将民法典规定的条文和序号进行替换，而是保留民法总则、合同法、物权法、担保法、婚姻法、继承法、民法通则、收养法、侵权责任法等法律和相关司法解释规定的内容，并根据民法典制定的原则、依据以及背景，重点突出民法典对上述法律相关内容修改、补充的比较，重点突出民法典所修改、补充条文涉及内容的理解，重点突出民法典及其相关司法解释修改、补充内容在司法实践中的把握，以便于读者全面地对本丛书所涉及民法典及其司法解释等相关内容的整体理解和把握，增强理论性和实用性。第四，注重引入新的案例。对近年来最高人民法院公布的指导性案例和最高人民法院公报上刊登的案例进行梳理，根据所提炼归纳的裁判规则，组织相关人员撰写，并根据不同分册需求，分别编入系列丛书中，以加强对民法典精神的理解和适用，更加有利于对民法典及其相关司法解释的贯彻执行和落实。

作者
2023 年 12 月

序

　　随着中国特色社会主义法律体系的形成，人民群众对司法的要求和期待也越来越高，对人民法院司法审判的关注空前强烈，这必然要求人民法院正确履行宪法和法律赋予的审判职责，更加注重依法办案，积极完善司法工作机制，全面发挥司法功能，切实让人民群众在每一个司法案件中感受到公平正义，确保中国特色社会主义法律体系得到全面实施。

　　"徒善不足以为政，徒法不足以自行。"法律的生命在于实施，而法律实施的核心在于法律的统一适用。同等情况同等对待不仅是我国法制统一的题中之意，也是法治的重要原则。案例指导制度在统一法律适用标准、指导下级法院审判工作等方面具有重要的作用。我国案例指导制度与西方国家判例法存在着重要区别。英美法系国家赋予"判例"以法源的地位，被称之为判例法，具有创制、借鉴以及遵循判例等一整套法律制度或者法律体系，其根本原则是"遵循先例"。绝大多数大陆法系国家，"判例"不是正式的法律渊源，只是被推定具有约束力或具有事实上的约束力。遵循先例或受先例拘束与指导，不是西方国家所特有的法律现象，而是实现法制统一的一般要求和基本路径。我国的"案例指导制度"在两大法系中均不存在，是我国司法实践特定历史阶段的产物。我国案例指导制度的构建，不仅符合我国的基本政治制度，而且适合我国的司法现状。案例指导制度无论在称谓（案例而非判例）、制度定位、法律依据，还是效力设定、机制构建等方面都与我国的政治语境相适应。指导性案例作为"动态法典"，既将抽象的、一般的静态法典的条文规范通过具体案件的法律适用演变成"活法"；又通过总结提炼法官审判经验、思维方法和价值追求，形成蕴涵着丰富的法律精神和法学理念的"裁判规则"，从而发挥规范类似案件裁判的作用，进而实现法律调整机制的静态与动态的相洽、刚性与柔性的协调、法律体系与社会变迁的相互融合。这是我国司法机关在既有的制度框架下和现行的司法体制基础上所进行的一项体现中国特色并顺应世界两大法系相互融合发展大趋势的法律适用上的机制创新。

当下,随着社会主义法治实践不断深入,社会主义法治理念基本树立,人们对司法公正越来越关心和渴望。心理学关于公平的理论早已证实,公正是社会比较的结果,人们关注的不是其所得到结果的绝对值,而是与他人对比的相对值。"同案同判"的要求缘于"同样的事情同样对待,相似的事情相似对待"的自然法思想,它是人们最直观、最朴素的正义观在司法领域的直接反映。如果"同案不同判",当事人就会觉得自己受到了不公正的待遇,就会怀疑、动摇对司法和法律的信任和信仰。指导性案例既可以为相同或类似案件提供统一的司法标准,约束和规范法官自由裁量权的行使,又可基于案例的公开性、可预测性和可比性,阻断"暗箱操作""违法断案"。因此,案例指导制度具有实现公平正义等多种功能:

第一,具有对法律规范内涵明确化的宣示功能。成文法典抽象性法言法语容易产生多种理解和解释,指导性案例是人民法院将抽象的法律条文适用于具体案件的产物,是将具体案件融于法律条款的智慧结晶。实行指导性案例制度,有利于人们通过案件理解法律,通过法律评价案件,从而架起法律与案件之间的桥梁,使法律规范更加明确化、具体化,为实现法律条文的可操作性提供范例。

第二,具有对制定法漏洞的补充功能。社会发展已经证明,包罗万象、有求必应、尽善尽美的法律只能是人们纯真而完美的梦想。成文法不可能详尽无遗地囊括社会生活的全部现象,其条文式的表述不可避免地在实现法律的普遍性、稳定性和确定性的同时,又在很大程度上牺牲必要的特殊性、适应性和灵活性,存在模糊性、僵化性、时滞性等缺陷,甚至不少领域存在空白或法律漏洞,难以适应实践中出现的新情况、新问题。指导性案例结合具体案例演绎法律条文,在法律许可的范围内,充分发挥司法的能动性、灵活性而有针对性地及时弥补成文法的漏洞,从而确保法网疏而不漏。

第三,具有对法官自由裁量权运用的约束功能。实行指导性案例制度,引导法官认同并借鉴指导性案例中归纳出的法律原则或裁判规则,为法官办案提供明确、具体的指引,有效克服法官的主观臆断和任意擅断,规范法官的自由裁量权,能使相同或相似案件得到基本相同的裁判,更好地维护司法的公平公正,增强司法裁判的权威性。

第四,具有提升案件裁判质量和效率的促进功能。实行指导性案例制度,有利于充分挖掘法官群体的司法智慧和裁判经验，为法官办案提供裁判理念、思维方式、办案思路、解决问题的法律方法和价值衡量等方面的指引。既可以减少法官不必要的重复劳动，节省时间和精力，缩短审判周期，又可以建立起解决同类或相似问题的思维模式，保证裁判的精准度，统一司法适用，提高司法效率。

第五，具有排除不当干扰的防御功能。由于影响司法公正信赖和司法裁判权威的因素很多，实行指导性案例制度，遵循先例进行裁判，以机会公正、待遇公正、尊严公正、结果公正等体现出法律可预期性的要求，以及"同样情况同样对待"的公平原则，在一定程度上可以弥补法律公正在逼近自然公正中遭遇的困窘和无奈；在一定程度上可以杜绝、避免和减少除法官能力、学识和认识等原因之外的徇私枉法现象，从而限制一些企图通过枉法裁判牟取私利的法官的"玩法空间"；在一定程度上可以发挥上级人民法院对下级人民法院的审判监督作用，抵制和排除法院外部的干扰和法院内部的不规范行为，遏制司法腐败，实现司法公正。

第六，具有对社会主体的教育功能。指导性案例的公布，使得司法裁判效力的影响得以延伸，一个个生动的指导性案例无疑是一个个鲜明的标准，既可以让当事人直观、生动、具体地了解指导性案例的裁判思路，更好地预测诉讼风险，采取更加理性的诉讼行为，从而减少司法资源的浪费，也可以增强社会公众近距离接触法律的机会，通过每个鲜活的案例，感受司法的公正与客观，有效地引导社会主体的行为。

第七，具有促进法学研究和推动立法完善的辅助功能。理论必须源于实践，法学作为一门应用学科更应如此。社会变化的必然性是以特殊性、偶然性为基础的，只注重对抽象的法律规范的研究，就难以把握法律运行的多样性和复杂性。研究法律离不开指导性案例，它既是定性研究的重要对象，又为量化分析提供了丰富的素材。作为联结实践与理论、问题与规则的桥梁，指导性案例本身所蕴含的法治信息，所提出的前沿命题，往往成为法学研究创新和理论发展的重要源泉。同时，司法审判活动作为法律发展的重要原动力之一，法律出台的实证基础往往来源于具体的案件，指导性案例涵盖了社会现实中存在的主要热点和难点问题，案例的积累为立法建议和司法解释的制定提供了有针对性和代表性的素材，增强了说服力和可信度，促使法律发展更能契合社会现实需要。

虽然指导性案例具有宣示、补充、约束、促进、防御、教育、辅助等多种功能，但要充分发挥好这些功能，在适用指导性案例时要采取"类比""类推"的方法，"有条件地适用""经过审查后适用"，充分运用归纳推理，使法官依据法律的精神和固有价值进行合理的取舍，使归纳结论符合法律的正义要求并具有可接受性。具体适用指导性案例应当注意以下一些问题：

第一，不能把指导性案例效力绝对化。在我国立法体制下，建立案例指导制度的目的是要建立一个有利于准确适用法律的司法工作机制，为案件的审理提供具体、规范的参照。按照《关于案例指导工作的规定》的要求，最高人民法院发布的指导性案例，各级人民法院在审判类似案件时应当参照，赋予了指导性案例一定的效力，这种参照的效力是一种"事实上的拘束力"，这种拘束力不属于正式的法律渊源，而主要体现为指导性、说服性、参考性。

第二，有必要建立和完善适用指导性案例的识别和引用规则以及保障机制。识别规则就是做好指导性案例裁判规则的总结工作，进一步明确类似案件的判断标准，方便法官尽快寻找到最适合的指导性案例。引用规则与指导性案例的效力有着密切的联系。指导性案例不具有普遍性的约束力，不能被裁判文书直接援引，但并不能排除裁判文书的合理引证。保障机制就是要建立起指导性案例遵循的审级监督和社会监督制度、责任追究制度、培训考核机制以及适用的服务体系。

第三，必须准确把握指导性案例的适用条件。适用条件主要是：现行法律没有明文规定、规定不明确、存在漏洞或冲突，司法实践中主要包括拟裁判的民商事、行政案件没有明确的法律依据，法律存在漏洞或冲突，以及法律虽然有规定，但比较原则，易产生歧义等情形；存在可以比照的指导性案例规则；存在相似的案件事实；等等。

第四，要为正确适用指导性案例确定正当程序。一是案情对比，重点是法定事实要件的比对，选择法定事实案件最相类似的指导性案例；二是情势权衡，主要包括政策权衡、价值权衡、利益权衡和功能权衡，保障案件裁判的形式公正与实质公正、程序公正与实体公正、个案公正与社会公正的统一；三是案例遴选，以主要问题为中心展开，分析案件事实，明确诉争焦点，列出问题要点，搜索最适合的指导性案例；四是规则适用，重点是在法庭审判和法院判决中的适用，既可以作为律师或检察官在法庭辩论时的理由，也可以作为法官阐释裁判的理由，还可以吸收到司法裁判的推理中，以增强裁判的说理性和权威性;五是案例排除适用原则,当指导性案例与拟裁判案件之间存在案件事实差别,以及指导性案例所确定的裁判规则存在与法律原则相冲突,或存在含混、模糊、内在冲突等缺陷时,可以排除指导性案例规则的适用。

指导性案例是法律与实践结合的产物,是司法经验和法律智慧的结晶。它既包含着对立法精神的理解和阐发,又包含着司法经验的探索与积累;既包含了实体性规则,又包含了程序性规范;既包括对法律的文意理解,又包括对法律精神实质的把握;既包括对形式正义的宣示,又包括对实质正义的把握。理论界和实务界对指导性案例应当具有"指导效力"已形成共识。为了更好地提高案例的指导性,增强指导性案例的适用价值,充分发挥其功能,让"纸上的法律"真正变成社会生活中"活的法律",虽然有赖于诸多因素,但其中行之有效的方法之一就是从法学方法论的立场去阐释蕴涵于个案的裁判规则。这正是我们组织编写出版这套"最高人民法院指导性案例裁判规则理解与适用系列"丛书的目的和出发点。丛书中所选案例是以最高人民法院指导性案例、公报案例为主,同时,还精选了部分最高人民法院直接裁判的具有指导性的案例。《最高人民法院公报》是国家最高审判机关公开介绍我国审判工作和司法制度的重要官方文献,是最高人民法院对外公布司法解释、司法文件、裁判文书、典型案件及其他有关司法信息资料的法定刊物。公报案例的最大的特点就是以《最高人民法院公报》为载体,公开、客观地记录和反映具体案件正确适用具体法律的裁判过程,是唯一以最高人民法院官方名义发布的案例,无论案例是哪一级法院审结的案件,但所涉及的法律适用和理解、司法价值取向等都得到了最高人民法院的正式确认,直接体现最高人民法院的司法观点,具有典型性、权威性和指导性。本丛书分民商事、行政、刑事和综合(年卷)四大类,每大类中按不同案件类型编排成卷,如民商事类可分为担保卷、公司卷、合同卷、婚姻家庭卷、房地产卷等。通过对指导性案例、公报案例等进行梳理,然后编定成卷每年定期出版,奉献给大家。

本丛书突破了传统法律案例类图书的"要点提示、案情、法院审判、裁判要旨、评析"等写作模式,在编写体例上,采取了【裁判规则】【规则理解】【拓展适用】【典型案例】的体例。以裁判规则为主线,在内容和体例上具有一定的独创性,突出强调不仅要关注公报案例等指导性案例本身,而且要关注指导性案例所形成规则的理解与适用,侧重于弥补法律漏洞以及阐释实务中如何正确理解与适用法律,致力于为读者迅速查找指导性案例和把握裁判规则提供最为便捷有效的途径。

所有的【裁判规则】都是通过对案件争议焦点所涉及的法律问题进行评析后形成的并为裁判结论所确立的法律性质规则,属于法律规则或者原则范畴,是案例的核心内容、灵魂所在。指导性案例裁判规则一般是非特定的、非个案的,对法官在同类案件中认定事实、适用法律具有启发、引导、规范和参考作用。从一定意义上讲,指导性案例的指导作用更多地体现在从案件事实认定和法律适用中提炼出来的裁判规则或者裁判要旨。针对部分公报案例裁判摘要中存在法条构成要件重述、内容不明确等问题,我们对该部分案例的裁判规则进行了重新归纳和提炼。其目的正如美国大法官卡多佐在《司法过程的性质》中所言,在接手案件时,"所做的第一件事就是将他眼前的案件同一些先例加以比较,无论这些先例是贮藏在他心中还是贮藏在书本中……先例的背后是一些基本的司法审判概念,他们是司法推理的一些先决条件;而其后面的是生活习惯、社会制度,那些概念正是在它们之中才得以生成。通过一个互动过程,这些概念反过来修改着这些习惯与制度……如果先例清楚明了并且契合案件,那么法官就无需做更多的事了。"

德国法学家拉伦茨在《法学方法论》中说:"制作司法先例的法官首先考虑的是他所裁判的事件,这些要旨不过是裁判理由中蒸馏出来的结晶,与案件事实密切相关,在很大程度上本身也需要解释。"如何将写在纸上的裁判规则,适用于此后千变万化但法定事实要件相同或相似的类案,诠释规则所蕴含的公平与正义精神,是法官的重要任务。然而,由于各级法院、各地法院的法官们,在年龄、知识结构、社会阅历、审判经验等方面存在差异,对于裁判规则的理解、运用等都会有不同的结果。因此,我们认为有必要将指导性案例中所提炼裁判规则的【规则理解】作为本丛书核心内容,突出对所提炼裁判规则解读的指导意义,以超越个案审判的视野,对法律适用进行理性思考,研究案例所体现的法律规则、法律原理、法律精神以及裁判方法、裁判理念等体现的核心价值。虽然指导性案例裁判规则源于个案,但不仅仅局限于个案,而是通过对规则的理解以及法定事实要件的精准把握,达到将裁判规则适用于类案的效果,从而使所提炼的裁判规则中蕴涵的内在价值能够在更广的范围内、更深的层次上得以被发现、被接受、被适用。虽然目前还没有明确规定指导性案例的裁判规则可以在类案的裁判文书中直接援引，但不容置疑的是它的基本精神完全可以渗透于裁判文书的说理部分，可以作为法官裁判的理由、检察官或律师法庭辩论的理由。对于全国各级法院法官及其他法律工作者来说，准确理解和掌握指导性案例裁判规则，有助于统一司法理念、统一法律适用和统一裁判尺度，促进人们对法律的尊重与信仰。

为了防止因裁判规则的抽象性以及成文规范难以避免的缺陷而导致的弊端，我们对指导性案例的裁判规则进行了【拓展适用】，目的是对与裁判规则相关联的理论问题进行系统梳理和深入探讨，以期能够较为全面地阐释裁判规则的精髓，从而推动相关法学研究向纵深发展，拓宽人民法院、法官发现问题、解决问题的渠道，又能够为立法和司法解释提供新的思路和视角，从而形成实践丰富理论、理论指导实践、司法实践与理论研究良性互动的局面，提升司法应对现实的能力。

对《最高人民法院公报》【典型案例】等指导性案例进行分类梳理，一方面是对指导性案例进行连续性和系统性的汇编，方便各地各级法院的法官以及检察官、律师和其他法律界人士检索和援引；另一方面是更全面、更客观、更系统、更立体地展现了指导性案例所依附的案件事实、证据以及裁判说理等的真实风貌，更直观、更清晰、更准确地理解裁判规则的涵义，指导同类案件的法律适用，特别是裁判论证和说理过程，使抽象的审判指导概念更具明确性、更具形象化、更具可操作性。

对指导性案例裁判规则进行全面、系统的解读和阐释，以帮助法律实务界更精准地运用典型案例实现法律的目的、实现公平公正，使从事法学教育和理论研究的同志得以全面把握指导性案例的精神实质，是作者的一次尝试。我们深知，本套丛书所涉及的法学理论博大精深，各种研究文献浩如烟海，有许多未知的领域仍需作深入细致的研究。我们深知法学理论对审判实践有着巨大的指导作用，特别是在法律规定不明确的情况下，具有扎实深厚的理论功底，及时掌握理论界研究的最新成果就显得更为重要。正基于此，我们不敢懈怠，时刻关注理论发展的最新动态，时刻关注理论研究的最新成果，时刻关注审判实践中的典型案例和实践经验，从研究的角度提出一些个人的学术见解，这些见解并不代表任何组织和机构，甚至与我们个人的身份都无关联。当然，这些观点和意见的正确与否，不仅要接受理论界的评判，而且要接受实践的检验。希望借此丛书的修订版，使我们能够与理论界的学者、实务界的同仁进行深入交流探讨，以期共同推动我国案例指导制度的完善和案例研究的深化与细化。

是为序。

二〇二三年十一月二十日

凡　　例

为使行文方便，本书对相关法律、法规和司法解释等规范性法律文件的名称作了缩略。

《民法典》：《中华人民共和国民法典》

《民法典合同编通则司法解释》：《最高人民法院关于适用〈中华人民共和国民法典〉合同编通则若干问题的解释》

《民法典时间效力司法解释》：《最高人民法院关于适用〈中华人民共和国民法典〉时间效力的若干规定》

《民法典总则司法解释》：《最高人民法院关于适用〈中华人民共和国民法典〉总则编若干问题的解释》

《民法典婚姻家庭司法解释（一）》：《最高人民法院关于适用〈中华人民共和国民法典〉婚姻家庭编的解释（一）》

《民法典继承司法解释（一）》：《最高人民法院关于适用〈中华人民共和国民法典〉继承编的解释（一）》

《民法典物权司法解释（一）》：《最高人民法院关于适用〈中华人民共和国民法典〉物权编的解释（一）》

《民法典有关担保司法解释》：《最高人民法院关于适用〈中华人民共和国民法典〉有关担保制度的解释》

《建设工程施工合同司法解释（一）》：《最高人民法院关于审理建设工程施工合同纠纷案件适用法律问题的解释（一）》

《劳动争议案件司法解释（一）》：《最高人民法院关于审理劳动争议案件适用法律问题的解释（一）》

《民法总则》：《中华人民共和国民法总则》

《城市房地产管理法》：《中华人民共和国城市房地产管理法》

《土地管理法》：《中华人民共和国土地管理法》

《建筑法》：《中华人民共和国建筑法》

《民法通则》：《中华人民共和国民法通则》

《民法通则意见》：《最高人民法院关于贯彻执行〈中华人民共和国民法通则〉若干问题的意见（试行）》

《合同法》：《中华人民共和国合同法》

《合同法司法解释（一）》：《最高人民法院关于适用〈中华人民共和国合同法〉若干问题的解释（一）》

《合同法司法解释（二）》：《最高人民法院关于适用〈中华人民共和国合同法〉若干问题的解释（二）》

《物权法》：《中华人民共和国物权法》

《公司法》：《中华人民共和国公司法》

《公司法司法解释一》：《最高人民法院关于适用〈中华人民共和国公司法〉若干问题的规定（一）》

《最高人民法院关于适用〈中华人民共和国公司法〉若干问题的规定（二）》：《最高人民法院关于适用〈中华人民共和国公司法〉若干问题的规定（二）》

《最高人民法院关于适用〈中华人民共和国公司法〉若干问题的规定（三）》：《最高人民法院关于适用〈中华人民共和国公司法〉若干问题的规定（三）》

《公司法司法解释四》：《最高人民法院关于适用〈中华人民共和国公司法〉若干问题的规定（四）》

《担保法》：《中华人民共和国担保法》

《担保法司法解释》：《最高人民法院关于适用〈中华人民共和国担保法〉若干问题的解释》

《招标投标法》：《中华人民共和国招标投标法》

《证券法》：《中华人民共和国证券法》

《涉外民事关系法律适用法》：《中华人民共和国涉外民事关系法律适用法》

《民事诉讼法》：《中华人民共和国民事诉讼法》

《民事诉讼法解释》：《最高人民法院关于适用〈中华人民共和国民事诉讼法〉的解释》

《证据规定》：《最高人民法院关于民事诉讼证据的若干规定》

《案由规定》：《民事案件案由规定》

《最高人民法院关于人民法院民事调解工作若干问题的规定》：《最高人民法院关于人民法院民事调解工作若干问题的规定》

《执行规定》：《最高人民法院关于人民法院执行工作若干问题的规定（试行）》

《仲裁法》：《中华人民共和国仲裁法》

《仲裁法司法解释》：《最高人民法院关于适用〈中华人民共和国仲裁法〉若干问题的解释》

总　目　录

上　册

第一章　民事纠纷的可诉性

规则1：投资者以交易所审核创设证券衍生产品违规为由而提起的民事侵权之诉，具有可诉性 / 001

第二章　形成之诉

规则2：解除权在诉讼程序上表现为形成之诉，当事人没有提出诉请的，人民法院不能径行裁判 / 011

规则3：不以行政行为作为要件事实的执行异议之诉，在行政行为作出前，可以依法先行判决 / 060

第三章　诉讼标的

规则4：当事人基于同一份债权转让合同、同一法律关系而向同一债务人提起诉讼的，不涉及合并审理 / 071

第四章　诉的合并

规则5：多个债务纠纷的债权人、债务人均相同，债权债务性质亦相同，且均属于同一法院管辖范围，仅债务担保人不同的，可以合并审理 / 087

规则 6：在连带责任之诉中，原告基于其诉讼利益的判断而选择其中某些主体为被告，不违反法律规定，人民法院应予尊重 / 105

第五章 诉讼请求

规则 7：当事人主张的法律关系性质或者民事行为效力与人民法院认定不一致的，应当将法律关系性质或者民事行为效力作为焦点问题进行审理，以充分保障当事人的诉辩权利。/ 127

规则 8：原告提出两项诉求分属不同性质的法律关系，有权请求法院对两个不同性质的法律关系分别作出认定 / 138

第六章 案　　由

规则 9：案由应当表述与诉讼请求在法律上、事实上有直接关联的法律关系 / 148

第七章 级别管辖

规则 10：在共同诉讼中，原告之一或者被告之一住所地不在本辖区内，属于当事人一方住所地不在本辖区 / 157

第八章 地域管辖

规则 11：保险代位权诉讼应当根据保险人所代位的被保险人与第三者之间的法律关系确定管辖法院 / 168

第九章 协议管辖

规则 12：双方当事人协议可向各自住所地人民法院起诉的约定，应当认定为是选择原告住所地法院管辖 / 179

规则 13：涉外合同和财产权益纠纷的当事人对于协议选择管辖法院条款的效力，应当依据法院地法的规定进行判断，与争议民事关系的准据法所属国的法律规定无关 / 187

规则 14：法院受理案件有多个被告的，案件进入实体审理阶段后，即使辖区内被告不是案件的适格被告，人民法院裁定驳回对该被告起诉的，并不影响案件实体审理，无需再移送管辖 / 206

第十章　管辖权异议

规则 15：当事人不能以其不是适格被告为由提出管辖权异议 / 216

规则 16：案件受理后被告依法提出管辖权异议的，受理案件的法院应当就确定案件管辖权的事实依据和法律依据进行全面审查，高级人民法院可依法行使一审专利纠纷案件管辖权 / 223

规则 17：当事人在一审提交答辩状期间未提出管辖异议，在二审或者再审发回重审时提出管辖异议的，人民法院不予审查 / 235

第十一章　涉外民事诉讼管辖

规则 18：在涉外民事诉讼中，被告有权以"不方便管辖"为由抗辩原告的起诉，但受案法院有权酌情裁量是否采纳 / 250

第十二章　适格当事人

规则 19：民政部门不具有作为身份不明死亡受害人人身损害赔偿纠纷赔偿权利的主体资格，不是案件的适格诉讼主体 / 269

规则 20：法人被依法吊销营业执照后没有进行清算，也没有办理注销登记的，依法仍享有民事诉讼的权利能力和行为能力，开办单位不具备诉讼主体资格 / 283

第十三章 公益诉讼

规则 21：少数民族乡政府为维护本区域内的公众权益，可以以自己的名义对侵犯本民族民间文学艺术作品合法权益的行为提起诉讼 / 302

第十四章 公司代表诉讼

规则 22：对股东代表诉讼达成的调解协议，须经股东所在的公司和未参与诉讼的其他股东同意后，人民法院才能确认其效力 / 333

下　册

第十五章 诉讼调解与和解

规则 23：诉讼和解协议是案件当事人为终止争议或者防止争议再次发生，通过让步或处分自己的权益而形成的合意，和解协议的内容不限于当事人的诉讼请求事项 / 357

第十六章 法律文书的送达

规则 24：被告方数个企业法人的法定代表人为同一人，将法律文书仅送达其中一个企业法人的，不属于审判程序违法 / 377

第十七章 重复起诉的审查及处理

规则 25：判断基于同一纠纷而提起的两次起诉是否属于重复起诉，应当结合当事人的具体诉讼请求及其依据，以及行使处分权的具体情况进行综合分析 / 392

规则 26：民事判决生效后，被告就同一事实向人民法院起诉的，依据"一事不再理"的原则，人民法院应不予受理 / 407

规则 27：已经人民法院生效判决认定的事实，当事人就该事实再行提起诉讼，应依法予以驳回 / 418

第十八章　二审的范围

规则 28：当事人未在法定期间内提起上诉，而在二审中对一审判决提出异议的，除违反法律禁止性规定，损害国家利益、公共利益的外，第二审人民法院不予审查 / 436

第十九章　再审的范围

规则 29：当事人超出原审范围增加、变更的诉讼请求，原则上不属于再审审理范围 / 457

规则 30：再审应当限于原审的审理范围，而不能超出原审范围进行裁判 / 481

第二十章　调解书的再审

规则 31：人民法院发现已生效的调解书确有错误，认为必须进行再审的，可以按照审判监督程序进行再审 / 502

第二十一章　案外人申请再审

规则 32：案外人可以通过另行提起诉讼解决其与案件一方当事人之间的债权债务关系的，其不能就该事项申请再审 / 517

第二十二章 执行强制管理

规则 33：人民法院在执行中为保障抵押物的正常经营，可委托相关机构对其进行托管 / 528

第二十三章 执行和解

规则 34：一方当事人不履行或不完全履行和解协议的，另一方当事人可以申请人民法院执行生效判决 / 536

第二十四章 股权的执行

规则 35：人民法院可依法强制公司收购控股股东的公司股份，并以收购款顶抵控股股东所欠公司债务 / 563

第二十五章 公证债权文书的执行

规则 36：人民法院处理不予执行公证债权文书的案件，应当审查公证债权文书的内容是否确有程序和实体错误 / 592

第二十六章 优先权的执行

规则 37：被执行人与其他人将债权人享有优先受偿权的工程等资产变更至新建公司名下，侵犯工程价款优先债权人的合法权益，执行法院有权追加其他人和新建公司为被执行人 / 611

第二十七章 仲裁协议与仲裁裁决

规则 38：当事人在合同中明确约定发生纠纷通过仲裁方式解决的，当事人均应受该合同条款的约束 / 628

规则 39：当事人约定仲裁管辖必须有明确的意思表示并订立仲裁协议，仲裁条款也只在达成仲裁协议的当事人之间产生法律效力 / 640

规则 40：当事人签订多个合同，未约定仲裁条款的合同发生争议形成诉讼的，人民法院有权管辖 / 654

第二十八章　瑕疵仲裁协议的效力

规则 41：仲裁协议对仲裁事项或者仲裁机构没有约定或者约定不明确的，当事人可以通过补充协议约定；达不成补充协议的，仲裁协议无效。当事人向有管辖权的人民法院提起诉讼，人民法院应当受理 / 677

第二十九章　涉外仲裁

规则 42：涉外合同中当事人约定适用于解决合同争议的准据法，不能用以判定仲裁条款的效力 / 688

第三十章　刑民交叉案件的处理程序

规则 43：人民法院审理当事人之间的合同关系，当事人仅以经手人涉嫌犯罪为由主张中止案件审理的，人民法院不予支持 / 709

规则 44：自然人、法人或其他经济组织因同一行为，同时涉及民商事纠纷和犯罪嫌疑的，应分别审理 / 720

规则 45：民事案件的审理并不必须以刑事案件的审理结果为依据的，无须中止审理 / 733

目 录
Contents

上 册

第一章 民事纠纷的可诉性

规则1：投资者以交易所审核创设证券衍生产品违规为由而提起的民事侵权之诉，具有可诉性 / 001

【裁判规则】

【规则理解】

一、民事纠纷可诉性内涵 / 001

二、权证的内涵 / 001

  （一）权证的概念 / 001

  （二）权证的特点 / 002

三、证券交易所审核证券衍生产品创设的监管行为具有民事诉讼的可诉性 / 002

【拓展适用】

一、影响民事纠纷可诉性的因素 / 003

  （一）司法的本质属性因素 / 003

  （二）司法在国家权力体系中的地位与作用因素 / 003

  （三）特定社会发展阶段因素 / 004

  （四）司法能动主义与司法者主观因素 / 004

二、确定民事纠纷可诉性范围的原则 / 004

  （一）遵循司法自身规律 / 004

（二）坚持审慎受理原则 / 005

（三）注重完善相关配套措施 / 005

【典型案例】邢某与某证券交易所权证交易侵权纠纷案 / 005

第二章　形成之诉

规则2：解除权在诉讼程序上表现为形成之诉，当事人没有提出诉请的，人民法院不能径行裁判 / 011

【裁判规则】

【规则理解】

一、解除权的内涵及性质 / 011

（一）解除权的内涵 / 011

（二）解除权的性质 / 012

二、形成权的类型及行使限制 / 012

三、形成之诉理论问题探讨 / 013

【拓展适用】

一、第三人撤销之诉 / 014

（一）第三人撤销之诉的特点 / 014

（二）第三人撤销之诉的性质 / 015

（三）第三人撤销之诉的当事人地位 / 015

（四）第三人撤销之诉的构成要件 / 016

（五）第三人撤销之诉的审理 / 018

（六）第三人撤销之诉的裁判 / 019

（七）被遗漏的必须共同诉讼当事人不能提起第三人撤销之诉 / 023

二、调解协议的确认 / 024

（一）调解协议确认案件的特点 / 024

（二）调解协议确认案件属于特别程序案件 / 024

（三）调解协议确认案件的当事人地位 / 025

（四）调解协议确认案件的审查程序及裁定效力 / 025

三、实现担保物权案件 / 025

（一）关于实现担保物权申请人和被申请人的范围 / 026

（二）实现担保物权案件的管辖 / 028

（三）关于人民对于申请实现担保物权案件的审查内容 / 033

【典型案例一】青岛市某区国土资源局与青岛某置业有限公司国有土地使用权出让合同纠纷案 / 035

【典型案例二】高某诉某酒店公司、A 房地产开发公司等第三人撤销之诉案 / 051

【典型案例三】建筑装饰公司诉中国××银行广州粤秀支行、林某武、建筑装饰公司广州分公司等第三人撤销之诉案 / 053

【典型案例四】中国××银行温州分行诉建筑工程公司、A 鞋业公司第三人撤销之诉案 / 054

【典型案例五】汽车部件制造公司诉机械公司管理人 A 律师事务所、中国××银行台州温岭支行第三人撤销之诉案 / 056

【典型案例六】担保中心诉汪某、鲁某英第三人撤销之诉案 / 057

规则 3：不以行政行为作为要件事实的执行异议之诉，在行政行为作出前，可以依法先行判决 / 060

【裁判规则】

【规则理解】

一、执行异议之诉的概念与特征 / 060

（一）执行异议之诉的概念 / 060

（二）执行异议之诉的特征 / 060

二、执行异议之诉的法律依据和处理方式 / 061

三、执行异议之诉的法律行为要件事实 / 061

四、对出现非法律行为要件事实的处理 / 062

（一）对出现非法律行为要件事实的处理步骤 / 062

（二）对出现非法律行为要件事实的主要处理方式 / 062

【拓展适用】

一、执行异议之诉的起诉条件 / 063

（一）关于执行异议之诉的当事人 / 063

（二）关于执行异议之诉的管辖法院 / 064

二、执行异议之诉的审理程序和举证责任 / 064

三、执行异议之诉引起的法律效果 / 064

四、涉及变更、追加当事人的执行异议之诉 / 065

五、涉及执行债权的参与分配方案异议之诉和债务人异议之诉 / 065

六、法律适用中应当处理好的几种关系 / 066

（一）执行异议之诉与纠正执行根据错误的关系 / 066

（二）执行异议之诉与执行异议、执行复议的关系 / 067

七、对执行错误的其他救济 / 067

【典型案例】某海关与某农商银行葛塘支行执行异议之诉案 / 067

第三章 诉讼标的

规则 4：当事人基于同一份债权转让合同、同一法律关系而向同一债务人提起诉讼的，不涉及合并审理 / 071

【裁判规则】

【规则理解】

一、诉讼标的理论的历史沿革 / 071

（一）实体法说 / 071

（二）二分肢说 / 072

（三）一分肢说 / 072

二、债权转让关系中的有关诉讼问题 / 072

（一）当事人诉讼地位 / 073

（二）案件管辖 / 073

（三）诉的合并问题 / 074

【拓展适用】

一、诉讼标的与诉讼请求的关系 / 075

二、执行异议之诉的性质 / 077

三、第三人撤销之诉与案外人执行异议之间关系 / 079

【典型案例】某商贸大厦筹备处与某投资有限公司借款纠纷案 / 080

第四章　诉的合并

规则 5：多个债务纠纷的债权人、债务人均相同，债权债务性质亦相同，且均属于同一法院管辖范围，仅债务担保人不同的，可以合并审理 / 087

【裁判规则】
【规则理解】
一、诉的合并内涵及种类 / 087
　　（一）诉的合并内涵 / 087
　　（二）诉的合并之种类 / 088
二、现行民事诉讼法关于诉的合并的相关规定解读 / 088
三、合并之诉的案件管辖 / 090
　　（一）合并之诉管辖存在的问题 / 090
　　（二）合并之诉管辖的原则 / 091

【拓展适用】
一、我国民事诉讼法关于诉的合并制度的完善 / 091
　　（一）合理区分强制性合并之诉与合意性合并之诉 / 092
　　（二）适当扩大诉的合并的种类 / 092
　　（三）完善诉的合并制度与相关民事诉讼制度的衔接与协调 / 093
二、无独立请求权第三人参加诉讼的方式 / 093
三、具有无独立请求权第三人的情形 / 094

【典型案例】东营市 A 化学工业有限责任公司与何某、B 水泥制品厂、东营市 C 建材开发总公司清偿债务纠纷案 / 095

规则 6：在连带责任之诉中，原告基于其诉讼利益的判断而选择其中某些主体为被告，不违反法律规定，人民法院应予尊重 / 105

【裁判规则】
【规则理解】
一、共同诉讼的界定 / 105
　　（一）共同诉讼的内涵 / 105
　　（二）必要共同诉讼 / 106
　　（三）普通共同诉讼 / 107

二、必要共同诉讼和普通共同诉讼的区别 / 107
  （一）诉讼标的的性质不同 / 107
  （二）追加当事人的必要性不同 / 107
  （三）合并审理的要件不同 / 107
  （四）共同诉讼人之间的相关性和独立性不同 / 107
三、连带责任之诉属于特殊形态的共同诉讼 / 108
四、证券市场虚假陈述民事赔偿诉讼和代表人诉讼 / 113
  （一）原告主体资格及案件受理条件 / 113
  （二）代表人诉讼 / 113

【拓展适用】

一、共同诉讼的理论发展 / 114
  （一）大陆法系国家对共同诉讼的分类 / 115
  （二）英美法系对共同诉讼的分类 / 116
二、诉的合并理论 / 117

【典型案例】陈某等 23 名投资人与大庆 A 公司、B 证券公司虚假陈述侵权赔偿纠纷案 / 118

第五章　诉讼请求

规则 7：当事人主张的法律关系性质或者民事行为效力与人民法院认定不一致的，应当将法律关系性质或者民事行为效力作为焦点问题进行审理，以充分保障当事人的诉辩权利。/ 127

【裁判规则】

【规则理解】

抗辩与抗辩权的辨析 / 127
 一、抗辩与抗辩权的概念 / 127
 二、抗辩与抗辩权的不同理解 / 128

【拓展适用】

一、释明权的内涵 / 129
二、释明权的性质与功能 / 129
  （一）释明权的性质 / 129

（二）释明权的功能 / 130

三、对我国释明权制度的解读 / 130

【典型案例】北京 A 公司、海南 A 公司与 B 公司房地产项目权益纠纷案 / 131

规则 8：原告提出两项诉求分属不同性质的法律关系，有权请求法院对两个不同性质的法律关系分别作出认定 / 138

【裁判规则】

【规则理解】

一、请求权基础理论 / 139

二、请求权竞合理论 / 140

（一）请求权竞合的概念 / 140

（二）解决请求权竞合的路径 / 140

【拓展适用】

我国请求权竞合制度的实践探讨 / 141

【典型案例】南京雪××影婚纱摄影有限公司与上海雪××影婚纱摄影有限公司江宁分公司、上海雪××影婚纱摄影有限公司商标侵权及不正当竞争纠纷案 / 143

第六章　案　　由

规则 9：案由应当表述与诉讼请求在法律上、事实上有直接关联的法律关系 / 148

【裁判规则】

【规则理解】

一、案由的概念及对审判的影响 / 148

（一）案由的概念 / 148

（二）案由对审判的影响 / 148

二、案由与案件所涉法律关系之间的关系 / 149

【拓展适用】

最高人民法院有关案由的司法解释规定解读 / 150

（一）案由的确定标准 / 151

（二）编排体系 / 151

（三）立案案由和结案案由 / 152

（四）两个以上法律关系的案由确定 / 152

【典型案例】浙江省德清县某汽修厂与董某损害赔偿纠纷案 / 152

第七章　级别管辖

规则 10：在共同诉讼中，原告之一或者被告之一住所地不在本辖区内，属于当事人一方住所地不在本辖区 / 157

【裁判规则】

【规则理解】

一、当事人一方住所地不在受理法院所处辖区作为级别管辖的依据 / 157

二、理解"当事人住所地均在受理法院所处省级行政辖区"以及"当事人一方住所地不在受理法院所处省级行政辖区"应注意的问题 / 159

三、共同诉讼当事人住所地与级别管辖的关系 / 161

【拓展适用】

一、我国民事诉讼级别管辖制度的立法情况及问题 / 162

（一）级别管辖的划分 / 162

（二）级别管辖存在的问题 / 163

二、我国民事诉讼级别管辖制度的完善 / 163

三、级别管辖异议案件审查中应注意的问题 / 164

（一）在管辖权异议裁定作出之前，原告申请撤回起诉的处理 / 164

（二）答辩期间届满后，原告增加诉讼请求金额，被告提出管辖权异议的处理 / 165

（三）解除合同之诉中诉讼标的额的认定 / 165

【典型案例】赵某与潘某财产侵权纠纷案 / 166

第八章　地域管辖

规则 11：保险代位权诉讼应当根据保险人所代位的被保险人与第三者之间的法律关系确定管辖法院 / 168

【裁判规则】

【规则理解】

一、保险代位权的内涵 / 168

二、保险代位权的法律特征 / 169

  （一）保险代位权具有法定性 / 169

  （二）保险代位权具有从属性 / 169

三、确定保险代位权案件管辖法院的原则 / 170

  （一）必须符合当事人起诉的条件 / 170

  （二）以被保险人与第三者之间的法律关系确定管辖法院 / 170

四、关于管辖适用中的重点、难点问题 / 171

  （一）关于管辖连接点的确定 / 171

  （二）关于合并诉讼时管辖法院的确定 / 172

【拓展适用】

一、保险合同纠纷案件法院管辖的原则 / 173

二、保险代位权的适用 / 173

  （一）保险代位权适用的险种范围 / 173

  （二）保险代位权适用的对象范围 / 173

三、保险代位权的行使 / 174

  （一）保险代位权行使方式 / 174

  （二）保险代位权行使条件 / 174

  （三）保险代位权行使限度 / 175

四、保险代位权案件中被告的抗辩事由 / 176

【典型案例】甲财产保险公司诉李某贵、乙财产保险公司保险人代位求偿权纠纷案 / 177

第九章　协议管辖

规则 12：双方当事人协议可向各自住所地人民法院起诉的约定，应当认定为是选择原告住所地法院管辖 / 179

【裁判规则】

【规则理解】

一、协议管辖条件的把握 / 179

（一）适用于合同纠纷或其他财产权益纠纷案件 / 179
　　（二）当事人协议选择管辖法院必须符合法律规定的连接点 / 180
　　（三）必须以书面形式明确选择管辖 / 180
　　（四）根据管辖协议能够确定具体管辖法院 / 180
　　（五）协议管辖不得违反级别管辖和专属管辖的规定 / 181
二、管辖协议中约定管辖法院的确定 / 181
三、对原告住所地的理解 / 182

【拓展适用】
一、民事诉讼法有关协议管辖规定的变化 / 184
二、默示协议管辖的把握 / 184

【典型案例】宁夏 A 公司与新疆 B 公司买卖合同纠纷案 / 185

规则 13：涉外合同和财产权益纠纷的当事人对于协议选择管辖法院条款的效力，应当依据法院地法的规定进行判断，与争议民事关系的准据法所属国的法律规定无关 / 187

【裁判规则】
【规则理解】
一、涉外民事关系中"涉外性"的认定 / 187
　　（一）主体标准 / 188
　　（二）客体标准 / 188
　　（三）法律事实标准 / 189
二、把握涉外民事案件的程序法与准据法关系应注意的问题 / 189
　　（一）正确理解涉外民事诉讼程序的特别规定和民事诉讼法一般规定之间的关系 / 190
　　（二）涉外民事诉讼的程序法和涉外民事关系准据法是两个完全不同的范畴，不可以相互混淆 / 191
　　（三）涉外民事关系的当事人协议选择适用法律与协议选择管辖法院是两个截然不同的法律行为，应当根据相关法律规定分别判断其效力 / 192
三、理解协议管辖应当注意的问题 / 192
　　（一）协议管辖只适用于合同纠纷和其他财产权益纠纷，不包括纯身份关系的纠纷 / 193

（二）协议管辖不仅包括授权性规范，而且包括义务性规范 / 193

　　（三）协议管辖必须采用书面形式 / 194

　　（四）协议管辖法院的范围仅限于与争议有实际联系的地点的法院 / 194

　　（五）协议管辖不得违反我国民事诉讼法关于级别管辖和专属管辖的规定 / 195

　　（六）有关协议管辖的其他问题 / 196

【拓展适用】

一、协议管辖与《协议选择法院公约》/ 197

二、应诉管辖 / 198

三、既提起管辖权异议又应诉答辩的处理 / 199

【典型案例】甲网络公司与韩国某公司、乙网络公司网络游戏代理及许可合同纠纷管辖权异议案 / 200

规则 14：法院受理案件有多个被告的，案件进入实体审理阶段后，即使辖区内被告不是案件的适格被告，人民法院裁定驳回对该被告起诉的，并不影响案件实体审理，无需再移送管辖 / 206

【裁判规则】

【规则理解】

一、管辖的分类 / 207

　　（一）法定管辖和裁定管辖 / 207

　　（二）专属管辖和协议管辖 / 208

　　（三）共同管辖和合并管辖 / 208

二、管辖恒定原则 / 208

三、共同诉讼管辖的确定 / 209

　　（一）共同诉讼中当事人的管辖选择权 / 209

　　（二）同一诉讼的理解 / 210

　　（三）虚列被告的管辖确定 / 211

【拓展适用】

一、适用管辖恒定原则应当注意的问题 / 211

　　（一）管辖恒定的时间起点 / 212

　　（二）管辖恒定的例外 / 212

二、共同被告地域管辖的探索 / 213
【典型案例】北京 B 科技发展有限公司与 A 技术工程（东莞）有限公司、某市城市管理局居间合同纠纷案 / 213

第十章　管辖权异议

规则 15：当事人不能以其不是适格被告为由提出管辖权异议 / 216

【裁判规则】

【规则理解】

一、管辖权异议 / 216

（一）管辖权异议的界定 / 216

（二）管辖权异议的情形 / 217

二、管辖权异议与法院主管异议的区别 / 217

三、管辖权异议和被告适格性异议的把握 / 218

（一）两者性质不同 / 218

（二）两者是否属于起诉条件不同 / 218

（三）两者提出异议的法定期间以及处理后果不同 / 218

【拓展适用】

一、程序当事人与正当当事人的关系 / 219

二、我国民事诉讼确立当事人的规则 / 220

【典型案例】A 房地产开发公司与彭某、A 集团公司商品房预售合同纠纷案 / 222

规则 16：案件受理后被告依法提出管辖权异议的，受理案件的法院应当就确定案件管辖权的事实依据和法律依据进行全面审查，高级人民法院可依法行使一审专利纠纷案件管辖权 / 223

【裁判规则】

【规则理解】

一、立案审查和管辖权异议审查的区分 / 224

二、对管辖权异议实行全面审查 / 225

（一）对管辖权异议审查的不同认识 / 225

（二）对管辖权异议审查的把握 / 226

三、专利纠纷案件的审级 / 227

 （一）确立管辖制度的原则 / 227

 （二）集中管辖制度的功能 / 227

 （三）专利民事纠纷实行集中管辖 / 227

 （四）知识产权法院 / 228

【拓展适用】

一、管辖权异议审查的处理 / 229

 （一）对当事人就地域管辖提出异议的处理 / 229

 （二）对当事人就级别管辖提出异议的处理 / 229

 （三）对当事人以有仲裁协议提出异议的处理 / 230

二、当事人提起管辖权异议的条件 / 230

三、级别管辖异议的上诉程序 / 231

【典型案例】河北A汽车制造有限公司、高碑店A汽车制造有限公司与（日本）B技研工业株式会社、B汽车（武汉）有限公司、北京C汽车贸易有限公司侵犯外观设计专利权纠纷案 / 232

规则17：当事人在一审提交答辩状期间未提出管辖异议，在二审或者再审发回重审时提出管辖异议的，人民法院不予审查 / 235

【裁判规则】

【规则理解】

一、管辖权异议的内涵 / 235

二、管辖权异议的基本特征 / 235

 （一）提出的主体 / 235

 （二）针对的客体 / 236

 （三）异议的范围 / 236

 （四）提出异议的期间 / 236

三、管辖恒定原则 / 236

四、法律适用中的难点问题 / 236

 （一）关于对起诉状的答辩能否视为提出了管辖权异议的问题 / 236

 （二）关于一审提交答辩状期间未提，而在答辩期满后追加共同

被告时提出管辖权异议的处理问题 / 237

（三）关于逾期提出的管辖权异议是否应审查的问题 / 237

（四）关于第一审期间未提出管辖异议，受诉法院对管辖权处理的问题 / 237

（五）关于二审或者再审发回重审时提出管辖权异议的处理问题 / 238

【拓展适用】

一、级别管辖的内涵 / 238

二、级别管辖的划分标准 / 239

（一）案件的性质 / 239

（二）案件的繁简程度 / 239

（三）案件的影响范围 / 239

（四）案件争议标的金额的大小 / 239

三、各级人民法院管辖的第一审民事案件 / 240

（一）基层人民法院管辖的第一审民事案件 / 240

（二）中级人民法院管辖的第一审民事案件 / 240

（三）高级人民法院管辖的第一审民事案件 / 240

（四）最高人民法院管辖的第一审民事案件 / 240

四、有关级别管辖的相关规定 / 241

五、审级利益的内涵 / 242

六、诉讼标的和诉讼请求的内涵 / 242

七、审理程序 / 243

（一）第一审程序 / 243

（二）第二审程序 / 243

（三）再审程序 / 246

【典型案例】韩某彬与药业公司、商厦公司、电视台、药房公司产品质量损害赔偿纠纷案 / 248

第十一章　涉外民事诉讼管辖

规则 18：在涉外民事诉讼中，被告有权以"不方便管辖"为由抗辩原告的起诉，但受案法院有权酌情裁量是否采纳 / 250

【裁判规则】

【规则理解】

一、不方便管辖原则概述 / 250

（一）不方便管辖原则在我国适用的不同认识 / 250

（二）不方便管辖原则在我国适用的理由 / 251

二、不方便管辖原则在我国适用的把握标准 / 253

（一）我国法院对涉外民事案件具有管辖权是适用不方便管辖原则的基本前提 / 253

（二）不方便管辖原则的适用必须满足全部的法定要件 / 253

（三）法院不应依职权适用不方便管辖原则 / 253

（四）协议管辖的情形不适用不方便管辖原则 / 253

（五）专属管辖的情形不适用不方便管辖原则 / 254

（六）不方便管辖原则不仅应当由被告提出该项特定抗辩事由，而且必须由被告完成举证责任 / 254

（七）不方便管辖原则具有自由裁量性 / 255

（八）区际民商事纠纷的特殊考量 / 256

【拓展适用】

一、国际民商事案件的管辖权冲突与协调 / 257

（一）国际民商事案件管辖权冲突的内涵 / 257

（二）国际民商事诉讼管辖权冲突解决的途径 / 258

二、平行诉讼 / 259

【典型案例一】黄甲与黄乙、某海外投资管理有限公司、A 香港集团有限公司、珠海保税区 B 码头有限公司侵权责任纠纷案 / 261

【典型案例二】A 律师行与厦门 B 彩印公司代理合同纠纷管辖权异议案 / 266

第十二章　适格当事人

规则19：民政部门不具有作为身份不明死亡受害人人身损害赔偿纠纷赔偿权利的主体资格，不是案件的适格诉讼主体 / 269

【裁判规则】
【规则理解】
一、当事人作为原告适格的界定 / 269
　　（一）传统观点对原告的认识 / 269
　　（二）对原告必须与案件有直接利害关系的突破 / 270
二、人身损害赔偿纠纷中的适格主体 / 271
　　（一）人身损害赔偿纠纷中的适格原告 / 271
　　（二）人身损害赔偿纠纷中的适格被告 / 272
三、死亡的被侵权人无近亲属或近亲属无法查明时的原告资格 / 272
　　（一）不同的学说 / 272
　　（二）垫付费用权利人的主体资格 / 274
　　（三）被扶养人生活费、死亡赔偿金的赔偿权利人的主体资格 / 275

【拓展适用】
一、当事人适格的不同学说 / 276
二、当事人民事诉讼权利能力与当事人适格 / 278

【典型案例】江苏省某县民政局与王某、吕某、某保险江苏分公司交通事故人身损害赔偿纠纷案 / 279

规则20：法人被依法吊销营业执照后没有进行清算，也没有办理注销登记的，依法仍享有民事诉讼的权利能力和行为能力，开办单位不具备诉讼主体资格 / 283

【裁判规则】
【规则理解】
一、企业法人营业执照的法律性质 / 283
二、企业法人被吊销营业执照的法律后果 / 284
　　（一）吊销营业执照仅终止企业法人的营业资格，不终止企业的法人资格 / 284

（二）吊销营业执照是解散企业法人并启动清算程序的法定
原因 / 285
三、清算中企业法人的法律性质以及诉讼主体资格 / 286
（一）企业法人清算的法律性质 / 286
（二）清算中企业法人的诉讼主体资格 / 287
四、企业法人未依法清算即被注销的，清算义务人为当事人 / 287
【拓展适用】
一、企业法人设立登记的不同立法模式 / 288
二、清算义务人成为共同诉讼主体的情形 / 289
三、合同相对性与诉讼当事人适格 / 291
【典型案例】广西 A 集团有限责任公司与北海市 B 房地产开发公司、
广西壮族自治区畜产进出口 C 公司土地使用权转让合同
纠纷案 / 292

第十三章　公益诉讼

规则 21：少数民族乡政府为维护本区域内的公众权益，可以以自己的名义对侵犯本民族民间文学艺术作品合法权益的行为提起诉讼 / 302
【裁判规则】
【规则理解】
一、民间文学艺术作品著作权的内涵及法律特征 / 302
（一）民间文学艺术作品著作权的内涵 / 302
（二）民间文学艺术作品著作权的法律特征 / 303
二、民间文学艺术作品权利的行使主体 / 304
三、民间文学艺术作品侵权纠纷对公益诉讼制度的引入 / 306
四、公益诉讼的起诉主体 / 306
（一）诉的利益 / 306
（二）提起公益诉讼的主体 / 307
【拓展适用】
一、公益诉讼的起源及在世界各国的发展 / 311
二、检察机关在公益诉讼中法律地位的探讨 / 312

三、公益诉讼案件的范围及受理 / 314

（一）法律明确规定的两类案件 / 314

（二）进入公益诉讼值得探讨的几类案件 / 315

（三）把握好民事公益诉讼的受理 / 315

四、公益诉讼的管辖 / 317

（一）地域管辖 / 317

（二）级别管辖 / 318

五、提起公益诉讼主体的诉讼请求 / 318

（一）公益诉讼中的赔偿损失请求权 / 318

（二）提起公益诉讼主体主张禁止性诉讼 / 320

六、公益诉讼原告的处分权 / 321

七、公益诉讼中的举证责任分配 / 322

八、公益诉讼费用的承担 / 323

【典型案例】某乡政府与郭某、某电视台、某购物中心侵犯民间文学艺术作品著作权纠纷案 / 325

第十四章　公司代表诉讼

规则 22：对股东代表诉讼达成的调解协议，须经股东所在的公司和未参与诉讼的其他股东同意后，人民法院才能确认其效力 / 333

【裁判规则】

【规则理解】

一、股东代表诉讼 / 333

（一）股东代表诉讼的概念 / 333

（二）股东代表诉讼的法律特征 / 334

二、股东代表诉讼调解特别规则 / 334

（一）确立股东代表诉讼调解特别规则的原因 / 335

（二）股东诉讼调解中可能损害公司或其他股东利益的情形 / 335

（三）股东代表诉讼调解协议的司法审查 / 336

【拓展适用】

一、公司诉讼的内涵及特征 / 337

（一）公司诉讼的内涵 / 337

（二）公司诉讼的特征 / 338

（三）公司诉讼案件的类型 / 339

二、公司的诉讼主体资格 / 339

（一）公司的原告主体资格 / 340

（二）公司的被告主体资格 / 340

三、特殊情形下的公司主体资格 / 341

（一）设立中情形的公司主体资格 / 341

（二）设立瑕疵情形的公司主体资格 / 341

（三）设立无效情形的公司主体资格 / 342

四、公司诉讼的特殊地域管辖 / 343

（一）公司住所地 / 344

（二）由公司住所地管辖的公司诉讼的种类 / 344

（三）司法实践应当注意的问题 / 348

【典型案例】浙江 A 电力开发有限公司、金华市 B 物资有限公司与 C 置业公司、D 控股创业投资有限公司、上海 E 企业发展有限公司、第三人 C 控股公司损害公司权益纠纷案 / 349

下　册

第十五章　诉讼调解与和解

规则 23：诉讼和解协议是案件当事人为终止争议或者防止争议再次发生，通过计步或处分自己的权益而形成的合意，和解协议的内容不限于当事人的诉讼请求事项 / 357

【裁判规则】

【规则理解】

一、诉讼和解协议的内涵及法律特征 / 357

（一）诉讼和解协议的内涵 / 357

（二）诉讼和解协议的法律特征 / 358
二、诉讼和解中的意思自治原则 / 358
　　（一）诉讼和解中意思自治的含义 / 358
　　（二）意思自治原则在诉讼和解中的具体体现 / 358
　　（三）对意思表示是否真实的判断 / 359
三、对诉讼和解违反意思自治原则的司法救济 / 360
　　（一）对原告申请撤诉方式结案的救济 / 360
　　（二）对调解方式结案的救济 / 360

【拓展适用】
一、诉讼调解中当事人行使反悔权的把握 / 360
　　（一）诉讼调解中当事人行使反悔权的内涵 / 360
　　（二）在实践中当事人行使反悔权所带来的弊端 / 361
　　（三）诉讼调解中当事人行使反悔权的限制 / 362
二、当事人约定在离婚调解协议上签名的法律效力 / 362
三、司法确认案件的内涵及构成要素 / 363
　　（一）司法确认案件的内涵 / 363
　　（二）司法确认案件的构成要素 / 364
四、《民事诉讼法》2021年修改后的变化 / 364
五、申请确认调解协议的范围 / 366
　　（一）申请确认调解协议范围的理解 / 366
六、司法确认案件的审查内容 / 368
七、司法确认案件审查结果的表现形式 / 370
八、司法确认案件不符合法定情形的处理 / 371
　　（一）司法确认案件裁定驳回申请的情形 / 371
　　（二）不宜直接确认调解协议无效的原因 / 371
　　（三）司法确认案件裁定驳回申请后的救济 / 372
九、人民法院确认裁定错误的救济问题 / 373

【典型案例】杨某与无锡某保健品有限公司侵犯发明专利权纠纷案 / 375

第十六章　法律文书的送达

规则 24：被告方数个企业法人的法定代表人为同一人，将法律文书仅送达其中一个企业法人的，不属于审判程序违法 / 377

【裁判规则】

【规则理解】

一、送达的制度解读 / 377

二、留置送达 / 3/8

【拓展适用】

一、送达地址书面确认制度 / 381

（一）送达地址书面确认制度的内涵 / 381

（二）电子送达书面确认制度 / 382

（三）二审、申请再审、申请执行程序送达地址的确认 / 383

二、无须使用送达回证的例外情形 / 384

三、邮寄送达的案件可否适用简易程序 / 385

【典型案例】某资产管理公司昆明办事处与昆明甲酒楼有限责任公司、昆明乙酒楼有限责任公司借款合同纠纷案 / 386

第十七章　重复起诉的审查及处理

规则 25：判断基于同一纠纷而提起的两次起诉是否属于重复起诉，应当结合当事人的具体诉讼请求及其依据，以及行使处分权的具体情况进行综合分析 / 392

【裁判规则】

【规则理解】

一、民事诉讼受理范围 / 392

二、诉的种类 / 393

（一）给付之诉 / 394

（二）确认之诉 / 394

（三）形成之诉 / 394

三、重复诉讼问题之探讨 / 395

  （一）诉讼标的因素 / 396

  （二）诉讼请求因素 / 397

  （三）当事人因素 / 398

  （四）标的额因素 / 398

【拓展适用】

一、起诉条件、诉讼要件与胜诉要件之间的关系 / 399

二、被告为多数时法院管辖权的确定 / 400

三、相关民事诉讼制度的改造 / 401

  （一）确立独立的案件受理审查程序 / 401

  （二）建立多样化审判程序 / 402

  （三）建立完善多渠道纠纷解决机制 / 402

四、既判力制度与"一事不再理"辨析 / 403

五、既判力制度与裁判的稳定性之间的关系 / 403

【典型案例】A 投资有限公司与 B 房地产开发有限公司、C 建设实业有限公司土地使用权纠纷案 / 404

规则 26：民事判决生效后，被告就同一事实向人民法院起诉的，依据"一事不再理"的原则，人民法院应不予受理 / 407

【裁判规则】

【规则理解】

一、民事裁判的既判力的概念 / 407

二、既判力的内容 / 407

三、既判力的本质 / 408

  （一）实体法学说 / 408

  （二）诉讼法学说 / 409

  （三）双重性质学说 / 409

【拓展适用】

一、既判力的客观范围 / 409

  （一）既判力及于作为确定裁判对象的诉讼标的，不及于法律关系 / 410

（二）诉讼标的一部分作为判决标的，其判决的既判力仅及于该诉讼标的的一部分 / 410

（三）判决的理由（抵销理由除外）原则上没有既判力 / 410

（四）对于主张抵销的对待请求成立与否的裁判，以主张抵销的数额为限具有既判力 / 410

二、既判力的主观范围 / 411

（一）既判力原则上及于当事人 / 411

（二）既判力及于诉讼系属后当事人的继受人 / 411

（三）既判力及于诉讼系属后为了当事人或其继受人的利益占有标的物的人 / 411

（四）在原告或被告为他人的利益参与诉讼时，该他人也为既判力所约束 / 411

（五）既判力效力所及的一般第三人 / 412

三、既判力的时间范围 / 412

四、一事不再理的例外情形 / 413

【典型案例】A 工贸有限公司与上海 B 发展股份有限公司商标所有权转让纠纷案 / 415

规则 27：已经人民法院生效判决认定的事实，当事人就该事实再行提起诉讼，应依法予以驳回 / 418

【裁判规则】

【规则理解】

一、既判力的作用 / 418

（一）前、后诉讼标的相同的情形 / 418

（二）前、后诉讼标的互相矛盾的情形 / 419

（三）前一诉讼的诉讼标的为后一诉讼的诉讼标的的先决条件的情形 / 419

二、裁判确定以后对于当事人的救济途径选择 / 420

三、第三人撤销之诉与再审程序的关系 / 420

【拓展适用】

一、争点效的概念 / 422

二、产生"争点效"的判断及其要件 / 423

（一）产生遮断效果的争点属于在前后诉讼的两个请求妥当与否的判断过程中的"主要争点"／423

（二）当事人在前诉中已就该争点穷尽主张及举证／423

（三）法院已对该争点作出实质性的判断／423

（四）前诉与后诉的诉争利益几乎是等同的（或者前诉的诉争利益大于后诉的诉争利益）／424

（五）当事人在后一诉讼中必须援用（主张）这种争点效／424

三、争点效在诉讼上的处理／424

（一）争点效的调查／424

（二）争点效的处理／424

（三）对于裁判理由中判断不服的处理／424

【典型案例一】徐州市A交通设施制造有限公司与徐州市B房地产开发有限公司、尤某房屋买卖合同纠纷案／425

【典型案例二】于某与田某、刘某房屋所有权确认纠纷案／431

第十八章 二审的范围

规则28：当事人未在法定期间内提起上诉，而在二审中对一审判决提出异议的，除违反法律禁止性规定，损害国家利益、公共利益的外，第二审人民法院不予审查／436

【裁判规则】

【规则理解】

一、上诉制度的内涵及目的／436

（一）上诉制度的内涵／436

（二）上诉制度的目的／437

（三）小额的简单诉讼一审终审制／437

二、二审审理范围／438

（一）立法沿革及解读／438

（二）二审审理范围的界定／439

三、基本事实的把握／440

（一）当事人主体资格的事实／441

（二）案件性质的事实 / 441

（三）民事权利义务的事实 / 442

【拓展适用】

一、小额诉讼制度探讨 / 442

（一）保障当事人"接近正义"的机会平等 / 443

（二）有利于程序效益最大化 / 443

（三）符合费用相当性原则 / 444

二、小额诉讼程序的审理 / 445

（一）对诉讼请求变化的处理 / 445

（二）举证、答辩的简化 / 445

（三）审理过程的简化 / 447

三、附带上诉制度探讨 / 447

（一）平衡双方当事人的利益 / 448

（二）弥补不利益变更禁止原则弊端 / 448

（三）防止滥诉，便于息讼 / 448

四、二审期间当事人的撤诉 / 449

（一）撤回上诉和因和解而申请撤诉 / 449

（二）撤回起诉 / 450

【典型案例】中国××银行哈尔滨市太平支行与哈尔滨某奶牛有限责任公司、哈尔滨 A 集团股份有限公司、哈尔滨 B 会计师事务所有限公司借款合同纠纷案 / 451

第十九章　再审的范围

规则 29：当事人超出原审范围增加、变更的诉讼请求，原则上不属于再审审理范围 / 457

【裁判规则】

【规则理解】

一、关于原审范围的界定 / 457

二、再审范围的确定 / 458

【拓展适用】

一、大陆法系代表国家民事再审事由的比较法研究 / 463
  （一）德国 / 463
  （二）日本 / 464
  （三）法国 / 465
  （四）比较与分析 / 465
二、再审程序中当事人申请再审事由、提出的理由与诉讼请求的区分 / 465
三、终结再审审查程序与终结再审审理程序 / 467
  （一）终结再审审查程序 / 467
  （二）终结再审审理程序 / 469

【典型案例一】某省福利彩票发行中心与北京某科技发展有限责任公司营销协议纠纷案 / 471

【典型案例二】建筑安装公司诉房地产开发公司、张某增建设工程施工合同纠纷案 / 480

规则 30：再审应当限于原审的审理范围，而不能超出原审范围进行裁判 / 481

【裁判规则】

【规则理解】

一、审判监督程序与再审程序的概念辨析 / 481
二、民事再审之诉的诉讼标的 / 482
  （一）二元诉讼标的说 / 482
  （二）一元诉讼标的说 / 483
三、民事再审之诉的对象 / 483
  （一）针对生效判决的再审 / 484
  （二）针对生效裁定的再审 / 486
  （三）针对民事调解书的再审 / 487

【拓展适用】

一、审判监督程序的衡平价值 / 488
  （一）裁判的公正性与裁判的稳定性的衡平价值 / 488
  （二）裁判的公正性与诉讼效率的衡平价值 / 488
  （三）实体正义与程序正义的衡平价值 / 488

【拓展案例】王某与卢某、某集团、第三人房地产开发公司民间借贷纠纷案 / 490

二、民事诉讼法解释对检察监督范围的规定 / 495

  （一）对检察机关依职权监督的解释 / 495

  （二）关于国家利益、社会公共利益 / 496

  （三）对检察机关不可以监督范围的解释 / 496

【典型案例】中国有色金属工业某勘察设计研究院与海南省 A 房地产开发公司长沙公司、海南省 A 房地产开发公司合作建房合同纠纷案 / 497

第二十章　调解书的再审

规则 31：人民法院发现已生效的调解书确有错误，认为必须进行再审的，可以按照审判监督程序进行再审 / 502

【裁判规则】

【规则理解】

一、法院调解的内涵及特点 / 502

  （一）法院调解的内涵 / 502

  （二）诉讼调解的特点 / 502

二、诉讼调解的基本原则 / 503

  （一）自愿原则 / 503

  （二）合法原则 / 504

  （三）事实清楚、分清是非原则 / 504

三、人民法院对确有错误的生效调解书依职权再审 / 504

  （一）对"确有错误"的把握 / 504

  （二）对人民法院依职权再审生效调解书的制度评价 / 505

  （三）人民法院依职权对调解书再审的限制 / 506

【拓展适用】

一、人民检察院对生效调解书的监督 / 507

  （一）检察监督的法定范围 / 507

  （二）不属于检察监督范围的理由 / 508

二、人民检察院对生效调解书的监督方式 / 509

  （一）抗诉 / 509

（二）检察建议 / 509

（三）抗诉与检察建议的区别 / 510

【典型案例】武汉 A 劳动服务公司与 B 公司返还财产纠纷案 / 510

第二十一章　案外人申请再审

规则 32：案外人可以通过另行提起诉讼解决其与案件一方当事人之间的债权债务关系的，其不能就该事项申请再审 / 517

【裁判规则】

【规则理解】

一、民事诉讼法关于案外人申请再审权利的规定 / 517

二、对案外人申请再审条件的理解 / 518

（一）案外人申请再审必须以提出执行异议为前提条件 / 518

（二）案外人必须在法定期限内申请再审 / 519

三、民事再审案件案外人的诉讼地位 / 519

四、当事人的权利义务受让人不属于可以申请再审的案外人 / 520

【拓展适用】

一、生效调解书的效力 / 520

二、调解书的再审事由 / 521

三、第三人撤销之诉与案外人申请再审制度的关系 / 522

四、执行异议之诉、第三人撤销之诉、案外人申请再审三种诉讼制度的区别与联系 / 524

【典型案例】兰州 A 农垦食品有限公司与林某、郑州 A 食品有限公司债务纠纷案 / 524

第二十二章　执行强制管理

规则 33：人民法院在执行中为保障抵押物的正常经营，可委托相关机构对其进行托管 / 528

【裁判规则】

【规则理解】

一、执行强制管理的内涵及法律特征 / 528

　　（一）执行强制管理的含义 / 528

　　（二）强制管理的法律特征 / 529

　　（三）强制管理的适用条件 / 529

二、强制管理的执行程序 / 530

　　（一）强制管理执行程序的启动 / 530

　　（二）强制管理人的选定 / 530

　　（三）强制管理的执行裁定 / 531

　　（四）强制管理的终结 / 531

【拓展适用】

一、委托管理协议 / 532

　　（一）委托管理协议的订立主体 / 532

　　（二）管理人的权利和义务 / 532

二、处理委托管理协议应当注意的事项 / 533

　　（一）管理期限的确定 / 533

　　（二）委托管理协议终止的处理 / 534

【典型案例】A 银行、A 银行东京分行、B 银行、C 银行、D 银行与某饭店有限公司仲裁裁决执行案 / 534

第二十三章　执行和解

规则 34：一方当事人不履行或不完全履行和解协议的，另一方当事人可以申请人民法院执行生效判决 / 536

【裁判规则】

【规则理解】

一、执行和解的内涵 / 536

二、执行和解协议成立的条件 / 536

　　（一）执行和解协议成立的条件 / 536

　　（二）司法实践中应当注意的问题 / 537

三、执行和解的法律效力 / 538

　　（一）程序上的效力 / 539

（二）实体上的效力 / 540

四、执行和解与诉讼和解的区别 / 540

五、原生效法律文书的恢复执行 / 542

（一）恢复执行的条件 / 542

（二）恢复执行后的处理 / 544

【拓展适用】

一、执行和解协议的性质 / 546

二、执行和解协议的执行力 / 548

（一）执行和解协议是否具有执行力问题 / 550

（二）合法有效的和解协议能否直接被赋予强制执行效力问题 / 550

（三）和解协议能否由法律直接赋予执行力问题 / 551

三、执行和解协议的可诉性 / 552

（一）从和解协议的性质上分析 / 552

（二）从诉的要素上分析 / 554

（三）从法律规定上分析 / 555

（四）从司法实践上分析 / 555

四、执行和解中的担保 / 557

（一）含义 / 557

（二）担保协议的效力 / 557

（三）担保人履行担保责任后的追偿 / 557

五、执行和解协议中第三人担保不能将其追加为被执行人 / 558

六、执行和解与执行担保竞合时担保人的法律责任 / 560

七、对和解协议达成前已采取强制执行措施的处理 / 561

【典型案例】吴某与纸业公司买卖合同纠纷案 / 561

第二十四章 股权的执行

规则35：人民法院可依法强制公司收购控股股东的公司股份，并以收购款顶抵控股股东所欠公司债务 / 563

【裁判规则】

【规则理解】

一、股权强制执行的法理分析 / 563

  （一）股权的性质 / 563

  （二）股权的可执行性 / 565

二、执行股权的原则 / 566

三、执行股权的措施 / 567

  （一）股票的扣押、冻结 / 568

  （二）股票的变价 / 570

四、股权的强制转让 / 572

  （一）对被执行人在有限责任公司股权的转让 / 572

  （二）对被执行人在股份有限公司中股权的转让 / 572

  （三）对被执行人在中外合资、合作经营企业股权的转让 / 573

  （四）对被执行人在独资企业中股权的转让 / 573

  （五）对一人有限责任公司中股权转让 / 574

五、公司收购股份的强制 / 574

六、实体法中对股份转让的限制性规定不适用于强制执行 / 575

【拓展适用】

一、对空股股权的执行 / 576

  （一）空股股权的含义 / 576

  （二）空股股权的特征及可执行性分析 / 576

  （三）对空股股权执行中应当注意的问题 / 577

二、对隐名股权的强制执行 / 577

  （一）隐名股权的含义 / 577

  （二）有关隐名股权的规定 / 578

  （三）隐名股权的强制执行 / 578

  （四）执行隐名股权应注意的问题 / 578

三、严格规范上市公司股票冻结 / 579

  （一）严禁超标的冻结 / 579

  （二）可售性冻结 / 579

  （三）已质押股票的冻结 / 580

四、强制执行股权的若干问题 / 581

  （一）股权冻结的方法及效力 / 581

（二）股权的评估、变价程序 / 584

（三）股权拍卖的几类特殊情形 / 585

（四）股权作为诉争标的物时的执行规则 / 588

【典型案例】江苏省无锡市 A 房地产经营公司、上海 B 国有资产投资管理有限公司与广东 D 集团股份有限公司强制收购持有的股份以抵顶其债务执行案 / 588

第二十五章　公证债权文书的执行

规则 36：人民法院处理不予执行公证债权文书的案件，应当审查公证债权文书的内容是否确有程序和实体错误 / 592

【裁判规则】

【规则理解】

一、赋予强制执行力的公证债权文书的内涵 / 592

二、赋予强制执行力的公证债权文书的条件和范围 / 593

（一）赋予强制执行力的公证债权文书的条件 / 593

（二）公证机关赋予强制执行力的债权文书的范围 / 593

三、公证债权文书的执行启动 / 594

（一）申请执行的主体 / 594

（二）执行证书 / 594

（三）申请执行的期限 / 595

（四）执行管辖法院 / 596

四、公证债权文书执行的实施 / 596

（一）对公证债权文书的审查 / 596

（二）执行通知 / 597

（三）执行措施 / 597

【拓展适用】

一、公证债权文书的裁定不予执行 / 597

二、公证债权文书执行中的案外人异议 / 598

（一）案外人对公证债权文书提出异议 / 598

（二）案外人对执行标的提出异议 / 598

三、公证债权文书与生效裁判的执行冲突 / 598

四、公证债权文书执行错误的法律责任 / 599

  （一）执行根据错误的损失承担 / 599

  （二）执行行为错误的损失承担 / 600

五、赋予强制执行力的担保合同公证债权文书的执行 / 600

六、具有强制执行效力的公证债权文书可诉性的限度 / 601

  （一）具有强制执行效力的公证债权文书可诉性的不同认识 / 601

  （二）强制执行公证债权文书可诉性的限制条件 / 603

七、公证债权文书裁定不予执行后的复议救济 / 606

【典型案例】重庆 A 房地产开发有限公司与重庆 B 资产管理有限公司、重庆 D 房地产发展有限公司执行裁定复议案 / 607

第二十六章　优先权的执行

规则 37：被执行人与其他人将债权人享有优先受偿权的工程等资产变更至新建公司名下，侵犯工程价款优先债权人的合法权益，执行法院有权追加其他人和新建公司为被执行人 / 611

【裁判规则】

【规则理解】

一、建设工程价款优先受偿权的内涵及立法目的 / 611

  （一）建设工程价款优先受偿权的内涵 / 611

  （二）建设工程价款优先受偿权的立法目的 / 612

  （三）对《最高人民法院关于商品房消费者权利保护问题的批复》的把握 / 612

二、建设工程价款优先受偿权的性质 / 614

三、对侵害建设工程价款优先受偿权行为的认定 / 615

四、被执行人的追加及法律特征 / 616

  （一）被执行人的追加 / 616

  （二）被执行人追加的法律特征 / 617

【拓展适用】

一、执行竞合中的优先受偿权 / 617

（一）执行竞合 / 617

（二）执行竞合优先受偿的具体形态 / 618

二、关于未经依法清算即被注销公司的股东在执行程序中能否直接追加为被执行人的问题 / 620

三、关于涉夫妻一方为被执行人案件能否直接追加另一方为被执行人的问题 / 622

（一）司法实践中的不同观点 / 622

（二）追加配偶为被执行人的条件 / 623

（三）不宜直接追加配偶为被执行人的理解 / 624

【典型案例】吉林 A 房地产开发有限公司申诉案 / 626

第二十七章　仲裁协议与仲裁裁决

规则 38：当事人在合同中明确约定发生纠纷通过仲裁方式解决的，当事人均应受该合同条款的约束 / 628

【裁判规则】

【规则理解】

一、仲裁协议法律效力的含义 / 628

（一）对当事人的法律约束力 / 629

（二）对仲裁机构和仲裁庭的法律约束力 / 629

（三）对法院的法律约束力 / 630

二、仲裁协议有效性的判定 / 630

（一）有效仲裁协议必须具备的要素 / 630

（二）仲裁协议的无效情形 / 632

【拓展适用】

一、仲裁当事人的含义 / 633

二、仲裁当事人的权利与义务 / 633

（一）仲裁当事人的权利 / 633

（二）仲裁当事人的义务 / 634

三、仲裁当事人的特征 / 634

四、仲裁当事人的变更 / 634

（一）当事人消亡 / 634

　　（二）合同转让 / 635

五、关于仲裁第三人 / 635

六、申请撤销仲裁裁决和申请不予执行仲裁裁决重复救济的禁止 / 637

【典型案例】江苏省物资集团 A 总公司与（香港）B 集团有限公司、（加拿大）C 发展有限公司侵权损害赔偿纠纷案 / 638

规则 39：当事人约定仲裁管辖必须有明确的意思表示并订立仲裁协议，仲裁条款也只在达成仲裁协议的当事人之间产生法律效力 / 640

【裁判规则】

【规则理解】

一、仲裁协议的内涵与法律特征 / 640

　　（一）仲裁协议的含义 / 640

　　（二）仲裁协议的法律特征 / 641

二、仲裁协议的形式与内容 / 641

　　（一）仲裁协议的形式 / 641

　　（二）仲裁协议的内容 / 643

【拓展适用】

一、对仲裁权的理解 / 643

二、仲裁权的法律特征 / 644

　　（一）意思自治是仲裁权的根本原则 / 644

　　（二）公正性是仲裁权的必然要求 / 644

　　（三）民间性是仲裁权的本质特征 / 644

　　（四）赋予仲裁裁决强制执行力 / 645

三、仲裁权的构成 / 645

　　（一）仲裁权主体 / 645

　　（二）仲裁权客体 / 645

　　（三）仲裁权内容 / 646

　　（四）仲裁权的法律关系 / 646

四、仲裁裁决不予执行程序的性质及其救济 / 647

　　（一）仲裁裁决不予执行程序的性质 / 647

（二）不予执行仲裁裁决或者驳回不予执行仲裁裁决裁定的救济 / 647

五、仲裁裁决不予执行后，特殊情形下，上级人民法院可再监督 / 649

【典型案例】苏州 A 置业有限公司、苏州市 B 担保有限责任公司、苏州市某金属材料有限公司、苏州市某黑色金属材料有限公司、徐某与某市百货总公司、江苏 C 集团公司资产转让合同纠纷案 / 650

规则 40：当事人签订多个合同，未约定仲裁条款的合同发生争议形成诉讼的，人民法院有权管辖 / 654

【裁判规则】

【规则理解】

一、仲裁协议纠纷或裁或审制度的内涵 / 654

二、仲裁协议纠纷案件管辖权的基础 / 655

三、仲裁协议纠纷或裁或审制度的适用 / 656

四、仲裁的受理 / 656

　　（一）立案审查 / 656

　　（二）受理的法律效力 / 656

五、仲裁裁决 / 657

　　（一）裁决结果和依据 / 657

　　（二）仲裁裁决的证据效力 / 657

【拓展适用】

一、一裁终决制度 / 657

二、仲裁裁决的撤销 / 658

　　（一）仲裁裁决撤销程序的性质及效力 / 658

　　（二）仲裁裁决撤销的事由 / 659

　　（三）撤销仲裁裁决的程序 / 660

三、重新仲裁 / 660

　　（一）重新仲裁的内涵 / 660

　　（二）重新仲裁的适用条件 / 661

四、对撤销仲裁裁决或者指令重审的裁定不得上诉和再审 / 661

　　（一）部分国家和地区对于撤销仲裁裁决的裁判允许上诉 / 661

（二）我国法律规定撤销仲裁裁决或者指令重审的裁定不得上诉和再审 / 661

五、对驳回撤销仲裁裁决申请的裁定不能再审 / 662

（一）当事人对驳回撤销仲裁裁决申请的裁定不能申请再审 / 662

（二）人民法院不能依职权启动对驳回撤销仲裁裁决申请裁定的再审 / 664

【典型案例】某电子有限责任公司、某机器翻译有限公司与某市科技风险投资有限公司、谢某、张某、仇某、黄某合作协议纠纷案 / 666

第二十八章　瑕疵仲裁协议的效力

规则 41：仲裁协议对仲裁事项或者仲裁机构没有约定或者约定不明确的，当事人可以通过补充协议约定；达不成补充协议的，仲裁协议无效。当事人向有管辖权的人民法院提起诉讼，人民法院应当受理 / 677

【裁判规则】

【规则理解】

一、瑕疵仲裁协议的内涵 / 677

二、瑕疵仲裁协议的补救 / 678

（一）对仲裁事项没有约定或约定不明的补救 / 678

（二）对仲裁委员会没有约定或约定不明的补救 / 678

（三）对既选择仲裁又选择诉讼的仲裁协议的补救 / 679

三、瑕疵仲裁协议的补救方式 / 679

（一）当事人自行补充完善仲裁协议 / 679

（二）仲裁机构协助当事人补充完善仲裁协议 / 679

（三）人民法院督促当事人补充完善仲裁协议 / 680

【拓展适用】

一、仲裁协议生效要件的含义 / 680

二、仲裁协议生效要件的内容 / 680

（一）主体要件 / 680

（二）形式要件 / 680

（三）实质要件 / 681

三、仲裁协议无效的情形 / 682

四、仲裁机构确认仲裁协议有效对人民法院以仲裁协议无效为由裁定不予执行的影响 / 683

【典型案例】景德镇市 A 实业有限公司与景德镇 B 置业有限公司商品房买卖合同纠纷案 / 683

第二十九章　涉外仲裁

规则 42：涉外合同中当事人约定适用于解决合同争议的准据法，不能用以判定仲裁条款的效力 / 688

【裁判规则】

【规则理解】

一、涉外合同中仲裁协议独立性内涵及法律特征 / 688

（一）仲裁协议独立性的内涵 / 688

（二）仲裁协议独立性的法律特征 / 689

二、仲裁条款独立性的相关立法情况 / 689

（一）域外立法情况 / 689

（二）国内立法情况 / 690

三、仲裁协议独立性在适用中应注意的问题 / 690

（一）主合同转让、变更或解除、终止情况下仲裁协议的独立性 / 690

（二）主合同无效情况下仲裁协议的独立性 / 691

【拓展适用】

一、涉外仲裁的内涵及涉外因素的认定 / 691

（一）涉外仲裁的含义 / 691

（二）涉外因素的认定 / 692

二、涉外仲裁协议界定的不同标准 / 692

（一）以主体或仲裁地含有国际因素为标准 / 693

（二）以争议的性质为标准 / 693

（三）混合标准 / 693

三、涉外仲裁协议的法律适用 / 693
    （一）确定仲裁协议准据法的理论与方法 / 693
    （二）我国对仲裁协议准据法的确定 / 694
四、人民法院对涉外仲裁裁决处理的程序 / 695
    （一）撤销仲裁裁决的审理程序 / 695
    （二）仲裁裁决撤销的审查程序 / 696
【典型案例一】A 有限公司、深圳市 B 商业投资控股有限公司申请确认仲裁协议效力案 / 697
【典型案例二】中国 A 集团有限公司、北京 B 有限责任公司与 C 投资发展有限公司、香港 B 科技发展有限公司借款担保合同纠纷案 / 704

第三十章　刑民交叉案件的处理程序

规则 43：人民法院审理当事人之间的合同关系，当事人仅以经手人涉嫌犯罪为由主张中止案件审理的，人民法院不予支持 / 709

【裁判规则】
【规则理解】
一、刑民交叉案件的内涵及类型 / 709
    （一）刑民交叉案件的内涵 / 709
    （二）刑民交叉案件的类型 / 709
二、刑民交叉案件的处理原则 / 711
三、处理刑民交叉案件应注意的几个程序性问题 / 711
    （一）关于应当按照民商事纠纷立案而不立案的问题 / 711
    （二）关于不当驳回当事人起诉的问题 / 712
    （三）关于对侦查过程中的证据材料是否应当质证和采信的问题 / 712
    （四）民刑交叉案件中民商事案件中止审理的条件 / 712
    （五）涉众型经济犯罪与民商事案件的程序处理 / 712

【拓展适用】
一、"先刑后民"不是一项诉讼基本原则 / 713

（一）"先刑后民"的含义 / 713

（二）"先刑后民"不是一项司法原则 / 713

（三）"先刑后民"的适用标准 / 714

二、适用"先刑后民"应当注意的问题 / 714

（一）人民法院要掌握最终审查确认权 / 715

（二）要树立"刑"与"民"无先后、优劣之分的观念 / 715

（三）针对个案进行具体情况具体分析 / 715

（四）关注司法效率的提高 / 715

（五）处理方法得当 / 715

【典型案例】郭某与天津石油集团 A 石油有限公司、B 石化有限公司天津分公司买卖合同纠纷案 / 716

规则 44：自然人、法人或其他经济组织因同一行为，同时涉及民商事纠纷和犯罪嫌疑的，应分别审理 / 720

【裁判规则】

【规则理解】

一、刑民交叉案件中"不同法律事实""同一事实""关联事实"的界定 / 720

（一）刑民交叉案件中"不同法律事实"的界定 / 720

（二）刑民交叉案件中"同一事实"的界定 / 720

（三）刑民交叉案件中"关联事实"的界定 / 721

二、个人涉嫌犯罪与单位承担民事责任的关联 / 721

（一）个人涉嫌犯罪与单位承担民事责任的依据 / 721

（二）个人涉嫌犯罪与单位承担民事责任案件的主要情形 / 722

三、个人涉嫌犯罪与单位承担民事责任案件的处理方式 / 723

【拓展适用】

一、移送处理的内涵及特点 / 724

二、移送处理的条件 / 724

（一）民事案件应当已经由法院受理 / 724

（二）应当具备一定关联性 / 724

（三）具有犯罪嫌疑线索和材料 / 725

三、移送处理对人民法院审理民事案件的影响 / 725

四、法院将犯罪线索移送后对民事案件的处理 / 725
　　（一）全案移送后的处理 / 725
　　（二）部分移送后的处理 / 726
【典型案例】北京某中医药科技发展中心与广东某实业集团有限公司
　　　　　　一般股权转让侵权纠纷案 / 727

规则 45：民事案件的审理并不必须以刑事案件的审理结果为依据的，无须中止审理 / 733

【裁判规则】
【规则理解】
一、犯罪行为对民事合同效力的影响 / 733
　　（一）合同效力的内涵 / 733
　　（二）犯罪行为对民事合同效力产生影响的情形 / 733
　　（三）对刑民交叉案件的处理方式 / 734
二、民事欺诈行为与刑事诈骗行为的区别 / 735
三、实践中常见的可能影响合同效力的几类案件 / 736

【拓展适用】
一、刑事附带民事诉讼的特性 / 736
二、提起刑事附带民事诉讼的条件 / 736
三、刑事附带民事诉讼与刑民交叉案件处理方式比较 / 737
四、刑事案件未经追赃对民商事案件受理和审理的影响 / 737
　　（一）刑事案件未经追赃影响民商事案件的受理 / 737
　　（二）民事案件因未经追赃而应中止审理 / 738

【典型案例】吴某与陈某、王某及德清县某房地产开发有限公司民间
　　　　　　借贷、担保合同纠纷案 / 738

第一章　民事纠纷的可诉性

> **规则1：投资者以交易所审核创设证券衍生产品违规为由而提起的民事侵权之诉，具有可诉性**
> ——邢某与某证券交易所权证交易侵权纠纷案[①]

【裁判规则】

证券衍生产品具有不同于股票交易的特点。证券衍生产品发行后，符合一定条件的机构经交易所审核可创设。投资者以交易所审核证券衍生产品违规为由而提起的民事侵权之诉，具有可诉性。

【规则理解】

一、民事纠纷可诉性内涵

纠纷的可诉性即纠纷的可司法性，它是指民事纠纷发生后，纠纷主体可以将其诉诸司法的属性，或者说纠纷可以被诉诸司法因而能够通过司法最终解决的属性。[②] 从法律概念所涵盖的具体内涵角度观察，民事纠纷可诉性问题与民事案件受理问题并无实质性的概念差异。但是二者解释的出发点有着本质的不同，前者立足于当事人诉的利益保护，探究的是当事人诉讼利益保护范畴；后者着眼于司法职权的确立与司法秩序的规范，体现的是司法功能主义与职权主义思想。

二、权证的内涵

（一）权证的概念

权证是指标的证券发行人或其以外的第三人发行的，约定持有人在规定期间内或者特定到期日，有权按约定价格向发行人购买或者出售标的证券，或以现金结算方式收取结算差价的有价证券。权证是发行人与持有人之间的一种契

---

① 载《中华人民共和国最高人民法院公报》2010年第7期。
② 刘敏：《裁判请求权研究》，中国人民大学出版社2005年版，第154页。

约，持有人有权在某一约定时期或者约定时间段内，以约定价格向权证发行人购买或出售一定数量资产（如股票）或权利。购买股票的权证称为认购权证，出售股票的权证称为认售权证（也称认沽权证）。权证的价值由两部分组成：一是内在价值，即标的股票与行权价格的差价；二是时间价值，代表持有者对未来股价波动带来的期望与机会。在其他条件相同的情况下，权证的持续期间越长，权证的价格越高。

（二）权证的特点

权证产品属新型证券衍生品种，具有不同于股票交易的特点。权证实质反映了发行人与持有人之间的一种契约关系，持有人向发行人支付一定数量的价金以后，就从发行人那里取得一种权利，这种权利使得持有人可以在未来某一特定日期或特定期间内，以约定的价格向权证发行人购买或者出售一定数量的资产。除非合同有明确约定，权证持有人对于标的证券发行人和权证发行人的内部管理和经营决策没有参与权。权证赋予权证持有人的是一种选择的权利而不是义务，权证持有人可以根据市场情况自主选择是否行权，而无需承担任何违约责任。

三、证券交易所审核证券衍生产品创设的监管行为具有民事诉讼的可诉性

权证的创设是指权证上市交易后，由有资格的机构提出申请的、与原有权证条款完全一致的增加权证供应量的行为。在符合有关证券交易所管理规定的前提下，合格的机构可以就已上市交易的权证，创设同种权证。

权证的发行和交易行为可纳入证券法的调整范围。根据《证券法》第96条第1款的规定，证券交易所是为证券集中交易提供场所和设施，组织和监督证券交易，实行自律管理的法人。我国的证券交易实行的是会员制，根据《证券法》第105条的规定，进入证券交易所参与集中交易的，必须是证券交易所的会员。证券衍生产品交易属于证券交易的一种，因此根据《证券法》以及证券交易所的有关管理办法规定，证券衍生产品交易同样需要在证券交易所内进行。由于一般的普通投资者只能通过证券交易所会员进场交易，一般的投资者与证券交易所之间不存在直接的交易合同关系。交易所仅为证券交易提供平台和中介服务，因交易发生损失，证券交易所对投资者不承担契约上的义务。如果一般的投资者基于契约法上的义务提起违约之诉，其诉请将被驳回。但是，如果一般的投资者基于《证券法》上规定的"证券交易所对于证券交易行为的管理义务"提起的侵权之诉，因提起侵权之诉的原告不受主体限制，则符合民事诉讼的受理要件，人民法院可以受理。

有关证券衍生产品权证产品的发行和交易，截至目前还没有专门的法律或行政法规出台，只有证券交易所根据《证券法》和证监会的授权所制订的业务规则，一般称为"权证管理暂行办法"。该类暂行办法对权证的发行、上市、交易以及行权等作出了规范。并且明确了"对权证的发行、上市、交易、行权及信息披露进行监管"[①]。从体系解释方法看，有关权证创设的规定一般位于此类暂行办法的"交易"章节中，属于有关交易的特别规定，应当理解为属于证券交易所进行监管的范围。实践中，具体的权证创设规则也是由证券交易所根据"权证管理暂行办法"的规定在某一具体的权证产品的上市公告中予以确定。因此，如本案例中证券交易所对于权证创设的监管行为系证券交易所根据国务院证券监管部门批准的业务规则进行的自律监管行为，证券交易所的监管行为如果违反法律规定和其业务规则，一般的投资主体可以对证券交易所提起民事侵权诉讼。

【拓展适用】

一、影响民事纠纷可诉性的因素

（一）司法的本质属性因素

无论是在立法优位国家还是在司法优位国家，纠纷可诉性的范围都将受到司法本质属性的限制。司法的本质属性是指，在具有对立性的双方有关纠纷事实以及法律上的利益发生纠纷，需要由居于无利害关系的国家司法机关，适用法律规则、按照法律程序解决纠纷，以实现法的国家作用的一种纠纷解决机制。司法的本质属性决定了有关事实性质的争议以及非法律性质的政治、道德等领域的争议，将被排除在纠纷可诉性范围之外。司法仅仅是解决矛盾纠纷的一种方式与途径，而不是解决矛盾纠纷的唯一途径，司法与其他解决方式共同发挥着作用。同时也应当看到，司法与其他解决方式之间的界限并非一成不变、泾渭分明，在不同的国家之间、在同一国家的不同历史时期，司法发生作用的领域总是处于不断变化当中。

（二）司法在国家权力体系中的地位与作用因素

为避免权利不会在公权力之间的相互争夺或相互推诿中遭受损害或落空，权力分工制约的技术进一步划定了司法权在国家权力结构中的具体份额，这一份额取决于政府和社会对司法权的依赖程度及其为之提供的资源支持，并反过

[①] 《深圳证券交易所权证管理暂行办法》第4条规定："本所对权证的发行、上市、交易、行权及信息披露进行监管，中国证监会另有规定的除外。"

来决定着审判权在承担社会冲突解决方面的能力。① 我国司法机关要接受立法机关监督，并向其汇报工作。

（三）特定社会发展阶段因素

司法本质上具有被动属性，但同样不可避免地要回应当下的社会问题。特定的社会发展阶段，会出现不同的社会矛盾纠纷，大量的社会矛盾纠纷会以不同的民事案件诉讼到司法机关。在社会发展速度加快、矛盾纠纷加剧的时期，各方利益主体势必将矛盾纠纷诉求于司法机关，司法机关为了回应社会的"新需求与新期待"，其所受理的民事纠纷案件必然增多；反之，司法机关面对的民事纠纷案件则呈现减少的趋势。这也是影响民事纠纷可诉性的一个因素。

（四）司法能动主义与司法者主观因素

徒法无以自行，司法的作用与司法者的主观能动性紧密相关。所谓司法能动，又称为司法积极主义，其基本宗旨就是法官应该审判案件，而不是回避案件，并且要广泛地利用他们的权力，尤其是通过扩大平等和个人自由的手段去促进公平。② 考察当代各国司法状况，似乎司法能动主义成为主流，但其出发点却各有不同，无论是出于司法扩张的内在动力驱使，还是出于发挥司法机关与司法者自身作用的工具主义需要，司法能动的一个必然后果就是导致民事纠纷可诉性范围的扩大。

二、确定民事纠纷可诉性范围的原则

（一）遵循司法自身规律

司法具有被动性。与其他矛盾纠纷解决方式相比，司法具有程序性、法律性以及国家意志性。民事纠纷种类繁多，数量庞大，何种民事纠纷能够或者说应当纳入司法调整，既关系到国民的基本权利保障，也关系到司法本身的定位。江必新在分析行政诉讼案件受理标准的时候，总结了社会各界提出的以下几个标准问题，即"治理标准"与能动主义取向、"需求标准"与服务主义取向、"能力标准"与实用主义取向、"利害标准"与功利主义取向等。③ 在民事纠纷的受理标准问题上，上述总结同样存在，也各有一定的影响。上述四个标准，都可能成为确定民事纠纷可诉性范围的标准。但是，上述标准的确立，其必然

---

① 傅郁林：《民事诉讼要件与审查程序》，载《人民法院报》2005年9月28日。
② [美] 克里斯托弗·沃尔夫：《司法能动主义——自由的保障还是安全的威胁》，黄金荣译，中国政法大学出版社2004年版，第3页。
③ 江必新：《论行政案件的受理标准》，载《法学》2009年第6期。

结果就是"选择性司法",而权利能否得到司法保障、权力能否受到司法监督、矛盾能否通过司法化解,都不再具有可预测性。[1] 有鉴于此,我们赞同在民事纠纷可诉性问题上采取"法律标准"与法治主义取向,就是在遵循司法自身规律的前提下,严格依法受理民事纠纷案件,法律规定应当受理的就受理,不应当受理的则不受理,这才是科学的、妥当的选择。

(二) 坚持审慎受理原则

在我国立法优位的体制下,司法必然带有功能主义特征。一方面,司法迫于维护稳定之需求,不得已受理了大量的其他机关不愿意处理和解决的矛盾纠纷;另一方面,针对社会矛盾调整过程中新出现的关乎国民基本权利的矛盾纠纷,司法机关出于工具主义的退缩,又不敢受理,无法将其纳入自身的调整范围。上述两种倾向,都实质性地影响到了司法机关的权威性。有鉴于此,司法机关目前的着眼点应当放到自身功能的合理定位上面,不必急于过度发挥自身的工具作用,在民事纠纷可诉性这一重大司法问题上,似宜坚持审慎受理的原则。

(三) 注重完善相关配套措施

民事纠纷可诉性范围与司法机关正常运转、司法效率的提高同样具有很大的关联性。司法机关片面扩大民事纠纷可诉性范围,同时大量的矛盾纠纷积压在司法机关内部迟迟得不到解决,同样是不可容忍的。解决民事纠纷可诉性问题,应当把提高司法效率、合理设置审判程序等问题一并纳入考量的范围。例如,可以借鉴英美法系诉前或者庭外和解制度,通过诉前或者庭外和解使得绝大多数民事纠纷得以解决,最终通过开庭裁判的案件仅仅是极少一部分。再如,充分发挥其他矛盾纠纷解决机制作用,不断完善诉讼与非诉讼矛盾纠纷解决机制的衔接,各个方面形成合力,共同解决当下大量出现的各类社会矛盾纠纷。

【典型案例】

邢某与某证券交易所权证交易侵权纠纷案

原告:邢某

被告:某证券交易所

[基本案情]

原告邢某因与被告某证券交易所(以下简称某交所)发生证券侵权纠纷,向上海市第一中级人民法院提起诉讼。

---

[1] 江必新:《论行政案件的受理标准》,载《法学》2009 年第 6 期。

原告邢某诉称：2005年11月22日，被告某交所在其网站及相关媒体发布《关于证券公司创设×钢权证有关事项的通知》（以下简称《创设通知》），该通知载明，经某交所同意，通知中国登记结算有限公司上海分公司在权证创设专用账户生成次日可交易的权证，该通知自2005年11月28日起施行。按此通知，创设权证最早上市时间应为2005年11月29日。但某交所却提前三天，在2005年11月25日发布公告，称已同意批准券商创设11.27亿份×钢认沽权证。该批创设的权证于2005年11月28日上市交易，该提前添量创设行为使原告持有115000份×钢认沽权证失去交易机会，由此而造成原告巨大亏损。某交所违规提前创设的行为是对投资者的欺诈，是造成投资者重大损失的直接原因，依法应当赔偿原告的损失。原告持有×钢认沽权证115000份，在2005年11月25日以涨停价1.86元收盘，因被告违规提前于11月28日创设，造成该权证连续跌停至1.09元，不仅导致原告至少一个涨停的一半的可得利益损失21390元（115000×1.86×10%），还导致原告直接损失88550元〔（1.86-1.09）×115000，即涨停收盘价减去连续跌停后的第一次卖出价之差再乘以持有的份额〕，同时在暴跌50%后又使原告间接损失20000元，故原告要求被告对上述损失予以全部赔偿，共计129940元（21390+88550+20000=129940），并以此笔损失资金为基础，被告还应赔偿原告在此轮大牛市的投资利息的至少六倍损失共计779640元（129940×6），并且随着行情的发展，被告承担的赔偿额也应相应增加。被告的侵权行为使被告获取大量的利益，而原告为主张权利而付出的诉讼费、差旅费、误工费、邮寄费、复印费、取证费、鉴定费、律师费等费用均应由被告赔偿。基于以上事实和理由，原告请求：一、确认在2005年11月25日首次创设×钢认沽权证时某交所的提前创设行为是违法、违规、欺诈及操纵市场的过错行为，并且确认被告的过错行为与原告所受损失存在直接的因果关系，判令被告依法承担赔偿责任；二、判令被告依法赔偿原告因被告的过错行为导致原告持有的115000份×钢认沽权证突然失去卖出机会而造成的直接损失129940元；三、判令被告赔偿原告因第二项诉讼请求所判令的直接损失129940元的股资被被告占用所导致的直到本案执行前的行情经营损失779640元，同时确认该项损失数额随行情的发展而相应地增加；四、判令被告承担案件受理费、律师费、差旅费、误工费、邮寄费、复印费、取证费、鉴定费等一切诉讼费用。

上海市第一中级人民法院一审查明：2005年11月16日，××钢铁（集团）公司（以下简称×钢集团）发布《关于××钢铁股份有限公司普通股股票认购权证和认沽权证上市公告书》（以下简称×钢权证上市公告书），其中关于认沽权证的发行，公告称，本次发行备兑认沽权证47400万份，权证存续期间为2005年11月23日至2006年11月22日，权证行权日为2006年11月16日至2006年11月22日，上市时间为2006年11月23日，标的证券简称"×钢股份"，行权价为3.13元，行权比例为1∶1，结算方式为股票给付方式。

截至2005年11月25日，经中国证券业协会评审，中信证券等13家证券公司取得从事相关创新活动的试点资格。2005年11月21日，被告某交所发布《关于证券公司创设×钢权证有关事项的通知》，通知称，取得中国证券业协会创新活动试点的证券公司（以下简称创设人）可按照本通知的规定创设权证，创设人创设的权证应与×钢认购或认沽权证相同，并使用同一交易代码和行权代码。创设认沽权证的创设人应在中国登记结算有限责任公司上海分公司（以下简称中国结算上海分公司）开设权证创设专用账户和履约担保资金专用账户，并在履约担保资金专用账户全额存放现金，用于行权履约担保。创设人应将上述账户报某交所备案。创始人向某交所申请创设权证的，应提供中国结算上海分公司出具的其已提供行权履约担保的证明，经某交所审核同意，通知中国结算上海分公司在权证创设专用账户生成次日可交易的权证。权证创设后，创设人可向某交所申请注销权证，创设人每日申请创设或注销权证不得超过一次，每次创设或注销数量均不低于100万份。该通知自2005年11月28日起施行。2005年11月25日，被告某交所审核批准光大证券等十家券商创设×钢认沽权证的申请，总计创设×钢认沽权证共11.27亿份，定于2008年11月28日上市。2005年11月26日，十家券商在《证券时报》披露了上述创设权证的信息，《上海证券报》等媒体进行了相关报道。

×钢权证上市后，原告邢某在2005年11月24日、25日分别买入×钢认沽权证73100份（1.51元/份）、13100份（1.688元/份）、28600份（1.767元/份）、200份（1.806/份），累计买入×钢认沽权证115000份。创设权证上市后，同年11月30日，原告又买入×钢认沽权证100份，每份1.09元。至此，原告共计持有×钢认沽权证115100份，平均买入成本价为1.604元/份。2005年12月5日，原告卖出全部×钢认沽权证115100份，成交价为1.09元/份。此后，原告在×钢权证存续期间，又多次买入和卖出。另查明，原告除持有×钢认沽权证外，还对其他钢铁认购权证、认沽权证进行过多次交易，互有盈亏。

本案一审的争议焦点是：一、原告邢某作为投资者因投资权证产生损失以某交所作为被告提起侵权之诉是否具有可诉性；二、原告投资权证产生的损失与被告的监管行为是否存在法律上的因果关系，被告是否应当赔偿原告的交易损失。

〔一审裁判理由与结果〕

上海市第一中级人民法院一审认为：

一、关于本案的可诉性问题

权证产品系证券衍生产品，根据当时有效的《中华人民共和国证券法》第二条第三款的规定，证券衍生产品的发行、交易的管理办法，由国务院依照证券法的原则规定。① 依此规定，权证的发行和交易行为可纳入证券法的调整范围。证券法对证

---

① 2019年12月28日修订的《证券法》删除了该规定，相关内容由2022年4月20日公布的《期货和衍生品法》专门规定。

券交易所的性质和地位作了明确规定，根据证券法第一百零二条第一款①的规定，证券交易所是为证券集中交易提供场所和设施，组织和监督证券交易，实行自律管理的法人。根据证券法第一百一十条②的规定，进入证券交易所参与集中交易的，必须是证券交易所的会员。权证交易亦属于证券交易，亦应在证券交易所内进行。鉴于普通投资者系通过交易所会员进场交易，投资者与交易所之间不存在直接的交易合同关系，交易所仅仅为交易提供平台和中介服务，因交易发生损失，交易所对投资者不承担契约上的义务。本案原告邢某并非提起违约之诉，而是以被告某交所的审核券商创设权证违规为由提起的侵权之诉，根据《中华人民共和国民法通则》（以下简称民法通则）第一百零六条第二款③的规定，原告提起侵权之诉不受主体限制，人民法院可以受理。相对于民法通则而言，证券法系特别法，证券法中关于侵权行为的规定应当优先适用，证券法没有规定的，可以适用一般民法关于民事侵权的规定。关于权证产品的发行和交易，目前尚未有单行法律和行政法规出台，只有某交所根据证券法和证监会的授权制定的业务规则即《某证券交易所权证管理暂行办法》（以下简称权证管理办法）对权证的发行、交易等进行业务规范。而本案涉及的权证创设问题，也仅有权证管理办法第二十九条作了授权性规定，即对于已上市交易的权证，某交所可以允许合格机构创设同种权证。具体的权证创设规则也是由交易所根据权证管理办法的规定在某一具体的权证产品的上市公告中予以确定。因此，权证创设行为系证券交易所根据国务院证券监管部门批准的业务规则作出的履行自律监管行为，该行为如违反法律规定和业务规则，相关受众主体可以对交易所提起民事诉讼。根据以上分析，被告认为本案原告针对交易所的自律监管行为提起的诉讼不具可诉性的辩称，没有法律依据，不予采信。

二、关于原告邢某的交易损失与被告某交所的监管行为之间的因果关系问题

原告邢某认为，被告某交所在审核×钢认沽权证时存在违规、欺诈行为，具体表现在未按公告时间创设权证、创设权证严重超量等方面，这些行为直接导致了原告的交易损失，应当由被告进行赔偿。对此，法院认为，被告某交所系根据权证管理办法第二十九条的规定，审核合格券商创设×钢权证，该审核行为符合业务规则的具体要求，是被告履行证券法赋予其自律监管职能的行为，具有合法性。根据权证管理办法的有关权证发行的规定，具有权证创设资格、开设创设专用账户且提供履约担保资金的证券公司，在其认为权证价格高估时，可以创设权证，并在市场上卖出，增加权证的供给；在权证价格回归价值时，可以回购并注销权证，释放履约担保品。根据上述业务规程，被告在×钢权证上市前，就已经要求发行人在2005年11月18日

---

① 对应2019年《证券法》第96条。
② 对应2019年《证券法》第105条。
③ 对应《民法典》第120条、第1165条。

发布的公告中对有关创设权证对权证交易价格可能造成的影响予以特别提示。在2005年11月21日，×钢权证上市前两天，被告发布了关于证券公司创设×钢权证有关事项的通知，对权证创设的主体和相关程序进行了规定。2005年11月25日，申请创设×钢权证的券商完成了相关创设登记及担保手续，被告审核后向中国结算上海分公司发出了创设权证业务通知单，同意创设人在权证创设专用账户生成次日可交易的权证。同年11月26日，创设人对创设权证事项进行了披露，明确公布所创设的权证将于11月28日起上市交易。从上述权证创设的过程来看，被告履行了相关监管义务，其行为并无不当。虽然被告在创设权证的通知中载明"该通知自2005年11月28日实施"，但该表述并不表明创设权证只能在该日后即11月29日上市，该实施日即为上市日，故只要在11月28日前完成权证创设的相关手续，创设的权证即可上市交易。被告的上述审核行为符合权证创设的惯例，亦未违反业务规则的规定。原告认为被告允许十家券商提前创设×钢权证，没有事实依据，难以采信。

对权证交易进行监督和管理，是证券法赋予交易所的一项职能。在×钢认沽权证上市后，投资者对该权证进行了非理性的投机炒作，使得该权证严重背离内在价值。被告某交所为抑制这种过度炒作行为，及时审核创设人创设权证，通过增加权证供应量的手段平抑权证价格，其目的在于维护权证交易的正常秩序，作为市场的监管者，其核准创设权证的行为系针对特定产品的交易异常所采取的监管措施。该行为主观上并非出于恶意，行为本身也并非针对特定投资者，而是针对权证交易活动本身作出的普遍监管行为，是交易所的职责所在。就创设权证审核行为而言，被告的行为不符合侵权行为的基本要件，原告邢某主张被告侵犯其民事权利，依据不足。

原告邢某认为，被告某交所核准券商超量创设权证亦是造成原告交易损失的直接原因。对此，法院认为，证券交易所作为证券市场的一线监管者行使监管职能，必然会对相对人和社会产生一定的影响和效应。创设权证制度在我国属于一项金融创新制度，是基于股权分置改革的总体要求，结合股改权证的运行特点，借鉴成熟市场的类似做法产生的一种市场化的供求平衡机制。鉴于这项制度仍处于探索阶段，故在创设程序、创设品种、创设数量等方面尚无规范可循，在具体实施时创设人可以根据发行权证的具体情况自由决定实施方案，交易所仅对其资格和上市程序进行审查。对于创设权证的具体规模，业务规则本身亦无限制。虽然涉案认沽权证的创设量远远超出了最初的发行量，但权证管理办法对此并无禁止性规定，只能根据具体权证产品的交易情况和特点确定适当的数量，以达到供求平衡。本案中，原告在×钢认沽权证交易中的损失，虽与券商创设权证增加供给量存在关联，但在被告事先已履行必要的信息披露和风险揭示的情况下，原告仍然不顾风险贸然入市，由此造成的交易风险与被告履行市场监管行为不存在必然的、直接的因果关系，故原告要求被告赔偿权证交易差价损失和可得利益损失，没有法律依据，不予支持。

综上，原告邢某对被告某交所提起侵权损害赔偿的请求，没有事实和法律上的依据，法院不予支持，原告应自行承担权证交易的风险损失。据此，上海市第一中级人民法院依照民法通则第一百零六条第二款①的规定，于 2008 年 12 月 24 日判决如下：

驳回原告邢某的全部诉讼请求。

本案案件受理费 12896 元，由原告邢某负担。

〔二审裁判理由与结果〕

邢某不服一审判决，向上海市高级人民法院提起上诉。因邢某未按规定预交上诉费，上海市高级人民法院于 2009 年 5 月 26 日作出裁定：本案按自动撤回上诉处理。

一审判决已发生法律效力。

---

① 对应《民法典》第 1165 条。

第二章　形成之诉

> 规则2：解除权在诉讼程序上表现为形成之诉，当事人没有提出诉请的，人民法院不能径行裁判
>
> ——青岛市某区国土资源局与青岛某置业有限公司国有土地使用权出让合同纠纷案[1]；高某诉某酒店公司、A房地产开发公司等第三人撤销之诉案[2]；建筑装饰公司诉中国××银行广州粤秀支行、林某武、建筑装饰公司广州分公司等第三人撤销之诉案[3]；中国××银行温州分行诉建筑工程公司、A鞋业公司第三人撤销之诉案[4]；汽车部件制造公司诉机械公司管理人A律师事务所、中国××银行台州温岭支行第三人撤销之诉案[5]；担保中心诉汪某、鲁某英第三人撤销之诉案[6]

【裁判规则】

解除权在实体方面属于形成权，在诉讼程序上则表现为形成之诉。在没有当事人依法提出该诉讼请求的情况下，人民法院不能依职权径行裁判。

【规则理解】

一、解除权的内涵及性质

（一）解除权的内涵

得为契约解除之权，谓之解除权。解除权依当事人之契约或依法律之规定

---

[1] 载《中华人民共和国最高人民法院公报》2007年第3期。
[2] 最高人民法院指导案例148号。
[3] 最高人民法院指导案例149号。
[4] 最高人民法院指导案例150号。
[5] 最高人民法院指导案例151号。
[6] 最高人民法院指导案例152号。

而发生。前者谓之约定解除权,后者谓之法定解除权。[①] 债法上的解除,是指契约的一方以消灭契约为意思表示而形成的单方行为。

从以上概念分析,对解除权的理解,需要注意以下几个方面:第一,解除权发生的原因包括当事人之间的约定和法律规定,解除权可以分为约定解除权和法定解除权。第二,解除权的行使属单方行为,任何一方当事人根据契约约定或者法律规定,得行使解除权。第三,解除权的成立以契约有效为前提,如存在契约无效的情形,契约无效或者可撤销时,解除权也不得成立。第四,契约解除的效果,根据《民法典》第566条规定,合同解除后,尚未履行的,终止履行;已经履行的,根据履行情况和合同性质,当事人可以请求恢复原状、采取其他补救措施,并有权请求赔偿损失。合同因违约解除的,解除权人可以请求违约方承担违约责任,但是当事人另有约定的除外。主合同解除后,担保人对债务人应当承担的民事责任仍应当承担担保责任,但是担保合同另有约定的除外。该点极为重要,从一般把握的角度看,应理解为契约解除并不必然产生恢复原状的效果,特别是对于契约已经履行或者部分履行的,根据履行的情况以及合同的性质等,当事人可以要求恢复原状、采取其他补救措施,并有权要求赔偿损失。

(二)解除权的性质

根据通说,解除权因权利人单方的意思表示就能产生使契约效力终止的法律效果,解除权的性质当属形成权。解除权与当事人合意解除不同,合意解除是当事人之间形成契约关系以后,以新的契约来解除前一契约,该前一契约得以解除的原因不是基于任意一方当事人的单方意思表示,而是基于双方当事人达成的新合意。解除权以单方解除的意思表示到达对方当事人或者为对方当事人所了解而发生法律效力,不必经过对方当事人的同意或者认可。解除的行为也为不要式行为,除非双方当事人之间事先有明确的约定。

二、形成权的类型及行使限制

民事权利体系,依其作用划分,可以分为支配权、请求权、形成权和抗辩权。"形成权者,依权利者一方之意思表示,得使权利发生、变更、消灭或生其他法律上效果之权利也。非如支配权,权利人只得为所特定之行为,乃依特定之行为,更使其发生法律上特定之效果……法律有时使权利人依诉之形式始

---

① 史尚宽:《债法总论》,中国政法大学出版社2000年版,第537页。

行使形成权，以判决形成法律关系，谓之形成判决，其诉谓之形成之诉。"① 从形成权对于法律关系效力变动的影响角度分析，形成权可以包括以下类型：1. 促使法律关系发生效力的形成权，如法定代理人对被代理人（被监护人）行为的追认、权利人对无权处分的承认、本人对无权代理的承认；2. 使法律关系效力变更的形成权，如债权的选择权；3. 使法律关系效力消灭的形成权，如撤销权、解除权、抵销权和终止权等。②

形成权赋予了权利人以自己的单方行为得行使之力，从保护相对人以及维护法律关系稳定性的角度出发，形成权的行使也应当受到一定的限制。包括以下几个方面：第一，形成权的行使，原则上不得附有条件或者期限；第二，行使形成权的意思表示不得撤回，但撤回的通知同时或者先于形成权的意思表示到达的，不在此限；第三，形成权得在一定期间内行使，得以行使形成权的期间称为除斥期间，除斥期间不同于诉讼时效，不存在中止、中断以及延长的情形。

三、形成之诉理论问题探讨

民事诉讼理论将诉的类型分为给付之诉、确认之诉以及形成之诉。如果说给付之诉与确认之诉这两种是原告基于实体权无论在何时都能起诉的一般性类型，而且可以说是具有实质内容的分类，那么形成之诉即是依据判决使权利关系及法律关系发生变动之类型的诉讼。承认这种请求的判决被称为形成判决，而使权利关系及法律关系发生变动的效力就是形成力，在观念上这种判决并没有相应的强制执行内容。③ 一般来说，私法上的权利关系通常只要依据法律行为或者其他法律事实就可以产生发生、变更或者消灭的效果，无需通过提起诉讼的方式来实现。法律只是在个别的对于需要谋求法律关系安定性的情形，或者需要对多数关系人作出划一性变动之情形，才特别地就"依据形成之诉来进行这种法律关系变动"作出规定。因此，形成之诉的共同标识可以归结为，只要形成判决没有确定，就不能向任何人主张作为诉讼标的的法律关系的变动。以撤销公司股东大会决议之诉为例，在撤销该决议的形成判决确定之前，任何人都必须以该决议仍然有效为前提来实施行为，该决议所涉内容仍然被推定有

---

① 史尚宽：《民法总论》，中国政法大学出版社2000年版，第25~26页。
② 张俊浩主编：《民法学原理》，中国政法大学出版社1997年版，第78页。
③ [日] 高桥宏志：《民事诉讼法制度与理论的深层分析》，林剑锋译，法律出版社2003年版，第60~61页。

效。如何理解该决议仍然有效？假设该公司股东大会决议内容为撤销某公司董事，在提起撤销公司股东大会决议的形成之诉以后，该被撤销的公司董事在形成判决确定之前，不得主张自己仍然为公司董事，也不得主张行使公司董事职权和支付董事报酬。

但另外，形成之诉也是以丧失法律关系变动的机动性为代价的。同样以上例说明，在提起撤销公司股东大会决议的形成之诉以后，该被撤销的公司董事在形成判决确定之前，同样也不得主张因该决议撤销自己的董事身份而主张给予相应的补偿或者赔偿。因为该形成之诉的诉讼标的即为该撤销公司董事的决议，在形成判决关于决议是否应予撤销的形成力确定之前，以该决议的形成力为前提的其他主张也同样因缺少理由而无法获得支持。

总而言之，对确认之诉与给付之诉而言，只要存在权利，当事人就可以提起对其进行确认（确认之诉）或者实现（给付之诉）的请求，而形成之诉却只有在实体法作出特别认可的情况下，当事人才能够提起该诉讼。法律对形成之诉所预设的理论是，法律行为或者其他要件事实的发生，不会直接导致法律关系的变动，只有当事人通过诉讼来主张并以判决来宣告这种法律关系变动时，才产生法律关系变动的效果。这种处理，一方面使得法律关系的变动变得困难，另一方面使得法律关系的变动明确化，而且通过形成判决的形成力向第三人扩张，有助于对多数利害关系人之间的法律关系作出划一的处理。有鉴于此，形成之诉一般应当限定在有关身份关系或者社团关系当中。

【拓展适用】

一、第三人撤销之诉

（一）第三人撤销之诉的特点

《民事诉讼法》第 59 条第 3 款是关于第三人撤销之诉的规定："前两款规定的第三人，因不能归责于本人的事由未参加诉讼，但有证据证明发生法律效力的判决、裁定、调解书的部分或者全部内容错误，损害其民事权益的，可以自知道或者应当知道其民事权益受到损害之日起六个月内，向作出该判决、裁定、调解书的人民法院提起诉讼。人民法院经审理，诉讼请求成立的，应当改变或者撤销原判决、裁定、调解书；诉讼请求不成立的，驳回诉讼请求。"从上述法条的文义分析，第三人因不能归责于本人的事由未参加诉讼，如果认为生效判决、裁定、调解书的部分或者全部内容错误且损害其民事权益，可以向作出生效判决、裁定、调解书的人民法院提起新的诉讼。与民事诉讼法规定的其他类型案件相比,该种案件具有以下特殊性:第一,从第三人提出的诉讼请求看,该诉讼请求应为变更或者撤销原生效的判决、裁定、调解书。第二,第三人撤销之诉的诉讼标的应为原生效的判决、裁定、调解书所确定的民事法律关系。第三,案件管辖上,民事诉讼法明确规定了由作出生效的判决、裁定、调解书的人民法院管辖。2022年4月10日起施行的《民事诉讼法解释》第290~301条专门规定了第三人撤销之诉法律制度。

(二) 第三人撤销之诉的性质

从诉的性质上分析,该第三人的诉讼请求为变更或者撤销原生效的判决、裁定、调解书,是否属于民事诉讼法新设的一种撤销之诉,而不同于传统民事诉讼理论对诉的类型划分?我们认为,该第三人撤销之诉应归属到形成之诉当中去。理由是:第一,从民事诉讼理论看,第三人撤销之诉的诉讼标的为原生效的判决、裁定、调解书所确定的民事法律关系。该民事法律关系因被生效的判决、裁定、调解书所确定,具有稳定性和当事人私行为不得撤销或变更的特性,只能由权利受到侵害的第三人以新的诉讼来撤销或者变更。第二,在原生效的判决、裁定、调解书所确定的民事法律关系被新的诉讼撤销或者变更以前,由于民事裁判文书既判力的作用,得推定该民事法律关系成立。第三,以撤销或者变更民事法律关系为请求的诉讼,符合形成之诉的一般特征。综上,应当认定第三人撤销之诉属于形成之诉,而非新的诉的类型。

(三) 第三人撤销之诉的当事人地位

对于第三人撤销之诉的当事人地位的确定,其实质是对第三人撤销之诉的定位,如果定位准确,就能准确确定当事人的诉讼资格。因为,就第三人撤销之诉与再审程序相比较,两者相同点都在于否认生效裁判的效力;不同之处是:再审不但纠正错误,而且是对原案件的继续审理,而第三人撤销之诉是赋予案外人对错误生效裁判的自我救济程序,是基于新的事实主张撤销原生效裁判,是一个新的诉讼。在《民事诉讼法解释》出台前,存在不同的认识。第一种观点认为,应当作为再审程序的特别程序。理由有:第一,第三人撤销之诉和再审的诉讼标的都是已经生效的裁判,都是事后救济程序;第二,第三人撤销之诉与再审的区别在于申请再审的主体是原审的当事人,而第三人撤销之诉的提起主体为未参加原审的案外第三人,在制度功能上与案外人申请再审相同;第三,从处理的结果来看,都是对生效的裁判的效力进行评价,或者维持或者撤销或者改变原裁判的内容;第四,从有限的第三人撤销之诉立法例来看,都是把第三人撤销之诉作为与再审并列的救济程序。第二种观点认为,第三人撤销之诉是一种新诉。理由是：第一，第三人提起的撤销之诉是依据新事实提起的新诉，而不是民事诉讼法规定的再审事由；第二，第三人撤销之诉当事人基于新的事实提起的诉讼，应当保护其审级利益，可以上诉；第三，第三人撤销之诉由作出原生效裁判的法院管辖，再审原则上应当由上一级人民法院管辖。我们认为，从《民事诉讼法解释》将第三人撤销之诉放在一审程序部分之后作为一部分单独规定，显然采纳了第二种观点。从当事人的诉讼地位上分析，第三人撤销之诉应以"因不能归责于本人的事由未参加诉讼"的第三人作为案件的原告，以原审诉讼的各方当事人作为案件的被告。

有权提起诉讼的第三人，一般情况下应界定为对当事人双方的诉讼标的有独立请求权的第三人，或者虽然没有独立请求权但案件的处理结果同其有法律上的利害关系的无独立请求权的第三人。根据《全国法院民商事审判工作会议纪要》第120条规定，第三人撤销之诉的第三人仅局限于《民事诉讼法》第59条规定的有独立请求权及无独立请求权第三人，而且一般不包括债权人。但是，设立第三人撤销之诉的目的在于，救济第三人享有的因不能归责于本人的事由未参加诉讼但因生效裁判文书内容错误受到损害的民事权益，因此，债权人在下列情况下可以提起第三人撤销之诉：(1) 该债权是法律明确给予特殊保护的债权，如《民法典》第807条规定的建设工程价款优先受偿权，《海商法》第22条规定的船舶优先权；(2) 因债务人与他人的权利义务被生效裁判文书确定，导致债权人本来可以对《民法典》第538条、第539条和《企业破产法》第31条规定的债务人的行为享有撤销权而不能行使的；(3) 债权人有证据证明，裁判文书主文确定的债权内容部分或者全部虚假的。债权人提起第三人撤销之诉还要符合法律和司法解释规定的其他条件。对于除此之外的其他债权，债权人原则上不得提起第三人撤销之诉。根据该条规定，在三种情形下，债权人可以提起第三人撤销之诉。对于《民事诉讼法》第59条第3款规定的"知道或者应当知道"在作出认定或者推定时，一般情况下应结合第三人撤销之诉制度的立法目的，既要注重救济合法权益受到侵害的第三人，又要防止借法律规定滥诉以达到其他不正当目的。第三人撤销之诉的审理对象是经过诉讼程序作出的生效判决、裁定、调解书，对于适用特别程序、督促程序、公示催告程序、破产程序等非讼程序以及执行程序作出的生效裁判，不是第三人撤销之诉的审理对象，如果确有错误的，应通过其他程序进行救济。

(四) 第三人撤销之诉的构成要件

从诉讼的构成要件上分析，第三人撤销之诉应具备下列构成要件：1. 需要提供证据证明发生法律效力的判决、裁定、调解书的部分或者全部内容错误，至于该请求能否获得支持，需要待案件实体审理以后确定。2. 提起诉讼的第三人需要提供证据证明原生效裁判损害其民事权益。3. 第三人应当自知道或者应当知道其民事权益受到损害之日起六个月内提起诉讼。4. 向作出生效的判决、裁定、调解书的人民法院起诉，请求改变或者撤销原判决、裁定、调解书。

《民事诉讼法解释》第290条对第三人撤销之诉的起诉条件作了明确的规定："第三人对已经发生法律效力的判决、裁定、调解书提起撤销之诉的，应当自知道或者应当知道其民事权益受到损害之日起六个月内，向作出生效判决、裁定、调解书的人民法院提出，并应当提供存在下列情形的证据材料：（一）因不能归责于本人的事由未参加诉讼；（二）发生法律效力的判决、裁定、调解书的全部或者部分内容错误；（三）发生法律效力的判决、裁定、调解书内容错误损害其民事权益。"就程序条件而言，第一，第三人因不能归责于自己的事由未参加诉讼，未参加诉讼是指其没有成为前一诉讼的第三人，而不是第三人未实际参与诉讼的过程。不能归责于本人的事由，是指第三人未参加诉讼不是由其自身过错造成，而是由其他客观事由造成。该第三人对此应当承担举证责任。如果因为其本人的过错未参加诉讼的，视为其行使处分权的结果，依法不能提起撤销之诉。第二，自知道或者应当知道其民事权益受到损害之日起六个月。根据《民事诉讼法解释》第127条规定，《民事诉讼法》第59条第3款规定的六个月是不变期间，不适用延长、中止、中断的规定。提起撤销之诉期间的起算，自第三人知道或者应当知道其民事权益受到侵害之日起算。知道或者应当知道，是以第三人知悉对生效判决、裁定、调解书损害其民事权益事实为标准，应当根据生效判决、裁定、调解书是否送达第三人，执行时是否涉及第三人，以及第三人与案件当事人之间的关系等具体情形判断。第三，向作出生效判决、裁定、调解书的法院起诉，属于专属管辖，不适用民事案件地域管辖、级别管辖的规定。就实体条件而言，第一，撤销的对象是已经发生法律效力的判决、裁定和调解书。对于正在审理的案件，或者未生效的判决、裁定和调解书，不得提起第三人撤销之诉。对于生效的判决，既包括一审生效判决，也包括二审生效判决，还包括再审生效裁判。第二，有证据证明发生法律效力的判决、裁定、调解书部分或者全部内容错误。内容错误是指判决、裁定、调解书中的裁决事项错误，并且仅限于实体处理内容错误，不包括程序内容错误。应当注意，起诉时应当提交证明生效判决、裁定、调解书内容错误的证据材料，不能等同于经审理以后，查证属实足以证明生效裁判内容错误的证据,强调的是要在起诉时提供相应的证据材料,并非要求在立案时对这些证据材料查证属实。第三,生效的判决、裁定、调解书的错误内容损害第三人的民事权益。这就要求生效的判决、裁定、调解书的内容与第三人民事权益损害之间有因果关系,实质上是指第三人与生效裁判内容要有法律上的利害关系。

(五)第三人撤销之诉的审理

审理程序上,作为形成之诉,第三人撤销之诉的审理程序应当围绕第三人所提出的变更或者撤销原生效判决、裁定或者调解书的请求进行。审理的重点在于第三人所提的诉讼请求是否成立。如果第三人所提的诉讼请求成立的,应当判决改变或者撤销原判决、裁定、调解书;如果第三人所提诉讼请求不成立的,也应当以判决驳回其诉讼请求。对于一审所作出的判决,各方当事人如果不服,可在法定期限内提起上诉,由二审法院按照第二审程序进行审理,第二审法院所作的判决应为案件的生效判决。

《民事诉讼法》第59条明确规定对于已经发生法律效力的判决、裁定和调解书的错误内容可以通过提起撤销之诉予以撤销或者改变,但就第三人撤销之诉撤销的对象即撤销的内容,是指其全部内容,包括事实认定、理由、法律适用和裁判的判项,还是限定于裁判的判项部分,没有明确规定。《民事诉讼法解释》第294条明确规定,"民事诉讼法第五十九条第三款规定的判决、裁定、调解书的部分或者全部内容,是指判决、裁定的主文,调解书中处理当事人民事权利义务的结果",排除了裁判文书中事实认定、理由等内容。所谓判决主文是指《民事诉讼法》第155条第1款第3项规定的"判决结果和诉讼费用的负担"部分,也就是有关判项部分内容。所谓裁定主文是指《民事诉讼法》第157条第3款规定的"裁定结果"部分。所谓调解书中处理当事人民事权利义务内容的结果是指调解书确认的当事人达成的调解协议中关于民事权利义务处分的内容部分。但应当注意的是,《民事诉讼法解释》第295条规定了不适用第三人撤销之诉的四种情形:(1)适用特别程序、督促程序、公示催告程序、破产程序等非讼程序处理的案件;(2)婚姻无效、撤销或者解除婚姻关系等判决、裁定、调解书中涉及身份关系的内容;(3)《民事诉讼法》第57条规定的未参加登记的权利人对代表人诉讼案件的生效裁判;(4)《民事诉讼法》第58条规定的损害社会公共利益行为的受害人对公益诉讼案件的生效裁判。

《民事诉讼法解释》对第三人撤销之诉撤销的对象限定为判决、裁定的主文，调解书中处理当事人民事权利义务的结果，主要是考虑以下因素[①]：第一，裁判内容对第三人民事权益造成损害的可能性。生效裁判之所以能够对第三人民事权益造成不利益，源于生效判决的判决事项具有法律上的确定力和执行力，从而约束到当事人及案外人。依大陆法通说，裁判的既判力主要是指裁判主文内容，事实部分一般不发生既判力，说理部分有关争点的效力原则上限于诉讼当事人之间，一般不及于案外人。对第三人不具有法律约束力的说理部分内容，自然很少对其民事权益造成损害可能。第二，赋予第三人提起撤销之诉予以救济的必要性。第三人撤销之诉作为对生效裁判稳定性提出挑战的事后救济程序，为维护裁判安定和司法权威，应当以第三人缺乏其他通常的救济程序，切实需要通过撤销之诉对第三人权益进行救济为必要。如裁判文书中关于事实认定的部分，虽然该认定可能会对相关第三人利益产生相应影响（如依《证据规定》第10条第1款第6项规定，已为人民法院发生法律效力的裁判所确认的事实，在后续的诉讼中当事人无须再举证，但当事人有相反证据足以推翻的除外。前诉裁判中确定的事实，在后续的诉讼中具有当事人免证的效力），但这种效力是相对的，即当事人可以通过反证予以推翻。因此，事实认定的内容原则上当事人可以在新的诉讼中通过举证推翻，实无提起第三人撤销之诉的必要性。

（六）第三人撤销之诉的裁判

第三人撤销之诉是建立在先前已有一个生效裁判或者调解书的基础之上。该第三人由于不可归责于己的原因未能参加前一诉讼，如果该第三人认为前一裁判结果错误或者部分错误并且损害其合法权益的，法律给予了该第三人必要的救济途径，赋予其提起撤销之诉的权利。第三人提起撤销之诉以后，原生效裁判或者调解书将成为审查的对象，该生效裁判或者调解书的效力将受到影响。如果第三人的诉讼请求成立，原生效裁判或者调解书应被变更或者撤销，如果第三人的诉讼请求不成立，原生效裁判或者调解书将被维持。在第三人诉讼请求成立的情况下，如果生效裁判或者调解书被变更，受理撤销之诉的法院应当作出新的裁判文书，就前一诉讼各方当事人之间的法律关系以及第三人所提出的独立的诉讼请求作出新的裁判。如果生效裁判或者调解书被撤销，则各方当事人之间的权利义务关系将全部恢复到前一诉讼提起之前的状态。《民事诉讼法解释》第298条对此作了细化规定："对第三人撤销或者部分撤销发生法律

[①] 参见江必新主编：《最高人民法院民事诉讼法司法解释专题讲座》，中国法制出版社2015年版，第227~228页。

效力的判决、裁定、调解书内容的请求，人民法院经审理，按下列情形分别处理：（一）请求成立且确认其民事权利的主张全部或部分成立的，改变原判决、裁定、调解书内容的错误部分；（二）请求成立，但确认其全部或部分民事权利的主张不成立，或者未提出确认其民事权利请求的，撤销原判决、裁定、调解书内容的错误部分；（三）请求不成立的，驳回诉讼请求。对前款规定裁判不服的，当事人可以上诉。原判决、裁定、调解书的内容未改变或者未撤销的部分继续有效。"应当注意的是，第三人撤销之诉适用第一审普通程序进行审理，依照《民事诉讼法》第157条第2款规定，对于不予受理、管辖权异议、驳回起诉的裁定，当事人也可以上诉。当事人提起上诉的期间，应当适用《民事诉讼法》第171条的规定，对于判决，应当自判决书送达之日起15日内提起，对于裁定应当自裁定书送达之日起10日内提起。具体把握以下几个方面：

第一，第三人撤销之诉判决作出后，原判决、裁定、调解书效力如何把握的问题。原判决、裁定、调解书的内容未改变或者未撤销的部分继续有效，对于部分改变或者撤销原判决、裁定、调解书内容的，未撤销或者未改变的原有内容，对原诉讼当事人仍然有效，权利人可以申请强制执行；当事人另行起诉的，人民法院应当按照重复起诉的规定处理。原判决、裁定、调解书内容中被改变或者撤销的内容对原诉讼当事人失去效力。

第二，第三人撤销之诉如何适用撤销、改变判决的问题。《民事诉讼法》第59条第3款规定，第三人撤销之诉的诉讼请求成立时，人民法院应当作出改变或者撤销判决。改变排在撤销之前，是意味着第三人撤销之诉应当优先适用改变判决，还是改变判决和撤销判决可以任意选择适用呢？对此，应当注意以下几点：1. 应当以撤销判决为原则。从性质上讲，第三人撤销之诉是形成之诉，其目的在于撤销生效判决、裁定、调解书中对损害第三人合法民事权益的内容，从而保护第三人的合法实体权利。因此，在第三人撤销之诉的诉讼请求成立时，撤销原判决、裁定、调解书的相应内容即足以达成第三人撤销之诉的目的。如果将第三人其他民事权利主张与撤销诉讼请求合并审理，虽然有利于纠纷一次性解决，但势必造成第三人撤销之诉的审理内容更为繁杂，审理程序更为复杂，诉讼效率受到严重影响。另外，从实践来看，多数第三人撤销之诉是针对二审生效判决提起的，如果将第三人撤销之诉与第三人的其他民事权利合并审理，基于第三人撤销之诉是按第一审程序审理，这样，实质上是对审级的上提，这会给上级法院，特别是最高人民法院和高级人民法院带来审判压力，不符合四级法院职能定位。因此，第三人撤销之诉的判决原则上只撤销前诉裁判文书的部分或全部内容，对于撤销后如何重新安排实体权利义务，可让第三人通过另行起诉解决。2. 适用改变判决应当符合一定条件。首先，必须以第三人撤销之诉提起改变判决的诉讼请求为限。第三人没有请求改变原判决、裁定、调解书错误内容的，人民法院不得作出改变判决，只能作撤销判决。其次，第三人撤销之诉诉讼请求改变原判决、裁定、调解书的内容，提出独立的民事权利主张应当与撤销内容直接关联，即与原诉讼标的相关。例如，原审判决某物所有权归原审原告，第三人主张其为所有权人，该权利主张实质上是第三人撤销之诉成立的基础，审理第三人撤销之诉时必须以确定第三人对该标的物的所有权为前提，此时可以撤销原判决，并确认第三人对该物的所有权。如果是与原诉讼标的没有直接关系的新的民事权利主张，不宜一并审理。例如，原审当事人之间诉争为买卖合同关系，第三人以《民法典》第538条至第540条规定的撤销权为由主张撤销原判决，同时提出请求原审当事人一方向其履行第三人与原审当事人一方之间另一债务的，此时，不能认定两个债权之间直接关联，也不能一并审理。3. 适用改变判决可根据原生效判决是一审生效判决还是二审生效判决而有区别。如果第三人撤销之诉是对一审生效判决提起的，对于第三人提出的民事权利主张，如果认为直接改变原审裁判文书全部或部分内容有必要的，可以直接作出改变判决。当事人提起上诉后，二审法院完全可以维持原判、改判或者发回重审，不会带来审级方面的问题。如果第三人撤销之诉是对二审生效判决提起的，对第三人提出的新的民事权利主张，原则上可以仅作撤销判决，特殊情况作改变判决更为妥当。因为《民事诉讼法》第59条第3款关于管辖的规定，很多情况下是前诉二审法院作为第一审法院受理并审理第三人撤销之诉案件，如果决定撤销后直接就各方当事人的实体权利义务重新加以认定并作出安排，往往会带来审级上移和上级法院负担过重等弊端。

第二，调解书的撤销与改变问题。《民事诉讼法》将调解书作为第三人撤销之诉的对象，主要基于调解书具有安排当事人之间的民事权利义务的内容，一旦错误，也可能损害第三人的合法权益，故为保护第三人的实体权利而设。调解书与判决是两种性质不同的法律文书，判决是法院对案件事实和当事人主张审理后，以国家名义依法作出的判断和决定；调解书是当事人之间通过自愿协商，自行处分民事权利义务的结果。实践中应当注意，对于调解书，第三人提起撤销之诉的，因损害第三人合法权益而应当适用判决撤销，而不宜适用判决改变。理由是：第一，调解书的内容是当事人通过协商形成的，判决的内容则是法院依法决定的，如以法院的决定代替当事人之间的协议内容，有违调解之当事人处分和自愿原则。第二，调解协议往往是当事人之间对整体民事权利义务的一种安排，从保护第三人利益角度而言，撤销损害第三人合法权益的部分就可以实现，无需对原诉当事人之间的民事权利义务安排进行处理，否则，不利于原诉当事人之间纠纷的解决。对于调解书撤销的范围问题，第三人撤销之诉请求成立时，可以撤销整个调解书。但第三人仅请求撤销调解书部分内容的，能否判决撤销第三人请求的部分，则应当根据具体情况来确定。如果调解书的内容各部分不可分，则不能只撤销调解书的部分内容，应当全部撤销调解书。如果调解书的内容可分，撤销部分后不影响其他部分继续有效的，可以撤销调解书的部分内容。

根据最高人民法院指导案例148号①，有关公司对外诉讼取得的生效判决、裁定和调解书，因公司在诉讼活动中的主张也应认定为代表公司股东的整体利益，股东的利益和意见已经在诉讼过程中由公司代表，因此对于已经生效的公司对外诉讼的裁判文书，公司股东不具有第三人撤销之诉主体资格。根据最高人民法院指导案例149号②，公司分支机构以自己名义对外从事民事活动并独立参加诉讼，人民法院判决公司分支机构对外承担民事责任的，公司无权对该生效判决提起第三人撤销之诉。根据最高人民法院指导案例150号③，建设工程价款优先受偿权与抵押权指向同一标的物，抵押权的实现因建设工程价款优先受偿权的有无以及范围大小受到影响的，应当认定抵押权的实现同建设工程价款优先受偿权案件的处理结果有法律上的利害关系，抵押权人对确认建设工程价款优先受偿权的生效裁判具有提起第三人撤销之诉的原告主体资格。根据最高人民法院指导案例151号④，在银行承兑汇票的出票人进入破产程序后，对付款银行于法院审理破产申请前六个月内从出票人还款账户扣划票款的行为，破产管理人提起请求撤销个别清偿行为之诉，法院判决予以支持的，汇票的保证人与该生效判决具有法律上的利害关系，具有提起第三人撤销之诉的原告主体资格。根据最高人民法院指导案例152号⑤，债权人申请强制执行后，被执

---

① 高某诉某酒店公司、A房地产开发公司等第三人撤销之诉案。
② 建筑装饰公司诉中国××银行广州粤秀支行、林某武、建筑装饰公司广州分公司等第三人撤销之诉案。
③ 中国××银行温州分行诉建筑工程公司、A鞋业公司第三人撤销之诉案。
④ 汽车部件制造公司诉机械公司管理人A律师事务所、中国××银行台州温岭支行第三人撤销之诉案。
⑤ 担保中心诉汪某、鲁某英第三人撤销之诉案。

行人与他人在另外的民事诉讼中达成调解协议，放弃其取回财产的权利，并大量减少债权，严重影响债权人债权实现，符合《民法典》关于债权人行使撤销权条件的，债权人对该民事调解书具有第三人撤销之诉的原告主体资格。

（七）被遗漏的必须共同诉讼当事人不能提起第三人撤销之诉

《民事诉讼法》第55条规定了共同诉讼制度，该条规定，当事人一方或者双方为二人以上，其诉讼标的是共同的，或者诉讼标的是同一种类、人民法院认为可以合并审理并经当事人同意的，为共同诉讼。共同诉讼的一方当事人对诉讼标的有共同权利义务的，其中一人的诉讼行为经其他共同诉讼人承认，对其他共同诉讼人发生效力；对诉讼标的没有共同权利义务的，其中一人的诉讼行为对其他共同诉讼人不发生效力。另外，《民事诉讼法》第135条规定："必须共同进行诉讼的当事人没有参加诉讼的，人民法院应当通知其参加诉讼。"明确提出了必须共同参加诉讼当事人的概念，是指只有所有共同诉讼人都参加诉讼，作为共同原告或者共同被告，才符合法定的诉讼条件。除诉讼标的是同一的要件外，共同诉讼人之间具有不可替代或者分割之法律关系。从实践中看，典型的必要共同诉讼，即存在必须参加共同诉讼的当事人的诉讼有：遗产分割前各继承人为一方的诉讼，第三人撤销合同诉讼，第三人主张合同无效的诉讼，第三人主张婚姻无效诉讼等。

《民事诉讼法》规定第三人撤销之诉制度后，有学者曾明确提出，实践中，第三人提起撤销之诉的撤销事由包括原诉遗漏了必要共同诉讼当事人损害其利益的情形。[①] 必要共同诉讼当事人不可提起第三人撤销之诉。理由是：第一，必要共同诉讼当事人的诉讼地位，只能是当事人，而不可能是第三人，即使其未参加原诉讼，符合广义的案外人的概念，也不符合《民事诉讼法》第59条前两款规定的第三人的范畴。第二，《民事诉讼法》第211条第8项规定，应当参加诉讼的当事人，因不能归责于本人或者其诉讼代理人的事由未参加诉讼的，可以作为当事人申请再审的事由。此处的应当参加诉讼的当事人，应当是《民事诉讼法》第135条规定的必须共同进行诉讼的当事人，其意与必要共同诉讼当事人相同。第三，对遗漏的必要共同诉讼当事人的权利保护，《民事诉讼法解释》规定了两种申请再审的程序。一是在执行过程中，遗漏的必要共同诉讼当事人提出执行标的异议后，则可以申请再审。即《民事诉讼法解释》第421条规定："根据民事诉讼法第二百三十四条规定，案外人对驳回其执行异议

[①] 王胜明主编：《中华人民共和国民事诉讼法释义》，法律出版社2012年版，第122页。

的裁定不服，认为原判决、裁定、调解书内容错误损害其民事权益的，可以自执行异议裁定送达之日起六个月内，向作出原判决、裁定、调解书的人民法院申请再审。"二是在执行程序之外，遗漏的必要共同诉讼当事人，可以申请再审。即《民事诉讼法解释》第 420 条第 1 款规定："必须共同进行诉讼的当事人因不能归责于本人或者其诉讼代理人的事由未参加诉讼的，可以根据民事诉讼法第二百零七条第八项规定，自知道或者应当知道之日起六个月内申请再审，但符合本解释第四百二十一条规定情形的除外。"

二、调解协议的确认

（一）调解协议确认案件的特点

《民事诉讼法》第 205 条规定："经依法设立的调解组织调解达成调解协议，申请司法确认的，由双方当事人自调解协议生效之日起三十日内，共同向下列人民法院提出：（一）人民法院邀请调解组织开展先行调解的，向作出邀请的人民法院提出；（二）调解组织自行开展调解的，向当事人住所地、标的物所在地、调解组织所在地的基层人民法院提出；调解协议所涉纠纷应当由中级人民法院管辖的，向相应的中级人民法院提出。"第 206 条规定："人民法院受理申请后，经审查，符合法律规定的，裁定调解协议有效，一方当事人拒绝履行或者未全部履行的，对方当事人可以向人民法院申请执行；不符合法律规定的，裁定驳回申请，当事人可以通过调解方式变更原调解协议或者达成新的调解协议，也可以向人民法院提起诉讼。"《民事诉讼法解释》第 351 条至第 358 条对上述两个条文的内容进行了细化。从民事诉讼法及司法解释的规定看，对调解协议的确认具有类似于确认之诉的特点：第一，确认之诉并不具有要求给付的内容，仅为请求确认某个法律关系的存在，也就是说确认具体生活当中产生的人与人之间的法律关系的存在。第二，确认之诉要求确认的是具体的法律关系，而不是要求确认事实或者有关的事实情况。第三，确认之诉只能达到当事人确认其所主张的法律后果的目的，并不具有可执行性。在调解协议确认的情况下，如果一方当事人不主动履行的，对方当事人申请执行的并非人民法院作出的确认裁定，而是被裁定所确认的调解协议。该调解协议之所以具有可执行性，也是因为经过了人民法院的确认裁判。

（二）调解协议确认案件属于特别程序案件

对调解协议确认的案件，与实现担保物权案件一样，属于非诉案件，都是属于民事诉讼特别程序案件，具有特别程序共有的特点：1. 实行一审终审制；2. 重大、疑难的案件由审判员组成合议庭审理，其他案件由审判员一人独任审理；3. 人民法院应当在立案之日起 30 日内或者公告期满后 30 日内审结，有特殊情况需要延长的，由本院院长批准。

（三）调解协议确认案件的当事人地位

从当事人诉讼地位看，调解协议确认案件由调解协议的双方当事人共同作为申请人，向调解组织所在地基层人民法院提出确认申请。至于主持达成调解协议的调解组织，并不是确认之诉的案件当事人。

从构成要件上分析，申请人据以提起确认的法律依据是《人民调解法》等法律以及最高人民法院有关确认调解协议案件的司法解释规定；提起诉讼的期间要求是自调解协议生效之日起 30 日内，如果超出该规定的期间，调解协议的双方当事人就不能再向人民法院提起调解协议的确认之诉，只能由任意一方当事人向人民法院提起普通的民事诉讼；管辖法院应为调解组织所在地基层人民法院。

（四）调解协议确认案件的审查程序及裁定效力

《民事诉讼法》第 206 条规定了调解协议确认案件的审查程序以及法律效力。人民法院受理双方当事人提出的申请后，主要审查该调解协议是否符合法律规定并最终作出确认调解协议效力的裁定或者驳回申请的裁定。如果人民法院经审查，认为调解协议符合法律规定的，人民法院将裁定该调解协议有效。在人民法院裁定有效以后，如果一方当事人拒绝履行或者未全部履行的，对方当事人可以向人民法院申请执行该调解协议。如果人民法院经审查认为该调解协议不符合法律规定的，则裁定驳回申请。申请被裁定驳回以后，调解协议当事人可以通过调解的方式变更原调解协议或者达成新的调解协议，也可以向人民法院提起诉讼。

二、实现担保物权案件

《民事诉讼法》第 207 条规定，"申请实现担保物权，由担保物权人以及其他有权请求实现担保物权的人依照民法典等法律，向担保财产所在地或者担保物权登记地基层人民法院提出"。第 208 条规定，"人民法院受理申请后，经审查，符合法律规定的，裁定拍卖、变卖担保财产，当事人依据该裁定可以向人民法院申请执行；不符合法律规定的，裁定驳回申请，当事人可以向人民法院提起诉讼"。《民事诉讼法解释》第 359~371 条对实现担保物权案件的相关法律制度进行了进一步的细化规定，对实现担保物权案件申请主体、实现权利质权案件管辖法院、实现担保物权案件专门管辖、人保与物保并存的处理、实现担保物权案件的处理结果等内容进行了规定。

从上述法律规定分析，担保物权人以及其他有权请求实现担保物权的人所提起的实现担保物权请求，其目的在于促请人民法院以司法行为变更担保物的财产形态，以最终实现自己的担保物权。从法律关系变化的角度分析，该诉讼的结果并未引起原来的法律关系的变化，变化的只是担保物的财产形态。人民法院根据当事人的申请作出拍卖、变卖担保财产裁定，当事人依据该裁定可以向人民法院申请执行。从该裁定具有可执行性角度分析，我们倾向于将该类诉讼归入给付之诉。不过必须承认，这是一种民事诉讼特别程序的给付之诉，与传统的给付之诉相比，具有很大的不同。因为传统的给付之诉，从裁判结果看，就直接引起了法律关系的变更，而实现担保物权之诉所变化的仅仅为财产的形态，并没有直接导致该财产权属的变更。

司法实践当中，有关实现担保物权案件的管辖问题，应依据该法条的规定，由担保财产所在地或者担保物权登记地的基层人民法院管辖，对此一般不会引起太大的争议。至于诉讼标的物担保物权是否应以登记为要件，我们倾向于认为应当按照民法典物权编的相关规定，坚持物权法定原则。

（一）关于实现担保物权申请人和被申请人的范围[①]

主体适格是启动民事诉讼程序的前提，也是人民法院立案受理的关键。哪些主体可以成为实现担保物权的申请主体，是此类案件立案审查与审理中首先需要明确的问题。

1. 申请人

申请人的范围，依据《民事诉讼法》第 207 条规定，包括"担保物权人"以及"其他有权请求实现担保物权的人"。但是，对于"担保物权人"和"其他有权请求实现担保物权的人"的具体范围，哪些主体可以成为实现担保物权案件的申请人，《民事诉讼法解释》第 359 条作出了明确规定："民事诉讼法第二百零三条规定的担保物权人，包括抵押权人、质权人、留置权人；其他有权请求实现担保物权的人，包括抵押人、出质人、财产被留置的债务人或者所有权人等。"也就是说，根据该条规定，"抵押权人、质权人、留置权人、抵押人、出质人、财产被留置的债务人"均可以作为实现担保物权的申请人，有资格向人民法院申请实现担保物权的实现；该司法解释的法条最后加了个"等"字，为将来其他主体也可以成为适格的申请人留有余地。

---

① 参见江必新主编：《最高人民法院民事诉讼法司法解释专题讲座》，中国法制出版社 2015 年版，第 320~322 页。

应当注意的是,《民法典》第807条规定的建设工程承包人是否可以作为申请人申请实现建设工程价款优先权?《民法典》第807条规定:"发包人未按照约定支付价款的,承包人可以催告发包人在合理期限内支付价款。发包人逾期不支付的,除根据建设工程的性质不宜折价、拍卖的外,承包人可以与发包人协议将该工程折价,也可以请求人民法院将该工程依法拍卖。建设工程的价款就该工程折价或者拍卖的价款优先受偿。"有观点认为,行使优先受偿权的建设工程承包人属于《民法典》明确规定的可以请求人民法院拍卖建设工程的权利主体,也应当包含在有权实现担保物权的人的概念范畴之内。但对于建设工程款优先权是否为法定抵押权,理论界和实务界存有争议。有观点认为是法定抵押权,有观点认为是法定留置权。司法解释未明确建设工程款优先权可以适用该程序。

2. 被申请人

关于担保物权实现程序中的被申请人,《民事诉讼法》没有明文规定。按照法理,与担保物权人申请人直接对应的主体即是被申请人,如抵押权人与抵押人相对应、质权人与出质人相对应、留置权人与财产被留置的债务人相对应,因此,抵押人、出质人和财产被留置的债务人作为被申请人应无异议;当抵押人、出质人、财产被留置的债务人申请实现担保物权时,抵押权人、质权人、留置权人作为被申请人也无异议。

司法实践中应当注意的问题是:(1)在物的担保人与主债务人非同一人时,是否应将主债务人列为被申请人或追加为第三人?对此存在不同认识,一种观点认为,此种情形下可以不将主债务人列为被申请人追加为第三人,理由是:一方面,主债务人并非担保物权法律关系的主体,与实现担保物权案件的申请事项无直接法律关系;另一方面,因实现担保物权案件程序为非讼程序,法院采职权主义,可依职权向主债务人或其他案外人调查、询问与案件有关的事实情况。另一种观点认为,由于担保物权以特定物或权利为客体,该特定物或权利上还可能存在其他权利人,这些不同权利人之间很可能存在利害冲突,担保物权的实现程序可能使得潜在的利害冲突明朗化。为避免不同利害关系人之间的权利冲突,应当尽可能将相关利害关系人作为实现担保物权案件中的被申请人。若未将相关利害关系人作为被申请人,法院裁定对担保物权进行变现时,极易损害利害关系人的利益、引起其他诉讼,从而影响担保物权实现程序的效率价值。我们倾向于后一种观点。

(2)被申请人下落不明的,可否公告送达?对此存在不同观点,第一种观点认为，应保障被申请人的知情权和程序参与权，送达系案件审理的必经程序，下落不明导致无法送达的，应直接裁定驳回申请。理由是，该类案件涉及实体权利处分，且作为抵押物的不动产往往价值较大，故应当保障被申请人的知情权和程序参与权。如果被申请人下落不明或故意逃避的，则说明案件存在争议，不符合特别程序非争议性的特点，应直接裁定驳回申请。第二种观点认为，送达系案件审理的必经程序，下落不明导致无法送达的，应比照普通诉讼程序采公告送达，公告送达后特别程序可继续适用。理由是《民事诉讼法》不仅未禁止在特别程序中适用公告送达，而且在第187条中规定，人民法院适用特别程序审理的案件，应当在立案之日起30日内或者公告期满后30日内审结，对实现担保物权案件在被申请人下落不明的情形下进行公告送达，有相应的法律依据。第三种观点认为，实现担保物权程序是非讼特别程序，不必比照普通诉讼程序以送达为前提，人民法院可根据对不同案件事实的心证判断，酌情作出准予实现担保物权或驳回申请的裁定。理由为：首先，采取耗时较长的公告送达方式有悖于实现担保物权特别程序快速实现权利的立法本意。其次，对于实践中被申请人明显属恶意逃避送达而担保法律关系又十分清楚的案件，如果简单地以"被申请人下落不明"为由一律裁定驳回申请，可能会导致该程序的设立目的落空，为不诚信的被申请人提供了恶意逃避、拖延义务的途径。最后，法院在特别程序中采职权主义审查，有权在形成心证判断的基础上进行自由裁量。当然，如果在被申请人下落不明的情况下，法院经过审查后对于申请人的申请能否成立不能确信，则应该驳回申请，告知申请人另行起诉。总之，对于下落不明的申请人是否公告送达，应由法院经过审查后根据案件事实和具体情况决定，以防止被申请人以下落不明为借口恶意逃避义务。[①] 我们倾向于第三种观点。

（二）实现担保物权案件的管辖[②]

1. 关于实现权利质权案件管辖法院确定的问题

《民事诉讼法》对于实现权利质权的管辖法院如何确定，未给出明确规定。根据《民事诉讼法解释》第360条规定，实现票据、仓单、提单等有权利凭证的权利质权案件，可以由权利凭证持有人住所地人民法院管辖；无权利凭证的权利质权，由出质登记地人民法院管辖。有权利凭证的汇票、支票、本票、债

[①] 浙江省高级人民法院民二庭课题组：《审理实现担保物权案件若干实务问题探析》，载《法律适用》2014年第2期。

[②] 参见江必新主编：《最高人民法院民事诉讼法司法解释专题讲座》，中国法制出版社2015年版，第322~325页。

券、存款单、仓单、提单等证券化权利，可以理解为权利凭证所在地就是担保财产所在地。鉴于权利凭证所在地易于变动，结合管辖法院的确定性以及权利人实现担保物权的便利性，应由权利凭证持有人住所地人民法院管辖。同时，根据《民法典》第441条、第443条、第444条以及第445条的规定，对于没有权利凭证的财产权利，其质权均须进行相应出质登记后方可设立，即以没有权利凭证的汇票、支票、本票、债券、存款单、仓单、提单出质的，以基金份额、股权出质的，以注册商标专用权、专利权、著作权等知识产权中的财产权出质的，以及以应收账款出质的，质权均自办理相应出质登记时起设立。此类权利质权的实现案件，由担保物权登记地人民法院管辖。

2. 关于实现不动产所在地与不动产抵押登记地不在同一地域案件管辖法院确定的问题

由于担保物权种类的多样性以及我国关于担保物权登记程序本身的特殊性和各地区的差异性，存在不动产所在地与不动产抵押登记地不在同一地域管辖的范围内的情形。此种情况下，是两地法院均有管辖权还是只能由一地法院管辖？我们认为，应当参照民事诉讼管辖的一般原则处理，可以由审级低的人民法院管辖。至于留置权，作为法定担保物权，其设立以债权人事先合法占有债务人的动产为要件，无需办理标的动产的登记，属于非登记物权。因此，对于留置权而言，由留置财产所在地法院管辖。

3. 关于实现担保物权案件是否适用约定管辖，是否适用应诉管辖及管辖权异议的问题

虽然法律条文没有使用"专属管辖"的用语，但依据法理，非讼管辖的目的在于追求迅速及符合公益目的之需求，且经常涉及第三人权益，其管辖似有定性为专属管辖的必要；依其性质，不适用约定管辖及应诉管辖和管辖异议制度。在实践中，对于被申请人提出的管辖权异议，人民法院应通过释明方式予以解决，无需出具书面裁定。审判实践中经常遇到的问题是：在实现担保物权的案件中原主合同中约定有管辖法院，与《民事诉讼法》第207条规定的管辖法院不一致时，是否以《民事诉讼法》第207条规定为准？我们认为，实现担保物权案件是特别程序，主合同中约定的管辖法院并不必然就对实现担保物权的实现适用，还是按《民事诉讼法》第207条的规定处理即可。

4. 关于实现担保物权案件是否涉及级别管辖的问题

《民事诉讼法》第207条明确规定，申请实现担保物权案件应向担保财产所在地或者担保物权登记地基层人民法院提出。实践中，有的实现担保物权案

件的标的额较大，按照诉讼案件级别管辖的规定，应由中级人民法院或者高级人民法院管辖。此种情况下，是依照法律规定一律由基层人民法院管辖，还是由中级人民法院或高级人民法院管辖？我们认为，基于申请实现担保物权案件的非讼程序特征，法律作了严格规定，此类案件一律由基层人民法院管辖。但实践中有观点主张，此类案件超过基层人民法院诉讼案件级别管辖范围的，可以先由基层人民法院受理，再依据《民事诉讼法》第 39 条的规定上移给上级人民法院管辖，我们认为这种认识是违反法律规定的。

5. 关于当财产登记地与财产所在地不一致时，是否专属于财产所在地法院管辖的问题

对此有不同意见。一种意见认为，不动产专属管辖系《民事诉讼法》之特别规定，应当予以适用。另一种意见认为，《民事诉讼法》增设了实现担保物权的特别程序，并以方便当事人行使权利为原则，兼采了两种地域管辖标准，其本身亦系特别程序中的特殊规定，不适用诉讼程序中的不动产专属管辖之规定。如为实现一笔债权还要分别向多家抵押房产所在地法院提出实现担保物权申请，则无法体现便利诉讼、降低成本的立法本意。我们认为，《民事诉讼法》第 34 条规定，因不动产纠纷提起的诉讼，由不动产所在地人民法院专属管辖。主要是指因不动产的权利确认、分割、相邻关系等引起的物权纠纷，而实现不动产抵押权等实现担保物权案件是特别程序案件，适用《民事诉讼法》第 207 条规定，申请实现担保物权案件由担保财产所在地或者担保物权登记地基层人民法院管辖，可由不动产登记地人民法院管辖。

6. 关于实现担保物权案件的管辖法院是否恒定的问题

在司法实践中可能有案件担保物权人依据担保财产所在地申请立案后，担保财产转移出立案法院辖区的情形。我们认为，依据《民事诉讼法解释》第 37 条至第 39 条[①]的规定，管辖是恒定的。受理法院可以继续受理案件的审查，不受担保物变动的影响，这不但可以减少当事人的诉累，同时也能够避免被申请

[①]《民事诉讼法解释》第 37 条规定："案件受理后，受诉人民法院的管辖权不受当事人住所地、经常居住地变更的影响。"第 38 条规定："有管辖权的人民法院受理案件后，不得以行政区域变更为由，将案件移送给变更后有管辖权的人民法院。判决后的上诉案件和依审判监督程序提审的案件，由原审人民法院的上级人民法院进行审判；上级人民法院指令再审、发回重审的案件，由原审人民法院再审或者重审。"第 39 条规定："人民法院对管辖异议审查后确定有管辖权的，不因当事人提起反诉、增加或者变更诉讼请求等改变管辖，但违反级别管辖、专属管辖规定的除外。人民法院发回重审或者按第一审程序再审的案件，当事人提出管辖异议的，人民法院不予审查。"

人不断变更担保物的所在地来规避法院审查的问题。

7. 关于专门法院能否管辖实现担保物权案件的问题

根据《最高人民法院关于海事法院受理案件范围的规定》，海事法院审理涉及海事海商的普通程序、特别程序案件，海事法院受理案件的范围包括"申请实现以船舶、船载货物、船用物料、海运集装箱、港航设备设施、海洋开发利用设备设施等财产为担保物的担保物权案件"。而《民事诉讼法》第207条的规定并没有排除海事法院的专门管辖，因此，海事法院受理申请实现船舶抵押权的案件符合法律规定，应该受理。《民事诉讼法解释》第361条规定："实现担保物权案件属于海事法院等专门人民法院管辖的，由专门人民法院管辖。"在本条司法解释的条文中之所以加入"等"字，是因为，根据《宪法》第129条的规定，中华人民共和国设立最高人民法院、地方各级人民法院和军事法院等专门人民法院，而依据《全国人民代表大会常务委员会关于在沿海港口城市设立海事法院的决定》《全国人民代表大会常务委员会关于在北京、上海、广州设立知识产权法院的决定》《全国人民代表大会常务委员会关于设立上海金融法院的决定》《全国人民代表大会常务委员会关于设立北京金融法院的决定》《全国人民代表大会常务委员会关于设立成渝金融法院的决定》可知，目前我国的专门人民法院有军事法院、海事法院、知识产权法院、金融法院等。法条中采用"等"字就是为将来其他专门法院管辖该类案件留有余地，体现司法解释的前瞻性。

在审判实践中如何确定船舶抵押的船舶所在地？我们认为，船舶抵押权的实现应该向"船舶抵押登记地"或"抵押船舶所在地"海事法院提出申请，并由该海事法院进行审查。因为，船舶登记港为船籍港，船籍港一般由船舶所有人依据其住所或主营业所所在地就近选择，船舶抵押登记向船籍港的船舶登记机关登记，船舶抵押登记地法院实为船籍港所在地的海事法院。按照《海商法》第14条的规定，建造中的船舶可以设定船舶抵押权，在建船舶抵押权登记机关为船籍港所在地船舶登记机关，因此，建造中的船舶其抵押登记地仍为船籍港所在地。抵押船舶所在地法院一般是船舶被扣押地的海事法院，停泊地的海事法院也享有管辖权。

8. 关于同一笔债权有多个担保物时实现担保物权管辖法院的问题

在审判实践中，同一笔债权可能有多个担保物且又存于不同的地区，此时，担保物权人申请实现担保物权是向各个担保物所在地的人民法院分别申请，还是向其中一个担保物所在地法院申请，该法院管辖权的效力及于同一笔债权下多个担保物？对此，《民事诉讼法解释》第362条规定："同一债权的担保物有多个且所在地不同，申请人分别向有管辖权的人民法院申请实现担保物权的，人民法院应当依法受理。"应该注意的是，对于同一债权的担保物有多个且所在地不同，当申请人向有管辖权的人民法院分别提出申请实现担保物权申请的，法院不能以该债权有多个担保物应该向其他法院申请为借口而拒绝受理。

9. 关于当人保与物保并存时申请实现担保物权的，人民法院是否应该受理的问题

对于人保和物保并存时，担保物权人是可以向人民法院申请实现担保物权，还是应该根据《民法典》第392条的规定进行具体处理的问题，我们认为，如果当事人对物保和人保的担保范围及实现顺序等有明确约定，担保物权人提出的实现担保物权申请不违反该约定的，法院应当适用实现担保物权程序。如果当事人对物保和人保的担保范围及实现顺序等没有约定，又区分两种情形：人保和主债务人自己提供的物保并存的，债权人应当先就物保实现债权，其提出的实现担保物权申请，法院应适用实现担保物权程序；人保和第三人提供的物保并存时，债权人可自由选择行使物保或人保，债权人选择申请实现担保物权的，法院也应适用实现担保物权程序。

《民事诉讼法解释》第363条规定："依照民法典第三百九十二条的规定，被担保的债权既有物的担保又有人的担保，当事人对实现担保物权的顺序有约定，实现担保物权的申请违反该约定的，人民法院裁定不予受理；没有约定或者约定不明的，人民法院应当受理。"应当注意的是：（1）当实现担保物权案件完结后，债权人能否就担保财产拍卖、变卖后不足清偿债务部分再起诉债务人及保证人？我们认为，应予准许。即通过担保物权实现程序拍卖、变卖担保物仍不足以清偿债务的，债权人对债务人和保证人仍有求偿权，可再行通过普通诉讼程序主张权利。（2）当人保与物保并存而实现担保物权案件尚未完结时，对于保证部分可否同时提起民事诉讼？我们认为，实现担保物权案件作为一种特别程序，其最终目的与诉讼程序基本相同，即取得执行依据。当连带责任保证和物保并存时，债权人可自由选择行使物保或人保，抵/质押人提起实现担保物权程序，可同时对承担连带责任保证的保证人提起民事诉讼，人民法院对于既申请实现担保物权又同时对保证部分提起诉讼的，都应该受理，但对于诉讼部分可以先行中止，待担保物权实现程序结束后再行恢复。

10. 关于同一财产上设有多个担保物权的，登记在先的担保物权尚未实现的情况下，后顺位的担保物权人向人民法院申请实现担保物权的，人民法院应否受理的问题

我们认为，此种情形，可以在保障先顺位担保物权的前提下，允许后顺位担保物权人先行申请实现权利。执行法院可将拍卖、变卖价款按顺位在先的担保物权人可优先受偿的金额予以留存，剩余款项则可清偿给后顺位担保物权人。《民事诉讼法解释》第364条规定："同一财产上设立多个担保物权，登记在先的担保物权尚未实现的，不影响后顺位的担保物权人向人民法院申请实现担保物权。"也就是说，此种情形下，后顺位的担保物权人在登记在先的担保物权未实现的情况下，向人民法院申请实现担保物权的，人民法院应当受理。由于先顺位担保物权所担保的主债务是否已清偿、是否已到期等问题无法在本案中一并查明，故裁定主文可表述为："对被申请人×××的×××担保财产准予采取拍卖、变卖等方式依法变价，申请人×××对变价后所得款项超出顺位在先的×××担保债权的部分，在×××元的范围内优先受偿。"

（三）关于人民对于申请实现担保物权案件的审查内容

《民事诉讼法解释》第365条规定，"申请实现担保物权，应当提交下列材料：（一）申请书。申请书应当记明申请人、被申请人的姓名或者名称、联系方式等基本信息，具体的请求和事实、理由；（二）证明担保物权存在的材料，包括主合同、担保合同、抵押登记证明或者他项权利证书，权利质权的权利凭证或者质权出质登记证明等；（三）证明实现担保物权条件成就的材料；（四）担保财产现状的说明；（五）人民法院认为需要提交的其他材料"。该解释第369条规定，"人民法院应当就主合同的效力、期限、履行情况，担保物权是否有效设立、担保财产的范围、被担保的债权范围、被担保的债权是否已届清偿期等担保物权实现的条件，以及是否损害他人合法权益等内容进行审查。被申请人或者利害关系人提出异议的，人民法院应当一并审查"。根据上述规定，人民法院对于担保物权实现的条件是否具备应进行审查。当然，主合同的效力、期限、履行情况，担保物权是否有效设立、担保财产的范围、被担保的债权范围、被担保的债权是否已届清偿期等内容，是审查申请人的申请是否符合法律规定的最主要、最核心的内容，只有上述规定的内容具备了，人民法院才能作出准许拍卖、变卖的裁定。实现担保物权程序是非讼程序，当事人保障不像诉讼程序完备，而且有些时候是申请人申请且被申请人同意，此时人民法院应该着重审查是否损害其他人、案外人的合法权益，如果损害了其他人、案外人合法权益的，也不应该作出准许的裁定。此外，当被申请人或者利害关系人提出异议的，人民法院也应当一并对申请人或者利害关系人异议进行审查。

对于实现担保物权案件应当是"形式审查"。对于实现担保物权的审查标准，《民事诉讼法》第 208 条仅规定了符合法律规定的裁定拍卖、变卖担保财产，审判实践中存在不同认识和做法。一种做法是进行"实质审查"，理由是，《民事诉讼法》规定的实现担保物权案件程序主要是针对《民法典》等实体法作出的程序性规定，符合法律规定应该理解为必须满足《民法典》等实体法规定的实现担保物权的条件。另一种做法是进行"有限的形式审查"，理由是，实现担保物权案件只需要对申请人提交的材料进行"有限的形式审查"，无需对实现担保物权案件涉及的主合同、担保物权的效力等基础法律关系进行实质审查。我们认为：（1）从域外的立法例来看，对实现担保物权案件的审查一般均为"形式审查"。（2）"实质审查"虽然有利于法院全面、准确地查明案件事实，公正作出裁判，但该做法不符合实现担保物权案件程序的非讼的属性和原理，忽视了实现担保物权非讼程序快捷、高效实现担保物权的立法本意，可能导致实现担保物权程序的"休眠化"。（3）申请实现担保物权案件程序属于非讼程序，依据"非讼法理"，此类程序无需进行实质审查。因此，对此类案件应当进行"形式审查"而非"实质审查"。① 具体而言，法院的"形式审查"主要是审查担保物权实现的条件是否成就（包括担保物权是否有效成立、履行期是否届满、担保物权的实现是否受到限制等）。为此，《民事诉讼法解释》第 369 条作出了上述规定，也是人民法院对此类案件的审查标准。

对审判实践中如何审查的问题，我们认为，对已经登记的担保物权，基于登记的公信效力，法院对担保物权人提交的权属证书及登记证明只需作形式审查，只要其担保物权已经合法登记，债务已届清偿期，并且无法律限制行使担保物权情形的，即可作出准许拍卖、变卖担保财产的裁定；而未登记的担保物权，其效力及实现条件均无法依据权属证书及登记簿登记证明确定，担保物权人申请拍卖、变卖担保财产的，法院可以询问担保物权人与债务人。在审查方法上，可以根据案件的不同情况来决定是书面审查还是需要与调查核实相关事实相结合的做法。在审限的问题上，法院应根据《民事诉讼法》第十五章特别程序中的一般规定，应在立案之日起 30 日内审结。当然，对于重大、疑难的案件应该组成合议庭进行审查，对于特殊情况需要延长审限的，应由本院院长批准。法院对于实现担保物权的案件的审查为"形式审查"并不意味着法院仅就当事人提交的材料进行书面审查，而放弃依职权调查核实相关事实的职责，

---

① 最高人民法院：《深化商事理念，维护公平正义，为经济社会持续健康发展提供有力司法保障》，载《法律适用》2013 年第 11 期。

"形式审查"与法院的依职权调查核实相关的事实并不是相互对立的。

【典型案例一】

青岛市某区国土资源局与青岛某置业有限公司国有土地使用权出让合同纠纷案

上诉人（原审被告）：青岛市某区国土资源局

被上诉人（原审原告）：青岛某置业有限公司

〔基本案情〕

上诉人青岛市某区国土资源局（以下简称某区国土局）与被上诉人青岛某置业有限公司（以下简称某置业公司）国有土地使用权出让合同纠纷一案，山东省高级人民法院于2004年9月14日作出（2004）鲁民一初字第9号民事判决。某区国土局不服一审判决，向本院提起上诉。本院受理后，依法组成合议庭，于2004年12月2日开庭审理了本案。本案现已审理终结。

山东省高级人民法院一审审理查明：2001年2月23日，山东省青岛市人民政府在澳大利亚举办"青岛日"招商活动。在招商活动中，山东省青岛市崂山区沙子口街道办事处A村与澳大利亚B置业股份有限公司、青岛C房地产有限公司签订了《开发"澳大利亚旅游观光度假村"联建合同书》。

2001年8月15日，某区国土局与某置业公司、澳大利亚B置业股份有限公司签订《国有土地使用权预约协议》。该协议约定：土地位于山东省青岛市崂山区沙子口街道办事处A村，土地面积为20万平方米，土地使用权出让费用为每亩21万元，总计金额为6300万元，土地规划用途为综合用地，使用期限为50年；某置业公司和澳大利亚B置业股份有限公司凭本协议办理企业设立等手续，在预约有效期内，与某区国土局正式签订《国有土地使用权出让合同》，取得土地使用权。

2001年10月11日，山东省青岛市人民政府以《外商投资企业批准证书》同意成立某置业公司。该批准证书载明，企业类型为中外合资企业，经营年限为1年，注册资本为2000万元，其中澳大利亚B置业股份有限公司出资600万元，占注册资本的30%；青岛C房地产有限公司出资200万元，占注册资本的10%；青岛D汽车销售有限公司出资600万元，占注册资本的30%；青岛E商贸有限责任公司出资600万元，占注册资本的30%。经营范围：在山东省青岛市崂山区沙子口街道办事处A村，从事房地产开发及房屋销售等业务。2001年11月13日，山东省青岛市工商行政管理局给某置业公司颁发了《企业法人营业执照》。

2002年1月24日，山东省青岛市崂山区发展计划局依据某置业公司的申请，下发《关于澳洲花园项目立项的批复》，同意澳洲花园开发项目实施。该批复载明：1.项目内容：建设澳洲花园住宅小区，包括住宅、公寓和别墅。2.项目位于沙子口街道办事处A村，总占地面积20万平方米，总建筑面积26万平方米。3.项目计划总投资3.5亿元，所需资金由某置业公司自筹解决。4.项目计划2002年10月开工，建设工期3年。5.项目须办理土地使用、规划定点、环保、消防等审批手续后方可开工建设。

2002年2月4日,山东省青岛市规划局下发《建设工程规划审查意见书》。该意见书载明,根据有关法规、规范规定及城市规划要求,函复意见如下:(1)根据山东省青岛市人民政府批复的沙子口镇总体规划,该项目用地规划性质为居住用地,开发性质与规划用地性质相符,同意选址建设。(2)考虑到拟建用地周边的建设现状与规划情况,为统筹安排拟建用地周边的开发建设与各类设施的综合配套,请建设单位依据沙子口总体规划,按照《城市规划编制办法》的要求,先行编制汉河西侧图示红线围合区域的控制性详细规划方案。(3)请到山东省青岛市规划局崂山分局落实河道蓝线、周边及区内道路红、绿线。(4)请抓紧作出上述区域的控制性详细规划并报山东省青岛市规划局审批后,再办理相关规划手续。

2002年7月29日,山东省青岛市规划局下发《建设用地规划设计条件通知书》,同意某置业公司按规划设计条件,对该用地进行规划设计。

2002年12月26日,山东省青岛市人民政府向山东省人民政府报送《关于崂山区2002年度第十八批城市建设用地的请示》。该请示称,经审查,该批用地符合崂山区沙子口街道办事处土地利用总体规划,在确定的建设用地范围内,所占耕地已开发补充同等数量的耕地,并验收合格,拟同意作为崂山区2002年度第十八批城市建设用地呈报,办理农用地转用和土地征用手续。该用地经批准后,由某区国土局作为储备土地进行管理。具体安排项目时,按照国家规定分别供地。土地有偿使用费由崂山区人民政府负责缴纳。

2002年12月27日,山东省青岛市规划局崂山分局下发《建设工程规划方案审查意见书》,原则同意某置业公司报送的沙子口8号线、10号线、12号线、15号线、17号线、19号线道路工程规划设计方案,并要求某置业公司报审施工图。

2003年1月6日,某区国土局与某置业公司签订《国有土地使用权出让合同》。该合同第三条约定:某区国土局出让给某置业公司的宗地位于沙子口街道办事处A村,宗地面积186235平方米,其中出让土地面积为152702平方米。第四条约定:出让土地用途为住宅。第六条约定:出让年期为50年。第七条约定:出让金为每平方米369.15元,总额为56369943.3元。第十五条约定:某置业公司在按本合同约定支付全部土地使用权出让金之日起30日内,应持本合同和土地使用权出让金支付凭证,按规定向某区国土局申请办理土地登记,领取《国有土地使用权证》,取得出让土地使用权。某区国土局应在受理土地登记申请之日起30日内,依法为某置业公司办理出让土地使用权登记,颁发《国有土地使用权证》。第四十条第二款约定:本合同项下宗地出让方案尚需经山东省人民政府批准,本合同自山东省人民政府批准之日起生效。第四十五条约定:本合同未尽事宜,由双方约定后作为合同附件,与本合同具有同等法律效力。同日,双方就本合同未尽事宜达成《补充协议》,该《补充协议》第四条约定：根据合同第三条约定，宗地总面积为 186235 平方米，其中净地面积 152702 平方米，某置业公司同意代征道路及绿化带面积 33533 平方米，价格为每亩 5 万元，总计 2514975 元，并承担相关税费及地面附着物补偿费。最终用地面积确定后，本款用地面积作相应调整。第五条约定：某区国土局供地时间自本合同批准之日起。第六条约定：本协议经某区国土局和某置业公司双方签字、盖章后生效。

2003 年 1 月 13 日，山东省青岛市规划局向某置业公司发放了《建设用地规划许可证》，明确"澳洲花园"项目用地符合城市规划要求，准予办理规划用地手续。

2003 年 2 月 19 日，山东省人民政府下发《关于青岛市崂山区 2002 年第十八批次城市建设用地的批复》，同意青岛市将崂山区沙子口街道办事处 20 万平方米农用地转为建设用地，其中耕地 66191 平方米，园地 133809 平方米。上述农用地转用后同意征用，用于山东省青岛市城市建设。

2004 年 4 月 12 日，某区国土局以《国有土地使用权出让合同》无效、其无法履行合同约定的义务为由，通知某置业公司解除双方签订的《国有土地使用权出让合同》，并要求某置业公司于接到通知后 30 日内到崂山区经营性用地合同清理办公室办理退款等相关事宜。2004 年 6 月 18 日，某区国土局向某置业公司送达《关于抓紧办理土地出让金退款手续的函》，要求某置业公司于接到本函后 15 日内到崂山区经营性用地合同清理办公室办理土地出让金退款等相关手续，逾期崂山区经营性用地合同清理办公室将依法律程序退还某置业公司已经缴纳的土地出让金。

另查明，自 2001 年 9 月 28 日至 2003 年 5 月 29 日，某置业公司付清了出让合同约定的土地出让金 56369943.3 元及《补充协议》约定的代征道路及绿化用地征地费 2514975 元，两项合计 58884918.3 元。

2004 年 6 月 28 日，某置业公司向一审法院起诉称，某置业公司系青岛"澳洲花园"项目的开发商，《国有土地使用权出让合同》是为该项目用地所签。该项目是山东省青岛市人民政府的招商引资项目，该项目及为此项目成立的项目公司已经山东省青岛市人民政府合法批准。2003 年 2 月 19 日，山东省人民政府批复了"澳洲花园"项目所涉土地使用权的农用地转用手续及征地事宜。山东省青岛市规划局及崂山分局、崂山区发展计划局以及某区国土局为某置业公司办理了"澳洲花园"项目所需的各种规划手续。依据 2001 年 8 月 15 日某置业公司与某区国土局签订的《国有土地使用权预约协议》，2003 年 1 月 6 日双方正式签订了《国有土地使用权出让合同》。该合同签订后，某置业公司不仅如约履行了自己的义务，还向当地村民支付了 500 万元的土地补偿费，并协助当地村委会给全体村民办理了养老保险等相关事宜。但某区国土局不仅没有依约为某置业公司办理《国有土地使用权证》，反而以合同无效为由，于 2003 年 7 月口头通知某置业公司解除合同，于 2004 年 4 月 12 日书面通知某置业公司解除合同，于同年 6 月 18 日发函催促某置业公司办理退款手续。某区国土局的行为不仅严重违约，而且给某置业公司造成了不可估量的经济损失。为维护自己的合法权益,特请依法判令某区国土局继续履行《国有土地使用权出让合同》,立即为某置业公司颁发土地使用权证。

某区国土局口头答辩称,某区国土局和某置业公司签订的《国有土地使用权出让合同》没有生效,该合同对双方当事人没有约束力。请求一审法院判决驳回某置业公司的诉讼请求。

〔一审裁判理由与结果〕

山东省高级人民法院一审认为,双方当事人的争议焦点为:《国有土地使用权出让合同》是否生效及是否有效;《国有土地使用权出让合同》应否继续履行。

关于《国有土地使用权出让合同》是否生效及是否有效问题。根据《国有土地使用权出让合同》第四十条第二款的约定,该合同的生效条件为"本合同项下宗地出让方案尚需经山东省人民政府批准,本合同自山东省人民政府批准之日起生效"。经查,本案所涉及的"澳洲花园"项目是山东省青岛市人民政府在招商引资活动中引入的项目,该项目引进后,与该项目相关的立项、规划、用地等手续已经山东省青岛市人民政府有关职能部门批准。2002年12月26日山东省青岛市人民政府向山东省人民政府报送了《关于崂山区2002年第十八批城市建设用地的请示》,该请示的内容包括本案所涉及的土地。2003年2月19日,山东省人民政府以《关于青岛市崂山区2002年第十八批次城市建设用地的批复》,批准了山东省青岛市人民政府的用地请示。至此,双方当事人所签订的《国有土地使用权出让合同》的生效条件已成就,该合同自山东省人民政府批复之日起生效。至于山东省青岛市人民政府报送的请示中是否包括合同约定的"出让方案",不影响该合同的效力。某区国土局关于《国有土地使用权出让合同》没有生效的抗辩主张不成立,不予支持。双方当事人签订的《国有土地使用权出让合同》及《补充协议》内容合法,意思表示真实,为有效合同。

关于《国有土地使用权出让合同》应否继续履行问题。某置业公司按照《国有土地使用权出让合同》和《补充协议》约定,付清了土地出让金和代征道路及绿化用地征地费,山东省青岛市人民政府有关职能部门为该项目办理了项目立项、规划、土地农转用、征用等手续,双方的合同义务已基本履行完毕。根据合同第十五条的约定,今后只要某区国土局继续履行合同义务,依约为某置业公司办理国有土地使用权证,合同目的即可得到实现。因此,某置业公司请求某区国土局继续履行合同的主张,予以支持。据此判决:(一)某区国土局、某置业公司继续履行双方于2003年1月6日签订的《国有土地使用权出让合同》;(二)某区国土局于判决生效后三十日内为某置业公司办理《国有土地使用权证》。案件受理费291859.72元,财产保全费281849.72元,均由某区国土局负担。

〔当事人上诉及答辩意见〕

某区国土局不服一审判决,向本院提起上诉,请求撤销一审判决,改判驳回某置业公司的诉讼请求,由某置业公司负担本案一审、二审诉讼费及财产保全费。主要事实和理由是：

（一）一审判决认定某区国土局与某置业公司所签《国有土地使用权出让合同》的生效条件已经成就不符合事实和法律规定

1. 本案所涉《国有土地使用权出让合同》是附生效条件的合同，所附条件并未成就。双方明确约定了合同的生效条件，即《国有土地使用权出让合同》第四十条约定："本合同项下宗地出让方案尚需经山东省人民政府批准，本合同自山东省人民政府批准之日起生效。"在双方签订的《补充协议》第五条中也约定，某区国土局供地时间自本合同批准之日起。本案中双方约定的合同生效条件，即本合同项下宗地出让方案，山东省人民政府从未批复过。按国家法律规定，只有供地方案（包括出让方案）经过有批准权的人民政府批准后，市、县人民政府土地行政管理部门才能与土地使用者签订《国有土地使用权出让合同》。《中华人民共和国土地管理法实施条例》第二十二条明确规定："……（二）建设单位持建设项目的有关批准文件，向市、县人民政府土地行政主管部门提出建设用地申请，由市、县人民政府土地行政主管部门审查，拟订供地方案，报市、县人民政府批准；需要上级人民政府批准的，应当报上级人民政府批准。（三）供地方案经批准后，由市、县人民政府向建设单位颁发建设用地批准书。有偿使用国有土地的，由市、县人民政府土地行政主管部门与土地使用者签订国有土地有偿使用合同……"可见，供地方案的审批，是市、县人民政府土地行政主管部门签订土地出让合同的必经步骤，也是前置程序。在实践中，也存在先签合同后报批的情况。正因为有这种情况，由国土资源部和国家工商行政管理局监制的标准合同《国有土地使用权出让合同》才在开头部分"使用说明"第七条中指出："合同第四十条关于合同生效的规定中，宗地出让方案业经有权人民政府批准的，按照第一款规定生效；宗地出让方案未经有权人民政府批准的，按照第二款规定生效。"双方在签订《国有土地使用权出让合同》时，对第四十条关于合同生效的规定作出了第二项选择，即"本合同项下宗地出让方案尚需经山东省人民政府批准，本合同自山东省人民政府批准之日起生效"。并且，本案中的出让方案应当由山东省人民政府审批。实践中的做法是，土地使用者向建设项目当地市、县人民政府土地行政管理部门提出申请，由当地市、县人民政府土地行政管理部门拟定出让方案，报同级人民政府批准；需要报上级人民政府批准的，再报上级人民政府批准。1999年8月22日山东省人大常委会制定的《山东省实施〈中华人民共和国土地管理法〉办法》第二十四条规定："占用土地8公顷以上的，由省人民政府批准。"这是山东省地方性法规关于建设项目使用国有建设用地审批权限的规定。本案项下合同出让土地的面积为15.27公顷，依法应由山东省人民政府批准。本案所涉的出让方案至今没有得到山东省人民政府批准，因而合同的生效条件始终没有成就。

2. 一审判决混淆了政府对出让方案审批和对农用地转用审批这两个不同性质的审批，错误地认定对农用地转用的审批就是对出让方案的审批。通过和取得农用地转用的审批是形成供地方案的前提条件。供地方案包括划拨方案和出让方案。之所以需要对供地方案（包括出让方案）进行审批，是因为我国《城市房地产管理法》（1994年）第十一条规定："土地使用权出让，由市、县人民政府有计划、有步骤地进行。出让的每幅地块、用途、年限和其他条件，由市、县人民政府土地管理部门会同城市规划、建设、房地产管理部门共同拟订方案，按照国务院规定，报经有批准权的人民政府批准后，由市、县人民政府土地管理部门实施。"依照《建设用地审查报批管理办法》第十条第四款的规定，供地方案（包括出让方案）应当包括供地方式、面积、用途、土地有偿使用费标准、数额等。可见，对农用地转用的审批是对供地方案（包括出让方案）审批的前置程序，二者不能等同。而一审法院恰恰混淆了两者，在当事人已经在合同中明确约定以出让方案得到批准作为合同生效条件的情况下，错误地认为山东省人民政府批准山东省青岛市人民政府的农用地转用请示后，双方所签订《国有土地使用权出让合同》的生效条件就已经成就。山东省人民政府对青岛市人民政府的用地请示的批复，是对包括该《国有土地使用权出让合同》项下宗地在内的20万平方米的农用地转为建设用地的批复，并非对出让方案的审批。一审判决认定双方当事人所签订的《国有土地使用权出让合同》的生效条件已成就，没有事实和法律依据。

（二）一审判决认定双方签订的《国有土地使用权出让合同》为有效合同不能成立

1. 双方签订的《国有土地使用权出让合同》严重违反了《城市房地产管理法》（1994年）第八条"城市规划区内的集体所有的土地，经依法征用转为国有土地后，该幅国有土地的使用权方可有偿出让"的规定。山东省人民政府是在2003年2月19日《关于青岛市崂山区2002年第十八批次城市建设用地的批复》中，同意青岛市将崂山区沙子口街道办事处20万平方米农用地转为建设用地。上述农用地转用后同意征用，用于青岛市城市建设。而本案所涉的《国有土地使用权出让合同》却早在2003年1月6日即已签订，其时农用地尚未被征用转为国有土地。建设用地须先征用后签订出让合同，这是强制性规定。本案所涉的《国有土地使用权出让合同》违反了这一强制性规定。因此，该合同自始即没有法律效力。

2. 双方签订的《国有土地使用权出让合同》严重违反了国家关于招标拍卖挂牌出让国有土地使用权的相关强制性规定。国土资源部颁发的《招标拍卖挂牌出让国有土地使用权规定》早在2002年7月1日即已开始实施，而本案所涉的《国有土地使用权出让合同》在2003年1月6日才签订。《招标拍卖挂牌出让国有土地使用权规定》第四条规定："商业、旅游、娱乐和商品住宅等各类经营性用地，必须以招标、拍卖或者挂牌方式出让。"按照这一规定，本案《国有土地使用权出让合同》项下的土地必须通过招标、拍卖、挂牌的方式公开进行出让，而双方在《招标拍卖挂牌出让国有土地使用权规定》已实施半年后仍以协议方式签订《国有土地使用权出让合同》，出让国有土地用于住宅建设，违反了国家关于招标拍卖挂牌出让国有土地使用权的规定，也违反了国土资源部和监察部《关于严格实行经营性土地使用权招标拍卖挂牌出让的通知》的相关规定。因此，该《国有土地使用权出让合同》属无效合同。

3. 除前述导致《国有土地使用权出让合同》无效的情形外，某置业公司在签订《国有土地使用权出让合同》过程中还存在与前某区国土局局长于某恶意串通、损害国家利益的嫌疑。这一点从土地评估的过程即可见一斑。同以 2002 年 8 月 13 日为基准日，某置业公司委托的青岛东部房地产评估咨询有限公司对本案项下土地的评估价格是每平方米 369.15 元，据此确认的某置业公司应交纳的出让金为 56369943.3 元。某区国土局在处理群众对本案的举报中，又委托青岛衡元评估有限责任公司进行评估，评估的价格是每平方米 1001.9 元，如果据此要求某置业公司交纳土地出让金，则应为 152992133.8 元。也就是说，每平方米的评估价格相差了近三倍，土地出让金的差距更是达 96622190.5 元之巨。根据《城市房地产市场估价管理暂行办法》第十条的规定，每个土地估价项目必须由两名以上的估价师承办，而某置业公司委托的青岛东部房地产评估咨询有限公司的《土地估价报告》却是由一名估价师作出的。评估时的土地用途为综合用地，到了出让合同中就变成了住宅。而且，《国有土地使用权出让合同》使用说明中约定：合同第四条土地用途按《城镇地籍调查规程》规定的土地二级分类填写，属于综合用地的，应注明各类具体用途及所占的面积比例。双方签订的出让合同与规划和评估报告中的土地用途都不相同。

（三）一审法院以支持某置业公司诉讼主张的判决结果，错误地否定了某区国土局贯彻中央和各级政府指示精神，对非法出让土地进行的纠偏行为

国务院自 2001 年以来出台了一系列政策、法规，严格整顿和规范土地出让行为。本案就是在这种国家整顿和治理土地管理秩序的大背景下发生的。在山东省人民政府高度重视下，山东省青岛市人民政府经对本案项下出让行为进行充分调查研究后，认定该宗地的出让是非法出让，指示某区国土局依法进行查处，并将此出让行为认定为违法违规重点案件之一。

一审法院认定只要某区国土局依约为某置业公司办理《国有土地使用权证》，合同目的即可实现，这是错误的。依照我国土地管理法规的规定，只有土地出让方案经过有权人民政府批准以后，土地管理部门才有权依照出让方案和相对方签订出让合同。就本案来讲，土地管理部门在签订合同以前没有经过有权人民政府批准，所以才约定出让方案经过有权人民政府批准以后合同才生效。而目前既然政府已经认定该宗地的出让是非法出让，政府就不会再批准该宗地的出让方案，某区国土局根本无法继续履行合同义务。如果按照一审法院的判决内容，为某置业公司办理《国有土地使用权证》，则不仅否定了某区国土局在治理整顿土地市场秩序过程中针对某置业公司非法出让土地而进行的纠偏行为，与中央和各级政府的指示精神相冲突，而且不符合相关法律法规的规定。因此，无论从《国有土地使用权出让合同》未生效及无效的法律层面上考虑，还是从贯彻中央和各级政府指示精神的层面考虑，双

方签订的《国有土地使用权出让合同》均已没有履行的可能。如果二审法院不支持某区国土局的上诉请求，其结果是合同无法履行，当事人主张的权利也无法实现。故请求二审法院查清事实，实事求是地作出判决，即使认定合同有效，也要考虑到由于法律和事实上的障碍，某区国土局已经无法继续履行本案中的合同的事实，作出合法合理合情的判决。

（四）一审判决超越民事审判权限，扩大了判决范围，违反了"不告不理"的民事诉讼法准则

某置业公司在民事诉状中提出的诉讼请求为两项：1. 判令某区国土局继续履行双方所签《国有土地使用权出让合同》；2. 判令某区国土局承担案件受理费、保全费及其他诉讼费用（庭审过程中，某置业公司撤销了原来提出的要求判令某区国土局赔偿损失的诉讼请求）。可见，某置业公司的实质性诉讼请求只有一项，即"继续履行《国有土地使用权出让合同》"，而一审判决除支持某置业公司的诉讼请求外，又增加了一项某区国土局于判决生效后三十日内为某置业公司办理《国有土地使用权证》。该判项内容，某置业公司在起诉中并没有作为一项诉讼请求提出。一审法院超出当事人的诉讼请求作出判决，违反了"不告不理"的民事诉讼法准则。另外，颁发《国有土地使用权证》在性质上应属于某区国土局的行政行为，一审法院在民事案件审理和判决中无权判决当事人作出行政行为。因此，一审判决既超出了当事人的诉请范围，又超越了民事审判权限，应予撤销。

（五）一审判决在认定事实和适用法律方面还存在以下问题

1. 混淆了山东省青岛市人民政府与某区国土局的关系，将山东省青岛市人民政府的行政行为视为某区国土局的履行合同行为。本案中的项目不是山东省青岛市人民政府引入的项目。签订《开发"澳大利亚旅游观光度假村"联建合同书》的双方中没有山东省青岛市人民政府，而且所签合同违反了土地管理法的强制性规定，属于无效合同。

2. 不合理地采取诉讼保全措施并判决某区国土局负担财产保全费。

3. 错误地认定山东省青岛市人民政府有关的职能部门为该项目办理了立项、规划等手续，双方的合同义务已基本履行完毕。

4. 没有采纳某区国土局在一审中提交的大量证据，也没有说明理由。

某置业公司答辩称，某区国土局提起上诉依据的事实和理由不成立，请求驳回上诉，维持原判。主要事实和理由是：

（一）一审判决认定双方当事人所签订的《国有土地使用权出让合同》的生效条件已成就，符合事实和法律规定

1. 根据现行土地管理法和土地管理法实施条例等法律和行政法规的规定，国有土地使用权出让中，像本案所涉土地的情况，只有农用地转用方案、补充耕地方案、征用土地方案应当由省人民政府审批，而本案中山东省人民政府已就上述事项批复同意。

2. 正因为只有上述内容依法应由省人民政府审批，所以双方合同第四十条关于合同的生效条件"本合同项下的宗地出让方案尚需经山东省人民政府批准，本合同自山东省人民政府批准之日生效"，只能是指对宗地出让方案中的农用地转用方案、补充耕地方案、征用土地方案的审批，其余事项山东省人民政府既无法律授予的审批权限，也无此义务。即使合同中用了"宗地出让方案"这个不确切的词，也只能依法确定其真实意思并据此审查合同是否生效。

3. 某区国土局在上诉状中，将供地方案、宗地出让方案及农用地转用方案、补充耕地方案、征用土地方案的审批混淆，其认为本案所涉《国有土地使用权出让合同》不生效的理由不能成立。（1）供地方案的审批，并非双方合同约定的生效条件；（2）供地方案的审批机关依法并非山东省人民政府，而是山东省青岛市崂山区人民政府。法律依据为《中华人民共和国土地管理法实施条例》第二十二条第（二）项规定；（3）某区国土局在上诉状中所有引用的法律条文，均没有供地方案（或其所称的出让方案）应由山东省人民政府批准的规定。其引用《山东省实施〈中华人民共和国土地管理法〉办法》第二十四条来论证供地方案的审批机关是山东省人民政府，也是错误的，因为从该条所处的章节位置来看，该条规定的是农用地转用的审批权限，并非供地方案的审批权限。综上，一审判决认定出让合同设定的生效条件已成就是完全符合事实和法律规定的。

（二）一审判决认定双方当事人签订的《国有土地使用权出让合同》为有效合同是完全正确的

本案双方所签出让合同的内容并未违反法律和行政法规的强制性规定，合同的主体、客体、意思表示等各要素均合法。至于某区国土局在上诉状中列举的所谓违法问题，均是某区国土局对法律规定的任意曲解和有意回避法律规定造成的，依法根本不能成立。（1）某区国土局对城市房地产管理法的理解错误。该法第八条规定："城市规划区内的集体所有的土地，经依法征用转为国有土地后，该幅国有土地的使用权方可有偿出让。"该规定某区国土局任意曲解为"城市规划区内的集体所有的土地，经依法征用转为国有土地后，该幅土地的使用权方可签订出让合同（有偿出让）"。所以才得出"建设用地须先征用，后签订出让合同"的错误结论。该规定的立法本意是，强调集体所有的土地未经依法征用转为国有后，不能进行事实上的出让行为或产生出让的结果。也即该条款限制的是《土地使用权出让合同》的具体履行时间，并非对《土地使用权出让合同》签订时间的限制，法律也不可能对合同的签订时间进行限制。况且，本案所涉出让合同签订时，约定了以土地征用等被批准为生效条件，该生效条件业已成就。某区国土局已与原土地所有权人签订土地征用合同，已经履行完毕。（2）某区国土局有意回避国家关于招标拍卖挂牌出让国有土地使用权的相关规定。某区国土局在论证本案所涉土地可否协议出让这一问题时，有意回避了国土资源部《关于进一步治理整顿土地市场秩序中自查自纠若干问题的处理意见》。该意见第三条专门对《招标拍卖挂牌出让国有土地使用权规定》实施前遗留问题进行了明确规定。根据该规定，本案所涉土地是可以协议出让的。某区国土局无视该文已颁布实施的事实，论证出让合同无效是错误的。（3）关于某区国土局提及的某置业公司在签订出让合同过程中存在与前某区国土局局长于某恶意串通、损害国家利益的嫌疑，纯属对某置业公司的中伤。对于评估问题，在某置业公司起诉到一审法院前一年多"调查时间"里，某区国土局从未向某置业公司提起该问题，本案所涉土地的评估符合当时的法律规定。关于评估报告上应当由几个评估师署名，法律无明确规定。

（三）所谓"纠偏行为"与本案无关

举报的内容为某置业公司是假外商，未投一分钱，土地付款超期，均与事实相悖。本案的土地本已通过了政府部门的土地审查验收，因匿名举报人的恶意举报，引起所谓的"纠偏"。某区国土局竟不顾举报内容不实之事实，就直奔收地主题。并且在举报到正式通知收地的过程中，某区国土局一次又一次找理由（不是举报中的理由）欲收回土地，当所找理由均不能成立时，才最终以书面通知的理由解除合同，而该解除理由与所谓的举报无关。

（四）一审判决并未超越审判范围

关于请求法院判令由某区国土局为某置业公司办理《国有土地使用权证》的申请，某置业公司在当庭宣读诉状第一项请求判令某区国土局继续履行双方所签合同时，特意明确了为某置业公司办理《国有土地使用权证》这一继续履行合同的实质内容，并记录在案。因此，一审并未超越审判范围，并未违反"不告不理"原则。另外，颁发《国有土地使用权证》是某区国土局在民事合同中应尽义务，该判决内容也未超出民事审判范围。

（五）一审判决并未混淆山东省青岛市人民政府与某区国土局的关系

本案所涉《国有土地使用权出让合同》中某区国土局的主要义务，就是提供土地和为某置业公司办理土地证。上述义务履行涉及依法应办理的审批手续，是某区国土局履行上述义务的必经程序，也是其应尽义务。

（六）采取诉讼保全措施是正当必需的，其费用理应由某区国土局承担

本案在某置业公司向某区国土局及其上级部门积极反映情况，要求公正合法处理过程中，某区国土局于2004年4月12日书面通知解除合同，并于同年6月18日办理退款手续，且限期为15天，否则依法处理。如果某置业公司不采取保全措施，某区国土局完全可以提存土地款项并另行出让土地。故某置业公司申请保全是必需的、正当的。

[**最高人民法院查明的事实**]

最高人民法院二审查明：青岛C房地产有限公司为某置业公司股东，占某置业公司10%的股份。2001年8月15日，某区国土局与某置业公司、澳大利亚B置业股

份有限公司签订《青岛市崂山区国有土地使用权预约协议》时，路某担任某置业公司的总经理，并作为某置业公司代表在该预约协议上签字。

另查明，2003年2月19日，山东省人民政府下发《关于青岛市崂山区2002年第十八批次城市建设用地的批复》，除同意青岛市将崂山区沙子口街道办事处20万平方米农用地转为建设用地，以及上述农用地转用后征用，用于青岛市城市建设外，同时指出，要严格按照有关规定向具体建设项目提供用地，供地情况要经青岛市国土资源部门及时报山东省国土资源厅备案。

又查明，2002年10月31日，某区国土局以《关于确认土地估价结果的批复》，对某置业公司委托青岛东部房地产评估咨询有限公司土地评估结果进行了确认。

还查明，2004年3月1日，青岛市人民政府法制办公室与青岛市国土资源和房屋管理局共同下发《关于崂山区A村"澳洲花园"项目用地的情况报告》提出的处理意见为：鉴于目前情况，该宗用地实际已不能按2003年1月6日某区国土局与某置业公司签订的《国有土地使用权出让合同》的约定进行协议出让，处理该问题的关键是依法解除该出让合同。但因该合同的性质属民事法律关系范畴，其主体是某区国土局与某置业公司，而不是市政府，故应由合同双方当事人依法解除该合同。为此，建议市政府召集崂山区政府及相关单位会议，对下列事项进行研究和明确后，由有关责任单位依法组织实施：（一）某区国土局依法解除与某置业公司签订的《国有土地使用权出让合同》，退还土地出让金等相关费用。（二）某区国土局依法完善该宗地征地手续，并将其依法纳入政府储备。2004年3月8日，山东省青岛市人民政府办公厅向山东省人民政府督查处报送《关于青岛市崂山区A村"澳洲花园"项目用地的情况报告》提出的处理意见为：鉴于目前情况，该宗用地实际已不能按2003年1月6日某区国土局与某置业公司签订的《国有土地使用权出让合同》的约定进行协议出让，应依法解除该出让合同，退还其土地出让金等相关费用，将该宗地依法纳入政府储备。

2005年7月4日，某区国土局向本院提交《补充说明》，在该材料中提到，如果不支持某区国土局的上诉请求，其结果是合同无法履行，当事人主张的权利也无法实现。请求本院查清事实，实事求是地作出判决，即使认定合同有效，也要考虑到由于法律和事实上的障碍，某区国土局已经无法继续履行本案中的出让合同的事实，作出合法合理合情的判决。

2005年9月1日，山东省青岛市崂山区人民政府向本院提交《关于有关情况说明的函》。该函中提及，因该案涉及执行国家部委规定及落实国务院领导批示事宜，特作如下说明：（一）根据有关规定和领导批示精神，某区国土局于2004年4月14日作出《关于解除〈国有土地使用权出让合同〉的通知》；（二）根据现行国有土地出让管理的规定以及目前崂山区实际情况，该宗土地出让合同已无法继续履行，理由及相关具体意见请参见青岛市人民政府法制办公室与青岛市国土资源和房屋管理局的《关于崂山区 A 村"澳洲花园"项目用地的情况报告》。

本院二审期间，2005 年 3 月 10 日，某区国土局提供山东省泰安市中级人民法院于 2005 年 1 月 13 日作出的 (2004) 泰刑二初字第 20 号刑事判决书。被告人于某在法定期间内未提起上诉，该判决已经发生法律效力。某置业公司对此不持异议。该判决书认定，2001 年 8 月，被告人于某利用担任某区国土局局长职务的便利，接受青岛 C 房地产有限公司总经理路某的请托，为该公司办理了国有土地使用权预约手续。为表示感谢及继续得到于某的关照，2002 年春节前一天，路某送给某 3 万元的购物卡。2003 年 1 月，于某以购车为由，向路某索要 33 万元。于某的上述行为已构成受贿罪，且具有索贿情节。

本院二审查明的其他事实与一审法院查明的事实相同。

[最高人民法院裁判理由与结果]

最高人民法院认为，本案双方当事人在二审中争议的焦点问题有三个，一是双方签订的《国有土地使用权出让合同》是否生效，二是双方签订的《国有土地使用权出让合同》是否有效，三是一审判决是否违反"不告不理"民事诉讼原则。

1. 关于双方签订的《国有土地使用权出让合同》是否生效的问题。根据《合同法》第四十五条①规定，当事人对合同的效力可以约定附条件。附条件的合同，自条件成就时生效。所谓附条件的合同，是指当事人在合同中特别约定一定的条件，以条件是否成就作为合同效力发生的根据。合同所附条件，必须是将来发生的、不确定的事实，是当事人约定的而不是法定的，同时还必须是合法的。在我国，政府机关对有关事项或者合同审批或者批准的权限和职责，源于法律和行政法规的规定，而不属于当事人约定的范围。当事人将法律和行政法规规定的政府机关对有关事项或者合同的审批权或者批准权约定为附条件的合同中的条件，不符合《合同法》有关附条件的合同的规定。当事人将法律和行政法规没有规定的政府机关对有关事项或者合同的审批权或者批准权约定为附条件的合同中的条件，同样不符合《合同法》有关附条件合同的规定。根据《合同法》规定精神，当事人在订立合同时，将法定的审批权或者批准权作为合同生效条件的，视为没有附条件。将法律未规定为政府机关职责范围的审批权或者批准权作为包括合同在内的民事法律行为生效条件的，同样视为没有附条件，所附的"条件"不产生限制合同效力的法律效果。

根据一审法院和本院查明的事实，本案涉及的"澳洲花园"项目是山东省青岛市人民政府在招商引资活动中引入的项目，与该项目相关的立项、规划、用地等手续已经山东省青岛市人民政府有关职能部门及山东省青岛市崂山区人民政府有关职能部门陆续批准。2002 年 12 月 26 日，山东省青岛市人民政府向山东省人民政府报送了《关于崂山区 2002 年第十八批城市建设用地的请示》，内容包括本案所涉及的

---

① 对应《民法典》第 158 条。

土地。2003年2月19日，山东省人民政府下发《关于青岛市崂山区2002年第十八批次城市建设用地的批复》，同意青岛市将崂山区沙子口街道办事处20万平方米农用地转为建设用地。上述农用地转用后同意征用，用于青岛市城市建设。该批复还指出，要严格按照有关规定向具体建设项目提供用地，供地情况要经青岛市国土资源部门及时报山东省国土资源厅备案。这表明山东省人民政府对建设项目供地管理采取的是备案制而不是审批制，有关供地事项不需要报经山东省人民政府审批。

某区国土局与某置业公司在《国有土地使用权出让合同》中约定"本合同项下宗地出让方案尚需经山东省人民政府批准，本合同自山东省人民政府批准之日起生效"，虽然表明双方约定经山东省人民政府批准合同项下宗地出让方案作为《国有土地使用权出让合同》的生效条件，但该条件不属于我国《合同法》规定的附生效条件合同的条件，并且山东省人民政府在有关批复中明确指出，具体建设项目提供用地情况经青岛市国土资源部门及时报山东省国土资源厅备案，表明不需要报经批准。因此，双方关于合同项下宗地出让方案需经山东省人民政府批准生效的约定，对本案所涉《国有土地使用权出让合同》不产生限制合同效力的法律效果。某区国土局认为双方签订的《国有土地使用权出让合同》约定的合同生效条件未成就，以此为由主张所涉土地出让合同未生效，没有法律依据。一审法院认为山东省青岛市人民政府报送的请示中是否包括合同约定的"出让方案"，不影响该合同的效力，适用法律是正确的。

2. 关于双方签订的《国有土地使用权出让合同》是否有效的问题。本案双方所签《国有土地使用权出让合同》，是在平等自愿基础上达成的协议，意思表示真实。根据自1999年1月1日起施行的《中华人民共和国土地管理法》第四十四条规定，建设占用土地，涉及农用地转为建设用地的，应当办理农用地转用审批手续。在土地利用总体规划确定的城市和村庄、集镇建设用地规模范围内，为实施该规划而将农用地转为建设用地的，按土地利用年度计划分批次由原批准土地利用总体规划的机关批准。在已批准的农用地转用范围内，具体建设项目用地可以由市、县人民政府批准。本案讼争土地属于已批准的建设用地，土地出让方案应由市、县人民政府批准。根据自1999年1月1日起施行的《中华人民共和国土地管理法实施条例》第二十二条规定[1]，具体建设项目占用土地利用总体规划确定的城市建设用地范围内的国有建设用地的，需要市、县土地行政主管部门出具建设项目用地预审报告，由市、

---

[1] 2021年《中华人民共和国土地管理法实施条例》第24条修订为："（二）建设单位持建设项目的批准、核准或者备案文件，向市、县人民政府提出建设用地申请。市、县人民政府组织自然资源等部门拟订农用地转用方案，报有批准权的人民政府批准；依法应当由国务院批准的，由省、自治区、直辖市人民政府审核后上报。农用地转用方案应当重点对是否符合国土空间规划和土地利用年度计划以及补充耕地情况作出说明，涉及占用永久基本农田的，还应当对占用永久基本农田的必要性、合理性和补划可行性作出说明。（三）农用地转用方案经批准后，由市、县人民政府组织实施。"

县人民政府批准土地行政主管部门拟定的供地方案，市、县人民政府批准供地方案后向建设单位颁发建设用地批准书，然后由市、县土地行政主管部门与土地使用者签订国有土地有偿使用合同。本案中，作为市、县一级土地行政主管部门的某区国土局与作为土地使用者的某置业公司签订《国有土地使用权出让合同》之前，虽然没有颁发建设用地批准书，但这属于某区国土局在办理有关供地手续过程中程序的简化或者遗漏，不属于违反《中华人民共和国合同法》第五十二条规定导致合同无效的情形。

在某区国土局与某置业公司于2003年1月6日签订《国有土地使用权出让合同》后不久，即2003年2月19日，山东省人民政府批准了合同项下宗地农用地转为建设用地的审批手续和征地手续，同时要求按照有关规定向具体建设项目提供用地并将供地情况报山东省国土资源厅备案。这表明双方签订的《国有土地使用权出让合同》项下的土地已经履行了农用地转为建设用地以及征地手续，符合《中华人民共和国土地管理法》规定的由市、县人民政府批准具体建设项目用地条件，不再需要将合同项下宗地出让方案报经山东省人民政府批准，合同项下宗地符合建设用地条件，可以进入土地出让市场。双方于2003年1月6日签订的《国有土地使用权出让合同》效力自此得到补正，符合《中华人民共和国合同法》第五十一条关于无处分权的人处分他人财产，订立合同后取得处分权的，该合同有效的规定精神。故某区国土局主张双方签订的《国有土地使用权出让合同》违反法律和行政法规的强制性规定，应认定为无效合同，于法无据，不予支持。

山东省人大常委会制定的《山东省实施〈中华人民共和国土地管理法〉办法》，是一部地方性法规；自2002年7月1日起施行的《招标拍卖挂牌出让国有土地使用权规定》，是国土资源部为加强土地管理而制定的部门规章。根据《中华人民共和国合同法》第五十二条第五项的规定和《最高人民法院关于适用〈中华人民共和国合同法〉若干问题的解释（一）》第四条[①]"合同法实施以后，人民法院确认合同无效，应当以全国人大及其常委会制定的法律和国务院制定的行政法规为依据，不得以地方性法规、行政规章为依据"的规定，只有违反法律和行政法规强制性规定的合同才能被确认为无效，地方性法规和行政规章不能作为确认合同无效的依据。因此，某区国土局提出双方签订的《国有土地使用权出让合同》违反山东省人大常委会制定的地方性法规和国土资源部制定的部门规章，应认定为无效的请求，于法无据，不予支持。此外，按照国家有关规定，在2002年7月1日前未经市、县政府前置审批或者签订书面项目开发协议而在此后协议出让经营性用地的，应当按照有关规定改为以招标拍卖挂牌方式出让。某区国土局提出其出让讼争土地的行为违反有关行政管理规定需要完善招标拍卖挂牌手续，无法继续履行《国有土

---

① 对应《民法典》第153条。

地使用权出让合同》，属于对相关合同的变更或者解除，影响到相关合同能否实际履行以及是否解除的问题，不影响和限制合同的效力，不是认定合同无效的理由和依据。

根据某区国土局提供的已经生效的山东省泰安市中级人民法院于 2005 年 1 月 13 日作出的（2004）泰刑二初字第 20 号刑事判决书认定，路某在 2001 年 8 月签订《国有土地使用权预约协议》后，送给于某价值 3 万元的购物卡。于某于 2003 年 1 月以购车为由，向路某索要 33 万元。于某利用时任某区国土局局长职务的便利条件受贿和索贿，是其个人犯罪行为，已由有关法院对其追究了相应的刑事责任。某区国土局与某置业公司签订《国有土地使用权预约协议》和《国有土地使用权出让合同》，是具体落实山东省青岛市人民政府有关招商引资项目，于某在签订有关协议时虽然担任某区国土局局长，但不具有决定有关协议和合同是否签订的权力和责任。作为时任某区国土局局长的于某，在签订有关协议后向对方索要 33 万元购车款的事实，不能证明某区国土局与某置业公司签订有关国有土地使用权预约协议和出让合同时，恶意串通，损害国家利益。没有证据证明某区国土局与某置业公司在签订《国有土地使用权出让合同》过程中存在恶意串通，损害国家利益的情形。故某区国土局以此为由主张认定有关国有土地使用权出让合同无效，证据不足，不予采信。

关于本案所涉土地的评估是否符合有关规定的问题。某区国土局主张其在处理群众对本案的举报中委托青岛衡元评估有限责任公司同以 2002 年 8 月 13 日为基准日，对本案项下土地的评估价格，与当时作为签订出让合同价款依据的青岛东部房地产评估咨询有限公司对本案项下土地的评估价格相差很大，以此为由主张土地使用权出让合同无效，并未对鉴定机构的鉴定资质提出异议。某置业公司委托评估的鉴定机构由两名土地估价人员进行评估，符合有关规定。某区国土局委托评估时的土地用途为住宅用地，双方签订出让合同之前某置业公司委托评估的土地用途为综合用地。因此，虽然同是以 2002 年 8 月 13 日为基准日，但由于鉴定结论出自不同的鉴定机构和鉴定人员，评估时间不同，土地用途不同，土地评估价格会出现较大差异。双方在国有土地使用权预约合同中约定的土地用途是综合用地，但山东省青岛市规划局于 2002 年 2 月 4 日下发的《建设工程规划审查意见书》载明意见，根据山东省青岛市人民政府批复的沙子口镇总体规划，该项目用地规划性质为居住用地，开发性质与规划用地性质相符，同意选址建设。因此，在双方签订《国有土地使用权出让合同》之前某置业公司委托评估土地用途为综合用地，在签订《国有土地使用权出让合同》中将土地用途变成住宅，属于某区国土局与某置业公司通过签订合同的形式对部分条款内容的变更，与《中华人民共和国土地管理法》第五十六条关于建设单位使用国有土地的，应当按照土地使用权出让等有偿使用合同的约定或者土地使用权规划批准文件的规定使用土地的内容不相冲突。双方签订的《国有土地使用权出让合同》与规划和评估报告中的土地用途不相同，如果可能导致土地使用权出让金低于订立合同时当地政府按照国家规定确定的最低价的，属于影响国有土地使用权出让合同价格条款效力的因素，但不导致国有土地使用权出让合同无效。

3. 关于一审判决是否违反"不告不理"民事诉讼原则的问题。经查，某置业公司在一审当庭宣读起诉状第一项请求判令某区国土局继续履行双方所签合同时，特意明确了办理《国有土地使用权证》这一继续履行合同的实质内容，并有一审庭审笔录佐证。按照双方在《国有土地使用权出让合同》第十五条第二款约定，某区国土局应依法为某置业公司办理出让土地使用权登记，颁发《国有土地使用权证》。这是某区国土局基于双方签订的《国有土地使用权出让合同》而应尽的合同义务，属于继续履行合同义务范畴。一审法院对此进行审理并作出判决，没有超出民事审判范围，并未违反"不告不理"民事诉讼原则。

在对当事人的上述三个争议焦点问题作出评判之后，本案还面临着双方签订的《国有土地使用权出让合同》如何处理的问题。从双方当事人在本案一审和二审中的诉辩情况看，当事人争议的焦点问题始终围绕本案所涉《国有土地使用权出让合同》的效力问题。在经法院审理确认某区国土局主张合同未生效、无效的理由不成立的情况下，从本案的具体情况看，还存在一个合同权利义务是否应当终止的问题，或者说合同应否解除的问题。民事主体从事民事活动，除必须遵守法律外，在法律没有规定的情况下还应当遵守国家政策。按照国家有关规定，在 2002 年 7 月 1 日前未经市、县政府前置审批或者签订书面项目开发协议，而在此后协议出让经营性用地的，应当按照有关规定改为以招标拍卖挂牌方式出让。本案所涉项目用地在 2002 年 7 月 1 日前只取得计划立项而未取得《建设用地规划许可证》，不属于已进行了前置审批情形；在 2002 年 7 月 1 日前，双方当事人虽然签订了联建合同书和国有土地使用权预约协议，但未签订书面项目开发协议，故本案讼争用地不符合国家有关规定确定的历史遗留问题可以协议方式出让的范围。某置业公司在一审中提出的请求法院判令某区国土局继续履行《国有土地使用权出让合同》，立即为某置业公司颁发国有土地使用权证，因本案讼争国有土地使用权需要按照国家有关规定改为以招标拍卖挂牌方式出让，属于国家政策性要求。某区国土局未严格执行国家有关政策通过招标拍卖挂牌方式出让本案讼争土地使用权，是造成双方签订的《国有土地使用权出让合同》无法继续履行的原因。这一政策方面的程序要求虽不导致本案所涉《国有土地使用权出让合同》无效，但却影响该合同在客观上无法继续履行，故某置业公司要求判令某区国土局继续履行《国有土地使用权出让合同》的诉讼请求，难以支持，一审判决相关判项应予撤销，对某置业公司的该项诉讼请求应予驳回。根据有关法律规定精神，解除权在实体方面属于形成权，在程序方面则表现为形成之诉，在没有当事人依法提出该诉讼请求的情况下，人民法院不能依职权径行裁判。该《国有土地使用权出让合同》的解除或者权利义务终止及其法律责任承担问题，需通过独立的诉讼请求予以保护。本案中，某置业公司始终未就此问题提出诉讼请求。限于本案当事人的诉讼请求和二审案件的审理范围，本院对此问题不予审理。

综上所述，某区国土局上诉主张本案所涉《国有土地使用权出让合同》未生效、无效的理由不能成立，认为一审判决违反民事诉讼原则的理由亦不能成立。因双方签订的《国有土地使用权出让合同》事实上无法继续履行，某置业公司要求判令继续履行该合同的诉讼请求难以支持，一审判决相关判项应予撤销，某置业公司的该项诉讼请求应予驳回。本案所涉《国有土地使用权出让合同》是否应当依法予以解除及其法律后果承担问题，当事人可依法另行解决。由于双方纠纷成讼以及某置业公司关于继续履行合同的诉讼请求不能得到支持的根本原因，是某区国土局的行为造成的，某区国土局应当为诉讼成本付出代价，即承担本案的全部诉讼费用。依照《中华人民共和国民事诉讼法》第一百五十三条①第一款第三项之规定，判决如下：

一、撤销山东省高级人民法院（2004）鲁民一初字第9号民事判决；

二、驳回某置业公司关于继续履行合同的诉讼请求。

一审案件受理费、财产保全费和二审案件受理费共计865569.16元，均由青岛市某区国土资源局负担。

本判决为终审判决。

【典型案例二】

高某诉某酒店公司、A 房地产开发公司等第三人撤销之诉案

〔基本案情〕

2005 年 11 月 3 日，高某和邹某某作为公司股东（发起人）发起成立 A 房地产开发公司，高某、邹某某出资比例各占 50%，邹某某任该公司执行董事、法定代表人。

2011 年 6 月 16 日，A 房地产开发公司、旅游服务公司、酒店公司、B 房地产开发公司四方共同签署了《协议书》，对位于海南省三亚市三亚湾海坡开发区的某酒店的现状、投资额及酒店产权确认、酒店产权过户手续的办理、工程结算及结算资料的移交、违约责任等方面均作明确约定。2012 年 8 月 1 日，酒店公司以 A 房地产开发公司和旅游服务公司为被告、B 房地产开发公司为第三人向海南省高级人民法院提起合资、合作开发房地产合同纠纷之诉，提出某酒店房屋所有权（含房屋占用范围内的土地使用权）归酒店公司所有以及 A 房地产开发公司向酒店公司支付违约金 720 万元等诉讼请求。海南省高级人民法院作出（2012）琼民一初字第 3 号民事判决，支持了酒店公司的诉讼请求，判决作出后，各方当事人均未提起上诉。

2012 年 8 月 28 日，高某以 A 房地产开发公司经营管理发生严重困难，继续存续将会使股东利益遭受重大损失为由起诉请求解散公司。2013 年 9 月 12 日，海南省海

---

① 对应 2023 年《民事诉讼法》第 177 条。

口市中级人民法院作出（2013）海中法民二初字第 5 号民事判决，判决解散 A 房地产开发公司。A 房地产开发公司不服该判决，提起上诉。2013 年 12 月 19 日，海南省高级人民法院就该案作出（2013）琼民二终字第 35 号民事判决，判决驳回上诉，维持原判。2014 年 9 月 18 日，海口市中级人民法院指定 H 律师事务所担任 A 房地产开发公司管理人，负责 A 房地产开发公司的清算。

2015 年 4 月 20 日，A 房地产开发公司管理人以酒店公司、B 房地产开发公司、旅游服务公司为被告，向海南省高级人民法院起诉：请求确认 A 房地产开发公司于 2011 年 6 月 16 日签订的《协议书》无效，将位于海南省三亚市三亚湾路海坡度假区 15370.84 平方米的土地使用权及 29851.55 平方米的地上建筑物返还并过户登记至 A 房地产开发公司管理人名下。海南省高级人民法院裁定驳回了 A 房地产开发公司管理人的起诉。诉讼过程中，B 房地产开发公司、酒店公司收到该案诉讼文书后与 A 房地产开发公司管理人联系并向其提供了（2012）琼民一初字第 3 号民事判决的复印件。高某遂据此向海南省高级人民法院就（2012）琼民一初字第 3 号民事判决提起本案第三人撤销之诉。

〔裁判结果〕

海南省高级人民法院于 2016 年 8 月 23 日作出（2015）琼民一初字第 43 号民事裁定书，驳回原告高某的起诉。高某不服，提起上诉。最高人民法院于 2017 年 6 月 22 日作出（2017）最高法民终 63 号民事裁定书，驳回上诉，维持原裁定。

〔裁判理由〕

最高人民法院认为：本案系高某针对已生效的海南省高级人民法院（2012）琼民一初字第 3 号民事判决而提起的第三人撤销之诉。第三人撤销之诉制度的设置功能，主要是为了保护受错误生效裁判损害的未参加原诉的第三人的合法权益。由于第三人本人以外的原因未能参加原诉，导致人民法院作出了错误裁判，在这种情形下，法律赋予本应参加原诉的第三人有权通过另诉的方式撤销原生效裁判。因此，提起第三人撤销之诉的主体必须符合本应作为第三人参加原诉的身份条件。本案中，高某不符合以第三人身份参加该案诉讼的条件。

1. 高某对（2012）琼民一初字第 3 号民事判决案件的诉讼标的没有独立请求权，不属于该案有独立请求权的第三人。有独立请求权的第三人，是指对当事人之间争议的诉讼标的，有权以独立的实体权利人的资格提出诉讼请求的主体。在（2012）琼民一初字第 3 号民事判决案件中，酒店公司基于其与 A 房地产开发公司订立的《协议书》提出各项诉讼请求，海南省高级人民法院基于《协议书》的约定进行审理并作出判决。高某只是 A 房地产开发公司的股东之一，并不是《协议书》的合同当事人一方，其无权基于该协议约定提出诉讼请求。

2. 高某不属于（2012）琼民一初字第 3 号民事判决案件无独立请求权的第三人。无独立请求权的第三人，是指虽然对当事人双方的诉讼标的没有独立请求权，但案件处理结果同他有法律上的利害关系的主体。第三人同案件处理结果存在的法律上的利害关系，可能是直接的，也可能是间接的。本案中，（2012）琼民一初字第 3 号民事判决只确认了 A 房地产开发公司应承担的法律义务，未判决高某承担民事责任，故高某与（2012）琼民一初字第 3 号民事判决的处理结果并不存在直接的利害关系。关于是否存在间接利害关系的问题。通常来说，股东和公司之间系天然的利益共同体。公司股东对公司财产享有资产收益权，公司的对外交易活动、民事诉讼的胜败结果一般都会影响到公司的资产情况，从而间接影响到股东的收益权利。从这个角度看，股东与公司进行的民事诉讼的处理结果具有法律上的间接利害关系。但是，由于公司利益和股东利益具有一致性，公司对外活动应推定为股东整体意志的体现，公司在诉讼活动中的主张也应认定为代表股东的整体利益。因此，虽然公司诉讼的处理结果会间接影响到股东的利益，但股东的利益和意见已经在诉讼过程中由公司所代表和表达，则不应再追加股东作为第三人参加诉讼。本案中，虽然高某是 A 房地产开发公司的股东，但在 A 房地产开发公司与旅游服务公司、B 房地产开发公司、酒店公司的诉讼活动中，股东的意见已为 A 房地产开发公司所代表，则作为股东的高某不应再以无独立请求权的第三人身份参加该案诉讼。至于不同股东之间的分歧所导致的利益冲突，应由股东与股东之间、股东与公司之间依法另行处理。

【典型案例三】

建筑装饰公司诉中国××银行广州粤秀支行、林某武、建筑装饰公司广州分公司等第三人撤销之诉案

〔基本案情〕

2011 年 7 月 12 日，林某武与中国××银行广州粤秀支行（以下简称××银行粤秀支行）签订《个人借款/担保合同》。建筑装饰公司广州分公司出具《担保函》，为林某武在××银行粤秀支行的贷款提供连带责任保证。后因林某武欠付款项，××银行粤秀支行向法院起诉林某武、建筑装饰广州分公司等，请求林某武偿还欠款本息，建筑装饰广州分公司承担连带清偿责任。此案经广东省广州市天河区人民法院一审、广州市中级人民法院二审，判令林某武清偿欠付本金及利息等，其中一项为判令建筑装饰广州分公司对林某武的债务承担连带清偿责任。

2017 年，建筑装饰公司向广州市中级人民法院提起第三人撤销之诉，以生效判决没有将建筑装饰公司列为共同被告参与诉讼，并错误认定《担保函》性质，导致建筑装饰公司无法主张权利，请求撤销广州市中级人民法院作出的（2016）粤 01 民终第 15617 号民事判决。

〔裁判结果〕

广州市中级人民法院于 2017 年 12 月 4 日作出（2017）粤 01 民撤 10 号民事裁定：驳回原告建筑装饰公司的起诉。宣判后，建筑装饰公司提起上诉。广东省高级

人民法院于 2018 年 6 月 22 日作出（2018）粤民终 1151 号民事裁定：驳回上诉，维持原裁定。

〔裁判理由〕

法院生效裁判认为：民事诉讼法第五十六条规定："对当事人双方的诉讼标的，第三人认为有独立请求权的，有权提起诉讼。对当事人双方的诉讼标的，第三人虽然没有独立请求权，但案件处理结果同他有法律上的利害关系的，可以申请参加诉讼，或者由人民法院通知他参加诉讼。人民法院判决承担民事责任的第三人，有当事人的诉讼权利义务。前两款规定的第三人，因不能归责于本人的事由未参加诉讼，但有证据证明发生法律效力的判决、裁定、调解书的部分或者全部内容错误，损害其民事权益的，可以自知道或者应当知道其民事权益受到损害之日起六个月内，向作出该判决、裁定、调解书的人民法院提起诉讼……"依据上述法律规定，提起第三人撤销之诉的"第三人"是指有独立请求权的第三人，或者案件处理结果同他有法律上的利害关系的无独立请求权第三人，但不包括当事人双方。在已经生效的（2016）粤 01 民终 15617 号案件中，被告建筑装饰广州分公司系建筑装饰公司的分支机构，不是法人，但其依法设立并领取工商营业执照，具有一定的运营资金和在核准的经营范围内经营业务的行为能力。根据民法总则第七十四条第二款"分支机构以自己的名义从事民事活动，产生的民事责任由法人承担；也可以先以该分支机构管理的财产承担，不足以承担的，由法人承担"的规定，建筑装饰公司在（2016）粤 01 民终 15617 号案件中，属于承担民事责任的当事人，其诉讼地位不是民事诉讼法第五十六条规定的第三人。因此，建筑装饰公司以第三人的主体身份提出本案诉讼不符合第三人撤销之诉的法定适用条件。

【典型案例四】

中国××银行温州分行诉建筑工程公司、A 鞋业公司第三人撤销之诉案

〔基本案情〕

中国××银行温州分行因与 A 鞋业公司、B 鞋业公司等金融借款合同纠纷一案诉至浙江省温州市中级人民法院（以下简称温州中院），温州中院判令：一、B 鞋业公司于判决生效之日起十日内偿还中国××银行温州分行借款本金 5690 万元及期内利息、期内利息复利、逾期利息；二、如 B 鞋业公司未在上述第一项确定的期限内履行还款义务，中国××银行温州分行有权以拍卖、变卖被告 A 鞋业公司提供抵押的坐落于青田县某工业区房产及工业用地的所得价款优先受偿……上述判决生效后，因该案各被告未在判决确定的期限内履行义务，中国××银行温州分行向温州中院申请强制执行。

在执行过程中，中国××银行温州分行于 2017 年 2 月 28 日获悉，浙江省青田县人民法院向温州中院发出编号为（2016）浙 1121 执 2877 号的《参与执行分配函》，以

（2016）浙1121民初1800号民事判决为依据，要求温州中院将该判决确认的建筑工程公司对A鞋业公司享有的559.3万元建设工程款债权优先于抵押权和其他债权受偿，对坐落于青田县某工业区建设工程项目折价或拍卖所得价款优先受偿。

中国××银行温州分行认为案涉建设工程于2011年10月21日竣工验收合格，但建筑工程公司直至2016年4月20日才向法院主张优先受偿权，显然已超过了六个月的期限，故请求撤销（2016）浙1121民初1800号民事判决，并确认建筑工程公司就案涉建设工程项目折价、拍卖或变卖所得价款不享有优先受偿权。

〔裁判结果〕

浙江省云和县人民法院于2017年12月25日作出（2017）浙1125民撤1号民事判决：一、撤销浙江省青田县人民法院（2016）浙1121民初1800号民事判决书第一项；二、驳回原告中国××银行温州分行的其他诉讼请求。一审宣判后，建筑工程公司不服，向浙江省丽水市中级人民法院提起上诉。丽水市中级人民法院于2018年4月25日作出（2018）浙11民终446号民事判决书，判决驳回上诉，维持原判。建筑工程公司不服，向浙江省高级人民法院申请再审。浙江省高级人民法院于2018年12月14日作出（2018）浙民申3524号民事裁定书，驳回建筑工程公司的再审申请。

〔裁判理由〕

法院生效裁判认为：第三人撤销之诉的审理对象是原案生效裁判，为保障生效裁判的权威性和稳定性，第三人撤销之诉的立案审查相比一般民事案件更加严格。正如建筑工程公司所称，《最高人民法院关于适用〈中华人民共和国民事诉讼法〉的解释》第二百九十二条规定，第三人提起撤销之诉的，应当提供存在发生法律效力的判决、裁定、调解书的全部或者部分内容错误情形的证据材料，即在受理阶段需对原生效裁判内容是否存在错误从证据材料角度进行一定限度的实质审查。但前述司法解释规定本质上仍是对第三人撤销之诉起诉条件的规定，起诉条件与最终实体判决的证据要求存在区别，前述司法解释规定并不意味着第三人在起诉时就要完成全部的举证义务，第三人在提起撤销之诉时应对原案判决可能存在错误并损害其民事权益的情形提供初步证据材料加以证明。中国××银行温州分行提起撤销之诉时已经提供证据材料证明自己是同一标的物上的抵押权人，建筑工程公司依据原案生效判决第一项要求参与抵押物折价或者拍卖所得价款的分配将直接影响中国××银行温州分行债权的优先受偿，而且建筑工程公司自案涉工程竣工验收至提起原案诉讼远远超过六个月期限，建筑工程公司主张在六个月内行使建设工程价款优先权时并未采取起诉、仲裁等具备公示效果的方式。因此，从起诉条件审查角度看，中国××银行温州分行已经提供初步证据证明原案生效判决第一项内容可能存在错误并将损害其抵押权的实现。其提起诉讼要求撤销原案生效判决主文第一项符合法律规定的起诉条件。

【典型案例五】

汽车部件制造公司诉机械公司管理人 A 律师事务所、中国××银行台州温岭支行第三人撤销之诉案

〔基本案情〕

2014 年 3 月 21 日,中国××银行台州温岭支行分别与机械公司、汽车部件制造公司等签订《综合授信协议》《最高额保证合同》,约定中国××银行台州温岭支行在 2014 年 4 月 1 日至 2015 年 3 月 31 日期间向机械公司提供最高额 520 万元的授信额度,汽车部件制造公司等为该授信协议项下最高本金余额 520 万元提供连带责任保证。2014 年 4 月 2 日,中国××银行台州温岭支行与机械公司签订《银行承兑协议》,机械公司提供 50%保证金(260 万元),中国××银行台州温岭支行向机械公司出具承兑汇票 520 万元,汇票到期日为 2014 年 10 月 2 日。2014 年 10 月 2 日,陈某 1 将 260 万元汇至陈某 2 兴业银行的账户,然后陈某 2 将 260 万元汇至其在中国××银行台州温岭支行的账户,再由陈某 2 将 260 万元汇至机械公司在中国××银行台州温岭支行的还款账户。2014 年 10 月 8 日,中国××银行台州温岭支行在机械公司的上述账户内扣划 2563430.83 元,并陆续支付持票人承兑汇票票款共 37 笔,合计 520 万元。

2015 年 1 月 4 日,浙江省玉环县人民法院受理机械公司的破产重整申请,并指定 A 律师事务所担任管理人(以下简称机械公司管理人)。因重整不成,浙江省玉环县人民法院裁定终结机械公司的重整程序并宣告其破产清算。2016 年 10 月 13 日,机械公司管理人提起请求撤销个别清偿行为之诉,浙江省玉环县人民法院于 2017 年 1 月 10 日作出(2016)浙 1021 民初 7201 号民事判决,判令中国××银行台州温岭支行返还机械公司管理人 2563430.83 元及利息损失。中国××银行台州温岭支行不服提起上诉,浙江省台州市中级人民法院于 2017 年 7 月 10 日作出(2016)浙 10 民终 360 号二审判决:驳回上诉,维持原判。

2018 年 1 月,中国××银行台州温岭支行因保证合同纠纷一案将汽车部件制造公司等诉至温岭市人民法院。原、被告均不服一审判决,上诉至台州市中级人民法院,二审判决汽车部件制造公司等连带偿还中国××银行台州温岭支行垫付款本金及利息等。

汽车部件制造公司遂向台州市中级人民法院起诉撤销浙江省玉环县人民法院(2016)浙 1021 民初 7201 号民事判决第一项及台州市中级人民法院(2016)浙 10 民终 360 号民事判决。

〔裁判结果〕

台州市中级人民法院于 2019 年 3 月 15 日作出(2018)浙 10 民撤 2 号民事判决:驳回原告汽车部件制造公司的诉讼请求。汽车部件制造公司不服,上诉至浙江省高级人民法院。浙江省高级人民法院于 2019 年 7 月 15 日作出(2019)浙民终 330 号民事判决：一、撤销台州市中级人民法院（2018）浙10民撤2号民事判决；二、撤销台州市中级人民法院（2016）浙10民终360号民事判决和浙江省玉环县人民法院（2016）浙1021民初7201号民事判决第一项"限被告中国××银行台州温岭支行于判决生效后一个月内返还原告机械公司管理人A律师事务所2563430.83元，并从2016年10月13日起按中国人民银行规定的同期同类贷款基准利率赔偿利息损失"；三、改判浙江省玉环县人民法院（2016）浙1021民初7201号民事判决第二项"驳回原告机械公司管理人A律师事务所的其余诉讼请求"为"驳回原告机械公司管理人A律师事务所的全部诉讼请求"；四、驳回汽车部件制造公司的其他诉讼请求。机械公司管理人A律师事务所不服，向最高人民法院申请再审。最高人民法院于2020年5月27日作出（2020）最高法民申2033号民事裁定：驳回机械公司管理人A律师事务所的再审申请。

〔裁判理由〕

最高人民法院认为：关于汽车部件制造公司是否有权提起第三人撤销之诉的问题。若案涉汇票到期前机械公司未能依约将票款足额存入其在中国××银行台州温岭支行的账户，基于票据无因性以及中国××银行台州温岭支行作为银行承兑汇票的第一责任人，中国××银行台州温岭支行须先行向持票人兑付票据金额，然后再向出票人（本案即机械公司）追偿，汽车部件制造公司依约亦需承担连带偿付责任。由于案涉汇票到期前，机械公司依约将票款足额存入了其在中国××银行台州温岭支行的账户，中国××银行台州温岭支行向持票人兑付了票款，故不存在机械公司欠付中国××银行台州温岭支行票款的问题，汽车部件制造公司亦就无须承担连带偿付责任。但是，由于机械公司破产管理人针对机械公司在汇票到期前向其在中国××银行台州温岭支行账户的汇款行为提起请求撤销个别清偿行为之诉，若机械公司破产管理人的诉求得到支持，汽车部件制造公司作为机械公司申请中国××银行台州温岭支行开具银行承兑汇票的保证人即要承担连带还款责任，故原案的处理结果与汽车部件制造公司有法律上的利害关系，应当认定汽车部件制造公司属于民事诉讼法第五十六条规定的无独立请求权第三人。

【典型案例六】

担保中心诉汪某、鲁某英第三人撤销之诉案

〔基本案情〕

2008年12月，担保中心与信用社签订保证合同，为汪某经营养殖厂在该信用社的贷款提供连带责任担保。汪某向担保中心出具一份个人连带责任保证书，为借款人的债务提供反担保。后因养殖厂及汪某没有偿还贷款，担保中心于2010年4月向信用社支付代偿款2973197.54元。2012年担保中心以养殖厂、汪某等为被告起诉至铁东区人民法院，要求养殖厂及汪某等偿还代偿款。辽宁省鞍山市铁东区人民法院于 2013 年 6 月作出判决：（一）汪某于该判决书生效之日起十五日内给付担保中心代偿银行欠款 2973197.54 元及银行利息；（二）张某某以其已办理的抵押房产对前款判项中的本金及利息承担抵押担保责任；（三）驳回担保中心的其他诉讼请求。该判决已经发生法律效力。

2010 年 12 月汪某将养殖厂转让给鲁某英，转让费 450 万元，约定合同签订后立即给付 163 万余元，余款于 2011 年 12 月 1 日全部给付。如鲁某英不能到期付款，养殖厂的所有资产仍归汪某，首付款作违约金归汪某所有。合同签订后，鲁某英支付了约定的首付款。汪某将养殖厂交付鲁某英，但鲁某英未按约定支付剩余转让款。2014 年 1 月，铁东区人民法院基于担保中心的申请，从鲁某英处执行其欠汪某资产转让款 30 万元，将该款交给了担保中心。

汪某于 2013 年 11 月起诉鲁某英，请求判令养殖厂的全部资产归其所有；鲁某英承担违约责任。辽宁省鞍山市中级人民法院经审理认为，汪某与鲁某英签订的《资产转让合同书》合法有效，鲁某英未按合同约定期限支付余款构成违约。据此作出（2013）鞍民三初字第 66 号民事判决：1. 鲁某英将养殖厂的资产归还汪某所有；2. 鲁金英赔偿汪某实际损失及违约金 1632573 元。其中应扣除鲁某英代汪某偿还的 30 万元，实际履行中由汪某给付鲁某英 30 万元。鲁某英向辽宁省高级人民法院提起上诉。该案二审期间，汪某和鲁某英自愿达成调解协议。辽宁省高级人民法院于 2014 年 8 月作出（2014）辽民二终字第 00183 号民事调解书予以确认。调解协议主要内容为养殖厂归鲁某英所有，双方同意将原转让款 450 万元变更为 3132573 元，鲁某英已给付汪某 1632573 元，再给付 150 万元，不包括鲁某英已给付担保中心的 30 万元等。

鲁某英依据调解书向担保中心、执行法院申请回转已被执行的 30 万元，担保中心知悉汪某和鲁某英买卖合同纠纷诉讼及调解书内容，随即提起本案第三人撤销之诉。

〔裁判结果〕

辽宁省高级人民法院于 2017 年 5 月 23 日作出（2016）辽民撤 8 号民事判决：一、撤销辽宁省高级人民法院（2014）辽民二终字第 00183 号民事调解书和鞍山市中级人民法院（2013）鞍民三初字第 66 号民事判决书；二、被告鲁某英于判决生效之日起十日内，将金桥生猪良种繁育养殖厂的资产归还被告汪某所有；三、被告鲁某英已给付被告汪某的首付款 1632573 元作为实际损失及违约金赔偿汪某，但应从中扣除代替汪某偿还担保中心的 30 万元，即实际履行中由汪某给付鲁某英 30 万元。鲁某英不服，提起上诉。最高人民法院于 2018 年 5 月 30 日作出（2017）最高法民终 626 号民事判决：一、维持辽宁省高级人民法院（2016）辽民撤 8 号民事判决第一项；二、撤销辽宁省高级人民法院（2016）辽民撤 8 号民事判决第二项、第三项；三、驳回担保中心的其他诉讼请求。

〔裁判结果〕

最高人民法院判决认为，本案中，虽然担保中心与汪某之间基于贷款代偿形成的债权债务关系，与汪某和鲁某英之间因转让养殖厂形成的买卖合同关系属两个不同法律关系，但是，汪某系为创办养殖厂与担保中心形成案涉债权债务关系，与信用社签订借款合同的主体亦为养殖厂，故汪某和鲁某英转让的养殖厂与担保中心对汪某债权的形成存在关联关系。在汪某与鲁某英因养殖厂转让发生纠纷提起诉讼时，担保中心对汪某的债权已经生效民事判决确认并已进入执行程序。在该案诉讼及判决执行过程中，铁东区人民法院已裁定冻结了汪某对养殖厂（投资人鲁某英）的到期债权。鲁某英亦已向铁东区人民法院确认其欠付汪某转让款及数额，同意通过法院向担保中心履行，并已实际给付了30万元。铁东区人民法院也对养殖厂的相关财产予以查封冻结，并向养殖厂送达了协助执行通知书。故汪某与鲁某英因养殖厂资产转让合同权利义务的变化与上述对汪某财产的执行存在直接牵连关系，并可能影响担保中心的利益。合同法第七十四条规定："债务人以明显不合理的低价转让财产，对债权人造成损害，并且受让人知道该情形的，债权人也可以请求人民法院撤销债务人的行为。"因本案汪某和鲁某英系在诉讼中达成以3132573元交易价转让养殖厂的协议，该协议经人民法院作出（2014）辽民二终字第00183号民事调解书予以确认并已发生法律效力。在此情形下，担保中心认为汪某与鲁某英的资产转让行为符合合同法第七十四条规定的情形，却无法依据合同法第七十四条规定另行提起诉讼行使撤销权。故本案担保中心与汪某之间虽然属于债权债务关系，但基于担保中心对汪某债权形成与汪某转让的养殖厂之间的关联关系，法院对汪某因养殖厂转让形成的到期债权在诉讼和执行程序中采取的保全和执行措施使得汪某与鲁某英买卖合同纠纷案件处理结果对担保中心利益产生的影响，以及担保中心主张受损害的民事权益因（2014）辽民二终字第00183号民事调解书而存在根据合同法第七十四条提起撤销权诉讼障碍等本案基本事实，可以认定汪某和鲁某英买卖合同纠纷案件处理结果与担保中心具有法律上的利害关系，担保中心有权提起本案第三人撤销之诉。

> 规则3：不以行政行为作为要件事实的执行异议之诉，在行政行为作出前，可以依法先行判决
> ——某海关与某农商银行葛塘支行执行异议之诉案[①]

【裁判规则】

执行异议之诉审判中的有关事实涉及行政管理时，如果不是必须以行政行为内容来认定法律行为要件事实，可以先就该事实的法律性质作出认定后，在行政行为作出前，根据《民事诉讼法》第156条"人民法院审理案件，其中一部分事实已经清楚，可以就该部分先行判决"的规定，及时作出裁判。

【规则理解】

一、执行异议之诉的概念与特征

（一）执行异议之诉的概念

一个完整的诉主要由三方面要素构成：诉的主体、诉的客体和诉的原因。其中，诉的主体是指原告与被告；诉的客体是指诉讼标的与诉讼请求。诉讼标的和诉讼请求体现诉讼的目的，共同构成法院审判的对象或者范围。诉的原因是指权利发生事实，包括民事法律事实和民事纠纷事实，又称诉的识别。上述要素对一个完整的诉讼来说，缺一不可。执行异议之诉属于形成之诉，是指执行当事人、案外人因不当的执行行为受到侵害时，依法提起诉讼以排除法院的强制执行的方法。作为一项独立的诉，执行异议之诉也具有诉的主体、诉的客体和诉的原因这三项构成要素。

（二）执行异议之诉的特征

具体来说，执行异议之诉具有以下特征：（1）属于保障执行实体正当性的救济方法，其目的在于排除法院执行；（2）发生在执行程序中，因对法院作出的执行异议裁定不服而引起；（3）纠纷引发原因具有特殊性、复杂性、多样性。根据我国民事诉讼和强制执行相关法律和司法解释的规定，执行异议之诉的类型可分为涉及执行标的的执行异议之诉、涉及变更和追加当事人的执行异议之诉。其中涉及执行标的的有案外人执行异议之诉、执行标的的许可执行异议之诉，涉及变更、追加当事人的有债务人不适格执行异议之诉、许可执行债务人

[①] 载《中华人民共和国最高人民法院公报》2018年第11期。

异议之诉。执行异议之诉是随着民事强制执行的发展和实践需要在 2012 年修改《民事诉讼法》时新设立的规范，意义非常重大。

二、执行异议之诉的法律依据和处理方式

就当事人如何提出执行异议之诉，我国《民事诉讼法》第 238 条作出了明确规定："执行过程中，案外人对执行标的提出书面异议的，人民法院应当自收到书面异议之日起十五日内审查，理由成立的，裁定中止对该标的的执行；理由不成立的，裁定驳回。案外人、当事人对裁定不服，认为原判决、裁定错误的，依照审判监督程序办理；与原判决、裁定无关的，可以自裁定送达之日起十五日内向人民法院提起诉讼。"可见，上述规定为当事人提起执行异议之诉提供了法律依据。当事人提起执行异议之诉后，人民法院对涉及执行标的的执行异议之诉的处理方式如何，《民事诉讼法解释》第 310 条规定："对案外人提起的执行异议之诉，人民法院经审理，按照下列情形分别处理：（一）案外人就执行标的享有足以排除强制执行的民事权益的，判决不得执行该执行标的；（二）案外人就执行标的不享有足以排除强制执行的民事权益的，判决驳回诉讼请求。案外人同时提出确认其权利的诉讼请求的，人民法院可以在判决中一并作出裁判。"第 311 条规定："对申请执行人提起的执行异议之诉，人民法院经审理，按照下列情形分别处理：（一）案外人就执行标的不享有足以排除强制执行的民事权益的，判决准许执行该执行标的；（二）案外人就执行标的享有足以排除强制执行的民事权益的，判决驳回诉讼请求。"可见，上述规定明确强调了案外人就执行标的是否享有足以排除强制执行的民事权益的不同情形下法院作出的准许执行或者不得执行执行标的的不同判决结果，还明确了人民法院对案外人同时提出的确认其权利的诉讼请求可以在判决中一并作出裁判。但此处确认其权利的诉讼请求仅为确认其对执行标的享有对抗申请执行人的排除执行的权利，而非其对执行标的享有具有对世权属性的物权。

三、执行异议之诉的法律行为要件事实

如前所述，诉的原因属于不可或缺的诉的构成要素，是指权利发生事实，包括民事法律事实和民事纠纷事实。执行异议之诉的诉的原因系人民法院的执行行为，因此只有涉及人民法院执行行为的事实才可引起执行异议之诉，执行行为属于执行异议之诉的要素中的法律事实，属于法律行为要件事实。反过来说，执行异议之诉中的法律行为要件事实为法院的执行行为，而非其他性质的行为。对于其他不涉及法律行为要件事实的非法院执行行为的事实，不会影响

裁判结果，原则上不必予以理涉。

四、对出现非法律行为要件事实的处理

（一）对出现非法律行为要件事实的处理步骤

在执行异议之诉案件审理过程中，经常出现被告以执行标的涉及非法律行为要件事实进行抗辩的现象，如本文案例中出现执行标的涉及海关罚款等行政管理事实，由于出现海关介入的罚款行为，被告据此抗辩主张法院对该笔款项不应当予以执行。如果出现此种情形，对案件的处理思路应当分步骤进行：第一步，明确相关法律要求此类案件查明的法律行为要件事实是什么，很明显，执行异议之诉案件需要查明的法律行为要件事实是执行行为，包括涉及执行行为的主体、执行标的、执行日期、执行措施等具体事实。第二步，分析当事人所抗辩争议的行为事实的性质是什么，如是行政行为，还是司法行为，还是立法行为；属于司法行为的，是裁判行为，还是执行行为；属于执行行为的，是执行中行使裁量权的行为，还是行使实施权的行为等。第三步，需要认定所争议的行为事实与法律所要求查明的行为事实是否有关联及关联度的强弱，以及该关联是形式上的关联还是实质上的关联等。第四步，根据争议事实与法律规定的要件事实的关联度决定依法对案件作出处理方式。

（二）对出现非法律行为要件事实的主要处理方式

（1）根据《民事诉讼法》第156条规定先行判决。该条明确规定："人民法院审理案件，其中一部分事实已经清楚，可以就该部分先行判决。"先行判决需要同时满足以下条件：法律行为要件事实已经清楚，与争议的行为事实无瓜葛，案件无需以争议的行为事实来认定法律行为要件事实。如本文案例所反映的规则，争议的有关事实涉及行政管理，且本案不是必须以行政行为内容来认定法律行为要件事实时，可以先就该事实的法律性质作出认定后，在行政行为作出前，根据《民事诉讼法》第156条规定，对案件及时作出裁判。（2）依据《民事诉讼法》第153条第1款第5项的规定中止诉讼，等中止诉讼的事由消失后恢复审理。应注意中止诉讼的条件为"本案必须以另一案的处理结果为依据，而另一案尚未审结的"，此处的另一案一般情况下为司法案件，但不排除为行政管理案件，如作为执行标的的财产权属不明，有关行政执行法机关正在调查处理。（3）依据《民事诉讼法》第157条第1款第3项的规定驳回起诉。驳回起诉的情形为争议的行为事实成立且足以推翻法律行为要件事实的存在，导致当事人之间并不存在原告主张的法律关系事实和权利义务关系，或者原告主张的法律关系事实和权利义务关系不属于人民法院民事诉讼主管范围。

【拓展适用】

一、执行异议之诉的起诉条件

《民事诉讼法解释》第 303 条规定，"案外人提起执行异议之诉，除符合民事诉讼法第一百二十二条规定外，还应当具备下列条件：（一）案外人的执行异议申请已经被人民法院裁定驳回；（二）有明确的排除对执行标的执行的诉讼请求，且诉讼请求与原判决、裁定无关；（三）自执行异议裁定送达之日起十五日内提起。人民法院应当在收到起诉状之日起十五日内决定是否立案"。第 304 条规定："申请执行人提起执行异议之诉，除符合民事诉讼法第一百二十二条规定外，还应当具备下列条件：（一）依案外人执行异议申请，人民法院裁定中止执行；（二）有明确的对执行标的继续执行的诉讼请求，且诉讼请求与原判决、裁定无关；（三）自执行异议裁定送达之日起十五日内提起。人民法院应当在收到起诉状之日起十五日内决定是否立案。"上述规定分别明确了案外人提起执行异议之诉和申请执行人提起执行异议之诉的条件。其中不同的是，案外人提起执行异议之诉的条件为，案外人的执行异议申请已经被人民法院裁定驳回，且有明确的排除对执行标的执行的诉讼请求；申请执行人提起执行异议之诉的条件为，依案外人执行异议申请，人民法院裁定中止执行，且有明确的对执行标的继续执行的诉讼请求。上述起诉条件的不同，反映了案外人与申请执行人在执行异议之诉中诉的利益不同，且相互排斥。

（一）关于执行异议之诉的当事人

《民事诉讼法解释》第 305 条规定："案外人提起执行异议之诉的，以申请执行人为被告。被执行人反对案外人异议的，被执行人为共同被告；被执行人不反对案外人异议的，可以列被执行人为第三人。"第 306 条规定："申请执行人提起执行异议之诉的，以案外人为被告。被执行人反对申请执行人主张的，以案外人和被执行人为共同被告；被执行人不反对申请执行人主张的，可以列被执行人为第三人。"可见，上述规定明确了被执行人的诉讼地位因其对案外人执行异议的态度不同而不同，要么为共同被告，要么为第三人，该第三人应理解为有独立请求权的第三人。法律和司法解释之所以未规定被执行人可以提起执行异议之诉，其原因之一在于，无论是案外人还是申请执行人提出执行异议之诉，被执行人都有机会利用诉讼第三人的地位表明自己对案外人执行异议所持的态度，即有机会向法庭表明对执行标的是要求继续执行还是要求中止执行。被执行人因申请执行人未行使执行异议诉权而影响被执行人诉权的，《民事诉讼法解释》第 307 条作出了相应的规定，即"申请执行人对中止执行裁定未提起执行异议之诉,被执行人提起执行异议之诉的,人民法院告知其另行起诉"。

(二)关于执行异议之诉的管辖法院

对于执行异议之诉的管辖法院,因与执行相关,为统一法律适用和较好解决纠纷,《民事诉讼法解释》第 302 条规定:"根据民事诉讼法第二百三十四条规定,案外人、当事人对执行异议裁定不服,自裁定送达之日起十五日内向人民法院提起执行异议之诉的,由执行法院管辖。"

二、执行异议之诉的审理程序和举证责任

对于执行异议之诉案件的审理,是适用普通程序进行审理,还是适用简易程序审理?《民事诉讼法解释》第 308 条作出了明确规定,即"人民法院审理执行异议之诉案件,适用普通程序"。对于案外人或者申请执行人提起的执行异议之诉,就其举证责任而言,一般情况下是谁主张谁举证,案外人是认为自己对执行标的享有的民事权益足以排除强制执行,就需要进行举证,《民事诉讼法解释》第 309 条对此作出了规定,即案外人或者申请执行人提起执行异议之诉的,案外人应当就其对执行标的享有足以排除强制执行的民事权益承担举证证明责任。

三、执行异议之诉引起的法律效果

《民事诉讼法解释》第 312 条、第 313 条和第 314 条对执行异议之诉引起的法律效果进行了明确。第 312 条规定:"对案外人执行异议之诉,人民法院判决不得对执行标的执行的,执行异议裁定失效。对申请执行人执行异议之诉,人民法院判决准许对该执行标的的执行的,执行异议裁定失效,执行法院可以根据申请执行人的申请或者依职权恢复执行。"第 313 条规定:"案外人执行异议之诉审理期间,人民法院不得对执行标的进行处分。申请执行人请求人民法院继续执行并提供相应担保的,人民法院可以准许。被执行人与案外人恶意串通,通过执行异议、执行异议之诉妨害执行的,人民法院应当依照民事诉讼法第一百一十六条规定处理。申请执行人因此受到损害的,可以提起诉讼要求被执行人、案外人赔偿。"第 314 条规定:"人民法院对执行标的裁定中止执行后,申请执行人在法律规定的期间内未提起执行异议之诉的,人民法院应当自起诉期限届满之日起七日内解除对该执行标的的采取的执行措施。"上述规定明确了提出执行异议之诉、未提出执行异议之诉、执行异议之诉作出不同判决结果等不同情形所产生的中止执行、恢复执行、解除执行措施、执行异议裁定失效等不

同的法律效果，以及恶意提出执行异议之诉妨害执行的法律后果。

四、涉及变更、追加当事人的执行异议之诉

《最高人民法院关于民事执行中变更、追加当事人若干问题的规定》第32条规定："被申请人或申请人对执行法院依据本规定第十四条第二款、第十七条至第二十一条规定作出的变更、追加裁定或驳回申请裁定不服的，可以自裁定书送达之日起十五日内，向执行法院提起执行异议之诉。被申请人提起执行异议之诉的，以申请人为被告。申请人提起执行异议之诉的，以被申请人为被告。"应当注意的是，该规定中的被申请人或申请人是指申请变更、追加当事人的申请人和被申请人，而非指执行案件中的申请执行人和被执行人。第33条规定："被申请人提起的执行异议之诉，人民法院经审理，按照下列情形分别处理：（一）理由成立的，判决不得变更、追加被申请人为被执行人或者判决变更责任范围；（二）理由不成立的，判决驳回诉讼请求。诉讼期间，人民法院不得对被申请人争议范围内的财产进行处分。申请人请求人民法院继续执行并提供相应担保的，人民法院可以准许。"第34条规定："申请人提起的执行异议之诉，人民法院经审理，按照下列情形分别处理：（一）理由成立的，判决变更、追加被申请人为被执行人并承担相应责任或者判决变更责任范围；（二）理由不成立的，判决驳回诉讼请求。"上述规定明确了法院裁判的内容为是否变更、追加被申请人为被执行人或者变更责任范围，同时表明此类变更、追加被申请人为被执行人的案件在变更、追加程序和承担实体责任上均具有可诉性和可争辩性。法律和司法解释对管辖法院、审理程序以及举证责任的规定系针对涉及执行标的执行异议之诉而作出，而涉及变更、追加当事人的执行异议之诉与涉及执行标的执行异议之诉在该部分问题上并无本质不同，故可以参照适用相关规定。

五、涉及执行债权的参与分配方案异议之诉和债务人异议之诉

《民事诉讼法解释》第509条、第510条和第248条，对涉及执行债权的参与分配方案异议之诉和债务人异议之诉分别作出了规定。《民事诉讼法解释》第509条规定："多个债权人对执行财产申请参与分配的，执行法院应当制作财产分配方案，并送达各债权人和被执行人。债权人或者被执行人对分配方案有异议的，应当自收到分配方案之日起十五日内向执行法院提出书面异议。"第510条规定："债权人或者被执行人对分配方案提出书面异议的，执行法院应当通知未提出异议的债权人、被执行人。未提出异议的债权人、被执行人自收到

通知之日起十五日内未提出反对意见的，执行法院依异议人的意见对分配方案审查修正后进行分配；提出反对意见的，应当通知异议人。异议人可以自收到通知之日起十五日内，以提出反对意见的债权人、被执行人为被告，向执行法院提起诉讼；异议人逾期未提起诉讼的，执行法院按照原分配方案进行分配。诉讼期间进行分配的，执行法院应当提存与争议债权数额相应的款项。"第 248 条规定："裁判发生法律效力后，发生新的事实，当事人再次提起诉讼的，人民法院应当依法受理。"对于该类诉讼是否属于严格的阻却强制执行的执行异议之诉等尚存在两种观点，一种观点认为属于，另一种观点则反之。笔者赞同反方观点，其理由在于，执行债权的多少是由生效裁判文书即执行根据所确定的。对执行根据所确定的债权金额有异议的，要么申请再审撤销执行根据，改变原债权金额，要么提起另诉，以获得新的判决作为执行根据。此外，在执行当事人和案外人无法通过执行异议之诉请求救济时，还可以通过其他方式获得救济，如确认优先受偿权之诉、侵权损害赔偿之诉、不当得利返还之诉、司法赔偿申请、第三人撤销之诉等。

六、法律适用中应当处理好的几种关系

（一）执行异议之诉与纠正执行根据错误的关系

纠正执行根据错误适用审判监督程序。《民事诉讼法》第 238 条规定："执行过程中，案外人对执行标的提出书面异议的，人民法院应当自收到书面异议之日起十五日内审查，理由成立的，裁定中止对该标的的执行；理由不成立的，裁定驳回。案外人、当事人对裁定不服，认为原判决、裁定错误的，依照审判监督程序办理；与原判决、裁定无关的，可以自裁定送达之日起十五日内向人民法院提起诉讼。"《民事诉讼法解释》第 421 条规定："根据民事诉讼法第二百三十四条规定，案外人对驳回其执行异议的裁定不服，认为原判决、裁定、调解书内容错误损害其民事权益的，可以自执行异议裁定送达之日起六个月内，向作出原判决、裁定、调解书的人民法院申请再审。"《民事诉讼法解释》第 474 条规定："法律规定由人民法院执行的其他法律文书执行完毕后，该法律文书被有关机关或者组织依法撤销的，经当事人申请，适用民事诉讼法第二百四十条规定。"《民事诉讼法》第 244 条规定："执行完毕后，据以执行的判决、裁定和其他法律文书确有错误，被人民法院撤销的，对已被执行的财产，人民法院应当作出裁定，责令取得财产的人返还；拒不返还的，强制执行。"此即执行回转程序。

（二）执行异议之诉与执行异议、执行复议的关系

执行异议之诉与执行异议、执行复议都是执行救济方法，二者有本质的区别。《民事诉讼法》第 236 条规定："当事人、利害关系人认为执行行为违反法律规定的，可以向负责执行的人民法院提出书面异议。当事人、利害关系人提出书面异议的，人民法院应当自收到书面异议之日起十五日内审查，理由成立的，裁定撤销或者改正；理由不成立的，裁定驳回。当事人、利害关系人对裁定不服的，可以自裁定送达之日起十日内向上一级人民法院申请复议。"《民事诉讼法解释》第 463 条规定："案外人对执行标的提出的异议，经审查，按照下列情形分别处理：（一）案外人对执行标的不享有足以排除强制执行的权益的，裁定驳回其异议；（二）案外人对执行标的享有足以排除强制执行的权益的，裁定中止执行。驳回案外人执行异议裁定送达案外人之日起十五日内，人民法院不得对执行标的进行处分。"由此可见，执行异议、执行复议是执行程序内的救济方式，属于执行监督程序，异议主体可以是执行当事人，也可以是与执行标的具有利害关系的案外人。而执行异议之诉属于执行期间引发的阻止执行程序诉讼程序，在执行程序之外处理，所针对的是案外人提出执行异议，且对法院作出的执行异议裁定不服的情形，原告主体是申请执行人或者案外人。

七、对执行错误的其他救济

执行实务中，执行错误的表现形式和产生原因十分复杂，但法律和司法解释对每一项执行错误都设置了相应的救济途径，执行救济司法体系日趋完善。比如，对于执行错误的救济方式，除前面述及的执行异议、执行复议、执行回转等外，还有另行起诉的救济途径，如确认优先受偿权之诉、侵权损害赔偿之诉、不当得利返还之诉、司法赔偿申请、第三人撤销之诉等，可供当事人选择适用。

【典型案例】

某海关与某农商银行葛塘支行执行异议之诉案

原告：某海关

被告：某农商银行葛塘支行

〔基本案情〕

原告某海关向六合法院提出诉讼请求：1. 确认 A（江苏）进出口公司（以下简称 A 公司）在 A 银行锡山支行账户上 754112.46 元及江苏 B 进出口有限公司（以下简称 B 公司）在 A 银行锡山支行账户上 63733.35 元是海关加工贸易台账保证金。2. 本案诉讼费用由被告承担。事实和理由：2015 年 12 月 18 日，原告收到江苏省南

京市六合区人民法院（以下简称六合法院）作出的（2015）六执异字第45号《执行裁定书》，驳回原告在申请执行人某农商银行葛塘支行申请执行被执行人A公司、B公司等的执行案件中提出的执行异议申请。原告认为，六合法院扣划的加工贸易保证金为企业开展加工贸易业务，对其进口保税料件所涉税款和缓税利息向海关提供的国家税款担保，在企业未向海关办结相关手续前，上述保证金不得退还企业，也不得作为有关生效判决或裁定的执行标的，故原告诉至法院。

被告某农商银行葛塘支行辩称：1. 六合法院是依据（2014）六商初字第588号民事判决书所采取的执行措施，故对被申请人A公司及B公司的账户查封、扣划行为是合法有效的。2. 六合法院所扣划的上述两公司款项是根据公示公信的原则，且上述银行账户内的款项均登记于两被申请人公司名下，故上述款项应当属于被申请人，即归A公司、B公司所有。本案中，某海关对上述款项并不实际占有也没实际控制。3. 即使当时所约定的系保证金，但根据台账记载的核销期限，台账核销期限早已届满。4. 关于本案的法律适用，本案的审理应依据《中华人民共和国民事诉讼法》及《中华人民共和国担保法》的相关规定，而不应当依据《中华人民共和国海关法》及相关海关条例。综上，被告认为原告诉请缺乏事实及法律依据，请求法院依法驳回原告的诉请。

〔一审查明的基本事实〕

2014年7月17日，六合法院受理某农商银行葛塘支行与A公司、B公司等金融借款合同纠纷一案，并作出（2014）六商初字第588号民事判决书，判决内容为：A公司于判决生效后十日内归还某农商银行葛塘支行本金4000000元，支付利息90753.21元，支付2014年6月21日起至贷款还清时的逾期利息（按合同约定利率执行）、支付复利（按合同约定利率执行）、支付律师费91000元；B公司等对上述给付内容承担连带清偿责任。由于A公司、B公司等未按生效判决书内容履行义务，某农商银行葛塘支行向六合法院申请执行。六合法院审查后予以立案，执行案号为（2015）六执字第1410号。在执行过程中，六合法院于2015年10月13日分别扣划了A公司在A银行无锡锡山支行账户里的存款792000元、B公司在A银行无锡锡山支行账户里的存款67000元。原告认为六合法院执行局扣划的涉案款项为加工贸易保证金，其本身不得作为有关生效判决或裁定的执行标的，而向六合法院执行局提出执行异议，后被六合法院执行局裁定驳回，原告遂向六合法院提起执行异议之诉。

另查明，因发展对外贸易业务，A公司、B公司向某海关申请《进料加工登记手册》。2005年5月11日，江苏省对外贸易经济合作厅向其出具了加工贸易业务批准证。2005年5月18日，某海关为A公司、B公司办理《进料加工登记手册》。该手册记载主要内容：进口料、件自进口报关之日起一年内应加工成品出口，加工未完的可根据实际情况向海关申请展期等。后某海关根据经营加工贸易单位提交的合同及外经贸主管部门的批件进行审核，按料件金额签发《银行保证金台账开设联系单》

给经营加工贸易单位 A 公司、B 公司，由 A 公司、B 公司向银行申请办理保证金台账手续。上述《银行保证金台账开设联系单》分别记载以下主要内容：A 公司：台账核销期限为 2006 年 7 月 9 日，台账金额 807885.6 美元，台账保证金 754112.46 元；B 公司：台账核销期限为 2006 年 7 月 29 日，台账金额 2518533.75 美元，台账保证金 63733.35 元。后 A 公司、B 公司根据某海关开具的《银行保证金台账开设联系单》，向其指定的 A 银行无锡锡山支行银行账户缴纳相应的款项。且 A 公司、B 公司在 A 银行无锡锡山支行设立台账保证金账户的时间分别为 2005 年 5 月 19 日、2005 年 6 月 17 日。A 公司、B 公司缴纳的涉案保证金一直由某海关实际管理。

〔一审裁判理由及结果〕

江苏省南京市六合区人民法院认为，当事人双方对六合法院认定的事实均无异议，本案的争议焦点为：一、案涉《进料加工登记手册》《银行保证金台账开设联系单》等海关事务所体现的法律关系。二、台账核销期限内，台账保证金的法律性质。三、台账核销期限届满后，台账保证金的法律效力。

关于本案的第一个争议焦点，即案涉《进料加工登记手册》《银行保证金台账开设联系单》等海关事务所体现的法律关系。六合法院认为：设立加工贸易手册，是用于记载与企业加工贸易有关的料件进口、成品出口、单耗、出口期限等事项，是企业从事加工贸易时必须履行的法定义务，同时也是海关对企业从事加工贸易时实施监管的内容和凭证，是海关办理设立、结转、核销等行政行为的依据。可见，海关和经营加工企业之间是监管与被监管的关系，不是平等民事主体之间的法律关系。

本案中，2005 年 5 月 11 日，江苏省对外贸易经济合作厅向 A 公司、B 公司出具加工贸易业务批准证。2005 年 5 月 18 日，某海关为 A 公司、B 公司办理《进料加工登记手册》，并根据 A 公司、B 公司提交的合同及外经贸主管部门的批件进行审核，按件金额签发《银行保证金台账开设联系单》给 A 公司、B 公司，由 A 公司、B 公司向银行申请办理保证金台账手续，并由两公司缴纳保证金。这一系列行为体现的是某海关履行行政职权，A 公司、B 公司履行相关义务，是行政机关与行政管理相对人之间的关系，而非平等主体之间的民事法律关系。

关于本案的第二个争议焦点，即台账核销期限内，台账保证金的法律性质。六合法院认为：海关事务担保是《海关法》确立的由当事人以财产、权利向海关提供担保，承诺履行法律义务，海关给予其提前放行货物等便利的一项管理措施，海关事务担保的对象是当事人"依法应当履行的法律义务"。本案中，原告接受 A 公司、B 公司的保证金后办理的加工贸易保证金台账，是 A 公司、B 公司为其在经营加工贸易业务过程中所涉及的"依法应当履行的法律义务"（既包括可能承担的最高税款，也包括将进境的加工贸易料件加工形成成品后复运出境的义务），而进行的海关事务担保。该海关事务担保属于质押担保。理由如下：第一，金钱作为一种特殊的动产，可以用于质押。本案中，金钱已以保证金形式特定化。A 公司、B 公司向 A 银行无锡锡山支行递交由某海关签发的《银行保证金台账开设联系单》时，A银行无锡锡山支行按照海关的要求为企业设立专用账户，并按《银行保证金台账开设联系单》注明的金额收取保证金，出具《银行保证金台账登记通知单》，此举符合金钱以特户等形式特定化的要求。第二，特定化金钱已移交债权人占有。案涉保证金账户开立在A银行无锡锡山支行，A公司、B公司作为该台账保证金账户内资金的所有权人，本应享有自由支取的权利，但根据《海关事务担保条例》等相关规定，台账保证金账户的设立、存入的金额、核销均需经海关核准，因此，某海关作为监管人实际控制和管理该账户，此种控制权移交符合出质金钱移交债权人占有的要求。因此，本案中原告某海关对在A银行无锡锡山支行的A公司款项754112.46元、B公司款项63733.35元享有质权。

关于本案的第三个争议焦点，即台账核销期限届满后，台账保证金的法律效力。六合法院认为：经营企业应在加工贸易手册项下最后一批成品出口或者加工贸易手册到期之日起30日内向海关报核。虽然本案中经营企业未向海关及时报核，但根据《海关事务担保条例》第十八条第一款"被担保人在规定期限内未履行有关法律义务的，海关可以依法从担保财产、权利中抵缴"的规定，某海关仍可以依职权就经营企业的义务依法从其担保的财产、权利中抵缴；也可以依职权对涉案台账保证金依法进行"实转"处理。然而，至本案法庭辩论终结之前，某海关未履行监管职责。但是否及时履行核销手续是某海关针对管理相对人A公司、B公司的行政行为，不属于本案处理范畴。在某海关依法对涉案加工贸易核销结案前，由于海关事务担保基于行使海关监督管理权而设立，不能等同于为民事法律关系提供的担保，虽然台账核销期早已届满，但担保并未解除，涉案质押担保依然存在。被告关于某海关提供的《银行保证金台账联系单》载明的台账核销期早已届满、故主债权消灭、进而质权也一并消灭的观点不符合法律规定，不予采纳。对原告的诉讼请求，依法应予支持。

江苏省南京市六合区人民法院依照《中华人民共和国物权法》第二百一十条、第二百一十二条①，《最高人民法院关于适用〈中华人民共和国担保法〉若干问题的解释》②第八十五条，《中华人民共和国民事诉讼法》第一百四十二条③之规定，判决如下：

确认原告中华人民共和国某海关对A公司在A银行锡山支行账户上754112.46元及B公司在A银行锡山支行账户上63733.35元享有质权。

该判决作出后，当事人均未上诉。

---

① 对应《民法典》第427条、第429条。
② 该司法解释已被废止。
③ 对应2023年《民事诉讼法》第145条。

第三章　诉讼标的

> 规则4：当事人基于同一份债权转让合同、同一法律关系而向同一债务人提起诉讼的，不涉及合并审理
> ——某商贸大厦筹备处与某投资有限公司借款纠纷案[1]

【裁判规则】

基于债权转让而产生的诉讼，当事人以同一份债权转让合同、同一法律关系而向同一债务人提起诉讼，不涉及合并审理问题。

【规则理解】

一、诉讼标的理论的历史沿革

作为大陆法系民事诉讼基本理论之一，诉讼标的理论经历了作为传统诉讼标的理论之实体法说，作为新诉讼标的理论之诉的声明与诉讼理由合并说（二分肢说）以及诉的声明说（一分肢说）等。关于诉讼标的理论的研究在我国虽然有所涉及，但是远未成熟，诉讼标的以及与诉讼标的有关的一些基本概念尚未厘清，尤其是关于诉讼标的与诉讼请求的关系，到底它们是同一概念在不同语境中的不同表达，还是互有联系却内涵相异的两个概念，从一些学者在涉及诉讼标的时的分析和表述来看，还存在一定的分歧。[2] 对于诉讼标的理论的研究，仍须从基本概念入手，在基本概念明确的基础上再予以逻辑的展开，方能建立诉讼标的理论的完整体系。

诉讼标的理论在以德、日为代表的大陆法系国家大致经历了以下制度与理论的发展脉络：

（一）实体法说

诉讼标的一词来源于罗马法，最初是以私法上的请求权作为诉讼标的。

---

[1] 载《中华人民共和国最高人民法院公报》2006年第7期。
[2] 江伟、段厚省：《论诉讼标的与诉讼请求的关系》，载《诉讼法学研究》2002年第1期。

1877年德国民事诉讼法采纳了诉讼标的概念。其后的民事诉讼法相关著作认为，民事诉讼法上的诉权，不过是权利保护请求权的另一形态，权利保护请求权本身就是诉讼标的，从而将实体法上的请求权概念引入民事诉讼法领域。直到现在，私法上的请求权一词，作为实体法上的概念，有时仍然作为诉讼法上的概念在广泛地使用，即是受该理论影响。此为传统的诉讼标的理论，即实体法说。

（二）二分肢说

传统的诉讼标的理论，主要是依据实体法上请求权的多少来确定诉讼标的，因其不能解决请求权竞合问题，在盛行约50年之后，终于导致了新诉讼标的理论的产生。新理论认为，原告所关心的是诉讼结果，而不是其请求权或形成权在实体法上具有何种性质，因此，诉讼标的概念，应从实体法关系中脱出，成为纯粹的诉讼法上的概念。既然诉讼标的的内容不以实体法上的请求权为依据，则应以原告所陈述的事实理由和诉的声明作为其识别标准，在上述两者任一或均为多数时，诉讼标的为多数，并发生诉的合并、追加或变更。该新理论因将事实理由与诉的声明共同作为诉讼标的的识别标准，故又被称作二分肢说。在二分肢说中，诉讼请求仅仅是诉讼标的构成要素之一，与传统的诉讼标的理论将诉讼标的与诉讼请求等同的做法有明显区别。但二分肢说的诉讼请求，指的是当事人起诉时所希望达到的法律效果，或者说是当事人根据事实和理由希望从对方那里获得的利益，并未陈明当事人所依据的具体的实体法上的权利，是一种未经实体法评价的利益主张。而传统实体法说的诉讼标的理论所指的诉讼请求，则是当事人在诉讼中依据实体法所提出的权利主张，是当事人所主张的法律关系。

（三）一分肢说

至1949年，德国学者伯特赫尔通过对婚姻诉讼的研究，认为对婚姻诉讼之诉讼标的而言，事实理由并不重要，应以诉的声明作为识别诉讼标的的唯一标准。由于此说仅以诉的声明作为诉讼标的的构成要素，故又被称作一分肢说。既然此一请求就是诉讼标的的内容，则诉讼标的与诉讼请求又归于等同。该说因强调回归实体法中寻求对请求权竞合及诉讼标的单复异同的根本解决，遂又被称作新实体法说。

二、债权转让关系中的有关诉讼问题

根据民事实体法理论，除了根据合同性质、按照当事人的约定以及依照法律规定不得转让以外，债权人可以将合同的权利全部或者部分转让给合同以外的第三人。我国合同法针对债权转让采通知主义立场，即债权人转让权利的，应当通知债务人；如未经通知，则该转让对债务人不发生效力。债务人接到债权转让通知后，债务人对让与人的抗辩，可以向受让人主张。在债权转让法律关系当中，涉及的民事诉讼问题包括当事人的诉讼地位、案件管辖以及诉的合并等。

（一）当事人诉讼地位

根据合同的相对性理论，债权转让以后，受让人取代债权人成为合同的当事人，在合同的履行过程中，可能会在受让人与债务人之间发生纠纷。一般来说，如果不涉及原来的债权人的，仅以受让人、债务人为案件当事人即可。但是，如果债务人针对债权人的权利向受让人提出抗辩的，就需要列原债权人为案件的第三人。根据《民法典》第548条规定，债权人转让合同权利后，债务人与受让人之间因履行合同发生纠纷诉至人民法院，债务人对债权人的权利提出抗辩的，可以将债权人列为第三人。

（二）案件管辖

《民法典》第545条至第556条规定了合同转让的三种情形：债权的转让、债务的转移、合同权利义务的概括转让。债权人可以将债权的全部或者部分转让给第三人，债权人转让债权，未通知债务人的，该转让对债务人不发生效力；债务人转移债务、债权债务概括转让，必须征得债权人的同意。《民法典》从实体法的角度解决了合同的可转让性和转让生效的条件两个问题。但合同转让后，第三人（受让人）基于受让的合同对转让人提起诉讼的，如果原合同存在管辖协议，是否适用协议管辖的约定呢？《民事诉讼法》第35条规定，合同或者其他财产权益纠纷的当事人可以书面协议选择被告住所地、合同履行地、合同签订地、原告住所地、标的物所在地等与争议有实际联系的地点的人民法院管辖，但不得违反本法对级别管辖和专属管辖的规定。根据合同相对性原则，通常情况下，合同中关于管辖法院的约定，只能约束合同双方，而不能约束第三人。但在合同转让中，情况则比较特殊。对第三人（受让人）而言，在受让合同前，应推定其对合同约定的内容是明知的，其受让合同权利或承担合同义务应视为接受合同关于协议管辖的约定。

有关债权转让中的案件管辖主要是指案件的地域管辖。司法实践中存在两种情况：一是原合同中无协议管辖条款或者该条款无效，二是原合同中有协议管辖条款。在原合同中无协议管辖条款或者该条款无效的情况下，应以《民事诉讼法》有关法定管辖的规定来确定案件的管辖，即以被告住所地或者合同履行地确定管辖法院。而鉴于协议管辖条款作为合同争议解决条款具有独立性，合同的变更、解除、终止或者无效，不影响协议管辖条款的效力。如果原合同中存在生效的管辖协议，我们认为，即使在单纯的债权转让的情况下，也应当视为受让人对于该争议解决条款的概括受让。但转让时受让人不知道有管辖协议，或者转让协议另有约定且原合同相对人同意的除外。也就是说，应当理解为受让人同意该管辖协议条款。理由有二，一是争议解决条款的独立性，其相对于其他约定实体权利义务的条款具有独立性，除非当事人之间具有明确的排除适用约定，否则应在合同当事人之间适用；二是避免当事人规避案件管辖，如果当事人所进行的合同债权转让可以理解为对于争议解决条款的排除，将为一定数量的合同当事人规避管辖问题大开方便之门。但要注意的是：第一，受让人不知道原合同有管辖协议的，不受该管辖协议的约束。第二，转让协议另有约定且原合同相对人同意的，也不受原合同管辖协议的约束。因此，《民事诉讼法解释》对因转让合同提起的纠纷应适用原合同协议管辖条款作出了规定，即第33条规定："合同转让的，合同的管辖协议对合同受让人有效，但转让时受让人不知道有管辖协议，或者转让协议另有约定且原合同相对人同意的除外。"应注意的是，根据《民法典》第507条规定，合同不生效、无效、被撤销或者终止的，不影响合同中有关解决争议方法的条款的效力。因此，即使转让合同无效，也不影响协议管辖条款的效力。

（三）诉的合并问题

在原债权人对债务人具有多笔债权、债权人通过一个债权转让合同将多笔债权一并转让的情况下，如果受让人基于该债权转让合同提起诉讼，是否涉及诉的合并的问题？实践中有两种不同观点，第一种观点认为，当事人基于同一份债权转让合同、同一法律关系而向同一债务人提起诉讼，不涉及合并审理问题。第二种观点认为，如果债权转让之前的多笔债权不是同一法律事实或者法律关系而产生的，即使受让人基于一个债权转让合同受让该多笔债权，其提起的诉讼仍然涉及诉的合并的问题。我们倾向于第二种观点，理由如下：其一，债务人可以其对原债权人的权利向受让人行使抗辩权。也就是说，如果转让之前的多笔债权不是属于同一法律事实或者法律关系而产生的，债务人可以向原债权人主张诉是否合并的抗辩，其也同样可以针对受让人行使该抗辩权。其二，受让人取得的权利不得大于原债权人的权利。在债权未转让的情况下，债权人就其多笔债权提起之诉是否构成合并还需考量，还要由受诉人民法院决定是否合并以及对方当事人确定是否同意，不能仅仅因为基于一个转让合同就使得受让人当然取得该权利。其三，利益衡量的考量。在债权转让之前，债务人针对某一具体债权可能享有针对原债权人的抵销权或者罹于诉讼时效的抗辩，如果认为受让人基于同一转让合同就不存在诉的合并，则使得债务人上述实体法上的抗辩权丧失法律基础，显然对于债务人构成了重大利益失衡。

【拓展适用】

一、诉讼标的与诉讼请求的关系

我国关于诉讼标的的理论研究起步较晚，学理分歧较大，这种学理分歧既是我国立法上关于诉讼标的和诉讼请求概念在表述上含糊不清的折射，也是导致立法表述含糊不清的因素之一。而学理上的分歧和立法表述上的含糊，已经使实务部门无所适从，出现了操作上的矛盾。如有学者认为："民事诉讼的双方当事人，因为某种权利义务关系发生纠纷或者受到侵害，要求人民法院作出裁判或者调解，这种需要作出裁判或者调解的权利义务关系就是当事人间争议的诉讼标的。"[①] 还有学者认为："所谓诉的标的，是指当事人之间发生争议，并要求人民法院作出裁判的民事法律关系。诉的标的，又称为诉讼标的。"[②] 归纳起来，学界关于诉讼标的的理论或定义包括以下几种观点：一是法律关系说，诉讼标的是原告在诉讼上具体表明其所主张的实体法上的权利或法律关系。二是诉讼上的请求具有两种不同的含义，狭义上的诉讼请求是审判的对象，也就是诉讼标的，是针对对方的权利主张；而广义上的诉讼请求是对法院的要求。三是认为诉讼标的是指当事人之间争议的，原告请求法院裁判的实体权利或者法律关系的主张或者要求（声明）。

就诉讼标的与诉讼请求的关系来看，目前需要解决的问题是：诉讼标的与诉讼请求的各自内涵是什么？它们是不是内涵相同的概念？如果是同一概念，它们分别在什么样的语境中使用？对同一概念进行这种不同的表述，其意义何在？如果是不同概念，它们之间的关系又如何？对诉讼标的与诉讼请求关系的不同定位将对民事诉讼的程序运作和当事人程序及实体权利保护产生什么样的影响？等等。

通过对大陆法系主要国家的诉讼标的理论进行研究，我们不难发现，诉讼标的理论无论发展至何种阶段，采取何种学说，其均与诉讼请求这一概念紧密相关。考察诉讼标的理论，似乎给人以玄而又玄之感，且似乎已经走入了理论

[①] 柴发邦主编：《民事诉讼法学新编》，法律出版社1992年版，第60页。
[②] 常怡主编：《民事诉讼法学》，中国政法大学出版社1994年版，第127页。

研究的"死胡同"。有的学者甚至批判该理论已经出现了所谓"内卷化"（意指一种停滞不前的社会状态）倾向，看上去精细深邃的理论，因其过于繁复且难以自圆其说而蜕变为纯粹的书斋学问，不仅不为司法实践所青睐，也未能影响相关立法，成了没有用武之地的"屠龙术"。①

我们同样不赞成纯粹为了理论而理论的研究。但是稍有助益的理论研究，其对于实践的指导意义将是难以估量的，即使这种估量还需要待以时日。研究诉讼标的理论，首先需要厘清的是，该理论对于民事诉讼的指导意义何在。我们认为，主要在于合理定义"诉"的概念，进而合理地保护公民的合法诉权。在一般的简单之诉的问题上，该问题不会成为问题。但是在复杂之诉上面，该问题的重要性将凸显出来。

我们现在能够取得共识的事实是，诉讼标的理论长期以来坚持"法律关系说"，在该"法律关系说"理论的影响下，法院相对于当事人有着极大的职权，不但可以干预当事人的程序权利，而且可以干预当事人的实体权利。因此，属于一种"超职权主义"的审判模式。在这种诉讼模式下，原告的诉讼请求已经不具有规定法院审判范围的意义。在坚持实事求是，追求客观真实的思想指导下，法院的审判范围可以扩张至原告的诉讼请求以外，实质上已不是从原告、被告的主张与抗辩的角度对案件进行裁判，而是从当事人之间所争议的法律关系的全部进行裁判。这种裁判范围的扩张，使得法院的审判对象在内涵上从原告的诉讼请求扩张至当事人之间所争议的法律关系全部。这就是我国学理将诉讼标的定义为"争议的法律关系"而不是与诉讼请求作为等同概念的根本原因。② 试想一下，这种思想在今天完全根绝了吗？当前实践是否还存在一种为了回避审理而过度限缩解释诉讼请求导致当审不审的倾向呢？

近十几年来，包括诉讼法学在内的法学界进行了大胆的理论引介与创设，诉讼标的理论倾向于诉讼请求说，如果我国的诉讼理论研究已经在各个方面取得比较深入的成果，从简单化的角度出发，我们同样赞同将诉讼标的归纳为诉讼请求的做法。但是，在复杂的案件当中特别是涉及诉的合并问题时，我们并没有完善相关的制度设计，比如预备之诉以及选择之诉的合并理论缺失，有关释明权的制度设计存在一定缺陷。如果将诉讼标的完全等同于诉讼请求，则必

---

① 吴英姿：《诉讼标的理论"内卷化"批判》，载《中国法学》2011年第2期。
② 江伟、段厚省：《论诉讼标的与诉讼请求的关系》，载《诉讼法学研究》2002年第1期。

然有一部分复杂的合并之诉难以进入司法裁判领域。因此，我们认为，在我国当前民事诉讼法学发展阶段，似乎不宜越过二分肢学说阶段，直接采诉讼标的等同于诉讼请求的一分肢学说。在诉讼标的问题上，还应当采取事实与理由加上诉讼请求的两标准区分法为妥。

二、执行异议之诉的性质

《民事诉讼法》第 238 条规定了执行异议之诉制度，该条规定，执行过程中，案外人对执行标的提出书面异议的，人民法院应当自收到书面异议之日起十五日内审查，理由成立的，裁定中止对该标的的执行；理由不成立的，裁定驳回。案外人、当事人对裁定不服，认为原判决、裁定错误的，依照审判监督程序办理；与原判决、裁定无关的，可以自裁定送达之日起十五日内向人民法院提起诉讼。

执行异议之诉是指在执行过程中，案外人提出旨在排除对执行标的执行的异议，人民法院对异议依法审查作出裁定后，当事人不服的，可以依法向人民法院提起诉讼请求不予以执行或者准许执行的制度。执行异议之诉旨在解决排除或者继续对特定执行标的的执行问题，审理的内容是案外人对执行标的是否享有实体权益以及人民法院的执行行为是否妨害了其所享有的实体权益。《民事诉讼法解释》第 303 条、第 304 条[1]按照提起诉讼的主体及请求的不同，将执行异议之诉分为案外人执行异议之诉和申请执行人执行异议之诉。案外人执行异议之诉，是指案外人对执行标的提出排除执行的民事权益主张，人民法院经审查裁定驳回其异议后，案外人对该裁定不服，依法请求人民法院排除对执行标的的执行的诉讼。申请执行人执行异议之诉，是指人民法院基于案外人对执行标的提出的民事权益主张而裁定中止执行，申请执行人不服，请求人民法院许可对执行标的继续执行的诉讼。《民事诉讼法解释》明确被执行人不得独立提出执行异议之诉。《民事诉讼法解释》第 307 条规定："申请执行人对中止执

---

[1] 《民事诉讼法解释》第 303 条规定："案外人提起执行异议之诉，除符合民事诉讼法第一百二十二条规定外，还应当具备下列条件：（一）案外人的执行异议申请已经被人民法院裁定驳回；（二）有明确的排除对执行标的的执行的诉讼请求，且诉讼请求与原判决、裁定无关；（三）自执行异议裁定送达之日起十五日内提起。人民法院应当在收到起诉状之日起十五日内决定是否立案。"第 304 条规定："申请执行人提起执行异议之诉，除符合民事诉讼法第一百二十二条规定外，还应当具备下列条件：（一）依案外人执行异议申请，人民法院裁定中止执行；（二）有明确的对执行标的继续执行的诉讼请求，且诉讼请求与原判决、裁定无关；（三）自执行异议裁定送达之日起十五日内提起。人民法院应当在收到起诉状之日起十五日内决定是否立案。"

行裁定未提起执行异议之诉,被执行人提起执行异议之诉的,人民法院告知其另行起诉。"

关于执行异议之诉的性质,在理论上和实践中存在不同的认识。主要有以下几种观点:

第一种观点是确认之诉。该观点认为,案外人异议之诉的目的在于案外人要求法院确认其具有排除强制执行的权利,一旦确认案外人对执行标的的权利存在,执行机关就应尊重法院的判决,接受判决的反射效力,也就当然不得实施强制执行。第二种观点是给付之诉。该观点认为,案外人提起该诉讼的目的在于一方面请求法院确认其对执行标的物拥有所有权或者其他权利存在,另一方面请求判令债权人不得对其为民事执行。此说为日本学者吉川大二郎所提倡。第三种观点是形成之诉。该观点认为,当执行机构在执行中不当执行属于案外人的财产时,案外人就具有了诉讼法上对抗该执行的异议权。凭借此异议权,案外人就可以提起异议之诉。这种异议权的性质属于形成权,因为该权利要求法院变更执行上的现有关系,即撤销执行机构的不当执行。异议之诉的判决具有撤销执行程序或执行行为的法律效果,这与形成诉讼的基本特点具有一致性。目前,此说为德国、日本的通说。[①] 第四种观点是诉讼救济。此学说认为,异议之诉是确认之诉与形成之诉之合成,不属于其中单一的某种诉,既具有确认的法律效果,也具有排除执行的形成效果,这样就克服了单一的形成诉讼的既判力难题,又克服了单一的确认诉讼判决无执行力的问题。该学说为日本学者三月章、石川明等所提倡。第五种观点是命令诉讼。有学者认为,案外人异议之诉为命令诉讼,其理由是案外人异议之诉的胜诉判决不但对实体权利关系有既判力,而且为执行机关设定了相应的义务,即宣告执行机关须为一定的行为,在这一点上具有其特色,它不属于任何一种既有的诉讼类型。[②]

执行异议之诉与普通民事诉讼相比,确实具有其特殊性[③]:第一,执行异议之诉在发生原因上具有当事人之间存在民事争议和异议当事人不服执行行为的两重性。执行异议之诉的原因在于案外人认为人民法院对特定标的强制执行行为损害了其合法权益。第二,执行异议之诉具有形式上和实质上的两重性。

---

① 李祖军:《民事强制执行救济制度论》,载《执行工作指导》2006年第1期。
② 程晓斌、王婧:《案外人执行异议之诉:立法的三维解读与程序架构》,载《人民司法·应用》2012年第12期。
③ 参见江必新主编:《最高人民法院民事诉讼法司法解释专题讲座》,中国法制出版社2015年版,第239~240页。

形式上体现为法院强制执行行为是否侵害案外人合法权益，是否应当停止并撤销法院的强制执行行为；实体上体现为申请执行人请求人民法院对特定执行标的进行强制执行的主张与案外人对该执行标的的权利主张相互冲突，是平等主体之间的民事纠纷。第三，执行异议之诉具有程序和实体目的的两重性。执行异议之诉在程序上旨在排除或者许可对执行标的物的执行，在实体上旨在确认案外人对执行标的物的实体权利主张是否足以排除对执行标的的执行。权利之确认是确定执行是否排除的前提，确定是否排除执行是确权的目的，两者不可分割。

因此，执行异议之诉并不能简单地归属于形成诉讼、确认诉讼或者给付诉讼，而是一种具有复合性的新类型诉讼。《民事诉讼法解释》采用了复合性诉讼标的说观点，即《民事诉讼法解释》第 310 条规定："对案外人提起的执行异议之诉，人民法院经审理，按照下列情形分别处理：（一）案外人就执行标的享有足以排除强制执行的民事权益的，判决不得执行该执行标的；（二）案外人就执行标的不享有足以排除强制执行的民事权益的，判决驳回诉讼请求。案外人同时提出确认其权利的诉讼请求的，人民法院可以在判决中一并作出裁判。"

三、第三人撤销之诉与案外人执行异议之间关系[①]

根据《民事诉讼法》第 238 条规定，执行过程中，案外人对执行标的提出书面异议的理由不成立被裁定驳回的，案外人、当事人如果认为原判决、裁定错误的，依照审判监督程序办理。根据该条规定，在执行程序中，案外人对执行标的提出书面异议被驳回后，如果认为原判决、裁定错误的，应当依照审判监督程序处理。民事诉讼法明确规定在此种情况下，案外人享有申请再审的权利。如果该案外人也符合《民事诉讼法》第 59 条第 3 款规定的第三人撤销之诉条件，案外人是提起第三人撤销之诉，还是申请再审，存在不同认识。第一种观点认为，应当赋予当事人选择权。理由是：第一，《民事诉讼法》明确规定了案外人有权提起第三人撤销之诉和申请再审，两种救济程序都属于当事人的权利；第二，第三人撤销之诉与再审程序是两种不同的程序，各有其程序利益，如何适用，应由权利人自行选择。第二种观点认为，不宜由当事人选择，应当优先适用再审程序。理由是：第一，第三人撤销之诉是一般性规定，《民事诉讼法》第 238 条规定的再审程序是特别规定，特别规定应当优先于一般规

[①] 参见江必新主编：《最高人民法院民事诉讼法司法解释专题讲座》，中国法制出版社 2015 年版，第 235~236 页。

定适用；第二，救济程序应当是有限的，原则上对同一情形只能适用同一救济程序，如果允许当事人选择，程序适用上将较为混乱，而且容易形成程序上的扯皮现象，反而不利于对案外人权益的保护；第三，再审程序相比第三人撤销之诉程序，具有一次性解决纠纷的制度优势，有利于提高效率。

《民事诉讼法解释》第 301 条规定："第三人提起撤销之诉后，未中止生效判决、裁定、调解书执行的，执行法院对第三人依照民事诉讼法第二百三十四条规定提出的执行异议，应予审查。第三人不服驳回执行异议裁定，申请对原判决、裁定、调解书再审的，人民法院不予受理。案外人对人民法院驳回其执行异议裁定不服，认为原判决、裁定、调解书内容错误损害其合法权益的，应当根据民事诉讼法第二百三十四条规定申请再审，提起第三人撤销之诉的，人民法院不予受理。"可见，司法解释规定按照启动程序的先后，当事人只能选择一种相应的救济程序，不能同时启动两种程序，一旦选定则不允许再变更。先启动执行异议程序的，对驳回其执行异议裁定不服的，按照《民事诉讼法》第 238 条的规定通过审判监督程序救济；先启动第三人撤销之诉程序的，即使第三人又在执行程序中提出执行异议，第三人撤销之诉也应继续进行，第三人不能再按照《民事诉讼法》第 238 条规定申请再审，既能提高诉讼效率，也便于当事人诉讼和法院审理案件。

《民事诉讼法解释》这样规定，一个很重要的原因是，第三人提起撤销之诉与依照《民事诉讼法》第 238 条规定申请再审的实体条件在该司法解释中已经相同。《民事诉讼法解释》第 421 条对案外人依照《民事诉讼法》第 238 条规定申请再审的条件作了明确规定，"案外人对驳回其执行异议的裁定不服，认为原判决、裁定、调解书内容错误损害其民事权益的，可以自执行异议裁定送达之日起六个月内，向作出原判决、裁定、调解书的人民法院申请再审"。该规定的申请再审的条件与第三人提起撤销之诉相比，就实体条件而言，完全相同，都是生效判决、裁定、调解书内容错误且损害到第三人的民事权益；程序条件上，两者有所不同，单就权利保护的期间看，申请再审的期间起算点始自人民法院驳回其执行异议裁定送达之日，较之于第三人撤销之诉的自知道或者应当知道生效裁判损害其民事权益之日，更有利于第三人。

【典型案例】
某商贸大厦筹备处与某投资有限公司借款纠纷案
上诉人（原审被告）：某商贸大厦筹备处
被上诉人（原审原告）：某投资有限公司

第三章　诉讼标的

〔**基本案情**〕

上诉人某商贸大厦筹备处（以下简称筹备处）为与被上诉人某投资有限公司（以下简称某投资公司）借款纠纷一案，不服福建省高级人民法院（2004）闽民初字第 67 号民事判决，向本院提起上诉。本院依法组成合议庭进行了审理。本案现已审理终结。

福建省高级人民法院查明：1993 年 11 月 30 日，中国工商银行福州市南门支行（以下简称南门工行）与筹备处签订一份最高额授信借款合同，约定：南门工行向筹备处发放 6000 万元的最高额授信借款，期限为 1993 年 11 月 30 日至 1998 年 12 月 27 日，借款利率为月 9.15‰，如遇国家调整利率，按调整后的利率计算。借款实际发放和期限以借据为凭，并在特别约定条款中明确贷款发放采取逐笔核贷。逾期还贷，则按中国人民银行有关规定计收利息等。福州 A 集团有限公司（以下简称 A 公司）、福州市 B 百货大楼（以下简称 B 百货）、福州 C 糖酒副食品公司（以下简称 C 公司）作为保证人，为筹备处提供连带责任保证。上述最高额授信借款合同签订后，南门工行先后向筹备处发放五笔贷款。一、1993 年 11 月 30 日，南门工行向筹备处发放 1000 万元贷款，借款到期日为 1995 年 6 月 27 日，用于商业网点建设，借款利率为月 9.15‰。A 公司、B 百货、C 公司作为保证人，为筹备处提供连带责任保证。上述贷款发放后，筹备处无法按期还款，后上述贷款经两次展期，第一次展期自 1995 年 6 月 27 日至 1996 年 6 月 27 日，利率月 10.98‰。第二次展期自 1996 年 6 月 27 日至 1998 年 6 月 27 日，利率月 12.45‰。A 公司、B 百货、C 公司继续为筹备处提供连带责任保证。但展期后，筹备处未偿还借款。二、1994 年 12 月 9 日，南门工行与筹备处签订抵押借款合同，向筹备处发放 1500 万元贷款，借款期限自 1994 年 12 月 9 日至 1996 年 12 月 13 日，用于试桩、施工等，借款利率为 10.98‰，如遇国家调整利率，按调整后的利率计算。逾期还贷，则按中国人民银行有关规定计收利息等。上述借款由筹备处提供坐落于八一七北路东侧总面积为 4860 平方米的土地使用权作为借款的抵押担保并在福州市土地管理局办理抵押登记，领取了土地使用权抵押证书。上述合同签订后，南门工行依约发放贷款，但筹备处至今未还款。三、1995 年 11 月，南门工行与筹备处签订抵押借款合同，向筹备处发放 700 万元贷款。借款期限自 1995 年 11 月 30 日至 1997 年 11 月 23 日。用于商业网点设施，借款利率为 12.06‰，如遇国家调整利率，按调整后的利率计算。逾期还贷，则按中国人民银行有关规定计收利息等。上述借款由筹备处提供坐落于八一七北路东侧在建工程总面积用于抵押担保。上述抵押物已在福州房地产交易管理所办理抵押登记。上述抵押借款合同签订后，南门工行依约发放 700 万元贷款，但筹备处至今未还款。四、1996 年 4 月 22 日，南门工行与筹备处签订抵押借款合同，向筹备处发放 150 万元贷款，借款期限自 1996 年 4 月 25 日至 1998 年 4 月 3 日，用于商业网点设施，借款利率为 10.95‰，如遇国家调整利率，按调整后的利率计算。逾期还贷，则按中国人民银行有关规定计收利息等。上述借款由筹备处提供坐落于八一七北路东侧在建工程总面积用于抵押担保。上述抵押物已在福州房地产交易管理所办理抵押登记。上述抵押借款合同签订后，南门工行依约发放150万元贷款，但筹备处至今未还款。五、1996年12月26日，南门工行与筹备处签订编号为96040的短期借款合同，向筹备处发放200万元贷款。借款期限自1996年12月26日至1997年12月26日。借款利率为9.24‰，如遇国家调整利率，按调整后的利率计算。逾期还贷，则按中国人民银行有关规定计收利息等。上述借款由福州D集团公司（以下简称D公司）提供连带责任担保。上述借款担保合同签订后，南门工行依约发放200万元贷款，但筹备处至今未还款。D公司亦未履行担保义务。

2000年6月21日，中国工商银行福建省分行（以下简称福建工行）与中国E资产管理公司福州办事处（以下简称E福州办）签订《债权转让协议》。由福建工行将南门工行所享有的前述五笔债权及其相应的担保从债权全部转让给E福州办。上述债权转让已告知筹备处及相应保证人。

2003年6月26日，E福州办与F信托投资有限责任公司签订《资产处置财产信托合同》《信托财产委托处置协议》，将上述债权设定为信托财产，E福州办仍有权处置上述财产。E福州办在管理上述债权期间，多次通过报纸公告或邮寄送达等方式向筹备处及相应保证人催收。

2004年11月，E福州办将上述已设定为信托财产的五笔债权全部转让给本案某投资公司。上述转让事实已由F信托投资有限责任公司与E福州办共同通知筹备处及相应保证人。某投资公司为实现债权，于2004年11月26日向原审法院提起诉讼，请求判令：筹备处返还尚欠某投资公司的贷款本金3550万元，并按中国人民银行有关规定支付至实际还款之日止的利息、罚息（利息、罚息暂计至2004年9月21日为28746682.79元）；某投资公司对筹备处用于担保的抵押物（坐落于八一七北路东侧总面积为4860平方米的土地使用权）有优先受偿权，从处置上述抵押物所得价款中优先清偿某投资公司在抵押借款合同项下享有的债权（本金1500万元及相应利息、罚息）；某投资公司对筹备处用于担保的抵押物（坐落于八一七北路东侧的在建工程）有优先受偿权，从处置上述抵押物所得价款中优先清偿某投资公司在建房地产抵押贷款合同项下享有的债权（本金700万元及相应利息、罚息）；某投资公司对筹备处用于担保的抵押物（坐落于八一七北路东侧的在建工程）有优先受偿权，从处置上述抵押物所得价款中优先清偿某投资公司在建房地产抵押贷款合同项下享有的债权（本金150万元及相应利息、罚息）；筹备处承担本案的诉讼费用。

〔一审裁判理由与结果〕

福建省高级人民法院认为，本案属于债权转让而产生的欠款纠纷，某投资公司在2004年11月29日从E福州办受让取得债权本金3550万元及利息。债权债务转让合法有效。某投资公司取得合法有效的债权即本金3550万元及利息，包含该债权债务上述的五份借款合同及三份抵押合同。至于 2000 年 6 月 20 日 E 福州办从福建工行受让取得的债权本金 3550 万元及利息 11030159.17 元，也是合法有效的，其从 2000 年 6 月 20 日始本金 3550 万元产生的利息应归于新的债权人即 E 福州办。E 福州办在 2004 年的债权转让也是将 2000 年 6 月 20 日后的利息与本金转让给某投资公司，明确指出转让后债权所产生的利息也一并随之转让。因此，某投资公司取得债权后也同时取得本金 3550 万元及利息 11030159.17 元，以及本金 3550 万元从 2000 年 6 月 20 日起至诉讼时的利息。关于划拨地能否抵押问题，该院认为，筹备处将自有的土地用于抵押，根据《中华人民共和国城镇国有土地使用权出让和转让暂行条例》第 45 条规定，经市、县人民政府土地管理部门批准，其土地使用权和地上建筑物，其他附属物所有权可以转让、出租、抵押。筹备处在借款时已经福州市土地管理部门批准并办理抵押登记手续，因此，抵押合同及抵押登记是合法有效的。其他两项在建工程的借款抵押合同，用于抵押的在建工程也是筹备处自有的财产，并经有关部门登记合法有效。关于能否合并审理问题。本案五笔借款属于同一种类，同一当事人，合并审理符合法律规定。

综上，原审法院认为，某投资公司与 E 福州办的债权转让协议合法有效。筹备处与南门工行签订的三份借款抵押合同，是双方当事人的真实意思表示，合法有效。该债权转让后抵押合同也一并转让给某投资公司，根据《中华人民共和国担保法》的规定，某投资公司对抵押的土地及其土地上的在建工程享有优先受偿权。因此，某投资公司要求筹备处返还欠款的请求，符合法律规定，应予支持。筹备处的抗辩无事实和法律依据，不予支持。据此，原审法院根据《中华人民共和国民事诉讼法》第一百三十八条①，《中华人民共和国合同法》第八十条、第八十二条、第二百零六条、第二百零七条，《中华人民共和国担保法》第三十三条、第四十一条、第四十六条、第五十六条②的规定，判决：一、筹备处应在该判决生效之日起十日内返还尚欠某投资公司的借款本金 3550 万元及利息 11030159.17 元。借款本金 3550 万元从 2000 年 6 月 21 日债权转让后所产生的利息按日万分之二点一支付至实际还款之日止。二、某投资公司对筹备处用于担保的抵押物（坐落于八一七北路东侧总面积为 4860 平方米的土地使用权）有优先受偿权，从处置上述抵押物所得价款中优先清偿某投资公司在 94014 抵押借款合同项下享有的债权（本金 1500 万元及相应利息、罚息）。二、某投资公司对筹备处用丁担保的抵押物（坐落于八一七北路东侧的在建工程）有优先受偿权，从处置上述抵押物所得价款中优先清偿某投资公司在建房地产抵押贷款合同项下享有的债权（本金 700 万元及相应利息、罚息）。四、某投资公司对筹备处

---

① 对应 2023 年《民事诉讼法》第 155 条。
② 对应《民法典》第 540 条、第 548 条、第 675 条、第 676 条、第 394 条、第 402 条、第 389 条，《民法典担保制度解释》第 50 条。

用于担保的抵押物（坐落于八一七北路东侧的在建工程）有优先受偿权，从处置上述抵押物所得价款中优先清偿某投资公司在建房地产抵押贷款合同项下享有的债权（本金150万元及相应利息、罚息）。本案一审案件受理费331244元，由筹备处承担。

〔当事人上诉及答辩意见〕

筹备处不服原审法院上述民事判决，向本院提起上诉称：原审判决认定事实不清，适用法律不当。一、原审判决对于债权转让范围之事实认定错误。2000年10月，南门工行及E福州办联合送达给筹备处的债权转让通知书表明：南门工行转让的是"截至2000年6月20日"尚未履行偿还义务的主债务及担保债务，转让金额合计46530159.17元，被上诉人某投资公司从E福州办随之受让的债权也不应超出此范围，这充分说明受让方E福州办对筹备处仅享有46530159.17元的债权，筹备处有权依据上述债权转让通知书及我国合同法的有关规定抗辩某投资公司超出部分的诉请。二、原审将五个独立之诉合并受理及审理存在程序上的不当。三、原审判决上诉人筹备处全额承担一审受理费不公。综上，请求撤销原审判决第一项中"从2000年6月21日起债权转让后产生借款本金3550万元的利息计算按日万分之二点一支付利息至实际还款之日止"部分，驳回某投资公司相应主张；依法判决某投资公司承担本案诉讼费用。

被上诉人某投资公司答辩称：一、2000年6月21日福建工行转让给E福州办的债权已经包含了2000年6月20日后的利息，原审判决的认定是正确的。（一）根据2000年6月21日福建工行与E福州办签订的《债权转让协议》第一、二、三条之约定，债权转让后，"E替代工行在借款合同中的债权人地位，享有在借款合同项下相应的债权"，因此，2000年6月20日后的利息已经归于新的债权人E福州办。（二）根据福州市公证处出具的《债权转让通知书》，福建工行与E福州办在上述债权转让通知中已明确告之筹备处："我分行决定将贵借款人和担保人截至2000年6月20日尚未履行偿还义务的主债权及担保债务，即我分行的贷款主债权及担保权转让给E福州办，并已签订《债权转让协议》。"上述债权转让通知中明确将贷款主债权及担保债权已全部转让给E福州办。（三）2000年12月8日，福建工行与E福州办在福建日报B2版所发债权转让公告，也明确告之筹备处："中国工商银行福建省分行及所属分、支行已经合法将下述企业的贷款主债权及相应的从权利转让给中国E资产管理公司福州办事处。"（四）《最高人民法院关于审理涉及金融资产管理公司收购、管理、处置国有银行不良贷款形成的资产的案件适用法律若干问题的规定》第七条规定："债务人逾期归还贷款，原借款合同约定的利息计算办法不违反法律法规规定的，该约定有效。没有约定或者不明的，依照中国人民银行《人民币利率管理规定》计算利息和复息。"根据当时有效的该司法解释，在债权转让给E福州办后，E福州办有权依原合同约定向筹备处收取2000年6月20日后的利息。（五）根据主从债关系，主债权转让，作为从债权的利息亦随之转让。二、本案是基于同一债权转让之事实而产生的诉讼，应合并审理。三、原审判决筹备处全额承担一审受理费是正确的。综上，请求驳回上诉，维持原判。

〔最高人民法院查明的事实〕

本院二审除认定原审法院查明的事实外，另查明：E福州办于2004年11月29日向原审法院出具《债权转让证明》载明："……上述合同项下的债权本金为3550万元，利息（暂计至2004年9月21日）为28746682.79元。上述转让的债权本金及利息合计64246682.79元。2004年9月22日起的利息随之转让。"

〔最高人民法院裁判理由与结果〕

最高人民法院认为，本案双方当事人对于两次债权转让协议中确认的债务本金3550万元及其计算至2000年6月20日的利息11030159.17元均无争议，故本院对原审判决主文第一项中关于该部分的判决内容予以维持。本案争议焦点在于筹备处对于2000年6月21日之后的利息是否应予给付问题。首先，从债权转让合同的约定看，2000年6月20日，E福州办从福建工行受让前述五份借款合同、三份担保合同项下未受清偿债权之时，并未明示放弃债权受让之后的利息之债；2004年11月29日，某投资公司从E福州办转让取得相同债权，亦未明示放弃相应利息之债。其次，E福州办向筹备处出具的数份《催款通知书》上写明的无具体数额的"相应利息"，以及E福州办于2004年11月29日向原审法院出具《债权转让证明》中关于"债权本金3550万元、利息（暂计至2004年9月21日）及2004年9月22日之日起的利息随之转让"的表述，亦能说明E福州办从未放弃2000年6月21日之后的利息之债。况且，银行利息是主债权的收益，属法定孳息，除法律有特别规定或当事人有特别约定外，取得孳息的权利随着主物所有权转移而同时转移。本案债权虽经两次转让，但合同当事人均未明确表示放弃债权转让之后的利息，故原审判决判令债务人筹备处偿还债权人某投资公司自2000年6月21日起至给付之日止的利息并无不当，本院应予维持，但计息标准应按照中国人民银行同期逾期贷款利率分段计付。原审判决统一按照日万分之二点一计付未能考虑中国人民银行逾期贷款利率的变动情况，本院予以纠正。

关于本案合并审理问题。本院认为，本案是基于债权转让而产生的诉讼，某投资公司基于同一份债权转让合同、同一法律关系而向同一债务人提起诉讼，不涉及合并审理问题。

综上，原审判决认定事实清楚，除逾期罚息的计付标准表述不当而应予调整以外，其余适用法律并无不当，本院予以维持。上诉人筹备处的上诉理由不能成立，本院不予支持。本院依照《中华人民共和国民事诉讼法》第一百五十三条①第一款第一、二项之规定，判决如下：一、维持福建省高级人民法院（2004）闽民初字第67号民事判决主文第二、三、四项；二、变更原审判决主文第一项为：某商贸大厦筹备处偿还某投资公司借款本金3550万元、利息11030159.17元及逾期罚息（自2000年6月21日起至实际给付之日止按照中国人民银行同期逾期贷款利率分段计付）。上述应付款项于本判决送达之次日起十日内给付。逾期给付则按照《中华人民共和国民事诉讼法》第二百三十二条②之规定办理。

本案一审案件受理费267710元按照一审判决执行；二审案件受理费267710元，由上诉人筹备处承担。

本判决为终审判决。

---

① 对应2023年《民事诉讼法》第177条。
② 对应2023年《民事诉讼法》第264条。

第四章 诉的合并

> 规则5：多个债务纠纷的债权人、债务人均相同，债权债务性质亦相同，且均属于同一法院管辖范围，仅债务担保人不同的，可以合并审理
> ——东营市A化学工业有限责任公司与何某、B水泥制品厂、东营市C建材开发总公司清偿债务纠纷案[1]

【裁判规则】

涉及两个以上债务纠纷，债权人、债务人均相同，债权债务性质亦相同，且均属于同一法院管辖范围，仅债务担保人不同的，法院可以将两个以上债务纠纷合并审理。

【规则理解】

一、诉的合并内涵及种类

（一）诉的合并内涵

任何一个诉的构成与存在都必须具备一定的要件，这些要件使诉能够特定化、具体化，在民事诉讼理论上，这些要件就是诉的要素。关于诉的要素，在我国民事诉讼法学界有过"二要素论""三要素论""四要素论"的争论。[2] 我们倾向于认为，诉由主观要素和客观要素两个方面构成，主观要素就是案件的双方当事人，客观要素就是诉讼标的。如果主观要素和客观要素两个方面都是单一的，即为单一之诉；如果两个要素中至少有一个方面是多数的，即为复合之诉。

复合之诉又称合并之诉、诉的合并。其中主观要素为多数的诉讼，又可以被称为诉的主体的合并，或者叫诉的主观合并，也就是通常所说的"共同诉

---

[1] 载《中华人民共和国最高人民法院公报》2004年第4期。
[2] 常怡：《民事诉讼法学》，中国政法大学出版社1994年版，第138页。

讼"。如果诉的客观要素（诉讼标的）为复数的，即被称为诉的客观合并。通常意义上说，诉的合并仅指诉的客观合并，也称为狭义上的诉的合并。客观的诉的合并，是指同一原告对同一被告在同一诉讼程序中主张两个以上诉讼标的。在存在诉的客观合并的诉讼中，形式上虽然是单一的诉讼，然而实质上却包含若干个独立之诉。诉的合并并不等同于诉讼请求的合并，诉讼请求的合并在很多情况下并不存在多个诉的合并。在诉讼请求合并的诉讼中，只要诉讼标的唯一，无论有多少个诉讼请求合并在一起，人民法院都只是裁判了一个诉。司法实践中，当事人提出多项诉讼请求的情况非常普遍，如果说诉的合并是诉讼请求的合并，那么就会得出司法实践中大多数诉讼都是诉的合并（合并之诉）的荒谬结论。

（二）诉的合并之种类

如果以合并诉的目的为标准来划分，可以将客观的诉的合并分为四种：单纯的诉的合并、竞合的诉的合并、预备的诉的合并以及选择的诉的合并，不同种类的诉的合并有不同的裁判要求。以上几种客观的诉的合并类型，再加上主观的诉的合并，包括不同当事人之诉的合并，如反诉与本诉的合并、第三人提起有独立请求权的诉讼等，共同构成了诉的合并的类型。如果再考虑到主观合并与客观合并的交叉，则使得诉的合并理论更加复杂。但是，如果从立法层面以及民事诉讼理论研究层面科学界定诉的合并问题，无疑能够极大地指导司法实践，正确解决好实践中大量存在的疑难民事诉讼问题。

二、现行民事诉讼法关于诉的合并的相关规定解读

我国现行的《民事诉讼法》在文义上能够体现诉的"合并"的法条规定有四条：一是第55条[1]的规定，即关于共同诉讼的规定；二是第56条[2]的规定，

---

[1] 《民事诉讼法》第55条规定："当事人一方或者双方为二人以上，其诉讼标的是共同的，或者诉讼标的是同一种类、人民法院认为可以合并审理并经当事人同意的，为共同诉讼。共同诉讼的一方当事人对诉讼标的有共同权利义务的，其中一人的诉讼行为经其他共同诉讼人承认，对其他共同诉讼人发生效力；对诉讼标的没有共同权利义务的，其中一人的诉讼行为对其他共同诉讼人不发生效力。"

[2] 《民事诉讼法》第56条规定："当事人一方人数众多的共同诉讼，可以由当事人推选代表人进行诉讼。代表人的诉讼行为对其所代表的当事人发生效力，但代表人变更、放弃诉讼请求或者承认对方当事人的诉讼请求，进行和解，必须经被代表的当事人同意。"

即关于代表人诉讼的规定；三是第 59 条[①]的规定，即关于第三人的规定；四是第 143 条的规定，即"原告增加诉讼请求，被告提出反诉，第三人提出与本案有关的诉讼请求，可以合并审理"。《民事诉讼法》第 55 条、第 56 条、第 59 条的规定虽然具有诉的合并的内容，但从立法体例上讲，上述有关条款均是在当事人的章节当中，其立法本意是对当事人的规范，属于当事人制度的内容。《民事诉讼法解释》对此在继承纠纷当事人、被代理人和代理人为当事人、共有纠纷当事人、必要的共同诉讼当事人等方面予以了规定，充分体现了立法的本意。从诉的合并理论探究，该第 55 条、第 56 条、第 59 条应属主观的（主体的）诉的合并，另外需要注意的是，《民事诉讼法》第 59 条第 1 款规定"对当事人双方的诉讼标的，第三人认为有独立请求权的，有权提起诉讼"，应属主观的诉的合并与客观的诉的合并的交叉，既有本诉原、被告的单独之诉，又有有独立请求权的第三人针对本诉原、被告的诉讼标的提出独立的请求权之诉。

《民事诉讼法》第 143 条规定，原告增加诉讼请求，被告提出反诉，第三人提出与本案有关的诉讼请求，可以合并审理。我们认为，从立法字面含义理解，反诉与本诉可以合并审理，也可以不合并审理。可见合并审理并非反诉的目的，只是一种解决纠纷的方式，分开审理也不应影响反诉的成立。因此，这种合并实际上并不是，至少不完全是诉的合并，被告提出反诉，第三人提出参加之诉实际上既是诉的主体的合并，又是诉的客体的合并，但是当事人增加诉讼请求则不属于诉的客体的合并，而是前文所述的诉讼请求的合并。诉讼请求的合并，诉讼标的仍然不失唯一性，仍然属于单独之诉。《民事诉讼法解释》第 221 条规定："基于同一事实发生的纠纷，当事人分别向同一人民法院起诉的，人民法院可以合并审理。"意在建立客观的诉的强制性合并制度。立法目的在于纠正合并制度缺失带来的弊端，但是也不能矫枉过正，如果 律强调诉的合并，也可能走向问题的反面，因此应当对于不同的诉是否进行强制性合并作出区分。区分的标准在于两个单纯的诉是否具有牵连性。一般而言，这种牵

[①] 《民事诉讼法》第 59 条规定："对当事人双方的诉讼标的，第三人认为有独立请求权的，有权提起诉讼。对当事人双方的诉讼标的，第三人虽然没有独立请求权，但案件处理结果同他有法律上的利害关系的，可以申请参加诉讼，或者由人民法院通知他参加诉讼。人民法院判决承担民事责任的第三人，有当事人的诉讼权利义务。前两款规定的第三人，因不能归责于本人的事由未参加诉讼，但有证据证明发生法律效力的判决、裁定、调解书的部分或者全部内容错误，损害其民事权益的，可以自知道或者应当知道其民事权益受到损害之日起六个月内，向作出该判决、裁定、调解书的人民法院提起诉讼。人民法院经审理，诉讼请求成立的，应当改变或者撤销原判决、裁定、调解书；诉讼请求不成立的，驳回诉讼请求。"

连性主要考量客观因素（也就是客体方面），即各个单纯之诉所依据的事实关系或者法律关系是否具有一致性或者重叠性。如果各个单纯之诉所依据的事实关系或者法律关系并不具有一致性，或者重叠性较小以至于不足以产生相互矛盾的裁判，则认为该各个单纯之诉并不符合强制性合并的要件。

通过以上分析，我们认为，我国《民事诉讼法》只对单纯之诉的合并、不同当事人之诉的合并有一定的规定，而对竞合之诉的合并、预备之诉的合并、选择之诉的合并则缺乏规定。《民事诉讼法》对诉的合并的相关规定，其内容也仅触及形式，而对于一些实质性的问题并无规定。另外从体例上看，涉及诉的合并的相关规定散见于不同的章节当中，缺乏与相关民事诉讼制度的衔接。因此，我国现行的《民事诉讼法》对诉的合并制度的规定有限，并未形成一项专门的诉讼制度。

三、合并之诉的案件管辖

（一）合并之诉管辖存在的问题

现行《民事诉讼法》缺乏合并之诉制度与管辖制度的协调性规定，主要存在以下几个方面的问题：（1）同一原告基于不同的事实关系或法律关系而产生针对同一被告的几个单独之诉，该几个单独之诉如果合并（客观的诉的合并），其管辖法院如何确定？（2）不同的当事人基于同一事实关系或同一法律关系提出的各自独立的诉讼请求的诉的合并（主观的诉的合并或者交叉的诉的合并），如何确定管辖法院？（3）上述情况的当事人如果在不同的法院单独提起诉讼，是否应当强制合并？如果强制合并应如何确定管辖法院？

对于上述问题的研究，涉及对于《民事诉讼法》第 55 条第 1 款的理解问题，该款规定："当事人一方或者双方为二人以上，其诉讼标的是共同的，或者诉讼标的是同一种类、人民法院认为可以合并审理并经当事人同意的，为共同诉讼。"虽然该款规定的是共同诉讼的法律概念，但是其也暗含了诉的合并的要件以及相关的制度规定。从上款规定可以看出，现行《民事诉讼法》对于诉的合并要求诉讼标的是共同的或者属于同一种类；如果符合诉的合并要件，是人民法院认为"可以"合并并且需要经过当事人同意，才能够合并。也就是说，《民事诉讼法》并没有规定诉的强制合并。这种规定的弊端是，依现行《民事诉讼法》的规定，不管在上述问题的哪种情形下，当事人分别向不同法院起诉的时候，每个有管辖权的法院都不能拒绝受理，又由于分别起诉的具体诉讼标的是不同的，因而所有后受理的法院也都不能将其受理的案件向先受理的法院移送。如果一概分别起诉并分别审理，其弊端是显而易见的，在不同法院、不同审判组织就相互具有牵连关系的诉分别裁判的情况下，各自作出相互矛盾的裁判将不可避免。如果诉的合并制度与案件管辖制度具备协调性的规定，规定受理后诉的法院发现本案与先诉有密切联系时，必须将案件向先诉法院移送以实现合并审理，那么，诉的合并制度的实施就有了制度性的保障。

（二）合并之诉管辖的原则

在现行《民事诉讼法》规定框架之下，有关诉的合并案件管辖的确定，我们认为可以遵循以下原则：第一，几个单纯之诉如果其中之一符合专属管辖或者专门管辖条件的，应以专属管辖或专门管辖规定确定管辖法院。第二，一个诉的成立影响到另外诉的成立，这时对于一个诉的标的的裁判实质上是另外诉的标的的裁判的先决条件。这种情况大多数存在于确认之诉或形成之诉构成了给付之诉的先决条件的案件。例如，原告向法院提起宣告婚姻关系无效，同时提起分割共同居住期间财产之诉，此时，是否宣告婚姻无效的裁判就是分割财产裁判的前提；又如，原告请求确认其对某一不动产享有所有权或者使用权，同时请求判令被告协助办理相关手续，那么权属的归属确认就是协助办理手续的前提。这种情况下，应以构成先决条件的诉确定案件管辖。第三，一个诉附属于另一个诉，两个诉均要求法院裁判。如债权人起诉债务人要求偿还债务，同时起诉一般保证人要求承担保证责任，则按照被附属之诉确定案件的管辖法院。第四，几个单纯之诉的合并，没有从属关系的，受诉法院应当对其中一个诉具有管辖权。第五，法律或者司法解释有明确规定的，从其规定。如《民法典担保制度司法解释》第21条规定，主合同或者担保合同约定了仲裁条款的，人民法院对约定仲裁条款的合同当事人之间的纠纷无管辖权。债权人一并起诉债务人和担保人的，应当根据主合同确定管辖法院。债权人依法可以单独起诉担保人且仅起诉担保人的，应当根据担保合同确定管辖法院。

【拓展适用】

一、我国民事诉讼法关于诉的合并制度的完善

我国现行的《民事诉讼法》对于诉的合并制度的规定内容过于简单片面，仅触及形式而缺乏实质性的规定，体例涣散，且缺乏与相关民事诉讼制度的衔接，并未形成一项有效的诉讼制度。主要体现在以下几个方面：第一，缺乏对于诉的合并制度总体构成要件以及效力的基本规定，仅仅在《民事诉讼法》第52条第1款的共同诉讼中一般性地规定了诉的合并要件，同时缺乏有关诉的强制合并的规定。第二，仅对单纯之诉的合并、不同当事人之诉的合并稍有规定，对竞合之诉的合并、预备之诉的合并、选择之诉的合并则无任何规定。第三，单纯之诉的合并是否包括同一原告对同一被告基于无关联的法律事实或法律关系提出的不同之诉的合并，法律没有明确。第四，未规定反诉的类型有哪些，反诉是否一定基于本诉所依据的法律事实或法律关系，提出不同反诉的条件和程序有哪些。第五，第三人制度的缺陷。现行《民事诉讼法》规定第三人分为有独立请求权第三人和无独立请求权第三人，有独立请求权第三人有权提起诉讼。但是，无独立请求权第三人只有在法院判决其承担责任以后才有当事人的诉讼权利。既然法律规定案件处理结果同无独立请求权第三人有法律上的利害关系，其也可以申请参加诉讼，那又为何不能提起诉讼，偏要等待法院判决其承担责任以后才有当事人的诉讼权利呢？第六，缺乏诉的合并制度与管辖制度的协调性规定。

诉的合并制度的立法缺陷导致的弊端和问题也是显而易见的：容易在不同法院之间针对相互具有牵连关系的案件产生互相矛盾的裁判，影响到司法的统一性与权威性；浪费了当事人的诉讼成本和法院的司法成本，造成极大的不便；不能有效地遏制司法腐败以及地方保护主义。因此，在修订《民事诉讼法》时有必要重视诉的合并制度的重新建构与完善。

（一）合理区分强制性合并之诉与合意性合并之诉

我们并不赞同不加区分地将单纯之诉一律合并。诉的合并，其立法目的在于纠正合并制度缺失带来的弊端，但是也不能矫枉过正，如果一律强调诉的合并，也可能走向问题的反面，因此应当对于不同的诉是否合并作出区分。区分的标准在于两个单纯的诉是否具有牵连性。一般而言，这种牵连性主要考量客观因素（也就是客体方面），即各个单纯之诉所依据的事实关系或者法律关系是否具有一致性或者重叠性。如果各个单纯之诉所依据的事实关系或者法律关系并不具有一致性，或者重叠性较小以至于不足以产生相互矛盾的裁判，则认为该各个单纯之诉并不符合强制性合并的要件。在各个单纯之诉并不符合强制合并的情况下，如果合并受理更符合诉讼经济的原则，则可以进行合意性合并。合意性合并并不限于各方当事人在诉前达成合意，如果原告提起诉讼，被告在答辩期间内并未就诉的合并提出异议，并就案件实体问题进行了答辩，则可以理解为当事人之间已就诉的合并达成了合意。

（二）适当扩大诉的合并的种类

一是单纯之诉的合并，各个诉讼标的可以不限于相同或者同一种类的限制。《民事诉讼法解释》第 232 条规定，在案件受理后，法庭辩论结束前，原告增加诉讼请求，被告提出反诉，第三人提出与本案有关的诉讼请求，可以合并审理的，人民法院应当合并审理。从该条规定看，能够合并审理的，并不限于诉讼标的相同或者同一种类这一要求。

二是适当扩大反诉的范围，《民事诉讼法解释》第 233 条规定："反诉的当事人应当限于本诉的当事人的范围。反诉与本诉的诉讼请求基于相同法律关系、诉讼请求之间具有因果关系，或者反诉与本诉的诉讼请求基于相同事实的，人民法院应当合并审理。反诉应由其他人民法院专属管辖，或者与本诉的诉讼标的及诉讼请求所依据的事实、理由无关联的，裁定不予受理，告知另行起诉。"目前的反诉需要基于相同的法律关系，并且诉讼请求之间具有因果关系，或者基于相同事实。如果被告按照法定程序提出反诉，在诉讼标的相同或者属于同一种类的前提下，可以不基于同一法律事实或者法律关系。如原告基于合同之债的请求权要求被告给付违约金，被告可以基于侵权之债的请求权要求原告给付赔偿金。

三是规定预备之诉的合并以及选择之诉的合并。预备之诉的合并，即原告在同一诉讼程序中同时提出主（先）位之诉和备（后）位之诉，并请求若主位之诉败诉，法院应就备位之诉进行判决。选择之诉的合并，即在选择之债的情形下，原告在同一诉讼程序中同时提出两个或两个以上的可供被告选择债务履行的诉，由法院在同一诉讼程序中审理和裁判。

（三）完善诉的合并制度与相关民事诉讼制度的衔接与协调

在对诉的合并的理论研究与制度设计中，同样需要对其与管辖制度、当事人制度（如第三人制度的改造）以及具体的诉讼程序的设计进行融通性的研究，其结果将有助于诉的合并制度与相关制度的协调，使《民事诉讼法》获得局部与整体的协调发展。[①] 具体建议已如前述。

二、无独立请求权第三人参加诉讼的方式

《民事诉讼法》第 59 条第 2 款规定，"对当事人双方的诉讼标的，第三人虽然没有独立请求权，但案件处理结果同他有法律上的利害关系的，可以申请参加诉讼，或者由人民法院通知他参加诉讼。人民法院判决承担民事责任的第三人，有当事人的诉讼权利义务"。《民事诉讼法解释》第 81 条规定，根据《民事诉讼法》第 59 条的规定，有独立请求权的第三人有权向人民法院提出诉

[①] 张晋红：《诉的合并制度的立法缺陷与立法完善之价值分析》，载《法学评论》2007年第 4 期。

讼请求和事实、理由，成为当事人；无独立请求权的第三人，可以申请或者由人民法院通知参加诉讼。第一审程序中未参加诉讼的第三人，申请参加第二审程序的，人民法院可以准许。上述法律和司法解释明确规定了无独立请求权第三人参加诉讼的方式，一是根据无独立请求权第三人的申请参加诉讼，二是由人民法院通知无独立请求权第三人参加诉讼。无独立请求权的第三人参加诉讼，实际是将一个已经开始的诉讼和一个今后可能发生的潜在的诉讼合并审理，从而达到简化诉讼、方便当事人、彻底解决纠纷的目的。

所谓无独立请求权第三人申请参加，是指无独立请求权第三人主动向已经受理本诉的人民法院提出申请，经人民法院审查同意而参加诉讼的方式；所谓人民法院通知无独立请求权第三人参加，是指人民法院向无独立请求权第三人发出通知，责令其参加到已经开始的诉讼中来的一种方式。由于无独立请求权第三人对本诉当事人争诉的诉讼标的，不能提出独立的权利主张，不是本诉实体法律关系的直接利害关系人，因此，可以认为无独立请求权的第三人不是必须参加本诉进行诉讼的当事人。既然无独立请求权第三人的参加之诉与本诉是可分之诉，第三人与本诉的一方当事人是否以诉讼的方式解决他们之间的纠纷应取决于他们的自愿选择，那么法院依职权通知并强制无独立请求权第三人参加诉讼的方式就只能理解为强职权主义模式下立法对民事私权的过度干预了。①

三、具有无独立请求权第三人的情形

《民事诉讼法解释》第 82 条对无独立请求权第三人的权利义务进行了规定，即"在一审诉讼中，无独立请求权的第三人无权提出管辖异议，无权放弃、变更诉讼请求或者申请撤诉，被判决承担民事责任的，有权提起上诉"。可见，无独立请求权的第三人对他人之间争议的诉讼标的没有独立的实体权利，只是参加到诉讼中，如果在诉讼中支持一方的主张，实质上则是为了维护自身的权益。人民法院判决承担民事责任的第三人，则享有当事人的诉讼权利义务，此诉讼权利义务，最重要的是对裁判不服的，有权提起上诉。但无独立请求权的第三人在第一审中无权对案件的管辖提出异议，无权放弃、变更诉讼请求或申请撤诉。在审判实务中，确立无独立请求权第三人参加诉讼主要是根据实体法的规定，最高人民法院在总结审判经验的基础上，以司法解释的形式也进行了相应规定。例如，《最高人民法院关于审理劳动争议案件适用法律问题的解释（一）》第 27 条第 1 款、第 2 款规定，下列人员可以作为第三人参加诉讼：

---

① 江必新主编：《新民事诉讼法理解适用与实务指南》，法律出版社 2012 年版，第 220 页。

（1）用人单位招用尚未解除劳动合同的劳动者，原用人单位与劳动者发生劳动争议，可以列新的用人单位为第三人；（2）原用人单位以新的用人单位侵权为由提起诉讼的，可以列劳动者为第三人。

《民法典合同编通则司法解释》第 37 条、第 47 条规定，下列人员可以作为第三人参加诉讼：（1）债权人以债务人的相对人为被告向人民法院提起代位权诉讼，未将债务人列为第三人的，人民法院应当追加债务人为第三人。（2）债权转让后，债务人向受让人主张其对让与人的抗辩的，人民法院可以追加让与人为第三人。（3）债务转移后，新债务人主张原债务人对债权人的抗辩的，人民法院可以追加原债务人为第三人。（4）当事人一方将合同权利义务一并转让后，对方就合同权利义务向受让人主张抗辩或者受让人就合同权利义务向对方主张抗辩的，人民法院可以追加让与人为第三人。

【典型案例】

东营市 A 化学工业有限责任公司与何某、B 水泥制品厂、东营市 C 建材开发总公司清偿债务纠纷案

上诉人（原审被告）：东营市 A 化学工业有限责任公司

被上诉人（原审原告）：何某

原审被告：B 水泥制品厂

原审被告：东营市 C 建材开发总公司

〔基本案情〕

上诉人东营市 A 化学工业有限责任公司（以下简称化学公司）与被上诉人何某、原审被告 B 水泥制品厂（以下简称水泥制品厂）、原审被告东营市 C 建材开发总公司（以下简称建材公司）清偿债务纠纷一案，山东省高级人民法院于 2003 年 6 月 2 日作出（2003）鲁民一初字第 4 号民事判决，上诉人东营市 A 化学工业有限责任公司不服，向本院提起上诉。本院依法组成合议庭，于 2003 年 8 月 7 日公开开庭对本案进行了审理。上诉人东营市 A 化学工业有限责任公司的委托代理人、被上诉人何某的委托代理人、原审被告 B 水泥制品厂的委托代理人到庭参加了诉讼。本案现已审理终结。

山东省高级人民法院一审查明：1994 年 8 月 24 日、12 月 2 日和 12 月 5 日，水泥制品厂分别向中国农业银行东营市河口区支行借款 100 万元、93 万元和 7 万元，用于购买水泥、钢材，并约定利息分别为 10.98‰ 和 14.64‰。到期限不还贷款，对逾期贷款加收 20% 的利息。上述借款均由建材公司担保。

1996 年 12 月 24 日，水泥制品厂向中国农业银行东营市东营区支行借款 1050 万元，用于购买水泥制品材料，期限 1 年，即 1996 年 12 月 24 日至 1997 年 12 月 24 日，利率为月息9.24‰，该合同第二条约定，水泥制品厂应按合同约定的期限归还贷款本息。逾期还款在逾期期间按日利率万分之四计收利息。如需延期还款，水泥制品厂必须在贷款到期前十日提出延期申请，经同意后签订延期还款协议，延期协议签订后，其效力及于保证人，保证人自愿继续承担保证责任，原保证期间相应延长。该合同第五条约定，保证人与借款人对债务承担连带责任。保证人保证期间为：自本合同生效之日起最后一笔借款到期日后的两年，即1997年12月24日至1999年12月24日。该合同由化学公司担保。

1997年12月24日，中国农业银行东营市东营区支行与水泥制品厂、化学公司签订《保证担保借款延期还款协议书》，约定水泥制品厂于1996年12月24日向贷款人借款1050万元，应于1997年12月24日偿还全部借款本息，由于资金短缺，不能如期偿还，经各方协商一致同意延期到1998年3月24日偿还，1996年12月24日签订的《借款合同》是本协议不可分割的部分，原《借款合同》各项条款对本协议仍有效，本协议与原《借款合同》条款有抵触者，以本协议为准。化学公司作为担保人在该协议上签章认可。

1998年6月20日，中国农业银行东营市河口区支行向水泥制品厂发出了贷款逾期催收通知书，称"借款200万元已到期，到1998年6月20日止，你单位仍欠我行贷款本金及利息225万元，已构成违约，请立即归还全部贷款本息"。水泥制品厂及担保人建材公司于1998年6月22日在该通知上盖章。1999年11月29日，中国农业银行山东省分行发出催收到（逾）期借款通知书，载明：1996年12月24日借款1050万元，于1998年3月24日到期。请准备资金按期来银行办理还款手续，否则按合同约定处理。1999年12月22日，水泥制品厂签发通知单回执，载明："已于1999年12月22日收到催收到（逾）期借款通知书，意见如下：尽快筹集资金，归还银行贷款。"水泥制品厂加盖了公章。担保人的法定代表人亦签名并加盖了公章，落款时间为2000年3月23日。

1999年12月20日，中国农业银行东营市河口区支行向水泥制品厂发出贷款逾期催收通知书，内容为："贷款200万元已到期。到1999年12月20日止，你单位仍欠我行贷款本息合计233万元，请立即归还我行全部贷款本息。"水泥制品厂及担保人建材公司于1999年12月22日在该通知书上签章。

2000年3月10日，中国农业银行山东省分行与某资产管理公司济南办事处签订《剥离收购不良资产协议书》约定，债务人水泥制品厂、担保人建材公司所欠中国农业银行下述本息2398520元。债务人水泥制品厂、担保人化学公司所欠中国农业银行下述本息12270874.12元，债权自2000年3月25日起转移给某资产管理公司，并分别通知了债务人和担保人，同时要求债务人和担保人在接到本债权转移确认书后，主动向某资产管理公司归还前述全部债务款或者制定还款计划。水泥制品厂和建材公司在（济）中长资债字（2000）第050300002号债权转移确认通知书回执及水泥制品厂、化学公司在（济）中长资债字（2000）第 050200027 号债权转移确认通知书回执均明确表示，对债权转移事项不持任何异议，借款人和担保人保证继续履行借款合同、担保合同或协议约定的各项义务。建材公司签署时间为 2000 年 6 月 3 日，化学公司签署时间为 2000 年 3 月 23 日。

2000 年 5 月 31 日，化学公司向中国农业银行东营市东营区支行出具证明："我单位多次为水泥制品厂向贵行借款提供担保，并于 1996 年 12 月 24 日为该企业转贷贷款 1050 万元提供担保。特此说明。" 2002 年 3 月 12 日，某报纸第 14 版刊登债权催收公告，要求水泥制品厂、建材公司、化学公司履行清偿义务。

2002 年 9 月 30 日，某资产管理公司济南办事处根据关于水泥制品厂债权转让请示的批复，与何某签订债权转让协议约定，将水泥制品厂所拖欠的 5 笔贷款债权（及其附属权利）转让给何某并附债权转让清单。2003 年 1 月 21 日，某资产管理公司济南办事处及何某在山东法制报第 2 版刊登债权转移通知，通知水泥制品厂及担保人建材公司、化学公司，其依法享有水泥制品厂债权本金 1260 万元及相应利息及其项下附属权利均已依法转移给何某，由其行使债权人的一切权利。在接到本通知书后主动向何某履行还款义务。

一审法院审理中，何某出具了有关债权款项利息的计算依据。1050 万元借款按月利率 9.24‰计，1997 年 1 月 1 日至第四季度末应付本息 11504338.14 元。对此水泥制品厂及化学公司均认可。1998 年至 2003 年第一季度按合同第二条约定的万分之四计算本金及罚息合计为 24183095.93 元。对此，水泥制品厂无异议，但化学公司提出异议认为不应按万分之四计，应按万分之二点一计。200 万元借款本息及罚金合计为 7598582.02 元。对此，水泥制品厂及建材公司均予以认可。

2003 年 4 月 17 日，一审法院委托山东省司法鉴定中心对涉案利息，依照合同和中国人民银行的利率规定（不计复利）分别自贷款之日起至 2003 年 3 月 31 日止分段进行了计算，鉴定结果为：1050 万元本金的利息为 6171375 元，本息合计 166/1375 元。200 万元的利息为 1899951 元，本息合计 3899951 元。各方当事人对计算的依据、方法和计算结果均无异议。但化学公司主张 2000 年 3 月 25 日前利息应按农业银行与某资产管理公司的债权转让协议中确定的数目为准，即本金 1050 万元表外利息 1770874.12 元。债权转让前的利息不应重新计取。自 2000 年 3 月 25 日到 2003 年 3 月 31 日，按 1050 万元本金计算，利息为 2438730 元。

2003 年 2 月 13 日，何某向一审法院提起诉讼称：某资产管理公司济南办事处依法享有水泥制品厂债权本金 1260 万元及相应利息。2002 年 9 月 30 日，某资产管理公司济南办事处与何某签订《债权转让协议》，将上述债权及其项下所属权利全部转让给何某，由何某行使债权人的一切权利。何某已具备向债务人及担保人主张权利的主体资格，截至起诉之日，水泥制品厂应当承担债务本息合计 31783677.95 元，请求：1. 判令水泥制品厂立即清偿债务本息合计 31783677.95 元，化学公司对水泥制品厂应付债务中的 24183095.95 元承担连带清偿责任；建材公司对水泥制品厂应付债务中的 7598582.02 元承担连带清偿责任。2. 财产保全费、案件受理费、律师代理费及何某为实现债权支出的合理费用由水泥制品厂、化学公司及建材公司共同负担。

水泥制品厂、建材公司未作答辩。

化学公司答辩称：水泥制品厂和化学公司至今未得到某资产管理公司济南办事处将债权转让给何某的任何通知。化学公司承担保证责任的期间已过，根据合同约定是自 1997 年 12 月 24 日起至 1999 年 12 月 24 日止。债权转移的方式是书面通知而不是登报的方式。何某没有提供其受让债权的有效证据。两个借款合同纠纷不应合并审理。化学公司不应承担保证责任。再则，债权转移是无效的。因此，应驳回何某对化学公司的诉讼请求。

〔一审裁判理由与结果〕

山东省高级人民法院认为，本案涉及的全部借款合同、担保合同、延期协议、催款单及回执、债权转让合同、通知及公告通知等均是当事人的真实意思表示，其内容和形式均是合法有效的，当事人都应按照合同约定，自觉履行各自的义务。何某依其与某资产管理公司济南办事处签订的《债权转让协议》履行了义务，也取得了债权人的资格，因此，何某的主要诉讼请求，符合法律的规定，应予支持。就化学公司反驳的几个问题认定如下：

其一，债权转让应用何种方式通知债务人及担保人的问题。对于债权转让通知的方式，目前国家法律没有强制性规定必须用什么方式通知。登报通知是一种合法的方式，更具有时间性、公开性和广泛性，与单个书面通知具有同等作用和效力。债权转让不同于债务转让，债务转让我国法律有明确的规定，即债务人转移债务的必须书面通知债权人及保证人，并征得债权人和保证人的同意，否则转让无效。而债权转让只需通知债务人及保证人即可，无须经债务人及保证人同意。本案债权转让通知是原债权人某资产管理公司济南办事处于 2003 年 1 月 21 日在山东法制报上用登报通知方式通知债务人及担保人，其内容和形式均符合《中华人民共和国合同法》（以下简称合同法）第八十条之规定，亦不违反合同法第七十九条的规定。所以，化学公司对此主张理由不成立。

其二，关于化学公司承担保证责任的期间是否已过的问题。首先，《担保法司法解释》第三十一条规定，保证期间不因任何事由发生中断、中止、延长的法律后果。保证期间与诉讼时效是两个不同的概念，不能混同。《担保法司法解释》第四十四条不适用本案，本案不属于破产案件。其次，根据协议，1050 万元借款延期到 1998 年 3 月 24 日止。化学公司在该协议上签章认可。随着借款的延期，依据借款合同和担保合同的约定，化学公司的保证期间亦相应延期自 1998 年 3 月 25 日起至 2000 年 3 月 24 日止。即使在原保证期间内，即 1999 年 11 月 29 日，中国农业银行山东省分行向水泥制品厂发出催收到（逾）期借款通知书，水泥制品厂和化学公司分别于 1999

年 12 月 22 日和 2000 年 3 月 23 日在催收到期借款通知书回执上签字盖章。这份催收到（逾）期借款通知书，证明了当时的债权人在担保人履行保证责任期限内，向借款人及保证人主张了权利。依照法律规定，此时开始计算诉讼时效为两年，即 1999 年 11 月 29 日起至 2001 年 11 月 28 日止。保证期间与诉讼时效虽然都是因债权人在一定期间不行使权利，而发生一定的法律后果，但两者有着本质上的区别。在保证期间内，债权人行使了权利，变更了原有的法律关系，使保证期间的作用消灭；而在诉讼时效期间内，权利人行使了请求权，维持了原有的法律关系，使原有的法律关系得以延续。因此，本案中化学公司、建材公司作为保证人不免除保证责任，保证责任不再受保证期间的制约，应受诉讼时效的制约。最后，从某资产管理公司济南办事处与中国农业银行东营市东营区支行发出的债权转让确认通知书回执角度分析，借款人和保证人保证继续履行借款合同、担保合同和协议规定的各项义务。保证人签字盖章的时间为 2000 年 3 月 23 日，这份通知书及回执说明，化学公司仍在自愿延长保证期间，即 2000 年 3 月 24 日之前，权利人再次主张明确要求债务人及担保人还款，从 2000 年 3 月 24 日起重新开始计算某资产管理公司济南办事处对保证人要求履行保证责任的诉讼时效，即自 2000 年 3 月 24 日起到 2002 年 3 月 23 日止。2002 年 3 月 12 日，某资产管理公司济南办事处在山东法制报公告向债权人和担保人催收债权主张权利，至此，诉讼时效依法中断，重新计算诉讼时效，即自 2002 年 3 月 12 日起到 2004 年 3 月 11 日止。2003 年 1 月 21 日，某资产管理公司济南办事处在山东法制报第 2 版刊登债权转让通知，要求向新债权人何某履行还款义务。2003 年 2 月 13 日，债权人何某向本院起诉，主张还本付息。何某的起诉是在法定诉讼时效期间之内，因此，化学公司主张何某的起诉已超过保证期间，不应负任何法律责任的理由不能成立。

其三，关于本案的管辖问题。最高人民法院规定山东省高级人民法院一审民事案件的受理标的额为 3000 万元以上，一审法院依此规定立案，并不违反最高人民法院的规定，且依据《中华人民共和国民事诉讼法》第三十九条①第一款之规定，上级人民法院有权审理下级人民法院管辖的第一审民事案件，也可以把本院管辖的第一审民事案件交下级人民法院审理。一审法院受理本案亦于法有据。所以，化学公司关于本案应由山东省东营市中级人民法院审理的主张，理由不能成立。

其四，本案能否合并审理的问题。本案的债权人均为何某，债务人均为水泥制品厂，债权债务关系明确。担保人虽不属同一人，但担保人在本案中承担的是各自的担保责任，其责任也明确，所以，合并同案审理并非不可，故化学公司对此主张理由亦不成立。

其五，关于利息计算问题。化学公司提出的利息计算主张，依法应予支持。利

---

① 对应 2023 年《民事诉讼法》第 38 条。

息的计算应依法予以调整，其结果应为：1050万元2000年3月25日前的本息为12270874.12元，加上2000年3月21日至2003年3月31日的利息2438730元，共计14709604.12元；200万元2000年3月25日前的本息为2398520元，加上2000年3月21日至2003年3月31日的利息464520元，共计2863040元。

综上，判决：（一）水泥制品厂于判决生效后十日内偿还何某借款本金1050万元及利息合计14709604.12元，化学公司承担连带清偿责任；（二）水泥制品厂于判决生效后十日内偿还何某借款本金200万元及利息合计2863040元，建材公司承担连带清偿责任；（三）驳回何某的其他诉讼请求。一审案件受理费168928元，由何某负担76017.60元，水泥制品厂负担92910.40元，其中的75257.40元由化学公司负连带责任，17653元由建材公司负连带责任。保全费80000元，由化学公司负担。鉴定费30000元，由何某负担10500元，水泥制品厂负担19500元，其中15015元由化学公司负连带责任，4485元由建材公司负连带责任。

〔当事人上诉及答辩意见〕

化学公司不服一审判决，向本院提起上诉：1. 一审判决认定事实不清。①一审判决所列被告之一建材公司已经不存在，其不具备诉讼主体资格。根据化学公司所调查到的工商登记注册资料，建材公司是1993年由水泥制品厂更名而来，1996年12月该公司又更名为水泥制品厂并且沿用此名称至今。在一审诉讼期间，根本就不存在一个名为建材公司的企业法人。一审法院将一个不存在的企业列为本案被告，属认定事实错误。②一审认定中国农业银行东营市河口区支行1994年8月24日、12月2日和12月5日与水泥制品厂、建材公司的借款合同、担保合同合法有效是错误的。企业工商登记资料记载：水泥制品厂于1990年6月开业，1993年1月经核准登记变更为建材公司，1996年12月经核准登记又变更为水泥制品厂，该名称自1996年12月沿用至今。据此，1994年间，水泥制品厂已经变更名称为建材公司，在当时已经不存在一个名为水泥制品厂的企业。所以，在当时以水泥制品厂为借款人，以建材公司为担保人的借款合同，由于借款人已经不存在，借款合同是无效的，担保合同也无效。一审认定合同有效是错误的。2. 一审判决适用法律错误。一审判决认为债权人以报纸公告的方式通知债务人有关债权转让的事实符合法律规定是错误的。本案中原债权人某资产管理公司济南办事处没有直接通知债务人债权转让的事实。作为债务人，由于没有收到债权转让通知，因而也没有向受让人履行债务的法律义务。到受让人何某起诉之时，某资产管理公司济南办事处与何某之间的债权转让协议由于没有通知到债务人，对债务人尚不发生效力，何某起诉债务人还款没有事实和法律依据。报纸公告的通知方式只是一种推定被通知人可以收到通知的方式，采用这种通知方式至少应同时具备两个条件：一是由于被通知人地址不详或下落不明等原因无法直接通知，二是法律规定可以采用公告的方式通知，并且规定公告多长时间视为通知到达。不具备这两个条件，就只能采用直接书面通知的方式。本案原债权人某资产管理公司济南办事处明知债务人及担保人的地址,而不采用直接书面的方式通知,却采用没有法律依据的报纸公告方式,该通知不产生法律效力。依学理解释,债权转让通知的方式应当与债权成立的方式相同。债权以书面方式成立的,转让债权亦应以书面方式通知债务人。3. 一审程序违法。①一审违反了法律关于级别管辖的规定,错误审理本案。本案属于经济纠纷案件。何某起诉的金额只有 3000余万元,与山东省高级人民法院一审管辖的经济纠纷案件争议金额相差很大,山东省高级人民法院不应受理此案。就一审级别管辖错误的问题,化学公司向一审法院提出了管辖权异议,申请将案件移送有管辖权的山东省东营市中级人民法院审理,一审法院对该异议不予理睬,违反法律规定。一审判决认为本案是民事案件,山东省高级人民法院一审受理民事案件的争议金额为 3000 万元,此认定是错误的。借款合同纠纷不属于最高人民法院关于级别管辖规定中所指的民事纠纷案件,属于经济纠纷案件。本案应当以程序违法为由撤销原判,将案件移送有管辖权的法院审理。②一审将几个当事人不相同的借款合同的欠款纠纷合并审理不符合民事诉讼法关于共同诉讼的规定,应将不同的合同纠纷分别处理。何某是从某资产管理公司济南办事处受让的债权,而某资产管理公司济南办事处是从中国农业银行东营市东营区支行、东营市河口区支行分别受让的债权。其中从东营市东营区支行受让的债权,其借款合同是化学公司担保的,本金 1050 万元;而从东营市河口区支行受让的债权,共有三个合同,担保人是建材公司。某资产管理公司济南办事处受让这些债权后,分别取代中国农业银行东营市东营区支行、东营市河口区支行在各个借款合同中的贷款人地位,成为不同合同的债权人。假设何某有效受让了某资产管理公司济南办事处的债权,则其又取代了某资产管理公司济南办事处的债权人地位,分别成为不同借款合同的债权人。其中一个合同本金 1050 万元,由化学公司担保;另外三个合同,本金共计 200 万元,由建材公司担保。如前所述,这三个借款合同的借款人在签合同的 1994 年已经更名,该企业是不存在的,借款合同应认定为无效。对于这样四个当事人及合同效力都不相同的借款合同纠纷,一审法院将其合并审理,不符合我国民事诉讼法关于共同诉讼的规定,不利于案件正确审理。综上,请求依法驳回何某的起诉,或裁定撤销一审判决,将案件移送有管辖权的山东省东营市中级人民法院审理。

何某答辩称:1. 化学公司以建材公司不具备诉讼主体资格为由主张一审判决认定事实不清没有依据。何某将水泥制品厂、化学公司及建材公司一并起诉后,田某荣作为水泥制品厂和建材公司的法定代表人出庭参加了诉讼,并对何某所诉事实予以认可。对于相对方当事人并无争议的事实,化学公司作为另一笔债务的保证人没有权利对该部分事实提起上诉,化学公司也没有证据证明其主张。特别需要说明的是,中国农业银行东营市河口区支行与水泥制品厂、建材公司签订的借款合同、担保合同均与化学公司无关,该借款合同和担保合同是否有效的问题与化学公司没有任何法律上的利害关系，化学公司无权对此提起上诉。2. 化学公司主张一审判决适用法律错误的理由不能成立。关于以报纸公告的方式通知债务人有关债权转让的事实是否符合法律规定的问题。《最高人民法院关于审理涉及金融资产管理公司收购、管理、处置国有银行不良贷款形成的资产的案件适用法律若干问题的规定》第六条充分肯定了以报纸公告方式通知债务人有关债权转让事宜的合法性。一审法院根据某资产管理公司济南办事处登报公告债权转让的事实和基于对《合同法》第八十条第一款的正确理解，认定原债权人某资产管理公司济南办事处以登报公告的形式向债务人水泥制品厂、担保人化学公司和建材公司依法正当履行了债权转让通知义务是正确的。3. 化学公司关于一审法院程序违法的主张不能成立。①化学公司关于一审法院违反了民事诉讼法关于级别管辖规定的主张不能成立。一审法院立案庭根据答辩人起诉的法律关系确定作为民事案件立案是有法律依据的。本案何某与水泥制品厂、化学公司及建材公司之间的清偿债务纠纷，属于自然人与法人之间的合同纠纷案件，且符合最高人民法院规定的高级人民法院受理一审民事案件的诉讼标的额标准（3000万元以上），因此，一审法院受理本案并不违反最高人民法院关于级别管辖的规定。何况，根据《中华人民共和国民事诉讼法》第三十九条的规定，上级人民法院有权审理下级人民法院管辖的第一审民事案件。因此，一审法院受理本案无任何不当之处。化学公司关于一审法院对其提出的管辖权异议没有任何答复的上诉主张不符合事实。根据最高人民法院的有关规定，对于当事人就级别管辖问题提出的管辖权异议，受诉法院经审查就管辖权异议是否成立，直接告知当事人即可，而不需作出书面裁定。本案的基本事实是，一审法院立案庭承办法官根据最高人民法院有关规定，已明确告知化学公司，一审法院立案受理并不违反级别管辖的规定，化学公司提出的级别管辖异议不成立，从而口头驳回了化学公司提出的管辖权异议。对于其后提交的《管辖权异议申请书》，一审法院立案庭鉴于对该问题已作明确答复，故直接将案卷转至民一庭进行审理。案卷移送至民一庭后，民一庭的承办法官亦明确告知化学公司管辖权异议不成立，并告知其应当及时到庭参加诉讼。化学公司两次到庭参加诉讼对何某提交的证据和一审法院委托鉴定报告进行充分质证的事实也证明了一审法院对该问题并非未作任何答复，化学公司正是以积极的诉讼行为接受了一审法院的级别管辖。一审法院慎重审理，对化学公司的质证意见予以充分考虑，并已作出公正的判决。②化学公司关于本案不能合并审理的主张不能成立。合并审理是指诉的合并，诉的合并可分为两种：诉的主体合并与客体合并。化学公司作为担保人属于必要共同诉讼的当事人，化学公司参加本案的诉讼属于诉的主体合并。因本案所涉借款合同的借款人，也即债务人均为水泥制品厂，而将转让债权所涉及的数笔借款作为一个整体在本案中予以合并审理属于诉的客体合并。本案的债权人为何某，债务人为水泥制品厂一家，双方当事人之间的债权债务关系明确。本案中的担保人化学公司、建材公司虽不是同一主体，但因二担保人各自担保履行的债务关系明确,且在各自担保履行的债务范围内所应承担的连带清偿责任也是明确的,合并审理并不损害化学公司的任何诉讼权利,所以,一审法院进行合并审理符合法律有关规定。综上,一审判决认定事实清楚,适用法律正确。化学公司的上诉请求证据不足,理由不当,请求二审法院依法驳回上诉,维持原判。

水泥制品厂及建材公司未进行书面答辩。

〔**最高人民法院查明的事实**〕

最高人民法院查明的事实与一审法院查明的事实相同。

〔**最高人民法院裁判理由与结果**〕

最高人民法院认为,2002年9月30日,何某与某资产管理公司济南办事处签订的债权转让合同,是双方当事人真实意思表示,合同内容不违反法律法规的强制性规定,一审判决认定该债权转让合同有效是正确的。化学公司在上诉主张中就本案级别管辖问题提出异议,因级别管辖是上下级法院之间就一审案件审理方面的分工,当事人就级别管辖提出管辖异议的,受诉法院应认真审查,确无管辖权的,应将案件移送有管辖权的法院,并告知当事人,但不作裁定。上述规定表明,当事人虽然就级别管辖问题有权提出异议,但就异议不具有诉权。当事人不得以级别管辖异议为由提起诉讼主张,对异议被驳回后亦不具有上诉的权利。化学公司向一审法院提出的级别管辖异议,一审法院已经予以答复,且在一审卷宗中有所记载。化学公司就级别管辖问题提出的上诉请求,超出了当事人提起上诉的请求范围,故不应支持。

化学公司上诉主张,水泥制品厂与建材公司实际上是同一主体,故建材公司不具备诉讼的主体资格,且应认定中国农业银行东营市河口区支行与水泥制品厂、建材公司签订的担保借款合同无效。在一审诉讼期间,水泥制品厂、建材公司及何某均未对建材公司的诉讼主体资格问题提出异议。一审判决后,何某、水泥制品厂及建材公司亦未对建材公司的诉讼主体资格提起上诉。化学公司不是上述担保借款合同的当事人,且其没有证据证明该担保借款合同损害化学公司的权益,建材公司是否具备诉讼主体资格及该担保借款合同的效力与化学公司没有法律上的利害关系。化学公司的该诉讼请求本院亦不予支持。

化学公司主张本案所涉的两个债务纠纷不应合并审理。诉的合并既可以基于当事人的申请,也可以由人民法院决定。本案中涉及的两个债务纠纷,债权人均为何某,债务人均为水泥制品厂,债权债务的性质相同,且均属于一审法院管辖范围,一审法院将两个债务纠纷合并审理并无不当。化学公司仅以债务的担保人不同,提出一审法院合并审理错误,理据不足,其主张应予驳回。

本案中何某作为债权人向债务人及担保人提出诉讼主张,是基于其与某资产管理公司济南办事处的债权转让合同,取得债权人地位后,以债权人的身份提起的民事诉讼。一审判决后,债权人何某、债务人水泥制品厂及担保人建材公司均未提起上诉。就债权转让的效力,何某、水泥制品厂及担保人建材公司、化学公司在一审判决后亦未提出异议。化学公司主张债权的转让，没有通知债务人及担保人，故债权转让的效力不及于化学公司。合同法第八十条第一款①规定，债权人转让权利的，应当通知债务人。未经通知，该转让对债务人不发生法律效力。但法律法规对通知的具体方式没有规定。本案的实际情况是，某资产管理公司济南办事处将其债权转让何某后，双方共同就债权转让的事实在山东法制报上登报通知债务人及担保人。山东法制报是在山东省内公开广泛发行的报纸，一审法院认为债权人在该报纸上登报通知债务人及担保人债权转让的事实，不违反法律法规的强制性规定，应认定债权人已将债权转让的事实告知债务人及担保人，并无不妥。且本案中债权转让人、债权受让人、债务人及担保人均未对债权转让的事实及效力提出异议，债务人及担保人只是对债务款项利息的数额有异议，一审法院已作审查处理。

化学公司在上诉请求中，没有涉及债权转让内容及效力问题的异议，即化学公司对双方债权债务存在的事实是认可的。化学公司通过参加本案的诉讼活动，已明知债权转让的事实，且知道履行债务的对象。本案中的债权转让并没有致使债务人错误履行债务、双重履行债务或加重债务人履行债务的负担，也没有损害化学公司的利益。双方债权债务关系明确，债务人及担保人应承担相应的法律责任。化学公司仅以债权人在报纸上登载债权转让通知不当为由，否认债权转让对其发生法律效力，理由不充分，本院不予支持。综上，一审判决认定事实清楚，适用法律正确。根据《中华人民共和国民事诉讼法》第一百五十三条②第一款第（一）项之规定，判决如下：

驳回上诉，维持原判。

二审案件受理费 168928 元，由化学公司负担。

本判决为终审判决。

---

① 对应《民法典》第 546 条。
② 对应 2023 年《民事诉讼法》第 177 条。

> **规则 6：在连带责任之诉中，原告基于其诉讼利益的判断而选择其中某些主体为被告，不违反法律规定，人民法院应予尊重**
> ——陈某等 23 名投资人与大庆 A 公司、B 证券公司虚假陈述侵权赔偿纠纷案①

【裁判规则】

根据《最高人民法院关于审理证券市场虚假陈述侵权民事赔偿案件的若干规定》，对发行人或者上市公司的上市文件，证券承销商、证券上市推荐人或者专业中介服务机构都有责任审核，都可能对发行人或者上市公司的虚假陈述行为承担连带责任，以上述主体为被告的诉讼，属于特殊形态的共同诉讼。诉讼中，原告基于其诉讼利益的判断而选择其中某些主体为被告，不违反法律规定；法院根据原告的请求确定诉讼参加人，属于尊重当事人的诉讼选择权，不能依职权将原告未起诉的连带责任债务人追加为共同被告。

【规则理解】

一、共同诉讼的界定

（一）共同诉讼的内涵

我国《民事诉讼法》第 55 条第 1 款规定："当事人一方或者双方为二人以上，其诉讼标的是共同的，或者诉讼标的是同一种类、人民法院认为可以合并审理并经当事人同意的，为共同诉讼。"即共同诉讼是指当事人一方或者双方为二人以上的诉讼。原告为二人以上的，称为积极的共同诉讼。被告为二人以上的，称为消极的共同诉讼。

共同诉讼是我国民事诉讼法规定的一项重要的诉讼制度，其意义在于：（1）在一个诉讼程序中一并解决多数当事人之间的纠纷或者多个纠纷，节约当事人诉讼成本和司法资源，符合诉讼经济原则；（2）避免法院对同一案件或同类案件作出相互冲突的判决，尤其是多数当事人之间的关联诉讼，裁判冲突对当事人权益、判决的权威和执行力均有影响；（3）基于实体法上的必要。实体法上的权利义务关系争议涉及多数权利主体的，部分纠纷依其性质必须同时裁判才能解决，否则难以处理。

---

① 载《中华人民共和国最高人民法院公报》2005 年第 11 期。

根据共同诉讼成立的不同条件,可以将共同诉讼分为必要共同诉讼和普通共同诉讼。

(二) 必要共同诉讼

必要共同诉讼,是指当事人一方或者双方为二人以上,其诉讼标的是共同的,人民法院必须合并审理并作出同一判决的诉讼。诉讼标的,是指双方当事人争议的,要求人民法院裁判的民事法律关系。当事人的诉讼标的是共同的,表明他们在民事权利、义务上具有共同的利害关系,必须一同起诉或应诉,因此这种诉讼是不可分之诉,人民法院必须合并审理,不能分案审理。[①]

由于必要共同诉讼是不可分之诉,因此共同诉讼当事人必须一同起诉或一同应诉。遗漏必须共同进行诉讼的当事人,不仅程序上难以保证其合法诉权的行使,实体裁判时也无法将其对诉讼标的的实体权利义务予以固定,故《民事诉讼法》第 177 条第 1 款第 4 项规定遗漏当事人构成"严重违反法定程序"的发回重审事由,第 211 条第 8 项规定"应当参加诉讼的当事人,因不能归责于本人或者其诉讼代理人的事由,未参加诉讼的"构成应当再审的事由。因此,在司法实践中,人民法院应当注意对必要共同诉讼当事人的追加,确保符合法定程序要求。一是人民法院在诉讼中发现必须共同进行诉讼的当事人没有参加诉讼时,应当通知其参加诉讼。《民事诉讼法》第 135 条规定:"必须共同进行诉讼的当事人没有参加诉讼的,人民法院应当通知其参加诉讼。"二是未起诉的公民、法人或者其他组织认为属于必须共同进行诉讼的当事人,也可以向人民法院申请参加诉讼。对当事人提出的申请,人民法院应当依照《民事诉讼法解释》第 73 条规定的程序,予以审查,决定应否追加。该条规定:"必须共同进行诉讼的当事人没有参加诉讼的,人民法院应当依照民事诉讼法第一百三十五条的规定,通知其参加;当事人也可以向人民法院申请追加。人民法院对当事人提出的申请,应当进行审查,申请理由不成立的,裁定驳回;申请理由成立的,书面通知被追加的当事人参加诉讼。"三是根据《民事诉讼法解释》第 74 条的规定,人民法院追加共同诉讼当事人时,应通知其他当事人。应当追加的原告,已明确表示放弃实体权利的,可不予追加。其既不愿意参加诉讼,又不放弃实体权利的,仍追加为共同原告,其不参加诉讼,不影响人民法院对案件的审理和依法作出判决。四是关于追加当事人申请被人民法院裁定驳回后,其是否享有上诉的救济权的问题。多数意见认为,《民事诉讼法》第 157 条第 2

---

① 章武生主编:《民事诉讼法新论》,法律出版社 2002 年版,第 170 页。

款规定可以上诉的裁定仅限于不予受理、管辖权异议和驳回起诉裁定，因此，驳回当事人追加申请的裁定不可上诉，但该主体可以根据《民事诉讼法》第211条第8项的规定，对生效裁判申请再审，主张权利救济。

（三）普通共同诉讼

普通共同诉讼，是指当事人一方或者双方为二人以上，其诉讼标的是同一种类，人民法院认为可以合并审理，而且当事人也同意合并审理的诉讼。在普通共同诉讼中，当事人之间没有共同的权利义务关系，既可以作为共同诉讼合并审理，也可以作为单独诉讼分别审理。例如，某化工厂排放的污染物致使多名农户的庄稼受损，多名农户均向该化工厂提起诉讼。各原告之间没有共同利害关系，但诉讼标的系同一种类。是否合并审理，由人民法院根据当事人是否同意，能否达到简化程序、节省时间和司法资源的目的等因素予以确定。

二、必要共同诉讼和普通共同诉讼的区别

必要共同诉讼和普通共同诉讼的区别主要体现在以下几个方面：

（一）诉讼标的的性质不同

必要共同诉讼人对诉讼标的享有共同的权利或承担共同的义务，其诉讼标的是共同的或同一的。普通共同诉讼的标的则属同一种类。

（二）追加当事人的必要性不同

必要共同诉讼的当事人没有参加诉讼，法院应当追加当事人；如果是必要共同原告，当事人已明确表示放弃实体权利的，可不予追加；既不愿意参加诉讼，又不放弃实体权利的，仍追加为共同原告。普通共同诉讼不存在追加当事人的问题。

（三）合并审理的要件不同

必要共同诉讼是一种不可分之诉，共同诉讼人必须一同起诉或者一同应诉，法院必须合并审理并作出合一判决。普通共同诉讼是一种可分之诉，共同诉讼人既可以一同起诉或者一同应诉，也可以分别起诉或应诉。法院既可以合并审理，也可以分开审理，是否合并审理由人民法院根据当事人是否同意以及能否达到简化程序、节省时间和费用的目的来确定。但即使合并审理，判决仍应分别确认共同诉讼人与对方当事人之间的权利义务关系。

（四）共同诉讼人之间的相关性和独立性不同

必要共同诉讼除原被告之间对立的外部关系外，在共同诉讼人内部还存在相互关系。在共同诉讼人意见不一致时，需处理其内部关系。《民事诉讼法》第55条第2款规定："共同诉讼的一方当事人对诉讼标的有共同权利义务的，其中一人的诉讼行为经其他共同诉讼人承认，对其他共同诉讼人发生效力……"即必要共同诉讼人之一的行为能否约束其他共同诉讼人，取决于其他共同诉讼人的承认。从大陆法系国家立法来看，则大多采取"有利说"，即必要共同诉讼人之一的诉讼行为，有利于全体的，对全体发生效力；不利于全体的，对全体不发生效力。必要共同诉讼在相互关系之外，也存在一定程度的独立性，其独立性表现为：一是法院对各共同诉讼人的资格调查应分别进行；二是共同诉讼人可以独立进行无关实体利害关系的诉讼行为，例如委托代理人等。①

普通共同诉讼，数诉合并一诉仅属形式的合并，以便同时辩论及裁判而已，各共同诉讼人都处于独立的地位，与其单独诉讼时没有差别。因此，民事诉讼法解决必要共同诉讼内部关系的原则不适用于普通共同诉讼。《民事诉讼法》第55条第2款规定："……对诉讼标的没有共同权利义务的，其中一人的诉讼行为对其他共同诉讼人不发生效力。"例如，普通共同诉讼人之一撤回诉讼请求的效力只及于自己，不影响其他共同诉讼人继续进行诉讼。普通共同诉讼人之一出现诉讼中止情形的，也不影响其他共同诉讼人继续进行诉讼程序。但是普通共同诉讼人的诉讼行为独立性原则也不是绝对的，由于数诉合并审理，言词辩论、调查证据及其他审理程序通常共同进行，因此普通共同诉讼人之间也存在某种牵连。主要表现为，普通共同诉讼人中一人在诉讼中的作为或不作为，以及所提出的证据，对法院在认定其他共同诉讼人的请求或判断其他证据时有参考价值。②

三、连带责任之诉属于特殊形态的共同诉讼

司法实践中，连带责任之诉案件的诉讼标的并非同一，且诉讼标的不属同一种类，但是由于当事人间存在事实或法律上的牵连关系，有必要作为共同诉讼处理。例如，在连带保证借款合同诉讼中，诉讼标的分别为借款合同法律关系和连带保证合同法律关系。再如，在公司请求股东补足出资义务的诉讼中，《最高人民法院关于适用〈中华人民共和国公司法〉若干问题的规定（三）》第18条规定，有限责任公司的股东未履行或者未全面履行出资义务即转让股权，受让人对此知道或者应当知道，公司请求该股东履行出资义务、受让人对此承担连带责任的，人民法院应予支持。在该连带责任诉讼中，诉讼标的分别

---

① 江伟主编：《民事诉讼法专论》，中国人民大学出版社2005年版，第205页。
② 章武生主编：《民事诉讼法新论》，法律出版社2002年版，第172页。

为股东与公司之间的出资法律关系、转让人和受让人之间的股权转让合同瑕疵担保法律关系。可见，连带责任之诉既非法律规定的诉讼标的同一的必要共同诉讼，也非法律规定的诉讼标的为同一种类的普通共同诉讼，但案件当事人之间存在事实上和法律上的牵连性，有在一个诉讼程序进行审理和作出裁判的必要，故属于一种特殊的共同诉讼形态，称为牵连性的共同诉讼。

第一，原告作为债权人对连带债务享有选择起诉全部债务人或部分债务人的权利。《民法典》第518条、第519条规定："债务人为二人以上，债权人可以请求部分或者全部债务人履行全部债务的，为连带债务。""……实际承担债务超过自己份额的连带债务人，有权就超出部分在其他连带债务人未履行的份额范围内向其追偿……"即连带责任是指两名以上的债务人按照法律的规定或者合同的约定，连带地向债权人承担责任。连带责任具有确保债权实现的目的和作用，在此种责任中，债权人有权要求责任人中的任何一个人承担全部的或者部分的责任，责任人也有义务承担全部的或者部分的责任，而后向其他负有连带义务的人请求偿付应当承担的份额。[①] 部分实体法明确了债权人的请求权，如《民法典》第1168条规定："二人以上共同实施侵权行为，造成他人损害的，应当承担连带责任。"《民法典》第1169条第1款规定："教唆、帮助他人实施侵权行为的，应当与行为人承担连带责任。"《民法典》第1170条规定："二人以上实施危及他人人身、财产安全的行为，其中一人或者数人的行为造成他人损害，能够确定具体侵权人的，由侵权人承担责任；不能确定具体侵权人的，行为人承担连带责任。"《民法典》第1171条规定："二人以上分别实施侵权行为造成同一损害，每个人的侵权行为都足以造成全部损害的，行为人承担连带责任。"可见，实体法对连带债务赋予债权人可选择的请求权，债权人可以行使共同请求权，也可以行使个别请求权。相应地，原告在诉权行使方面亦享有诉讼选择权，其可以选择起诉全部债务人或者只起诉部分债务人。

第二，原告基于其诉讼利益的判断，选择部分债务人为被告的，法院应当尊重原告的诉讼选择权，遵循不告不理原则，根据原告的请求确定诉讼参加人。司法实践中有一种错误认识，认为连带责任之诉属于不可分的必要共同诉讼，多个连带债权人或者连带债务在诉讼中必须一同起诉（连带债权人作共同原告）、应诉（连带债务人作被告）。如有遗漏，法院应依职权通知追加。这种依职权强制增加共同诉讼人的做法，不仅是对诉权行使自由的限制，而且改变了

[①] 王利明：《民法总则研究》，中国人民大学出版社2003年版，第276~277页。

民事实体法规定的权利保护要件，抑制了实体法当事人意思自治的因素，增加了当事人的讼累，是不恰当的。相反，如法院尊重原告的诉权，把是否将其他主体引入诉讼的诉讼选择权交给原告，则有利于保障原告的诉权，保护被告和其他连带债务人的合法权益，也不妨碍原告在行使共同请求权时一并解决相关纠纷。因此，原告起诉全部连带债务人时，法院应当确定全部连带债务人为被告；原告只起诉部分连带债务人时，法院应当确定被诉的部分连带债务人为被告，且不应依职权主动追加原告未起诉的被告。

第三，原告起诉多个连带债务人时，应参照必要共同诉讼处理，由法院直接合并诉讼，无需经过当事人同意。由于我国《民事诉讼法》对于必要共同诉讼的界定过窄，只限于诉讼标的同一的情形，因此连带责任之诉不属于法定的必要共同诉讼。但连带责任之诉相互之间在事实和法律上均存在很强的牵连性，一旦原告选择合并起诉，为查清全案事实，正确分配责任、充分保护当事人实体利益和程序利益以及防止出现相互冲突裁判的目的，必须放在一个诉讼程序中解决。

第四，司法实践中应注意区分连带责任之诉、补充责任之诉与必要共同诉讼。《民事诉讼法解释》规定了十一种共同诉讼人的情形，分别为：1. 以挂靠形式从事民事活动，当事人请求由挂靠人和被挂靠人依法承担民事责任的，该挂靠人和被挂靠人为共同诉讼人。[①] 2. （个体工商户）营业执照上登记的经营者与实际经营者不一致的，以登记的经营者和实际经营者为共同诉讼人。[②] 3. 在劳务派遣期间，被派遣的工作人员因执行工作任务造成他人损害的，以接受劳务派遣的用工单位为当事人。当事人主张劳务派遣单位承担责任的，该劳务派遣单位为共同被告。[③] 4. 在诉讼中，未依法登记领取营业执照的个人合伙的全体合伙人为共同诉讼人。[④] 5. 企业法人分立的，因分立前的民事活动发生的纠纷，以分立后的企业为共同诉讼人。[⑤] 6. 借用业务介绍信、合同专用章、盖章的空白合同书或者银行账户的，出借单位和借用人为共同诉讼人。[⑥] 7. 原

[①] 《民事诉讼法解释》第 54 条。
[②] 《民事诉讼法解释》第 59 条第 2 款。
[③] 《民事诉讼法解释》第 58 条。
[④] 《民事诉讼法解释》第 60 条。
[⑤] 《民事诉讼法解释》第 63 条。
[⑥] 《民事诉讼法解释》第 65 条。

告起诉被代理人和代理人，要求承担连带责任的，被代理人和代理人为共同被告。① 8. 因保证合同纠纷提起的诉讼，债权人向保证人和被保证人一并主张权利的，人民法院应当将保证人和被保证人列为共同被告。保证合同约定为一般保证的，债权人仅起诉保证人的，人民法院应当通知被保证人作为共同被告参加诉讼；债权人仅起诉被保证人的，可只列被保证人为被告。② 9. 无民事行为能力人、限制民事行为能力人造成他人损害的，无民事行为能力人、限制民事行为能力和其监护人为共同被告。③ 10. 在继承遗产的诉讼中，部分继承人起诉的，人民法院应通知其他继承人作为共同原告参加诉讼；被通知的继承人不愿意参加诉讼又未明确表示放弃实体权利的，人民法院仍应把其列为共同原告。④ 11. 共有财产权受到他人侵害，部分共有权人起诉的，其他共有权人应当列为共同诉讼人。⑤ 上述规定中，第 1、2、4、5、6、7 种情形以及第 8 种情形中的连带保证责任，均属连带责任之诉，而不是法定的必要共同诉讼，法院不应依职权主动追加被告，但在原告选择合并起诉时，则应参照必要共同诉讼处理。第 3 种劳务派遣情形以及第 8 种情形中的一般保证，劳务派遣单位和一般保证人承担的是补充赔偿责任，属于补充责任之诉，赋予补充责任人先诉抗辩权，即从程序意义上说是顺位的补充。权利人有权自主选择是否起诉补充责任人，这与连带责任之诉是相同的，但在权利人选择单独起诉补充责任人时，法院则应追加直接责任人为共同被告，此有别于连带责任之诉中的不告不理情形。第 9、10、11 种情形属于典型的必要共同诉讼，其诉讼标的是同一的。在司法实践中应注意区分共同诉讼的不同形态。

第五，担保合同纠纷中连带责任保证主体诉讼地位的确定。《民法典担保制度解释》明确应当根据担保责任的不同形态确认原告选择被告的权利。《民法典担保制度解释》第 45 条第 3 款规定："债权人以诉讼方式行使担保物权的，应当以债务人和担保人作为共同被告。"第 66 条第 2 款规定："在有追索权的保理中，保理人以应收账款债权人或者应收账款债务人为被告提起诉讼，人民法院应予受理；保理人一并起诉应收账款债权人和应收账款债务人的，人民法院可以受理。"《民法典》第 686 条第 2 款规定，"当事人在保证合同中对

---

① 《民事诉讼法解释》第 71 条。
② 《民事诉讼法解释》第 66 条。
③ 《民事诉讼法解释》第 67 条。
④ 《民事诉讼法解释》第 70 条。
⑤ 《民事诉讼法解释》第 72 条。

保证方式没有约定或者约定不明确的,按照一般保证承担保证责任",《民事诉讼法解释》第 66 条相应规定:"因保证合同纠纷提起的诉讼,债权人向保证人和被保证人一并主张权利的,人民法院应当将保证人和被保证人列为共同被告。保证合同约定为一般保证,债权人仅起诉保证人的,人民法院应当通知被保证人作为共同被告参加诉讼;债权人仅起诉被保证人的,可以只列被保证人为被告。"也就是说,对连带保证责任之诉按照完全可分之诉处理,原告有权一并起诉主债务人和保证人,或分别起诉主债务人和保证人。对一般保证责任之诉和物权担保责任之诉,原告仅选择起诉主债务人而不起诉担保人的,人民法院尊重原告的选择权,但如果原告选择起诉担保人的,法院应当追加主债务人为共同被告。司法实践中有争议的情形是,债权人仅起诉连带责任保证人,但被告申请追加主债务人作为共同被告参加诉讼,此时人民法院是否准予。我们倾向于认为,可以向原告释明其享有的选择权,如果原告坚持不同意追加主债务人参加诉讼,并拒绝对主债务人提出诉讼请求,人民法院应遵循不告不理原则,不追加主债务人为共同被告。此外,司法实践中还存在原告仅起诉一般保证人,人民法院通知主债务人作为共同被告参加诉讼,而原告不同意追加主债务人参加诉讼的情形。此时,人民法院应当向原告释明民事诉讼法的相关规定,如原告仍坚持其立场,并拒绝对主债务人提出诉讼请求的,根据先诉抗辩权的原理,人民法院应当裁定驳回原告对一般保证人的起诉。

第六,除《民事诉讼法解释》外,我国实体法以及司法解释规定了大量的连带责任之诉。例如,《证券法》第 85 条规定违反信息披露义务的法律责任为连带责任,具体为:(1)信息披露义务人未按照规定披露信息,或者公告的证券发行文件、定期报告、临时报告及其他信息披露资料存在虚假记载、误导性陈述或者重大遗漏,致使投资者在证券交易中遭受损失的,信息披露义务人应当承担赔偿责任;(2)发行人的控股股东、实际控制人、董事、监事、高级管理人员和其他直接责任人员以及保荐人、承销的证券公司及其直接责任人员,应当与发行人承担连带赔偿责任,但是能够证明自己没有过错的除外。再如,《公司法》第 30 条规定:"有限责任公司成立后,发现作为设立公司出资的非货币财产的实际价额显著低于公司章程所定价额的,应当由交付该出资的股东补足其差额;公司设立时的其他股东承担连带责任。"司法实践中,不仅应注意连带责任之诉与必要共同诉讼及普通共同诉讼的区分,还应归纳连带责任之诉的特点,为我国民事诉讼法中的共同诉讼制度未来的完善提供切实可行的意见。

四、证券市场虚假陈述民事赔偿诉讼和代表人诉讼

现行的《证券法》关于虚假陈述的规定散见于各章节中，如第 56 条、第 78 条、第 85 条、第 93 条、第 163 条等。2022 年 1 月 21 日公布的《最高人民法院关于审理证券市场虚假陈述侵权民事赔偿案件的若干规定》对证券市场虚假陈述民事赔偿案件的认定、受理范围、诉讼时效、受理程序及管辖权、诉讼方式、归责原则与举证责任、共同侵权责任、损失认定等进一步完善，在人民法院有序受理及处理证券市场民事侵权纠纷方面发挥积极作用。证券市场虚假陈述侵权涉及多数中小投资者，当多数人权益受到侵犯时，如何简化诉讼程序，同时保护多数人的权益，就涉及原告主体合并的问题。《最高人民法院关于证券纠纷代表人诉讼若干问题的规定》也就此问题作出了相应细化的规定。

（一）原告主体资格及案件受理条件

《最高人民法院关于审理证券市场虚假陈述侵权民事赔偿案件的若干规定》第 2 条第 1 款规定："原告提起证券虚假陈述侵权民事赔偿诉讼，符合民事诉讼法第一百二十二条规定，并提交以下证据或者证明材料的，人民法院应当受理：（一）证明原告身份的相关文件；（二）信息披露义务人实施虚假陈述的相关证据；（三）原告因虚假陈述进行交易的凭证及投资损失等相关证据。"因此，《最高人民法院关于审理证券市场虚假陈述侵权民事赔偿案件的若干规定》确定的虚假陈述民事赔偿请求权主体范围十分宽泛，凡认为自己在证券市场投资并因虚假陈述而遭受损失的主体，都可以提起诉讼。但该规定第 1 条从正面对虚假陈述侵权民事赔偿案件受理范围也予以限定，即在证券交易场所发行、交易证券过程中实施虚假陈述引发的侵权民事赔偿案件，以及按照国务院规定设立的区域性股权市场中发生的虚假陈述侵权民事赔偿案件。该规定第 2 条第 2 款同时明确规定，人民法院不得仅以虚假陈述未经监管部门行政处罚或者人民法院生效刑事判决的认定为由裁定不予受理。

（二）代表人诉讼

从《民事诉讼法》规定来看，当事人一方人数众多的共同诉讼，一般指 10 人以上的共同诉讼，分为人数确定的代表人诉讼和人数不确定的代表人诉讼。《民事诉讼法》第 56 条规定："当事人一方人数众多的共同诉讼，可以由当事人推选代表人进行诉讼。代表人的诉讼行为对其所代表的当事人发生效力，但代表人变更、放弃诉讼请求或者承认对方当事人的诉讼请求，进行和解，必须经被代表的当事人同意。"第 57 条规定："诉讼标的是同一种类、当事人一方人数众多在起诉时人数尚未确定的，人民法院可以发出公告，说明案件情况和

诉讼请求，通知权利人在一定期间向人民法院登记。向人民法院登记的权利人可以推选代表人进行诉讼；推选不出代表人的，人民法院可以与参加登记的权利人商定代表人。代表人的诉讼行为对其所代表的当事人发生效力，但代表人变更、放弃诉讼请求或者承认对方当事人的诉讼请求，进行和解，必须经被代表的当事人同意。人民法院作出的判决、裁定，对参加登记的全体权利人发生效力。未参加登记的权利人在诉讼时效期间提起诉讼的，适用该判决、裁定。"

由上述规定可知，对于人数众多的共同诉讼，如证券市场欺诈、环境污染、产品质量损害引发的大规模群体诉讼，为保证诉讼有序进行以及一次性解决纠纷，可以由当事人推选代表人进行诉讼。其特点在于：第一，代表人的诉讼行为对其所代表的当事人发生效力，但代表人变更、放弃诉讼请求或者承认对方当事人的诉讼请求，进行和解，必须经被代表的当事人同意。第二，当事人并不是必须推选代表人进行诉讼，因为诉讼中当事人的请求可能不完全一致。如果某个或者某几个原告不愿推选代表而想亲自诉讼的，人民法院应当允许。根据《民事诉讼法解释》第76条的规定，当事人一方人数众多在起诉时确定的，可以由全体当事人推选共同的代表人，也可以由部分当事人推选自己的代表人；推选不出代表人的当事人，在必要共同诉讼中可由自己参加诉讼，在普通共同诉讼中可另行起诉。第三，对于人数不确定的共同诉讼，人民法院可以发出公告，说明案件情况及诉讼请求，通知权利人在一定期间内向人民法院登记。法院判决、裁定对参加登记的权利人发生效力。但未参加登记的权利人，不意味着失权，只要其在诉讼时效期间提起诉讼的，仍然适用该判决、裁定。第四，在人数不确定的共同诉讼中，权利人推选不出代表的，人民法院可以与参加登记的权利人商定代表人，协商不成的，也可以由人民法院在起诉的当事人中指定代表人。

《最高人民法院关于审理证券市场虚假陈述侵权民事赔偿案件的若干规定》未直接规定证券虚假陈述侵权民事赔偿诉讼案件的诉讼方式，但在第33条提及了不同类别代表人诉讼适用时效的情形。《最高人民法院关于证券纠纷代表人诉讼若干问题的规定》对该类案件代表人诉讼的审理程序作专门规定，弥补了之前证券中小投资者诉讼救济途径的不足。

【拓展适用】

一、共同诉讼的理论发展

在民事诉讼法的早期发展阶段，程序法规则极其严格和形式化，除一名原告、一名被告、一个诉讼标的的诉讼外，很难想象其他类型的诉讼形态。因此，无论是大陆法系还是普通法系，原则上都不允许共同诉讼。① 近代诉讼法的发展使程序更加合理，减少共同诉讼的弊端，与此同时，共同诉讼所具备的关联纠纷一并同时解决的优点逐渐为人们所重视，故立法对共同诉讼逐渐持宽容立场。②

由于多数人之间的诉的利益关联形式多样，相互牵连或独立程度不同，各国民事诉讼法对构成共同诉讼的实体要件的规定不尽相同，表现为以德国民事诉讼法为代表的大陆法系规则和以英美民事诉讼法为代表的普通法系规则。

(一) 大陆法系国家对共同诉讼的分类

德国、日本等地将共同诉讼区分为两类：普通共同诉讼和必要共同诉讼。普通共同诉讼与我国民事诉讼法定义基本相同，但必要共同诉讼则进一步区分为固有必要共同诉讼和类似必要共同诉讼。固有必要共同诉讼，指当事人之间只有一个诉讼标的，只有数人共同起诉或应诉才能行使当事人的诉讼权利和义务，这与我国民事诉讼法关于必要共同诉讼的定义是相同的。固有必要共同诉讼的诉讼标的对于数人必须合一确定，且由于诉讼标的同一，当事人若未被全部概括，会出现当事人不适格的问题。

固有必要共同诉讼主要包括两种类型：(1) 诉讼标的的处分权或管理权必须由数人全体共同行使才合法，个人无权单独行使。例如，财产共有人分割共有物的诉讼。(2) 使他人间权利义务关系发生变动的形成诉讼，诉讼标的为形成权，起诉时须由数人全体或对数人全体行使，始为合法。例如，第三人请求判决他人婚姻无效或请求撤销他人婚姻关系的案件。因此，固有必要共同诉讼以有关身份关系的诉讼为最多。

类似必要共同诉讼，又称非真正必要共同诉讼，指数人就诉讼标的可以共同提出诉讼，也可以单独提出诉讼，或者数人可以单独被诉，也可以共同被诉。但是，一旦选择进行共同起诉或被诉，法律上要求对于共同诉讼人全体作出合一确定的判决，防止出现相互矛盾的判决。③ 类似必要共同诉讼不存在当事人不适格的问题，只是因为权利主张所依据的基础相同，法院应对合并的数诉作

---

① 章武生、段厚省：《民事诉讼法学原理》，上海人民出版社2005年版，第177页。
② [日] 高桥宏志：《重点讲义民事诉讼法》，张卫平、许可译，法律出版社2007年版，第183页。
③ 姚瑞光等：《类似必要共同诉讼问题之研究》，载《法学丛刊》1983年第10期。

出相同认定。①

近年来，德国学者大多将固有必要共同诉讼改称为"因实体法原因的必要共同诉讼"，将类似必要共同诉讼改称为"因诉讼法原因的必要共同诉讼"。两种共同诉讼的主要区别是，前者必须全体共同进行诉讼，而且对诉讼标的的裁判必须合一确定；后者不必全体共同进行诉讼，但诉讼标的的裁判效力必须对于进行诉讼的全体多数人合一确定。② 这样一来，固有必要共同诉讼和类似必要共同诉讼的关键区别就在于每个共同诉讼当事人是否必须参加诉讼。而普通共同诉讼和必要共同诉讼的关键区别在于，判决的效力是否及于每个共同诉讼的当事人。从大陆法系一些国家和地区的实践来看，连带责任之诉案件一般是参照类似必要共同诉讼的规则来处理的。

（二）英美法系对共同诉讼的分类

英美法系以整个纠纷的事实本身作为诉讼标的，因此不仅与该事实相关的请求均应在同一诉讼中提出，而且与作为诉讼标的争议事实相关的主体，均应参加诉讼，否则其请求将被裁判的既判力遮盖，不得以同一事实再行起诉。英美民事诉讼法的理念为"通过一个诉讼程序解决尽量多的纠纷"，因此对共同诉讼的实体牵连性要求规定得比较宽松。美国《联邦民事诉讼规则》第18条、第42条规定，如果当事人将含有共同的法律或事实问题的诉讼诉诸法院，法院可以命令对该诉讼争点的部分或者全部的事实进行合并审理或合并法庭审判。如果分开审理可以便利诉讼，保障诉讼经济，法院也可以命令分开审理。同时，在当事人针对不同的对方当事人存在多个救济主张的情况下，也给予当事人独立请求或合并请求的选择权。此外，美国《联邦民事诉讼规则》第13条还规定了交叉之诉，在共同诉讼存在的前提下，共同原告之一或者共同被告之一对同一方的其他共同诉讼人可以提出诉讼请求。法国虽然是大陆法系国家，但在共同诉讼问题上与英美民事诉讼法更为相似。《法国民事诉讼法》第323条规定："诉讼请求系多名有共同利益的人提出，或针对多名有共同利益关系的人提出时，每一当事人均就与之有关的事由，行使当事人的诉讼权利，承担当事人的诉讼义务。"③ 英美民事诉讼法的共同诉讼制度虽然没有系统化的理论体

---

① 《德意志联邦共和国民事诉讼法》，谢怀栻译，法律出版社1984年版，第15页。

② 章武生、段厚省：《必要共同诉讼的理论误区与制度重构》，载《法律科学》2007年第1期。

③ 肖建华：《论共同诉讼分类理论及其实践意义》，载《诉讼法论丛（第6卷）》，法律出版社2001年版，第354页。

系，法官有较大的司法裁量权，但其追求尽可能一次性解决纠纷的立法理念，使得司法资源得到合理利用，较好地实现了诉讼经济和避免矛盾判决的效果。

二、诉的合并理论

大陆法系民事诉讼理论把诉的合并分为两种基本形态：诉的主观合并和诉的客观合并。诉的主观合并，又称诉的主体合并，即诉讼当事人的合并。诉的主观合并的典型形态是必要共同诉讼。诉的客观合并，是指作为审判对象的诉讼标的的合并，即同一诉讼程序中，同一原告对同一被告主张两个以上诉讼标的的合并。大陆法系的著作大多将诉的主观合并放在诉讼主体即当事人部分予以论述，而将诉的客观合并放在诉讼客体部分予以论述。普通共同诉讼是两种基本形态之上的诉的主客观合并情形。

在诉的主观合并理论中，还存在诉的主观预备合并理论。诉的主观预备合并，是指在共同诉讼中，针对同一诉讼请求，如果先位原告的诉讼请求无理由，则以后位原告的诉讼请求为裁判，这是原告方面的诉的预备合并。例如，当事人就转让债权是否履行发生争议，债权受让人和让与人共同起诉债务人，如果受让人请求债务人履行无理由（如债权转让无效），则由让与人请求债务人履行。如果原告针对先位被告的诉讼请求无理由，则以原告针对后位被告的诉讼请求进行裁判。例如，第三人与代理人订立契约，因对代理权有疑问，以本人和代理人为共同被告提起履行契约之诉，如请求本人履行契约无理由（如代理权不成立），则请求代理人履行契约。这种情况就是被告方面的诉的预备合并。对于诉的主观预备合并有无存在的合理性，有肯定说和否定说。肯定说认为，允许诉的主观预备合并可以避免后位的原告或针对后位被告就同一诉讼请求再次提起诉讼，并且可以避免因诉讼时效已过而不能获得诉讼保护的弊端。再者，承认主观预备合并之诉，可以防止裁判冲突，有利于统一解决纠纷，符合诉讼经济原则。

诉的客观合并理论中，也存在单纯合并、预备合并、选择合并和竞合合并等多种分类方式，不同的诉讼标的理论决定了诉的客观合并种类的不同分类及具体含义，在此不再赘述。从当前我国民事诉讼法的立法来看，对民事诉讼法理论发展成果的关注尚不够深入，共同诉讼制度不能完全适应现代诉讼形态及司法实务的需要，有必要在考察、比较和借鉴的基础上，对共同诉讼制度加以完善。

【典型案例】

陈某等 23 名投资人与大庆 A 公司、B 证券公司虚假陈述侵权赔偿纠纷案

上诉人（原审被告）：大庆 A 公司

上诉人（原审被告）：B 证券公司

被上诉人（原审原告）：陈某等 23 名投资人（名单略）

〔**基本案情**〕

原告陈某等 23 名投资人因认为被告大庆 A 公司、被告 B 证券公司的虚假陈述行为给其投资股票造成了损失，侵犯其民事权益，向黑龙江省哈尔滨市中级人民法院提起诉讼。

原告诉称：被告大庆 A 公司和被告 B 证券公司在证券市场实施虚假陈述行为，已经受到中国证券监督管理委员会（以下简称中国证监会）的处罚。这不仅有中国证监会的处罚决定证实，大庆 A 公司 1999 年 4 月 21 日发布的董事会公告中也予以承认。二被告的虚假陈述行为使原告在投资大庆 A 公司股票中遭受了损失，应当对给原告造成的损失承担赔偿责任。请求判令大庆 A 公司给原告赔偿经济损失 960063.15 元，B 证券公司对此承担连带赔偿责任；由二被告负担本案诉讼费和诉讼成本费。

被告大庆 A 公司辩称：1. 本案所涉虚假陈述行为，是大庆 A 公司石化总厂（以下简称 A 石化总厂）以大庆 A 公司名义实施的；大庆 A 公司是在 1998 年 5 月 6 日才依法取得法人资格和营业执照，不应对此前 A 石化总厂实施的违法行为承担民事责任；2. 中国证监会的处罚决定是于 2000 年 4 月 27 日公布的，也就是说，2000 年 4 月 27 日是大庆 A 公司虚假陈述行为的揭露日，1999 年 4 月 20 日大庆 A 公司的董事会公告，仅是对投资者进行风险提示，原告方将这个日期作为大庆 A 公司虚假陈述行为的揭露日，不符合法律规定；3. 原告方投资大庆 A 公司股票的交易损失，主要是受系统风险及影响股价走势的多种因素所致，与大庆 A 公司被揭露的虚假陈述行为没有显而易见的因果关系；4. 原告既然主张其于 1999 年 4 月 21 日从大庆 A 公司董事会公告中知道了虚假陈述行为的存在，其提起本案侵权之诉时，就超过了法律规定的两年诉讼时效期间，其诉讼请求不应得到支持。应当驳回原告的诉讼请求。

经质证、认证，哈尔滨市中级人民法院查明：

被告大庆 A 公司正式成立于 1998 年 5 月 6 日。

1997 年 4 月 26 日，A 石化总厂以被告大庆 A 公司的名义发布《招股说明书》。该说明书中载明，被告 B 证券公司是大庆 A 公司股票的上市推荐人和主承销商。1997 年 5 月 23 日，大庆 A 公司的股票在某证券交易所上市。1998 年 3 月 23 日，A 石化总厂又以大庆 A 公司的名义发布《1997 年年报》。1999 年 4 月 21 日，根据有关部门要求，大庆 A 公司在《中国证券报》上发布董事会公告，称该公司的《1997 年年报》因涉嫌利润虚假、募集资金使用虚假等违法、违规行为，正在接受有关部门调查。2000 年 3 月 31 日，中国证监会作出《关于大庆 A 公司违反证券法规行为的处罚决定》和《关于 B 证券公司违反证券法规行为的处罚决定》。处罚决定中，认定大庆 A 公司有欺诈上市、《1997 年年报》内容虚假的行为；B 证券公司在为大庆 A 公司编制申报材料时，有将重大虚假信息编入申报材料的违规行为。上述处罚决定均在 2000 年 4 月 27 日的《中国证券报》上公布。

从 1997 年 5 月 23 日起，原告陈某等 23 人陆续购买了大庆 A 公司股票；至 2000 年 4 月 27 日前后，这些股票分别被陈某等 23 人卖出或持有。因购买大庆 A 公司股票，陈某等 23 人遭受的实际损失为 425388.30 元，其中 242349.00 元损失发生在欺诈上市虚假陈述行为实施期间。

另查明：从被告大庆 A 公司《1997 年年报》虚假行为被披露的 1999 年 4 月 21 日起，大庆 A 公司股票累计成交量达到可流通部分 100% 的日期是同年 6 月 21 日，其间每个交易日收盘价的平均价格为 9.65 元；从大庆 A 公司上市虚假行为被披露的 2000 年 4 月 27 日起，大庆 A 公司股票累计成交量达到可流通部分 100% 的日期是同年 6 月 23 日，其间每个交易日收盘价的平均价格为 13.50 元。某证券交易所股票交易的佣金和印花税，分别为 3.5‰、4‰。

〔一审裁判理由与结果〕

哈尔滨市中级人民法院认为：本案争议焦点是：1. 大庆 A 公司应否对 A 石化总厂以其名义实施的虚假陈述行为承担民事责任？2. 原告的股票交易损失与虚假陈述行为之间是否存在因果关系？3. B 证券公司应否对虚假陈述行为承担连带责任？4. 原告的经济损失如何确定？5. 原告向法院主张权利，是否超过诉讼时效期间？

本案是因《中华人民共和国证券法》（以下简称证券法）施行前实施的证券虚假陈述行为引发的侵权纠纷，审理本案应当适用 1993 年 4 月 22 日发布的《股票发行与交易管理暂行条例》（以下简称《股票管理暂行条例》）和《最高人民法院关于审理证券市场因虚假陈述引发的民事赔偿案件的若干规定》（以下简称《证券赔偿案件规定》）。

关于第一点争议。《招股说明书》《上市公报》《1997 年年报》都是 A 石化总厂以被告大庆 A 公司名义发布的。这些行为已被中国证监会依照《股票管理暂行条例》的规定认定为虚假陈述行为，并给予相应的处罚，本案各方当事人对此均无异议。《证券赔偿案件规定》第二十一条第一款规定："发起人、发行人或者上市公司对其虚假陈述给投资人造成的损失承担民事赔偿责任。"第二十二条第一款规定："实际控制人操纵发行人或者上市公司违反证券法律规定，以发行人或者上市公司名义虚假陈述并给投资人造成损失的，可以由发行人或者上市公司承担赔偿责任。发行人或者上市公司承担赔偿责任后，可以向实际控制人追偿。"大庆 A 公司是公司股票的发行人，大庆 A 公司的实际控制人 A 石化总厂以大庆 A 公司的名义虚假陈述，给原告陈某等 23 名投资人造成损失，陈某等人将大庆 A 公司列为本案被告，要求大庆 A 公司承担赔偿责任，并无不当。

关于第二点争议。《证券赔偿案件规定》第十八条规定:"投资人具有以下情形的,人民法院应当认定虚假陈述与损害结果之间存在因果关系:(一)投资人所投资的是与虚假陈述直接关联的证券;(二)投资人在虚假陈述实施日及以后,至揭露日或者更正日之前买入该证券;(三)投资人在虚假陈述揭露日或者更正日及以后,因卖出该证券发生亏损,或者因持续持有该证券而产生亏损。"原告陈某等23人购买了与虚假陈述直接关联的大庆A公司股票并因此而遭受了实际损失,应当认定大庆A公司的虚假陈述行为与陈某等人遭受的损失之间存在因果关系。大庆A公司所举证据不足以否认这种因果关系,关于不存在因果关系的主张不予采纳。

关于第三点争议。《股票管理暂行条例》第二十一条规定:"证券经营机构承销股票,应当对招股说明书和其他有关宣传材料的真实性、准确性、完整性进行核查;发现含有虚假、严重误导性陈述或者重大遗漏的,不得发出要约邀请或者要约;已经发出的,应当立即停止销售活动,并采取相应的补救措施。"《证券赔偿案件规定》第二十七条规定:"证券承销商、证券上市推荐人或者专业中介服务机构,知道或者应当知道发行人或者上市公司虚假陈述,而不予纠正或者不出具保留意见的,构成共同侵权,对投资人的损失承担连带责任。"根据中国证监会《处罚决定书》的认定,本案存在两个虚假陈述行为,即欺诈上市虚假陈述和《1997年年报》虚假陈述。这两个虚假陈述行为中,欺诈上市虚假陈述与被告B证券公司相关。作为专业证券经营机构,大庆A公司股票的上市推荐人和主承销商,B证券公司应当知道,投资人依靠上市公司的《招股说明书》《上市报告》等上市材料对二级市场投资情况进行判断;上市材料如果虚假,必将对股票交易市场产生恶劣影响,因此应当对招股说明书和其他有关宣传材料的真实性、准确性、完整性进行核查。B证券公司编制被告大庆A公司的上市文件时,未经认真审核,致使申报材料含有重大虚假信息,已经构成共同侵权,应当对投资人的损失承担连带责任。

关于第四点争议。《证券赔偿案件规定》第三十条第一款规定:"虚假陈述行为人在证券交易市场承担民事赔偿责任的范围,以投资人因虚假陈述而实际发生的损失为限。投资人实际损失包括:(一)投资差额损失;(二)投资差额损失部分的佣金和印花税。"第三十一条规定:"投资人在基准日及以前卖出证券的,其投资差额损失,以买入证券平均价格与实际卖出证券平均价格之差,乘以投资人所持证券数量计算。"第三十二条规定:"投资人在基准日之后卖出或者仍持有证券的,其投资差额损失,以买入证券平均价格与虚假陈述揭露日或者更正日起至基准日期间,每个交易日收盘价的平均价格之差,乘以投资人所持证券数量计算。"第二十条第一款规定:"本规定所指的虚假陈述实施日,是指作出虚假陈述或者发生虚假陈述之日。"第二十条第二款规定:"虚假陈述揭露日,是指虚假陈述在全国范围发行或者播放的报刊、电台、电视台等媒体上,首次被公开揭露之日。"第三十三条规定:"投资差额损失计算的基准日,是指虚假陈述揭露或者更正后,为将投资人应获赔偿限定在虚假陈述所造成的损失范围内，确定损失计算的合理期间而规定的截止日期。基准日分别按下列情况确定：（一）揭露日或者更正日起，至被虚假陈述影响的证券累计成交量达到其可流通部分100%之日。但通过大宗交易协议转让的证券成交量不予计算。（二）按前项规定在开庭审理前尚不能确定的，则以揭露日或者更正日后第30个交易日为基准日。（三）已经退出证券交易市场的，以摘牌日前一交易日为基准日。（四）已经停止证券交易的，可以停牌日前一交易日为基准日；恢复交易的，可以本条第（一）项规定确定基准日。"

被告大庆A公司实施了欺诈上市虚假陈述和《1997年年报》虚假陈述，前者表现在1997年4月26日公布的《招股说明书》和《上市公告》中，后者表现在1998年3月23日公布的《1997年年报》中。因此，两个虚假陈述行为的实施日分别为1997年4月26日、1998年3月23日。1999年4月21日，大庆A公司首次在《中国证券报》上对该公司《1997年年报》涉嫌虚假的问题进行了公告，应当确认此日为《1997年年报》虚假陈述行为的揭露日。2000年4月27日，《中国证券报》上公布了中国证监会对大庆A公司虚假陈述行为作出处罚的决定，应当确认此日为欺诈上市虚假陈述行为首次被披露日。自上述两个虚假陈述行为被揭露日起，至大庆A公司股票累计成交量达到可流通部分100%的日期，分别为1999年6月21日、2000年6月23日，这是确定两个虚假陈述行为损失赔偿的基准日。

现已查明，前一个基准日的大庆A公司股票交易平均价格为9.65元，后一个基准日的平均价格为13.50元，而股票交易的佣金和印花税分别按3.5‰、4‰计算。按此方法计算，在虚假陈述实施日以后至揭露日之前，原告陈某等23人购买大庆A公司股票，因卖出或持续持有该股票遭受的实际损失为425388.30元。这笔损失与被告大庆A公司的虚假陈述行为存在因果关系，大庆A公司应当承担赔偿责任。其中在欺诈上市虚假陈述行为实施期间发生的242349.00元损失，应当由被告B证券公司承担连带责任。

关于第五点争议。根据《证券赔偿案件规定》第五条第 款第一项的规定，投资人对虚假陈述行为人提起民事赔偿的诉讼时效期间，从中国证监会或其派出机构公布对虚假陈述行为人作出处罚决定之日起算。中国证监会对本案所涉虚假陈述行为人作出的处罚决定于2000年4月27日公布。自此日起算，原告陈某等23人提起本案侵权之诉时，并未超过法律规定的两年诉讼时效期间。

另，原告陈某等23人请求判令被告给付诉讼成本费用，该主张没有法律依据，不予支持。

据此，哈尔滨市中级人民法院于2004年8月19日判决：

一、被告大庆A公司于本判决生效之日起10日内赔偿原告陈某等23人实际损失425388.30元（每人具体赔偿金额详见附表，本文略）；

二、被告B证券公司对上述实际损失中的242349元承担连带赔偿责任。

案件受理费 1461063 元,由原告陈某等 23 人负担 571981 元,被告大庆 A 公司负担 889082 元。

〔当事人上诉及答辩意见〕

一审宣判后,大庆 A 公司和 B 证券公司不服,分别向黑龙江省高级人民法院提起上诉。

大庆 A 公司的上诉理由是:1. 本案所涉虚假陈述行为,一个在 1997 年 4 月 26 日实施,一个在 1998 年 3 月 23 日实施,均早于证券法施行之日。该公司认为,在证券法施行前用于规范证券市场的《股票管理暂行条例》,是国务院证券委员会发布的行政规章,不具有行政法规效力,这个条例从证券法施行之日起已经废止。中国证监会根据《股票管理暂行条例》的规定,已经对本案所涉虚假陈述的责任人进行了处罚。原判令与虚假陈述行为无关的上诉人承担证券法规定的赔偿责任,上诉人在承担了这个赔偿责任后,必然要再向实际控制人(也就是虚假陈述的责任人)追偿。这对已经接受了处罚的虚假陈述责任人来说,是重复的、追加的民事处罚。故原审既依据已经废止的《股票管理暂行条例》、又引用根据证券法制定的司法解释来判决上诉人承担赔偿责任,是适用法律不当,应当免除上诉人的民事赔偿责任。2. 在原审中,上诉人举出其他法院对类似案件的判决以及 K 线图等大量证据,用以证明揭露日之前的股票市场价格未受虚假陈述行为的影响,投资者在二级市场的获利或损失均与上诉人未披露的信息和募集的资金无关,被上诉人的损失是其在二级市场的投机行为造成的,虚假陈述行为与被上诉人的损失之间不存在因果关系。原判虽然将有无因果关系列为争议焦点之一,但无视上诉人所举的大量证据,以证据不足为由,仍然作出被上诉人损失与虚假陈述行为之间存在因果关系的判断。至于证据充分的标准和依据是什么,他们不做说明,这种做法不符合审理和认定因果关系的诉讼程序规则。3. 原判认定《1997 年年报》虚假陈述的揭露日为 1999 年 4 月 21 日。既然这个日期是揭露日,那么所有投资者自该日起都应当知道虚假陈述行为已经发生。被上诉人在 2001 年 4 月 21 日以后对《1997 年年报》虚假陈述提起诉讼,显然超过了诉讼时效期间。原判不采纳上诉人关于超过诉讼时效的观点,但不说明自己的理由。4. 原判认定 A 石化总厂是本案两个虚假陈述行为的实施者和上诉人的实际控制人。虚假陈述行为实施者和上市公司的实际控制人,是两个不同的概念,其诉讼权利义务及赔偿责任承担应有明显区别。原判没有说明这两者之间的区别。5. 对投资人已卖出的股票,应当按先进先出原则计算买入均价。而本案有些被上诉人的股票买入均价超过最高买入价,甚至超过股票历史最高价,明显与事实不符。此外,股民利息损失不应由上诉人赔偿。原判认定的赔偿数额有误。请求二审撤销原判,改判驳回被上诉人的诉讼请求,由被上诉人负担一、二审诉讼费。

B 证券公司的上诉理由是:1. 上诉人制作的《招股说明书》仅针对一级市场,又被不断披露的信息所覆盖,被上诉人在二级市场不断地以投机为目的进行股票买卖，原审判决对此未涉及，对上诉人显然不公。2. 上诉人不是重大虚假信息的发布主体，信息的真假系法律事实，此事实的出现并不依赖上诉人是否认真审核，原审判决认定上诉人"未经认真核查，致使申报材料含有重大虚假信息"不当。3. 原审判决将本应由会计师事务所承担的责任也一并判由上诉人承担不公。除此以外，同意大庆 A 公司的其他上诉理由。请求二审撤销原判，改判驳回被上诉人的诉讼请求，由被上诉人负担一、二审诉讼费。

被上诉人陈某等人辩称：1.《股票管理暂行条例》是国务院发布的行政法规，不是行政规章，至今未被废止。原审判决适用法律并无不当。2. 本案不存在系统风险导致股价随大盘波动的情形，上诉人没有提供存在系统风险的有力证据。根据《证券赔偿案件规定》第十八条的规定，只要投资人符合该条规定的情形，应当认定虚假陈述行为与投资人损失之间具有因果关系。3. 本案诉讼时效期间起算日为中国证监会对大庆 A 公司作出行政处罚公布之日即 2000 年 4 月 27 日，投资人起诉没有超过诉讼时效期间。4.《招股说明书》不仅是一级市场，也是二级市场投资人投资的重要依据。被上诉人投机是证券市场的正常交易行为，应受法律保护。B 证券公司虽然不是《招股说明书》的发布主体，但因《招股说明书》由其制作、审核并签字，其是责任主体。申报材料含有重大虚假信息，B 证券公司应当承担赔偿责任。

〔二审查明的事实〕

黑龙江省高级人民法院经审理，确认了一审查明的事实。

〔二审裁判理由与结果〕

黑龙江省高级人民法院认为：二审应解决的争议焦点是：1. 关于本案法律适用的问题；2. 关于是否存在系统风险的问题；3. 关于是否让 B 证券公司承担会计师事务所审核责任的问题；4. 关于虚假陈述行为人与上市公司实际控制人的责任问题；5. 关于诉讼时效期间的起算问题；6. 关于损失数额的计算问题。

关于第一点。作为司法解释，《证券赔偿案件规定》制定的依据和解释的对象，既包括证券法，也包括民法通则和公司法等法律。本案所涉虚假陈述行为虽然发生了证券法施行前，不能依照证券法追究行为人的责任，但任何民事行为均须遵循民法通则确立的诚实信用原则，遵守法律、行政法规以及相关行业规则确定的义务，否则就应依据民法通则和相关法律、行政法规的规定承担民事责任。《股票管理暂行条例》是国务院颁布的旨在监管证券市场的行政法规，其中不仅明确规定了证券发行人、上市公司和承销商等证券市场主体在证券市场中的信息披露义务，规定了对虚假陈述行为的行政处罚，而且规定了虚假陈述行为人应当承担民事赔偿责任。该行政法规及相关行政规章、行业规则，是确定当事人是否违反民法通则诚实信用原则并构成侵权的具体标准。本案所涉虚假陈述行为，发生于《股票管理暂行条例》颁布施行之后，中国证监会依据该条例对虚假陈述行为作出认定和处罚，原判也将该条例作为法律依据，并根据《证券赔偿案件规定》作出裁判，并无不当。上诉人大庆 A 公司称原判以证券法为依据来确定行为人的赔偿责任，经核对原判文本，并无此事，这是大庆 A 公司对原判的误读。大庆 A 公司又称《股票管理暂行条例》不具有行政法规效力、已经废止，该理由没有任何法律依据。如前所述，《股票管理暂行条例》对虚假陈述行为人，不仅规定应予行政处罚，还规定应承担民事赔偿责任，而且民法通则第一百一十条也有"对承担民事责任的公民、法人需要追究行政责任的，应当追究行政责任"的规定。行政责任与民事责任是两种不同的法律责任，不存在重复或追加处罚的问题。大庆 A 公司因虚假陈述行为被中国证监会予以行政处罚，不影响其对因给投资者造成的损失承担民事赔偿责任。大庆 A 公司称原判令其承担民事责任属于重复处罚，对其于证券法生效前实施的虚假陈述行为应免除民事赔偿责任的上诉理由，不能成立。

  关于第二点。《证券赔偿案件规定》第十九条第四项规定，被告举证证明原告的损失或者部分损失是由证券市场系统风险等其他因素所导致的，人民法院应当认定虚假陈述与损害结果之间不存在因果关系。此条虽将系统风险作为免除民事责任的条件之一，但对系统风险这一概念未作明确定义，双方当事人也对系统风险有不同的理解，故应依据通常理解确定系统风险的含义。依据证券业通常理解，系统风险是指对证券市场产生普遍影响的风险因素，其特征在于系统风险因共同因素所引发，对证券市场所有的股票价格均产生影响，这种影响为个别企业或行业所不能控制，投资人亦无法通过分散投资加以消除。上诉人大庆 A 公司上诉认为，原判未考虑系统风险对造成被上诉人损失的影响，并为此提交了相关股票价格和上证指数变动等证据支持自己的这一主张。大庆 A 公司既然提出这一主张，首先应当举证证明造成系统风险的事由存在，其次应当证明该事由对股票市场产生了重大影响，引起全部股票价格大幅度涨跌，导致了系统风险发生。但纵观大庆 A 公司向一审和二审法院提交的所有证据，并不能证明 1999 年 4 月 21 日至 2000 年 4 月 27 日期间，证券市场存在足以影响所有股票价格下跌的合理事由，更不能证明该事由与股市价格波动的逻辑关系。对虚假陈述行为和所谓系统风险如何影响股价变动以及各自影响的程度，大庆 A 公司也没有提出具体的区分判断标准和有说服力的理由。经考查，1999 年 4 月 21 日至 2000 年 4 月 27 日期间，股票市场的大盘走势图反映出股票交易比较平稳，上证综合指数并未发生大幅度下跌。在此期间，大庆 A 公司欺诈上市虚假陈述行为持续影响着股票价格，股民在信息不对称的情况下继续投资购买大庆 A 公司股票，由此形成的投资损失，当然与虚假陈述行为之间存在因果关系。至于大庆 A 公司在二审提交的其他法院关于虚假陈述侵权赔偿案民事判决，不仅因该判决尚未发生法律效力，而且因该案投资人股票交易时间段、虚假陈述行为对投资人影响程度均与本案不同，不能作为处理本案的依据。由于大庆 A 公司提交的证据不能证明系统风险确实存在，原判以证据不足为由，否决大庆 A 公司关于存在系统风险，应当免除赔偿责任的抗辩主张，并无不当。

关于第三点。上诉人 B 证券公司上诉认为，对《招股说明书》进行审核是会计师事务所的职责，其无能力承担此项义务；况且《招股说明书》仅针对一级市场并不断被后续披露的信息所覆盖，投资人在二级市场是以投机为目的进行股票买卖，不是根据《招股说明书》介绍的情况进行投资，因此主张不应由其对虚假陈述承担共同侵权的连带责任。根据《证券赔偿案件规定》，对发行人或者上市公司的上市文件，证券承销商、证券上市推荐人或者专业中介服务机构都有责任审核，都可能对发行人或者上市公司的虚假陈述行为承担连带责任。以上述主体为被告的诉讼，属于普通共同诉讼。在一审诉讼中，原告基于其诉讼利益的判断而选择其中某些人作为被告，不违反法律规定。法院根据原告的请求确定诉讼参加人，是尊重当事人的诉讼选择权，并无不当。在虚假陈述行为被完全揭露前，即使其他信息披露义务人后续披露了其他虚假信息，也不能排除投资人对在先披露信息的信赖。投资人进行股票交易以期获取收益，是合法行为；投资人的投资动机，并非法定的免除损害赔偿责任的条件。虚假陈述行为给从事合法股票交易的投资人造成损失，不能因投资人交易动机的不同而免除虚假陈述行为人的赔偿责任。上诉人 B 证券公司作为证券经营机构，推荐并承销上诉人大庆 A 公司股票发行，是法定的信息披露义务人。B 证券公司未尽到法律所要求的勤勉、审慎注意义务，没有对源于大庆 A 公司的虚假陈述予以纠正或出具保留意见，而且自己还编制和出具了虚假陈述文件。同时，B 证券公司没有向法院证明其存在法定的免责事由。B 证券公司违法行为的内容和性质，已被中国证监会的行政处罚予以确认。B 证券公司就原判认定其"未经认真审核、致使申报材料含有重大虚假信息"提出的异议，与已经生效的行政处罚相矛盾，明显不能成立。原判依据《证券赔偿案件规定》第二十七条的规定，判令 B 证券公司承担共同侵权的连带责任，并无不当。B 证券公司关于其不应承担责任的上诉理由，没有法律依据和事实根据，不予支持。

关于第四点。经查，本案所涉虚假陈述行为，确实是在上诉人大庆 A 公司成立之前，由 A 石化总厂以大庆 A 公司名义实施的。大庆 A 公司是 A 石化总厂以其部分下属企业组建成立的公司。因此，A 石化总厂不仅是虚假陈述行为人，也是上市公司大庆 A 公司的实际控制人。被上诉人在一审中仅起诉了大庆 A 公司和上诉人 B 证券公司，未起诉 A 石化总厂，故 A 石化总厂不是必须参加诉讼的主体。作为上市公司，大庆 A 公司可以在先行承担赔偿责任后，再根据《证券赔偿案件规定》第二十二条的规定向实际控制人 A 石化总厂追偿。大庆 A 公司与其实际控制人 A 石化总厂之间的责任分配或转承关系，属另一法律关系，不在本案审理范围。

关于第五点。尽管上诉人大庆 A 公司的《1997 年年报》虚假陈述行为于 1999 年 4 月 21 日披露，在原审诉讼中部分被上诉人也称其于该日知道虚假陈述行为发生，但是根据《证券赔偿案件规定》第六条的规定，投资人以自己受到虚假陈述侵害为由，对虚假陈述行为人提起民事赔偿诉讼的，必须以有关机关的行政处罚决定或者人民法院的刑事裁判文书为依据，人民法院才应当受理。在有关机关的行政处罚决定或者人民法院的刑事裁判文书作出和公布前，投资人无从提起诉讼。所以，如果按民法通则第一百三十七条的规定，"从知道或者应当知道权利被侵害时起计算"投资人提起的虚假陈述侵权损害赔偿案的诉讼时效期间，对投资人是不公平的。原判根据《证券赔偿案件规定》第五条第一款第一项的规定，从中国证监会对虚假陈述行为人作出的处罚决定公布之日计算本案的诉讼时效期间，是正确的。大庆 A 公司此项上诉主张没有依据，不予支持。

关于第六点。经查，原判计算买入证券平均价格的方法是：以实际交易每次买进价格和数量计算出投资人买进股票总成本，再减去投资人此间所有已卖出股票收回资金的余额，除以投资人尚持有的股票数量。按此种方法计算，不排除个别投资人买入证券的平均价格高于股票历史最高价的可能。这只是计算投资人投资差额损失过程中可能出现的一个数据，而且这个数据在很大程度上取决于投资人在揭露日前后的股票持有量。这个数据不等于投资人购买股票时实际成交的价格，其与大庆 A 公司股票历史最高价之间没有可比性。由于证券交易的复杂性，目前用于计算投资人投资差额损失的方法有多种。只要这些方法符合《证券赔偿案件规定》第三十条、第三十一条、第三十二条确定的原则，结果公平合理，使用哪种方法计算，就在法院的自由裁量范围之内。原判采用的计算方法符合《证券赔偿案件规定》，有利于保护多数投资人的利益，故不予变更。上诉人大庆 A 公司关于原判确定的损失赔偿数额不当的上诉理由，不予采纳，同时由于《证券赔偿案件规定》第三十条第二款已明确规定，虚假陈述行为人在证券交易市场承担民事赔偿责任的范围包括利息，即所涉资金利息自买入至卖出证券日或者基准日，按银行同期活期存款利率计算，故对大庆 A 公司不同意给付投资差额损失部分利息的上诉主张，也不予支持。

据此，黑龙江省高级人民法院依照民事诉讼法第一百五十三条[①]第一款第（一）项规定，于 2004 年 12 月 21 日判决：

驳回上诉，维持原判。

[①] 对应 2023 年《民事诉讼法》第 177 条。

第五章　诉讼请求

> 规则 7：当事人主张的法律关系性质或者民事行为效力与人民法院认定不一致的，应当将法律关系性质或者民事行为效力作为焦点问题进行审理，以充分保障当事人的诉辩权利
> ——北京 A 公司、海南 A 公司与 B 公司房地产项目权益纠纷案[①]

【裁判规则】

根据《证据规定》的规定，诉讼过程中，当事人主张的法律关系的性质或民事行为的效力与法院根据案件事实作出的认定不一致的，人民法院应当将法律关系性质或者民事行为效力作为焦点问题进行审理。但法律关系性质对裁判理由及结果没有影响，或者有关问题已经当事人充分辩论的除外。当事人根据法庭审理情况变更诉讼请求的，人民法院应当准许并可以根据案件的具体情况重新指定举证期限。

【规则理解】

抗辩与抗辩权的辨析

一、抗辩与抗辩权的概念

抗辩与抗辩权是民事法律领域中极为重要的法律概念。早在罗马法时期，就有了关于抗辩制度的立法规定，但在该时期，诉讼法和实体法还没有像现在这样彼此分离，诉讼规范和实体规范理所当然地被视为一个整体，实体权利与诉讼权利也没有明确的区分，私法上的抗辩权与诉讼法中的抗辩因而也未作清晰的界定。近现代意义的抗辩权制度是在民法法系形成的过程中，在继受罗马法的基础上发展到了一个新的水平，抗辩权的概念以及各种实体法上的抗辩权的类型，主要产生于德国。[②] 按照现代学者的一般观点，抗辩主要适用于诉讼

[①] 载《中华人民共和国最高人民法院公报》2006 年第 8 期。
[②] 刘宗胜、曲峰：《抗辩权概念的历史发展》，载《云南法学》2004 年第 4 期。

法学,而抗辩权一般指民事实体法中的权利类型。

二、抗辩与抗辩权的不同理解

对这两个相关概念的不同含义及其类型,学界的认识较为模糊。以德国为例,在民事诉讼法学的通说上将抗辩或抗辩事实分为三类:1. 阻却权利的事实,其结果是合同无效并且合同的请求权不存在;2. 消灭权利的事实,涉及从当时起或从现在起消灭原告已存在权利的效力的事实,如偿付、抵销、免除、撤销或解约的抗辩等;3. 阻碍权利的抗辩,以民事实体法的请求权为对立面,又可称为实体法上的抗辩权。① 上述前两类抗辩,学说上称为诉讼上的抗辩。后一类称为实体法上的抗辩权。在德国,诉讼上的抗辩被称为不需要主张的抗辩,实体法上的抗辩权被称为需要主张的抗辩。无需主张的抗辩,在民法上主要表现为否定性抗辩,即否认请求权形成或存续合理性的抗辩,具体分为阻止权利效力发生的抗辩和消灭权利效力发生的抗辩。需要主张的抗辩,是一般不排除请求权本体,只暂时或永久性阻碍其行使效力的抗辩。学理上将这些抗辩又分为延迟性抗辩和排除性抗辩。②

我们认为,从上述分析看,无论是权利阻却、权利消灭还是权利阻碍(实体法上的抗辩权)的抗辩,其实质均为依实体法上抗辩事实或抗辩权所为的诉讼上抗辩,因此均应称为实体法上的抗辩。前两类抗辩基于一定的实体法上的法律事实,又可称事实抗辩,主要指债务人基于某种特殊事实而主张从来没有出现请求权或者先前出现的请求权已消灭。后一类抗辩权则是基于法定的权利,可称权利抗辩,在实体法上被称为抗辩权,是以请求权为存在的基础,其表现在诉讼上的效果是:原告的请求权虽存在,但其效力被永久或一时地排除。

但是,诉讼法上同样具有其特有的抗辩,它完全与实体法的抗辩无关,主要是指当事人所主张的与实体法上的事项没有关系的事实或事项,用以消灭或者排斥诉讼对方提出的诉或诉请。程序法上特有的抗辩可以分为妨诉抗辩和证据抗辩两类。妨诉抗辩指抗辩方举证证明本诉不合法或诉讼要件欠缺,拒绝对原告的请求进行辩论,通常系被告向法院提出的裁定驳回原告之诉的主张,如不属于法院主管、原告的起诉违反"一事不再理"原则等。证据抗辩指当事人举证证明相对方提供的证据不合法、不真实或缺乏证明力,要求不予采纳。也

---

① [德]奥特马·尧厄尼希:《民事诉讼法》,周翠译,法律出版社2003年版,第232~233页。

② 杨立新、刘宗胜:《论抗辩与抗辩权》,载《河北法学》2004年第10期。

有观点认为，证据抗辩仅为当事人对证据意见的一种法律上的陈述而已，并非真正的抗辩。我们认为，证据抗辩的效果也是对原告所提出的请求权的一种防御方法，所以将其称为抗辩也未必不可。

通过以上分析，抗辩分为实体法上的抗辩和程序法上的抗辩。实体法上的抗辩又分为权利阻却的抗辩、权利毁灭的抗辩和抗辩权。程序法上的抗辩则分为妨诉抗辩与证据抗辩。抗辩的概念范畴要大于抗辩权。抗辩权在实体法与程序法上具有不同的存在基础和法律效果。

【拓展适用】

一、释明权的内涵

1877年的德国民事诉讼法最早规定了释明权。以后，日本、法国的民事诉讼法也陆续作出了类似规定，赋予了法官在诉讼进行过程中发现存在有瑕疵的声明、事实主张及证据材料时提请当事人注意的职权。释明权在其制度演进过程中逐渐扩展为双重含义。第一层含义是，法官向当事人有针对性地发问的职权，旨在提示当事人作出充分完整的陈述及主张，提醒当事人提供足以支持其主张的证据。从本质上看，这种释明是法官以自己的观点单向提示和影响某一方当事人。第二层含义是，法官向当事人开示法官在庭审中形成的临时心证及相关法律见解，旨在切实保障当事人的程序参与权，避免突袭裁判。这种释明是法官与双方当事人在平衡的诉讼结构中实现双向交流，当事人可以根据法官公开的心证及法律见解实施有针对性的防御措施，也可以就有关事实及法律问题与法官展开讨论，从而最终影响裁判结果。[①]

二、释明权的性质与功能

（一）释明权的性质

在1877年德国民事诉讼法制定之初，对释明权应是法官的权利还是法官的义务就存在争议。释明权最初是作为法官的一种义务而不是权利来加以规定的，其后的立法规定以及民事诉讼法学又经历了权利论阶段，最终将释明权定性为既是法官的一项权利又是法官的一项义务。我们认为，将释明权定性为权利义务论更符合释明权的实质性特征。从释明权产生的历史背景及其制度功能看，释明权制度是辩论主义发展的产物，在辩论主义的制度背景下，判决所依据的

---

① 肖建华、陈琳：《法官释明权之理论阐释与立法完善》，载《北方法学》2007年第2期。

主张、诉讼资料均来自当事人，如果当事人的声明、陈述和证据方法不明了、不完善，法院就会以此作出不利于该当事人的判决。完全的辩论主义在发现真实、保障当事人合法权益方面存有缺陷，而释明权制度恰恰能够弥补辩论主义在这方面的缺陷与不足。特别是在现代释明权理论下，强调法官与当事人良性互动的功能，更是彰显了释明权制度权利义务一体性的特征。

（二）释明权的功能

释明权制度经历了不同的历史发展阶段，在不同的历史阶段具有不同的制度功能。

1. 传统意义上释明权的功能。（1）弥补处分权主义之不足。严格的处分权主义要求法官不得对当事人在诉讼中未明确提出的声明作出判决，否则被视为诉外判决。而释明权的行使在一定程度上保证了当事人声明的充分、明确、妥当。（2）对辩论主义的修正。纯粹的辩论主义要求法官不得对当事人在诉讼中未主张的事实予以认定，不得对当事人未提供的证据予以调查，释明权在一定程度上修正了这种做法。（3）防止法官突袭裁判。防止法官突袭裁判则是释明权在发展过程中被新近赋予的功能，有助于当事人预知应提出对裁判具决定性意义的事实、证据，防止法院对当事人造成突袭裁判。

2. 现代意义上释明权的功能。现代释明权已由法官单向引导当事人、以弥补辩论主义中当事人诉讼能力不足为目的，走向了法官与当事人共同讨论交流，强调真诚交往和言谈，以沟通代替对抗，以达成共识为宗旨。释明权制度更为强调当事人与当事人之间、法官与当事人之间的交往，通过三方面充分的沟通与互动，促使法官与当事人各方就案件争点的形成、事实的认定等方面在交流基础上达成最大的共识。

三、对我国释明权制度的解读

从释明权制度的历史发展看，释明权的行使旨在保障双方当事人在诉讼过程中的实质性平等，保护双方的程序参与权，避免法官的突袭裁判。而释明权过度行使势必重新打破双方的平衡关系，造成新的不公正。因此，我国法律在规定释明权适用范围作为事前控制的同时，也有必要规定事后补救措施作为制约法官过度行使释明权的途径。另外，不可否认的是，法官释明权的完善不仅仅是完善规范就能解决的，其运行还与法律文化、法官职业素质乃至当事人对法官的信任等息息相关。同时，也需要通过司法实践经验的不断积累来不断丰富它的内涵。

一般认为，在我国民事诉讼法律规范领域，2001年出台的《证据规定》首先规定了释明权制度。2019 年《证据规定》修改，进一步完善了释明权制度。新的《证据规定》中包含释明权规则的条款主要是：

第一，第 2 条、第 50 条规定的法院告知当事人举证责任分配、举证时限等内容的举证指导。如该规定的第 2 条规定，人民法院应当向当事人说明举证的要求及法律后果，促使当事人在合理期限内积极、全面、正确、诚实地完成举证。当事人因客观原因不能自行收集的证据，可以申请人民法院调查收集。第 50 条规定，人民法院应当在审理前的准备阶段向当事人送达举证通知书。举证通知书应当载明举证责任的分配原则和要求、可以向人民法院申请调查收集证据的情形、人民法院根据案件情况指定的举证期限以及逾期提供证据的法律后果等内容。

第二，第 4 条规定的针对适用拟制自认规则时法官的充分说明与询问。该条规定，一方当事人对于另一方当事人主张的于己不利的事实既不承认也不否认，经审判人员说明并询问后，其仍然不明确表示肯定或者否定的，视为对该事实的承认。

第三，关于释明权的行使和裁判的规定。如该规定第 53 条规定，诉讼过程中，当事人主张的法律关系性质或者民事行为效力与人民法院根据案件事实作出的认定不一致的，人民法院应当将法律关系性质或者民事行为效力作为焦点问题进行审理。但法律关系性质对裁判理由及结果没有影响，或者有关问题已经当事人充分辩论的除外。存在前款情形，当事人根据法庭审理情况变更诉讼请求的，人民法院应当准许并可以根据案件的具体情况重新指定举证期限。《证据规定》的上述条款比较详细地规定了我国释明权制度。

【典型案例】
北京 A 公司、海南 A 公司与 B 公司房地产项目权益纠纷案
上诉人（原审被告）：北京 A 公司
上诉人（原审被告）：海南 A 公司
被上诉人（原审原告）：B 公司

〔基本案情〕
上诉人北京 A 公司和上诉人海南 A 公司与被上诉人 B 公司房地产项目权益纠纷一案，北京市高级人民法院于 2004 年 8 月 6 日作出（2003）高民初字第 715 号民事判决。北京 A 公司和海南 A 公司对该判决不服，向本院提起上诉。本院依法组成合议庭开庭审理了本案，北京 A 公司和海南 A 公司的委托代理人、B 公司的委托代理人到庭参加诉讼。本案现已审理终结。

经审查，2003年8月7日，B公司向一审法院起诉称，1992年6月25日，海南A公司与B公司签订合作开发北京市西城区阜外大街危改区房地产项目协议约定，B公司负责项目三通一平及工程建设的各种手续，分得房屋售后利润的20%，海南A公司负责资金安排，分得利润的80%。同年9月19日，双方签订补充协议，进一步明确分工，约定B公司利润扩大到25%。1993年2月8日，双方签订危改公建工程补充合同，约定将补充协议中的利润分成改为一次性包死，由海南A公司支付5000万元并交付5000平方米的房产。B公司出具委托书，全权委托海南A公司开发项目。1994年10月20日，北京A公司承诺代为履行上述协议项下应由海南A公司履行的全部义务。1995年12月26日，B公司与北京A公司签订了双方分配股利和利润的补充协议，将原约定交付5000平方米房屋改为支付现金方式。北京A公司于1996年8月9日及1997年1月27日分别支付了1000万元利润和200万元逾期付款的利息后，未再付款。故要求北京A公司支付项目转让费9000万元、违约金4579万元（截至2003年7月9日）并承担诉讼费用。

北京A公司和海南A公司辩称，B公司提出支付项目转让费9000万元及违约金的要求，缺乏事实及法律依据，不应得到保护和支持，请求依法驳回B公司的诉讼请求。

一审法院经审理查明：1992年5月，北京市西城区计划经济委员会、北京市西城区城市建设管理委员会对B公司关于阜外大街危旧房改造可行性研究报告作出批复，同意B公司对阜外大街破旧危房进行改造；总占地约8.3公顷、代征地6公顷、规划用地2.3公顷；小区危房改造按照北京市建设总体规划要求，以商业办公及相应配套设施建设为主，拆除危旧房面积52042平方米，新建房屋面积15万平方米；总投资7.0838亿元，其中拆迁费3.3560亿元、建设费3.7278亿元，建设资金通过房改和房地产开发筹措，做到资金平衡并有节余；要求据此同有关部门进行拨地、拆迁、规划设计等前期准备工作。同年5月，B公司取得了北京市城市规划管理局同意对北京市西城区阜外大街进行危房改造（建筑面积待定）的规划设计条件通知书。

1992年6月25日，B公司与海南A公司签订合作开发北京市西城区阜外大街危改项目协议书约定，合作开发危改区地上面积4.79万平方米，地下面积1万平方米，占地约2万平方米（含市政分摊部分）；总投资3.0309亿元，单方造价5229元/平方米，其中三通一平以前的总投资1.7558亿元，预计工程建设投资1.1591亿元，四源费、电贴等1160万元；预计全部外售后回收资金4.64亿元（单方售价8000元/平方米），总利润为1.6091亿元；B公司负责办理项目三通一平前的所有手续及拆迁安置工作，如立项、拨地、拆迁等；负责工程建设期内的各种手续；协助海南A公司组织设计、施工监理、竣工验收；提供前期的工作计划、拆迁进度、使用资金计划等；海南A公司根据计划安排资金，及时支付各类款项，按房屋售后利润的20%（扣除前期费用）一次性付给B公司；海南A公司得80%，其中包括协助海南A公司组织资金和销售的香港①C公司应获的20%的利润;双方组成联合办公室,对外以B公司名义开发组织资金,对内为B公司的一个业务部等。同年9月,B公司取得了北京市城市规划管理局颁发的项目建设用地规划许可证,确认阜外大街危改项目用地面积约7.3公顷。

1992年9月19日,B公司与海南A公司签订补充协议约定,海南A公司组织全部资金,双方按B公司25%和海南A公司75%利润分成;组成指挥部,B公司负责立项、规划批文、报建、办理土地使用批文、开工证等手续和组织拆迁;海南A公司负责资金、设计、施工、装修等;双方成立合资公司;本协议签订后,B公司提供给海南A公司红线图批文、土地证等全部正式、合法、有效的批准文件复印件,待海南A公司支付第一笔拆迁费4000万元,B公司用该款所购房屋合同或土地证进行抵押,待合资公司成立后,由海南A公司转给合资公司,同时B公司将全部批文正本提供给海南A公司,以后转给合资公司;在搬迁费中扣除前期工作中的海南A公司支付的1180万元前期费用;工程分为三期:一期6万平方米定名为某公寓,二期为该公寓东侧,三期为该公寓西侧;本协议与1992年6月25日协议有抵触以补充协议为准;海南A公司支付定金50万元等。同年12月,北京市城市规划管理局下发审定设计方案通知书,确定危改小区占地面积7.3公顷,其中规划用地4.17公顷,规划建筑性质为商业办公、写字楼。

1993年2月8日,B公司与海南A公司签订危改区公建工程补充合同,就合作开发事宜双方约定:合作开发项目总用地约8.3公顷,其中代征地约6公顷,规划用地2.3公顷左右,规划审定总面积为20万平方米左右(含地下);该项目要求建成现代化地区级综合业务用房、大型公建配套、商住、公寓及市区干道,并配置7条大市政管线;合作方式:(一)资金投入,项目全部投资由海南A公司负责筹措;(二)利润分成,双方将1992年9月19日签订的合作协议25%和75%分成修改为,B公司分成利润一次性包死,在保证B公司提供规划批准图上面积情况下,海南A公司向B公司支付5000万元及交付该项目中5000平方米商业及办公用房,其余利润统归海南A公司所有;B公司除提供项目已获批准规划方案及各种批件、办理手续外,委托海南A公司全权开发项目及对外销售;海南A公司负责项目规划审定方案批准后的全部工程前期工作、项目红线内拆迁安置和平地及项目的建设、商品房销售经营;B公司在上述合作条件下,同意海南A公司对该项目进行具体操作和实施;在一期工程开工后,海南A公司向B公司支付2500万元,二期工程竣工后再支付2500万元;一期工程竣工后交付5000平方米面积用房作为利润;土地使用权出让和土地使用费缴纳,在B公司协助下由海南A公司承担。双方1992年9月19日合作合同与本协议冲突部分,以本协议为准等。

---

① 本书凡称"香港"均指代"中华人民共和国香港特别行政区",以下不再作单独说明。

1993年9月23日，北京市城市规划管理局复函北京A公司，同意北京A公司提前施工，按设计方案先行土方工程。同年10月20日，B公司与北京A公司共同向北京市西城区计划经济委员会提出立项更名申请称，双方共同承接的危改项目已经开始动迁，土地有偿出让手续正在办理，外销工作正全面展开。为便于北京A公司外销内销和回迁手续的办理，申请在不改变北京A公司与B公司原有合作条件和利润分成的前提下，准许以北京A公司名义办理计委立项更名手续。同年11月6日，北京市西城区计划经济委员会、北京市西城区建设管理委员会批复B公司和北京A公司，同意项目立项单位变更为北京A公司，危改任务仍按原定规划计划和改造要求由上述两单位合作承担。同年11月11日，北京市城市规划管理局批文通知，同意原批准B公司开发的7.3公顷用地，变更为北京A公司使用。同年11月27日，北京A公司取得了国有土地使用权证。

1994年10月20日，北京A公司致函B公司称：北京A公司是海南A公司的全资子公司，海南A公司与B公司签署的合作开发协议，由北京A公司代海南A公司履行。

1994年11月7日，B公司与海南A公司签订137号补充协议约定，双方原1993年2月8日合同书约定的海南A公司应于1994年底支付B公司5000万元，双方同意该5000万元作为海南A公司向B公司的股东贷款，借款自1994年12月31日起，月息12‰。当日，B公司与海南A公司签订关于137号补充协议的内部协议约定，双方的137号补充协议只是海南A公司配合B公司对外融资需要所签，对海南A公司没有任何法律约束力。对该内部补充协议，B公司在庭审质证中表示不予认可。

1995年12月26日，B公司与北京A公司签订184号关于应分配股利房和利润的补充协议约定，阜外大街首期建筑已进行60%以上面积的销售工作，应向B公司交付2500万元利润，该2500万元于1995年12月31日前实际支付给B公司，同时B公司将2500万元借给北京A公司作为周转金，期限半年，于1996年6月30日归还，贷款协议双方另签；原约定交付5000平方米用房，改为以现金方式于1995年12月31日前向B公司支付，每平方米1万元，合计支付5000万元。该5000万元作为北京A公司贷款，期限11个月，于1996年11月30日前归还，贷款协议另行签订；二期工程竣工后应支付的2500万元，仍按原协议执行。同时，北京A公司与B公司就上述协议内容签订了两份借款合同约定，北京A公司2500万元借款，于1996年7月31日（7个月借期）一次还本付息；5000万元，于1996年12月30日（12个月借期）一次还本付息，月息12.06‰，逾期计复利，本金按月加收10%罚息。

1996年12月20日，B公司与北京A公司签订危改工程利润分配第二补充协议约定，北京A公司同意提前支付B公司利润，在北京A公司支付B公司利润后，B公司同意放弃全部项目权益。双方经协商对6月25日协议、2月8日协议、12月26日协议内容进行修改：将原合同中二期工程竣工后应支付给B公司的2500万元利润仍按原协议执行，改为 2500 万元利润提前到 1996 年 12 月 31 日前支付给 B 公司；除本协议修改内容外，原协议其他内容不变。在北京 A 公司全部支付利润后，B 公司放弃原协议中项目所有权益（提供的贷款除外），但仍承担协助完成项目的未尽事宜。同年 12 月 20 日和 12 月 28 日，B 公司与北京 A 公司分别签订借款合同约定，北京 A 公司向 B 公司分别借款 2500 万元和 6500 万元，并分别于 1997 年 12 月 28 日和 1997 年 6 月 30 日偿还本息。

1997 年 3 月 13 日，北京 A 公司向 B 公司出具确认书，主要内容为：根据 1995 年 12 月签署的合同，北京 A 公司应在 1997 年 1 月向 B 公司支付 777 万元利息，由于资金紧张，不能按期如数支付，于 1997 年 1 月支付了 200 万元，尚欠 577 万元，北京 A 公司承诺上述欠款于 1997 年 6 月 30 日前支付。

2001 年 3 月 20 日，B 公司与北京 A 公司对阜外项目应付款及利息签订协议约定，北京 A 公司 2001 年 3 月 30 日前支付 50 万元；在北京 A 公司与中行北京分行、建行西四支行诉讼完成前，B 公司不向北京 A 公司提出还款要求；项目二期竣工时，支付全部尾款；北京 A 公司同意将国宾饭店 1 万平方米办公楼抵押给 B 公司。

根据双方签订的上述合作协议、补充协议约定和双方的共同申请，北京 A 公司陆续取得了项目的土地使用权证和建设手续，并变更了房地产项目立项人为北京 A 公司，对危改项目进行了开发建设。一期工程包括道路改造及公寓、酒店，项目建设在 1994 年开工，现该部分项目已基本完成，北京 A 公司称由于项目投入资金较大，且全部工程还没有完成，向银行还贷尚在进行，没有对项目进行结算，还未取得利润收益，至今二期工程没有开工建设。在此期间，在 B 公司的催促下，北京 A 公司在 1996 年和 1997 年支付给 B 公司共 1000 万元，双方约定的其他应付款（借款）北京 A 公司未向 B 公司支付。

一审庭审中，B 公司承认，其在 1993 年取得立项和规划用地许可证后，未对项目进行投资和办理建设用地的征地手续，也没有取得土地使用证。关于双方约定的组建项目公司和抵押财产等事项，双方没有落实办理。

一审期间，一审法院通知海南 A 公司参加诉讼。海南 A 公司表示，海南 A 公司最初与 B 公司就北京市西城区阜外大街危改项目所签的一系列协议，海南 A 公司均未实际履行，合同的全部权利义务均转由其所属的全资子公司北京 A 公司履行。海南 A 公司认可并同意北京 A 公司替代协议中海南 A 公司的合同主体地位并承担相应的权利义务。B 公司和北京 A 公司对此均表示认同。

一审法院另查明，北京 A 公司是海南 A 公司的全资子公司，负责北京项目的开发建设。

〔一审裁判理由与结果〕

一审法院经审理认为，房地产的开发经营和转让应当依法进行。B 公司与海南 A 公司为合作开发危改项目于 1992 年 6 月和 9 月签订了合作开发协议及补充协议，两份协议均是以 B 公司负责立项并提供相应的建设用地手续，海南 A 公司负责建设资金及建设施工，双方按照约定的比例分配利润等为主要内容，协议体现了双方真实意思，不违反法律。由此，可确认上述两份协议具有合作开发房地产项目的性质，属有效合同。在此基础上，双方于 1993 年 2 月 8 日签订补充协议，对 1992 年 9 月签订协议中 B 公司利润分成部分进行修改，变为 B 公司的利润分成一次性包死，但双方合作开发的性质并无改变。双方签订的该份协议仍是以合作开发为基础，具有合作的性质，双方在向政府申报立项的文件中明确，不改变原有合作条件和利润分成，准许以北京 A 公司的名义办理立项更名手续。政府在批准变更立项单位为北京 A 公司的同时，要求危改任务仍由 B 公司和北京 A 公司合作承担。故应确认为在不改变合作关系的前提下，双方同意将项目交北京 A 公司开发建设，北京 A 公司因此取得了项目的开发建设手续，成为项目所有人，也实际进行了建设。根据上述查明的事实和证据，北京 A 公司取得危改项目开发建设权完全是基于双方的合作关系，并非 B 公司的项目权的转让。B 公司主张项目转让缺乏依据，不予确认。

1993 年 2 月 8 日，双方签订补充协议，约定 B 公司将在合作项目中享有的利润分成一次性包死，由海南 A 公司给付 B 公司，应视为 B 公司对双方合作项目中自己应获权益的转让，北京 A 公司和海南 A 公司多次通过不同形式对 B 公司应取得收益，向 B 公司付款予以确认并承诺给付，但至今未向 B 公司全部兑现，违背了诚信原则。故对 B 公司要求北京 A 公司给付转让款 9000 万元的诉讼请求，予以支持。海南 A 公司是双方合作协议及补充协议的签约主体，其将合同权利义务转由其所属的北京 A 公司享有和履行，属企业内部行为，B 公司并无异议，现项目虽由北京 A 公司取得但不能免除海南 A 公司的合同责任。因此，海南 A 公司应与北京 A 公司共同对 B 公司承担给付责任。

考虑到双方对房地产项目进行合作开发，运作得不够规范，鉴于双方对 B 公司所获利益的形式和条件多次进行变化，对造成现在的纠纷均有一定责任，根据本案实际情况，对北京 A 公司和海南 A 公司未付款的行为不宜按违约处理。对 B 公司要求支付违约金的请求，不予支持。综上，判决：（一）北京 A 公司和海南 A 公司于判决生效后三十日内给付 B 公司 9000 万元；（二）驳回 B 公司的其他诉讼请求。案件受理费 688960 元，由 B 公司负担 238960 元，由北京 A 公司和海南 A 公司负担 45 万元。

〔当事人上诉及答辩意见〕

北京 A 公司和海南 A 公司不服一审判决，向本院提起上诉，请求撤销一审判决，驳回 B 公司的全部诉讼请求，由 B 公司承担诉讼费用。主要理由：1. B 公司主张双方为项目转让关系，一审法院根据已查明的事实，认为双方之间没有项目转让关系而是合作开发关系，在 B 公司经释明坚持不变更诉讼请求的情况下，应驳回其诉讼请求。一审法院在对合作开发未予审理的情形下，擅自将项目转让纠纷变更为合作开发并径行判决由北京 A 公司承担付款责任，属未诉而判，违反了民事诉讼法中不告不理的基本原则，剥夺了北京 A 公司和海南 A 公司的抗辩权利。2. 海南 A 公司没有实际履行合同，B 公司亦没有向海南 A 公司提出任何权利主张，北京 A 公司替代海南 A 公司属合同主体变更，因此，海南 A 公司不应列为原审被告，亦不应承担共同付款责任。3. 本案已超过诉讼时效。4. B 公司的行为属倒卖批文，双方 1993 年 2 月 28 日的补充协议违反了国务院关于房地产公司不得转手倒卖、不得转让商品房建设计划的行政法规的强制性规定，应认定无效。所谓项目转让款亦属非法利润，不应支持。

B 公司答辩称，一审判决认定事实清楚，适用法律正确，应予维持。主要理由：1. B 公司提起诉讼的依据是双方之间自愿签署若干份协议书的法律事实，非项目转让的法律关系。一审法院围绕 B 公司的起诉依据进行审理，双方进行了充分的举证、质证及法庭辩论，不存在剥夺北京 A 公司抗辩权利的情形。2. B 公司起诉时确定的案由为房地产项目转让纠纷，一审法院通过对证据的审查，将本案案由进一步确定为房地产项目权益（转让）纠纷，并无不当。法院在结案时有权也应当依据法庭查明的当事人之间实际存在的法律关系确定案由。3. 一审法院依职权追加海南 A 公司为原审被告并进行了告知，北京 A 公司对此当庭表示认可。4. B 公司不仅提交了关于主体资格的相应证据，且双方签署的若干有延续性的协议亦表明北京 A 公司及海南 A 公司对 B 公司的名称变更及主体身份是认可的。5. 双方就转让款的数额及支付事宜一直在进行磋商，本案债权未超过诉讼时效。6. 本案协议性质为合作开发房地产项目，是双方在平等自愿基础上的真实意思表示，且不违反当时的法律规定，属有效协议。B 公司已依约履行了义务，对项目进行投资和缴纳土地出让金属北京 A 公司的合同义务。7. 北京 A 公司引用的"倒卖批文"的两个规定，因不能用来调整民事法律行为及不属于法律和行政法规而不能适用于本案。

〔最高人民法院查明的事实〕

最高人民法院二审查明：一审庭审结束后，一审法院经审理认为 B 公司诉请主张的"房地产项目转让关系"不成立，遂向 B 公司行使释明权，告知其变更诉讼请求。B 公司坚持不予变更。

最高人民法院二审查明的其他事实与一审法院查明的事实基本相同。

〔最高人民法院裁判理由与结果〕

最高人民法院认为，一审期间，B 公司在起诉状、庭审陈述及所附证据材料中，均明确表示其主张项目转让款的依据为双方之间存在房地产项目转让的法律关系。一审法院基于审理查明的事实认为，B 公司诉请主张的"项目转让关系"不能成立，遂于庭审结束后至一审判决前，多次向 B 公司行使释明权，告知其变更诉讼请求，否则自行承担诉讼风险，但 B 公司拒绝对诉讼请求予以变更。

一审诉讼过程中，当事人主张的法律关系的性质或民事行为的效力与一审法院根据案件事实作出的认定不一致，一审法院应当告知当事人可以变更诉讼请求。本案中，经一审法院告知后，B 公司仍未变更诉讼请求，由于 B 公司主张的法律关系性质与一审法院根据案件事实认定的不一致，一审法院不应作出实体判决，而应驳回 B 公司的起诉。一审法院在 B 公司经释明仍未变更诉讼请求的情形下，径行对 B 公司未予主张的法律关系予以裁判，既替行了 B 公司的起诉权利，又剥夺了北京 A 公司和海南 A 公司的抗辩权利，违反了人民法院审理民事案件的法定程序。

综上，一审判决违反法定程序，应予纠正。根据《中华人民共和国民事诉讼法》第一百零八条①第一项、第三项，《最高人民法院关于适用〈中华人民共和国民事诉讼法〉若干问题的意见》第一百八十六条②及《最高人民法院关于民事诉讼证据的若干规定》第三十五条之规定，裁定如下：

一、撤销北京市高级人民法院（2003）高民初字第 715 号民事判决；

二、驳回 B 公司的起诉。

一审、二审案件受理费各 50 元，均由 B 公司负担。

本裁定为终审裁定。

> **规则 8**：原告提出两项诉求分属不同性质的法律关系，有权请求法院对两个不同性质的法律关系分别作出认定
>
> ——南京雪××影婚纱摄影有限公司与上海雪××影婚纱摄影有限公司江宁分公司、上海雪××影婚纱摄影有限公司商标侵权及不正当竞争纠纷案③

【裁判规则】

原告提起诉求后，开庭审理前又增加另一诉求，两项诉讼请求虽然基于相同的事实，但确实分属不同性质的法律关系。原告有权增加诉讼请求，有权请求法院对两个不同性质的法律关系分别作出认定，与"一事不再理"原则不冲突。若两项诉求因相同的法律事实引起，两者之间有关联性，合并审理有利于诉讼经济；况且原告增加诉讼请求后，法庭已给予被告补充答辩和重新举证的机会，合并审理不损害被告的诉讼权利，则可以合并审理。

---

① 对应 2023 年《民事诉讼法》第 122 条。
② 对应《民事诉讼法解释》第 330 条。
③ 载《中华人民共和国最高人民法院公报》2006 年第 5 期。

【规则理解】

一、请求权基础理论

发生民事纠纷后，人们一般首先想到的便是应以何种法律规范向对方主张何种权利。法律人可以有多种选择，其可以选择历史的或者自己所习惯的思考方法，也可以选择请求权基础的思考方法。可供一方当事人向对方当事人有所主张的法律规范，即为请求权规范基础，简称请求权基础。请求权基础的寻找，是处理实例题的核心工作。在某种意义上，甚至可以说，实例解答，就在于寻找请求权基础。请求权基础是每一个学习法律的人必须彻底了解、确实掌握的基本概念及思考方法。① 应该说，请求权基础的方法是法学研究与应用的一个重要方法，该方法系王泽鉴教授早年留学德国，师从著名法学家拉伦茨教授学习得来。依王泽鉴教授观点，请求权基础的方法相比于其他历史的方法，更具合目的性，有三点理由：第一，适合实务需要；第二，符合经济原则，有助于针对问题作答，集中检讨各种可能成立请求权基础的要件；第三，保障解题内容的妥当性，可以从法律的立场去思考问题，避免个人主观价值判断以及未受节制的衡平思想。根据请求权基础的内容，可以归纳为六类：契约上给付请求权；返还请求权；损害赔偿请求权；补偿及求偿请求权；支出费用偿还请求权；不作为请求权。②

我们认为，请求权基础理论是民法思维的一个重要方法，其能够追根溯源地快速查找待判事实所需要适用的相关法律规范，也有助于法律人法律体系观念的形成。但是，随着社会生活的发展以及社会交往的频繁，社会关系变得日益复杂，法律关系同样开始多样化。这种趋势势必造成调整社会关系的法律日益发达和抽象，法律条义中的事实要素日益为立法技术所摒除，以致与法条构造彻底分离之后，恰如有的学者指出的那样，一个具体的生活事实有可能符合几个法律规范的要件特征，一个案件可能会因几个同时适用的法律规范产生几个请求权。如果两种规范之间并不排斥，也没有适用上的先后之别，则需要通过一个概念道具去解决这个问题。③ 对于如何解决上述难题，《民法典》第186条的规定采取了"非此即彼"的从立法上加以取舍的方法。该条规定："因当

---

① 王泽鉴：《民法思维·请求权基础理论体系》，北京大学出版社2009年版，第41页。
② 王泽鉴：《民法思维·请求权基础理论体系》，北京大学出版社2009年版，第36~129页。
③ 王泽鉴：《侵权行为法》，中国政法大学出版社2001年版，第77页。

事人一方的违约行为,损害对方人身权益、财产权益的,受损害方有权选择请求其承担违约责任或者侵权责任。"

二、请求权竞合理论

(一) 请求权竞合的概念

所谓请求权竞合,指以同一给付为目的的数个请求权并存,当事人选择行使之。其中一个请求权因目的达到而消灭时,其他请求权亦因目的达到而消灭;反之,一个请求权因目的达到以外之原因而消灭(比如罹于时效)时,则仍得行使其他请求权。随着法律关系的复杂化以及立法的抽象化,一个生活事实在实体法上受不同的法律规范所规制时,根据请求权基础理论,当事人可以发生数个请求权,除了请求权竞合的现象之外,还会发生其他三类情形:1. 法条竞合,指某项请求权因具有特别性,而排除其他请求权规范的适用。2. 选择性竞合,又称作择一竞合,指就两个以上的请求权,如一者为请求权,另一者为形成权,当事人可以选择其一行使,如果已经行使其中之一,便不得再主张其他的请求权。3. 请求权的聚合,指当事人对于数种不同的给付为内容的请求权,可以同时主张。如身体受到不法侵害的时候,可以提起财产上的损害赔偿与精神抚慰金。在这种情形下,请求权人对数个请求权,得同时或先后,就全部或个别主张。[①]

(二) 解决请求权竞合的路径

司法理论以及司法实践中解决请求权竞合问题可以分为两种思路。一种思路承认请求权竞合是不能抹杀的客观现象,同时试图在侵权法与合同法之间分出特殊与一般的关系以确定二者的适用先后顺序来解决这个问题。另外一种思路则是修改请求权概念本身,根本不承认请求权竞合这个概念,自然也就谈不上如何解决问题了。我们认为,解决请求权竞合问题,不能头痛医头、脚痛医脚,需要考量整个民事法律体系的逻辑性,尤其是民事诉讼理论的逻辑性。从一般的诉讼法理论上讲,诉是当事人向法院提出的请求,请求的内容即是当事人要求法院裁判的事项。社会生活的复杂性决定了诉的请求类型的多样性。简单的矛盾纠纷可能由一部实体法律涵盖了所有的法律关系类型,但不能否认的是,在某些相对复杂的矛盾纠纷当中,某一部法律或者某一类法律部门无法涵盖所有的法律关系,如刑事附带民事诉讼制度。同理而言,就同一民事诉讼的

[①] 王泽鉴:《法律思维与民法实例:请求权的基础理论体系》,中国政法大学出版社2001年版,第50页。

范畴之内,也同样存在某一矛盾纠纷为多部民事法律所规范的情况,如"南京雪××影公司诉上海雪××影公司及其分公司商标侵权、不正当竞争纠纷案",就上海雪××影公司的行为,南京雪××影公司可同时基于《商标法》主张其商标侵权以及基于《反不正当竞争法》主张其行为构成了不正当竞争行为。因此,我们赞同该案裁判论述的观点:"若两项诉求因相同的法律事实引起,两者之间有关联性,合并审理有利于诉讼经济;况且原告增加诉讼请求后,法庭已给予被告补充答辩和重新举证的机会,合并审理不损害被告的诉讼权利,则可以合并审理。"

需要注意的是,应当考虑两个或者两个以上诉讼请求之间的关联性。何谓诉求之间的关联性,似无法下一准确的定义,但是下列因素可以纳入考量的范围:1. 基于同一(种类)的法律事实;2. 据以裁判的法律依据之间的关联性;3. 法院管辖的同一性;4. 合并审理的经济性或必要性。上述要素虽然并非要求全部具备,但在考量是否进行合并审理时应当逐一考量。对于解决请求权竞合这个问题而言,不仅需要考虑实体法规范之间的适用问题,更需要将其置身于诉讼中加以考量。从实体法上强行作出择一性选择固然能够彻底解决这个问题,但这种方法却是以牺牲当事人权利保护为代价的,同时也与诉讼中的诸多审判的基本原则相悖。面对请求权竞合问题,可能并不存在有百利而无一害的解决方案,但是我们可以从中选择一个契合更多价值的方法。①

【拓展适用】

我国请求权竞合制度的实践探讨

实体法中最常见的请求权竞合问题之一便是合同与合同之外的损害赔偿责任之间的法律关系。我国《民法典》第186条对请求权竞合制度作如下规定:"因当事人一方的违约行为,损害对方人身权益、财产权益的,受损害方有权选择请求其承担违约责任或者侵权责任。"从对该法条的法理解读以及司法实践中掌握的适用尺度看,对该条是作了二者非此即彼、择一而定的处理路径。也就是说,在存在请求权竞合(法条竞合)的情况下,当事人有权选择其一作为请求法院裁判的法律依据,一旦当事人确定以何种法律规范作为裁判依据,则在以后的诉讼过程中不得更改,法院也不得以当事人请求以外的法律依据作为裁判的依据。

---

① 段文波:《请求权竞合论:以诉之选择性合并为归宿》,载《现代法学》2010年第5期。

但是，该条规定存在以下的问题需要研究探讨：其一，原则上讲，这两类规范总体上可以并行适用，立法层面不宜强行要求当事人作出选择。因为同一行为既构成违约行为，也构成侵权行为，然则相互竞合的不仅仅是两项具体的法律规范，而是两项规范的总体。原则上这两个规范总体应当是可以并行适用的。《民法典》第186条规定暗含了一个前提，那就是以实体法上请求的内容作为识别诉讼中裁判对象的基准。其优点在于通过当事人选择的方式解决了归责原则、责任范围、举证责任、义务内容乃至时效问题等实体法方面的问题。但是，基于合同所产生的违约责任与以侵权为基础所产生的侵权责任相去甚远，如果原告在起诉时不作出选择，将会增加对方当事人的防御负担，徒增讼累。其二，不利于当事人权利的保护。当事人如果按照本条之规定，在请求权竞合的情形下作出选择，获得法院支持其请求的判决姑且不论，倘若法院驳回其请求，当事人便无从根据另一法律提起诉讼而获得救济。显然，这并不利于保护当事人，尤其是原告（被害人）的权利。这种立法态度可以称为"选择消灭模式"，亦即在合同责任与侵权责任竞合的情形下，不论当事人选择哪种救济方式，另外一条救济途径的大门将紧掩。[①] 其三，违背诉讼规律，不利于诉讼活动的进行。从程序法上考量，这种做法最为严重的问题在于，违反了"你给我事实，我给你法律"的原则，即法官知法原则。《民法典》第186条规定当事人选择法律事实，不仅违反了这条原则，而且高估了当事人的诉讼能力。我国《民事诉讼法》并没有实行律师强制代理制度，当事人本人诉讼的情形普遍存在。当事人并非法律专家，如果法律苛求当事人在起诉的时候，针对具体的生活事实选择合同法抑或侵权法主张违约损害赔偿请求权抑或侵权损害赔偿请求权，显然已经超出其能力，实属强人所难。一旦当事人的选择确定，则整个诉讼模式就此确定，在以后的诉讼活动中出现的任何变化，当事人均要基于其最初的选择来承受对其不利的诉讼后果，这显然不利于诉讼活动的顺利开展，从根本上违背了诉讼规律。

我们认为，《民法典》第186条的规定在一定程度上反映了我国诉讼法律理论中诉的合并以及请求权竞合制度的缺失，可能在理论和实务中造成不便，亟待加以修改。在目前情况下，似可不必通过修改法律加以解决，建议采取最高人民法院制定相关的司法解释，对该条作扩大解释的办法进行处理。同时，

---

① 段文波：《请求权竞合论：以诉之选择性合并为归宿》，载《现代法学》2010年第5期。

司法理论以及司法实务界应当加强对于民事诉讼中有关诉的合并以及请求权竞合问题的研究,以期在未来的《民事诉讼法》修改中完善该项制度。当然,在法律作出修改或司法解释作出具体的规定之前,仍应按法律规定来处理此类案件。

【典型案例】

南京雪××影婚纱摄影有限公司与上海雪××影婚纱摄影有限公司江宁分公司、上海雪××影婚纱摄影有限公司商标侵权及不正当竞争纠纷案

原告:南京雪××影婚纱摄影有限公司

被告:上海雪××影婚纱摄影有限公司江宁分公司

被告:上海雪××影婚纱摄影有限公司

〔基本案情〕

原告南京雪××影婚纱摄影有限公司(以下简称南京雪××影公司)因与被告上海雪××影婚纱摄影有限公司江宁分公司(以下简称江宁雪××影分公司)、上海雪××影婚纱摄影有限公司(以下简称上海雪××影公司)发生商标侵权及不正当竞争纠纷,向江苏省南京市中级人民法院提起诉讼。

原告南京雪××影公司诉称:原告是1993年9月在南京市登记成立的婚纱摄影公司,同时也是"雪××影"注册商标的合法所有人。2004年8月,原告发现有人持被告江宁雪××影分公司的订单来咨询并要求拍照,才知本市江宁区出现了一家同样叫"雪××影"的婚纱摄影公司。为澄清事实,原告于2004年8月26日在《金陵晚报》上作了公告声明,同时书面请求南京市工商行政管理局进行查处,注销被告的字号,但至今未得到对二被告的处理决定。二被告的行为严重侵害原告的合法权益和经济利益,也给原告的社会信誉带来负面影响。请求判令二被告:1. 立即停止对"雪××影"注册商标的侵权行为;2. 向原告赔礼道歉,登报消除使用"雪××影"名称给原告带来的恶劣影响;3. 赔偿经济损失50万元;4. 承担本案诉讼费用。

开庭审理前,原告南京雪××影公司以二被告的行为同时构成不正当竞争为由,申请增加诉讼请求为:判令二被告立即停止不正当竞争行为,停止对"雪××影"名称的使用,变更名称字号。法庭准予南京雪××影公司关于增加诉讼请求的申请,并根据二被告的要求,重新指定了举证和答辩期限。

被告江宁雪××影分公司、上海雪××影公司辩称:原告在法院指定的举证期限届满后增加诉讼请求,不符合《最高人民法院关于民事诉讼证据的若干规定》和"一事不再理"原则,法院不应当准许,原告应另案起诉。原告的"雪××影"商标和企业字号不具有显著性。二被告的企业名称经合法登记产生,且被告在合法经营中按规范使用企业名称,不侵犯原告的商标专用权。顾客接受被告的服务,是因为被告提供的服务良好,不是受"雪××影"这一名称的影响。以"雪××影"命名的婚纱摄影公司,在全国有多家,原告对其他婚纱摄影公司均不加以制止,只起诉二被告,有失公平。原告的诉讼请求应当驳回。

法庭组织了质证、认证。经质证,被告上海雪××影公司、江宁雪××影分公司对原告南京雪××影公司提交证据的真实性不持异议,但认为这些证据不能证明江宁雪××影分公司、上海雪××影公司侵权,或者损害了南京雪××影公司的利益。南京雪××影公司对上海雪××影公司、江宁雪××影分公司提交书证的真实性不持异议,但认为证人证言的内容与本案争议标的无关。

南京市中级人民法院经审理查明:

1993年9月22日,原告南京雪××影公司在南京市工商行政管理局登记设立,经营范围是摄影、冲印、礼服、礼车出租以及美容、美发和相关配套服务。1996年11月,南京雪××影公司向国家商标局申请注册了"雪××影"文字商标,核定服务项目为第42类摄影,注册有效期限自1996年11月14日起至2006年11月13日止。经过10多年经营,南京雪××影公司在南京市婚纱摄影行业具有较高知名度。2004年,亚太华人专业人像摄影交流机构向南京雪××影公司颁发"世界华人专业婚纱摄影金像奖",获奖证书记载:"南京雪××影婚纱影楼于2004年荣获世界华人婚纱摄影专业十大品牌奖,其杰出成就卓越非凡,经本会国际评委团一致通过,特颁此证。"

2004年7月7日,被告上海雪××影公司的开办人王某与案外某公司签订房屋租赁合同,租用上海市宝山区一间8平方米的房屋作为办公用房,年租金1460元。有了场所后,王某于7月20日在上海市工商行政管理局登记设立上海雪××影公司,经营范围为婚纱摄影、礼服租赁、销售。7月30日,江宁雪××影分公司在南京市江宁区登记设立,经营范围亦为婚纱摄影、礼服租赁、销售。该分公司营业场所的门头招牌和店堂招牌上,均标明"上海雪××影婚纱摄影有限公司(江宁分公司)",其中"上海雪××影婚纱摄影有限公司"字体明显突出,"江宁分公司"字体较小。在该分公司的摄影订单和门市收银单上,均有"上海雪××影婚纱摄影有限公司(江宁分公司)"字样。该分公司在经营中,还对外散发了突出印有"上海雪××影婚纱摄影有限公司""精品婚纱摄影连锁""拍精品婚纱照,选择上海雪××影""上海雪××影极品礼服动态大展"等内容的彩色宣传单。

2004年8月,原告南京雪××影公司发现被告上海雪××影公司、江宁雪××影分公司的经营活动后,曾请求南京市工商行政管理局进行查处。同年12月,提起本案诉讼。

[一审裁判理由与结果]

南京市中级人民法院认为,本案争议焦点是:1. 应否允许原告在举证期限届满后增加诉讼请求?2. 上海雪××影公司、江宁雪××影分公司将"雪××影"作为企业名称中的字号登记并使用,是否侵犯南京雪××影公司的注册商标专用权?3. 上海雪××影公司、江宁雪××影分公司将"雪××影"作为企业名称中的字号登记并使用,是否构成不正当竞争？4. 在有众多婚纱摄影企业使用"雪××影"字号的情形下，南京雪××影公司能否只起诉上海雪××影公司、江宁雪××影分公司？5. 上海雪××影公司、江宁雪××影分公司应承担何种民事责任？

关于争议焦点一。原告增加诉讼请求，被告提出反诉，第三人提出与本案有关的诉讼请求，可以合并审理。原告南京雪××影公司最初提起商标侵权诉求，开庭审理前又增加了不正当竞争诉求。两项诉讼请求虽然基于相同的事实，但确实分属不同性质的法律关系。南京雪××影公司有权增加诉讼请求，有权请求法院对两个不同性质的法律关系分别作出认定，这与"一事不再理"原则不冲突。鉴于在本案中，商标侵权与不正当竞争因相同的法律事实引起，两者之间有关联性，合并审理有利于诉讼经济；况且南京雪××影公司增加诉讼请求后，法庭已给予被告上海雪××影公司、江宁雪××影分公司补充答辩和重新举证的机会，合并审理不损害上海雪××影公司、江宁雪××影分公司的诉讼权利。所以，上海雪××影公司、江宁雪××影分公司关于法院不应当准许南京雪××影公司增加诉讼请求的理由不当，不予采纳。

关于争议焦点二。原告南京雪××影公司的商标专用权和被告上海雪××影公司、江宁雪××影分公司的企业名称权，均是经法定程序确认的权利，分别受《中华人民共和国商标法》（以下简称商标法）等法律、法规的保护。商标法第五十二条①第一项规定，未经商标注册人的许可，在同一种商品或者类似商品上使用与其注册商标相同或者近似的商标，属于侵犯注册商标专用权。据此，南京雪××影公司有权禁止他人在摄影或类似服务上使用"雪××影"文字或与"雪××影"近似的文字标示服务来源和进行商业活动。将与他人注册商标相同或者相近似的文字作为企业的字号在相同或者类似商品上突出使用，容易使相关公众产生误认的，属于给他人注册商标专用权造成其他损害的行为。是否构成该种侵权行为，必须注意下列要件：1. 文字是否相同或者近似；2. 是否在相同或者类似商品上使用；3. 是否突出使用；4. 使用的结果是否容易造成相关公众误认。其中的"突出使用"，是指企业名称中，与注册商标文字相同或相近似的字号在字体、大小、颜色等方面突出醒目，使人在视觉上产生深刻印象的使用行为。被告上海雪××影公司、江宁雪××影分公司与南京雪××影公司行业相同，企业名称中的字号也与南京雪××影公司注册商标的文字相同，但江宁雪××影分公司在企业门头牌匾、摄影订单、门市收银单和广告宣传单等处使用其企业名称时，"雪××影"四个字的字体、大小、颜色均与企业名称中其他文字相同，且与"雪××影"注册商标的字体相区别，符合企业名称使用规范，不是突出使用，不构成商标侵权。因此，南京雪××影公司指控上海雪××影公司、江宁雪××影分公司侵犯"雪××影"商标专用权，法律依据不足，该诉讼请求不予支持。

---

① 对应 2019 年《商标法》第 57 条。

关于争议焦点三。《中华人民共和国民法通则》（以下简称民法通则）第四条①规定："民事活动应当遵循自愿、公平、等价有偿、诚实信用的原则。"《中华人民共和国反不正当竞争法》（以下简称反不正当竞争法）第二条第一、二款规定："经营者在市场交易中，应当遵循自愿、平等、公平、诚实信用的原则，遵守公认的商业道德。""本法所称的不正当竞争，是指经营者违反本法规定，损害其他经营者的合法权益，扰乱社会经济秩序的行为。"经营者应当诚实守信，遵守公认的商业道德，不得利用他人的商业信誉为自己的商品或服务争取消费者。要判断被告上海雪××影公司、江宁雪××影分公司将"雪××影"作为字号登记在企业名称中的行为是否构成对原告南京雪××影公司的不正当竞争，既要看其实施该行为主观上是否存在侵权故意，更要看其后果是否使他人对市场主体及其服务的来源产生混淆或可能混淆。

原告南京雪××影公司于1993年登记设立，1996年注册了"雪××影"商标。经过10余年的经营，南京雪××影公司及其"雪××影"商标在南京市婚纱摄影行业和普通消费者中具有了一定的知名度，树立了一定的商业信誉。被告上海雪××影公司于2004年7月20日在上海一间8平方米的房屋中设立，虽然登记的经营范围为婚纱摄影、礼服租赁、销售，但从其狭小的经营场所可以看出，上海雪××影公司根本无法从事此项服务。10天后，上海雪××影公司即到南京市场上登记设立江宁雪××影分公司，开展与南京雪××影公司相同的经营活动。作为同业，上海雪××影公司、江宁雪××影分公司应当知道南京雪××影公司及其"雪××影"注册商标的存在，应当了解南京雪××影公司在南京市场上的知名度。在此情况下，上海雪××影公司在上海设立无法经营的总公司，而把主要力量投入分公司，在南京的婚纱摄影市场上打出"上海雪××影婚纱摄影有限公司（江宁分公司）"的招牌，并在其宣传单上将企业名称简化为"上海雪××影"，明显地具有以后来的"雪××影"来攀附先前"雪××影"品牌知名度的故意。上海雪××影公司、江宁雪××影分公司的行为，客观上会造成消费者误认注册商标权利人与企业名称所有人，或者使消费者误解双方当事人之间存在某种特定联系或关联关系，进而混淆两者提供的婚纱摄影服务。上海雪××影公司、江宁雪××影分公司从中获取不正当利益，无偿占有了南京雪××影公司的商业信誉，已经违反了诚实信用原则和公认的商业道德，侵犯了南京雪××影公司的竞争利益，构成不正当竞争。消费者选择服务，虽然看重服务质量、服务价格等因素，但也不可否认商标标识、企业名称、服务品牌等对消费者具有的巨大吸引力，这正是立法者将商标、企业名称等纳入法律规范、给予法律保护的初始原因。上海雪××影公司、江宁雪××影分公司关于其良好服务引来消费者，与使用"雪××影"字号无关，字号没有混淆市场主体和服务来源的辩解理由，不能成立。

关于争议焦点四。在全国各地有多家婚纱摄影企业以"雪××影"命名的情况下，

---

① 对应《民法典》第4条、第5条、第6条、第7条。

作为"雪××影"商标和字号的所有人，原告南京雪××影公司有选择侵权对象提起诉讼的权利。南京雪××影公司只对被告上海雪××影公司、江宁雪××影分公司提起诉讼，是其行使诉权的结果，与公平原则无关。

关于争议焦点五。根据民法通则第一百三十四条①规定，实施不正当竞争行为的侵权人，应当承担停止侵害、排除妨碍、消除影响、返还财产、赔偿损失等民事责任。反不正当竞争法第二十条②第一款规定："经营者违反本法规定，给被侵害的经营者造成损害的，应当承担损害赔偿责任，被侵害的经营者的损失难以计算的，赔偿额为侵权人在侵权期间因侵权所获得的利润；并应当承担被侵害的经营者因调查该经营者侵害其合法权益的不正当竞争行为所支付的合理费用。"因被告上海雪××影公司、江宁雪××影分公司实施了不正当竞争行为，原告南京雪××影公司请求判令上海雪××影公司、江宁雪××影分公司立即停止不正当竞争、登报消除影响、赔偿损失，应当支持。由于南京雪××影公司不能提供所受损害和上海雪××影公司、江宁雪××影分公司因侵权获利的证据，故对赔偿经济损失50万元的诉讼请求不能全额支持，应由法院根据上海雪××影公司、江宁雪××影分公司的侵权时间、经营规模以及南京雪××影公司的知名度、为制止侵权支出的合理费用等因素酌定。南京雪××影公司没有证据证明其商业信誉已受到损害，故对其提出的赔礼道歉要求，不予支持。

据此，南京市中级人民法院于2005年5月30日判决：

一、被告上海雪××影公司、江宁雪××影分公司自本判决生效之日起，立即停止使用含有"雪××影"字号的企业名称；

二、被告上海雪××影公司、江宁雪××影分公司自本判决生效之日起10日内，赔偿原告南京雪××影公司经济损失2万元；

三、被告上海雪××影公司、江宁雪××影分公司自本判决生效之日起15日内，在《南京日报》除中缝以外的版面发布"启示"，消除对南京雪××影公司造成的不良影响；

四、驳回原告南京雪××影公司的其他诉讼请求。

【二审裁判理由与结果】

上海雪××影公司不服一审判决，提起上诉。因其在规定期限内未预交二审案件受理费，江苏省高级人民法院依照《中华人民共和国民事诉讼法》第一百零七条③第一款的规定，于2005年8月26日裁定：

本案按自动撤回上诉处理，原审判决即发生法律效力。

---

① 对应《民法典》第179条。
② 对应2019年《反不正当竞争法》第17条。
③ 对应2023年《民事诉讼法》第121条。

第六章 案　　由

> **规则 9**：案由应当表述与诉讼请求在法律上、事实上有直接关联的法律关系
> ——浙江省德清县某汽修厂与董某损害赔偿纠纷案[①]

【裁判规则】

案由是当事人诉讼请求所指向的法律关系。在案件中存在多个法律关系时，只有与诉讼请求在法律上、事实上有直接关联的法律关系才是案由所指向的对象。

【规则理解】

一、案由的概念及对审判的影响

（一）案由的概念

案由是案件名称的重要组成部分，反映了案件的主要的法律关系性质和当事人所争议的权利义务的主要内容。与案由概念有关的概念包括案件名称、诉讼请求、诉讼标的等，但是案由的概念与上述概念既有联系，又有区别。民事案由不是对案件所涉及的所有民事实体法律关系的反映，而是对双方争议的主要民事实体法律关系的反映，它往往用一个简练的词以提纲挈领、高度概括的方式，抽象出双方争议的主要民事实体法律关系。

（二）案由对审判的影响

民事案由制度是关于民事案由的一系列制度的总称，其中关于案由的确定制度是民事案由制度最重要的内容。所谓民事案由的确定，是指特定主体在特定时间，依据有关规定，按照特定原则、标准、方法，将某一特定案件的民事法律关系抽象后，确定出适合本案的特定案由。[②] 准确地确定民事诉讼案由，

[①] 载《中华人民共和国最高人民法院公报》2011 年第 6 期。
[②] 宋旺兴：《论民事案由确定制度的完善》，载《法律适用》2012 年第 2 期。

对于审判活动的顺利开展,具有极大促进意义:其一,便于各方当事人准确把握案件的法律关系性质以及各方所争议的权利义务内容。由于民事纠纷的复杂多样性和民事诉讼程序的特殊性,让当事人在众多的民事法律关系当中确定诉争案件的性质以及法律关系,关系到当事人诉讼权利的有效行使以及诉讼活动的顺利开展。通过案由的准确确定能够使得当事人简单明了地抓住案件的性质以及法律关系的类型,起到事半功倍的效果。其二,便于法官与当事人以及其他诉讼参与人在案件的定性以及诉讼的焦点问题上尽快达成共识,有利于当事人以及其他诉讼参与人围绕焦点问题开展诉讼活动,保障了当事人实质性的诉讼参与权。其三,能够有效约束法官的诉讼活动,防止突袭裁判。一般来说,法官应当根据已经确定的案由来指导监督审判活动和裁判案件,特别是在诉讼各方对案件的性质以及法律关系已经达成共识的情况下。如果裁判法官认为先前确定的案由不准确,亦应召集诉讼各方共同研究,重新确定案由以及案件的主要法律关系,而不能径行作出突袭裁判。否则,当事人针对此点提起上诉或者申请再审,上级法院得以审判程序违法予以纠正。

二、案由与案件所涉法律关系之间的关系

《最高人民法院关于印发修改后的〈民事案件案由规定〉的通知》(法〔2020〕347号)载明:"同一诉讼中涉及两个以上的法律关系的,应当根据当事人诉争的法律关系的性质确定个案案由;均为诉争的法律关系的,则按诉争的两个以上法律关系并列确定相应的案由。"从该条规定引发出,在案件中存在多个法律关系时,是否只有与诉讼请求在法律上、事实上直接关联的法律关系才是案由的问题。[①] 我们认为,并不能将该条理解为与诉讼有关的所有法律关系都能据以确定案由,案由的确定还是应当依据当事人诉争的法律关系的性质来确定。以《最高人民法院公报》2011年第6期刊登的"浙江省德清县某汽修厂诉董某损害赔偿纠纷案"为例,该案基本事实是,被告董某的汽车在高速

[①] 与之有关的案例请参考《最高人民法院公报》2011年第6期"浙江省德清县某汽修厂诉董某损害赔偿纠纷案"。该公报案例在论述有关该案案由的确定时认为:"承揽合同纠纷作为合同纠纷的一种,主要追究当事人的违约责任,而雇员受害赔偿追偿纠纷属人身损害赔偿纠纷,主要追究当事人的侵权责任,两者各自隶属不同的责任性质。原告某汽修厂员工为被告董某车辆更换轮胎系修理合同法律关系,属于承揽合同法律关系。原告员工在修理过程中意外死亡,原告向其家属赔偿,属雇员受害赔偿性质,现向被告追偿,系雇员受害损害赔偿纠纷,隶属人身损害赔偿纠纷,不能以提起诉讼的前提是承揽合同,便认定该案为承揽合同纠纷。故本案案由为雇员受害赔偿追偿纠纷,被告认定本案案由应为承揽合同的意见不予采纳。"

公路上出现故障，原告某汽修厂接到交警队指令遂派其雇员梅某、沈某前去修理，在修理过程中汽车轮胎发生爆炸，导致原告雇员梅某死亡。原告在与死者梅某的家属达成赔偿协议以后，诉求被告董某承担侵权赔偿责任。诉讼过程中双方当事人为案由的确定发生争议，被告董某认为其与原告汽修厂之间应属承揽合同关系，其应按合同关系承担违约责任，而不是按照侵权关系承担赔偿责任。

不可否认的是，双方当事人之间确实具有承揽合同关系，但是双方当事人所生纠纷并不是基于承揽合同的权利义务关系，而是基于汽修厂员工在修理过程中被告的汽车轮胎爆炸导致其死亡这一侵权责任关系。也就是说，双方当事人在承揽合同关系上并没有发生纠纷，发生纠纷的是因被告的汽车轮胎爆炸导致其雇员死亡这一侵权责任关系，侵权纠纷才是本案诉争的法律关系。

如何判断当事人诉争的法律关系呢？应当综合原告的诉求、理由以及案件的基本事实，一般来说，只有与诉讼请求在法律上、事实上有直接关联的法律关系才是据以确定案由的"诉争法律关系"。上述案例中，原告提起该案诉讼，并非基于承揽合同关系的被告拖欠承揽费用或者其他有关的违约责任，而是由于被告的汽车轮胎爆炸导致其员工死亡、原告为此向死者家属进行赔偿这一侵权的法律关系，侵权法律关系才是与案件在法律上、事实上有直接关联的法律关系。而承揽合同并不是在法律上、事实上有直接关联的法律关系，因此不能据以确定案件的案由。

【拓展适用】

最高人民法院有关案由的司法解释规定解读

2001年1月1日生效的《民事案件案由规定（试行）》[以下简称《案由规定（试行）》]，是最高人民法院第一次系统规定民事诉讼的案由。《案由规定（试行）》不仅将民事案由种类规定为4部分、300个具体种类，还第一次对确定案由作出了规定。按照《案由规定（试行）》适用普通程序案件的案由，一般应当包括两部分：当事人诉争的法律关系及争议，如买卖合同质量纠纷，买卖合同为诉争的法律关系，争议则为质量纠纷。《案由规定（试行）》只列出当事人诉争的法律关系部分，当事人的争议部分则由受理法院根据当事人的具体争议确定。适用特别程序案件案由的确定，可以根据当事人的诉讼请求，直接表述。另外，《案由规定（试行）》规定，第一审法院立案时可根据当事人的起诉确定案由，起诉的法律关系与实际诉争的法律关系不符时，结案是以法庭查明的当事人之间实际存在的法律关系作为确定案由的依据，如名为联营实为借贷的，定为借款纠纷。当事人在同一起诉中涉及不同法律关系的，如某一案件涉及主从合同关系的，根据主合同所涉及的法律关系确定案由。如果当事人仅因为从合同发生争议，按照从合同涉及的法律关系及当事人的争议确定案由，如担保合同纠纷。

在《案由规定（试行）》施行数年以后，最高人民法院于2008年制定出台了《案由规定》，并于2011年、2020年进行了修改，使得案由制度的内涵得到进一步丰富和完善。《案由规定》进一步明确了以下内容：

（一）案由的确定标准

鉴于具体案件中当事人的诉讼请求、争议的焦点可能有多个，争议的标的也可能是多个，为保证案由的高度概括和简洁明了，对民事案件案由的表述方式原则上确定为"法律关系性质"加"纠纷"，一般不再包含争议焦点、标的物、侵权方式等要素。但是，考虑到当事人诉争的民事法律关系的性质具有复杂性，为了更准确地体现诉争的民事法律关系和便于司法统计，在坚持以法律关系性质作为案由的确定标准的同时，对少部分案由也依据请求权、形成权或者确认之诉、形成之诉的标准进行确定，对少部分案由也包含争议焦点、标的物、侵权方式等要素。对适用民事特别程序、督促程序、公示催告程序、公司清算、破产程序等非讼程序审理的案件案由，根据当事人的诉讼请求予以直接表述；对公益诉讼、第三人撤销之诉、执行程序中的异议之诉等特殊诉讼程序案件的案由，根据民事诉讼法规定的诉讼制度予以直接表述。

同时，法院不得将《案由规定》等同于《民事诉讼法》第122条规定的受理条件，不得以当事人的诉请在修改后的《案由规定》中没有相应案由可以适用为由，裁定不予受理或者驳回起诉，损害当事人的诉讼权利。

（二）编排体系

《案由规定》以民法理论对民事法律关系的分类为基础，以法律关系的内容即民事权利类型来编排案由的纵向体系，结合《民法典》《民事诉讼法》等民事立法及审判实践，将案由的编排体系划分为人格权纠纷，婚姻家庭、继承纠纷，物权纠纷，合同、准合同纠纷，劳动争议与人事争议，知识产权与竞争纠纷，海事海商纠纷，与公司、证券、保险、票据等有关的民事纠纷，侵权责任纠纷，非讼程序案件案由，特殊诉讼程序案件案由，共计十一大部分，作为第一级案由。在横向体系上，通过总分式四级结构的设计，实现案由从高级（概括）到低级（具体）的演进。如物权纠纷（第一级案由）→所有权纠纷

（第二级案由）→建筑物区分所有权纠纷（第三级案由）→业主专有权纠纷（第四级案由）。在第一级案由项下，细分为五十四类案由，作为第二级案由（以大写数字表示）；在第二级案由项下列出了473个案由，作为第三级案由（以阿拉伯数字表示）。第三级案由是司法实践中最常见和广泛使用的案由。基于审判工作指导、调研和司法统计的需要，在部分第三级案由项下又列出了391个第四级案由［以阿拉伯数字加（）表示］。

现行《案由规定》采用纵向十一个部分、横向四级结构的编排设置，形成了网状结构体系，基本涵盖了《民法典》所涉及的民事纠纷案件类型以及人民法院当前受理的民事纠纷案件类型。

（三）立案案由和结案案由

立案案由是立案法官在立案时，依据当事人在立案阶段提供的材料所确定的案由。结案案由是经过实体审理后，法官根据法庭查明的事实所确定的案由。立案案由与结案案由一般是相符的，两者不一致时，以结案案由为准。第一审法院立案时应当根据当事人诉争法律关系的性质，结合《案由规定》来确定案由。如果当事人起诉的法律关系与实际诉争的法律关系不一致的，或者当事人在诉讼过程中增加或者变更诉讼请求导致当事人诉争的法律关系发生变更的，人民法院结案时应当根据法庭查明的当事人之间实际存在的法律关系的性质，相应变更案件案由。

（四）两个以上法律关系的案由确定

同一诉讼中涉及两个以上的法律关系的，应当依当事人诉争的法律关系的性质确定案由，均为诉争法律关系的，则按诉争的两个以上法律关系并列确定相应的案由。在此问题上，2020年《案由规定》按当事人诉争的法律关系并列确定案由，不区分主从关系。

【典型案例】

浙江省德清县某汽修厂与董某损害赔偿纠纷案

上诉人（原审原告）：浙江省德清县某汽修厂

被上诉人（原审被告）：董某

〔基本案情〕

原告浙江省德清县某汽修厂（以下简称某汽修厂）因与被告董某发生损害赔偿纠纷，向浙江省湖州市吴兴区人民法院提起诉讼。

原告某汽修厂诉称：2009年3月13日，被告董某的雇员魏某驾驶被告所有的重型半挂牵引车及牵引重型普通半挂车，因严重超载导致该车轮胎发生故障，为此魏某向浙江省公安厅高速公路交通警察中队湖州支队第二大队求助,原告接到该大队的指令,派原告雇员梅某、沈某前往事故地抢修,在拆卸汽车外挡轮胎时,内挡轮胎内胎发生爆破,造成梅某死亡的重大事故。后经有关部门鉴定,系被告汽车由于长时间超载,轮胎轮辋不合格,不能承受轮胎内的气压而爆炸,事故发生后,原告已对死者梅某家属给予足额补偿。为维护自身的合法权益,请求法院判令:1. 被告立即赔偿原告359567元;2. 本案诉讼费用由被告承担。

被告董某答辩称:1. 本案应为承揽合同纠纷,原告某汽修厂提起诉讼的事实基础是承揽合同关系,原告雇员的死亡是承揽合同关系下一个不幸的结果。2. 原告存在过错。梅某在没有经专业培训的情况下从事汽车维修业务,系无证上岗,原告亦没有提供与梅某签订劳动合同并缴纳保险费用的证明,也未为其投保意外伤害保险,不能证明梅某系原告雇员,因此原告无诉讼主体资格;被告的驾驶员曾告知梅某轮胎卡槽处有裂痕,梅某在没有放气减压的情况下对该车辆进行操作,严重违反操作规则,存在过错。3. 被告不应承担赔偿责任。根据当时有效的《最高人民法院关于审理人身损害赔偿案件适用法律若干问题的解释》第十条[①]的规定,承揽人在完成工作过程中对第三人造成损害或自身损害的,定作人不承担赔偿责任,但定作人对定作、指示或选任有过失的,应承担相应赔偿责任。就本案而言,被告不存在定作、指示、选任方面的过失;梅某在不具备专业知识的情况下,将未减压放气的事故轮胎拆卸下来,是造成本次事故的根本原因,非被告原因引起,故被告不应承担责任。4. 车辆超载与事故发生无因果关系。从交警队的询问笔录上看,轮胎是在梅某用千斤顶将轮胎顶起后发生爆炸的,已顶离地面的轮胎不再承受车载重量,故与该车的超载没有任何关系。5. 原告没有相应证据证明已将赔偿款支付给梅某家属,原告仅提供了赔偿协议,但未提供梅某家属受到该赔偿款的证据,不能证明其已经履行了赔偿义务。6. 原告的赔偿计算依据混乱。综上,请求法院驳回原告的诉讼请求。

湖州市吴兴区人民法院一审查明:

2009年3月13日被告董某的欧曼重型半挂牵引车在高速公路上出现故障,原告某汽修厂接到交警队指令遂派其雇员梅某、沈某前去修理,在修理过程中轮胎发生爆炸,导致原告雇员梅某死亡。事后,原告与死者梅某的家属达成了赔偿协议。根据交警部门出具的询问笔录认定,梅某未对故障轮胎进行放气减压,致使轮胎爆炸,直接导致梅某死亡。后经浙江出入境检验检疫鉴定所鉴定,鉴定意见为车辆使用维护不当、严重超载、轮胎气压过高以及维修操作不当是造成轮胎爆炸的主要原因。

[一审裁判理由与结果]

本案一审的争议焦点是:一、本案的案由是承揽合同纠纷还是雇员损害赔偿纠纷;二、如何认定原被告双方在本案事故中的过错责任。

---

① 对应《民法典》第1193条。

湖州市吴兴区人民法院一审认为：

承揽合同纠纷作为合同纠纷的一种，主要追究当事人的违约责任，而雇员受害赔偿追偿纠纷属人身损害赔偿纠纷，主要追究当事人的侵权责任，两者各自隶属不同的责任性质。原告某汽修厂员工为被告董某车辆更换轮胎系修理合同法律关系，属于承揽合同法律关系。原告员工在修理过程中意外死亡，原告向其家属赔偿，属雇员受害赔偿性质，现向被告追偿，系雇员受害损害赔偿纠纷，隶属人身损害赔偿纠纷，不能以提起诉讼的前提是承揽合同，便认定该案为承揽合同纠纷。故本案案由为雇员受害赔偿追偿纠纷，被告认定本案案由应为承揽合同的意见不予采纳。

关于原被告在事故中过错责任的认定，首先，本案中轮胎爆炸与车辆超载无因果关系，车辆装载的货物重量经车辆的轮胎传至地面，当千斤顶在地上将轮胎顶离地面时，该轮胎所承受的重量已经由千斤顶负载传至地面，已顶离地面的轮胎不再承受车载重量，因此，原告某汽修厂员工在为已顶离地面的轮胎拧松固定螺母时发生的轮胎爆炸致死，与被告董某车辆装载的重量无因果关系。其次，更换受损车辆轮胎，只有先行对受损轮胎放气减压，才能拆卸轮胎并进行更换，某汽修厂员工在明知轮胎损伤的情况下，未先行对轮胎放气减压，即拧松轮胎固定螺母进行拆卸，当最后一颗轮胎固定螺母被拧松时，受内侧轮胎内高气压的挤压，易破碎的轮胎钢圈不能承受其压力，遂发生轮胎爆炸。原告方员工未先行对受损轮胎放气减压即拆卸，是发生轮胎爆炸的原因，其行为显属违反操作程序，具有过错。董某雇佣的驾驶员，对内侧轮胎钢圈破碎发生轮胎爆炸没有过错。根据《最高人民法院关于审理人身损害赔偿案件适用法律若干问题的解释》第十条的规定，承揽人在完成工作过程中对第三人造成损害或自身损害的，定作人不承担赔偿责任，但定作人对定作、指示或者选任有过失的，应当承担相应的赔偿责任。本案中董某无定作、指示或选任的过失，车辆是否超载与本案的轮胎爆炸不具有关联性，某汽修厂以车辆超载、董某所雇驾驶员有过错为由，要求董某赔偿的请求法院不予支持。

据此，湖州市吴兴区人民法院根据《中华人民共和国民事诉讼法》第六十四条①之规定，判决：

驳回原告某汽修厂的诉讼请求。

〔当事人上诉及答辩意见〕

某汽修厂不服一审判决，向浙江省湖州市中级人民法院提起上诉，主要理由是：一审认定事实错误，因而无法作出正确的判决。一审法院在认定涉案事故发生原因时是根据浙江省出入境检验检疫鉴定所的鉴定报告，该鉴定报告对事故因果的分析相当明确，涉案车辆使用不当是前因亦是主要原因，同时该车辆有多项性能不符合国家强制标准，这些都是涉案事故发生的原因。该鉴定报告的结论为轮胎爆破是因

---

① 对应2023年《民事诉讼法》第67条。

为标的物车辆使用维护不当。而一审法院却将事故发生的主要原因套在上诉人身上，错误地判决上诉人承担本案的主要责任；即使退一步讲，如果错误认定上诉人为主要责任，那么被上诉人董某仍需要承担本案的次要责任并赔偿损失。一审判决适用法律错误，依照法律和司法解释的规定，雇员在从事雇佣活动遭受人身损害，雇主应当承担赔偿责任。雇佣关系以外的第三人造成雇员人身损害的，赔偿权利人可以请求第三人承担赔偿责任，也可以请求雇主承担赔偿责任。雇主承担赔偿责任后，可以向第三人追偿。本案中因被上诉人车辆本身存在轮胎爆炸的隐患，且该爆炸风险经鉴定其主要原因在被上诉人一方，是上诉人雇员作业以外的原因发生的事故，造成上诉人雇员的死亡，被上诉人应承担赔偿责任。综上，某汽修厂认为一审判决认定主要事实错误，适用法律不当，请求撤销一审判决，改判支持上诉人的诉讼请求。

被上诉人董某答辩称：上诉人某汽修厂认为一审判决认定事实错误是没有依据的，涉案事故发生原因的认定是严格按照鉴定报告作出的，双方对于鉴定报告的真实性及合法性都没有异议，根据该鉴定报告分析可知本次事故是维修工操作不当造成，鉴定报告已经明确如果处置得当就可以避免人身伤亡事故，而本案恰恰是因为受害人没有上岗证，在操作时没有按照操作规范操作才导致事故的发生。被上诉人的驾驶员已经将危险的情况告知受害人，并且在换轮胎之前用千斤顶把车辆顶离地面，此时气压的影响、车辆是否超载与事故的发生不具有关联性。综上，被上诉人认为其在本次事故中不存在过错。一审判决认定主要事实清楚，适用法律正确，某汽修厂的上诉理由不成立，请求驳回上诉，维持原判。

〔二审查明的事实〕

二审中，上诉人某汽修厂、被上诉人董某均未提交新的证据。

湖州市中级人民法院经二审，确认了一审查明的事实。

〔二审裁判理由与结果〕

湖州市中级人民法院二审认为：

根据《最高人民法院关于审理人身损害赔偿案件适用法律若干问题的解释》第十一条的规定，雇员在从事雇佣活动中遭受人身损害，雇主应当承担赔偿责任。雇佣关系以外的第三人造成雇员人身损害的，赔偿权利人可以请求第三人承担赔偿责任，也可以请求雇主承担赔偿责任。雇主承担赔偿责任后，可以向第三人追偿。本案中上诉人某汽修厂指派雇员梅某、沈某前往高速公路对被上诉人董某的车辆进行维修，在修理过程中因轮胎爆炸致梅某死亡。现某汽修厂向董某追偿，应以确定雇员所受的人身损害是否因雇佣关系以外的第三人造成为基础，因此需对涉案事故的原因进行认定。对于涉案事故发生的主要原因，根据浙江出入境检验检疫鉴定所出具的鉴定报告，"维修操作不当造成人身伤亡是后果亦是关键因素"。同时，在本案中，董某所雇佣的驾驶员魏某在发现车辆故障后向浙江省公安厅高速公路交通警察部门求助，某汽修厂雇员梅某、沈某在修理时已明确轮胎损伤，根据《最高人民法院关于审理人身损害赔偿案件适用法律若干问题的解释》第十条①的规定，承揽人在完成工作过程中对第三人造成损害或自身损害的，定作人不承担赔偿责任，但定作人对定作、指示或者选任有过失的，应当承担相应的赔偿责任。董某所雇佣的驾驶员魏某已经尽到了妥善处理事故车辆、及时联系公安交警大队维修以及告知轮胎损伤的义务，不存在定作、指示或者选任上的过失。某汽修厂主张轮胎爆炸系因涉案车辆使用不当且存在多处不符合国家相关强制标准导致，对此，法院认为，涉案车辆发生故障后，董某雇佣的驾驶员魏某停车寻求帮助，并采取适当措施予以预防，而某汽修厂派员前往修理也是为了解决车辆故障，在其修理过程中，应查清原因，查勘故障状况，并采取有效措施避免修理过程中发生意外。现事故的发生与处置不当直接关联，与车辆受损原因无关。一审法院据此认定车辆是否超载与本案轮胎的爆炸不具有直接关联性，并无不当。对某汽修厂的上诉主张，不予采信。

据此，湖州市中级人民法院依据《中华人民共和国民事诉讼法》第一百五十三条②第一款第一项之规定，判决：

驳回上诉，维持原判。

本判决为终审判决。

---

① 对应《民法典》第1193条。
② 对应2023年《民事诉讼法》第177条。

第七章　级别管辖

> 规则 10：在共同诉讼中，原告之一或者被告之一住所地不在本辖区内，属于当事人一方住所地不在本辖区
> ——赵某与潘某财产侵权纠纷案[①]

【裁判规则】

"当事人一方住所地不在本辖区"，是指原告、被告中有一方当事人住所地不在本辖区。因第三人是参加他人之间的诉讼，故无论是有独立请求权的第三人还是无独立请求权的第三人，其住所地是否在本辖区不影响案件的管辖。2021 年 10 月实施的《最高人民法院关于调整中级人民法院管辖第一审民事案件标准的通知》（法发〔2021〕27 号）进一步明确以"当事人一方住所地不在受理法院所处省级行政辖区"作为判断级别管辖的主要标准。

【规则理解】

一、当事人一方住所地不在受理法院所处辖区作为级别管辖的依据

管辖制度是指确定法院之间受理民事案件分工和权限的制度。我国《民事诉讼法》规定的管辖主要包括：级别管辖、地域管辖、移送管辖和指定管辖。其中级别管辖是在纵向上对法院系统内部各级法院受理第一审民事案件的权限进行划分。《民事诉讼法》第 18 条至第 21 条的规定确立了我国民事诉讼级别管辖的基本制度，最高人民法院通过适时颁布司法解释和司法指导性文件不断补充完善相关规定，初步形成了我国民事诉讼级别管辖的制度体系。

2015 年 5 月，《最高人民法院关于调整高级人民法院和中级人民法院管辖第一审民商事案件标准的通知》（法发〔2015〕7 号）实施。该通知第 1 条规定，当事人住所地均在受理法院所处省级行政辖区的第一审民商事案件：北京、上海、江苏、浙江、广东高级人民法院，管辖诉讼标的额 5 亿元以上一审民商

[①] 载《中华人民共和国最高人民法院公报》2010 年第 7 期。

事案件，所辖中级人民法院管辖诉讼标的额 1 亿元以上一审民商事案件。天津、河北、山西、内蒙古、辽宁、安徽、福建、山东、河南、湖北、湖南、广西、海南、四川、重庆高级人民法院，管辖诉讼标的额 3 亿元以上一审民商事案件，所辖中级人民法院管辖诉讼标的额 3000 万元以上一审民商事案件。吉林、黑龙江、江西、云南、陕西、新疆高级人民法院和新疆生产建设兵团分院，管辖诉讼标的额 2 亿元以上一审民商事案件，所辖中级人民法院管辖诉讼标的额 1000 万元以上一审民商事案件。贵州、西藏、甘肃、青海、宁夏高级人民法院，管辖诉讼标的额 1 亿元以上一审民商事案件，所辖中级人民法院管辖诉讼标的额 500 万元以上一审民商事案件。第 2 条规定，当事人一方住所地不在受理法院所处省级行政辖区的第一审民商事案件：北京、上海、江苏、浙江、广东高级人民法院，管辖诉讼标的额 3 亿元以上一审民商事案件，所辖中级人民法院管辖诉讼标的额 5000 万元以上一审民商事案件。天津、河北、山西、内蒙古、辽宁、安徽、福建、山东、河南、湖北、湖南、广西、海南、四川、重庆高级人民法院，管辖诉讼标的额 1 亿元以上一审民商事案件，所辖中级人民法院管辖诉讼标的额 2000 万元以上一审民商事案件。吉林、黑龙江、江西、云南、陕西、新疆高级人民法院和新疆生产建设兵团分院，管辖诉讼标的额 5000 万元以上一审民商事案件，所辖中级人民法院管辖诉讼标的额 1000 万元以上一审民商事案件。贵州、西藏、甘肃、青海、宁夏高级人民法院，管辖诉讼标的额 2000 万元以上一审民商事案件，所辖中级人民法院管辖诉讼标的额 500 万元以上一审民商事案件。

2018 年 7 月，《最高人民法院关于调整部分高级人民法院和中级人民法院管辖第一审民商事案件标准的通知》（法发〔2018〕13 号）第 1 条规定："当事人住所地均在受理法院所处省级行政辖区的第一审民商事案件：贵州省、陕西省、新疆维吾尔自治区高级人民法院和新疆维吾尔自治区高级人民法院生产建设兵团分院管辖诉讼标的额 3 亿元以上一审民商事案件，所辖中级人民法院管辖诉讼标的额 3000 万元以上一审民商事案件。甘肃省、青海省、宁夏回族自治区高级人民法院管辖诉讼标的额 2 亿元以上一审民商事案件，所辖中级人民法院管辖诉讼标的额 1000 万元以上一审民商事案件。"第 2 条规定："当事人一方住所地不在受理法院所处省级行政辖区的第一审民商事案件：贵州省、陕西省、新疆维吾尔自治区高级人民法院和新疆维吾尔自治区高级人民法院生产建设兵团分院管辖诉讼标的额 1 亿元以上一审民商事案件，所辖中级人民法院管辖诉讼标的额 2000 万元以上一审民商事案件。甘肃省、青海省、宁夏回族自治区高级人民法院管辖诉讼标的额 5000 万元以上一审民商事案件，所辖中级人民法院管辖诉讼标的额 1000 万元以上一审民商事案件。"第 3 条规定："本通知未作调整的，按照《最高人民法院关于调整高级人民法院和中级人民法院管辖第一审民商事案件标准的通知》（法发〔2015〕7 号）执行。"

2021 年 9 月，《最高人民法院关于调整中级人民法院管辖第一审民事案件标准的通知》（法发〔2021〕27 号）第 1 条规定："当事人住所地均在或者均不在受理法院所处省级行政辖区的，中级人民法院管辖诉讼标的额 5 亿元以上的第一审民事案件。"第 2 条规定："当事人一方住所地不在受理法院所处省级行政辖区的，中级人民法院管辖诉讼标的额 1 亿元以上的第一审民事案件。"第 6 条规定："最高人民法院以前发布的关于中级人民法院第一审民事案件级别管辖标准的规定，与本通知不一致的，不再适用。"

上述文件具有三个特点：一是采用当事人住所地是否在受理法院所处省级行政辖区作为确定级别管辖的主要标准，避免了对"辖区"的理解歧义，判断标准更加清晰，更具可操作性。二是技术上予以分层处理，对当事人一方住所地不在受理法院所处省级行政辖区的第一审民商事案件设置较低的诉讼标的额管辖标准；对当事人住所地均在受理法院所处省级行政辖区的第一审民商事案件设置较高的诉讼标的额管辖标准，从而实现部分跨辖区民事案件由高级人民法院提级审理的目的。三是根据经济发展及案件数量增长情况，提高了级别管辖标准，均衡各级人民法院的职能和工作负担，并使大部分民事案件纠纷化解在基层。

综上，当事人一方住所地或者各方住所地是否在受理法院所处省级辖区是确定级别管辖的主要标准，这有利于合理界定四级人民法院的职能分工，确保案件审理的公正性和高效性，同时也有助于从制度上防范因管辖问题产生的地方保护主义问题。此外，高级人民法院审理一定数量的跨辖区第一审民事案件，能够加强高级人民法院和最高人民法院在案件方面的指导和监督职能，保护当事人的合法民事权益，体现司法公正。

二、理解"当事人住所地均在受理法院所处省级行政辖区"以及"当事人一方住所地不在受理法院所处省级行政辖区"应注意的问题

在理解"当事人住所地均在受理法院所处省级行政辖区"以及"当事人一方住所地不在受理法院所处省级行政辖区"的概念时，应当注意以下几点：

第一，《民事诉讼法解释》第 3 条对"当事人住所地"的定义作了修改。该条规定，公民的住所地是指公民的户籍所在地，法人或者其他组织的住所地是指法人或者其他组织的主要办事机构所在地。法人或者其他组织的主要办事机构所在地不能确定的，法人或者其他组织的注册地或者登记地为住所地。该条根据《民事诉讼法》第 21 条的规定，并结合《民法典》第 63 条、《公司法》第 10 条的规定，对《最高人民法院关于适用〈中华人民共和国民事诉讼法〉若干问题的意见》（现已失效）第 4 条作了修订，具体表现为三个方面：一是增加了对"其他组织"住所地的规定，充分考虑了依法成立的不具有法人资格的"其他组织"作出民事诉讼主体的情形。二是与《民法典》第 63 条和《公司法》第 10 条保持一致，规定以主要办事机构所在地为住所地，直接摒弃了《最高人民法院关于适用〈中华人民共和国民事诉讼法〉若干问题的意见》"主要营业地"的规定。三是增加规定了不能确定主要办事机构所在地时，以法人或者其他组织的注册地或者登记地为住所地。审判实践中应当注意，一般情况下，法人或者其他组织的主要办事机构所在地与注册地、登记地应是重合的。

第二，严格适用文义解释。"当事人住所地"以及"当事人一方住所地"中的"当事人"应作严格的文义解释，仅指原告或被告，不包括第三人，无论是有独立请求权的第三人还是无独立请求权的第三人。根据我国《民事诉讼法》第 59 条的规定，第三人是指对当事人争议的诉讼标的有独立的请求权，或者虽然没有独立请求权，但案件处理结果同他有法律上的利害关系，因而参加到当事人已经开始的民事诉讼中来进行诉讼的人。前者为有独立请求权的第三人；后者为无独立请求权的第三人。设置第三人制度的目的在于当一个具体的诉讼案件涉及第三方的权利或与其有利害关系，为了维护第三方的正当利益，允许其基于一定的法律理由参与诉讼。因此，第三人诉讼又称诉讼参加，是第三人以保护自己的民事权益为目的，参加到他人已经开始的诉讼中去的一种诉讼行为。

《民事诉讼法解释》第 37 条规定，"案件受理后，受诉人民法院的管辖权不受当事人住所地、经常居住地变更的影响"，表明我国民事诉讼法实行管辖恒定原则。管辖恒定原则是指第一审法院对案件有无管辖权，以诉讼受理时为准，如受理诉讼时受案法院有管辖权，案件就自始至终由其管辖，其后情况变化，均不影响受诉法院的管辖权。否则，程序将无法保持安定。[①] 由于第三人是在诉讼开始后，参加他人之间的诉讼，根据管辖恒定原则，不应当将第三人

---

① 陈桂明、李仕春：《程序安定论——以民事诉讼为对象的分析》，载《政法论坛》1999 年第 5 期。

住所地不在本辖区作为确定级别管辖的标准。因此，不论是有独立请求权的第三人还是无独立请求权的第三人不在受案法院辖区，均不影响受案法院的管辖权。

第三，部分特定类型案件的管辖不适用当事人住所地是否在受理法院辖区的判断标准。一是《最高人民法院关于调整中级人民法院管辖第一审民事案件标准的通知》（法发〔2021〕27号）于第3条规定的战区军事法院、总直属军事法院管辖诉讼标的额1亿元以上的案件。二是《最高人民法院关于调整高级人民法院和中级人民法院管辖第一审民商事案件标准的通知》（法发〔2015〕7号）第4条规定的婚姻、继承、家庭、物业服务、人身损害赔偿、名誉权、交通事故、劳动争议等案件，以及群体性纠纷案件，一般由基层人民法院管辖。三是知识产权案件、海事海商案件和涉外、涉港澳台民商事案件。该部分案件适用的相关司法解释及司法文件包括：《最高人民法院关于军事法院管辖民事案件若干问题的规定》（法释〔2012〕11号）、《最高人民法院关于调整地方各级人民法院管辖第一审知识产权民事案件标准的通知》（法发〔2010〕5号）、《最高人民法院关于北京、上海、广州知识产权法院案件管辖的规定》（法释〔2020〕19号）、《最高人民法院关于知识产权法庭若干问题的规定》（法释〔2018〕22号）、《最高人民法院关于印发基层人民法院管辖第一审知识产权民事、行政案件标准的通知》（法〔2022〕109号）、《最高人民法院关于涉外民商事案件诉讼管辖若干问题的规定》（法释〔2020〕20号）、《民事诉讼法解释》第2条"专利纠纷案件由知识产权法院、最高人民法院确定的中级人民法院和基层人民法院管辖。海事、海商案件由海事法院管辖"的规定等。

值得注意的是，《最高人民法院关于调整地方各级人民法院管辖第一审知识产权民事案件标准的通知》第1条规定"高级人民法院管辖诉讼标的额在2亿元以上的第一审知识产权民事案件，以及诉讼标的额在1亿元以上且当事人一方住所地不在其辖区或者涉外、涉港澳台的第一审知识产权民事案件"，也采用了"当事人一方住所地不在本辖区"作为辅助划分级别管辖的标准。

三、共同诉讼当事人住所地与级别管辖的关系

我国《民事诉讼法》第55条第1款规定："当事人一方或者双方为二人以上，其诉讼标的是共同的，或者诉讼标的是同一种类、人民法院认为可以合并审理并经当事人同意的，为共同诉讼。"根据该条规定，共同诉讼分为必要共同诉讼和普通共同诉讼。必要共同诉讼的特点在于共同诉讼的一方当事人对诉讼标的有不可分的共同的权利义务。如其中一人不参加诉讼，争议的权利义务

关系以及当事人之间的权利义务关系就难以确定，因此，人民法院发现必须共同诉讼的当事人没有参加诉讼的，应当追加其作为当事人参加诉讼。普通共同诉讼的特点在于当事人对诉讼标的没有共同的权利义务，因而是一种可分之诉，可以将它们作为各自独立的诉讼分别审理，也可以为了方便，对属于同一种类的诉讼标的，进行合并审理。

普通共同诉讼的合并审理必须符合四个条件：第一，共同的被告必须在一个人民法院的辖区内。如果某一被告不在该法院辖区内，该法院不能将其列为共同被告。第二，几个诉讼必须属于同一诉讼程序。属于不同诉讼程序审理的案件，如有的属于普通程序审理的案件，有的属于简易程序或者特别程序审理的案件，不能合并审理。第三，当事人同意作为共同诉讼合并审理。第四，必须符合合并审理的目的，即合并审理后，可以简化程序，节省时间和费用。由上可见，普通共同诉讼本质上是单独之诉的结合，每个当事人都拥有完整的诉权权能和独立的诉讼地位，未经其同意，其诉权权能和诉讼地位不会因为其他共同诉讼当事人的诉讼行为而发生改变。据此，对于原告起诉多名位于不同辖区的被告，且属于普通共同诉讼的，不能因为其中一名被告的住所地不在本辖区，而对所有诉讼统一适用较高的级别管辖标准。人民法院应当告知原告分案起诉，并依据各诉讼的情况确定相应的管辖法院，防止产生原告利用普通共同诉讼的形式规避级别管辖规定从而损害被告程序权利的现象。[①]

【拓展适用】

一、我国民事诉讼级别管辖制度的立法情况及问题

（一）级别管辖的划分

《民事诉讼法》第二章第一节"级别管辖"针对四级法院的管辖案件范围分别作了如下规定：

1. 基层人民法院管辖的案件。《民事诉讼法》第18条规定："基层人民法院管辖第一审民事案件，但本法另有规定的除外。"即除法律规定由中级人民

[①] 该问题比较复杂。例如，其他被告和原告均属于同一辖区，应该由辖区法院审理，但原告多选择了一名不在本辖区的被告则符合提级审理的条件，被告对合并共同诉讼没有异议，但仅提出管辖权异议，认为不应提级审理，此时如何处理？又如，在被告均未提出异议的情况下，法院要不要主动审查？按照级别管辖司法解释，法院必须主动审查。再如，原告选择一名与案件无争议的被告进行起诉，依照现在的惯常做法，法院在管辖权异议阶段不审查被告的适格性，这些问题都留待实体审理阶段解决，所以造成了原告制度性规避管辖标准的很多问题，这些问题如何处理需要进一步明确。

法院、高级人民法院和最高人民法院管辖的第一审民事案件外，其余的第一审民事案件都由基层人民法院管辖。另外，适用特别程序、督促程序、公示催告程序等审理的非讼案件，一律由基层人民法院管辖。

2. 中级人民法院管辖的案件。《民事诉讼法》第 19 条规定："中级人民法院管辖下列第一审民事案件：（一）重大涉外案件；（二）在本辖区有重大影响的案件；（三）最高人民法院确定由中级人民法院管辖的案件。"

3. 高级人民法院管辖的案件。《民事诉讼法》第 20 条规定："高级人民法院管辖在本辖区有重大影响的第一审民事案件。"

4. 最高人民法院管辖的案件。《民事诉讼法》第 21 条规定："最高人民法院管辖下列第一审民事案件：（一）在全国有重大影响的案件；（二）认为应当由本院审理的案件。"

（二）级别管辖存在的问题

级别管辖方面存在的主要问题有：一是我国民事诉讼法划分级别管辖的标准所采用的"三结合"方法，即结合案件性质、繁简程度、影响范围确定级别管辖，理论上讲是周密的，但可操作性还有待加强，尤其是一般案件与特殊类型案件的界定标准不够清晰，相关司法解释及司法文件相对分散，容易造成实践中掌握尺度不一的情形。二是诉讼标的额较大的案件和当事人跨地区案件产生问题较多。例如，中、基层人民法院违反级别管辖标准，越级受理本应由上级法院管辖的案件。[①] 三是长期以来，级别管辖视为法院内部分工问题，对当事人级别管辖异议不作书面裁定，对当事人程序权利的保障力度不够。

二、我国民事诉讼级别管辖制度的完善

为进一步明晰级别管辖标准，考虑到诉讼标的数额大小基本能反映出案件的影响大小及难易程度，也可以避免各级法院在确定级别管辖时带有过浓的主观因素，司法实践中逐步确立了以争议标的数额作为划分级别管辖主要标准的原则。2015 年，最高人民法院结合不同区域的经济发展状况和司法审判实践经验，发布了《最高人民法院关于调整高级人民法院和中级人民法院管辖第一审民商事案件标准的通知》，对中、高级法院的受案范围作了明确划分。该通知第 5 条规定，对重大疑难、新类型和在适用法律上有普遍意义的案件，可以依照《民事诉讼法》第 39 条的规定，由上级人民法院自行决定由其审理，或者

[①] 刘学文等：《〈最高人民法院关于审理民事级别管辖异议案件若干问题的规定〉解读》，载《法律适用》2010 年第 1 期。

根据下级人民法院报请决定由其审理，为特定案件的管辖权"上调性转移"提供了依据。

司法实践中，还逐步形成了一类特殊的级别管辖，即以案件的性质和类型确定管辖。例如，《最高人民法院关于涉外民商事案件诉讼管辖若干问题的规定》对建立涉外民商事案件集中管辖制度作出了明确的规定，即第一审涉外民商事案件由国务院批准设立的经济技术开发区人民法院；省会、自治区首府、直辖市所在地的中级人民法院；经济特区、计划单列市中级人民法院；最高人民法院指定的其他中级人民法院和高级人民法院管辖。上述中级人民法院的区域管辖范围由所在地的高级人民法院确定。《最高人民法院关于审理证券市场虚假陈述侵权民事赔偿案件的若干规定》（法释〔2022〕2号）第3条第1款规定："证券虚假陈述侵权民事赔偿案件，由发行人住所地的省、自治区、直辖市人民政府所在的市、计划单列市和经济特区中级人民法院或者专门人民法院管辖。《最高人民法院关于证券纠纷代表人诉讼若干问题的规定》等对管辖另有规定的，从其规定。"此外，知识产权案件、金融案件、仲裁司法审查案件、破产案件等也均有其相应的管辖规定。

2009年11月，最高人民法院发布《关于审理民事级别管辖异议案件若干问题的规定》，通过保障级别管辖异议权的程序权利，规范上下级法院之间管辖权的转移入手，将民事案件级别管辖异议的行政化处理模式改革为诉讼化模式，进一步完善了我国民事诉讼级别管辖的制度体系。该司法解释规定，人民法院对被告在法定期间提出的管辖权异议以裁定方式进行处理；对人民法院就级别管辖异议作出的裁定，当事人享有上诉权；受诉法院发现其没有级别管辖权应当依职权移送等，对于保障当事人诉讼权利、合理分配司法资源、促进司法公正起到了极大的作用。

三、级别管辖异议案件审查中应注意的问题

（一）在管辖权异议裁定作出之前，原告申请撤回起诉的处理

根据《最高人民法院关于审理民事级别管辖异议案件若干问题的规定》第2条规定，在管辖权异议裁定作出前，原告申请撤回起诉，受诉人民法院作出准予撤回起诉裁定的，对管辖权异议不再审查，并在裁定书中一并写明。从上述规定可以看出，受诉法院无管辖权的，原则上应裁定将案件移送有管辖权的法院审理。由于目前人民法院在移送案件问题上存在诸多问题，特别是拖延的情况比较严重，在实际操作中，法院在作出移送管辖裁定前，可以主动询问当事人是否申请撤诉，原告申请撤诉的，法院准许后，对管辖异议就不必再作进一步审理。

(二) 答辩期间届满后,原告增加诉讼请求金额,被告提出管辖权异议的处理

《民事诉讼法》第130条规定:"人民法院受理案件后,当事人对管辖权有异议的,应当在提交答辩状期间提出。人民法院对当事人提出的异议,应当审查。异议成立的,裁定将案件移送有管辖权的人民法院;异议不成立的,裁定驳回。当事人未提出管辖异议,并应诉答辩或者提出反诉的,视为受诉人民法院有管辖权,但违反级别管辖和专属管辖规定的除外。"同时,该法第54条规定:"原告可以放弃或者变更诉讼请求。被告可以承认或者反驳诉讼请求,有权提起反诉。"这就有可能出现被告在答辩期间届满后,原告增加诉讼请求标的额的情形。对此,当事人在诉讼中增加诉讼请求从而加大诉讼标的额,致使诉讼标的额超过受诉法院级别管辖权限的,一般不再予以变动。但是当事人故意规避有关级别管辖等规定的除外。此处应当注意对当事人"故意规避"有关级别管辖等规定的理解。为平衡好当事人之间的利益,防止原告利用被告在答辩期间没有提出管辖异议,来规避管辖异议制度,《最高人民法院关于审理民事级别管辖异议案件若干问题的规定》第3条规定:"提交答辩状期间届满后,原告增加诉讼请求金额致使案件标的额超过受诉人民法院级别管辖标准,被告提出管辖权异议,请求由上级人民法院管辖的,人民法院应当按照本规定第一条审查并作出裁定。"而该规定第1条明确规定:"被告在提交答辩状期间提出管辖权异议,认为受诉人民法院违反级别管辖规定,案件应当由上级人民法院或者下级人民法院管辖的,受诉人民法院应当审查,并在受理异议之日起十五日内作出裁定:(一)异议不成立的,裁定驳回;(二)异议成立的,裁定移送有管辖权的人民法院。"这说明被告在特定情形下,即使在答辩期间届满后仍然可以提出管辖权异议。在司法实践中应当注意两点:一是无需考虑原告增加诉讼请求数额是否存在"故意规避"的问题,只要原告增加诉讼请求金额致使案件标的额超过受诉人民法院级别管辖标准,被告即有权提出管辖权异议。二是被告提出级别管辖权异议的时间应当与原告增加诉讼请求金额的时间相对应。法律规定原告在庭审结束前有权增加诉讼请求,只要原告增加诉讼请求金额致使案件标的额超过受诉人民法院级别管辖标准,被告即可根据上述规定及时提出管辖权异议。

(三) 解除合同之诉中诉讼标的额的认定

司法实践中,时常出现当事人之间就所订立的合同都没有实际履行,当事人提出诉讼后,仅起诉解除合同,并未提出具体的诉讼请求金额,这种情况下,如何确定标的额,有观点认为可依据合同标的额来确定;有观点认为,应以其

具体的诉讼请求金额来确定；还有观点认为，这类案件没有标的额，可以按非财产案件来确定。我们认为，在当事人双方或一方全部没有履行合同义务的情况下，发生纠纷起诉至法院的，如当事人在诉讼请求中明确要求全部履行合同的，应以合同总金额加上其他请求金额作为诉讼标的金额，并据以确定级别管辖；如当事人在诉讼请求中要求解除合同的，应以其具体的诉讼请求数额来确定诉讼标的额，并据以确定级别管辖。因此，人民法院审理此类案件时，应根据合同标的额，确定级别管辖。

【典型案例】

赵某与潘某财产侵权纠纷案

上诉人（一审被告）：潘某

被上诉人（一审原告）：赵某

〔基本案情〕

上诉人潘某为与被上诉人赵某财产侵权纠纷一案，不服陕西省高级人民法院（2009）陕民一初字第2号民事裁定，向最高人民法院提起上诉。最高人民法院依法组成合议庭对本案进行了审理。本案现已审理终结。

〔一审裁判理由与结果〕

一审法院认为，本案诉讼标的额在5000万元以上，双方当事人住所地均不在陕西地区，本案是否属于本院管辖的第一审民商事案件是双方当事人争议的焦点问题。根据《最高人民法院关于调整高级人民法院和中级人民法院管辖第一审民商事案件标准的通知》（法发〔2008〕10号）第一条第二款规定，该院可管辖诉讼标的额在1亿元以上的第一审民商事案件，以及诉讼标的额在5000万元以上且当事人一方住所地不在本辖区或者涉外、涉港澳台的第一审民商事案件。该条款的第二个案件管辖标准，既排除了可能存在的地方保护的因素，在一定程度上亦减少了当事人的诉讼成本，体现了司法的公正性。但对该条款中"且当事人一方住所地不在本辖区"，不能单纯地理解为只有一方当事人不在本辖区的情形，因为该条并未排除当事人双方均不在本辖区的情形。当事人双方住所地均不在本辖区的诉讼标的额在5000万元以上的民商事案件由该院审理，更有利于摆脱地方保护主义的影响。另，赵某曾以法人名义就同一法律事实将潘某诉至该院，该院曾对此案进行过审理，结合本案实际情况，由该院审理此案更有利于查明案件事实，提高司法效率，依法保护当事人双方的合法权益，实现司法公正。综上，潘某要求将本案移送到榆林市中级人民法院审理的管辖权异议不能成立。依照《中华人民共和国民事诉讼法》第三十八条[①]的规

[①] 对应2023年《民事诉讼法》第130条。

定，裁定驳回潘某对本案管辖权提出的异议。

〔当事人上诉及答辩意见〕

潘某不服一审裁定，向本院上诉称：一审裁定对《最高人民法院关于调整高级人民法院和中级人民法院管辖第一审民商事案件标准的通知》（法发〔2008〕10号）的解释不符合立法的本意。"诉讼标的额在5000万元以上且当事人一方住所地不在本辖区"的含义应当是当事人一方住所地不在本辖区而另一方住所地在本辖区，不包括当事人双方均不在本辖区的情形。故请求本院依法撤销一审裁定，裁定本案由陕西省榆林市中级人民法院审理。

赵某未提交书面答辩意见。

〔最高人民法院裁判理由与结果〕

本院认为，本案是当事人不服高级人民法院就级别管辖异议裁定而提起的上诉，根据《最高人民法院关于审理民事级别管辖异议案件若干问题的规定》第八条的规定，本院应当依法审理并作出裁定。《最高人民法院关于调整高级人民法院和中级人民法院管辖第一审民商事案件标准的通知》（法发〔2008〕10号）中所称的"当事人一方住所地不在本辖区"，是指原告或者被告一方当事人住所地不在本辖区，不包括原告、被告双方住所地均不在本辖区的情形。原告、被告双方住所地均不在本辖区的，应当仅按照诉讼标的额标准来确定级别管辖法院。在共同诉讼场合，原告之一或者被告之一住所地不在本辖区的，应当属于"当事人一方住所地不在本辖区"的情形。对于第三人住所地不在本辖区的，无论是有独立请求权的第三人还是无独立请求权的第三人，由于是参加他人之间的诉讼，故基于原被告管辖利益的衡量，不应列为"当事人一方住所地不在本辖区"的情形。本案诉讼标的额在5000万元以上，但当事人双方住所地均不在本辖区，根据《最高人民法院关于审理民事级别管辖异议案件若干问题的规定》第一条的规定，陕西省高级人民法院对本案无管辖权，应移送有管辖权的人民法院审理。因诉称的侵权行为地在陕西省神木县，陕西省高级人民法院应将本案移送陕西省榆林市中级人民法院审理。

综上，原审裁定认为陕西省高级人民法院对本案具有管辖权错误，应予纠正。上诉人提出的撤销原审裁定、将本案移送陕西省榆林市中级人民法院审理的上诉请求成立，应予支持。根据《中华人民共和国民事诉讼法》第三十八条、第一百五十三条①第一款第（二）项、第一百五十四条②的规定，裁定如下：

一、撤销陕西省高级人民法院（2009）陕民一初字第2号民事裁定；

二、陕西省高级人民法院将本案移送陕西省榆林市中级人民法院审理。

本裁定为终审裁定。

---

① 对应2023年《民事诉讼法》第177条。
② 对应2023年《民事诉讼法》第178条。

第八章 地域管辖

> 规则 11：保险代位权诉讼应当根据保险人所代位的被保险人与第三者之间的法律关系确定管辖法院
> ——甲财产保险公司诉李某贵、乙财产保险公司保险人代位求偿权纠纷案①

【裁判规则】

因第三者对保险标的损害造成保险事故，保险人向被保险人赔偿保险金后，代位行使被保险人对第三者请求赔偿的权利而提起诉讼的，应当根据保险人所代位的被保险人与第三者之间的法律关系，而不应当根据保险合同法律关系确定管辖法院。第三者侵害被保险人合法权益的，由侵权行为地或者被告住所地法院管辖。

【规则理解】

一、保险代位权的内涵

《保险法》第 2 条规定："本法所称保险，是指投保人根据合同约定，向保险人支付保险费，保险人对于合同约定的可能发生的事故因其发生所造成的财产损失承担赔偿保险金责任，或者当被保险人死亡、伤残、疾病或者达到合同约定的年龄、期限等条件时承担给付保险金责任的商业保险行为。"《保险法》第 60 条规定："因第三者对保险标的的损害而造成保险事故的，保险人自向被保险人赔偿保险金之日起，在赔偿金额范围内代位行使被保险人对第三者请求赔偿的权利。前款规定的保险事故发生后，被保险人已经从第三者取得损害赔偿的，保险人赔偿保险金时，可以相应扣减被保险人从第三者已取得的赔偿金额。保险人依照本条第一款规定行使代位请求赔偿的权利，不影响被保险人就未取得赔偿的部分向第三者请求赔偿的权利。"可见，《保险法》第 60 条所规

---

① 最高人民法院指导案例 25 号。

定的权利就是保险代位权。

保险代位权又称保险代位求偿权，是指保险人享有的、代位行使被保险人对造成保险标的损害负有赔偿责任的第三者的赔偿请求权的权利。《保险法》设置保险代位权，其目的在于：（1）实现填补财产保险的损失。填补损失是财产损失保险的基本原则，其本质内容在于填补被保险人因保险事故所受到的损失和维护社会公共利益。为了防止被保险人获得双重赔付，保险代位权是实现填补损失原则的工具或者方法。保险代位权是架设在保险人和被保险人中间的一座桥梁，将被保险人可能获得的超额利益合理地输送给保险人，彻底实现财产损失保险填补损失原则。（2）维护社会公共利益，避免损害赔偿责任人逃脱责任。造成被保险人损害的第三者，不能因为被保险人通过保险获得了损失的填补，而不对其行为造成的损失后果承担责任，借助被保险人和保险人订立的保险合同而获得本不应当获得的利益，对被保险人和保险人不公正，也不利于维护社会公共利益，因为对于造成损失的第三者不追究法律责任，势必促使加害人放任侵害行为，从而产生不利于防范甚至会加重危险的混乱局面。保险代位权作为实现填补损失原则的工具，可以方便地将被保险人对造成其损失的第三者的请求损害赔偿的权利转移给保险人行使，最终确定由造成被保险人损害的第三者承担赔偿责任。保险代位权将在维护社会公共利益方面发挥应有的作用，从根本上防止或者减少第三者为加害行为的机会。

二、保险代位权的法律特征

（一）保险代位权具有法定性

根据《保险法》第 60 条的规定，保险代位权是保险人依法享有的权利。保险实务中，保险代位权的发生根据可能来源于保险合同的约定，比如财产损失保险合同约定，保险人向被保险人支付保险赔偿金后，享有代位行使被保险人对第三者的求偿权的权利，但保险代位权系保险人基于法律规定当然取得，随同保险合同的订立而发生，无论合同是否约定保险代位权，在保险事故发生时，该项权利都归属于保险人。

（二）保险代位权具有从属性

根据《保险法》第 60 条第 1 款的规定，保险代位权作为保险人依法享有的权利，实际上属于被保险人对第三者的赔偿请求权，不因保险代位权的行使而发生变化，因此在性质上完全从属于被保险人对第三者的赔偿请求权。至于被保险人对第三者行使赔偿请求权的基础，《最高人民法院关于适用〈中华人民共和国保险法〉若干问题的解释（四）》第 7 条规定，"保险人依照保险法

第六十条的规定，主张代位行使被保险人因第三者侵权或者违约等享有的请求赔偿的权利的，人民法院应予支持"。由此，被保险人对第三者行使赔偿请求权的基础或为侵权责任，或为违约责任，或为法律规定的其他赔偿责任，即被保险人对于第三者的损害赔偿请求权或为侵权损害赔偿请求权，或为违约损害赔偿请求权，或为法律规定的其他赔偿请求权。

三、确定保险代位权案件管辖法院的原则

（一）必须符合当事人起诉的条件

当事人提起保险代位权诉讼必须符合《民事诉讼法》第122条规定的起诉条件：1. 原告是与本案有直接利害关系的公民、法人和其他组织。通常情况下，保险代位权诉讼的原告为保险人，即保险公司。2. 有明确的被告。通常情况下，保险代位权诉讼的被告为对保险标的造成损害的第三者。3. 有具体的诉讼请求和事实、理由。因第三者存在对保险标的的损害行为，且原告已向被保险人依法给付保险赔偿金，要求法院判决作为被告的第三者将应当支付给被保险人的相同数额的保险赔偿金支付给原告。根据原告的诉讼请求和事实、理由可知，原告提起保险代位权诉讼所依据的基础事实为第三者与被保险人之间的法律关系，而非保险合同当事人之间的保险合同法律关系。原告根据保险合同的约定和相关法律规定，在保险事故发生时依约履行了向被保险人支付保险赔偿金的义务，该保险合同只对保险人应当向被保险人支付保险赔偿金的金额产生影响。也就是说，保险合同对保险代位权诉讼产生影响的只是诉讼请求的标的额，并不直接影响保险代位权诉讼标的所反映的民事法律关系，即保险人与被保险人之间的代位行使权利的关系，以及被保险人与第三者之间的赔偿请求权法律关系。这是保险代位权的法定性和从属性所决定的，由此也决定了保险代位权诉讼的法院管辖原则。4. 属于人民法院受理民事诉讼的范围和受诉人民法院管辖。毫无疑问，保险代位权诉讼属于人民法院受理民事诉讼的范围。

（二）以被保险人与第三者之间的法律关系确定管辖法院

关于保险代位权诉讼法院管辖如何确定，《最高人民法院关于适用〈中华人民共和国保险法〉若干问题的解释（四）》第12条规定，"保险人以造成保险事故的第三者为被告提起代位求偿权之诉的，以被保险人与第三者之间的法律关系确定管辖法院"。该规定的理论支撑来源于诉讼标的与诉讼请求的关系。所谓诉讼标的，是指诉讼的对象，诉讼的对象是一种针对实体法上的权利主张，体现的是一种实体上的权利义务法律关系。诉讼标的是确定民事案件案由的主要根据，根据民事案由确定规则，大多数民事案件案由依据当事人主张的民事

法律关系的性质来确定，只有少部分案由才依据请求权、形成权或者确认之诉、形成之诉的标准进行确定。诉讼请求是指原告向法院提出的要求裁判的事项，在《民事诉讼法》第 122 条规定的起诉条件中，针对诉讼请求提出的要求是"有具体的诉讼请求"。诉讼标的与诉讼请求虽然只有两字之差，但区别很大，并不是同一概念。如前所述，保险代位权之诉的诉讼标的是被保险人与第三者之间的法律关系，投保人与保险人之间签订的保险合同只对保险人支付给被保险人的保险金额即保险代位权诉讼的诉讼请求产生影响，并非保险人提起保险代位权之诉的原因，况且保险人提起保险代位权之诉时，保险人已经支付保险赔偿金，该行为属于履行保险合同，而非履行保险合同产生纠纷。另外，从第三者与保险合同的关系角度，保险合同属于双务合同，具有合同的一般属性即合同的相对性，第三者不是保险合同的当事人或者利害关系人，保险合同对第三者不产生法律拘束力，如果以保险合同法律关系来作为保险代位权诉讼确定法院管辖的依据，既缺乏关联性，也对第三者明显不公平。因此，被保险人对第三者提起的保险代位权诉讼应当以被保险人与第三者之间的法律关系来确定法院管辖。

四、关于管辖适用中的重点、难点问题

（一）关于管辖连接点的确定

《最高人民法院关于适用〈中华人民共和国保险法〉若干问题的解释（四）》第 12 条规定，保险人以造成保险事故的第三者为被告提起代位求偿权之诉的，应以被保险人与第三者之间的法律关系确定管辖法院。至于被保险人与第三者之间的法律关系的类型，根据《最高人民法院关于适用〈中华人民共和国保险法〉若干问题的解释（四）》第 7 条的规定，"保险人依照保险法第六十条的规定，主张代位行使被保险人因第三者侵权或者违约等享有的请求赔偿的权利的，人民法院应予支持"。因此，被保险人与第三者之间的法律关系的类型包括但不限于基于合同、侵权以及其他法律规定而产生的法律关系，确定保险代位权诉讼的管辖连接点因上述法律关系类型的不同而有所不同。

1. 被保险人与第三者之间为合同关系的保险代位权诉讼管辖连接点。《民事诉讼法》第 24 条规定："因合同纠纷提起的诉讼，由被告住所地或者合同履行地人民法院管辖。"《民事诉讼法解释》第 18 条规定："合同约定履行地点的，以约定的履行地点为合同履行地。合同对履行地点没有约定或者约定不明确，争议标的为给付货币的，接收货币一方所在地为合同履行地；交付不动产的，不动产所在地为合同履行地；其他标的，履行义务一方所在地为合同履行地。即时结清的合同,交易行为地为合同履行地。合同没有实际履行,当事人双方住所地都不在合同约定的履行地的,由被告住所地人民法院管辖。"故该类型案件的管辖连接点除被告住所地外,还有合同履行地,包括接收货币所在地、交付不动产所在地、交易行为地等。

2. 被保险人与第三者之间为侵权关系的保险代位权诉讼管辖连接点。《民事诉讼法》第29条规定:"因侵权行为提起的诉讼,由侵权行为地或者被告住所地人民法院管辖。"《民事诉讼法解释》第24条规定:"民事诉讼法第二十九条规定的侵权行为地,包括侵权行为实施地、侵权结果发生地。"故该类型案件的管辖连接点除被告住所地外,还有侵权行为地,包括侵权行为实施地、侵权结果发生地。

3. 被保险人与第三者之间为其他关系的保险代位权诉讼管辖连接点。该类案件如第三者存在不当得利、紧急避险等行为的,适用被告住所地的一般地域管辖原则,即《民事诉讼法》第22条规定:"对公民提起的民事诉讼,由被告住所地人民法院管辖;被告住所地与经常居住地不一致的,由经常居住地人民法院管辖。对法人或者其他组织提起的民事诉讼,由被告住所地人民法院管辖。同一诉讼的几个被告住所地、经常居住地在两个以上人民法院辖区的,各该人民法院都有管辖权。"其管辖连接点为被告住所地或者经常居住地。应当注意的是,在确定上述案件的管辖连接点时,不能违反《民事诉讼法》和相关司法解释关于级别管辖和专属管辖的规定。

(二)关于合并诉讼时管辖法院的确定

《最高人民法院关于适用〈中华人民共和国保险法〉若干问题的解释(四)》第13条规定:"保险人提起代位求偿权之诉时,被保险人已经向第三者提起诉讼的,人民法院可以依法合并审理。保险人行使代位求偿权时,被保险人已经向第三者提起诉讼,保险人向受理该案的人民法院申请变更当事人,代位行使被保险人对第三者请求赔偿的权利,被保险人同意的,人民法院应予准许;被保险人不同意的,保险人可以作为共同原告参加诉讼。"由于代位求偿权之诉与被保险人提起的诉讼的管辖连接点存在多个,当发生上述规定中保险人提起保险代位权之诉时,被保险人提起的诉讼与保险代位权之诉不在同一法院时,应当由哪个法院合并审理?笔者认为,这个问题涉及管辖权的转移问题,两个法院可以先行协商;如果两个法院协商不成,都坚持本院的管辖权,应当报请其上级法院指定管辖。上级法院指定管辖时,可以遵循先立案的法院管辖原则予以指定。

【拓展适用】

一、保险合同纠纷案件法院管辖的原则

《保险法》第10条规定："保险合同是投保人与保险人约定保险权利义务关系的协议。投保人是指与保险人订立保险合同，并按照合同约定负有支付保险费义务的人。保险人是指与投保人订立保险合同，并按照合同约定承担赔偿或者给付保险金责任的保险公司。"保险合同属于双务合同。投保人、保险人在保险合同签订、履行、解除、终止的过程中，都要遵循保险法的最大诚信原则、保险利益原则、损失补偿原则和近因原则等基本原则。投保人、保险人以及保险合同约定的被保险人、受益人发生保险合同纠纷时都有权利向人民法院提起诉讼。关于保险合同纠纷案件的法院管辖，《民事诉讼法》第25条规定："因保险合同纠纷提起的诉讼，由被告住所地或者保险标的物所在地人民法院管辖。"《民事诉讼法解释》第21条规定："因财产保险合同纠纷提起的诉讼，如果保险标的物是运输工具或者运输中的货物，可以由运输工具登记注册地、运输目的地、保险事故发生地人民法院管辖。因人身保险合同纠纷提起的诉讼，可以由被保险人住所地人民法院管辖。"保险合同纠纷之诉适用特殊地域管辖原则。该管辖原则对保险人随后提起的保险代位权诉讼的法院管辖并无影响，理由前文已述，保险代位权之诉与保险合同纠纷的诉讼标的不属同一法律关系，不能适用同一管辖原则。

保险人在保险事故发生后，依照保险合同的约定向被保险人支付保险赔偿金，即依约履行了保险合同义务，与投保人、被保险人不存在保险合同纠纷。

二、保险代位权的适用

（一）保险代位权适用的险种范围

保险代位权的功能在于实现损失补偿，原则上适用于财产保险，不适用于人身保险。依照《保险法》的规定，被保险人因第三者的行为而发生死亡、伤残或者疾病等保险事故的，保险人向被保险人或者受益人给付保险金后，不享有向第三者追偿的权利，但被保险人或者受益人仍有权向第三者请求赔偿。但是，对于具有填补被保险人物质性损失的补偿性医疗保险，保险人在给付医疗保险金后，对造成被保险人伤残或者疾病的第三者有保险代位权。

（二）保险代位权适用的对象范围

保险代位权适用的对象为对保险标的损害而造成保险事故的第三者，特殊情形下也有例外。例如，《最高人民法院关于适用〈中华人民共和国保险法〉

若干问题的解释（四）》第 8 条规定："投保人和被保险人为不同主体，因投保人对保险标的的损害而造成保险事故，保险人依法主张代位行使被保险人对投保人请求赔偿的权利的，人民法院应予支持，但法律另有规定或者保险合同另有约定的除外。"该规定明确投保人可以作为保险代位权适用对象的情形。又如，《保险法》第 62 条规定："除被保险人的家庭成员或者其组成人员故意造成本法第六十条第一款规定的保险事故外，保险人不得对被保险人的家庭成员或者其组成人员行使代位请求赔偿的权利。"该规定明确被保险人的家庭成员或者其组成人员作为保险代位权适用对象的条件，适用该规定时要注意准确界定被保险人的家庭成员或者其组成人员的范围。

三、保险代位权的行使

（一）保险代位权行使方式

《最高人民法院关于适用〈中华人民共和国保险法〉若干问题的解释（二）》第 16 条第 1 款规定："保险人应以自己的名义行使保险代位求偿权。"对于保险人是以自己的名义还是以被保险人的名义行使代位权的问题，在保险法理论上有不同的观点。主张保险人应当以被保险人的名义行使代位权的观点认为，保险人行使保险代位权时，尚未取得被保险人对第三者的损害赔偿请求权，自然不能以自己的名义行使权利，除非被保险人对第三者的赔偿请求权以法定形式转让给保险人。主张保险人应当以自己的名义行使代位权的观点认为，保险人的代位权依照法律规定而发生，保险人行使代位权不以被保险人移转赔偿请求权的行为为要件，只要具备代位权的行使条件，即可径直以自己的名义行使被保险人对于第三者的赔偿请求权。由此，两种观点的分歧集中在了保险人行使代位权是否以被保险人移转赔偿请求权的行为为要件这个问题上。一般认为，保险代位权通常是保险人依法取得的法定权利，保险代位权在性质上从属于被保险人对第三者的损害赔偿请求权，但其是独立于被保险人的法定权利，保险人无须经被保险人的同意、转让或者协助，在其给付保险赔偿金后，即可以直接对第三者行使被保险人对第三者享有的损害赔偿请求权，应当以自己的名义为之。保险实务中，保险人给付保险赔偿金后，一般要求被保险人签署权利转让的文件，证明自己取得被保险人对第三者的损害赔偿请求权，以防止在以自己的名义行使保险代位权时第三者提出其主体不适格的抗辩。

（二）保险代位权行使条件

保险代位权成立于保险合同订立时，保险人此时享有的保险代位权是对加害第三者的代位求偿的期待权，尚不具备行使权利的要件。依照《保险法》的规定，保险人行使代位权，应当满足以下两个条件：（1）第三者对保险标的的损害负有赔偿责任。因保险标的受到损害而发生保险事故的，保险人应当根据《保险合同》的约定承担保险责任。对保险标的的损害是由于第三者的行为造成时，第三者对保险标的的损害负有赔偿责任，此情形下被保险人对该第三者有损害赔偿请求权；如果第三者虽然存在对保险标的的损害行为，但不应当承担赔偿责任或者应当免除赔偿责任的，此时保险人就欠缺行使保险代位权的基础，不能对第三者行使保险代位权。保险人代位行使的权利仅以被保险人对第三者的赔偿请求权为限，至于赔偿请求权发生的原因或基础，对保险人行使代位权并无影响。保险人行使代位权以第三者对保险标的的损害负有法律上的赔偿责任为必要条件。（2）已经给付保险赔偿金。保险人对造成被保险人损害的第三者的代位权仅为期待权或将来求偿权，要转化为既得权，需要以保险人向被保险人履行保险给付义务为前提条件。也就是说，保险人对被保险人给付保险赔偿金之前，对造成保险标的损害的第三者不能行使代位求偿权。保险事故发生后，被保险人可以向第三者请求赔偿，也可以向保险人请求给付保险赔偿金。如果被保险人已从第三者处取得赔偿，则保险人在给付保险赔偿金时，有权扣除被保险人已经取得的相应赔偿，保险人对该部分第三者已经履行的赔偿没有行使代位权的正当理由。简言之，保险人行使保险代位权必须以先向被保险人给付保险赔偿金为前提条件。保险人已给付保险赔偿金的，以保险人事实上给付保险赔偿金为必要，至于保险人应当向被保险人给付保险赔偿金的数额是多少、给付保险赔偿金的依据是否源自保险合同约定的保险责任，则不在行使保险代位权的考虑之列。

（三）保险代位权行使限度

一般情况下，保险代位权的行使应当以保险人向被保险人已经给付的保险赔偿金数额为限，不得超过其向被保险人给付的保险赔偿金数额。《保险法》第60条规定："因第三者对保险标的的损害而造成保险事故的，保险人自向被保险人赔偿保险金之日起，在赔偿金额范围内代位行使被保险人对第三者请求赔偿的权利。前款规定的保险事故发生后，被保险人已经从第三者取得损害赔偿的，保险人赔偿保险金时，可以相应扣减被保险人从第三者已取得的赔偿金额。保险人依照本条第一款规定行使代位请求赔偿的权利，不影响被保险人就未取得赔偿的部分向第三者请求赔偿的权利。"但是，司法实践中出现的情况还具有一定的复杂性。比如，当保险人实际给付的赔偿金数额低于被保险人所受到的损失金额，尚未足额给付赔偿金时，保险人在足额给付被保险人赔偿金前可以提前向第三者行使保险代位权吗？从理论上讲应当是可以的，此属保险代位权的行使限度问题。被保险人对第三者的损害赔偿请求权属于一项独立的权利，对于第三者应予赔偿而未予赔偿的部分，可以由被保险人直接请求第三者赔偿，也可以由保险人在给付被保险人后对第三者行使代位权，被保险人对第三者的损害赔偿请求权不因保险代位权而发生变化。因此，保险人以给付的保险赔偿金数额为限行使代位权并非绝对的，在保险人不损害被保险人的赔偿权利、做好向被保险人给付保险赔偿金对接工作的前提下，对第三者行使代位权应当以被保险人对第三者享有的全部权利为限，对于保险人取得的赔偿超过保险人向被保险人给付的保险赔偿金数额的，应当将超过的部分退还给被保险人。总之，保险人、被保险人、第三者之间的利益应当保持平衡，防止任何一方取得不当得利。

此外，针对保险人行使保险代位权中出现的一些具体情形，《保险法》及其相关司法解释作出了更为明确的规定。比如为防止第三者重复支付赔偿金的问题，《最高人民法院关于适用〈中华人民共和国保险法〉若干问题的解释（四）》第10条规定："因第三者对保险标的的损害而造成保险事故，保险人获得代位请求赔偿的权利的情况未通知第三者或者通知到达第三者前，第三者在被保险人已经从保险人处获赔的范围内又向被保险人作出赔偿，保险人主张代位行使被保险人对第三者请求赔偿的权利的，人民法院不予支持。保险人就相应保险金主张被保险人返还的，人民法院应予支持。保险人获得代位请求赔偿的权利的情况已经通知到第三者，第三者又向被保险人作出赔偿，保险人主张代位行使请求赔偿的权利，第三者以其已经向被保险人赔偿为由抗辩的，人民法院不予支持。"针对被保险人未依据《保险法》第63条的规定向保险人提供必要的文件和所知道的有关情况的问题，《最高人民法院关于适用〈中华人民共和国保险法〉若干问题的解释（四）》第11条规定："被保险人因故意或者重大过失未履行保险法第六十三条规定的义务，致使保险人未能行使或者未能全部行使代位请求赔偿的权利，保险人主张在其损失范围内扣减或者返还相应保险金的，人民法院应予支持。"

四、保险代位权案件中被告的抗辩事由

保险人行使保险代位权时，第三者多在损害赔偿责任的成立和赔偿责任大小问题上进行抗辩，具体可分为两个层次的抗辩事由，即第三者对抗被保险人的事由和被保险人对抗保险人的事由。由于抗辩建立于被保险人对第三者的损害赔偿请求权的基础之上，具体事由包括但不限于合同法上的抗辩事由和侵权法上的抗辩事由，还包括法定抗辩事由，如不可抗力造成的损害、受害人的故意或过失、正当防卫、紧急避险等，对抗辩事由的判断可以适用《民法典》合同编、侵权责任编的相关规定。保险实务出现的难点问题在于，对于保险人行使保险代位权时，出现第三者提出被保险人放弃损害赔偿请求权的问题如何处理？对此，《保险法》和相关司法解释作出相应的规定。《保险法》第61条规定："保险事故发生后，保险人未赔偿保险金之前，被保险人放弃对第三者请求赔偿的权利的，保险人不承担赔偿保险金的责任。保险人向被保险人赔偿保险金后，被保险人未经保险人同意放弃对第三者请求赔偿的权利的，该行为无效。被保险人故意或者因重大过失致使保险人不能行使代位请求赔偿的权利的，保险人可以扣减或者要求返还相应的保险金。"对于被保险人在保险合同订立前放弃对第三者赔偿请求权，保险人行使保险代位权时第三者提出抗辩的，又如何处理？《最高人民法院关于适用〈中华人民共和国保险法〉若干问题的解释（四）》第9条规定："在保险人以第三者为被告提起的代位求偿权之诉中，第三者以被保险人在保险合同订立前已放弃对其请求赔偿的权利为由进行抗辩，人民法院认定上述放弃行为合法有效，保险人就相应部分主张行使代位求偿权的，人民法院不予支持。保险合同订立时，保险人就是否存在上述放弃情形提出询问，投保人未如实告知，导致保险人不能代位行使请求赔偿的权利，保险人请求返还相应保险金的，人民法院应予支持，但保险人知道或者应当知道上述情形仍同意承保的除外。"此外，出现第三者以投保人和保险人在订立保险合同时约定保险人无保险代位权为由提出抗辩的，如何处理？对此法律和司法解释未作出规定。笔者认为，从理论上讲，应当尊重当事人的真实意思表示。投保人和保险人约定保险人无保险代位权，系保险人放弃权利，只要该约定不违反法律的强制性规定，就应当承认合同效力，即使保险人在发生保险事故后向被保险人支付赔偿金，也不得向对保险标的造成损害的第三者行使保险代位权。

【典型案例】

甲财产保险公司诉李某贵、乙财产保险公司保险人代位求偿权纠纷案

〔基本案情〕

2011年6月1日，甲财产保险公司与餐饮公司签订机动车辆保险合同，被保险车辆的车牌号为京A82368，保险期间自2011年6月5日0时起至2012年6月4日24时止。2011年11月18日，陈某某驾驶被保险车辆行驶至北京市朝阳区机场高速公路上时，与李某贵驾驶的车牌号为冀GA9120的车辆发生交通事故，造成被保险车辆受损。经交管部门认定，李某贵负事故全部责任。事故发生后，甲财产保险公司依照保险合同的约定，向被保险人餐饮公司赔偿保险金 83878 元，并依法取得代位求偿权。基于肇事车辆系在乙财产保险公司投保了机动车交通事故责任强制保险，甲财产保险公司于 2012 年 10 月诉至北京市东城区人民法院，请求判令被告肇事司机李某贵和乙财产保险公司赔偿 83878 元，并承担诉讼费用。

被告李某贵的住所地位于河北省张家口市怀来县沙城镇，被告乙财产保险公司的住所地位于张家口市怀来县沙城镇，保险事故发生地为北京市朝阳区机场高速公路上，被保险车辆行驶证记载所有人的住址位于北京市东城区。

〔生效裁判理由及结果〕

北京市东城区人民法院认为：根据《中华人民共和国保险法》第六十条的规定，保险人的代位求偿权是指保险人依法享有的，代位行使被保险人向造成保险标的损害负有赔偿责任的第三者请求赔偿的权利。保险人代位求偿权源于法律的直接规定，属于保险人的法定权利，并非基于保险合同而产生的约定权利。因第三者对保险标的的损害造成保险事故，保险人向被保险人赔偿保险金后，代位行使被保险人对第三者请求赔偿的权利而提起诉讼的，应根据保险人所代位的被保险人与第三者之间的法律关系确定管辖法院。第三者侵害被保险人合法权益，因侵权行为提起的诉讼，依据《中华人民共和国民事诉讼法》第二十八条①的规定，由侵权行为地或者被告住所地法院管辖，而不适用财产保险合同纠纷管辖的规定，不应以保险标的物所在地作为管辖依据。本案中，第三者实施了道路交通侵权行为，造成保险事故，被保险人对第三者有侵权损害赔偿请求权；保险人行使代位权起诉第三者的，应当由侵权行为地或者被告住所地法院管辖。现二被告的住所地及侵权行为地均不在北京市东城区，故北京市东城区人民法院对该起诉没有管辖权，应裁定不予受理。

北京市东城区人民法院于 2012 年 12 月 17 日作出（2012）东民初字第 13663 号民事裁定：对甲财产保险公司的起诉不予受理。宣判后，当事人未上诉，裁定已发生法律效力。

---

① 对应 2023 年《民事诉讼法》第 29 条。

第九章　协议管辖

> 规则 12：双方当事人协议可向各自住所地人民法院起诉的约定，应当认定为是选择原告住所地法院管辖
> ——宁夏 A 公司与新疆 B 公司买卖合同纠纷案[①]

【裁判规则】

根据《民事诉讼法》和《民事诉讼法解释》的规定，双方当事人协议约定可向各自住所地人民法院起诉的案件，任何一方提起诉讼且为其住所地法院立案受理后，另一方要求其住所地人民法院重复立案或将案件移送其住所地人民法院的，应予驳回。

【规则理解】

一、协议管辖条件的把握

协议管辖又称合意管辖或者约定管辖，是指双方当事人在纠纷发生之前或发生之后，以协议的方式选择解决他们之间纠纷的管辖法院。协议管辖制度是当事人合同自由和意思自治原则由私法领域向诉讼领域渗透的结果。在法院管辖权确定上，是否承认协议管辖以及在多大范围认可协议管辖的效力，往往是一国民事诉讼法是否开明、便利的体现。《民事诉讼法》第 35 条规定："合同或者其他财产权益纠纷的当事人可以书面协议选择被告住所地、合同履行地、合同签订地、原告住所地、标的物所在地等与争议有实际联系的地点的人民法院管辖，但不得违反本法对级别管辖和专属管辖的规定。"根据该条规定，明示的协议管辖必须符合以下条件：

（一）适用于合同纠纷或其他财产权益纠纷案件

协议管辖仅适用于一审合同纠纷或者其他财产权益纠纷案件。上诉和再审案件管辖根据审级制度确定，当事人无权协议变更。"其他财产权益纠纷"是

[①] 载《中华人民共和国最高人民法院公报》2005 年第 8 期。

一个不确定的法律概念,其涵盖范围非常广泛,应理解为包括物权、知识产权等财产权纠纷以及因侵害人格权而产生的财产赔偿纠纷,但不包括婚姻解除、宣告失踪、宣告死亡等纯身份纠纷和人事纠纷。

(二) 当事人协议选择管辖法院必须符合法律规定的连接点

2012年《民事诉讼法》修改不仅保留了旧法原有的被告住所地、合同履行地、合同签订地、原告住所地、标的物所在地五个可供选择的法院,还增加了"与争议有实际联系的地点的人民法院"这样的弹性选择标准,因此,当事人协议选择管辖法院的范围大大拓宽。由于"与争议有实际联系"也不是一个确定的法律概念,其强调的是以上五个连接点之外与争议有某种客观外在的实际联系的地点。例如,当事人争议的是合同附随义务的履行,而该义务的履行地既不是合同的主要履行地,也不是其他四个法律明确列举的可供选择的地点,但当事人协议选择由该地法院管辖,此时可以适用"与争议有实际联系"的弹性连接点,确认协议管辖的效力。具体如何认定协议管辖法院与争议具有"实际联系",还需要法院在司法实践中摸索归纳。

(三) 必须以书面形式明确选择管辖

《民事诉讼法解释》第29条规定:"民事诉讼法第三十五条规定的书面协议,包括书面合同中的协议管辖条款或者诉讼前以书面形式达成的选择管辖的协议。"书面协议可以采取合同书的形式,包括书面合同中的协议管辖条款,也可以采取信件和数据电文(包括电报、电传、传真、电子数据交换和电子邮件)等可以有形地表现当事人双方协议选择管辖法院意思表示的形式。口头协议无效。并且,书面协议应当是在诉讼受理前达成的,如果一方起诉后法院已经受理,双方并没有选择管辖法院的书面协议的,此时受诉人民法院的管辖权应当依照法律的规定来确定,不受当事人事后达成的管辖协议的影响,这是维护程序安定的需要。

(四) 根据管辖协议能够确定具体管辖法院

《民事诉讼法解释》第30条不再要求选择管辖的法院是确定、单一的,体现了充分尊重当事人意思自治的原则,避免轻易因约定不明确而认定管辖协议无效的情形发生。该条规定:"根据管辖协议,起诉时能够确定管辖法院的,从其约定;不能确定的,依照民事诉讼法的相关规定确定管辖。管辖协议约定两个以上与争议有实际联系的地点的人民法院管辖,原告可以向其中一个人民法院起诉。"因此,即使当事人约定管辖法院不够明确,但只要根据管辖协议约定的地域能够确定具体管辖法院的,管辖协议仍应按有效处理。例如,当事人仅约定某一地域的法院，表明当事人愿意在该法院所在地诉讼，此时可以结合级别管辖确定具体的管辖法院，如果有多个法院符合级别管辖标准又均与争议具有实际联系的，则按照先受理原则处理。

（五）协议管辖不得违反级别管辖和专属管辖的规定

《最高人民法院关于审理民事级别管辖异议案件若干问题的规定》第9条规定："经最高人民法院批准的第一审民事案件级别管辖标准的规定，应当作为审理民事级别管辖异议案件的依据。"因此，对于当事人协议在某地法院管辖，该地法院受案后发现违反级别管辖标准的，应当依照《民事诉讼法》第37条的规定，移送该地符合级别管辖标准的有管辖权的人民法院。

我国民事诉讼法的专属管辖主要包括因不动产、港口作业、继承遗产发生纠纷而提起的诉讼。协议管辖违反专属管辖的，该协议无效，应当按照民事诉讼法关于专属管辖的规定确定管辖法院。根据《民事诉讼法》第34条规定，因不动产纠纷提起的诉讼，由不动产所在地人民法院管辖；因港口作业中发生纠纷提起的诉讼，由港口所在地人民法院管辖；因继承遗产纠纷提起的诉讼，由被继承人死亡时住所地或者主要遗产所在地人民法院管辖。需要注意的是，不动产纠纷应理解为不动产物权纠纷及相邻关系纠纷，例如，因不动产的所有权、使用权、占有等发生纠纷而引起的诉讼，以及相邻不动产之间因通行、通风、采光等相邻关系发生争议引起的诉讼。法律规定由不动产所在地人民法院专属管辖，便于勘验现场、调查收集证据以及裁判的执行。对于合作开发房地产合同、建设工程施工合同、房屋租赁合同、房屋买卖合同、物业管理合同等合同纠纷，不属于专属管辖的范围。此外，由于《民事诉讼法》第34条仅要求协议管辖不违反有关级别管辖和专属管辖的规定，因此，《民事诉讼法》关于一般地域管辖和特殊地域管辖的规定不构成对协议管辖的限制。

二、管辖协议中约定管辖法院的确定

对于协议管辖所选择法院的确定性问题，约定的管辖法院必须是确定的，但并不要求当事人事先约定唯一的、具体的管辖法院，具体管辖法院可以结合起诉行为确定。从法院行使管辖权的法律依据看，《民事诉讼法》第36条规定，"两个以上人民法院都有管辖权的诉讼，原告可以向其中一个人民法院起诉；原告向两个以上有管辖权的人民法院起诉的，由最先立案的人民法院管辖"，由此确立了先受诉法院管辖的原则。因此，当事人约定并不会造成不同法院就同一案件产生管辖权冲突。《民事诉讼法解释》第30条第2款明确规定，管辖协议可以约定两个以上与争议有实际联系地点的人民法院管辖，原告可以向其中一个人民法院起诉。如果双方当事人依据管辖协议分别向不同的法院起诉，则根据先受诉法院管辖原则由先受理的法院取得管辖权。

三、对原告住所地的理解

《民事诉讼法》第 51 条规定，公民、法人和其他组织可以作为民事诉讼的当事人。公民通常是指具有一个国家的国籍，并根据该国的宪法和法律规定享有权利并承担义务的人。法人是指具有民事权利能力和民事行为能力，依法独立享有民事权利和承担民事义务的组织。其他组织是指合法成立，有一定的组织机构和财产，但又不具备法人资格的组织。

《民事诉讼法解释》第 3 条规定："公民的住所地是指公民的户籍所在地，法人或者其他组织的住所地是指法人或者其他组织的主要办事机构所在地。法人或者其他组织的主要办事机构所在地不能确定的，法人或者其他组织的注册地或者登记地为住所地。"

司法实践中，经常就法人登记注册地、主要营业地和主要办事机构所在地的理解发生争议。《民法典》规定的法人有营利法人、非营利法人和特别法人。其中营利法人包括有限责任公司、股份有限公司和其他企业法人等。《民法典》第 58 条规定："法人应当依法成立。法人应当有自己的名称、组织机构、住所、财产或者经费。法人成立的具体条件和程序，依照法律、行政法规的规定。设立法人，法律、行政法规规定须经有关机关批准的，依照其规定。"第 63 条规定："法人以其主要办事机构所在地为住所。依法需要办理法人登记的，应当将主要办事机构所在地登记为住所。"第 64 条规定："法人存续期间登记事项发生变化的，应当依法向登记机关申请变更登记。"《市场主体登记管理条例》第 2 条规定："本条例所称市场主体，是指在中华人民共和国境内以营利为目的从事经营活动的下列自然人、法人及非法人组织：（一）公司、非公司企业法人及其分支机构；（二）个人独资企业、合伙企业及其分支机构；（三）农民专业合作社（联合社）及其分支机构；（四）个体工商户；（五）外国公司分支机构；（六）法律、行政法规规定的其他市场主体。"第 3 条规定："市场主体应当依照本条例办理登记。未经登记，不得以市场主体名义从事经营活动。法律、行政法规规定无需办理登记的除外。市场主体登记包括设立登记、变更登记和注销登记。"第 8 条规定："市场主体的一般登记事项包括：（一）名称；（二）主体类型；（三）经营范围；（四）住所或者主要经营场所；（五）注册资本或者出资额；（六）法定代表人、执行事务合伙人或者负责人姓名。除前款规定外，还应当根据市场主体类型登记下列事项：（一）有限责任公司股东、股份有限公司发起人、非公司企业法人出资人的姓名或者名称；（二）个人独资企业的投资人姓名及居所；（三）合伙企业的合伙人名称或者姓名、住所、承担责任方式；（四）个体工商户的经营者姓名、住所、经营场所；（五）法律、行政法规规定的其他事项。"第 11 条规定："市场主体只能登记一个住所或者主要经营场所。电子商务平台内的自然人经营者可以根据国家有关规定，将电子商务平台提供的网络经营场所作为经营场所。省、自治区、直辖市人民政府可以根据有关法律、行政法规的规定和本地区实际情况，自行或者授权下级人民政府对住所或者主要经营场所作出更加便利市场主体从事经营活动的具体规定。"第 23 条规定："市场主体设立分支机构，应当向分支机构所在地的登记机关申请登记。"第 24 条规定："市场主体变更登记事项，应当自作出变更决议、决定或者法定变更事项发生之日起 30 日内向登记机关申请变更登记。市场主体变更登记事项属于依法须经批准的，申请人应当在批准文件有效期内向登记机关申请变更登记。"第 27 条规定："市场主体变更住所或者主要经营场所跨登记机关辖区的，应当在迁入新的住所或者主要经营场所前，向迁入地登记机关申请变更登记。迁出地登记机关无正当理由不得拒绝移交市场主体档案等相关材料。"根据上述规定，营利法人的住所地是唯一的，系经登记注册的主要办事机构所在地，并登记在营利法人营业执照上。如其登记注册后，在营业过程中实际变更了住所地，但未办理变更登记的，仍应当按登记注册的住所地确定。

《民事诉讼法解释》第 52 条规定，《民事诉讼法》第 51 条规定的其他组织是指合法成立、有一定的组织机构和财产，但又不具备法人资格的组织，包括：(1) 依法登记领取营业执照的个人独资企业；(2) 依法登记领取营业执照的合伙企业；(3) 依法登记领取我国营业执照的中外合作经营企业、外资企业；(4) 依法成立的社会团体的分支机构、代表机构；(5) 依法设立并领取营业执照的法人的分支机构；(6) 依法设立并领取营业执照的商业银行、政策性银行和非银行金融机构的分支机构；(7) 经依法登记领取营业执照的乡镇企业、街道企业；(8) 其他符合本条规定条件的组织。《市场主体登记管理条例》要求分支机构向分支机构所在地的登记机关申请登记。因此，对于上述符合民事诉讼法其他组织条件的当事人，其住所地应为登记注册的营业场所。

《民事诉讼法解释》新增了管辖协议约定的当事人住所地发生变更的规定，第 32 条规定，"管辖协议约定由一方当事人住所地人民法院管辖，协议签订后当事人住所地变更的，由签订管辖协议时的住所地人民法院管辖，但当事人另有约定的除外"，目的在于保护当事人的合同预期，杜绝当事人通过改变住所地规避管辖协议情形的发生。

【拓展适用】

一、民事诉讼法有关协议管辖规定的变化

2012年《民事诉讼法》对协议管辖制度有较大修改，改变了以往受到理论界诟病的国内涉外分别立法的格局，删除了2007年《民事诉讼法》第242条、第243条有关涉外民事诉讼协议管辖的规定，建立了统一适用于国内民事诉讼和涉外民事诉讼的协议管辖制度，标志着我国协议管辖制度的进步和完善。[1]与旧《民事诉讼法》相比，协议管辖制度主要有以下变化：第一，当事人可以适用协议管辖案件的范围扩大，从原来仅限于合同纠纷，扩大到合同以外的其他财产权益纠纷；第二，可以选择的法院的范围有所增加，增加了"等与争议有实际联系的地点的人民法院"的弹性选择条款，意味着除法律明确列举的五个地点的法院外，当事人在不违反级别管辖和专属管辖的前提下，还可以选择其他法院，只要该法院与本案的争议有实际联系；第三，协议管辖的类别拓宽。完整的协议管辖制度既包括明示的协议管辖又包括默示的协议管辖。原先国内民事诉讼中只有明示协议管辖，而涉外民事诉讼中既有明示协议管辖又有默示协议管辖，现在的协议管辖制度统一包含了两种协议管辖的类别。但是从立法技术上看，默示协议管辖规定于现行《民事诉讼法》第十二章"第一审普通程序"第二节"审理前的准备"的第130条，不适当地将默示协议管辖作为管辖权异议的组成部分，立法体例的编排上不尽合理，使得协议管辖制度的形式整体性受到一定影响。

二、默示协议管辖的把握

《民事诉讼法》第130条第2款规定："当事人未提出管辖异议，并应诉答辩或者提出反诉的，视为受诉人民法院有管辖权，但违反级别管辖和专属管辖规定的除外。"该条间接确认了国内民事诉讼适用默示协议管辖又称应诉管辖的做法。应诉管辖体现了"程序保障下的自我归责"的正当程序原则，立法在保障被告积极提出管辖权异议权利的同时，也赋予其以不应诉答辩方式消极地不同意法院管辖的权利。但是，如果被告不提出管辖异议，且积极应诉答辩，则被告在该诉讼程序中的特定行为构成对法院管辖权的同意，其事后不得再推翻

---

[1] 李浩：《民事诉讼管辖制度的新发展——对管辖修订的评析与研究》，载《法学家》2012年第4期。

之前的诉讼行为，以法院没有管辖权否定程序的正当性。绝大部分国家民事诉讼都规定了应诉管辖制度，除要求不违反专属管辖的规定外，并无特殊限制。立法承认应诉管辖，一方面充分尊重了当事人对管辖法院的选择合意，另一方面也能够节约司法资源，维护程序安定和社会关系的稳定。

对于《民事诉讼法》第 130 条第 2 款应诉管辖在司法实践中的理解和适用，主要需要把握两点：一是应诉管辖必须符合消极放弃管辖权异议和积极应诉答辩两项要件，缺一不可。如被告在答辩期内提出管辖权异议同时又对实体内容进行答辩和陈述的，表明其未放弃管辖权异议的权利，此时应认定被告已经提出有效的管辖权异议，不构成应诉管辖。二是应诉答辩必须是诉讼过程中的积极行为，包括被告出庭、就实体内容进行答辩和陈述、提出反诉等诉讼行为，不包括被告既未书面答辩又缺席出庭的消极行为。对于法院是否负有将自己无管辖权的情况告知被告的释明义务，有学者认为，法院有告知的义务，很多被告由于法律知识的欠缺或者其他原因而没有提出管辖异议，这样实际上原被告之间并没有默示的管辖协议甚至根本不存在任何合意，法院也就没有管辖权。但若法院告知被告自己并没有管辖权的情况后，被告仍然同意由该法院审理，那么就可以认为法院因当事人的协议获得了管辖权。这也是对当事人诉讼程序权利的保障。[①]《民事诉讼法》第 127 条第 4 项规定，"对不属于本院管辖的案件，告知原告向有管辖权的人民法院起诉"，并未规定法院对被告有该释明义务。被告作为管辖权异议权利人，是自身利益的最佳判断者。无论其是否提出管辖权异议，均推定为其是在知悉法律相应规定的情况下作出的。否则，管辖权异议制度和应诉答辩制度都将成为职权主义而非当事人主义的产物，不仅会浪费司法资源，而且将导致不诚信的当事人拖延诉讼，损害诉讼效率。

【典型案例】

宁夏 A 公司与新疆 B 公司买卖合同纠纷案

上诉人（原审被告）：宁夏 A 公司

被上诉人（原审原告）：新疆 B 公司

〔基本案情〕

上诉人宁夏 A 公司为与被上诉人新疆 B 公司买卖合同纠纷一案，不服新疆维吾尔自治区高级人民法院（2005）新民二初字第 8-2 号民事裁定，向本院提起上诉。本案现已审理终结。

---

① 王福华：《协议管辖制度的进步与局限》，载《法律科学》2012 年第 6 期。

经查明：新疆 B 公司据以提起本案诉讼的两份协议书分别载明：合同执行中如发生纠纷，双方应友好协商解决，若协商不成，双方可向各自住所地人民法院起诉。原审期间，宁夏 A 公司提出管辖权异议，认为上述有关协议管辖的约定违反了《最高人民法院关于适用〈中华人民共和国民事诉讼法〉若干问题的意见》第 24 条①的规定，应当认定无效，请求将本案移送到作为合同履行地和被告所在地的宁夏回族自治区高级人民法院处理。新疆维吾尔自治区高级人民法院经审查认为，双方合同中有关协议管辖的约定有效，应以此确定本案管辖，该院遂依照《中华人民共和国民事诉讼法》第三十八条②的规定，裁定驳回宁夏 A 公司的管辖权异议。

〔当事人上诉及答辩意见〕

宁夏 A 公司不服新疆维吾尔自治区高级人民法院的上述民事裁定，向本院提起上诉称：原审将最高人民法院的复函作为确定本案管辖权的依据属适用法律不当；根据《最高人民法院关于适用〈中华人民共和国民事诉讼法〉若干问题的意见》第 24 条的规定，应当认定本案合同中关于"双方可向各自所在地人民法院起诉"的约定无效。请求将本案移送宁夏回族自治区高级人民法院管辖。

〔最高人民法院裁判理由与结果〕

本院经审查认为，按照本案合同中有关"合同在执行中如发生纠纷，双方可向各自住所地人民法院起诉"的约定，虽然双方均有权提起诉讼，其住所地的人民法院亦分别享有管辖权，但根据《最高人民法院关于适用〈中华人民共和国民事诉讼法〉若干问题的意见》第 33 条③的规定，任何一方提起诉讼且为其住所地法院立案受理后，另一方住所地的人民法院便不得再重复立案，从而排斥了另一方住所地人民法院的管辖。故该项约定的实质是选择原告住所地人民法院管辖。该项约定不但不属于"选择民事诉讼法第二十五条规定的人民法院中的两个以上人民法院管辖"的情况，而且完全符合民事诉讼法有关协议管辖的规定，应当认定有效并据以确定本案的管辖。原审裁定驳回宁夏 A 公司的管辖权异议根据充分，适用法律正确，应予维持；宁夏 A 公司的上诉理由均不成立，对其关于将本案移送宁夏回族自治区高级人民法院管辖的请求应予驳回。本院依照《中华人民共和国民事诉讼法》第二十五条、第一百五十四条④的规定，裁定如下：

驳回上诉，维持原裁定。

二审案件受理费 50 元，由宁夏 A 公司负担。

本裁定为终审裁定。

---

① 对应《民事诉讼法解释》第 30 条。
② 对应 2023 年《民事诉讼法》第 130 条。
③ 对应《民事诉讼法解释》第 36 条。
④ 对应 2023 年《民事诉讼法》第 34 条、第 178 条。

> 规则 13：涉外合同和财产权益纠纷的当事人对于协议选择管辖法院条款的效力，应当依据法院地法的规定进行判断，与争议民事关系的准据法所属国的法律规定无关
> ——甲网络公司与韩国某公司、乙网络公司网络游戏代理及许可合同纠纷管辖权异议案[①]

【裁判规则】

涉外民事关系的当事人协议选择适用法律与协议选择管辖法院是两个截然不同的法律行为，应当根据相关法律规定分别判断其效力。对于协议选择管辖法院条款的效力，应当依据我国《民事诉讼法》的规定进行判断，与准据法所属国的法律规定无关。《民事诉讼法》关于"可以书面协议选择被告住所地、合同履行地、合同签订地、原告住所地、标的物所在地等与争议有实际联系的地点的人民法院管辖"的规定属于授权性规范，而非指示性规范，即按照我国现行法律规定，对于涉外合同或者涉外财产权益纠纷案件当事人协议选择管辖法院的问题，仍应当坚持书面形式和实际联系原则。

【规则理解】

一、涉外民事关系中"涉外性"的认定

随着我国改革开放的深入发展和开放型经济水平的不断提高，社会生活在各方面与世界各国的联系和交往越来越密切，由此产生的涉外民事争议并提交至我国法院诉讼的数量相应呈上升趋势。在我国领域内进行的含有涉外因素的民事诉讼，称为涉外民事诉讼，《民事诉讼法》第四编"涉外民事诉讼程序的特别规定"，对涉外民事诉讼作了专编规定。《民事诉讼法解释》第520条规定："有下列情形之一，人民法院可以认定为涉外民事案件：（一）当事人一方或者双方是外国人、无国籍人、外国企业或者组织的；（二）当事人一方或者双方的经常居所地在中华人民共和国领域外的；（三）标的物在中华人民共和国领域外的；（四）产生、变更或者消灭民事关系的法律事实发生在中华人民共和国领域外的；（五）可以认定为涉外民事案件的其他情形。"按照上述规定，判断某一案件是否为涉外民事案件，主要从主体、客体、法律事实三个方

[①] 载《中华人民共和国最高人民法院公报》2010年第3期。

面进行综合考察，确定争议民事关系是否具有涉外因素。具体而言：

(一) 主体标准

涉外民事法律关系的主体，包括自然人、法人，还包括能独立承担民事责任的其他组织。就自然人而言，如该自然人具有外国国籍，或者无国籍，则具有涉外因素。就法人或其他组织而言，我国对法人及其他组织国籍的确定，采登记地主义。《公司法》第191条规定："本法所称外国公司是指依照外国法律在中国境外设立的公司。"《外商投资法》第2条第3款规定："本法所称外商投资企业，是指全部或者部分由外国投资者投资，依照中国法律在中国境内经登记注册设立的企业。"由此，在中华人民共和国领域内设立的中外合资经营企业、中外合作经营企业和外商独资企业，具备法人条件的，依法经工商行政管理机关核准登记，取得中国法人资格。如该法人或其他组织在外国登记成立，则不属于外商投资企业，而属于外国法人，具有涉外因素。

值得注意的是，《涉外民事关系法律适用法》在多个条款中均将"经常居所地"规定为民事法律关系主体的重要连结点，不再仅强调"国籍"这一连结点。例如，该法第11条规定："自然人的民事权利能力，适用经常居所地法律。"第14条规定："法人及其分支机构的民事权利能力、民事行为能力、组织机构、股东权利义务等事项，适用登记地法律。法人的主营业地与登记地不一致的，可以适用主营业地法律。法人的经常居所地，为其主营业地。"《最高人民法院关于适用〈中华人民共和国涉外民事关系法律适用法〉若干问题的解释（一）》第1条涉外民事关系的界定中增加了"经常居所地"的连结点，规定当事人一方或双方的经常居所地在中华人民共和国领域外，人民法院可以认定为涉外民事关系。该司法解释第13条规定："自然人在涉外民事关系产生或者变更、终止时已经连续居住一年以上且作为其生活中心的地方，人民法院可以认定为涉外民事关系法律适用法规定的自然人的经常居所地，但就医、劳务派遣、公务等情形除外。"为此，在理解主体标准时，不仅要考察当事人的国籍，还需考察当事人的经常居所地，只要两项中有一项涉外因素，就可以认定为涉外民事案件。[①]

(二) 客体标准

民事案件涉及的标的物在国外的，为涉外民事案件。例如，法定继承人提

[①] 高晓力：《〈关于适用《中华人民共和国涉外民事关系法律适用法》若干问题的解释（一）〉的理解和适用》，载万鄂湘主编：《涉外商事海事审判指导》，人民法院出版社2013年版，第64页。

起的遗产争议案件的当事人均为我国公民，但是所争议的被继承人的遗产在国外，则该民事案件具有涉外因素。再如，某股权转让合同的双方当事人均为我国公民，但是争议标的物系外国公司的股权，该民事案件也因标的物位于我国领域外而具有了涉外因素。

（三）法律事实标准

当民事案件所涉当事人、争议标的物都在国内，但与争议法律关系有关的法律事实的发生、变更、消灭都发生在我国领域外，也构成涉外民事案件。较为典型的是国际航线运营过程中发生的侵权损害赔偿纠纷。乘客和航空公司均为我国当事人，但侵权行为发生在我国领域外，该民事案件因产生争议法律关系的法律事实发生地具有涉外因素，应认定为涉外民事案件。

需要注意的是，《民事诉讼法解释》第520条根据《最高人民法院关于适用〈中华人民共和国涉外民事关系法律适用法〉若干问题的解释（一）》第1条的规定，增加了涉外性认定的兜底条款，即"可以认定为涉外民事案件的其他情形"。主要是考虑到"涉外"是一个发展中的、具有弹性的概念，有必要赋予法官一定的裁量权，结合个案具体情况，在实践中予以探索和发展。如涉案争议在"涉外民事关系构成三要素"之外，包含与争议有足够强度联系的涉外因素，法官可以酌情裁量认定构成涉外民事关系的其他情形。

综上所述，在"涉外民事关系构成三要素"和兜底情形中，只要有一个方面具有涉外性，该民事案件即为涉外民事案件。在实践中，主体、客体和法律事实三要素并不是完全孤立和截然分开的，有时可能几个要素同时涉外，有时则是部分涉外。审判实践中，应注意避免仅依据主体是否具有涉外因素来判断某一案件是否为涉外民事案件的简单思路。

二、把握涉外民事案件的程序法与准据法关系应注意的问题

诉讼程序问题适用法院地法，是古老的国际私法规则。早在国际私法产生之时，意大利的一些法学家就主张将法律区分为程序法和实体法，并认定诉讼程序问题的法律适用一概受"场所支配行为"原则的支配，只能适用法院地法的程序规则。这一理论沿袭至今，民事诉讼程序适用法院地国家的法律已经成为国际上公认的一条准则。此外，支持诉讼程序适用法院地法的理论根据还包括效力预先排除说和方便说。前者认为程序法属于公法，公法不具有域外效力，因此，民事诉讼领域不适用或基本不适用外国的诉讼规范；后者认为外国程序

法的适用将给诉讼带来不便,称为方便说。①

《民事诉讼法》第270条规定:"在中华人民共和国领域内进行涉外民事诉讼,适用本编规定。本编没有规定的,适用本法其他有关规定。"这一规定表明我国坚持诉讼程序适用法院地法的立场,即在我国领域内进行的涉外民事诉讼程序,适用我国民事诉讼法的规定。

涉外民事诉讼程序问题主要包括外国人的民事诉讼地位、涉外民事案件的管辖、涉外民事案件的审理语言、涉外送达、涉外民事诉讼中的期间、涉外民事诉讼中的证据、外国法院判决的承认与执行、涉外仲裁的司法监督、外国仲裁裁决的承认与执行等。审判实践中应注意以下几点:

(一)正确理解涉外民事诉讼程序的特别规定和民事诉讼法一般规定之间的关系

根据《民事诉讼法》第270条的规定,对于涉外民事诉讼程序所涉的问题,首先应当适用第四编涉外民事诉讼程序的特别规定。在第四编中未作规定的,则应当适用《民事诉讼法》其他各编的相关规定。以涉案协议管辖问题为例,2012年修改前的2007年《民事诉讼法》第242条规定:"涉外合同或者涉外财产权益纠纷的当事人,可以用书面协议选择与争议有实际联系的地点的法院管辖。选择中华人民共和国人民法院管辖的,不得违反本法关于级别管辖和专属管辖的规定。"但在2012年《民事诉讼法》修改过程中,该条规定被删除,这并不意味着在涉外民事诉讼协议管辖的问题上放弃了书面形式和实际联系原则。恰恰相反,因为涉外民事诉讼协议管辖的主体较无涉外因素民事诉讼协议管辖的主体更广一些,除涉外合同纠纷的当事人外,涉外财产权益纠纷的当事人也可以协议选择管辖法院。因此,《民事诉讼法》在修改过程中统一了国内和涉外民事诉讼中协议管辖的范围,现行《民事诉讼法》第35条作了一般原则的规定。《民事诉讼法》第35条规定:"合同或者其他财产权益纠纷的当事人可以书面协议选择被告住所地、合同履行地、合同签订地、原告住所地、标的物所在地等与争议有实际联系的地点的人民法院管辖,但不得违反本法对级别管辖和专属管辖的规定。"第276条规定:"因涉外民事纠纷,对在中华人民共和国领域内没有住所的被告提起除身份关系以外的诉讼,如果合同签订地、合同履行地、诉讼标的物所在地、可供扣押财产所在地、侵权行为地、代表机构住所地位于中华人民共和国领域内的,可以由合同签订地、合同履行地、诉

---

① 李双元主编:《国际民商事诉讼程序导论》,人民法院出版社2004年版,第12页。

讼标的物所在地、可供扣押财产所在地、侵权行为地、代表机构住所地人民法院管辖。除前款规定外，涉外民事纠纷与中华人民共和国存在其他适当联系的，可以由人民法院管辖。"第 277 条规定："涉外民事纠纷的当事人书面协议选择人民法院管辖的，可以由人民法院管辖。"因此，对于涉外合同或者涉外财产权益纠纷案件当事人协议选择管辖法院的问题，应当适用《民事诉讼法》第 35 条的一般规定，仍应坚持书面形式和实际联系的管辖条款效力认定标准，不能因为在第四编中没有特别规定就简单认定我国法律对于涉外民事纠纷的协议管辖问题没有强制性要求。

（二）涉外民事诉讼的程序法和涉外民事关系准据法是两个完全不同的范畴，不可以相互混淆

法院受理涉外民事案件后，即依据法院地法律启动涉外民事诉讼程序。只有当法院依据法院地法律确定对涉外民事案件具有管辖权并对案件进行实体审理时，才涉及确定准据法的问题。准据法是指某一涉外民事关系应当适用的某一特定国家的规范当事人之间权利义务关系的实体法。与涉外民事诉讼程序适用法院地法的单一化规则不同的是，确定涉外民事关系所适用的准据法有一整套系统而复杂的规则，这套规则称为法律选择规范、冲突规范。《涉外民事关系法律适用法》规定了一系列的法律选择规范，既有总则性质的一般规定，又有对如何确定民事主体、婚姻家庭、继承、物权、债权、知识产权等涉外民事关系准据法做的具体规定。值得注意的是，《涉外民事关系法律适用法》本身并不直接规定实体法的内容，它只规定选择准据法的原则。例如，该法第 41 条对于合同准据法的一般规定是："当事人可以协议选择合同适用的法律。当事人没有选择的，适用履行义务最能体现该合同特征的一方当事人经常居所地法律或者其他与该合同有最密切联系的法律。"该条确定准据法的原则是当事人意思自治和最密切联系原则。该法第 49 条规定，"当事人可以协议选择知识产权转让和许可使用适用的法律。当事人没有选择的，适用本法对合同的有关规定"，同样也是依照当事人意思自治原则确定准据法。再如，该法第 42 条规定，"消费者合同，适用消费者经常居所地法律；消费者选择适用商品、服务提供地法律或者经营者在消费者经常居所地没有从事相关经营活动的，适用商品、服务提供地法律"，该条对消费者合同规定了特殊的法律选择规则，仅赋予消费者有限的单方选择法律的权利，突出对消费者利益的倾斜保护。综上，由于涉外民事关系会因不同国家的法律调整同一权利义务关系而产生相互之间的法律冲突，因而需要通过法律选择规范即冲突规范确定涉外民事关系应当适用哪

一国家的法律,从而调整这种法律冲突。而在涉外民事诉讼程序问题上没有法律冲突可言,应直接适用法院地法。

(三)涉外民事关系的当事人协议选择适用法律与协议选择管辖法院是两个截然不同的法律行为,应当根据相关法律规定分别判断其效力

对于协议选择管辖法院条款的效力,应当依据我国《民事诉讼法》的规定进行判断,与准据法所属国的法律规定无关。本部分所涉案例中,当事人在许可协议第21条中约定:"本协议应当受中国法律管辖并根据中国法律解释。由本协议产生或与本协议相关的所有争议应当在新加坡最终解决,且所有由本协议产生的争议应当接受新加坡的司法管辖。"该条约定包括两个部分:一是协议选择适用法律条款;二是协议选择管辖法院条款。对前者而言,由于我国法律允许当事人协议选择知识产权许可合同的准据法,当事人在协议中约定适用中国法律的条款是有效的,因此讼争协议的准据法为我国法律。对后者而言,根据诉讼程序适用法院地法的原则,应当直接适用我国民事诉讼法判断管辖协议的效力。本案中,一审法院认为双方协议选择中国法律为合同准据法,因此协议管辖条款也必须符合选择的准据法即中国法律的有关规定,对诉讼程序法律适用的理解是错误的,二审法院予以了纠正。应当直接根据我国《民事诉讼法》第35条的规定①确定协议选择法院管辖条款是否有效。即使当事人在协议中约定受新加坡法律管辖并根据新加坡法律解释,争议接受新加坡的司法管辖,对于协议选择管辖法院条款的效力,仍应当依据我国民事诉讼法的规定进行判断,与当事人约定的合同准据法所属国新加坡的法律无关。

三、理解协议管辖应当注意的问题

协议管辖,又称约定管辖,是指双方当事人在纠纷发生之前或发生之后,以合意方式约定解决纠纷的管辖法院。协议管辖是当事人意思自治原则在民事诉讼领域的延伸和体现,有助于实现当事人双方诉讼机会的均等。《民事诉讼法》第35条规定:"合同或者其他财产权益纠纷的当事人可以书面协议选择被告住所地、合同履行地、合同签订地、原告住所地、标的物所在地等与争议有实际联系的地点的人民法院管辖,但不得违反本法对级别管辖和专属管辖的规定。"该条款确立了协议管辖须符合书面形式和实际联系要件的原则。对该条款的理解应当把握如下几点:

---

① 与2007年《民事诉讼法》第242条内容基本相同。

(一) 协议管辖只适用于合同纠纷和其他财产权益纠纷，不包括纯身份关系的纠纷

对于身份关系不适用协议管辖，如离婚纠纷。《民事诉讼法解释》第 12 条至第 17 条专门规定了离婚纠纷的管辖问题，不适用协议管辖原则。第 12 条规定，夫妻一方离开住所地超过一年，另一方起诉离婚的案件，可以由原告住所地人民法院管辖。夫妻双方离开住所地超过一年，一方起诉离婚的案件，由被告经常居住地人民法院管辖；没有经常居住地的，由原告起诉时被告居住地人民法院管辖。第 15 条规定，中国公民一方居住在国外，一方居住在国内，不论哪一方向人民法院提起离婚诉讼，国内一方住所地人民法院都有权管辖。国外一方在居住国法院起诉，国内一方向人民法院起诉的，受诉人民法院有权管辖。需要注意的是，《民事诉讼法解释》第 34 条规定了身份关系解除后有关的财产争议，适用协议管辖的规定。该条规定："当事人因同居或者在解除婚姻、收养关系后发生财产争议，约定管辖的，可以适用民事诉讼法第三十五条规定确定管辖。"例如，婚姻关系解除后单独就财产分割问题发生的争议以及同居财产纠纷，允许当事人约定协议管辖，符合《民事诉讼法》第 35 条的规定，也有利于减少管辖冲突。

(二) 协议管辖不仅包括授权性规范，而且包括义务性规范

按照法律规范所设定的行为模式的不同，法律规范可以分为授权性规范和义务性规范两种。授权性规范指规定主体可为或可不为一定行为，以及要求其他主体为一定行为或不得为一定行为的规范。授权性规范是主体享有法定权利的依据，其代表的是一种有选择的指引，由主体自行选择是否行使授权性规范所赋予的权利。义务性规范指规定主体应当为一定行为或不为一定行为的规范。义务性规范具有强制性，不具有可选择性，主体对自己的法定义务只能履行而不能拒绝，其代表的是一种确定的指引。从立法的意图来说，授权性规范和义务性规范分别代表的两种指引中所包含的两种法律后果都是促使人们行为时所考虑的因素。不同的是，就确定的指引来说，法律的目的在于防止人们作出违反法律指引的行为，而就有选择的指引来说，法律的目的一般是鼓励人们，至少是容许人们从事法律所指示的行为。

《民事诉讼法》第 35 条规定的合同或者其他财产权益纠纷的当事人可以协议选择管辖法院，代表的是一种有选择的指引，其目的是允许当事人对特定纠纷享有选择管辖法院的权利，故属于授权性规范。该条同时又规定当事人协议选择管辖法院的行为必须符合一定的方式，即满足书面形式和实际联系两项要

件,并且不得违反民事诉讼法对级别管辖和专属管辖的强制性规定,其代表的是一种确定性指引,该部分内容属于义务性规范。因此,对于当事人协议选择法院管辖条款的,人民法院应当审查是否符合法律规定的条件,对于满足法定条件的协议管辖法院条款,承认该条款的效力,并产生排除其他法院管辖的肯定性法律后果。对于不符合法定条件的协议管辖法院条款,则应当否定该条款的效力。

(三)协议管辖必须采用书面形式

《民事诉讼法》第277条规定,涉外民事纠纷的当事人书面协议选择人民法院管辖的,可以由人民法院管辖。可见,协议管辖的形式要件就是书面形式。当事人必须以书面合同的形式选择管辖法院,以口头协议约定管辖法院的条款无效。书面合同可以是就协议选择管辖法院达成的单独书面协议,也可以是书面合同中的协议选择管辖法院条款。《民法典》第469条规定,书面形式是指合同书、信件、电报、电传、传真等可以有形地表现所载内容的形式。以电子数据交换、电子邮件等方式能够有形地表现所载内容,并可以随时调取查用的数据电文,视为书面形式。由于人民法院确定管辖以当事人起诉时的条件为准,选择管辖的协议必须在诉讼前达成才有效,因此《民事诉讼法解释》第29条规定:"民事诉讼法第三十五条规定的书面协议,包括书面合同中的协议管辖条款或者诉讼前以书面形式达成的选择管辖的协议。"

(四)协议管辖法院的范围仅限于与争议有实际联系的地点的法院

在确定协议管辖法院的范围时,应当注意两点:第一,《民事诉讼法》第35条统一了国内和涉外民事诉讼协议管辖的适用范围,即对于国内民事诉讼协议管辖可选择的法院放宽了要求,增加规定当事人可以协议选择"与争议有实际联系的地点"的人民法院管辖,扩大了可以协议选择管辖法院的范围。因此,如果当事人协议选择除被告住所地、合同履行地、合同签订地、原告住所地、标的物所在地之外的与争议具有实际联系的地点的人民法院管辖,如原告经常居住地、被告经常居住地、侵权行为地等地法院的,可以认定该约定有效。《民事诉讼法》第276条规定,因涉外民事纠纷,对在中华人民共和国领域内没有住所的被告提起除身份关系以外的诉讼,如果合同签订地、合同履行地、诉讼标的物所在地、可供扣押财产所在地、侵权行为地、代表机构住所地位于中华人民共和国领域内的,可以由合同签订地、合同履行地、诉讼标的物所在地、可供扣押财产所在地、侵权行为地、代表机构住所地人民法院管辖。除前款规定外,涉外民事纠纷与中华人民共和国存在其他适当联系的,可以由人民法院管辖。第二,"实际联系"原则仍然是对可以选择管辖法院的范围做的一种必要限制。当事人协议选择了与争议没有实际联系的地点的法院管辖的,因其超出法律授权的范围,仍然应当认定该约定无效。例如,在没有涉外因素的民事纠纷中,当事人选择境外法院管辖,该条款就会因选择法院与争议无实际联系而被认定无效。再如,在本案中,当事人协议选择由新加坡法院管辖,但新加坡既非当事人住所地,又非合同履行地、合同签订地、标的物所在地,当事人亦不能证明新加坡与本案争议有其他实际联系,故应当认定新加坡与本案争议没有实际联系,涉案管辖条款属无效约定,不能作为确定本案管辖的依据。尽管涉案的法条依据是《民事诉讼法》修改前的原第242条的规定,但是其对实际联系原则的把握以及对协议选择管辖法院条款效力的处理原则与《民事诉讼法》修改后的第35条的规定是一致的。

(五)协议管辖不得违反我国民事诉讼法关于级别管辖和专属管辖的规定

对于依据法律规定并无管辖权的法院来说,当事人有效的协议选择管辖法院条款将使该法院获得管辖权。但是,协议管辖的效力范围是有限的,其不具有变更级别管辖和专属管辖这两类强制性法定管辖的效力。级别管辖方面,我国司法体系中共有最高人民法院、高级人民法院、中级人民法院和基层人民法院四级法院,四级法院都可以依法受理第一审民事案件,而四级法院各自有不同的级别管辖标准。《最高人民法院关于审理民事级别管辖异议案件若干问题的规定》第9条明确规定:"经最高人民法院批准的第一审民事案件级别管辖标准的规定,应当作为审理民事级别管辖异议案件的依据。"因此,对于当事人协议在某地法院管辖,该地法院受案后发现违反级别管辖标准的,应当依照《民事诉讼法》第37条的规定,移送该地符合级别管辖标准的有管辖权的人民法院。需要特别注意的是,涉外民事诉讼当事人协议选择境外法院管辖的,此时不适用我国民事诉讼法旨在调整我国四级法院的级别管辖规定,因此不能以违反我国民事诉讼法级别管辖的规定为由认定协议选择境外法院管辖条款无效。

专属管辖方面,根据《民事诉讼法》第34条的规定,因不动产纠纷、港口作业纠纷、继承遗产纠纷提起的诉讼,适用专属管辖。鉴于对"不动产纠纷"范围的理解不统一,《民事诉讼法解释》第28条第1款规定:"民事诉讼法第三十四条第一项规定的不动产纠纷是指因不动产的权利确认、分割、相邻关系等引起的物权纠纷。"实践中,有些涉及不动产的合同纠纷具有一定的特殊性,如土地承包经营合同、政策性房屋买卖合同等,与当地的土地承包经营政策和房地产宏观调控政策关系密切,适用专属管辖,有利于案件的审理与执行。因此,《民事诉讼法解释》第 28 条第 2 款规定:"农村土地承包经营合同纠纷、房屋租赁合同纠纷、建设工程施工合同纠纷、政策性房屋买卖合同纠纷,按照不动产纠纷确定管辖。"此外,《民事诉讼法》第 279 条规定:"下列民事案件,由人民法院专属管辖:(一)因在中华人民共和国领域内设立的法人或者其他组织的设立、解散、清算,以及该法人或者其他组织作出的决议的效力等纠纷提起的诉讼;(二)因与在中华人民共和国领域内审查授予的知识产权的有效性有关的纠纷提起的诉讼;(三)因在中华人民共和国领域内履行中外合资经营企业合同、中外合作经营企业合同、中外合作勘探开发自然资源合同发生纠纷提起的诉讼。"对于上述纠纷提起的诉讼,由我国人民法院专属管辖,如当事人协议由外国法院管辖的,该约定无效。

(六)有关协议管辖的其他问题

一是其他诉讼程序法有特别规定的,应当按特别规定处理。例如,《海事诉讼特别程序法》第 8 条规定:"海事纠纷的当事人都是外国人、无国籍人、外国企业或者组织,当事人书面协议选择中华人民共和国海事法院管辖的,即使与纠纷有实际联系的地点不在中华人民共和国领域内,中华人民共和国海事法院对该纠纷也具有管辖权。"即在海事诉讼协议管辖制度上采取内外有别的做法,当事人协议选择外国法院管辖必须符合实际联系原则,但选择中国海事法院管辖则没有实际联系的要求,这有利于我国积极行使海事司法管辖权。

二是关于"实际联系"标准是否包括法律选择标准的问题。《涉外民事关系法律适用法》第 41 条规定,当事人可以协议选择合同适用的法律,那么如果当事人协议选择合同适用某国法律,是否就可以在管辖权审查时认定该国与争议有实际联系?该问题在学理和司法实践中均有一定的争议。早期司法实践曾采纳法律选择标准,但近年来司法实践已转为采纳客观标准,强调选择的外国法院必须与讼争的涉外民事法律关系有某种客观外在的实际联系,仅当事人约定适用特定外国法并不能构成该外国法院与争议有实际联系,如无其他实际联系的连接点的,应当认定协议选择管辖法院条款无效。从《民事诉讼法》第 35 条的措辞看,其列举的实际联系连接点为被告住所地、合同履行地、合同签订地、原告住所地、标的物所在地,均强调客观连接点。因此,我们认为实际联系标准应为客观标准,不包括法律选择标准。涉案裁判文书认为当事人协议选择适用的法律也并非新加坡法律,故新加坡与本案争议没有实际联系,其采用的是法律选择标准,即当事人认为其选择适用的准据法所属国也属于与争议具有实际联系的地点,该认识欠妥,应予注意。

三是消费协议格式管辖条款效力问题。《民事诉讼法解释》第 31 条规定："经营者使用格式条款与消费者订立管辖协议，未采取合理方式提请消费者注意，消费者主张管辖协议无效的，人民法院应予支持。"实践中，格式合同包含"在经营者住所地解决消费争议"的条款十分普遍，给消费者提起诉讼带来极大的不便。根据《民法典》第 496 条第 2 款规定，采用格式条款订立合同的，提供格式条款的一方应当遵循公平原则确定当事人之间的权利和义务，并采取合理的方式提示对方注意免除或者减轻其责任等与对方有重大利害关系的条款，按照对方的要求，对该条款予以说明。提供格式条款的一方未履行提示或者说明义务，致使对方没有注意或者理解与其有重大利害关系的条款的，对方可以主张该条款不成为合同的内容。《民事诉讼法解释》要求经营者采取合理方式提请消费者注意格式协议管辖条款，否则消费者主张管辖协议无效的诉请将得到支持。至于何谓合理方式，一般情形下，提供格式条款的一方对格式条款中免除或者限制其责任的内容，在合同订立时采用足以引起对方注意的文字、符号、字体等特别标识，并按照对方的要求对该格式条款予以说明的，人民法院应当认定符合"采取合理的方式"。

四是合同转让情形下管辖协议对受让人的效力问题。根据合同相对性原则，合同中关于管辖法院的约定，只能约束合同双方，而不能约束第三人。但在合同转让中，对受让人而言，其受让合同权利或承担合同义务时，推定其对合同约定的协议管辖条款是知晓的，因此受让人受让合同当然也受让了合同中的协议管辖条款。《民事诉讼法解释》第 33 条规定："合同转让的，合同的管辖协议对合同受让人有效，但转让时受让人不知道有管辖协议，或者转让协议另有约定且原合同相对人同意的除外。"

【拓展适用】

一、协议管辖与《协议选择法院公约》

2005 年海牙国际私法协会制定并通过了《协议选择法院公约》，该公约对于减少各国协议管辖制度的差异和冲突，促进协议管辖国际发展趋势的统一化具有典型的示范作用。我国已于 2017 年加入该公约。[①] 该公约规定了以下三项主要规则：一是被选择法院的审理义务。根据公约规定，如果协议选择法院条

[①] 参见《驻荷兰大使代表中国政府签署〈协议选择法院公约〉》，载外交部网站，https://www.mfa.gov.cn/web/zwbd_673032/wshd_673034/201709/t20170912_5812382.shtml，最后访问时间：2023 年 5 月 18 日。

款是有效的,那么被选择法院必须审理,不允许被选择法院根据不方便管辖原则或自由裁量权将案件移送到另一国家的法院。二是先受诉法院的拒绝审理义务。除了被选择法院以外,其他受诉法院均应当拒绝受理并审理,但根据公约规定协议选择法院条款无效的除外。三是对缔约国法院作出的判决应当承认与执行的义务。只要根据公约规定协议选择法院条款是有效的,那么被选择法院作出的判决,在其他缔约国应当被承认和执行。值得注意的是,公约适用于书面形式的排他性选择法院的协议,但同时又规定除非当事人明确表示协议不具有排他性,当事人选择法院的协议约定的某国法院或者一个或几个专门法院具有排除其他法院管辖的效力。此外,从公约内容看,对于被选择的法院是否必须与案件争议具有实际联系没有作出规定,只要求协议以书面形式订立,或者以将来能够援引、使用的其他方式订立,协议约定法院管辖的目的是解决已经产生或者将来可能产生的,具有一定法律关系的纠纷。这代表了减少协议管辖不必要的限制、让当事人直接承受选择管辖法院所带来的法律后果的国际发展趋势。

二、应诉管辖

2012年《民事诉讼法》修改删除了在涉外民事诉讼编的原第243条有关"涉外民事诉讼的被告对人民法院管辖不提出异议,并应诉答辩的,视为承认该人民法院为有管辖权的法院"的规定,现行《民事诉讼法》第130条第2款中对涉外和非涉外诉讼的应诉管辖作了统一规定。该款规定:"当事人未提出管辖异议,并应诉答辩或者提出反诉的,视为受诉人民法院有管辖权,但违反级别管辖和专属管辖规定的除外。"该法第278条规定:"当事人未提出管辖异议,并应诉答辩或者提出反诉的,视为人民法院有管辖权。"根据上述规定,当事人双方虽然事先并没有书面协议选择法院的约定,但是被告对原告确定起诉的人民法院的管辖不提出异议,并应诉答辩的,此时可以推定被告接受了原告选择的法院管辖,因此应诉管辖又称为默示协议管辖。

应诉管辖要求同时具备的三项要件为:一是被告未在管辖权异议期间行使异议权利;二是被告以提交答辩状或反诉的形式明示接受法院管辖;三是不违反我国《民事诉讼法》关于级别管辖和专属管辖的规定。如果被告在提交的答辩状中对受诉人民法院的管辖权表示异议的,则不符合第二项要件的要求。值得注意的是,通过应诉管辖确定的法院并不要求与争议具有实际联系,因此应诉管辖实际扩大了当事人合意对确定法院管辖的作用,尊重当事人对诉讼权利的选择自由,符合民事诉讼模式改革和协议管辖的发展方向。

三、既提起管辖权异议又应诉答辩的处理

对于管辖权异议提出的主体，司法实践一般认为只限于被告。因为，向有管辖权的法院提起诉讼是由原告主动提起的，被告不能决定受诉法院，所以，如果被告认为受诉法院无管辖权，只能提出管辖权异议。但学界对于原告是否可以提起管辖权异议有不同认识，有学者认为，在三种情况下原告可以提出：1. 原告误向无管辖权的法院起诉，待法院受理后，始知受诉法院对案件无管辖权。2. 诉讼开始后被追加的共同原告对受诉法院提出管辖权异议。3. 受诉人民法院受理案件后，发现自己无管辖权，依职权将案件移送到有管辖权的人民法院，原告对法院的移送裁定有异议。[①]

关于第三人是否可以提出管辖权异议。根据民事诉讼法理论，第三人包括有独立请求权第三人和无独立请求权第三人。对于有独立请求权第三人，司法解释明确规定其不得提起管辖权异议。因为原被告间争议的法律关系与有独立请求权第三人和原被告间争议的法律关系并不同一，第三人可以提出自己独立的主张，这两个诉是可以合并的，人民法院可进行合并审理，也可以分开审理。如果第三人愿意接受受诉法院管辖，可以参与到已经开始的诉讼中，无需提出管辖权异议；如果第三人认为受诉法院对其没有管辖权，也可以选择分别审理，向有管辖权的法院另行起诉主张权利。对于无独立请求权第三人，因在诉讼中并无独立的主张，只是为协助被告一方进行答辩，与案件处理结果具有法律上的利害关系，才参与到他人已经开始的诉讼中来，故无权提出管辖权异议。因此，无论是有独立请求权第三人还是无独立请求权第三人，均无权提起管辖权异议。

可以明确，通常情况下应诉管辖主要适用于原被告间。在司法实践中被告收到起诉状后，虽然对管辖法院有异议，但又担心一旦管辖权异议申请被裁定驳回，又丧失对案件实体问题的答辩，因此，出现一方面提起管辖权异议，另一方面又对案件实体问题进行答辩的情形。此种情形是否属于应诉答辩？根据《民事诉讼法》第130条规定，应诉管辖应同时具备三个条件：第一，被告没有提出管辖权异议；第二，被告对案件的实体进行了应诉答辩或者提出了反诉；第三，不违反法律规定的级别管辖和专属管辖。故上述情形不符合应诉管辖的条件，不能视为被告已接受受诉法院管辖。《民事诉讼法解释》第223条第1款规定："当事人在提交答辩状期间提出管辖异议，又针对起诉状的内容进行答辩的，人民法院应当依照民事诉讼法第一百三十条第一款的规定，对管辖异

[①] 参见章武生主编：《民事诉讼法新论》，法律出版社2002年版，第145页。

议进行审查。"如受诉法院将该情形错误认定为应诉管辖,案件进入实体审理程序,被告仍可就管辖权问题申请再审及申诉,在申请再审和申诉过程中,其应诉答辩的行为亦不能视为原被告间就管辖法院达成了默示协议管辖。

【典型案例】

甲网络公司与韩国某公司、乙网络公司网络游戏代理及许可合同纠纷管辖权异议案

上诉人（原审被告）：韩国某公司

被上诉人（原审原告）：甲网络公司

原审第三人：乙网络公司

〔基本案情〕

原审原告甲网络公司与原审被告韩国某公司、原审第三人乙网络公司网络游戏代理及许可合同纠纷管辖权异议一案,韩国某公司不服中华人民共和国山东省高级人民法院于2009年1月12日作出的（2008）鲁民三初字第1号民事裁定,向本院提起上诉。本院依法组成合议庭,于2009年3月25日公开开庭审理了本案。审理中,当事人均未提出回避申请。本案现已审理终结。

甲网络公司以韩国某公司为被告、以乙网络公司为第三人,于2008年7月30日向山东省高级人民法院提起诉讼,请求判令：1. 被告继续履行双方于2005年3月10日签订的《独家游戏代理及许可协议》；2. 被告赔偿原告33498272.41元的经济损失；3. 被告承担本案全部诉讼费用。

山东省高级人民法院受理本案后,被告韩国某公司在提交答辩状期间对管辖权提出异议。其主要理由是：原被告双方2005年3月25日签订的《游戏许可协议》第21条约定："本协议应当受中国法律管辖并根据中国法律解释。由本协议产生或与本协议相关的所有的争议应当在新加坡最终解决,且所有本协议产生的争议应当接受新加坡的司法管辖。"因此,将由本协议引起的争议提交新加坡司法机构管辖是双方当事人的明确约定,是双方真实意思表示,本案应由新加坡有管辖权的法院审理,山东省高级人民法院对本案没有管辖权。故,请求驳回甲网络公司的起诉。

〔一审裁判理由与结果〕

山东省高级人民法院经审查认为：本案为涉外知识产权纠纷,虽然原告甲网络公司与被告韩国某公司于2005年3月25日签订的《游戏许可协议》第21条约定产生的争议应当接受新加坡的司法管辖,但是双方同时约定"本协议应当受中国法律管辖并根据中国法律解释",双方在协议适用法律上选择中国法律为准据法。因此,双方协议管辖条款也必须符合选择的准据法即中国法律的有关规定。《中华人民共和国民事诉讼法》第二百四十二条①规定："涉外合同或者涉外财产权益纠纷的当事人,

---

① 2023年《民事诉讼法》已删除本条。

可以用书面协议选择与争议有实际联系的地点的法院管辖。"据此，当事人选择的管辖法院应限定在与争议案件有实际联系的范围内。而本案甲网络公司与韩国某公司协议约定的管辖地新加坡，既不是双方当事人的住所地，也不是本案游戏许可协议的签订地、履行地、争议发生地，所以与本案争议无任何联系，其约定超出了与争议有实际联系的限定范围，该约定管辖应属无效。山东省高级人民法院为原告甲网络公司住所地法院，与本案有实际联系，在双方协议约定管辖无效的情况下，对本案行使管辖权，并无不当，符合我国法律规定。依照《中华人民共和国民事诉讼法》第三十八条和第二百四十二条之规定，山东省高级人民法院裁定：驳回韩国某公司对本案管辖权提出的异议。案件受理费五十元，由韩国某公司负担。

〔当事人上诉及答辩意见〕

韩国某公司不服原审裁定，向本院提起上诉，请求撤销原审裁定，驳回甲网络公司的起诉，本案一、二审案件受理费均由甲网络公司承担。其主要理由是：1. 原审裁定违反法定程序。2008 年 11 月 14 日，原审法院向韩国某公司送达的案卷材料仅包括甲网络公司关于诉讼请求及事实与理由的陈述，没有任何证据材料。韩国某公司为保护自己的程序权利，只能以自己已掌握的证据为基础提出管辖权异议。原审法院未向韩国某公司送达甲网络公司完整的起诉状材料，违反了《中华人民共和国民事诉讼法》第一百一十条和第二百四十六条[①]的规定，剥夺了韩国某公司在管辖权异议程序中就甲网络公司的主张和证据进行辩论的权利，其裁定严重违反法定程序，依法应当予以撤销。2. 原审裁定事实认定不清。甲网络公司在其起诉状的"事实与理由"中声称，"原被告于 2005 年 3 月 10 日就互联网游戏《英雄》签订《独家游戏代理及许可协议》"，"合同有效期自 2005 年 3 月 10 日至 2008 年 3 月 1 日"。韩国某公司在向原审法院提交《管辖权异议书》时所附的证据是韩国某公司与甲网络公司于 2005 年 3 月 25 日签订的《独家游戏发行和许可协议》，该协议的期限是两年。上述两份协议并非同一协议。对于甲网络公司提供的协议，因未收到该协议，韩国某公司也无法判断是否签订过该协议以及其中的协议管辖条款是如何约定的。原审法院没有对甲网络公司起诉时提交的协议进行审查，而是依据韩国某公司提交的 2008 年 3 月 25 日的协议的有关条款认定甲网络公司与韩国某公司协议约定管辖应属无效，从而驳回了韩国某公司对本案管辖权的异议，属于认定事实不清。3. 根据韩国某公司与甲网络公司于 2005 年 3 月 25 日签订的《独家游戏发行和许可协议》的约定，由该协议引起的所有争议应由新加坡的法院管辖。韩国某公司与甲网络公司在订立协议过程中，多次就有关协议管辖的事项进行磋商。甲网络公司主张应由其住所地中国法院管辖，韩国某公司主张应由韩国某公司住所地韩国法院管辖，最后双方达成妥协，决定由第三国司法机构管辖，即协议第 21 条的内容。该约定的本意是

---

① 对应 2023 年《民事诉讼法》第 124 条、第 285 条。

避免任何可能由于国家或者地方保护主义而导致的对与协议有关的争议的不公平处理。由原审法院管辖因本协议引起的争议，显然违反了双方当事人的真实意思表示，对韩国某公司来说亦有失公平，原审法院对本案没有管辖权。

甲网络公司答辩称，原审认定事实清楚，适用法律正确，依法应予维持。其主要理由是：1. 原审裁定符合法律程序。双方于 2005 年 3 月 25 日订立的许可协议明确约定"本协议由中国法律管辖并根据中国法律解释"，尽管约定争议应当由新加坡的司法机关管辖，但因不符合中国法律有关"与争议有实际联系"的规定，属无效约定。2. 原审裁定认定事实清楚，适用法律正确。双方于 2005 年 3 月 25 日订立《独家游戏代理及许可协议》合同的有效期是 2005 年 3 月至 2008 年 3 月，这是合同的有效期限，并非诉讼时效，这并不影响双方发生争议的管辖地。3. 当时订立协议时有中文和英文两个文本，英文本写的时间是 3 月 25 日，中文本写的时间是 3 月 10 日，二者均是合同组成部分，内容一致。

原审第三人乙网络公司未陈述意见。

〔最高人民法院查明的事实〕

甲网络公司起诉时提交的《民事起诉书》在事实与理由部分陈述："原被告于 2005 年 3 月 10 日就互联网游戏《英雄》签定（订）《独家游戏代理及许可协议》"。甲网络公司在起诉后法院立案之前还向法院提交了相应的证据材料，其《证据清单》第一项表述为"原被告 2005 年 3 月 10 日签订的《网络游戏许可协议》中英文件"，但实际所附证据的中文本合同复印件首页落款日期为"2005 年 3 月 25 日"、首页合同名称为《网络游戏许可协议》及"游戏名称：《英雄 online》"、第 2 页合同名称为《独家游戏代理及许可协议》，该中文本合同并无任何签字和盖章；所附证据的英文本合同复印件首页落款日期为"March 25. 2005"、首页合同名称为"GAME LICENSE AGREEMENT"及"Hero Online Game 英雄 online"、第 2 页合同名称为"Exclusive Game Distribution and License Agreement"，该英文本合同每一页均有上诉人和被上诉人的代表人签字，且首页有山东省版权局著作权合同登记章。甲网络公司在二审庭审时向本院提交了首页落款日期为"2005 年 3 月 10 日"、首页合同名称为《网络游戏许可协议》及"游戏名称：《英雄 online》"、第 2 页合同名称为《独家游戏代理及许可协议》的中文本，该协议第 13 页合同落款处有上诉人和被上诉人的公章及代表人的签字。韩国某公司在二审庭审时向本院提交了与甲网络公司在一审起诉时提交的合同英文本复印件内容一致的合同英文本原件及由中国对外翻译出版公司翻译的中文本，该英文本合同每一页均有上诉人和被上诉人的代表人签字，各自文本中的签字代表人一致，但签名方式略有不同。上诉人和被上诉人在二审庭审中均明确认可落款日期为 2005 年 3 月 25 日的游戏许可协议英文本的真实性，一致确认双方之间并不存在其他交易合同；对于甲网络公司二审提交的首页落款日期为 2005 年 3 月 10 日的中文本协议，韩国某公司认为，其从未与被上诉人签署过此份协议，且与双方认可的落款日期为 2005 年 3 月 25 日的游戏许可协议存在诸多内容差异,故对该证据的真实性不予认可。

根据韩国某公司提供的由中国对外翻译出版公司翻译的 2005 年 3 月 25 日协议的中文本,其序言中指出:"协议内容是甲网络公司成为许可人(指韩国某公司)的独家游戏发行商,并按照以下条款和条件在指定区域内推广产品(每个术语均在下文中进行定义)……'指定区域'专指中国。"其第 6.1 条中约定:"许可人将在协议期间在被许可人(指甲网络公司)的场所内提供与产品的安装和维护相关的技术服务……"其第 21 条为:"本协议应当受中国法律管辖并根据中国法律解释。由本协议产生或与本协议相关的所有争议应当在新加坡最终解决,且所有由本协议产生的争议应当接受新加坡的司法管辖。"经本院核实,双方提交的落款日期为 2005 年 3 月 25 日游戏许可协议英文本,至少在序言、第 6.1 条和第 21 条的英文表述完全一致。

另查明,山东省高级人民法院于 2008 年 7 月 30 日收到甲网络公司的《民事起诉书》,于 2008 年 8 月 17 日收到甲网络公司提供的证据材料两册,于 2008 年 8 月 21 日决定立案受理,此后该院向韩国某公司送达了应诉通知书、起诉状副本、举证通知书和开庭传票,对甲网络公司提供的证据材料未予同时送达。

〔最高人民法院裁判理由与结果〕

本院认为,本案在二审中当事人争议的主要问题是:甲网络公司起诉所依据的协议的真实性;一审法院在送达起诉状副本时未同时送达原告提交的证据材料是否违反法定程序;涉案合同的协议选择管辖法院条款是否有效以及原审法院对本案是否享有管辖权。

(一)关于甲网络公司起诉所依据的协议的真实性

虽然甲网络公司在起诉状中陈述其与韩国某公司签订的协议是 2005 年 3 月 10 日的《独家游戏代理及许可协议》,甚至在其《证据清单》中亦表述为"原被告 2005 年 3 月 10 日签订的《网络游戏许可协议》中英文件",但其在起诉时所附证据材料中实际提交的是双方签字的落款日期为 2005 年 3 月 25 日的协议英文本和没有签字的落款日期为同日的中文本,该英文本与韩国某公司据以提出管辖权异议的协议英文本实为同一协议,甲网络公司与韩国某公司在二审庭审中均已明确认可该英文本的真实性,且一致确认双方之间并不存在其他交易合同。由此可见,甲网络公司的本意是请求法院裁判双方因同一协议所产生的争议。在此情况下,无论甲网络公司二审提交的首页落款日期为 2005 年 3 月 10 日、合同落款处有上诉人和被上诉人的公章及代表人签字的《网络游戏许可协议》中文本的真实性如何,均不影响当事人依据落款日期为 2005 年 3 月 25 日的协议英文本进行本案诉讼。甲网络公司因自身原因在起诉状中未能准确、清楚地表述双方协议的签订日期,虽然给韩国某公司应诉答辩带来一定的疑惑,但鉴于双方实际所依据的协议均指 2005 年 3 月 25 日协议,原审法院亦据此协议对韩国某公司的管辖权异议作出裁定,有关协议日期的表述问题并未对韩国某公司行使诉讼权利产生实质性的妨碍。因此，上诉人关于原审裁定对此认定事实不清的理由，实际并不成立。

（二）关于一审法院在送达起诉状副本时未同时送达原告提交的证据材料是否违反法定程序

《中华人民共和国民事诉讼法》第一百一十三条①第一款规定："人民法院应当在立案之日起五日内将起诉状副本发送被告，被告在收到之日起十五日内提出答辩状。"《最高人民法院关于民事诉讼证据的若干规定》（以下简称证据规定）第三十三条规定："人民法院应当在送达案件受理通知书和应诉通知书的同时向当事人送达举证通知书。举证通知书应当载明举证责任的分配原则与要求、可以向人民法院申请调查取证的情形、人民法院根据案件情况指定的举证期限以及逾期提供证据的法律后果。举证期限可以由当事人协商一致，并经人民法院认可。由人民法院指定举证期限的，指定的期限不得少于三十日，自当事人收到案件受理通知书和应诉通知书的次日起计算。"证据规定第三十四条第一款规定："当事人应当在举证期限内向人民法院提交证据材料，当事人在举证期限内不提交的，视为放弃举证权利。"证据规定第三十七条规定："经当事人申请，人民法院可以组织当事人在开庭审理前交换证据。人民法院对于证据较多或者复杂疑难的案件，应当组织当事人在答辩期届满后、开庭审理前交换证据。"

根据上述规定，首先，人民法院应当在立案之日起五日内至少应将起诉状副本、应诉通知书、举证通知书发送被告，并无必须同时将原告证据一并发送被告的强制性规定。其次，前述司法解释明确了在人民法院立案受理后的举证期限制度，即，除非当事人协商一致并经人民法院认可，该举证期限自当事人收到案件受理通知书和应诉通知书的次日起计算不得少于三十日。对于国内案件而言，这一举证期限显然要长于被告十五日的答辩期；即使对于涉外案件中在中华人民共和国领域内没有住所的被告而言，其答辩期为三十日，举证期限也仅仅是有可能与该答辩期相同，但不会短于该答辩期，而且实际上一般也会长于该答辩期。尽管实践中人民法院决定立案受理案件时一般会要求原告提供初步证据，但这并不意味着要求原告在起诉时或者被告的答辩期届满前提交全部证据。再次，前述司法解释还明确了证据交换制度，这意味着当事人可以在人民法院组织交换证据时各自向对方提供证据，而并不要求将原告证据提前送达被告。最后，如何保证被告尽早获得原告证据以便其及时进行有针对性的抗辩，是需要在将来进一步完善有关的法律规则和实践操作的问题。总而言之，上诉人有关原审法院未在送达起诉状副本时同时送达原告证据而违反法定程序的上诉理由，并不能成立。

---

① 对应 2023 年《民事诉讼法》第 128 条。

(三）关于涉案合同的协议选择管辖法院条款的效力

《中华人民共和国民法通则》（已被《民法典》废止）第一百四十五条规定："涉外合同的当事人可以选择处理合同争议所适用的法律，法律另有规定的除外。涉外合同的当事人没有选择的，适用与合同有最密切联系的国家的法律。"《中华人民共和国民事诉讼法》第二百四十二条（2012年《民事诉讼法》已删除本条）规定："涉外合同或者涉外财产权益纠纷的当事人，可以用书面协议选择与争议有实际联系的地点的法院管辖。选择中华人民共和国人民法院管辖的，不得违反本法关于级别管辖和专属管辖的规定。"根据上述规定，协议选择适用法律与协议选择管辖法院是两个截然不同的法律行为，也应当根据相关法律规定分别判断其效力。对协议选择管辖法院条款的效力，应当依据法院地法进行判断；原审法院有关协议管辖条款必须符合选择的准据法所属国有关法律规定的裁定理由有误。

对于涉外案件当事人协议选择管辖法院的问题，1982年10月1日起试行的《中华人民共和国民事诉讼法（试行）》并未作出特别规定，1991年4月9日公布并施行的《中华人民共和国民事诉讼法》第二百四十二条对此作出了上述特别规定。根据当时的立法背景和有关立法精神，对于该条中关于"可以用书面协议选择与争议有实际联系的地点的法院管辖"的规定，应当理解为属于授权性规范，而非指示性规范，即涉外合同或者涉外财产权益纠纷案件当事人协议选择管辖法院时，应当选择与争议有实际联系的地点的法院，否则，该法院选择协议即属无效；同时，对于这种选择管辖法院的协议，既可以是事先约定，也可以是事后约定，但必须以某种书面形式予以固定和确认。据此，按照我国现行法律规定，对于涉外合同或者涉外财产权益纠纷案件当事人协议选择管辖法院的问题，仍应当坚持书面形式和实际联系原则。

本案根据上诉人与被上诉人一致认可的合同英文本，其第21条约定了两个方面的基本内容。即，首先约定了因协议产生纠纷所适用的实体法，即中国法律；其次约定了因协议产生纠纷的解决机构，即接受新加坡司法管辖。上诉人与被上诉人在本案中仅对协议选择外国司法机构管辖的效力问题有争议。根据上述法律规定特别是《中华人民共和国民事诉讼法》第二百四十二条的规定，涉外合同当事人协议选择管辖法院应当选择与争议有实际联系的地点的法院，而本案当事人协议指向的新加坡，既非当事人住所地，又非合同履行地、合同签订地、标的物所在地，同时本案当事人协议选择适用的法律也并非新加坡法律，上诉人也未能证明新加坡与本案争议有其他实际联系。因此，应当认为新加坡与本案争议没有实际联系。相应地，涉案合同第21条关于争议管辖的约定应属无效约定，不能作为确定本案管辖的依据。上诉人据此约定提出的有关争议管辖问题的主张，不能得到支持。原审裁定将争议发生地也作为判断是否属于《中华人民共和国民事诉讼法》第二百四十二条规定的与争议有实际联系的地点的连结点之一，虽有不当，但并不影响对涉案合同第

21 条有关争议管辖约定的效力的认定。

（四）关于原审法院对本案行使管辖权的依据

在当事人选择管辖法院的约定无效的情况下，应当根据受诉地国家有关涉外案件管辖的其他法律规则确定案件的管辖。《中华人民共和国民事诉讼法》第二百四十一条①规定："因合同纠纷或者其他财产权益纠纷，对在中华人民共和国领域内没有住所的被告提起的诉讼，如果合同在中华人民共和国领域内签订或者履行，或者诉讼标的物在中华人民共和国领域内，或者被告在中华人民共和国领域内有可供扣押的财产，或者被告在中华人民共和国领域内设有代表机构，可以由合同签订地、合同履行地、诉讼标的物所在地、可供扣押财产所在地、侵权行为地或者代表机构住所地人民法院管辖。"

本案根据上诉人与被上诉人一致认可的合同英文本，合同项下的权利许可的地域范围即"指定区域"专指"中国"，可见，争议合同系在中华人民共和国领域内履行。虽然该合同对中华人民共和国领域内履行大部分合同义务的具体地点并未作出明确约定，但部分合同义务的履行地是明确的，如第 6.1 条中有关韩国某公司履行技术服务义务的地点就明确约定为甲网络公司的场所。在此情况下，应当认为甲网络公司的所在地山东省也是合同履行地。据此，山东省高级人民法院作为本案合同履行地法院，对本案具有管辖权。原审裁定以山东省高级人民法院为原告甲网络公司住所地法院，与本案有实际联系为由，认定该院对本案有管辖权，理由虽有不当，但结果并无错误。

综上所述，上诉人韩国某公司关于原审法院违反法定程序、认定事实不清、本案应由新加坡法院管辖的上诉理由均不能成立，原审裁定理由虽有部分表述不妥，但其裁定结果并无错误，适用法律基本正确。依照《中华人民共和国民事诉讼法》第一百五十三条②第一款第一项和第一百五十四条③之规定，裁定如下：驳回上诉，维持原裁定。

规则 14：法院受理案件有多个被告的，案件进入实体审理阶段后，即使辖区内被告不是案件的适格被告，人民法院裁定驳回对该被告起诉的，并不影响案件实体审理，无需再移送管辖

——北京 B 科技发展有限公司与 A 技术工程（东莞）有限公司、河南省某市城市管理局居间合同纠纷案④

---

① 对应 2023 年《民事诉讼法》第 276 条。
② 对应 2023 年《民事诉讼法》第 177 条。
③ 对应 2023 年《民事诉讼法》第 178 条。
④ 载《中华人民共和国最高人民法院公报》2009 年第 7 期。

【裁判规则】

民事诉讼原告起诉时列明多个被告，因其中一个被告的住所地在受理案件的人民法院辖区内，故受理案件的人民法院可以依据被告住所地确定管辖权。其他被告如果认为受理案件的人民法院没有管辖权，应当在一审答辩期内提出管辖权异议；未在此期间提出异议的，案件已经进入实体审理阶段，管辖权已经确定，即使受理案件的人民法院辖区内的被告不是案件的适格被告，人民法院亦可裁定驳回原告对该被告的起诉，并不影响案件实体审理，无需再移送管辖。

【规则理解】

一、管辖的分类

根据我国《民事诉讼法》的相关规定，对管辖可依下述三种标准来分类：[1]

（一）法定管辖和裁定管辖

以法律规定和法院裁定为标准，可分为法定管辖和裁定管辖。法定管辖，是指由法律明文规定第一审民事案件的管辖法院。我国《民事诉讼法》规定的级别管辖和地域管辖即属于法定管辖。裁定管辖，是法定管辖的补充制度，指人民法院用裁定、决定等方式来确定第一审民事案件的管辖法院，具体包括移送管辖、指定管辖和管辖权移转。

移送管辖，是指法院将已经受理的不属于自己管辖的案件移送给有管辖权的法院审理。移送管辖是案件从无管辖权的法院移送至有管辖权的法院，性质是案件的移送，而不是管辖权的变更。指定管辖，是指上级法院以裁定方式，将某一案件指定其下级法院管辖。指定管辖是为方便诉讼或审判，对地域管辖的变通。管辖权移转，是指上级法院同意审判下级法院管辖的案件，或者上级法院决定将其管辖的案件交由下级法院管辖。管辖权移转是对级别管辖的个别调整和变通，目的也是方便诉讼和审判。至于当事人对管辖权移转是否有提出异议的权利，《民事诉讼法》《民事诉讼法解释》对此未作出明确的规定。《最高人民法院关于审理民事级别管辖异议案件若干问题的规定》（法释〔2009〕17号）第4条对管辖权移转进行了规范，该条规定："上级人民法院根据民事诉讼法第三十九条第一款[2]的规定，将其管辖的第一审民事案件交由下级人民法院审理的，应当作出裁定。当事人对裁定不服提起上诉的，第二审人民法院

---

[1] 参见章武生主编：《民事诉讼法新论》，法律出版社2002年版，第117~118页。
[2] 对应2023年《民事诉讼法》第39条第1款。

应当依法审理并作出裁定。"该条款保障的是当事人对管辖权移转提出异议的程序性权利,但实践中运用并不多,故在 2020 年集中修改民事诉讼类司法解释时被删除。

(二)专属管辖和协议管辖

以法律强制规定和任意规定为标准,可以分为专属管辖和协议管辖。专属管辖,是指依照法律规定某类案件只能由某一个或几个人民法院管辖,不允许当事人协议变更。例如,《民事诉讼法》第 34 条规定了三类纠纷实行专属管辖,分别为不动产纠纷、港口作业纠纷和继承遗产纠纷。协议管辖,是指依照法律规定,允许当事人以协议的方式约定管辖法院。《民事诉讼法》第 35 条规定合同或者其他财产权益纠纷可以适用协议管辖。

(三)共同管辖和合并管辖

以诉讼关系为标准,可以分为共同管辖和合并管辖。共同管辖,是指两个以上人民法院对于同一案件都具有管辖权。合并管辖,是指对某一案件有管辖权的法院,可以一并管辖虽无管辖权但与此案有牵连的其他案件。

二、管辖恒定原则

所谓管辖恒定,是指确定案件的管辖权以起诉时为标准,起诉时对案件享有管辖权的人民法院,不因确定管辖的事实在诉讼过程中发生变化而影响其管辖权。[1] 确定管辖恒定原则的目的在于保证民事案件及时审理,避免法院之间推诿或争夺管辖权而造成司法资源浪费,减少当事人讼累,实现诉讼经济要求。

管辖恒定包括级别管辖恒定和地域管辖恒定。民事诉讼过程中,确定管辖的因素可能会发生变化,例如,原告合法增加诉讼请求而导致诉讼标的额提高,使案件超出受诉法院级别管辖权限;再如,受诉法院辖区变更,使案件不属于其地域管辖的范围;又如,被告住所地迁移或诉讼标的物转移到受诉法院辖区之外的地区的;等等。基于诉讼经济和程序安定的需要,受诉法院不能将已正当受理的案件移送给由于确定管辖权的因素发生变化而在理论上拥有管辖权的法院,而应继续审理此案直至对案件作出判决。需要注意的是,管辖恒定以受诉法院依照《民事诉讼法》的规定具有管辖权为前提,如当事人起诉时,受诉法院并无管辖权,则不发生管辖恒定的适用。

我国《民事诉讼法》虽没有明确规定管辖恒定原则,但在相关司法解释中体现了管辖恒定原则。《民事诉讼法解释》第 37 条规定:"案件受理后,受诉

---

[1] 黄川:《民事诉讼管辖研究》,中国法制出版社 2001 年版,第 374~380 页。

人民法院的管辖权不受当事人住所地、经常居住地变更的影响。"第38条规定："有管辖权的人民法院受理案件后，不得以行政区域变更为由，将案件移送给变更后有管辖权的人民法院。判决后的上诉案件和依审判监督程序提审的案件，由原审人民法院的上级人民法院进行审判；上级人民法院指令再审、发回重审的案件，由原审人民法院再审或者重审。"该两条侧重于地域管辖恒定。一是地域管辖确定后，不因诉讼过程中确定管辖的因素变动而变动；二是地域管辖恒定的效力，及于案件整个诉讼程序，包括一审程序以及其后可能进行的二审程序和审判监督程序。《民事诉讼法解释》第39条规定："人民法院对管辖异议审查后确定有管辖权的，不因当事人提起反诉、增加或者变更诉讼请求等改变管辖，但违反级别管辖、专属管辖规定的除外。人民法院发回重审或者按第一审程序再审的案件，当事人提出管辖异议的，人民法院不予审查。"该规定体现了一审法院被裁定有管辖权或者实际行使管辖权后，一般不因当事人提出反诉、增加或者变更诉讼请求以及案件审理程序的变化而发生变动。

三、共同诉讼管辖的确定

（一）共同诉讼中当事人的管辖选择权

共同诉讼是指当事人一方或者双方为两人以上的诉讼[①]，亦称为主观的诉之合并。民事诉讼中，原告起诉多名被告时，即构成共同诉讼。《民事诉讼法》第22条规定："对公民提起的民事诉讼，由被告住所地人民法院管辖；被告住所地与经常居住地不一致的，由经常居住地人民法院管辖。对法人或者其他组织提起的民事诉讼，由被告住所地人民法院管辖。同一诉讼的几个被告住所地、经常居住地在两个以上人民法院辖区的，各该人民法院都有管辖权。"根据该条规定，如果多名被告的住所地、经常居住地不在同一法院的管辖区域内，各被告住所地、经常居住地的人民法院均有管辖权，这就产生了管辖权选择的问题。

《民事诉讼法》第36条规定："两个以上人民法院都有管辖权的诉讼，原告可以向其中一个人民法院起诉；原告向两个以上有管辖权的人民法院起诉的，由最先立案的人民法院管辖。"也就是说，在涉及共同被告的诉讼中，原告享有根据被告的不同住所地、经常居住地选择不同法院起诉的权利。一旦原告作出了选择，向其中一个被告住所地或经常居住地人民法院起诉，其享有的选择权相应归于消灭，受诉法院可以依据被告住所地确定管辖权。《民事诉讼法解

[①] 章武生、段厚省：《民事诉讼法学原理》，上海人民出版社2005年版，第177页。

释》第36条将《民事诉讼法》第36条对先立案和后立案法院的关系问题进一步细化规定为："两个以上人民法院都有管辖权的诉讼，先立案的人民法院不得将案件移送给另一个有管辖权的人民法院。人民法院在立案前发现其他有管辖权的人民法院已先立案的，不得重复立案；立案后发现其他有管辖权的人民法院已先立案的，裁定将案件移送给先立案的人民法院。"

（二）同一诉讼的理解

审判实践中，长期被忽视的问题是如何理解《民事诉讼法》第22条第3款的"同一诉讼"。该款规定："同一诉讼的几个被告住所地、经常居住地在两个以上人民法院辖区的，各该人民法院都有管辖权。"其中的"同一诉讼"是否既包括必要共同诉讼也包括普通共同诉讼？例如，对于原告的某项注册商标，住所地位于不同辖区的多名被告均以未经许可的方式使用，原告可否向其中一名被告住所地辖区法院对多名被告提起诉讼，并请求受诉法院对全案行使管辖权？我们认为，《民事诉讼法》第22条第3款的"同一诉讼"，应作狭义解释，仅指必要共同诉讼，不包括普通共同诉讼。原因在于法律对两类共同诉讼规定了不同的诉之合并机制。《民事诉讼法》第55条第1款规定："当事人一方或者双方为二人以上，其诉讼标的是共同的，或者诉讼标的是同一种类、人民法院认为可以合并审理并经当事人同意的，为共同诉讼。"必要共同诉讼的特点在于共同诉讼的当事人对诉讼标的有不可分的共同的权利义务，人民法院必须合并审理，不得分案审理。普通共同诉讼则是指共同诉讼的当事人对诉讼标的没有共同的权利义务关系，但是其争议的权利义务关系属于同一类型，人民法院认为可以合并审理并经当事人同意的诉讼。普通共同诉讼既可以作为共同诉讼合并审理，也可以作为单独诉讼分别审理。是否合并，由人民法院根据当事人是否同意，能否达到简化程序、节省时间和费用的目的来确定。可见，普通共同诉讼是为了方便同时辩论及裁判而确立的形式上的数诉之合并，其作为共同诉讼合并审理必须符合四个条件：一是法院对数诉均具有管辖权；二是数诉必须属于同一诉讼程序；三是当事人同意作为共同诉讼合并审理；四是必须符合合并审理的目的，即符合诉讼经济原则。当原告起诉列明的多名被告不在同一人民法院辖区，受诉法院仅对其中一名被告有管辖权，对其他被告没有管辖权时，就不符合作为共同诉讼处理的条件，也不产生构成"同一诉讼"而适用《民事诉讼法》第22条第3款规定的问题。原告应当分别单独起诉，除非被告未提出管辖权异议，应诉答辩并同意合并审理。

(三) 虚列被告的管辖确定

实践中还存在以虚列被告的方式制造"连接点"取得管辖权的现象，即原告明知住所地在某地法院辖区内的被告与案件并无关联，但为了使该地法院对全案享有管辖权，故意对辖区内的被告与辖区外的其他被告一并起诉。这一问题在审判实务中尚未得到很好的处理，原因在于《民事诉讼法》在起诉条件中对被告的适格性未作出规定，只要求有"明确的被告"即可。原告虚列的被告住所地一般在受诉法院辖区内，而被告适格性问题又系实体争议，不属于管辖权异议的范围，因此，受诉法院似乎按照《民事诉讼法》第22条第3款的规定就自然对全案享有管辖权。

我们认为，虚列被告是恶意规避管辖权的一种行为，不仅浪费司法资源，而且会给其他被告带来严重不便，法院有必要予以审查。如前所述，有多名被告的诉讼属于共同诉讼，人民法院受理案件后，应当能够通过依职权审查以及管辖权异议程序，合理地确认诉的合并能否成立。仅在必要共同诉讼情形下，受诉法院才能适用《民事诉讼法》第22条第3款的规定对全案取得管辖权。经审查，如发现被虚列被告与其他被告之间完全没有利害关系，且被告亦以管辖权异议的方式不同意作为共同诉讼处理的，人民法院应当告知原告分别起诉，如原告坚持一并起诉的，作分诉处理。当然，虚列被告的情形必须十分明确而明显。如原告陈述对各被告的诉讼请求是基于同一连带债权债务，或基于同一事实和法律上的原因，人民法院应作必要共同诉讼的初步认定。至于被告实际适格与否的争议，应留待实体审理解决。即使其后在案件审理过程中，受诉法院辖区内的被告被认定为不适格，此时管辖权也已经确定，根据管辖恒定原则，受诉法院不再移送管辖。

综上，《民事诉讼法》第22条第3款的"同一诉讼"仅指必要共同诉讼，而不包括普通共同诉讼的情形。原告对多名被告之诉为必要共同诉讼时，如各被告不在同一人民法院辖区的，受诉法院可以根据《民事诉讼法》第22条第3款的规定，依据对其中一名被告所享有的地域管辖权，取得对其他被告的管辖权。原告对多名被告之诉为普通共同诉讼时，则以住所地或经常居住地在受诉法院辖区以外的其他被告同意接受管辖及同意合并审理为前提，否则应当分案审理。

【拓展适用】

一、适用管辖恒定原则应当注意的问题

管辖恒定是诉讼经济和诉讼安定的必然要求，可以有效避免因管辖变动引

发的司法资源浪费，减少当事人的讼累，提高诉讼效率。同一民事纠纷案件由任何法院作出判决，其结果从理论上讲并不会不同，因为法院所作出的判决均是建立在适用统一的实体法和程序法的基础上的。综上，管辖恒定原则的确立不仅具有内在法理依据，而且具有必要性。

（一）管辖恒定的时间起点

关于管辖恒定的起点是以当事人起诉时为准还是以法院受理案件为准，理论上存在争议。从《民事诉讼法解释》第36条和第37条的规定看，是以法院受理时为准。有学者认为，根据《民事诉讼法》第126条的规定，符合起诉条件的，人民法院应当在7日内立案，即立案受理与当事人起诉存在一定的时间间隔。原告提起诉讼时，诉讼已开始系属于受诉法院；而受诉法院受理起诉则标志着案件进入审理程序，以原告起诉为管辖恒定的起点能更为完整地体现管辖恒定原则。[1] 大陆法系一些国家或地区的立法例采用了该观点，今后完善管辖恒定原则时可资借鉴。例如，日本《民事诉讼法》第15条规定："决定法院管辖，应以提起诉讼为标准。"

（二）管辖恒定的例外

随着民事法律关系以及诉讼程序的推进，管辖权的正当性与管辖的恒定性有时会发生动态的牵制，实践中还存在管辖恒定的例外。例如，针对实践中产生的当事人起诉时故意降低诉讼标的额而在起诉后再提高诉讼标的额，旨在规避级别管辖规定的情形，《最高人民法院关于审理民事级别管辖异议案件若干问题的规定》规定了级别管辖恒定的例外情形。该司法解释第3条规定："提交答辩状期间届满后，原告增加诉讼请求金额致使案件标的额超过受诉人民法院级别管辖标准，被告提出管辖权异议，请求由上级人民法院管辖的，人民法院应当按照本规定第一条审查并作出裁定。"根据该条规定，原告在被告答辩期届满后提高诉讼请求金额，导致超过受诉法院级别管辖标准的，被告仍有权提出管辖权异议。我们认为，该规定并未改变级别管辖恒定原则，仅是对原告故意规避级别管辖的例外情形之细化规定。由于目前并无法律和司法解释规定原告增加诉讼请求后要重新给予被告答辩期间，容易产生原告利用这一法律漏洞故意规避级别管辖规定的现象。为保持原被告之间在管辖争点上攻击防御的动态平衡，司法解释赋予了被告提出级别管辖异议的权利。

---

[1] 占善刚：《略论民事诉讼中的管辖恒定原则》，载《法学评论》2001年第6期。

二、共同被告地域管辖的探索

法国《民事诉讼法》与我国《民事诉讼法》类似，规定被告为二人以上时，原告可选择其中一个被告居住地法院提起诉讼。一旦原告选择其中一个被告居住地法院起诉后，该法院有权对其他辖区所在的被告发出召唤状。[1] 即共同被告的管辖属于一般地域管辖。然而，日本《民事诉讼法》则将对几个被告的共同诉讼的地域管辖列入特别地域管辖（又称特别审判籍）。[2]

从法律保护的利益看，一般地域管辖侧重于防止原告滥诉，保护被告利益，故以被告住所地或经常居住地确定管辖；特殊地域管辖更侧重于考虑原告利益以及便于法院进行诉讼程序。共同诉讼的多名被告住所地在两个以上法院辖区，对于住所地不在受诉法院辖区内的其他被告而言，受诉法院的管辖实际属于特殊地域管辖。而在必要共同诉讼中，不仅共同被告与原告之间存在利益冲突，而且共同被告之间的利益也是不一致的，有时甚至是冲突的。如由其中一个被告住所地法院管辖，可能会损害住所地不在受诉法院辖区的其他共同被告的利益，故难以保障程序公正。因此，在共同被告的管辖问题上，对原告选择权加以一定的限制能够较为公平地对待各方当事人的程序利益。有学者认为，我国《民事诉讼法》第22条第3款用"同一诉讼的几个被告"一语不够确切，建议修改为"必要共同诉讼中被告为二人以上"[3]。

【典型案例】

北京B科技发展有限公司与A技术工程（东莞）有限公司、某市城市管理局居间合同纠纷案

再审申请人（一审被告、二审被上诉人）：A技术工程（东莞）有限公司

再审被申请人（一审原告、二审上诉人）：北京B科技发展有限公司

再审被申请人（一审被告）：某市城市管理局

〔基本案情〕

A技术工程（东莞）有限公司（以下简称A公司）与北京B科技发展有限公司（以下简称B公司）、某市城市管理局（以下简称某市城管局）居间合同纠纷一案，河南省高级人民法院于2008年6月12日作出（2007）豫法民二终字第166号民事判

---

[1] 张卫平、陈刚：《法国民事诉讼法导论》，中国政法大学出版社1997年版，第44页。

[2] ［日］兼子一、［日］竹下守夫：《民事诉讼法（新版）》，白绿铉译，法律出版社1995年版，第21页。

[3] 王国征：《浅议完善我国共同被告地域管辖制度——兼析我国〈民事诉讼法〉第22条第3款》，载《青岛海洋大学学报（社会科学版）》2002年第1期。

决，已经发生法律效力。2008年12月4日，A公司向本院申请再审。本院依法组成合议庭对本案进行了审查，现已审查终结。

A公司申请再审称：1. 本案一、二审判决存在被告某市城管局主体不适格的问题。本案的案由为合同纠纷，法院判决的事实依据也是2006年2月27日申请再审人A公司和被申请人B公司签订的《协议书》，而该份《协议书》的签约方只有两方，即申请再审人和被申请人。虽然在该份《协议书》中出现过"招商人（某市城市管理局）"字样，但被申请人某市城管局不是该份《协议书》的签约方，所以被申请人某市城管局与被申请人B公司不存在民事法律关系，被申请人某市城管局与本案合同纠纷无关。本案被申请人（即一审原告）B公司为了在河南省开封市中级人民法院取得管辖权，错误地将被申请人某市城管局列为本案合同纠纷的一审被告，本案一审、二审法院在没有事实和法律依据的情况下仍将某市城管局列为被告。尽管某市城管局在答辩状中屡次强调其与本案无关，但一、二审法院置之不理，依然将其列为本案被告。因此，本案只有一个被告，即申请再审人A公司，本案一、二审判决存在被告某市城管局主体不适格的问题。2. 本案违反法律规定，管辖错误。本案的案由是合同纠纷，被告只有一个，即申请再审人A公司。根据民事诉讼法第二十四条①的规定，因合同纠纷提起的诉讼，由被告住所地或者合同履行地人民法院管辖，所以，本案的管辖法院应是被告所在地人民法院——申请再审人（即一审被告）A公司所在地人民法院和合同履行地人民法院——被申请人B公司所在地人民法院，而上述管辖法院均不是河南省开封市中级人民法院和河南省高级人民法院。3. 本案判决缺乏事实依据。对B公司起诉某市城管局的诉讼请求，本案一、二审法院处理不当。本案二审法院判决缺乏事实依据。4. 本案二审判决适用法律错误。

被申请人B公司、被申请人某市城管局未提交书面意见。

〔最高人民法院裁判理由与结果〕

本院认为，根据民事诉讼法第一百零八条②的规定，人民法院受理民事案件时，对于被告的要求是"有明确的被告"。本案一审原告B公司起诉时，将A公司和某市城管局均列为被告，符合民事诉讼法规定的被告明确性要求。因某市城管局住所地在开封市中级人民法院辖区内，开封市中级人民法院受理本案时依据被告住所地确定管辖权并无不妥。A公司如认为开封市中级人民法院对本案没有管辖权，有权在一审答辩期内提出管辖权异议，不服一审裁定的，还可提起上诉通过二审程序主张。但经本院审阅一审卷宗，申请再审人A公司在一审答辩期间未提出管辖权异议。在案件进入实体审理阶段后，因管辖权已经确定，某市城管局是否为适格被告并不影响一审法院对于本案的审理。即使人民法院查明某市城管局不是本案适格被告，裁

---

① 对应2023年《民事诉讼法》第24条。
② 对应2023年《民事诉讼法》第122条。

定驳回了 B 公司对某市城管局的起诉，亦不影响已经开始的实体审理程序，不需再移送案件。另，合同履行地是指合同主要义务的履行地，本案居间合同的主要义务履行地应为居间行为地。据原审认定的 A 公司项目参与人赖某给 B 公司董事长郭某出具的感谢信中关于 B 公司在开封市接待 A 公司高层，以及协助 A 公司竞投开封项目等内容，开封市作为居间合同所指向项目的所在地，可以认定为本案居间合同履行地，开封市中级人民法院亦可据此行使管辖权。根据《最高人民法院关于适用〈中华人民共和国民事诉讼法〉审判监督程序的解释》第十四条①的规定，违反专属管辖、专门管辖规定以及其他严重违法行使管辖权的，人民法院应当认定为民事诉讼法第一百七十九条②第一款第七项规定的"管辖错误"，本案一审法院系起诉状所列被告住所地法院，亦为合同履行地法院，不构成严重违法行使管辖权的情形。因此，申请再审人关于原判违反法律规定，管辖错误的事由不能成立，本院不予支持。关于被申请人某市城管局是否为适格被告的问题，正如上文所述，在管辖权确定后，某市城管局是否为适格被告并不影响本案的实体审理，且一、二审均未判决某市城管局承担实体义务，未对案件正确判决产生影响，不符合依据民事诉讼法第一百七十九条第二款规定的"违反法定程序可能影响案件正确判决、裁定的情形"启动再审的条件。关于申请再审人主张的本案判决缺乏事实依据，适用法律错误两项事由，因申请再审人仅列举两项法定事由，未阐明所依据的事实和理由，亦未提供充分证据予以支持，本院不予认定。综上，依据《中华人民共和国民事诉讼法》第一百八十一条③第一款的规定，裁定如下：

驳回 A 公司的再审申请。

---

① 该条款现已被删除。
② 对应 2023 年《民事诉讼法》第 211 条。
③ 对应 2023 年《民事诉讼法》第 215 条。

第十章 管辖权异议

> **规则 15**：当事人不能以其不是适格被告为由提出管辖权异议
> ——A 房地产开发公司与彭某、A 集团公司商品房预售合同纠纷案①

【裁判规则】

管辖权异议是指当事人对案件是否属于人民法院受理范围或者是否由受诉人民法院管辖提出的异议。当事人有权提出管辖权异议，但当事人以其不是适格被告为由提出管辖权异议，不属于管辖权异议。当事人是否属于适格被告，应当经人民法院实体审理确定。

【规则理解】

一、管辖权异议

根据《民事诉讼法》第 122 条第 4 项规定，人民法院受理的民事案件应当属于人民法院受理民事诉讼的范围和受诉人民法院管辖。管辖作为民事诉讼制度的肇始环节，是诉讼程序启动的首要问题，是审判权行使的前提条件。作为审判权的前提，管辖制度通过确定在司法体制中该由哪一法院具体审理的问题，明确法院与法院之间的权限分配。

（一）管辖权异议的界定

管辖权异议是指法院受理案件后，当事人认为该法院对该案并无管辖权，提出不服该法院管辖的主张和意见。②《民事诉讼法》第 130 条规定："人民法院受理案件后，当事人对管辖权有异议的，应当在提交答辩状期间提出。人民法院对当事人提出的异议，应当审查。异议成立的，裁定将案件移送有管辖权的人民法院；异议不成立的，裁定驳回。当事人未提出管辖异议，并应诉答辩或者提出反诉的，视为受诉人民法院有管辖权，但违反级别管辖和专属管辖规

---

① 载《中华人民共和国最高人民法院公报》2006 年第 12 期。
② 江伟：《民事诉讼法学》，复旦大学出版社 2002 年版，第 165 页。

定的除外。"根据上述规定,管辖权异议必须由当事人在法定期间以书面形式提出。

(二)管辖权异议的情形

管辖权异议的具体内容一般包括以下三类情形:一是当事人对级别管辖提出的异议;二是当事人对地域管辖提出的异议;三是当事人根据书面合同中的协议选择法院管辖条款提出的异议。受诉人民法院收到当事人管辖权异议申请后,应当认真进行审查,必要时应召集双方当事人进行询问。人民法院确定管辖的次序为:先确定级别管辖,之后确定地域管辖;在确定地域管辖时,先看是否属于专属管辖,不属于专属管辖的适用协议管辖,如无协议管辖或管辖协议无效的适用特殊地域管辖,非特殊地域管辖的则适用一般地域管辖。

二、管辖权异议与法院主管异议的区别

当事人在提出管辖权异议时,有时可能主张案件不属于人民法院受理范围。例如,被告向受诉人民法院提交的管辖权异议申请书中,认为其与原告之间的纠纷有仲裁协议,受诉人民法院不具有管辖权。严格来说,该种异议不属于管辖权异议,而属于民事诉讼主管范围的异议。民事诉讼的主管范围是法院依法受理民事案件的具体范围,功能在于解决法院与其他国家机关、社会团体之间处理民事纠纷的分工与权限。而管辖是在确定民事案件属于法院主管范围的前提下,解决法院系统内(各级法院之间和同级法院之间)审判民事案件的分工和权限问题。但是,由于《民事诉讼法》并没有针对关于法院主管范围的异议设置单独的程序,因此,当事人通常会作为管辖权异议提出,而人民法院也会参照管辖权异议的程序处理。此处需要注意以下两点:

第一,两者异议期间不同,有关民事诉讼主管范围异议的提出不受管辖权异议的法定期间的限制。例如,《仲裁法》第 26 条规定:"当事人达成仲裁协议,一方向人民法院起诉未声明有仲裁协议,人民法院受理后,另一方在首次开庭前提交仲裁协议的,人民法院应当驳回起诉,但仲裁协议无效的除外;另一方在首次开庭前未对人民法院受理该案提出异议的,视为放弃仲裁协议,人民法院应当继续审理。"也就是说,当事人以有效仲裁协议排除法院管辖权为由提出异议的最后期限是首次开庭前,而不是答辩期届满前。《仲裁法司法解释》第 14 条将《仲裁法》第 26 条规定的"首次开庭"进一步明确为"答辩期满后人民法院组织的第一次开庭审理,不包括审前程序中的各项活动"。

第二,异议成立时,两者的处理方式不同。当事人关于法院主管范围异议成立的,人民法院应当驳回起诉,法院无权将案件移送有关机关或组织,而只能告知其向有关机关或组织申请解决；而当事人管辖权异议成立的，人民法院应当裁定将案件移送有管辖权的人民法院。但在异议不成立时，两者处理方式是相同的，均为裁定驳回当事人的异议。

三、管辖权异议和被告适格性异议的把握

管辖权异议和被告适格性异议是两个完全不同的问题，两者之间存在以下几个方面的差异：

（一）两者性质不同

管辖权异议是程序问题，被告适格性异议是实体问题。管辖权异议制度的设立，意在纠正法院的错误管辖。受诉法院对案件有管辖权，是原告起诉必须符合的条件之一，也是受诉法院对案件行使审判权的前提条件。故有关管辖权问题的争议，应当在实体审理之前解决。被告适格性异议，是主张被告与案件争讼的实体权利不存在关系，其不是争讼法律关系的主体，不应当成为案件的适格被告。被告适格性异议，属于实体问题的争议。对于被告是否适格，其与争议的诉讼标的是否有事实上或者法律上的关系，需要法院对案件进行实体审理后才能确定。

（二）两者是否属于起诉条件不同

管辖权问题属于起诉条件的范围，而被告适格性问题不属于起诉条件的范围。《民事诉讼法》第122条规定起诉必须符合的条件是：原告是与本案有直接利害关系的公民、法人和其他组织；有明确的被告；有具体的诉讼请求和事实、理由；属于人民法院受理民事诉讼的范围和受诉人民法院管辖。根据该条规定，属于人民法院受理民事诉讼的范围和受诉人民法院管辖，为起诉的必要条件之一。《民事诉讼法解释》第35条规定："当事人在答辩期间届满后未应诉答辩，人民法院在一审开庭前，发现案件不属于本院管辖的，应当裁定移送有管辖权的人民法院。"而在当事人问题上，《民事诉讼法》对原告和被告成为诉讼当事人的条件采取了不同的判断识别标准。对原告而言，要求其与案件有直接利害关系，即采用正当当事人的识别标准，公益诉讼除外。对被告而言，则采用程序当事人的观念，只要被告是明确的，系合法存续的自然人、法人或其他组织，就符合起诉条件，不需要判断被告同诉讼标的有无事实上或法律上的关联。因此，被告适格性问题，不属于起诉条件，而属于实体问题争议。

（三）两者提出异议的法定期间以及处理后果不同

根据《民事诉讼法》第130条第1款的规定，当事人对管辖权有异议的，应当在提交答辩状期间提出。逾期提出的管辖权异议，人民法院不予审查。管

辖权异议是程序问题，故应以裁定的方式作出决定。人民法院经审查，管辖权异议成立的，裁定将案件移送有管辖权的人民法院审理，管辖权异议不成立的，裁定驳回。被告适格性的异议，则不适用《民事诉讼法》第130条的规定，不受提交答辩状期间届满的限制。被告可以在庭审终结前的任何阶段，就其不是适格被告的异议作为实体答辩理由提出。对于被告适格性的异议，人民法院应作实体裁判，以判决的方式处理。如异议成立的，人民法院应当判决驳回原告的诉讼请求。此处需注意，原告适格性异议与被告适格性异议的处理方式是不相同的，原因在于原告适格性被列为起诉条件。《民事诉讼法解释》第208条规定："人民法院接到当事人提交的民事起诉状时，对符合民事诉讼法第一百二十二条的规定，且不属于第一百二十七条规定情形的，应当登记立案……立案后发现不符合起诉条件或者属于民事诉讼法第一百二十四条规定情形的，裁定驳回起诉。"因此，立案受理后，如被告提出原告适格性的异议，经审查成立的，人民法院应当裁定驳回原告起诉，不进入或不继续案件的实体审理。

综上，法院管辖权与被告适格性分属于诉权和审判权两个范畴，两者审查的视角与方法完全不同。管辖权的确定是法院处理案件其他程序问题和所有实体问题的前提，只有在管辖权异议问题解决之后，审理法院才需要审查决定是否存在被告适格性等问题。当事人是否属于适格被告，不属于管辖权异议的审查范围，必须经人民法院实体审理确定。两者是性质完全不同的两个问题，不可相互混淆。

【拓展适用】

一、程序当事人与正当当事人的关系

民事诉讼理论将当事人区分为程序当事人（形式当事人）和正当当事人。程序当事人是指在民事诉讼中，一切以自己的名义起诉和应诉，请求法院保护其民事权利和法律关系的人及其相对方，不论其是否与所主张的利益有关，也不论其所主张的利益是否得到法律的承认。确立程序当事人概念的意义在于将诉讼当事人与实体上系争权利关系的主体分离开，不以实体法为标准来判断谁是案件中的当事人。任何民事法律关系的主体都应享有诉权保障，所以，任何民事主体都可以成为民事诉讼当事人，并且在民事主体起诉、应诉之时，程序法即认定其当事人地位，以避免起诉时法院对案件进行实体审查。[1]

---

[1] 齐树洁：《诉权保障与当事人适格之扩张》，载《西南民族大学学报（人文社科版）》2006年第12期。

正当当事人，是指当事人对于作为诉讼标的之特定权利或法律关系，有资格以自己的名义成为原告或被告，并受案件判决拘束的当事人。① 当事人的这种资格或者权能被称为诉讼实施权或者诉讼追行权、诉讼遂行权。只有具备这种权能，当事人才能够实施诉讼。② 其中，具有诉讼实施权的原告，称为正当原告；具有诉讼实施权的被告，称为正当被告。可见，程序当事人与正当当事人的外延存在包含与被包含的关系，正当当事人的外延比程序当事人的外延要窄。

在历史上，基于实体正义观念，对于当事人，主要从实体意义上来理解。进入近代以后，由于实体权利义务关系与程序权利义务关系的分离，司法和立法开始倾向于从程序意义上理解当事人的概念。随着社会经济的发展和各国民事诉讼立法发展，我国较多学者认为有必要将诉讼形式上的当事人概念与实体法完全分离观察，当事人主体地位不是以客观权利状态为准，而仅以原告的主观主张为准。简言之，只要向法院起诉请求权利保护的人，即具有原告当事人地位，至于其是否确为权利人，不影响其具有原告当事人的地位。对于经审查不能确定为权利人的，法院可以对其作驳回诉讼请求判决的处理。为此，应将民事诉讼的当事人定义为，以自己的名义，就特定的民事争议要求法院行使民事裁判权以保护其民事权利的人及其相对人。需要注意的是，我国《民事诉讼法》目前没有区分形式当事人和正当当事人的概念，其中原告地位是按照正当当事人的标准来确定的。因此，除法律有特别规定外，作为争议诉讼标的的实体法律关系之主体，就是正当的当事人，这是判断正当当事人的一般原则。例如，买卖合同的买方和卖方、侵权法律关系的侵权人和受害人等。在某些情况下，根据法律的特别规定，具有争议诉讼标的法律关系主体资格的人，在诉讼中未必是正当当事人。例如，破产管理人就破产企业的债权债务诉讼，有权直接作为当事人参加诉讼。

二、我国民事诉讼确立当事人的规则

《民事诉讼法》没有区分程序当事人和正当当事人，也没有确立正当当事人的概念。《民事诉讼法》第122条规定的起诉所必须具备的条件中，有两个是确立当事人的条件，即"（一）原告是与本案有直接利害关系的公民、法人和其他组织；（二）有明确的被告"。根据该条规定，对原告的要求是以正当当事人为标准的，而对被告是以程序当事人为标准的。原告具备正当当事人的资

---

① 江伟主编：《民事诉讼法专论》，中国人民大学出版社2005年版，第194页。
② 张卫平：《民事诉讼法教程》，法律出版社1998年版，第132页。

格是起诉的必要条件。民事诉讼程序的开始不是因当事人起诉而开始,而是由法院经过一定的审查并认可原告的资格之后立案受理才开始。同时,基于诉讼技术的需要,受理阶段仅对原告的适格性作初步审查,随着民事诉讼程序的推进,原告适格性问题成为被告的抗辩手段,由法院审查甚至通过一定程度的实体审理予以确定。因此,一方面,不具备正当当事人资格的原告可能在立案阶段即被裁定不予受理,无法进入实体审理程序;也可能在立案后的任何阶段因被确定为不具备正当当事人资格而被裁定驳回起诉。另一方面,原告即使具有正当当事人资格,即适格原告,也不一定能够获得胜诉判决。其可能因为被告欠缺适格性而败诉,也可能因举证不能或不足、超过诉讼时效等其他原因而败诉。[1]

有学者认为,《民事诉讼法》第122条的规定主要存在如下三个缺陷:第一,原告、被告同样都是当事人,但法律对其要求标准不一,不符合法理;第二,启动诉讼程序的门槛过高,当事人与案件是否具有利害关系,往往要通过实质审理才能作出裁判,受理阶段对原告主体资格进行实质审查,不利于民事主体合法权益的保护;第三,目前的标准对原告主体资格适用管理权说,甚至较管理权说更为严格,导致许多纠纷无法通过民事诉讼程序加以解决,不利于贯彻"司法最终解决"原则。[2]

我们认为,从民事诉讼成本耗费巨大的特点来看,为保证原告不致滥用司法资源,要求原告与争议的民事实体权利义务关系具有某种程度的实质联系,即对原告资格设置一定的限制,有其必要性,但目前法律规定的"直接利害关系"规则对原告起诉条件要求过于严苛。现行《民事诉讼法》第58条第1款规定:"对污染环境、侵害众多消费者合法权益等损害社会公共利益的行为,法律规定的机关和有关组织可以向人民法院提起诉讼",该规定已经突破了"直接利害关系"要求,即对公益诉讼特别地采取了诉的利益说,经法律授权的当事人可以成为公益诉讼的原告,不以原告与争议有直接利害关系为限。在未来民事诉讼法的修订过程中,如能一般性地采用诉的利益说作为正当当事人的理论基础,取代"直接利害关系规则",对于扩大当事人主体资格范围,强化司法保护,提高司法解决纠纷的能力,是十分有利的。

---

[1] 肖建华:《正当当事人理论的现代阐释》,载《比较法研究》2000年第4期。
[2] 毕玉谦、谭秋桂、杨路:《民事诉讼研究及立法论证》,人民法院出版社2006年版,第163~164页。

【典型案例】

A 房地产开发公司与彭某、A 集团公司商品房预售合同纠纷案

上诉人（原审被告）：A 房地产开发公司

被上诉人（原审原告）：彭某

〔基本案情〕

上诉人 A 房地产开发公司与被上诉人彭某及原审被告 A 集团公司商品房预售合同纠纷一案，福建省高级人民法院作出（2005）闽民初字第 38 号民事裁定，驳回 A 房地产开发公司对本案提出的管辖权异议。A 房地产开发公司对该裁定不服，向本院提起上诉。本院依法组成合议庭对本案进行了审查。现已审查终结。

〔一审查明的事实〕

经审查，A 房地产开发公司在一审提交答辩状期间以其不是该案适格被告为由提出管辖权异议，请求驳回原告的起诉。

〔一审裁判理由与结果〕

一审法院经审查认为，《中华人民共和国民事诉讼法》第一百零八条①第一、二、三项规定起诉必须符合的条件是：原告是与本案有直接利害关系的公民、法人和其他组织；有明确的被告；有具体的诉讼请求和事实、理由。可见，就被告而言，只要明确，该项条件就具备。本案原告彭某起诉的两个被告均是明确的，且具备诉讼主体资格。因此，依照《中华人民共和国民事诉讼法》第二十四条②"因合同纠纷提起的诉讼，由被告所在地或者合同履行地人民法院管辖"、第二十二条第三款"同一诉讼的几个被告住所地、经常居住地在两个以上人民法院辖区的，各该人民法院都有管辖权"的规定，一审法院对本案有管辖权。由于 A 房地产开发公司关于"其及 A 集团公司均不是适格被告"的主张，与本案管辖权的确定无关，其以此为由对一审法院受理本案提出管辖权异议，一审法院不予采纳。依照《中华人民共和国民事诉讼法》第三十八条、第一百四十条③第一款第二项、第二款之规定，裁定驳回 A 房地产开发公司对本案提出的管辖权异议。

〔当事人上诉意见〕

A 房地产开发公司对一审裁定不服，仍以其不是适格被告、一审法院适用法律错误为由，向本院提起上诉。

〔最高人民法院裁判理由与结果〕

本院认为，当事人有权提出管辖权异议。但根据《中华人民共和国民事诉讼法》

---

① 对应 2023 年《民事诉讼法》第 122 条。
② 对应 2023 年《民事诉讼法》第 24 条。
③ 对应 2023 年《民事诉讼法》第 130 条、第 157 条。

第一百零八条第四项和第三十八条的规定，管辖权异议是指是否属于人民法院主管或管辖的案件。本案 A 房地产开发公司以其不是本案适格被告为由提出管辖权异议，不属于民事诉讼法规定的管辖权异议的情形。A 房地产开发公司是否是本案的适格被告，应经人民法院的实体审理确定。一审法院以管辖权异议作出裁定，适用法律错误，应予撤销。

由于一审裁定仅针对 A 房地产开发公司提出的管辖权异议作出，不涉及 A 集团公司的诉讼权利，故本裁定无需列明 A 集团公司在本上诉案中的诉讼地位。

根据《中华人民共和国民事诉讼法》第一百五十四条①、《最高人民法院关于适用〈中华人民共和国民事诉讼法〉若干问题的意见》第一百八十八条②第二、三项的规定，裁定如下：

撤销福建省高级人民法院（2005）闽民初字第 38 号民事裁定。

> **规则 16**：案件受理后被告依法提出管辖权异议的，受理案件的法院应当就确定案件管辖权的事实依据和法律依据进行全面审查，高级人民法院可依法行使一审专利纠纷案件管辖权
>
> ——河北 A 汽车制造有限公司、高碑店 A 汽车制造有限公司与（日本）B 技研工业株式会社、B 汽车（武汉）有限公司、北京 C 汽车贸易有限公司侵犯外观设计专利权纠纷案③

【裁判规则】

对于案件管辖的确定，人民法院在受理立案中仅进行初步审查，只要相关证据在形式上符合法律规定，即可依法决定受理。但在受理案件后，被告方依法提出管辖权异议的，受理案件的法院应当就确定案件管辖权的事实依据和法律依据进行全面审查，包括对有关证据的审查认定。

《最高人民法院关于审理专利纠纷案件适用法律问题的若干规定》第 2 条关于"专利纠纷第一审案件，由各省、自治区、直辖市人民政府所在地的中级人民法院和最高人民法院指定的中级人民法院管辖"的规定，旨在将专利纠纷第一审案件的最低审级确定为中级人民法院，并未排除高级人民法院依法对专

---

① 对应 2023 年《民事诉讼法》第 178 条。
② 对应 2022 年《民事诉讼法解释》第 331 条。
③ 载《中华人民共和国最高人民法院公报》2006 年第 9 期。

利纠纷第一审案件行使管辖权。

【规则理解】

一、立案审查和管辖权异议审查的区分

管辖权异议的审查标准不同于民事一审案件的立案受理标准。对于民事一审案件，人民法院确定受理与否时仅进行初步审查，只要相关证据在形式上符合法律规定，即可依法决定受理。根据《民事诉讼法》第122条的规定，起诉必须同时具备四个条件：1. 原告是与本案有直接利害关系的公民、法人和其他组织；2. 有明确的被告；3. 有具体的诉讼请求和事实、理由；4. 属于人民法院受理民事诉讼的范围和受诉人民法院管辖。《民事诉讼法》第58条对公益诉讼作了特别规定，"对污染环境、侵害众多消费者合法权益等损害社会公共利益的行为，法律规定的机关和有关组织可以向人民法院提起诉讼"，在公益诉讼领域以法定主体代替"与本案直接利害关系"的原告提起诉讼的主体资格。

2015年4月1日，中央全面深化改革领导小组第十一次会议审议通过了《关于人民法院推行立案登记制改革的意见》，为充分保障当事人诉权，切实解决人民群众反映的"立案难"问题，改革法院案件受理制度，变立案审查制为立案登记制。根据该意见第3条，登记立案程序为：1. 实行当场登记立案。对符合法律规定的起诉、自诉和申请，一律接收诉状，当场登记立案。对当场不能判定是否符合法律规定的，应当在法律规定的期限内决定是否立案。2. 实行一次性全面告知和补正。起诉、自诉和申请材料不符合形式要件的，应当及时释明，以书面形式一次性全面告知应当补正的材料和期限。在指定期限内经补正符合法律规定条件的，人民法院应当登记立案。3. 不符合法律规定的起诉、自诉和申请的处理。对不符合法律规定的起诉、自诉和申请，应当依法裁决不予受理或者不予立案，并载明理由。当事人不服的，可以提起上诉或者申请复议。禁止不收材料、不予答复、不出具法律文书。4. 严格执行立案标准。禁止在法律规定之外设定受理条件，全面清理和废止不符合法律规定的立案"土政策"。《民事诉讼法解释》第208条规定："人民法院接到当事人提交的民事起诉状时，对符合民事诉讼法第一百二十二条的规定，且不属于第一百二十七条规定情形的，应当登记立案；对当场不能判定是否符合起诉条件的，应当接收起诉材料，并出具注明收到日期的书面凭证。需要补充必要相关材料的，人民法院应当及时告知当事人。在补齐相关材料后，应当在七日内决定是否立案。立案后发现不符合起诉条件或者属于民事诉讼法第一百二十七条规定情形的，裁定驳回起诉。"

根据上述规定，在起诉立案阶段，基于保障当事人诉权的考虑，当原告起诉时，对于原告是否与本案有直接利害关系、是否属于人民法院受理民事诉讼范围、是否属于受诉人民法院管辖，法院仅根据起诉状以及原告列明的证据和证据来源，进行初步的形式审查。只要当事人具备程序意义上的起诉要件，法院就应当受理，以防止形成对当事人诉权的不当限制。与立案受理程序不同的是，管辖权异议的审查程序是受理后对管辖权这一诉讼要件具备与否作出有约束力的判断程序。由于立案审查仅基于原告单方提供的起诉材料进行"入口"式的审查，该种审查必然会带有片面性、形式性和初步性，因此我国《民事诉讼法》赋予了被告提出管辖权异议的权利。管辖权异议制度是法律赋予对立案受理程序形式审查的一种"事后救济"，通过一定程序对被告提出的异议进行审查，由法院最终确定其是否具有管辖权。

二、对管辖权异议实行全面审查

（一）对管辖权异议审查的不同认识

《民事诉讼法》第130条第1款规定："人民法院受理案件后，当事人对管辖权有异议的，应当在提交答辩状期间提出。人民法院对当事人提出的异议，应当审查。异议成立的，裁定将案件移送有管辖权的人民法院；异议不成立的，裁定驳回。"关于管辖权异议的审查标准，有三种不同的观点。[1] 第一种观点认为，管辖权异议的审查应当是形式审查，理由为管辖权异议是一个纯粹的程序问题，程序审理阶段不应涉及任何实体问题的处理。当事人提供的材料是否真实、合理、合法，只有在案件进入实体审理后才能认定。因此，对管辖权异议的审查只应是表面化的形式审查。第二种观点认为，对管辖权异议案件应作实体审查，审判权的具体行使有赖于管辖权的确定。如法院对案件没有管辖权，则排除了法院对该案的审判。因此，对管辖权的审查应当是实质性的，这样做有利于审判的稳定和公正。第三种观点认为，应以形式审查为主，实质审查为辅。理由为管辖权异议属于程序性问题，因此对该问题的审查当然以形式为主。但是管辖权异议的审查目的在于确定案件的管辖权，为了保证法院正确地行使对案件的管辖权和审判权，辅以一定的实体审查是极为必要的。

---

[1] 毕玉谦、谭秋贵、杨路：《民事诉讼研究及立法论证》，人民法院出版社2006年版，第117页。

（二）对管辖权异议审查的把握

管辖权异议虽然是程序性问题，但程序性审查不能完全等同于表面审查和形式审查。特定情况下程序问题和实体问题不能截然分开。人民法院对管辖权异议的审查，虽然解决的是程序争议，但经常会涉及案件的实体问题。例如，对于合同具体履行地点及履行与否等与确定管辖权的直接相关的实体问题，法院必须通过审查当事人签订的合同的性质、合同条款以及履行情况等方面的证据，予以正确判定。《民事诉讼法》第24条规定："因合同纠纷提起的诉讼，由被告住所地或者合同履行地人民法院管辖。"第35条规定："合同或者其他财产权益纠纷的当事人可以书面协议选择被告住所地、合同履行地、合同签订地、原告住所地、标的物所在地等与争议有实际联系的地点的人民法院管辖，但不得违反本法对级别管辖和专属管辖的规定。"双方当事人往往对合同履行地有不同的理解。《民事诉讼法意见》第18条至第22条规定了几种合同履行地的确定方法，对合同纠纷案件的地域管辖基本上还是坚持传统的"特征履行说"，即依据交易性质确定债务特征，并由主义务履行地法院管辖。但是由于合同履行地具有多样性和不确定性，且主要根据合同的实体性质判断，法院需要先审实体后定管辖，导致审判实践中不同种类的合同纠纷的管辖权规则错综复杂，管辖权异议泛滥。为简化合同履行地的判断规则，《民事诉讼法解释》对上述意见的内容进行了调整，即该司法解释第18条规定："合同约定履行地点的，以约定的履行地点为合同履行地。合同对履行地点没有约定或者约定不明确，争议标的为给付货币的，接收货币一方所在地为合同履行地；交付不动产的，不动产所在地为合同履行地；其他标的，履行义务一方所在地为合同履行地。即时结清的合同，交易行为地为合同履行地。合同没有实际履行，当事人双方住所地都不在合同约定的履行地的，由被告住所地人民法院管辖。"因此，当事人如提出管辖权异议的，受理案件的法院应当就确定案件管辖权的事实依据和法律依据进行全面审查，包括对有关证据的审查认定。根据举证责任规则，当事人对自己提出的诉讼请求所依据的事实或者反驳对方诉讼请求所依据的事实有责任提供证据加以证明。没有证据或者证据不足以证明当事人主张的事实，由负有举证责任的当事人承担不利后果。在对管辖权这一程序性问题的判断过程中，当事人应当围绕管辖权构成的各项事实要件和法律要件进行举证、质证，由人民法院予以查明认定。《最高人民法院关于审理专利纠纷案件适用法律问题的若干规定》第3条规定，以制造者与销售者为共同被告起诉的，销售地人民法院有管辖权。在专利纠纷诉讼的管辖依据的争议处理过程中，当事人应当就"销售地"的有关既有事实提供证据加以证明，法院在对相关事实和法律依据进行全面审查后，确定其是否享有管辖权。

三、专利纠纷案件的审级

（一）确立管辖制度的原则

我国《民事诉讼法》确立管辖制度主要依据以下几个原则：一是便利当事人诉讼原则。二是便利人民法院审判原则。只有便利人民法院进行审判和执行裁判，才能保证诉讼程序的高效率运行。三是保证各级人民法院工作负担的均衡原则。四是涉外民事诉讼中的维护国家主权原则。五是原则性与灵活性相结合原则。在该五项原则的统领下，《民事诉讼法》规定了级别管辖制度，解决各级人民法院受理第一审民事案件的分工与权限，确定人民法院管辖权的纵向格局分类；规定了地域管辖制度解决同级人民法院之间受理第一审民事案件的分工与权限，确定人民法院管辖权的横向格局分类。

（二）集中管辖制度的功能

集中管辖制度的功能在于将专业性强、法律问题复杂的案件集中至部分指定中级人民法院管辖，有效排除地方保护主义的干扰，充分发挥专业化审判力量的作用，有利于统一裁判标准、保障审判质量以及审判效率的提高。因此，最高人民法院根据《民事诉讼法》的管辖原则，通过司法解释的形式对某些特殊类别的案件采取集中管辖的制度，指定部分法院予以受理。如对知识产权案件、涉外民商事案件等分别实行集中管辖制度。《民事诉讼法解释》第2条第1款规定："专利纠纷案件由知识产权法院、最高人民法院确定的中级人民法院和基层人民法院管辖。"《最高人民法院关于涉外民商事案件诉讼管辖若干问题的规定》第1条规定："第一审涉外民商事案件由下列人民法院管辖：（一）国务院批准设立的经济技术开发区人民法院；（二）省会、自治区首府、直辖市所在地的中级人民法院；（三）经济特区、计划单列市中级人民法院；（四）最高人民法院指定的其他中级人民法院；（五）高级人民法院。上述中级人民法院的区域管辖范围由所在地的高级人民法院确定。"同时在第4条规定，发生在与外国接壤的边境省份的边境贸易纠纷案件、涉外房地产案件和涉外知识产权案件，不适用该规定。上述对涉外民商事案件的管辖规定也属于集中管辖的模式。

（三）专利民事纠纷实行集中管辖

专利民事纠纷实行集中管辖，第一审案件的最低审级确定为知识产权法院、最高人民法院确定的中级人民法院和基层人民法院，但这并不意味着就排除了高级人民法院对专利纠纷依法享有的第一审案件管辖权。2010年1月,《最高人民法院关于调整地方各级人民法院管辖第一审知识产权民事案件标准的通知》第1条、第2条规定:1.高级人民法院管辖诉讼标的额在2亿元以上的第一审知识产权民事案件,以及诉讼标的额在1亿元以上且当事人一方住所地不在其辖区或者涉外、涉港澳台的第一审知识产权民事案件;2.对于本通知第一项标准以下的第一审知识产权民事案件,除应当由经最高人民法院指定具有一般知识产权民事案件管辖权的基层人民法院管辖的以外,均由中级人民法院管辖。该通知第5条规定:"对专利、植物新品种、集成电路布图设计纠纷案件和涉及驰名商标认定的纠纷案件以及垄断纠纷案件等特殊类型的第一审知识产权民事案件,确定管辖时还应当符合最高人民法院有关上述案件管辖的特别规定。"根据上述规定,高级人民法院本身就是享有知识产权纠纷集中管辖权的法院。如专利纠纷争议的标的数额超过中级人民法院受案标准,属于该区域相应的高级人民法院受案标准的,应当依照规定由高级人民法院行使管辖权。例如,本案原告起诉请求的赔偿额为1亿元,依据当时有效的《北京市高级人民法院关于北京市各级人民法院受理第一审知识产权民事纠纷案件级别管辖的规定》的规定,争议金额在1亿元以上的知识产权民事纠纷案件(含涉外纠纷案件)由该高级人民法院管辖。该规定内容符合民事诉讼法及最高人民法院司法解释的有关规定,可以作为确定本案级别管辖的依据,北京市高级人民法院对本案具有级别管辖权。

(四)知识产权法院

2014年8月31日,全国人民代表大会常务委员会第十次会议通过《全国人民代表大会常务委员会关于在北京、上海、广州设立知识产权法院的决定》。2014年10月27日,最高人民法院公布《最高人民法院关于北京、上海、广州知识产权法院案件管辖的规定》,对知识产权法院的案件管辖及审级关系,包括一审管辖、跨区域管辖、专属管辖、二审管辖、上诉管辖及未结案件处理等问题作出了明确规定。2014年11月至12月期间,北京、广州、上海三家知识产权法院相继成立。

在北京、上海和广州设立的知识产权法院,其突出特点是集中审理技术类知识产权案件,根据全国人大常委会上述决定和最高人民法院上述规定,知识产权法院管辖有关专利、植物新品种、集成电路布图设计、技术秘密等专业技术性较强的第一审知识产权民事和行政案件。不服国务院行政部门裁定或者决定而提起的第一审知识产权授权确权行政案件,由北京知识产权法院管辖。知识产权法院实行跨区域管辖,在知识产权法院设立的三年内,先管辖本省和直辖市的技术类知识产权案件。根据规定,全国人大常委会决定实行满三年,最高人民法院应当报告决定的实施情况。在总结经验的基础上,可能会设立更多的审理技术类案件的知识产权法院,已经成立的北京、上海和广州知识产权法院今后也有可能跨区域管辖其他省市的技术类知识产权案件。

【拓展适用】

一、管辖权异议审查的处理

管辖权异议,是指当事人向受诉人民法院提出的该院对案件无管辖权的主张。管辖权的确定是法院处理案件其他程序问题和所有实体问题的前提。只有在管辖权异议问题解决之后,审理法院才能够决定其他程序和实体问题。由于确定诉讼管辖的因素比较复杂,法院在起诉立案阶段是依据原告起诉时单方面提供的材料初步确定的管辖权,因此法院受理依法并不属于该院管辖的案件在所难免。我国民事诉讼法设置管辖权异议制度有利于实现原、被告诉讼权利的平等,使被告能够对抗原告向不具有管辖权法院起诉的滥权行为。管辖权异议制度不仅体现了对当事人诉讼权利的尊重,同时也是对立案受理阶段表面审查程序所存在缺陷的一种救济,确保人民法院审慎地对待管辖问题。受诉人民法院收到当事人提出的管辖权异议后,应当认真进行全面审查,必要时应召集双方当事人进行询问。对当事人所提出的管辖权异议,区别情况作出不同的处理:

(一)对当事人就地域管辖提出异议的处理

对当事人就地域管辖提出的异议,经审查,异议成立的,裁定将案件移送有管辖权的人民法院;异议不成立的,裁定驳回。当事人对此裁定不服,可以在裁定书送达之日起十日内向上一级人民法院提起上诉,第二审人民法院应当依法作出书面裁定。当事人对管辖权问题申请再审的,不影响受诉法院对该案件的审理。

(二)对当事人就级别管辖提出异议的处理

根据《最高人民法院关于审理民事级别管辖异议案件若干问题的规定》第1条的规定,当事人就级别管辖提出的异议,经审查,异议成立的,裁定移送有管辖权的人民法院;异议不成立的,裁定驳回。同时,人民法院对于级别管辖问题也有依职权审查的义务。当事人未依法提出管辖权异议,但受诉人民法院发现其没有级别管辖权的,应当将案件移送有管辖权的人民法院审理。对于将案件移送上级人民法院管辖的裁定,当事人未提起上诉,但受移送的上级人民法院认为确有错误的，可以依职权裁定撤销。被告以受诉人民法院同时违反级别管辖和地域管辖规定为由提出管辖权异议的，受诉人民法院应当一并作出裁定。

（三）对当事人以有仲裁协议提出异议的处理

对当事人以存在书面仲裁协议应由仲裁庭管辖而提出的异议，严格意义上讲，该种异议不属于管辖权异议的范畴，而是对人民法院主管权限的异议。人民法院应当根据《民事诉讼法》第127条第2项"依照法律规定，双方当事人达成书面仲裁协议申请仲裁、不得向人民法院起诉的，告知原告向仲裁机构申请仲裁"以及《民事诉讼法解释》第215条和第216条①的规定进行审查。如异议成立，存在有效仲裁协议的，则排除法院管辖权，人民法院应裁定驳回原告起诉。如异议不成立，即仲裁协议不成立、无效、失效或内容不明确无法执行的，人民法院有权依法受理当事人一方的起诉，则应当裁定驳回当事人的异议。

二、当事人提起管辖权异议的条件

根据《民事诉讼法》第130条，管辖权异议的提起必须符合三个条件：一是必须由当事人提出，通常是由被告提出。二是必须在法定期间内提出，且只能对第一审民事案件提出。我国《民事诉讼法》第130条第1款规定，当事人对管辖权有异议的，应当在提交答辩状期间提出。当事人逾期提交的管辖权异议，人民法院不予接受。三是管辖权异议必须以书面形式提出。

由于《民事诉讼法》第130条在规定管辖权异议的主体时，用了"当事人"的概念，因此，对于是否所有诉讼当事人都有权提出管辖权异议，实践中存在一定争议。《最高人民法院关于第三人能否对管辖权提出异议问题的批复》规定："一、有独立请求权的第三人主动参加他人已开始的诉讼，应视为承认和接受了受诉法院的管辖，因而不发生对管辖权提出异议的问题；如果是受诉

---

① 《民事诉讼法解释》第215条规定："依照民事诉讼法第一百二十七条第二项的规定，当事人在书面合同中订有仲裁条款，或者在发生纠纷后达成书面仲裁协议，一方向人民法院起诉的，人民法院应当告知原告向仲裁机构申请仲裁，其坚持起诉的，裁定不予受理，但仲裁条款或者仲裁协议不成立、无效、失效、内容不明确无法执行的除外。"第216条规定："在人民法院首次开庭前，被告以有书面仲裁协议为由对受理民事案件提出异议的，人民法院应当进行审查。经审查符合下列情形之一的，人民法院应当裁定驳回起诉：（一）仲裁机构或者人民法院已经确认仲裁协议有效的；（二）当事人没有在仲裁庭首次开庭前对仲裁协议的效力提出异议的；（三）仲裁协议符合仲裁法第十六条规定且不具有仲裁法第十七条规定情形的。"

法院依职权通知他参加诉讼，则他有权选择是以有独立请求权的第三人的身份参加诉讼，还是以原告身份向其他有管辖权的法院另行起诉。二、无独立请求的第三人参加他人已开始的诉讼，是通过支持一方当事人的主张，维护自己的利益。由于他在诉讼中始终辅助一方当事人，并以一方当事人的主张为转移。所以，他无权对受诉法院的管辖权提出异议。"可见，该司法解释对此问题有一定明确，司法实务中应按最高人民法院的司法解释进行处理。

三、级别管辖异议的上诉程序

级别管辖是上下级法院之间就一审案件审理方面的分工。人民法院对当事人关于级别管辖的异议如何处理，司法实践中曾有不同的认识。有观点认为，当事人就级别管辖权提出管辖异议的，受诉法院应认真审查，确无管辖权的，应将案件移送有管辖权的法院，并告知当事人，但不作裁定。根据该观点，对人民法院就级别管辖异议作出的决定，当事人不享有上诉权。这是考虑到级别管辖属职权性规范，有明确的判定标准，人民法院审查后，发现不符合级别管辖规定的，移送有管辖权的法院；符合级别管辖规定的，案件继续审理。级别管辖以通知方式告知当事人，不作裁定，避免当事人滥用级别管辖异议权利拖延诉讼进程。

《最高人民法院关于审理民事级别管辖异议案件若干问题的规定》对上述问题予以明确。该司法解释第1条规定，对级别管辖异议，受诉人民法院应当审查，并在受理异议之日起十五日内作出裁定，异议不成立的，裁定驳回；异议成立的，裁定移送有管辖权的人民法院。该司法解释的价值取向由诉讼效率转变为更重视对诉讼权利的保障。从立法逻辑上说，我国民事诉讼法规定的管辖权异议制度，既然没有排除对级别管辖的适用，则自然适用于当事人对级别管辖的异议，包括对人民法院就级别管辖异议作出的裁定的上诉权利。级别管辖对当事人诉讼利益的影响巨大，赋予管辖权异议程序中的上诉权，有其必要性。该司法解释第7条规定："对人民法院就级别管辖异议作出的裁定，当事人不服提起上诉的，第二审人民法院应当依法审理并作出裁定。"该司法解释第4条还规定："对于应由上级人民法院管辖的第一审民事案件，下级人民法院不得报请上级人民法院交其审理。"可见，该司法解释针对司法实践中出现的管辖权下放转移作出了限制性规定。

【典型案例】

河北 A 汽车制造有限公司、高碑店 A 汽车制造有限公司与（日本）B 技研工业株式会社、B 汽车（武汉）有限公司、北京 C 汽车贸易有限公司侵犯外观设计专利权纠纷案

上诉人（原审被告）：河北 A 汽车制造有限公司

上诉人（原审被告）：高碑店 A 汽车制造有限公司

被上诉人（原审原告）：（日本）B 技研工业株式会社

被上诉人（原审原告）：B 汽车（武汉）有限公司

原审被告：北京 C 汽车贸易有限公司

〔基本案情〕

上诉人河北 A 汽车制造有限公司、高碑店 A 汽车制造有限公司为与被上诉人（日本）B 技研工业株式会社、B 汽车（武汉）有限公司、原审被告北京 C 汽车贸易有限公司侵犯外观设计专利权纠纷管辖权异议一案，不服中华人民共和国北京市高级人民法院（2004）高民初字第 1472 号民事裁定，向本院提起共同上诉称：1. 对原审裁定关于北京 C 汽车贸易有限公司销售被控侵权产品的说法，被上诉人未举证，也未经质证。2. 原审裁定对上诉人在管辖异议中提出的专利纠纷第一审案件由中级人民法院管辖而不能由高级人民法院管辖的理由未予答复；且北京市高级人民法院关于一审知识产权民事案件级别管辖的有关规定违法，与《最高人民法院关于审理专利纠纷案件适用法律问题的若干规定》第二条的规定相悖。3. 上诉人已就涉案四个专利向国家知识产权局专利复审委员会提出无效宣告请求并被受理，上诉人也已向原审法院提出中止审理的申请，请求二审法院在本案审理中一并予以考虑。

两被上诉人共同答辩称：1. 原审被告北京 C 汽车贸易有限公司销售了被控侵权产品，北京市法院对本案有管辖权，被上诉人对此在一审举证期限内已经提交了经过公证的有关证据；因管辖权异议依法应在答辩期内提出，而答辩期在举证期限内质证程序之前，对管辖权异议的裁定不可能依据已经质证的证据材料作出。2. 北京市高级人民法院有关一审知识产权民事案件级别管辖的规定系依据民事诉讼法及其司法解释的规定而制定，其中规定，争议金额 1 亿元以上的知识产权案件由高级人民法院管辖。据此，北京市高级人民法院对本案有管辖权。3. 上诉人无权要求在本案二审中审查其向原审法院提出的中止审理的请求。4. 上诉人无正当理由而提出管辖权异议并且曲解法律又就管辖权异议裁定提起上诉，意在拖延本案审理程序。

原审被告北京 C 汽车贸易有限公司未就本案提出意见。

〔最高人民法院查明的事实〕

本院经审理查明：原审法院于 2004 年 11 月 30 日在向两上诉人送达原告起诉状的同时，已将两被上诉人起诉时提交的十六份证据一并送达，其中证据七和证据八

（两份公证文书）用于证明北京 C 汽车贸易有限公司销售了被控侵权产品，即厂牌型号为×的汽车。二审中，两上诉人认可其已收到上述证据，但以公证人员未出庭为由，拒绝发表进一步的质证意见。

另查明，两上诉人在一审提交答辩状期间对本案管辖权提出共同异议，理由如下：1. 被控侵权产品即型号为×的汽车系由河北 A 汽车制造有限公司制造，该公司住所地在河北省，依据有关司法解释，本案应由河北省石家庄市中级人民法院管辖。2. 依据司法解释的有关规定，专利纠纷第一审案件由中级人民法院管辖，北京市高级人民法院受理本案不妥。上诉人在管辖权异议中未涉及北京 C 汽车贸易有限公司是否系本案被控侵权产品销售者的问题。

〔最高人民法院裁判理由与结果〕

本院认为：（一）关于确定本案地域管辖权的依据，即北京 C 汽车贸易有限公司是否系本案被控侵权产品的销售者。对案件管辖的确定，在受理立案中法院仅进行初步审查，有关证据只要在形式上符合法律规定，即可依法决定受理。但在案件受理后被告依法提出管辖权异议时，受理该案的法院应当就确定案件管辖权的事实依据和法律依据进行全面审查，包括对有关证据的审查认定。

本案北京 C 汽车贸易有限公司是否系被控侵权产品的销售者，涉及确定原审法院对本案有无地域管辖权的事实依据问题。原审法院未对有关证据召集当事人进行审查核对，有所不妥。但是，在被告并未将此作为其管辖权异议所依据的事实和理由的情况下，原审法院仅针对其异议所依据的事实和理由作出裁定，尚不属实质错误。

在二审期间，本院曾召集双方当事人就此事实进行调查，两上诉人一方面以公证人员未出庭为由，拒绝对两被上诉人提交的证明北京 C 汽车贸易有限公司系本案被控侵权产品销售者的公证文书发表进一步质证意见；另一方面又明确表示对此没有任何证据可以提交。两上诉人对有关公证文书不予认可的理由并不充分，也缺乏法律依据，应当视为其放弃对该证据进行进一步质证的权利。依据民事诉讼法第六十七条①、《最高人民法院关于民事诉讼证据的若干规定》第九条②第一款第（六）项和第二款之规定，在当事人没有相反证据足以推翻公证证明的情况下，人民法院即将经过法定程序公证证明的事实作为认定案件事实的证据。

因此，本院认定被上诉人所举公证文书可以证明北京 C 汽车贸易有限公司系本案被控侵权产品的销售者。依据《最高人民法院关于审理专利纠纷案件适用法律问题的若干规定》第六条关于"以制造者和销售者为共同被告起诉的，销售地人民法院有管辖权"的规定，作为被控侵权产品销售者所在地，北京市有关法院对本案具

---

① 对应 2023 年《民事诉讼法》第 72 条。
② 对应于 2019 年《最高人民法院关于民事诉讼证据的若干规定》第 10 条。

有地域管辖权。两上诉人的前述上诉理由虽然部分成立，但尚不足以改变对本案的地域管辖。两被上诉人关于对管辖权异议的裁定不可能依据已经质证的证据材料而作出的答辩意见亦不成立，也不影响本院对本案管辖的确定。

（二）关于北京市高级人民法院对本案行使级别管辖权是否违法。《最高人民法院关于审理专利纠纷案件适用法律问题的若干规定》第二条规定："专利纠纷第一审案件，由各省、自治区、直辖市人民政府所在地的中级人民法院和最高人民法院指定的中级人民法院管辖。"本条规定的本意在于专利纠纷案件的最低审级应当是这些指定的中级人民法院，并未排除高级人民法院依法行使一审专利纠纷案件管辖权。北京市高级人民法院于2002年12月17日制定的《关于北京市各级人民法院受理第一审知识产权民事纠纷案件级别管辖的规定》[①] 中规定，争议金额1亿元以上的知识产权民事纠纷案件（含涉外纠纷案件）由高级人民法院管辖。该规定内容符合民事诉讼法及本院司法解释的有关规定，可以作为确定本案级别管辖的依据。本案原告起诉请求的赔偿额为1亿元，北京市高级人民法院对本案具有级别管辖权。两上诉人关于高级人民法院不能管辖第一审专利纠纷案件和北京市高级人民法院制定的关于一审知识产权民事案件级别管辖的有关规定违法的上诉理由均不能成立。但原审法院对两上诉人的此管辖权异议理由未作评判，亦有所缺憾。

（三）关于是否应当考虑两上诉人所提中止诉讼的请求。管辖权的确定是法院处理案件其他程序问题和所有实体问题的前提，只有在管辖权异议问题解决之后，审理法院才需要审查决定是否应当中止诉讼等诸问题。作为处理管辖权异议的上诉案件，中止诉讼问题不属于本案的审理范围，本院对此不予审查。

另外，对两被上诉人所提两上诉人以无理的管辖权异议拖延本案审理程序的意见，由于两上诉人系依法行使诉讼权利，也与本案的审理无关，本院亦不予支持。

综上，上诉人的主要上诉理由不成立。本院依照《中华人民共和国民事诉讼法》第一百五十三条[②]第一款第一项和第一百五十四条[③]之规定，裁定如下：

驳回上诉，维持原裁定。

本裁定为终审裁定。

---

① 已被北京市高级人民法院印发的《关于北京市各级人民法院受理第一审知识产权民事纠纷案件级别管辖的规定》（京高法发［2008］173号）废止。
② 对应2023年《民事诉讼法》第177条。
③ 对应2023年《民事诉讼法》第178条。

> 规则 17：当事人在一审提交答辩状期间未提出管辖异议，在二审或者再审发回重审时提出管辖异议的，人民法院不予审查
> ——韩某彬与药业公司、商厦公司、电视台、药房公司产品质量损害赔偿纠纷案[1]

【裁判规则】

当事人在一审提交答辩状期间未提出管辖异议，在二审或者再审发回重审时提出管辖权异议的，人民法院不予审查。

【规则理解】

一、管辖权异议的内涵

所谓管辖权异议，是指当事人认为受诉人民法院对案件无管辖权，而向该法院提出的不服该法院管辖的意见或主张。管辖权异议制度作为管辖制度的一个组成部分，其目的是保障当事人的诉讼权利和人民法院正确行使管辖权，防止少数法院违法受理诉讼。行使管辖权异议在于：一是属于当事人自愿提出的意见或者主张。二是当事人提出管辖权异议后，人民法院对异议是否成立应当作出裁定。三是异议的主要内容是不服受诉人民法院对案件行使管辖权。四是当事人行使提出管辖权异议的权利应当依照法律规定行使。《民事诉讼法》第130条规定，"人民法院受理案件后，当事人对管辖权有异议的，应当在提交答辩状期间提出。人民法院对当事人提出的异议，应当审查。异议成立的，裁定将案件移送有管辖权的人民法院；异议不成立的，裁定驳回。当事人未提出管辖异议，并应诉答辩或者提出反诉的，视为受诉人民法院有管辖权，但违反级别管辖和专属管辖规定的除外"。此规定明确了当事人提出管辖权异议的条件和人民法院对管辖权异议的处理方式。

二、管辖权异议的基本特征

（一）提出的主体

有权提出管辖权异议的主体是本案的当事人，通常情况下为被告。第三人是否有权提出管辖权异议？实践中存在不同认识，有观点认为，无独立请求权的第三人，在案件中相当于被告，是有权提出的。也有观点认为，无论是有独

---

[1] 最高人民法院指导案例56号。

立请求权第三人还是无独立请求权的第三人,都是参加到已经开始的诉讼中来,因此,无权提出管辖权异议。笔者赞同后一观点。

(二)针对的客体

管辖权异议所针对的客体是第一审民事案件的管辖权。民事诉讼管辖制度系针对第一审民事案件而设立,只能适用于第一审案件,当事人对审理二审案件的法院和审理再审案件的法院不能提出管辖权异议。

(三)异议的范围

管辖权异议的内容包括地域管辖、级别管辖和专属管辖异议。被告以受诉人民法院同时违反级别管辖和地域管辖规定为由提出管辖权异议的,受诉人民法院应当一并作出裁定。

(四)提出异议的期间

当事人提出管辖权异议具有时限性,须在第一审程序提交答辩状期间提出。

三、管辖恒定原则

所谓管辖恒定,是指一旦确定受诉法院依民事诉讼法规定享有管辖权后,不论在诉讼中有关管辖的事实发生何种变化,均不影响受诉法院的管辖权。管辖恒定包括级别管辖恒定和地域管辖恒定。《民事诉讼法解释》第37条规定:"案件受理后,受诉人民法院的管辖权不受当事人住所地、经常居住地变更的影响。"第38条规定:"有管辖权的人民法院受理案件后,不得以行政区域变更为由,将案件移送给变更后有管辖权的人民法院。判决后的上诉案件和依审判监督程序提审的案件,由原审人民法院的上级人民法院进行审判;上级人民法院指令再审、发回重审的案件,由原审人民法院再审或者重审。"第39条规定:"人民法院对管辖异议审查后确定有管辖权的,不因当事人提起反诉、增加或者变更诉讼请求等改变管辖,但违反级别管辖、专属管辖规定的除外。人民法院发回重审或者按第一审程序再审的案件,当事人提出管辖异议的,人民法院不予审查。"上述规定明确了管辖恒定原则。

四、法律适用中的难点问题

(一)关于对起诉状的答辩能否视为提出了管辖权异议的问题

《民事诉讼法解释》第223条规定:"当事人在提交答辩状期间提出管辖异议,又针对起诉状的内容进行答辩的,人民法院应当依照民事诉讼法第一百三十条第一款的规定,对管辖异议进行审查。当事人未提出管辖异议,就案件实体内容进行答辩、陈述或者反诉的,可以认定为民事诉讼法第一百三十条第二款规定的应诉答辩。"该规定明确了对起诉状的答辩不能当然视为提出了管辖权异议，需要当事人以明示的方式在提交答辩状期间提出管辖权异议，才能视为当事人行使该项诉讼权利。

（二）关于一审提交答辩状期间未提，而在答辩期满后追加共同被告时提出管辖权异议的处理问题

当事人在一审提交答辩状期间未提出管辖权异议，而法院于答辩期满后追加共同被告的，如果存在影响当事人利益的可能性，此情形下应当保护当事人提出管辖权异议的权利。因人民法院追加被告后，原诉讼法律关系的主体发生变化，相关的权利义务关系内容即诉讼标的也会发生变化，故应当重新给予当事人答辩期，当事人在新的答辩期内当然有权提出管辖权异议。

（三）关于逾期提出的管辖权异议是否应审查的问题

对当事人逾期提出的管辖权异议，应当按照《民事诉讼法》对于期间的规定进行审查。当事人提出管辖权异议逾期确有理由，即答辩期内行使该项诉讼权利确有客观障碍的，应当允许当事人在障碍消除后的合理期限内申请顺延期间，以保障当事人的诉权。

（四）关于第一审期间未提出管辖异议，受诉法院对管辖权处理的问题

当事人在第一审期间未提出管辖异议的情形。《民事诉讼法》第13条第2款规定："当事人有权在法律规定的范围内处分自己的民事权利和诉讼权利。"该规定明确了当事人对自己的诉讼权利具有处分权。《民事诉讼法》第130条规定了当事人享有提出管辖异议的权利，并在第1款和第2款分别针对当事人处分该项诉讼权利的积极处分与消极处分情形作出了规定。其中第2款规定："当事人未提出管辖异议，并应诉答辩或者提出反诉的，视为受诉人民法院有管辖权，但违反级别管辖和专属管辖规定的除外。"由此可知，当事人通过应诉答辩或者提出反诉等消极行使管辖异议权，应当视为该当事人对受诉法院的管辖权没有异议，或者对法院管辖权予以认可。当事人此后在案件的审理过程中再对受诉法院的管辖权提出异议，有违诉讼诚信原则。

但此情形下，受诉人民法院并不当然将其作为有管辖权处理。《民事诉讼法》第37条规定："人民法院发现受理的案件不属于本院管辖的，应当移送有管辖权的人民法院，受移送的人民法院应当受理。受移送的人民法院认为受移送的案件依照规定不属于本院管辖的，应当报请上级人民法院指定管辖，不得再自行移送。"《民事诉讼法解释》第35条规定："当事人在答辩期间届满后未应诉答辩，人民法院在一审开庭前，发现案件不属于本院管辖的，应当裁定移

送有管辖权的人民法院。"

(五) 关于二审或者再审发回重审时提出管辖权异议的处理问题

当事人一审未提出管辖权异议，在二审或者再审发回重审时提出管辖权异议的，人民法院不予审查。其主要理由：

第一，《民事诉讼法解释》第38条规定："有管辖权的人民法院受理案件后，不得以行政区域变更为由，将案件移送给变更后有管辖权的人民法院。判决后的上诉案件和依审判监督程序提审的案件，由原审人民法院的上级人民法院进行审判；上级人民法院指令再审、发回重审的案件，由原审人民法院再审或者重审。"根据该规定，法院的管辖权确定后，审理上诉案件和再审案件的法院随之确定，对于上级人民法院指令再审、发回重审的案件的审理法院也已确定。

第二，当事人在再审或者发回重审时再提管辖异议，一是超过法定的期限，二是由于上级法院已经裁定发回原审法院重审或者指令再审，实际上已经确定了重审管辖法院，当事人再提管辖异议和重审法院再对管辖异议进行审查均没有必要。正如典型案例生效裁判理由所说，当事人在案件被通过审判监督程序裁定发回一审法院重审，在一审法院的重审中才就管辖权提出异议。最初一审时原告起诉状送达给被告，被告在答辩期内并没有对管辖权提出异议，说明其已接受一审法院的管辖，管辖权已确定。而且案件经过一审、二审和再审，所经过的程序仍具有程序上的效力，不可逆转。

第三，在管辖权已确定的前提下，当事人无权再就管辖权提出异议。如果在重审中当事人仍可就管辖权提出异议，无疑会使已稳定的诉讼程序处于不确定的状态，破坏了诉讼程序的安定、有序，拖延诉讼，不仅会降低诉讼效率，浪费司法资源，而且不利于纠纷的解决。因此，基于管辖恒定原则、诉讼程序的确定性以及公正和效率的要求，不能支持重审案件当事人再就管辖权提出的异议。但是应当注意的是，《民事诉讼法解释》第38条规定并未限制第二审人民法院对第一审法院是否具有专属管辖权的审查。《民事诉讼法解释》第329条规定："人民法院依照第二审程序审理案件，认为第一审人民法院受理案件违反专属管辖规定的，应当裁定撤销原裁判并移送有管辖权的人民法院。"该规定突出了专属管辖的重要价值。

【拓展适用】

一、级别管辖的内涵

级别管辖，是指按照一定的标准确定上下级人民法院之间受理第一审民事案件的分工和权限。级别管辖是在法院系统内部对各级法院的分工和权限所作的纵向划分，其目的在于明确哪些一审案件应由哪一级人民法院管辖。

二、级别管辖的划分标准

划分级别管辖必须遵从一定的标准。从《民事诉讼法》的有关规定和司法实践来看，我国划分级别管辖主要依据以下四个标准。

（一）案件的性质

我国《民事诉讼法》将某些特殊类型的案件交由级别较高的普通法院或专门法院管辖。如重大涉外案件、专利案件由中级人民法院管辖，海事、海商案件由相当于中级人民法院的海事法院管辖等。

（二）案件的繁简程度

案件审理的难易程度各有不同。在确定级别管辖时必须考虑案件的繁简和难易程度，简单案件由低级别的人民法院管辖，复杂案件由级别较高的人民法院管辖。

（三）案件的影响范围

不同的案件所涉及的人物、地域的范围有所差别，其处理结果可能造成的社会影响也不尽相同，因此有必要从案件的影响范围来区分不同情况，确定不同级别的管辖法院。

（四）案件争议标的金额的大小

我国《民事诉讼法》没有直接将案件争议标的金额作为划分级别管辖的标准。但从前述标准来看，案件争议标的金额的大小与案件的繁简程度、影响范围密切相关，实践中对于哪些案件为重大案件，何为重大案件确实难以把握，难免造成级别管辖上的冲突。从立法技术角度来说，最高人民法院以争议标的金额作为划分级别管辖的主导性标准，以案件的性质作为划分级别管辖的辅助性标准作出了相关司法解释。比如，最高人民法院2010年1月28日发布《关于调整地方各级人民法院管辖第一审知识产权民事案件标准的通知》以诉讼标的额、双方当事人的住所地是否都在辖区，以及涉外、涉港澳台为标准划分高级人民法院、中级人民法院、基层人民法院的管辖第一审知识产权民事案件的范围，并对专利、植物新品种、集成电路布图设计纠纷案件和涉及驰名商标认定的纠纷案件以及垄断纠纷案件等特殊类型的第一审知识产权民事案件的管辖作出特别规定。该通知内容涉及有关级别管辖的上述4个方面的标准，而且给予上下级法院对知识产权案件在级别管辖上有适度的协调空间。

三、各级人民法院管辖的第一审民事案件

（一）基层人民法院管辖的第一审民事案件

《民事诉讼法》第 18 条规定："基层人民法院管辖第一审民事案件，但本法另有规定的除外。"根据此规定，基层人民法院主要审理各类第一审民事案件，除法律规定由中级人民法院、高级人民法院、最高人民法院管辖的第一审民事案件外，其他第一审民事案件均由基层人民法院管辖。应当注意的是，在我国相当于基层人民法院的还有北京、广州、杭州互联网法院，集中管辖所在市的辖区内应当由基层人民法院受理的涉互联网第一审民商事案件。

（二）中级人民法院管辖的第一审民事案件

《民事诉讼法》第 19 条规定，"中级人民法院管辖下列第一审民事案件：（一）重大涉外案件；（二）在本辖区有重大影响的案件；（三）最高人民法院确定由中级人民法院管辖的案件"。目前，由中级人民法院管辖的案件主要有海事法院、知识产权法院、金融法院管辖的第一审民事案件，由中级人民法院管辖的公益诉讼案件、虚假陈述证券民事赔偿案、公司强制清算案件以及最高人民法院根据审判形势发展情况适时调整以当事人住所地是否在受理法院所处省级行政辖区和诉讼标的额为标准区分具体情况确定级别管辖所指定的中级人民法院所管辖的其他民事案件。

（三）高级人民法院管辖的第一审民事案件

根据《民事诉讼法》第 20 条规定，高级人民法院管辖在本辖区有重大影响的第一审民事案件。高级人民法院设立在各省、自治区和直辖市的政府所在地，其主要任务是对本辖区内中级人民法院和基层人民法院的审判活动进行指导和监督，审判不服中级人民法院判决、裁定的上诉案件。因此，高级人民法院的职能要求其不宜过多地审理第一审民事案件。至于什么是"重大影响"，实践中往往将诉讼标的金额、案件复杂程度、案件处理结果的影响范围等作为重要的考量因素。对于高级人民法院管辖的第一审民事案件，通常根据最高人民法院发布的有关调整地方各级人民法院管辖第一审民事案件标准的通知而确定。

（四）最高人民法院管辖的第一审民事案件

根据《民事诉讼法》第 21 条规定，由最高人民法院管辖的第一审民事案件有两类：一是在全国有重大影响的案件；二是认为应当由本院审理的案件。最高人民法院是全国最高审判机关，有权力审理各类案件，但作为国家最高审判机关，最高人民法院所承担的主要任务是对地方各级人民法院和各个专门人

民法院的审判工作进行指导和监督，负责对于在审判过程中如何具体适用法律、法规的问题进行解释。因此，最高人民法院审理的案件通常是不服高级人民法院、专门人民法院判决和裁定的上诉案件和抗诉案件。此外，最高人民法院不宜受理第一审民事案件，其理由在于，第一，最高人民法院所受理的案件只能实行一审终审制度，当事人不能上诉，如果裁决错误，只能通过该院的再审程序纠正。一审法院与再审法院为同一法院，将会淡化和削弱审判监督的作用。第二，最高人民法院的裁决属于终审裁决，当事人对裁决没有上诉权，因而会失去一次程序救济的机会，有损当事人的审级利益。

四、有关级别管辖的相关规定

有关级别管辖的特别规定除《民事诉讼法》作出原则性规定外，《民事诉讼法解释》《最高人民法院关于审理民事级别管辖异议案件若干问题的规定》等相关司法解释作出相关规定。主要有：

1.《民事诉讼法解释》第39条第1款规定："人民法院对管辖异议审查后确定的管辖权的，不因当事人提起反诉、增加或者变更诉讼请求等改变管辖，但违反级别管辖、专属管辖规定的除外。"该规定反映了级别管辖与专属管辖在适用管辖恒定原则上与地域管辖存在本质的区别。

2.《最高人民法院关于审理民事级别管辖异议案件若干问题的规定》第1条规定："被告在提交答辩状期间提出管辖权异议，认为受诉人民法院违反级别管辖规定，案件应当由上级人民法院或者下级人民法院管辖的，受诉人民法院应当审查，并在受理异议之日起十五日内作出裁定：（一）异议不成立的，裁定驳回；（二）异议成立的，裁定移送有管辖权的人民法院。"该条明确了受诉人民法院对被告提出的级别管辖异议应当受理并在异议之日起十五日内作出裁定。

3.《最高人民法院关于审理民事级别管辖异议案件若干问题的规定》第5条规定："被告以受诉人民法院同时违反级别管辖和地域管辖规定为由提出管辖权异议的，受诉人民法院应当一并作出裁定。"应当注意，如果受诉人民法院经审理发现本院既违反地域管辖权又违反级别管辖权的，应当适用级别管辖权规定，采取级别管辖吸收地域管辖的规则，一并裁定将案件移送有级别管辖权的人民法院。

4.《最高人民法院关于审理民事级别管辖异议案件若干问题的规定》第8条规定："对于将案件移送上级人民法院管辖的裁定，当事人未提出上诉，但受移送的上级人民法院认为确有错误的，可以依职权裁定撤销。"该规定体现了上级人民法院对下级人民法院的监督权。此点与违反地域管辖权的移送情况不同。《民事诉讼法》第 37 条规定："人民法院发现受理的案件不属于本院管辖的，应当移送有管辖权的人民法院，受移送的人民法院应当受理。受移送的人民法院认为受移送的案件依照规定不属于本院管辖的，应当报请上级人民法院指定管辖，不得再自行移送。"该规定体现了同级人民法院之间不存在监督与被监督的关系。

5.《最高人民法院关于审理民事级别管辖异议案件若干问题的规定》第 9 条规定："经最高人民法院批准的第一审民事案件级别管辖标准的规定，应当作为审理民事级别管辖异议案件的依据。"该规定明确，最高人民法院根据经济社会的发展，作出的有关批准第一审民事案件级别管辖标准的规定是确定级别管辖权的重要法律依据。

五、审级利益的内涵

审级利益，是指特定当事人之间，就特定的诉讼标的，得受两级不同法院不同审判主体交错审理的利益。我国民事诉讼实行两审终审制。两审终审制度，是指一个民事案件经过两级法院的审判就宣告终结的制度，因此对当事人在第一审、第二审程序中享有的审级利益既有相同，又有不同，不容忽视。当事人在第一审、第二审中享有的权利包括程序性权利和实体权利。坚持程序正义与实体正义并重，是人民法院民事审判始终应当追求的目标。

六、诉讼标的和诉讼请求的内涵

人民法院在审判过程中应当对当事人提出的诉讼请求进行审查，第一审、第二审程序审查的是同一诉讼标的及其原因事实，审判对象固定，这体现了对当事人实体权利的保护。

所谓诉讼标的，是指当事人之间争议的请求法院审判的民事实体法律关系或者民事实体权利。其特征有：诉讼标的所指向的民事实体法律关系或者民事实体权利为当事人之间所存在，所争议，并且请求法院审判。诉讼标的是确定案件案由的根据，民事案件除有少部分案由依据请求权、形成权或者确认之诉、形成之诉（如变更抚养权纠纷）的标准进行确定外，其他部分案由主要是依据当事人主张的民事法律关系的性质来确定，如买卖合同纠纷、侵权纠纷。诉讼标的与诉讼标的物和诉讼标的额的区别。所有的诉均有诉讼标的和诉讼请求，只有在有关物的诉中，才有诉讼标的物，诉讼标的物为当事人之间争议动产或不动产之物。诉讼标的额指当事人所争议的标的物的市场价值金额，或者当事人请求给付的金钱数额。诉讼标的额是法院收取诉讼费的主要依据。

所谓诉讼请求，即原告以诉讼标的为基础提出的具体实体请求，是指原告为了获得实体上的法律地位或法律效果而提出的诉讼主张。根据诉讼请求在第一审程序中所呈现出的法律关系形态，可以分为给付之诉、确认之诉、形成之诉。当事人在第一审程序中提出的诉讼请求是个狭义的概念，与当事人在第二审程序中提出的上诉请求是两个不同的概念。第二审中的上诉请求是围绕第一审的诉讼请求而发生，但不仅限于第一审中的诉讼请求，因为第二审中的上诉人可以是一审原告和一审被告，上诉请求内容可以是实体性权利要求，如变更原判决由被告给付原告的金额，也可以是程序性权利要求，如撤销原判，发回重审。诉讼标的和诉讼请求是整个诉讼过程的基础和核心，必须抓住不放。忽略了这个基础和核心，就会偏离诉讼的方向。

七、审理程序

（一）第一审程序

第一审程序又称起诉程序，是指原告向有管辖权的第一审法院提起诉讼，提出诉讼主张和表达诉讼请求，要求第一审人民法院判决支持其诉讼请求的程序。原告提出诉讼请求，第一审人民法院受理后不能拒绝裁判。根据《民事诉讼法》第122条的规定，起诉必须同时符合下列4个要件：（1）原告是与本案有直接利害关系的公民、法人和其他组织。（2）有明确的被告，原告在起诉中必须将被告特定化。（3）有具体的诉讼请求和事实、理由。（4）属于人民法院受理民事诉讼的范围和受诉人民法院管辖。根据《民事诉讼法》的相关规定，当事人在第一审诉讼程序中享有的诉讼权利有：起诉、提出管辖权异议、申请回避、请求调解、提出答辩、提供证据、申请调查取证、质证、辩论、最后陈述和申请财产保全、先予执行等。第一审人民法院经过依法审理，应当作出是否支持原告诉讼请求的裁判。其具体裁判结果包括：支持原告的全部诉讼请求；驳回原告的诉讼请求；支持原告的部分诉讼请求，驳回原告的其他诉讼请求；裁定驳回原告的起诉。

（二）第二审程序

第二审程序又称上诉审程序，是指当事人不服第一审法院作出的裁判向上一级法院提起上诉，请求作出终局裁判的程序。根据两审终审制，第一审法院作出的民事裁判并不当然生效。根据《民事诉讼法》第171条的规定，当事人不服地方人民法院第一审判决的，有权在判决书送达之日起十五日内向上一级人民法院提起上诉。当事人不服地方人民法院第一审裁定的，有权在裁定书送达之日起十日内向上一级人民法院提起上诉。根据该规定，当事人上诉的条件有：(1) 具有上诉的利益，即不服地方人民法院第一审判决或者裁定，通过上诉审程序有望对错误的一审裁判予以纠正。(2) 必须在法定期限内提起上诉，否则将失去上诉的权利。(3) 必须向原审法院的上一级人民法院提出。第二审人民法院审理上诉案件，除适用本章规定外，还应当适用第一审普通程序。也就是说，当事人在第二审程序中与在第一审诉讼程序中享有的诉讼权利基本相同。

1. 第二审法院对案件的审理范围

该问题是民事诉讼中的重点和难点问题。由于第二审裁判是终审裁判，当事人的诉讼利益往往取决于第二审法院的审理范围大小。根据《民事诉讼法》第175条的规定，第二审人民法院应当对上诉请求的有关事实和适用法律进行审查。《民事诉讼法解释》第321条规定："第二审人民法院应当围绕当事人的上诉请求进行审理。当事人没有提出请求的，不予审理，但一审判决违反法律禁止性规定，或者损害国家利益、社会公共利益、他人合法权益的除外。"第二审人民法院的审理范围原则上应当围绕当事人的上诉请求进行审理，但对于第一审程序中所出现的缺陷和瑕疵，《民事诉讼法》及相关司法解释采取了尽量弥补的方式。比如，对于第一审遗漏诉讼请求的问题，《民事诉讼法解释》第324条规定："对当事人在第一审程序中已经提出的诉讼请求，原审人民法院未作审理、判决的，第二审人民法院可以根据当事人自愿的原则进行调解；调解不成的，发回重审。"对于第一审遗漏当事人的问题，《民事诉讼法解释》第325条规定："必须参加诉讼的当事人或者有独立请求权的第三人，在第一审程序中未参加诉讼，第二审人民法院可以根据当事人自愿的原则予以调解；调解不成的，发回重审。"对于当事人在第一审未提出诉讼请求和反诉而在第二审增加诉讼请求和提出反诉的问题，《民事诉讼法解释》第326条规定："在第二审程序中，原审原告增加独立的诉讼请求或者原审被告提出反诉的，第二审人民法院可以根据当事人自愿的原则就新增加的诉讼请求或者反诉进行调解；调解不成的，告知当事人另行起诉。双方当事人同意由第二审人民法院一并审理的，第二审人民法院可以一并裁判。"对于特殊的离婚案件，《民事诉讼法解释》第327条规定："一审判决不准离婚的案件，上诉后，第二审人民法院认为应当判决离婚的，可以根据当事人自愿的原则，与子女抚养、财产问题一并调解；调解不成的，发回重审。双方当事人同意由第二审人民法院一并审理的，第二审人民法院可以一并裁判。"

2. 第二审法院对案件的处理方式

第二审法院受理案件后如何处理，往往是当事人最关心的问题，直接反映第二审案件的裁判结果。《民事诉讼法》第 177 条规定："第二审人民法院对上诉案件，经过审理，按照下列情形，分别处理：（一）原判决、裁定认定事实清楚，适用法律正确的，以判决、裁定方式驳回上诉，维持原判决、裁定；（二）原判决、裁定认定事实错误或者适用法律错误的，以判决、裁定方式依法改判、撤销或者变更；（三）原判决认定基本事实不清的，裁定撤销原判决，发回原审人民法院重审，或者查清事实后改判；（四）原判决遗漏当事人或者违法缺席判决等严重违反法定程序的，裁定撤销原判决，发回原审人民法院重审。原审人民法院对发回重审的案件作出判决后，当事人提起上诉的，第二审人民法院不得再次发回重审。"《民事诉讼法解释》第 333 条规定针对《民事诉讼法》第 177 条第 1 款第 3 项规定的"基本事实"作出了解释，是指用以确定当事人主体资格、案件性质、民事权利义务等对原判决、裁定的结果有实质性影响的事实。《民事诉讼法解释》第 323 条规定对《民事诉讼法》第 177 条第 1 款第 4 项规定的"严重违反法定程序"作出了解释："（一）审判组织的组成不合法的；（二）应当回避的审判人员未回避的；（三）无诉讼行为能力人未经法定代理人代为诉讼的；（四）违法剥夺当事人辩论权利的。"针对不应当由法院主管的案件，《民事诉讼法解释》第 328 条规定："人民法院依照第二审程序审理案件，认为依法不应由人民法院受理的，可以由第二审人民法院直接裁定撤销原裁判，驳回起诉。"针对原审法院无管辖权的案件，《民事诉讼法解释》第 329 条规定："人民法院依照第二审程序审理案件，认为第一审人民法院受理案件违反专属管辖规定的，应当裁定撤销原裁判并移送有管辖权的人民法院。"针对原审法院应当受理而未受理的案件，《民事诉讼法解释》第 330 条规定："第二审人民法院查明第一审人民法院作出的不予受理裁定有错误的，应当在撤销原裁定的同时，指令第一审人民法院立案受理；查明第一审人民法院作出的驳回起诉裁定有错误的，应当在撤销原裁定的同时，指令第一审人民法院审理。"针对审理有瑕疵但不影响裁判结果的案件，《民事诉讼法解释》第 332 条规定："原判决、裁定认定事实或者适用法律虽有瑕疵，但裁判结果正确的，第二审人民法院可以在判决、裁定中纠正瑕疵后，依照民事诉讼法第一百七十七条第一款第一项规定予以维持。"

另外，《民事诉讼司法解释》还针对一些当事人行使诉讼权利的具体问题作出了解释。如针对当事人撤回上诉和撤回起诉的情形，《民事诉讼法解释》

第335条规定:"在第二审程序中,当事人申请撤回上诉,人民法院经审查认为一审判决确有错误,或者当事人之间恶意串通损害国家利益、社会公共利益、他人合法权益的,不应准许。"第336条规定:"在第二审程序中,原审原告申请撤回起诉,经其他当事人同意,且不损害国家利益、社会公共利益、他人合法权益的,人民法院可以准许。准许撤诉的,应当一并裁定撤销一审裁判。原审原告在第二审程序中撤回起诉后重复起诉的,人民法院不予受理。"针对当事人达成和解的情形,《民事诉讼法解释》第337条规定:"当事人在第二审程序中达成和解协议的,人民法院可以根据当事人的请求,对双方达成的和解协议进行审查并制作调解书送达当事人;因和解而申请撤诉,经审查符合撤诉条件的,人民法院应予准许。"针对当事人诉讼行为的效力,《民事诉讼法解释》第340条规定:"当事人在第一审程序中实施的诉讼行为,在第二审程序中对该当事人仍具有拘束力。当事人推翻其在第一审程序中实施的诉讼行为时,人民法院应当责令其说明理由。理由不成立的,不予支持。"

法律规定了一些当事人不能享有上诉利益的案件。根据《民事诉讼法》的规定,有些案件的裁判实行一审终审,不允许上诉。包括:(1)最高人民法院直接受理和审判的一审民事案件;(2)依照特别程序审理的案件;(3)依照督促程序和公示催告程序审理的案件;(4)依照《民事诉讼法》第165条的规定所审理的小额诉讼案件。另外,根据《企业破产法》的规定,在企业破产程序中,除对不予受理破产申请的裁定和驳回破产申请的裁定可以提起上诉外,对于其他裁定不允许提起上诉。

(三)再审程序

再审程序属于审判监督程序,是为了纠正已经生效裁判的错误而对案件再次进行审理的程序。其特征有:(1)再审对象是已经发生法律效力的裁判;(2)再审程序属于独立的程序,不是民事诉讼的必经程序,也不是第一审、第二审程序的继续。(3)再审程序是一种非常规的救济程序,对符合再审条件的判决、裁定、调解书才能适用。

民事再审程序的启动方式包括人民法院依职权再审,人民检察院提出抗诉和当事人申请再审三种启动方式。对于以人民法院依职权再审和人民检察院提出抗诉而启动的再审,无需对再审理由是否成立进行初步审查,而直接裁定再审,进入对案件的实体审理程序。

对于以当事人申请再审启动的民事再审程序,则需要经过再审审查程序和再审审理程序两个环节、两类程序。再审审查是对当事人的申请事由是否成立,是否符合法律规定进行审查。经审查，符合法定再审事由的，裁定再审；不符合再审法定事由的，裁定驳回再审申请。审理程序的适用以审查程序作出裁定再审结论为前提，须对再审事由成立与否作出最终的实质判断。因此，再审审查程序属于事由审，再审审理程序属于事实审和法律审。《民事诉讼法》第211条规定："当事人的申请符合下列情形之一的，人民法院应当再审：（一）有新的证据，足以推翻原判决、裁定的；（二）原判决、裁定认定的基本事实缺乏证据证明的；（三）原判决、裁定认定事实的主要证据是伪造的；（四）原判决、裁定认定事实的主要证据未经质证的；（五）对审理案件需要的主要证据，当事人因客观原因不能自行收集，书面申请人民法院调查收集，人民法院未调查收集的；（六）原判决、裁定适用法律确有错误的；（七）审判组织的组成不合法或者依法应当回避的审判人员没有回避的；（八）无诉讼行为能力人未经法定代理人代为诉讼或者应当参加诉讼的当事人，因不能归责于本人或者其诉讼代理人的事由，未参加诉讼的；（九）违反法律规定，剥夺当事人辩论权利的；（十）未经传票传唤，缺席判决的；（十一）原判决、裁定遗漏或者超出诉讼请求的；（十二）据以作出原判决、裁定的法律文书被撤销或者变更的；（十三）审判人员审理该案件时有贪污受贿，徇私舞弊，枉法裁判行为的。"第208条规定："当事人对已经发生法律效力的调解书，提出证据证明调解违反自愿原则或者调解协议的内容违反法律的，可以申请再审。经人民法院审查属实的，应当再审。"上述规定明确了当事人申请再审的法定事由，当事人申请再审的理由不属于上述法定事由的，不予受理。《民事诉讼法》第218条第1款规定："人民法院按照审判监督程序再审的案件，发生法律效力的判决、裁定是由第一审法院作出的，按照第一审程序审理，所作的判决、裁定，当事人可以上诉；发生法律效力的判决、裁定是由第二审法院作出的，按照第二审程序审理，所作的判决、裁定，是发生法律效力的判决、裁定；上级人民法院按照审判监督程序提审的，按照第二审程序审理，所作的判决、裁定是发生法律效力的判决、裁定。"该规定明确了再审审理中所适用的具体程序。

法律规定了当事人不能享有再审利益的案件范围。《民事诉讼法》第213条规定，当事人对已经发生法律效力的解除婚姻关系的判决、调解书，不得申请再审。根据《民事诉讼法解释》第378条的规定，适用特别程序、督促程序、公示催告程序、破产程序等非讼程序审理的案件，当事人不得申请再审。

【典型案例】

韩某彬与药业公司、商厦公司、电视台、药房公司产品质量损害赔偿纠纷案

〔基本案情〕

辽宁省大连市中级人民法院对本案于 2008 年 9 月 3 日作出（2007）大民权初字第 4 号民事判决。药业公司、商厦公司、电视台不服，向辽宁省高级人民法院提起上诉。该院于 2010 年 5 月 24 日作出（2008）辽民一终字第 400 号民事判决。该判决发生法律效力后，再审申请人药业公司、商厦公司向最高人民法院申请再审。最高人民法院于同年 12 月 22 日作出（2010）民申字第 1019 号民事裁定，提审本案，并于 2011 年 8 月 3 日作出（2011）民提字第 117 号民事裁定，撤销一、二审民事判决，发回辽宁省大连市中级人民法院重审。在重审中，药业公司和商厦公司提出管辖异议。

〔重审裁判结果〕

辽宁省大连市中级人民法院于 2012 年 2 月 29 日作出（2011）大审民再初字第 7 号民事裁定，认为该院重审此案系接受最高人民法院指令，被告之一药业公司住所地在辽宁省大连市中山区，遂裁定驳回药业公司和商厦公司对管辖权提出的异议。药业公司、商厦公司提起上诉，辽宁省高级人民法院于 2012 年 5 月 7 日作出（2012）辽立一民再终字第 1 号民事裁定，认为原告韩某彬在向大连市中级人民法院提起诉讼时，即将住所地在大连市的药业公司列为被告之一，且在原审过程中提交了在药业公司购药的相关证据并经庭审质证，药业公司属适格被告，大连市中级人民法院对该案有管辖权，遂裁定驳回上诉，维持原裁定。药业公司、商厦公司不服，分别向最高人民法院申请再审。

〔再审生效裁判理由〕

最高人民法院生效裁判认为：对于当事人提出管辖权异议的期间，《中华人民共和国民事诉讼法》第一百二十七条[①]明确规定：当事人对管辖权有异议的，应当在提交答辩状期间提出。当事人未提出管辖异议，并应诉答辩的，视为受诉人民法院有管辖权。由此可知，当事人在一审提交答辩状期间未提出管辖异议，在案件二审或者再审时才提出管辖权异议的，根据管辖恒定原则，案件管辖权已经确定，人民法院对此不予审查。本案中，药业公司和商厦公司是案件被通过审判监督程序裁定发回一审法院重审，在一审法院的重审中才就管辖权提出异议的。最初一审时原告韩某彬的起诉状送达给药业公司和商厦公司，药业公司和商厦公司在答辩期内并没有对管辖权提出异议，说明其已接受了一审法院的管辖，管辖权已确定。而且案件经过一审、二审和再审，所经过的程序仍具有程序上的效力，不可逆转。本案是经审

[①] 对应 2023 年《民事诉讼法》第 130 条。

判监督程序发回一审法院重审的案件，虽然按照第一审程序审理，但是发回重审的案件并非一个初审案件，案件管辖权早已确定。就管辖而言，因民事诉讼程序的启动始于当事人的起诉，确定案件的管辖权，应以起诉时为标准，起诉时对案件有管辖权的法院，不因确定管辖的事实在诉讼过程中发生变化而影响其管辖权。当案件诉至人民法院，经人民法院立案受理，诉状送达给被告，被告在答辩期内未提出管辖异议，表明案件已确定了管辖法院，此后不因当事人住所地、经常居住地的变更或行政区域的变更而改变案件的管辖法院。在管辖权已确定的前提下，当事人无权再就管辖权提出异议。如果在重审中当事人仍可就管辖权提出异议，无疑会使已稳定的诉讼程序处于不确定的状态，破坏了诉讼程序的安定、有序，拖延诉讼，不仅降低诉讼效率，浪费司法资源，而且不利于纠纷的解决。因此，基于管辖恒定原则、诉讼程序的确定性以及公正和效率的要求，不能支持重审案件当事人再就管辖权提出的异议。据此，药业公司和商厦公司就本案管辖权提出异议，没有法律依据，原审裁定驳回其管辖异议并无不当。

最高人民法院于 2013 年 3 月 27 日作出（2013）民再申字第 27 号民事裁定，驳回药业公司和商厦公司的再审申请。

第十一章　涉外民事诉讼管辖

> **规则 18**：在涉外民事诉讼中，被告有权以"不方便管辖"为由抗辩原告的起诉，但受案法院有权酌情裁量是否采纳
>
> ——黄甲与黄乙、某海外投资管理有限公司、A 香港集团有限公司、珠海保税区 B 码头有限公司侵权责任纠纷案[①]；A 律师行与厦门 B 彩印公司代理合同纠纷管辖权异议案[②]

【裁判规则】

1. 不方便管辖是指依照本国法律或缔结的国际条约，受案法院对某一国际民事诉讼享有管辖权，但该管辖权的实际行使，将给当事人和法院的工作带来种种不便，无法保障司法公正，也不能使争议得到迅速有效的解决，当别国法院对这一诉讼同样享有管辖权时，根据被告的请求，受案法院可以自身不方便管辖为由，裁定拒绝行使管辖权。

2. 对于我国人民法院和其他国家或者地区的法院都有管辖权的案件，一方当事人向其他国家或者地区的法院起诉后，又就同一争议向我国人民法院起诉，或者对方当事人就同一争议向人民法院提起诉讼的，外国法院是否已经受理案件或者作出判决，不影响人民法院行使管辖权，人民法院可予受理。外国法院判决已经被我国法院承认和执行的，人民法院不应受理。我国缔结或者参加的国际条约另有规定的，按规定办理。

【规则理解】

一、不方便管辖原则概述

（一）不方便管辖原则在我国适用的不同认识

不方便管辖，在国际私法理论中通常称为"不方便法院"，不方便管辖原

[①] 最高人民法院（2019）最高法民终 592 号民事裁定书。
[②] 载《中华人民共和国最高人民法院公报》2004 年第 7 期。

则并没有一个统一的定义，一般认为，该原则是指一国法院依据国内法或有关国际条约，对某一涉外案件享有管辖权，但因其审理该案将给当事人及司法带来种种不便而拒绝行使管辖权，使当事人在另一个更为方便的法院进行诉讼的制度。[1] 对于不方便管辖原则能否在我国适用，一直是学术界争议较大的问题。持反对意见的学者的主要理由为：1. 普通法系国家以"有效控制原则"为基础实行较为灵活的民商事管辖权制度，不方便管辖作为一项基本原则是普通法系国家管辖权制度的固有特征，我国的管辖权制度类似德国法的规定，一般以被告在内国设有住所或惯常居所、标的物处于内国等确定管辖权，已经注重了国际管辖权的协调，不方便管辖原则在我国缺乏必要的运作环境；2. 不方便管辖原则赋予法官广泛的自由裁量权，我国司法人员整体素质还不够高，加上法律监督机制不完善，容易导致不方便管辖原则适用的不一致性和不确定性；3. 我国管辖权制度较为合理，原告挑选我国法院可能性不大，因此不方便管辖原则的作用在我国并不明显；4. 不方便管辖原则本身具有较多难以克服的不足，例如缺乏确定性、可能为被告利用成为拖延诉讼的策略等。[2]

建议我国采纳不方便管辖原则的学者则认为：1. 我国立法上存在潜在的涉外民商事管辖权的积极冲突，不方便管辖原则是解决国际民商事管辖权冲突的有效工具；2. 不方便管辖原则体现国际礼让的理念；3. 不方便管辖原则能够确保案件审理的公正性、维护当事人的正当权益。将那些与内国缺乏必要联系，而且调查取证、当事人及证人出庭困难，诉讼成本高昂的案件交由其他可替代的更合适、更便利的法院管辖，更有利于实现诉讼的公正和效率。[3]

（二）不方便管辖原则在我国适用的理由

我们认为，不方便管辖原则是伴随着国际民商事管辖权的扩张而发展起来的内国法院反向自我限制管辖权的一项制度，可以在我国司法实践中借鉴吸收。第一，我国《民事诉讼法》除第二章规定普通地域管辖外，还于第276条规定了特殊地域管辖，即因涉外民事纠纷，对在中华人民共和国领域内没有住所的被告提起除身份关系以外的诉讼，如果合同签订地、合同履行地、诉讼标的物所在地、可供扣押财产所在地、侵权行为地、代表机构住所地位于中华人民共

---

[1] 赵相林主编：《国际私法》，中国政法大学出版社2000年版，第366页；李双元主编：《国际私法学》，北京大学出版社2000年版，第536页。

[2] 徐伟功：《我国不宜采用不方便法院原则——以不方便法院原则的运作环境与功能为视角》，载《法学评论》2006年第1期。

[3] 陈育华：《"不方便法院"原则在中国》，载《法制与社会》2007年第4期。

和国领域内的，可以由合同签订地、合同履行地、诉讼标的物所在地、可供扣押财产所在地、侵权行为地、代表机构住所地人民法院管辖。除前款规定外，涉外民事纠纷与中华人民共和国存在其他适当联系的，可以由人民法院管辖。由此赋予我国法院对涉外民商事纠纷案件享有较为宽泛的管辖权基础，且我国民事诉讼法没有规定类似德国法的先受诉法院管辖制度，因此不方便管辖原则作为协调国际民商事管辖权冲突的一项工具有其存在的必要性。第二，《民事诉讼法》第2条规定其任务是保护当事人行使诉讼权利，保证人民法院查明事实、分清是非，正确适用法律，及时审理民事案件，确认民事权利义务关系，制裁民事违法行为，保护当事人的合法权益，其蕴含的价值取向是为当事人合法权益提供及时救济以及维护司法正义的实现。而不方便管辖原则的基本功能是出于保护当事人合法权益、有效实现司法公正和效益的特殊需要，根据司法礼让原则，使当事人通过明显更为方便和合适的法院得到救济。其中，该原则的一项重要功能就是从客观上限制原告任意挑选法院造成被告不便及司法资源浪费的滥用诉权行为，从而有效地协调国际民商事管辖权冲突。因此，不方便管辖原则的基本理念与《民事诉讼法》所规定的便于人民法院行使审判权和方便当事人诉讼的精神是相一致的，对该制度予以借鉴吸收，具有法理基础。第三，即使适用不方便管辖原则拒绝行使管辖权，也不存在与司法主权原则相冲突的问题。不方便管辖原则的适用本身就是人民法院对我国司法主权的一种合法处分，其仍然是司法主权的体现。不方便管辖原则的适用表明该国具有国际司法礼让精神，有利于减少重复诉讼和对抗诉讼，维护国际管辖权秩序的一致性和稳定性，所以不方便管辖原则亦是国际司法协助原则的具体体现。第四，不方便管辖原则不仅便利当事人诉讼，有利于实现司法公正和正义，而且能够有效避免平行诉讼产生的挑选法院、判决冲突等问题，并在一定程度上减轻法院负担，提高诉讼效益。从近年来我国涉外及涉港澳台民商事案件运用不方便管辖原则的司法实践看，法官在运用自由裁量权时十分慎重，适用该原则的法律效果总体较为良好。在总结司法实践经验的基础上，2023年《民事诉讼法》第282条对不方便管辖原则作出了明确规定。该条规定："人民法院受理的涉外民事案件，被告提出管辖异议，且同时有下列情形的，可以裁定驳回起诉，告知原告向更为方便的外国法院提起诉讼：（一）案件争议的基本事实不是发生在中华人民共和国领域内，人民法院审理案件和当事人参加诉讼均明显不方便；（二）当事人之间不存在选择人民法院管辖的协议；（三）案件不属于人民法院专属管辖；（四）案件不涉及中华人民共和国主权、安全或者社会公共利益；

（五）外国法院审理案件更为方便。裁定驳回起诉后，外国法院对纠纷拒绝行使管辖权，或者未采取必要措施审理案件，或者未在合理期限内审结，当事人又向人民法院起诉的，人民法院应当受理。"

二、不方便管辖原则在我国适用的把握标准

《民事诉讼法解释》的上述规定为不方便管辖原则在我国司法实践中的适用提供了具体指引。我们认为，不方便管辖原则的适用条件总体应把握如下要点：

（一）我国法院对涉外民事案件具有管辖权是适用不方便管辖原则的基本前提

不方便管辖是涉外民事诉讼程序的一项特殊制度，仅限于在涉外民事诉讼中适用。因为管辖权有无以及是否行使是两个不同阶段的问题，所以只有确定我国法院对某涉外民事案件具有管辖权后，才有讨论是否适用不方便管辖原则不予行使的可能性。因此，我国法院对案件本身享有管辖权是适用不方便管辖原则的基本前提。如果认定我国法院对涉外民事案件没有管辖权，则应直接裁定驳回原告起诉，而没有适用不方便管辖原则的余地。

（二）不方便管辖原则的适用必须满足全部的法定要件

司法管辖权是国家司法主权的重要组成部分，一般而言，一国法院不能拒绝行使或轻易放弃行使管辖权。司法实践中，部分法院以查明和适用外国法困难为由就希望不予行使管辖权，这种思想是错误的，应予指出。人民法院必须在满足《民事诉讼法解释》第530条规定的全部条件的情况下，才可以考虑拒绝行使管辖权。

（三）法院不应依职权适用不方便管辖原则

《民事诉讼法解释》第530条第1项规定的条件为"被告提出案件应由更方便外国法院管辖的请求，或者提出管辖异议"。不方便管辖原则包含的一项重大利益因素是我国法院相对于当事人程序及实体利益的保护是否便利。由于当事人才是自身利益的最佳判断者，因此，不方便管辖原则仅在被告以该项理由提出抗辩时法院才应予以考虑，法院不能依职权主动适用不方便管辖原则。即使被告提出了管辖权异议，如其未以不方便管辖原则作为特定抗辩事由，法院仍不应在处理管辖权异议过程中主动适用不方便管辖原则。此外，还应注意避免在案件实体审理阶段适用不方便管辖原则进行审查，即被告提出不方便管辖的抗辩事由应当明示且时间应限定在管辖权异议期间内。

（四）协议管辖的情形不适用不方便管辖原则

如当事人协议选择纠纷由我国法院管辖（包括排他性和非排他性协议管

辖）或者以出庭应诉并进行实体答辩的方式自愿接受我国法院管辖的，意味着当事人认为由我国法院行使管辖对其并无不便因素，此时不应适用不方便管辖原则。故《民事诉讼法解释》第530条第2项规定，当事人之间不存在选择中华人民共和国法院管辖的协议。

（五）专属管辖的情形不适用不方便管辖原则

专属管辖，是指对某些特定类型的案件，我国法律强制规定只能由特定的人民法院行使管辖权。专属管辖是排斥其他管辖类型的法定管辖，其不仅排除了一般地域管辖和特殊地域管辖的适用，也排除了协议管辖的适用，因此外国法院根本没有行使管辖权的可能性，更加没有我国法院根据不方便管辖原则拒绝行使管辖权的可能。《民事诉讼法解释》第530条第3项规定了案件不属于中华人民共和国法院专属管辖的适用条件。

（六）不方便管辖原则不仅应当由被告提出该项特定抗辩事由，而且必须由被告完成举证责任

根据《民事诉讼法解释》第530条的规定，被告提出适用不方便管辖原则，须在案件诉讼的便利性证明要件方面证明两项内容：一是被告须证明我国法院审理案件存在明显的不方便因素，案件争议的主要事实不是发生在我国境内，且案件不适用我国法律，人民法院审理案件在认定事实和适用法律方面存在重大困难；二是被告还应证明另一具有管辖权的外国法院更适合解决纠纷，且审理该案件更加方便。具体来说，应考虑以下因素：1. 案件不涉及中华人民共和国国家、公民、法人或者其他组织的利益。2. 案件争议的主要事实不是发生在我国境内。3. 在查明事实方面，应考虑证据的取得是否便利，证人是否位于境外、是否方便出庭作证，是否存在查明事实重大不便的情形。随着现代科技以及公证认证行业的发展，证人出庭以及证据取得的方便程度作为不方便因素的权重正在降低。但如果多名证人位于境外、绝大部分书面证据位于境外，必须通过司法协助途径取得的，或者现场勘查地位于境外的，而案件的判决更依赖于出庭证人的证言及法院调取证据，则证据所在地的法院具有更方便审理的条件，此时证据仍可以作为认定不方便审理的重要因素。4. 外国法的查明和适用是否存在重大困难。法院地的法官一般精通本国法，但对外国法未必熟悉，依据不熟悉的法律判案，也难以保证判决的正确，故一般认为，由适用其本国法的法院审理案件比适用外国法审理案件的法院更为便利。5. 该外国法院是否具有管辖权及更方便当事人进行诉讼，包括当事人对该外国法院使用的法庭语言是否熟悉、送达的可能性和及时性、是否会造成诉讼延宕等，均会作为考虑

因素。此外，外国发生的平行诉讼也是确定法院是否便利的一项重要因素。对于存在平行诉讼，尤其是外国法院就相同诉因相同当事人的未决诉讼受理在先并且已达到一个更具优势的阶段，以至于会对当事人之间的争议产生某种影响时，该未决诉讼可以作为外国法院是否更方便审理的考虑因素。

(七) 不方便管辖原则具有自由裁量性

根据《民事诉讼法解释》第530条的规定，涉外民事案件同时符合第1项至第6项情形，人民法院可以裁定驳回原告的起诉，告知其向更方便的外国法院提起诉讼。也就是说，不方便管辖原则是具有自由裁量性质的原则，即使满足全部法定要件，人民法院仍然具有酌情裁量是否拒绝行使管辖权的权利。这需要法官综合考量平衡各种利益，将符合公平正义、便利当事人合法权益的救济、体现和兼顾国际礼让原则作为裁量的主要价值取向。其中是否方便当事人申请执行是一项重要的裁量因素。尽管适用不方便管辖原则的涉外民事案件是境外当事人之间的纠纷，不涉及我国国家、公民、法人及其他组织的利益，但被告方在我国境内或有可供扣押的财产。此时有必要考虑被告主要财产所在地在哪个国家、我国与另一有管辖权的外国法院是否有司法协助关系、由我国法院审理是否更方便合法债权的实现，注意不能因为拒绝行使管辖权而明显损害原告的合法权益。例如，被告仅在我国境内有可供扣押的财产，而由于另一具有管辖权的外国法院与我国并无条约或互惠关系，该外国法院判决将无法得到我国承认和执行，此时如适用不方便管辖原则显然会损害原告合法权益。

近年来，最高人民法院在外国民商事判决的跨境承认和执行方面采取更加积极开放的态度。2017年6月，中国—东盟大法官论坛作出的《南宁声明》提出了推定互惠原则，倡导对互惠原则做宽松理解，促进民商事判决的跨境执行。[①] 2018年8月，中华人民共和国最高人民法院和新加坡共和国最高法院签署《关于承认与执行商事案件金钱判决的指导备忘录》，以非正式的软法机制，推进两国法院金钱判决的相互承认和执行。[②] 2021年12月，最高人民法院印发《全国法院涉外商事海事审判工作座谈会会议纪要》，专节规定了外国民商事判决承认和执行案件的办理，于第44条对互惠关系的认定作了更加清晰的指引，

---

① 《第3届中国—东盟大法官论坛南宁声明》，载最高人民法院网站，https://www.court.gov.cn/zixun-xiangqing-366561.html，最后访问时间：2023年5月19日。

② 《第2届中新法律和司法圆桌会议在新加坡成功举办》，载《人民法院报》2018年9月1日；另载人民法院报网站，http://rmfyb.chinacourt.org/paper/html/2018-09/01/content_143059.htm，最后访问时间：2023年5月19日。

规定:"人民法院在审理申请承认和执行外国法院判决、裁定案件时,有下列情形之一的,可以认定存在互惠关系:(1)根据该法院所在国的法律,人民法院作出的民商事判决可以得到该国法院的承认和执行;(2)我国与该法院所在国达成了互惠的谅解或者共识;(3)该法院所在国通过外交途径对我国作出互惠承诺或者我国通过外交途径对该法院所在国作出互惠承诺,且没有证据证明该法院所在国曾以不存在互惠关系为由拒绝承认和执行人民法院作出的判决、裁定。人民法院对于是否存在互惠关系应当逐案审查确定。"这改变了过往严格要求"事实互惠",如对方国家未曾承认和执行我国法院判决,一概不予认定存在互惠关系的做法。因此,今后在判断案件判决能否得到执行这一问题主要应结合财产所处地点、是否已经保全等便利执行的因素来综合考虑,而不能因没有签署双边民商事司法协助条约,就认为外国法院判决不可能在我国得到承认和执行。

(八)区际民商事纠纷的特殊考量

因区际民商事纠纷产生的管辖权冲突是在同一个国家主权下的内部法律冲突,与主权国家之间的民商事管辖权冲突有着本质的区别[①],因此在区际民商事纠纷中可以更为灵活地通过运用不方便管辖原则协调管辖权问题。《民事诉讼法》第36条规定:"两个以上人民法院都有管辖权的诉讼,原告可以向其中一个人民法院起诉;原告向两个以上有管辖权的人民法院起诉的,由最先立案的人民法院管辖。"我国法律仅对内地法院之间的平行诉讼适用"先受理法院管辖原则",但对以平行诉讼形式存在的区际管辖权冲突问题则未作规定。1989年《全国沿海地区涉外、涉港澳经济审判工作座谈会纪要》在"(一)管辖问题"中提出,"凡是中国法院享有管辖权的涉外、涉港澳经济纠纷案件,外国法院或者港澳地区法院对该案的受理,并不影响当事人就同一案件在我国人民法院起诉,但是否受理,应当根据案件的具体情况决定",包含通过不方便管辖原则防止平行诉讼的思路。最高人民法院已先后公布实施了《最高人民法院关于内地与澳门特别行政区相互认可和执行民商事判决的安排》《最高人民法院关于认可和执行台湾地区法院民事判决的规定》《最高人民法院关于内地与香港特别行政区法院相互认可和执行民商事案件判决的安排》《最高人民法院关于内地与香港特别行政区法院相互认可和执行婚姻家庭民事案件判决的

---

① 陈力:《内地与香港民商事管辖权的冲突与协调》,载《中国国际私法与比较法年刊》2001年第4卷。

安排》。区际判决的认可和执行制度渐趋成熟。因此,在区际民商事纠纷领域,可以更多地通过不方便管辖原则来调整区际民商事管辖权冲突,避免平行诉讼的产生。同时,须注意《最高人民法院关于内地与香港特别行政区法院相互认可和执行婚姻家庭民事案件判决的安排》第16条规定:"在审理婚姻家庭民事案件期间,当事人申请认可和执行另一地法院就同一争议作出的判决的,应当受理。受理后,有关诉讼应当中止,待就认可和执行的申请作出裁定或者命令后,再视情终止或者恢复诉讼。"即对于香港已经作出判决并已申请认可和执行的,无须适用不方便管辖来解决平行诉讼冲突,亦无适用不方便管辖的余地,人民法院径直中止相关诉讼,等待认可和执行案件的审理结果再视情终止或恢复诉讼即可。2019年1月18日签署的《关于内地与香港特别行政区法院相互认可和执行民商事案件判决的安排》亦有类似条款,应一并予以注意。

最后,如确定我国法院不方便管辖的,形式上应裁定驳回原告起诉,但应注意避免管辖权的消极冲突。如我国法院适用不方便管辖原则裁定驳回原告起诉后,但外国法院却拒绝行使管辖权的,则构成管辖权的消极冲突,遭受损害的一方投诉无门,将给当事人造成极大的不便和不公正。如原告重新向我国法院起诉,则应认定不构成重复诉讼,不适用一事不再理原则,我国法院仍应予以受理。

【拓展适用】

一、国际民商事案件的管辖权冲突与协调

(一)国际民商事案件管辖权冲突的内涵

国际民商事案件管辖权冲突,是指两个或两个以上国家的法院对同一国际民商事案件都主张管辖权或都拒绝行使管辖权的情况。前者称为积极冲突,表现为平行诉讼;后者称为消极冲突,表现为当事人无法获得司法救济。国际民商事案件管辖权冲突产生的直接原因是各国管辖权立法的差异,[①] 其背后隐藏的是国家主权利益的冲突与当事人利益的冲突。一方面,国际民商事诉讼管辖权是国家主权在司法领域的重要体现,各国无不从自己的主权利益出发在立法和司法实践中极力扩大本国法院的管辖权,保护本国的政治经济利益;另一方面,当事人为谋求自身利益最大化,可能在不同国家的法院重复提起诉讼,使潜在冲突转化为现实冲突。随着经济全球化浪潮的发展,各国相互之间的经济

[①] 韩德培主编:《国际私法新论》,武汉大学出版社1997年版,第630页。

依存度加深，国际民商事交往越来越频繁，国际民商事争议呈快速增长趋势，当事人挑选法院的倾向也日趋明显，这些因素的共同作用使得各国法院面临着较过往任何一个时期更为频繁的国际司法管辖权冲突问题。

(二) 国际民商事诉讼管辖权冲突解决的途径

国际民商事诉讼管辖权冲突的解决途径有两种：一是国内法律机制；二是国际条约。国际民商事案件管辖权的确定和行使直接涉及国家主权利益以及当事人利益的保护，所以迄今为止，国际社会尚未形成统一的、为世界各国普遍接受和适用的国际民商事案件管辖权公约。其中较为成功的区域性国际条约有欧盟理事会第44/2001号《关于民商事管辖权和判决承认与执行的条例》，又称《布鲁塞尔条例》。海牙国际私法会议于2005年6月30日通过了《选择法院协议公约》，是国际民商事协议管辖权和判决承认与执行领域谈判取得的突破性成果，目前该公约已经生效，并已经有29个缔约国。2019年7月，各国政府在荷兰海牙又达成了海牙国际私法会议《承认与执行外国民商事判决公约》，规定缔约国有相互承认和执行法院判决的义务，旨在促进判决的全球流通，被多个国家的政府代表认为是"游戏的变革者"。[1] 海牙《选择法院协议公约》和《承认与执行外国民商事判决公约》分别在直接管辖权和间接管辖权问题上取得成功，但直接管辖权关乎各国重大利益，海牙《选择法院协议公约》仅在协议管辖问题上作出规定。

鉴于除协议管辖之外的其他管辖权事项，国际社会尚未达成广泛接受的全球性公约，海牙国际私法会议于2020年重新启动管辖权项目。2021年2月，第五次专家组会议决定采取"包容性和整体论方法"处理平行诉讼所涉问题，即在不排除包括直接管辖权规则在内的任何议题的情况下，基于未来各国所提交的建议方案，整体推进谈判，由此专家组结束使命，交由各国政府代表组成的工作组来展开文本起草工作。[2] 进入工作组阶段后，美国联合巴西、以色列和新加坡提出了更适合法院即较好法院（better forum approach）；而欧盟代表提交了以先受理原则为核心、融合判决预期拒绝承认之可能性、更适合法院等考量因素的方案。经过多轮磋商，逐渐形成了处理平行诉讼的新框架，即以纠纷是否与自身或其他法院具有联系（管辖根据）为基本原则，优先由有排他性联

---

[1] 何其生：《〈海牙判决公约〉谈判与知识产权的国际司法合作》，载《法学研究》2021年第1期。

[2] 何其生：《海牙管辖权项目的困境与转变》，载《武大国际法评论》2022年第2期。

系的法院行使管辖权，例如：不动产所在地法院推定为排他性联系法院即专属管辖法院，其他法院则中止诉讼；在每个法院均没有排他性联系的情况下，优先由具有唯一联系的法院行使管辖权；有两个或两个以上联系法院的，尊重当事人协议选择的法院；当事人没有协议选择的，优先由先受理法院管辖，但是后受理法院已经在合理时间开始诉讼的，相关法院基于不方便管辖原则判断哪一个法院为"更适合法院"，并可在确定过程中优先考虑法院之间或通过中央机关进行交流。[①] 目前，管辖权项目正处于磋商阶段，但其对于平行诉讼系统化处理、兼顾灵活性和确定性的思路有一定借鉴意义。

二、平行诉讼

当前国际民商事管辖权司法实践中，平行诉讼是各国法院面临的共性问题，其表现为重复诉讼和对抗诉讼两种形式。重复诉讼，即相同当事人的一事两诉，同一原告对同一被告就同一诉讼标的在不同国家同时或者先后提起诉讼。对抗诉讼，即相反当事人的一事两诉，双方当事人就同一诉讼分别在不同国家同时或者先后提起诉讼。平行诉讼带来的问题集中在两方面：一是诉讼成本高、司法资源浪费现象突出。当事人不得不参加重复的诉讼，支付增加的诉讼费用。由于被告的应诉及法院的受理取决于原告的选择，而原告通常会在具有管辖权的各国法院中挑选对自身最有利的法院提起诉讼，由此产生当事人"挑选法院"的现象。这不仅对当事人造成负担，也加重了法院的案件压力，导致司法资源的不当消耗。二是平行诉讼会带来判决冲突。实践中，两个平行诉讼的法院适用不同的法律，可能导致出现相互冲突的判决，不仅不能使争议得到有效解决，而且不利于判决的承认和执行。

平行诉讼是国际民商事管辖权领域不可消除并将长期存在的现象。但值得注意的是，当今国际社会，为防止平行诉讼带来的管辖权及判决冲突，普通法系国家较多采用不方便管辖原则，调整国际民商事诉讼管辖权的冲突。不方便管辖原则的基本理念是通过寻找更合适的法院达到公正司法的目的，运用自由裁量权决定是否中止审理或拒绝管辖。具有代表性的国家有英国、美国、加拿大、澳大利亚等。而大陆法系国家强调法律的可预见性，更倾向于通过先受诉法院管辖理论，赋予法官在有限的自由裁量权下决定是否中止诉讼。具有代表性的国家有法国、德国等。有的大陆法系的国家或地区实行类似"不方便管

[①] 何其生：《海牙管辖权项目下平行诉讼的解决方案与启示》，载《武大国际法评论》2022年第5期。

辖"的制度。例如，日本最高法院在 Gotoetal v Malaysian Airline System 案①中建立了"正义和合理"的标准，认为国际案件符合《日本民事诉讼法典》规定的管辖权基础，日本法院即具有管辖权，除非管辖权的行使构成违背正义和正当程序的特殊情况才予以放弃行使。

我国《民事诉讼法》没有对国际民商事诉讼的管辖权冲突问题作出具体规定，《民事诉讼法》第 298 条规定："外国法院作出的发生法律效力的判决、裁定，需要人民法院承认和执行的，可以由当事人直接向有管辖权的中级人民法院申请承认和执行，也可以由外国法院依照该国与中华人民共和国缔结或者参加的国际条约的规定，或者按照互惠原则，请求人民法院承认和执行。"《民事诉讼法解释》第 531 条规定："中华人民共和国法院和外国法院都有管辖权的案件，一方当事人向外国法院起诉，而另一方当事人向中华人民共和国法院起诉的，人民法院可予受理。判决后，外国法院申请或者当事人请求人民法院承认和执行外国法院对本案作出的判决、裁定的，不予准许；但双方共同缔结或者参加的国际条约另有规定的除外。外国法院判决、裁定已经被人民法院承认，当事人就同一争议向人民法院起诉的，人民法院不予受理。"第 542 条规定："当事人向中华人民共和国有管辖权的中级人民法院申请承认和执行外国法院作出的发生法律效力的判决、裁定的，如果该法院所在国与中华人民共和国没有缔结或者共同参加国际条约，也没有互惠关系的，裁定驳回申请，但当事人向人民法院申请承认外国法院作出的发生法律效力的离婚判决的除外。承认和执行申请被裁定驳回的，当事人可以向人民法院起诉。"由上述规定可知，我国司法实践对国际民商事的平行诉讼持承认态度，对于同一争议的重复诉讼或对抗诉讼，外国法院是否已经受理案件，不影响人民法院行使管辖权，人民法院可予受理，除非我国缔结或参加的国际条约有特别规定。即使外国法院就同一争议已经作出判决，如该判决未经我国法院的承认和执行，则未在我国境内发生法律效力，因此人民法院仍然可以依据我国的规定行使管辖权。

---

① 徐伟功：《不方便法院原则研究》，吉林人民出版社 2002 年版，第 286~294 页。

【典型案例一】

黄甲与黄乙、某海外投资管理有限公司、A 香港集团有限公司、珠海保税区 B 码头有限公司侵权责任纠纷案

〔基本案情〕

上诉人（一审原告）：黄甲

被上诉人（一审被告）：黄乙

被上诉人（一审被告）：某海外投资管理有限公司

被上诉人（一审被告）：A 香港集团有限公司

被上诉人（一审被告）：珠海保税区 B 码头有限公司

上诉人黄甲因与被上诉人黄乙、某海外投资管理有限公司（以下简称海外投资公司）、A 香港集团有限公司（以下简称 A 公司）、珠海保税区 B 码头有限公司（以下简称 B 公司）侵权责任纠纷一案，不服广东省高级人民法院（2018）粤民初 24 号民事判决，向本院提起上诉。本院依法组成合议庭进行了审理。本案现已审理终结。

〔一审查明的事实〕

黄甲向一审法院提起本案诉讼，请求判令：1. 确认黄甲与黄乙于 2012 年 2 月 24 日签订的《股权转让协议》无效，并认定此处分股权行为无效；2. 确认海外投资公司与 A 公司于 2014 年 11 月 20 日签订的《股权转让协议书》无效，并认定此处分股权行为无效；3. 四被告共同赔偿损失 211835000 元；4. 四被告共同承担本案的全部诉讼费。

一审法院经审理查明：2012 年 2 月 24 日，黄甲与黄乙签订《股权转让协议》，约定黄甲将持有的海外投资公司的股权作价 100 加拿大元转让给黄乙。该协议没有约定纠纷管辖的法院及所适用的法律。2012 年 5 月 28 日，黄甲向加拿大大不列颠哥伦比亚省高等法院起诉黄乙，要求判决"将由于被告（黄乙）的欺诈性虚假陈述而诱导原告（黄甲）错误地转让给被告的股份（或海外投资公司所有股份，如果黄乙另行发行了任何股份的话）返还给黄甲，并废除关文文件中约定股权转让的协议，追缴黄乙由于其自身的不法行为而获得的任何收益，赔偿由于黄乙的欺诈性虚假陈述而造成的损害和费用"。加拿大大不列颠哥伦比亚省高等法院于 2012 年 5 月 31 日、6 月 28 日依据黄甲的申请颁发法庭判令，判令黄乙不得直接或间接地转让、处置、抵押海外投资公司的全部股份，有效期从 2012 年 5 月 31 日起至该案诉讼审讯之日止。

2014 年 11 月 20 日，海外投资公司与 A 公司签订《股权转让协议书》，约定海外投资公司将其持有的 B 公司 100% 股权作价 5000 万元转让给 A 公司。之后，B 公司的股东变更登记为 A 公司。

2016 年 11 月 21 日，中华人民共和国广东省珠海市中级人民法院（以下简称珠

海中院）受理黄甲诉海外投资公司、A公司、第三人黄乙确认合同无效纠纷一案。该案中，黄甲诉请确认海外投资公司与A公司于2014年11月20日签订的《股权转让协议书》无效。珠海中院作出（2016）粤04民初86号民事裁定，驳回黄甲的起诉。黄甲不服该民事裁定，向广东省高级人民法院提起上诉。广东省高级人民法院作出（2017）粤民终2349号民事裁定，驳回其上诉，维持原审裁定。该裁定认为，黄甲已非海外投资公司的股东或者其他权益人，与B公司已不存在法律上的利害关系。黄甲虽然于2012年5月28日向加拿大大不列颠哥伦比亚省高等法院对黄乙提起了诉讼，要求判决"将由于黄乙的欺诈性虚假陈述而诱导黄甲错误地转让给黄乙的股份返还给黄甲"。但至今加拿大法院对该案未作出生效的判决。而且根据我国民事诉讼法的规定，即使是外国法院的生效裁决，也要我国法院承认才具有效力。因此，黄甲的起诉主体不适格。

在庭审中，黄甲认为，B公司协助转让自身股权并在相关文件上盖章构成侵权，并以此为由要求其承担损害赔偿责任。

〔**一审裁判理由与结果**〕

一审法院经审查认为，本案被告黄乙具有美利坚合众国国籍，同时具有香港特别行政区永久居民资格，被告海外投资公司为在加拿大注册成立的公司法人，被告A公司为在香港特别行政区注册成立的公司法人，故本案系涉外涉港侵权责任纠纷。

原告黄甲于本案中提出了四项诉讼请求，除第四项诉讼请求关于诉讼费的负担外，其余三项诉讼请求密切关联。依据一审法院作出的（2017）粤民终2349号生效民事裁定的认定及本案已查明的事实，黄甲的第二项诉讼请求即确认海外投资公司与A公司于2014年11月20日签订的《股权转让协议书》及处分股权行为无效和第三项诉讼请求即四被告共同赔偿损失211835000元，均以第一项诉讼请求即确认其与黄乙于2012年2月24日签订的《股权转让协议》及处分股权行为无效为基础。黄甲第一项诉讼请求成立，第二项和第三项诉讼请求才具有审理的依据。

黄甲的第一项诉讼请求是基于其与黄乙之间的股权转让关系所提出。黄甲提交了黄乙于2012年8月3日向加拿大大不列颠哥伦比亚省高等法院递交的《宣誓书》及公证翻译件，该证据已经公证认证。黄乙、海外投资公司、A公司及B公司虽对此不予认可，但没有相反证据予以反驳，故一审法院对该证据的真实性予以确认。依据该《宣誓书》，黄乙承认其与黄甲之间《股权转让协议》于中国珠海签订，即合同签订地为我国珠海。依照《中华人民共和国民事诉讼法》第二百六十五条的规定，我国内地法院对黄甲与黄乙之间的股权转让合同纠纷具有管辖权。但由于黄甲与黄乙均为境外当事人，双方当事人之间签订的《股权转让协议》不存在选择我国内地法院管辖的条款，双方当事人也未另行达成由我国内地法院管辖的补充协议；另外，黄甲与黄乙协议转让的是海外投资公司的股权，协议及转让行为均不涉及我国内地居民、法人或者其他组织的利益；最后，黄甲与黄乙之间股权转让关系的主要事实不在我国内地发生，不适用我国内地法律，亦不属于我国内地法院专属管辖的范围。且黄甲已在加拿大的法院就此提起了诉讼并被受理。因此，根据《民事诉讼法解释》第五百三十二条关于不方便法院原则的规定，黄甲的第一项诉讼请求由加拿大的法院审理更为方便。黄乙主张黄甲的第一项诉讼请求适用不方便法院原则，法律依据充分，一审法院予以支持。故该院认为依据《民事诉讼法解释》第五百三十二条的规定，应驳回黄甲第一项诉讼请求的起诉。如前所述，黄甲的第二项和第三项诉讼请求均是以第一项诉讼请求为前提和基础。在黄甲的第一项诉讼请求已被驳回起诉的情况下，黄甲的第二项和第三项诉讼请求已无审理的依据。且黄甲曾就其第二项诉讼请求起诉并被生效裁定驳回起诉，黄甲就此再次提起诉讼，符合《民事诉讼法解释》第二百四十七条规定关于重复起诉的情形，构成重复起诉，亦应驳回其起诉。黄甲抗辩称，其再次起诉符合《民事诉讼法解释》第二百一十二条的规定。对此，一审法院认为，《民事诉讼法解释》第二百一十二条规定："裁定不予受理、驳回起诉的案件，原告再次起诉，符合起诉条件且不属于民事诉讼法第一百二十四条规定情形的，人民法院应予受理。"《中华人民共和国民事诉讼法》第一百二十四条第五项规定："对判决、裁定、调解书已经发生法律效力的案件，当事人又起诉的，告知原告申请再审，但人民法院准许撤诉的裁定除外。"由此可见，重复诉讼不适用上述《民事诉讼法解释》第二百一十二条的规定。因此，黄甲上述抗辩不符合法律规定，不能成立。黄甲的第三项诉讼请求涉及B公司，从黄甲主张B公司构成侵权的行为来看，B公司仅为海外投资公司与A公司股权转让的目标公司，与黄甲所称股权转让导致其损害无事实上的关联。黄甲起诉B公司承担侵权责任，属于制造管辖连接点的行为，对此一审法院不予支持。

综上，黄乙、A公司请求驳回原告黄甲起诉的理由成立，一审法院予以支持。依照《中华人民共和国民事诉讼法》第一百一十九条、第一百二十四条第五项及《民事诉讼法解释》第二百零八条第三款、第二百四十七条、第五百三十二条的规定，裁定驳回原告黄甲的起诉。

[当事人上诉、答辩的理由]

黄甲不服一审判决，向本院提起上诉，请求撤销一审裁定，本案由广东省高级人民法院进行审理。理由是：

一、一审法院对本案具有管辖权，一审法院依不方便法院原则拒绝行使管辖权，是将司法管辖权让渡。适用"不方便法院原则"必须同时满足《民事诉讼法解释》第五百三十二条规定的情形，本案明显不满足该条第四项、第五项、第六项规定的情形。（一）本案最终的处理结果必将涉及B公司的利益，因此本案争议并非与中国国家、公民、法人或其他组织的利益无关。B公司住所地在中国珠海。海外投资公司成立的目的是在珠海投资设立B公司。海外投资公司不在其注册地加拿大经营任何业务，该注册地址只是委托的企业秘书服务公司的地址。黄甲和黄乙的经常居住地都是在中国珠海，两人均没有在加拿大长期生活。（二）本案争议的主要事实发生在中国境内，与中国有最密切的联系，且本案适用中国法律。黄甲与黄乙签署的《股权转让协议》的签订地在中国珠海，海外投资公司和 B 公司设立的背景是黄甲及其哥哥黄丙为了在珠海经营码头业务，上述两家公司业务一直持续至今。本案属于侵权责任纠纷，本案的侵权行为发生地、实施地和结果地都是在珠海，根据《中华人民共和国涉外民事关系法律适用法》第四十四条规定，应适用中国法律审理。中国法院审理本案在认定事实方面不存在任何困难。A 公司及 B 公司唯一可供执行财产在中国境内被采取保全措施，由中国法院审理案件最有利于判决的执行。中国未与加拿大签订任何司法协助协议，需按照互惠原则对加拿大法院的判决进行审查以最终确定是否需要承认和执行，将会大大增加上诉人实现自身权利的时间和风险，上诉人的合法权益也难以得到有效维护。

二、一审法院以平行诉讼问题驳回上诉人黄甲的起诉，是适用法律错误。即便黄甲在加拿大提起诉讼后又向人民法院起诉，人民法院亦应受理。我国法律不排除平行诉讼。加拿大的诉讼案件现中止审理，尚未作出终局判决，对黄甲的起诉，中国法院应当受理。

三、重复起诉解决的是当事人诉权问题，管辖权异议是在受理案件的前提下，解决由哪个法院受理的问题。海外投资公司和 A 公司以黄甲重复起诉为由，提出管辖权异议，一审法院以裁定驳回起诉来处理是否重复起诉问题，程序错误。本案不属于重复起诉。本案和另案诉讼主体不同、诉讼标的不同。本案是基于四名被告的共同侵权行为提起的侵权责任诉讼，另案主要围绕《股权转让协议》是否有效而进行审理，两次诉讼的请求有着本质的区别，另案是确认之诉，本案是给付之诉，另案生效裁定的既判力并没有涵盖本案的诉讼主张。本案不属于重复起诉。

四、一审法院认为，上诉人黄甲第三项诉讼请求涉及 B 公司，B 公司与黄甲所称股权转让导致其损害无事实上的关联，黄甲起诉 B 公司承担侵权责任，属于制造管辖连接点的行为。属于适用法律错误和程序错误。B 公司的注册地并非本案管辖的唯一连接点。B 公司是否属于共同被告以及是否需要承担赔偿责任，需要经过实体审理之后才能作出认定。

B 公司答辩称：（一）一审法院根据不方便法院原则裁定驳回黄甲的起诉正确。黄甲和黄乙之间的股权转让纠纷不涉及中国法人利益，争议事实不是发生在中国境内，判定股权转让行为是否有效不应适用中国法律，中国法院在认定事实方面亦存在重大困难。而由加拿大法院审理显然更加方便。（二）黄甲一审第二项诉讼请求构成重复起诉，一审法院裁定驳回起诉正确。（三）黄甲一审第三项诉讼请求不构成共同诉讼。黄甲是为了制造管辖连接点，恶意查封 B 公司财产。

〔最高法院裁判理由与结果〕

本院认为：

一、黄甲提起本案诉讼的实质是请求确认合同效力

黄甲提起本案诉讼，是请求人民法院确认本案所涉《股权转让协议》《股权转让协议书》无效并由各被告赔偿损失。虽以侵权为由，但黄甲并未提出任何支持其主张被告承担侵权责任的法律依据。从其起诉状看，其实体法依据限于《最高人民法院关于适用〈中华人民共和国公司法〉若干问题的规定（三）》第二十五条及《中华人民共和国物权法》第一百零六条的规定。根据黄甲的诉讼请求，本案纠纷的实质是黄甲请求人民法院对案涉合同效力进行确认。

二、对当事人有关《股权转让协议》效力的诉讼请求，适用不方便管辖原则

《股权转让协议》系由黄甲本人与黄乙签订的转让注册于加拿大的海外投资公司的协议。二人皆系境外当事人，对于该协议的法律效力及赔偿争议，黄甲已经在2012年向加拿大不列颠哥伦比亚省高等法院提起诉讼，该法院亦已依黄甲的申请颁发了关于黄乙不得转让、处置、抵押海外投资公司股份的法庭命令。因此，即使该合同签订于珠海，人民法院对涉及该合同的纠纷具有管辖权，在黄乙提出管辖权异议的情况下，也要审查是否存在不方便管辖的情形，即《最高人民法院关于适用〈中华人民共和国民事诉讼法〉的解释》第五百三十二条所规定的情形。

正如一审法院所述，黄甲与黄乙之间不存在选择中华人民共和国法院管辖的协议、因《股权转让协议》产生的纠纷不属于中华人民共和国法院专属管辖、因《股权转让协议》所产生的争议的主要事实亦不是发生在中华人民共和国境内。根据《中华人民共和国涉外民事关系法律适用法》第十四条和第四十一条的规定，境外当事人因转让外国公司股权所产生的纠纷亦不适用中华人民共和国法律，人民法院如审理此类案件，在认定事实和适用法律方面是极不方便的。

《股权转让协议》的当事人、标的物都在境外，而黄甲和黄乙亦不持有B公司的股权。公司法人人格独立，即使B公司股权由《股权转让协议》所涉的标的公司即海外投资公司持有，也不能据此认为海外投资公司原股东黄甲与黄乙之间的纠纷会涉及B公司的利益。一审法院认定B公司与黄甲所称股权转让导致其损害并无事实上的关联，黄甲起诉B公司承担侵权责任属于制造管辖连接点的行为，并无不当。

对与黄乙的纠纷，黄甲最初的选择就是在加拿大起诉，加拿大法院受理该案并依据黄甲的申请发出法庭命令，表明加拿大法院对该案具有管辖权且审理案件更加方便。该事实本身亦说明与该案有最密切联系的地点是加拿大。一审法院依据《最高人民法院关于适用〈中华人民共和国民事诉讼法〉的解释》第五百三十二条的规定，驳回黄甲基于《股权转让协议》的起诉是正确的。

三、当事人有关《股权转让协议书》效力的诉讼请求，构成重复诉讼

对海外投资公司、A公司签订的《股权转让协议书》，黄甲曾经在2016年11月21日向广东省珠海市中级人民法院提起诉讼，请求确认合同无效。该起诉已被珠海市中级人民法院以裁定驳回并经广东省高级人民法院二审维持原裁定，该裁定已经

发生法律效力。在没有新的法律事实发生的情况下,根据《中华人民共和国民事诉讼法》第一百二十四条第五项的规定,如果黄甲仍认为该《股权转让协议书》无效,应通过审判监督程序解决。

综上,黄甲的上诉请求不能成立,一审裁定认定事实清楚、适用法律正确,依照《中华人民共和国民事诉讼法》第一百七十条第一款第一项、第一百七十一条规定,裁定如下:

驳回上诉,维持原裁定。

【典型案例二】
A 律师行与厦门 B 彩印公司代理合同纠纷管辖权异议案

原告:A 律师行

被告:厦门 B 彩色印刷有限公司

〔基本案情〕

原告 A 律师行因与被告厦门 B 彩色印刷有限公司(以下简称 B 彩印公司)发生代理合同纠纷,于 2003 年 7 月 7 日向福建省厦门市中级人民法院提起诉讼。

原告诉称:2000 年 11 月 29 日,原告与被告 B 彩印公司签订了《聘任书》,约定由原告担任被告公司在香港上市的保荐人和承销商的律师,向保荐人和承销商提供法律服务,由被告给原告支付法律专业服务费用。《聘任书》签订后,原告完成了提供法律服务的义务,而被告却不支付费用,理由是其上市失败。上市失败是被告自己的原因造成的。请求判令被告支付拖欠的法律专业服务费用港币 1444882 元。

被告 B 彩印公司接到诉状后,于 2003 年 7 月 22 日提出管辖权异议。理由是:原告 A 律师行提供的证据自身已显示出内容多为虚假,这些假证全部在香港制造;A 律师行极有可能涉嫌触犯香港刑律;且该案在香港有重大影响,香港媒体此前均有报道。故本案应由香港法院适用香港法律审理为妥,申请将本案移交香港司法管辖。

在厦门市中级人民法院审查管辖权异议过程中,被告 B 彩印公司又解释:其提出管辖权异议的本意,不是不承认厦门市中级人民法院对本案的管辖权,而是认为厦门市中级人民法院审理本案存在诸多不便。例如,本案在香港有较大影响,涉及虚假上市问题、香港中介机构问题,可能还涉嫌刑事犯罪,法院调查事实困难;涉案合同约定了适用香港法律,法院查明并适用香港法律特别是判例法困难;涉案的杰威国际控股有限公司注册地点在百慕大,在我国没有住所地,法院追加其为本案当事人困难。况且原告 A 律师行已经就本案在香港法院提起诉讼,如果内地法院再受理,就成为"一事二诉"。

对被告 B 彩印公司提出的管辖权异议,原告 A 律师行认为:本案是律师完成代理业务后追讨律师费用,根本不存在涉嫌犯罪的问题。B 彩印公司的注册地点在厦门,厦门市中级人民法院依法享有管辖权。这一点,就是 B 彩印公司在管辖权异议中也不能否认。至于虚假上市和涉嫌犯罪等事实方面的调查与法律适用，必须在进入实体审理后才能确定。B 彩印公司在香港既没有住所地也没有财产，由香港法院审理，判决将无法执行。B 彩印公司提出的种种不方便理由，均不能成立。由 B 彩印公司的住所地法院审理本案，就是最大的方便。

厦门市中级人民法院经审理，就管辖权问题查明以下事实：

1. 被告 B 彩印公司的注册地点在厦门市；2. B 彩印公司在香港没有办公场所、没有财产；3. 原告 A 律师行在向厦门市中级人民法院起诉前，为追讨代理上市的律师费用，已经于 2003 年 6 月 29 日在香港法院起诉了 B 彩印公司等，B 彩印公司尚未收到香港法院的司法文书。

〔一审裁判理由与结果〕

厦门市中级人民法院认为：本案被告 B 彩印公司提出的管辖权异议，涉及国际民事诉讼中平行诉讼和不方便法院的问题。

平行诉讼，是指相同当事人之间就同一标的在两个或两个以上国家或地区的法院进行诉讼，也称"一事两诉"。由于各国都奉行国家主权原则，而对民事诉讼行使司法管辖权，是国家主权在民事诉讼领域的体现，因此在国际民事诉讼中，平行诉讼是存在的，也是允许的。我国司法实践不排除平行诉讼。对同一案件，只要根据我国法律或者我国参加的国际条约规定，我国法院有管辖权，则不问该案是否在其他国家或者地区起诉，或者该案是否已由其他国家或者地区审理，或者其他国家或者地区是否已对该案作出判决，均不影响我国法院对该案的管辖。

原告 A 律师行以 B 彩印公司为被告，在厦门市中级人民法院提起的代理合同纠纷诉讼，是涉港民事诉讼。香港与内地尚未建立解决管辖权冲突和相互承认与执行法院裁决的司法协助关系。故香港法院是否受理同一诉讼，不是内地法院能否受理的前提。B 彩印公司以 A 律师行已经在香港法院提起诉讼，内地法院再受理就成为"一事二诉"为由，主张将本案移交香港法院处理，理由不能成立。

不方便法院的问题，是指依照本国法律或国际条约规定，受案法院对某一国际民事诉讼享有管辖权，但该管辖权的实际行使，将给当事人和法院的工作带来种种不便，无法保障司法公正，也不能使争议得到迅速有效的解决，当别国法院对这一诉讼同样享有管辖权时，受案法院即可以自身属不方便法院为由，依职权或者根据被告的请求，裁定拒绝行使管辖权。这说明，这种国际民事诉讼不仅受案法院享有管辖权，还应当有一个以上可替代受案法院的别国法院同样享有管辖权。受案法院能否以自身是不方便法院为由拒绝行使管辖权，通常考虑的因素有：（1）原告选择该法院起诉的理由；（2）被告到该法院应诉是否方便；（3）争议行为或交易的发生地位于何处；（4）证据可否取得；（5）适用法律的查明是否方便；（6）可否完成对所有当事人的送达；（7）判决可否执行；（8）语言交流是否方便；（9）本院案件积压情况；等等。还应当指出，尽管被告有权以"不方便法院"为由抗辩原告的起诉，但受案法院是否采纳，应当由受案法院根据案件的具体情况，从及时、有效和最大限度地保护当事人合法权益出发，自由裁量。

《中华人民共和国民事诉讼法》第二百三十七条①规定："在中华人民共和国领域内进行涉外民事诉讼，适用本编规定。本编没有规定的，适用本法其他有关规定。"第二十四条②规定："因合同纠纷提起的诉讼，由被告住所地或者合同履行地人民法院管辖。"本案被告B彩印公司的住所地在厦门，原告A律师行以B彩印公司为被告，在厦门市中级人民法院提起的代理合同纠纷诉讼，厦门市中级人民法院有权管辖。本案合同履行地在香港，双方当事人在合同上约定了适用香港法律并由香港法院行使非排他性的管辖权，香港法院当然也有权管辖。解决内地与香港法院的管辖权冲突与解决其他涉外案件一样，既要维护内地法院的司法管辖权，也要加强双方的互助与合作。本案是代理合同纠纷之诉，若由香港法院审理本案，一旦判决B彩印公司承担义务，由于B彩印公司的住所和财产均在内地，当事人只有在内地重新诉讼，才有可能使生效判决得到执行。为避免当事人重复诉讼，及时有效地保障当事人的合法权益，本案由厦门市中级人民法院审理最为合适，厦门市中级人民法院不能以自身是不方便法院为由拒绝行使管辖权。

据此，厦门市中级人民法院于2003年8月13日裁定：

驳回被告厦门B彩色印刷有限公司对本案管辖权提出的异议。

裁定书送达后，双方当事人在法定的上诉期间内都没有提起上诉，裁定已发生法律效力。

---

① 对应2023年《民事诉讼法》第270条。
② 对应2023年《民事诉讼法》第24条。

第十二章 适格当事人

> **规则19：民政部门不具有作为身份不明死亡受害人人身损害赔偿纠纷赔偿权利的主体资格，不是案件的适格诉讼主体**
>
> ——江苏省某县民政局与王某、吕某、某保险江苏分公司交通事故人身损害赔偿纠纷案[①]

【裁判规则】

交通事故引发的人身损害赔偿案件中，死亡受害人的身份未能被确定，经公安部门刊发启示未发现其近亲属，政府民政部门作为原告提起民事诉讼，要求赔偿义务人承担赔偿责任的，因民政部门不是法律规定的赔偿权利人，与案件不存在民事权利义务关系，且其法定职责不包括代表或代替权利主体提起民事诉讼，故民政部门不是案件的适格诉讼主体，其起诉应依法驳回。

【规则理解】

一、当事人作为原告适格的界定

（一）传统观点对原告的认识

按照我国民事诉讼理论的传统观点，民事诉讼中的当事人是指因民事上的权利义务关系发生纠纷，以自己的名义进行诉讼，并受人民法院裁判拘束的直接利害关系人。[②] 要求法院行使民事裁判权的人，即提起诉讼的人称为原告，其被诉的相对人称为被告。《民事诉讼法》第122条规定："起诉必须符合下列条件：（一）原告是与本案有直接利害关系的公民、法人和其他组织……"根据该条规定，原告必须与案件有直接利害关系，必须是因自己的民事权益受到侵害或者与他人发生争议，否则，法院将不予受理或者驳回起诉，此即采"直接利害关系规则"的传统观点。主要目的有二：一是赋予民事主体在自身应受

[①] 载《中华人民共和国最高人民法院公报》2007年第6期。
[②] 章武生主编：《民事诉讼法新论》，法律出版社2002年版，第159页。

法律保护的利益受损或者面临危险时起诉的权利，保障当事人诉权的行使；二是避免原告滥用诉权，使一方当事人无端陷入诉讼，同时将一些与案件无关的人排除在诉讼之外，确保民事诉讼过程中所耗费的司法资源具有现实效益。相对于适格原告以直接利害关系作为约束条件，《民事诉讼法》对被告则没有作出适格性要求的规定，仅依原告主张而确定。《民事诉讼法》第122条第2项仅规定有明确的被告即可，因此，被告适格与否属于实体审理判断事项，不影响被告的当事人地位和诉讼程序的进行。如被告最终确定不是争执的实体权利义务关系人，即非适格被告，法院应实体判决驳回原告对该被告的诉讼请求。

（二）对原告必须与案件有直接利害关系的突破

理论界较多学者认为我国《民事诉讼法》对原告主体适格要求门槛较高，混淆了形式当事人和正当当事人的区别，不利于民事主体的权益保护，建议将诉讼上的当事人概念与实体法完全分离，当事人主体地位仅以原告主观主张为准。[①] 但从历次《民事诉讼法》修订过程看，原告的适格性要求始终没有改变。需要注意的是，《民事诉讼法》第58条是关于公益诉讼的规定："对污染环境、侵害众多消费者合法权益等损害社会公共利益的行为，法律规定的机关和有关组织可以向人民法院提起诉讼……"根据公益诉讼旨在保护公共利益、受害人具有不特定性、适用"不告不理"原则难以维护公共利益等特点，该条规定"法律规定的机关和有关组织"可以为公益诉讼的适格原告。从该条规定看，原告的主体资格已经突破了普通民事诉讼的"直接利害关系规则"要求，这意味着我国民事诉讼当事人正式区分为两大类：一是为保护自己利益的直接利害关系人；二是为保护他人利益的间接利害关系人。但间接利害关系人成为适格原告仍然有严格的法定限制，在公益诉讼中必须是有明确的法律依据规定能够提起该诉讼的机关和组织。最高人民法院于2015年1月6日发布了《关于审理环境民事公益诉讼案件适用法律若干问题的解释》，其第1条规定："法律规定的机关和有关组织依据民事诉讼法第五十五条、环境保护法第五十八条等法律的规定，对已经损害社会公共利益或者具有损害社会公共利益重大风险的污染环境、破坏生态的行为提交诉讼，符合民事诉讼法第一百一十九条[②]第二项、第三项、第四项规定的，人民法院应予受理。"该司法解释明确提起环境公益

[①] 毕玉谦、谭秋桂、杨路：《民事诉讼研究及立法论证》，人民法院出版社2006年版，第163页；章武生主编：《民事诉讼法新论》，法律出版社2002年版，第160页。

[②] 对应2023年《民事诉讼法》第122条。

诉讼的主体必须是法律规定的机关和有关组织,具体包括依照法律、法规的规定,在设区的市级以上人民政府民政部门登记的社会团体、民办非企业单位以及基金会等。其中,社会组织依照《环境保护法》第58条规定必须符合专门从事环境保护公益活动连续五年以上且无违法记录,前述司法解释通过第4条和第5条对社会组织起诉主体资格的认定标准作出相应规定。上述立法和司法解释均体现了从主体层面控制公益诉讼滥诉风险的考量。

二、人身损害赔偿纠纷中的适格主体

(一)人身损害赔偿纠纷中的适格原告

我国《民法典》人格权独立成编既是《民法典》在体系上的重要创新,也是《民法典》在充分保障人民权益方面的重大亮点。[①]《民法典》第109条规定:"自然人的人身自由、人格尊严受法律保护。"第110条规定:"自然人享有生命权、身体权、健康权、姓名权、肖像权、名誉权、荣誉权、隐私权、婚姻自主权等权利……"第111条规定:"自然人的个人信息受法律保护……"第112条规定:"自然人因婚姻家庭关系等产生的人身权利受法律保护。"第120条规定:"民事权益受到侵害的,被侵权人有权请求侵权人承担侵权责任。"根据上述规定,人身侵权损害赔偿纠纷的权利主体,又称为赔偿权利人,是侵权损害赔偿纠纷的适格原告,其享有侵权损害赔偿请求权。一般来说,赔偿权利人是被侵权人即受害人。在被侵权人死亡的情形下,其权利能力消灭,法律主体资格不复存在,只能由被侵权人以外的主体行使请求权。《最高人民法院关于审理人身损害赔偿案件适用法律》第1条第2款规定,本条所称"赔偿权利人",是指因侵权行为或者其他致害原因直接遭受人身损害的受害人以及死亡受害人的近亲属。《民法典》第1181条对可以主张侵权责任的请求权主体作了规定,即"被侵权人死亡的,其近亲属有权请求侵权人承担侵权责任"。

关于近亲属的范围,《民法典》第1045条第2款规定:"配偶、父母、子女、兄弟姐妹、祖父母、外祖父母、孙子女、外孙子女为近亲属。"父母包括生父母、养父母和有抚养关系的继父母;兄弟姐妹包括同父母、同父异母、同母异父的兄弟姐妹、养兄弟姐妹、有抚养关系的继兄弟姐妹。对于诸多的近亲属,其提出的请求权必须有顺位限制,否则会引发滥诉风险。《民法典》第1127条规定:"遗产按照下列顺序继承:(一)第一顺序:配偶、子女、父母;(二)第二顺序:兄弟姐妹、祖父母、外祖父母……本编所称子女,包括婚生

[①] 王利明:《人格尊严:民法典人格权编的首要价值》,载《当代法学》2021年第1期。

子女、非婚生子女、养子女和有扶养关系的继子女。"在确定原告主体资格适格与否时，应当按照《民法典》继承顺位的规定对具有请求权主体资格的近亲属进行解释。《民法典》第 994 条规定，"死者的姓名、肖像、名誉、荣誉、隐私、遗体等受到侵害的，其配偶、子女、父母有权依法请求行为人承担民事责任；死者没有配偶、子女且父母已经死亡的，其他近亲属有权依法请求行为人承担民事责任"，亦明确了近亲属提出请求具有顺位限制。

（二）人身损害赔偿纠纷中的适格被告

侵权损害赔偿的义务主体，又称为赔偿义务人，是指应当承担侵权损害赔偿责任的主体，通常情况下是案件的被告。《民法典》第 1165 条第 1 款规定："行为人因过错侵害他人民事权益造成损害的，应当承担侵权责任。"即根据一般侵权的请求权基础构造，赔偿义务人是实施侵权行为的人，即侵权人，被侵权人有权依据第 1165 条第 1 款的规定，向侵权人主张损害赔偿请求权。第 1165 条第 2 款规定："依照法律规定推定行为人有过错，其不能证明自己没有过错的，应当承担侵权责任。"该款规定的过错推定责任揭示了侵权责任法中归责原则适用的特殊类型，但其本身不能作为被侵权人行使侵权请求权的基础规范，仍须以特定侵权类型的具体规范为依据。例如，《民法典》第 1245 条规定了饲养动物致害责任，侵权责任主体是动物的饲养人或者管理人；第 1252 条规定了建筑物、构筑物等倒塌、塌陷致人损害责任，侵权责任主体为建设单位与施工单位，因所有人、管理人、使用人或者第三人原因致使建筑物、构筑物倒塌或塌陷的，侵权责任主体为建筑物、构筑物的所有人、管理人、使用人或者第三人。《民法典》还规定了被监护人致损责任、产品责任、高度危险责任等。在上述情形下，均须援引《民法典》关于特定侵权类型的条文作为依据。

《最高人民法院关于审理人身损害赔偿案件适用法律若干问题的解释》专门就人身损害赔偿纠纷的当事人资格问题作出了规定。该司法解释第 1 条规定："因生命、身体、健康遭受侵害，赔偿权利人起诉请求赔偿义务人赔偿物质损害和精神损害的，人民法院应予受理。本条所称'赔偿权利人'，是指因侵权行为或者其他致害原因直接遭受人身损害的受害人以及死亡受害人的近亲属。本条所称'赔偿义务人'，是指因自己或者他人的侵权行为以及其他致害原因依法应当承担民事责任的自然人、法人或者非法人组织。"

三、死亡的被侵权人无近亲属或近亲属无法查明时的原告资格

（一）不同的学说

对于被侵权人因侵权行为而死亡，又无法查明近亲属或者没有近亲属的案

件，是否存在赔偿权利人即适格原告的问题，由于立法没有作出规定，理论界和实务部门对此有相当大的争议。主要形成两种观点：

1. 否定说。该观点认为，在立法没有授权的情况下，由民政局或其他政府机关"代诉"的行为缺乏法律依据和正当性基础。虽然经公安部门在报纸上刊发启示后直至案件一、二审期间，死亡被侵权人的赔偿权利人尚未出现，但尚不能排除赔偿权利人客观存在的可能。赔偿权利人在知悉案件有关情况后，依法仍然可以要求赔偿义务人承担民事赔偿责任。因此，"代诉"行为不仅无法律依据，还可能损害赔偿权利人的权利，反而容易引起新的矛盾和纠纷。

2. 肯定说。该观点认为，此种情况属法律漏洞，侵权人严重违法却免责，违背基本法理和社会公平正义理念，司法实践应作漏洞填补，应由特定机关作为原告起诉。但对由何机关或组织作为原告起诉主要有以下三种不同观点：第一种观点认为，应由检察院作为原告起诉，其依据是《民事诉讼法》第15条规定的支持起诉原则。该条规定："机关、社会团体、企业事业单位对损害国家、集体或者个人民事权益的行为，可以支持受损害的单位或者个人向人民法院起诉"。第二种观点认为，应由民政局作为原告代位起诉。理由为：（1）受害人近亲属缺位时可采用推定近亲属存在这一技术处理，此没有加重侵权人的义务；（2）《城市生活无着的流浪乞讨人员救助管理办法》第4条第1款规定："县级以上人民政府民政部门负责流浪乞讨人员的救助工作，并对救助站进行指导、监督。"该规定明确了民政局对流浪人员的救助职责，民政局的代位起诉行为是对死者"近亲属"的帮助和救济，可以理解为"社会救济""社会服务"的范畴；（3）公共服务的性质是积极行政，要求行政机关在法定权限内积极作为，推定民政局有代为诉讼的职能，不违反权力不得推定原则。[①] 第三种观点认为，赔偿权利主体即适格原告应当包括两类：一是为死者支付医疗费、丧葬费等费用的人，依据《民法典》第1181条的规定，他们属于赔偿权利人；二是可以请求死亡赔偿金的人。死亡赔偿金属于死者的遗产。结合《民法典》第1160条"无人继承又无人受遗赠的遗产，归国家所有，用于公益事业；死者生前是集体所有制组织成员的，归所在集体所有制组织所有"的规定，如果死者没有继承人，死者生前的集体所有制组织或国家是继承人，则应当由集体所

[①] 屈茂辉、武彬：《受害人近亲属缺位的死亡赔偿法律问题》，载《法学》2008年第2期。

有制组织或者国家作为赔偿权利人。[1]

（二）垫付费用权利人的主体资格

《民事诉讼法》第121条规定原告必须符合"直接利害关系"的适格性要件。根据《民法典》和《最高人民法院关于审理人身损害赔偿案件适用法律若干问题的解释》的规定，受害人死亡的，赔偿义务人应当赔偿医疗费、丧葬费以及被扶养人生活费、死亡赔偿金等。因此，需要根据赔偿义务细化不同赔偿权利人的请求权基础。

对于垫付费用权利人的主体资格，《民法典》第1181条第2款规定，被侵权人死亡，支付被侵权人医疗费、丧葬费等合理费用的人是侵权人以外的第三人，其有权请求侵权人赔偿费用。《机动车交通事故责任强制保险条例》第24条规定："国家设立道路交通事故社会救助基金……有下列情形之一时，道路交通事故中受害人人身伤亡的丧葬费用、部分或者全部抢救费用，由救助基金先行垫付，救助基金管理机构有权向道路交通事故责任人追偿：（一）抢救费用超过机动车交通事故责任强制保险责任限额的；（二）肇事机动车未参加机动车交通事故责任强制保险的；（三）机动车肇事后逃逸的。"《民法典》第1216条规定："机动车驾驶人发生交通事故后逃逸，该机动车参加强制保险的，由保险人在机动车强制保险责任限额范围内予以赔偿；机动车不明、该机动车未参加强制保险或者抢救费用超过机动车强制保险责任限额，需要支付被侵权人人身伤亡的抢救、丧葬等费用的，由道路交通事故社会救助基金垫付。道路交通事故社会救助基金垫付后，其管理机构有权向交通事故责任人追偿。"根据上述规定，因维护受害人权益垫付各种合理费用，表面上看是为及时救济受害人而采取的临时救济措施，但实质上是由于侵权行为引起的损害，故与争议的侵权法律关系有直接利害关系。因此，承担了无名流浪汉的丧葬费、抢救费、治疗费等合理费用的组织或个人，包括但不限于民政局或救助站，其享有依法向侵权行为的赔偿义务人提起诉讼请求支付费用的权利。此种情况下的原告，其行使诉权符合直接利害关系的要求。如其未承担相关费用，则不符合直接利害关系的要求。由于本案中某县民政局在一、二审期间均未能提供其支付了本案被害无名男子丧葬善后费用的证据，属于其不能提供证据证明直接利害关系的存在，法院认定其不享有原告主体资格是恰当的。

---

[1] 王利明、周友军、高圣平：《中国侵权责任法教程》，人民法院出版社2010年版，第326页。

(三) 被扶养人生活费、死亡赔偿金的赔偿权利人的主体资格

被扶养人生活费、死亡赔偿金的赔偿权利人分别为死亡受害人承担扶养义务的被扶养人和死亡受害人的近亲属。民政局、检察院等机关显然不属于法律和司法解释规定的死亡受害人的近亲属、被扶养人，其与因侵权法律关系而产生的被扶养人生活费、死亡赔偿金争议没有直接利害关系，因此，不能作为适格原告，其起诉不符合《民事诉讼法》第122条第1项的规定。但是审判实践中，由于被侵权死亡的无名流浪汉在短时间内难以查找近亲属、被扶养人，无法行使请求权，客观上可能造成证据灭失甚至超过诉讼时效，严重损害该受害人及近亲属、被扶养人权益的情况，可否推定侵权行为发生地的民政局等特定机关有权代位诉讼？

我们认为，第一，根据《城市生活无着的流浪乞讨人员救助管理办法》第2条、第4条第1款、第6条第2款、第7条的规定，县级以上城市人民政府应当根据需要设立流浪乞讨人员救助站。救助站对属于救助对象的求助人员，应当及时提供救助，不得拒绝。救助站应当根据受助人员的需要提供下列救助：(一) 提供符合食品卫生要求的食物；(二) 提供符合基本条件的住处；(三) 对在站内突发急病的，及时送医院救治；(四) 帮助与其亲属或者所在单位联系；(五) 对没有交通费返回其住所地或者所在单位的，提供乘车凭证。县级以上人民政府民政部门负责流浪乞讨人员的救助工作，并对救助站进行指导、监督。从上述规定可以看出，民政部门及救助站对城市生活无着的流浪乞讨人员实施的救助，是一种临时性的救助措施，其工作职责并不包括代表或代替上述人员提起民事诉讼。根据行政权力不得推定的行政法原则，不应对其具体职能进行扩张性解释。《民事诉讼法》第15条的支持起诉条款，旨在为受损害的单位或个人愿意提起民事诉讼但又不能独立保护自己的合法权益的弱势群体，提供协助和支持。帮助其实现诉讼权利，也没有授权机关、社会团体、企业事业单位以自己的名义代替受害的单位和个人提起诉讼。此外，从第58条公益诉讼的规定内容看，立法者对于提起公益诉讼的主体资格进行了严格的法定限制，必须有法律的明确授权，仅限于对污染环境、侵害众多消费者合法权益等损害社会公共利益的行为，由法律规定的机关和有关组织提起公益诉讼。人民法院检察院在履行职责中发现破坏生态环境和资源保护、食品药品安全领域侵害众多消费者合法权益等损害社会公共利益的行为，没有前述能够提起公益诉讼的主体的，人民检察院可以提起公益诉讼。可见，立法并不允许司法实践对公益诉讼的主体资格作扩张解释。因此，认为检察院、民政局、救助站以及其他组织有

权依《民事诉讼法》第15条代无名流浪汉提起诉讼的理由是不能成立的。

第二，由司法实践确定民政局有权代位诉讼，不仅缺乏程序法上的依据，而且可能会产生损害当事人的诉讼权利乃至导致民政局行政责任的争议。一方面，一旦确定民政局为无名流浪者的法定担当诉讼主体，就意味着民政局负有该等行政职责，在其行使诉权的条件、范围和程序均没有明确法律规定的情况下，容易引发新的争议。由于民政局代位诉讼的真正利益相关方是作为侵权受害人的无名流浪者可能存在的继承人，如果最终证明死者确实没有继承人，民政局并不因为救助行为而取得对被救助人的财产或者权利的继承资格。另一方面，赔偿权利人短期内尚未出现，但并不排除赔偿权利人客观存在的可能。赔偿权利人知悉情况后，是否有权另行提起诉讼或参加诉讼；其是否可以处分自己的实体权利和诉讼权利；民政局代位诉讼的请求与赔偿权利人的意思表示发生冲突如何处理；代位判决的效力是否能够扩张约束未参加诉讼的赔偿权利人；诉讼费用是否列入民政局的行政开支等问题，都需要有法律规定予以明确。

综上，对于死亡的无名流浪者无近亲属或难以查明时的原告主体资格问题，应当通过立法授权特定主体起诉的方式加以解决，同时需明确起诉前的公告程序、诉讼行为对赔偿权利人的约束力以及取得胜诉判决但无赔偿权利人时的死亡赔偿金归属等问题。

【拓展适用】

一、当事人适格的不同学说

大陆法系的民事诉讼理论认为，诉讼的成立以及对争议的民事实体权利义务关系作出裁判，必须满足两个方面的要件，即诉讼主体要件和诉讼客体要件。诉讼主体要件包括抽象要件和具体要件。抽象要件是指当事人应当具有诉讼权利能力和诉讼行为能力。具体要件是指当事人应当是适格当事人，又称正当当事人。正当当事人是指在具体的诉讼中，能够以自己的名义起诉或应诉的资格，这种资格被称为诉讼实施权或诉讼追行权、诉讼遂行权。[1] 正当当事人与当事人（形式当事人）的外延是包含与被包含的关系。判断当事人是否为正当当事人，关键在于当事人是否具有诉讼实施权，从各国民事诉讼立法的发展历史看，诉讼实施权经历了从管理权说到诉的利益说的过程。

1. 以管理权为基础的诉讼实施权标准。管理权说认为，当事人享有诉讼实

---

[1] 张卫平：《民事诉讼教程》，法律出版社1998年版，第132页。

施权的基础是对争议标的享有管理权或者处分权。只有在实体法上对于争议的财产或者法律关系享有管理权或者处分权的民事主体参加并实施诉讼,诉讼才具有实质意义。管理权说的判断标准比较明确,也符合人们的惯常思维。但是把管理权作为诉讼实施权的基础,有其局限性。起诉的人或者被诉的相对人是否适格,其是否对争议标的有管理权或处分权,有的需要在诉讼过程中经过审理才能查清。如果具体到各种诉讼中:(1)在给付之诉中,原告只要主张自己有给付请求权,就是适格的原告,而被原告主张有给付义务的人,即为适格的被告。(2)在确认之诉中,就该法律关系有争执的当事人为适格的原、被告。(3)在变更之诉中,依照法律规定可成为当事人的就是适格的当事人。

2. 以诉的利益为标准。所谓诉的利益,是指原告谋求判决时的利益,即诉讼追行利益。它是原告所主张的利益(原告认为这种利益存在而作出主张)面临危险和不安时,为了去除这种危险和不安而诉诸法的手段即诉讼,从而谋求判决的利益及必要,这种利益由于原告主张的实体利益现实地陷入危险和不安时才得以产生。[①] 换言之,民事主体认为自己的一项应当受法律保护的利益面临危险或者不安时,就可以提起诉讼并谋求对自己有利的判决。民事主体请求法院保护的这种利益,就是诉的利益。民事主体只要有诉的利益,就可以成为正当当事人,在诉讼程序中提出主张和抗辩。[②] 大陆法系奉行"实体法的确定"原则,因此,大陆法系的诉的利益是以制定法为确定标准的。英美法系的诉的利益除来源于制定法外,通过法官自由裁量权决定也是一个重要来源。《美国联邦民事诉讼规则》第17条(a)规定:"每一诉讼应以实际有利害关系的当事人的名义提起。遗嘱执行人、遗产管理人、监护人、受托保管人、明示信托的受托人,为他人利益订立合同或以自己的名义为他人利益订立合同的当事人,或者经法律授权的当事人,可以为未参加诉讼的当事人的利益以自己的名义起诉。"但美国联邦最高法院在20世纪70年代后的一些判决中已经修改了原告出庭地位的要求,原告如能证明其事实上已受法律和行为的影响(在其经济利益或其他方面);其权利要求属于美国宪法或立法所要保护的范围,则认为其具

[①] 参见[日]山木户克己:《诉的利益之法构造——诉的利益备忘录》,载《吉川追悼文集(下)》,第73页。转引自[日]谷口安平:《程序的正义与诉讼》,王亚新、刘荣军译,中国政法大学出版社2002年版,第188页。

[②] [日]谷口安平:《程序的正义与诉讼》,王亚新、刘荣军译,中国政法大学出版社1996年版,第159页。

备原告地位。①

诉的利益说与管理权说的不同之处在于,诉的利益的存在并不以起诉者实际享有法律预先设定的权利为前提。即使当事人对请求法院承认和保护的权利没有管理权或处分权,但只要有诉的利益,仍然可被认为是正当当事人。诉的利益说的意义在于:第一,诉的利益应在起诉与受理阶段就作出衡量和判断,而当事人是否享有实体权利须待诉讼程序开始后,通过实体审理再予以确定。因此,诉的利益具有介乎实体法与程序法之间的"中间性",一方面与实体法的权利或者利益存在明显区别,另一方面又与实体法的权利或利益存在紧密联系。②第二,诉的利益说扩张了正当当事人的范围,没有实体权利的主体可以通过对确认之诉的胜诉判决获得权利保障和认可。同时,诉的利益说为诉讼担当、团体诉讼、公益诉讼的当事人主体资格提供了理论基础,从而充分保障了当事人的诉权。

二、当事人民事诉讼权利能力与当事人适格

当事人民事诉讼权利能力,又称当事人能力,是指能够享有民事诉讼权利和承担民事诉讼义务的能力,即能够成为民事诉讼当事人的法律资格。③诉讼上的权利能力与实体上的权利能力有密切关系。实体上的权利能力是程序上权利能力的基础,凡有实体上权利能力的人,都具有诉讼权利能力。民事诉讼权利能力的取得和消灭与民事权利能力的取得和消灭是相适应的。例如,自然人的诉讼权利能力始于出生,终于死亡;法人的诉讼权利能力,始于法人成立,终于法人的终止。但在有些情况下,也可能出现诉讼权利能力和民事权利能力相分离的现象,即诉讼权利能力独立于民事权利能力存在,无民事权利能力却有诉讼权利能力。例如,非法人组织、破产程序中的清算组织、继承诉讼中的遗产管理人等。

我国《民事诉讼法》虽然没有明确规定诉讼权利能力和实体权利能力的关系,但在第51条规定:"公民、法人和其他组织可以作为民事诉讼的当事人。法人由其法定代表人进行诉讼。其他组织由其主要负责人进行诉讼。"即公民、法人和其他组织,具有诉讼权利能力,可以作为民事诉讼当事人。《民事诉讼

---

① 王福华:《民事起诉制度研究》,载《法制与社会发展》2001年第6期。
② 毕玉谦、谭秋桂、杨路:《民事诉讼研究及立法论证》,人民法院出版社2006年版,第162页。
③ 章武生主编:《民事诉讼法新论》,法律出版社2002年版,第161页。

法解释》第 52 条进一步明确了"其他组织"的含义，即《民事诉讼法》第 51 条规定的其他组织是指"合法成立、有一定的组织机构和财产，但又不具备法人资格的组织，包括：（一）依法登记领取营业执照的个人独资企业；（二）依法登记领取营业执照的合伙企业；（三）依法登记领取我国营业执照的中外合作经营企业、外资企业；（四）依法成立的社会团体的分支机构、代表机构；（五）依法设立并领取营业执照的法人的分支机构；（六）依法设立并领取营业执照的商业银行、政策性银行和非银行金融机构的分支机构；（七）经依法登记领取营业执照的乡镇企业、街道企业；（八）其他符合本条规定条件的组织"。

当事人诉讼权利能力和当事人适格是两个不同的概念。当事人诉讼权利能力属于诉讼主体要件中的抽象要件，是针对一般诉讼而言的一种抽象资格。《民事诉讼法》第 51 条关于公民、法人和其他组织可以作为民事诉讼当事人的规定，指的就是当事人诉讼权利能力。当事人适格则是针对具体诉讼而言的具体要件，案件不同，当事人适格性的要求亦不相同。当事人具有诉讼权利能力，并不一定就是某个案件的适格当事人。[①]

【典型案例】

江苏省某县民政局与王某、吕某、某保险江苏分公司交通事故人身损害赔偿纠纷案

上诉人（原审原告）：江苏省某县民政局

被上诉人（原审被告）：王某

被上诉人（原审被告）：吕某

被上诉人（原审被告）：某保险江苏分公司

〔基本案情〕

原告江苏省某县民政局（以下简称某县民政局）因与被告王某、吕某、某保险江苏分公司发生交通事故人身损害赔偿纠纷，向江苏省高淳县人民法院提起诉讼。

原告某县民政局诉称：2005 年 4 月 2 日 19 时 30 分许，被告王某、吕某因交通肇事，致一名 60~70 岁无名男子当场死亡。2005 年 4 月 20 日，高淳县公安局交巡警大队作出交通事故认定书，认定王某、吕某对此次交通事故负同等责任，被害无名男子不负事故责任。事故发生后，高淳县公安局交巡警大队于 2005 年 4 月 4 日在当地报纸刊登认尸启事，因无人认领，遂于同年 4 月 21 日将该无名男子尸体火化，骨灰暂由高淳县殡仪馆保管。王某、吕某驾驶的机动车辆均在被告某保险江苏分公司投保了第三者责任险，责任限额分别为 5 万元和 20 万元。原告作为负责救助社会流浪

[①] 江伟主编：《民事诉讼法》，高等教育出版社、北京大学出版社 2000 年版，第 100 页。

乞讨人员的专门机构，承担了对社会流浪乞讨人员的救助工作，工作职责中也应包括支持社会流浪乞讨人员主张权利的内容。本案中，被害无名男子的生命健康权理应得到法律保护，该男子遭遇交通事故身亡，原告承担了有关处理事宜，故有权就其死亡向三被告主张赔偿。高淳县人民检察院作为法律监督机构，也支持原告依法提起损害赔偿诉讼，并为此作出检察建议书。请求判令某保险江苏分公司在第三者责任强制保险限额内赔偿原告 166331 元。

被告王某、吕某、某保险江苏分公司一致辩称：民政局依职责对社会上的流浪乞讨人员进行救助，二者之间形成的关系属于行政法律关系，而不是民事法律关系。原告某县民政局代本案受害人主张交通事故人身损害赔偿，没有法律依据，不具备民事主体资格，在本案中不具有诉权。本案受害人尸体的火化、保管都是有偿的，丧葬费用被告方已经实际支付，某县民政局没有提供证据证明其对本案受害人实施过救助，其诉讼主张缺乏事实依据。请求驳回某县民政局的起诉。

高淳县人民法院一审查明：2005 年 4 月 2 日 19 时 30 分许，被告王某驾驶车牌号为 A 的三轮运输车，行驶至某路段时，将一名无名男子撞倒在东侧机动车道内，恰遇被告吕某驾驶车牌号为 B 的小轿车由南向北驶经该路段，从该男子身体上碾压而过，致该男子当场死亡。2005 年 4 月 20 日，高淳县公安局交巡警大队作出交通事故认定书，认定王某、吕某对此次交通事故负同等责任，被害无名男子不负事故责任。事故发生后，高淳县公安局交巡警大队于 2005 年 4 月 4 日在《南京日报》上刊登认尸启事，因无人认领，遂于同年 4 月 21 日将该无名男子尸体火化，骨灰暂由高淳县殡仪馆保管。王某的 A 号三轮车及吕某的 B 号小轿车均在被告某保险江苏分公司投保了第三者责任险，责任限额分别为 5 万元和 20 万元。

另查明：原告某县民政局的工作职责包括对社会流浪乞讨人员实施救助。

〔一审裁判理由与结果〕

高淳县人民法院认为：本案的争议焦点是原告某县民政局是否为本案适格诉讼主体，能否就本案被害无名男子的死亡向被告王某、吕某、某保险江苏分公司主张赔偿。

原告某县民政局作为政府负责救助社会流浪乞讨人员的专门机构，与本案被害无名男子之间仅存在行政法律关系，不存在民事法律关系，故不是本案适格的民事诉讼原告，无权就该无名男子的死亡向被告王某、吕某、某保险江苏分公司主张交通事故人身损害赔偿。

据此，高淳县人民法院于 2006 年 12 月 4 日裁定如下：

驳回原告某县民政局的起诉。

〔当事人上诉及答辩意见〕

某县民政局不服一审裁定，向南京市中级人民法院提起上诉。其主要理由是：
1. 民政局负责对生活无着的社会流浪乞讨人员进行救助，这种救助职责不仅体现为对上述人员的生活提供保障，还应包括当上述人员受到人身侵害后，实施代为提起诉讼的司法救助；2. 上诉人虽然属于行政机关，但在本案中实际承担了被害无名男子尸体火化等丧葬善后事宜，故与该无名男子之间不仅存在行政法律关系，也存在一定的民事法律关系；3. 上诉人提出的赔偿死亡赔偿金和丧葬费的诉讼请求，符合最高人民法院有关司法解释的规定。本案中，被害无名男子确无亲属代其主张民事权利，如果否定上诉人的民事诉讼主体资格，将会在客观上导致侵权人逃避应当承担的民事赔偿责任，有悖于法律基本原则。请求二审法院撤销原审裁定。

被上诉人王某经南京市中级人民法院依法传唤，未到庭参加诉讼，亦未作答辩。

被上诉人吕某、某保险江苏分公司一致辩称：民政局依职责对社会上的流浪乞讨人员进行救助，二者之间形成的关系属于行政法律关系，而不是民事法律关系。上诉人某县民政局代本案受害人主张交通事故人身损害赔偿，没有法律依据，不具备民事主体资格，在本案中不具有诉权。本案受害人尸体的火化、保管都是有偿的，丧葬费用被上诉人已经实际支付，某县民政局没有提供证据证明其对本案受害人实施过救助，其诉讼主张缺乏事实依据。原审裁定正确，请求驳回某县民政局的上诉，维持原审裁定。

〔二审查明的事实〕

南京市中级人民法院经二审，确认了一审查明的事实。

〔二审裁判理由与结果〕

南京市中级人民法院二审认为：本案二审应当解决的争议焦点，仍然是上诉人某县民政局是否为本案适格诉讼主体，能否就本案被害无名男子的死亡向被上诉人王某、吕某、某保险江苏分公司主张赔偿的问题。

上诉人某县民政局不是本案适格诉讼主体，无权就本案被害无名男子的死亡向被上诉人王某、吕某、某保险江苏分公司主张交通事故人身损害赔偿。

第一，《中华人民共和国民事诉讼法》（以下简称民事诉讼法）第一百零八条①规定："起诉必须符合下列条件：（一）原告是与本案有直接利害关系的公民、法人和其他组织……"这里规定的"与本案有直接利害关系"，即指民事权利义务关系。某县民政局是否与本案存在民事权利义务关系，必须根据法律规定加以确定。首先，根据《最高人民法院关于审理人身损害赔偿案件适用法律若干问题的解释》的规定，受害人死亡的，赔偿义务人应当赔偿丧葬费、死亡赔偿金等。该司法解释同时规定，赔偿权利人"是指因侵权行为或者其他致害原因直接遭受人身损害的受害人、依法由受害人承担扶养义务的被扶养人以及死亡受害人的近亲属"。据此，人身损害赔偿案件中，受害人死亡的，赔偿权利人是依法由死亡受害人承担扶养义务的被扶养人

---

① 对应2023年《民事诉讼法》第122条。

以及死亡受害人的近亲属。某县民政局显然不属于该司法解释规定的"赔偿权利人",不具备就本案被害无名男子的死亡要求被上诉人王某、吕某、某保险江苏分公司向其承担人身损害赔偿责任的主体资格。其次,某县民政局在一、二审期间均未能提供其支付了本案被害无名男子丧葬善后费用的证据,不能认定某县民政局与被上诉人王某、吕某、某保险江苏分公司之间存在民事权利义务关系。因此,某县民政局与本案不存在直接利害关系,其起诉不符合民事诉讼法第一百零八条第一项的规定。

第二,根据《城市生活无着的流浪乞讨人员救助管理办法》第二条、第四条第一款、第六条第二款、第七条的规定,县级以上城市人民政府应当根据需要设立流浪乞讨人员救助站。救助站对流浪乞讨人员的救助是一项临时性社会救助措施。县级以上人民政府民政部门负责流浪乞讨人员的救助工作,并对救助站进行指导、监督。救助站对属于救助对象的求助人员,应当及时提供救助,不得拒绝。救助站应当根据受助人员的需要提供下列救助:(一)提供符合食品卫生要求的食物;(二)提供符合基本条件的住处;(三)对在站内突发急病的,及时送医院救治;(四)帮助与其亲属或者所在单位联系;(五)对没有交通费返回其住所地或者所在单位的,提供乘车凭证。从上述规定可以看出,民政部门及救助站对城市生活无着的流浪乞讨人员实施的救助,是一种临时性的救助措施,救助的内容是暂时帮助流浪乞讨人员解决基本生活需要,其工作职责并不包括代表或代替上述人员提起民事诉讼。上诉人某县民政局认为其依法负有的救助职责中包括代替社会流浪乞讨人员提起民事诉讼的上诉理由,没有法律依据。民事诉讼形成于平等民事主体之间,某县民政局作为行政机关,在没有法律授权的情况下介入民事诉讼,有悖我国法律基本原则。

第三,根据《最高人民法院关于审理人身损害赔偿案件适用法律若干问题的解释》的规定,本案的赔偿权利人应当是依法由被害无名男子承担扶养义务的被扶养人以及该无名男子的近亲属。本案中,虽然经公安部门在报纸上刊发启示后直至本案一、二审期间,被害无名男子的赔偿权利人尚未出现,但尚不能排除赔偿权利人客观存在的可能。赔偿权利人在知悉本案有关情况后,依法仍然可以要求赔偿义务人承担民事赔偿责任,被上诉人王某、吕某、某保险江苏分公司依法应当承担的民事赔偿责任并未彻底免除。

综上,南京市中级人民法院二审认定上诉人某县民政局不是本案适格的诉讼主体,其上诉请求缺乏法律依据,不予支持。原审法院裁定驳回某县民政局的起诉并无不当,应予维持。南京市中级人民法院依照民事诉讼法第一百零八条第一项、第一百五十四条①之规定,于2007年3月27日裁定如下:

驳回上诉,维持原裁定。

---

① 对应2023年《民事诉讼法》第178条。

一、二审案件受理费各50元，合计100元，由上诉人某县民政局负担。

本裁定为终审裁定。

> **规则20**：法人被依法吊销营业执照后没有进行清算，也没有办理注销登记的，依法仍享有民事诉讼的权利能力和行为能力，开办单位不具备诉讼主体资格
>
> ——广西A集团有限责任公司与北海市B房地产开发公司、广西壮族自治区畜产进出口C公司土地使用权转让合同纠纷案[①]

【裁判规则】

法人被依法吊销营业执照后没有进行清算，也没有办理注销登记的，不属于法人终止，依法仍享有民事诉讼的权利能力和行为能力；此类法人与他人产生合同纠纷的，应当以自己的名义参加民事诉讼。其开办单位因不是合同当事人，不具备诉讼主体资格。

【规则理解】

一、企业法人营业执照的法律性质

《市场主体登记管理条例》第2条规定："本条例所称市场主体，是指在中华人民共和国境内以营利为目的从事经营活动的下列自然人、法人及非法人组织：（一）公司、非公司企业法人及其分支机构；（二）个人独资企业、合伙企业及其分支机构；（三）农民专业合作社（联合社）及其分支机构；（四）个体工商户；（五）外国公司分支机构；（六）法律、行政法规规定的其他市场主体。"第3条规定："市场主体应当依照本条例办理登记。未经登记，不得以市场主体名义从事经营活动。法律、行政法规规定无需办理登记的除外。"《公司法》第6条第1、2款规定："设立公司，应当依法向公司登记机关申请设立登记。符合本法规定的设立条件的，由公司登记机关分别登记为有限责任公司或者股份有限公司；不符合本法规定的设立条件的，不得登记为有限责任公司或者股份有限公司。法律、行政法规规定设立公司必须报经批准的，应当在公司登记前依法办理批准手续。"由上述规定可知，我国对企业法人登记设立实行

[①] 载《中华人民共和国最高人民法院公报》2006年第9期。

的是登记设立主义和核准设立主义相结合的制度，前者为一般情形，后者为特殊情形。

《市场主体登记管理条例》第21条第1款规定："申请人申请市场主体设立登记，登记机关依法予以登记的，签发营业执照。营业执照签发日期为市场主体的成立日期。"《公司法》第7条第1款规定："依法设立的公司，由公司登记机关发给公司营业执照。公司营业执照签发日期为公司成立日期。"可见，企业法人设立登记的最终效果集中体现为《企业法人营业执照》的颁发。营业执照具有三层法律意义：

第一，企业法人营业执照是企业法人的成立要件。即营业执照的签发是企业法人成立并获得法人资格不可或缺的条件。企业法人营业执照签发日期为企业法人的成立日期。营业执照的签发日期不仅是企业法人营业资格期限的起点，同时也是企业法人存续期限的起点。

第二，企业法人营业执照是企业完成设立登记、取得法人资格的证明性文件，具有证明企业已经获准注册，并具有法人人格的证据效力。

第三，企业法人营业执照是企业法人取得营业许可，获得经营能力，可以从事合法经营活动的法定依据和公示性文书。企业法人只有在取得营业执照后，才可以凭营业执照刻制公章、开立银行账户、申请纳税登记、进行经营活动。对于企业经营活动的相对人来说，企业法人营业执照是一种公示文书，可以为相对人判断企业法人是否具有合法经营资格提供依据。

二、企业法人被吊销营业执照的法律后果

吊销营业执照，是指工商行政管理机关对违反工商管理法律、法规，情节严重的企业法人，依法取消其法人资格或生产经营资格的一种行政处罚。根据《市场主体登记管理条例》第44~46条规定，吊销营业执照的法定事由主要有以下几种情形：（1）登记中提交虚假材料，或者采取其他欺诈手段隐瞒重要事实取得市场主体登记，情节严重的；（2）实行注册资本实缴登记制的市场主体虚报注册资本取得市场主体登记的，情节严重的；（3）市场主体未依照本条例办理变更登记的，拒不改正且情节严重的；（4）市场主体伪造、涂改、出租、出借、转让营业执照的，情节严重的。

（一）吊销营业执照仅终止企业法人的营业资格，不终止企业的法人资格

由于企业法人营业执照的颁发被赋予了双重功能，即证明企业主体资格的取得和营业资格的取得，其既是企业法人资格的取得要件和证明文件，又是企业法人营业资格的取得要件和证明文件。司法实践中曾一度产生行政机关依法

吊销企业法人营业执照后,是仅发生终止营业资格的效力还是同时发生终止营业资格兼法人资格的效力的论争。

一种观点为法人资格终止说。该观点认为随着营业执照的吊销,法人资格随即消灭。该种理论模式在实践中会产生难以解释的困惑。一是如果企业法人资格因被吊销营业执照而终止,那么企业不再是法人,也就不能以企业的财产对外独立承担民事责任,此时企业类似于拟制的合作组织,则应当由企业的投资人对企业债务承担连带清偿责任,这显然与企业法人制度的基本理论和实践不相一致。[①] 二是法律规定清算组织仅负责对解散法人财产进行保管、清理、处理、清偿等清算工作,若其参加诉讼也仅是代表原企业法人,否定企业的法人资格不仅存在逻辑上的矛盾,而且会导致司法实践中出现无法送达诉讼文书、债权债务关系长期无人清理、企业借机逃废债务等难题。

另一种观点为营业资格终止说。由于吊销营业执照属于市场监督管理机关依其行政职权作出的一种行政处罚,后果是企业法人营业资格被剥夺,企业法人丧失了从事经营活动的行为能力,但企业法人资格仍然存续,企业法人仍然具有民事主体资格均没有消灭,其仍然具有民事诉讼主体地位。对此,相关法律均予以明确。其中,《公司法》第180条规定:"公司因下列原因解散……(四)依法被吊销营业执照、责令关闭或者被撤销……"第183条规定:"公司因本法第一百八十条第(一)项、第(二)项、第(四)项、第(五)项规定而解散的,应当在解散事由出现之日起十五日内成立清算组,开始清算……"第186条第3款规定:"清算期间,公司存续,但不得开展与清算无关的经营活动……"第188条规定:"公司清算结束后,清算组应当制作清算报告,报股东会、股东大会或者人民法院确认,并报送公司登记机关,申请注销公司登记,公告公司终止。"《市场主体登记管理条例》第31条亦规定:"市场主体因解散、被宣告破产或者其他法定事由需要终止的,应当依法向登记机关申请注销登记。经登记机关注销登记,市场主体终止。市场主体注销依法须经批准的,应当经批准后向登记机关申请注销登记。"上述规定表明营业资格终止说得到法律正式确认,公司法人被吊销营业执照至清算程序结束期间,其法律人格仍然存续。

(二)吊销营业执照是解散企业法人并启动清算程序的法定原因

《市场主体登记管理条例》第32条规定:"市场主体注销登记前依法应当

[①] 蒋大兴、章琦:《从统一主义走向分离主义:企业登记效力立法改革研究》,载《南京大学法律评论》2000年秋季号。

清算的，清算组应当自成立之日起 10 日内将清算组成员、清算组负责人名单通过国家企业信用信息公示系统公告。清算组可以通过国家企业信用信息系统发布债权人公告。清算组应当自清算结束之日起 30 日内向登记机关申请注销登记。市场主体申请注销登记前，应当依法办理分支机构注销登记。"但如何开始清算程序缺乏配套规定。《公司法》第 180 条规定："公司因下列原因解散：……（四）依法被吊销营业执照、责令关闭或者被撤销……"第 183 条规定："公司因本法第一百八十条第（一）项、第（二）项、第（四）项、第（五）项规定而解散的，应当在解散事由出现之日起十五日内成立清算组，开始清算。有限责任公司的清算组由股东组成，股份有限公司的清算组由董事或者股东大会确定的人员组成。逾期不成立清算组进行清算的，债权人可以申请人民法院指定有关人员组成清算组进行清算。人民法院应当受理该申请，并及时组织清算组进行清算。"根据上述法律规定，企业法人被吊销营业执照构成企业法人解散的法定原因，具有宣告企业法人解散的效力。但此仅为企业法人解散程序的开端，要彻底终结企业的法人资格必须进行清算。解散程序从开始到企业法人注销登记要经过成立清算组—依法清算—清算报告报股东大会或主管机关确认—注销登记—公告等法律程序。只有清算程序结束并办理注销登记后，企业法人资格才归于消灭。

三、清算中企业法人的法律性质以及诉讼主体资格

（一）企业法人清算的法律性质

企业法人清算，是指企业法人解散后，依照法定程序处分企业法人财产，了结各种法律关系，并最终使企业法人资格归于消灭的行为。鉴于清算中的企业法人客观上存在处理企业法人各种法律关系的需要，各国均确认清算中企业法人具有法律人格，但其权利能力被限制在与清算有关的事务中，这种受限的特殊人格被称为清算法人。[1]

对于清算法人的理论基础，亦有两种不同的学说。第一种为新设清算法人说。企业法人资格因解散而消灭，但出于清算目的，法律专为企业法人的清算目的设立了一个新的法人。这种法人的能力是特殊的，享有的是对原企业法人债权债务进行清算的权利能力和行为能力。[2] 第二种为同一人格拟制说。清

---

[1] 范健、王建文：《公司法》，法律出版社 2008 年版，第 424 页。
[2] 陈丽丽：《清算中公司的诉讼主体地位及清算组相关法律问题研究》，载《行政与法》2007 年第 8 期。

算法人与解散前企业法人属同一企业法人，企业法人在清算目的范围内视为依然存续。唯因清算中的企业法人在清算时期，除为便利清算目的而暂时经营业务外，丧失其他营业活动能力，因此，其权利能力受到法定限制，与解散前的企业法人有诸多不同。

（二）清算中企业法人的诉讼主体资格

《最高人民法院关于适用〈中华人民共和国公司法〉若干问题的规定（二）》明确采纳了同一人格兼拟制说。该司法解释第10条规定："公司依法清算结束并办理注销登记前，有关公司的民事诉讼，应当以公司的名义进行。公司成立清算组的，由清算组负责人代表公司参加诉讼；尚未成立清算组的，由原法定代表人代表公司参加诉讼。"该规定的意义在于：第一，明确了解散后企业法人与解散前企业法人具有同一人格，企业法人在清算目的范围内仍被视为存续。解散前企业法人的权利义务不因解散而发生变更，权利义务承担主体仍为企业法人本身。第二，澄清了解散后企业的诉讼主体资格问题。由于企业法人资格仍然存续，其相应具有诉讼主体资格，因此在企业法人依法清算结束并办理注销登记前，企业法人应当以自己的名义参加民事诉讼。第三，规范了清算组的诉讼地位和企业法人的诉讼代表人。无论企业法人解散后是否成立清算组，均应当以该企业法人的名义起诉应诉。即企业法人是诉讼当事人，即使在已成立清算组的情况下，清算组仍然不能成为诉讼当事人，其仅是代表企业法人进行诉讼活动，并由清算组负责人作为该企业法人的代表人参加诉讼。对于尚未成立清算组的，则由原法定代表人作为该企业法人的代表人参加诉讼。易言之，企业法人被吊销营业执照后，企业法人仍具有诉讼主体资格，企业法人的开办单位（股东或主管机关）不能代替企业法人成为诉讼主体。

《民法典》第70条第2款、第3款规定，法人的董事、理事等执行机构或者决策机构的成员为清算义务人。法律、行政法规另有规定的，依照其规定。清算义务人未及时履行清算义务，造成损害的，应当承担民事责任；主管机关或者利害关系人可以申请人民法院指定有关人员组成清算组进行清算。《民事诉讼法解释》第64条规定："企业法人解散的，依法清算并注销前，以该企业法人为当事人；未依法清算即被注销的，以该企业法人的股东、发起人或者出资人为当事人。"

四、企业法人未依法清算即被注销的，清算义务人为当事人

如前所述，吊销营业执照是剥夺企业营业资格的行政处罚，企业法人营业资格被吊销后应当进行清算，清算后果是了结企业债权债务、分配剩余财产、终止企业法人。与吊销不同，注销则是消灭企业法人资格的行政行为，亦属于消灭企业法人资格的民事法律事实、企业法人终止的结果或标志。企业法人自注销时起其民事主体资格不复存在。

然而，实践中存在企业法人未经依法清算即办理注销的情形，对此《最高人民法院关于适用〈中华人民共和国公司法〉若干问题的规定（二）》第20条明确规定："公司解散应当在依法清算完毕后，申请办理注销登记。公司未经清算即办理注销登记，导致公司无法进行清算，债权人主张有限责任公司的股东、股份有限公司的董事和控股股东，以及公司的实际控制人对公司债务承担清偿责任的，人民法院应依法予以支持。公司未经依法清算即办理注销登记，股东或者第三人在公司登记机关办理注销登记时承诺对公司债务承担责任，债权人主张其对公司债务承担相应民事责任的，人民法院应依法予以支持。"《民事诉讼法解释》第64条规定："……未依法清算即被注销的，以该企业法人的股东、发起人或者出资人为当事人。"考虑到现实中开办单位已相对少见，且还存在主管部门、出资人等情形，故该条使用了"出资人"概念包括开办单位或主管部门。

【拓展适用】

一、企业法人设立登记的不同立法模式

企业法人登记依照登记内容和效力，主要分为设立登记、变更登记和注销登记。其中，设立登记是企业法人登记的主要内容，变更登记和注销登记相对处于从属地位。企业法人设立登记的首要职能在于登记机关确认或者宣示企业法人的独立人格。

企业法人设立登记的立法模式，分为设立要件主义和对抗要件主义。依据设立要件主义，设立登记是企业法人设立的要件之一，非经设立登记，企业法人不得成立。英国、美国、德国、日本均采设立要件主义。设立要件主义较好地反映了企业法人作为拟制法人的观念，法律关系更为简明。

对抗要件主义，不以登记为企业法人成立的要件，而以登记作为企业法人成立后对抗第三人的要件。例如，法国将公司章程签署作为公司成立的要件，但只有在商业登记簿上进行注册登记，才具有对抗第三人的效力。对抗要件主义有助于真实反映企业法人设立过程中的复杂关系。

我国采设立要件主义，且在企业法人设立登记的立法制度上采取的是合并主义模式，即企业取得法人资格的同时取得营业资格，这就使企业法人营业执照成为企业法人资格的取得要件和证明文件。近年来，国内学者开始质疑该种立法模式，认为从理论上说，企业法人设立登记的创设效力来源于企业法人登记机关将企业法人设立之事实记载于登记档案，此时设立要件全部成就，而不是来自企业法人营业执照的签发。因此，企业法人营业执照仅有助于证明设立要件的成就，其不是企业法人资格的取得要件，而只是证明性文件。故我国制定法应当采取分离主义模式，区分企业法人的营业资格和法人资格，以使两者之间的逻辑关系更为清晰。企业法人营业执照是企业法人营业资格的证明，企业的法人地位由企业法人登记机关制备的登记档案所证明，只要企业法人登记机关尚未将企业法人从登记档案中剔除，企业的法人资格就得以存续。[①]

二、清算义务人成为共同诉讼主体的情形

清算义务人是指基于其与企业法人之间存在的特定法律关系而在企业法人解散时对企业法人负有依法组织清算义务，并在企业法人未及时清算给相关权利人造成损害时依法承担相应责任的民事主体。很长一段时期内，法律对清算义务人并没有明确的界定。《民法典》第70条规定："法人解散的，除合并或者分立的情形外，清算义务人应当及时组成清算组进行清算……"《市场主体登记管理条例》第32条规定："市场主体注销登记前依法应当清算的，清算组应当自成立之日起10日内将清算组成员、清算组负责人名单通过国家企业信用信息公示系统公告。清算组可以通过国家企业信用信息公示系统发布债权人公告……"《公司法》第183条明确规定，有限责任公司的清算组由股东组成，股份有限公司的清算组由董事或者股东大会确定的人员组成。《最高人民法院关于适用〈中华人民共和国公司法〉若干问题的规定（二）》第18条进一步规定，股份有限公司的清算义务人为公司全体董事和控股股东。该条规定："有限责任公司的股东、股份有限公司的董事和控股股东未在法定期限内成立清算组开始清算，导致公司财产贬值、流失、毁损或者灭失，债权人主张其在造成损失范围内对公司债务承担赔偿责任的，人民法院应依法予以支持。有限责任公司的股东、股份有限公司的董事和控股股东因怠于履行义务，导致公司主要财产、账册、重要文件等灭失，无法进行清算，债权人主张其对公司债务承担连带清偿责任的，人民法院应依法予以支持。上述情形系实际控制人原因造成，债权人主张实际控制人对公司债务承担相应民事责任的，人民法院应依法予以支持。"对于股份有限公司而言，尤其是公众性的上市公司，股权高度

[①] 叶林主编：《公司法原理与案例教程》，中国人民大学出版社2010年版，第78~79页。

分散，众多的小股东往往不能参与公司经营管理，清算组能否及时组成、是否对公司依法进行清算，均受到公司控股股东的实际控制和影响，因此将股份有限公司的清算义务人界定为控股股东以及实际控制人是合理的。对于未组建公司的企业法人，司法实践中仍以出资人（包括开办单位或主管机关）作为清算义务人。

前文已述，企业法人被吊销营业执照后法人资格仍然存续，相应具有民事诉讼主体资格，开办单位不应代替其成为民事诉讼的主体。那么企业法人被吊销营业执照后，清算义务人在何等情形下，会与企业法人成为共同诉讼主体？从诉因方面考察，特定情形仅限于法律及司法解释的规定，清算义务人会与被吊销营业执照的企业法人成为共同诉讼主体的情形包括两类：一是清算责任之诉；二是清算赔偿责任之诉。

1. 清算责任之诉。清算责任之诉是原告认为清算义务人在企业法人解散后未依照法定程序和期限实施清算，主张其应承担履行清算义务而提起的诉讼。清算责任的来源是法律的直接规定，《公司法》第183条对清算责任作出了明确规定，逾期不成立清算组清算的，债权人可以申请人民法院指定有关人员组成清算组，进行清算。对不尽清算责任的清算主体，人民法院可以根据债权人的起诉，援引法律的规定径行判决。① 值得注意的是，清算责任的请求主体除债权人外，也包括因清算义务人不尽清算义务而受到损害的公司股东。

2. 清算赔偿责任之诉。当清算义务人未履行清算义务，造成公司偿债能力下降，并最终导致债权人的利益不能完全实现时，清算义务人不仅需承担清算责任，还需要承担清算赔偿责任。清算赔偿责任，性质上属于侵权责任，即清算义务人的行为损害债权人债权，需承担侵害作为相对权的债权的侵权责任。《最高人民法院关于企业法人营业执照被吊销后，其民事诉讼地位如何确定的复函》规定，如果该企业法人组成人员下落不明，无法通知参加诉讼，债权人以被吊销营业执照企业的开办单位为被告起诉的，人民法院也应予以准许。该开办单位对被吊销营业执照的企业法人，如果不存在投资不足或者转移资产逃避债务情形的，仅应作为企业清算人参加诉讼，承担清算责任。该复函中已经提出了清算责任和清算赔偿责任的区别。《最高人民法院关于适用〈中华人民共和国公司法〉若干问题的规定（二）》明确规定了清算赔偿责任，并根据清

---

① 最高人民法院经济审判庭编：《经济审判指导与参考（第3卷）》，法律出版社2000年版，第99页。

算义务人不履行清算义务的形态作出详细规定。第一种是不作为的怠于履行清算义务，即该司法解释第 18 条规定的未在法定期限内组成清算组开始清算的行为；第二种是恶意处置公司财产、欺诈取得注销登记、未经清算即办理注销登记的侵权作为行为。该司法解释第 19 条规定，有限责任公司的股东、股份有限公司的董事和控股股东，以及公司的实际控制人在公司解散后，恶意处置公司财产给债权人造成损失，债权人主张其对公司债务承担相应赔偿责任的，人民法院应依法予以支持。

三、合同相对性与诉讼当事人适格

《民法典》第 119 条规定："依法成立的合同，对当事人具有法律约束力。"当事人应当按照约定履行自己的义务，不得擅自变更或者解除合同。一般认为，合同仅仅是当事人之间的债权债务关系，不涉及第三人，因而合同一般不对第三人产生任何法律拘束力，这就是所谓的合同相对性原则。

合同相对性原则包含主体相对性、内容相对性、责任相对性以及诉权的相对性四个方面的内容。主体相对性，指合同关系只能发生在特定的主体之间，只有合同当事人一方能够向合同的另一方当事人基于合同提出请求或提起诉讼，而不能向与其没有合同关系的第三人提出合同上的请求及诉讼。[①] 内容的相对性指除法律另有规定、合同另有约定外，只有合同当事人才能享有某个合同所定的权利与义务，并承担由该合同产生的责任，除合同当事人外的任何第三人不能主张合同上的权利。责任的相对性，即违约责任的相对性。《民法典》第 522 条第 1 款规定："当事人约定由债务人向第三人履行债务，债务人未向第三人履行债务或者履行债务不符合约定的，应当向债权人承担违约责任。"第 523 条规定："当事人约定由第三人向债权人履行债务，第三人不履行债务或者履行债务不符合约定的，债务人应当向债权人承担违约责任。"违约责任是违反合同义务的产物，"债务是责任发生的前提，而责任则是债务人不履行其义务时，国家强制债务人履行债务和承担责任的表现，所以责任与债务是相互依存不可分离的"[②]。

诉讼当事人适格，是指对于特定的诉讼，可以自己的名义成为诉讼当事人的资格。《民事诉讼法》第 122 条规定："……原告是与本案有直接利害关系的公民、法人和其他组织……"强调原告须与案件有直接利害关系，也即强调民

[①] 王利明：《论合同的相对性》，载《中国法学》1996 年第 4 期。
[②] 王利明：《论合同的相对性》，载《中国法学》1996 年第 4 期。

事诉讼当事人与民事实体权利义务主体的同一性。故在私益性质的合同纠纷案件中，呈现出诉权的相对性。判断当事人是否适格时，应注意考察合同主体的相对性。只有合同的一方当事人可以向合同另一方当事人提起诉讼，其不能对第三人提起诉讼，即使是由于第三人的原因造成违约。同样，第三人也不能基于合同直接向合同的当事人提起诉讼，因第三人与合同当事人不具有直接的合同权利义务关系，故不是适格原告。需要注意的是，合同相对性原则在许多国家已有不同程度的修正或突破。我国立法在这个问题上也有新的发展，如《民法典》第524条至第542条规定的债权人代位权和撤销权，使得合同效力及于当事人之外的第三人，这些合同相对性原则的例外情形也会对诉讼当事人的主体适格性产生相应的影响。

【典型案例】
广西A集团有限责任公司与北海市B房地产开发公司、广西壮族自治区畜产进出口C公司土地使用权转让合同纠纷案

上诉人（原审被告）：广西A集团有限责任公司

被上诉人（原审原告）：北海市B房地产开发公司

被上诉人（原审原告）：广西壮族自治区畜产进出口C公司

〔基本案情〕
上诉人广西A集团有限责任公司（以下简称A集团）与被上诉人北海市B房地产开发公司（以下简称B公司）、广西壮族自治区畜产进出口C公司（以下简称C公司）土地使用权转让合同纠纷一案，广西壮族自治区高级人民法院于2005年9月20日作出（2005）桂民一初字第3号民事判决。A集团不服该判决，向本院提起上诉。本院依法组成合议庭，于2006年2月10日开庭审理了本案。本案现已审理终结。

一审法院经审理查明：1993年3月3日，A集团与B公司签订《土地合作开发协议书》约定，双方合作开发乡镇企业城范围内土地150亩；B公司按每亩20.5万元标准交付合作开发费用，共计3075万元；协议签订后两个工作日内，B公司支付A集团土地合作开发费500万元作为定金，同时将原有的土地蓝线图正本和A集团与广西壮族自治区北海市乡镇企业城招商中心（以下简称招商中心）签订的土地合作开发协议交给B公司保管；A集团原则上在收到定金后，从招商中心办理好以B公司为该150亩土地占有人的蓝线图和转换合同，办理的手续费由A集团负担；B公司在签约后10日内再付1000万元，其余的1575万元在1993年5月1日前付足；A集团办理蓝线图及转换合同，最迟不能超过13日（自合同签订之日起），逾期A集团赔偿给B公司100万元，同时本合同有效执行；B公司付清全款，A集团根据B公司要求同意向B公司转让土地使用权，B公司提供办理红线图及土地使用权证所需

的立项等全部文件，A 集团负责为其办理红线图及土地使用权证；协议自签字盖章，交纳定金之日起正式生效。同日，双方又签订《补充协议》约定，A 集团与招商中心合作开发该 150 亩土地，尚欠合作开发费 50% 即 600 万元。在 1993 年 5 月 1 日 B 公司支付全款前，A 集团欠交土地合作开发费的损失由其自行承担，如果招商中心提高土地价格，加价部分由 A 集团承担；如果收回土地，A 集团应在损失发生时将所收的款项全部退还给 B 公司，并在 5 日内赔偿 500 万元；如 B 公司未能在 1993 年 5 月 1 日前付足款给 A 集团，B 公司则赔偿 500 万元。同日，A 集团将土地示意图正本交付给 B 公司。B 公司法定代表人出具了收条。

合同签订后，B 公司分别于 1993 年 3 月 4 日、3 月 13 日及 4 月 30 日支付 500 万元、1000 万元、1000 万元给 A 集团，A 集团开具了收款收据。但 A 集团未依约办理蓝线图及转换合同，也未为 B 公司办理土地使用权证。A 集团至今未取得讼争土地的土地使用权，也未对讼争土地进行开发利用。双方当事人均当庭确认 B 公司在诉讼前一直未向 A 集团主张过权利。

一审法院另查明，B 公司系由 C 公司申办成立，其性质为全民所有制企业法人，主管部门为 C 公司。由于 B 公司未按规定申报工商年检，2003 年 11 月 26 日，广西壮族自治区北海市工商行政管理局作出行政处罚决定书，决定吊销 B 公司的营业执照，但至今尚未成立清算组进行清算。A 集团在 1997 年 1 月 1 日前的名称为浙江某建筑集团 A 公司；1997 年 1 月 1 日变更为广西 A 浙江某建筑有限责任公司；2002 年 8 月 23 日变更为广西 A 企业（集团）有限责任公司；2002 年 9 月 19 日再次变更为 A 集团。

一审法院还查明，2000 年 1 月 26 日，广西壮族自治区北海市中级人民法院就柳州市 D 房地产开发公司（以下简称 D 公司）与 B 公司及成都 E 投资开发股份有限公司（以下简称 E 公司）土地使用权转让合同纠纷一案作出（1999）北民初字第 66 号民事判决，认定 B 公司转让给 D 公司的 150 亩土地是根据 1993 年 3 月 3 日其与 A 集团签订的《土地合作开发协议书》受让而来。但 B 公司与 E 公司未取得该幅土地的使用权即与 D 公司签订土地使用权转让协议，在一审期间也未补办土地使用权手续，因此，该土地使用权转让合同无效。遂判决 B 公司返还其从 D 公司取得的土地款 2820 万元及该款利息。该判决已生效。

B 公司、C 公司向一审法院提起诉讼称，1993 年 3 月 3 日，B 公司与 A 集团的前身浙江某建筑集团 A 公司签订《土地合作开发协议书》约定，双方合作开发北海乡镇企业城范围内的土地 150 亩，B 公司按照每亩 20.5 万元的标准向 A 集团支付开发费，A 集团应将土地使用权办理到 B 公司名下。协议订立后，B 公司先后共支付 2500 万元，但 A 集团未履行合同约定义务。事后，B 公司发现 A 集团无权签订该合作开发协议，协议违反了法律强制性规定，属无效合同。由于 B 公司两年未参加工商年检，现由其开办单位 C 公司与 B 公司共同清理 B 公司的债权债务，故请求：1. 确认双方签订的《土地合作开发协议书》无效；2. 判令 A 集团向其返还因无效合同取得的合作开发费用 2500 万元，并赔偿利息损失 28395234.25 元（自 A 集团收到款项之日起到实际返还之日止，暂计至 2005 年 4 月 29 日）。

A 集团答辩称：1. C 公司没有按照法定程序成立清算组对 B 公司进行清算，该公司又不是讼争合同的当事人，故 C 公司不具备原告的主体资格。2. B 公司与 A 集团签订的《土地合作开发协议书》的性质是合同权利义务之转让。A 集团原与招商中心约定由招商中心出地，A 集团出资，共同合作开发土地。而 A 集团与 B 公司签订的合同即是将 A 集团的出资义务转让给了 B 公司。该合同没有违反法律强制性规定，合同合法有效。由于 B 公司未依约支付全额款项，致使 A 集团不能协助 B 公司取得土地使用权，B 公司对此应自行负责。3. B 公司的起诉已经超过了法定诉讼时效期间。《土地合作开发协议书》约定自合同签订之日起最迟不能超过 13 日，A 集团应办理土地的蓝线图及转换合同，但 A 集团并没有在该期限内办理好上述手续，B 公司在 1993 年 3 月 16 日就知道或应当知道其权利被侵害。此外，2000 年 1 月 26 日，广西壮族自治区北海市中级人民法院在（1999）北民初字第 66 号民事判决书中，已认定 B 公司未能取得土地使用权，亦不能协助 D 公司取得土地使用权，遂判决 B 公司返还土地款及赔偿利息损失给 D 公司。广西壮族自治区北海市中级人民法院作出该判决时，B 公司就知道或应当知道其权利被侵害，诉讼时效最迟应该自此时起算，而 B 公司一直未向 A 集团主张权利，直到 2005 年才提起诉讼，已超过了法定诉讼时效期间。故请求法院依法驳回 B 公司的诉讼请求。

〔一审裁判理由与结果〕

一审法院经审理认为，本案争议焦点为：1. C 公司是否为本案适格原告；2.《土地开发协议书》是否无效；3. B 公司及 C 公司的起诉是否超过了法定诉讼时效期间。

关于第一个争议焦点，即 C 公司是否为适格原告的问题，一审法院认为，C 公司在本案中为适格原告。B 公司系 C 公司开办的全民所有制企业，B 公司被工商管理部门依法吊销营业执照后，其民事行为能力受到一定的限制，且至今未成立清算组进行清算，C 公司作为该公司的开办单位、主管部门及唯一的出资方有权利及义务对 B 公司的债权债务进行清理。该公司作为共同原告参加诉讼并无不当。A 集团主张其是与 B 公司签订的合同，C 公司不是合同相对人，因而无权参加诉讼的理由不成立，不予支持。

关于第二个争议焦点，即《土地合作开发协议书》是否无效的问题，一审法院认为，B 公司与 A 集团签订的《土地合作开发协议书》，名为合作开发，实为土地使用权转让，该协议为无效合同。A 集团未取得讼争土地的使用权即与 B 公司签订协议转让该土地的使用权，且既未对土地进行实际的投资开发，也未在一审审理期间补办有关土地使用权登记或变更登记手续，因此，双方当事人签订的《土地合作开发协议书》无效。依据无效合同返还原则，A 集团应返还其收取的购地款 2500 万元及利息。

A 集团答辩认为，《土地合作开发协议书》合法有效，该协议的性质是合同权利义务的转让，即 A 集团将其与招商中心签订的土地合作开发协议中的权利义务转让给 B 公司。但在一审审理期间，A 集团不能提供其与招商中心签订的协议或其他证据证明其与招商中心之间具有土地合作开发关系。而 A 集团与 B 公司签订的《土地合作开发协议书》中也没有任何关于共同出资、共同经营、共担风险的约定。相反该协议书第六条约定 B 公司付清全款后，A 集团向 B 公司转让土地使用权，并为 B 公司办理土地使用权证。显然，B 公司与 A 集团之间的法律关系并非土地合作开发合同的权利义务转让，而是土地使用权的转让。即使《土地合作开发协议书》是合同权利义务的转让，A 集团的转让行为未得到原合同相对方的同意，该转让行为亦无效。所以，A 集团关于合同合法有效的抗辩主张没有事实和法律依据，不予采信。

A 集团还认为，B 公司未按照《补充协议》的约定付足全部款项，致使其无法协助 B 公司取得该幅土地的使用权，B 公司对此应自行负责。一审法院认为，A 集团作为土地使用权的转让方应当在取得土地使用权后方可转让该土地使用权。A 集团在本案中的转让行为违反了上述规定。受让方未付清全部款项并不能使 A 集团的违法行为合法化，也不是导致涉案合同无效的原因。A 集团的该抗辩主张与司法解释的规定相悖，不予支持。

关于第三个争议焦点，即 B 公司、C 公司的起诉是否超过法定诉讼时效期间的问题，一审法院认为，B 公司、C 公司的起诉没有超过法定诉讼时效期间。当事人向法院请求保护民事权利的诉讼时效期间为两年，诉讼时效期间从知道或应当知道权利被侵害时起计算。首先，《中华人民共和国民法通则》规定的两年的诉讼时效期间适用于债权请求权，不适用于形成权。而 B 公司、C 公司关于确认合同无效的请求属于形成权之诉，不应受两年诉讼时效的限制。其次，因合同无效产生的财产返还请求权在性质上属于债权请求权范畴，理应受《中华人民共和国民法通则》关于诉讼时效期间的规定的限制，诉讼时效期间从原告知道或应当知道权利被侵害时起算。鉴于当事人并不享有确认合同无效的法定权力，合同只有在被法定裁判机关确认为无效之后，才产生不当得利的财产返还请求权及该请求权的诉讼时效问题。因此，B 公司与 A 集团签订的《土地合作开发协议书》被法院宣告无效后，B 公司才享有财产返还请求权。如 A 集团不予返还，B 公司才知道或应当知道该权利受到侵害，诉讼时效才开始起算。以合同被宣告无效为无效合同诉讼时效的起点，B 公司、C 公司的起诉没有超过法定诉讼时效期间。A 集团提出以合同被宣告无效为诉讼时效的起算点，可能会导致以无效合同为基础的民事关系长期处于不稳定状态，但诉讼时效原则体现的是国家公权力对私权的合理干预，以及在公共利益与私人利益产生冲突时，立法对公共利益的倾斜与保护。同时，在涉及无效合同财产返还的诉讼中，对《中华人民共和国民法通则》第一百三十七条如何适用，司法实践中还存在另一种诠释，即以无效合同的履行期限为确定诉讼时效的依据。其理由是无效合同的当事人通常在合同被法定机关确认为无效前，并不知道合同无效，当事人对无效合同约定的合同利益有合理的预期。如无效合同约定了履行期限，在该履行期限届满后；如合同未约定履行期限，在当事人主张权利后，合同相对方仍不能完全履行义务，当事人即知道或应当知道其"合同权利"受到侵害，则应积极地行使诉讼权利，维护自身利益。但本案双方当事人未对土地使用权转让的履行时间进行约定，B公司、C公司从未向A集团主张过权利，A集团也从未告知过B公司不能办理土地使用权转让手续，B公司不知道也不应知道A集团不能履约。所以，无论是以合同被法定裁判机关宣告无效，还是以无效合同的履行期限为依据确定诉讼时效的起算点，B公司、C公司在2005年提起返还财产的诉讼，均未超过法定诉讼时效期间。

A集团认为，《土地合作开发协议书》约定A集团应在合同签订之日起13日内为B公司办理蓝线图和转换合同。A集团未在该期限内履行上述义务，B公司就应当知道其权利受到侵害，诉讼时效即起算。一审法院认为，首先，合同的诉讼时效计算应以合同主要义务的履行期限为依据。《土地合作开发协议书》中约定的B公司支付购地款的对价是A集团转让土地使用权给B公司，办理蓝线图等只是附随义务，其履行期限并不能替代合同主要义务的履行期限，也不应作为确定整个合同的诉讼时效的依据。其次，《土地合作开发协议书》约定，如果A集团未能在合同订立之日起13日内办理蓝线图和转换合同，合同仍然继续有效执行。实际上在该时间之后，双方也还在继续履行合同。可见，未及时办理蓝线图及转换合同并不影响合同其他权利义务的履行。最后，从现实操作而言，土地使用权过户的全部手续通常也不可能在13日内办理完毕。因此，无论从法理、合同约定、实际履约情况还是从现实操作的情况分析，在合同签订后的13日内A集团虽未依约办理好蓝线图等，但并不能据此推断B公司就知道或应当知道A集团不能履行转让土地使用权的义务。

此外，A集团还认为，广西壮族自治区北海市中级人民法院作出（1999）北民初字第66号民事判决后，B公司就知道或应当知道其权利被A集团侵害，诉讼时效期间即起算。一审法院认为，广西壮族自治区北海市中级人民法院审理的是B公司与D公司的争议，并未就本案原、被告之间的纠纷进行审理。广西壮族自治区北海市中级人民法院判决认定B公司与D公司之间的合同不能履行、合同无效，并不能推导出B公司与A集团之间的合同不能履行或无效，两者之间没有必然的逻辑关系。依照《最高人民法院关于审理房地产管理法施行前房地产开发经营案件若干问题的解答》第7条的规定，B公司与A集团之间的土地使用权转让协议在B公司提起诉讼时，实质上还处于效力待定状态，即如在本案一审诉讼期间A集团能补办有关土地使用权的手续，合同仍然可以有效履行。此外，B公司与A集团之间的合同没有约定办理土地使用权转让的履行期限，虽然B公司与D公司产生了诉讼，B公司仍未向A集团主张权利，A集团也未告知B公司不能办理土地使用权转让手续。所以，B公司虽在与D公司的诉讼中败诉，但并不能由此推定B公司知道或应当知道A集团侵害了其权利，从而致使其不能履行与D公司之间的合同义务。

综上所述，C公司作为B公司的开办单位、主管部门及唯一的出资方有权参加诉讼，对 B 公司的债权进行清理。B 公司与 A 集团之间的《土地合作开发协议书》名为合作开发，实为土地使用权转让，该协议违反了法律法规强制性规定，为无效合同。A 集团取得 2500 万元购地款及利息没有合法依据，应予以返还。B 公司、C 公司提起诉讼，符合法律关于诉讼时效期间的规定，其诉权应依法受到保护。综上，判决：（一）B 公司与 A 集团于 1993 年 3 月 3 日签订的《土地合作开发协议书》为无效合同；（二）A 集团返还 B 公司、C 公司 2500 万元及利息（利息计算从 A 集团取得款项之日起至判决规定的履行期限届满为止，按中国人民银行同期一年期存款利率计算）。上述债务义务人应于判决生效之日起 15 日内履行完毕，逾期则应加倍支付迟延履行期间的债务利息。案件受理费 282986 元，由 A 集团负担。

〔当事人上诉及答辩意见〕

A 集团不服一审判决，向本院提起上诉，请求：1. 撤销一审判决；2. 驳回 B 公司、C 公司的诉讼请求；3. 由 B 公司、C 公司承担本案的全部诉讼费用。

（一）C 公司不是本案适格原告。C 公司作为 B 公司的开办单位、主管部门及唯一的出资方，虽然有权利和义务对 B 公司的债权债务进行清理，但并无法律规定，在法人尚未注销时，其开办单位有权作为当事人代为或共同参加诉讼。这在根本上违背了法人独立的原则。法人的民事权利能力和民事行为能力，从法人成立时产生，到法人终止时消灭。B 公司虽然系由 C 公司申请开办，但被依法吊销了营业执照之后并没有在包括其开办单位 C 公司在内的组织下进行清算，也没有办理注销登记。B 公司仍然是一个依法独立存在的法人。被吊销营业执照并不影响 B 公司依法保持独立的民事权利能力和其他民事行为能力，B 公司仍然有权且只能以自己的名义独立行使法律赋予的各项民事权利，包括参加诉讼。因此，一审法院认定 C 公司为本案适格原告显属错误。

（二）B 公司的起诉已过诉讼时效。1. 一审法院关于"原告确认合同无效的请求属于形成权之诉，不应受两年诉讼时效的限制"的认定，没有法律依据。关于请求确认无效合同是否适用诉讼时效的问题，我国法律没有明确规定，一直以来在理论界和实务界都存在一定的争议。我国是成义法国家，在法律没有明确规定无效合同不适用诉讼时效制度的情况下，人民法院不宜也不应该把存在争议的学理、学说作为定案的依据，应该同样适用法律关于诉讼时效的规定，即以 2 年为限。2. 一审法院认定"以合同被宣告无效为无效合同诉讼时效的起点"是错误的。一审法院认为，"鉴于当事人并不享有确认合同无效的法定效力，合同只有在被法定裁判机关确认为无效之后，才产生不当得利的财产返还请求权及该请求权的诉讼时效问题"。A 集团认为，合同是否有效并不影响当事人主张权利，故确认合同无效和返还财产请求权是可以分开且应该分开的两个问题。法院不能抛开法律规定，自行推定 B 公司何时知道其权利受损，否则诉讼时效将形同虚设。而且，合同无效虽然存在违法因素，但本案涉及的财产均为当事人自由处分的范围，属私权，不是国家必须主动干预的范畴。简单地以合同被宣告无效为财产返还请求权诉讼时效的起点，必然导致以无效合同为基础的民事关系长期处于不稳定状态，不利于整个社会经济生活的健康发展。3. 权利人的权利是否受到侵害是一个价值判断问题，应由法定裁判机关确定，但权利人知否其权利受到侵害则是一个事实问题，要靠证据来认定。B 公司与 D 公司的土地使用权转让合同被判无效，确实不能推导出本案合同无效，从而确定 B 公司的权利受到侵害，但可以据此认定 B 公司应当知道自己的权利受到了侵害。首先，A 集团对涉案土地并无使用权，也没有实际投资开发利用土地，经过十几年，仍然不能办理土地使用权转让手续，其与 B 公司的土地使用权转让合同违反法律的强制性规定，极有可能被判无效；其次，B 公司已经向 D 公司承担了法律责任，遭受了巨大的经济损失。B 公司权利受到侵害的事实已经发生。而 B 公司怠于行使自己的权利，从未向 A 集团提出主张，致使诉讼时效期间届满。

B 公司及 C 公司答辩认为，一审判决认定事实清楚，适用法律正确，应予维持。A 集团的上诉请求不能成立，应予驳回。

（一）关于 C 公司的主体问题。C 公司是 B 公司的开办单位，B 公司已于 2003 年 11 月 26 日被广西壮族自治区北海市工商行政管理局吊销营业执照，并被责令由主办单位、投资人或清算组进行清算。B 公司至今未成立清算组，因此作为主办单位的 C 公司有权利、有义务对 B 公司的债权债务进行清算。本次诉讼，亦是对 B 公司债权债务的清算工作之一，由 C 公司同权利义务已受限制的 B 公司共同参加诉讼，符合法律规定。

（二）关于诉讼时效问题。B 公司的起诉没有超过诉讼时效，B 公司的诉讼请求应当得到法院的支持。1. 无效合同的确认不适用诉讼时效，无效合同产生的财产返还请求权的诉讼时效期间应自合同被确认无效之日起算。无效合同的确认不受诉讼时效期间限制。合同无效是法律所代表的公共权力对合同成立过程进行干预的结果。确认合同效力是价值判断的范畴，只要法律、行政法规认为合同是无效的或损害社会公共利益的，就应当认定合同无效，而不应考虑合同无效经历的时间过程。此外，诉讼时效制度适用于债权请求权，而确认合同无效则属于形成权，确认合同无效之诉属确认之诉，不适用诉讼时效制度。合同无效是一种法律状态，法律不应强求当事人随时随地对合同效力进行审视，从而使交易处于不确定的状态。当事人在善意履行合同过程中，不发生对合同效力认定及无效合同财产处理的主张起算诉讼时效问题。无效合同产生的财产返还请求权的诉讼时效期间应自合同被确认无效之日起算。以"民事关系的稳定"为借口使无效合同经过时间的延续达到与有效合同相同的事实结果，这显然违背立法宗旨。2. 即使无效合同的诉讼时效应从知道或应当知道权利被侵害之日起计算，A 集团有关 B 公司的诉讼请求已过诉讼时效的主张也是不能成立的。首先，B 公司与 A 集团之间的《土地合作开发协议书》未就主债务的履行约定履行期限。对于无履行期限的合同，根据我国民法通则与合同法的相关规定，诉讼时效的起算有如下几种：(1) 债权人催告当时债务人就表示立即履行，实际上未履行的，诉讼时效自催告次日起算；(2) 如果当事人协商一致，确定一个明确的履行期限的，诉讼时效自该期限届满之次日起算；如果当事人就履行期限协商不成，在任何一方提出了一个合理的履行期限后，诉讼时效自该合理期限之次日起算；(3) 债权人向债务人主张债权，债务人当即明确拒绝，而该拒绝含有将来也不履行债务的意思，那么，诉讼时效应从该拒绝之日的次日起计算。本案中，上述几种情况均不存在，因此本案不存在 B 公司知道或应当知道权利被侵害的事实，诉讼时效并未起算。实际上，正是双方当事人结合北海市房地产业的状况，从最大限度维护双方利益的角度出发，共同认可合同处于一个持续的事实状态，因此不存在权利被侵害的情形。3. B 公司与 A 集团之间的合同效力非经裁判机关裁决，当事人及任何第三人都无权认定合同效力，B 公司也不能援引另案的判决，来主观推断其在本案合同中的权利被侵害。事实上，B 公司与第三人订立合作开发合同时，对 A 集团何时能真正取得争议地块的土地使用权并不明确，对由此产生的可能对第三人的违约早有合理预知，并愿意承担此种风险，因 A 集团即便不能在 B 公司与第三方约定的期限内取得该地块的国有土地使用权，B 公司也不能想当然地单方推定 A 集团违约。况且，在 B 公司与 D 公司的争议经广西壮族自治区北海市中级人民法院（1999）北民初字第 66 号民事判决书判决后，A 集团在本案一审前，依然存在依法取得约定地块国有土地使用权，并依合同约定再转让给 B 公司的可能性。事实上，B 公司与 A 集团之间的合同并非绝对无效的合同，如果 A 集团在本案一审期间能够取得争议土地的国有土地使用权，该合同仍可认定为有效合同。B 公司未能在另一诉讼一审期间取得争议地块的国有土地使用权，并不等于 A 集团不能在此后取得国有土地使用权。如果 A 集团在本案一审期间能够取得争议地块的国有土地使用权，双方的合作开发合同仍可以被认定为有效合同。事实上，当时 B 公司的权利也未遭受侵害，直到起诉前，B 公司及 C 公司仍希望 A 集团继续履行交付土地使用权的义务，但 A 集团至今无法完成该合同义务，直接导致了合作开发合同的无效。

〔最高人民法院查明的事实〕

本院二审查明的事实与一审法院查明的事实相同。

〔最高人民法院裁判理由与结果〕

本院认为，本案二审双方当事人争议焦点有二：其一，C 公司是否具备原告的主体资格；其二，B 公司的起诉是否超过诉讼时效期间。

（一）关于 C 公司是否具备原告的主体资格。

经查，B 公司是由 C 公司申办成立的。由于 B 公司未按规定申报工商年检，2003 年 11 月 26 日，广西壮族自治区北海市工商行政管理局作出行政处罚决定书，决定吊销 B 公司的营业执照，但至今尚未成立清算组进行清算。根据《中华人民共和国民法通则》第三十六条的规定："法人是具有民事权利能力和民事行为能力，依法独立享有民事权利和承担民事义务的组织。法人的民事权利能力和民事行为能力，从法人成立时产生，到法人终止时消灭。"《中华人民共和国公司登记管理条例》第三十八条规定："经公司登记机关核准注销登记，公司终止。"① B 公司虽然系由 C 公司申请开办，但被依法吊销了营业执照之后并没有进行清算，也没有办理公司的注销登记，因此 B 公司仍然享有民事诉讼的权利能力和行为能力，即有权以自己的名义参加民事诉讼。C 公司作为 B 公司的开办单位，虽然有权利和义务对 B 公司的债权债务进行清理，但在 B 公司尚未注销时，其开办单位作为当事人共同参加诉讼，没有法律依据。C 公司不是 B 公司与 A 集团所签合同的缔约人，其与 A 集团之间没有直接的民事法律关系。因此，一审法院认定 C 公司为本案适格原告，于法无据。A 集团关于 C 公司不具备本案原告的诉讼主体资格的上诉请求，应予支持。

（二）关于 B 公司的起诉是否超过诉讼时效期间。

一审法院认为，B 公司与 A 集团签订的《土地合作开发协议书》，名为合作开发，实为土地使用权的转让协议。因 A 集团未取得讼争土地的使用权即与 B 公司签订协议转让该土地的使用权，且既未对土地进行实际的投资开发也未在一审审理期间补办有关土地使用权登记或变更登记手续，故双方当事人签订的《土地合作开发协议书》应为无效。一审法院上述关于合同性质及效力的认定，符合本案事实，适用法律正确。且双方当事人对合同效力亦无异议。

依照《中华人民共和国民法通则》第一百三十五条、第一百三十七条之规定，当事人向人民法院请求保护民事权利的诉讼时效期间为二年，诉讼时效期间从知道或者应当知道权利被侵害时起计算。本院认为，合同当事人不享有确认合同无效的法定权利，只有仲裁机构和人民法院有权确认合同是否有效。合同效力的认定，实质是国家公权力对民事行为进行的干预。合同无效系自始无效，单纯的时间经过不能改变无效合同的违法性。当事人请求确认合同无效，不应受诉讼时效期间的限制，而合同经确认无效后，当事人关于返还财产及赔偿损失的请求，应当适用法律关于诉讼时效的规定。本案中，B 公司与 A 集团签订的《土地合作开发协议书》被人民法院确认无效后，B 公司才享有财产返还的请求权，故 B 公司的起诉没有超过法定诉讼时效期间。

A 集团主张，双方签订的《土地合作开发协议书》约定，A 集团应在合同签订之日起 13 日内为 B 公司办理蓝线图和转换合同，A 集团未在该期限内履行上述义务，B 公司就应当知道其权利受到侵害，诉讼时效即起算。本院认为，双方当事人签订的《土地合作开发协议书》约定，如果 A 集团未能在合同订立之日起 13 日内办理蓝线图和转换合同，合同仍然继续有效执行，只是 A 集团应承担相应的违约责任，即赔偿 B 公司 100 万元。因此，合同仍处在继续履行状态，未及时办理蓝线图及转换合

---

① 对应《市场主体登记管理条例》第 31 条。

同并不影响合同其他权利义务的履行，而且，上述义务也不是双方合同的主要义务。故在合同签订后的 13 日内 A 集团虽未依约办理好蓝线图等，但并不能据此推断 B 公司就知道或应当知道 A 集团不能履行转让土地使用权的义务。A 集团的该点上诉理由，不能成立。

A 集团上诉还认为，广西壮族自治区北海市中级人民法院作出（1999）北民初字第 66 号民事判决后，B 公司就知道或应当知道其权利被 A 集团侵害，诉讼时效期间即起算。本院认为，一审法院对此问题的认定，理据充分。广西壮族自治区北海市中级人民法院审理的是 B 公司与 D 公司的争议，与本案没有直接的联系。广西壮族自治区北海市中级人民法院判决认定 B 公司与 D 公司之间的合同无效，并不能推导出 B 公司与 A 集团之间的合同亦为无效。B 公司与 A 集团之间的土地使用权转让协议在 B 公司提起诉讼时处于效力待定状态，如在本案一审诉讼期间 A 集团能补办有关土地使用权的手续，合同仍然可以有效并得到履行。A 集团也未告知 B 公司不能办理土地使用权转让手续。所以，B 公司虽在与 D 公司的诉讼中败诉，但并不能由此推定 B 公司知道或应当知道 A 集团侵害了其权利。A 集团的该点上诉理由，亦不能成立。

综上，依据《中华人民共和国民事诉讼法》第一百五十三条①第一款第（二）项之规定，判决如下：

一、维持广西壮族自治区高级人民法院（2005）桂民一初字第 3 号民事判决第一项；

二、变更广西壮族自治区高级人民法院（2005）桂民一初字第 3 号民事判决第二项为：广西 A 集团有限责任公司于本判决生效后 15 日内返还北海市 B 房地产开发公司 2500 万元及利息（利息从取得款项之日起，按中国人民银行同期一年期存款利率计算）。

一审案件受理费、二审案件受理费共计 565972 元，由广西 A 集团有限责任公司负担。

本判决为终审判决。

---

① 对应 2023 年《民事诉讼法》第 177 条。

第十三章 公益诉讼

> **规则 21**：少数民族乡政府为维护本区域内的公众权益，可以以自己的名义对侵犯本民族民间文学艺术作品合法权益的行为提起诉讼
> ——某乡政府与郭某、某电视台、某购物中心侵犯民间文学艺术作品著作权纠纷案[1]

【裁判规则】

依照宪法和法律在少数民族聚居区设立的乡级地方国家政权，当少数民族民间文学艺术受到侵害时，为维护本区域内公众的利益，以自己的名义提起诉讼，不违反法律的禁止性规定。

【规则理解】

一、民间文学艺术作品著作权的内涵及法律特征

（一）民间文学艺术作品著作权的内涵

世界知识产权组织（WIPO）和联合国教科文组织（UNESCO）1976年共同制定的《发展中国家突尼斯版权示范法》将民间文学艺术作品定义为："在某一国家领土范围内可以认定由该国国民或者种族群落创造的、代代相传并构成其传统文化遗产之基本组成部分的全部文学、艺术和科学作品。"[2] WIPO 和 UNESCO 在1982年制定的《保护民间文学艺术表达、防止不正当利用及其他侵害行为的国内示范法条款》（以下简称《示范条款》）将"民间文学艺术表达"定义为"由具有传统文化艺术特征的要素构成，并由某一国家和地区的一个群体或者某些个人创造和维系，反映该群体传统文化艺术期望的全部文艺产

---

[1] 载《中华人民共和国最高人民法院公报》2004年第7期。
[2] ［俄］E·P.加佛里洛夫：《民间文学艺术作品的法律保护》，载《版权参考资料》1984年第7期。

品。"① 第 2 条列举了民间文学艺术作品的具体形式：（1）口头表达形式；（2）音乐表达形式；（3）活动表达形式；（4）有形的表达形式，如民间艺术品、乐器、建筑艺术等。②

（二）民间文学艺术作品著作权的法律特征

从前述关于民间文学艺术作品的定义可以看出，民间文学艺术作品与普通作品都是智力创作活动的结晶，都属于智力成果的范畴，都具有无形性、地域性等特征，民间文学艺术作品属于著作权保护的范围。民间文学艺术作品与其他文学艺术作品相比，又具有自身的特殊性，表现在以下几个方面：③

1. 作者的群体性。民间文学艺术作品是群体创造性思维活动的结果，不是没有作者。民间文学艺术作品的作者不是传统版权法意义上的个人作者，而是有关群体。

2. 作品的独创性。民间文学艺术作品的独创性表现在两个方面：首先表现为群体的独创性，相对于其他群体，本群体的民间文学艺术作品具有高度的独创性。每一群体的每一部民间文学艺术作品都各有特点和个性，这是不同的创作群体在其独特的历史传统、民俗人情、地理环境、社会心理、审美视角、艺术追求和表现手段等因素影响下进行创作的结果。其次表现为传承人的独创性，传承人相对于前人，传承中必有一定独创性的发挥。

3. 存在形态的非物质性。民间文学艺术作品只是未固定的表达，不是不能固定。多数民间文学艺术以口头等非物质的形态存在于民间，存在于集体记忆和个人记忆之中，是有关群体的传统习惯，是其独特生命力的体现。有些群体则受文明程度的限制，缺乏复制的人才、工具和手段（如文字）。版权保护制度应当顺应这一特殊客体的个性，排除对其物质固定的要求。

我国《著作权法》第 6 条规定，"民间文学艺术作品的著作权保护办法由国务院另行规定"，但未对民间文学艺术作品的概念作出明确界定。国家版权局于 2014 年 9 月公布了《民间文学艺术作品著作权保护条例》（征求意见稿），拟于第 2 条规定："本条例所称民间文学艺术作品，是指由特定的民族、族群或者社群内不特定成员集体创作和世代传承，并体现其传统观念和文化价值的

---

① 管玉鹰：《知识产权视野中的民间文艺保护》，法律出版社 2006 年版，第 1 页。
② 郑成思：《世界各国的民间文学艺术保护状况》，载《中国知识产权报》2001 年 11 月 9 日。
③ 李永明、杨勇胜：《民间文学艺术作品的版权保护》，载《浙江大学学报（人文社会科学版）》2006 年第 7 期。

文学艺术的表达。民间文学艺术作品包括但不限于以下类型：（一）民间故事、传说、诗歌、歌谣、谚语等以言语或者文字形式表达的作品；（二）民间歌曲、器乐等以音乐形式表达的作品；（三）民间舞蹈、歌舞、戏曲、曲艺、等以动作、姿势、表情等形式表达的作品；（四）民间绘画、图案、雕塑、造型、建筑等以平面或者立体形式表达的作品。"但国务院尚未正式出台相应的保护办法。从该条可以看出，民间文学艺术作品在我国属于著作权法保护的范围，但现阶段尚未形成完善的权利保护制度。

二、民间文学艺术作品权利的行使主体

民间文学艺术作品是在长期的历史发展传承过程中，以滚雪球的方式吸纳了特定群体不同时代、不同地域、不同文化素养的创作主体和传承主体的世界观和价值观，创造过程体现了群体的参与性，是集体智慧的结晶，因此权利应当属于来源群体所有。但是来源群体不具有民事行为能力，在权利行使上存在较大障碍。

对于这一问题的解决，当前主要存在三种主张：第一种是国家说，主张由国家直接享有民间文学艺术作品著作权，由国家版权行政主管部门或文化行政主管部门具体行使权利，民间文学艺术来源群体不作为权利人，仅作为受益人或民间文学艺术作品的持有人。第二种是信托说，认为由来源群体享有著作权，由具备法人资格的信托公司、民间团体或其他集体管理机构根据委托授权的信托模式代为行使和管理权利。第三种是法定代理说，认为法律规定由民间文学艺术来源群体享有著作权，应当通过引进并适当改造民事代理制度中的法定代理制度来解决权利主体的行为能力障碍。对于具备法人或其他组织主体资格的部分民间文学艺术来源群体，以及对于享有民间文学艺术权利的具备完全民事行为能力的自然人，则由其自己行使权利。①

民间文学艺术作品的版权首先应该归属于创作民间文学艺术作品的群体，这是基本原则。依据创造性的劳动应获得相应的版权权利和权利义务对等的原则，不同的主体参与了民间文学艺术作品的传承、发掘、整理、完善、提高、传播、保存、保护，民间文学艺术作品的原创者、传承人、发现人、记录人、收集人、整理人、传播人以及民间组织等也应享有相应的权利（版权或其他权利）。从这个意义上讲，与民间文学艺术作品相关的权利主体又是多层次的。②

---

① 张耕：《论民间文学艺术版权主体制度之构建》，载《中国法学》2008年第3期。
② 李永明、杨勇胜：《民间文学艺术作品的版权保护》，载《浙江大学学报（人文社会科学版）》2006年第7期。

《示范条款》规定各国可在"主管部门"和"有关居民团体"之间进行选择。对民间文学艺术作品提供著作权保护的国家大都选择了"主管部门",即认定国家就是权利主体,权利的行使与实现是通过"主管机关"来行使。只有极少的国家选择"有关居民团体"来行使民间文学艺术作品的权利。从广义上讲,民间文学艺术作品是在特定民族或特定区域的群体间世代相传,体现该民族或该区域群体社会历史和文化生活特点的艺术表现形式。从本质上看,民间文学艺术作品具有不同于著作权法保护的一般客体的显著特性。相对于著作权法所保护的主体一般为特定的自然人、法人而言,民间文学艺术作品的主体具有不特定性。民间文学艺术作品的形成和发展是某个民族或某个区域的群体持续创作并世代传承的过程,其权利主体不易确定,其属于该民族或该区域的群体共同创作和享有的作品,从此种意义上,民间文学艺术作品的创作主体带有群体性,其权利应归属于该民族或该区域的群体共同享有。很多国家立法把民间文学艺术作为本国特定民族的群体性作品。民间文学艺术在特定区域或民族中流行,并在流传过程中不断被人们加工、完善,逐渐成为特定地区、特定民族的群体作品,已不具有创作者的个性特征,而具有鲜明的民族风格和地方特色。因此,将民间文学艺术作品作为某一特定民族群体共有的作品看待,有利于对民间文学艺术作品的传承和发展,有利于尊重创作民间文学艺术作品的特定民族群体的民族感情。任何对民间文学艺术作品的歪曲和割裂,都会伤害到创作民间文学艺术作品的特定民族群体的情感。[①]

《示范条款》确定的许可使用民间文学艺术(表达)的授权和收取使用费的主体,是采用法律规定的形式指定的国家主管部门或社会群体,排除了公民个人对民间文学艺术(表达)行使所有者的权利。按照条款规定,对国家主管部门作出的许可及不许可决定,使用申请人对其决定可以上诉,国家主管部门所收取的费用必须用于促进或保护本国民间文化的目的。而对于社会群体作为授权主体的,其可以自由作出是否许可的决定,所收取的费用也由其自行决定使用方式。国家指定人民政府文化行政部门行使相关权利,以维护国家和相关群体的权利不受侵犯。享有民族民间文化的智力成果权的群体中的公民、法人或其他组织,认为该群体的精神权利或物质权利受到侵害时,可以向有关的文化行政部门申请维护其权利,由该文化行政部门向司法机关提起诉讼。文化行

[①] 邵明艳:《让"乌苏里船歌"的歌声更悠扬——民间文学艺术作品法律保护的探讨》,载《电子知识产权》2005年第9期。

政部门在国家或民族权益受到侵害时，可以直接提出诉讼请求。此外，鉴于民间文学艺术的集体性、利益的公共性，也可以借鉴公益诉讼制度作为一种对民间文学艺术作品版权侵权行为的救济制度。

三、民间文学艺术作品侵权纠纷对公益诉讼制度的引入

讨论民间艺术作品权利是否属于公共利益的范畴，有必要对"公共利益"的内涵作一分析。公共利益的特点主要有：（1）不可分性和公共性；（2）非他的相容性和相关性；（3）不确定性。公共利益和私人利益的区别是复杂细微的，主要区别在于公共利益具有不可分性和公共性。所谓不可分性和公共性，是指这种利益不可能只提供给社群中某个人，而不提供给其他人。当把公共利益提供给某个人时，它必然也同时自动地为同一社群的其他成员所享有，例如城市卫生。所谓非排他的相容性和相关性，是指公共利益的供给是整体的、普遍的，绝大多数情况下表现为非排他性，整体上有利于社群。所谓不确定性是指公共利益的内容具有不特定性，不仅在某一时期、某一地域很难确定，而且随着时间、地域不同而呈历史的、动态的特征。

民间文学艺术作品的权利归属具有特殊性，权利主体为来源群体，其利益具有公共性、不可分性的特点，代表着来源群体的共同利益。本案所涉的乌苏里船歌是赫哲族世代传承的民间曲调，是赫哲族群体共同创作和每一个成员享有的精神文化财富。它不归属于赫哲族的某一成员，但又与每一个赫哲族成员的权益有关，属于不特定多数人受益的公共利益，由赫哲族全体组成的集合体享有权利。由于来源群体作为权利主体，其是抽象的集合体，一旦受到侵害，难以通过普通民事诉讼得到救济，事实上也可能全部利益主体都参加诉讼。鉴于民间文学艺术作品的集体性、利益的公共性，引入公益诉讼制度，允许非直接利害关系人起诉，有利于民间文学艺术作品权利被侵权时的有效救济。

四、公益诉讼的起诉主体

（一）诉的利益

诉的利益是指当事人的合法权益受到侵害或与他人发生纠纷时，需要运用诉讼手段予以救济的必要性。按照传统诉的利益学说，诉的利益决定民事可诉性和原告适格性，"无利益即无诉权"，原告起诉必须是为与自己有直接利害关系的纠纷。[①]《民事诉讼法》第122条规定："起诉必须符合下列条件：（一）原告是

[①] ［日］谷口安平：《程序的正义与诉讼》，王亚新、刘荣军译，中国政法大学出版社1996年版，第151页。

与本案有直接利害关系的公民、法人和其他组织……"传统诉的利益学说，即"直接利害关系规则"是建立在任何民事权益都有积极的捍卫者，一旦其权益受损，权利人必然会向法院寻求救济的假设基础上的。其主要目的有二：一是避免原告滥用诉权，使另一方当事人无端陷入诉讼；二是将与案件无关的人排除在诉讼之外，节约有限的司法资源。然而，诉的利益学说使民事诉讼法局限于保护私权，限制了其在保护公共利益方面的功能发挥。环境侵权、消费者侵权等侵权行为对公众利益的损害巨大，但由于利益主体的不特定性以及个体救济成本过高等因素，个体受害者往往放弃救济。随着现代社会结构和法律调整模式的变迁，社会对保护公共利益的关注程度日益提高，建立公益诉讼制度成为2012年《民事诉讼法》修改的一项重要内容。《民事诉讼法》第58条规定"对污染环境、侵害众多消费者合法权益等损害社会公共利益的行为，法律规定的机关和有关组织可以向人民法院提起诉讼"，在我国确立了民事公益诉讼制度。从该条规定看，公益诉讼是相对于代表个体利益的私益诉讼而言的。私益诉讼应当遵循《民事诉讼法》第122条的规定，原告应当是与案件有直接利害关系的公民、法人和其他组织。公益诉讼不以诉的利益作为限定原告的条件，但原告必须具备主体资格的法定性，即只有"法律规定的机关和有关组织"才有资格提起公益诉讼。

（二）提起公益诉讼的主体

关于我国公益诉讼的原告主体问题，立法过程中争议较大。根据现行《民事诉讼法》第58条的规定，公益诉讼的案件范围限于损害社会公共利益的污染环境、侵害众多消费者合法权益等案件，公益诉讼的原告限于法律规定的机关和有关组织。其中，"法律规定的机关"是指法律明确规定有权提起公益诉讼的国家机关。"有关组织"不受法律规定的限制，具体哪些组织可以提起公益诉讼，一是由立法机关后续的立法予以明确；二是立法没有明确的，最高人民法院可以根据审判实践加以确定。最高人民法院于2014年12月公布并于2020年修订的《关于审理环境民事公益诉讼案件适用法律若干问题的解释》第1条规定："法律规定的机关和有关组织依据民事诉讼法第五十五条、环境保护法第五十八条等法律的规定，对已经损害社会公共利益或者具有损害社会公共利益重大风险的污染环境、破坏生态的行为提起诉讼，符合民事诉讼法第一百一十九条[①]第二项、第三项、第四项规定的，人民法院应予受理。"同时，该解释

[①] 对应2023年《民事诉讼法》第122条。

于第 29 条规定"法律规定的机关和社会组织提起环境民事公益诉讼的,不影响因同一污染环境、破坏生态行为受到人身、财产损害的公民、法人和其他组织依据民事诉讼法第一百一十九条①的规定提起诉讼",即公益诉讼不影响受损主体提起私益诉讼。

1. 法律规定的"有关机关"

所谓法律规定的"有关机关",要求可以提起公益诉讼的国家机关有明确的法律依据。由于民事诉讼本来是平等主体之间的诉讼,而公益诉讼只是一种授权性的诉讼,因此这种授权必须是法律的明确授予。作为能提起公益诉讼的行政机关,不仅其设立和职能,而且其可以提起公益诉讼的权利都必须由法律明确规定。在我国与社会公共利益有关的机关很多,权力机关、行政机关、审判机关、检察机关等都与公共利益有关,显然,立法机关、审判机关是不能作为公益诉讼主体的。从现行法律规定来看,目前明确可以提起民事公益诉讼的行政机关,包括两类:

一是海洋环境监管部门。《海洋环境保护法》第 89 条第 3 款规定,对破坏海洋生态、海洋水产资源、海洋保护区,给国家造成重大损失的,由依照本法规定行使海洋环境监督管理权的部门代表国家对责任者提出损害赔偿要求。该条款既是赋权条款,也是限定条款,即将海洋生态资源损失索赔主体限定为行使海洋环境监督管理权的部门。2022 年 5 月 10 日公布的《最高人民法院、最高人民检察院关于办理海洋自然资源与生态环境公益诉讼案件若干问题的规定》(以下简称《海洋公益诉讼规定》)专门规定了因海洋自然资源与生态环境损害而提起的海洋环境公益诉讼,包括民事、刑事附带民事和行政公益诉讼三种类型。其中,第 2 条规定,"依据海洋环境保护法第八十九条第二款规定,对破坏海洋生态、海洋水产资源、海洋保护区,给国家造成重大损失的,应当由依照海洋环境保护法规定行使海洋环境监督管理权的部门,在有管辖权的海事法院对侵权人提起海洋自然资源与生态环境损害赔偿诉讼。有关部门根据职能分工提起海洋自然资源与生态环境损害赔偿诉讼的,人民检察院可以支持起诉",不仅明确了海洋环境监管部门有权提起海洋自然资源与生态环境民事公益诉讼的主体,同时确定海事法院是海洋环境民事公益诉讼的专门管辖法院。

二是检察机关。2015 年 7 月 1 日,第十二届全国人民代表大会常务委员会第十五次会议通过了《关于授权最高人民检察院在部分地区开展公益诉讼试点

---

① 对应 2023 年《民事诉讼法》第 122 条。

工作的决定》，授权最高人民检察院在生态环境和资源保护、国有资产保护、国有土地使用权出让、食品药品安全等领域开展提起公益诉讼试点。试点地区确定为北京、内蒙古、吉林、江苏、安徽、福建、山东、湖北、广东、贵州、云南、陕西、甘肃十三个省、自治区、直辖市。提起公益诉讼前，人民检察院应当依法督促行政机关纠正违法行政行为、履行法定职责，或者督促、支持法律规定的机关和有关组织提起公益诉讼。试点期限为二年。2015年7月2日，最高人民检察院发布《检察机关提起公益诉讼改革试点方案》，规定了检察机关在履行职责中发现污染环境、食品药品安全领域侵害众多消费者合法权益等损害社会公共利益的行为，在没有适格主体或者适格主体不提起诉讼的情况下，可以向人民法院提起民事公益诉讼。检察机关以公益诉讼人身份提起民事公益诉讼，被告没有反诉权。检察机关在提起民事公益诉讼之前，应当履行诉前程序，依法督促或者支持法律规定的机关或有关组织提起民事公益诉讼。经过诉前程序，法律规定的机关和有关组织没有提起民事公益诉讼，社会公共利益仍处于受侵害状态的，检察机关可以提起民事公益诉讼。针对司法实践中存在海洋环境监督管理部门怠于履行提起诉讼的职责，导致海洋环境保护力度受到影响的情形，《海洋诉讼公益规定》第3条至第5条对人民检察院提起民事公益诉讼的不同情形作了具体规定，充分发挥检察机关在海洋环境监督管理部门不起诉的情况下通过公益诉讼加大海洋环境保护力度的职能。其中，第3条规定："人民检察院在履行职责中发现破坏海洋生态、海洋水产资源、海洋保护区的行为，可以告知行使海洋环境监督管理权的部门依据本规定第二条提起诉讼。在有关部门仍不提起诉讼的情况下，人民检察院就海洋自然资源与生态环境损害，向有管辖权的海事法院提起民事公益诉讼的，海事法院应予受理。"第4条规定："破坏海洋生态、海洋水产资源、海洋保护区，涉嫌犯罪的，在行使海洋环境监督管理权的部门没有另行提起海洋自然资源与生态环境损害赔偿诉讼的情况下，人民检察院可以在提起刑事公诉时一并提起附带民事公益诉讼，也可以单独提起民事公益诉讼。"第5条规定："人民检察院在履行职责中发现对破坏海洋生态、海洋水产资源、海洋保护区的行为负有监督管理职责的部门违法行使职权或者不作为，致使国家利益或者社会公共利益受到侵害的，应当向有关部门提出检察建议，督促其依法履行职责。有关部门不依法履行职责的，人民检察院依法向被诉行政机关所在地的海事法院提起行政公益诉讼。"

2. 有关"社会组织"

"社会组织"作为公益诉讼的原告也必须是法律和司法解释有明确规定的。

哪些组织适宜提起公益诉讼,可以在制定相关法律时作出进一步明确规定,还可以在司法实践中逐步探索。根据现行法律和司法解释的规定,可以提起民事公益诉讼的社会组织有:

一是符合条件的消费者协会。2013年修订的《消费者权益保护法》增加了提起消费者权益保护公益诉讼的主体,该法第47条规定,对侵害众多消费者合法权益的行为,中国消费者协会以及在省、自治区、直辖市设立的消费者协会,可以向人民法院提起诉讼。

二是专门从事环境保护公益活动的社会组织。2014年修订的《环境保护法》增加了提起环境保护公益诉讼的社会组织的规定。该法第58条规定:"对污染环境、破坏生态,损害社会公共利益的行为,符合下列条件的社会组织可以向人民法院提起诉讼:(一)依法在设区的市级以上人民政府民政部门登记;(二)专门从事环境保护公益活动连续五年以上且无违法记录。符合前款规定的社会组织向人民法院提起诉讼,人民法院应当依法受理。提起诉讼的社会组织不得通过诉讼牟取经济利益。"

司法实践中,为进一步明确环保公益诉讼的起诉主体,保障有序、有效地开展环境公益诉讼,《最高人民法院关于审理环境民事公益诉讼案件适用法律若干问题的解释》第2条至第5条规定,提起环境公益诉讼的社会组织应当符合下列条件:(1)属于依照法律、法规的规定在设区的市级以上人民政府民政部门登记的社会团体、民办非企业单位以及基金会等社会组织。(2)社会组织章程确定的宗旨和主要业务范围是维护社会公共利益,且从事环境保护公益活动的。(3)社会组织提起的诉讼所涉及的社会公共利益,应与其宗旨和业务范围具有关联性。(4)社会组织在提起诉讼前五年内未因从事业务活动违反法律、法规的规定受过行政、刑事处罚的。

从我国现行管理体制看,行政主管部门等有关机关是公共利益的主要维护者和公共事务的管理者,作为公益诉讼的起诉主体具有较大的优势,既可以促使其依法积极行政,又可以利用诉讼救济的方式弥补行政手段的不足。本案判决认为,某乡政府是依据我国宪法和法律的规定在少数民族聚居区内设立的乡级地方国家政权,可以作为赫哲族部分群体公共利益的代表。某乡政府为维护本区域内的赫哲族公众的权益,有权以自己的名义对侵犯赫哲族民间文学艺术作品合法权益的行为提起诉讼,有效保护了赫哲族群体的公众利益,有积极的示范意义。在《民事诉讼法》确立公益诉讼制度以后,根据原告主体资格法定性的要求,民间文学艺术作品著作权纠纷的起诉主体,亟须由相关法律作出进一步的明确规定。

需要明确的是，我国法律和司法解释未将个人纳入公益诉讼的主体范围。一是从我国的现行管理体制和减少滥诉风险的角度看，为促使公益诉讼制度在我国适度开展，同时又能有序进行，目前提起公益诉讼的主体不宜过宽，如果放开个人的公益诉讼主体资格，可能会造成诉讼数量过多的局面；二是个人举证能力薄弱，取证困难，在目前社会条件下，也不适合作为公益诉讼的起诉主体。当然在很多情况下，损害公共利益的行为也会损害个人利益，如公民个人为受害者，其可以依据《民事诉讼法》第122条规定的"直接利害关系规则"得到救济。

【拓展适用】

一、公益诉讼的起源及在世界各国的发展

公益诉讼的出现最早可追溯到古罗马时期。罗马法的程式诉讼包括私益诉讼和公益诉讼，私益诉讼是保护个人所有权利的诉讼，仅特定的人才能提起；而公益诉讼是为了保护社会公共利益的诉讼，除法律有特别规定外，凡市民均可提起。[①]

近现代以来，美、英、法、德、日、印度等许多国家均在民事诉讼法、环境保护法、消费者权益保护法、反不正当竞争法等单行法中建立了公益诉讼制度。从各国的立法发展看，公益诉讼代表人制度分为官方公益代表机构和民间公益代表人。官方公益代表机构包括检察机关和其他政府机构。民间公益代表人制度以公益团体和公民个人作为起诉主体，但对其代表公益的领域和方式通常都有严格的立法限制，没有法律规定，公益团体和公民个人不能作为公益代表人。根据公益诉讼起诉主体的不同，可以划分为四种不同的立法例：[②]

一是由公民提起公益诉讼。典型的有美国的公民诉讼、日本的民众诉讼等。20世纪40年代后，美国以司法判例的形式确立了"私人检察总长理论"，为了保护公共利益，国会有权制定法律授权其他当事人以私人检察总长的身份提起公益诉讼，主张社会公益。美国联邦政府在1970年至1972年间修改了《清洁空气法》《水质污染管制法》《噪音管制法》，规定任何人无须证明自己受到违法行为的直接侵害，都可以根据上述法律的规定，对违法行为提起诉讼。美国《联邦采购法》规定，任何人均可代表美利坚合众国对政府采购中的腐败和有

[①] 周枏：《罗马法原理（下册）》，商务印书馆1996年版，第886页。
[②] 颜运秋：《公益诉讼理念研究》，中国检察出版社2003年版，第113~118页。

损于美国公共利益的行为提起诉讼，在获胜以后，可以在收益中获得相应的比例作为奖赏。

二是由公益团体提起公益诉讼。一些大陆法系国家通过制定法使某些社会团体具备公益诉讼的原告资格，如德国和法国的团体诉讼制度。德国在《反不正当竞争法》《一般契约条款法》《关于侵害消费者权利和其他权利之停止侵害诉讼法》等法律中分别赋予竞争者、事业团体、消费者团体等公益团体提起公益诉讼的资格。

三是由政府机关提起公益诉讼。例如，美国的证券委员会可以提起诉讼，要求违反信息披露义务的公司及董事等交出股票交易所得，以此赔偿因此给其他股东造成的损失。1938年《公平劳动基准法》规定劳工部长应受雇人的书面请求，要求雇主支付工资，有可以自行向法院要求发布禁令，要求雇主支付工资的诉权。俄罗斯《联邦消费者权利保护法》规定，对于损害范围不确定的消费者的违法行为，作为国家机关的反垄断政策和支持新经济结构国家委员会，联邦标准化、度量衡和检验国家委员会，卫生防疫监督委员会，联邦生态和自然资源部等都有权在自己的职权范围内向法院提起诉讼。

四是由检察机关提起公益诉讼。检察机关作为公共利益代表提起诉讼是大多数国家的立法选择。法国1976年《民事诉讼法》中规定检察机关可以以主当事人或联合当事人的身份参与民事诉讼。与民事诉讼法相适应，法国民法典从实体法的角度规定了检察机关提起公益诉讼的范围。美国1890年《谢尔曼反托拉斯法》规定，凡以托拉斯或其他形式订立合同，实行企业兼并或阴谋限制州际商业和对外贸易活动，均属非法，检察官依司法部长的指示可以提起诉讼。德国1960年《德国法院法》确立联邦最高检察官作为联邦公益的代表人，因此德国的公益诉讼除团体诉讼外，还包括检察官提起的公益诉讼和公民提起的宪法诉讼。

二、检察机关在公益诉讼中法律地位的探讨[①]

在过去的实践中，就检察机关提起民事及行政公益诉讼，究竟居于何种法律地位，一直存在争议。主要有以下几种观点：[②] 第一，法律监督说。这种观

[①] 参见江必新主编：《民事诉讼新制度讲义》，法律出版社2013年版，第65~66页。
[②] 参见廖中洪：《检察机关提起民事诉讼若干问题研究》，载《现代法学》2003年第3期；廖永安：《论检察机关提起民事诉讼》，载《湘潭大学社会科学学报》2001年第2期；《检察机关参与公益诉讼研究》课题组：《检察机关提起公益诉讼的法律地位和方式比较研究》，载《政治与法律》2004年第2期。

点认为，在检察机关提起的民事诉讼中，无论它以何种方式参与诉讼，它所处的地位只能是法律监督者。当检察机关提起诉讼时，其法律监督的特殊性表现在，既是对民事违法事件实施监督，又是对权利人不当放弃诉权实施监督。在这里，法律监督权转化为起诉权，这种观点有两个核心思想：其一，检察机关提起民事诉讼，是基于法律授予的民事检察监督权。换言之，检察机关提起的民事诉讼，实质上不过是检察机关实施法律监督的一种手段。其二，由于检察机关提起诉讼只是其法律监督的一种手段，因而在民事诉讼中，检察机关只能是程序意义上的原告人，既不享有胜诉的利益，也不应承担败诉的风险。第二，双重身份说。这种观点认为，检察机关提起公益诉讼时虽然处于原告地位，但是检察机关的性质和宪法定位决定了它不同于一般的原告。检察机关既是原告，又是法律监督者。既享有原告的诉讼权利，又拥有民事检察监督权。[1] 第三，原告说。这种观点认为，在检察机关提起的公益诉讼中，由于检察机关的起诉行为能够引起诉讼的发生和诉讼程序的开始，检察机关提起诉讼后声明诉讼请求，并有权要求法院传唤被告人应诉等，检察机关与通常民事诉讼中的原告一样，居于原告的诉讼法律地位。其不仅享有一般原告的诉讼权利，如有权要求法官回避，依法传唤证人，而且承担原告的义务。这种观点的核心思想在于：赞同授予检察机关提起公益诉讼的权利，但不赞同授予检察机关大于一般民事诉讼当事人的诉讼权利。第四，公诉人说。这种观点认为，检察机关在它提起的公益诉讼中居于公诉人的法律地位，与其提起的刑事诉讼，没有实质区别。在这两种行为中检察机关并没有独立的自身利益，因此，都应当居于公诉人的法律地位。这种观点实质上是将检察机关的公诉权运用到民事诉讼中，以求从形式上实现检察机关诉权的统一。第五，公益代表人说。这种观点认为，在检察机关提起的公益诉讼中，检察机关是公益权利的代表，其诉讼目的在于维护社会的公共利益。

根据《全国人民代表大会常务委员会关于授权最高人民检察院在部分地区开展公益诉讼试点工作的决定》以及最高人民检察院《检察机关提起公益诉讼改革试点方案》的规定，检察机关在履行职责中发现污染环境、食品药品安全领域侵害众多消费者合法权益等损害社会公共利益的行为，在没有适格主体或者适格主体不提起诉讼的情况下，可以向人民法院提起民事公益诉讼。检察机关在履行职责中发现生态环境和资源保护、国有资产保护、国有土地使用权出

---

[1] 马秀梅：《从民事公诉看检察机关的法律地位》，载《检察日报》2002年11月12日。

让等领域负有监督管理职责的行政机关违法行使职权或者不作为，造成国家和社会公共利益受到侵害，公民、法人和其他社会组织由于没有直接利害关系，没有也无法提起诉讼的，可以向人民法院提起行政公益诉讼。检察机关在民事公益和行政公益诉讼中的身份均为公益诉讼人。

2016年2月25日，最高人民法院公布《人民法院审理人民检察院提起公益诉讼案件试点工作实施办法》，第4条规定，"人民检察院以公益诉讼人身份提起民事公益诉讼，诉讼权利义务参照民事诉讼法关于原告诉讼权利义务的规定。民事公益诉讼的被告是被诉实施损害社会公共利益行为的公民、法人或者其他组织"；第14条规定，"人民检察院以公益诉讼人身份提起行政公益诉讼，诉讼权利义务参照行政诉讼法关于原告诉讼权利义务的规定。行政公益诉讼的被告是生态环境和资源保护、国有资产保护、国有土地使用权出让等领域行使职权或者负有行政职责的行政机关，以及法律、法规、规章授权的组织"。从上述规定看，无论是民事公益诉讼人还是行政公益诉讼人，其诉讼权利义务分别参照《民事诉讼法》和《行政诉讼法》关于原告诉讼权利义务的规定确定，因此，检察机关是实际居于原告地位的诉讼当事人，而非法律监督者或支持起诉人。但是，由于公益诉讼的特殊性，检察机关作为诉讼权利义务主体与普通民事诉讼的原告亦有所区别，例如在民事公益诉讼中被告无权对检察机关提起反诉。

三、公益诉讼案件的范围及受理

（一）法律明确规定的两类案件

第一类是环境污染公害案件。在我国，伴随着工业化、城市化进程和人口的大量增加，环境污染问题越来越严重，出现了淡水资源危机、水土流失、土壤沙漠化、森林资源减少等一系列环境问题。虽然我国有关于环境保护的明确规定，但环境保护与公害治理效果仍不理想，特别是司法救济不到位，原因在于诉讼程序设置不科学，《民事诉讼法》的原有规定侧重于私益诉讼，公益诉讼难以真正得到司法救济。为此，2012年《民事诉讼法》将环境保护案件纳入民事公益诉讼范畴，以有效地保护环境资源。第二类是侵害众多消费者合法权益的案件。在消费者权益保护立法方面，我国通过《消费者权益保护法》与相关法律如《产品质量法》《食品安全法》《药品管理法》等相互衔接。面对侵害众多消费者利益的行为，常常缺乏公平合理的解决途径。为此，2012年《民事诉讼法》将侵害众多消费者合法权益的事件明确纳入公益诉讼的范围。

(二) 进入公益诉讼值得探讨的几类案件

1. 侵害国家财产权益案件。公有制是我国经济基础，国有资产是全体人民的共同财富，是社会公共利益的重要内容之一。国家通过对国有资产的占有、使用和管理行使国家公权力，维护社会公共秩序，建设公共设施，建立公共福利。任何对国有资产的侵害都是对社会公共利益的侵害。国有资产流失本质上就是侵害所有权问题，对所有权的保护最有效的方式是民法保护。因此，有必要把此类案件纳入民事公益诉讼范围。

2. 破坏社会道德风尚，违背公序良俗等涉及公共利益、公共秩序、公共安全的案件。这类案件如果依法不能进入刑事司法程序，可以考虑作为民事公益诉讼案件处理。

3. 垄断、不正当竞争、双方相互串通严重损害社会公共利益等案件。随着经济体制改革的深入，国家的经济政策逐渐将一些基础性产业推向市场，继而在公用事业领域，出现了一批如铁路、电力、电信、供水等垄断企业。个别垄断企业操纵市场牟取暴利、强迫交易等，引起民众不满。对这些问题，除加强市场监管力度外，不断完善有关法律，借鉴国际上通行的做法，可以考虑将垄断、不正当竞争、双方相互串通严重损害社会公共利益等案件纳入行政公益诉讼范围，赋予有关机关对损害国家利益和社会公共利益的行为以公益起诉权。

4. 行政不作为或违法行为造成公共利益严重受损的案件。[①] 例如，破坏风景名胜、文物的违法规划许可等；政府违法出让土地、出售国有企业、发包工程等；政府机关违规修建高档豪华办公楼、违规公费开支等事实行为。根据《全国人民代表大会常务委员会关于授权最高人民检察院在部分地区开展公益诉讼试点工作的决定》的规定，试点期满后，对实践证明可行的，应当修改完善有关法律。因此，今后检察机关提起公益诉讼的案件范围、诉讼地位以及相关程序，将具有更加明确的法律依据。

(三) 把握好民事公益诉讼的受理

对于民事公益诉讼的受理，第一，应正确区分民事公益诉讼与行政行为。对属于行政管理职权范围内的事项，告知当事人向有关机关申请解决。对于行政机关提起民事公益诉讼的，要审查行政机关是否已经用尽了法律法规规定的行政执法措施，如果行政机关还可以通过行使行政权力对违法行为予以制裁、

[①] 周信权、林世雄：《检察机关提起公益诉讼之制度构建》，载《国家检察官学院学报》2010年第3期。

维护社会公共利益的,一般不宜受理。对于当事人因行政机关不作为或对其处理决定不服等事宜提起的诉讼,属于行政诉讼,不应作民事诉讼受理。

第二,关于民事公益诉讼的受理条件。《民事诉讼法解释》第 282 条规定:"环境保护法、消费者权益保护法等法律规定的机关和有关组织对污染环境、侵害众多消费者合法权益等损害社会公共利益的行为,根据民事诉讼法第五十八条规定提起公益诉讼,符合下列条件的,人民法院应当受理:(一)有明确的被告;(二)有具体的诉讼请求;(三)有社会公共利益受到损害的初步证据;(四)属于人民法院受理民事诉讼的范围和受诉人民法院管辖。"《最高人民法院关于审理环境民事公益诉讼案件适用法律若干问题的解释》第 8 条规定了环境公益诉讼的具体受理条件,应当提交下列材料:"(一)符合民事诉讼法第一百二十一条规定的起诉状,并按照被告人数提出副本;(二)被告的行为已经损害社会公共利益或者具有损害社会公共利益重大风险的初步证明材料;(三)社会组织提起诉讼的,应当提交社会组织登记证书、章程、起诉前连续五年的年度工作报告书或者年检报告书,以及由其法定代表人或者负责人签字并加盖公章的无违法记录的声明。"因此,当事人提起民事公益诉讼时,人民法院不仅要审查起诉人是否符合《民事诉讼法》第 58 条的规定,而且要审查是否符合《民事诉讼法》第 122 条第 2 项至第 4 项规定的受理条件以及第 124 条有关起诉状的规定,当事人还要提供初步证据证明环境污染或者侵害众多消费者合法权益等侵权行为及其对社会公共利益的危害性,并说明其诉讼请求的合理性。对不具备起诉条件的,人民法院应裁定不予受理。

第三,如果数个原告针对同一损害社会公共利益的行为提起公益诉讼,符合法定条件的,可以合并审理。根据《民事诉讼法解释》第 285 条的规定,人民法院受理公益诉讼案件后,依法可以提起诉讼的其他机关和有关组织,可以在开庭前向人民法院申请参加诉讼。人民法院准许参加诉讼的,列为共同原告。公益诉讼案件受害者众多,涉及范围广泛,对同一侵权行为,很可能存在多个有起诉权的公益诉讼主体,为有效保障有起诉权主体的知情权,在环境公益诉讼中规定了立案公告制度。《最高人民法院关于审理环境民事公益诉讼案件适用法律若干问题的解释》第 10 条规定:"人民法院受理环境民事公益诉讼后,应当在立案之日起五日内将起诉状副本发送被告,并公告案件受理情况。有权提起诉讼的其他机关和社会组织在公告之日起三十日内申请参加诉讼,经审查符合法定条件的,人民法院应当将其列为共同原告;逾期申请的,不予准许。"需要注意的是,环境公益诉讼中原告参加诉讼的时间限制为公告之日起三十日内，不同于《民事诉讼法解释》规定的"开庭前"。

第四，公民、法人和其他组织以其人身、财产受到损害为由申请参加公益诉讼的，应告知其另行起诉。《民事诉讼法解释》第286条规定，"人民法院受理公益诉讼案件，不影响同一侵权行为的受害人根据民事诉讼法第一百二十二条规定提起诉讼"，因此民事公益诉讼的受理不影响受损害的当事人提起私益诉讼的权利。

第五，对于以下两种情形的公益诉讼，人民法院应依照法律和司法解释的规定进行审查，不符合法定条件的，不予受理。一是单纯以诉讼为业的组织提起的民事公益诉讼。目前相关法律对提起民事公益诉讼的主体作了限制性规定，除从正面规定原告主体资格要求的限制外，还要求提起诉讼的社会组织不得通过诉讼牟取经济利益，如《环境保护法》第58条的规定。因此，单纯以诉讼为业的组织不能直接作为原告提起诉讼，但可以接受原告委托作为诉讼代理人参与诉讼。二是重复起诉的公益诉讼。根据《民事诉讼法解释》第289条的规定，公益诉讼案件的裁判发生法律效力后，其他依法具有原告资格的机关和有关组织就同一侵权行为另行提起公益诉讼的，人民法院裁定不予受理，但法律、司法解释另有规定的除外。《最高人民法院关于审理环境民事公益诉讼案件适用法律若干问题的解释》第28条规定："环境民事公益诉讼案件的裁判生效后，有权提起诉讼的其他机关和社会组织就同一污染环境、破坏生态行为另行起诉，有下列情形之一的，人民法院应予受理：（一）前案原告的起诉被裁定驳回的；（二）前案原告申请撤诉被裁定准许的，但本解释第二十六条规定的情形除外。环境民事公益诉讼案件的裁判生效后，有证据证明存在前案审理时未发现的损害，有权提起诉讼的机关和社会组织另行起诉的，人民法院应予受理。"

四、公益诉讼的管辖

（一）地域管辖

《民事诉讼法》第29条规定："因侵权行为提起的诉讼，由侵权行为地或者被告住所地人民法院管辖。"公益诉讼案件一般为侵权案件，因此地域管辖参照一般民事侵权管辖的规定，由侵权行为地或者被告住所地法院管辖。由于海洋环境污染案件的特性，该类公益诉讼案件由海事法院专门管辖，并适用《海事诉讼特别程序法》的相关规定。据此，《民事诉讼法解释》第283条规定："公益诉讼案件由侵权行为地或者被告住所地中级人民法院管辖，但法律、司法解释另有规定的除外。因污染海洋环境提起的公益诉讼，由污染发生地、损害结果地或者采取预防污染措施地海事法院管辖。对同一侵权行为分别向两个以上人民法院提起公益诉讼的，由最先立案的人民法院管辖，必要时由它们的共同上级人民法院指定管辖。"

（二）级别管辖

根据《民事诉讼法》第19条和第20条规定，中级人民法院和高级人民法院管辖"在本辖区有重大影响的"第一审民事案件；第21条规定，最高人民法院管辖在全国有重大影响的第一审民事案件。公益诉讼案件，往往涉及重大公共利益受侵害的情况，甚至严重影响当地公众甚至全国公众的合法权益和切身利益，涉及社会公共安全和稳定，影响巨大。对于此种案件，基层法院受理后，不便于协调处理，因此《民事诉讼法解释》第283条第1款规定，公益诉讼案件由侵权行为地或者被告住所地中级人民法院管辖。同时，《最高人民法院关于审理环境民事公益诉讼案件适用法律若干问题的解释》第6条第1款、第2款规定："第一审环境民事公益诉讼案件由污染环境、破坏生态行为发生地、损害结果地或者被告住所地的中级以上人民法院管辖。中级人民法院认为确有必要的，可以在报请高级人民法院批准后，裁定将本院管辖的第一审环境民事公益诉讼案件交由基层人民法院审理。"第7条规定："经最高人民法院批准，高级人民法院可以根据本辖区环境和生态保护的实际情况，在辖区内确定部分中级人民法院受理第一审环境民事公益诉讼案件。中级人民法院管辖环境民事公益诉讼案件的区域由高级人民法院确定。"

五、提起公益诉讼主体的诉讼请求

诉讼请求是民事诉讼需要解决的一个核心问题。民事诉讼程序的进行是围绕诉讼请求展开的，诉讼的最终结果也正是法院对诉讼请求是否成立的法律判断。

（一）公益诉讼中的赔偿损失请求权

公益诉讼案件，无论是环境污染还是侵害众多消费者权益，一般应为侵权纠纷。[①] 原则上，民事公益诉讼的原告可以依据《民法典》第179条的规定，请求责任人承担停止侵害、消除危险、恢复原状、赔偿损失等责任。目前有争议的问题主要是民事公益诉讼的原告可否请求损害赔偿。但就赔偿损失而言，似乎存在某种法律逻辑上的疑问，未受侵害的主体能否代替受侵害的主体提出

---

① 虽然侵害消费者权益存在合同纠纷和侵权纠纷的竞合情况，但涉及不特定、众多消费者权益的公益诉讼，则以侵权纠纷确定案件性质为妥。

损害赔偿请求？我国对于侵权损害赔偿作用的定位一直以补偿性为主，无损害则无赔偿，其目的是使受到损害的权利得到救济，使受害人能恢复到未受到损害前的状态。公益诉讼面临的困局是，公益诉讼原告虽然具有代表公共利益的职责，但它自身并未因被告的侵权行为受到实质性的损害。这就不可回避公益诉讼理论上的另一个深层次问题——谁是公益诉讼的诉讼利益享有者？正如"公地悲剧"理论所展示的情况，公共利益没有明确的权利人，所谓公共利益受损的直接表现就是特定个体利益受损的集合，继而使众多不特定个体的利益处于可能受损的危险环境之中。如果按传统的损害赔偿理论，只有权益受到直接侵害的个体方有权利主张损害赔偿，公益诉讼的原告不能享有请求权。

我们认为，第一，如果公益诉讼只负责解决行为意义上的侵权责任（如停止侵害、恢复原状），其中的给付请求（如赔偿损失）需要具体受损人单独或集体再行提起诉讼。这显然不符合诉讼经济原则的要求，也有违"一事不再理"的民事诉讼基本规则。第二，尽管民事公益诉讼的性质决定了原告不能通过诉讼获得私利，但具有公益诉讼主体资格的原告代表国家提起公益诉讼时，其代表的是国家利益，而不是自身利益或特定个体利益，其提出的损害赔偿请求的受益对象也是国家，而不是原告本身或其他个体受害者。从《海洋环境保护法》第89条第2款的规定来看，对破坏海洋生态、海洋水产资源、海洋保护区，给国家造成重大损失的，由依照该法规定行使海洋环境监督管理权的部门代表国家对责任者提出损害赔偿要求，诉讼即原告享有请求赔偿损失的权利。《最高人民法院关于审理环境民事公益诉讼案件适用法律若干问题的解释》第18条的规定也明确了对污染环境、破坏生态，已经损害社会公共利益或者具有损害社会公共利益重大风险的行为，原告可以请求被告承担赔偿损失的民事责任。第三，从域外经验来看，较多采用损害赔偿的形式。例如在美国，为履行检察机关在民事诉讼中的职责，总检察长下设多个机构，从诸多方面保证其在民事诉讼中维护公共利益。其中的环境与自然资源保护庭旨在执行美国的保护环境法、防止空气污染条例、防止污染水流条例等法规，并在这些案件中负责调查、起诉、和解和监督判决的执行等。[①] 检察机关提起的环境民事公益诉讼有两种：一是执行之诉（enforcement action），二是公共妨害之诉（public nuisance action）。执行之诉是检察机关根据成文法（主要是一些环境方面的成文

[①] 参见徐卉：《检察官参与民事诉讼制度的比较研究》，载江伟主编：《比较民事诉讼法国际研讨会论文集》，中国政法大学出版社2004年版，第359~366页。

法律，如《清洁水法》《清洁空气法》等）提起的，这些成文法中通常会指明罚金的大约数额。公共妨害之诉是根据普通法提起的，在普通法上公共妨害是对公共财产权的一种不合理的干扰，包括扰乱公共健康、安全、和平或便利的行为。[①] 在提起公共妨害之诉时，检察机关充当社会受托人的角色（trustee of the public）保护环境利益，罚金的数量通常由陪审员或在没有陪审员的情况下由法官根据案件具体情况作出决定。[②] 如在一起涉及水污染的案件中，环境与自然资源庭同得克萨斯州一起，达成综合性的同意判决，确定由被告公司支付3000万美元的民事罚款，以改进防止管道渗漏项目，支出至少500万美元用于在三个遭受污染的州内建设相关环境项目。[③] 美国由检察机关提起环境公益诉讼的根据，来自成文法的授权，通过公益诉讼而从被告即污染企业处获得的罚款上缴国库并用于损害环境的治理。同时，检察机关提起的诉讼均不为环境受害人代行损害赔偿请求权，亦不与环境受害人的民事诉权相冲突。环境受害人依然可以作为当事人就环境损害要求环境侵害人予以赔偿，其根据来源于普通法上的侵权之诉，获得的赔偿金归受害人所有。

最后应注意的是，民事公益诉讼原告提起公益诉讼的权利不能代替实体当事人行使损害赔偿请求权，受害人仍然可以基于民事诉权自行行使损害赔偿请求权。在没有获得公益受害人明确授权的情况下，法律规定的机关和社会组织若代其就公益损害主体主张损害赔偿，缺失相应的基础和依据，难免有越俎代庖之嫌，并有可能导致法律规定的机关和社会组织行使民事公益诉权与受害人的民事诉权相冲突。人民法院判决责任人承担赔偿责任的，应一并判决原告受领赔款后向国库交纳。公益诉讼原告申请人民法院执行有关生效判决时，人民法院应当要求其提供财政部门指定的收款账户。

（二）提起公益诉讼主体主张禁止性诉讼

禁止之诉的目的在于停止被告的非法侵权行为。在司法实践中，原告提起公益诉讼的目的不仅仅是索赔，还包括诉请法院判决禁止侵害者继续实施侵害行为，保护潜在的受害者。《最高人民法院关于审理环境民事公益诉讼案件适用法律若干问题的解释》第18条规定，对污染环境、破坏生态，已经损害社会

[①] See Black's Law Dictionary with Pronunciations, West, Sixth Edition, p. 1230; Restatement (Second) of Toas § 821B.

[②] 蔡彦敏：《中国环境民事公益诉讼的检察担当》，载《中外法学》2011年第1期。

[③] See U. S. Department Justice Environment and Natural Resources Division: Fiscal Year 2000, Summary of Litigation Accomplishments.

公共利益或者具有损害社会公共利益重大风险的行为，原告可以请求被告承担停止侵害、排除妨碍、消除危险、修复生态环境、赔偿损失、赔礼道歉等民事责任。第 19 条第 1 款规定，原告为防止生态环境损害的发生和扩大，请求被告停止侵害、排除妨碍、消除危险的，人民法院可以依法予以支持。上述规定明确赋予原告提起禁止性诉讼的权利，并同时明确了支持禁止性诉讼请求相关条件。

六、公益诉讼原告的处分权

在民事诉讼中，处分权主要包括放弃或者变更诉讼请求、请求调解及和解、撤诉或上诉等。根据《民事诉讼法》第 58 条第 1 款，法律规定的机关和社会组织有权提起公益诉讼。民事公益诉讼提起诉讼主要是基于程序性权利，而非实体性权利。关于公益诉讼原告是否享有处分权的问题。[1] 第一种观点认为，公益诉讼涉及的是公共利益，因此公益诉讼一般不提倡以和解方式结案。第二种观点认为，公益诉讼标的公益性本质与纠纷解决过程中诉讼的可调解性或合意性并不必然矛盾。作为我国民事诉讼法基本原则的处分原则也是公益诉讼中当事人双方合意或调解解决纠纷的根基所在。原被告双方如能在达成合意的基础上进行调解，不失为一种解决纠纷的好方法。第三种观点认为，公益诉讼案件的审理程序，"不能适用普通的民事诉讼程序，而应当构建一种特别的诉讼程序，从国外的立法经验来看，其中一大部分是通过非诉讼程序来解决的，法院的职权主义与非诉法理在程序设计中得以充分肯定"。[2]

《民事诉讼法解释》第 287 条、第 288 条分别对公益诉讼中的调解、和解以及撤诉问题作出了规定。第 287 条规定："对公益诉讼案件，当事人可以和解，人民法院可以调解。当事人达成和解或者调解协议后，人民法院应当将和解或者调解协议进行公告。公告期间不得少于三十日。公告期满后，人民法院经审查，和解或者调解协议不违反社会公共利益的，应当出具调解书；和解或者调解协议违反社会公共利益的，不予出具调解书，继续对案件进行审理并依法作出裁判。"第 288 条规定："公益诉讼案件的原告在法庭辩论终结后申请撤诉的，人民法院不予准许。"

首先，民事公益诉讼允许适用调解、和解，肯定了我国《民事诉讼法》所确立的基本原则——处分原则与自行和解的权利等。同时充分考虑了公益诉讼

---

[1] 翟健锋：《检察机关提起公益诉讼程序性问题探析》，载《政法学刊》2010 年第 4 期。
[2] 廖永安：《论检察机关提起民事诉讼》，载《湘潭大学学报》2001 年第 2 期。

的特殊性。民事公益诉讼具有当事人众多、侵害范围广、因果关系复杂、取证困难等特点，原告面临起诉、取证、执行方面的巨大成本，允许适用调解、和解将大大减轻原告负担。在公益诉讼中，用和解或调解方式来缓解社会公益与企业、行业利益之间的矛盾，是世界各国普遍倡导和鼓励的纠纷解决方式。和解或调解可以使公共利益及时得到有效填补，并不必然损害社会公共利益。且调解、和解是双方妥协的结果，被告更愿意主动履行调解书的内容，因此允许适用调解、和解有利于经济地解决纠纷，彻底化解社会矛盾。

其次，和解或调解制度本身要求无论公益诉讼或者私益诉讼均不得损害社会公共利益，因此《民事诉讼法解释》对调解协议、和解协议设置了公告制度和公共利益审查制度，既确保调解协议、和解协议接受不特定公众的监督，又强调法院审查协议时对公共利益的维护。

最后，《民事诉讼法解释》对公益诉讼原告的撤诉作出限制性规定，彰显了职权主义。之所以规定原告在法庭辩论终结后申请撤诉，人民法院不予准许，是考虑到公益诉讼周期长、涉及利益广泛，在法庭辩论终结后，相关诉讼程序基本结束，原告、被告、法院乃至社会公众已支付了巨大的诉讼成本，允许原告撤诉，则其他有起诉权的主体仍可再次起诉，将消耗大量司法及社会资源。但需要注意的是，该条规定仅是一般原则，也存在法律和司法解释规定的例外情形。《最高人民法院关于审理环境民事公益诉讼案件适用法律若干问题的解释》第26条规定，负有环境资源保护监督管理职责的部门依法履行监管职责而使原告诉讼请求全部实现，原告申请撤诉的，人民法院应予准许。也就是说，因环保部门依法履行监管职责而使原告诉请内容全部实现，环境民事公益诉讼追求的司法效果已经达到，此时无继续进行公益诉讼的必要，对原告的撤诉申请，人民法院应予准许。

七、公益诉讼中的举证责任分配

在过去的公益诉讼实践中，对于举证责任分配存在以下几种观点：第一种观点认为，[1] 根据不同诉讼主体予以不同的举证责任。检察机关提起的民事公益诉讼，适用一般的举证责任分担规则，即"谁主张，谁举证"；社会组织提起的公益诉讼适用"举证责任倒置"原则。第二种观点认为，[2] 在民事公益诉

---

[1] 赵欣：《民事公益诉讼制度设计与实务探析》，载《河北法学》2009年第12期。
[2] 周信枞、林世雄：《检察机关提起公益诉讼之制度构建》，载《国家检察官学院学报》2010年第3期。

讼中，证据的分散性和专业性给原告举证带来了较大的难度，被告在证据占有和取得方面都有着绝对优势，为了实现主体地位平衡和公益诉讼目的，应当实行举证责任倒置。第三种观点认为，[①] 在检察机关提起民事公益诉讼的案件中，检察机关不应当承担全部举证责任，但也不能实行举证责任倒置，而应当由检察机关承担主要举证责任，除某些专业技术方面的证据由被告承担举证责任外，其他举证责任都应当由检察机关承担。

从《最高人民法院关于审理环境民事公益诉讼案件适用法律若干问题的解释》的规定看，环境公益诉讼区分不同情形，实行"谁主张，谁举证"的一般原则和特定情形下举证责任倒置相结合的原则。其第13条规定，原告请求被告提供其排放的主要污染物名称、排放方式、排放浓度和总量、超标排放情况以及防治污染设施的建设和运行情况等环境信息，法律、法规、规章规定被告应当持有或者有证据证明被告持有而拒不提供，如果原告主张相关事实不利于被告的，人民法院可以推定该主张成立。此外，该司法解释放宽了法院依职权调取证据及委托鉴定的范围，并对原告自认设置了限制性条件。第14条规定："对于审理环境民事公益诉讼案件需要的证据，人民法院认为必要的，应当调查收集。对于应当由原告承担举证责任且为维护社会公共利益所必要的专门性问题，人民法院可以委托具备资格的鉴定人进行鉴定。"第16条规定："原告在诉讼过程中承认的对己方不利的事实和认可的证据，人民法院认为损害社会公共利益的，应当不予确认。"我们认为，公益诉讼中举证责任分配对诉讼的进行和结果都具有极为重要的影响。无论适用举证责任分担的一般原则，还是实行举证责任倒置，都是为了保证诉讼的公平、公正和经济。为此，公益诉讼中的举证责任应区分不同情况合理分担。原告应负一般性举证责任，证明公共利益遭受或可能遭受侵害的事实，并证明诉的利益需要采用司法途径的合理性、现实性、迫切性。涉及技术问题，被告应当承担解释说明其行为合法、合规的责任，说明根据现有科学水平和自身掌握的技术不足以防止侵害，或者各种防止对策在侵害控制的技术上和经济上的困难，或者一旦采取使用者所要求的措施就会给公共事业带来显著障碍等。

八、公益诉讼费用的承担

诉讼是需要成本的，诉讼成本直接表现为向法院交纳的诉讼费用。诉讼费

[①] 柯阳友、冯慧敏：《检察机关提起民事抑或行政公益诉讼》，载《河北大学学报（社科版）》2011年第3期。

用制度，是实现当事人诉权保障和防止滥用诉权的重要平衡器。① 其实质是确定国家与当事人之间以及当事人彼此之间诉讼成本的均衡分担。合理的诉讼费用制度既能保障国民获得司法裁判的权利，又能对滥用诉讼权利予以必要的限制。② 一般而言，诉讼费用包括案件受理费、裁判费用和当事人的费用。案件受理费和裁判费用，是指当事人进行民事诉讼向法院交纳和支付的费用；当事人的费用是指当事人用于诉讼的差旅费、案件调查费以及聘请律师的费用等。

诉讼费用制度的设计是和国家的诉讼理念相吻合的，反映着诉讼制度的价值目标，也体现着诉讼制度的发展方向。如在德国和英国，为保障当事人行使诉权，将律师费用作为诉讼费用的内容，以避免贫困的当事人在权利受到侵害或发生争议时因经济原因而在运用司法制度上畏缩不前，同时，又促使当事人在起诉前，全面评价自己的案件，审慎地行使诉权。③ 在美国，政府对于诉讼提供巨额财政补贴，法院采取低廉的司法收费制度，同时，律师费用由双方当事人分别负担，一般不纳入诉讼费用，以激励民众运用司法机制维护权益，并培育了美国的诉讼文化。④ 在我国，案件受理费和裁判费用则采取以败诉方承担为原则的处理方式，当事人的费用包括律师费用以自己承担为一般原则，旨在减少纳税人负担和国家财政开支，防止当事人滥用诉权，促进民事纠纷在各种解决机制上的合理分流。⑤

民事公益诉讼费用的承担规则，应当与我国公益诉讼制度的价值目标相联系。学界有观点认为，⑥ 民事公益诉讼案件诉讼费用，应当区别于普通民事案件的诉讼收费标准，免收案件受理费或者仅象征性按件收取受理费，以支持和激励有关主体积极运用民事公益诉讼制度维护社会公共利益。另外，在原告败诉的情况下，诉讼费用由国库承担。因诉讼给被告方造成损失的，被告方可以通过申请国家赔偿请求国家偿付其付出的实际费用；公益诉讼原告胜诉的，法院可判令被告方承担诉讼费用。同时，为了保证公益诉讼顺利进行，减轻国家财政负担，可以从对侵权责任人的罚款中，由各级政府设立"公益诉讼基金"，

---

① 参见常怡主编：《比较民事诉讼法》，中国政法大学出版社2002年版，第476页。
② 参见廖永安等：《诉讼费用研究》，中国政法大学出版社2006年版，第268页。
③ 常怡主编：《比较民事诉讼法》，中国政法大学出版社2002年版，第477~487页。
④ 参见[美]史蒂文·苏本、玛格瑞特·伍：《美国民事诉讼的真谛》，蔡彦敏、徐卉译，法律出版社2002年版，第37页。
⑤ 江伟主编：《民事诉讼法》，高等教育出版社2007年版，第261~262页。
⑥ 蔡彦敏：《中国环境民事公益诉讼的检察担当》，载《中外法学》2011年第1期。

用于民事公益诉讼的必要支出。

当然，就目前而言，人民法院执行的是国务院于 2006 年 12 月 19 日发布的《诉讼费用交纳办法》，诉讼费用的交纳（包括缓减免）由国务院统一规定。民事公益诉讼的诉讼费用的交纳，在国家出台特别规定之前，仍应执行《诉讼费用交纳办法》的规定。但需要注意的是，《最高人民法院关于审理环境民事公益诉讼案件适用法律若干问题的解释》对于环境民事公益诉讼的诉讼费用问题作出特别规定。一是将合理律师费及为诉讼支出的其他合理费用纳入诉讼费用范围，建立败诉方承担合理诉讼成本的原则。该司法解释第 22 条规定："原告请求被告承担以下费用的，人民法院可以依法予以支持：（一）生态环境损害调查、鉴定评估等费用；（二）清除污染以及防止损害的发生和扩大所支出的合理费用；"二是加大缓减免诉讼费用的力度。该司法解释第 33 条规定："原告交纳诉讼费用确有困难，依法申请缓交的，人民法院应予准许。败诉或者部分败诉的原告申请减交或者免交诉讼费用的，人民法院应当依照《诉讼费用交纳办法》的规定，视原告的经济状况和案件的审理情况决定是否准许。"三是部分诉讼成本可酌情从被告承担的环境修复费用或损失赔偿款中支付。该司法解释第 24 条第 1 款规定："人民法院判决被告承担的生态环境修复费用、生态环境受到损害至修复完成期间服务功能丧失导致的损失、生态环境功能永久性损害造成的损失等款项，应当用于修复被损害的生态环境。"上述规定旨在避免因高昂的诉讼成本而阻碍环境公益诉讼的进行，体现司法实践支持和鼓励环境公益诉讼的态度，也为今后建立健全公益诉讼的诉讼费用制度奠定了坚实基础。

【典型案例】

某乡政府与郭某、某电视台、某购物中心侵犯民间文学艺术作品著作权纠纷案

上诉人（原审被告）：郭某

上诉人（原审被告）：某电视台

被上诉人（原审原告）：某乡政府

原审被告：某购物中心

〔基本案情〕

某乡政府因与被告郭某、某电视台、某购物中心发生民间文学艺术作品著作权纠纷，向北京市第二中级人民法院提起诉讼。

原告诉称：《乌苏里船歌》是赫哲族民歌，属于我国著作权法保护的民间文学艺术作品，赫哲族人民依法应享有署名权等精神权利和获得报酬权等经济权利。1999

年11月12日，在"南宁国际民歌艺术节"晚会上，某电视台称《乌苏里船歌》系汪某、郭某创作而非赫哲族民歌，侵害了原告的权利。此后，该晚会被录制成 VCD 向全国发行，使侵权行为的影响进一步扩大。某购物中心销售了含有原告享有著作权的《乌苏里船歌》的侵权 VCD、图书和磁带，亦侵犯著作权，请求判令：（1）在某电视台播放《乌苏里船歌》数次，说明其为赫哲族民歌，并对其侵犯行为道歉；（2）赔偿原告经济损失 40 万元，精神损失 10 万元；（3）承担本案诉讼费以及因诉讼支出的费用 8305.43 元。

在庭审过程中，原告明确指控被告对《乌苏里船歌》曲调的著作权侵权，而不涉及该音乐作品的歌词部分。

被告郭某辩称：目前在全国赫哲族民族乡有三个，原告只是其中之一，不能代表全体赫哲族人提起诉讼。以《想情郎》为代表的赫哲族民间传统曲调，只是一首古老的四句萧曲，没有歌词，而《乌苏里船歌》既有新创作的曲子又有歌词，是他与胡某、汪某借鉴西洋音乐的创作手法共同创作的。原告虽提出侵权指控，却未明确他侵犯了何种权利，也未具体指出如何侵权，故不同意其诉讼请求。

被告某电视台辩称：原告没有证据证明其有权代表所有赫哲族人民就有关民间文学艺术作品主张权利；对于民间文学艺术作品的保护，我国著作权法只作出了原则性的规定，缺乏具体的内容，迄今国务院尚未出台相关法规，因此，著作权法有关著作权人及其权利归属等相关规定并不适用于民间文学艺术作品。某电视台播出的节目中有关《乌苏里船歌》的署名完全是在尊重历史事实的基础上，经多方查阅资料而得出的结论，迄今未发现与该署名相抵触的权威性资料，作为播出单位其已经尽到了审查义务。晚会主持人表述只是议论客观事实，并未侵犯原告的著作权。原告诉称该晚会节目被录制成 VCD 向全国发行没有任何证据，因为该艺术节组委会录制的 VCD 数量仅有 8000 套，且不公开发行，只是作为资料和礼品赠送，并没有以此进行营利活动。

被告某购物中心辩称：我中心销售的商品有合法、严格的进货渠道和合同，但对于商品的知识产权问题，我中心并无审查义务，不应成为本案的被告。

在本案审理过程中，汪某书面表示，郭某有权代表其处理与该音乐作品有关的事项。

庭审质证中，三被告对原告提供证据的真实性不持异议，但表示原告无权主张权利；原告有关诉讼支出方面的票据缺乏合理性，不应由被告负担。原告对三被告提交证据的真实性不持异议，但认为郭某提供的证据不能证明其主张，反而证明郭某对侵权的事实和状态是明知的，同时也证明歌曲《乌苏里船歌》是以赫哲族民歌为基础进行改编而成的。

根据双方当事人的申请，北京市第二中级人民法院委托中国音乐著作权协会对音乐作品《乌苏里船歌》与《想情郎》等曲调进行鉴定。中国音乐著作权协会从双方当事人认可的 10 名候选人中，确定了 3 位专家作为鉴定人进行了鉴定。鉴定结论认为：《乌苏里船歌》是在《想情郎》等赫哲族民歌的曲调基础上编曲或改编而成。鉴定结论送达双方当事人后，某乡政府同意该鉴定结论。郭某认为 3 位鉴定人将作品肢解分析背离了客观事实，致使鉴定意见的结论片面而不具权威性。郭某的委托代理人请求由 10 名鉴定人参加，重新进行鉴定，并从学术方面提出了异议。某电视台认为 3 位鉴定人各自的意见与整体鉴定结论有区别，鉴定结论只能代表两个人的意见，对其权威性有质疑；《狩猎的哥哥回来了》有明确的作者，不应该归入民间文学艺术作品的范畴，不应作为鉴定对比素材；鉴定结论中基本概念不清。针对被告在质证中提出的异议，中国音乐著作权协会与鉴定人又向法院提交了书面质询意见，内容为：（1）鉴定人是根据原始材料进行客观分析比较的；（2）无论是"单乐段加引子""尾声的结构"还是"单三段体结构"的表述，均不影响对其重要部分（带有三段歌词的主体部分）进行的技术性比较和客观分析；（3）《乌苏里船歌》歌曲的主体部分与《想情郎》均为典型的"起、承、转、合"结构，《乌苏里船歌》歌曲的主体部分在四句式的完整结构后，在一、二段加了一个小的带副词的补充句，而在第三段是没有补充句的；（4）鉴定人完全同意中国音乐著作权协会作出的简明的鉴定报告，认可《乌苏里船歌》是在《想情郎》等赫哲族民歌的曲调基础上编曲或改编而成的结论。鉴于被告没有充分证据证明鉴定在程序上和结论上存在瑕疵，北京市第二中级人民法院对该鉴定结论予以确认。此外，北京市第二中级人民法院还依职权向中央人民广播电台调取了该台在 1963 年第一次录制《乌苏里船歌》的原始记录。

北京市第二中级人民法院查明：

赫哲族是一个世代生息繁衍在我国东北地区的少数民族。《想情郎》是一首流传在乌苏里江流域赫哲族中最具代表性的民间曲调，该曲为只有四句曲调的萧曲，现已无法考证该曲调的最初形成时间和创作人，第一次被记录下来是在 20 世纪 50 年代末。1962 年，郭某、汪某、胡某到乌苏里江流域的赫哲族聚居区进行采风，收集到了包括《想情郎》等在内的赫哲族民间曲调。在此基础上，郭某、汪某、胡某共同创作完成了《乌苏里船歌》音乐作品。中国音乐著作权协会对其的鉴定结论为："1.《乌苏里船歌》的主部即中部主题曲调与《想情郎》《狩猎的哥哥回来了》的曲调基本相同，《乌苏里船歌》的引子及尾声为创作；2.《乌苏里船歌》是在《想情郎》《狩猎的哥哥回来了》原主题曲调的基础上改编完成的，应属改编或编曲，而不是作曲。"1963 年，该音乐作品首次在中央人民广播电台进行了录制。在中央人民广播电台的录制记录上载明："录制：（19）63 年 12 月 28 日；名称：《乌苏里船歌》；时间：3 分 20 秒；作者：东北赫哲族民歌；演播：黑龙江歌舞团郭某；伴奏：武汉歌舞剧院乐队。"1964 年 10 月，百花文艺出版社出版的《红色的歌》第 6 期刊载了歌曲《乌苏里船歌》，在署名时注明为赫哲族民歌，编曲为汪某、郭某。

1999年11月12日，某电视台与南宁市人民政府共同主办了"南宁国际民歌艺术节"开幕式晚会。在郭某演唱完《乌苏里船歌》后，某电视台节目主持人说："刚才郭某老师演唱的《乌苏里船歌》明明是一首创作歌曲，但我们一直以为它是赫哲族人的传统民歌。"南宁国际民歌艺术节组委会将此次开幕式晚会录制成VCD光盘，某电视台认可共复制8000套作为礼品赠送。原告没有证据证明主办者进行了商业销售。

另查明，某购物中心销售的刊载《乌苏里船歌》音乐作品的各类出版物上，署名方式均为"作曲：汪某、郭某"，其中包括郭某演唱的民歌专辑录音带《世纪中华歌坛名人百集珍藏版·郭某》、郭某向法院提交的《（歌声中的20世纪）——一百年中国歌曲精选》及1979年以来刊登《乌苏里船歌》的部分刊物，署名方式也均为"作曲：汪某、郭某"。原告用于本案诉讼的合理支出为3000元。

〔一审裁判理由与结果〕

北京市第二中级人民法院认为：

本案争议的焦点问题是：（1）原告某乡政府是否有权以自己的名义提起对赫哲族民间音乐作品保护的诉讼？（2）《乌苏里船歌》音乐作品的曲调是否根据赫哲族民间曲调改编？

关于原告某乡政府是否有权以自己的名义提起对赫哲族民间音乐作品保护的诉讼问题。民间文学艺术是指某一区域内的群体在长期生产、生活中，直接创作并广泛流传的、反映该区域群体的历史渊源、生活习俗、生产方式、心理特征、宗教信仰且不断演绎的民间文化表现形式的总称。由于民间文学艺术具有创作主体不确定和表达形式在传承中不断演绎的特点，因此民间文学艺术作品的权利归属具有特殊性。一方面它进入公有领域，另一方面它又与某一区域内的群体有无法分割的历史和心理联系。赫哲族世代传承的民间曲调，是赫哲族民间文学艺术的组成部分，也是赫哲族群体共同创作和每一个成员享有的精神文化财富。它不归属于赫哲族的某一成员，但又与每一个赫哲族成员的权益有关。因此，该民族中的每一个群体、每一个成员都有维护本民族民间文学艺术不受侵害的权利。原告作为依照宪法和法律在少数民族聚居区内设立的乡级地方国家政权，既是赫哲族部分群体的政治代表，也是赫哲族部分群体公共利益的代表。在赫哲族民间文学艺术可能受到侵害时，鉴于权利主体状态的特殊性，为维护本区域内赫哲族公众的利益，原告以自己的名义提起诉讼，符合宪法和法律确立的民族区域自治法律制度，且不违反法律的禁止性规定。被告关于原告不具有诉讼主体资格的抗辩主张，不予采纳。

关于《乌苏里船歌》音乐作品的曲调是否是根据赫哲族民间曲调改编的问题。《乌苏里船歌》音乐作品是郭某等人在赫哲族世代流传的民间曲调的基础上，运用现代音乐创作手法再度创作完成的。郭某作为该作品的合作作者之一，享有《乌苏里船歌》音乐作品的著作权。但是其在《乌苏里船歌》创作中吸收了《想情郎》等最具代表性的赫哲族传统民间曲调。被告郭某也并不否认在创作《乌苏里船歌》主曲调时使用了部分《想情郎》曲调，中国音乐著作权协会所作鉴定结论也表明该音乐作品主部即中部主题曲调与《想情郎》《狩猎的哥哥回来了》的曲调基本相同。因此，应认定《乌苏里船歌》主曲调是郭某等人在赫哲族民间音乐曲调《想情郎》的基础上，进行了艺术再创作，改编完成的作品。郭某、某电视台关于《乌苏里船歌》属原创作品的主张，不予采纳。

以《想情郎》为代表，世代在赫哲族中流传的民间音乐曲调，属于赫哲族传统的民间文学艺术作品。民间文学艺术作品的著作权受法律保护。对于民间文学艺术保护，在禁止歪曲和商业滥用的前提下，鼓励对其进行合理开发及利用，使其发扬光大，不断传承发展。但是利用民间文学艺术作品进行再创作，应当说明所创作的新作品的出处。这是我国民法通则中的公平原则和著作权法中保护民间文学艺术作品的法律原则的具体体现和最低要求。1990年《中华人民共和国著作权法》第十二条规定："改编、翻译、注释、整理已有作品而产生的作品，其著作权由改编、翻译、注释、整理人享有，但行使著作权时，不得侵犯原作品的著作权。"因此，郭某等人在使用音乐作品《乌苏里船歌》时，应客观地注明该歌曲曲调是源于赫哲族传统民间曲调改编的作品。

郭某在"南宁国际民歌艺术节"开幕式晚会的演出中对主持人意为《乌苏里船歌》系郭某原创作品的失当的"更正性说明"未做解释，同时对相关出版物中所标注的不当署名方式予以认可，其行为是有过错的。在某电视台主办的"南宁国际民歌艺术节"开幕式晚会上，主持人发表的陈述与事实不符，某电视台作为演出组织者，对其工作人员就未经核实的问题过于轻率地发表议论的不当行为，应采取适当的方式消除影响。被告某购物中心销售了载有未注明改编出处的《乌苏里船歌》音乐作品的出版物，应停止销售行为。但某购物中心能够提供涉案出版物的合法来源，主观上没有过错，不应承担赔偿责任。鉴于民间文学艺术作品具有其特殊性，且原告未举证证明被告的行为造成其经济损失，故原告依据我国著作权法的规定，请求法院判令郭某、某电视台、某购物中心承担公开赔礼道歉、赔偿经济损失和精神损失的主张，缺乏事实根据和法律依据，不予支持，但应根据案件的具体情况消除影响，还应承担原告因诉讼而支出的合理费用。

据此，北京市第二中级人民法院依照《中华人民共和国民法通则》第四条、第一百三十四条第一款第九项和《中华人民共和国著作权法》第十二条之规定，判决：

一、郭某、某电视台以任何方式再使用音乐作品《乌苏里船歌》时，应当注明"根据赫哲族民间曲调改编"；

二、郭某、某电视台于本判决生效之日起三十日内在《法制日报》① 上发表音乐

---

① 现已改为《法治日报》，以下不再提示。

作品《乌苏里船歌》系根据赫哲族民间曲调改编的声明；

三、某购物中心立即停止销售任何刊载未注明改编出处的音乐作品《乌苏里船歌》的出版物；

四、郭某、某电视台于本判决生效之日起 30 日内各给付黑龙江省饶河县某乡政府因本案诉讼而支出的合理费用 1500 元；

五、驳回某乡政府的其他诉讼请求。

〔当事人上诉及答辩意见〕

一审宣判后，郭某、某电视台不服，向北京市高级人民法院提起上诉。

郭某上诉的理由是：（1）某乡政府不具备原告的主体资格；（2）一审判决存在"判非所诉"的问题；（3）中国音乐著作权协会所作的鉴定在程序和实体方面均存在问题；（4）一审判决适用法律错误。

某电视台上诉的理由除与郭某的（1）、（2）部分相同外，还认为已经尽到了合理的审查义务，不构成侵权行为。如《乌苏里船歌》的署名确有不当，将停止传播错误的信息，但不应承担刊登声明、支付原告诉讼费用等侵权法律责任。

某乡政府、某购物中心服从一审判决。

〔二审查明的事实〕

北京市高级人民法院经过审理，确认了一审法院查明的事实。

二审期间，郭某为了证明中国音乐著作权协会在鉴定人员的推荐及鉴定结论的最终形成等方面存在程序上的问题，提供了郭某的代理律师对中国音乐著作权协会名誉会长的调查笔录以及该协会 3 名常务理事出具的书面证言。4 位证人表示不知道 3 位鉴定人的推荐及最终确定以及讨论鉴定结论的事宜。郭某还提交了 2003 年 1 月 26 日由中国轻音乐协会和黑龙江省音乐家协会主办的"继承发展民族民间音乐创作研讨会"上的专家论证意见，以证明音乐界权威专家与鉴定结论持有截然相反的看法。某乡政府同时提交 1 个新的证据以证明鉴定结论是正确的。该证据是黑龙江省电视台播放的电视节目 VCD 复制品，节目包括对《乌苏里船歌》的曲作者之一汪某的采访，汪某在接受采访时表示，歌曲的序唱是赫哲族的原始资料、原始唱法，是赫哲族吴进才唱的伊玛堪；歌曲创作源于赫哲族民歌《想情郎》；《乌苏里船歌》是赫哲族歌曲，是赫哲族音乐。郭某也向法院提交了汪某的书面申明意见，以证明上述 VCD 中涉及汪某被采访的部分内容是不真实的。

〔二审裁判理由与结果〕

北京市高级人民法院认为：

世代在赫哲族中流传、以《想情郎》为代表的音乐曲调，属于民间文学艺术作品，应当受到法律保护。涉案的赫哲族民间文学艺术作品是赫哲族成员共同创作并拥有的精神文化财富。它不归属于赫哲族某一成员，但又与每一个赫哲族成员的权益有关。该民族中的任何群体、任何成员都有维护本民族民间文学艺术作品不受侵害的权利。某乡政府是依据我国宪法和法律的规定在少数民族聚居区内设立的乡级地方国家政权，可以作为赫哲族部分群体公共利益的代表。故在符合我国宪法规定的基本原则、不违反法律禁止性规定的前提下，某乡政府为维护本区域内的赫哲族公众的权益，可以以自己的名义对侵犯赫哲族民间文学艺术作品合法权益的行为提起诉讼。郭某、某电视台关于某乡政府不具备原告诉讼主体资格的上诉理由不能成立。

因本案一审中某乡政府将诉讼请求变更为确认《乌苏里船歌》乐曲属于改编作品，且郭某也对此进行了答辩，故一审法院根据当事人变更的诉讼请求对《乌苏里船歌》乐曲是否属于改编作品进行了审理，符合法律规定。一审法院判决未明确某乡政府当庭变更了诉讼请求一节，有不妥之处，但并不属于上诉人郭某、某电视台所称的"判非所诉"。

本案二审期间郭某提供的四位证人的书面证言，其内容并不能证明中国音乐著作权协会所作的鉴定在程序上存在问题，故不予采信。一审中虽然鉴定人员未出庭接受质询，但经过法院准许，以书面形式答复了当事人的质询，并不属于程序不当，故对郭某关于中国音乐著作权协会所作的鉴定在程序方面存在问题的上诉理由，不予支持。

著作权法所指的改编，是指在原有作品的基础上，通过改变作品的表现形式或者用途，创作出具有独创性的新作品。改编作为一种再创作，应主要是利用了已有作品中的独创部分。对音乐作品的改编而言，改编作品应是使用了原音乐作品的基本内容或重要内容，应对原作的旋律作了创造性修改，却又没有使原有旋律消失。在本案中，根据鉴定人关于《乌苏里船歌》的中部乐曲的主题曲调与《想情郎》和《狩猎的哥哥回来了》的曲调基本相同的鉴定结论，以及《乌苏里船歌》的乐曲中部与《想情郎》和《狩猎的哥哥回来了》相比又有不同之处和创新之处的事实，《乌苏里船歌》的乐曲中部应系根据《想情郎》和《狩猎的哥哥回来了》的基本曲调改编而成。《乌苏里船歌》乐曲的中部是展示歌词的部分，且在整首乐曲中反复三次，虽然《乌苏里船歌》的首部和尾部均为新创作的内容，且达到了极高的艺术水平，但就《乌苏里船歌》乐曲整体而言，如果舍去中间部分，整首乐曲也将失去根本，因此可以认定《乌苏里船歌》的中部乐曲系整首乐曲的主要部分。在《乌苏里船歌》的乐曲中部系改编而成、中部又构成整首乐曲的主部的情况下，《乌苏里船歌》的整首乐曲应为改编作品。郭某关于《乌苏里船歌》与《想情郎》《狩猎的哥哥回来了》的乐曲存在不同之处和创新之处且在表达上已发生了质的变化的上诉理由，并不能否定《乌苏里船歌》的乐曲基本保留了赫哲族民歌基本曲调的事实，郭某在上诉中认为中国音乐著作权协会所做的鉴定与事实不符关于《乌苏里船歌》全曲不应认定为改编作品的上诉理由不能成立，不予支持。

某电视台主持人的陈述虽然已经表明《乌苏里船歌》系根据赫哲族音乐元素创作的歌曲，但主持人陈述的本意仍为《乌苏里船歌》系郭某原创，与事实不符。某电视台对其工作人员所发表的与事实不符的评论，应当采取适当的方式消除影响，原审法院判决某电视台在《法制日报》上发表更正声明并无不当。

综上，北京市高级人民法院依照《中华人民共和国民事诉讼法》第一百五十三条①第一款第一项之规定，判决：

驳回上诉，维持原判。

---

① 对应2023年《民事诉讼法》第177条。

第十四章　公司代表诉讼

> 规则22：对股东代表诉讼达成的调解协议，须经股东所在的公司和未参与诉讼的其他股东同意后，人民法院才能确认其效力
>
> ——浙江A电力开发有限公司、金华市B物资有限公司与C置业公司、D控股创业投资有限公司、上海E企业发展有限公司、第三人C控股公司损害公司权益纠纷案[①]

【裁判规则】

有限责任公司的股东依照《公司法》第151条的规定，向公司的董事、监事、高管人员或者他人提起股东代表诉讼后，经人民法院主持，诉讼各方达成调解协议的，该调解协议不仅要经过诉讼各方一致同意，还必须经过提起股东代表诉讼的股东所在的公司和该公司未参与诉讼的其他股东同意后，人民法院才能最终确认该调解协议的法律效力。

【规则理解】

一、股东代表诉讼

（一）股东代表诉讼的概念

股东代表诉讼，又称股东派生诉讼，是指当公司的正当权益受到他人侵害，特别是受到董事、监事、高管人员或者他人的侵害，而公司怠于或不能行使权利时，有限责任公司的股东或者股份有限责任公司的符合法定条件的股东以自己名义为公司的利益对侵害人提起诉讼的制度。股东代表诉讼是股东为了公司的利益兼为自己的利益而提起的诉讼，性质上应属于行使共益权，而非自益权，其胜诉的利益直接归属公司。[②]

[①] 载《中华人民共和国最高人民法院公报》2009年第6期。
[②] 赵旭东：《新公司法案例解读》，人民法院出版社2005年版，第345页。

（二）股东代表诉讼的法律特征

股东代表诉讼除具备一般民事诉讼所具有的特征外，还具有其自身独有的特征：

1. 股东代表诉讼具有代位诉讼和代表诉讼的双重特性。第一，代位诉讼是指公司作为独立于股东的具有法人资格的主体，在其合法权利受到侵害时，本应亲自行使诉权，但由于公司怠于行使诉权，任由公司的合法权益遭受侵害，此时，股东为了公司的利益，以自己的名义代位行使公司的诉权。代位诉讼是股东代表诉讼最本质的特征，原告股东仅享有形式意义上的诉权，实质意义上的诉权则归属于公司。第二，代表诉讼是指在股东代表诉讼中，因还有公司其他股东的存在，原告股东代位行使公司诉权，意味着原告股东同时代表其他股东提起了诉讼，股东代表诉讼的判决、调解结果对公司及其全体股东具有既判力和拘束力，其他股东不得就同一理由再行起诉，公司亦不得再就同一理由为公司利益提起直接诉讼。

2. 公司的法律地位具有特殊性。股东代表诉讼中，原告是享有提起代表诉讼权利的股东，被告是因对公司实施不正当行为而对公司负有民事责任的董事、监事、高管人员等侵权行为人，公司在诉讼中既非原告，也非被告。实践中公司经常被列为第三人参加诉讼。

3. 股东代表诉讼判决、调解的效力直接及于公司，而非原告股东，因为股东代表诉讼的诉讼标的是公司与被告之间的权利义务关系，公司当然受生效判决、调解既判力的约束。

二、股东代表诉讼调解特别规则

依照《民事诉讼法》第100条和第101条的规定，调解协议生效的时间因调解协议的形式不同而有所不同。调解达成协议后需要制作调解书发给当事人的，调解书经双方当事人签收后，即具有法律效力。调解达成协议后不需要制作调解书的，只将协议内容记入笔录，由双方当事人、审判人员、书记员签名或者盖章后，即具有法律效力。民事案件经调解达成协议后，应当制作调解书。但下列案件在调解达成协议后，可以不制作调解书：调解和好的离婚案件；调解维持收养关系的案件；能够即时履行的案件；其他不需要制作调解书的案件。而股东代表诉讼作为一项特别的诉讼制度，适用民事诉讼关于调解的一般原则，同时也应适用《公司法》规定的特别规则，即调解协议不能损害公司以及未参加诉讼股东的利益。《全国法院民商事审判工作会议纪要》第27条规定："公司是股东代表诉讼的最终受益人，为避免因原告股东与被告通过调解损害公司利益，人民法院应当审查调解协议是否为公司的意思。只有在调解协议经公司股东（大）会、董事会决议通过后，人民法院才能出具调解书予以确认。至于具体决议机关，取决于公司章程的规定。公司章程没有规定的，人民法院应当认定公司股东（大）会为决议机关。"

（一）确立股东代表诉讼调解特别规则的原因

第一，《公司法》规定股东代表诉讼的目的是制约公司经营者的权力，保护公司和中小股东的利益。人民法院在审理股东代表诉讼案件的过程中如果为了追求调解结果，不惜损害公司以及其他未参加诉讼股东的利益，则违背了《公司法》的立法精神，是不可取的。

第二，股东代表诉讼在性质上属于行使共益权，作为原告的股东是为了公司的利益而提起股东代表诉讼，股东代表诉讼从本质上要求原告与被告达成的调解协议不能损害公司利益。公司的注册资本由全体股东出资组成，每个股东都对公司享有一定的股权，原告损害公司的利益，实际上也损害其他未参加诉讼的公司股东的利益。

第三，根据公司契约理论，公司基于股东之间的合同而成立，原告股东与未参加诉讼的股东签订的公司章程具有合同性质，未参加诉讼的股东根据合同章程履行了出资义务，理应享有相应的权利。为了保证其他股东的合同利益，维护公司的稳定性，原告必须遵守诚实信用原则，在股东代表诉讼调解中，不得损害公司和其他股东的利益。

（二）股东诉讼调解中可能损害公司或其他股东利益的情形

在股东诉讼调解中，可能会出现以下损害公司和其他股东利益的情形。

1. 互相串通型。通常表现为原告与被告相互串通，私下交易，以原告对被告作出妥协让步达成调解协议，换取被告对原告在其他方面给予的利益，两者共同损害公司和其他股东的利益。

2. 不负责任型。通常表现为原告惧怕诉讼成本加大和案件事实复杂，不愿意再去费时费心费力地将诉讼程序继续下去，在被告提出调解的情况下，不为公司和其他股东的权利据理力争，轻易接受被告提出的调解方案，导致原告在调解中作出的妥协和让步明显不合理，协议内容显失公平，从而损害了公司和其他股东的利益。

3. 滥用权利型。通常表现为原告就不属于自己处分权限范围的事项，超出诉讼请求的范围，与被告达成调解协议，从而损害公司与其他股东的利益。

4. 重大误解型。通常表现为原告基于对某个事项的错误理解而与被告达成了具有重大误解内容的调解协议,从而损害公司与其他股东的利益。

(三) 股东代表诉讼调解协议的司法审查

为防止股东代表诉讼调解协议损害公司及未参加诉讼股东的利益,唯一有效的途径就是加强人民法院对调解协议内容的审查和监督。我国《公司法》没有针对人民法院对股东代表诉讼调解协议进行强制性审查作出具体规定。但《民事诉讼法》第 99 条规定:"调解达成协议,必须双方自愿,不得强迫。调解协议的内容不得违反法律规定。"《民事诉讼法解释》第 144 条规定:"人民法院审理民事案件,发现当事人之间恶意串通,企图通过和解、调解方式侵害他人合法权益的,应当依照民事诉讼法第一百一十五条的规定处理。"因此,人民法院应当依法对调解协议的自愿性和合法性进行审查。从国外立法例看,如美国法律规定,没有法院的批准,代表诉讼的原告和被告不能通过和解和撤诉了结诉讼;法院批准了结诉讼须以公司的净利益为标准,包括金钱利益和非金钱利益;在法院批准前,应给予有利害关系的股东参加听证的机会。[①]

股东代表诉讼中诉讼利益涉及原告、公司和未参加诉讼股东等多个层面,诉讼本身具有一定的复杂性,人民法院对调解协议内容的审查不能仅局限于协议的形式内容,更需从调解协议对公司和其他未参加诉讼股东可能会产生的法律后果的角度去审查。因此,人民法院审查协议内容时,需发挥公司未参与诉讼股东的监督作用,在征得公司及其他未参与诉讼股东对调解协议内容的同意后,再确认该调解协议的法律效力。

另需注意的是,股东代表诉讼达成调解协议后有可能不向人民法院申请出具民事调解书,而以原告申请撤诉的方式结案。在这种情况下,人民法院对原告的撤诉申请是否予以批准,也需要对协议内容进行审查后作出裁定。对于协议内容损害公司和其他股东利益的,人民法院不应准许原告撤诉,而应当在查清事实的基础上继续诉讼程序,直到依法作出判决。人民法院针对股东代表诉讼必须发挥监督作用,防止原告滥用股东代表诉讼的权利,损害公司和其他股东的合法权益。

[①] 参见美国法律研究院:《公司治理原则:分析和建议》,楼建波等译,法律出版社 2006 年版,第 744 页。

【拓展适用】

一、公司诉讼的内涵及特征

（一）公司诉讼的内涵

公司诉讼，并非立法的正式用语，学界对其理解与界定并不统一。有观点认为，公司诉讼有广义与狭义之分，广义的公司诉讼是指以公司为法律关系主体的权利义务争议，包括所有与公司有关的诉讼，按其性质分为公司刑事诉讼、公司行政诉讼、公司民商事诉讼。狭义的公司诉讼主要指公司法加以调整和解决的属于公司独有的诉讼，是公司在设立、存续、变更、消灭的过程中，公司、公司股东、董事、经理等高级管理人员、清算组成员以及债权人之间基于出资合同、公司章程和公司法上的权利义务等所发生的诉讼的总称。在公司法实践中取广义的公司诉讼概念更有助于纠纷的审理。[1] 有观点认为，公司诉讼是指在公司运行过程中，因公司相关利益主体违反公司法律关系中特定的权利义务而引发的适用特殊程序的民事诉讼，是公司纠纷的司法解决形式。[2] 还有观点认为，"公司诉讼"一词从字面含义上只能解释为"涉公司的诉讼"。到目前为止，公司法理论界尚未就"公司诉讼"形成一个广为接受的、确切周全的定义。鉴于公司诉讼这一概念不具规范性，欠缺明确性，学界在研究公司法上的特殊纠纷的司法救济问题时大都避免直接使用"公司诉讼"这一提法，而采用"公司法上的诉"或"公司法上的诉讼"的概念指代通过司法救济方式解决公司法上的特殊纠纷的活动。[3] 笔者认为，民事诉讼法所规定的公司诉讼为狭义的公司诉讼，即公司在设立、存续、变更或终止过程中，公司的各个利益主体，基于发起人协议、公司章程和公司法规定的权利义务，发生与公司治理有关的、主要由公司法等民商事法律调解的纠纷，而由人民法院适用特殊机制解决的民事诉讼活动。正因为公司诉讼是现代公司制度下的特定主体违反有关公司具体法律制度的规定而引发的一类特殊民事诉讼，在诉讼主体、诉讼程序、起诉期间、证明责任、诉讼结果归属和判决效力等方面与一般的民事诉讼都有所区别，但公司诉讼的本质是民事诉讼，其审理程序除适用《民事诉讼法》外，还要适用《公司法》。

---

[1] 参见褚红军主编：《公司诉讼原理与实务》，人民法院出版社2007年版，第7页。

[2] 参见金剑锋等：《公司诉讼的理论与实务问题研究》，人民法院出版社2008年版，第15页。

[3] 参见谢文哲：《公司法上的纠纷之特殊诉讼机制研究》，法律出版社2009年版，第73页。

(二) 公司诉讼的特征

公司诉讼除具有一般民事诉讼的特征外，还具有以下特点：

1. 诉讼主体具有多元性。公司的相关利益主体包括发起人、公司、股东、董事、高管人员、清算组、公司债权人、公司债务人等。从主体的角度讲，引起公司诉讼的纠纷来自公司内部的法律关系和外部的法律关系，公司两个或多个主体之间发生纠纷导致法律关系复杂，单个纠纷的解决结果可能会涉及其他主体的利益，确定权利义务主体时比较复杂。

2. 法律关系比较复杂。《公司法》和公司章程决定公司内部主要是按照权力分配构建其运作机制，公司内部设立各个组织机构行使不同的职权。股东会虽是最高权力机关，享有公司重大事项的决定权，但非常设机构。股东会下设董事会负责执行，董事会对外代表公司，对内享有日常经营管理事务的决策权和执行权，依据多数决原则进行议事；董事会下设经理，负责公司的日常经营管理。绝大多数纠纷都是因为"人"行使权力不当而引起的，公司内部职权配置模式的多层次、多分支，必然导致公司纠纷的复杂性，公司诉讼涉及的法律关系因公司的权利分配架构比较特殊，故比一般的民事诉讼所呈现的法律关系复杂。

3. 与公司相关联。《民事诉讼法》第27条规定，因公司设立、确认股东资格、分配利润、解散等纠纷提起的诉讼，由公司住所地人民法院管辖。而该条并未明确使用"公司诉讼"的概念，也未全部列举适用本条规定的诉讼的案型，仅表述为"因公司设立、确认股东资格、分配利润、解散等纠纷提起的诉讼"。该条所规范的公司诉讼，主要是指有关公司设立、确认股东资格、分配利润、公司解散等公司组织行为的诉讼，也被称为公司组织诉讼。[1] 这类诉讼具有如下特征：[2] (1) 此类诉讼与公司的组织法性质有关，往往存在与公司组织相关的多数利害关系人，涉及多数利害关系人的多面法律关系的变动，因此需要团体法性质的诉的程序统一的规律。(2) 此类诉讼大多具备形成之诉的性质，以改变法律关系的判决——形成判决为目的，即原告改变既有法律关系的请求只有依法院的判决才产生法律关系变更的效力。将公司法上的诉作为形成之诉的理由在于，关于组织法性质的法律关系的诉讼对已形成的团体法律关系

---

[1] 参见 [日] 前田庸：《公司法入门》，王作全译，北京大学出版社2012年版，第60页。

[2] 参见最高人民法院民事诉讼法修改研究小组编著：《中华人民共和国民事诉讼法修改条文理解与适用》，人民法院出版社2012年版，第65页。

带来变动，如允许自由主张方法，就会给团体法律关系带来不稳定。[①]（3）此类诉讼均关涉公司，许多情况下，被告就是公司。因为诉的对象是公司的组织法性质的法律关系，判决的效力当然应该及于公司，而且通过将公司作为被告，可以对与公司相关的利害关系人都产生效果。（4）时常出现须进行诉的合并的情形。公司诉讼往往涉及多数利害关系人的多面法律关系的变动，因此，就同一个公司的同一个组织行为会提起数个诉讼。为防止出现相同事实相异判决，法院应进行诉的合并。[②]（5）此类诉讼判决效力具有特殊性。原告败诉时，意味着原告主张的变更法律关系的请求不成立，因此判决的效力不及于第三人，其他利害关系人可以另行提起诉讼。但原告胜诉时，产生与一般民事诉讼原告胜诉不同的法律效果。第一，一般民事诉讼中生效判决的既判力原则上仅仅及于当事人之间，但公司诉讼对大部分第三人也发生法律效力即所谓判决的对世效力。[③] 第二，对于一般民事诉讼，宣告某一法律行为无效或被撤销的判决一经确定，该法律行为自始丧失效力即判决具有溯及力，但为维护公司法律关系的稳定，在公司诉讼中否认判决的溯及力，一般仅对将来发生效力。[④]

（三）公司诉讼案件的类型

按照诉讼标的，公司诉讼从宏观上可分为三大类型：公司资本诉讼、人格否认诉讼和股权诉讼。由于公司诉讼本质上属于民事诉讼，2021年1月1日起施行的《民事案件案由规定》第八部分"与公司、证券、保险、票据等有关的民事纠纷"中，对公司诉讼案件的具体案由作出了规定。

二、公司的诉讼主体资格

公司诉讼的主体不超出公司、股东、董事和高管人员、债权人和债务人五种，五种主体之间交织组合构成公司诉讼的各种模式形态：股东诉股东、股东诉公司、股东诉董事和高管人员、股东诉债务人；公司诉股东、公司诉董事和高管人员、公司诉债务人；债权人诉股东、债权人诉董事和高管人员、债权人

[①] 参见［韩］李哲松：《韩国公司法》，吴日焕译，中国政法大学出版社2000年版，第83页。

[②] 参见［韩］李哲松：《韩国公司法》，吴日焕译，中国政法大学出版社2000年版，第84页。

[③] 参见［日］前田庸：《公司法入门》，王作全译，北京大学出版社2012年版，第60页。

[④] 参见［韩］李哲松：《韩国公司法》，吴日焕译，中国政法大学出版社2000年版，第85页。

诉公司等。其中，公司在公司诉讼中的诉讼地位问题比较复杂，需要正确理解和认识。

（一）公司的原告主体资格

公司是指股东依照《公司法》的规定，以出资方式设立，股东以其出资额或所持股份为限对公司承担责任，公司以其全部资产对公司债务承担责任的企业法人。[①] 公司作为独立法人，拥有独立的财产，设有独立的组织机构，独立承担财产责任。为维持公司的正常运营及法律特性，公司需同时拥有财产权和经营管理权。公司基于维护其财产权或经营管理权，与股东、董事和高管人员、债务人发生公司诉讼纠纷，应处于原告的诉讼地位。如公司要求股东履行出资义务、要求撤销关联交易、要求返还公司印章、要求公司经理遵守竞业禁止规定等。

（二）公司的被告主体资格

股东权是公司制度中最重要的权利之一，股东享有股东权。股东权从性质可分为财产权和管理参与权，从权利内容来看包括发放股票或其他股权证明请求权、股息红利分配请求权、股东会临时召集请求权或自行召集权、出席股东会并行使表决权、对公司财务的监督检查权等，股东权的权利主体自然是股东，侵害权利的主体不外乎公司、其他股东、董事等高管人员。公司侵害股东权利，如因公司拒绝确认、赋予股东权，阻碍行使股东权等而发生纠纷，股东寻求权利救济提起诉讼时，应将公司列为被告，如股东要求公司办理股权变更登记、要求公司公开财务账簿等。

应当注意的是，董事、经理等高管人员有权获得工作报酬。对于董事、经理等高管人员要求获得工作报酬的权利，不属《公司法》调整的范畴，而由《劳动法》调整，因此董事、经理等高管人员提起的劳动纠纷不属于公司诉讼，而属于一般的民事诉讼。

另外，由于公司与其债权人、债务人之间发生的债权债务纠纷一般由《民法典》等法律规范调整。为了维护债权人的利益，《公司法》和相关司法解释特别规定，债权人在衡量公司能力不能满足债权时可以采取相应的补救措施，如股东瑕疵出资的，公司债权人除要求公司承担责任外，还可以要求公司股东承担瑕疵出资责任；公司法人人格否认诉讼；公司债权人提出的要求公司董事及高管人员与公司共同承担损害赔偿责任的诉讼。因此，此类诉讼的主体并不局限于债权人和公司，必要时也可以把负有间接侵权和间接违约责任的股东、

[①] 赵旭东主编：《公司法学》，高等教育出版社2003年版，第2页。

董事、经理等高管人员纳入诉讼主体，作为共同的被告。

三、特殊情形下的公司主体资格

（一）设立中情形的公司主体资格

公司领取了法人营业执照，即宣告公司已经合法设立、依法拥有法人人格，对社会产生公示效力。第三人基于公示信赖，与之发生法律关系，债权人如果产生债权债务纠纷，则以设立的公司为诉讼对象主张权利，此时的被告具有诉讼的主体资格。公司在取得营业执照之前不具有法人资格，不能独立对外承担民事责任，不具备诉讼主体资格。实践中，在公司设立阶段或者公司设立前，发起人为设立公司的目的以自己的名义对外签订合同而产生纠纷，债权人如何行使权利保障债权，《公司法》未有涉及，但《最高人民法院关于适用〈中华人民共和国公司法〉若干问题的规定（三）》有规定。该司法解释第2条规定："发起人为设立公司以自己名义对外签订合同，合同相对人请求该发起人承担合同责任的，人民法院应予支持。"第3条规定："发起人以设立中公司名义对外签订合同，公司成立后合同相对人请求公司承担合同责任的，人民法院应予支持。公司成立后有证据证明发起人利用设立中公司的名义为自己的利益与相对人签订合同，公司以此为由主张不承担合同责任的，人民法院应予支持，但相对人为善意的除外。"第4条规定："公司因故未成立，债权人请求全体或者部分发起人对设立公司行为所产生的费用和债务承担连带清偿责任的，人民法院应予支持。部分发起人依照前款规定承担责任后，请求其他发起人分担的，人民法院应当判令其他发起人按照约定的责任承担比例分担责任；没有约定责任承担比例的，按照约定的出资比例分担责任；没有约定出资比例的，按照均等份额分担责任。因部分发起人的过错导致公司未成立，其他发起人主张其承担设立行为所产生的费用和债务的，人民法院应当根据过错情况，确定过错一方的责任范围。"第5条规定："发起人因履行公司设立职责造成他人损害，公司成立后受害人请求公司承担侵权赔偿责任的，人民法院应予支持；公司未成立，受害人请求全体发起人承担连带赔偿责任的，人民法院应予支持。公司或者无过错的发起人承担赔偿责任后，可以向有过错的发起人追偿。"

（二）设立瑕疵情形的公司主体资格

公司设立瑕疵，是指经公司登记机关核准登记并获营业执照而宣告成立的公司，在设立过程中，存在不符合公司法规定的条件或程序的情形。它使公司成立后在法律上处于一种有别于正常公司的地位与状态。①

1. 实际出资达到了法定最低资本额而未达到应缴资本额的情形

2013年《公司法》修订时，将法定资本制进行了修改，改为认缴资本制，法定最低资本额也予以取消。因此，出现了公司设立中公司股东无须及时缴纳公司章程明确规定的应缴资本，但公司设立后股东未依约及时缴纳出资而使公司实际资本额未达到应缴资本额的问题。《最高人民法院关于适用〈中华人民共和国公司法〉若干问题的规定（三）》第13条规定："股东未履行或者未全面履行出资义务，公司或者其他股东请求其向公司依法全面履行出资义务的，人民法院应予支持……股东在公司设立时未履行或者未全面履行出资义务，依照本条第一款或者第二款提起诉讼的原告，请求公司的发起人与被告股东承担连带责任的，人民法院应予支持；公司的发起人承担责任后，可以向被告股东追偿……"

2. 无民事行为能力人或限制民事行为能力人为公司股东的情形

对于这种违反法律关于公司设立发起人须具备完全民事能力要求的，可以通过股权转让予以补救。我国《公司法》对瑕疵设立的公司是否具有法人人格没有作出明确的规定，但采取原则承认的原则，在《公司法》和司法解释的某些条款中暗含承认瑕疵设立公司的有效性，如《公司法》第198条规定："违反本法规定，虚报注册资本、提交虚假材料或者采取其他欺诈手段隐瞒重要事实取得公司登记的，由公司登记机关责令改正，对虚报注册资本的公司，处以虚报注册资本金额百分之五以上百分之十五以下的罚款；对提交虚假材料或者采取其他欺诈手段隐瞒重要事实的公司，处以五万元以上五十万元以下的罚款；情节严重的，撤销公司登记或者吊销营业执照。"该规定表明，即便公司设立违反公司法所规定的条件和程序，只要得到改正，使得公司获得法人营业执照，公司法人人格也应得到维持，公司不应当被宣告无效。

（三）设立无效情形的公司主体资格

公司法对公司设立条件作了明确规定，不具备这些条件而设立公司，即构成公司设立瑕疵，也有可能导致公司设立无效。否认公司法人人格有如下几种情形：（1）所有发起人均不具备发起人资格时，无人可以合法主张公司股权的；（2）实际缴纳资本通过一定宽限期的补正仍低于法定注册资本的；（3）缺少公司名称和住所、公司注册资本、股东及其出资约定的章程；（4）公司目的

---

① 李瑞钦：《公司设立瑕疵的法人人格问题研究》，载《法律适用》2009年第8期。

违法或违反社会公共利益的;(5)公司设立未取得政府机关的批准以及未履行创立大会等程序的。根据《公司法》第 198 条规定,达到情节严重的,撤销公司登记或者吊销营业执照。撤销公司登记或者吊销营业执照,即达到否认公司人格,认定公司设立行为无效。此时公司不具有法人资格,也就不具有诉讼主体资格。

实践中,要注意公司设立无效是否具有溯及力的问题。按照民事行为无效或撤销的一般规则,只要公司设立行为确定无效或者撤销,其效力自始无效。我国《公司法》对此未作出明确规定,但依《公司法》的基本原则和相关司法解释的基本精神,笔者认为,公司设立行为无效对被确认无效之前的公司行为没有溯及力,公司和股东不得以公司设立无效为由对抗善意第三人。理由为:(1)在公司经登记并取得营业执照后,公司股东即必须对公司的设立承担责任,并对公司资本的充足性和真实性承担担保义务,确保出资的真实、有效。公司股东对公司设立行为无效应当承担责任。(2)公司设立行为的无效或者撤销会广泛地影响第三人的利益或者社会利益。如果确认有溯及力会带来弊端,许多善意第三人与公司之间的交易亦会相继无效,由无效交易产生的返还财产、恢复原状责任等会导致一系列复杂的法律后果,损害善意第三人的利益。

四、公司诉讼的特殊地域管辖

特殊地域管辖之特殊,是相对于一般地域管辖而言,是根据不同民事案件的特殊情况来确定具体的管辖法院。民事诉讼实行"原告就被告"的一般地域管辖原则,公司诉讼一般会涉及公司的组织法性质的诉讼,存在与公司组织相关的多数利害关系人,涉及多数利害关系人的多项法律关系的变动,且胜诉判决产生对世效力。由于公司股东等多数利害关系人可能来自不同地区,如果按照被告住所地管辖,将会导致以该等利害关系人为被告的部分案件管辖权过于分散,使当事人和法院陷于管辖权争议之中,影响司法效率。《民事诉讼法》考虑到诉讼便利和诉讼效率,于第 27 条对部分与公司有关的纠纷案件的管辖问题作出规定:"因公司设立、确认股东资格、分配利润、解散等纠纷提起的诉讼,由公司住所地人民法院管辖。"因此,公司诉讼应当实行特殊地域管辖,即公司诉讼由公司住所地人民法院管辖。为进一步明确公司住所地人民法院管辖的内涵,《民事诉讼法解释》第 22 条规定:"因股东名册记载、请求变更公司登记、股东知情权、公司决议、公司合并、公司分立、公司减资、公司增资等纠纷提起的诉讼,依照民事诉讼法第二十七条规定确定管辖。"

（一）公司住所地

住所是指公司经营管理及业务活动的核心机构所在地。依照《公司法》的规定，公司住所是公司章程的必要记载事项，也是公司设立的必要条件，对于确定债务的履行地、登记管辖地、诉讼管辖法院、法律文书的送达处所和涉外民事关系的准据法具有极其重要的法律意义。[①] 对于公司住所地的确定，《民法典》和《公司法》都有相应规定。《民法典》第63条规定，法人以其主要办事机构所在地为住所。《公司法》第10条规定，公司以其主要办事机构所在地为住所。对于公司解散纠纷，最高人民法院专门规定了地域管辖和级别管辖的适用标准，即《最高人民法院关于适用〈中华人民共和国公司法〉若干问题的规定（二）》第24条规定："解散公司诉讼案件和公司清算案件由公司住所地人民法院管辖。公司住所地是指公司主要办事机构所在地。公司办事机构所在地不明确的，由其注册地人民法院管辖。基层人民法院管辖县、县级市或者区的公司登记机关核准登记公司的解散诉讼案件和公司清算案件；中级人民法院管辖地区、地级市以上的公司登记机关核准登记公司的解散诉讼案件和公司清算案件。"因此，解散公司诉讼案件由公司住所地人民法院管辖，公司住所地是指公司主要办事机构所在地，公司办事机构所在地不明确的，由其注册地人民法院管辖。同时，在实践中应注意公司住所地与公司注册地、公司经营场所、生产场地、销售网点以及公司分支机构所在地等相区别。

（二）由公司住所地管辖的公司诉讼的种类[②]

1. 公司设立诉讼

公司设立是指发起人依照法律规定的条件和程序，为组建公司并使其取得法人资格而依法完成的一系列法律行为的总称。《公司法》对公司的设立规定了严格的法定条件和程序。一般认为，公司设立始于发起人订立协议之时，终于公司设立成功取得法人资格或者设立失败进行清算时。公司设立纠纷，即指发起人依照法律规定的条件和程序，在组建公司并使其取得法律人格的一系列行为中，与第三方、公司或其他发起人产生的纠纷。在公司设立中可能产生的纠纷诉讼主要是：（1）与公司设立相关交易行为的责任承担诉讼；（2）公司设立失败的责任承担诉讼；（3）公司设立瑕疵诉讼。公司虽经依法登记并取得营

---

① 参见刘俊海：《现代公司法》，法律出版社2008年版，第58~59页。
② 参见江必新主编：《新民事诉讼法理解适用与实务指南》，法律出版社2012年版，第101~102页。

业执照而成立，但实际上存在不符合法定条件、程序而设立的情形，从而导致公司设立瑕疵诉讼，包括设立撤销之诉和设立无效之诉。

2. 确认股东资格诉讼

股东资格有两种含义，一是成为有限责任公司股东的一般条件或者前提；二是成为有限责任公司股东的具体身份，此处的股东资格是指后者。股东资格的取得分为原始取得与继受取得。原始取得是指基于对公司的出资行为初始取得股东资格，继受取得是指基于买卖、赠与、继承、公司合并、善意取得等原因从其他股东处取得股东资格。但现实中行为主体虽然实际出资设立公司并履行了相应的义务，却因在工商管理部门未进行相应登记而难以得到法律上的认可，或者因出资瑕疵、股权转让等事由，股东资格或者身份难以确定，从而导致其诉请法院确认其股东资格。确认股东资格诉讼比较复杂，主要有以下类型：（1）公司登记设立时的股权登记错误，真实股东方要求确认改正的；（2）自然人股东死亡，其继承人要求继承股权份额的；（3）存在冒名股东、挂名股东情形的；（4）隐名股东与显名股东发生争议，隐名股东要求显名的；（5）因股权转让行为，受让方提请股权确认的；（6）集体企业改制中的股权确认；（7）涉外股东资格确认之诉。《最高人民法院关于适用〈中华人民共和国公司法〉若干问题的规定（三）》第24条第3款规定："实际出资人未经公司其他股东半数以上同意，请求公司变更股东、签发出资证明书、记载于股东名册、记载于公司章程并办理公司登记机关登记的，人民法院不予支持。"《全国法院民商事审判工作会议纪要》第28条对实际投资人显名的条件予以细化，规定"实际出资人能够提供证据证明有限责任公司过半数的其他股东知道其实际出资的事实，且对其实际行使股东权利未曾提出异议的，对实际出资人提出的登记为公司股东的请求，人民法院依法予以支持。公司以实际出资人的请求不符合公司法司法解释（三）第24条的规定为由抗辩的，人民法院不予支持"，明确了司法实践中常见的股东资格确认之诉的支持要件。

3. 公司分配利润诉讼

公司分配利润，是指公司对依法留足公积金后剩余的利润进行分配，以使股东能按其所持有的股份取得股利。股东基于其股东地位，有权请求公司向其分配利润。这种权利即股利分配请求权，是股东自益权的一种。在公司存续的情况下，利润分配请求权是股东从公司获取投资回报的主要手段。但由于利润分配方案需要经过股东（大）会通过，在资本多数决原则下，大股东可能利用股利政策损害中小股东的利益。在公司的实际运作中，公司可能有可供分配的利润，但却以各种理由不正当地拒绝向股东分配；或者公司过分提取任意公积金而损害股东的股利分配权，从而引发股东向公司提起分配利润纠纷。因此，公司分配利润纠纷最直接的表现形式即股东诉请公司支付一定数额的分配利润。在司法实践中，根据股东起诉的不同状况，公司分配利润诉讼的类型包括：（1）股东诉请公司分配利润有明确的股东会决议的；（2）股东诉请公司分配利润无明确的股东会决议的；（3）股权转让后原股东诉请公司分配利润；（4）公司债权人诉请违法分配利润损害其利益，如果公司不执行《公司法》规定的利润分配限制条件而向股东分配利润，即构成非法分配，公司债权人有权以违法分配损害其利益为由提起诉讼。

4. 公司解散诉讼

公司解散是指已成立的公司因发生法律或章程规定的事由而停止经营活动，开始清理公司财产、了结公司债权债务关系的一种状态。公司解散能引起公司人格消灭。根据解散事由的不同，公司解散可分为公司自行解散、强制解散、司法解散等形式。这里所指的公司解散诉讼主要是指公司僵局出现时，公司股东提起解散公司申请而与公司、其他股东之间发生的纠纷。《公司法》第182条规定了公司僵局作为申请法院裁判公司解散的事由。该条规定，公司经营管理发生严重困难，继续存续会使股东利益受到重大损失，通过其他途径不能解决的，持有公司全部股东表决权10%以上的股东，可以请求人民法院解散公司。实践中，存在小股东利益受到损害，股东之间缺乏合作诚意，公司经营严重困难，财务状况恶化，虽未达到破产界限，但是继续维持会使股东利益受到更大损失；或者因股东之间分歧严重，股东会、董事会又不能作出公司解散的决议，公司处于僵局状态的情况。在这类情况下，符合法定条件的股东可以提起公司解散之诉。公司解散纠纷，按公司僵局产生的原因，可大致分为因股东会僵局提起的公司解散纠纷和因董事会僵局提起的公司解散纠纷两大类。[①] 如果股东在公司章程中对出现公司僵局情形时的管辖法院有明确约定，则应首先遵从章程的约定。《最高人民法院关于适用〈中华人民共和国公司法〉若干问题的规定（二）》第1条规定，"单独或者合计持有公司全部股东表决权百分之十以上的股东，以下列事由之一提起解散公司诉讼，并符合公司法第一百八十二条规定的，人民法院应予受理：（一）公司持续两年以上无法召开股东会或者股东大会，公司经营管理发生严重困难的；（二）股东表决时无法达到法

[①] 刘龙飞：《公司诉讼实务精要》，中国法制出版社2011年版，第8、126、157、263页。

定或者公司章程规定的比例，持续两年以上不能做出有效的股东会或者股东大会决议，公司经营管理发生严重困难的；（三）公司董事长期冲突，且无法通过股东会或者股东大会解决，公司经营管理发生严重困难的；（四）经营管理发生其他严重困难，公司继续存续会使股东利益受到重大损失的情形。股东以知情权、利润分配请求权等权益受到损害，或者公司亏损、财产不足以偿还全部债务，以及公司被吊销企业法人营业执照未进行清算等为由，提起解散公司诉讼的，人民法院不予受理"，对《公司法》第182条规定的公司解散之诉的立案和实体条件作出了较为详细的规定。

5. 股东名册记载诉讼

《公司法》明确规定，股东名册是有限责任公司和股份有限公司必须具备的文件，是公司依法置备的记载股东及其持股情况的簿册。股东名册必须记载股东的姓名或名称、持股数量等内容；当股东转让股权或者发生其他应当变更股东名册记载事项时，公司应当予以变更。否则，将产生股东名册记载诉讼。

6. 公司组织形式变更诉讼

所谓公司组织形式变更，是指公司在不中断法人资格的情况下，由一种公司形式变更为另一种公司形式。《公司法》第9条第1款规定，有限责任公司变更为股份有限公司，应当符合本法规定的股份有限公司的条件。股份有限公司变更为有限责任公司，应当符合本法规定的有限责任公司的条件。《公司法》第43条、第103条还分别对有限责任公司变更为股份有限公司以及股份有限公司变更为有限责任公司的股东会或股东大会决议通过的条件作了规定。此外，该法第95条规定，有限责任公司变更为股份有限公司时，折合的实收股本总额不得高于公司净资产额。当公司变更组织形式违反《公司法》有关规定时，公司股东等利害关系人可以提起公司组织形式变更诉讼。

7. 公司合并诉讼

所谓公司合并是指两个或两个以上公司依照法定的条件和程序，合并为一个公司的行为。公司合并包括吸收合并和新设合并两种形式。吸收合并是指一个以上的公司并入现存公司，被吸收的公司消灭。新设合并是指两个以上的公司合并设立一个新的公司，原有公司消灭。公司合并产生的法律后果是：第一，公司组织结构的变化；第二，权利义务的概括转移。首先，公司合并必然导致一个或一个以上的公司消灭，此种公司消灭不需要经过清算程序。同时，吸收合并中的吸收公司继续存在，但发生了变化；新设合并中产生了新的公司。其次，公司合并的结果导致了存续公司或者新设公司承受被合并公司的债权债务。

由于公司合并涉及多家公司股东及债权人的利益，为了防止公司合并侵害中小股东或债权人的利益，《公司法》规定了严格的公司合并程序。公司合并需要的程序：第一，由合并各方签订合并协议；第二，经过股东会决议通过；第三，编制资产负债表及财产清单；第四，通知或者公告债权人；第五，履行相应的登记程序。如果公司合并违反了法律、行政法规的强制性规定，则会引发公司合并无效纠纷。

8. 公司分立诉讼

所谓公司分立是指一个公司依照法定条件和程序，分裂为两个或者两个以上公司的行为。公司分立包括新设分立和存续分立两种形式。新设分立是指公司分立为两个或两个以上的新的公司，原公司消灭。存续分立是指公司分立为两个或两个以上的新的公司，但原公司仍然存续。公司分立产生的法律后果：一是公司组织结构的变化；二是权利义务的法定转移。首先，公司分立导致一个或一个以上的公司设立，该公司的营业来自既有公司的营业分割，而不是既有公司的转投资行为。对于新设分立，还同时导致既有公司的消灭，其消灭也不需要经过清算程序。其次，公司分立的结果导致了分立公司债务的法定承担，即除非公司在分立前与债权人就债务清偿达成的书面协议另有约定，公司分立前的债务由分立后的公司承担连带责任。由于公司分立涉及多家公司股东及债权人的利益，为了保护中小股东或债权人的利益，《公司法》规定了严格的公司分立程序。对于公司分立，需要经过股东会决议通过，制定分立计划或者分立协议，编制资产负债表及财产清单，通知或公告债权人，进行财产分割，并办理登记手续。如果公司分立违反了法律、行政法规的强制性规定，则会导致公司分立无效纠纷。

9. 公司资产变动诉讼

公司存续期间，其注册资本可能增加或减少。因公司资本变动会影响公司股东及公司债权人的利益，故《公司法》对公司变更注册资本规定了一定的条件和程序，尤其是对公司减少注册资本还规定了严格的债权人保护程序。如果公司资本变动违反了《公司法》规定的条件和程序，则会导致公司资本变动诉讼。常见的公司资本变动诉讼包括：股份公司或者有限公司资本增加违法时，请求判决新股发行无效或者增资无效的诉讼；股份公司或者有限公司资本减少违法时，请求判决资本减少无效的诉讼。

（三）司法实践应当注意的问题

虽然《民事诉讼法》明确规定了公司诉讼的管辖规则，但其适用范围仍是需要注意的问题。《民事诉讼法》第 27 条所列举的几种公司诉讼情形均属组织法上、公司内部治理结构纠纷，并不是所有与公司有关的诉讼都属于公司诉讼，也不是所有与公司有关的诉讼都适用《民事诉讼法》第 27 条的规定由公司住所地法院管辖。对于股东与股东之间出资违约责任纠纷、股权转让纠纷、公司与股东之间的出资纠纷等主要属于给付之诉性质的案件，均或多或少牵涉公司。此类纠纷或者属于传统的民事纠纷范畴，或者虽涉及公司法上的权利义务关系，但并不具有组织法上纠纷的性质，也不涉及多层法律关系，因此可以适用一般的民事诉讼程序进行受理和裁判。对于公司其他股东、高管等侵犯公司权益的情形，因侵权行为地或者侵权结果发生地就是公司住所地，故其与由公司诉讼管辖规则确定的管辖法院是同一的；对于案外人与公司的合同、侵权纠纷，因其不属于公司诉讼而与普通民事主体之间的合同、侵权纠纷无异，故应当按照民事诉讼法关于地域、级别或专属管辖的原则确定管辖法院。总之，对与公司有关的诉讼是否由公司住所地法院管辖，要进行综合判断分析，包括纠纷是否涉及公司利益、对该纠纷的法律适用是否适用公司法等。

【典型案例】

浙江 A 电力开发有限公司、金华市 B 物资有限公司与 C 置业公司、D 控股创业投资有限公司、上海 E 企业发展有限公司、第三人 C 控股公司损害公司权益纠纷案

上诉人（原审原告）：浙江 A 电力开发有限公司
上诉人（原审原告）：金华市 B 物资有限公司
上诉人（原审被告）：C 置业公司
上诉人（原审被告）：D 控股创业投资有限公司
原审被告：上海 E 企业发展有限公司
原审第三人：C 控股公司

〔基本案情〕

上诉人浙江 A 电力开发有限公司（以下简称 A 公司）、金华市 B 物资有限公司（以下简称 B 公司）为与上诉人 C 置业公司、D 控股创业投资有限公司（以下简称 D 创业公司）、原审被告上海 E 企业发展有限公司（以下简称 E 公司）、原审第三人 C 控股公司损害公司权益纠纷一案，不服浙江省高级人民法院（2007）浙民二初字第 5 号民事判决，向本院提起上诉。本院依法组成合议庭进行了审理。本案现已审理终结。

原审法院查明：C 控股公司成立于 1999 年 4 月 30 日，注册资本金为 68000 万元。其中 A 公司出资 5000 万元，占出资比例的 7.35%，B 公司出资 1830 万元，占出资比例的 2.69%，深圳市 F 实业发展有限公司（以下简称 F 公司）出资 34824 万元，占出资比例的 51.21%，浙江 D 股份有限公司（以下简称 D 股份公司）出资 12500 万

元，占出资比例的18.38%。C置业公司系2002年6月13日设立的有限责任公司，其中C控股公司持有95%的股权，F公司持有5%的股权。2004年9月15日，C控股公司分别与G公司、F公司签订股权转让协议，C控股公司将其持有的C置业公司35%、30%的股权出让。同年9月17日C置业公司向当地工商行政管理部门办理了变更登记手续，F公司、G公司各持有C置业公司35%股权，C控股公司持有30%股权。2004年12月21日，以F公司、G公司、C控股公司为股权出让方，E公司、浙江H实业有限公司（以下简称H公司）为股权受让方，C置业公司为第三人签订C置业公司股权转让框架协议，约定：股权出让方同意将其持有C置业公司的全部股权转让给股权受让方，其中F公司将其持有的C置业公司35%股权转让给E公司，G公司将其持有的C置业公司5%股权转让给E公司、30%股权转让给H公司，C控股公司将其持有的C置业公司30%股权转让给H公司。本次股权转让完成后，C置业公司的股权结构和股东名册变更为：E公司持有40%股权，H公司持有60%股权。股权出让方依据该协议约定义务出让C置业公司股权应获得的总收益款为6亿元，收益款由两部分组成，股权出让方向股权受让方出让C置业公司全部股权的股权转让金为3.5亿元，股权出让方自C置业公司获得项目利润补偿款为2.5亿元。其中E公司应支付股权转让金1.4亿元，即应付C控股公司1.225亿元，在股权转让合同有效签署生效后10个工作日内支付3000万元，余款在150个工作日内付清。应付F公司1750万元，在股权转让合同有效签署生效后的10个工作日内支付1000万元，余款在150个工作日内付清。同日，C控股公司分别与G公司、F公司签订解除股权转让协议，均约定由于G公司、F公司未按股权转让协议约定支付股权转让款，各方同意解除股权转让协议，该股权标的的权利义务均由C控股公司承担，G公司、F公司不再享有该股权的权利和义务，G公司、F公司承诺在C控股公司找到受让方后，按照C控股公司的书面授权，与C控股公司指定的受让方签订股权转让协议，将股权以C控股公司指定的价格、付款方式全部划入C控股公司指定的银行账户。同日，C控股公司分别与G公司、F公司签订授权委托书，授权G公司将其持有的C置业公司30%股权转让给案外某公司、5%股权转让给E公司，授权F公司将其持有的C置业公司35%股权转让给E公司。同一天，G公司分别与案外某公司、E公司签订股权转让协议，将C置业公司30%股权转让给案外某公司，将5%的股权转让给E公司，其中E公司的受让价为1750万元。F公司与E公司签订股权转让协议，将35%股权转让给E公司，转让价为12250万元。C控股公司分别与H公司、案外某公司签订股权转让协议，将其持有的10%、20%股权转让给两公司。协议签订当天，G公司、F公司分别给受让人出具付款委托书，要求将股权转让款划入C控股公司账户。协议签订后，E公司于2004年12月24日向C控股公司支付4500万元。2005年6月23日，C控股公司、E公司、F公司签订还款协议，约定，三方确认E公司需向C控股公司支付的债务本金数额为9500万元，其中E公司应付C控股公司而未付的股权转让款 7750 万元，通过调账方式应由 E 公司支付给 C 控股公司的债务 1750 万元。三方同意 E 公司应付而未付的 1750 万元由 E 公司直接支付给 C 控股公司，C 控股公司同时冲减 E 公司所欠 C 控股公司相同数额的债务。E 公司在 2005 年 6 月 30 日前偿还债务本金 500 万元，2006 年 6 月 30 日前偿还债务本金 4500 万元，并从 2005 年 7 月 1 日始按年利率 8.5% 的比例向 C 控股公司计付资金占用费。2006 年 12 月 31 日前偿还所余债务本金 4500 万元，并从 2005 年 7 月 1 日始按年利率 8.5% 的比例向 C 控股公司计付资金占用费。资金占用费随相应本金一次性支付。2005 年 6 月 22 日、同年 6 月 29 日，E 公司先后支付 C 控股公司 350 万元、150 万元。

2006 年 1 月，C 置业公司经工商行政管理部门核准变更登记，公司股权依法变更为 D 创业公司持有 50% 股权，H 公司持有 10% 股权。2006 年 2 月 28 日，C 控股公司作出 2006 年第二次临时股东会决议，通过了《关于委托 D 创业公司代公司追回部分应收账款的议案》，同意 D 创业公司全权行使 C 控股公司的债权人权利，代为追回 C 置业公司利润补偿款 15912.5 万元以及 E 公司受让 C 置业公司股权的欠款 7250 万元及利息，C 控股公司不再行使该项权利。2006 年 10 月，C 置业公司又经变更登记，D 创业公司持有 C 置业公司 100% 股权。2006 年 11 月 7 日，C 控股公司向 D 创业公司出具委托付款书，要求 D 创业公司将收回的 E 公司股权转让款 5112 万元直接支付给浙江大学生物科技股份有限公司。同年 11 月 10 日，D 创业公司作为付款人，向该公司支付 5112 万元。2007 年 1 月 12 日、3 月 2 日，D 创业公司先后向 C 置业公司发出催款函，要求 C 置业公司支付 C 控股公司项目利润补偿款 15912.5 万元。2007 年 3 月 12 日、4 月 16 日，A 公司、B 公司等 C 控股公司股东先后给 C 控股公司发出《关于要求公司立即通过诉讼追回被违法占用资金和转移项目的函》和《关于要求公司立即通过诉讼追索应收债权，切实维护公司及其股东合法权益的紧急催告函》，要求公司通过诉讼向 D 创业公司、C 置业公司、E 公司追回公司的巨额应收债权，追回被 D 创业公司侵吞的股权转让款和分红等。2007 年 4 月 17 日，C 控股公司总裁函复 A 公司、B 公司等，称基于公司当时的状况及用章的审批程序，公司无法根据股东的要求提起诉讼，向 C 置业公司、E 公司和 D 创业公司追索公司的巨额应收债权。2007 年 4 月 25 日，A 公司、B 公司共同向原审法院提起诉讼，请求：（1）C 置业公司立即向 C 控股公司支付利润补偿款 23750 万元及利息 1049.71 万元；（2）E 公司立即向 C 控股公司支付股权转让款 9000 万元及利息 1419.5 万元；（3）撤销 C 控股公司对 D 创业公司的委托代收的授权；若 D 创业公司已经收取部分债权，则应返还 C 控股公司；（4）C 置业公司、E 公司、D 创业公司承担诉讼费用。

另查明，2007 年 10 月，D 创业公司将其持有的全部股权转让给 D 股份公司，现 D 股份公司持有 C 置业公司 100% 股权。根据 C 置业公司 2006 年财产报表，截至 2006 年 12 月 31 日，C 置业公司处于亏损状态。但 D 股份公司 2007 年半年度报告载明，C 置业公司在报告期内，为公司贡献净利润 136926503.08 元。

〔一审裁判理由与结果〕

原审法院认为，A 公司、B 公司作为 C 控股公司的股东，在公司怠于行使权利的情况下，依照《中华人民共和国公司法》第一百五十二条①的规定，有权提起股东派生诉讼，其具备原告的主体资格。A 公司、B 公司在本案中提起的诉讼分别涉及利润补偿款、股权转让款的支付以及解除委托关系等三项请求，而请求的对象虽涉及三个不同的主体，但由于原告的请求均是以实现股权转让款这一标的作为其事实上的牵连而构成了必要的共同诉讼，该案可以合并审理。

C 置业公司未按股权转让框架协议的约定在公司盈利的情况下，向 C 控股公司支付补偿款，应就其盈利的部分承担支付补偿款的民事责任。E 公司未按股权转让协议及还款协议的约定，如数向 C 控股公司支付股权转让款，应按实际欠款额承担付款并赔偿损失的民事责任。D 创业公司在接受 C 控股公司委托时，未如实告知其与 C 置业公司之间存在的关联关系，且在接受委托后，也未积极履行委托人的义务，原告在 C 控股公司怠于行使任意解除权的情况下，提起代位诉讼，理由正当。故判决：一、C 置业公司于该判决生效之日起 10 日内支付 C 控股公司补偿款 130080177.93 元；二、E 公司于该判决生效之日起 10 日内支付 C 控股公司股权转让款 3888 万元及利息（从 2005 年 7 月 1 日至 2006 年 11 月 10 日止，款项为 9000 万元按还款协议约定的年利率 8.5% 计付；2006 年 11 月 11 日至付清之日止，款项为 3888 万元按还款协议约定的年利率 8.5% 计付）；三、撤销 C 控股公司对广厦控股创业投资有限公司的委托代收债权的授权；四、驳回原告 A 公司、B 公司的其他诉讼请求。如果未按该判决指定的期间履行金钱给付义务，应当按照《中华人民共和国民事诉讼法》第二百二十九条之规定，加倍支付迟延履行期间的债务利息。案件一审受理费 1802760 元，由原告 A 公司、B 公司共同负担 901380 元，被告 C 置业公司负担 630966 元，被告 E 公司负担 270414 元。

〔最高人民法院裁判理由与结果〕

二审审理期间，经本院主持调解，本案各方当事人基于自愿、合法原则，经友好协商，于 2009 年 3 月 17 日达成如下调解协议：

一、关于 A 公司、B 公司、C 控股公司与 C 置业公司、D 创业公司间权利义务的协议。

1. C 置业公司应支付利润补偿款的数额及支付方式。

1.1 A 公司、B 公司、C 控股公司与 C 置业公司经过友好协商，一致确认：C 置业公司实际产生的净利润已经超过了 2.5 亿元，C 置业公司应当支付 C 控股公司总利润补偿款贰亿叁仟柒佰伍拾万圆（23750 万元）。各方一致同意 C 置业公司以追加利润分配的形式向 C 控股公司支付该利润补偿款，即 C 置业公司在 23750 万元的基础

---

① 对应 2018 年《公司法》第 151 条。

上扣除所交 25% 企业所得税后向 C 控股公司支付壹亿柒仟捌佰壹拾贰伍仟圆（17812.5 万元）。

1.2 C 置业公司应于 2009 年 6 月 30 日前向 C 控股公司提供证明 C 置业公司向原股东 C 控股公司追加分配的利润 17812.5 万元已经完税的以下材料：

1.2.1 C 置业公司股东会向原股东 C 控股公司追加分配利润 17812.5 万元的决议原件贰（2）份。

1.2.2 证明 C 置业公司股东会在作出向原股东 C 控股公司分配利润 17812.5 万元的决议时，C 置业公司可向股东分配的利润大于 17812.5 万元的、经具有证券从业资格审计机构出具的 C 置业公司的审计报告复印件 2 份（需经 C 置业公司盖章确认与原件一致）。

1.2.3 证明 C 置业公司向原股东 C 控股公司追加分配的利润 17812.5 万元已经完税的完税证明文件复印件 2 份（需经 C 置业公司盖章确认与原件一致）。

1.3 如 C 置业公司未提供本协议第 1.2 款规定的材料且 C 控股公司为 C 置业公司支付的利润补偿款承担了纳税义务，则 C 置业公司应当在 17812.5 万元之外另行补偿 C 控股公司因获得的利润补偿款缴纳的税款。C 置业公司应在接到 C 控股公司通知后 10 日内向 C 控股公司支付前述税款。若逾期支付，则应自逾期之日起支付违约金，违约金的数额按 C 控股公司需缴纳税款乘以四倍的中国人民银行同期贷款基准利率计算。

2. C 置业公司支付利润补偿款的时间。

2.1 C 置业公司应于 2009 年 3 月 31 日前向 C 控股公司支付 7125 万元，其余 10687.5 万元应于 2009 年 6 月 30 日前向 C 控股公司支付。协议各方一致确认 C 置业公司已经向 C 控股公司支付了 3000 万元，该 3000 万元从前述价款中相应扣减。

2.2 若 C 置业公司在 2009 年 3 月 31 日前向 C 控股公司支付的税后利润补偿款不足 7125 万元，则 A 公司、B 公司、C 控股公司有权要求 C 置业公司及其保证人立即向 C 控股公司支付 17812.5 万元全款，并有权申请人民法院强制执行 C 置业公司及其保证人的财产，不受上述分期支付约定的限制。

3. C 置业公司付款义务的担保。

3.1 D 创业公司自愿为 C 置业公司履行本协议约定的付款义务提供不可撤销的连带责任保证担保，并放弃就本协议项下的全部事项提出异议、抗辩和诉讼的权利。

3.2 广厦建设集团有限责任公司（以下简称广厦建设）自愿为 C 置业公司履行本协议约定的付款义务提供不可撤销的连带责任保证担保，并放弃就本协议项下的全部事项提出异议、抗辩和诉讼的权利。

3.3 楼某福先生自愿为 C 置业公司履行本协议约定的付款义务提供不可撤销的连带责任保证担保，并放弃就本协议项下的全部事项提出异议、抗辩和诉讼的权利。

3.4 本协议第 3.1 款至 3.3 款所约定担保的担保范围包括以下各项：

3.4.1 C 置业公司应向 C 控股公司支付的税后利润补偿款 17812.5 万元；

3.4.2 C置业公司按照本协议第1.3款应向C控股公司补偿的税款及违约金；

3.4.3 C置业公司按照本协议第5条的规定应向A公司、B公司支付的诉讼费；

3.4.4 C置业公司按照本协议应承担的违约责任；

3.4.5 A公司、B公司、C控股公司为催收C置业公司利润补偿款、违约金支出的费用等。

4. C控股公司委托D创业公司委托收款代理权的撤销。

协议各方一致确认：2006年2月28日C控股公司临时股东会决议内容是C控股公司委托D创业公司代为向C置业公司和E公司收取到期债权，而不是C控股公司将该等应收股权转让收益款的债权转让或无偿赠予D创业公司。同时，协议各方一致确认：自一审判决之日（2008年5月13日）起C控股公司委托D创业公司收取债权的代理权终止。

5. 诉讼费用承担。

5.1 本案一审判决A公司、B公司承担的901380元，C置业公司承担的630966元，共计1532346元（该诉讼费已全部由A公司、B公司垫付），由C置业公司承担70%，A公司、B公司共同承担30%，即C置业公司承担1072642.2元，A公司、B公司共同承担459703.8元。

5.2 A公司、B公司的二审诉讼费由C置业公司承担70%，A公司、B公司共同承担30%。A公司、B公司共已缴纳二审诉讼费2570870元，根据调解案件诉讼费减半收取的原则，A公司、B公司的二审诉讼费暂按1285435元计算，故C置业公司应承担899804.5元，A公司、B公司共同承担385630.5元。

5.3 按本协议第5.1、5.2款确定的原则综合计算，C置业公司应承担A公司、B公司已支付的一审、二审诉讼费中的1972446.7元。C置业公司应于本协议签订之日起五日内向A公司、B公司偿付诉讼费1972446.7元。

5.4 如最高人民法院最终裁定A公司、B公司的二审诉讼费数额与本协议第5.2款估算的数额（1285435元）不一致，对于A公司、B公司的二审诉讼费以最高人民法院裁定的数额为准，由C置业公司承担70%，A公司、B公司共同承担30%。

5.5 C置业公司、D创业公司的二审诉讼费由C置业公司、D创业公司分别自行承担。

6. 违约责任。

6.1 若C置业公司未能按照本协议约定的时间、期限支付利润补偿款，则C置业公司应向C控股公司支付违约金，违约金按C置业公司未支付数额乘以四倍的中国人民银行同期贷款基准利率计算。

6.2 若C置业公司未能按照本协议约定的时间、期限向A公司、B公司支付诉讼费，则C置业公司应向A公司、B公司支付违约金，违约金按C置业公司未支付数额乘以四倍的中国人民银行同期贷款基准利率计算。

7. 协议生效及其他。

各方承诺本协议是各方真实、自由的意思表示。各方一致同意本协议经各方签字或盖章，并经 C 控股公司股东会通过或 C 控股公司其他股东同意后生效，并一致同意将调解协议交最高人民法院审查并制作调解书。

二、关于 A 公司、B 公司、C 控股公司与 E 公司间权利义务的协议。

1. 对一审判决的服从。

各方一致表示服从一审判决第二项 "E 公司于本判决生效之日起 10 日内支付 C 控股公司股权转让款 3888 万元及利息（从 2005 年 7 月 1 日至 2006 年 11 月 10 日止，款项为 9000 万元按还款协议约定的年利率 8.5% 计付；2006 年 11 月 11 日至付清之日止，款项为 3888 万元按还款协议约定的年利率 8.5% 计付）"。

各方一致表示服从一审判决中关于 E 公司负担 270414 元案件受理费的判决。

2. E 公司欠 C 控股公司债务数额的确定。

各方一致确认：按照一审判决第二项确定的方法计算，截至 2009 年 2 月 28 日，E 公司应向 C 控股公司支付的利息共计 1827.245 万元，本息合计 5715.245 万元。

3. E 公司欠 C 控股公司债务的偿还。

各方一致同意，E 公司以其转让深圳市 F 实业发展有限公司 37.64% 股权的转让款偿还其欠 C 控股公司的债务，并同意由股权受让方直接将 5715.245 万元支付至 C 控股公司，付款时间不迟于 2009 年 2 月 28 日。

协议各方一致确认，E 公司已经将前述全部价款 5715.245 万元支付给了 C 控股公司。

4. 诉讼费用的支付。

鉴于本案一审判决 E 公司负担的诉讼费 270414 元已由 A 公司、B 公司预缴，E 公司应于本协议签订之日起 5 日内向 A 公司、B 公司偿付诉讼费 270414 元。

5. 各方承诺本调解协议是各方真实、自由的意思表示。各方一致同意，本协议经各方签字或盖章，并经 C 控股公司股东会通过或 C 控股公司其他股东同意后生效，并一致同意将本协议交最高人民法院审查并制作调解书。

本院经审查认为，以上调解协议是各方当事人在自愿基础上的真实意思表示，不违反法律、行政法规的禁止性规定。调解协议的内容不仅经过了提起代表诉讼的股东即 A 公司、B 公司以及作为诉讼第三人的公司即 C 控股公司的同意，而且也已经经过了 C 控股公司中的其他所有股东的书面同意，所以调解协议没有损害 C 控股公司及其股东的利益。本院对以上调解协议予以确认。

本调解书与判决书具有同等法律效力。

本案一审案件受理费 1802760 元，A 公司、B 公司共同负担 459703.8 元，C 置业公司负担 1072642.2 元，E 公司负担 270414 元。本案二审为调解方式结案，案件受理费减半收取 640917.75 元，A 公司、B 公司共同负担 192275.33 元，C 置业公司负担 448642.42 元。

最高人民法院
指导性案例裁判规则
理解与适用

民事诉讼卷

下 册

江必新 何东宁 沈红雨 李延忱 崔晓林 何利 著

中国法制出版社
CHINA LEGAL PUBLISHING HOUSE

目 录
Contents

下 册

第十五章 诉讼调解与和解

规则 23：诉讼和解协议是案件当事人为终止争议或者防止争议再次发生，通过让步或处分自己的权益而形成的合意，和解协议的内容不限于当事人的诉讼请求事项 / 357

【裁判规则】

【规则理解】

一、诉讼和解协议的内涵及法律特征 / 357

（一）诉讼和解协议的内涵 / 357

（二）诉讼和解协议的法律特征 / 358

二、诉讼和解中的意思自治原则 / 358

（一）诉讼和解中意思自治的含义 / 358

（二）意思自治原则在诉讼和解中的具体体现 / 358

（三）对意思表示是否真实的判断 / 359

三、对诉讼和解违反意思自治原则的司法救济 / 360

（一）对原告申请撤诉方式结案的救济 / 360

（二）对调解方式结案的救济 / 360

【拓展适用】

一、诉讼调解中当事人行使反悔权的把握 / 360

（一）诉讼调解中当事人行使反悔权的内涵 / 360

（二）在实践中当事人行使反悔权所带来的弊端 / 361

（三）诉讼调解中当事人行使反悔权的限制 / 362

二、当事人约定在离婚调解协议上签名的法律效力 / 362

三、司法确认案件的内涵及构成要素 / 363

（一）司法确认案件的内涵 / 363

（二）司法确认案件的构成要素 / 364

四、《民事诉讼法》2021 年修改后的变化 / 364

五、申请确认调解协议的范围 / 366

（一）申请确认调解协议范围的理解 / 366

六、司法确认案件的审查内容 / 368

七、司法确认案件审查结果的表现形式 / 370

八、司法确认案件不符合法定情形的处理 / 371

（一）司法确认案件裁定驳回申请的情形 / 371

（二）不宜直接确认调解协议无效的原因 / 371

（三）司法确认案件裁定驳回申请后的救济 / 372

九、人民法院确认裁定错误的救济问题 / 373

【典型案例】 杨某与无锡某保健品有限公司侵犯发明专利权纠纷案 / 375

第十六章 法律文书的送达

规则 24：被告方数个企业法人的法定代表人为同一人，将法律文书仅送达其中一个企业法人的，不属于审判程序违法 / 377

【裁判规则】

【规则理解】

一、送达的制度解读 / 377

二、留置送达 / 378

【拓展适用】

一、送达地址书面确认制度 / 381

（一）送达地址书面确认制度的内涵 / 381

（二）电子送达书面确认制度 / 382

（三）二审、申请再审、申请执行程序送达地址的确认 / 383

二、无须使用送达回证的例外情形 / 384

三、邮寄送达的案件可否适用简易程序 / 385

【典型案例】某资产管理公司昆明办事处与昆明甲酒楼有限责任公司、昆明乙酒楼有限责任公司借款合同纠纷案 / 386

第十七章 重复起诉的审查及处理

规则 25：判断基于同一纠纷而提起的两次起诉是否属于重复起诉，应当结合当事人的具体诉讼请求及其依据，以及行使处分权的具体情况进行综合分析 / 392

【裁判规则】

【规则理解】

一、民事诉讼受理范围 / 392

二、诉的种类 / 393

（一）给付之诉 / 394

（二）确认之诉 / 394

（三）形成之诉 / 394

三、重复诉讼问题之探讨 / 395

（一）诉讼标的因素 / 396

（二）诉讼请求因素 / 397

（三）当事人因素 / 398

（四）标的额因素 / 398

【拓展适用】

一、起诉条件、诉讼要件与胜诉要件之间的关系 / 399

二、被告为多数时法院管辖权的确定 / 400

三、相关民事诉讼制度的改造 / 401

（一）确立独立的案件受理审查程序 / 401

（二）建立多样化审判程序 / 402

（三）建立完善多渠道纠纷解决机制 / 402

四、既判力制度与"一事不再理"辨析 / 403

五、既判力制度与裁判的稳定性之间的关系 / 403

【典型案例】A 投资有限公司与 B 房地产开发有限公司、C 建设实业有限公司土地使用权纠纷案 / 404

规则 26：民事判决生效后，被告就同一事实向人民法院起诉的，依据"一事不再理"的原则，人民法院应不予受理 / 407

【裁判规则】

【规则理解】

一、民事裁判的既判力的概念 / 407

二、既判力的内容 / 407

三、既判力的本质 / 408

（一）实体法学说 / 408

（二）诉讼法学说 / 409

（三）双重性质学说 / 409

【拓展适用】

一、既判力的客观范围 / 409

（一）既判力及于作为确定裁判对象的诉讼标的，不及于法律关系 / 410

（二）诉讼标的一部分作为判决标的，其判决的既判力仅及于该诉讼标的的一部分 / 410

（三）判决的理由（抵销理由除外）原则上没有既判力 / 410

（四）对于主张抵销的对待请求成立与否的裁判，以主张抵销的数额为限具有既判力 / 410

二、既判力的主观范围 / 411

（一）既判力原则上及于当事人 / 411

（二）既判力及于诉讼系属后当事人的继受人 / 411

（三）既判力及于诉讼系属后为了当事人或其继受人的利益占有标的物的人 / 411

（四）在原告或被告为他人的利益参与诉讼时，该他人也为既判力所约束 / 411

（五）既判力效力所及的一般第三人 / 412

三、既判力的时间范围 / 412

四、一事不再理的例外情形 / 413

【典型案例】A 工贸有限公司与上海 B 发展股份有限公司商标所有权转让纠纷案 / 415

规则 27：已经人民法院生效判决认定的事实，当事人就该事实再行提起诉讼，应依法予以驳回 / 418

【裁判规则】

【规则理解】

一、既判力的作用 / 418

（一）前、后诉讼标的相同的情形 / 418

（二）前、后诉讼标的互相矛盾的情形 / 419

（三）前一诉讼的诉讼标的为后一诉讼的诉讼标的的先决条件的情形 / 419

二、裁判确定以后对于当事人的救济途径选择 / 420

三、第三人撤销之诉与再审程序的关系 / 420

【拓展适用】

一、争点效的概念 / 422

二、产生"争点效"的判断及其要件 / 423

（一）产生遮断效果的争点属于在前后诉讼的两个请求妥当与否的判断过程中的"主要争点" / 423

（二）当事人在前诉中已就该争点穷尽主张及举证 / 423

（三）法院已对该争点作出实质性的判断 / 423

（四）前诉与后诉的诉争利益几乎是等同的（或者前诉的诉争利益大于后诉的诉争利益）/ 424

（五）当事人在后一诉讼中必须援用（主张）这种争点效 / 424

三、争点效在诉讼上的处理 / 424

（一）争点效的调查 / 424

（二）争点效的处理 / 424

（三）对于裁判理由中判断不服的处理 / 424

【典型案例一】徐州市 A 交通设施制造有限公司与徐州市 B 房地产开发有限公司、尤某房屋买卖合同纠纷案 / 425

【典型案例二】于某与田某、刘某房屋所有权确认纠纷案 / 431

第十八章　二审的范围

规则 28：当事人未在法定期间内提起上诉，而在二审中对一审判决提出异议的，除违反法律禁止性规定，损害国家利益、公共利益的外，第二审人民法院不予审查 / 436

【裁判规则】
【规则理解】
一、上诉制度的内涵及目的 / 436
　　（一）上诉制度的内涵 / 436
　　（二）上诉制度的目的 / 437
　　（三）小额的简单诉讼一审终审制 / 437
二、二审审理范围 / 438
　　（一）立法沿革及解读 / 438
　　（二）二审审理范围的界定 / 439
三、基本事实的把握 / 440
　　（一）当事人主体资格的事实 / 441
　　（二）案件性质的事实 / 441
　　（三）民事权利义务的事实 / 442

【拓展适用】
一、小额诉讼制度探讨 / 442
　　（一）保障当事人"接近正义"的机会平等 / 443
　　（二）有利于程序效益最大化 / 443
　　（三）符合费用相当性原则 / 444
二、小额诉讼程序的审理 / 445
　　（一）对诉讼请求变化的处理 / 445
　　（二）举证、答辩的简化 / 445
　　（三）审理过程的简化 / 447
三、附带上诉制度探讨 / 447
　　（一）平衡双方当事人的利益 / 448
　　（二）弥补不利益变更禁止原则弊端 / 448

（三）防止滥诉，便于息讼 / 448
四、二审期间当事人的撤诉 / 449
　　（一）撤回上诉和因和解而申请撤诉 / 449
　　（二）撤回起诉 / 450

【典型案例】中国××银行哈尔滨市太平支行与哈尔滨某奶牛有限责任公司、哈尔滨A集团股份有限公司、哈尔滨B会计师事务所有限公司借款合同纠纷案 / 451

第十九章　再审的范围

规则29：当事人超出原审范围增加、变更的诉讼请求，原则上不属于再审审理范围 / 457

【裁判规则】

【规则理解】

一、关于原审范围的界定 / 457

二、再审范围的确定 / 458

【拓展适用】

一、大陆法系代表国家民事再审事由的比较法研究 / 463
　　（一）德国 / 463
　　（二）日本 / 464
　　（三）法国 / 465
　　（四）比较与分析 / 465

二、再审程序中当事人申请再审事由、提出的理由与诉讼请求的区分 / 465

三、终结再审审查程序与终结再审审理程序 / 467
　　（一）终结再审审查程序 / 467
　　（二）终结再审审理程序 / 469

【典型案例一】某省福利彩票发行中心与北京某科技发展有限责任公司营销协议纠纷案 / 471

【典型案例二】建筑安装公司诉房地产开发公司、张某增建设工程施工合同纠纷案 / 480

规则 30：再审应当限于原审的审理范围，而不能超出原审范围进行裁判 / 481

【裁判规则】

【规则理解】

一、审判监督程序与再审程序的概念辨析 / 481

二、民事再审之诉的诉讼标的 / 482

（一）二元诉讼标的说 / 482

（二）一元诉讼标的说 / 483

三、民事再审之诉的对象 / 483

（一）针对生效判决的再审 / 484

（二）针对生效裁定的再审 / 486

（三）针对民事调解书的再审 / 487

【拓展适用】

一、审判监督程序的衡平价值 / 488

（一）裁判的公正性与裁判的稳定性的衡平价值 / 488

（二）裁判的公正性与诉讼效率的衡平价值 / 488

（三）实体正义与程序正义的衡平价值 / 488

【拓展案例】王某与卢某、某集团、第三人房地产开发公司民间借贷纠纷案 / 490

二、民事诉讼法解释对检察监督范围的规定 / 495

（一）对检察机关依职权监督的解释 / 495

（二）关于国家利益、社会公共利益 / 496

（三）对检察机关不可以监督范围的解释 / 496

【典型案例】中国有色金属工业某勘察设计研究院与海南省 A 房地产开发公司长沙公司、海南省 A 房地产开发公司合作建房合同纠纷案 / 497

第二十章　调解书的再审

规则 31：人民法院发现已生效的调解书确有错误，认为必须进行再审的，可以按照审判监督程序进行再审 / 502

【裁判规则】

【规则理解】

一、法院调解的内涵及特点 / 502

　　（一）法院调解的内涵 / 502

　　（二）诉讼调解的特点 / 502

二、诉讼调解的基本原则 / 503

　　（一）自愿原则 / 503

　　（二）合法原则 / 504

　　（三）事实清楚、分清是非原则 / 504

三、人民法院对确有错误的生效调解书依职权再审 / 504

　　（一）对"确有错误"的把握 / 504

　　（二）对人民法院依职权再审生效调解书的制度评价 / 505

　　（三）人民法院依职权对调解书再审的限制 / 506

【拓展适用】

一、人民检察院对生效调解书的监督 / 507

　　（一）检察监督的法定范围 / 507

　　（二）不属于检察监督范围的理由 / 508

二、人民检察院对生效调解书的监督方式 / 509

　　（一）抗诉 / 509

　　（二）检察建议 / 509

　　（三）抗诉与检察建议的区别 / 510

【典型案例】武汉 A 劳动服务公司与 B 公司返还财产纠纷案 / 510

第二十一章　案外人申请再审

规则 32：案外人可以通过另行提起诉讼解决其与案件一方当事人之间的债权债务关系的，其不能就该事项申请再审 / 517

【裁判规则】

【规则理解】

一、民事诉讼法关于案外人申请再审权利的规定 / 517

二、对案外人申请再审条件的理解 / 518

　　（一）案外人申请再审必须以提出执行异议为前提条件 / 518

（二）案外人必须在法定期限内申请再审 / 519

三、民事再审案件案外人的诉讼地位 / 519

四、当事人的权利义务受让人不属于可以申请再审的案外人 / 520

【拓展适用】

一、生效调解书的效力 / 520

二、调解书的再审事由 / 521

三、第三人撤销之诉与案外人申请再审制度的关系 / 522

四、执行异议之诉、第三人撤销之诉、案外人申请再审三种诉讼制度的区别与联系 / 524

【典型案例】兰州A农垦食品有限公司与林某、郑州A食品有限公司债务纠纷案 / 524

第二十二章　执行强制管理

规则 33：人民法院在执行中为保障抵押物的正常经营，可委托相关机构对其进行托管 / 528

【裁判规则】

【规则理解】

一、执行强制管理的内涵及法律特征 / 528

（一）执行强制管理的含义 / 528

（二）强制管理的法律特征 / 529

（三）强制管理的适用条件 / 529

二、强制管理的执行程序 / 530

（一）强制管理执行程序的启动 / 530

（二）强制管理人的选定 / 530

（三）强制管理的执行裁定 / 531

（四）强制管理的终结 / 531

【拓展适用】

一、委托管理协议 / 532

（一）委托管理协议的订立主体 / 532

（二）管理人的权利和义务 / 532

二、处理委托管理协议应当注意的事项 / 533
　　（一）管理期限的确定 / 533
　　（二）委托管理协议终止的处理 / 534
【典型案例】A 银行、A 银行东京分行、B 银行、C 银行、D 银行与某饭店有限公司仲裁裁决执行案 / 534

第二十三章　执行和解

规则 34：一方当事人不履行或不完全履行和解协议的，另一方当事人可以申请人民法院执行生效判决 / 536

【裁判规则】
【规则理解】
一、执行和解的内涵 / 536
二、执行和解协议成立的条件 / 536
　　（一）执行和解协议成立的条件 / 536
　　（二）司法实践中应当注意的问题 / 537
三、执行和解的法律效力 / 538
　　（一）程序上的效力 / 539
　　（二）实体上的效力 / 540
四、执行和解与诉讼和解的区别 / 540
五、原生效法律文书的恢复执行 / 542
　　（一）恢复执行的条件 / 542
　　（二）恢复执行后的处理 / 544

【拓展适用】
一、执行和解协议的性质 / 546
二、执行和解协议的执行力 / 548
　　（一）执行和解协议是否具有执行力问题 / 550
　　（二）合法有效的和解协议能否直接被赋予强制执行效力问题 / 550
　　（三）和解协议能否由法律直接赋予执行力问题 / 551
三、执行和解协议的可诉性 / 552

（一）从和解协议的性质上分析 / 552
　　（二）从诉的要素上分析 / 554
　　（三）从法律规定上分析 / 555
　　（四）从司法实践上分析 / 555
四、执行和解中的担保 / 557
　　（一）含义 / 557
　　（二）担保协议的效力 / 557
　　（三）担保人履行担保责任后的追偿 / 557
五、执行和解协议中第三人担保不能将其追加为被执行人 / 558
六、执行和解与执行担保竞合时担保人的法律责任 / 560
七、对和解协议达成前已采取强制执行措施的处理 / 561
【典型案例】吴某与纸业公司买卖合同纠纷案 / 561

第二十四章　股权的执行

规则 35：人民法院可依法强制公司收购控股股东的公司股份，并以收购款顶抵控股股东所欠公司债务 / 563

【裁判规则】
【规则理解】
一、股权强制执行的法理分析 / 563
　　（一）股权的性质 / 563
　　（二）股权的可执行性 / 565
二、执行股权的原则 / 566
三、执行股权的措施 / 567
　　（一）股票的扣押、冻结 / 568
　　（二）股票的变价 / 570
四、股权的强制转让 / 572
　　（一）对被执行人在有限责任公司股权的转让 / 572
　　（二）对被执行人在股份有限公司中股权的转让 / 572
　　（三）对被执行人在中外合资、合作经营企业股权的转让 / 573
　　（四）对被执行人在独资企业中股权的转让 / 573

（五）对一人有限责任公司中股权转让 / 574

五、公司收购股份的强制 / 574

六、实体法中对股份转让的限制性规定不适用于强制执行 / 575

【拓展适用】

一、对空股股权的执行 / 576

  （一）空股股权的含义 / 576

  （二）空股股权的特征及可执行性分析 / 576

  （三）对空股股权执行中应当注意的问题 / 577

二、对隐名股权的强制执行 / 577

  （一）隐名股权的含义 / 577

  （二）有关隐名股权的规定 / 578

  （三）隐名股权的强制执行 / 578

  （四）执行隐名股权应注意的问题 / 578

三、严格规范上市公司股票冻结 / 579

  （一）严禁超标的冻结 / 579

  （二）可售性冻结 / 579

  （三）已质押股票的冻结 / 580

四、强制执行股权的若干问题 / 581

  （一）股权冻结的方法及效力 / 581

  （二）股权的评估、变价程序 / 584

  （三）股权拍卖的几类特殊情形 / 585

  （四）股权作为诉争标的物时的执行规则 / 588

【典型案例】江苏省无锡市A房地产经营公司、上海B国有资产投资管理有限公司与广东D集团股份有限公司强制收购持有的股份以抵顶其债务执行案 / 588

第二十五章　公证债权文书的执行

规则36：人民法院处理不予执行公证债权文书的案件，应当审查公证债权文书的内容是否确有程序和实体错误 / 592

【裁判规则】

【规则理解】

一、赋予强制执行力的公证债权文书的内涵 / 592

二、赋予强制执行力的公证债权文书的条件和范围 / 593

  （一）赋予强制执行力的公证债权文书的条件 / 593

  （二）公证机关赋予强制执行力的债权文书的范围 / 593

三、公证债权文书的执行启动 / 594

  （一）申请执行的主体 / 594

  （二）执行证书 / 594

  （三）申请执行的期限 / 595

  （四）执行管辖法院 / 596

四、公证债权文书执行的实施 / 596

  （一）对公证债权文书的审查 / 596

  （二）执行通知 / 597

  （三）执行措施 / 597

【拓展适用】

一、公证债权文书的裁定不予执行 / 597

二、公证债权文书执行中的案外人异议 / 598

  （一）案外人对公证债权文书提出异议 / 598

  （二）案外人对执行标的提出异议 / 598

三、公证债权文书与生效裁判的执行冲突 / 598

四、公证债权文书执行错误的法律责任 / 599

  （一）执行根据错误的损失承担 / 599

  （二）执行行为错误的损失承担 / 600

五、赋予强制执行力的担保合同公证债权文书的执行 / 600

六、具有强制执行效力的公证债权文书可诉性的限度 / 601

  （一）具有强制执行效力的公证债权文书可诉性的不同认识 / 601

  （二）强制执行公证债权文书可诉性的限制条件 / 603

七、公证债权文书裁定不予执行后的复议救济 / 606

【典型案例】重庆 A 房地产开发有限公司与重庆 B 资产管理有限公司、重庆 D 房地产发展有限公司执行裁定复议案 / 607

第二十六章　优先权的执行

规则 37：被执行人与其他人将债权人享有优先受偿权的工程等资产变更至新建公司名下，侵犯工程价款优先债权人的合法权益，执行法院有权追加其他人和新建公司为被执行人／611

【裁判规则】

【规则理解】

一、建设工程价款优先受偿权的内涵及立法目的／611

　　（一）建设工程价款优先受偿权的内涵／611

　　（二）建设工程价款优先受偿权的立法目的／612

　　（三）对《最高人民法院关于商品房消费者权利保护问题的批复》的把握／612

二、建设工程价款优先受偿权的性质／614

三、对侵害建设工程价款优先受偿权行为的认定／615

四、被执行人的追加及法律特征／616

　　（一）被执行人的追加／616

　　（二）被执行人追加的法律特征／617

【拓展适用】

一、执行竞合中的优先受偿权／617

　　（一）执行竞合／617

　　（二）执行竞合优先受偿的具体形态／618

二、关于未经依法清算即被注销公司的股东在执行程序中能否直接追加为被执行人的问题／620

三、关于涉夫妻一方为被执行人案件能否直接追加另一方为被执行人的问题／622

　　（一）司法实践中的不同观点／622

　　（二）追加配偶为被执行人的条件／623

　　（三）不宜直接追加配偶为被执行人的理解／624

【典型案例】吉林 A 房地产开发有限公司申诉案／626

第二十七章　仲裁协议与仲裁裁决

规则 38：当事人在合同中明确约定发生纠纷通过仲裁方式解决的，当事人均应受该合同条款的约束 / 628

【裁判规则】

【规则理解】

一、仲裁协议法律效力的含义 / 628

（一）对当事人的法律约束力 / 629

（二）对仲裁机构和仲裁庭的法律约束力 / 629

（三）对法院的法律约束力 / 630

二、仲裁协议有效性的判定 / 630

（一）有效仲裁协议必须具备的要素 / 630

（二）仲裁协议的无效情形 / 632

【拓展适用】

一、仲裁当事人的含义 / 633

二、仲裁当事人的权利与义务 / 633

（一）仲裁当事人的权利 / 633

（二）仲裁当事人的义务 / 634

三、仲裁当事人的特征 / 634

四、仲裁当事人的变更 / 634

（一）当事人消亡 / 634

（二）合同转让 / 635

五、关于仲裁第三人 / 635

六、申请撤销仲裁裁决和申请不予执行仲裁裁决重复救济的禁止 / 637

【典型案例】江苏省物资集团 A 总公司与（香港）B 集团有限公司、（加拿大）C 发展有限公司侵权损害赔偿纠纷案 / 638

规则 39：当事人约定仲裁管辖必须有明确的意思表示并订立仲裁协议，仲裁条款也只在达成仲裁协议的当事人之间产生法律效力 / 640

【裁判规则】

【规则理解】

一、仲裁协议的内涵与法律特征 / 640
　　（一）仲裁协议的含义 / 640
　　（二）仲裁协议的法律特征 / 641
二、仲裁协议的形式与内容 / 641
　　（一）仲裁协议的形式 / 641
　　（二）仲裁协议的内容 / 643

【拓展适用】
一、对仲裁权的理解 / 643
二、仲裁权的法律特征 / 644
　　（一）意思自治是仲裁权的根本原则 / 644
　　（二）公正性是仲裁权的必然要求 / 644
　　（三）民间性是仲裁权的本质特征 / 644
　　（四）赋予仲裁裁决强制执行力 / 645
三、仲裁权的构成 / 645
　　（一）仲裁权主体 / 645
　　（二）仲裁权客体 / 645
　　（三）仲裁权内容 / 646
　　（四）仲裁权的法律关系 / 646
四、仲裁裁决不予执行程序的性质及其救济 / 647
　　（一）仲裁裁决不予执行程序的性质 / 647
　　（二）不予执行仲裁裁决或者驳回不予执行仲裁裁决裁定的救济 / 647
五、仲裁裁决不予执行后，特殊情形下，上级人民法院可再监督 / 649

【典型案例】苏州A置业有限公司、苏州市B担保有限责任公司、苏州市某金属材料有限公司、苏州市某黑色金属材料有限公司、徐某与某市百货总公司、江苏C集团公司资产转让合同纠纷案 / 650

规则40：当事人签订多个合同，未约定仲裁条款的合同发生争议形成诉讼的，人民法院有权管辖 / 654

【裁判规则】
【规则理解】

一、仲裁协议纠纷或裁或审制度的内涵 / 654

二、仲裁协议纠纷案件管辖权的基础 / 655

三、仲裁协议纠纷或裁或审制度的适用 / 656

四、仲裁的受理 / 656

　　（一）立案审查 / 656

　　（二）受理的法律效力 / 656

五、仲裁裁决 / 657

　　（一）裁决结果和依据 / 657

　　（二）仲裁裁决的证据效力 / 657

【拓展适用】

一、一裁终决制度 / 657

二、仲裁裁决的撤销 / 658

　　（一）仲裁裁决撤销程序的性质及效力 / 658

　　（二）仲裁裁决撤销的事由 / 659

　　（三）撤销仲裁裁决的程序 / 660

三、重新仲裁 / 660

　　（一）重新仲裁的内涵 / 660

　　（二）重新仲裁的适用条件 / 661

四、对撤销仲裁裁决或者指令重审的裁定不得上诉和再审 / 661

　　（一）部分国家和地区对于撤销仲裁裁决的裁判允许上诉 / 661

　　（二）我国法律规定撤销仲裁裁决或者指令重审的裁定不得上诉和再审 / 661

五、对驳回撤销仲裁裁决申请的裁定不能再审 / 662

　　（一）当事人对驳回撤销仲裁裁决申请的裁定不能申请再审 / 662

　　（二）人民法院不能依职权启动对驳回撤销仲裁裁决申请裁定的再审 / 664

【典型案例】某电子有限责任公司、某机器翻译有限公司与某市科技风险投资有限公司、谢某、张某、仇某、黄某合作协议纠纷案 / 666

第二十八章　瑕疵仲裁协议的效力

规则 41：仲裁协议对仲裁事项或者仲裁机构没有约定或者约定不明确的，当事人可以通过补充协议约定；达不成补充协议的，仲裁协议无效。当事人向有管辖权的人民法院提起诉讼，人民法院应当受理 / 677

【裁判规则】

【规则理解】

一、瑕疵仲裁协议的内涵 / 677

二、瑕疵仲裁协议的补救 / 678

　　（一）对仲裁事项没有约定或约定不明的补救 / 678

　　（二）对仲裁委员会没有约定或约定不明的补救 / 678

　　（三）对既选择仲裁又选择诉讼的仲裁协议的补救 / 679

三、瑕疵仲裁协议的补救方式 / 679

　　（一）当事人自行补充完善仲裁协议 / 679

　　（二）仲裁机构协助当事人补充完善仲裁协议 / 679

　　（三）人民法院督促当事人补充完善仲裁协议 / 680

【拓展适用】

一、仲裁协议生效要件的含义 / 680

二、仲裁协议生效要件的内容 / 680

　　（一）主体要件 / 680

　　（二）形式要件 / 680

　　（二）实质要件 / 681

三、仲裁协议无效的情形 / 682

四、仲裁机构确认仲裁协议有效对人民法院以仲裁协议无效为由裁定不予执行的影响 / 683

【典型案例】景德镇市 A 实业有限公司与景德镇 B 置业有限公司商品房买卖合同纠纷案 / 683

第二十九章　涉外仲裁

规则 42：涉外合同中当事人约定适用于解决合同争议的准据法，不能用以判定仲裁条款的效力 / 688

【裁判规则】

【规则理解】

一、涉外合同中仲裁协议独立性内涵及法律特征 / 688

　　（一）仲裁协议独立性的内涵 / 688

　　（二）仲裁协议独立性的法律特征 / 689

二、仲裁条款独立性的相关立法情况 / 689

　　（一）域外立法情况 / 689

　　（二）国内立法情况 / 690

三、仲裁协议独立性在适用中应注意的问题 / 690

　　（一）主合同转让、变更或解除、终止情况下仲裁协议的独立性 / 690

　　（二）主合同无效情况下仲裁协议的独立性 / 691

【拓展适用】

一、涉外仲裁的内涵及涉外因素的认定 / 691

　　（一）涉外仲裁的含义 / 691

　　（二）涉外因素的认定 / 692

二、涉外仲裁协议界定的不同标准 / 692

　　（一）以主体或仲裁地含有国际因素为标准 / 693

　　（二）以争议的性质为标准 / 693

　　（三）混合标准 / 693

三、涉外仲裁协议的法律适用 / 693

　　（一）确定仲裁协议准据法的理论与方法 / 693

　　（二）我国对仲裁协议准据法的确定 / 694

四、人民法院对涉外仲裁裁决处理的程序 / 695

　　（一）撤销仲裁裁决的审理程序 / 695

　　（二）仲裁裁决撤销的审查程序 / 696

【典型案例一】A 有限公司、深圳市 B 商业投资控股有限公司申请确认仲裁协议效力案 / 697

【典型案例二】中国 A 集团有限公司、北京 B 有限责任公司与 C 投资发展有限公司、香港 B 科技发展有限公司借款担保合同纠纷案 / 704

第三十章 刑民交叉案件的处理程序

规则 43：人民法院审理当事人之间的合同关系，当事人仅以经手人涉嫌犯罪为由主张中止案件审理的，人民法院不予支持 / 709

【裁判规则】
【规则理解】
一、刑民交叉案件的内涵及类型 / 709
　　（一）刑民交叉案件的内涵 / 709
　　（二）刑民交叉案件的类型 / 709
二、刑民交叉案件的处理原则 / 711
三、处理刑民交叉案件应注意的几个程序性问题 / 711
　　（一）关于应当按照民商事纠纷立案而不立案的问题 / 711
　　（二）关于不当驳回当事人起诉的问题 / 712
　　（三）关于对侦查过程中的证据材料是否应当质证和采信的问题 / 712
　　（四）民刑交叉案件中民商事案件中止审理的条件 / 712
　　（五）涉众型经济犯罪与民商事案件的程序处理 / 712

【拓展适用】
一、"先刑后民"不是一项诉讼基本原则 / 713
　　（一）"先刑后民"的含义 / 713
　　（二）"先刑后民"不是一项司法原则 / 713
　　（三）"先刑后民"的适用标准 / 714
二、适用"先刑后民"应当注意的问题 / 714
　　（一）人民法院要掌握最终审查确认权 / 715
　　（二）要树立"刑"与"民"无先后、优劣之分的观念 / 715

（三）针对个案进行具体情况具体分析 / 715
　　（四）关注司法效率的提高 / 715
　　（五）处理方法得当 / 715

【典型案例】郭某与天津石油集团 A 石油有限公司、B 石化有限公司
　　　　　　天津分公司买卖合同纠纷案 / 716

规则 44：自然人、法人或其他经济组织因同一行为，同时涉及民商事纠纷和犯罪嫌疑的，应分别审理 / 720

【裁判规则】
【规则理解】
一、刑民交叉案件中"不同法律事实""同一事实""关联事实"的
　　界定 / 720
　　（一）刑民交叉案件中"不同法律事实"的界定 / 720
　　（二）刑民交叉案件中"同一事实"的界定 / 720
　　（三）刑民交叉案件中"关联事实"的界定 / 721
二、个人涉嫌犯罪与单位承担民事责任的关联 / 721
　　（一）个人涉嫌犯罪与单位承担民事责任的依据 / 721
　　（二）个人涉嫌犯罪与单位承担民事责任案件的主要情形 / 722
三、个人涉嫌犯罪与单位承担民事责任案件的处理方式 / 723

【拓展适用】
一、移送处理的内涵及特点 / 724
二、移送处理的条件 / 724
　　（一）民事案件应当已经由法院受理 / 724
　　（二）应当具备一定关联性 / 724
　　（三）具有犯罪嫌疑线索和材料 / 725
三、移送处理对人民法院审理民事案件的影响 / 725
四、法院将犯罪线索移送后对民事案件的处理 / 725
　　（一）全案移送后的处理 / 725
　　（二）部分移送后的处理 / 726

【典型案例】北京某中医药科技发展中心与广东某实业集团有限公司
　　　　　　一般股权转让侵权纠纷案 / 727

规则 45：民事案件的审理并不必须以刑事案件的审理结果为依据的，无须中止审理 / 733

【裁判规则】
【规则理解】
一、犯罪行为对民事合同效力的影响 / 733
（一）合同效力的内涵 / 733
（二）犯罪行为对民事合同效力产生影响的情形 / 733
（三）对刑民交叉案件的处理方式 / 734
二、民事欺诈行为与刑事诈骗行为的区别 / 735
三、实践中常见的可能影响合同效力的几类案件 / 736

【拓展适用】
一、刑事附带民事诉讼的特性 / 736
二、提起刑事附带民事诉讼的条件 / 736
三、刑事附带民事诉讼与刑民交叉案件处理方式比较 / 737
四、刑事案件未经追赃对民商事案件受理和审理的影响 / 737
（一）刑事案件未经追赃影响民商事案件的受理 / 737
（二）民事案件因未经追赃而应中止审理 / 738

【典型案例】吴某与陈某、王某及德清县某房地产开发有限公司民间借贷、担保合同纠纷案 / 738

第十五章 诉讼调解与和解

> 规则23：诉讼和解协议是案件当事人为终止争议或者防止争议再次发生，通过让步或处分自己的权益而形成的合意，和解协议的内容不限于当事人的诉讼请求事项
> ——杨某与无锡某保健品有限公司侵犯发明专利权纠纷案[①]

【裁判规则】

诉讼和解协议是案件当事人为终止争议或者防止争议再次发生，通过让步或处分自己的权益而形成的合意，和解协议的内容不限于当事人的诉讼请求事项。

在当事人具有较高的文化程度，并有代理律师一同参与诉讼、调解、和解活动的情形下，当事人在和解协议上签字同意并收取了对方当事人按照和解协议支付的款项，此后又以调解违背其真实意愿为由申请再审的，其再审申请不符合民事诉讼法规定的情形，应予驳回。

【规则理解】

一、诉讼和解协议的内涵及法律特征

（一）诉讼和解协议的内涵

诉讼和解是当事人根据《民事诉讼法》第53条的规定对自己的诉讼权利和民事实体权利行使处分权。诉讼和解协议，是指当事人在诉讼过程中为了终止争议或者防止争议再次发生，在相互让步的基础上自行协商，合意解决纠纷所达成的协议。从协议的本质要件来看，需具备两个条件：一是当事人的意思表示要真实，必须属于本人的意思表示，且意思表示要明确。二是各方当事人的意思表示要一致，达成合意。没有达成合意的不能称为和解协议。

[①] 载《中华人民共和国最高人民法院公报》2009年第11期。

（二）诉讼和解协议的法律特征

诉讼和解是解决民事案件的一种方式，当事人达成和解协议是其核心内容。诉讼和解协议与法院调解相比具有以下主要特征：

1. 和解协议中的权利义务主体是案件的各方当事人，包括原告、被告和第三人，和解协议内容反映的是当事人之间的民事权利义务关系，只在当事人之间产生法律上的约束力。

2. 和解协议本身不具有生效法律文书的强制执行力，靠当事人双方自觉履行，不能作为人民法院的执行根据；但经人民法院依法确认后，便产生调解书生效的法律效力。人民法院主持达成的调解协议具有强制执行的法律效力。

3. 和解协议发生在诉讼过程中，是当事人自己协商，解决纠纷，没有人民法院的主持和参与，当事人达成和解协议的目的是终结已经启动的民事诉讼程序。但和解协议达成并不直接产生终结民事案件诉讼程序的后果，当事人可以申请人民法院对和解协议进行审查确认，民事案件以调解方式结案，也可以由当事人自觉履行和解协议，以原告申请撤诉的方式结案。而调解协议必须是在人民法院的主持下，通过深入细致的工作，使双方当事人达成解决纠纷的协议。

二、诉讼和解中的意思自治原则

（一）诉讼和解中意思自治的含义

意思自治原则，又称私法自治原则，是指法律确认民事主体得自由地基于其意志去进行民事活动的基本准则。基于私法自治原则，法律制度赋予并且保障每个民事主体都具有在一定的范围内，通过民事行为，特别是合同行为来调整相互之间关系的可能性。私法自治原则的核心是确认并保障民事主体的自由。[①] 但意思自治原则确立的自由不是绝对的，绝对的自由会导致自由本身不可能实现或不可能很好地实现。

（二）意思自治原则在诉讼和解中的具体体现

诉讼和解与法院调解同属于民事调解解决纠纷机制的范畴。《民事诉讼法》关于调解自愿的规定体现了当事人意思自治原则，但由于"自愿"一词仅有不受他人强迫的含义，难以涵括"私法自治"或"意思自治"的丰富内涵，《最高人民法院关于人民法院民事调解工作若干问题的规定》在协议内容方面作出新的突破，强化了对意思自治原则的适用，被称为诉讼调解内容的扩张。具体体现在：第一，调解协议内容超出诉讼请求的，人民法院可以准许。从《最高

---

① 王利明：《民法》，中国人民大学出版社2010年版，第29页。

人民法院关于人民法院民事调解工作若干问题的规定》第 7 条的规定可以看出，诉讼和解过程中，当事人根据意思自治原则，可以不局限于原告的诉讼请求范围，把几个涉及不同民事法律关系的纠纷放在一个案子中进行协商，一次性地解决双方之间的所有纠纷，人民法院也可以不受"不告不理"原则的限制，不把案件的调解范围限定于原告提出的诉讼请求，而给当事人自行和解在程序上提供便利。第二，人民法院对于调解协议约定一方不履行协议应当承担民事责任的，应予准许。《最高人民法院关于人民法院民事调解工作若干问题的规定》第 8 条第 1 款规定，允许当事人为实现自己的权利而给不履行和解协议的当事人设定违反协议约定的违约责任，有利于督促和解协议的及早自动履行。第三，调解协议约定一方提供担保或者案外人同意为当事人提供担保的，人民法院应当准许。《最高人民法院关于人民法院民事调解工作若干问题的规定》第 9 条规定，允许当事人根据意思自治原则，利用《民法典》设立的担保制度实现自己的债权，以保证债权能够得到实现。同时，《最高人民法院关于人民法院民事调解工作若干问题的规定》在当事人订立和解协议的内容方面进行了限制，具体体现在：第一，《最高人民法院关于人民法院民事调解工作若干问题的规定》第 8 条第 2 款规定，调解协议约定一方不履行协议，另一方可以请求人民法院对案件作出裁判的条款，人民法院不予准许。该规定旨在明确当事人作出的意思表示不能干预人民法院行使审判权，查清事实，依法裁判。第二，《最高人民法院关于人民法院民事调解工作若干问题的规定》第 10 条规定，调解协议具有下列情形之一的，人民法院不予确认：1. 侵害国家利益、社会公共利益的；2. 侵害案外人利益的；3. 违背当事人真实意思的；4. 违反法律、行政法规禁止性规定的。另外，根据《最高人民法院关于进一步发挥诉讼调解在构建社会主义和谐社会中积极作用的若干意见》，当事人达成和解协议或者调解协议后申请人民法院制作调解书的，人民法院应当依法对调解协议或者和解协议进行审查。审查内容包括：1. 协议是否违反了法律、行政法规的强制性规定；2. 是否侵害国家利益和社会公共利益；3. 协议内容是否属于当事人处分权的范畴；4. 当事人争议的法律关系是否涉及案外人的权益；5. 协议指定转移的财产上是否存在案外人权利；6. 协议内容是否符合善良风俗和公共道德；7. 调解是否存在明显违反当事人真实意思的情形等。上述规定旨在明确当事人应当遵守调解的基本原则，在合法性的基础上自愿调解。

（三）对意思表示是否真实的判断

当事人针对私权利作出真实意思表示，可能会产生一定的法律后果，但一且该法律后果对当事人不利时，当事人就可能否定自己曾经作出的意思表示。当时的意思表示是否真实，只有当事人自己最清楚，外人不可得知，人民法院对当事人作出的意思表示是否真实进行判断，具有相当难度。实践中可以结合以下方面进行判断：1. 从主体的角度，包括主体的民事行为能力、身份、文化程度、职业、对案件争议事实的了解程度等。2. 从过程的角度，包括起始时间、地点、细节、次数、签字行为、协议内容及内容的变化、参与前期诉讼的情况等。3. 从结果的角度，包括协商的结果是否公平合理、是否符合案件事实、是否得到履行等。4. 从当事人主张的角度，包括当事人主张是否符合法律逻辑、理由是否成立、是否具有证据支持等。

三、对诉讼和解违反意思自治原则的司法救济

当事人的自行和解虽然是以终结诉讼为目的，但是达成和解协议以后，并不能直接产生终结诉讼的效果，我国民事诉讼也没有将自行和解作为一种独立的结案方式。因此，根据当事人在自行和解过程中向人民法院行使权利的不同，将产生不同的结案方式。一种是当事人自主协商，达成协议，由原告撤诉而终结诉讼。另一种是当事人将协商的结果向法院进行一致陈述，并经法院审查，确认协议效力，纠纷以诉讼调解的方式解决。基于不同的结案方式，对诉讼和解中违反意思自治原则所实施的司法救济也不相同。

（一）对原告申请撤诉方式结案的救济

以原告申请撤诉方式结案的，诉讼和解协议只在当事人之间产生法律上的约束力，如果一方当事人关于违反意思自治原则的主张成立，可以依据《民法典》的相关规定，申请人民法院撤销或变更和解协议；或在符合法律规定的条件下，重新起诉。

（二）对调解方式结案的救济

以调解方式结案的，诉讼和解协议经过人民法院的确认已经发生与判决相同的法律效力，一方当事人不履行，另一方当事人可以申请人民法院强制执行。如果一方当事人关于违反意思自治原则的主张成立，应当依据《民事诉讼法》关于当事人对生效调解书申请再审的相关规定，向人民法院申请再审，通过审判监督程序撤销已生效的调解协议。

【拓展适用】

一、诉讼调解中当事人行使反悔权的把握

（一）诉讼调解中当事人行使反悔权的内涵

根据《民事诉讼法》第102条规定，"调解未达成协议或者调解书送达前

一方反悔的,人民法院应当及时判决",这意味着当事人对已经达成的调解协议可以反悔且无须说明理由,人民法院送达调解书时,只要一方当事人拒绝签收,调解协议就不能生效。此称当事人的反悔权。根据《民事诉讼法》第100条第3款"调解书经双方当事人签收后,即具有法律效力"的规定,当事人的反悔权是调解书发生法律效力之前的一种权利,调解书发生法律效力后,任何一方当事人均不享有反悔权,当事人对生效调解书只有申请再审的权利,人民法院是否再审,需通过人民法院进行再审审查后再决定。需注意的是,当事人不仅在自己签收民事调解书之前享有反悔权,在另一方当事人还未签收调解书的情况下,也享有反悔权。

(二)在实践中当事人行使反悔权所带来的弊端

《民事诉讼法》对反悔权的规定建立在充分尊重当事人调解自愿原则的基础之上。设立当事人的反悔权,其目的实际上是给予那些非真正自愿达成调解协议的当事人以一种自我救济的权利,这种权利无需依赖他人就能实现。在过去法制不健全、法官的素质和当事人的法律水平普遍不高的背景下,规定当事人在调解中具有法定的反悔权,以防止法官威压、诱骗、违法调解,在调解中袒护一方当事人,具有一定的合理性。但在司法实践中,反悔权日渐成为对当事人处分权的一种放纵,发挥着鼓励当事人草率作出调解行为的作用,有悖于诉讼效率和效益原则,使当事人的权利义务关系长期处于一种不确定状态,客观上损害了当事人的利益。同时,也有一些法官为了防止当事人反悔,在当事人达成调解协议后还未制作法院调解书时,即让当事人在调解书送达回证上签收,违反《民事诉讼法》规定的法院调解程序,使得反悔权的规定流于形式。当事人反悔系对民事诉讼诚实信用原则的违反,法院为防止当事人反悔而让当事人倒签民事调解书系对调解程序的违反,均不可取。实践中,当事人行使反悔权带来的不利后果可以归纳为:第一,违背民法基本原则,倡导不诚实。当事人达成调解协议属于民事法律行为的范畴,《民法典》第136条规定,"民事法律行为自成立时生效,但是法律另有规定或者当事人另有约定的除外。行为人非依法律规定或者未经对方同意,不得擅自变更或者解除民事法律行为"。当事人根据自愿原则达成的调解协议虽不具有强制执行力,但在双方当事人之间产生法律约束力,调解协议成立后,双方当事人均应依约履行,在协议达成后不能反悔,实行自我否定,否则与《民法典》的基本原则相悖。《民事诉讼法》第13条规定的"民事诉讼应当遵循诚信原则"与民事诉讼领域的禁反言制度一脉相承,其立法目的主要在于防止一方当事人利用前后相互矛盾的诉讼行为来达到损害相对方当事人诉讼利益的目的。当事人对调解协议反悔，在民事诉讼中出尔反尔，与诚实信用原则、禁反言制度相违背。《民事诉讼法》将当事人的反悔权作为一项诉讼权利给予保护，在实体法领域和程序法领域都是对诚实信用原则的违背。第二，当事人对在人民法院主持下自愿达成的调解协议随意反悔，在一定程度上损害了法院的司法权威，且造成人民法院为调解所投入的司法资源（包括法官资源、时间资源和制作调解书的资源等）的浪费。第三，反悔权制度造成调解效力不稳定，在相当程度上给予一些当事人恶意拖延诉讼、转移财产、给对方当事人增加诉累的机会和理由，助长调解中的草率行为，损害对方当事人的利益。

（三）诉讼调解中当事人行使反悔权的限制

针对实践中存在的问题，最高人民法院出台的有关司法解释作出了一些变通规定。《最高人民法院关于适用简易程序审理民事案件的若干规定》第 15 条规定："调解达成协议并经审判人员审核后，双方当事人同意该调解协议经双方签名或者按指印生效的，该调解协议自双方签名或者按指印之日起发生法律效力。当事人要求摘录或者复制该调解协议的，应予准许。调解协议符合前款规定，且不属于不需要制作调解书的，人民法院应当另行制作民事调解书。调解协议生效后一方拒不履行的，另一方可以持民事调解书申请强制执行。"《民事诉讼法解释》第 151 条规定："根据民事诉讼法第一百零一条第一款第四项规定，当事人各方同意在调解协议上签名或者盖章后即发生法律效力的，经人民法院审查确认后，应当记入笔录或者将调解协议附卷，并由当事人、审判人员、书记员签名或者盖章后即具有法律效力。前款规定情形，当事人请求制作调解书的，人民法院审查确认后可以制作调解书送交当事人。当事人拒收调解书的，不影响调解协议的效力。"上述司法解释的规定取消了当事人在达成调解协议后签收调解书前的反悔权，实际上突破了调解书须经双方当事人签收才具有法律效力的规定。但应当注意的是，上述司法解释中有"当事人同意调解协议经签名或者捺印生效"或"当事人同意在调解协议上签名或者盖章后生效"的规定，表明调解协议经签名、捺印或者盖章后生效均以当事人的同意为条件，以此限制当事人的反悔权。

二、当事人约定在离婚调解协议上签名的法律效力

当事人经人民法院主持调解，达成离婚调解协议，双方均同意在调解协议上签名或者盖章后生效。人民法院根据调解协议制作成调解书，此后，一方当事人拒绝履行调解协议内容，并拒绝领取调解书，其离婚调解协议效力如何？

婚姻关系是否解除？笔者认为，《民事诉讼法》第 100 条规定，"调解达成协议，人民法院应当制作调解书。调解书应当写明诉讼请求、案件的事实和调解结果。调解书由审判人员、书记员署名，加盖人民法院印章，送达双方当事人。调解书经双方当事人签收后，即具有法律效力"；第 101 条规定，"下列案件调解达成协议，人民法院可以不制作调解书：（一）调解和好的离婚案件；（二）调解维持收养关系的案件；（三）能够即时履行的案件；（四）其他不需要制作调解书的案件。对不需要制作调解书的协议，应当记入笔录，由双方当事人、审判人员、书记员签名或者盖章后，即具有法律效力"。通常情况下，经人民法院主持调解达成协议的案件，人民法院应当制作调解书，并送达双方当事人后，该调解书即发生法律效力。同时，法律明确规定四类案件，当事人调解达成协议后，可以不制作调解书，由书记员将调解协议内容记入笔录，由双方当事人、审判人员、书记员签名或者盖章后，该调解协议即对双方当事人发生法律效力。关于"其他不需要制作调解书的案件"，《民事诉讼法》没有进一步明确，从《民事诉讼法》第 101 条第 1 款第 1 项关于"调解和好的离婚案件可以不制作调解书"的规定进行反推，调解解除婚姻关系的离婚案件应当制作调解书。此外，就离婚诉讼而言，当事人协议离婚，将涉及婚姻当事人身份关系的解除以及财产分割等内容，需要一定的法律文书予以载明，如果不制作调解书，既不利于当事人之间身份关系变化的确定，也不利于当事人今后的生产生活。因此，对于调解离婚的案件，人民法院应当制作调解书。当事人虽然在人民法院制作的离婚调解协议上签名，但事后拒绝签收离婚调解书，该离婚调解书尚不发生法律效力。在这种情况下，人民法院应当根据当事人的请求，以及夫妻感情是否确已破裂的事实和财产状况、子女情况等，及时作出裁判，并依法定程序送达裁判文书。

三、司法确认案件的内涵及构成要素

（一）司法确认案件的内涵

所谓司法确认程序，是指人民法院适用《民事诉讼法》第 205 条的规定对当事人申请司法确认调解协议案件进行审查的民事特别程序。司法确认调解协议案件，也可以称为司法确认案件，是指对于涉及当事人之间民事权利义务的纠纷，经行政机关、人民调解组织、商事调解组织、行业调解组织或者其他具有调解职能的组织调解达成具有民事合同性质的协议，双方当事人共同到人民

法院申请确认调解协议的法律效力的一种新的案件类型。① 这里的调解不包括司法机关的诉讼调解。

(二) 司法确认案件的构成要素

司法确认调解协议案件的构成要素包括：1. 以发生纠纷的双方当事人已经在调解组织主持下达成调解协议为前提，前提如果不存在，人民法院审理的对象就不存在。这里的调解组织不仅包括人民调解组织，还包括行政机关、商事调解组织、行业调解组织或者其他具有调解职能的组织，但不包括法院调解组织。2. 由双方当事人共同向调解组织所在地的基层人民法院提出申请。3. 申请人民法院确认调解协议，目的在于使调解协议发生法律效力，可作为执行依据。4. 提起时限是调解协议生效之日起 30 日内，这里的生效是指调解协议成立时对双方当事人产生法律约束力。

四、《民事诉讼法》2021 年修改后的变化

2019 年 12 月，第十三届全国人民代表大会常务委员会第十五次会议通过了《关于授权最高人民法院在部分地区开展民事诉讼程序繁简分流改革试点工作的决定》，授权最高人民法院在北京、上海市辖区内中级人民法院、基层人民法院，南京、苏州、杭州、宁波、合肥、福州、厦门、济南、郑州、洛阳、武汉、广州、深圳、成都、贵阳、昆明、西安、银川市中级人民法院及其辖区内基层人民法院，北京、上海、广州知识产权法院，上海金融法院，北京、杭州、广州互联网法院，就优化司法确认程序等开展为期两年的民事诉讼程序繁简分流改革试点工作。随后最高人民法院印发《民事诉讼程序繁简分流改革试点方案》，强调试点法院建立和管理特邀调解名册的责任，建立特邀调解与司法确认的衔接机制，扩大可申请司法确认的调解协议范围，明确中级法院和专门法院也可以适用司法确认程序，有效发挥了司法确认程序对推动矛盾源头化解的保障作用。

2021 年《民事诉讼法》修改时，根据民事诉讼程序繁简分流改革试点成效，对司法确认程序的适用范围和管辖进行修改，将原规定的"申请司法确认调解协议，由双方当事人依照人民调解法等法律，自调解协议生效之日起三十日内，共同向调解组织所在地基层人民法院提出"修改为："经依法设立的调解组织调解达成调解协议，申请司法确认的，由双方当事人自调解协议生效之

---

① 最高人民法院民法典贯彻实施工作领导小组办公室编著：《最高人民法院新民事诉讼法司法解释理解与适用（上）》，人民法院出版社 2022 年版，第 759 页。

日起三十日内，共同向下列人民法院提出：（一）人民法院邀请调解组织开展先行调解的，向作出邀请的人民法院提出；（二）调解组织自行开展调解的，向当事人住所地、标的物所在地、调解组织所在地的基层人民法院提出；调解协议所涉纠纷应当由中级人民法院管辖的，向相应的中级人民法院提出。"

该条的主要变化如下：一是司法调解的主体范围由"人民调解委员会"扩展至"依法设立的调解组织"。此处的"依法"，既包括全国人大及其常委会制定的法律，如《人民调解法》等法律，也包括行政法规、部门规章，还包括推进特定领域矛盾纠纷多元化解而制定的规范性文件，例如最高人民法院、中国证监会发布的《关于全面推进证券期货纠纷多元化解决机制建设的意见》，最高人民法院、中国侨联发布的《关于在部分地区开展涉侨纠纷多元化解试点工作的意见》等规范性文件而设立的调解组织，也可以视为依法设立的调解组织。

二是扩大了调解协议司法确认程序的适用范围。《民事诉讼法》2021年修改前，因限定申请司法确认调解协议须依据双方当事人依照人民调解法等法律提出，故对于申请确认调解协议的范围，存在两种不同的理解：第一种观点认为，只有《人民调解法》和其他由全国人大常委会通过的法律明确规定可以申请司法确认的调解协议才能申请确认。第二种观点认为，除了《人民调解法》规定可以申请确认的以外，其他法律、行政法规、地方性法规、行政规章以及中央批准的司法改革方案中明确规定可以确认的调解协议，均属于可以申请确认的范围。《民事诉讼法》2021年的修改澄清了这一争议，申请司法确认的调解协议，既包括受人民法院邀请的调解组织主持达成的调解协议，又包括调解组织自行开展调解达成的调解协议，不限于人民调解，也包括大量的商事调解、行业调解等，但调解组织本身必须是依法设立的。在《民事诉讼法》修改过程中，草案稿拟增加"依法任职的调解员"，但审议过程中，有的部门和专家提出，考虑目前调解员的选用、任命尚缺乏统一规范，调解质量参差不齐，可能存在虚假调解和不当确认的风险，故最终删除了"依法任职的调解员"。[①]

三是明确了司法确认程序案件的三种管辖情形，不限于此前仅由调解组织所在地的基层人民法院管辖的模式。具体为：第一，人民法院邀请特邀调解组织进行调解的，遵循"谁邀请，谁管辖"的原则确定司法确认程序案件的管

---

① 最高人民法院民法典贯彻实施工作领导小组办公室编著：《最高人民法院新民事诉讼法司法解释理解与适用（上）》，人民法院出版社2022年版，第764页。

辖，既简单清晰，又便于人民法院审查和执行。第二，对于调解组织自行开展调解的，在调解组织所在地这一管辖依据外，增加了当事人住所地和标的物所在地的管辖依据，便于有效开展司法确认程序的审查和执行。第三，明确调解协议所涉纠纷应当由中级人民法院管辖的，向相应的中级人民法院提出，这一规定同样适用于专门人民法院。司法实践中应当注意的是：如果当事人就知识产权中非确权争议达成调解协议并申请司法确认的，管辖法院应同时具有知识产权案件管辖权。当然，这种规定并不排除当事人在不违反专门管辖的前提下，选择调解组织住所地、当事人住所地、标的物所在地的具有知识产权案件管辖权的基层人民法院申请司法确认，如调解协议纠纷应由中级人民法院管辖，向相应的中级人民法院或知识产权法院申请司法确认。

对于共同调解的司法确认程序案件管辖问题，《民事诉讼法解释》第352条作了专门规定，采取先受理原则解决管辖权冲突。该条规定："调解组织自行开展的调解，有两个以上调解组织参与的，符合民事诉讼法第二百零一条规定的各调解组织所在地人民法院均有管辖权。双方当事人可以共同向符合民事诉讼法第二百零一条规定的其中一个有管辖权的人民法院提出申请；双方当事人共同向两个以上有管辖权的人民法院提出申请的，由最先立案的人民法院管辖。"

五、申请确认调解协议的范围

（一）申请确认调解协议范围的理解

《民事诉讼法》第205条规定，"经依法设立的调解组织调解达成调解协议，申请司法确认的，由双方当事人自调解协议生效之日起三十日内，共同向下列人民法院提出"。但并非依法设立的调解组织主持达成的所有调解协议都可以申请司法确认。《民事诉讼法解释》第355条规定："当事人申请司法确认调解协议，有下列情形之一的，人民法院裁定不予受理：（一）不属于人民法院受理范围的；（二）不属于收到申请的人民法院管辖的；（三）申请确认婚姻关系、亲子关系、收养关系等身份关系无效、有效或者解除的；（四）涉及适用其他特别程序、公示催告程序、破产程序审理的；（五）调解协议内容涉及物权、知识产权确权的。人民法院受理申请后，发现有上述不予受理情形的，应当裁定驳回当事人的申请。"

1. 不属于人民法院受理范围的。对不属于人民法院受理民事案件范围的，人民法院应当告知当事人按照相应的程序解决纠纷。有观点认为，根据《人民调解法》的规定，人民调解委员会调解的民间纠纷既包括民事案件，也包括部分轻微刑事案件。因此，双方当事人对人民调解委员会主持轻微刑事案件调解达成的调解协议，也可以申请司法确认。我们认为，司法确认程序属于《民事诉讼法》所规定的特别程序，申请司法确认案件必须属于人民法院受理民事案件的范围，而轻微刑事案件不属于"民事调解协议"，故轻微刑事案件不应包括在内。

2. 不属于收到申请的人民法院管辖的。《民事诉讼法》第205条规定了申请司法确认调解协议的三类管辖情形。收到申请的人民法院发现其不符合该条规定的任一管辖情形的，应当不予受理，并告知当事人向有管辖权的人民法院提出申请。

3. 申请确认婚姻关系、亲子关系、收养关系等身份关系无效、有效或者解除的。公民之间的身份、收养、婚姻等法律关系比较复杂，影响重大，不仅关系到当事人双方的利益，而且可能影响到第三人的利益，甚至影响到社会公共利益和公序良俗等。因此，对于这类调解协议不能简单地通过司法确认程序解决，而应通过诉讼或其他法定方式解决。

4. 涉及适用其他特别程序、公示催告程序、破产程序审理的。因为这类纠纷属于法律规定的特定程序处理的案件，不可适用申请司法确认程序处理。人民法院应当告知当事人按照相应的程序解决纠纷；对不属于本院管辖的，人民法院应告知当事人向有管辖权的人民法院提出申请。这里的"其他特别程序"，是指《民事诉讼法》规定的选民资格案件，宣告失踪、宣告死亡案件，认定公民无民事行为能力、限制民事行为能力案件，认定财产无主案件和实现担保物权案件，自然不能同时适用两种特别程序。此外，公示催告程序和破产程序是和特别程序相并列的专门程序，亦不能同时适用。

5. 调解协议内容涉及物权、知识产权确权的。（1）物权确权之争指的是因物权的归属、内容发生争议的，利害关系人要求法院确认其物权的情况，涉及当事人的重大利益。物权确权之诉是确认之诉的一种形态，在性质上是民事诉讼，即由平等主体之间的一方当事人针对另一方当事人就物权的权属争议提起的诉讼。物权的确认包括两方面的内容：一是对物权归属的确认。它既是保护物权的前提，也是对他物权的确认。二是对物的内容的确认。就是指当事人对物权的内容发生争议时，请求人民法院对物权的内容加以确认。同时物权确权问题涉及较为复杂的法律关系和较多的证据材料，双方当事人的争议也可能比较多，需要适用诉讼程序审理，才能承载人民法院对事实审查的需要。（2）知识产权的"确权"问题专业性强，需由有权机关根据法律的规定确认权利的存在及其效力。知识产权的确权,既包括对权利的审查与授予,也包括授予之后对权利效力的再次确认。调解协议的内容涉及知识产权确权的,人民法院在审查时受两个方面的限制。一是管辖权的限制。司法确认案件均由基层人民法院或其派出法庭管辖,但并不是所有的基层人民法院都有知识产权案件的管辖权。故对于那些没有知识产权管辖权的法院来说,它们是不能受理这类案件的。二是审理方式的限制。因为知识产权确权问题比较复杂,人民法院一般应适用普通程序对其进行审查,有的还要采取证据保全等诉讼措施,适用司法确认程序达不到法院审查该类问题的基本要求。

在人民法院受理确认调解协议申请后,作出裁定之前,一方当事人就调解协议的履行或者调解协议的内容另行提起诉讼的,人民法院应当告知当事人可以选择确认调解协议的特别程序或普通民事诉讼程序主张权利,经告知后,如果当事人坚持起诉的,人民法院应当裁定终结特别程序。

六、司法确认案件的审查内容

司法确认案件的审查属于非讼特别程序审查,重点是审查当事人主体是否适格、争议标的是否真实、当事人对调解协议内容是否理解、处分结果是否符合自愿原则、是否合法等。《民事诉讼法解释》第358条规定了应予裁定驳回申请的六种情形:"经审查,调解协议有下列情形之一的,人民法院应当裁定驳回申请:(一)违反法律强制性规定的;(二)损害国家利益、社会公共利益、他人合法权益的;(三)违背公序良俗的;(四)违反自愿原则的;(五)内容不明确的;(六)其他不能进行司法确认的情形。"

1. 审查调解协议是否违反法律强制性规定。法律规范中的强制性规范,是指无条件的、绝对必须遵守的规范,不允许当事人自行约定予以排除适用。学理上认为,强制性规定可以分为效力性强制性规定和管理性强制性规定。而只有效力性强制性规定才是导致合同无效的原因。由于对调解协议的确认而非对效力的评判,故不论是调解协议违反了效力性强制性规定还是管理性强制性规定,都应当予以驳回。

2. 审查调解协议是否损害国家利益、社会公共利益、他人合法权益;之所以规定审查调解协议时,必须考虑其有没有损害国家利益、社会公共利益、他人合法权益,主要是因为诉讼外调解和判决的价值不同。诉讼外调解有衔接国家法和习惯法、传承道德、引导社会自治的特殊功能。同时,调解协议虽然是双方当事人合意解决纠纷处分其权利义务的结果,但调解协议不得侵害他人合法权益。司法实践中,经常会发生当事人双方达成协议的目标就是侵犯第三人的权利，双方均期待能有效排除他人权利，通过司法确认达到损害第三人利益的目的。为了防止虚假调解和通过调解侵害他人合法权益的情况发生，法官在审查调解协议时必须重点审查调解协议是否侵害他人合法权益。因此，在司法审查中，法院需要着重注意涉及第三人权利的情形，不能仅以当事人的合意及表面证据进行判断，需保证不损害国家利益、社会公共利益和他人合法权益。

3. 审查调解协议是否损害社会公序良俗。《民法典》第8条规定："民事主体从事民事活动，不得违反法律，不得违背公序良俗。"调解能够在非常广泛的范围内解决各类纠纷，在审查确认调解协议时，不能仅仅考虑调解协议是否违法，还应审查调解协议是否损害了公序良俗。公序良俗的概念包括两层含义：一是指社会公共秩序和生活秩序；二是指善良风俗，即由全体社会成员所普遍认可、遵循的道德准则。我国学者参考国外判例、学说，将违反公序良俗的行为类型化为10种：（1）危害国家公序型，如以从事犯罪或者帮助犯罪行为为内容的合同；（2）危害家庭关系型，如约定断绝亲子关系的协议；（3）违反道德型，如以婚外性行为作为对价获得借款的情形；（4）射幸行为型，如赌博；（5）侵害人权和人格尊严行为型，如过分限制人身自由换取借款的情形；（6）限制经济自由型，如利用互相借款扩大资金实力以分割市场、封锁市场的协议；（7）违反公平竞争型；（8）违反消费者保护型；（9）违反劳动者保护型；（10）暴力行为型。[①]

4. 审查调解协议是否违反自愿原则。当事人达成调解协议以及达成的调解协议内容必须取决于双方当事人的真实意愿。只有遵守自愿原则，所达成的调解协议才能反映当事人的真实意思，也才能达到彻底解决纠纷的目的。如果法院在审查过程中发现调解协议可能违背当事人真实意思，存在当事人在违背真实意思的情况下签订调解协议、调解协议显失公正、调解组织或者调解员强迫调解或者与案件有利害关系的情况等情形，都应当认真探寻当事人的真实意愿，向当事人讲明司法确认的法律意义，可以询问当事人是否撤回司法确认申请。

5. 审查调解协议内容是否明确。确认调解协议的目的之一是使调解协议获得现实的强制执行力，强制执行的前提是执行的内容明确具体，如果执行内容不明确，不能执行，确认调解协议也就无意义。但司法实践中，如果发现调解协议内容有瑕疵，可以通过释明的途径并根据当事人意愿决定是否予以确认，或者在发现调解协议语言不规范后，可以征得当事人同意在不改变调解协议意

[①] 梁慧星：《市场经济与公序良俗原则》，载《中国社会科学院研究生院学报》1993年第6期。

愿和实质内容情况下对原协议进行修改等。由此，在实践中可以根据具体情况给予双方当事人消除不明内容的机会，这对有效发挥调解的司法减负功能具有重要意义。

6. 审查调解协议内容是否有其他不能进行司法确认的情形。随着社会的发展、科技的进步和各类新型社会关系的不断涌现，考虑到现实情况的复杂性，确定一个兜底性的条款是很有必要的。这其实是一个授权性的条款，即对一些可能出现的新的情形，授予法官自由裁量权，由法官参照相关法律规定和民事法律的基本原理，发挥司法智慧自主作出判断，既方便法官司法，也有利于丰富司法实践和立法积累。

七、司法确认案件审查结果的表现形式

对司法确认程序采取何种法律文书，不仅仅是一个用何种文书形式来固定审查结果的问题，更涉及对案件法律性质的界定。《民事诉讼法》确定的法律文书形式有四种，即判决书、调解书、裁定书和决定书，判决书适用于法院经审理后裁判的事项，司法确认程序不是法院审理后裁判的，故不能适用；调解书适用于法院组织的调解，若在司法确认程序中使用调解书，则无法有效区分司法调解与诉讼外调解的特质；决定书仅适用于诉讼中的程序性事项，而调解协议司法确认属于实体性事项，决定书不能很好地解决实体性事项，也不宜使用；裁定书既可用于程序事项又可用于实体事项，采用裁定书的方式也可区分法院组织的调解和其他调解组织的调解，故从理论上讲，使用裁定书较好。同时，仲裁机构与人民调解委员会等其他调解组织均为法律认可的纠纷调解机构，法院审查仲裁裁决是否有效采用的是裁定书的形式，而审查调解协议书也可参照，采用裁定书的形式。从立法来看，《民事诉讼法》没有沿袭《最高人民法院关于人民调解协议司法确认程序的若干规定》有关司法确认案件使用"确认决定书或不予确认决定书"的规定，而是明确规定了司法确认案件法律文书形式为裁定书。确认裁定书和驳回申请裁定书送达双方当事人后发生法律效力，依照《民事诉讼法》第 185 条的规定，依照特别程序审理的案件，实行一审终审。

人民法院作出的确认调解协议有效的裁定具有强制执行力，如果一方当事人拒绝履行或者未全部履行的，对方当事人可以向人民法院申请执行。应当明确的是，作为执行依据的文书应当是人民法院作出的确认调解协议的裁定，而非调解协议本身。虽然申请强制执行的当事人可以把调解协议作为法院裁定文书的附件一并提交，但仅以调解协议本身却不能构成合法有效的执行依据，其

执行的内容应为法院确认后的协议内容。

八、司法确认案件不符合法定情形的处理

（一）司法确认案件裁定驳回申请的情形

根据《民事诉讼法》第 206 条规定，"人民法院受理申请后，经审查，符合法律规定的，裁定调解协议有效，一方当事人拒绝履行或者未全部履行的，对方当事人可以向人民法院申请执行；不符合法律规定的，裁定驳回申请，当事人可以通过调解方式变更原调解协议或者达成新的调解协议，也可以向人民法院提起诉讼"。由此可见，调解协议不符合法律规定、不符合确认条件的，人民法院裁定驳回申请。有下列情形之一的，人民法院应当裁定驳回确认调解协议的申请：（1）违反法律、行政法规强制性规定的；（2）损害国家利益、社会公共利益的；（3）侵害案外人合法权益的；（4）涉及是否追究当事人刑事责任的；（5）损害社会公序良俗的；（6）内容不明确，无法确认的；（7）其他应当驳回申请的情形。

（二）不宜直接确认调解协议无效的原因

人民法院经审查作出驳回申请裁定时，应当在裁定中写明原因和理由，对于因调解协议内容存在不明确、无法确认等情形而驳回申请的案件，裁定中不宜对调解协议效力作出评价。人民法院作出驳回申请裁定后，可根据情况告知当事人有权再次通过人民调解方式变更原调解协议或者达成新的调解协议，也可以向人民法院提起诉讼，而不应直接对该调解协议效力作出评价，否则不利于当事人后期的处理。这里需要注意的是，《民事诉讼法》与《人民调解法》的规定不完全一致。《人民调解法》规定法院审查的结果包括依法确认调解协议有效和依法确认调解协议无效两种情形，而《民事诉讼法》规定对于不符合法律规定的调解协议，裁定驳回申请，而不是直接确认其无效。如此安排，主要是考虑到以下原因[①]：（1）当事人申请确认调解协议效力，并未申请确认其无效。法院直接确认无效，不符合司法被动性的要求。（2）未经当事人申请，法院就确认其无效，导致当事人不能就相关事项充分表达意见，其诉讼权利难以得到有效保障。（3）由人民法院直接确认无效，意味着法院需要进行更多的实体审查，将在司法确认程序中投入更多的司法资源，这与司法确认程序便捷的特点不符，不利于发挥司法确认程序的优势。（4）法院未确认调解协议的原因有很多，并不限于违法或者无效。有些调解协议虽然不宜进行司法确认，但

[①] 参见江必新主编：《民事诉讼新制度讲义》，法律出版社 2013 年版，第 274 页。

仍然可以并应当鼓励当事人继续履行，而不宜简单地确认其无效。(5) 人民法院裁定驳回当事人申请后，当事人对调解协议还有补救措施，可以再次协商变更原协议或者达成新的调解协议。如果当事人不愿继续调解，也可以向法院提起诉讼。所以，裁定驳回当事人的申请，是为当事人预留了解决纠纷的空间。

(三) 司法确认案件裁定驳回申请后的救济

调解协议经审查后不符合法律规定的，裁定驳回当事人申请。人民法院裁定驳回当事人申请的，当事人可以选择对其有利的救济途径：

1. 当事人可以通过调解组织重新对纠纷进行调解，在双方自愿的基础上变更原调解协议或者就有关争议达成新的调解协议，然后再向人民法院申请确认变更后的或者新达成的调解协议。

2. 当事人可以向法院提起诉讼。一般是指当事人之间就原纠纷向法院提起的诉讼。包括当事人请求履行调解协议的给付之诉；请求变更、撤销调解协议的形成之诉；请求确认调解协议无效的确认之诉。需要注意的是，法院受理以上诉讼申请之后，审理范围是限于调解协议本身，还是应扩展到当事人之间的原纠纷，一直存在争论。我们认为，要解决这个问题主要取决于当事人的诉讼请求。[①]

(1) 关于当事人请求履行调解协议的给付之诉。原告请求履行调解协议，被告以调解协议可撤销或者无效为由抗辩时，法院的审理范围应以调解协议本身为限。但经法院审理后认为，被告关于调解协议可撤销或者无效的抗辩成立的，即可依双方当事人的主张将审理范围扩展到原来的纠纷。如果原告以原来的纠纷起诉，而被告则以调解协议的存在作为抗辩的，人民法院也不宜将审理范围限定于调解协议本身，而应在原纠纷的范围内审理为宜。总之，为了彻底解决纠纷，实现案结事了，对于当事人请求履行调解协议的给付之诉在诉讼标的以及审理范围上应当根据案件的具体情况确定。

(2) 关于当事人请求变更、撤销调解协议的形成之诉。如果当事人请求人民法院对调解协议加以变更，或者撤销调解协议，一般情况下应限定于调解协议本身的诉讼标的，不宜扩展到对原来的纠纷进行审理。需要注意的是，第一，如果法院经审理判决驳回原告变更、撤销调解协议的诉讼请求，原则上可视为对调解协议本身效力的司法确认。但由于形成判决不具有执行力，如果被告向法院申请强制执行调解协议，还需另行提起给付之诉。被告也可以自行或者经

[①] 参见江必新主编：《民事诉讼新制度讲义》，法律出版社2013年版，第275页。

法院释明而以反诉的方式提起请求执行调解协议的给付之诉,在诉讼中一并解决。第二,如果人民法院判决支持原告变更、撤销调解协议的请求,也可以根据当事人的主张对原来的纠纷进行审理并作出裁判,此时的形成之诉转化为给付之诉,故案件的审理范围应从调解协议扩展到原来的纠纷。

(3) 关于当事人请求确认调解协议无效的确认之诉。如果法院审理之后驳回原告的诉讼请求,该裁判视为对调解协议的司法确认。如果法院经审理认为原告的请求应当予以支持,则以确认的裁判宣告调解协议自始无效。此后,当事人既可以重新选择调解组织重新达成调解协议,也可以向人民法院提起诉讼。

九、人民法院确认裁定错误的救济问题

人民法院作出确认有效裁定书或者驳回申请裁定书,送达双方当事人后发生法律效力。关于确认调解协议的裁定是否给予当事人、案外人申请再审权利的问题,存在不同意见。一种意见认为,在人民法院确认调解协议后,当事人认为违反自愿原则或调解违法的,可以申请再审。一种意见认为,确认调解协议案件要求当事人双方共同申请本身就是要求当事人双方不存在争议,如果人民法院发现存在民事争议的,应当依据《民事诉讼法》第186条的规定裁定终结程序,告知当事人另行起诉。如果人民法院认定该调解协议违法或违反自愿原则的,应当驳回确认申请。人民法院裁定驳回当事人确认申请的,当事人可以通过调解方式变更原调解协议或者达成新的调解协议,也可以向人民法院提起诉讼。一种意见认为,应主要通过第三人撤销之诉予以救济。

《民事诉讼法解释》第372条第2款规定:"对人民法院作出的确认调解协议、准许实现担保物权的裁定,当事人有异议的,应当自收到裁定之日起十五日内提出;利害关系人有异议的,自知道或者应当知道其民事权益受到侵害之日起六个月内提出。"根据该规定,依非讼特别程序作出的裁定应通过异议申请,而非再审申请程序进行救济。在特别程序中当事人的权利并没有像在普通程序中那样得到充分的保护,这涉及司法确认裁定书的既判力问题。所谓既判力,是指当事人之间原争议的民事法律关系已经人民法院判决解决并确定生效,当事人不得对此再提起诉讼或者在以后的诉讼中主张与该判决相反的内容,人民法院也不得对当事人之间原争议的民事法律关系再进行判决或者在以后的诉讼中作出与该判决相冲突的判决。[①] 作为前诉拘束后诉的法律效果,既判力可以分为"一事不再理"的"消极既判力"和先决事项拘束此后其他诉讼中法官

---

① 江伟、肖建国:《民事诉讼法》,中国人民大学出版社2011年版,第277页。

判断的"积极既判力"。有观点认为，司法确认裁定的作出基于非讼简便程序，经确认程序而作出的裁定不能如同终局判决一样对此后诉讼标的同一的诉讼发生遮断的效果，并不具备消极的既判力。① 故从既判力根据论的角度而言，司法确认裁定应当具有某种程度或者某些方面的既判力效力，但绝不具有与判决完全同等的效力，即司法确认裁定应具有消极既判力，但不能产生预决效力。也就是说，当事人收到确认有效裁定书和驳回申请裁定书后，不得上诉，也不得申请复议，也不应申请再审。其主要理由为②：第一，调解协议与普通的民事合同不同，调解协议经过司法确认之后即具有了法律约束力，被赋予了国家公权力，任何当事人不得任意反悔，如一方当事人不履行，另一方当事人有权申请强制执行。第二，司法确认制度设立的主要目的是充分发挥诉讼外调解的作用，方便人民群众解决民事纠纷。如果允许当事人在确认裁定作出之后就同一事实再行起诉，则会减损司法确认制度的功能价值，与立法的目的相悖。第三，根据处分原则和诚实信用原则，调解协议的法律效力来源于双方当事人之间的合意，当事人自愿达成调解协议，也就没有必要在人民法院予以司法确认后再设置上诉、复议或者再审程序；调解协议经双方当事人共同申请司法确认，法院作出的确认裁定书并不违背当事人的意志，当事人认可后就应当自觉接受其约束。

综上，非讼案件的重要特征是当事人之间不存在民事权益争议，依据非讼特别程序作出的裁定不具有普通诉讼程序中裁判的既判力，非讼案件这一特征决定了当事人不得上诉或申请再审，也不适用第三人撤销之诉，而只能通过申请人民法院根据新情况撤销原裁判、作出新裁判，或另行诉讼的方式获得救济，即根据《民事诉讼法解释》第372条的规定寻求救济。当事人对人民法院作出的确认调解协议有异议的，应当自收到裁定之日起十五日内提出；利害关系人有异议的，自知道或者应当知道其民事权益受到侵害之日起六个月内提出。人民法院经审查认为异议请求成立的，应当撤销司法确认裁定书。原司法确认裁定书被撤销后，对依据该裁定书执行的财产可以依法申请执行回转或依法作出相应的处理。需要注意的是，"六个月"的性质属于除斥期间，不适用延长、中止、中断的规定。

---

① 王亚新：《〈民事诉讼法〉修改与调解协议的司法审查》，载《清华法学》2011年第3期。
② 参见江必新主编：《民事诉讼新制度讲义》，法律出版社2013年版，第274页。

【典型案例】

杨某与无锡某保健品有限公司侵犯发明专利权纠纷案

再审申请人（一审原告，二审被上诉人）：杨某

再审被申请人（一审被告，二审上诉人）：无锡某保健品有限公司

〔基本案情〕

再审申请人杨某因与再审被申请人无锡某保健品有限公司（以下简称某公司）侵犯发明专利权纠纷一案，不服江苏省高级人民法院（2008）苏民三终字第0038号民事调解书，向本院申请再审。本院依法组成合议庭对本案进行了审查，现已审查完毕。

杨某申请再审称：1. 和解协议不是双方当事人自行达成的，而是二审法院承办法官包办的；2. 在本案诉讼中，杨某只是请求法院判令某公司停止侵权，赔偿损失是另案起诉，而二审法院作出的调解书将赔偿损失一并解决，误解了杨某的真实意愿，打乱了其诉讼计划；3. 二审调解书中的赔偿数额，没有按照专利法第六十条的规定确定。

某公司辩称：1. 二审民事调解书是依据双方当事人所签《和解协议》作出的，该和解协议是双方当事人经过较长时间酝酿考虑后自愿签订的，杨某亲笔签字确认，是双方真实的意思表示，内容也不违反法律规定；2. 杨某具有完全民事行为能力，有较高的文化程度和法律知识，对自己所签和解协议的法律后果应当是明知的，而且，其代理律师参加了庭审及调解的全过程，不会产生杨某所称的"误会"。

〔最高人民法院查明的事实〕

最高人民法院经审查查明：2005年11月，杨某以某公司侵犯其专利权为由，向江苏省南京市中级人民法院提起诉讼，请求法院确认某公司侵权，判令某公司停止生产、销售被控侵权产品。一审法院认为，某公司生产、销售的被控侵权产品落入了专利权的保护范围，构成了对杨某专利权的侵犯，依法应当承担相应的民事责任。据此判决，某公司在判决生效后立即停止生产销售被控侵权产品。某公司不服该判决，向江苏省高级人民法院提起上诉。在二审审理过程中，经法院主持调解，双方当事人达成和解协议。二审法院根据该和解协议制作了民事调解书。

另经审查查明，2008年5月19日，杨某与某公司签订《和解协议》，杨某本人及某公司的特别授权代理人在该协议上签字。杨某的代理律师参加了二审的庭审及和解、调解活动。杨某已收到某公司依和解协议支付的5.5万元。

〔最高人民法院裁判理由与结果〕

最高人民法院认为，诉讼和解协议是案件当事人通过相互让步以终止其争议或防止争议再发生而形成的合意，和解协议的内容不限于当事人的诉讼请求事项。本案中，杨某具有较高的文化程度，其代理律师亦与杨某一起参加了庭审及和解、调

解活动，杨某本人还在和解协议上签字，并接收了某公司按照协议约定支付的款项。因此，本案并不存在杨某所称的"调解违背其真实意愿"及违反调解自愿原则的情形。另外，该和解协议的内容亦不违反法律。二审法院根据双方当事人签订的和解协议依法制作调解书，并无不当。杨某的再审申请不符合《中华人民共和国民事诉讼法》第一百八十二条①规定情形。依照《中华人民共和国民事诉讼法》第一百八十一条②第一款之规定，裁定如下：

驳回杨某的再审申请。

---

① 对应2023年《民事诉讼法》第205条。
② 对应2023年《民事诉讼法》第208条。

第十六章 法律文书的送达

> 规则 24：被告方数个企业法人的法定代表人为同一人，将法律文书仅送达其中一个企业法人的，不属于审判程序违法
> ——某资产管理公司昆明办事处与昆明甲酒楼有限责任公司、昆明乙酒楼有限责任公司借款合同纠纷案[①]

【裁判规则】

人民法院在审理民事案件过程中，鉴于被告方数个企业法人的法定代表人为同一人，且其在各企业法人中的法定职权与义务基本相同，故在向被告方送达开庭传票等法律文书时，仅送达其中一个企业法人，并通过该企业法人向被告方其他企业法人转交或者留置送达的做法，并不影响当事人的诉讼权利，不属于审判程序违法。

【规则理解】

一、送达的制度解读

送达制度在民事诉讼中所获得的最重要的角色定位即程序保障的要素之一。这一角色分配的依据来源于送达制度属性，来源于它是法院审判民事案件所必须遵守的基本操作规程，是法院、当事人和其他诉讼参与人之间的诉讼行为的基本联系方式和传递诉讼信息的手段。在民事诉讼中这一制度虽然只是类似于配角的辅助程序，但它在民事诉讼司法实践中所发挥的作用却不容忽视。[②] 送达是法院、当事人和其他诉讼参与人之间的诉讼行为的基本联系方式和传递诉讼信息的手段，在民事诉讼诸多程序环节中发挥作用，如立案、答辩、民事保全、开庭、判决、上诉乃至执行程序等，送达将各方诉讼主体间的行为联系起来，并在这些程序的运作中显现出独特的价值。在正当程序的建构中，送达制

[①] 载《中华人民共和国最高人民法院公报》2008 年第 9 期。
[②] 王福华：《民事送达制度正当化原理》，载《法商研究》2003 年第 4 期。

度如果缺失，将导致联系、沟通各方的手段残缺，环环相扣的诉讼程序在运作中也会因此遭受制度上的阻滞。合法的送达是使程序正当化的基本要素之一，其重要意义正如贝勒斯在其《法律的原则》一书中所指出的那样："通知的权益和发表意见的机会是如此之根本，以至于只有存在最重大的理由，并且尽一切可能保护被告的利益时，才可剥夺。"

送达制度是民事诉讼中当事人参与原则得以贯彻的基本保障。从当事人方面而言，当事人享有就有关诉讼事项得到法院通知的权利，缺少诉讼通知的情形应当被视为侵害当事人接受正当程序审判权的情形之一，当事人可以据此在以后的审判程序中要求更高审级的法院作出新的裁判以弥补该程序缺陷。从法院方面而言，法院有义务就相关诉讼事项给当事人以有效的通知，这是民事裁判具有正当性的基本前提，只有建立在合理化的送达制度基础上的裁判才具有程序的合法性，否则裁判应当被视为具有瑕疵或者严重瑕疵。从制度衡平角度而言，也不能机械地苛求所有的情况下均应保障当事人得到有效送达，在采用常规的送达方式难以送达的情况下，不得已以公告送达等法定方式拟制通知受送达人时，应当被视为法律对保障参加机会作出的一种妥协。但是这种妥协要有一个最低限度，即要穷尽所有的送达方式后，才能作出是否使用这种妥协手段的决定，否则就与程序保障的规则相悖。

二、留置送达

送达制度是贯穿民事诉讼活动始终，保障诉讼活动顺利进行的重要程序制度。一般而言，法院可以采取直接送达的方式送达文书，但在实践中，有些当事人不配合工作，或是不认可法院判决，并以此拒收文书，甚至闭门不见，或是对送达理解有偏差，认为不接受文书就可以不承担责任等，导致文书难以送达。为了确保民事诉讼活动的顺利开展，平等保护当事人的合法权益，法律规定了留置送达。《民事诉讼法》第 89 条规定："受送达人或者他的同住成年家属拒绝接收诉讼文书的，送达人可以邀请有关基层组织或者所在单位的代表到场，说明情况，在送达回证上记明拒收事由和日期，由送达人、见证人签名或者盖章，把诉讼文书留在受送达人的住所；也可以把诉讼文书留在受送达人的住所，并采用拍照、录像等方式记录送达过程，即视为送达。"该条在历次修改中，增加了"也可以把诉讼文书留在受送达人的住所，并采用拍照、录像等方式记录送达过程，即视为送达"的自证留置送达内容，更具有灵活性和可操作性。

民事诉讼送达问题占用了相当比例的司法资源，特别是对于基层法院，送达问题已经成为限制司法效率的一个重要因素。如果出现难以送达的情况，更是妨碍了司法活动的进一步开展，致使案件久拖不决，损害了当事人的诉讼利益以及司法权威。传统的他人见证留置送达的规定，虽然有利于维护司法的公信力，但是可操作性并不强：第一，在当事人或其同住的成年家属拒绝签收的情况下，送达人如果再去邀请有关人员到场见证，往往出现人去楼空的现象，是否存在拒收的情况，送达人难以证明；第二，由于人员流动性的增强，有关基层组织或者受送达人所在单位的确定，存在困难；第三，由于司法强制功能的缺失，一般情况下有关基层组织或者受送达人所在单位的代表不愿意到场配合。采取送达人自证留置送达的办法，可以很好地解决或者规避上述问题，能够有效地实现送达的目的。

对于采用见证人见证方式进行留置送达，我们认为，应当符合以下条件：1. 留置送达的对象特定并拒收法律文书。根据法律及司法解释的规定，留置送达的对象仅指受送达人或是同住成年家属，同时，其拒绝接收诉讼文书。2. 有见证人。无见证人的情况下不适用此种方式的留置送达。3. 见证人身份特定。见证人应当是有关基层组织、所在单位的代表。4. 留置送达地点特定。留置送达地仅为受送达人的住所。5. 将诉讼文书留置。在受送达人及相关人员拒绝接收时，送达人必须采取合理的方式，将诉讼文书予以留置，以确保诉讼信息的传递以及诉讼程序的顺利进行。

对于采用以拍照、录像等记录送达方式进行留置送达的，我们认为，应当符合以下条件：1. 留置送达的对象特定并拒收法律文书。根据法律及司法解释的规定，留置送达的对象仅指受送达人或是同住成年家属，同时，其拒绝接收诉讼文书。《民事诉讼法解释》第130条规定，向法人或者其他组织送达诉讼文书，应当由法人的法定代表人、该组织的主要负责人或者办公室、收发室、值班室等负责收件的人签收或者盖章，拒绝签收或者盖章的，适用留置送达。《民事诉讼法》第89条规定的有关基层组织和所在单位的代表，可以是受送达人住所地的居民委员会、村民委员会的工作人员以及受送达人所在单位的工作人员。2. 记录送达过程。此种留置送达的方式下，送达人应当以拍照、录像等方式记录送达的过程，作为留置送达的凭证，以证明人民法院完成留置送达工作。3. 留置送达地点特定。留置送达地仅为受送达人的住所。4. 将诉讼文书留置。在受送达人及相关人员拒绝接收时，送达人必须采取合理的方式，将诉讼文书予以留置，以确保诉讼信息的传递以及诉讼程序的顺利进行。从文义上理解，应是送达人要"记录送达过程"，录像的方式自不必说，问题是拍照的方式能否记录送达过程，存有疑问。另外，是否可以采取录音或者其他能够"记录送达过程"的技术手段，也需要明确。上述问题，《民事诉讼法解释》第131条规定予以了明确，即"人民法院直接送达诉讼文书的，可以通知当事人到人民法院领取。当事人到达人民法院，拒绝签署送达回证的，视为送达。审判人员、书记员应当在送达回证上注明送达情况并签名。人民法院可以在当事人住所地以外向当事人直接送达诉讼文书。当事人拒绝签署送达回证的，采用拍照、录像等方式记录送达过程即视为送达。审判人员、书记员应当在送达回证上注明送达情况并签名"。

我国《民事诉讼法》规定留置送达可邀请见证人到场，说明情况，在送达回证上记明拒收事由和日期，并由送达人和见证人共同签名或盖章。但在实践过程中，对"有关基层组织或者所在单位的代表"的含义和范围的理解存有很大争议，有些认为基层组织的范围不仅包括居民委员会、村民委员会，还包括派出所、社区服务中心等，概念上的不明确不利于留置送达的执行。对此，《民事诉讼法解释》第130条第2款规定，"民事诉讼法第八十九条规定的有关基层组织和所在单位的代表，可以是受送达人住所地的居民委员会、村民委员会的工作人员以及受送达人所在单位的工作人员"，明确了基层组织的范围以及所在单位代表的含义，基层组织是指村民委员会、居民委员会等。所在单位是指受送达人工作、学习的单位；送达人应当将其向受送达人送达法律文书，以及受送达人拒绝接收文书的事由向见证人详细说明，并在送达回证上记明拒收事由和日期，以备日后查证。送达人、见证人在送达回证上签名或者盖章，证明送达人所记载情况属实。要注意的是，居民委员会和村民委员会应当是对受送达人住所地片区的相关事务有管理职能的，不能在住所地之外随意找一个居委会或村委会的工作人员作为见证人。将"所在单位的代表"明确为"所在单位的工作人员"。如果范围过窄，法院很难寻找到合适的见证人，影响留置送达制度的可操作性；如果范围过宽，又不利于见证人对法院监督作用的发挥。

另外，在司法实践中还大量存在有关当事人之间具有关联关系（如被告方数个企业法人的法定代表人为同一人，且其在各企业法人中的法定职权与义务基本相同的情况，或者数个被告的办公地点同一、人员机构同一，仅仅是单位名称不一致）等情况，在上述情况下，人民法院在向被告方送达开庭传票等法律文书时，仅送达其中一个企业法人，并通过该企业法人向被告方其他企业法人转交或者留置送达的做法，应当理解为并不影响当事人的诉讼权利，不属于审判程序违法。

【拓展适用】

一、送达地址书面确认制度

（一）送达地址书面确认制度的内涵

《最高人民法院关于适用简易程序审理民事案件的若干规定》第 8 条规定："人民法院按照原告提供的被告的送达地址或者其他联系方式无法通知被告应诉的，应当按以下情况分别处理：（一）原告提供了被告准确的送达地址，但人民法院无法向被告直接送达或者留置送达应诉通知书的，应当将案件转入普通程序审理；（二）原告不能提供被告准确的送达地址，人民法院经查证后仍不能确定被告送达地址的，可以被告不明确为由裁定驳回原告起诉。"第 9 条规定："被告到庭后拒绝提供自己的送达地址和联系方式的，人民法院应当告知其拒不提供送达地址的后果；经人民法院告知后被告仍然拒不提供的，按下列方式处理：（一）被告是自然人的，以其户籍登记中的住所或者经常居所为送达地址；（二）被告是法人或者非法人组织的，应当以其在登记机关登记、备案中的住所为送达地址。人民法院应当将上述告知的内容记入笔录。"第 10 条规定："因当事人自己提供的送达地址不准确、送达地址变更未及时告知人民法院，或者当事人拒不提供自己的送达地址而导致诉讼文书未能被当事人实际接收的，按下列方式处理：（一）邮寄送达的，以邮件回执上注明的退回之日视为送达之日；（二）直接送达的，送达人当场在送达回证上记明情况之日视为送达之日。上述内容，人民法院应当在原告起诉和被告答辩时以书面或者口头方式告知当事人。"从上述规定可见，最高人民法院在简易程序中提出了确立当事人送达地址申报、确认以及推定送达制度。

《最高人民法院关于以法院专递方式邮寄送达民事诉讼文书的若干规定》第 3 条规定："当事人起诉或者答辩时应当向人民法院提供或者确认自己准确的送达地址，并填写送达地址确认书。当事人拒绝提供的，人民法院应当告知其拒不提供送达地址的不利后果，并记入笔录。"第 5 条规定："当事人拒绝提供自己的送达地址，经人民法院告知后仍不提供的，自然人以其户籍登记中的住所地或者经常居住地为送达地址；法人或者其他组织以其工商登记或者其他依法登记、备案中的住所地为送达地址。"第 11 条规定："因受送达人自己提供或者确认的送达地址不准确、拒不提供送达地址、送达地址变更未及时告知人民法院、受送达人本人或者受送达人指定的代收人拒绝签收，导致诉讼文书未能被受送达人实际接收的，文书退回之日视为送达之日。受送达人能够证明自己在诉讼文书送达的过程中没有过错的，不适用前款规定。"从上述规定可见，最高人民法院进一步完善并确立了送达地址书面确认制度，将其适用范围扩展到普通程序。明确了当事人在送达中的权利与义务，使当事人承担了其本应承担的诉讼责任与风险。这一制度能够纠正原告"只要把案子交到法院，法院就得给我找被告"以及被告提供虚假地址，使得"法院找不到我，案子办不下去也没有办法"的错误思想，能够在一定程度上缓解"送达难"问题。[①]

（二）电子送达书面确认制度

《民事诉讼法解释》第135条第1款规定："电子送达可以采用传真、电子邮件、移动通信等即时收悉的特定系统作为送达媒介。"第136条规定："受送达人同意采用电子方式送达的，应当在送达地址确认书中予以确认。"虽然电子信息技术已经比较成熟和完善，但其以到达对方系统为送达完成，而且缺乏有效的送达回执。信息系统可能受到硬件设备以及人为原因或病毒等因素影响，存在不能正常接收信息的可能性。因此，受送达人就其是否同意电子方式送达，应当在送达地址确认书中予以确认。人民法院按照当事人在送达地址确认书中写明的手机号、传真号或者电子邮箱地址发送诉讼文书的，可视为送达，除非当事人提供证据证明诉讼文书到达指定接收系统的日期不一致。可见，电子送达必须有严格的适用条件。第一，当事人自愿。受送达人要同意接受电子送达。大多数规定电子送达的国家都将当事人自愿作为适用电子送达的前提。如英国规定采用传真、电子邮件及其他电子方式送达的，均要以受送达人同意并且提供电子送达地址为条件。当事人自愿可以是一方当事人自愿选择，对一方当事人选择电子送达的，不影响对另一方适用其他方式送达。第二，当事人提供确切送达地址。以数据电文到达对方系统即视为送达完成，就必须事先取得受送达人对传真号码或电子邮箱地址的有效确认证明。当事人需要提供确切的手机号码、传真号码或者电子邮箱号等。如果当事人拒绝提供的，人民法院不应采取电子送达的方式。

注意：1. 当事人没有提供送达地址或者提供的送达地址错误，人民法院穷尽各种方式也找不到受送达人，在这种情况下，即便人民法院通过其他方式如上网搜索、其他案卷中填写的地址等获得受送达人的电子邮箱等，也不能通过电子送达方式进行送达。2. 当事人因主观原因提供的电子送达地址错误，而人民法院尽一般注意义务没有发现，导致诉讼文书未能被受送达人实际接收的，

[①] 江必新主编：《新民事诉讼法理解适用与实务指南》，法律出版社2013年版，第329页。

按照《民事诉讼法解释》第135条①认定到达日期。3. 当事人在电子送达地址变更后未及时告知人民法院，导致诉讼文书未能被受送达人实际接收的，按照《民事诉讼法解释》第135条认定到达日期。4. 判决书、裁定书、调解书涉及当事人的重大实体权利和诉讼权利，《民事诉讼法》明确规定电子送达文书中不包括此三类文书。

对送达地址确认书，人民法院在第一审程序、第二审程序、审判监督程序或者执行程序均可以要求当事人填写。送达地址确认书的内容应当包括送达地址的邮政编码、详细地址以及受送达人的联系电话等内容。但当事人要求对送达地址确认书中的内容保密的，人民法院应当为其保密。对送达地址确认书样式，最高人民法院制作了"最高人民法院送达地址、送达方式确认书"。

"最高人民法院送达地址、送达方式确认书"还设置了是否接受电子送达及其他联系方式一栏。如果当事人选择接受的，可以填写手机号码或者电子邮箱等信息，人民法院将通过电子媒介向其送达除判决书、裁定书、调解书外的诉讼文书。

此外，送达地址确认书上应当对电子送达的方式、法律后果等进行明确。包括人民法院进行电子送达的地址，以及电子送达的到达日期为人民法院对应系统显示发送成功的日期，但受送达人证明到达其特定系统的日期与人民法院对应系统显示发送成功的日期不一致的，以受送达人证明到达其特定系统的日期为准。

（三）二审、申请再审、申请执行程序送达地址的确认

送达是民事诉讼程序中重要的组成部分，它不仅影响着法院审判工作的效率，也影响到当事人在诉讼中程序权利和实体权利的实现。《最高人民法院关于以法院专递方式邮寄送达民事诉讼文书的若干规定》第4条第3款明确规定，当事人在第一审、第二审和执行终结前变更送达地址的，应当及时以书面方式告知人民法院。同时，该规定第11条明确规定，因受送达人自己提供或者确认的送达地址变更未及时告知人民法院，导致诉讼文书未能被受送达人实际接收的，文书退回之日视为送达之日。从该规定的内容看，当事人在一审诉讼时向

---

① 《民事诉讼法解释》第135条规定："电子送达可以采用传真、电子邮件、移动通信等即时收悉的特定系统作为送达媒介。民事诉讼法第九十条第二款规定的到达受送达人特定系统的日期，为人民法院对应系统显示发送成功的日期，但受送达人证明到达其特定系统的日期与人民法院对应系统显示发送成功的日期不一致的，以受送达人证明到达其特定系统的日期为准。"

法院提供或确认的送达地址，在案件进入二审和执行程序后仍然是有效的，送达地址确认书的时间和空间效力可扩充至二审和执行阶段，在一个案件完整的诉讼程序终结前，当事人未申请变更送达地址的情况下，送达地址确认书应该在整个程序中均为有效。实践证明，上述规定在司法实务中可行。《民事诉讼法解释》予以了明确，即《民事诉讼法解释》第137条规定："当事人在提起上诉、申请再审、申请执行时未书面变更送达地址的，其在第一审程序中确认的送达地址可以作为第二审程序、审判监督程序、执行程序的送达地址。"可见，对于二审、申请再审、申请执行程序送达地址的确认，应当把握好以下几点：

一是对送达地址的变更方式只能是书面的，如果当事人口头表示变更的，法院应当要求其准确填写送达地址确认书，明确变更后的地址。实践中，当事人在一审时有诉讼代理人的，送达地址往往为代理人的地址，在二审、审判监督或者执行程序中，诉讼代理人发生变化的，当事人要及时告知人民法院。人民法院在当事人提供第二审程序、审判监督程序或执行程序的诉讼代理人授权委托手续之前，送达相关文书的，应该及时与受送达人确认一审地址是否正确。二是第一审程序确认的地址可以适用于第二审程序、审判监督程序、执行程序。在二审程序、审判监督程序和执行程序中，人民法院向当事人送达地址确认书之前，可以适用第一审的送达地址。对当事人寄回或者重新填写的送达地址确认书，应当适用新的送达确认书中的地址。三是二审期间当事人书面变更送达地址的，人民法院在执行程序或者审判监督程序应按照二审期间当事人提供或确认的送达地址送达文书。四是当事人在一审时填写了电子送达方式的，二审、申请再审、申诉或执行程序不能直接按照送达地址进行电子送达，仍要满足当事人同意的条件。需要注意的是，当事人在一案中提供或确认的送达地址确认书是否适用于同一时期的该当事人在其他案件中的送达，司法解释对此未作出规定，审判实践中存在不同意见。有观点认为，送达地址确认书是当事人向人民法院作出的一种承诺，即承诺该地址为有效的送达地址。具有契约性的特点，基于这种契约性，在特定的相同时期，在不同的案件中应当均为有效。我们认为，基于法律规范性的要求，同一当事人在同一时期不同案件提供的送达地址确认书不能在其他案件中使用，只能作为人民法院确认当事人送达地址的参考。

二、无须使用送达回证的例外情形

根据《民事诉讼法》的相关规定，人民法院向当事人及其他诉讼参与人送达诉讼文书，一般情形下，应有送达回证。而在某些特殊情况下，有其他方式可以证明人民法院的送达行为的，可不制作送达回证。但该例外情形必须满足四个方面的条件：一是人民法院已依法定程序与方式进行了送达，即人民法院的送达行为已依法完成。二是人民法院无法获取送达回证，此无法获取并非送达人主观上的无法获取，而必须是穷尽各种送达手段后客观上确实无法获取的。三是法律有明确的规定。四是有其他可以证实人民法院送达行为完成的书面证明。

司法实践中，人民法院可不制作送达回证的情形主要有三种。第一，公告送达。在公告送达中，无须送达回证，公告的载体与内容是人民法院送达行为的证明，公告期间届满日为送达日。第二，邮寄送达。人民法院以邮寄方式送达，而当事人没有或拒绝寄、送回送达回证的，可以邮寄之回执作为送达之凭证，当事人签收邮件的日期为送达日期。第三，根据《民事诉讼法解释》第141条的规定，人民法院在定期宣判时，当事人拒不签收判决书、裁定书的，应视为送达，并在宣判笔录中记明。根据《民事诉讼法》的相关规定，判决与裁定既可当庭宣判，也可定期宣判。如果是当庭宣判的，人民法院还需要一定的时间来制作裁判文书，等待裁判文书按一定程序制作好后才可能送达当事人，让其签收。对于此种情形下的裁判文书应直接送达或采取其他送达方式，应按规定要求制作相应的送达回证。定期宣判的，宣判完毕即可要求当事人签收裁判文书，当事人同意签收的，则亦应制作相应的送达回证；在当事人拒绝签收裁判文书的情况下可不制作送达回证，但必须满足三个条件：一是仅适用于人民法院定期宣判的情形，非定期宣判的则不适用；二是当事人拒绝签收的是人民法院的判决书、裁定书；三是应当在宣判笔录中载明，法官和书记员在上述宣判笔录上签字。

三、邮寄送达的案件可否适用简易程序

案件受理后，法院以特快专递的形式送达诉讼材料。针对此类案件中事实比较清楚且被告应诉的案件是否可以适用简易程序，实践中存在两种意见。第一种意见认为：根据《最高人民法院关于适用简易程序审理民事案件的若干规定》第8条第1项规定，原告提供了被告准确的送达地址，但人民法院无法向被告直接送达或者留置送达应诉通知书的，应当将案件转入普通程序审理。因为此类案件没有通过直接送达、留置送达的方式送达应诉通知书，所以不能适用简易程序。第二种意见认为：此类案件，被告地址明确，法院通过直接送达、留置送达的方式也可以送达诉讼材料，但为了节省诉讼成本才适用邮寄送达的方式，不属于上述司法解释中所说的"无法送达"，因此可以适用简易程序。

从《最高人民法院关于适用简易程序审理民事案件的若干规定》第8条的规定可见，该规定是原告对被告送达地址的证明义务，明确了按照原告提供的被告的送达地址或者其他联系方式无法通知被告应诉（即无法送达）时的处理方式。只要能够采取一定方式通知被告，并且被告按时应诉的，就不影响案件适用简易程序审理。一般情况下，针对一具体案件，法院在第一次开庭前，向当事人送达相关诉讼材料（如应诉通知书、传票、合议庭组成通知书等）时，就已经确定了是采用普通程序还是简易程序。《最高人民法院关于适用简易程序审理民事案件的若干规定》第2条规定："基层人民法院适用第一审普通程序审理的民事案件，当事人各方自愿选择适用简易程序，经人民法院审查同意的，可以适用简易程序进行审理。人民法院不得违反当事人自愿原则，将普通程序转为简易程序。"第3条规定："当事人就适用简易程序提出异议，人民法院认为异议成立的，或者人民法院在审理过程中发现不宜适用简易程序的，应当将案件转入普通程序审理。"如果采用简易程序审理，以特快专递的方式送达了诉讼材料，并且被告应诉，在诉讼过程中，当事人双方均未就适用简易程序提出异议；或者虽然当事人一方或者双方提出异议，但人民法院审查后，认为异议不成立的，则可以继续适用简易程序。《民事诉讼法》第160条规定："基层人民法院和它派出的法庭审理事实清楚、权利义务关系明确、争议不大的简单的民事案件，适用本章规定。基层人民法院和它派出的法庭审理前款规定以外的民事案件，当事人双方也可以约定适用简易程序。"从上可知，如果已决定适用普通程序审理的案件，以特快专递的方式送达了诉讼材料，并且被告应诉后，当事人双方自愿选择适用简易程序，经人民法院审查同意的，也可以适用简易程序进行审理。所以，邮寄送达与是否可以适用简易程序并没有必然联系，关键是被告能按时到庭应诉即可。

【典型案例】

某资产管理公司昆明办事处与昆明甲酒楼有限责任公司、昆明乙酒楼有限责任公司借款合同纠纷案

上诉人（原审被告）：昆明甲酒楼有限责任公司

被上诉人（原审原告）：某资产管理公司昆明办事处

被上诉人（原审被告）：昆明乙酒楼有限责任公司

〔基本案情〕

上诉人昆明甲酒楼有限责任公司（以下简称甲酒楼）为与被上诉人某资产管理公司昆明办事处（以下简称某公司昆明办事处）、昆明乙酒楼有限责任公司（以下简称乙酒楼）借款合同纠纷一案，不服云南省高级人民法院（2006）云高民二初字第25-3号民事判决，向本院提起上诉。本院依法组成合议庭进行了审理，本案现已审理终结。

原审法院审理查明：1998年1月至2001年12月间，甲酒楼分四笔共向中国农业银行昆明市分行贷款1900万元。2001年12月31日，甲酒楼分两笔共向中国农业银行昆明市护国支行贷款1070万元。1999年10月12日，甲酒楼向中国农业银行富民县支行（以下简称富民县农行）出具《担保承诺书》一份，承诺愿为丙开发有限责任公司（以下简称丙公司）1997年12月23日在富民县农行贷款350万元提供担保，担保期限至2001年12月30日，如到期丙公司无力归还贷款，甲酒楼愿意代丙公司偿还以上贷款本息。之后，丙公司归还了20万元借款本金。2001年10月30日，甲酒楼再次向富民县农行出具《担保承诺书》一份，承诺愿意为丙公司向富民县农行贷款330万元的延期贷款继续提供担保，并愿承担连带责任及还款责任。

根据财政部相关文件的规定，中国农业银行、某资产管理公司共同下发了《关于资本项下投资项目接收、划转的批复》及《关于划转资本项下投资项目有关问题的通知》。根据该两份文件精神，省农行将其对甲酒楼享有的3300万元的债权本金，作为资本划转（即转让）给某公司昆明办事处，并已获批准。2001年12月30日，省农行、原告以及甲酒楼签订《协议》一份，约定省农行对被告甲酒楼享有的以上3300万元债权全部转让给某公司昆明办事处。

2003年3月18日，为进一步明确债务的偿还，甲酒楼、乙酒楼、案外某公司共同与某公司昆明办事处签订《债务协议》一份，主要约定：甲酒楼、乙酒楼和案外某公司共同作为债务主体负有向某公司昆明办事处归还全部债务的义务；贷款期限调整为六年，即2002年1月1日至2007年12月31日；偿还期限为逐年归还某公司昆明办事处债务本金，即2003年归还400万元，2004年归还450万元，2005年归还500万元，2006年归还800万元，2007年归还1150万元。此外，该协议第九条第三款、第十一条第一款还明确某公司昆明办事处为了确保债权安全性、收益性和流动性，有权按规定期限收回或提前收回债权本金、利息；原告、甲酒楼、乙酒楼、案外某公司四方中任何一方违反该协议约定的任何一款，对方均有权依法采取相应维护措施。同日，甲酒楼、乙酒楼、案外某公司还共同与某公司昆明办事处签订《抵押（担保）合同》一份，约定：为保证按《债务协议》的约定履行还款义务，甲酒楼、乙酒楼及案外某公司愿意对所欠某公司昆明办事处的债务承担连带保证责任，同时，甲酒楼自愿用坐落于昆明市环城西路611-613号C座1-3层1151平方米、昆明市环城西路611-613号附属楼1151平方米的房产设定抵押，为《债务协议》项下的债务提供抵押担保。某公司昆明办事处、甲酒楼、乙酒楼及案外某公司还就《债务协议》和《抵押（担保）合同》于2003年10月8日到昆明市公证处办理了公证。2003年10月13日，某公司昆明办事处与甲酒楼就甲酒楼用于抵押的财产到昆明市房产管理局办理了抵押登记,某公司昆明办事处还领取了登记部门颁发的昆明市房他字第200312775号和200312776号《房屋他项权证》。

因甲酒楼、乙酒楼和案外某公司并未按照《债务协议》的约定履行还款义务,某公司昆明办事处又与甲酒楼、乙酒楼和案外某公司于2005年8月12日签订《补充协议》一份,约定:甲酒楼、乙酒楼和案外某公司对省农行所划转给某公司昆明办事处的3300万元债权予以确认,并将还款期限修改为一年期,即自2005年9月21日起至2006年9月20日止,甲酒楼、乙酒楼及案外某公司必须在还款期限之前归还某公司昆明办事处全部贷款本息,在约定的还款期间如甲酒楼、乙酒楼和案外某公司连续两个季度不能按现行贷款利率支付利息,则某公司昆明办事处有权提前收回全部贷款本息。

2004年1月6日、2004年7月13日、2004年12月21日、2005年6月21日以及2005年12月31日,某公司昆明办事处向甲酒楼、乙酒楼及案外某公司先后进行了五次催收。在某公司昆明办事处催收期间,2005年9月21日至2005年12月21日间,甲酒楼共欠当季利息465465元未予以支付;2005年12月22日至2006年7月31日间应支付当季利息1119974.80元,实际支付720000元,尚欠399974.80元未付。截至2006年7月31日,被告甲酒楼、乙酒楼、案外某公司共欠贷款本金3300万元,利息及罚息4293247.69元,本息合计37293247.69元。因多次催收未果,某公司昆明办事处遂诉至法院。

〔一审裁判理由与结果〕

原审法院审理认为:省农行、某公司昆明办事处与甲酒楼签订的《协议》以及某公司昆明办事处与甲酒楼、乙酒楼及案外某公司签订的《债务协议》《补充协议》以及《抵押(担保)合同》系依据国家法律和相关政策的规定自愿签订,系各方当事人真实意思表示,且《抵押(担保)合同》的抵押双方也到房产登记部门办理了抵押登记,上述四份合同合法有效。在《协议》中约定的省农行向某公司昆明办事处转让的3300万元债权,由甲酒楼向农行借贷的2970万元和为丙公司借贷的330万元担保债务组成,甲酒楼在签订《协议》时自愿作为债务人来偿还丙公司向富民县农行借贷的330万元债务,该行为并不违反国家法律和行政法规的规定,对此应予准许;在签订《债务协议》《补充协议》时,甲酒楼、乙酒楼、案外某公司对上述转让的3300万元债权进行了确认,并自愿作为债务人共同偿还上述3300万元债务,该行为亦未违反国家法律和行政法规的规定,对此也应予准许。上述四份合同签订后,各方当事人均应按上述四份合同的约定,积极履行自己的义务,但甲酒楼、乙酒楼及案外某公司并未在双方最后签订的《补充协议》约定的最后还款期限,即在2006年9月20日前偿还3300万元的债务,亦未按季额足支付利息,其行为已构成违约,应承担相应的违约责任。某公司昆明办事处从省农行处受让取得了本案3300万元债权,其有权向债务人甲酒楼、乙酒楼及案外某公司主张权利,某公司昆明办事处在本案中放弃对案外某公司起诉，仅起诉甲酒楼和乙酒楼系其自主行使权利的行为，对此该院予以准许；在本案中，某公司昆明办事处要求被告甲酒楼、乙酒楼承担偿还贷款本息的责任及实现其抵押权的主张有事实和法律依据，对此该院予以支持。鉴于本案合同约定的最后还款期限已届满，双方所签的《债务协议》和《补充协议》因履行期限届满已自然到期，并不存在还要解除的问题，本案中只是存在各方当事人是否按约履行以及是否有违约行为的问题，因此，某公司昆明办事处请求解除《债务协议》及《补充协议》的主张事实上已无必要。此外，因某公司昆明办事处未能向法庭提交其支付律师代理费用的相关证据，对其要求对方承担其为实现债权而产生的费用的主张该院不予支持。据此，该院判决：一、由被告昆明甲酒楼有限责任公司、昆明乙酒楼有限责任公司于判决生效之日起十日内向原告某资产管理公司昆明办事处归还借款本金 3300 万元，截至 2006 年 7 月 31 日的利息及罚息 4293247.69 元，本息合计 37293247.69 元，及 2006 年 8 月 1 日起至款项还清之日止的利息及罚息（利息及罚息按照中国人民银行规定的同期逾期贷款利率计付）；二、被告甲酒楼、乙酒楼不能偿还上述借款及利息时，原告某资产管理公司昆明办事处可以甲酒楼的抵押物，即位于昆明市环城西路 611-613 号 C 座 1-3 层产权证号的房产，折价或者以拍卖、变卖该财产的价款优先受偿。三、驳回原告某资产管理公司昆明办事处的其他诉讼请求。案件受理费 99739.45 元，财产保全费 27760 元，鉴定费 1500 元均由被告甲酒楼、乙酒楼共同负担。

〔当事人上诉及答辩意见〕

甲酒楼不服原审法院的上述民事判决，向本院提起上诉称：1. 一审判决程序违法。一审审理期间，一审法院于 2007 年 2 月 28 日向上诉人送达了于 2007 年 4 月 2 日进行证据交换、2007 年 4 月 3 日开庭审理的诉讼文书，并要求上诉人将上述诉讼文书转交乙酒楼，在上诉人明确表示无法转交上述开庭诉讼文书后，一审法院将上述开庭文书留置上诉人处，视为对两被告的送达。2007 年 4 月 2 日，上诉人就此向一审法院提出了书面异议，上诉人认为，甲酒楼与乙酒楼有各自不同的投资主体和法人资产结构，其注册地址和经营场所均与上诉人注册地址和经营场所不一致，一审法院将诉讼文书留置上诉人处视为对两被告的送达，明显不当，剥夺了诉讼当事人的诉讼权利，同时也剥夺了上诉人对本案实体问题与本案其他被告相互质证、甄别的计划以及影响了裁判者对全案的审查和判断。2. 一审判决认定本案所涉及合同有效明显失当。一审法院认为省农行与上诉人和被上诉人签订的《协议》以及上诉人与被上诉人签订的《债务协议》《补充协议》以及《抵押（担保）合同》有效，显失偏颇。2001 年 12 月 30 日省农行，上诉人、被上诉人签订协议，该协议第三条约定："如果乙、丙双方（即上诉人与某公司）同意合作，重组公司……即有关 3300 万元的债权将由甲方转让给乙方。"可见，本协议系附条件的法律行为，即本协议生效的条件为上诉人与某公司"同意合作，重组公司"。本协议在履行过程中，某公司以上诉人支付投资利润较少为由拒绝重组上诉人，本协议即丧失了生效的条件。上诉人与被上诉人某公司其后签订的《债务协议》《补充协议》《抵押（担保）合同》，应认定为无效合同。《金融资产管理公司条例》第二条规定，金融资产管理公司，是指经国务院决定设立的收购国有银行不良贷款、管理和处置因收购国有银行不良贷款形成的资产的国有独资银行金融机构。第十条规定，金融资产管理公司在其收购的国有银行不良贷款范围内，从事业务活动，而本案所涉贷款，在原省农行时是按农行正常贷款进行管理的，按照银行贷款五级分类管理办法，该贷款不是不良贷款。某公司受让及处置该贷款的行为系无效行为。

被上诉人某公司昆明办事处答辩称：1. 一审法院在本案的审理过程中不存在程序违法的问题。在一审人民法院对本案进行审理的过程中，被答辩人甲酒楼为了达到继续占用国有资产进行经营获取经营利益的目的，故意拖延诉讼，钻法律的空子，在程序上大做文章，在明知一审法院完全具有管辖权的情况下，为拖延诉讼提出管辖权异议，并在一审法院驳回其对管辖权提出的异议后，向最高人民法院提起上诉，其拖延诉讼的目的和企图由此可见一斑。就在最高人民法院同样作出驳回被答辩人甲酒楼管辖权异议的上诉后，被答辩人在一审法院依法向其送达开庭传票、证据交换等相关诉讼文书后，在法庭于2007年4月2日依法对本案公开开庭审理时，被答辩人及其委托代理人均无正当理由拒不到庭参加庭审。被答辩人在根本不遵守庭审时间、不尊重法庭审理的情况下，又故技重演，公然以"一审判决程序违法""剥夺了诉讼当事人的诉讼权利"为由请求二审法院对本案"发回重审"。2. 一审判决对本案所涉合同性质的认定完全符合法律的规定并无任何不当。省农行、答辩人与被答辩人签订的《协议》以及答辩人与被答辩人签订的《债务协议》《补充协议》以及《抵押（担保）合同》完全系各方当事人自愿签订的，系各方当事人真实的意思表示，且所签订的协议及合同的内容并不违反国家的法律和相关政策的规定，所签《抵押（担保）合同》中涉及的抵押物也依法向登记机关办理了抵押登记。因此一审法院对本案所涉四份合同，作出合法有效的认定完全符合法律的规定，根本不存在"明显失当"的问题。而被答辩人在按照《债务协议》的约定履行了向答辩人归还部分借款的银行利息后，便拒不按照债务协议的约定按期向答辩人归还借款本息，在答辩人多次催收无果的情形下，答辩人为维护自身权益免受被答辩人的继续侵害，向人民法院依法提起诉讼。因此被答辩人将其拒不按照协议约定履行支付利息致使答辩人向法院提起诉讼的违约行为，诡辩成答辩人认为其支付投资利润较少因而拒绝重组公司的无效行为。综上，一审判决无论在程序上还是在实体的处理上均符合法律的规定并无任何不当，被答辩人在根本未参加法庭对案件进行实体审理的情况下，为达其非法目的提出的上诉请求及事实和理由根本不能成立，为此答辩人请求二审人民法院在查明事实的基础上，依法驳回被答辩人的上诉请求，维持一审法院客观公正的判决。

被上诉人乙酒楼未予答辩。

〔最高人民法院查明的事实〕

最高人民法院查明的事实与原审法院查明的事实基本一致。

〔最高人民法院裁判理由与结果〕

最高人民法院认为：甲酒楼与乙酒楼的法定代表人为同一人，两个公司法定代表人的法定职权与义务基本相同。因此，原审法院通过向甲酒楼送达开庭传票等法律文书后转交乙酒楼或者留置送达，并不影响当事人的诉讼权利，更未造成当事人实体权利的损害，上诉人关于"审判程序违法"的上诉理由不能成立，本院予以驳回。

云南省农行、某公司昆明办事处与甲酒楼签订的《协议》、某公司昆明办事处与甲酒楼、乙酒楼签订的《债务协议》《补充协议》《抵押合同》是各方当事人真实意思表示，对转让的 3300 万元债权进行了确认，甲酒楼、乙酒楼共同承诺偿还上述债务。同时，根据《抵押合同》办理了抵押登记。上述合同符合我国法律法规的规定，内容合法有效，本院予以确认。上述四份合同成立生效后，甲酒楼、乙酒楼并未按照双方最后签订的《补充协议》约定的还款期限偿还债务、支付利息，其已构成违约，应当承担违约责任。某公司昆明办事处有权向债务人甲酒楼、乙酒楼主张权利，其请求甲酒楼、乙酒楼承担偿还贷款本息的责任和实现抵押权的主张，本院予以支持。甲酒楼上诉请求没有事实根据和法律依据，本院予以驳回。原审判决认定事实清楚，适用法律正确，本院根据《中华人民共和国民事诉讼法》第一百五十三条[①]第一款第一项的规定，判决如下：

驳回上诉，维持原判。

二审案件受理费 99739.45 元由甲酒楼负担。

本判决为终审判决。

[①] 对应 2023 年《民事诉讼法》第 177 条。

第十七章　重复起诉的审查及处理

> 规则25：判断基于同一纠纷而提起的两次起诉是否属于重复起诉，应当结合当事人的具体诉讼请求及其依据，以及行使处分权的具体情况进行综合分析
>
> ——A投资有限公司与B房地产开发有限公司、C建设实业有限公司土地使用权纠纷案[①]

【裁判规则】

判断基于同一纠纷而提起的两次起诉是否属于重复起诉，应当结合当事人的具体诉讼请求及其依据，以及行使处分权的具体情况进行综合分析。如果两次起诉的当事人不同，具体诉讼请求等也不同，相互不能替代或涵盖，则人民法院不能简单地因两次起诉基于同一纠纷而认定为重复起诉，并依照"一事不再理"的原则对后一起诉予以驳回。

【规则理解】

一、民事诉讼受理范围

民事诉讼中的受理，是指人民法院通过对原告起诉的审查，认为符合法定条件，决定立案审理，从而引起诉讼程序开始进行的职权行为。[②] 从上述定义可以看出，我国民事诉讼法学界倾向于将民事诉讼的受理问题定义为国家职权主义范畴。而案件的受理范围问题，则是在这种职权主义思维之下，民事纠纷有多少可以纳入司法审查并作出裁判的范围的问题。

考察现行的《民事诉讼法》规定，没有专门的法律条文正面规定民事诉讼的案件受理范围，只是在1991年制定的《民事诉讼法》第108条有关起诉的条件中规定起诉应当属于人民法院受理民事诉讼的范围。其后民事诉讼法经过历

[①] 载《中华人民共和国最高人民法院公报》2006年第5期。
[②] 江伟：《民事诉讼法》，高等教育出版社2004年版，第264页。

次修改，该条文内容未作修改，在 2021 年《民事诉讼法》修正以后，该条文变为第 122 条，但是内容与原第 108 条的内容一致。《民事诉讼法》第 122 条规定，起诉必须符合下列条件：（一）原告是与本案有直接利害关系的公民、法人和其他组织；（二）有明确的被告；（三）有具体的诉讼请求和事实、理由；（四）属于人民法院受理民事诉讼的范围和受诉人民法院管辖。2023 年《民事诉讼法》延续了上述规定。如果仅仅从民事诉讼法这一程序法的规定以及理论来探讨民事诉讼的受理范围问题，势必陷入逻辑上的循环解释。但是从另一个角度思考，民事实体法调整的范围所引起的纠纷，就应当属于民事诉讼案件的受理范围。因此，厘清这一问题就有必要借鉴民事实体法概念与理论。

《民法典》第 2 条规定："民法调整平等主体的自然人、法人和非法人组织之间的人身关系和财产关系。"从这一概念可以得出结论，民事实体法调整平等民事主体之间的人身关系和财产关系。民事实体法调整法律关系的一个重要特点在于主体的平等性，其法律关系的类型也特定为人身关系和财产关系。这是我国民法学界以及民事诉讼法学界多年来普遍认可的观点。从这一观点出发，可以得出民事诉讼受理范围的一般结论，即民事诉讼受理平等主体因财产关系或人身关系产生的民事法律纠纷。

但问题远非如此简单，民事诉讼法一些特有的制度也在确定某一民事纠纷能否作为民事诉讼案件的问题上发挥作用。如针对当事人提起的诉讼，人民法院是采取登记立案抑或审查立案？虽然，我国对立案审查制进行了改革，变为立案登记制，对人民法院依法应当受理的案件做到有案必立、有诉必理，保障当事人的诉权，但还是对当事人的申请进行必要审查，要符合法律的规定。已经生效裁判的既判力影响、"重复起诉"或者"一事不再理"原则等会对受理问题的限制、当事人选择的争议解决方式，以及案件当事人滥用诉权的行使等均可能对案件受理等产生影响和限制。具体到某一民事诉讼案件，法律还要求原告与案件具有法律上的利害关系，被告明确，有具体的诉讼请求以及事实、理由等。对这些制度或者规定的违反，都也可能导致案件无法被受理的后果。

二、诉的种类

诉的种类理论是民事诉讼的基本理论之一，对于指导司法实践也有极为重要的意义。选择适当种类的诉而提起，对于保护当事人自身的实体权利和诉讼权利，有着至关重要的作用。反之，如果没有确定适当的诉而提起，也会带来意想不到的麻烦。根据不同的标准，可以对诉的种类作不同的划分。依据请求的性质及内容，可以将诉分为给付之诉、确认之诉以及形成之诉三种。依据起诉的形态，可以分为独立之诉与合并之诉。对于独立之诉以及合并之诉相关章节已有所论述，下面着重分别探讨给付之诉、确认之诉以及形成之诉三种。

(一) 给付之诉

所谓给付之诉，是指以原告针对被告的给付请求权（被告的给付义务）主张以及请求法院作出给付判决为内容的诉讼。给付不仅包括一般等价物的金钱给付、物的给付，也包括作为或者不作为。给付之诉既可能是基于债权，也可能是基于物权提出。给付之诉的确定（生效）裁判，是宣告被告应当向原告进行给付。如果被告不按照确定裁判履行，则原告可以就该确定裁判向法院申请强制执行。

(二) 确认之诉

所谓确认之诉，是指以特定权利义务关系存在或者不存在之主张以及要求作出确定其存在或者不存在之确认判决为请求内容的诉。主张特定权利义务关系存在之诉，为积极的确认之诉；而主张特定权利义务关系不存在之诉，则为消极的确认之诉。确认之诉一般以权利义务关系存在与否作为裁判的对象，针对确认之诉作出的裁判，是宣告要求确认的权利义务关系现在存在与否。

(三) 形成之诉

所谓的形成之诉，是指以基于一定法律要件的法律状态变动之主张以及请求法院作出宣告该变动之形成裁判为请求内容的诉，形成之诉也称创设之诉，或权利变更之诉。当形成之诉获得确定裁判以后，裁判所宣告的法律关系发生变动。私法上的权利义务关系，通常只要依据法律行为以及其他法律要件事实就可以使其发生、消灭或者变更，因而无需通过提起要求变更的诉讼来实现。法律只是在个别对需要谋求法律关系安定性的地方，或者需要对多数关系人作出划一性变动之情形，才特别地就"依据形成之诉来进行这种法律关系变动"作出规定，而基于这种规定的诉才构成形成之诉。[1]

形成之诉需要考量的一个重要内容，是形成之诉确定裁判的溯及力问题。一般说来，随着形成裁判的确定，将产生权利义务关系变动的法律效果，这种法律关系变动的效力，是只面向未来，还是溯及过去的一定时点，这是立法论和解释论需要选择的问题。我们认为，如果认可形成裁判的溯及力，那么在形成裁判作出之前以法律关系没有变化为前提所构建起来的其他法律关系，将随着形成裁判的确定而全部颠覆，这样并不利于信赖利益的保护，也不利于法律

---

[1] [日] 新堂幸司：《新民事诉讼法》，林剑锋译，法律出版社 2008 年版，第 149~150 页。

关系以及社会关系的稳定。因此，在认可此前的法律关系不变的必要性显得更为重要的基础上，让权利义务关系变动的效果面向未来发生即可。

三、重复诉讼问题之探讨

目前通说认为，现代诉讼法上的一事不再理原则起源于罗马法上的"一案不二讼"（bis de eadem ne sit action）制度。"根据当时人们的观点，所谓诉权消耗，是指所有诉权都会因诉讼系属而消耗，对同一诉权或请求权，不允许二次诉讼系属。一旦限制同一诉权或请求权只能有一次诉讼系属，那么即使允许当事人对同一案件提出诉讼请求，被告也可以实施既决案件的抗辩（exceptio res judicata）或者诉讼系属的抗辩（exceptio res in judicium deductae），使当事人的诉讼请求不至于诉讼系属。"[①] 罗马法上的"一案不二讼"的观念和制度对后世法律的发展产生了深远的影响。在大陆法系国家，民事诉讼法学者在对判决效力理论进行研究的基础上，逐步创造出了以既判力为核心的一事不再理原则的理论体系。大陆法系的国家或地区一般均在民事诉讼制度中明确规定了一事不再理原则的实质内容。在普通法系国家，源于罗马法"一案不二讼"原则的既决事项（res judicata）作为一项诉讼的原则与先例判决、禁反言规则相配合，逐步形成普通法系国家富有特色的一事不再理原则及规则。无论是大陆法系国家和地区还是普通法系国家，一事不再理原则都包括两个方面的内容：一是在诉讼系属中，阻止相同当事人再行提起后诉；二是在判决确定后，禁止相同当事人对相同诉讼对象的再次讼争。只是由于法律传统和思维方式的差异，普通法系国家以既决事项规则和滥用程序规则来实践一事不再理原则的内容，而大陆法系国家则通过诉讼系属效力和既判力的消极效力承担起一事不再理原则的功能。

我国虽非大陆法系国家，但受大陆法系影响较深，"一事不再理"原则在民事诉讼实践中是不言自明的观念和普遍适用规则。对于重复诉讼这个司法实践中经常遇到的问题，在理论中，对一事不再理中"一事"的认定也存在分歧。一事即一诉，关于诉的判断标准，"二同说"认为民事之诉的两大基本要素是主观要素和客观要素，前者指当事人，后者指诉讼标的，故要判断是否为一诉，应根据当事人、诉讼标的是否相同的"二同"标准。"三同说"则认为只有当事人、诉讼标的、诉讼请求三者均为一致时，才能构成重复起诉。通说认为，我国《民事诉讼法》第 127 条第 5 项关于"对判决、裁定、调解书已经

[①] 张卫平：《程序公正实现中的冲突与衡平》，成都出版社 1993 年版，第 350 页。

发生法律效力的案件，当事人又起诉的，告知原告申请再审"的规定，是我国关于"一事不再理"原则的法律渊源。我们认为，重复诉讼只是民事诉讼中一种现象而已，并非一项独立的诉讼制度。具体而言，可以从既判力制度来解决重复诉讼问题，因为既判力制度本身就包含限制重复诉讼的内容。也就是说，民事裁判作出以后，即具有法律上的效力，不得任意撤销或者变更，当事人不得再就同一诉讼标的再行起诉或者在其他诉讼中提出与确定或生效的裁判相反的主张。《民事诉讼法解释》将"三同说"作为重复起诉的判断标准，该解释第247条规定："当事人就已经提起诉讼的事项在诉讼过程中或者裁判生效后再次起诉，同时符合下列条件的，构成重复起诉：（一）后诉与前诉的当事人相同；（二）后诉与前诉的诉讼标的相同；（三）后诉与前诉的诉讼请求相同，或者后诉的诉讼请求实质上否定前诉裁判结果。当事人重复起诉的，裁定不予受理；已经受理的，裁定驳回起诉，但法律、司法解释另有规定的除外。"

（一）诉讼标的因素

重复诉讼最重要的是解决好诉讼标的的同一性问题。诉讼标的又称诉讼对象或诉讼物，是指法院在民事诉讼中审理和判断的对象。理论上，关于诉讼标的存在多种学说，主要有实体法诉讼标的理论（旧实体法说）、新诉讼标的理论（诉讼法说，包括二分肢说、一分肢说等）、新实体法说、诉讼标的相对论等，不同的诉讼标的理论决定着对诉讼内容不同的理解。在解决重复诉讼问题上，需要研究的是，该以何种标准来识别是否构成重复诉讼。就一事不再理的各种学说，都毫无例外地将"相同的诉讼标的"作为判断是否属于"一事"的标准。可见，诉讼标的在判断是否属于"一事"问题上是关键性一环。我们认为，主要应当结合诉讼标的理论来加以判断，对于诉讼标的的认定，可采取诉讼请求加上起诉状所提的事实与理由的两标准区分法加以认定。司法解释是以实体法诉讼标的理论（旧实体法说）为基础，从实体法上的请求权出发来界定诉讼标的，即诉讼标的"是原告在诉讼上所为一定具体实体法之权利主张。原告起诉时，在诉状必须具体表明其所主张之实体权利或法律关系"。理解为当事人在实体法上的权利义务或者法律关系，与长期以来我国民事诉讼实践中对审判对象的理解相同。在民事诉讼中，由于诉的种类不同，其诉讼标的也就不同。在给付之诉中，诉讼标的是原告基于某种法律关系，向被告所提出的履行一定义务的实体权利的请求权；在确认之诉中，诉讼标的是原告提出的要求确认的某个法律关系；在变更之诉中，诉讼标的是原告提出变更或消灭的同被告之间现存的某一法律关系。具体判断某一案件的诉讼标的，应以提起诉讼的当事人所表明的意思而定，即应以请求裁判的事项而定。对于旧实体法说中遭到批判的请求权竞合情况下出现复数诉讼标的的问题，认为可以结合实体法的规定，通过诉讼法上的特别处理加以解决。

另外，根据既判力制度，民事裁判确定以后，不得任意撤销或者变更，当事人不得再就同一诉讼标的再行起诉或者在其他诉讼中提出与确定或生效的裁判相反的主张。这里的"同一诉讼标的"该作何种理解？我们认为，应当理解为经由法院裁判的诉讼标的。因为，当事人所提的诉讼标的，在某些情况下与法院裁判的诉讼标的，可能会出现不完全一致的情况。德国和日本的诉讼法学界也是坚持以经由法院裁判的诉讼标的作为研究既判力制度的客观范围。限制重复起诉作为既判力制度的一方面内容，也应当以经由法院裁判的诉讼标的作为判断是否构成重复起诉的标准。

(二) 诉讼请求因素

根据《民事诉讼法》第122条第3项规定，起诉必须有具体的诉讼请求和事实、理由。诉讼标的应该是确定是否构成一事不再理的核心性因素，但诉讼标的只是民事诉讼中的理论概念，并无法律的明确规定。其理论十分复杂，学说众多，根据不同的诉讼标的理论，往往可以得出对何为"一事"的不同界定，学说的复杂使得对诉讼标的的正确把握产生难度。诉讼请求是建立在诉讼标的基础上的具体声明，是民事法律关系的外在形式或具体体现，具体的请求内容对于诉讼中识别诉讼标的及厘清其范围具有实际意义。因此，为解决此难题，司法解释在诉讼标的之外，将诉讼请求的同一性作为判断此诉与彼诉的标准之一，即后诉与前诉的诉讼请求相同，或者后诉的诉讼请求实质上否定前诉裁判结果。

实践中，应当注意：1. 不要将后诉与前诉的诉讼请求相同与后诉的诉讼请求实质上否定前诉裁判结果相分割，二者是并列关系，不是选择关系。2. 在前诉与后诉当事人相同、诉讼标的同一的情形下，后诉提起与前诉相反的诉讼请求的。例如，甲起诉乙要求确认法律关系有效，乙又起诉甲请求确认法律关系无效的；或者是，甲起诉乙要求依法律关系进行给付，乙又起诉甲请求确认法律关系无效的，属于后诉的请求实质上否定前诉裁判结果的情形，均构成一事不再理。3. 通常给付之诉中隐含确认之诉的内容，例如，原告先提起确认之诉，请求法院确认双方当事人间存在合同关系，其诉讼请求被法院驳回后，原告又提起给付之诉，要求法院判令被告依合同给付一定金钱。虽然原告两次起诉的诉讼请求不相同，但是原告第二次起诉的诉讼请求在实质上否定了第一次诉讼的裁判结果，因此应当将第二次起诉认定为重复起诉。

(三) 当事人因素

当事人是诉的构成要素之一，研究重复起诉问题，还需要考量当事人的因素。后一诉讼与前一诉讼是否构成重复诉讼，一般应考虑后一诉讼是否与前一存在生效裁判的诉讼在当事人地位方面具有一致性。如果当事人地位不一致，一般很难认定构成重复诉讼。因此，当事人是否相同是判断当事人的起诉构成重复诉讼与否的条件之一。无论当事人在诉讼中仅为形式当事人，还是正当当事人，都要承受作为诉讼结果的判决的既判力约束，不能就相同的诉讼标的或审理对象再次提起诉讼。但是，实践中存在后一诉讼当事人地位与前一诉讼的当事人地位基本一致、略有不同的情况，如后一诉讼增加了无独立请求权第三人或者被告的情况，在此情况下，法院应当基于对方当事人的抗辩审查该后一诉讼是否构成了重复诉讼。即使对方当事人没有提出抗辩，法院亦应依职权主动审查前后诉讼是否构成了重复诉讼。因为，重复诉讼作为既判力制度的一项内容，体现的是司法公权力，为的是避免法院作出相互矛盾的裁判。重复审判不仅是不经济的，也有可能导致同一案件产生矛盾判决，进而引发司法秩序的混乱。而禁止"二重起诉"的制度趣旨，正是克服这些问题，进而避免出现诸如"两个诉讼程序分别对同一案件展开审理"这种不合理的状况。[①] 如果后一诉讼增加了无独立请求权第三人或者被告，而该后增加的当事人却与案件并无实质性联系，也就是说经过审理后判决其增加的无独立法权第三人或被告承担相应民事责任的可能性不大，原告追加其参加诉讼，完全是出于避免被认定为重复诉讼的目的，则法院应当依法裁判该后一诉讼与前一诉讼构成重复诉讼。

(四) 标的额因素

司法实践中还存在后一诉讼相比前一诉讼仅仅增加了诉讼请求标的额的情况。对于这种情况也不宜一概而论，如果当事人增加请求标的额也是出于规避重复诉讼，则不应当予以允许。但是，当给付判决获得确定时，"在基准时上债务人负有给付义务"之判断产生既判力。对于发生后遗症及其赔偿额之情形，尽管其原因事实可以说存在于事故发生前，但当法院认为无法期待当事人在前诉口头辩论中提出主张时，即使权利人在后诉中主张，也并不违反既判力。在基于身体伤害的损害赔偿请求中，有关治疗费及附加的看护费是一种长期的并需要在将来逐步兑现的费用，因此，命令加害人以定期支付的方式赔偿是较

[①] [日] 新堂幸司：《新民事诉讼法》，林剑锋译，法律出版社2008年版，第162页。

为妥当的。不过，在确定判决的标准时后，当计算当时所预想的后遗症障碍之程度显著发生变化，或者收入水平发生大幅度变化时，如果还维持原先确定的定期赔偿额度，那么将产生不公平的结果。[1] 另外，在离婚诉讼中有关子女抚养费的标准以及老人向子女追索赡养费等诉讼中，同样存在子女抚养费、老人赡养费的再调整问题。这些情况，我们认为应当允许原告通过另行起诉的方式来予以救济。

【拓展适用】

一、起诉条件、诉讼要件与胜诉要件之间的关系

所谓起诉条件是指当事人提起诉讼所需要具备的条件，只有当事人提起诉讼时具备了起诉条件，人民法院才会受理该案。实行立案登记制是对立案审查制的改变，过去立案审查制，人民法院收到当事人起诉后，需要进行以下几个方面的审查：一是对于起诉状的形式审查，即审查当事人的起诉是否具备法律所规定的形式要件，包括起诉状是否载明当事人基本情况、诉讼请求和所根据的事实与理由、证据和证据来源等等；二是对于起诉积极条件的审查，包括原告与本案是否有直接的利害关系、是否有明确的被告、是否属于人民法院主管和受诉人民法院管辖；三是对于起诉消极条件的审查，即审查起诉是否经过了必要的前置程序、是否属于法律所规定的不得起诉的情况。只有符合上述所有条件的起诉，起诉才会被立案受理。实行立案登记制后，人民法院对当事人的起诉不进行实质审查，仅仅对形式要件进行核对，除相关不予登记立案的情形外，当事人提交的诉状一律接收，并出具书面凭证。起诉状和相关证据材料符合诉讼法规定条件的，当场登记立案。对不符合形式要件的，及时释明，以书面形式一次性全面告知应当补正的材料和期限，对在法律规定期限内无法判定的，应当先行立案。对不符合法律规定的，应当依法裁决不予受理或不予立案，并载明理由，当事人不服的，可以提起上诉或申请复议。禁止不收材料、不予答复、不出具法律文书。以上规定体现了对当事人诉权的充分保护。所谓诉讼要件是指为了实现诉讼的目的所必须具备的某些前提条件或事项。与起诉要件不同的是，诉讼要件并非发生该诉讼的要件或者构成该诉讼成立的要件，而是为作出该案判决所必需的前提条件，如果欠缺诉讼要件而不及时予以补正，就可能会遭遇被裁定驳回起诉的后果。诉讼要件所产生的法律效果在于，如果不

---

[1] ［日］新堂幸司：《新民事诉讼法》，林剑锋译，法律出版社2008年版，第479~482页。

具备或不构成对该案实体请求或实体权利义务争议判决的要件，则会导致人民法院不能够对当事人的实体请求或者实体权利义务关系作出判决。所谓胜诉要件是指人民法院据以判决当事人胜诉所具备的要件。起诉条件是审查诉讼要件的基础，而诉讼要件则是审查胜诉要件的前提。[1] 一般认为，我国目前民事诉讼法规定的起诉条件实质上包含了部分诉讼要件和胜诉要件，例如"原告是与本案有直接利害关系的公民、法人和其他组织"实际上属于当事人适格的问题，而当事人适格是诉讼要件之一。

二、被告为多数时法院管辖权的确定

根据《民事诉讼法》第122条的规定，"起诉必须符合下列条件：（一）原告是与本案有直接利害关系的公民、法人和其他组织；（二）有明确的被告；（三）有具体的诉讼请求和事实、理由；（四）属于人民法院受理民事诉讼的范围和受诉人民法院管辖。"可见，人民法院受理民事案件时，对于被告的要求是"有明确的被告"。当民事诉讼原告提起诉讼时，如果起诉的被告是数个，其中某一被告的住所地，合同履行地或侵权行为地、结果所在地在受理案件的人民法院辖区内，受理案件的人民法院可以依据被告住所地等联结点确定管辖权。根据《民事诉讼法》第130条规定"人民法院受理案件后，当事人对管辖权有异议的，应当在提交答辩状期间提出。人民法院对当事人提出的异议，应当审查。异议成立的，裁定将案件移送有管辖权的人民法院；异议不成立的，裁定驳回。当事人未提出管辖异议，并应诉答辩的，视为受诉人民法院有管辖权，但违反级别管辖和专属管辖规定的除外"以及《民事诉讼法解释》第223条规定"当事人在提交答辩状期间提出管辖异议，又针对起诉状的内容进行答辩的，人民法院应当依照民事诉讼法第一百三十条第一款的规定，对管辖异议进行审查。当事人未提出管辖异议，就案件实体内容进行答辩、陈述或者反诉的，可以认定为民事诉讼法第一百三十条第二款规定的应诉答辩"，如果其他被告认为受理案件的人民法院没有管辖权，应当在法律规定的期限即一审答辩期内提出管辖权异议，不服一审裁定的，还可提出上诉，通过二审程序予以解决。只要其他被告在提交答辩状期间提出了管辖异议，无论其是否针对起诉状的内容进行答辩，都应当认为其行使了管辖异议的诉讼权利，人民法院应当依照《民事诉讼法》第130条第1款的规定，对管辖异议进行审查。如果当事人未在法律规定的期间内提出异议，并应诉答辩的，可以视为受诉人民法院有管

---

[1] 江必新主编：《新民事诉讼法理解适用与实务指南》，法律出版社2012年版，第454页。

辖权。但该当强调的是，应诉答辩不论是针对诉讼请求的认诺、否认或部分否认，还是针对原告所依据的事实及理由的自认、否认或部分否认，只能限定在就案件实体进行答辩、陈述或者反诉的范围内，不涉及案件审理的程序事项。只有针对案件实体方面问题的答辩才可认定为民事诉讼法规定的应诉答辩。一旦当事人就案件是否属于法院主管、是否属于受理案件法院管辖等程序性事项发表答辩意见，则说明其已事实上通过答辩形式提出了管辖异议，就不属于所指"应诉答辩"范畴。如果案件已经进入实体审理阶段，就应当认定案件管辖权已经确定。当然，上述情形不得违反《民事诉讼法》第18条、第19条、第20条、第21条及第34条有关级别管辖和专属管辖的规定。如果受理案件的人民法院经过审理，认为该案件中的某一被告不是案件的适格被告的，既不影响已经开始的案件实体审理程序，也无须将案件移送有管辖权的法院，人民法院可裁定驳回原告对该被告的起诉。

三、相关民事诉讼制度的改造

一方面，现行民事诉讼受理制度所规定的起诉条件，既包括实体内容又包括程序要求，确定性有余而灵活性、包容性不足，虽然能够一定程度地起到过滤纠纷，节约司法资源的作用，但其对于新型权利诉求进入诉讼渠道的阻隔作用日益显现，甚至为个别地方限制当事人正当诉权的行使提供了借口。[①] 但另一方面，近年来人民法院受理民事案件范围却呈现扩张的趋势，无论从案件的性质、类型、特征以及数量等方面，都呈现出与传统民事案件显著的差异，出现了许多新型的民事案件。法律规定与社会现实二者之间的矛盾如何调和，成为民事诉讼案件受理制度改造需要考虑的问题。为了解决当下案件受理的"瓶颈"问题，笔者认为，可以就相关民事诉讼制度进行如下改造：

（一）确立独立的案件受理审查程序

以当事人的起诉行为作为启动受理程序的起点，将案件受理审查程序作为诉讼程序一个独立的环节。独立的受理审查程序的制度价值在于保障当事人必要的诉讼权利，根据诉讼要件的具体情况，灵活采用开庭审查和书面审查等方式，通过公正和高效的审查，努力实现民事纠纷获得司法裁判的准确性。受理审查程序主要集中审查实质性的诉讼要件，包括法院主管问题、原告与案件的利害关系问题、是否构成重复起诉问题等。另外，有关受诉法院是否对案件具有管辖权、双方当事人之间关于纠纷解决方式有无特别约定（如仲裁）等问

---

① 宋朝武：《民事诉讼受理制度改造的理性视角》，载《法学论坛》2007年第3期。

题，也需要在受理阶段进行审查。自2012年《民事诉讼法》以后已经采取了应诉管辖（默示管辖）制度，仅当对方当事人在答辩期间明确提出管辖权异议的，受诉法院才将该争议纳入受理程序进行审查；如果对方当事人就起诉人的起诉状仅仅进行实体答辩，而未就管辖以及纠纷解决方式提出异议，应视为因对方当事人的应诉，受诉法院取得该案件的管辖权。受理审查程序对案件的处理方式包括受理、裁定驳回起诉、当事人和解撤诉、应当事人请求制作调解书等。对于滥用诉权的起诉人，除应当承担对方当事人的诉讼支出外，还可视情况采取训诫、罚款、拘留等强制措施。

（二）建立多样化审判程序

民事诉讼审判程序，应当针对不同的审理对象，设计不同的程序规则。一是继续完善简易程序的立法规定，提高诉讼效率，规范操作规程，进一步划清简易程序与普通程序界限，提高简易程序的灵活性。具体而言，可以从四个方面加以改进：（1）设立适用简易程序的专门机构和人员。（2）进一步明确规定简易案件的识别标准。（3）完善庭前调解制度，实现庭前调解解决大多数民事纠纷的制度目标。（4）实行小额诉讼一审终审制度，2021年《民事诉讼法》第165条规定小额诉讼民事案件，即标的额为各省、自治区、直辖市上年度就业人员年平均工资50%以下的，实行一审终审。另外针对不同性质和类型的民事案件设置非讼事件程序。我国在民事诉讼法设专章规定了几种特别程序，包括选民资格案件程序，宣告失踪、死亡案件程序，认定公民无民事行为能力、限制民事行为能力案件程序，认定财产无主案件程序，确认调解协议案件程序，实现担保物权案件程序。从一定角度看，督促程序、公示催告程序、破产程序也都是特别程序。笔者认为，对于这些特别程序，可以予以必要的整合，在立法体例上可采取非讼事件专编的形式，将诉讼程序与非讼程序区别对待。[①]

（三）建立完善多渠道纠纷解决机制

实践中，我国司法有被推至前沿、推向极致的趋势。"依法处理"几乎成了"法院处理"。理性的思考应当是，建立完善的多渠道纠纷解决机制，在多渠道的纠纷解决机制中，司法处于最终保障地位。司法之外的纠纷解决机制越完善，进入司法程序的案件则越少。

[①] 刘田玉：《论人民法院受理民事案件范围的扩张》，载《法商研究》2004年第1期。

四、既判力制度与"一事不再理"辨析

所谓"一事不再理"原则,严格说来并非民事诉讼专有的制度或者概念,而是法律适用的一项原则。"一事不再理"起源于"一个人不应当由于同一行为得到两次或以上的评价或处理"这一古老的法谚,其适用的范围也不仅限于民事诉讼范围之内。按当下通说,法律责任的类型包括民事责任、行政责任和刑事责任。一个具体的行为,由于其行为的严重程度以及性质的不同,可能涉及由不同的法律部门来调整。如我国《刑法》第201条规定的逃税罪,即对逃税数额有最低要求,未达到最低要求的,不能纳入刑法的调整。但是税收征管机关可以依据有关行政法的规定对其进行行政处理。一个具体的法律行为,如果已经过一次处理,则不能对该行为进行第二次评价和处理。"一事不再理"原则是国际刑事领域普遍适用的一个诉讼规则。作为价值权衡的产物,其涉及主权、司法效率等多重价值。本原则归根到底解决的是一个管辖权的问题。其在国际适用中主要体现在管辖权争议、国际法庭及国际刑事法院的适用以及国际司法协助等很多方面。[①] 最早确立"一事不再理"原则的是联合国1966年通过的《公民权利及政治权利国际公约》第14条第7款规定的"任何人依一国法律及刑事程序经终局判决判定有罪或无罪开释者,不得就同一罪名再予审判或科刑"。

如果在民事诉讼范围内研究二者的关系,我们倾向于将"一事不再理"原则纳入既判力制度,就像对待重复诉讼问题一样。因为既判力制度包括两个方面的内容,一是禁止当事人就同一纠纷重复诉讼,二是禁止法院就同一标的作出重复裁判。而"一事不再理"原则的制度价值也在于维系判决的既判力、保护权利以及维护管辖秩序、诉讼效率和司法效益。因此,二者具有制度价值的统一性。鉴于我国《民事诉讼法》没有明确规定既判力制度的情况,我们认为,可以用"一事不再理"原则来解决重复诉讼问题。当然,"一事不再理"原则的制度价值不仅限于解决重复诉讼问题,还包括权利保护、司法秩序的维护等。

五、既判力制度与裁判的稳定性之间的关系

在民事诉讼法学界,有的学者在论述既判力制度的时候,认为既判力制度关系到裁判的稳定性,认为"在民事诉讼司法实务中,没有既判力制度,确定

---

① 李慧:《浅议一事不再理原则在国际刑事领域的适用》,载《法制与经济》2011年第2期。

判决就会被轻易地为再审所改动，这会削弱司法权威，影响私法秩序的稳定，阻碍社会经济的发展，妨害和谐社会的建设"。[①] 我们认为，每一项民事诉讼制度都有其特定的制度价值以及涵盖的内容，从文义上讲，既判力似乎具有维护裁判稳定性的意思。但是，还是应该遵循该制度所固有的内涵，不宜作不当的扩大化解释。生效裁判是否经常进入再审程序，再审程序中是否予以改判，涉及的是裁判的稳定性问题，与既判力制度并无必然的联系。

【典型案例】

A 投资有限公司与 B 房地产开发有限公司、C 建设实业有限公司土地使用权纠纷案

上诉人（原审原告）：A 投资有限公司

被上诉人（原审被告）：B 房地产开发有限公司

原审第三人：C 建设实业有限公司

[基本案情]

上诉人 A 投资有限公司（以下简称 A 公司）为与被上诉人 B 房地产开发有限公司（以下简称 B 公司）、原审第三人 C 建设实业有限公司（以下简称 C 公司）土地使用权纠纷一案，不服山东省高级人民法院（2005）鲁民一初字第 8 号民事裁定，向本院提起上诉。本院依法组成合议庭，于 2005 年 10 月 26 日对 A 公司和 B 公司进行了询问。本案现已审理终结。

一审法院在审理本案的过程中，B 公司在答辩期内提出异议，认为本案与山东省高级人民法院（2005）鲁民一初字第 5 号民事案件系同一实质标的和同一合同事实再次起诉，一审法院受理本案属重复立案。A 公司一审期间对此答辩认为，本案为给付之诉，山东省高级人民法院（2005）鲁民一初字第 5 号案件为确认之诉，一审法院受理本案不属重复立案。

[一审裁判理由与结果]

一审法院经审查认为，A 公司与 B 公司、C 公司土地使用权纠纷一案（以下简称第 8 号民事案件），与 2005 年 5 月 26 日立案的 B 公司诉 A 公司房地产开发合作合同纠纷一案（以下简称第 5 号民事案件）主体相同，案件事实相同，法律关系相同。1. 在主体方面，虽然 A 公司诉 B 公司、C 公司土地使用权纠纷一案中，增加了第三人 C 公司，但在诉讼请求中，未向其主张任何权利，从法律地位看，C 公司应为无独立请求权第三人，因此，两案的主体基本相同。2. 在案件事实方面，无论 A 公司诉 B 公司土地使用权纠纷，还是 B 公司诉 A 公司房地产开发合作合同纠纷，双方诉

[①] 朱孝彦：《构建我国民事判决既判力制度的法理分析》，载《政法论丛》2009 年第 4 期。

争的焦点主要是 2003 年 3 月 25 日双方签订的《房地产开发合作合同》效力问题，故两案的事实相同。3. 在法律关系方面，A 公司与 B 公司双方发生的纠纷均围绕着一个房地产开发合作合同而产生的权利义务关系。所以两案的主体相同，事实相同，法律关系相同。本案 A 公司的诉讼请求应当在一审法院已经立案审理的 B 公司诉其房地产开发合作合同纠纷一案（第 5 号民事案件）中提起反诉，申请追加第三人，一并审理解决，而没有必要就同一实质标的和同一合同事实再次起诉，A 公司再次起诉的行为既增加了当事人诉累，又造成法院诉讼资源的浪费，同时违反了《中华人民共和国民事诉讼法》一事不再理的原则。B 公司提出的异议成立。据此，一审法院依据《中华人民共和国民事诉讼法》第三十八条①、《最高人民法院关于适用〈中华人民共和国民事诉讼法〉若干问题的意见》第一百三十九条②之规定，于 2005 年 8 月 29 日裁定驳回 A 公司对 B 公司、C 公司的起诉。

〔当事人上诉及答辩意见〕

A 公司不服一审裁定，向本院提起上诉称：1. 一审裁定书叙述的内容与案件事实不符，其在一审中已经于 2005 年 8 月 24 日提交申请，请求将第三人变更为被告，并承担合同无效的连带赔偿责任；2. 根据《最高人民法院关于适用〈中华人民共和国民事诉讼法〉若干问题的意见》第一百三十九条第二款，驳回起诉裁定应当由负责审理该案的审判员、书记员署名，而本案合议庭成员为立案庭法官，故程序错误；3. 一审认为重复立案的理由不成立，因为一审认定 A 公司可以提出反诉恰恰说明不属于重复起诉；4. 两个案件的诉讼性质、诉讼请求及数量、诉讼标的物、诉讼主体及数量、法律事实和法律关系均不相同，不属于重复起诉；5. A 公司的起诉符合《中华人民共和国民事诉讼法》第一百零八条③的规定，而一审裁定适用法律错误。

B 公司答辩称：1. 第 5 号民事案件与山东省威海市中级人民法院（2005）威民一初字第 28 号民事案件的结论解决了 A 公司在本案中的诉求，A 公司再次提起诉讼属于重复起诉；2. 一审法院对本案重复起诉的认定，符合案件事实及法律规定，A 公司主张追加被告、变更诉讼请求没有事实和法律依据；3. 一审法院审理程序，符合《最高人民法院关于人民法院立案工作的暂行规定》；4. 一审法院驳回 A 公司的起诉，并未剥夺其诉权，A 公司可以在第 5 号民事案件中申请追加，没有必要另行起诉。

〔最高人民法院查明的事实〕

最高人民法院经审理查明，2005 年 5 月 25 日，A 公司在山东省威海市中级人民法院起诉 B 公司，请求确认双方签订的《房地产开发合作合同》有效，并要求 B 公

---

① 对应 2023 年《民事诉讼法》第 130 条。
② 对应《民事诉讼法解释》第 208 条。
③ 对应 2023 年《民事诉讼法》第 122 条。

司办理合作项目的开工手续及缴纳相应费用。2005年5月26日，B公司在山东省高级人民法院起诉A公司，请求确认双方之间的《房地产开发合作合同》无效。山东省高级人民法院将前述两个诉讼合并为第5号民事案件，并于2005年7月11日，对该案进行了开庭审理。2005年7月25日，A公司向一审法院提起本案诉讼，请求B公司按照双方的《房地产开发合作合同》交付土地使用权。

A公司于2005年8月24日举证期限届满前向一审法院提出《追加被告、变更诉讼请求申请书》，申请将第三人C公司变更为被告，并请求判令B公司与C公司之间的《合作协议书》无效，由B公司与C公司承担连带赔偿责任。一审法院于2005年8月25日收到该申请书。

[最高人民法院裁判理由与结果]

最高人民法院认为，本案是否构成重复起诉，应当结合当事人诉讼请求的依据及行使处分权的具体情况进行综合判断。A公司在2005年8月24日《追加被告、变更诉讼请求申请书》中，已将C公司变更为被告，故本案与第5号民事案件的当事人并不相同。A公司在第5号民事案件中的诉讼请求为确认之诉与给付之诉的合并之诉，但该案诉讼请求中的给付内容与本案A公司于2005年7月25日提起的给付之诉的内容并不相同，A公司在第5号民事案件中的诉讼请求不能涵盖本案中A公司的诉讼请求。且A公司在《追加被告、变更诉讼请求申请书》中，已将本案诉讼请求变更为"请求判令B公司与C公司之间的《合作协议书》无效，并由B公司与C公司承担连带赔偿责任"，故本案与第5号民事案件诉讼请求亦不相同。一审裁定认为A公司的起诉违反《中华人民共和国民事诉讼法》一事不再理的原则，驳回A公司对B公司和C公司的起诉，适用法律错误，应予纠正。

综上，依据最高人民法院《关于适用〈中华人民共和国民事诉讼法〉若干问题的意见》第一百八十七条①之规定，裁定如下：

一、撤销山东省高级人民法院（2005）鲁民一初字第8号民事裁定；

二、指令山东省高级人民法院对本案进行审理。

---

① 对应《民事诉讼法解释》第330条。

> 规则 26：民事判决生效后，被告就同一事实向人民法院起诉的，依据"一事不再理"的原则，人民法院应不予受理
> ——A 工贸有限公司与上海 B 发展股份有限公司商标所有权转让纠纷案[①]

【裁判规则】

人民法院经依法审判民事案件，作出发生法律效力的民事判决后，该案的被告又就同一事实向人民法院起诉的，虽然不属于重复起诉，但依据"一事不再理"的原则，人民法院仍应当作出不予受理的裁定。

【规则理解】

一、民事裁判的既判力的概念

民事裁判的既判力是指确定或者生效的裁判对于当事人和法院产生的实质上的拘束力。民事裁判的既判力具有实体法和诉讼法的双重性质，既判力的范围包括客观范围、主观范围以及时间范围等几个方面。既判力的客观范围是以在确定的裁判中经裁判的诉讼标的为限，既判力的主观范围就是诉讼标的所涉及的主体范围，既判力的时间范围又称基准时，指的是以法庭辩论终结时为基准，当事人之间的权利义务关系被确定，不得复为争执。

二、既判力的内容

从民事裁判的既判力概念分析，既判力内容包括两个方面：一是民事裁判作出以后，即具有法律上的效力，不得任意撤销或者变更，当事人不得再就同一诉讼标的再行起诉或者在其他诉讼中提出与确定或生效的裁判相反的主张；二是就法院方面而言，一个确定或生效的裁判作出以后，后来的任何裁判都不得与该确定裁判内容相抵触。这种对于确定的裁判所赋予的拘束力，就称为裁判的既判力或者裁判的实体上的确定力。[②] 日本学者一般采用"既判力"的概念，认为："诉讼是根据国家审判权作出的公权性的法律判断，是以解决当事人之间的纠纷为目的的，而终局判决正是这种判断。它不但拘束双方当事人服从该判断的内容，使之不得重复提出同一争执，同时作为国家机关的法院当然

[①] 载《中华人民共和国最高人民法院公报》2006 年第 6 期。
[②] ［日］新堂幸司：《新民事诉讼法》，林剑锋译，法律出版社 2008 年版，第 472 页。

也必须尊重国家自己所作出的判决，即使是把同一事项再次作为问题在诉讼中提出时，也应以该判断为基础衡量当事人之间的关系。这种确定判决表示的判断不论对当事人还是对法院都有强制性通用力，不得进行违反它的主张或者判断的效果就是既判力。"[1]

我国《民事诉讼法》虽无既判力的概念，但也有不系统的关于"既判力"的内容，如我国《民事诉讼法》第127条第5项规定，对判决、裁定、调解书已经发生法律效力的案件，当事人又起诉的，告知原告申请再审，但人民法院准许撤诉的裁定除外。民事诉讼法学界以及司法实践中对既判力的基本原则也是认同的。民事诉讼法承认既判力的理由，是为了避免同一诉讼标的发生相互抵触的裁判，使当事人之间的实体权利义务关系处于不确定的状态。因此，既判力制度要求，法院的裁判确定以后，无论该裁判是否存在错误，在未被依法变更或者撤销以前，当事人和法院都要受生效裁判的拘束，不得就该裁判的内容进行争执。

三、既判力的本质

至于为什么要赋予确定的裁判以这种拘束力，涉及既判力的本质问题。既判力的本质在德国、日本学术界存在较大的理论分歧。例如，德国学者罗森贝克（Rosenberg）主张既判力的本质是根据确定判决的法的效果，"排除新的审理和裁判"；伯特赦尔（Bottieher）主张既判力的本质应该求之于"一次性的原则"，关于同一事项，不得重复前诉。日本学者三月章教授主张既判力的本质应该从一事不再理的角度理解，它实际上是私权纠纷用公权强制解决一次性的内在要求的体现；斋腾秀夫主张既判力的本质是从一次性原则解决纠纷的基础上发生的诉讼法上的效力，其根据是诉讼制度本身的要求；小山升教授认为既判力的本质是禁止作出矛盾的判决，不是一事不再理。[2] 目前通行的有以下几种具有代表性的学说：

（一）实体法学说

实体法学说把确定判决与实体法上的法律要件联系起来，并且以判决的正当与否来确定既判力的本质。正确的判决是对当事人之间本来就存在的实体法律关系的重新确认；而不当的错误的判决是法院按照其判断来变更或者修改原来的实体法律关系。

---

[1] ［日］兼子一、竹下守夫：《民事诉讼法》，白録铉译，法律出版社1995年版，第156页。

[2] 参见李龙：《论民事判决的既判力》，载《综合来源》2007年第2期。

(二) 诉讼法学说

诉讼法学说已经成为德国及日本之通说。这一学说是从国家审判权的判断统一的诉讼效果来说明既判力,认为既判力与实体法律关系无关,即使法院确定判决所认定的实体权利状态与既存的真正实体权利状态不相符,但基于国家要求公权(审判权)判断的统一,这种误判内容的效力,也不能不维持。法院所作出的确定判决在诉讼法上产生一定的效力,这种诉讼法上效力的内容系命令后诉的法院不得作出与前诉判决内容不同的判断。所以,既判力的本质在于,后诉法院在法律上不能有效作出与确定判决不同的判断,后诉法院所受的这种诉讼法上的拘束力,谓之既判力。既然后诉法院应受前诉判决的拘束,那么当事人当然应受前诉判决的约束。

(三) 双重性质学说

这种学说认为,法院的裁判是透过法律关系与诉讼过程形成的,因此既判力的本质应该从实体法和诉讼法两方面去理解。在实体法方面,既判力是为了解决当事人之间的实体法纠纷,因此赋予既判力以实体法地位,这就是所谓独立的既判力;在诉讼法方面,当双方当事人在其他的诉讼中,攻击已有既判力的实体法律关系时,确定判决有遮断的效力,这就是所谓附随的既判力。附随的既判力在诉讼中发生作用,而独立的既判力在诉讼外发生作用。

我们倾向于双重性质学说。既判力在诉讼法上的意义争议不大,大多数学者能够接受。但是,也应当采纳既判力在实体法上的意义和作用。例如,一方当事人就某一不动产房屋向另一方当事人提起确权之诉,经法院作出确定裁判以后,根据物权法以及其他相关规定,胜诉方得自裁判确定之日取得该不动产房屋的所有权。物权法之所以作出如上规定,其法理依据即确定裁判的实体法上的既判力。

【拓展适用】

既判力的范围包括客观范围、主观范围以及时间范围等几个方面。

一、既判力的客观范围

日本民事诉讼法学界一般以诉讼标的作为划分既判力客观范围的标准。[①]一般认为,既判力范围以在确定的终局判决中经裁判的诉讼标的为限。对此可以从以下几个方面加以理解:

---

① 参见[日]中野贞一朗等:《民事诉讼法讲义》,有斐阁1976年版,第453页以下;[日]斋藤秀夫:《注解民事诉讼法(3)》,第一法规出版社1971年版,第295页以下。

（一）既判力及于作为确定裁判对象的诉讼标的，不及于法律关系

就同一个诉争对象（以房屋为例），如果当事人基于租赁关系请求返还出租房屋的诉讼经法院判决败诉后，该当事人仍然可以根据所有权法律关系请求返还房屋，不受既判力的拘束。

（二）诉讼标的一部分作为判决标的，其判决的既判力仅及于该诉讼标的的一部分

基于当事人处分权主义及辩论主义的原则，当事人之间即使存在100万元的借贷关系，如果原告只请求其中80万元，法院也只得在这80万元内作出裁判。虽然法院在判决时必须就双方当事人之间存在100万元的借贷法律关系的事实作出认定，但是其既判力只对裁判的80万元部分发生拘束力，而对于其余的20万元部分没有既判力。因此，当事人可以就其余的20万元部分另行起诉，这就是所谓的"一部请求肯定说"。这是德国、日本学者的通说。[①]

（三）判决的理由（抵销理由除外）原则上没有既判力

既判力原则上只及于与诉讼标的有关的理由，而不及于与诉讼标的无关的其他理由。裁判所认定的案件事实以及所依据的法律，不能认为有既判力。但有的学者认为，法院在判决理由中就此作出相反的判断，如果不赋予相当的效果，允许当事人随意否认，并在其他的诉讼中就此作出相反的判断，将影响司法的威信。因此，此时应该对判决理由赋予"争点效"[②]。

（四）对于主张抵销的对待请求成立与否的裁判，以主张抵销的数额为限具有既判力

被告在诉讼中提出抵销的抗辩时，法院必须就被告主张的对待请求法律关

[①] 参见［日］斋藤秀夫：《注释民事诉讼法（3）》，第一法规出版社1971年版，第308页以下；［日］小山升：《民事诉讼法》，青林书院1989年版，第373页；［日］斋藤秀夫：《民事诉讼法概论（新版）》，有斐阁1982年版，第378页以下。

[②] 日本的新堂幸司教授首创了"争点效"理论，该理论受德国策纳教授扩张既判力论和英美法上"间接的禁止翻供事实"（Collateral estoppel）法理的启示，将诉讼标的以外的各个争执点也纳入判决拘束力的范围，也就是说实质上扩大了既判力的客观范围。判决既具有既判力，又具有"争点效"。后诉应受前诉对诉讼标的的判断的拘束，这属于既判力的作用；而后诉应受前诉判决理由中先决法律问题判断的拘束，就是所谓"争点效"的作用。"争点效"与既判力不同，既判力的效力是针对诉讼标的的，"争点效"的效力是针对诉讼标的以外的各种争点的。"争点效"理论的基础，是诚实信用原则及当事人之间的公平原则。"争点效"理论认为，当事人在诉讼上对其重要的争执点既然已认真进行争论，而且法院也对争点问题进行了实质上的审理判断，如果再允许当事人在后诉中轻易推翻其判断，与诚实信用原则和公平原则是相矛盾的。我国民事诉讼法学界尚未引进该理论。

系进行审查，其性质类似于被告就诉讼标的提起反诉。法律上一般都对其赋予了既判力，学术界称之为既判力的扩张。

二、既判力的主观范围

既判力的主观范围又叫既判力人的范围。确定的判决并不是无限制地对任何人都有既判力，其既判力所约束的人应该有明确的范围，这个范围就是既判力的主观范围。既判力的主观范围的划定与诉讼标的有着紧密的联系，可以认为既判力所及的范围，就是诉讼标的所涉及的主体范围。

（一）既判力原则上及于当事人

民事诉讼裁判的目的是解决当事人间的民事实体法律关系的争议，判决是基于当事人之间辩论的结果作出的，当事人是判决效力所及的最直接的主体。因此，原则上既判力的范围不及于没有参加诉讼的案外人。

（二）既判力及于诉讼系属后当事人的继受人

诉讼系属中作为诉讼标的的法律关系如果转移给第三人，诉讼继续进行。所谓诉讼系属后的当事人的继受人，就是指在原当事人脱离诉讼系属以后，继受该诉讼标的而参加诉讼的第三人。包括因自然人当事人死亡或者法人、设有代表人或管理人的非法人团体当事人合并，而发生的继受情形；也包括因法律行为或者法律规定或法院拍卖等国家公法行为而受让诉讼标的的权利义务的人。第三人继受可以分为一般继受与特定继受两种。一般继受是指第三人概括地、全面地继受当事人的一切权利义务。特定继受是指并不继受当事人的一切权利义务，而仅仅继受该当事人特定的权利义务。

（三）既判力及于诉讼系属后为了当事人或其继受人的利益占有标的物的人

诉讼标的如果是以给付特定物的请求权为内容的，该特定物就成了请求的标的物。如该特定物被诉讼外的他人为当事人或其继受人占有而非为自己占有的情形。只有在给付诉讼的判决中，法院责令债务人向债权人交付某项动产或不动产并付诸执行的情况下，才有这类执行债务人适格的适用。所谓为当事人或其继受人的利益占有标的物的人，是指专门为了当事人或其继受人的利益而直接占有诉讼标的物的人，当事人或其继受人则处于间接占有人的地位。

（四）在原告或被告为他人的利益参与诉讼时，该他人也为既判力所约束

所谓诉讼担当人，是指就他人的诉讼标的的权利义务有当事人的诉讼实施权，从而为他人担当诉讼的人。基于第三人诉讼实施权行使的依据，可分为法定诉讼担当和任意诉讼担当两种情形。前者为有法律特别明文规定的诉讼担当，后者为在法律规定的范围内，通过约定的方式产生的诉讼担当。例如，我国

《企业破产法》规定的破产管理人、《民法典》中的代位权人即属于法定诉讼担当人；《民事诉讼法》第56条、第57条规定的代表人诉讼中的诉讼代表人属于任意诉讼担当人。诉讼担当人的诉讼结果对被担当人具有约束力。如遗产管理人或遗嘱执行人就遗产所进行的诉讼、破产管理人就属于针对破产企业的财产所进行的诉讼、代表人诉讼中选定的代表人所进行的代表人诉讼等，其诉讼结果的既判力与执行力及于遗产继承人、破产人、代表人诉讼中的全体有共同利益的人。

（五）既判力效力所及的一般第三人

主要是指在有关身份关系的人事诉讼和公司关系的诉讼中所作出的具有形成效力的判决，具有对世效力，在原告胜诉后任何人均不得再次起诉。应当注意：我国《民事诉讼法》中规定的有独立请求权第三人相当于大陆法系国家民事诉讼法律中的主参加人，因其以独立诉讼的方式参加到他人之间的诉讼之中，在诉讼中具有当事人的地位，当然受既判力的约束。我国的无独立请求权第三人在实践中则存在辅助当事人诉讼和独立进行诉讼两种情况。前者相当于大陆法系的从参加人，在诉讼中仅仅为辅助地位，故不属于既判力作用的主观范围；后者因其独立参加诉讼，实质上具有当事人的地位，应当受既判力的约束。

三、既判力的时间范围

大陆法系既判力理论关于既判力的时间范围，又称基准时，指的是以事实审言词辩论终结时为基准，当事人之间的权利义务关系被确定，不得复为争执。在既判力基准时之后，如果有新事由发生，当事人当然可以根据新的事由提起新的诉讼。但是，如果当事人可以在基准时之后提出基准时之前已存在但未适时提出的事由，以否定已为前诉判决确定的权利义务关系，则意味着前诉判决的既判力实质上将失去意义。因此，出于既判力本身的要求，当事人如不适时在诉讼中提出基准时之前存在的事由，不问其有无过失，不得于日后再行提出。也就是说，基准时之前已存在而未提出的攻击防御方法概为既判力所遮断。确定判决有使在前诉基准时点之前存在但未适时主张的攻击防御方法在后诉中不得提出的效力，或者说当事人在该诉讼中应该提出而未提出的诉讼资料，以后即丧失提出的权利，这一效果称为既判力的失权效，也称排除效或遮断效。

我国法律并未对既判力的时间范围作出规定。相反地，该未提出的事由有可能导致再审程序的发生。如《民事诉讼法》第211条第1款第1项规定，当事人申请再审，如果有新的证据，足以推翻原判决、裁定的，人民法院应当再审。这种"新的证据"所证明的对象往往是原审庭审结束前已经存在的证据，只不过是由于客观原因当时没有发现而已。当事人在原审中没有主张过的事实，允许在有"新的证据"的情况下启动再审程序，等于允许当事人根据未在判决生效前适时提出的事由，在判决生效后启动再审程序。

我们认为，我国民事诉讼法没有规定既判力的时间范围，存在以下几个方面问题：其一，不利于维护裁判的稳定性，带来诉讼的不经济。当事人可以就判决生效前未提出的事由在以后提起新的诉讼或者申请再审，意味着同一案件可以反复起诉，或者较为轻易进入再审，已确定的判决的稳定性得不到保障，同时也造成了诉讼资源的浪费。其二，导致对一方当事人的不公平。一方当事人就判决生效前未提出的事由再次提起新的诉讼或者申请再审，使得另一方当事人不得不就同一案件再次卷入诉讼，承受讼累，对于该方当事人来说自然是不公平的。其三，限制举证时限制度。《证据规定》确立了举证时限制度，确立了证据失权制度。《民事诉讼法》第 68 条规定："当事人对自己提出的主张应当及时提供证据。人民法院根据当事人的主张和案件审理情况，确定当事人应当提供的证据及其期限。当事人在该期限内提供证据确有困难的，可以向人民法院申请延长期限，人民法院根据当事人的申请适当延长。当事人逾期提供证据的，人民法院应当责令其说明理由；拒不说明理由或者理由不成立的，人民法院根据不同情形可以不予采纳该证据，或者采纳该证据但予以训诫、罚款。"但由于我国没有确立裁判既判力的时间范围，一方面根据证据失权制度，当事人可能因为没有适时提出证据而面临失权的后果，而另一方面却又不会因为没有适时提出事实主张而面临失权的后果。因此，在没有规定既判力时间范围的前提下，解决之道在于进一步严格限制再审程序"新的证据"的适用条件。

四、一事不再理的例外情形

从判决的既判力的理论而言，判决确定后，当事人不得就已经判决的同一案件再行起诉。既判力制度决定着确定判决的效力范围，而从既判力的效力范围看，既判力具有主观范围、客观范围和时间范围。既判力的时间范围，即既判力的基准时或标准时，是法院确定终局判决所判断的当事人之间诉争事实状态或权利状态存在的特定时间点。既判力基准时所针对的是确定判决对所判断事项产生既判力的时间点问题。从大陆法系的理论主张看，通说认为"发生既判力的判决只确认特定时刻的权利状态，而不是确认所有未来的权利状态……涉及实质既判力的时刻与双方当事人在诉讼进行中能提起新的事实主张的截止时刻相同"①。也就是说,既判力的基准时为"事实审言辞辩论终结时"。因确定裁判是对特定时点上当事人之间的实体法律关系状态的判断,故确定判决仅对基准时之前发生的事项具有既判力,对基准时之后的事项没有既判力。基准时后发生新的事实,不受既判力的拘束,当事人可再次提起诉讼。从我国《民事诉讼法》的规定看,没有明确规定既判力制度,在既判力制度缺位的情况下,虽然《民事诉讼法解释》第 247 条②对一事不再理进行了明确规定,但实践中的民事纠纷情形复杂,一味地强调一事不再理可能会导致不公正,故借鉴域外既判力基准时的相关理论,对不适用一事不再理原则的情况进行了规定。《民事诉讼法解释》第 248 条规定:"裁判发生法律效力后,发生新的事实,当事人再次提起诉讼的,人民法院应当依法受理。"该条规定明确了裁判发生法律效力后,发生新的事实,当事人再次提起诉讼的,不适用一事不再理原则,人民法院应当依法受理。突破一事不再理的关键点在于裁判发生法律效力后发生了新的事实,新发生的事实对于当事人和法院来说都是不可预知的,当客观事实发生了不符合预期的变化时,基于公平价值的考量,可以对诉讼的效率价值进行限制,突破一事不再理。需注意的是,新的事实为生效裁判发生法律效力后所发生的事实,而不是原生效裁判未查明或涉及的事实,亦不是当事人在原审中未提出的事实。应当指出的是,原审结束前就已经存在的事实,当事人应当主张而未主张的事实,不属于新的事实。

根据现行规定及相关理论,发生新的事实对一事不再理予以突破的情形有:

1.《民事诉讼法解释》第 218 条规定:"赡养费、扶养费、抚养费案件,裁判发生法律效力后,因新情况、新理由,一方当事人再行起诉要求增加或者减少费用的,人民法院应作为新案受理。"考虑到"三费"案件时间延续的特殊性,在发生了诸如一方抚养能力显著恶化、物价水平明显上涨等因素而形成的新情况,应当允许对这种纠纷再行诉讼。

2.《民事诉讼法》第 127 条第 7 项规定:"判决不准离婚和调解和好的离

---

① [德] 奥特马·尧厄尼希:《民事诉讼法》,周翠译,法律出版社 2003 年版,第 332 页。
② 《民事诉讼法解释》第 247 条:"当事人就已经提起诉讼的事项在诉讼过程中或者裁判生效后再次起诉,同时符合下列条件的,构成重复起诉:(一)后诉与前诉的当事人相同;(二)后诉与前诉的诉讼标的相同;(三)后诉与前诉的诉讼请求相同,或者后诉的诉讼请求实质上否定前诉裁判结果。当事人重复起诉的,裁定不予受理;已经受理的,裁定驳回起诉,但法律、司法解释另有规定的除外。"

婚案件，判决、调解维持收养关系的案件，没有新情况、新理由，原告在六个月内又起诉的，不予受理。"从此规定可以看出，对于维持婚姻、收养关系的前诉来说，如果在六个月内，出现新情况、新理由时，原告又起诉的，人民法院应当受理，此处的新情况、新理由即可理解为能够突破一事不再理的新事实。应当注意的是，在六个月之外，无论是否出现新情况、新理由，原告都可以再次提起诉讼。

3.《民事诉讼法解释》第289条规定："公益诉讼案件的裁判发生法律效力后，其他依法具有原告资格的机关和有关组织就同一侵权行为另行提起公益诉讼的，人民法院裁定不予受理，但法律、司法解释另有规定的除外。"可见，在公益诉讼中，人民法院作出生效裁判后有新证据的，当事人可以另行提起公益诉讼。

应当注意的是，实行立案登记制后，在裁判生效后，当事人以发生新的事实为由，再次向法院提起诉讼的，法院应当依法受理。但对当事人的起诉是否符合《民事诉讼法》规定的起诉和受理条件，应当依法予以审查。此审查是一种形式审查，仅审查"新的事实"是否有证据，至于该"新的事实"是否属实，在起诉的受理阶段无需审查，而有待于受理后进行审查处理。当事人主张的新的事实不成立的，人民法院应裁定驳回起诉。

【典型案例】
A工贸有限公司与上海B发展股份有限公司商标所有权转让纠纷案
上诉人（原审原告）：A工贸有限公司
被上诉人（原审被告）：上海B发展股份有限公司

〔基本案情〕
上诉人A工贸有限公司因不服浙江省高级人民法院（2003）浙立受初字第1号不予受理的民事裁定书，向本院提起上诉，本院依法组成合议庭，对本案进行了审理。

经审理查明：2003年8月10日，上诉人A工贸有限公司向浙江省高级人民法院起诉称，1997年12月9日，其前身A集团有限公司曾与被上诉人签订《合资协议》。1999年初，双方曾就商标无偿转让问题达成《和解协议书》。但根据《商标法》第三十九条和《合同法》第四十四条第二款规定，合资协议中关于商标无偿转让条款，以及商标无偿转让的和解协议书均因不符合法定生效条件而处于效力待定状态。而被上诉人长期无偿使用其注册商标，并企图无偿占有，严重侵害了其合法权益，故请求：1.确认《合资协议》解除；2.判决解除或者撤销关于商标无偿转让的《和解协议书》；3.判令被上诉人赔偿经济损失1000万元。

〔一审裁判理由与结果〕

一审法院审理认为，根据 A 工贸有限公司的诉讼请求和理由，本案实质是要求解决服饰类"×云"系列商标的归属问题，而不论是《合资协议》的效力，还是《和解协议书》的效力，都已经（2001）浙经一终字第 348 号判决所确认。虽然（2001）浙经一终字第 348 号判决效力因该案正在再审程序中而处于待定状态，但《合资协议》和《和解协议书》的效力问题及服饰类"×云"系列商标的归属应在该案再审程序中解决。因此，A 工贸有限公司的起诉属重复起诉，不符合民事案件的受理条件。依照《中华人民共和国民事诉讼法》第一百零八条、第一百一十二条①的规定，裁定对 A 工贸有限公司的起诉，不予受理。

〔当事人上诉及答辩意见〕

A 工贸有限公司对一审裁定不服，向本院上诉称："本案合同争议长期存在，本案合同债务尚未履行。但只有对方当事人起诉我公司，上诉人未曾起诉或者反诉对方当事人，上诉人既不是本案的原告，也不是本案的再审申请人等。法律规定了当事人在一审程序中的反诉权与在二审程序中的另行起诉的权利。而本案再审程序按二审程序进行，因此，作为本案合同纠纷的一审被告及再审被申请人，上诉人的起诉行为并未重复起诉，不存在法律障碍，本案是否正在审理之中，不是消灭上诉人诉权的理由。本案起诉符合《中华人民共和国民事诉讼法》第一百零八条的规定，不存在《中华人民共和国民事诉讼法》第一百一十一条②规定之事由，原裁定缺乏法律依据。"据此请求撤销原裁定，指定有关法院受理本案。

〔最高人民法院查明的事实〕

查明：1997 年 12 月 9 日，A 工贸有限公司前身原 A 集团有限公司（以下简称 A 集团）与上海 B 发展股份有限公司（以下简称 B 公司）签订《合资协议》，约定共同出资成立 C 公司，A 集团拥有的用于服饰的"×云"商标在合营公司成立后，应无偿划归合营公司拥有。1997 年 12 月 18 日，C 公司注册成立，A 集团与 C 公司签订商标使用许可合同，允许 C 公司无偿使用服饰类"×云"商标三年。

1999 年初，B 公司向浙江省高级人民法院起诉，要求 A 集团将商标无偿转让给 C 公司，诉讼期间，双方达成《和解协议书》，约定 A 集团将服饰类"×云"商标转让给 C 公司，B 公司撤诉。1999 年 3 月 17 日，A 集团与 C 公司向国家商标局申请上述商标转让，并于 1999 年 4 月 28 日、7 月 28 日得到核准。但后因国家商标局发现上述商标在转让前已被法院查封，转让行为无效，于 2000 年 12 月 14 日撤销核准，并确认商标权仍属 A 集团。1999 年 4 月，A 集团向上海华源万成服饰有限公司转让其在 C 公司的出资，解除了与 B 公司的合资关系，也不再承担对 C 公司的股东义务。

---

① 对应 2023 年《民事诉讼法》第 122、128 条。
② 对应 2023 年《民事诉讼法》第 127 条。

2001年3月27日，B公司及C公司向浙江省宁波市中级人民法院提起诉讼，请求判令服饰类"×云"商标无偿归C公司所有。2001年8月12日，浙江省宁波市中级人民法院一审判决服饰类"×云"系列商标归C公司所有。其间，A集团有限公司更名为A工贸有限公司。A集团不服，提起上诉，浙江省高级人民法院于2001年12月30日作出（2001）浙经一终字第348号民事判决，判决涉案注册商标由B公司和C公司共同持有。B公司和C公司不服该终审判决申请再审，浙江省高级人民法院于2003年7月5日作出（2003）浙民监字第27号民事裁定，决定对（2001）浙经一终字第348号民事判决再审。在再审裁判之前，本案上诉人向浙江省高级人民法院提起了本案的一审诉讼。2003年10月16日，浙江省高级人民法院作出（2003）浙民再字第22号民事判决书，认定双方签订的合作经营协议及和解协议系双方真实意思表示，对商标作无偿转让的协议应为有效。判决："由A工贸有限公司履行与上海B发展股份有限公司签订的将原奉化市A集团有限公司注册的用于服饰类的'×云'系列商标专用权无偿转让给C公司所有的协议，在本判决生效之日起60日内共同向国家商标管理局提出申请，办理上述注册商标所有权转移的核准手续。"

〔最高人民法院裁判理由与结果〕

最高人民法院认为：上诉人A工贸有限公司与被上诉人B公司有关服饰类"×云"系列商标的归属问题虽争议多年，并经多家法院的不同诉讼程序审理，但终由（2003）浙民再字第22号民事判决确定，双方对无偿转让商标的协议有效，A工贸有限公司应履行与B公司签订的将原奉化市A集团有限公司注册的用于服饰类的"×云"系列商标专用权无偿转让给C公司所有的协议，并于判决规定期限内共同向国家商标管理局提出申请，办理注册商标所有权转移的核准手续。至此，双方有关商标权的归属问题已有定论。在所述再审案件一审阶段本案上诉人虽非起诉的原告，本案中其作为原告起诉虽不属于重复起诉，但其诉讼请求实质上仍属于商标权归属问题，显然与（2003）浙民再字第22号民事判决内容重复。按照"一事不再理"原则，人民法院不宜再作审理，上诉人的上诉理由不能成立。

根据《中华人民共和国民事诉讼法》第一百一十一条第五项、第一百五十四条、第一百五十八条①的规定，裁定如下：

驳回上诉人的上诉，维持原裁定。

本裁定为终审裁定。

---

① 对应2023年《民事诉讼法》第127条第5项、第180条、第182条。

> 规则 27：已经人民法院生效判决认定的事实，当事人就该事实再行提起诉讼，应依法予以驳回
>
> ——徐州市 A 交通设施制造有限公司与徐州市 B 房地产开发有限公司、尤某房屋买卖合同纠纷案①；于某与田某、刘某房屋所有权确认纠纷案②

【裁判规则】

1. 当事人对已经发生法律效力的判决不服，或者人民法院发现已经发生法律效力的判决确有错误，只有通过依法启动审判监督程序撤销原审判决，才能对案件进行重新审判，否则均应受该已经发生法律效力判决的拘束。当事人不得在以后的诉讼中主张与该判决相反的内容，人民法院也不得在以后的判决中作出与该判决冲突的认定和处理。

2. 第三人撤销之诉的目的在于撤销原判决中对该第三人不利的部分。与再审程序不同，第三人撤销之诉中不对原审当事人的诉讼请求进行处理。

【规则理解】

一、既判力的作用

既判力制度主要针对民事诉讼中出现了后诉的情况发生作用，既判力的作用包括消极作用和积极作用两个方面。消极作用是指在存在确定裁判的情况下，当事人不得在以后的诉讼中提出与既判力之判断相反的主张，法院也不得接受当事人所提出的相反的主张；既判力的积极作用是指在与先诉有关的后诉当中，法院得受先诉之确定裁判拘束作出新的裁判。"既判力的消极作用与积极作用是以一种相互补充的关系构成了既判力之后诉拘束力的主要内容。"③ 依据通说，既判力是针对诉讼标的产生的。在存在前后两诉的情况下，前诉的诉讼标的以何种形式对后诉产生作用，包括以下三种情况：

（一）前、后诉讼标的相同的情形

在此情况下，基于前诉确定裁判的既判力作用，一般应当对后诉的请求不

---

① 载《中华人民共和国最高人民法院公报》2006 年第 6 期。
② 载《中华人民共和国最高人民法院公报》2018 年第 7 期。
③ ［日］高桥宏志：《民事诉讼法——制度与理论的深层分析》，林剑锋译，法律出版社 2003 年版，第 483 页。

予受理，当事人坚持诉讼的亦应裁定驳回。例如，原告请求被告"支付100万元欠款"，或者请求"确认某处房屋所有权"，在法院针对该诉讼请求作出确定裁判以后，如果原告再行向法院提出该项请求，法院应当对其后诉请求不予受理，如果原告坚持诉讼的亦应裁定驳回。但是，由于存在确定裁判既判力的时间范围问题，如果前诉裁判的实体关系在基准时以后发生变化，那么法院就应当在后诉的裁判中附加新的事由以作出新的裁判。

（二）前、后诉讼标的互相矛盾的情形

例如，前一诉讼的原告请求被告"支付100万元欠款"，或者请求"确认某处房屋所有权"，在法院针对该诉讼请求作出原告胜诉的确定裁判以后，被告基于同一法律事实又向法院请求"返还100万元"，或者"确认自己享有该处房屋所有权"。由此可以看出，前、后两诉的诉讼标的只是在诉讼主体方面存在差异，双方当事人互为原、被告，虽然不构成重复诉讼，但是也应当根据裁判的既判力制度不宜支持后一诉讼请求。

（三）前一诉讼的诉讼标的为后一诉讼的诉讼标的的先决条件的情形

典型情形就是前诉为确认之诉，而后诉为给付之诉。通过前诉所确认的事实以及作出的判项，基于既判力制度，应当在后一诉讼中予以遵循，这是既判力积极作用的表现。

值得注意的是，在考量既判力作用的时候，需要解决后一诉讼的原告是否具有诉的利益的问题。如果后一诉讼的原告已经不具有诉的利益，则不应当给予后一诉讼的原告以诉权。也有观点认为，后一诉讼本身并不构成违法之诉，但是作为本案判决内容而言，由于后诉请求与前诉裁判的既判力发生抵触，因而法院会立即作出驳回请求的判决。我们倾向认为，在后诉请求与前诉裁判的既判力发生抵触的情形下，从前诉确定裁判具有国家意志力的角度出发，不宜再给后诉请求以诉权，否则一起纠纷将在理论上陷于无限的循环往复之中。

在德国和日本，既判力均是作为法院依职权调查的事项。也就是说，即使当事人不提出既判力问题，法院亦应主动依职权核实并将其作为裁判的基础。我们认为，我国也应当采纳该理论。如此一来，即使双方当事人达成忽略既判力的协议或者默契，法院也不能受这种协议或者默契的约束，因为前一确定裁判既是对于当事人之间争端的解决，也是国家意志力与司法公信力的体现，不受当事人合意的约束。如果后诉法院由于疏忽等原因在后诉当中作出与前一诉讼相矛盾的裁判，则应当对后一裁判通过再审程序予以撤销，即使前一确定裁判被认为可能确有错误。

二、裁判确定以后对于当事人的救济途径选择

依当下通说,对于错误裁判应当通过审判监督程序予以解决,而不能通过另行诉讼的方式来救济。该观点与既判力理论并不矛盾,既判力理论主要针对出现前后矛盾裁判的问题,而审判监督程序主要涉及当事人权利救济以及裁判稳定性的问题。选择依据审判监督程序对于当事人权益给予救济,也是世界各国的通例。审判监督程序需要考量生效裁判稳定性和当事人权益保障两者的价值关系,如果侧重于维护生效裁判的稳定性,则案件进入审判监督程序的比例相对要低;如果倾向于当事人权益保障,则案件进入审判监督程序的比例相对要高。

司法实践中,有的第三人认为原判决认定的事实、判决内容损害其利益,提起第三人撤销之诉,因此,第三人撤销之诉作为对生效裁判稳定性提出挑战的事后救济程序,为维护裁判安定和司法权威,应当以第三人缺乏其他通常的救济程序,切实需要通过撤销之诉对第三人权益进行救济为必要。依大陆法通说,裁判的既判力主要针对裁判主文内容,事实部分一般不发生既判力,说理部分有关争点的效力原则上限于诉讼当事人之间,一般不及于案外人。对第三人不具有法律约束力的说理部分内容,自然很少对其民事权益造成损害可能。判决理由中就诉讼标的以外当事人主张之重要争点,已经为判断时,其效力范围限于该诉讼事件同一当事人之间,并不会及于诉讼事件当事人之外的第三人。因此,该第三人在此实务动作之情况下,并无提起第三人撤销之诉的必要。

根据《民事诉讼法》关于审判监督程序的规定,当事人申请再审,符合申请条件的,人民法院应当立案审查。针对当事人提出的再审申请,经审查事由成立的,裁定案件进入再审程序审理;当事人所提事由不成立的,裁定驳回当事人的再审申请。从以上规定可以看出,我国《民事诉讼法》规定的审判监督程序分为再审审查和再审审理两个阶段。再审审查阶段主要解决当事人所提的再审事由是否成立以及案件应否进入再审程序的问题。再审审理阶段将围绕当事人提出的再审理由研究原生效裁判是否正确,应否改判。这样规定,优点在于能够适当把握再审案件的数量和质量,缺点在于重复工作,浪费司法资源,在一定程度上限制了当事人诉权。

三、第三人撤销之诉与再审程序的关系[①]

根据《民事诉讼法》的规定,第三人撤销之诉与当事人申请再审两种程序

---

① 参见江必新主编:《最高人民法院民事诉讼法司法解释专题讲座》,中国法制出版社2015年版,第233~234页。

依法分别可以启动，相互之间并不影响。《民事诉讼法解释》将第三人撤销之诉规定在一审程序部分，在具体程序设定上，充分考虑了第三人撤销之诉与审判监督程序之间的共性，第三人撤销之诉程序和再审程序都启动以后，由于两个程序所针对的对象为同一生效判决、裁定或者调解书，审理范围上就会交叉，如果完全独立进行，则可能会作出相互矛盾的裁判。同时对于当事人而言，就同一诉讼对象却要同时进行两个不同的程序，诉讼负担增大。《民事诉讼法解释》第299条①规定，如果第三人撤销之诉和当事人之间再审程序均启动的，一般通过诉的合并方式一次性解决。这确立了审判监督程序优先适用的原则，凡是能够通过审判监督程序解决的，原则上按照审判监督程序进行，不能按照审判监督程序进行的，适用第三人撤销之诉程序，第三人撤销之诉程序作为最后的司法救济程序。对第三人而言，无论通过第三人撤销之诉，还是再审程序，只要其权利得到充分救济，则无诉讼上的实质差异。

再审程序吸收第三人撤销之诉，是以两个案件均已经受理为前提，即作出生效判决的人民法院受理了第三人撤销之诉，申请再审案件已经进入再审程序。如果第三人撤销之诉还没有立案，生效判决、裁定、调解书只是启动了申请再审审查程序，还没有裁定再审，均不发生案件合并审理。裁定进入再审在前的，对第三人提起的撤销之诉，人民法院可以告知其申请参加再审程序；第三人坚持起诉的，人民法院可以在受理后再移送到再审案件程序中一并审理。

第三人撤销之诉请求并入再审程序审理，应当在再审裁判作出之前进行。第三人撤销之诉在一审终结前并入再审程序没有问题，但在第三人撤销之诉一审判决已经作出后，是否还需要并入再审程序，值得进一步研究。人民法院可以根据案件的具体情况作出妥当的安排。

第三人撤销之诉诉讼请求并入再审程序一并审理的方式，如果属于同一法院审理的，可以通过诉的合并处理；如果分属不同法院审理的，第三人撤销之诉案件的审理法院应当作出裁定，将案件送交审理再审案件的人民法院。

---

① 《民事诉讼法解释》第299条规定："第三人撤销之诉案件审理期间，人民法院对生效判决、裁定、调解书裁定再审的，受理第三人撤销之诉的人民法院应当裁定将第三人的诉讼请求并入再审程序。但有证据证明原审当事人之间恶意串通损害第三人合法权益的，人民法院应当先行审理第三人撤销之诉案件，裁定中止再审诉讼。"

第三人撤销之诉并入再审程序后，应当区分两种不同情况进行审理。[①] 再审案件是按照第一审程序审理的，人民法院应当对第三人的诉讼请求一并审理，所作的判决当事人可以上诉。此种情况，应当将申请撤销之诉的第三人直接列为第三人，其在撤销诉讼请求范围内，具有当事人的权利义务。人民法院作出判决时，应当同时对再审诉讼请求和第三人撤销请求作出裁判。再审案件按照第二审程序审理的，人民法院可以调解，调解达不成协议的，应当裁定撤销原判决、裁定、调解书，发回一审法院重审，一审法院重审时应当将其列为第三人。在按照第二审程序进行调解时，应当将申请撤销之诉的第三人列为案件的第三人，可以分别对再审请求和第三人撤销诉讼请求进行调解，必要时可以一并进行调解。调解不成发回一审法院重审时，应当在裁定中载明第三人情况。一审法院重审时，人民法院应当直接将申请撤销之诉的第三人列为案件的第三人，对第三人的民事权利主张与原诉当事人之诉讼请求一并进行审理。

第三人撤销之诉诉讼请求并入再审程序的例外，即有证据证明原诉当事人之间恶意串通损害第三人利益的情况，应当先行审理第三人撤销之诉案件，再审案件应当中止诉讼。

【拓展适用】

一、争点效的概念

争点效理论首创自日本的新堂幸司教授。新堂教授认为，在前诉中，被双方当事人作为主要争点予以争执，而且法院也对该争点进行审理并作出判断，当同一争点作为主要的先决问题出现在其他后诉请求的审理中时，前诉法院有关该争点所作判断的通用力，既不允许后诉当事人提出违反该判断的主张及举证，也不允许后诉法院作出与之相矛盾的判断，争点判断的这种能够产生遮断效果的通用力，就是所谓的争点效。[②] 争点效理论的思维基础在于，如果允许当事人在后诉当中对前诉已经法院判断的争执再度进行争执，并提出与之矛盾或者抵触的主张，那么就不可避免地有违诚实信用原则，对当事人也造成了不公平。简而言之，争点效理论是从诚实信用原则或者双方当事人公平原则出发

[①]《民事诉讼法解释》第300条规定："第三人诉讼请求并入再审程序审理的，按照下列情形分别处理：（一）按照第一审程序审理的，人民法院应当对第三人的诉讼请求一并审理，所作的判决可以上诉；（二）按照第二审程序审理的，人民法院可以调解，调解达不成协议的，应当裁定撤销原判决、裁定、调解书，发回一审法院重审，重审时应当列明第三人。"

[②]［日］新堂幸司：《新民事诉讼法》，林剑锋译，法律出版社2008年版，第492页。

来谋求其理论根据的。

争点效基于确定裁判的判断所产生并针对后诉产生通用力，在这一点上与既判力发挥同样的作用。与既判力不同的是，争点效属于确定裁判的裁判理由所产生的效力，而既判力主要针对诉讼请求的妥当与否。根据前述，确定裁判中有关诉讼请求妥当与否的判断截然区别于裁判理由的判断，而既判力仅仅及于前者，后者只是具有推导出前者的作用，因此如果仅仅根据既判力制度，后者将不起作用。确立这一原则的趣旨在于两点：第一，使得诉讼的最终目标明确化，防止由此而产生的突然袭击，实现充分的辩论。第二，使得当事人以及法院就前提问题所展开的诉讼活动具有灵活性，不必担心前提问题对于其他诉讼请求的影响。但是，在当事人将前提问题作为主要争点展开争议的情况下，将该争议结果作为判断与之相关联的其他请求的基础，应该更符合公平原则。从法院的立场来看，这种以双方当事人公平观念作为根据的"争点效"，有助于实现对于关联纠纷的统一解决。因此，"争点效"理论作为既判力制度的补充，是一种更加有利于有效解决纠纷的手段。

二、产生"争点效"的判断及其要件

根据日本有关民事诉讼法学的理解，关于"争点效"产生的要件可以从以下五个方面来把握：

（一）产生遮断效果的争点属于在前后诉讼的两个请求妥当与否的判断过程中的"主要争点"

何者构成"主要争点"，一般是指诸如该争点的判断将左右裁判结果的情况。如果属于这种情况并且双方当事人也将其作为主要争点来对待，那么双方当事人理应在前一诉讼过程中像对待诉讼请求一样认真地展开争议，据此让当事人承担该争点的诉讼结果也是符合公平原则的。如果对并非主要的争点也赋予这种遮断的效力，就会对当事人构成突然袭击，损害审理的灵活性与机动性。

（二）当事人在前诉中已就该争点穷尽主张及举证

意味着提出了诉讼上通常可以想到的主张及举证，也就是说当事人对于该争点已经进行了认真且严格的争执。但是当事人自认、拟制自认以及达成证据契约等情况，应当排除在外。

（三）法院已对该争点作出实质性的判断

法院没有作出实质性判断的事项并不产生争点效。该实质性判断应该足以导致后一诉讼的当事人的诉讼请求被驳回。

（四）前诉与后诉的诉争利益几乎是等同的（或者前诉的诉争利益大于后诉的诉争利益）

如果前诉的诉争利益小于后诉的诉争利益，在诉争利益更高的后诉中，就不能使前诉的相关争点产生拘束力，而应当赋予当事人再度进行"认真而严肃"的争议机会。也就是说，如果前诉的诉争利益过小，无法与后诉的诉争利益进行比较，那么即使两者是共通的而且在前一诉讼中作为主要争点进行了判断，也不妨碍当事人在系争利益更大的后一诉讼中再度提起争议。

（五）当事人在后一诉讼中必须援用（主张）这种争点效

此点与既判力制度不同，在既判力制度下，即使当事人自己不主动援用或主张，法院亦应依职权主动查明，并将既判力作为裁判理由写入裁判文书。而当事人如果不主动援用争点效，则有可能产生对自己不利的诉讼后果。

三、争点效在诉讼上的处理

（一）争点效的调查

争点效理论的主要目的在于将当事人已经穷尽主张以及举证的争议结果统一地适用于一系列纠纷当中，以符合各方当事人的诉讼期待，确保裁判的统一性。因此，在后一诉讼当中如果当事人提出争点效的主张，法院即应对于该争点效存在与否进行调查和认定。

（二）争点效的处理

当争点效在后一诉讼中起作用时，当事人不能再行提出与该争点效的判断相矛盾的主张或举证，法院也要基于前一裁判来进行后诉的裁判。但是，与既判力制度一样，如果当事人提出前一诉讼基准时以后产生的事由，就应当允许当事人提出与争点效裁判相反的主张或者举证。

（三）对于裁判理由中判断不服的处理

如果当事人以产生争点效为由，仅对裁判理由中的判断不服，一般情况下不应当认可其诉讼利益。理由在于，既然当事人没有对裁判主文不服，那么快速地得出诉讼结果，使得当事人之间的纠纷确定化，无疑是最为重要的。而对于因此没有获得更高审级的裁判，出于保障其审级利益，不让该纠纷产生争点效是较为妥当的。也就是说，如果一方当事人对于裁判主文不持异议，仅对裁判理由不服，那么不应当因此赋予其上诉或者申请再审的权利。但是，对于该异议的理由，同样也不赋予争点效的效果。这样一来，一方面使得裁判及早确定化，另一方面该存有异议的裁判理由也不会对后来的诉讼产生拘束力。

【典型案例一】

徐州市 A 交通设施制造有限公司与徐州市 B 房地产开发有限公司、尤某房屋买卖合同纠纷案

上诉人（原审原告）：徐州市 A 交通设施制造有限公司

被上诉人（原审被告）：徐州市 B 房地产开发有限公司

原审第三人：尤某

〔基本案情〕

上诉人徐州市 A 交通设施制造有限公司（以下简称 A 公司）与被上诉人徐州市 B 房地产开发有限公司（以下简称 B 公司）及第三人尤某房屋买卖合同纠纷一案，江苏省高级人民法院于 2005 年 5 月 18 日作出（2004）苏民初字第 3 号民事判决。A 公司不服该判决，向本院提起上诉。本院依法组成合议庭，于 2005 年 9 月 13 日开庭进行了审理。尤某接到本院开庭传票但未到庭参加诉讼。本案现已审理终结。

一审法院经审理查明：2000 年 5 月 8 日，A 公司与 B 公司签订《商品房购销合同》，约定 B 公司以每平方米 2000 元、总金额 1473.69 万元的价格，将位于某地的综合楼（以下简称综合楼）出售给 A 公司。A 公司于 2000 年 5 月 31 日前支付 B 公司购房款 804 万元，B 公司于 2000 年 8 月 31 日前，将具有竣工验收合格证的该商品房交付给 A 公司使用。签约当日，B 公司将综合楼负 1—3 层 3222.04 平方米、综合楼 4—8 层 4146.41 平方米出售给张某，张某取得了房屋产权证。

2000 年 10 月 9 日，A 公司为办理按揭贷款，由张某、尤某等 8 人与 B 公司签订综合楼 1—3 层商品房买卖合同。2000 年 10 月 31 日，A 公司法定代表人张某书面向 B 公司承诺"我公司为办理按揭贷款，需签 8 份商品房销售合同，并出具 8 份预付款收据复印件（款不付）。请贵公司配合办理，由此所涉及的一切费用及造成的有关责任损失等后果，均由我公司承担"。2001 年 1 月 22 日，张某、尤某等 8 人在中国建设银行永安支行办理个人贷款 600 万元整，所有个人住房贷款通知书中借款人签名均由张某代签。2000 年 11 月 18 日，张某、尤某等 11 人又与 B 公司签订综合楼 4—8 层商品房买卖合同。中国农业银行泉山支行为 11 人共贷款 10756778.68 元。

2001 年 1 月 22 日，A 公司与 B 公司签订《商品房销售合同补充协议（一）》（以下简称《补充协议（一）》）约定：B 公司负责提供有关手续，在建设银行办理综合楼 1—3 层按揭贷款；建设银行办理按揭后剩余房产由 A 公司在农业银行或者其他银行办理按揭贷款，手续由 B 公司提供。双方还约定 B 公司应在 2001 年 3 月 1 日前将综合楼交由 A 公司接收、看管。

2001 年 3 月 21 日，A 公司与 B 公司签订《商品房销售合同补充协议（二）》（以下简称《补充协议（二）》）约定：A 公司在中国农业银行泉山支行按揭贷款，"首先归还农行云西 299 万元，同时抽回 B 公司抵押贷款用的土地证"；双方还约定了 A 公司办理按揭贷款后欠 B 公司 500 万元购房款的偿还期限。

2001年4月19日,张某、司某(二人系夫妻关系)与B公司签订协议约定:因张某、司某无力承担综合楼4—8层的购房款,B公司同意张某、司某退回综合楼4—8层,所办权属证交产权部门予以注销。同日,张某、司某向江苏省徐州市房产局产权处提交具结书表述:因无力承担综合楼的购房款,经双方协商,退回房屋,所办权属证请予以具结。

2001年4月18日,A公司与B公司办理了综合楼移交手续。

综合楼规划建筑面积为7151.37平方米,后经当地房产局测绘队依据施工图纸及现场测量,实测面积为7368.45平方米。1999年8月11日,B公司办理综合楼3—5层计2700平方米商品房预售许可证;2003年6月30日,B公司根据规划面积补办了综合楼4451.37平方米商品房预售许可证的手续。

2002年9月,B公司向江苏省徐州市云龙区人民法院提起诉讼,要求A公司偿还到期购房款330万元。江苏省徐州市云龙区人民法院以(2002)云民初字第1664号民事判决判令A公司偿付B公司购房款2705407元,江苏省徐州市中级人民法院以(2003)徐民一终字第1006号民事判决维持了该一审判决。张某、尤某等8人购买综合楼1—3层在中国建设银行永安支行办理抵押贷款600万元;张某、尤某等11人购买综合楼4—8层在中国农业银行泉山支行办理贷款10756778.68元,该两批贷款均办理了具有强制执行效力的债权文书公证书。现两家银行均申请法院强制执行,B公司亦申请法院执行,执行程序均正在进行。

一审法院还查明,A公司由张某、陈某两股东设立,张某占出资比例90%。

A公司向一审法院起诉称,A公司与B公司签订《商品房购销合同》约定:A公司向B公司购买综合楼,房屋总面积7368.45平方米、总价款1473.69万元。A公司于2000年5月31日前支付给B公司全部房款,B公司于2000年8月31日前将具有竣工验收合格证的该商品房交付给A公司使用。合同履行过程中,双方于2001年1月22日签订《补充协议(一)》约定用该综合楼在建设银行办理按揭贷款以支付购房款事宜,并约定B公司应于2001年3月1日前将综合楼交A公司接收、看管。2001年3月21日,双方又签订《补充协议(二)》约定购房款的付款方式及期限。2001年4月18日,双方办理了综合楼移交手续。A公司已依约支付购房款10331493元。A公司接收综合楼后,花费800万元对综合楼进行了全面装修。综合楼规划建设面积为3756平方米,而江苏省徐州市房管局核定的商品房预售面积仅为2700平方米。2001年,B公司又将综合楼分割出卖给尤某等11人,办理了房地产抵押贷款,导致A公司一直无法取得综合楼的房屋所有权。另外,经调查发现,B公司所售综合楼的土地使用权性质为国有划拨土地,不符合商品房销售的条件。据此请求:1.解除双方于2000年5月8日签订的《商品房购销合同》及2001年1月22日、2001年3月21日签订的《补充协议(一)》和《补充协议(二)》;2.由B公司返还A公司已付购房款10331493元及其利息;3.由B公司赔偿A公司装修及其他损失 1000 万元；4. B 公司承担 A 公司已付购房款一倍的赔偿责任；5. B 公司承担本案的诉讼费用。以上各项费用共计 30662986 元。

B 公司答辩称，B 公司只将综合楼销售给了 A 公司，并未另售给他人，且合同已经履行，A 公司已占有、使用综合楼。所谓 B 公司将综合楼 1—3 层销售给张某等 8 人、4—8 层销售给尤某等 11 人的商品房买卖合同，是 B 公司应 A 公司要求为其办理贷款之用而签订的。因此，A 公司的诉讼请求无事实及法律依据，请求法院依法予以驳回。

第三人尤某称，2000 年 10 月 9 日，尤某从 B 公司购得综合楼 1 层 3 号、2 层 3 号及 3 层 3 号套房，建筑面积共为 261.11 平方米。后又向 B 公司购得同一楼房的 401、406 两处房屋，建筑面积分别为 244.32 平方米、112.5 平方米。现 A 公司诉 B 公司商品房买卖合同纠纷案的讼争标的，正是尤某所购之房屋，该案的审理与尤某有密切联系，请求法院在审理该案时保护尤某作为第三人的合法权益。

〔一审裁判理由与结果〕

一审法院将当事人争议焦点归纳为：双方签订的合同是否有效、A 公司是否具有法定的解约事由及 B 公司是否应对 A 公司进行赔偿；尤某作为第三人其权利是否应予保护。

（一）关于双方签订的《商品房购销合同》的效力、A 公司解除合同的请求应否支持及 B 公司对 A 公司的损失应否赔偿的问题。A 公司主张其与 B 公司签订的《商品房购销合同》应予解除，其主要理由：1. 综合楼所占土地性质为划拨用地，不能用于从事房地产开发；2. B 公司只有 2700 平方米的商品房预售许可证，却销售了 7368.45 平方米的房屋；3. B 公司与 A 公司签订合同后又将综合楼卖给尤某等人，致使 A 公司无法取得综合楼的所有权，合同目的无法实现，故合同应予解除，且 B 公司应双倍返还已付购房款并赔偿 A 公司的损失。B 公司主张，综合楼所占土地虽系划拨土地，但因城市建设需要，已经土地管理部门和房产管理部门批准，故双方所签合同应认定有效。B 公司在出售综合楼时，虽然只有 2700 平方米商品房预售许可证明，但超出销售许可证部分的销售面积已经得到江苏省徐州市房产管理局认可。而且，对综合楼所占土地系划拨土地之事，A 公司早在签订合同之时就已经知道。另外，本案所涉《商品房购销合同》的有效性已经为江苏省徐州市中级人民法院生效判决所确认。现双方所签合同已经履行，A 公司已于 2001 年 4 月占有、使用综合楼，其根本没有损失，故 A 公司要求解除合同、赔偿损失的请求没有道理，应予驳回。

一审法院认为，B 公司在出售综合楼时，虽然只有 2700 平方米的商品房预售许可证，但在起诉前，已于 2003 年 6 月 30 日经江苏省徐州市房产管理局批准，补办了其余面积的商品房预售许可证手续，故应认定 B 公司具备综合楼的预售资格。A 公司主张综合楼所占土地系划拨土地，不能用于商品房的开发、销售，但相关房地产管理部门的批复意见是该综合楼属危改项目，系历史遗留问题，同意补办商品房预售许可证，且双方《商品房购销合同》签订于 2000 年 5 月 8 日，可适用《最高人民法院关于审理商品房买卖合同纠纷案件适用法律若干问题的解释》的有关规定，根据该解释第二条规定的精神，B 公司于起诉前已经补办了商品房预售许可证，应认定合同有效。A 公司以此为由主张解除合同，不符合法律规定，不予支持。另外，张某、尤某等 11 人与 B 公司签订购房合同是为 A 公司向银行办理按揭贷款所用，乃虚假的购房合同，张某、尤某等 11 人与 B 公司之间并未形成真实的房屋买卖合同关系，故 A 公司以因 B 公司与张某等 11 人之间签订购房合同，致使其办理综合楼房产证时遇到障碍、合同目的不能实现为由要求解除合同，理由亦不能成立，不予支持。对 A 公司要求赔偿损失的主张也予以驳回。

（二）关于尤某的权利应否保护的问题。一审法院认为，商品房买卖合同是指房地产开发企业，将尚未建成或者已竣工的房屋向社会销售并转移房屋所有权于买受人，买受人支付价款的行为。尤某与 B 公司虽然签订了房屋买卖合同，但尤某并未支付房屋的对价，B 公司也未将房屋转移给尤某，尤某虽然形式上取得了房屋产权证，但该房屋一直由 A 公司占有和使用。双方签订合同的目的，并非购买房屋，而是获取银行贷款。该虚假购房合同不是当事人真实意思表示，尤某依据该虚假购房合同主张保护其权利，不予支持。综上，A 公司与 B 公司签订的《商品房购销合同》有效，A 公司要求解除合同、赔偿损失的请求，缺乏事实和法律依据，不予支持。尤某依据与 B 公司签订的虚假购房合同要求在本案处理中保护其权益，缺乏事实及法律依据，不予支持。依照《中华人民共和国民法通则》第五十五条、第八十五条①，《中华人民共和国合同法》第八条、第六十条、第一百三十条②，《中华人民共和国民事诉讼法》第一百二十八条③之规定，判决：驳回 A 公司的诉讼请求；驳回第三人尤某的诉讼请求。案件受理费 163325 元，由 A 公司负担；案件受理费 17655 元，由第三人尤某负担。

[**当事人上诉及答辩意见**]

A 公司和尤某不服一审判决，分别向本院提起上诉。

A 公司上诉称，一审判决认定事实和适用法律错误，请求二审法院依法改判。其主要理由：（一）一审判决事实不清。1. 一审判决认定 B 公司在起诉前已经江苏省徐州市房产管理局批准，补办了其余面积的商品房预售许可手续，与事实不符。B 公司确实于 2003 年 6 月 27 日向江苏省徐州市房管局递交申请补办 4451.37 平方米商品房预售许可证的报告，不过，仅有该局某副局长批示"同意补办手续，但不发商品

---

① 对应《民法典》第 143 条、第 464 条、第 465 条。
② 对应《民法典》第 136 条、第 509 条、第 595 条。
③ 对应 2023 年《民事诉讼法》第 145 条。

房预售许可证",除此之外,B公司至今也未能提供任何其补办的商品房预售许可手续。一审法院仅依据此前后矛盾的个人批示就认定B公司已经具备综合楼的预售资格,显属不当。2. 一审法院对B公司与尤某等人关系的认识问题上,事实不清。一审法院认为,"尤某与B公司虽签订了房屋买卖合同,但尤某未支付房屋的对价,B公司也未将房屋转移给尤某,尤某虽形式上取得了房产证,但该房屋一直由A公司占有和使用。双方签订合同的目的,并非购买房屋,而是获取银行贷款,该虚假购房合同,不是双方当事人真实意思表示",与事实不符。房屋权属应依房产证来确认和公示,不能以占有和使用状态来确认归属。尤某与B公司签订并履行购房合同后,房管部门为其发放了房屋产权证,事实上尤某已经取得了该房屋的所有权。而且,尤某与金融机构签订住房借款合同并经江苏省徐州市第二公证处公证,金融机构于房屋上设定抵押后为尤某等11人发放了个人贷款并将购房款直接划入B公司账户。因尤某等未及时履行还贷义务,金融机构已经依据经公证的债权文书向人民法院申请强制执行,请求评估、拍卖所有的抵押房屋(即本案的讼争房产)。可见,一审法院无视尤某等人已经支付房屋对价、已经合法取得房屋产权证的事实,认定尤某等人未支付房屋对价,将其所签订的购房合同认定为虚假购房合同,进而否定第三人的权利,显属错误。3. 一审判决认定"综合楼规划建筑面积为7151.37平方米,后经房产局测绘队依据施工图纸及现场测量,实测面积为7368.45平方米",与事实不符。1999年7月23日江苏省徐州市规划局颁发给B公司的《建设工程规划许可证》载明建设面积为3756平方米,该《建设工程规划许可证》至今未变更,故一审法院查明综合楼规划建筑面积为7151.37平方米无从谈起。(二)一审判决适用法律错误。一审判决无视B公司在划拨土地上进行商品房开发销售、损害国家利益和商品房买受人利益的行为,认定A公司与B公司所签合同有效,认定尤某与B公司所签合同为虚假合同,显属适用法律错误。B公司向A公司及尤某等11个自然人出售在划拨土地上建成的商品房,依法应补办出让手续或报有批准权的政府批准,但至今B公司也未能证明其已经办理了相关手续。相反,A公司有证据证明该宗土地至今仍为划拨土地,本案讼争房屋为不可售之房屋。故一审法院认定双方所签合同有效、B公司具备预售资格等,显属适用法律错误。据此请求:1. 判令双方所签《商品房购销合同》无效;2. B公司返还给A公司购房款1075万元及其利息并赔偿装修费用及损失1289万元;3. 由B公司负担案件受理费。

尤某的上诉请求及理由与A公司的上诉请求及理由基本相同。

B公司答辩称,关于销售面积超出预售许可证所载面积之外的部分,B公司已经补办了合法手续,一审认定B公司具备预售资格并无不当。经规划部门审定的设计施工图(面积为7368.45平方米)具有规划许可的效力,所以B公司所建综合楼没有超规划建设。至于房产证办给尤某等人,完全是A公司为办理贷款所需,主动要求B公司配合并承诺一切责任及后果均由其自行承担。另外,双方所签合同已经被生效的判决认定为有效，故 A 公司主张合同无效不应得到支持。A 公司和尤某的上诉请求没有事实和法律依据，一审判决认定事实清楚、适用法律正确，请求二审法院依法驳回上诉、维持原判。

〔最高人民法院查明的事实〕

本院二审查明，2000 年 5 月 8 日，双方签订的《商品房购销合同》第一条约定，B 公司以划拨方式取得位于江苏省徐州市津浦西路 160 号地块的土地使用权，地块用途为综合楼。2001 年 1 月 22 日，双方签订《补充协议（一）》第七条约定，B 公司所提供的手续，仅作为 A 公司按揭贷款用，在办理过程中，一切费用、责任及后果均由 A 公司承担。

本院查明的其他事实与一审法院查明的事实相同。

〔最高人民法院裁判理由与结果〕

本院认为，当事人对已经发生法律效力的判决不服，或者法院发现生效判决确有错误，只有依法通过启动审判监督程序，撤销原判，才能对案件重新审理。否则，当事人和法院都应受生效判决的拘束，当事人不得在以后的诉讼中主张与该判决相反的内容，法院也不得在以后的诉讼中作出与该判决冲突的认定和处理。

根据查明的事实可知，在一审法院受理本案之前，B 公司已于 2002 年 9 月，向江苏省徐州市云龙区人民法院提起民事诉讼，基于双方所签《商品房购销合同》要求 A 公司偿还到期购房款。江苏省徐州市云龙区人民法院以（2002）云民初字第 1664 号民事判决判令 A 公司偿付 B 公司购房款 2705407 元，江苏省徐州市中级人民法院以（2003）徐民一终字第 1006 号民事判决维持了该一审判决。上述一、二审判决中，均认定双方所签《商品房购销合同》有效，并在认定合同有效的基础上判令继续履行合同。换言之，对合同效力问题及如何处理后续问题，在 A 公司提起本案诉讼之前，已经为人民法院依法作出的生效判决所解决，该生效判决对当事人和法院具有约束力。有鉴于此，A 公司在本案中，无论是主张合同解除抑或主张合同无效，均与（2003）徐民一终字第 1006 号民事判决相矛盾，一审法院对 A 公司及尤某所提诉讼请求进行实体审理不当，应予纠正。

尤某不服一审判决，向本院提起上诉，本院委托一审法院向其送达了开庭传票。尤某接到本院开庭传票后，无正当理由拒不到庭。根据《中华人民共和国民事诉讼法》第一百二十九条、第一百五十七条①规定，对尤某的上诉按自动撤回上诉处理，故将尤某依原审诉讼地位列明。

综上，依照《中华人民共和国民事诉讼法》第一百四十条第一款第三项、第一百五十八条、第一百一十一条第五项②和最高人民法院《关于适用〈中华人民共和国

---

① 对应 2023 年《民事诉讼法》第 146、181 条。
② 对应 2023 年《民事诉讼法》第 157 条第 1 款第 4 项、第 182 条、第 127 条第 5 项。

民事诉讼法〉若干问题的意见》第 186 条①之规定，裁定如下：

一、撤销江苏省高级人民法院（2004）苏民初字第 3 号民事判决；

二、驳回徐州市 A 交通设施制造有限公司的起诉。

一审案件受理费 50 元，二审案件受理费 50 元，共计 100 元，由徐州市 A 交通设施制造有限公司和尤某各自负担 50 元。

本裁定为终审裁定。

【典型案例二】

于某与田某、刘某房屋所有权确认纠纷案

原告：于某

被告：田某

被告：刘某

〔基本案情〕

上诉人刘某因所有权确认纠纷一案，不服上海市嘉定区人民法院（2013）嘉民三（民）撤字第 1 号民事判决，向本院提起上诉。本院受理后，依法组成合议庭公开开庭审理。本案现已审理终结。

一审法院经审理查明：原告于某与被告田某系夫妻关系，于 1988 年 12 月 28 日登记结婚，目前仍为夫妻。被告刘某与田某于 2009 年生育一非婚生女。

2007 年 10 月，田某以案外人李某的名义向上海 A 置业有限公司（以下简称 A 公司）购买了系争房屋，并于 2007 年 10 月 24 日之前通过李某等人支付房款 1018 万元，房屋于 2007 年 10 月 19 日预告登记至李某名下（2008 年 5 月 28 日注销该登记）。田某于 2008 年 4 月 8 日向 A 公司支付 30 万元，后因实测面积变动，A 公司分两次退还田某 26337 元。系争房屋于 2008 年 6 月 6 日预告登记至田某名下。2008 年 6 月 8 日，两被告签订合作协议，约定：双方共同出资购买系争房屋；产权登记在刘某名下，但属双方共同所有；返还各自出资后，收益归双方共同所有。

2009 年 1 月 25 日，田某出具收条，确认收到刘某给的部分购房款 270 万元，今后的税费、物业费等费用由刘某负责缴纳，产权属双方共同所有，田某占 60%，刘某占 40%，双方暂不使用该房屋，一旦出售先返还各自的实际出资，所得收益双方各得 50%，处分该房屋时需双方完全同意。

2009 年 3 月 13 日，田某与 A 公司签订关于注销系争房屋商品房预售合同及预告登记的注销协议，并于 2009 年 3 月 16 日注销登记。2009 年 3 月 24 日，刘某与 A 公司签订系争房屋的《上海市商品房出售合同》，系争房屋于 2009 年 4 月 20 日登记至刘某名下。

---

① 对应《民事诉讼法解释》第 328 条。

2011年7月4日，田某出具证明一份，确认系争房屋系其于2009年4月赠予刘某。2011年11月5日，田某出具系争房屋购买过程说明一份，陈述其以李某名义购买系争房屋，之后李某与A公司解除预售合同，其本人与A公司重新签订预售合同，并进行了预告登记；2009年3月将系争房屋赠予女友刘某，并由A公司配合注销了预售合同及预告登记，由刘某重新与A公司签订出售合同，并办理了产权登记，刘某本人实际上并未支付任何房价款。

2011年12月7日，原告于某向大连中院提起诉讼，以被告田某在夫妻关系存续期间，隐瞒原告多次将大量夫妻共同财产用于给被告刘某购买财产，于某得知后索要未果为由，要求两被告返还钱款2500万元。大连中院受理后，刘某在答辩期间提出管辖权异议，以案件系涉不动产纠纷为由，要求移送上海法院审理。大连中院审查后认为该案的争议性质为确认赠予行为效力问题，不属于因不动产纠纷引起的诉讼，非专属管辖，裁定驳回了该申请。后被告刘某提起上诉，辽宁高院裁定驳回上诉，维持原裁定。

在该案的管辖权异议上诉期间，被告田某于2012年5月14日，将被告刘某诉至上海市嘉定区人民法院，要求判令确认田某对系争房屋享有60%的所有权。诉讼中，田某和刘某共同向上海市嘉定区人民法院隐瞒了于某已就系争房屋向大连中院起诉的事实、于某的身份情况及两被告的关系。上海市嘉定区人民法院于2012年8月9日作出（2012）嘉民三（民）初字第504号民事判决书，判决确认田某在系争房屋中具有60%的所有权份额，判决作出后，双方均未上诉，该判决生效。

2012年8月30日，大连中院就被告于某诉被告田某、刘某赠予合同一案进行开庭，庭审中于某变更诉讼请求，要求确认两被告之间的赠予行为无效；要求刘某返还所赠予房屋并将涉案房产的登记状态恢复至于某与田某所有。同日，刘某将上海市嘉定区人民法院（2012）嘉民三（民）初字第504号民事判决书作为证据在庭审中提交于某质证。2013年7月4日，大连中院作出（2012）大民一初字第3号民事判决书，判决确认田某赠予刘某系争房屋的行为无效，刘某将系争房屋过户至田某或原告于某名下。该判决作出后，刘某于2013年7月20日向辽宁省高院提起上诉。经辽宁高院释明，于某以上海市嘉定区人民法院作出的（2012）嘉民三（民）初字第504号民事判决损害了其合法权益为由，于2013年9月26日向上海市嘉定区人民法院起诉要求撤销该判决。

2013年10月23日，辽宁高院作出（2013）辽民一终字第216号民事裁定书，裁定撤销大连中院（2012）大民一初字第3号民事判决；驳回原告于某的起诉。

一审法院另查明，被告刘某确认支付给A公司的购房款均为被告田某支付，其未向A公司支付过房款。两被告目前均未使用系争房屋。系争房屋目前仍登记在刘某名下。诉讼中，上海市嘉定区人民法院根据原告于某的申请，对系争房屋进行了司法查封。审理中，原告于某认为若原审判决被撤销，应确认系争房屋的权属为原告与被告田某共同共有，要求被告刘某返还赠予房产的份额；田某则认为若撤销权成立，系争房屋应由其享有100%的所有权；刘某则表示不同意撤销。于某一审诉称：于某与被告田某于1988年结婚，婚后育有两个女儿。2007年10月，田某以案外人李某名义购买了系争房屋，先后支付房款1018万元、30万元。后李某调离上海，系争房屋预告登记至田某名下。2009年4月2日，田某在于某不知情的情况下，擅自将系争房屋登记至被告刘某名下。2011年7月4日，田某出具书面证明，证实其将所购买的系争房屋赠予刘某。2011年12月7日，于某向大连中院起诉田某、刘某要求确认赠予行为无效。

2012年2月8日，刘某向大连中院提出管辖权异议申请。大连中院于2012年2月16日裁定驳回其管辖权申请。随后刘某提起上诉，辽宁高院于2012年5月17日裁定驳回上诉。2012年5月14日，田某就系争房屋向嘉定法院提起诉讼。嘉定法院于2012年8月9日作出（2012）嘉民三（民）初字第504号民事判决书，判决确认田某在系争房屋中具有60%的所有权份额。于某认为系争房屋的购房款均系田某出资，系于某与田某的共同财产，田某擅自将其赠予刘某，损害了于某的合法权益。现两被告恶意串通向嘉定法院隐瞒于某在大连中院已就赠予行为的效力提起诉讼的事实，致使原告未能参与该案的诉讼，且嘉定人民法院的该份生效民事判决损害了于某的合法权益，故起诉要求：撤销上海市嘉定区人民法院于2012年8月9日作出的（2012）嘉民三民初字第504号民事判决。

田某辩称：不同意撤销判决，要求驳回原告于某的诉讼请求。田某与被告刘某之间是合作投资系争房产，且对收益等作出了约定。与刘某之间不存在恶意串通，系争房屋原登记在刘某名下，确认田某具有60%所有权份额并未损害于某的权益。

刘某辩称：本案没有赠予的问题，被告田某从未取得过系争房屋的物权。与田某之间关于系争房屋是合作投资关系，刘某已按照双方约定给付田某270万元，田某亦予以确认。原告于某主张撤销权已超过诉讼时效。刘某在2012年8月30日大连中院庭审时已向于某出具了本案系争的生效判决。新民诉法于2013年1月1日实施，于某应当在2013年6月30日前提出撤销权之诉，但于某并未提出。撤销权之诉的诉讼时效不适用中止中断的规定。综上，要求驳回于某的诉讼请求。

[一审裁判理由与结果]

一审法院将当事人争议焦点归纳为：1. 关于诉讼时效。2. 关于原审判决是否应撤销。3. 关于判决撤销后的处理。

1. 关于诉讼时效。原告于某虽然于2012年8月30日获知原审判决，但当时大连中院尚未对原告起诉两被告要求确认赠予系争房屋的行为无效的诉讼作出判决，也就是说于某的民事权益是否会因原审判决而受到实际的损害尚不确定，而大连中院的一审判决支持了于某的诉请，故直至被告刘某于2013年7月20日向辽宁高院提起上诉，于某经辽宁高院释明后，方知道其民事权益会因原审判决受到损害。而辽宁高院裁定撤销大连中院的判决，驳回于某的起诉，于某的民事权益方才受到了实际的损害，故诉讼时效应从于某知道其民事权益会受到损害之时起算，于某的起诉并未超过诉讼时效。

2. 关于原审判决是否应撤销。被告田某出资购买系争房屋的行为发生在其与原告于某的夫妻关系存续期间，该行为依照我国婚姻法规定应为用夫妻共同财产购买房屋。田某购买房屋并取得预告登记的准物权后，在被告刘某并未支付过房款的情况下，未经于某同意，擅自将预告登记注销，并将房屋登记至刘某名下，损害了于某作为夫妻一方对于共同财产的所有权和平等的处分权。原审判决根据房屋的权属登记在刘某名下及两被告对于田某所占份额的确认对系争房屋的权属作出认定，侵害了于某的民事权益，应予撤销。

3. 关于原审判决撤销后，对原审原告田某诉讼请求的处理。两被告在原告于某已就系争房屋的赠予行为提起诉讼的情况下，由原审原告田某向上海市嘉定区人民法院提起诉讼要求确认其在系争房屋中占有60%的所有权份额，并故意向法院隐瞒于某已就系争房屋向大连中院起诉的事实、于某的身份情况及两被告的关系，企图通过诉讼阻挠大连中院相关案件的审理，侵害原告于某的合法权益，属于恶意诉讼，故对于原审原告田某的诉讼请求应予驳回。

据此，上海市嘉定区人民法院依照《中华人民共和国民事诉讼法》第五十六条、第一百一十二条①、《中华人民共和国婚姻法》第十七条②之规定，判决如下：

一、撤销（2012）嘉民三（民）初字第504号民事判决；
二、驳回原审原告田某的诉讼请求。

〔当事人上诉及答辩意见〕

刘某不服一审判决，向上海市第二中级人民法院提起上诉。

刘某上诉称：其支付了180万元房款并将一台宝马轿车以70万元作为房款抵付田某，刘某已实际支付房款。于某在大连中院的起诉与系争房屋没有关系，刘某没有隐瞒于某起诉的事实。田某未取得系争房屋所有权，即便是赠予，也只是钱款。撤销判决的诉讼时效从当事人知道或应当知道之日开始计算，本案诉讼时效已过。田某出具给于某的陈述及赠予证明，田某和己方均不认可，原审没有任何证据可供确认。刘某与田某不存在恶意串通，于某和田某是夫妻，是利益共同体，两人相互勾结侵犯刘某合法权益。原判认定事实和适用法律均存在错误，请求二审予以撤销。

被上诉人于某辩称：原审判决认定事实清楚，适用法律正确，请求驳回上诉，维持原判。

被上诉人田某未作答辩。

---

① 对应2023年《民事诉讼法》第59条、第115条。
② 对应《民法典》第1062条。

〔二审法院裁判理由与结果〕

上海市第二中级人民法院经二审，确认了一审查明的事实。上海市第二中级人民法院二审认为：系争房屋是被上诉人田某在与被上诉人于某夫妻关系存续期间购买，田某对于系争房屋的处置未征得于某的同意，影响于某对系争房屋的民事权益。在（2012）嘉民三（民）初字第504号民事诉讼中，田某、上诉人刘某未告知原审法院于某已就系争房屋向大连中院提起诉讼，导致于某因不能归责于本人的事由未能参加该案诉讼。于某提供的田某出具的证明、购房过程说明以及大连中院、辽宁高院的诉讼过程等证据能够证明已经发生法律效力的（2012）嘉民三（民）初字第504号民事判决书内容错误，损害其民事权益。于某请求撤销该判决的诉请，依法应予支持。

至于诉讼时效问题，原审法院对此已作阐述，理由确实充分，法院予以认同。上诉人刘某关于此节的上诉意见，与事实不符，法院不予采纳。鉴于被上诉人于某本案原审诉请即为（2012）嘉民三（民）初字第504号民事判决，原审法院在本案中一并驳回田某在该案件中的诉请，有所不妥，本院予以纠正。

据此，上海市第二中级人民法院依照《中华人民共和国民事诉讼法》第五十六条第三款、第一百七十条第一款第二项之规定[1]，判决如下：

一、维持上海市嘉定区人民法院（2013）嘉民三（民）撤字第1号民事判决主文第一项；

二、撤销上海市嘉定区人民法院（2013）嘉民三（民）撤字第1号民事判决主文第二项。

本判决为终审判决。

---

[1] 对应2023年《民事诉讼法》第59、177条。

第十八章　二审的范围

> 规则 28：当事人未在法定期间内提起上诉，而在二审中对一审判决提出异议的，除违反法律禁止性规定，损害国家利益、公共利益的外，第二审人民法院不予审查
>
> ——中国××银行哈尔滨市太平支行与哈尔滨某奶牛有限责任公司、哈尔滨 A 集团股份有限公司、哈尔滨 B 会计师事务所有限公司借款合同纠纷案①

【裁判规则】

上诉权是法律赋予当事人的一项诉讼权利，当事人可以行使，也可以放弃。根据《民事诉讼法》规定，第二审人民法院审理上诉案件，应当针对当事人上诉请求的有关事实和适用法律问题进行审查。当事人未在法定期间内提起上诉，而在二审中对一审判决提出异议的，除违反法律禁止性规定，损害国家利益、公共利益的外，第二审人民法院不予审查。

【规则理解】

一、上诉制度的内涵及目的

（一）上诉制度的内涵

所谓上诉，是指在裁判未确定之前，向上级法院提出的要求撤销或变更该裁判之不服申请。② 上诉一方面对裁判的确定构成妨碍，另一方面也属于再次审判案件的申请。上诉作为诉讼程序的普通过程，属于立法所预设的通常不服申请，在这一点上不同于再审申请，因为再审申请是针对确定的裁判所提起的申请，属于法律赋予当事人的特别救济权利。上诉应向上级法院提出，在这一点上不同于各种异议，后者是针对同一审级内所做的决定、命令等提出的不服申请。

---

① 载《中华人民共和国最高人民法院公报》2008 年第 9 期。
② ［日］新堂幸司：《新民事诉讼法》，林剑锋译，法律出版社 2008 年版，第 615 页。

(二) 上诉制度的目的

1. 对当事人的救济。法律赋予承受不利益的当事人享有上诉的权利，是为了获取民众对裁判的信赖并保持裁判的权威性。如果当事人对裁判心存不满，就需要通过上级法院的重复审判来减少失误，进而确保对当事人的救济。毫无疑问，上诉首先应当满足这一方面的需要。

2. 解释及适用法律的统一。法院的数量随着审级的提升而减少，乃至最终到达最高级别的法院。同一审级法院数量的减少直至归一，能够最大限度地保障法律适用的统一性，进而保障法的安定性。通过上诉，让更高审级的法院审判案件，能够统一法院对法律的解释与适用。

3. 公平与效率的协调。对于诉讼制度而言，公正裁判固然重要。与此同时，迅速裁判的要求的重要性同样丝毫不逊于公正裁判的要求。从当事人利益衡平角度而言，片面强调败诉当事人的利益保障，对胜诉当事人的利益保障也是不公平的。裁判的终局性确定，有可能因为当事人上诉的提起而迟延。即使在允许上诉的范围之内，也有必要防止当事人滥用上诉权利。因此，在何种限度内允许当事人提起上诉，属于一个协调各方利益关系的立法政策问题。

(三) 小额的简单诉讼一审终审制

《民事诉讼法》第165条规定："基层人民法院和它派出的法庭审理事实清楚、权利义务关系明确、争议不大的简单金钱给付民事案件，标的额为各省、自治区、直辖市上年度就业人员年平均工资百分之五十以下的，适用小额诉讼的程序审理，实行一审终审。基层人民法院和它派出的法庭审理前款规定的民事案件，标的额超过各省、自治区、直辖市上年度就业人员年平均工资百分之五十但在二倍以下的，当事人双方也可以约定适用小额诉讼的程序。"这是在特别程序之外规定的民事诉讼一审终审制。对于该条的把握，应注意以下问题：

1. 从立法体系解释上看，该条款放在《民事诉讼法》第13章简易程序里面，应当理解为适用简易程序。

2. 实行一审终审的案件应为基层人民法院和它派出的法庭审理事实清楚、权利义务关系明确、争议不大的简单金钱给付民事案件。

3. 对于标的额的要求，根据《民事诉讼法》第165条第1款规定，标的额为各省、自治区、直辖市上年度就业人员年平均工资百分之五十但在二倍以下。该条第2款同时规定，标的额超过各省、自治区、直辖市上年度就业人员年平均工资百分之五十但在二倍以下的，当事人双方可以约定适用小额诉讼的程序。《民事诉讼法解释》第272条规定："民事诉讼法第一百六十五条规定的各省、自治区、直辖市上年度就业人员年平均工资，是指已经公布的各省、自治区、直辖市上一年度就业人员年平均工资。在上一年度就业人员年平均工资公布前，以已经公布的最近年度就业人员年平均工资为准。"我国幅员辽阔，各地经济发展水平不一，法律规定没有在整个国家层面实行一刀切，而是由各省、自治区、直辖市根据上年度本省区市就业人员年平均工资的标准加以确定，充分体现了立法技术的原则性与灵活性相结合。

上述立法所规定的小额诉讼案件，民事诉讼法学界将小额诉讼细分为广义与狭义两种，广义上的小额诉讼程序与一般简易程序并无严格区别，二者仅仅是诉讼标的额和简易程度有所不同而已，可以将之视为简易程序的再简化。狭义上的小额诉讼程序则认为小额诉讼程序作为一种新型程序应运而生，其建立不仅是基于对民事案件进行分流处理，减轻法院负担的一种构想，也在于实现司法的大众化，通过简易化的努力使一般国民普遍能够得到具体的有程序保障的司法服务。①

二、二审审理范围

（一）立法沿革及解读

从世界各国民事审判的第二审与第一审的关系来看，主要有复审制、事后审制和续审制三种模式。三种模式各有优劣，审理模式与审理范围是内容与形式的关系，审理模式决定着审理范围。

1. 复审制的基本特征是，第二审法院既不受第一审法院认定事实和适用法律的限制，也不受当事人上诉请求的限制。当事人在第二审程序中需要重新提出全部的事实资料，第二审法院对案件进行全面的重新审理并作出判断。这种模式不利于实现诉讼程序的效率，造成司法资源的浪费，已经很少被采用。

2. 事后审制的基本特征是，第二审法院原则上只采用第一审的诉讼资料，只对第一审裁判内容是否适当、诉讼程序有无错误进行审查，当事人在第二审程序中不得提出新事实或新证据，实际上，事后审是对一审裁判认定事实和适用法律是否正确进行的审理，而不是对当事人诉争事实的审理，美国的上诉审制度是事后审模式的典型。

3. 续审制是复审制与事后审制的折中，其基本特征是，第二审法院以第一审言词辩论终结时的状态为基础继续进行审理，当事人可以提出新事实或新证据，但当事人对于已经认定的事实不得提出异议的或者说当事人在第一审程序

---

① 范愉：《小额诉讼程序研究》，载《中国社会科学》2001年第3期。

中的诉讼行为仍然有效。

关于民事案件二审审理范围，1982年《民事诉讼法（试行）》第149条规定："第二审人民法院必须全面审查第一审人民法院认定的事实和适用的法律，不受上诉范围的限制。"这种规定实际上是全面审查的做法，并不受到当事人所提出的上诉范围的限制。1991年制定的《民事诉讼法》第151条规定："第二审人民法院应当对上诉请求的有关事实和适用法律进行审查。"1992年最高人民法院公布的《民事诉讼法意见》第180条规定："第二审人民法院依照民事诉讼法第151条的规定，对上诉人上诉请求的有关事实和适用法律进行审查时，如果发现在上诉请求以外原判确有错误的，也应予以纠正。"1998年《最高人民法院关于民事经济审判方式改革问题的若干规定》第35条规定："第二审案件的审理应当围绕当事人上诉请求的范围进行，当事人没有提出请求的，不予审查。但判决违反法律禁止性规定、侵害社会公共利益或者他人利益的除外。"可见，在民事审判庭审改革前，我国的上诉审制度更多地具有复审制的特征。

2007年《民事诉讼法》修订，原第151条未作修改。2012年《民事诉讼法》修改，原第151条变更为第168条，但条文内容未作修改，即"第二审人民法院应当对上诉请求的有关事实和适用法律进行审查"。2017年、2021年、2023年《民事诉讼法》均沿用该条文内容。《民事诉讼法解释》第321条规定："第二审人民法院应当围绕当事人的上诉请求进行审理。当事人没有提出请求的，不予审理，但一审判决违反法律禁止性规定，或者损害国家利益、社会公共利益、他人合法权益的除外。"上述规定则体现着续审制的成分，可归入续审模式。

从上述法律以及司法解释规定可见，我国民事诉讼法对民事案件二审审理范围的界定，经历了从"全面审查"到"只限于上诉请求"的发展过程，从立法的角度看，"全面审查"的审理范围在1991年的《民事诉讼法》制定时既已确定，但最高人民法院司法解释又经历了"防错和纠错"到"除了但书规定、当事人没有提出请求的不予审查"的过程。

（二）二审审理范围的界定

从立法层面看，自1991年制定《民事诉讼法》以来，经历两次修改，但二审审理范围的条文未作修改，说明立法者在此问题上观点比较成熟且确定。能否据此得出结论，认为二审审理范围完全限于当事人的上诉请求呢？我们认为，二审审理范围问题，应以当事人的上诉请求为原则，以《最高人民法院关于民事经济审判方式改革问题的若干规定》第 35 条的但书为例外。《民事诉讼法解释》吸收了《最高人民法院关于民事经济审判方式改革问题的若干规定》第 35 条的合理内容，对《民事诉讼法意见》第 180 条进行了相应修改完善，即将二审的审理范围原则限定在续审制的范围内，但以一审判决违反法律禁止性规定，或者损害国家利益、社会公共利益、他人合法权益为例外。《民事诉讼法解释》第 321 条明确规定："第二审人民法院应当围绕当事人的上诉请求进行审理。当事人没有提出请求的，不予审理，但一审判决违反法律禁止性规定，或者损害国家利益、社会公共利益、他人合法权益的除外。"原则上，第二审人民法院应当围绕当事人的上诉请求进行审理，当事人没有提出请求的，不予审理，以尊重当事人的处分权，实现二审程序的纠纷解决功能；但例外情况则是，如果一审判决违反法律禁止性规定，或者损害国家利益、社会公共利益、他人合法权益的，第二审人民法院应当依职权予以纠正，以确保法律的贯彻执行，实现二审程序的纠错功能。这样就充分体现了续审制的特点，克服了两审中诉讼行为互相孤立、诉讼操作重复和浪费的问题，两审的审查范围既有联系又有分工，机制上既符合系统论、控制论的基本原理，也顺应逐渐趋于当事人主义的潮流。

但是，如何理解"一审判决违反法律禁止性规定，或者损害国家利益、社会公共利益、他人合法权益"，从立法本意上分析，似宜从严掌握。特别是在个案处理的情况下，不应以此为据随意突破上诉请求的范围，要防止假借判决违反法律的禁止性规定，或存在侵害国家利益、社会公共利益或他人利益的情形，而对案件进行全面审理，达到保护某一方当事人的利益的情形。

另外，由于我国民事诉讼中附带上诉制度的缺失，对于未提起上诉的一方当事人所提的抗辩理由该如何对待，也是司法实践当中需要认真研究的问题。我们认为，虽然未上诉的一方提出的所谓的"上诉请求"不能得到二审法院的支持，但其提出的理由以及原审判决确有错误的内容，应当作为二审审理范围，也应当看作对对方当事人上诉的抗辩。如果仅仅围绕明确提起上诉并交纳上诉费用一方当事人所提的上诉请求进行审理，可能使得未提起上诉一方陷于极大的不利境地，同样无法实现当事人各方诉讼利益的平衡，公正裁判，案结事了。

三、基本事实的把握[①]

《民事诉讼法》第 177 条第 1 款第 3 项规定，原判决认定基本事实不清的，

[①] 参见江必新主编：《最高人民法院民事诉讼法司法解释专题讲座》，中国法制出版社 2015 年版，第 200~201 页。

裁定撤销原判决，发回原审人民法院重审，或者查清事实后改判。何为"基本事实"？民事诉讼中的事实认定，是指人民法院通过确定的证据按照法定规则推导出案件法律事实的过程。在事实认定过程中所认定的事实并不是普通事实，而是对案件裁判有法律意义的事实；而基本事实的认定是案件事实认定的核心。理论上，基本事实又称为主要事实，是指对于权利发生、变更或消灭法律效果有直接作用的事实。因其直接导致一定法律效果，故一般又称为"直接事实"。从因果关系上来看，基本事实是原因，查清了该事实才能使原判决、裁定的结果正确，缺乏该事实的认定将影响到原判决、裁定的结果公正性。因此，该事实与裁判结果存在直接因果关系，有明显的实质性影响。从逻辑关系上看，该事实是裁判结果正确与否的充分条件，如果该事实缺乏证据证明，则裁判将可能会得出错误结果。从内容来看，基本事实是用以确定当事人主体资格、案件性质、民事权利义务等主要内容所依据的事实。从民事诉讼法律关系以及民事法律关系的要素来看，用以确定当事人主体资格、案件性质、民事权利义务等对原判决、裁定的结果有实质性影响的事实认定为"基本事实"[①]。为此，《民事诉讼法解释》第333条规定："民事诉讼法第一百七十七条第一款第三项规定的基本事实，是指用以确定当事人主体资格、案件性质、民事权利义务等对原判决、裁定的结果有实质性影响的事实。"

（一）当事人主体资格的事实

当事人主体资格是指当事人作为民事诉讼的主体在诉讼程序中享有诉讼权利和承担诉讼义务，并有权行使诉讼程序发生、变更或消灭等诉讼行为的可能性。如果参与民事诉讼的一方没有当事人主体资格，则整个诉讼活动将无法进行、不能顺利进行或没有必要进行。

（二）案件性质的事实

案件性质主要是指民事法律关系的性质，是指如何给以民事权利和民事义务为内容的某一法律关系定性。如何给某一具体的民事法律关系定性，是人民法院处理民事案件的关键问题。不给案件定性或者不能准确地给案件定性，就无法确定怎样适用法律。民事法律关系的性质不同，则适用的具体法律不同，当事人民事权益实现的效果也不同。因此，如确定民事法律关系性质的事实缺乏证据证明，人民法院就难以准确地作出裁判。

[①] 江必新主编：《最高人民法院适用民事诉讼法审判监督程序司法解释理解与适用》，人民法院出版社2008年版，第90~91页。

(三) 民事权利义务的事实

民事权利和民事义务是对立统一的关系，二者构成民事法律关系的内容。民事权利是民法规范赋予当事人实现其利益的可能性，或者说是法律所保护的民事利益。民事义务是民事法律关系的一方当事人为满足对方当事人利益的必要性，或者说是义务主体为满足权利主体的利益应当为一定行为或不为一定行为的拘束力。如果具体民事权利义务不确定，则民事法律关系的内容就不确定。

应当注意的是，《民事诉讼法》没有直接规定第二审人民法院在第一审人民法院未查清不属于基本事实的一般事实的情况下如何处理，但举重以明轻，第二审人民法院不能以此为由发回重审，而应当直接查清事实。一般事实是除了基本事实以外的其他事实，一般包括间接事实、辅助性事实和背景事实。间接事实又称为次要事实，是指对当事人之间民事法律关系的性质、各自的权利义务和民事责任等主要内容存在与否起到推定作用的事实，是借助经验规则、理论原理能够推定主要事实真伪或存在与否的事实。间接事实对案件性质以及当事人权利义务和责任不起决定作用。辅助性事实是指用来推定证据的可靠性或者证明力的事实，例如证人与当事人的关系等。背景事实是指案件纠纷发生的原因、经过、当事人动机等背景情况的事实。上述事实往往可以作为认定基本事实的参考和辅助，但对判决、裁定的结果没有实质性影响。因此，第二审人民法院不能以一般事实未查清为由发回重审，只有在基本事实不清的情况下，第二审人民法院才能在"发回重审"和"查清事实后改判"之间作出选择。

【拓展适用】

一、小额诉讼制度探讨

小额诉讼所追求的是一种不需要法律技巧的简易和效率，符合司法公正与效率的目标，有利于当事人"接近正义"，获得司法救济。为彰显小额诉讼快速、便民的功能，2012年《民事诉讼法》在简易程序中设专条规定了小额诉讼制度。该制度作为我国正在进行的司法改革的一个环节，能否实现其积极意义，不是单一的法律规定可以完成的，必须根据系统论方法辅以必要的配套措施才可实现其立法目的。[①] 学界将小额诉讼分为广义、狭义两种。按照学界分类，我国《民事诉讼法》所规定的小额诉讼当属广义的范围，即没有设立平行于普通程序、简易程序的第三种程序即小额诉讼程序，而是在简易程序中设专条规

[①] 齐树洁：《构建小额诉讼程序若干问题之探讨》，载《国家检察官学院学报》2012年第1期。

定了小额诉讼制度。其本质为简易程序的再简化。根据学界意见，小额诉讼制度具有如下的制度价值:[1]

（一）保障当事人"接近正义"的机会平等

对于利益较大的权利争议案件而言，当事人可能愿意适用相对复杂的普通程序、简易程序并为此支付较高的诉讼成本。而对于日常生活中的轻微权利争议而言，当事人可能会因法律知识的欠缺或进入程序后诉讼成本高于诉讼利益而理性选择放弃诉讼。为保障当事人能便利接近司法，国家有义务不断完善民事诉讼制度，减少民众走向法院的困难和障碍，使所有民众不论贫富，均有平等接近、使用民事诉讼程序的机会。

（二）有利于程序效益最大化

在讨论民事诉讼程序应有的价值时不能无视程序效益问题。所谓程序效益是指诉讼程序的收益与成本之间的比例关系，二者之间比值越大，则效益越高。对于小额轻微案件而言，当事人对诉讼程序的需求更偏向于及时、便捷、低成本、高效益方面，而不希望因程序的严密、复杂导致诉讼的不当拖延。小额、简单案件的属性决定了当事人一般不愿忍受高昂的诉讼费用和漫长的诉讼周期，而宁愿以最低诉讼成本支出尽快解决纠纷。虽然《民事诉讼法》明确了小额诉讼的一审终审制度，但如果判决有错误，当事人如何行使自己的救济权利？再审后是否实行一审终审？从各国、各地区小额诉讼程序立法的情况来看，一般都对不服适用小额诉讼程序作出的裁判的救济加以限制，以避免降低小额诉讼程序解决纠纷的效率。对救济的限制主要表现为两种方式：一种是对适用小额诉讼程序的裁判不服不能上诉，只能提出异议。例如，日本民事诉讼法第377条、第378条、第379条规定，对于小额诉讼的终局判决不得提起控诉，但可在判决书或笔录送达之日起两周的不变期间内可以向作出裁判的法院声明异议，且不妨碍该期间前提起异议的效力。异议合法时，诉讼恢复到口头辩论终结前的程度并依据普通程序审理裁判。另一种是允许对适用小额诉讼程序的特定裁判不服提起上诉。大陆法系国家或地区立法对适用小额诉讼程序作出的裁判的上诉救济采取严格态度，倾向于禁止对适用小额诉讼程序作出的裁判提起上诉或只例外允许对特定情形下的裁判提起上诉。考虑到我国案多人少和仍需大力提倡诚实守信的现状，最高人民法院建议采用日本的立法模式，禁止当事人对适用小额诉讼程序作出的裁判提起上诉，而采取允许当事人提出异议的模式。

---

[1] 参见肖锋:《小额诉讼程序的价值定位与制度分析》，载《法律适用》2011年第7期。

具体而言，有三种方案：第一种方案，适用小额诉讼程序审理民事案件，实行一审终审；第二种方案，当事人对于人民法院适用小额诉讼程序作出的判决不服，可以在收到判决书之日起 10 日内向原审人民法院提出异议申请，人民法院应当指定其他审判员对异议申请进行审查；第三种方案，当事人对于人民法院适用小额诉讼程序作出的判决不服，可以在收到判决书之日起 10 日内向原审人民法院提出异议申请。人民法院应当另行组成合议庭对异议申请进行审查。经审查异议不成立的，人民法院应当在 7 日内裁定驳回异议。经审查异议成立的，人民法院应当裁定撤销原判，并适用普通程序对案件进行审理。对于以上三种方案，2012 年修改《民事诉讼法》时，我国最终采取了对适用小额诉讼程序的案件实行一审终审，不得提起上诉的方案。

但这里必须指出的是，适用小额诉讼程序一审终审的案件，虽不允许当事人提起上诉，但可以申请再审。《民事诉讼法解释》第 424 条规定："对小额诉讼案件的判决、裁定，当事人以民事诉讼法第二百零七条规定的事由向原审人民法院申请再审的，人民法院应当受理。申请再审事由成立的，应当裁定再审，组成合议庭进行审理。作出的再审判决、裁定，当事人不得上诉。当事人以不应按小额诉讼案件审理为由向原审人民法院申请再审的，人民法院应当受理。理由成立的，应当裁定再审，组成合议庭审理。作出的再审判决、裁定，当事人可以上诉。"如果法院裁定再审的，人民法院应当组成合议庭进行审理，且作出的再审裁判，当事人不得上诉。但是，如果当事人以不应按小额诉讼案件审理为由向原审人民法院申请再审的，人民法院应当受理。理由成立的，应当裁定再审，另行组成合议庭进行审理。人民法院作出的再审判决、裁定，当事人可以上诉。

（三）符合费用相当性原则

费用相当性原则是指在当事人利用诉讼程序或法官运用审判制度的过程中，不应使法院或当事人遭受期待不可能之浪费或利益牺牲。[①] 对小额轻微案件的程序选择既要站在国家立场上，考虑司法资源的投入与产出的关系；又要站在当事人的立场上，考虑诉讼成本上的投入与产出的关系。如果对小额轻微案件仍适用普通程序或简易程序将不可避免地造成司法资源的浪费，使得司法资源无法更多地投向更为复杂的民事纠纷，从而最终导致司法资源的配置失衡。

---

① 邱联恭：《司法之现代化与程序法》，三民书局 1993 年版，第 72 页。

二、小额诉讼程序的审理[①]

为强调效率，各国都在小额诉讼程序立法中浸透更多的职权主义色彩。在小额诉讼程序的审理上，法官依职权主导案件审理成为一种常态。

（一）对诉讼请求变化的处理

诉讼程序启动后到诉讼程序结束前，当事人基于对自身利益的最佳判断，有向法院提出变更诉讼请求、增加或减少诉讼请求、提起反诉、扩大诉讼请求的请求对象等权利。对此，普通程序作了一般性规定。但在小额诉讼程序中，如果当事人提出上述请求，应如何处理则应作具体分析。第一，当事人提出变更诉讼请求，应考虑变更诉讼请求后是否导致案件类型发生变化，如果因当事人诉讼请求的变更导致案件由财产类案件变化为人身类案件，则不能适用小额诉讼程序。第二，当事人减少诉讼请求，则意味着当事人请求的财产给付标的价额相比之前更小，既然根据之前的诉讼请求应适用小额诉讼程序，那么举重以明轻，减少诉讼请求后，更应适用小额诉讼程序继续进行审理。第三，当事人增加诉讼请求有两种可能，如果增加后的诉讼请求并未超过小额诉讼程序适用案件的最高标的金额且法律关系未发生变化，则应继续适用小额诉讼程序进行审理。如果增加后的诉讼请求超过小额诉讼程序适用案件的最高标的金额，则除非当事人合意继续适用小额诉讼程序并经法院认为适当者外，不得继续适用小额诉讼程序。第四，当事人提出反诉或扩大请求对象范围，一般说明案件性质开始复杂化，此时已不符合小额诉讼程序适用案件简单这一前提，不得继续适用小额诉讼程序。第五，在具体案件中，不能排除当事人为适用小额诉讼程序而先为一部请求的可能。对此，《民事诉讼法解释》第278条就上述情形作了专门规定，该条规定，"因当事人申请增加或者变更诉讼请求、提出反诉、追加当事人等，致使案件不符合小额诉讼案件条件的，应当适用简易程序的其他规定审理。前款规定案件，应当适用普通程序审理的，裁定转为普通程序。适用简易程序的其他规定或者普通程序审理前，双方当事人已确认的事实，可以不再进行举证、质证"。

（二）举证、答辩的简化

举证期限是指负有举证责任的当事人应当在法律规定和法院指定的期限内提出证明其主张的相应证据，逾期不举证则承担证据失权的法律后果的一项民

[①] 参见江必新主编：《最高人民法院民事诉讼法司法解释专题讲座》，中国法制出版社2015年版，第186~190页。

事诉讼制度。① 设定举证期限有利于防止证据突袭，平等保护当事人诉讼权利，有利于提高诉讼效率，节约当事人诉讼成本，防止诉讼拖延。因此，《民事诉讼法》第 68 条在立法层面规定了举证期限，但没有明确规定举证期限的长短。《民事诉讼法解释》第 99 条、第 266 条、第 275 条及《证据规定》第 51 条规定了举证期限可由当事人协商并经人民法院准许。由人民法院指定举证期限的，第一审普通程序案件不得少于 15 日，第二审案件不得少于 10 日。适用简易程序审理的案件不得超过 15 日；小额诉讼案件的举证期限由人民法院确定，也可以由当事人协商一致并经人民法院准许，但一般不得超过 7 日。

答辩是被告针对原告、有独立请求权第三人的诉讼请求以及所依据的事实和理由所作出的一种答复和辩驳。学理认为，答辩具有双重属性，既是当事人的一项诉讼权利也是一项诉讼义务。从诉讼权利角度而言，应尊重当事人程序主体性，允许当事人放弃答辩期选择口头答辩以及与人民法院协商确定答辩期；作为一项诉讼义务，则意味着当事人对答辩期的选择应在法定范围内，并经人民法院同意。根据答辩形式的不同，答辩分为口头答辩和书面答辩两种形式。口头答辩一般是指当庭以口头方式进行的答辩。《民事诉讼法意见》第 175 条第一次规定了口头答辩。《最高人民法院关于适用简易程序审理民事案件的若干规定》第 7 条规定："双方当事人到庭后，被告同意口头答辩的，人民法院可以当即开庭审理……"由于民事简易程序以审理简单的民事案件为对象，这些案件一般具有事实清楚、权利义务关系明确、争议不大的特征，因此，口头答辩在民事简易程序中占较大比例。被告同意口头答辩的，等于被告自愿放弃了书面答辩和要求给予答辩期的权利。② 这在简易程序和小额诉讼程序中较常见。书面答辩是被告在约定或指定答辩期内通过书面方式所作的答辩。关于书面答辩的答辩期，历次民事诉讼法修改均保留了答辩期为 15 日的规定。由上，应注意：《民事诉讼法解释》第 275 条第 2 款规定，小额诉讼的被告要求书面答辩的，人民法院可以在征得其同意的基础上合理确定答辩期，但最长不得超过 15 日；《民事诉讼法解释》第 275 条第 3 款规定，当事人到庭后表示不需要举证期限和答辩期间的，人民法院可立即开庭审理。

---

① 最高人民法院民事审判第一庭：《民事诉讼证据司法解释的理解与适用》，中国法制出版社 2002 年版，第 193 页。

② 最高人民法院民事审判第一庭编著：《最高人民法院关于简易程序司法解释的理解与适用》，法律出版社 2003 年版，第 87 页。

（三）审理过程的简化

为确保小额诉讼程序高效性、便捷性落到实处，在案件审理过程中，应赋予法官更多职权主导审理过程。这具体表现在法律文书简单化、审理时间机动化、证据调查即时化等方面。第一，应通过简化法律文书的制作，提高审理的效率。法院可以为当事人提交表格化起诉状，既便于当事人启动诉讼程序，又便于法院节省立案时间。考虑大多数小额案件都事实清楚、法律关系简单，故没必要制作详细的庭审笔录，只需将双方当事人争议焦点、证据质证情况作一简单记载即可。适用小额诉讼程序审结案件的裁判文书、调解书，也只需列明裁判主文、调解方案即可，而不必书面说明裁判理由。对此，《民事诉讼法解释》第280条作了专门规定，该条规定："小额诉讼案件的裁判文书可以简化，主要记载当事人基本信息、诉讼请求、裁判主文等内容。"第二，应通过扩大小额诉讼程序案件审理时间，便利当事人进行诉讼。考虑到小额诉讼程序中的当事人一般不愿为此类诉讼放弃工作及其他赚钱机会，应允许当事人向法院申请，由法官根据具体情况决定是否对适用小额诉讼程序的案件在夜间、休息日甚至法定节假日进行审理。对此，《民事诉讼法解释》第259条可以作为依据，该条规定："当事人双方可就开庭方式向人民法院提出申请，由人民法院决定是否准许。经当事人双方同意，可以采用视听传输技术等方式开庭。"第三，应限制调查证据的范围。这主要是为了通过强化法官证据调查的自主权而提高庭审效率。将证据调查范围限缩在当事人即时提交的证据范围的规定，事实上从反面扩张了法官在认定事实方面的自由裁量权，进而有利于法官提高庭审的效率。

三、附带上诉制度探讨

附带上诉是源于欧洲的一项民事诉讼制度，是被上诉人针对上诉人的上诉而提起的上诉，其立法本质在于在追求当事人双方权利平等的同时表达了对效率的关注。我国现行《民事诉讼法》和相关的司法解释将二审的范围限定在"当事人的上诉请求范围内"，贯彻这个规定造成了民事诉讼中双方当事人的权利失衡，设立附带上诉制度能否缓解此一问题，有待于进一步研究与论证。

附带上诉，是指当事人一方上诉后，被上诉人在上诉期间依附于该上诉而提起的上诉，以及当一方当事人舍弃上诉或者在上诉期间没有提起上诉，当另一方当事人提起上诉后，被上诉人在上诉程序当中提起的上诉。通常的情况下，各国的民事诉讼都禁止当事人在上诉期间之外提起上诉，但附带上诉中，被上诉人可以不受上诉期间甚至诉讼契约（舍弃上诉的契约）的约束而在上诉期间

之外或者舍弃上诉后提起上诉。这个设置具有以下的价值考量：①

(一) 平衡双方当事人的利益

附带上诉制度从根本来说是为了矫正上诉程序中实施处分原则所导致的当事人的攻防失衡。处分原则的一个重要内容就是诉讼上的请求由当事人特定，当事人声明的事项对法院有拘束力，法院不能依职权在请求的范围之外审理和裁判，否则违背不告不理，成为诉外裁判。如果一方上诉，上诉人可以自由扩张其声明不服的范围，但对方处于纯粹防御之地位，当事人之间的攻防就失去了平衡。特别是在一审中双方各有胜负的时候，若一方当事人基于息事宁人或者诉讼成本的考虑，放弃上诉或者没有在上诉期间及时上诉，而对方当事人提起上诉，被上诉人就更为不利。此时赋予被上诉人附带上诉的特殊救济手段，则可实现双方当事人之间的平衡。

(二) 弥补不利益变更禁止原则弊端

如果说声明拘束原则是从审理范围上对法院的限制，那么不利益变更禁止原则则是从裁判的结果上对法院的限制。不利益变更禁止原则是指上诉程序中"上诉法院不允许作出对于上诉人而言比被声明不服的裁判更坏的裁判。这一禁令的目的是维护上诉人的'占有状态'"②。这一原则本来是为了通过保护上诉人的利益来保障上诉审目的的实现，但在另一个方面造成了弊端：上诉人即便败诉也不会因为上诉而损失利益，但被上诉人却可能因为上诉导致负担加重或者利益减损。因为此时法院在无涉公益的情况下，不能作出对上诉人更为不利的裁判，即使发现其应当如此。这对被上诉人来说则有失公平，特别是在被上诉人亦有败诉，但基于成本的考量或者出于尽快使得判决确定的考虑而没有上诉的情形中，尤其不公。

(三) 防止滥诉，便于息讼

附带上诉制度通过权利义务的对等设置来达致当事人利益的平衡，必将促使当事人对自己是否提起上诉的行为进行慎重的思考。对上诉人来说，滥行上诉面临着对方的附带上诉的防御甚至反击，非但不能实现其欲求，反而会造成既得利益的损失。相反，对于另一方当事人来说，由于获得了防御性的保障，即使对一审判决稍有不满，如果不想上诉，也不用担心对方的恶意上诉。这样

---

① 王福华、张玉标：《对设立附带上诉的冷思考》，载《法学论坛》2007年第3期。
② [德] 汉斯—约阿西姆·穆泽拉克：《德国民事诉讼法基础教程》，周翠译，中国政法大学出版社2005年版，第294页。

就可以有效防止滥诉,便于纠纷的彻底解决;提高了效率,也节约了诉讼成本;保障了正当权利,也维护了裁判的稳定性。

四、二审期间当事人的撤诉

撤诉又称诉的撤回,广义上应泛指当事人向法院撤回诉之请求,不再要求法院继续对案件进行审理的诉讼行为。按照不同分类标准可区分为撤回起诉、撤回上诉、撤回本诉、撤回反诉及撤回第三人之诉等。而狭义的撤诉则仅表征为原告撤回起诉,即原告在发动诉讼后又向法院撤回诉讼,使诉讼程序得以终止的行为。当事人撤诉行为是基于其处分原则,是当事人意思自治在诉讼程序上的体现。那么,对于二审程序中当事人的撤诉行为是否可完全贯彻当事人处分原则,是否不受任何限制?对于撤回上诉、撤回起诉以及因和解而撤诉,《民事诉讼法解释》第335~337条分别作出了规定。

(一) 撤回上诉和因和解而申请撤诉

《民事诉讼法》第180条规定,第二审人民法院判决宣告前,上诉人申请撤回上诉的,是否准许,由第二审人民法院裁定。根据该条规定,上诉人如果想撤回上诉,应在第二审人民法院判决宣告前提出申请。对于上诉人提出的撤回上诉申请,第二审人民法院应当进行必要的审查,并决定是否准许。如果第二审人民法院准许上诉人撤回上诉,应当作出准许的裁定。依据民事诉讼的相关理论,当事人申请撤回上诉是其行使处分权的体现,一般情况下人民法院应该予以允许。但是,从诉讼经济和节约诉讼成本的角度来看,世界各国或地区的民事诉讼法大都对此予以限制。《民事诉讼法解释》第335条规定:"在第二审程序中,当事人申请撤回上诉,人民法院经审查认为一审判决确有错误,或者当事人之间恶意串通损害国家利益、社会公共利益、他人合法权益的,不应准许。"根据《民事诉讼法解释》的该条规定,在两种情况下对于上诉人提出的撤回上诉申请不应予以准许:一是第二审人民法院经审查认为一审判决确有错误;二是当事人之间串通损害国家利益、社会公共利益、他人合法权益。

当事人撤回上诉后是否可以再提起上诉?无论是理论界还是实务界均存有不同观点。第一种观点认为,当事人撤回上诉后不得再提起上诉,理由是能够促使当事人慎重对待上诉权,同时也尽量减少当事人通过上诉而故意诉讼的情况。第二种观点认为,在上诉期间届满以前,一审判决、裁定不会自动生效,上诉程序应当从上诉期限届满之日起开始,而非上诉人提起上诉。因此,在上诉期间内上诉人撤回上诉又提起上诉的应视为并未启动程序,只要在上诉期间届满之前即应予允许。① 我们赞同后一种观点。

在第二审程序中当事人因和解而申请撤诉的，《民事诉讼法解释》第337条明确规定："当事人在第二审程序中达成和解协议的，人民法院可以根据当事人的请求，对双方达成的和解协议进行审查并制作调解书送达当事人；因和解而申请撤诉，经审查符合撤诉条件的，人民法院应予准许。"因当事人和解是双方意思自治的充分体现，而且，通过和解已经化解了纠纷，在此情况下应该充分尊重当事人的意愿。但需要注意的是，对《民事诉讼法解释》第337条规定的当事人之间因和解而申请撤诉，要结合《民事诉讼法解释》第335条规定精神，由第二审人民法院进行审查，如果存在《民事诉讼法解释》第335条规定的不应准许撤回上诉的两种情形，即使当事人之间以和解的名义申请撤回上诉的，人民法院也不应该予以准许。

(二) 撤回起诉②

《民事诉讼法》第148条第1款规定，宣判前，原告申请撤诉的，是否准许，由人民法院裁定。此系针对第一审普通程序中作出的规定，在第二审程序中是否可以适用，即在第二审程序中能否撤回起诉，尤其是原审原告在二审程序中申请撤回起诉的情况，理论界与实务界向来存有争议。肯定意见认为，允许原审原告在第二审程序中撤回起诉，系遵循当事人意思自治原则的应有之义，系其自主行使处分权的表现，无论其在第一审或第二审程序中均得以自由行使；《民事诉讼法》第13条第2款明确规定，"当事人有权在法律规定的范围内处分自己的民事权利和诉讼权利"；第181条则规定，"第二审人民法院审理上诉案件，除依照本章规定外，适用第一审普通程序"，一审普通程序中宣判前原告可申请撤回起诉的规定在二审程序中仍可适用。否定意见认为，诉讼法具有公法属性，诉讼程序具有单向性和不可逆性，民事起诉作为原告引起法院裁判的申请行为，只能在一审程序中行使，撤回起诉的权利亦仅存在于一审诉讼程序中，一审判决的宣判标志着一审诉讼程序的结束，二审程序基于上诉而始，当事人无从撤回起诉；再者，从利益衡量的角度考量，允许原审原告在二审程序中撤回起诉，可能侵害原审被告的程序利益，尤其当原审原告在二审程序中

---

① 参见张卫平：《民事诉讼法》，法律出版社2009年版，第317页；江伟主编：《民事诉讼法》，高等教育出版社2013年版，第379页；宋朝武主编：《民事诉讼法学》，中国政法大学出版社2012年版，第321页。

② 参见江必新主编：《最高人民法院民事诉讼法司法解释专题讲座》，中国法制出版社2015年版，第194~196页。

作为被上诉人撤回起诉时，不仅原审被告支出的诉讼成本无法得到补偿，还可能再次被原审原告起诉，双方权益明显失衡；而且，一审法院已经对当事人的实体争议作出了裁决，如允许当事人在二审程序中撤回起诉，不仅违背诉讼效益原则，亦会对法院判决的严肃性和稳定性造成影响。

《民事诉讼法解释》持肯定观点，主要体现在《民事诉讼法解释》第336条规定之中，即"在第二审程序中，原审原告申请撤回起诉，经其他当事人同意，且不损害国家利益、社会公共利益、他人合法权益的，人民法院可以准许。准许撤诉的，应当一并裁定撤销一审裁判。原审原告在第二审程序中撤回起诉后重复起诉的，人民法院不予受理"。主要理由是，基于处分原则，对于特定民事纠纷之解决，是否启动或终结诉讼程序，当事人可自主处分其诉讼权利。理论上，通常将当事人行使诉权作为诉讼的起点，将既判力作为诉讼的终点，故撤回起诉作为一种处分权，亦应贯穿于诉讼程序始终，即便是在诉讼程序启动后，只要在判决确定前，当事人出于各方因素考量不愿再通过诉讼以解决纠纷救济权利，均可在二审程序中申请撤回起诉。但是，由于程序法的公法属性，为防止原审原告通过在二审程序中随意申请撤回起诉而达到不法目的，审判权可对当事人处分权予以适当的监督和限制，原审原告在第二审程序中申请撤回起诉势必对案涉相关当事人（尤其是在原审被告提起上诉的情况下）的权利义务产生影响，若此时原审被告对原审原告的撤回起诉的申请被动接受而无任何提出异议的权利，双方权益显然有所失衡。而且，此种情况下允许原审原告撤回起诉，无疑有悖诉讼效益原则。因此，在尊重当事人处分权的前提下，亦应对其撤诉后的再诉权利作出必要限制，即原审原告申请撤回起诉应经其他当事人同意，而且，其撤回起诉后重复起诉的，人民法院不予受理。对于二审程序中，原审原告申请撤回起诉的权利行使原则上应当予以保障，但也应当在客观衡量各方主体的程序利益后作出合理安排。

【典型案例】

中国××银行哈尔滨市太平支行与哈尔滨某奶牛有限责任公司、哈尔滨A集团股份有限公司、哈尔滨B会计师事务所有限公司借款合同纠纷案

  上诉人（原审被告）：哈尔滨某奶牛有限责任公司

  被上诉人（原审原告）：中国××银行哈尔滨市太平支行

  原审被告：哈尔滨A集团股份有限公司

  原审被告：哈尔滨B会计师事务所有限公司

〔基本案情〕

上诉人哈尔滨某奶牛有限责任公司（以下简称奶牛公司）因与被上诉人中国××银行哈尔滨市太平支行（以下简称太平×行）、原审被告哈尔滨 A 集团股份有限公司（以下简称 A 集团）、哈尔滨 B 会计师事务所有限公司（以下简称 B 会计所）借款合同纠纷一案，不服黑龙江省高级人民法院（2006）黑高商初字第 20 号民事判决，向本院提起上诉。本院依法组成合议庭进行了审理。本案现已审理终结。

原审法院查明：1998 年 3 月 3 日，哈尔滨某奶牛场（以下简称奶牛场）与太平×行签订《最高额抵押担保借款合同》，借款金额 1900 万元，借款期限自 1998 年 3 月 3 日至 1999 年 2 月 28 日，利率 7.92‰，逾期按日利率万分之四计收利息，奶牛场以自有的办公楼、运输工具及牛舍提供抵押担保，但未办理抵押登记。太平×行如约发放了贷款，借款到期后，奶牛场未履行偿还义务。2001 年 2 月，黑龙江省经济贸易委员会组建黑龙江乳业集团总公司（以下简称黑乳集团），奶牛场隶属于黑乳集团。2003 年，黑龙江省政府对黑乳集团进行资产重组，黑龙江省投资总公司（以下简称省国投）委托黑龙江某资产评估有限责任公司对包括奶牛场在内的黑乳集团进行资产评估，奶牛场的净资产为 9124.28 万元，该评估结论的有效使用期限自 2003 年 6 月 30 日至 2004 年 6 月 29 日。2003 年 9 月 22 日，A 集团以 7900 万元对价收购了黑乳集团。2004 年 5 月，A 集团以奶牛场的净资产 4750 万元出资，与 C 公司共同组建奶牛公司，同年 7 月 12 日，B 会计所依据某资产评估公司的评估报告出具验资报告，证明 A 集团出资真实。2004 年 12 月，太平×行向奶牛公司发出《债务逾期催收通知书》，对借款本金 3515 万元（含本案所涉 1900 万元）及利息进行催收。2006 年 6 月，太平×行再次以《债务逾期催收通知书》向奶牛公司进行催收，本金为 3515 万元，利息一栏用笔划掉。奶牛公司在两份催收通知书上盖章予以确认。

另查明，2004 年 7 月 14 日，奶牛场因改制变更为奶牛公司，企业类型、经营范围、注册资本在哈尔滨市工商行政管理局道外分局作了变更登记。

2006 年 4 月 28 日，太平×行向原审人民法院提起诉讼，称：借款期限届满后，奶牛场未能清偿到期债务；A 集团作为奶牛场的买受人应当以其所有财产包括在奶牛公司的股权承担民事责任；B 会计所作为股东出资的验资机构，出具验资证明不实，应当在其证明不实的金额范围内，对太平×行承担连带赔偿责任。请求判令：奶牛公司、A 集团、B 会计所共同偿还欠款 1900 万元；截至 2006 年 3 月 20 日的利息 12208529 元、逾期利息 4624847.37 元、律师费 107.5 万元及诉讼费。

〔一审裁判理由与结果〕

原审法院经审理认为：太平×行与奶牛场签订的《最高额抵押担保借款合同》中的借款部分，是双方当事人真实意思表示，且不违反法律法规的禁止性规定，应认定合法有效，抵押担保部分因未办理抵押物登记，抵押担保未发生法律效力。依照双方签订的借款合同，太平×行如约履行了发放借款的义务。借款到期后，奶牛场未予偿还，应承担违约责任。奶牛场变更为奶牛公司后，尽管企业产权结构、组织形式和名称发生变化，但其债权债务关系仍然存在，改制后的奶牛公司实质是对原奶牛场的延续，故奶牛公司应为承担债务的责任主体。

关于借款数额及利息问题。1998年3月3日，奶牛场向太平×行贷款1900万元并在借据的借款人处签字盖章，奶牛公司不否认其签章的真实性。奶牛公司举示的8张借据合计1615万元，借款数额、借款时间与本案借款合同均不符。奶牛公司自认欠太平×行累计借款本金为3515万元，奶牛公司举示的8张借据应为其中的另外八笔借款，与本诉1900万元无关，且本诉借款合同与借款凭据的数额及时间相一致，因此，奶牛公司关于借款数额为1615万元，太平×行未完全履行合同义务的主张没有事实依据，本院不予支持。奶牛公司依据2006年6月的《债务逾期催收通知书》上利息一栏被划掉而主张太平×行已放弃了利息的抗辩主张，因奶牛公司未举示其与太平×行达成免息协议的证据，虽然太平×行将利息栏划掉，只能证明未主张利息的具体数额，不能得出免息的结论，银行贷款的法定孳息不能免除。因此，奶牛公司的免息主张该院不予支持。至于利息数额应当按照借款合同约定及人民银行同期、逾期贷款利率标准计算。

关于A集团、B会计所是否存在虚假出资、验资及责任承担问题。2003年，省政府对黑乳集团进行资产重组，省国投委托某资产评估公司对奶牛场的资产进行评估，并以评估价格面向市场公开招标，A集团通过竞标，以7900万元对价取得了黑乳集团的所有权。A集团以评估后的奶牛场的净资产出资，B会计所依据过期12天的资产评估结论出具验资报告，虽存在瑕疵，但太平×行未举示验资报告具有虚假记载、误导性陈述或者重大遗漏的相关证据，根据《最高人民法院关于审理涉及会计师事务所在审计业务活动中民事侵权赔偿案件的若干规定》第二条第二款规定，不能仅凭此证明A集团虚假出资、B会计所虚假验资，且太平×行非因信赖或使用该验资报告而受到损失。因此，太平×行主张B会计所承担责任，该院不予支持。2003年9月，A集团整体收购了包括奶牛场在内的黑乳集团，原奶牛场的资产已转移给A集团，A集团在《产权整体转让合同》中承诺"承担被购企业全部债务，保证妥善解决被购企业与债权银行的债务关系"。因此，A集团应履行合同义务，在奶牛公司不能清偿债务时负有清偿责任。1998年3月3日，太平×行发放贷款，履行期限至1999年2月28日。2004年12月，太平×行向奶牛公司催收该笔贷款，虽然诉讼时效期间已经过，但奶牛公司在《债务逾期催收通知书》上盖章确认，视为双方达成新的债务偿还协议，诉讼时效重新起算。至2006年6月太平×行起诉，未超过诉讼时效期间。A集团关于诉讼时效期间已过的抗辩主张，该院不予支持。关于太平×行请求支付律师费的主张，因双方没有此项约定，太平×行亦未提供其他证据证实，其主张该院不予支持。

综上，太平×行的诉讼请求部分有理，原审法院予以支持。该院依照《中华人民共和国合同法》第二百零六条、第二百零七条①之规定，判决：一、被告奶牛公司于本判决生效之日起十日内给付原告太平×行1900万元本金及利息（利息按借款合同约定及中国人民银行同期及逾期贷款利率计算）。二、被告奶牛公司如不能清偿上述债务，由被告A集团负责清偿。三、驳回原告太平×行的其他诉讼请求。如果未按判决指定的期间履行给付金钱义务，应当依照《中华人民共和国民事诉讼法》第二百三十二条②之规定，加倍支付迟延履行期间的债务利息。案件受理费160010元，由奶牛公司、A集团负担。

[当事人上诉及答辩意见]

奶牛公司不服原审法院上述民事判决，向本院提起上诉称：一、按照中国人民银行1996年发布的《贷款通则》第29条规定："所有贷款应当由贷款人与借款人签订借款合同。"一审法院认定上诉人奶牛公司与被上诉人太平×行贷款1900万元的事实没有合同依据，同样被上诉人太平×行向上诉人奶牛公司追讨欠款没有合同依据。二、被上诉人太平×行向一审法院提交的双方签订的《最高额抵押担保借款合同》应是无效合同，该合同的成立是以借款合同为前提，约定的主要内容是借款人没有按照借款合同的约定到期履行还款义务的情况下，以抵押物偿还借款人的借款。然而本案涉及的抵押担保合同不但没有以主合同即借款合同为前提，而且约定的内容没有实际履行。抵押担保合同第一项内容是上诉人以办公楼、运输工具、牛舍等物担保1900万元合同的履行，因为双方并没有办理相关的抵押手续，所以该抵押行为无效，抵押合同无效。三、虽然上诉人奶牛公司给被上诉人出具了1900万借款借据，但该款并没有落实到上诉人奶牛公司的账户上，上诉人奶牛公司并没有按照借据的用途购买饲料，按照民事权利和义务相一致的原则，上诉人奶牛公司并没有按照约定使用该借款，就没有存在偿还贷款并支付利息的义务。四、上诉人奶牛公司是企业法人，依法应当独立承担民事责任。A集团2003年的收购行为，并不影响上诉人民事权利能力和行为能力即民事主体资格的存在。被上诉人所诉的1900万元借款是早在收购的五年之前即1998年发生的，与A集团没有任何关系，A集团对此不应承担清偿责任。综上，奶牛公司请求二审法院撤销原审判决，被上诉人承担本案的全部诉讼费用。

被上诉人太平×行答辩称：太平×行向奶牛公司主张偿还借款本息有合同依据，一审判决认定二者之间存在借款合同关系正确，有事实根据。上诉状中的第二项、第三项上诉理由是无理上诉，并且与上诉请求没有关联性。本案中双方签订的《最高额抵押担保借款合同》，对于担保部分，因未办理抵押物登记，抵押担保未生效，一审判决已给予认定。上诉理由第二项所针对的对象并不存在，属无理上诉。上诉

---

① 对应《民法典》第675条、第676条。
② 对应2023年《民事诉讼法》第264条。

理由第三项意图割断奶牛公司与改制更名前的奶牛场二者之间的历史联系，在事实上和法律上都是行不通的。上诉人无权代表原审被告 A 集团提起上诉理由，二审依法应当不予审理。奶牛公司二审时提交的银行对账单上没有农行的任何印鉴盖章，其真实性不能确认；奶牛场的《银行存款日记账》是单方形成的，没有证据效力。此外，太平×行提交 1997 年 12 月 9 日的借方传票《中国农业银行借款借据》显示，1997 年 12 月 8 日奶牛场向太平×行借款 1900 万元，证明本案诉请的 1900 万元借款本金，系从 1997 年陈欠倒贷而来，即银行业内的惯例借新还旧，1900 万元确已归奶牛场实际使用。综上，原审判决认定事实清楚，请求二审法院依法维持原判。

原审被告 A 集团在本院二审期间称，太平×行要求 A 集团承担偿还责任已经超过诉讼时效，A 集团不应承担偿还责任。

〔最高人民法院查明的事实〕

最高人民法院对原审判决所认定的事实予以确认。

〔最高人民法院裁判理由与结果〕

最高人民法院认为：根据当事人上诉、答辩内容，本案二审的争议焦点有三个方面问题：一、奶牛场与太平×行是否实际发生了 1900 万元的债务；二、如实际发生，奶牛公司是否应当承担奶牛场的此笔债务；三、对于上诉人提出的 A 集团不应当承担责任的理由与请求是否属于二审审理范围。

一、奶牛场与太平×行是否实际发生了 1900 万元债务问题

首先，一审判决中关于奶牛场与太平×行之间 1998 年 3 月签订的《最高额抵押担保借款合同》中的借款部分合法有效，抵押担保部分未发生法律效力的认定，本院予以认可。上诉人奶牛公司认为奶牛场与太平×行之间签订的《最高额抵押担保借款合同》是无效合同的主张，本院不予支持。关于上诉人提出的 1900 万元贷款并没有落实到奶牛场的账户上，奶牛场也并未按照约定使用该贷款，因此没有偿还贷款并支付利息义务的主张，本院二审期间，上诉人提交 1998 年 3 月的农行东风分理处的对账单和奶牛场单位的《银行存款日记账》表明太平×行在发放贷款后即扣回，该事实系源于太平×行与奶牛场的陈年欠款，由于太平×行与奶牛场长期存在借贷关系，多次发生放款即扣回的情形，不排除以新贷还旧贷的可能。双方之间的债权债务关系除放款、扣回的事实证明外，当事人的自认也是证明这一关系的重要证据。奶牛公司曾于 2004 年 12 月 17 日在太平×行对 3515 万元的本金和 15127783.41 元利息的《债务逾期催收通知书》上盖公章、法定代表人签字、盖章；于 2006 年 6 月 13 日在太平×行对借款本金 3515 万元进行再次催收的《债务逾期催收通知书》上盖章。虽然债务人在催款通知单上签字或盖章的行为并不必然表示其愿意履行原债务，但可以表明其认可原债务的存在并确认收到催款通知。此外，B 会计所提供的两份会计报表，其中资产负债表之短期借款项的数额均为 3566 万元，这也和太平×行主张的奶牛场欠太平×行的借款总额相一致，并且这一证据的证明力比上诉人提交的《银行存

款日记账》具有优势。因此，依据1998年3月3日奶牛场与太平×行签订的《最高额抵押担保借款合同》中的借款部分、1998年3月3日奶牛场在贷款1900万元的借款借据上签字盖章、奶牛公司在《债务逾期催收通知书》上签字盖章的事实，本院认定太平×行和奶牛场之间1900万元的债权债务事实存在。

二、奶牛公司是否应当承担奶牛场的此笔债务

2004年5月，A集团以奶牛场的净资产出资与C公司共同组建奶牛公司，属于国有企业改制为公司形式的变更，即国有企业参入新的股份形成有限责任公司。企业改制后，其权利义务应当由变更后的企业承受。本案二审开庭时奶牛公司认可奶牛场的债务由奶牛公司承担。太平×行向奶牛公司发出债务催收通知书的行为，也表明太平×行作为债权人对此项债务人的变更也予以认可。因此，奶牛公司承担此笔奶牛场的债务双方无争议，本院予以认可。

三、对于上诉人提出的A集团不应当承担责任的理由与请求是否属于二审审理范围

第二审程序因当事人提起上诉而开始，上诉权是法律赋予当事人的一项诉讼权利，当事人既可以行使也可以放弃。第一审判决后当事人不上诉，表明当事人服从第一审人民法院对他们之间民事权利义务的处理。本案中作为原审被告的A集团并未在法定期间内向本院提起上诉，只是在向合议庭提交的代理词中表示A集团不应承担奶牛公司不能清偿太平×行债务时的清偿责任。根据《民事诉讼法》第一百五十一条①的规定，第二审人民法院审理上诉案件，应当对当事人上诉请求的有关事实和适用法律进行审查。因此对于A集团提出的请求二审应不予审查。奶牛公司在上诉状中提出A集团不承担责任的主张，A集团是独立的企业法人，奶牛公司无权就A集团是否承担责任提起上诉请求，因此，对奶牛公司提出的A集团不应当承担责任的请求本院不予审查。

综上，一审判决认定事实清楚，适用法律正确。本院依照《中华人民共和国民事诉讼法》第一百五十三条②第一款第一项之规定，判决如下：

驳回上诉，维持原判。

二审案件受理费135800元，由哈尔滨某奶牛有限责任公司承担。

本判决为终审判决。

---

① 对应2023年《民事诉讼法》第175条。
② 对应2023年《民事诉讼法》第177条。

第十九章　再审的范围

> **规则 29**：当事人超出原审范围增加、变更的诉讼请求，原则上不属于再审审理范围
>
> ——某省福利彩票发行中心与北京某科技发展有限责任公司营销协议纠纷案[1]；建筑安装公司诉房地产开发公司、张某增建设工程施工合同纠纷案[2]

【裁判规则】

1. 人民法院应当在具体的再审请求范围内或在抗诉支持当事人请求的范围内审理再审案件。当事人超出原审范围增加、变更的诉讼请求，不属于再审审理范围，但涉及国家利益、社会公共利益，或者当事人在原审诉讼中已经依法要求增加、变更诉讼请求，原审未予审理且客观上不能形成其他诉讼的除外。

2. 人民法院接到民事抗诉书后，经审查发现案件纠纷已经解决，当事人申请撤诉，且不损害国家利益、社会公共利益或第三人利益的，应当依法作出对抗诉案终结审查的裁定；如果已裁定再审，应当依法作出终结再审诉讼的裁定。

【规则理解】

一、关于原审范围的界定

民事诉讼一个显著特征是坚持当事人不告不理原则。无论是哪个审级以及审判活动的哪个阶段，人民法院均应围绕当事人提出的诉讼请求进行裁判。可以说，当事人的诉讼请求构成了人民法院的审理范围。人民法院如果超出或者遗漏当事人的诉讼请求裁判，都构成了审判程序违法。从审判监督程序看原审范围，应当理解为原一审当事人提起诉讼的请求范围或者二审当事人提起上诉的上诉请求范围。但是，需要进一步辨析的是，原审范围应以当事人的诉讼请

---

[1] 载《中华人民共和国最高人民法院公报》2009 年第 9 期。
[2] 最高人民法院指导案例 7 号。

求或上诉请求为准还是以原一、二审裁判主文为准？我们倾向于认为，应以当事人提出的请求为准。理由是：第一，民事诉讼以当事人提出请求而启动，一切诉讼活动均是围绕当事人所提出的诉讼（上诉）请求是否成立而展开，而裁判主文仅为诉讼活动终结的标志，是人民法院对当事人之间诉争的最终裁判意见和当事人之间权利义务划分的标准。第二，当事人提出的诉讼请求以及具体的理由是判断诉是否得以成立以及区别不同的诉的一个根本性标准，而裁判主文则不能构成这样的标准。第三，如果人民法院裁判主文超出或者遗漏当事人的请求，则构成了审判程序违法。因此可以说，裁判主文应当以当事人提出的请求为限，在二者的关系上，是当事人的诉讼请求限制了裁判的范围，而不是相反。

当事人在原审程序中为了支持其请求而提出的证据，亦应理解为包括在请求范围之内，因为民事诉讼虽然围绕当事人的请求展开，但是需要依附于案件事实进行裁判，而据以认定案件事实的恰恰就是当事人提供的证据（以及特殊情况下法院依职权调取的证据）。人民法院对于当事人提交的诉讼证据应当按照法定程序进行证据交换、庭审质证以及认证，需要逐一说明对于当事人提交的证据是否采信，是否据以认定案件事实并以此为基础进行裁判。人民法院违反证据规定认定案件事实所作出的裁判同样构成了程序违法，属于案件得以再审的法定事由。

另外，当事人提出的诉讼理由是否属于原审的范围，实践中有不同的看法。有观点认为，如果人民法院在裁判中遗漏了对当事人提出的诉讼理由的回应，应当属于程序违法。我们认为，当事人提出的诉讼理由是当事人或其代理人一方针对案件所提出的对其有利的诉讼观点或者看法，其目的在于说服人民法院作出对其有利的裁判。但是，当事人提出的诉讼理由仍然不属于原审范围，原因在于人民法院作出的裁判理由并非在各方当事人提出的诉讼理由总和当中进行取舍而来；即使当事人没有提出能够说服人民法院的诉讼理由，也不必然导致当事人败诉；即使人民法院作出的裁判当中没有对当事人提出的诉讼理由进行回应，也未必会导致当事人的诉讼权利以及实体权利受到损害。

二、再审范围的确定

审理范围是人民法院对哪些事项纳入审理的制度。《民事诉讼法》对一审程序的审理范围并未作过多限制，以尊重当事人处分权为原则，将当事人在法庭辩论终结前变更、增加诉讼请求，提起反诉的情形均纳入了审理范围。对于二审审理范围，《民事诉讼法》第175条规定："第二审人民法院应当对上诉请求的有关事实和适用法律进行审查。"《民事诉讼法解释》第321条对此作了进一步解释，除一审判决违反法律禁止性规定或损害国家利益、社会公共利益、他人合法权益等特殊情形外，第二审人民法院围绕当事人上诉请求进行审理。以上规定体现了民事诉讼"不告不理"的处分原则，符合民事诉讼本质属性和规律。但《民事诉讼法》没有就再审审理范围作专门规定。鉴于再审对象是生效裁判，当事人的处分权受到更多限制，再审面临更复杂的程序等再审特殊性问题，不能简单套用原一、二审审理范围的规则。有观点认为，在我国现行民事诉讼法律制度下，审判监督程序的性质决定了再审案件的审理范围——恢复在原终审程序审理范围内审理。即如果原生效裁判是因一审后双方当事人均未上诉而生效的，那么根据《民事诉讼法》的规定，案件应当适用一审程序，在当事人请求的范围内审理；如果原生效裁判是在二审后生效的，那么根据《民事诉讼法》的规定，案件应当适用二审程序，在当事人上诉请求的范围内审理。[①]

我们认为，与原审范围问题一样，再审范围问题同样需要围绕当事人提出再审请求问题展开。《民事诉讼法解释》第403条第1款规定："人民法院审理再审案件应当围绕再审请求进行。当事人的再审请求超出原审诉讼请求的，不予审理；符合另案诉讼条件的，告知当事人可以另行起诉。"再审作为第一审或第二审程序的延续，应当继续尊重"不告不理"原则。在已经启动的再审程序中，当事人应当发挥主导性作用，有权决定主张或放弃的事项。当事人只对生效裁判中的部分事项提出再审请求，人民法院对其他事项不予审理。一般说来，人民法院应当在当事人提出的具体的再审请求范围内审理再审案件，而不是恢复到原来一审或者二审的请求范围上来。如果仅仅从请求或者裁判的范围来探讨，那么原审请求与再审请求是何种关系呢？从一般观点上理解，原审请求范围应该涵盖再审请求范围，也就是说，再审请求范围应当小于或等于原审请求范围。即当事人在原审程序中没有提出的请求，不得在再审程序中提出。当事人超出原审范围增加、变更诉讼请求的，同样不属于再审审理范围。但如果当事人在原审诉讼中已经依法要求增加、变更诉讼请求，原审法院未予审理且客观上不能形成其他诉讼的，应当认为原审程序违法，得在再审程序中予以纠正，不能以当事人的请求超出再审范围予以驳回。如果案件涉及国家利益、社会公共利益的，则再审范围不受原审范围拘束，人民检察院可以依法提出抗诉，或

[①] 邱星美：《民事再审案件审理范围探讨》，载《法律适用》2006年第12期。

者人民法院可以依职权启动再审予以纠正。《民事诉讼法解释》第403条第3款规定，人民法院经再审，发现已经发生法律效力的判决、裁定损害国家利益、社会公共利益、他人合法权益情形的，应当一并审理。总之，再审性质上属于对原审的特殊救济程序，再审的对象为生效裁判，审理程序虽然准用原一、二审程序，但并不意味着当然给予了当事人如同原审一样的权利，当事人的再审请求不能超出原审诉讼请求。也就是说，按一审程序再审的审理范围不能超出一审，而一审审理范围是根据原告诉讼请求或被告反诉确定的；按二审程序再审的审理范围不能超出二审，而二审的审理范围以上诉请求为限，不能超出一审审理范围。

基于一方当事人申请或者检察机关抗诉进入再审的案件，对方当事人是否可以提出再审请求？我们认为该问题的答案应该是肯定的。理由如下：第一，裁判生效以后，未申请再审或者未申请检察机关抗诉的当事人，未必认可生效裁判，其可能出于诉讼经济或者其他目的没有提出申请，如果不允许对方当事人在再审程序中提出请求，势必引导当事人在裁判生效以后纷纷申请再审，不利于维护生效裁判的稳定性。第二，如果允许对方当事人申请再审，可以针对原申请人的再审申请产生类似民法上面抵销的效果，便于实现当事人之间的实体权利平衡。第三，在民事诉讼"三加一"模式下，如果不允许另外当事人提出再审请求，在人民法院作出再审判决以后，就意味着其将失去由法院审查、再审救济的机会，对方当事人再行提出申诉，或向上级机关申请检察监督，这将导致对另外当事人明显不公；如果检察机关抗诉，人民法院应当接受，如此一来势必造成当事人的诉累和司法资源的浪费。第四，即便案件已经因再审裁定中止执行，但生效判决并未失去法律效力，仍然拘束案件所有当事人，赋予对方及其他当事人提出再审请求的权利，符合民事诉讼平等保护各方当事人的基本原则。第五，在生效裁判已经进入再审的情况下，不宜重复立案进行再审审查，否则会出现对同一裁判的二次或多次中止执行，也可能出现相矛盾的审查或审理结果。第六，在同一再审程序中针对各方当事人的再审请求进行合并审理，既可避免另外的当事人以申请再审为由拖延再审案件的审理，也可一揽子解决各方争议，节约诉讼资源，增强再审有限性。《民事诉讼法解释》第403条第2款规定："被申请人及原审其他当事人在庭审辩论结束前提出的再审请求，符合民事诉讼法第二百一十二条规定的，人民法院应当一并审理。"根据该款规定，再审程序中被申请人及原审其他当事人可以申请再审，但是应在再审庭审辩论结束前提出再审请求，并且根据《民事诉讼法》第216条规定，应当在原裁判发生法律效力后6个月内提出，有《民事诉讼法》第211条第1项、第3项、第12项、第13项规定情形的，自知道或者应当知道之日起6个月内提出。如果被申请人及原审其他当事人提出再审申请不符合上述条件，再审法院应不予受理其所提出的再审申请。

没有提起上诉的当事人是否可以申请再审？答案同样是肯定的。一审裁判作出以后，一方当事人虽然认为没有完全实现诉讼目的，但可能出于及早使裁判生效的目的考量没有提起上诉。而我国民事诉讼法又缺乏防御性上诉制度，如果对方当事人提起上诉，显然使得没有提起上诉的当事人处于一种不利的诉讼地位。在二审作出对其更为不利裁判的情况下，应当允许没有提起上诉的一方当事人申请再审，如果被驳回，仍然可以申请检察机关抗诉或提出检察建议。

以上几种情况均为当事人申请再审或者检察机关抗诉引起再审的再审范围问题。需要注意的是，我国民事诉讼制度的特色在于人民法院也可以依职权启动再审。《民事诉讼法》第209条规定，各级人民法院院长对本院已经发生法律效力的判决、裁定、调解书，发现确有错误，认为需要再审的，应当提交审判委员会讨论决定。最高人民法院对地方各级人民法院已经发生法律效力的判决、裁定、调解书，上级人民法院对下级人民法院已经发生法律效力的判决、裁定、调解书，发现确有错误的，有权提审或者指令下级人民法院再审。人民法院依职权启动再审与当事人申请再审后被启动再审以及检察机关抗诉再审主要区别之一在于，前者坚持确有错误标准，后者坚持法定事由主义。而对于依职权再审的错误范围，法律以及司法解释没有限定范围，从文义上理解应当解释为原审范围。因此，可以说人民法院依职权启动再审的，再审范围相当于原审范围。但是也不能作最大化的理解，如果原审经过了上诉审，可以限定在上诉审范围。也就是说，如果原一审存在错误而二审予以弥补的情况，不宜再行依职权启动再审，但涉及国家利益或者社会公共利益的除外。如果一审本身就错误，而二审不仅没有予以纠正，而是予以维持的，人民法院依职权启动再审的审理范围应当限定于一审的审理范围。

关于能否另诉的判断标准，在于对"一事"的界定。对此，《民事诉讼法解释》第247条对构成重复起诉的条件进行了规定：（1）后诉与前诉的当事人相同；（2）后诉与前诉的诉讼标的相同；（3）后诉与前诉的诉讼请求相同，或者后诉的诉讼请求实质上否定前诉裁判结果。如果再审当事人变更或增加诉讼请求，符合上述条件不构成重复起诉的，则可以另诉，即使再审不将其纳入审理范围，也并未堵塞当事人的救济途径。再审对象是生效裁判，其所审理的基本事实一般限于原审法庭辩论结束前。因此，原审判决生效后，产生新的事实和法律关系，往往符合另诉的条件，但如果因出现新的证据等特殊情形无法另诉，仍应在再审中一并解决。

总之，再审的目的是通过对案件的再次审理，确定原审裁判是否存在错误，进而对原审裁判作出维持或改变的新的裁判。而一个生效裁判必然是在当事人原审诉讼请求已经固定的基础上作出的，当事人的再审具体诉讼请求只有受到原审诉请的限制，才可以使再审得以在原审范围内，通过再次审判确定原审裁判是否存在错误、是否应纠正。如果允许当事人在再审程序中超出原审范围增加、变更诉讼请求，则再审所作的裁判必然改变原裁判的结果，否定正确裁判的既判力，打破已经生效裁判确立的法律关系和社会秩序，不符合再审是对原审生效裁判存在的错误进行纠正的救济程序的宗旨。因此，再审审理范围应当受当事人原审诉请限制。当事人超出原审范围增加、变更诉讼请求的，不属于再审审理范围，合议庭可以进行调解，调解不成的，依法不予审理。但是，如果涉及损害国家利益、社会公共利益情形的，即使当事人没有申请增加、变更诉讼请求，人民检察院没有抗诉，人民法院也有义务依职权干预。另外，如果当事人在原审中已经提出或变更了诉讼请求，因原审法院的原因没有审理，而且当事人不可能另诉解决的，在此情形下，因该未经审理的诉讼请求属于当事人已经提出而被原审遗漏的请求，应通过审判监督程序解决，否则当事人没有救济渠道。对原审遗漏的请求，再审人民法院应先行调解，如果调解不成，则应发回原审法院审理。①

司法实践中应当注意的是，再审审理范围由审查时的再审事由转向再审请求。在审查程序中，由于再审事由是启动再审的钥匙，因而应当围绕当事人所主张的再审事由进行。进入再审之后，不论是因为程序类再审事由、法律适用类再审事由，还是事实类再审事由，最终均归结到裁判结果处理的正确与否。同时，被申请人及其他当事人有可能提出再审请求或抗辩，法院也有职权审查原裁判是否存在损害国家利益、社会公共利益以及他人合法权益的情形。因此，当事人的再审请求成为再审审理范围的主导，也是再审裁判必须作出回答和决定的内容，与原裁判相比，再审裁判并不必然对再审申请人更为有利。

---

① 何东宁等：《民事再审程序新问题裁判标准》，人民法院出版社2010年版，第213~214页。

【拓展适用】

一、大陆法系代表国家民事再审事由的比较法研究

从世界范围来看，很多国家或地区的民事诉讼制度均对民事再审事由进行了明确规定，但方式并不完全一致，有的分别规定在不同的条文中，有的规定在同一条文中。

（一）德国

德国民事诉讼法根据提出申请所依据的事由，将再审分为无效之诉（又称取消之诉）和恢复原状之诉两种形式。无效之诉肯定是为了主张严重的程序瑕疵，而不考虑该瑕疵是否对裁判内容施加了影响，恢复原状之诉是为了补救判决基础上的严重瑕疵，以裁判的不正确为基础。[①]

无效之诉是以原生效判决违反法定程序为正当事由提起的再审之诉。该类无效事由一旦存在，则被声明不服的裁判即被视为存有错误，即使原生效判决在实体上是正确的，也可对其提起无效之诉，原判决仍应被取消，且无效事由直接导致再审。从民事再审事由分层理论的角度来看，无效事由即属于绝对性再审事由（程序性再审事由）的范围。根据《德意志联邦共和国民事诉讼法》第579条第1款的规定，可以提起无效之诉的事由包括以下四种：（1）为判决的法院不是依法律组成的；（2）依法不得执行法官职务的法官参与审判的；（3）法官应该回避且回避申请已经宣告有理由，而法官仍然参与审判的；（4）当事人一方在诉讼中未经合法代理的。[②]

恢复再审之诉的提起理由是原生效裁判存在实体上的错误，损害了当事人的实体权利，故为实体性再审事由。其要求再审事由与被声明不服的原生效判决之间存在实体性的因果关系，"待声明不服的判决必须以判决材料中被恢复原状理由所攻击的那部分材料为依据，也就是说，该判决被恢复原状理由抽走了赖以存在的基础"。[③]且根据德国民事诉讼法的规定，恢复原状之诉具有补助性质，"只有在当事人非因自己的过失而不能在前诉讼程序中，特别是不能用声明异议或控诉的方法，或者不能用附带控诉的方法提出恢复原状的理由时，

---

① ［德］奥特马·尧厄尼希：《民事诉讼法》，周翠译，法律出版社2003年版，第399页。

② 《德意志联邦共和国民事诉讼法》，谢怀栻译，中国法制出版社2001年版，第137~138页。

③ ［德］罗森贝克等：《德国民事诉讼法》，李大雪译，中国法制出版社2007年版，第1212页。

才准许提起"。① 根据《德意志联邦共和国民事诉讼法》第580条规定，可以提起恢复原状之诉的事由包括：对方当事人宣誓作证，判决即以其证言为基础，而该当事人关于此项证言犯有故意或过失违反宣誓义务的罪行；作为判决基础的证书是伪造或变造的；判决系以证言或鉴定为基础，而证人或鉴定人犯有违反其真实义务的罪行；当事人的代理人或对方当事人或其代理人犯有与诉讼事件有关的罪行，而判决是基于这种行为作出的；参与判决的法官犯有与诉讼事件有关的、不利于当事人的违反其职务上义务的罪行；判决是以某一普通法院或原特别法院或某一行政法院的判决为基础时，而这些判决已由另一确定判决所撤销；当事人发现以前就同一事件所作的确定判决，或者发现另一种证书，或者自己能使用这种判决或证书，这种判决和证书可以使自己得到有利的裁判。②

(二) 日本

受德国民事诉讼法的影响，日本旧的民事诉讼法也将再审之诉区分为无效之诉（取消之诉）和恢复原状之诉，后因为二者均以推翻确定判决、请求对原诉讼案件重新审判为目的，且性质、起诉与审理程序也均相同，同属于"再审之诉"，所以于修改民事诉讼法时将二者合一，1998年1月1日起实施的日本新民事诉讼法采纳的便是再审之诉说。基于此，日本新民事诉讼法对再审事由的规定并未像德国民事诉讼法那样分为两条，而是将其合为一条——在第338条第1款中以列举的方式规定了可以提起再审之诉的10项事由。与德国民事诉讼再审事由相比较，唯一的不同在于日本民事诉讼法将"对于能影响判决的重要的事项遗漏判断的"也规定为再审事由。③

新堂幸司教授认为，"从民事诉讼法第338条第1款第1项到第3项所规定的再审事由，完全等同于绝对的上告理由，因此不论这些事由是否对判决内容产生影响，均可以导致再审程序的启动"，故该三项规定诉讼程序存在瑕疵的再审事由应当理解为绝对的再审事由。此外，新堂幸司教授指出，第4项至第8项所规定的判决基础资料存在异常缺陷的情形以及第9项和第10项所规定的判断本身存在缺陷的情形，必须在对判决主文可能产生影响时才允许提起再审，

---

① 《德意志联邦共和国民事诉讼法》第582条,《德意志联邦共和国民事诉讼法》，谢怀栻译，中国法制出版社2001年版，第138~139页。
② 参见《德意志联邦共和国民事诉讼法》，谢怀栻译，中国法制出版社2001年版。
③ 参见白绿铉编译：《日本新民事诉讼法》，中国法制出版社2000年版，第114页。

应理解为相对性再审事由。①

（三）法国

法国《民事诉讼法典》将可以提出再审申请的情形减少并严格限制至四种。这四种情形包括：原判决作出后，发现该判决是由对其有利的一方当事人欺诈所致；原判决作出后，发现由于一方当事人所为，一些具有决定性作用的文件、字据被扣留而未提出；发现判决系以其作出后经认定或经裁判宣告属于伪造的文件、字据为依据；发现判决系以其作出后经裁判宣告为伪证的假证明、假证言、假宣誓为依据。② 相较于其他国家而言，法国民事再审事由的规定显得比较简单，范围相对狭窄，四项再审事由均是针对当事人的实体性权利受侵害而作出的相对性再审事由，并无因违反程序事项而提起再审的绝对性再审事由之规定。

（四）比较与分析

将上述立法例中的民事再审事由相比较，其相同之处在于：（1）在分层理论的层面上，均设置了绝对性再审事由与相对性再审事由，这有利于增强在实践中的可操作性，从而更好地实现再审的目的和价值；（2）绝对性再审事由均为侵犯当事人程序权利、损害程序公正性的程序性事由，且可以绝对地导致再审程序的启动。将我国民事再审事由与前述国家的民事再审事由相比较，其不同之处在于：（1）德、日、法民事诉讼法中对再审事由的设定严格遵循再审的补充性原则，严格限制再审程序启动的范围和频率；（2）前述国家均采取列举的方式将再审事由确定化、明确化，无兜底条款的设置，即无复合性的再审事由之规定。③

二、再审程序中当事人申请再审事由、提出的理由与诉讼请求的区分

审理范围是一个非常复杂的问题，在司法实践中常常遇到，并且再审事由、当事人提出的理由与诉讼请求经常混淆，应当引起重视。再审事由是一种不以提出申请再审的当事人和法官的意志或主观判断为转移而客观存在的事实，我国《民事诉讼法》第211条规定："当事人的申请符合下列情形之一的，人民

---

① ［日］新堂幸司：《新民事诉讼法》，林剑锋译，法律出版社2008年版，第666~667页。

② 参见［法］让·文森、赛尔日·金沙尔：《法国民事诉讼法要义（下）》，罗结珍译，中国法制出版社2005年版，第1299页注1。

③ 汤维建、韩香：《民事再审事由分层（类型化）理论研究》，载《政治与法律》2012年第2期。

法院应当再审：（一）有新的证据，足以推翻原判决、裁定的；（二）原判决、裁定认定的基本事实缺乏证据证明的；（三）原判决、裁定认定事实的主要证据是伪造的；（四）原判决、裁定认定事实的主要证据未经质证的；（五）对审理案件需要的主要证据，当事人因客观原因不能自行收集，书面申请人民法院调查收集，人民法院未调查收集的；（六）原判决、裁定适用法律确有错误的；（七）审判组织的组成不合法或者依法应当回避的审判人员没有回避的；（八）无诉讼行为能力人未经法定代理人代为诉讼或者应当参加诉讼的当事人，因不能归责于本人或者其诉讼代理人的事由，未参加诉讼的；（九）违反法律规定，剥夺当事人辩论权利的；（十）未经传票传唤，缺席判决的；（十一）原判决、裁定遗漏或者超出诉讼请求的；（十二）据以作出原判决、裁定的法律文书被撤销或者变更的；（十三）审判人员审理该案件时有贪污受贿，徇私舞弊，枉法裁判行为的。"即能够引发再审的13种法定情形。再审事由的客观化，既有利于当事人正确依法行使申请再审权利，又便于法院审查决定是否应当受理当事人的再审申请。理由是当事人提出支持其再审事由和请求的根据，并带有主观色彩的说明性内容，包括事实主张、证据资料、法律依据。再审事由与理由之间，最大的区别在于客观性。再审请求，即申请人向再审法院提出案件如何处理的主张。事由、理由、请求三者实质上构成再审之"诉"的三要素。再审请求作为当事人要求法院保护其实体权益的主张，需要通过指明存在某项（或某几项）再审事由来启动再审，再审请求和再审事由均依赖于当事人在诉讼中陈述的事实根据即具体理由。当事人的再审请求往往是笼统地请求改判，并不直接指向具体权利。因此，再审法院在确定审理范围时，应注意区分"事由"与"理由"、"请求"与"理由"，避免将"理由"理解为"事由"、将"理由"理解为"请求"。若当事人只是概括地要求改判，再审法院应从"理由"中梳理出"请求"。对于抗诉案件而言，审理范围一般会受到原审诉讼请求、当事人申诉请求和抗诉支持请求的限制。

民事抗诉再审案件中，申诉人期待利益的上限是其申诉请求全部得到支持。同时，基于公平的考量，被申诉人也有权在法定期间内通过申请再审而提出请求重新裁决的事项。由于民事抗诉案件仍然是当事人之间的权益争议，归根结底还需由当事人自己提出权利主张和请求裁决事项，以推动诉讼进程和界定诉讼范围。即使检察机关的抗诉主张对当事人有利，当事人也可以放弃请求对该事项的裁决。如果检察机关的抗诉仅以程序性再审事由提起，诉讼的待决事项还需由当事人提出。因此，民事抗诉案件原则上应在当事人请求范围内审理，构成对抗诉主张变更的当事人请求,既可是抗诉时已处于法院审查阶段的具体再审请求,也可是抗诉时已提出申请但尚未在审查阶段的具体再审请求,还可以是申诉人在再审诉讼中提出的请求事项。如果检察机关抗诉范围超越当事人诉讼请求和再审事由的,那么法院可在审理中征询当事人意见,如其在庭审中认可抗诉内容,则将认可的抗诉事由、相关具体理由及证据纳入审理范围。如果当事人在庭审中明确表示不同意抗诉事由的,除非存在违反国家利益或社会公共利益的情形,否则不予审理。如果当事人在庭审中放弃某项或全部抗诉支持的诉讼请求和再审事由的,尊重其处分,也不予审理。如果当事人于再审中有权增加请求事项,即使相关请求已被抗诉机关否定,没有支持的,人民法院也应当审理。如果当事人不愿参加再审,人民法院则应终结审理。总之,人民法院审理再审案件,应以当事人主张的不超出原审范围的诉讼请求为限予以审理。

三、终结再审审查程序与终结再审审理程序

(一)终结再审审查程序

在审查再审申请的过程中,常常遇到一些情形,使得审查程序无必要继续进行。而《民事诉讼法》第154条规定,"有下列情形之一的,终结诉讼:(一)原告死亡,没有继承人,或者继承人放弃诉讼权利的;(二)被告死亡,没有遗产,也没有应当承担义务的人的;(三)离婚案件一方当事人死亡的;(四)追索赡养费、扶养费、抚养费以及解除收养关系案件的一方当事人死亡的"。上述内容对人民法院审查再审申请期间是否可以终结审查,在哪些情形下可以终结审查未作规定。在总结司法实践经验的基础上,《民事诉讼法解释》第400条明确规定:"再审申请审查期间,有下列情形之一的,裁定终结审查:(一)再审申请人死亡或者终止,无权利义务承继者或者权利义务承继者声明放弃再审申请的;(二)在给付之诉中,负有给付义务的被申请人死亡或者终止,无可供执行的财产,也没有应当承担义务的人的;(三)当事人达成和解协议且已履行完毕的,但当事人在和解协议中声明不放弃申请再审权利的除外;(四)他人未经授权以当事人名义申请再审的;(五)原审或者上一级人民法院已经裁定再审的;(六)有本解释第三百八十一条第一款规定情形的。"可见,司法解释明确了终结再审审查程序应当作出终结审查的裁定,以及可以终结审查的具体情形。

1. 再审申请人死亡或者终止,无权利义务承继人或者权利义务承继人声明放弃再审申请的。由于再审审查程序的启动是基于再审申请人提出的再审申请,一旦再审申请人死亡或者终止,没有权利义务承继人或者权利义务承继人声明放弃再审申请的,也就意味着失去了主张启动再审程序的权利主体,再审审查程序也就失去了继续进行的必要,应当终结审查。需要注意的是,司法解释的规定不限于自然人的死亡,还包括法人和其他组织的终止。

2. 在给付之诉中,负有给付义务的被申请人死亡或者终止,无可供执行的财产,也没有应当承担义务的人的。给付之诉是指原告请求被告履行一定给付义务的诉讼,包括金钱给付、物的给付以及行为给付。给付之诉的权利人申请再审的目的是要求被申请人履行给付义务,一旦被申请人死亡或者终止,没有可供执行的财产,也没有应当承担义务的人承接继续给付义务,再审审查程序的继续进行已无意义。即便启动再审纠正原审裁判的错误,再审申请人的给付请求因义务主体的消亡且无财产可供执行,其启动再审程序的目的亦无法实现。因此,此种情形下应终结审查。

3. 当事人达成和解协议且已履行完毕的,但当事人在和解协议中声明不放弃申请再审权利的除外。当事人在执行程序或者再审审查程序中达成和解协议并履行完毕,意味着当事人通过协商达成新的协议,处分自己合法拥有的权利并通过实际履行的方式了结了原有的纷争。在此情形下,人民法院没有对生效裁判继续进行审查的必要,应终结审查。由于民事诉讼法对申请再审不影响执行的原则规定了但书条款,即如果当事人明确表示达成和解协议并不意味着放弃申请再审权利,也就是说虽然当事人达成执行和解协议,但有书面证据表明当事人并非因此而放弃申请再审权利的,则不影响审查程序的继续进行。因此,此种情形下应终结审查。需要指出的是,该第三项规定属于"默示推定无权",只有法律或者司法解释明确作出规定以后,才产生向后的效力。

4. 他人未经授权以当事人名义申请再审的。实践中,有时会出现他人冒充当事人的代理人,以当事人的名义申请再审的情形,如果裁定驳回该再审申请,将会影响真正的当事人行使申请再审的权利。因此,此种情形下应终结审查。

5. 原审或者上一级人民法院已经裁定再审的。《民事诉讼法》第210条规定:"当事人对已经发生法律效力的判决、裁定,认为有错误的,可以向上一级人民法院申请再审;当事人一方人数众多或者当事人双方为公民的案件,也可以向原审人民法院申请再审……"因此,实践中会出现当事人既向原审人民法院申请再审,又向上一级人民法院申请再审的情形,如果原审人民法院和上一级人民法院均受理了当事人再审申请,原审人民法院或者上一级人民法院先行裁定再审的,则尚未审结案件的人民法院应终结审查。另外,再审审查过程中，还可能出现原审人民法院或者上一级人民法院基于检察机关提出抗诉、检察建议或者依职权启动再审的情形，此种情形下亦应终结审查。

6. 有《民事诉讼法解释》第381条第1款规定情形的。《民事诉讼法解释》第381条第1款规定："当事人申请再审，有下列情形之一的，人民法院不予受理：（一）再审申请被驳回后再次提出申请的；（二）对再审判决、裁定提出申请的；（三）在人民检察院对当事人的申请作出不予提出再审检察建议或者抗诉决定后又提出申请的。"根据该规定，有上述三种情形之一的，人民法院对于当事人提出的再审申请应当不予受理。但是，实践中，存在当事人申请再审时故意隐瞒其提出的再审申请曾被有关法院驳回等重要事实，导致案件被受理并进入再审审查程序的情形，或者由于立案环节的疏忽，导致针对再审判决、裁定的再审申请得以受理的情形，也存在再审审查期间，检察机关作出了不予提出再审检察建议或者不予抗诉的决定的情形。人民法院再审审查期间，一旦发现上述情形，即可终止审查程序。

审判实践中应当注意的是：第一，终结审查裁定的效力不同于终结诉讼裁定的效力。终结审查裁定的效力与第一审程序中的终结诉讼裁定有所不同。在第一审程序中终结诉讼时，并不存在确定当事人之间权利义务的法律文书，终结诉讼的裁定作出后，诉讼程序结束。而终结审查裁定作出后，仅仅是结束了人民法院依照审判监督程序启动的审查程序，并不影响已经发生法律效力的裁判的既判力以及执行程序的正常进行。第二，《民事诉讼法解释》第400条第2项的规定仅适用于给付之诉，在确认之诉中不适用。在确认之诉中，即使被申请人死亡或者终止，仍然可以通过启动再审纠正原审判决的错误，确认正确的法律关系或者法律事实。第三，《民事诉讼法解释》第400条第3项规定的和解协议则不仅包括当事人在执行程序中达成的执行和解协议，也包括当事人在再审审查程序中达成的和解协议。

（二）终结再审审理程序

在一、二审程序中，原告或上诉人出现撤诉或者应按撤诉情况处理的，法院裁定准许撤诉或者缺席判决；当事人不具有原告主体资格的，裁定驳回起诉；有《民事诉讼法》第154条规定情形之一的，终结诉讼。在再审诉讼中，由于存在一个已经生效的判决，对于前两种情况无法按原审来处理，那么如何处理以及会产生什么样的法律效果呢？为解决此问题，《民事诉讼法解释》第404条规定："再审审理期间，有下列情形之一的，可以裁定终结再审程序：（一）再审申请人在再审期间撤回再审请求，人民法院准许的；（二）再审申请人经传票传唤，无正当理由拒不到庭的,或者未经法庭许可中途退庭,按撤回再审请求处理的;(三)人民检察院撤回抗诉的;(四)有本解释第四百条第一项至第四项规定情形的。因人民检察院提出抗诉裁定再审的案件,申请抗诉的当事人有前款规定的情形,且不损害国家利益、社会公共利益或者他人合法权益的,人民法院应当裁定终结再审程序。再审程序终结后,人民法院裁定中止执行的原生效判决自动恢复执行。"上述内容是关于终结再审程序情形的规定。

对于"再审申请人在再审期间撤回再审请求,人民法院准许",以及"再审申请人经传票传唤,无正当理由拒不到庭的,或者未经法庭许可中途退庭,按撤回再审请求处理",学界存在不同认识。有观点认为,再审作为特殊的纠错程序,在依法启动后,不应允许当事人的诉讼行为使再审程序终止,使错误的裁判依然存在。我们认为,对当事人而言,诉讼的目的是解决纠纷,在当事人自愿终结诉讼的情况下,对其处分权应予尊重;这样处理也与一、二审处理原则相一致。对于"检察机关撤回抗诉",有观点认为,对此可以作退卷处理,但在已经因抗诉启动再审的前提下,退卷结案不具有对外效力,无法正式告知当事人;而将此作为终结再审的一种情形,则可以终结裁定送达当事人,完结整个诉讼程序。

对于存在《民事诉讼法解释》第 400 条①规定的前四种情形,这四种情形有可能是在进入再审之前就已经存在但未发现的,对此予以终结,实际上是对不应裁定再审而再审后的补救;也有可能是进入再审之后才出现的,客观上没有必要作出再审判决或者依法不能作出再审判决的。需要说明的是,《民事诉讼法解释》第 400 条关于终结审查的情形共有 6 项,但第 5 项、第 6 项情形只能专门适用于审查阶段的终结。首先,"原审或者上一级人民法院已经裁定再审"的情形,在"三加一"框架下,是不会在再审审理阶段出现的,如果极个别案件因依职权再审导致不同法院同时对同一案件再审,那么裁定并案移送。其次,再审审理阶段如果出现(1)再审申请被驳回后再次提出申请的;(2)对再

---

① 《民事诉讼法解释》第 400 条规定:"再审申请审查期间,有下列情形之一的,裁定终结审查:(一)再审申请人死亡或者终止,无权利义务承继者或者权利义务承继者声明放弃再审申请的;(二)在给付之诉中,负有给付义务的被申请人死亡或者终止,无可供执行的财产,也没有应当承担义务的人的;(三)当事人达成和解协议且已履行完毕的,但当事人在和解协议中声明不放弃申请再审权利的除外;(四)他人未经授权以当事人名义申请再审的;(五)原审或者上一级人民法院已经裁定再审的;(六)有本解释第三百八十一条第一款规定情形的。"

判决、裁定提出申请的；（3）在人民检察院对当事人的申请作出不予提出再审检察建议或者抗诉决定后又提出申请等情形时，我们可以把案件视为依职权再审，继续审理作出实体裁判，不应作终结裁定。总之，上述情形需要终结再审，法院也应当对原审是否存在损害国家利益和社会公共利益，以及他人合法权益的情形进行审查。

关于对当事人向检察院申请抗诉的再审案件进行终结的问题。该类案件的再审启动主体是检察院，从诉权角度而言，不存在当事人向人民法院申请撤回再审申请，也不存在按撤回再审申请处理的问题。当事人是向检察院申请抗诉，并没有向法院申请再审。但是，当抗诉再审案件出现《民事诉讼法解释》第404条第1款规定情形时，意味着申请抗诉的当事人符合放弃继续通过再审程序主张权利，应与当事人申请再审案件所适用规则基本保持一致。

关于终结再审程序对执行行为影响的问题。不管案件执行到了何种程序，再审终结时，终结裁定的效力即覆盖原来中止执行的再审裁定，执行行为按执行程序的规定继续进行。

另外，人民法院依职权再审的案件，包括因采纳人民检察院再审检察建议而裁定再审的案件，其前提是原判确有错误，但也要区分有无申诉人或申请人。如有，一般情况下可参照上述规定处理；能够查明案情，原判确实需要改判的，也可以作出再审判决。如无，则依法判决。

应当注意的是：终结再审裁定的法律效果类似于维持原判，但对其不能再审，如果将确实不应终结的案件裁定终结，只能通过法院依职权撤销终结裁定，恢复再审审理。

【典型案例一】

某省福利彩票发行中心与北京某科技发展有限责任公司营销协议纠纷案

再审申请人（一审被告、反诉原告，二审上诉人）：北京某科技发展有限责任公司

再审被申请人（一审原告、反诉被告，二审被上诉人）：某省福利彩票发行中心

〔基本案情〕

北京某科技发展有限责任公司（以下简称某科技公司）为与某省福利彩票发行中心（以下简称某彩票中心）营销协议纠纷一案，不服安徽省高级人民法院（2004）皖民二再终字第12号民事判决，向本院申请再审。本院于2008年10月16日作出（2006）民二监字第20-2号民事裁定，提审本案。本院依法组成合议庭进行了审理。本案现已审理终结。

2001年8月,某省社会福利有奖募捐委员会办公室(以下简称某省募办)向安徽省合肥市中级人民法院提起诉讼,以某彩票中心与某科技公司签订《关于福利彩票宣传营销的协议书》(以下简称《宣传营销协议书》)及《关于福利彩票宣传营销的补充协议》(以下简称《补充协议》)违反了关于中国福利彩票实行专营、发行和销售不得对外合作的规定,损害社会公共利益,应认定无效为由,诉请判决《宣传营销协议书》及《补充协议》无效。某科技公司反诉称,上述协议系当事人真实意思表示。当事人在宣传营销方面的合作符合相关政策精神。上述协议不违反法律、行政法规的禁止性规定,应认定有效。故请求确认《宣传营销协议书》及《补充协议》有效;某彩票中心继续履行协议;某彩票中心支付某科技公司宣传营销提成费727.3174万元。

安徽省合肥市中级人民法院一审查明:2000年7月15日,某彩票中心与某科技公司签订《宣传营销协议书》,约定,某彩票中心是福利彩票的承销者、主办者,负责整体工作。某科技公司负责协助其宣传营销方面的事务。某彩票中心依据每年的销售总额对某科技公司实行不同的奖惩:销售总额1亿元以下(含1亿元),某彩票中心按1亿元底数的4%对某科技公司进行惩罚;销售总额超过1亿元、2亿元、3亿元时,分别按总额的1%、2%、3%给某科技公司提取营销费;最高提成比例为3%。某彩票中心授权某科技公司成立"某省福利彩票发行中心宣传营销部",并以此名义在全省范围内开展工作。某科技公司负责承担电脑福利彩票宣传营销工作的全部费用,在电脑福利彩票正式开通前,先汇入某彩票中心指定的银行账户1000万元资金作为宣传营销专款,由某科技公司掌握使用。合同期限为10年,即2000年10月1日至2010年10月1日。同年11月13日,双方又签订《补充协议》,约定,某科技公司每年投入宣传营销费300万元,如有剩余,双方各支配50%,如有超支,协商解决。某彩票中心给某科技公司提取的宣传营销费用,每月或每季末结算一次,年终总结算;某彩票中心给某科技公司提取的宣传营销费用的比例,不受上级有关部门发行费用增加或降低的影响。某科技公司违约或擅自终止协议,负担前期已经投入的宣传营销及相关的全部费用,补偿某彩票中心从违约之日起后三年的宣传营销费用,退还已收取的宣传营销费;某彩票中心违约或擅自终止协议,赔偿某科技公司已经投入的宣传营销及相关的全部费用,补偿某科技公司从违约之日起按照每年销售总额原应提取的宣传营销费用,支付后三年的全部宣传营销费。

合同签订后,某科技公司依据约定在某彩票中心的授权下成立"某省福利彩票发行中心宣传营销部",制定宣传方案,与相关媒体签订宣传合同,开展了福利彩票的营销工作。

在合同履行期间,因某省募办及其上级主管机关对合同合法性提出异议,某省募办提起诉讼。一审期间,经双方同意,安徽省合肥市中级人民法院委托安徽华安会计师事务所对某省福利彩票发行中心宣传营销部2000年8月初至2001年9月末支出情况进行了审计，结论为：该经营部累计发生费用为 7148246.21 元。此后，该经营部又继续支出了费用 131011.11 元。

该院还查明：某省募办系经依法批准设立的事业单位。根据民政部及某省民政厅的相关文件精神，2000 年初在其基础上着手改制设立的某彩票中心，与其系"一个机构两个牌子"。销售福利彩票是以某彩票中心的名义进行，但截至一审庭审结束时，该中心并未办理相关的登记手续。

〔一审裁判理由与结果〕

安徽省合肥市中级人民法院一审认为：当事人签订的《宣传营销协议书》及《补充协议》主要包含三方面的内容：某科技公司为安徽福利彩票发行提供宣传营销服务；某科技公司每年投入 300 万元营销费用；某彩票中心每年在彩票销售总额中按比例给某科技公司提取营销费用。某科技公司投入的营销费用，具有投资性质。某科技公司按彩票销售总额及约定的比例提取营销费用或支付罚金，存在承担盈利和亏损的风险，也已超出劳动报酬的范畴，具有营利性质。这些约定违反了国家对彩票资金使用的有关规定，变相地造成某科技公司介入福利彩票发行销售，违反国家有关政策法规的规定，损害了社会公共利益，因此，《宣传营销协议书》及《补充协议》应确认无效。某科技公司投入的宣传营销费用，经审计，2000 年 8 月至 2001 年 9 月累计支出费用共计 7279257.30 元，应由某省募办支付。但某科技公司反诉要求某省募办继续履行协议，以及依协议给付宣传营销提成费用的诉讼请求于法无据，不予支持。该院于 2003 年 4 月 25 日作出（2001）合民二初字第 153 号判决：确认《宣传营销协议书》及《补充协议》无效；某省募办返还某科技公司投入的宣传营销费用 7279257.30 元及 2001 年 10 月 1 日后利息（按同期银行贷款利率计算到给付之日止）；驳回某科技公司的反诉请求。本诉案件受理费 60110 元，反诉案件受理费 46575 元，审计费 30000 元，合计 136685 元，由某省募办承担 56685 元，某科技公司承担 80000 元。

〔当事人上诉及答辩意见〕

某科技公司不服一审判决，向安徽省高级人民法院提起上诉称：一审法院认定某科技公司违规介入福利彩票发行销售的经营领域，《宣传营销协议书》及《补充协议》无效错误。因某省募办单方毁约，双方的协议已无法再继续履行，故变更诉讼请求为：撤销一审判决；驳回某省募办诉讼请求；判令某省募办赔偿其投入的宣传营销费用 7279257.30 元；支付其宣传营销提成费用 7273174 元（计算至 2001 年 9 月）；赔偿其经济损失 1000 万元；某省募办承担本案一审、二审全部诉讼费用和审计费用。某省募办答辩称，一审法院认定事实清楚，适用法律正确，请求驳回上诉，维持原判。

〔二审查明的事实〕

安徽省高级人民法院二审查明的事实与一审查明的事实一致。

〔二审裁判理由与结果〕

安徽省高级人民法院二审认为：《宣传营销协议书》及《补充协议》是双方当事人真实意思表示。协议约定某科技公司为福利彩票发行提供营销策划、广告宣传等方面的服务，某科技公司既不参与销售，也不参与资金结算。上述协议内容未违反法律、行政法规的禁止性规定。从其内容看，某科技公司提取的宣传营销费是从发行费用中提取，不影响总额中彩民奖金和福利基金的比例，不存在损害社会公众利益的问题。因此，《宣传营销协议书》及《补充协议》有效。某彩票中心擅自终止合同的履行，构成违约，应依约定承担违约责任。某彩票中心违反约定终止履行义务已超过两年，履行协议的基础已发生重大变化，故合同应予终止。至于某科技公司请求对方支付其宣传营销费用7279257.30元及赔偿经济损失1000万元的诉讼请求，因某科技公司未在一审反诉中提出，故不属于二审审理范围，某科技公司可另行起诉解决。该院于2003年7月25日作出（2003）皖民二终字第151号判决：撤销（2001）合民二初字第153号判决；确认《宣传营销协议书》及《补充协议》合法有效，终止履行；某省募办于判决生效后十日内支付某科技公司宣传营销提成费用7273174元（计算至2001年9月）；驳回某省募办的诉讼请求。一审本诉案件受理费60110元，反诉案件受理费46575元，合计106685元由某省募办负担；审计费30000元，由某省募办与某科技公司各负担15000元；二审案件受理费106685元，由某省募办负担80000元，某科技公司负担26685元。

〔当事人申请再审及答辩意见〕

某省募办不服上述法院二审判决，以某彩票中心名义向安徽省高级人民法院申请再审称：《宣传营销协议书》和《补充协议》应认定无效。1. 该协议内容违反相关规定。某科技公司根据协议约定组建销售机构、制定销售方案，对外签订宣传合同，就彩票经营销售进行了一系列活动，其行为已超出专业服务范畴，违反相关文件精神。2. 该协议损害了社会公共利益。专业性公司所获取的报酬只能从发行费中收取，不得从福利彩票销售总额中按比例收取。销售总额包括福利基金、资金和发行费三部分，直接从彩票销售总额中提成，减少上述三项资金的比例，与发行福利彩票的宗旨和福利彩票的性质相违背，变相地造成公司介入福利彩票的发行销售，违反国家政策规定。某科技公司依约直接从彩票销售总额中提成，直接参与彩票结算，违反上述规定，侵害社会公共利益，故请求依法改判。

某科技公司答辩称：1. 《宣传营销协议书》和《补充协议》符合法律规定，是有效合同。2. 某科技公司仅是协助某彩票中心进行销售前的营销策划和广告宣传事务，既不参与彩票销售，也不参与资金结算，并未进入彩票经营销售领域。协议签订后，某科技公司制定了宣传方案，支出了巨额资金，履行了合同义务，某彩票中心应给予报酬。某科技公司收取的报酬系从发行费中提取,不损害社会公共利益。综上,请求驳回某彩票中心的申诉请求。

安徽省高级人民法院再审认为,发行福利彩票属于社会公益事业。根据民政部发布的相关文件规定,福利彩票属国家专营,任何单位和个人不得介入福利彩票的发行和销售。有关专业公司通过为电脑彩票销售提供营销策划等方面的专业服务,可收取相应的服务报酬,但只能从发行费中收取,不得从福利彩票销售总额中按比例提取。因为福利彩票销售总额包括彩民奖金、福利基金和发行费,直接从彩票销售总额中提成,将减少上述三项资金的比例,违反福利彩票资金使用的有关政策规定。根据《宣传营销协议书》及《补充协议》的约定,某科技公司每年投入300万元营销费用,又从彩票销售总额中按比例提取费用,超出了收取服务报酬的正常范畴,具有投资收益的性质。并且,某科技公司从彩票销售总额中按比例提取营销费用,这些约定都违反国家政策规定,损害了社会公共利益。经该院审判委员会讨论,该院于2004年8月19日作出安徽省高级人民法院(2004)皖民二再终字第12号民事判决:撤销安徽省高级人民法院(2003)皖民二终字第151号民事判决;维持合肥市中级人民法院(2001)合民二初字第153号民事判决。

某科技公司不服安徽省高级人民法院(2004)皖民二再终字第12号民事判决,向本院申请再审称:一、再审判决认定某科技公司直接从彩票销售总额中按比例提取营销费用,减少彩票销售总额中三项资金的构成比例,变相介入销售领域,违背客观事实。1.某科技公司按照协议提供的服务符合国家法律法规和民政部的规定,是合法有效的服务。从协议的约定来看,某彩票中心是安徽省福利彩票唯一的发行主体。在协议的履行中,某科技公司举行一系列彩票营销宣传活动,完全是在上述复函所说的范围之中,而并未进入经营销售领域。2.某科技公司按照协议约定的服务报酬的计算方式获取服务报酬,符合双方签订协议的真实意愿,符合法律规定。从协议的体系来看,《补充协议》约定的"某彩票中心给某科技公司提取的宣传营销费用,每月或每季末结算一次",这同样能够印证"按销售总额的比例"仅是对宣传费计算方法的约定。从交易习惯来看,某彩票中心与省内数千家销售点签订的《代销协议》也是同样约定"按福利彩票销售总额的7.5%支付代销费"。不能据此认定数千家代销点都是直接从销售总额中扣除代销费,都损害了社会公共利益,协议无效。3.某科技公司按照协议约定提取的服务报酬不可能减少彩票销售总额中三项资金的构成比例。首先,福利彩票销售总额包括福利金、奖金和发行费。福利彩票销售资金的实际控制人和支付主体是某彩票中心,某科技公司不可能直接从彩票销售总额中直接提取宣传费、发行费。其次,某彩票中心按照彩票销售总额的15%留存在本中心的发行费可自主支配,宣传营销的费用包含在发行费中。依据协议约定,某彩票中心按照销售总额为计算依据向某科技公司支付宣传费的比例为1%~3%,低于发行费。同时《补充协议》约定"某彩票中心给某科技公司提取的宣传营销费用的比例,不受上级有关部门发行费用增加或降低的影响",这也明确了宣传费实际上是由某彩票中心按月向某科技公司结算。某科技公司获取的宣传费是某彩票中心从发行费中支付的费用,不可能减少彩票销售总额中三项资金的比例。二、双方在签订协议及履行过程中,没有损害社会公共利益。相反,正是由于某科技公司成功的宣传、营销及巨大的资金投入,才使安徽省的福利彩票销售总额呈几倍增长,国家获取了更多的资金发展福利事业,维护了社会公共利益。某彩票中心否认协议有效性的根本原因是在发行费用由20%降至15%后,为减少对其利益影响,其在与某科技公司协商降低宣传费比例不成的情形下,以损害社会利益的理由主张合同无效。某彩票中心与某科技公司的合作完全符合政策文件精神,某彩票中心没有任何证据证明某科技公司介入了销售领域,不应判决协议无效。因此,再审判决适用法律错误。三、因某彩票中心违约,导致协议无法继续履行,某彩票中心应当依法承担法律责任。故请求撤销安徽省高级人民法院(2004)皖民二再终字第12号民事判决;维持安徽省高级人民法院(2003)皖民二终字第151号民事判决。

在本院再审庭审期间,某科技公司提交变更诉讼请求申请书,认为,由于某彩票中心以损害社会公共利益为由,请求法院确认协议无效,安徽省合肥市中级人民法院一审和安徽省高级人民法院再审也以损害公共利益为由认定协议无效,故本案涉及社会公共利益,符合关于损害社会公共利益应允许当事人再审变更诉讼请求的规定,申请变更一审反诉请求的第二、三项为请求判令某彩票中心承担违约责任,赔偿某科技公司垫付的宣传营销费用、补偿某科技公司三年应提取的宣传营销费用并支付某科技公司应提取的全部宣传营销费用共计35821938.79元。

被申请人某彩票中心答辩称:一、国家对彩票事业实行专营,某科技公司参与国家禁止合作的领域,违反现行规定。1.基于福利彩票的公益性,我国福利彩票发行、销售实行专营,发行与经营不得对外合作。对此,国务院文件有明确规定。2.当事人之间订立的合同直接以合作方式介入经营证据确凿,违反国家规定。首先,无论是合同的名称还是合同的内容均明确反映出某科技公司参与福利彩票经营的事实。(1)涉案协议书的全名为《关于福利彩票宣传营销的协议书》,名称中仅有"营销"而无"策划",涉及经营。(2)《宣传营销协议书》的内容更能充分反映某科技公司参与经营的客观事实,如某科技公司参与营销工作的表现为:实施营销方案,协助各销售网点搞好营销工作,条件成熟时逐步建立连锁式营销网络,并从事与福利彩票相关的即开彩票、电视彩票及网络彩票的业务。其次,合同约定涉及经营,违反了相关规定。本案中,当事人订立的合同既没有经过中国福彩中心的批准,又不是仅限于彩票印制和硬件设备生产或软件技术开发,明显违反规定,缺乏相应依据。最后,即便是依据该105号文件,合同中的约定仍然违反国家政策和制度的规定。民政部规定的是营销策划可以合作,并没有规定营销可以合作,对营销进行合作实际就是参与经营,是被国家明令禁止的行为。3.合同约定的某科技公司的营利模式，系典型的投资收益，超过了收取服务报酬的范畴。某科技公司的行为实质上是一种投资行为。二、某科技公司从彩票销售总额中提取收益，严重损害社会公共利益。合同中唯一一次提到发行费是在合同中乙方责权利条款中的第9项，某科技公司筹建彩票沙龙享有3%的发行费，由此可以看出当事人订立合同时，明确只有在彩票沙龙筹建时，才从发行费中提取，其他的都在销售总额中提取。《补充协议》第三条明确约定"提取宣传营销费用的比例，不受上级有关部门发行费用增加或降低的影响"，说明提取的比例与发行费没有关系。某科技公司通过合同将其收益凌驾于福利彩票各项资金之上，必然损害社会公共利益，违反了不得从福利彩票销售总额中按比例提取的规定。综上，请求维持安徽省高级人民法院再审判决。

〔最高人民法院再审查明的事实〕

最高人民法院对安徽省高级人民法院查明的事实予以确认。

最高人民法院再审另查明：

《宣传营销协议书》第二条甲方（安徽福彩中心）责权利条款中约定："1. 指导乙方（某科技公司）的宣传营销工作。"第三条"乙方的责权利"条款中约定："1. 承担电脑福利彩票宣传营销工作的全部费用……5. 实施已制定的电脑福利彩票的宣传营销方案；6. 协助各销售网点搞好营销工作，并在条件成熟时逐步建立连锁式营销网络……8. 开展与福利彩票相关的业务，如即开彩票、电视彩票、网络彩票等。"

〔最高人民法院裁判理由与结果〕

最高人民法院认为，本案再审争议焦点有以下两个方面：

一、某科技公司再审变更诉讼请求能否得到支持。本案系二审终审案件，因此，在再审审理过程中，应按照第二审程序审理。某科技公司虽在原二审审理过程中提出变更诉讼请求，但其未在一审反诉中提出，故原二审法院以其不属于二审审理范围，可另行起诉为由未予审理。本院再审审理范围原则上不应超出原审审理范围。本案中，对某科技公司变更诉讼请求是否予以支持的问题只涉及该公司的个体利益，并不涉及社会公共利益的保护，而且，某科技公司可以就其拟变更的诉讼请求另行提起诉讼获得权利救济，故某科技公司变更诉讼请求并不符合《审判监督程序的解释》第三十三条关于再审可以变更诉讼请求的情形，对其变更诉讼请求的请求，本院不予支持。

二、当事人双方签订的《宣传营销协议书》《补偿协议》是否有效。当事人争议主要集中在三个方面：

（一）某科技公司是否介入彩票的发行、销售领域，合同是否因之无效问题。第一，关于法律适用问题。在本案合同效力的认定上，不应以行政规章的规定为认定依据。但在法律、行政法规没有规定，而相关行政主管部门制定的行政规章涉及社会公共利益保护的情形下，可以参照适用其规定，若违反其效力性禁止性规定，可以以违反《中华人民共和国合同法》第五十二条①第四项的规定，以损害社会公共利益为由确认合同无效。福利彩票是为筹集社会福利事业发展资金而发行的取得中奖权利的凭证。发行福利彩票的宗旨是"扶老、助残、救孤、济贫"，其目的是为社会福利事业和社会保障事业筹集更多资金，具有公益性。鉴于该性质和目的，民政部是国务院批准在全国发行中国福利彩票的唯一政府职能部门，其他任何部门和地方无权擅自发行福利彩票。因此，企事业单位或者个体工商户一律不得发行、经营彩票或变相彩票。福利彩票的发行和经营管理不得对外合作。如果根据查明的事实，《宣传营销协议书》和《补充协议》约定的内容仅属于规定允许的专业公司在市场调研、市场咨询、营销策划、广告宣传等方面的策划专业服务中参与合作，而未进入经营销售领域的，则应适用前述协议颁布之后的法律、行政法规的规定，认定上述协议有效；如果合作超出了前述规定的合作范围，导致某科技公司实质介入福利彩票的发行和销售，则也根据前述规定认定上述协议无效。第二，某科技公司是否实质介入福利彩票的发行和销售。关于《宣传营销协议书》名称中"营销"两字的理解，有参与销售和协助进行营销宣传策划两种。关于合同中约定的某科技公司的义务范围中的制定、实施营销方案，协助各销售网点搞好营销工作，条件成熟时逐步建立连锁式营销网络，并从事与福利彩票相关的即开彩票、电视彩票及网络彩票的业务的理解，也有参与销售和协助进行营销宣传策划两种。究竟应作何理解，应结合合同目的、合同中其他条款以及某科技公司实质从事的法律行为的性质进行分析。根据该协议书引言和第一条的表述，某彩票中心聘请某科技公司协助进行宣传营销工作，某彩票中心是福利彩票的承销者、主办者，负责整体工作。某科技公司负责协助其宣传营销方面的事务。由此可见，福利彩票的承销者是某彩票中心，某科技公司只负责协助其宣传营销方面的事务。在本院再审庭审过程中，除安徽华安会计师事务所作出的审计报告书附表中载明的一笔某科技公司为考察市场布点情况所付出租车费的证据外，某彩票中心并无其他证据证明某科技公司在实际的工作中参与了彩票的发行和销售。而该证据既可以理解为协助营销策划、考察网点，也可以理解为某科技公司亲自进行布点营销，从事销售行为，在无其他证据佐证的情形下，不能当然理解为其证明某科技公司实质参与了销售活动。因此，某彩票中心并无充分证据证明某科技公司实际参与销售活动，《宣传营销协议书》及其《补充协议》不应因此认定无效。某科技公司关于协议有效的再审理由成立，本院予以支持，安徽省高级人民法院的再审认定不当，应予纠正。

（二）当事人双方约定提成费为销售总额的3%，是否属于变更福利彩票销售资金各费用比例，损害社会公共利益的行为。专业性公司所获取的报酬只得从发行费中提取，不得从福利彩票销售总额中按比例提取，是因为销售总额包括福利金、奖

---

① 对应《民法典》第153条。

金和发行费三部分,直接从彩票销售总额中提成,减少了上述三项资金的比例,与福利彩票发行的宗旨和性质相违背,变相地造成了公司介入福利彩票的发行销售,违反规定。本案中,某科技公司所获得的报酬显然是其协助某彩票中心进行销售宣传、策划而得的报酬,因此,其应属于发行费用的范畴。从《补充协议》关于"宣传营销提成费用的比例不受上级有关部门发行费用增加或降低的影响"约定的文义也可以推出,彩票销售总额只是计算某科技公司宣传营销提成费用的依据,营销提成费用应按约定比例从销售总额用途中的发行费用中提取。发行费在福利彩票资金分配比例中,在2000年前占彩票销售总额20%,2001年调整后该比例变更为15%。当事人双方约定的提成比例的上限为销售总额的3%,该比例仅占全部发行费用的一部分,并未影响到其他两部分资金的提取比例,不会损害社会公共利益。再者,按彩票销量的一定比例支付服务费为国际通行做法,也是我国彩票机构普遍采取的结算方式。综上,某科技公司从销售总额的发行费用中提取相关营销提成费用的约定应解释为其从发行费中提取相应的提成费用,符合该费用的使用目的,并未影响到福利彩票销售资金中其他两类资金的比例,不存在损害社会公共利益的情形,故某彩票中心关于该约定变更福利彩票销售资金各费用比例,损害了社会公共利益的答辩理由不能成立,本院不予支持。

(三)提成费用的约定是否过高,是否有违劳动报酬的本质,是否影响合同效力问题。依据《宣传营销协议书》和《补充协议》的约定,某科技公司每年投入宣传营销费用和付出相关劳动进行宣传策划工作,故有权获得相应劳动报酬。当然,该报酬应与投入相应,在投入和收入明显悬殊的情形下,应予适当调整。因此,如果本案存在继续履行的可能性,在合同依约履行的情形下,能否完全按照合同的约定提取比例计算之后的劳动报酬,需考量投入和收入的数额,以公平原则进行衡量。但就本案而言,由于某彩票中心已不履行合同达两年多时间,合同已不存在继续履行的可能性,应予解除。因此,应根据某科技公司已投入的费用和其要求给付的报酬之间是否相差悬殊,是否有违公平原则进行确定。根据审计报告所做结论,2000年8月初至2001年9月末,某省福利彩票发行中心宣传营销部累计发生费用为7148246.21元。此后,该经营部又继续支出了费用131011.11元。现某科技公司要求给付其宣传营销提成费用7273174元(计算至2001年9月),应认定其支出与诉请要求给付的费用相差并不悬殊,公平合理。

综上,《宣传营销协议书》及《补充协议》是双方当事人真实意思表示,不违反法律、行政法规的效力性禁止性规定,应认定有效。某彩票中心单方终止合同的履行,已构成根本违约,合同应予解除。某科技公司在一审提起反诉,请求某省募办继续履行协议,以及依协议给付宣传营销提成费用。其虽在本院再审期间变更诉讼请求,但因该变更的诉讼请求超出了原审审理范围,且不属于应作为再审审理范围的特殊情形,故对其再审变更的请求,本院不予支持,其可另案解决。安徽省高级人民法院二审判决认定事实清楚，适用法律准确，应予维持。安徽省高级人民法院的再审判决适用法律错误，应予纠正。本院依据《中华人民共和国民事诉讼法》第一百五十三条①第一款第（二）项、第一百八十六条②之规定，判决如下：

一、撤销安徽省高级人民法院（2004）皖民二再终字第12号民事判决；

二、维持安徽省高级人民法院（2003）皖民二终字第151号民事判决。

上述给付义务，限自本判决送达之日起十日内履行。逾期给付，则按照《中华人民共和国民事诉讼法》第二百二十九条③的规定处理。

本判决为终审判决。

【典型案例二】

建筑安装公司诉房地产开发公司、张某增建设工程施工合同纠纷案④

申诉人：房地产开发公司

被申诉人：建筑安装公司

被诉人：张某增

〔基本案情〕

2009年6月15日，房地产开发公司因与建筑安装公司、张某增建设工程施工合同纠纷一案，不服黑龙江省高级人民法院同年2月11日作出的（2008）黑民一终字第173号民事判决，向最高人民法院申请再审。最高人民法院于同年12月8日作出（2009）民申字第1164号民事裁定，按照审判监督程序提审本案。在最高人民法院民事审判第一庭提审期间，房地产开发公司鉴于当事人之间已达成和解且已履行完毕，提交了撤回再审申请书。最高人民法院经审查，于2010年12月15日以（2010）民提字第63号民事裁定准许其撤回再审申请。

申诉人房地产开发公司在向法院申请再审的同时，也向检察院申请抗诉。2010年11月12日，最高人民检察院受理后决定对本案按照审判监督程序提出抗诉。2011年3月9日，最高人民法院立案一庭收到最高人民检察院高检民抗〔2010〕58号民事抗诉书后进行立案登记，同月11日移送审判监督庭审理。最高人民法院审判监督庭经审查发现，房地产开发公司曾向本院申请再审，其纠纷已解决，且申请检察院抗诉的理由与申请再审的理由基本相同，遂与最高人民检察院沟通并建议其撤回抗诉，最高人民检察院不同意撤回抗诉。再与房地产开发公司联系，房地产开发公司称当事人之间已就抗诉案达成和解且已履行完毕，纠纷已经解决，并于同年4月13日再次向最高人民法院提交了撤诉申请书。

---

① 对应2023年《民事诉讼法》第177条。
② 对应2023年《民事诉讼法》第218条。
③ 对应2023年《民事诉讼法》第264条。
④ 最高人民法院指导案例7号。

〔最高人民法院裁判理由与结果〕

最高人民法院认为：对于人民检察院抗诉再审的案件，或者人民法院依据当事人申请或依据职权裁定再审的案件，如果再审期间当事人达成和解并履行完毕，或者撤回申诉，且不损害国家利益、社会公共利益的，为了尊重和保障当事人在法定范围内对本人合法权利的自由处分权，实现诉讼法律效果与社会效果的统一，促进社会和谐，人民法院应当根据《最高人民法院关于适用〈中华人民共和国民事诉讼法〉审判监督程序若干问题的解释》第三十四条[①]的规定，裁定终结再审诉讼。

本案中，申诉人房地产开发公司不服原审法院民事判决，在向最高人民法院申请再审的同时，也向检察机关申请抗诉。在本院提审期间，当事人达成和解，房地产开发公司向本院申请撤诉。由于当事人有权在法律规定的范围内自由处分自己的民事权益和诉讼权利，其撤诉申请意思表示真实，已裁定准许其撤回再审申请，本案当事人之间的纠纷已得到解决，且本案并不涉及国家利益、社会公共利益或第三人利益，故检察机关抗诉的基础已不存在，本案已无按抗诉程序裁定进入再审的必要，应当依法裁定本案终结审查。

规则30：再审应当限于原审的审理范围，而不能超出原审范围进行裁判

——中国有色金属工业某勘察设计研究院与海南省A房地产开发公司长沙公司、海南省A房地产开发公司合作建房合同纠纷案[②]

【裁判规则】

依照审判监督程序，对案件进行再审的基础，是已经发生法律效力的判决、裁定确有错误，或者有证据证明已经发生法律效力的调解书违反调解自愿原则或调解协议的内容违法。纠正原审错误是再审的基本功能。因此，再审应当限于原审的审理范围，而不能超出原审范围进行裁判。

【规则理解】

一、审判监督程序与再审程序的概念辨析

在我国的民事诉讼理论以及司法实践中，审判监督程序与再审程序的概念常常并行出现，有关这两个概念的关系问题，理论和司法实务上有两种不同观

---

① 对应2020年《最高人民法院关于适用〈中华人民共和国民事诉讼法〉审判监督程序若干问题的解释》第23条。
② 载《中华人民共和国最高人民法院公报》2006年第11期。

点：一种观点认为审判监督程序就是再审程序，这两个概念是同一制度的两个不同称谓，持这种观点者在阐述审判监督程序的概念或再审程序的概念时，同时阐明"审判监督程序又称再审程序"或"再审程序又称审判监督程序"。另一种观点认为审判监督程序与再审程序不同，严格来讲它们是两种不同的程序。持这种观点者又可以再分为两种有区别的观点，第一种观点认为："审判监督程序和再审程序虽然紧密关联，但是两者之间有着明确的界限，彼此不能混同……审判监督程序乃是开启再审程序必备的前置程序，它的全部作用集中表现为引起再审程序的发生与进行，但其本身并不能够直接使确有错误的生效裁判得到纠正；再审程序则是审判监督程序的后续程序，它的开启必须以审判监督程序的进行为前提，使它具有使确有错误的生效裁判得到纠正的独特功能。"第二种观点认为："审判监督程序是设在再审程序之中，为引起再审程序而设立的程序"，"再审程序是审判监督程序的继续和应产生的结果，而审判监督程序是再审程序的前提和基础。"①

我们认为，从我国的民事诉讼法立法体例上看，审判监督程序应当包括再审程序，我国的民事诉讼法设专章规定了审判监督程序。在审判监督程序中具体又包括审查程序以及再审审理程序。审查程序解决的是生效裁判是否进入再审程序的问题，根据现行的民事诉讼法规定，案件启动再审的途径包括当事人申请再审或者申诉、作出生效裁判的法院的院长发现或上级法院发现以及检察院抗诉三种途径。生效裁判经过审查程序裁定再审以后，再审程序按照一审或者二审程序进行开庭审理并作出新的裁判。因此可以说，再审程序解决的是当事人的再审请求与理由是否成立、原生效裁判是否应予改判的问题。上述两个程序共同构成了我国民事诉讼法的审判监督程序。

二、民事再审之诉的诉讼标的

一般来说，民事再审之诉具有双重目的，一为撤销或变更原裁判，二为就原诉讼重新进行审理并重新作出裁判。由于民事再审之诉的这种双重目的性，学界对其诉讼标的产生争议，由此形成了二元诉讼标的说和一元诉讼标的说。对民事再审之诉诉讼标的构成的不同认识，影响到民事再审程序的设计和适用，进而影响到当事人的重大程序利益和实体利益。

（一）二元诉讼标的说

最初，德国、日本均以二元诉讼标的说为通说。该说认为，民事再审之诉

---

① 邱星美：《民事再审案件审理范围探讨》，载《法律适用》2006年第12期。

的诉讼标的,除原诉讼标的外,再审之诉本身另有其诉讼标的,即废弃原确定裁判的形成权。再审之诉首先以废弃原裁判为目的,属于诉讼法上的形成之诉。另外,原诉讼也存在诉讼标的,通常为实体法上的法律关系或权利关系。二元诉讼标的说又包括以下几种学说:一是旧诉讼标的说。该学说认为不同的再审理由,构成不同的再审之诉的诉讼标的,即再审之诉的诉讼标的因再审事由的不同而不同。二是新诉讼标的说(又称一分支说)。该学说认为再审理由只是诉讼中的攻击防御方法,并非诉讼标的,再审之诉的诉讼标的为再审申请人所主张的请求法院将原确定裁判予以废弃的声请。三是二分支说,又称诉的声明及事实理由合并说。该学说认为,诉的声明和再审事由共同构成诉讼标的,只要再审之诉中诉之声明和再审理由二要素中的任一项不同,即构成不同的诉讼标的。二元诉讼标的说体现了再审之诉的阶段性和双重目的性,为重新审理原诉讼提供了合理的理论依据。

(二) 一元诉讼标的说

一些德、日学者在批判二元诉讼标的说的基础上,提出了一元诉讼标的说。该学说认为,不应将再审诉讼视为撤销原判决之诉讼与对原判决重新审理的诉讼两者复合的诉讼,而应将再审诉讼视为类似上诉程序的诉讼,即对于原确定终局判决声明不服而请求将原判决撤销或变更的诉讼方法。不认为该阶段具有独立的诉讼标的,而应将再审诉讼程序作为一个整体来考察,再审诉讼的诉讼标的就是原诉讼的诉讼标的。

我们认为,从再审之诉的诉讼价值、诉讼目的以及诉讼程序规定看,二元诉讼标的说有其合理性。无论如何,再审之诉不同于一、二审诉讼,其面临的是一个确定的生效裁判,再审之诉势必要对该生效裁判的正确与否作出判断,因此该确定的生效裁判亦应视为再审之诉的诉讼标的。坚持二元诉讼标的说,并不意味着认为再审之诉不是一个整体,无论审查再审事由是否成立,无论再审请求与理由的正确与否,都要在生效裁判的稳定性与正确性两种衡平价值之间进行衡量。

三、民事再审之诉的对象

民事再审之诉的对象,是指根据民事诉讼法律规定,适格的诉讼主体可以对之提起再审之诉的确定裁判的种类和范围。我国民事诉讼法规定,再审程序的对象是已经发生法律效力的判决、裁定以及调解书。"已经发生法律效力"的判决、裁定所指的就是法院作出的终局判决和裁定。我国民事诉讼法针对调解书规定了再审程序启动主体包括人民法院、人民检察院以及案件当事人,但是三者在针对调解书得以启动再审之诉的情形并不完全相同。

(一) 针对生效判决的再审

在我国民事诉讼中，生效判决一般包括一、二审法院依照普通程序、简易程序以及特别程序、再审程序作出的判决，但是不能理解为对法院作出的所有判决都可以提起再审。对于二审判决后的案件，当事人是可以申请再审的，但是对于一审判决生效的案件，当事人是否可以申请再审，应当区分不同情况，当事人如果未提起上诉而在一审判决生效以后申请再审，应当充分说明其正当理由，否则不应予以启动再审。从一般意义上理解，实行一审终审的判决不可以提起再审，因为，非讼程序审理的非讼事件一般不涉及实体权益之争，特别程序、督促程序、公示催告程序、破产程序的性质均为非讼程序，程序功能并非解决民事权益争议。如我国《民事诉讼法》所规定的按特别程序审理的案件即选民资格案件，宣告公民失踪、死亡案件，认定公民无民事行为能力、限制行为能力案件，认定财产无主的案件，确认调解协议案件，实现担保物权案件以及按公示催告程序等作出的除权判决均不可以启动再审程序。如此理解的理由在于法院适用特别程序审理的非讼事件一般不涉及实体权益之争，而再审之诉作为上诉审程序的补充，在现行立法对非讼事件实行一审终审制的框架下，当然应当理解为不得启动再审。因此，《民事诉讼法解释》第378条规定："适用特别程序、督促程序、公示催告程序、破产程序等非讼程序审理的案件，当事人不得申请再审。"应当注意的是，《民事诉讼法》第193条、第201条、第204条分别对宣告失踪、宣告死亡案件，认定公民无民事行为能力、限制民事行为能力案件，认定财产无主案件，出现新情况后，人民法院作出新判决，撤销原判决作了规定，并未就特别程序裁判确有错误如何救济的问题作出规定。基于特别程序的性质系非讼程序，不适用再审，《民事诉讼法解释》第372条对于特别程序案件的救济程序作了专门规定，即"适用特别程序作出的判决、裁定，当事人、利害关系人认为有错误的，可以向作出该判决、裁定的人民法院提出异议。人民法院经审查，异议成立或者部分成立的，作出新的判决、裁定撤销或者改变原判决、裁定；异议不成立的，裁定驳回。对人民法院作出的确认调解协议、准许实现担保物权的裁定，当事人有异议的，应当自收到裁定之日起十五日内提出；利害关系人有异议的，自知道或者应当知道其民事权益受到侵害之日起六个月内提出"。对于再审判决、裁定，依据《民事诉讼法解释》第381条第1款的规定，当事人提出再审申请的，人民法院不予受理，即"当事人申请再审，有下列情形之一的，人民法院不予受理：(一) 再审申请被驳回后再次提出申请的；（二）对再审判决、裁定提出申请的；（三）在人民检察院对当事人的申请作出不予提出再审检察建议或者抗诉决定后又提出申请的"。应当注意的是，对于再审判决、裁定申请再审的问题，不再区分该再审判决、裁定是维持原判还是改判，均应按照上述司法解释的规定不予受理。

另外，《民事诉讼法》第186条同时规定："人民法院在依照本章程序审理案件的过程中，发现本案属于民事权益争议的，应当裁定终结特别程序，并告知利害关系人可以另行起诉。"也就是说，在特别程序中如果法院认为涉及民事权益之争的，即终结特别程序，有利于当事人实体权益的保障。

《民事诉讼法》第165条规定了小额的简单民事案件实行一审终审制，没有明确该类案件发生错误时如何救济、是否适用再审程序。对于此类案件当事人能否申请再审，有观点认为当事人不得申请再审。理由是针对事实清楚、权利义务关系明确、争议不大并且数额较小的简单的民事案件，裁判的效率性比裁判的公正性更为重要，即使为了某一方当事人实体利益的公正考量，也不宜将另一方当事人拉入无休无止的诉讼当中去。如果为了片面追求判决的公正性，可能任何一方当事人所消耗的资源都要远远大于其可能得到的诉讼利益以及实体利益。在不允许该类案件当事人提起上诉的情况下，如果再行允许其申请再审甚至启动再审程序，显然违背了法律本意和立法目的。我们研究认为：首先，依据《民事诉讼法》第218条规定，再审程序应当准用原审程序进行，原判一审生效的按一审程序，二审生效的按第二审程序。小额案件比较简单，都是一审终审的。因此，如果该类案件的申请再审由上一级人民法院审查，实际起到了移审的效果，提审时还要适用二审程序审理，显然与此类案件应当一审终审的要求不符。其次，《民事诉讼法解释》第424条第2款规定，当事人以不应按小额诉讼案件审理为由向原审人民法院申请再审的，人民法院应当受理。理由成立的，应当裁定再审，组成合议庭审理。作出的再审判决、裁定，当事人可以上诉。这符合这类案件的基本要求和正常做法。如果直接由上级法院按照第二审程序再审，作出的裁判为终审裁判，当事人无法行使上诉权，不利于保护当事人的上诉权。最后，从人民法院审理小额诉讼案件的情况来看，由于此类案件事实清楚、争议不大，当事人申请再审的比例非常低，由原审法院另行组成合议庭审查并决定是否再审，完全可以纠正错误，确保裁判公正。因此，《民事诉讼法解释》第424条规定："对小额诉讼案件的判决、裁定，当事人以民事诉讼法第二百零七条规定的事由向原审人民法院申请再审的，人民法院应当受理。申请再审事由成立的，应当裁定再审，组成合议庭进行审理。作出的再审判决、裁定，当事人不得上诉。当事人以不应按小额诉讼案件审理为由向原审人民法院申请再审的，人民法院应当受理。理由成立的，应当裁定再审，组成合议庭审理。作出的再审判决、裁定，当事人可以上诉。"应当注意的是，当事人申请再审的管辖法院为原审人民法院；适用的再审事由仍然是《民事诉讼法》第 211 条明确的各项事由；根据小额诉讼程序设立初衷以及简便快捷的功能，采用一裁终局。对于不应当适用小额诉讼程序而原审予以适用的案件，因其剥夺了当事人的上诉权，属适用法律确有错误情形，当事人可以仅以此为由向原审人民法院申请再审，再审时应当按照普通民事案件的一审程序予以再审。对该类再审裁判，当事人可以提起上诉。

(二) 针对生效裁定的再审

在我国民事诉讼中，裁定是法院对民事诉讼中的程序问题以及个别实体问题所作出的具有诉讼法上约束力的判定。根据《民事诉讼法》第 157 条规定，在裁定适用的 11 种情形中，当事人可对不予受理、驳回起诉、管辖权异议 3 种裁定提起上诉。学理上认为，对于不具有终结诉讼程序之功能，而仅具有诉讼指挥、执行处分功能的裁定，如对财产保全和先予执行的裁定、中止或终结诉讼的裁定、中止或终结执行的裁定、补正裁判文书笔误的裁定、不予执行仲裁裁决和不予执行公证机关赋予强制执行效力的债权文书等裁定不能成为再审程序的对象。对不予受理和驳回起诉的裁定，虽然对诉讼程序是否启动具有重大影响，但由于这两种裁定已赋予了当事人上诉救济权，因此，也不应准许当事人对其提起再审。管辖问题乃法院内部职权分工的结果，法律已经赋予了当事人上诉权，故对管辖权异议的裁定同样不能成为再审程序的对象。[1] 我们倾向认为，不予受理和驳回起诉的裁定是终局性裁定，涉及案件当事人是否享有诉权的问题，裁定生效后即产生当事人不得再以同样的请求、事由起诉的既判力，具有终结诉讼之功能，一旦存在错误，则损害当事人请求司法救济的诉权，如果当事人不能享有再审申请权利，将会不利于一部分案件当事人诉讼权利以及实体权利的保障。因此，涉及当事人的基本程序保障，就不予受理和驳回起诉的裁定，应当允许当事人申请再审。《民事诉讼法解释》第 379 条规定："当事人认为发生法律效力的不予受理、驳回起诉的裁定错误的，可以申请再审。"而管辖权异议裁定从性质上说属于中间裁判，并不具有终局性。2007 年《民事诉讼法》修改时将案件"管辖错误"作为申请再审的法定事由，而 2012 年修

---

[1] 蔡武：《对我国民事诉讼法再审程序的分析》，载《综合来源》2010 年第 8 期。

正的《民事诉讼法》则在第 200 条有关申请再审事由中取消了"管辖错误"的再审事由。

审判实践中应当注意，发回重审、中止诉讼等其他针对诉讼程序问题作出的非终局性裁定，并未影响当事人基本诉讼权利和实体权利义务，不能申请再审。对于按自动撤回上诉的裁定能否申请再审的问题，因为当事人可以直接针对一审判决申请再审获得救济，若允许对按自动撤回上诉的裁定申请再审，则已经生效甚至执行完毕的一审判决又变为不生效，程序上难以操作，司法解释未规定对该类裁定可以申请再审。

（三）针对民事调解书的再审

《民事诉讼法》第 209 条规定："各级人民法院院长对本院已经发生法律效力的裁判、裁定、调解书，发现确有错误，认为需要再审的，应当提交审判委员会讨论决定。最高人民法院对地方各级人民法院已经发生法律效力的判决、裁定、调解书，上级人民法院对下级人民法院已经发生法律效力的判决、裁定、调解书，发现确有错误的，有权提审或者指令下级人民法院再审。"第 212 条规定："当事人对已经发生法律效力的调解书，提出证据证明调解违反自愿原则或者调解协议的内容违反法律的，可以申请再审……"第 219 条第 1 款规定："最高人民检察院对各级人民法院已经发生法律效力的判决、裁定，上级人民检察院对下级人民法院已经发生法律效力的判决、裁定，发现有本法第二百一十一条规定情形之一的，或者发现调解书损害国家利益、社会公共利益的，应当提出抗诉。"

从上述规定可以看出，人民法院发现调解书确有错误的，可以再审；当事人提出证据证明调解违反自愿原则或者调解协议的内容违反法律的，可以申请再审；人民检察院发现调解书损害国家利益、社会公共利益的，应当提出抗诉，检察机关不能对其他情形提出抗诉，这与当事人享有处分权相关。应当注意的是，《民事诉讼法解释》第 382 条规定："当事人对已经发生法律效力的调解书申请再审，应当在调解书发生法律效力后六个月内提出。"调解书申请再审期限为调解书生效后六个月内，不适用《民事诉讼法》第 216 条规定，即当事人应在裁判生效后六个月内提出再审申请，如果有该法第 211 条规定的四种特定事由，即有新的证据，足以推翻原判决、裁定的；原判决、裁定认定事实的主要证据是伪造的；据以作出原判决、裁定的法律文书被撤销或者变更的；发现审判人员在审理该案件时有贪污受贿，徇私舞弊，枉法裁判行为的，从知道或应当知道之日起六个月内提出再审申请。

【拓展适用】

一、审判监督程序的衡平价值

（一）裁判的公正性与裁判的稳定性的衡平价值

法院判决一经生效，民事争议便定分止争，裁判便具有拘束力、确定力、形成力和执行力。在现代社会里，维护法的安定性是法治原则导出的必然结果。在此意义上，法院和当事人均受确定裁判的拘束，即使裁判有错误，亦应遵从。相对于法的不安定性而言，在具体案件上忍受错误判决的危险，其危害要小得多。① 从另一方面看，根据各国立法通例，对已经发生法律效力的判决和裁定，如果存在危害当事人利益或者违反社会公共利益的情形，仍可以通过进入审判监督程序予以纠正。但如果法院能够随时、随意地否定自己或下级人民法院作出的确定判决，将会大大影响司法的权威，使得讼争的法律关系又处于不稳定状态。因此，在确定裁判的公正性与稳定性之间，需要找寻一个恰当的利益平衡点，一方面确保法的公正性的最终实现，另一方面也要充分考量裁判的稳定性。在满足纠正错误裁判的需要与维护裁判的稳定性之间求得平衡，在两者的极限之内寻求解决方案，是审判监督制度必须斟酌的重要因素。

（二）裁判的公正性与诉讼效率的衡平价值

公正与效率是司法的主题，即使公正是司法所追求的终极目标，没有效率的司法也是让人无法忍受的。"迟到的正义并非真正的正义。"审判监督程序同样需要考量公正与效率二者之间的利益平衡。再审程序的启动必定延长案件的审理期限，使得讼争的法律关系难以确定，这种情况有悖于诉讼效率的目标，因此从制度设计的角度看，不能为了追求绝对的诉讼正义而无休止、无原则地一味让案件进入再审，不能总为所谓的纠错而无休止地就某一民事争端开启和进行审判程序，否则就会导致审判程序的及时性和终局性受到不应有的牺牲，判决的既判力不存在，判决没有权威性、严肃性。审判监督程序不讲诉讼效率，多次再审，即使当事人最终取得正确判决，这种公正也是苦涩的。审判监督程序中，既要满足纠正错误裁判的需要，又要满足诉讼效率的需要，应当做到同时兼顾。在二者出现矛盾时，应力求在二者的极限之内合理地调和与平衡，力争以最快的速度求得正确的裁判，实现个案公正和体现社会公正。

（三）实体正义与程序正义的衡平价值

审判监督程序的制度价值在于纠正生效裁判的错误，生效裁判的错误包括

---

① 孙桂宏：《谈审判监督程序制度的衡平价值》，载《广东法学》2001年第4期。

实体性错误与程序性错误。"但程序正义的实现，即使消极地实现（通过纠正违反程序正义的错误，保障程序正义的实在化）都要受到各种条件和因素的限制。程序正义的实现是相对的，这种相对性主要体现在实现的成本与实现价值的平衡上。程序正义的实现与诉讼的经济性（包括物质上的经济性和时间上的经济性）存在天然的紧张关系。再审纠错是事后救济，而纠错必然有各方的物质、精力和时间上的投入。"① 因此，我们需要考量实体性错误与程序性错误在审判监督程序中引起生效裁判进入再审的利益平衡。我国的民事诉讼法一直将生效裁判的程序性错误作为案件进入再审的一个法定事由，但是不是所有的程序性错误均能够导致案件进入再审呢？"如果某一程序瑕疵没有对申请人的实体权益造成任何损害，或该程序瑕疵与裁判结果没有因果关系，则将当事人各方拖进再审，不仅没有任何诉讼利益，反而使当事人各方承受更大的牺牲，这不仅加大了当事人的成本，也挤占了有限的司法资源。因此，在确定再审事由时候，必须考虑程序正义实现的成本与实现价值的平衡。"② 我们认为，程序性错误之所以成为生效裁判得以再审的法定事由之一，其原因在于程序性的制度设计在民事诉讼制度当中有其特殊的制度价值，有些程序性规定是当事人实体权利得以实现的诉讼保障，有些问题很难在究竟属于当事人的程序性权利还是实体性权利之间作出泾渭分明的区分。另外，民事诉讼的制度设计是整个实体法规定得以实现的制度性保障，舍弃程序性制度，实体性权利如果受到侵害将无从获得救济。因此，不能得出程序性制度是实体性规定的辅助性规定的结论。但是，也不能得出所有的程序性错误都应当得到纠正的结论，不能不加限制地盲目追求绝对的公正，对那些虽然存在一定程序性瑕疵，但对当事人实体权益无实质性影响或者不可能有实质性影响的案件，不宜启动再审，否则将会人为地浪费诉讼资源，影响法律关系的稳定性。

一审胜诉或部分胜诉的当事人未提起上诉，且在二审中明确应予维持，在二审判决维持原判后，该当事人又申请再审的，因其缺乏再审利益，对其再审请求不应予以支持，否则将变相鼓励或放纵当事人滥用再审程序，导致对诉讼权利的滥用和对司法资源的浪费。

---

① 江必新：《民事再审事由：问题与探索——对〈民事诉讼法〉有关再审事由规定的再思考》，载《法治研究》2012年第1期。
② 江必新：《民事再审事由：问题与探索——对〈民事诉讼法〉有关再审事由规定的再思考》，载《法治研究》2012年第1期。

【拓展案例】

王某与卢某、某集团、第三人房地产开发公司民间借贷纠纷案[①]

再审申请人：王某

被申请人：卢某

被申请人：某集团

一审第三人：房地产公司

〔基本案情〕

2015年9月5日，王某与卢某、某集团签订借款协议，约定王某出借708万元给卢某，卢某承诺将借款用于支付银川市西夏区某工程项目土地出让金，借期为自出借之日起六个月，月息2.5%，每月底付当月利息，到期还本付剩余利息，超期还款的超出期按月息3%计算。某集团承诺卢某授权并同意某集团作为监管方，若卢某未能如期如约向王某归还该借款，某集团有权在借款期限内直接从上述项目回笼资金中优先扣除各款项，用于连本带息偿还王某借款。某集团有权将上述项目房屋（在建、预售、现房）协助王某办理以房抵债手续，抵顶卢某尚欠王某的债务。王某提供该借款后，卢某同意用上述项目的土地使用权份额进行担保，即王某自借款之日起享有该土地使用权的相应不增值、不减值份额，利息另算。如该项目未能由某集团与卢某联合开发时，卢某作出该土地使用权的任何处置前必须清偿该债务，卢某清偿该债务后方可处置该土地使用权，王某对开发过程中全部义务均不担责，卢某清偿王某全部债务后土地担保自行解除。某集团接受上述监管工作（只监管，不担保），愿意协助王某以上述方式实现本次债权。2015年9月6日，王某将708万元汇入某拍卖公司账户；卢某出具借条，内容为"今借到王某现金708万元，本人卢某委托王某直接通过银行转账转入某拍卖公司，用于支付某工程项目土地出让金，月息2.5%，每月底支付当月利息，借期为陆个月"。另查明，第三人房地产公司于2014年3月18日成立，股东为卢某、肖某，其中卢某出资比例为51%。2014年3月20日，房地产公司与某集团签订联合开发房地产协议，协议约定房地产公司公开拍得某集团拍卖的西夏区宣和巷南侧、欣益巷西侧土地，房地产公司与某集团对该土地进行联合开发，以某集团名义，房地产公司为主具体实施开发。

〔一审裁判理由与结果〕

宁夏回族自治区银川市中级人民法院一审认为：王某与卢某签订借款合同，双方民间借贷关系成立，应受法律保护。关于本金，双方明确约定本金708万元，且王某已向卢某指定账户转款，故本金为708万元；关于利息，双方当事人约定借期内利息为月息2.5%，逾期利息为3%，现涉案借款借期已过，王某以月息2%主张借期内

[①] 载《中华人民共和国最高人民法院公报》2018年第7期。

利息及逾期利息符合法律规定，应当予以支持。关于王某主张撤销《借款协议》以及请求判令某集团对借款本息承担共同清偿责任及卢某在未清偿全部借款本息前不得处置与本案借款本息等额的某工程项目土地使用权份额的诉讼请求，经审查，本案系民间借贷纠纷，王某依约向卢某履行了借款义务，借款行为已完成，王某与卢某对借款本金及利息约定明确，该协议亦约定在卢某未与某集团合作开发的情况下如何处理债权，应认定为双方当事人真实意思表示，王某上述两项诉讼请求无事实及法律依据，不予支持。依据《中华人民共和国合同法》第二百零五条、第二百零六条、第二百零七条①，《最高人民法院关于审理民间借贷案件适用法律若干问题的规定》第二十六条、第三十条②，《中华人民共和国民事诉讼法》第一百四十四条③之规定，判决：一、卢某丁本判决生效之日起十日内，偿还王某借款本金708万元并以年利率24%支付利息（自2015年9月6日至本判决确定的给付之日）；二、驳回王某的其他诉讼请求。

〔当事人上诉及答辩意见〕

卢某不服一审判决，向宁夏回族自治区高级人民法院上诉称：1. 王某在涉案借款期限未到时提起诉讼、对上诉人的相应财产申请财产保全措施不符合法律规定，一审在借款期限未到、还款条件未成就的情况下，支持王某的诉讼请求，显属认定事实和适用法律错误，被上诉人要求上诉人偿还借款及利息的诉讼请求不能成立，应予以驳回。2. 王某与上诉人原本互不相识，是原审被告某集团及其原法定代表人刘某欺骗王某向上诉人提供借款并提出某集团负责监管，某集团还通过走假账的形式牟取非法利益，如果没有某集团对该笔借款的承诺，王某不可能将款借给上诉人，某集团应当对涉案借款承担担保责任。

被上诉人王某辩称：一审判决认定事实清楚、证据充分、适用法律正确，应予维持。1. 某集团与卢某采取欺诈、虚构事实的方式，使被上诉人在不明真相的情况下与其签订了《借款协议》，并将708万元的现金借给了卢某。2. 依据《借款协议》及借条的约定，卢某应在每月底支付当月利息，但其在借款后没有向王某支付过利息；依据《借款协议》的约定，涉案土地实际使用权人应是卢某，卢某与某集团合作开发时，某集团才有监管的权力，但事实上卢某是用拍得的土地使用权作为自己的出资投入房地产公司，联合开发协议也是房地产公司与某集团之间签订的，在该协议中某集团只收取2%的管理费，而不做任何投资，名为联合开发，实为土地使用权的转让，且该协议并未赋予某集团监管和擅自卖房的权利，卢某与某集团隐瞒了

---

① 对应《民法典》第674~676条。
② 2020年《最高人民法院关于审理民间借贷案件适用法律若干问题的规定》第25条、第29条对利率标准已有调整。
③ 对应2023年《民事诉讼法》第147条。

重要事实，造成了某集团的监管成为一句空话；卢某以股东出资的形式投资到房地产公司名下，在借款一个多月后又以1200万元的价格转让自己的股权，该行为违反了《借款协议》中关于先还借款后处置土地使用权的约定。故卢某称自己没有违约行为的理由不能成立。3. 依据《借款协议》的约定，借款期限应至2016年3月5日止，而一审法院的判决是在还款期限届满后作出的，卢某的上诉是为了拖延时间，请求二审驳回上诉。

原审被告某集团答辩称：一审认定事实清楚，适用法律正确，判决正确。上诉人陈述的事实不属实，其上诉理由无事实依据，请求二审驳回上诉，维持原判。

〔二审裁判理由与结果〕

宁夏回族自治区高级人民法院认为，本案的焦点问题是：1. 上诉人应否向被上诉人偿还借款本金、利息及一审审判程序是否符合法律规定；2. 某集团应否对涉案借款承担担保责任。

关于上诉人应否向被上诉人偿还借款本金、利息及一审审判程序是否符合法律规定的问题。涉案《借款协议》中约定王某出借708万元给卢某，卢某承诺将借款用于支付银川市西夏区某工程项目土地出让金，借期为自出借之日起六个月，月息2.5%，每月底付当月利息，到期还本付剩余利息，超期还款的按月息3%计算。《借款协议》签订后，王某按照约定履行了出借款的义务，卢某对该笔借款也予以确认，双方民间借贷关系成立。因某集团与卢某并未联合开发银川市西夏区某工程项目，卢某在借款后也没有向王某支付过利息，王某联系不到卢某，无法向其索要利息。同时，王某还了解到卢某在转让其在房地产公司的股权，故王某基于不安抗辩权，在借款期限未满之时提起诉讼并对卢某提出诉前财产保全申请，符合法律规定，且上诉人直到借款期限届满也并未向被上诉人偿还借款及利息，本案被上诉人以月息2%主张借期内利息及逾期利息符合法律规定。故一审判令上诉人向被上诉人偿还借款本金及利息并无不当，一审审判程序符合法律规定。

关于某集团应否对涉案借款承担担保责任的问题。《借款协议》明确约定，某集团作为监管方愿意接受协议中约定的监管工作，但只监管，不担保。因某集团在涉案《借款协议》关系中的地位是监管方，并不是借贷法律关系的担保人，某集团不应对涉案借款承担担保责任。上诉人主张一审认定事实错误，依法应予发回重审或改判的上诉请求无事实和法律依据，本院不予支持。

综上所述，卢某的上诉请求不能成立，应予驳回；一审判决认定事实清楚、适用法律正确，应予维持。依照《中华人民共和国民事诉讼法》第一百四十四条、第一百七十条①第一款第一项规定，判决如下：

驳回上诉，维持原判。

---

① 对应2023年《民事诉讼法》第147条、第177条。

〔当事人申请再审理由及答辩意见〕

王某申请再审称，本案符合《中华人民共和国民事诉讼法》第二百条第二项、第六项规定的情形，应予再审。请求：1. 撤销（2015）银民初字第281号民事判决第二项，撤销（2016）宁民终278号民事判决，依法对本案再审；2. 改判卢某偿还王某借款本金708万元，并按年利率24%从2015年9月6日支付利息至实际清偿日止；3. 某集团对上述借款本息承担共同清偿责任，同时判令某集团在未清偿全部借款本息前，不得处置与本案借款本息同等金额的某工程项目土地使用权份额；4. 本案一审、二审、再审费用由卢某、某集团承担。事实和理由：一、一审、二审判决认定事实不完整是造成判决错误的根本原因。借款发生前，王某与卢某并不认识。某集团于2013年12月24日拍卖涉案土地的使用权，卢某为买受人之一。因卢某无力支付土地出让金，某集团介绍卢某从王某处借款。某集团和卢某故意向王某隐瞒某集团与房地产公司已于2014年3月20日就涉案土地签订《联合开发房地产协议》以及约定项目全部收益归房地产公司所有的事实，称该土地系某集团与卢某共同开发，致使王某误以为卢某拥有该土地使用权，从而因某集团作出的监管承诺而将款项出借给卢某。某集团虽签订《借款协议》，但根本无法按照协议的约定履行监管职责，无法协助王某实现债权，一审、二审判决对某集团的重大过错未予认定。二、一审、二审法院未判令某集团承担共同清偿责任，认定事实错误，适用法律不当。《借款协议》约定："如该项目未能由某集团与乙方（卢某）联合开发时，乙方作出该土地使用权的任何处置前，必须清偿该债务，乙方清偿该债务后方可处置该土地使用权。甲方对开发过程中的全部义务如工程款、劳务费等均不担责。乙方清偿了甲方全部债务后，该土地担保自行解除。"该条款适用的前提是卢某享有土地使用权，某集团才能对卢某未清偿债务而处置土地的行为进行监管。卢某所购买的土地使用权是其作为股东对房地产公司的出资，土地项目由某集团与房地产公司联合开发。一审法院明知卢某对涉案土地不享有使用权，却未认定某集团的责任，与事实严重不符。某集团、卢某在借款过程中采取欺诈、隐瞒的手段，使王某在违背真实意思表示的情况下签订了《借款协议》并出借款项，因此《借款协议》应当被撤销。根据《中华人民共和国合同法》第五十八条①的规定，某集团应当承担共同清偿责任。三、一审、二审判决未撤销《借款协议》，而是认定《借款协议》合法有效，但却又未按协议约定判决某集团履行监管职责，判决结果错误。

某集团提交意见称：一、本案不存在法定再审情形，王某的再审申请不能成立。一审、二审法院认定的事实与当事人约定一致，并按《借款协议》的约定，判决卢某向王某偿还借款本金及利息，一审、二审判决结果并无不当。我公司并非出借人

---

① 对应《民法典》第157条。

或借款人、担保人,《借款协议》中也明确约定我公司只监管,不担保。因此,我公司在本案中不应承担任何责任。王某要求我公司承担共同还款责任无事实及法律依据,违反合同相对性原则。王某主张我公司不得处置的"某工程项目土地使用权",已被卢某和肖某、黄某共同拍买竞得,我公司并非该土地的使用权人,对此已不享有权利,无权处置该土地使用权份额。二、王某一审时请求支付利息至"生效判决确定给付之日止",而再审请求利息支付至"实际清偿日止"。王某一审请求判令"某集团在卢某未清偿全部借款本息前,不得处置与本案借款本息同等金额的某工程项目土地使用权份额",而再审请求判令"在某集团未清偿全部借款本息前,不得处置与本案借款本息同等金额的某工程项目土地使用权份额"。王某的再审请求均与其一审诉讼请求不一致,不应属于再审程序的审查范围。三、王某未对本案提起过上诉,且正在申请执行已生效判决,说明其认可一审、二审判决内容,王某申请再审系增加当事人的诉累。

〔最高人民法院裁判理由与结果〕

《中华人民共和国民事诉讼法》第一百六十四条①第一款规定:"当事人不服地方人民法院第一审判决的,有权在判决书送达之日起十五日内向上一级人民法院提起上诉。"第一百六十八条②规定:"第二审人民法院应当对上诉请求的有关事实和适用法律进行审查。"依据上述法律规定,两审终审制是我国民事诉讼的基本制度。当事人如认为一审判决错误的,应当提起上诉,通过二审程序行使诉讼权利。即当事人应当先选择民事诉讼审级制度设计内的常规救济程序,通过民事一审、二审程序寻求权利的救济。再审程序是针对生效判决可能出现的重要错误而赋予当事人的特别救济程序,如在穷尽了常规救济途径之后,当事人仍然认为生效裁判有错误的,其可以向人民法院申请再审。对于一审胜诉或部分胜诉的当事人未提起上诉,二审判决维持原判且该当事人在二审中明确表示一审判决正确应予维持的当事人,因为其缺乏再审利益,对其再审请求不应予以支持,否则将变相鼓励或放纵不守诚信的当事人滥用再审程序,从特殊程序异化为普通程序。这不仅是对诉讼权利的滥用和对司法资源的浪费,也有违两审终审制的基本原则。

本案中,宁夏回族自治区银川市中级人民法院作出(2015)银民初字第281号民事判决,判令卢某偿还王某借款本金708万元及利息(以年利率24%计算,自2015年9月6日起计付至判决确定的给付之日),驳回王某的其他诉讼请求,王某对此未提起上诉,应视为王某接受一审判决结果。卢某对一审判决不服,提起上诉称,某集团欺骗王某向卢某提供借款,王某系因某集团出具的承诺才提供借款,某集团应当对借款承担担保责任。王某针对卢某的上诉请求及理由辩称,一审判决认定事

---

① 对应2023年《民事诉讼法》第171条。
② 对应2023年《民事诉讼法》第175条。

实清楚，证据充分，适用法律正确，应予维持。宁夏回族自治区高级人民法院二审仅审查卢某的上诉请求，并作出相应判决，符合二审相关规定。现王某提出再审请求，主张一、二审判决遗漏事实、损害其合法权益，明显与其在本案一审判决后未上诉、二审诉讼期间要求维持一审判决的行为相悖，且宁夏回族自治区高级人民法院作出的（2016）宁民终278号民事判决，驳回卢某的上诉请求，维持原审判决，未改变一审判决对王某权利的判定，故王某的再审申请缺乏再审利益，本院对王某的再审申请不予支持。

综上，本院依照《中华人民共和国民事诉讼法》第二百零四条①第一款、《最高人民法院关于适用〈中华人民共和国民事诉讼法〉的解释》第三百九十五条②第二款之规定，裁定如下：

驳回王某的再审申请。

二、民事诉讼法解释对检察监督范围的规定③

《民事诉讼法解释》第411条规定："人民检察院依法对损害国家利益、社会公共利益的发生法律效力的判决、裁定、调解书提出抗诉，或者经人民检察院检察委员会讨论决定提出再审检察建议的，人民法院应予受理。"上述规定是关于检察机关依职权监督民事诉讼的解释。人民检察院依职权监督民事诉讼的范围，涉及《民事诉讼法》第219条第1款、第2款的理解，以及该条与第220条的关系问题。

（一）对检察机关依职权监督的解释

在执行《民事诉讼法》第219条以及第220条的司法实践中，有关方面出现了不同的理解。有观点认为，根据《民事诉讼法》第220条的文字表述，其中规定的法院纠错先行、检察监督在后是给当事人使用的。也就是说，当事人可以在三种情形下向人民检察院申请检察建议或者抗诉，至于检察机关本身并不受是否有法院纠错先行的限制，其可以适用《民事诉讼法》第219条，随时提出检察监督。我们认为，《民事诉讼法》的相关规定目的之一在于解决"终审不终"，因此在二审之外设置法院和检察院各过滤一道，最终不再向当事人提供程序性保障。至于《民事诉讼法》第219条中检察机关依职权监督的规定，应当限定在合理的范围内，否则《民事诉讼法》第220条的努力便付诸东流。

---

① 对应2023年《民事诉讼法》第215条。
② 对应现行《民事诉讼法解释》第393条。
③ 参见江必新主编：《最高人民法院民事诉讼法司法解释专题讲座》，中国法制出版社2015年版，第284~287页。

《民事诉讼法解释》第413条、第414条分别就再审检察建议和检察抗诉的受理审查作了规定,另外一条即《民事诉讼法解释》第411条,则明确规定对于损害国家利益、社会公共利益的判决、裁定、调解书,检察机关可以依职权监督。该规定是对《民事诉讼法》第219条中依职权监督范围的解释,即只要是确实损害了国家利益、社会公共利益,无论是民事调解书,还是民事判决书、民事裁定书,检察机关均可监督;检察机关在监督方式上,不限于再审检察建议,还可以提出抗诉。这符合民事诉讼法的规定和最高人民法院及最高人民检察院关于再审检察监督工作的共识。

(二) 关于国家利益、社会公共利益

一般认为,国家利益就是指满足或者能够满足国家生存发展为基础的各方面需要并且对国家在整体上具有好处的事物,比如外交需要等。社会公共利益是指不特定范围的广大公民所能享受的利益。

应当注意的是:第一,损害国家利益、社会公共利益是指损害了概括的、不特定多数人的利益。有观点认为,执法不严、适用国家法律错误也属于损害国家利益、社会公共利益的内容。我们认为,损害国家利益、社会公共利益不应理解为"违反法律"或者"适用法律错误"。第二,对于《民事诉讼法解释》第411条的适用,没有法院纠错先行的限制,即抗诉或再审检察建议来院时,不必审查是否符合《民事诉讼法》第220条的要求。

(三) 对检察机关不可以监督范围的解释

《民事诉讼法解释》第412条规定:"人民检察院对已经发生法律效力的判决以及不予受理、驳回起诉的裁定依法提出抗诉的,人民法院应予受理,但适用特别程序、督促程序、公示催告程序、破产程序以及解除婚姻关系的判决、裁定等不适用审判监督程序的判决、裁定除外。"上述规定是对再审检察监督案件范围的解释。《民事诉讼法》和最高人民法院若干司法解释的规定对检察机关可以再审监督的案件范围作了梳理,进一步明确了检察机关可以对哪些判决和裁定进行监督,增加了司法实践的可操作性。

1. 不可以再审检察监督的案件范围。虽然《民事诉讼法》规定对人民法院的生效裁判,检察机关可以再审监督,但并非对人民法院作出的生效裁判一律可以进行再审监督。依案件的性质或者法律的规定不宜适用审判监督程序案件的生效裁判,当事人不得申请再审,检察机关也不适宜进行再审监督。因此,《民事诉讼法解释》第412条规定,对人民法院发生法律效力的适用特别程序、督促程序、公示催告程序、破产程序以及解除婚姻关系的判决、裁定等,人民检察院不得进行再审监督。《民事诉讼法》第 213 条明确规定对解除婚姻关系的判决当事人不得申请再审，这是基于婚姻关系解除后即允许当事人另行结婚，进行再审将严重影响社会关系稳定，因此，人民检察院也不得抗诉。适用特别程序、督促程序、公示催告程序、破产程序作出的判决、裁定，都是非讼程序的判决、裁定，不适用审判监督程序，这是民诉法的基本原理。非讼程序的裁判发生错误的，都依单独程序进行救济，对此《民事诉讼法》和《民事诉讼法解释》有专门规定。因此，对非讼程序的裁判，当事人不得申请再审，人民检察院也不得进行检察监督。

2. 对人民法院生效裁定再审监督的范围。裁定是依民事诉讼法对程序事项进行处理后使用的文书形式。裁定从其性质上来讲，只涉及程序事项，不涉及当事人的实体权利，因此不具有既判力，一般不适用审判监督程序进行救济。但对于不予受理裁定、驳回起诉裁定，因为其产生的效果涉及当事人的基本诉权，有必要进行特别的保护，所以对上述两类裁定允许适用审判监督程序，检察机关可以进行再审监督。应当注意的是，现已排除管辖权异议裁定的检察监督。管辖制度本质上是一种分配制度，过分强调管辖错误事由，因其理论前提是"司法保护假定"，实际上是对司法公正性的彻底否定。自 2012 年《民事诉讼法》修改，立法机关删除了管辖错误事由。从立法本意出发，管辖权异议裁定不得申请再审以及抗诉。

【典型案例】

中国有色金属工业某勘察设计研究院与海南省 A 房地产开发公司长沙公司、海南省 A 房地产开发公司合作建房合同纠纷案

上诉人（原审原告）：中国有色金属工业某勘察设计研究院

被上诉人（原审被告）：海南省 A 房地产开发公司长沙公司

被上诉人（原审被告）：海南省 A 房地产开发公司

被上诉人（原审第三人）：湖南 B 建筑有限公司

〔**基本案情**〕

原审原告中国有色金属工业某勘察设计研究院（以下简称研究院）与原审被告海南省 A 房地产开发公司长沙公司（以下简称 A 长沙公司）、海南省 A 房地产开发公司（以下简称 A 公司）合作建房合同纠纷一案，湖南省高级人民法院于 1998 年 3 月 19 日作出（1997）湘民初字第 7 号民事调解书，已经发生法律效力。案外人某资产公司长沙办事处提出异议。湖南省高级人民法院于 2004 年 9 月 8 日作出（2004）湘高法民监字第 148 号民事裁定，决定对该案进行再审。在此期间，湖南 B 建筑有限公司（以下简称 B 公司）受让某资产公司长沙办事处的债权，并申请参加诉讼。

湖南省高级人民法院依法另行组成合议庭，追加了 B 公司为本案第三人，并于 2006 年 2 月 21 日作出（2004）湘高法民再字第 148 号民事判决。上诉人研究院不服该判决，向本院提起上诉。本院依法组成合议庭，于 2006 年 7 月 6 日对本案进行了开庭审理。本案现已审理终结。

湖南省高级人民法院再审查明，1994 年 11 月 25 日，研究院与 A 长沙公司签订一份《合作建房合同》，约定研究院用其行政划拨取得的 7.928 亩土地的使用权，作为投资与 A 长沙公司合作建房。同年 12 月 16 日，研究院与国土管理部门签订了该宗土地使用权的出让合同，并按规定缴纳了土地出让金。与此同时，研究院应 A 长沙公司的要求，申请将该土地使用权转让至 A 长沙公司名下，国土管理部门审查后办理了有关该宗土地的红线图及出让、转让手续，并给 A 长沙公司颁发了该宗土地的国有土地使用权证。1994 年 12 月 28 日，研究院与 A 长沙公司正式签订了《合作共建"某大厦"合同书》，约定研究院提供建设用地，A 长沙公司承担全部与建设相关的资金，并约定了对所建房屋的分配、违约责任等内容。合同签订后，研究院依约进行了建设用地上的房屋拆迁安置等工作，A 长沙公司则投入了部分建设资金，着手拆迁补偿、工程前期立项、报建、组织勘察、设计及部分基础基建工程、水电增容等方面的工作。合作期间，A 长沙公司另行租借了研究院部分办公用房，尚欠研究院部分房租、水电费。此后，由于 A 长沙公司后续建设资金不能到位，合建工程于 1996 年 7 月停工，双方多次协商未果。研究院于 1997 年 8 月 4 日向湖南省长沙市中级人民法院提起诉讼。A 长沙公司提出管辖异议，湖南省高级人民法院对该案进行提审。经湖南省高级人民法院原审主持调解，双方当事人于 1998 年 3 月 19 日自愿达成如下协议：1. 因 A 长沙公司主体资格不符等方面的原因，其与研究院所签订的合作建房合同、土地使用权转让协议及与此相关的有关合同（协议）均无效，A 长沙公司无条件返还研究院 7.928 亩土地的使用权，并将合作项目有关的所有资料一并移交研究院。2. 该土地上合建项目的基坑现有工程移交研究院。此调解协议之前 A 长沙公司在该项目上的债务（包括基坑土方、土建、设计等款项）均由 A 长沙公司承担。3. A 长沙公司现在租用的研究院办公用房内的空调、办公桌等办公家具全部折款冲减其所欠研究院的部分房租、水电费。此外，A 长沙公司另行赔偿研究院 300 万元经济损失。4. 案件受理费 122910 元，财产保全费 10 万元，由 A 长沙公司负担。5. A 公司对上述协议中 A 长沙公司的义务承担连带责任。该调解书经双方签收发生法律效力后，研究院申请执行，该土地于 1998 年 9 月从 A 长沙公司过户到研究院名下。研究院对该土地进行开发，修建了商品房对外出售，土地使用权已分摊到各住户的名下。

湖南省高级人民法院再审另查明，1995 年 3 月，A 长沙公司在建设"某大厦"项目过程中，以"某大厦"项目的土地为长沙高新技术开发区 C 股份有限公司海口公司长沙分公司（以下简称 C 长沙公司）借 A 银行长沙市分行 300 万元和 100 万元贷款的两份《借款合同》进行担保，并办理了抵押登记手续。由于 C 长沙公司没有归还借款，A 银行长沙市分行向湖南省长沙市天心区人民法院提起诉讼。该院于 1997 年 12 月 22 日对两起借款合同纠纷案分别作出（1997）天经初字第 354 号和 367 号民事判决，判决认定抵押有效，由 C 长沙公司偿还借款本金 400 万元及利息，C 长沙公司负连带清偿责任；A 长沙公司在抵押担保的范围内承担连带责任。各方当事人均未上诉，判决已发生法律效力。2000 年 6 月，该债权从 A 银行长沙市分行剥离到某资产公司长沙办事处。截至 2000 年 3 月 31 日，该债权本金为 400 万元，利息为 1964290.36 元。2004 年 12 月，某资产公司长沙办事处以公开拍卖方式，将此债权转让给 B 公司，B 公司提供成交拍卖确认书、支付拍卖价款凭证、本息清单，表明其向拍卖行支付佣金 10.8 万元，以 360 万元成交价购买了 8901509.5 元的债权。

湖南省高级人民法院再审还查明，A 公司于 1993 年初成立，注册资金 2000 万元，法定代表人唐甲。1997 年 5 月，该公司将法定代表人变更为唐甲之弟唐乙。2003 年 11 月，A 公司因未年检被海南省工商局吊销营业执照。A 长沙公司的开办单位为 A 公司，其注册资金 500 万元没有到位，负责人为唐甲，后变更为付某。2001 年 8 月，A 长沙公司被长沙市工商局吊销营业执照。以上两公司的负责人因涉嫌诈骗犯罪，现均下落不明。

某资产公司长沙办事处向湖南省高级人民法院提出异议称：1. 争议土地已对申诉人设立了抵押，申诉人有优先受偿的权利。本案的处理结果与申诉人有法律上的利害关系，法院应通知其参加诉讼；2. 调解书处理该土地损害了申诉人的利益。

B 公司在受让了某资产公司长沙办事处的债权后，向湖南省高级人民法院请求：1. 作为第三人参加本案诉讼；2. 判令研究院赔偿因抵押权无法实现的损失 8901509.5 元。

〔一审裁判理由与结果〕

湖南省高级人民法院再审认为，研究院与 A 长沙公司在原审中达成调解协议，依约由 A 长沙公司将 7.928 亩土地使用权返还给研究院。而在调解返还之前，A 长沙公司已经以该土地为 C 长沙公司的债务设置了抵押，且该抵押经湖南省长沙市天心区人民法院（1997）天经初字第 354 号和 367 号民事判决确认有效。现 B 公司受让了对 C 长沙公司的债权，在本案中主张对该土地的抵押权。因抵押权是附着在物上的权利，随抵押物的转移而转移，抵押权人可在抵押物上行使优先受偿权。研究院接受 A 长沙公司返还的土地上已附着了 A 长沙公司所设置的抵押，并且，不因为抵押物的转让而影响抵押权的效力，故 B 公司向研究院行使追及权，符合法律规定，依法应予支持。由于研究院已对土地进行了开发，修建了商品房对外出售，土地使用权已分摊到各住户的名下，变卖土地已不现实，研究院应依法承担代替债务人清偿全部抵押债务的义务，使 A 长沙公司的抵押债务依法得以履行，并在清偿抵押债务后研究院依法享有向 A 长沙公司追偿的权利。同时，研究院与 A 长沙公司、A 公司对双方合作建房合同纠纷所达成的调解协议，是当事人的真实意思表示，内容符合法律规定，该院予以确认。但因该调解书对 A 长沙公司返还研究院的土地所涉及的抵押债权未予处理，故依法在对返还土地的调解协议予以确认的同时，还应对土地上的抵押债权予以处理，才能依法公平保护土地上各方当事人的合法权益。依照《中华人民共和国民法通则》第八十九条①第二项及《最高人民法院关于贯彻执行〈中华人民共和国民法通则〉若干问题的意见（试行）》第一百一十二条②、《中华人民共和国民事诉讼法》第一百八十条、第一百三十条③之规定，经湖南省高级人民法院审判委员会讨论决定，判决：（一）维持湖南省高级人民法院（1997）湘民初字第 7 号民事调解书；（二）由研究院代 A 长沙公司承担对 B 公司抵押债权的清偿责任。研究院在清偿抵押债务后，可依法向 A 公司和 A 长沙公司追偿。

〔当事人上诉及答辩意见〕

上诉人研究院不服一审判决，向本院提起上诉称：1. 本案土地使用权转移本身不合法，其收回土地使用权是依法进行的；2. 一审判决本身存在矛盾，原调解书既然被维持，则其不应对第三人承担赔偿责任，且一审判决第二项不确定、不具体、无法履行。故请求撤销一审判决第二项。本院开庭审理前，研究院向本院递交追加当事人申请书和补充上诉状，申请追加某委员会、中国建设银行海南省分行、海南从信会计师事务所和湖南高新实业股份有限公司为本案第三人，并请求判决对 A 公司、A 长沙公司、C 长沙公司的法人人格予以否认，判决 A 公司、A 长沙公司的债务由某委员会清偿，中国建设银行海南省分行、海南从信会计师事务所、湖南高新实业股份有限公司对 A 公司、A 长沙公司的债务承担连带清偿责任。庭审中，研究院另提出：本案系适用审判监督程序审理的案件，原审中并未涉及土地使用权抵押的内容，再审程序中追加 B 公司为第三人不当；其与 B 公司之间没有直接的法律关系，且 B 公司不属于有独立请求权第三人，其不应对 B 公司承担责任。

被上诉人 B 公司答辩称：1. 本案土地使用权已设置合法抵押且被湖南省长沙市天心区人民法院的生效判决确认，研究院受让土地使用权后，应依法承担土地使用权已抵押的担保责任；2. 一审判决明确、具体，无矛盾之处；3. 一审没有遗漏当事人，研究院提出的追加当事人及相应的诉讼主张，不属于本案审理的范围。针对研究院庭审中提出的主张，B 公司答辩称：本案再审的原因是原审调解书侵害了作为抵押权人的 B 公司的利益，B 公司加入再审程序并无不当；原审调解书关于抵押物转移的约定是对抵押权人的直接侵害，土地使用权转移不能妨碍抵押权人的权利，故一审判决研究院对 B 公司承担责任是正确的。

---

① 对应《民法典》第 410 条。
② 对应《民法典》第 402、403 条。
③ 对应 2023 年《民事诉讼法》第 212、147 条。

〔最高人民法院查明的事实〕

最高人民法院二审查明的事实与一审法院查明的事实相同。

〔最高人民法院裁判理由与结果〕

最高人民法院认为，本案一审程序系湖南省高级人民法院基于审判监督程序提起，因此，本案的审理范围应当受原审审理范围的限制。由于原审调解协议达成前，B公司受让的抵押权已经湖南省长沙市天心区人民法院（1997）天经初字第354号和367号生效民事判决确认，基于抵押权的追及效力，抵押权人可以向抵押物的最终受让人追偿，故该项抵押权已经获得可以在执行程序中实现的法律依据。原审中，研究院与A公司、A长沙公司之间的合作建房合同纠纷并不涉及土地抵押权的内容。故一审判决在维持原审调解协议的同时，对抵押权作出处理，超出了原审的审理范围。

由于B公司是基于其申请，由一审法院通知参加诉讼，根据《中华人民共和国民事诉讼法》第五十六条①的规定，其诉讼地位为无独立请求权第三人。一审判决判令一审原告研究院向无独立请求权第三人B公司承担责任，违反了民事诉讼"不告不理"原则。

关于研究院二审期间提出的"申请追加某委员会等为本案第三人、请求判决对A公司、A长沙公司、C长沙公司的法人人格予以否认，判决A公司、A长沙公司的债务由某委员会清偿，中国建设银行海南省分行、海南从信会计师事务所、湖南高新实业股份有限公司对A公司、A长沙公司的债务承担连带清偿责任"的主张，亦超出了本案审理范围。

综上，本案原调解已生效数年，并非确有错误，应予维持。再审判决适用法律错误，应予撤销。依照《中华人民共和国民事诉讼法》第一百五十三条②第一款第二项之规定，判决如下：

一、撤销湖南省高级人民法院（2004）湘高法民再字第148号民事判决；

二、维持湖南省高级人民法院（1997）湘民初字第7号民事调解。

二审案件受理费122910元，由湖南B建筑有限公司负担。

本判决为终审判决。

---

① 对应2023年《民事诉讼法》第59条。
② 对应2023年《民事诉讼法》第177条。

第二十章　调解书的再审

> **规则 31：人民法院发现已生效的调解书确有错误，认为必须进行再审的，可以按照审判监督程序进行再审**
> ——武汉 A 劳动服务公司与 B 公司返还财产纠纷案①

【裁判规则】

对于已经发生法律效力的调解书，当事人虽然没有申请再审，但损害了国家利益、公共利益和案外人的合法权益，人民法院发现确有错误，认为应当进行再审的，人民法院可以按照审判监督程序进行再审。

【规则理解】

一、法院调解的内涵及特点

法院调解属于民事诉讼制度范畴，在民事纠纷解决机制中占有重要的地位。

（一）法院调解的内涵

法院调解，又称诉讼调解，是指在人民法院审判人员的主持下，诉讼各方当事人经过自愿、平等的协商，就争议的民事权益达成协议，以解决纠纷、终结诉讼程序的诉讼活动。《民事诉讼法》第 9 条规定："人民法院审理民事案件，应当根据自愿和合法的原则进行调解；调解不成的，应当及时判决。"诉讼调解被确定为民事诉讼法的基本原则。

（二）诉讼调解的特点

调解除诉讼调解外，还包括人民调解和行政调解。诉讼调解与人民调解、行政调解相比，具有如下特点：

第一，诉讼调解是一种诉讼活动，可以在民事诉讼活动中各个阶段进行，包括起诉、开庭审理前准备阶段，法庭调查和辩论阶段，上诉阶段等。无论当事人是否达成调解协议，法院调解活动的进行与以调解方式结案都属于诉讼调

---

① 载《中华人民共和国最高人民法院公报》2007 年第 5 期。

解的范畴。

第二，诉讼调解是人民法院行使审判权与当事人行使处分权的两相结合。人民法院审判组织处于中立地位，为当事人提供信息，主导当事人进行意见交换，各方当事人及其他诉讼参与人共同参与到诉讼调解活动中。诉讼调解过程中，当事人的处分权居于核心地位，当事人各方应当平等协商，互谅互让。

第三，诉讼调解是人民法院的法定结案方式之一，也是人民法院行使审判权的方式之一，调解与判决一样，都是法院解决民事争议的重要方式，调解协议生效后，与生效判决具有相同的法律效力。调解达成协议的，人民法院应当制作调解书，调解书经双方当事人签收后，即具有法律效力。对不需要制作调解书的协议，应当记入笔录，由双方当事人、审判人员、书记员签名或者盖章后，即具有法律效力。一方当事人拒不履行的，另一方当事人可以申请人民法院强制执行。因此，诉讼调解与人民调解委员会的人民调解、行政机关的行政调解以及仲裁机关的仲裁调解等有着本质的区别。

二、诉讼调解的基本原则

所谓诉讼调解的基本原则，是指人民法院和当事人在法院调解活动中应当共同遵守的基本行为准则。根据《民事诉讼法》第9条、第96条、第99条，以及《民事诉讼法解释》第145条的规定，法院调解应当遵循以下基本原则：

（一）自愿原则

自愿是调解的本质特征，人民法院在民事诉讼中必须坚持在当事人自愿的基础上进行调解，不得违背当事人的意愿强制、施压调解。自愿包括程序上的自愿和实体上的自愿。程序上的自愿是指在民事诉讼活动中，各方当事人均同意选择以法院主持调解的方式解决民事纠纷，或者选择在诉讼程序中的某一阶段进行调解。实体上的自愿是指各方当事人就争议的民事权益内容经过协商，对调解协议内容取得一致同意的结果，充分反映当事人的意愿。应当注意的是，调解自愿并非绝对的，主要限制来自诉讼效率的限制。《民事诉讼法》以及《民事诉讼法解释》规定了案件审理期限制度。调解也不是审理全部民事案件的唯一程序，对于各方当事人都自愿选择以调解方式结案但经过长时间的协商与调解不能达成调解协议的案件，人民法院应坚持"调解不成，及时判决"的原则，及时处理，依法判决，防止案件"久调不决"。《民事诉讼法解释》第145条对此作出了明确规定，即"人民法院审理民事案件，应当根据自愿、合法的原则进行调解。当事人一方或者双方坚持不愿调解的，应当及时裁判。人民法院审理离婚案件，应当进行调解，但不应久调不决"。

(二) 合法原则

合法是法院调解的基本要求，人民法院主持调解应当以事实为依据，以法律为准绳，调解程序、调解方式和调解内容都应当符合法律规定，不得损害国家利益、社会公共利益和他人合法权益。合法包括程序意义上的合法与实体意义上的合法。程序意义上的合法是指人民法院主持的调解活动应当按照《民事诉讼法》和相关司法解释的规定进行。实体意义上的合法是指双方当事人达成的调解协议内容不得违反法律的禁止性规定，不得侵害国家利益、社会公共利益和他人合法权益。《最高人民法院关于人民法院民事调解工作若干问题的规定》第10条规定："调解协议具有下列情形之一的，人民法院不予确认：（一）侵害国家利益、社会公共利益的；（二）侵害案外人利益的；（三）违背当事人真实意思的；（四）违反法律、行政法规禁止性规定的。"

(三) 事实清楚、分清是非原则

事实清楚、分清是非原则是诉讼调解的基础。所谓事实清楚、分清是非原则，是指人民法院对案件进行调解应当以案件事实清楚和是非责任分清为基础。诉讼调解的重点在于以理服人、用事实说话，在民事诉讼调解的过程中，如果作为中立第三方的法院主持人员对案件事实判断不清，对相关信息掌控不全，就无法有的放矢地对双方当事人进行法治宣传，不能客观公正地提出调解建议，难以引导和促使各方当事人在自愿的基础上进行协商，最终导致"和稀泥"现象的出现，严重阻碍调解程序的进行。在司法实践中，诉讼调解应当注意事实清楚与查明事实的区分。调解中的事实清楚，是指查清的案件事实已经能够使法官内心对于各方当事人的是非有基本的判断，并不要求法官对所有的事实都查得水落石出，尤其在细节问题上，并不要求达到与裁判相同的标准，而查明事实则是对作出裁判的要求。

三、人民法院对确有错误的生效调解书依职权再审

人民法院对受理的民事案件进行调解，由于当事人的诉讼欺诈或恶意串通，不可避免地会导致案件在调解书生效后发现确有错误的情形，影响生效调解书的执行。人民法院对于确有错误的生效调解书，可以依职权决定再审，通过审判监督程序予以纠正。

(一) 对"确有错误"的把握

根据《民事诉讼法》第209条的规定，人民法院依职权再审，不必遵从该法关于当事人申请再审法定事由的设定，是否再审，需要人民法院审查认为"确有错误"后予以决定。对于如何把握"确有错误"，我们认为人民法院依职

权再审的"确有错误"标准应当接近或等同于再审改判的标准①，人民法院制作的生效调解书中出现的一般性瑕疵，如果不影响调解协议的法律效力和调解书的执行，不能认定为确有错误，没有必要发动再审。但是人民法院因为违背调解基本原则而作出的调解书往往"确有错误"，该错误属于根本性、原则性、实质性的错误，需通过再审程序予以纠正。主要体现在：

1. 调解违背自愿原则。如个别法官为了结案，"以判压调"，导致一方当事人接受了协议内容显失公平的调解，最后该当事人不同意履行调解协议。

2. 调解协议内容违反法律的强制性、禁止性规定。如人民法院审理某买卖合同纠纷，调解协议约定：确认双方买卖法律禁止交易物品的协议有效，由被告给付原告货款。

3. 调解协议内容损害国家利益。如人民法院审理某合作合同纠纷案，调解协议约定：被告于某年某月某日之前交付原告一份涉及国家秘密的文件。

4. 调解协议内容损害社会公共利益。如调解协议约定：原告同意从事严重污染环境企业的被告从原告屋前向河道里排污。

5. 调解协议内容损害案外人的利益。如人民法院审理房屋买卖合同纠纷案，调解协议约定：被告将其租用的案外人的房屋过户给原告。

另外，有观点认为，实践中存在的由于调解协议内容不明确而导致生效调解书无法得到执行的情形，也属于调解书确有错误之情形。该观点认为，如果错误能补正，则应予补正；如补正不了，则应启动再审程序予以再审。

(二) 对人民法院依职权再审生效调解书的制度评价

很多学者提出，人民法院依职权再审违背了民事诉讼程序的基本规律，也与其作为审判机关的性质不符，② 不少学者和司法实务部门人士提出，应当取消依职权再审。③ 对于生效调解书，由于以调解方式结案是当事人选择的，调解协议的内容是当事人自愿达成的，无论从程序上讲，还是从实体上讲，调解都是当事人的真实意思表示，是当事人对自己的私权利作出的处分，不论调解协议是否具有可执行性，是否违反法律规定或发生侵害行为，都由当事人自己承担相应责任，民事诉讼法赋予了当事人申请再审的权利，当事人是否对确有

---

① 参见江必新主编：《新民事诉讼法理解适用与实务指南》，法律出版社2012年版，第723页。

② 参见李浩：《民事再审程序改造论》，载《法学研究》2000年第5期。

③ 参见江必新主编：《新民事诉讼法理解适用与实务指南》，法律出版社2012年版，第720页。

错误的生效调解予以纠正也应当由其自己来决定，人民法院没有必要予以干涉，没有必要依职权启动再审。我们不赞同该观点，人民法院依职权对生效民事调解书进行再审，对完善纠错机制、保障权利救济、维护社会公共利益都具有积极的意义。

第一，法院调解的性质决定了人民法院对当事人达成的调解协议负有司法审查的责任。法院调解是人民法院审判权与当事人处分权的两相结合，人民法院与诉讼当事人应当共同遵守《民事诉讼法》规定的法院调解基本原则，当事人达成的调解协议需经过人民法院的依法确认后才能产生法律效力。因此，一份协议内容确有错误的生效调解书，不仅是当事人的意思表示，还反映了人民法院对该协议内容所持态度。人民法院作为审判机关，如果对一份确有错误的生效法律文书持认可态度，则有违立法宗旨，有损司法权威，有必要设计人民法院依职权再审制度。

第二，对于确有错误的生效调解书，民事诉讼再审制度从申请权利救济的角度规定了当事人或案外人可以申请再审，同时规定了当事人或案外人申请再审的限制条件，如申请再审的期限、申请再审的法定事由等，从外部法律监督的角度规定了人民检察院可以抗诉，但只规定人民检察院对损害国家利益、社会公共利益的生效调解书可以抗诉。如果当事人或案外人丧失了申请再审的机会，或是没有找到申请再审的法定事由，或是当事人没有再审利益而不申请再审，生效调解书确有错误的情形不符合人民检察院应当抗诉的特定情形，或是人民检察院不知道该确有错误调解书的存在，无从提出抗诉，此情形下，只有人民法院依职权启动再审，才有纠正确有错误的调解书的可能。应该明确的是，检察机关提出对调解书确有错误的检察建议，人民法院决定再审，也是依职权启动再审。

第三，人民法院依职权对生效调解书进行再审，符合司法环境的现实需要。一些民事主体采用欺诈、胁迫、恶意串通等手段，通过调解方式损害国家利益、社会公共利益、他人合法利益的情况时有发生。为了制止这种不良现象，需要明确规定人民法院可以对调解书申请再审，这是一种迫切的现实需要，故《民事诉讼法》将生效调解书正式纳入人民法院依职权再审的范围。

（三）人民法院依职权对调解书再审的限制

人民法院依职权对生效调解书进行再审，必须依法进行。

1. 根据《最高人民法院关于适用〈中华人民共和国民事诉讼法〉审判监督程序若干问题的解释》第21条规定，当事人未申请再审、人民检察院未抗诉的案件，人民法院发现原调解协议有损害国家利益、社会公共利益等确有错误情形的，应当依照民事诉讼法第一百九十八条的规定提起再审。根据该规定，对于确有错误的生效调解书，如果当事人已经申请再审或人民检察院已经提出抗诉的，人民法院不能以依职权启动的方式进行再审。因此，人民法院依职权对生效调解书进行再审，具有两项实质性的要求，一是生效调解书确有错误，二是对确有错误的生效调解书，当事人没有申请再审，人民检察院也没有提出抗诉。

2. 根据《民事诉讼法》第209条的规定，对本院生效调解书发现确有错误，认为需要再审的，由本院院长提交审判委员会讨论决定，不能由院长直接决定。最高人民法院对地方各级法院的生效调解书，上级法院对下级法院的生效调解书，发现确有错误的，有权提审或者指令下级人民法院再审，下级人民法院不能以其没有发现错误或本院不认为属于确有错误为由拒绝再审。这是人民法院对生效调解书依职权进行再审的程序性要求。

3. 人民法院对已经生效的解除婚姻关系的调解案件不能依职权启动再审。其理由是：婚姻关系属于人身关系，人民法院作出解除婚姻关系的调解书一旦生效，男方或女方任何一方都可以与他人再婚，再婚关系不可能强行解除，因此，法律不允许对已经发生法律效力的解除婚姻关系的调解书进行再审。当事人如果感情没有破裂而调解离婚，在任何一方没有再婚而又自愿复婚的情况下，可以到婚姻机关进行复婚登记。《民法典》婚姻家庭编为感情未完全破裂而被调解离婚的当事人提供了救济渠道，对解除婚姻关系的调解进行再审没有实际意义。

【拓展适用】

人民检察院是国家的法律监督机关，有权对人民法院作出的生效民事调解书依法进行监督，该监督属于事后监督，监督方式有抗诉和再审检察建议两种。人民检察院依法对生效调解书抗诉，可以启动人民法院对生效民事调解书的再审程序。

一、人民检察院对生效调解书的监督

（一）检察监督的法定范围

《民事诉讼法》规定人民检察院可以对生效调解书实施法律监督，扩大了人民检察院对人民法院审判工作的监督范围，但并不是可以对所有的生效调解书进行监督。《民事诉讼法》将人民检察院对生效调解书的监督范围限定于损害国家利益和社会公共利益的生效民事调解书,一方面体现了立法对人民检察院干预人民法院审判权和当事人处分权的限制,另一面体现了立法对国家利益和社会公共利益的重视与保护。同时,《民事诉讼法解释》第411条规定:"人民检察院依法对损害国家利益、社会公共利益的发生法律效力的判决、裁定、调解书提出抗诉,或者经人民检察院检察委员会讨论决定提出再审检察建议的,人民法院应予受理。"什么是国家利益和社会公共利益?在学理上,一般认为,国家利益就是指以满足或者能够满足国家生存发展为基础的各方面需要并且对国家在整体上具有好处的事物,如外交需要等。社会公共利益是指不特定范围的广大公民所能享受的利益。法律上还没有定义国家利益、社会公共利益的具体条文,我们认为,损害国家利益、社会公共利益指的是影响宏观利益的情形,不能作狭隘的理解,比如,有的人将违反了国家的法律理解为损害了国家利益和社会公共利益,是不妥当的。①

(二) 不属于检察监督范围的理由

《民事诉讼法》未将违反自愿原则,违反法律强制性、禁止性规定以及协议内容损害案外人利益的生效调解列入可抗诉的范围,主要理由有:

1. 对于调解书是否违反自愿原则和违反法律强制性、禁止性规定,一般需要对案件进行实质审查和听取双方当事人意见后才能查清,特别是违反自愿原则的,只有当事人自己知道。这种情形应由人民法院对当事人再审申请进行审查,以避免人民检察院轻易抗诉而启动再审程序,从而使违背诚信原则的当事人止步于再审程序启动之前。

2. 检察机关法律监督的主要任务应当聚焦于损害国家利益、社会公共利益的生效裁判。对于调解违反自愿原则,调解协议内容违反法律强制性、禁止性规定及损害案外人利益的事由,相关当事人和案外人可以向人民法院申请再审寻求救济,人民检察院不宜介入。

3. 民事诉讼是平等诉讼主体之间的纷争,诉讼主体应当平等地参与诉讼活动,人民检察院作为公权力机关,必须平衡好检察监督权与当事人处分权之间的关系,对调解结案的案件不宜干预过度。

此外,人民检察院对于涉及人身关系的生效调解案件,如解除婚姻关系的案件不应实行法律监督,因为此类案件已经不可能得到纠正,或者予以纠正会

---

① 参见江必新主编:《新民事诉讼法理解适用与实务指南》,法律出版社2012年版,第786页。

导致违反社会公德的情形发生。

二、人民检察院对生效调解书的监督方式

（一）抗诉

抗诉，是指人民检察院对人民法院已经发生法律效力的裁判认为确有错误，依法提请人民法院对案件进行重新审理的诉讼行为。根据《民事诉讼法》第219条第1款的规定，最高人民检察院发现各级人民法院已经发生法律效力的民事调解书，上级人民检察院发现下级人民法院已经发生法律效力的民事调解书，有损害国家利益和社会公共利益的，有权提出抗诉。由此可以看出，人民检察院对生效调解书抗诉必须具备以下要件：1. 民事调解书已经生效，且有损害国家利益和社会公共利益的情形；2. 由最高人民检察院对各级人民法院或上级人民检察院对下级人民法院提出；3. 具有提请人民法院对案件重新审理的意思表示。上述要件缺一不可。

根据《民事诉讼法》第222条的规定，对于人民检察院提出抗诉的案件，接受抗诉的人民法院应当自收到抗诉书之日起30日内作出再审的裁定。根据该规定，只要人民检察院对生效调解书提出再审抗诉，人民法院经审查符合法定条件的就应当决定再审；同时明确对人民检察院抗诉决定再审审查的期限是30日，以避免检察院提出抗诉后人民法院不及时启动再审程序。基于该条规定，可能有人会产生这样的疑问：人民检察院对案件提出抗诉有不符合法定情形时，人民法院也必须裁定再审吗？我们认为，人民检察院的抗诉除出现抗诉对象错误，抗诉事项不具有可抗诉性，或案件已经启动再审情形等可从程序上找出不予受理的理由外，都应当裁定再审，对案件进行实体审理。其理由在于：抗诉是法律赋予检察机关的一项法律监督权，抗诉理由是否成立，是否应当支持，应由再审法院根据查明事实与相关法律规定作出裁判。人民法院对人民检察院的抗诉裁定再审，与支持人民检察院的抗诉主张不是一回事。

（二）检察建议

检察建议，是指同级人民检察院监督同级人民法院采用的一种工作层面的沟通机制，检察建议不涉及案件当事人。地方各级人民检察院对同级人民法院生效调解书损害国家利益和社会公共利益的，可以向同级人民法院提出再审检察建议，需具备的要件包括：1. 民事调解书已经生效，且有损害国家利益和社会公共利益的情形；2. 各级人民检察院对同级人民法院提出；3. 需经本院检察委员会讨论决定，并报上级人民检察院备案；4. 作出建议人民法院对案件重新审理的意思表示。上述要件缺一不可。人民法院收到再审检察建议后，应当在

3个月内进行审查并将审查结果书面回复人民检察院。人民法院认为需要再审的,应当通知当事人。人民检察院认为人民法院不予再审决定不当的,可以提请上级人民检察院提出抗诉。

(三) 抗诉与检察建议的区别

由上可以看出,抗诉与检察建议之间的一个重要区别在于,抗诉产生的法律后果是人民法院对符合抗诉条件的案件启动再审程序,检察建议并不必然产生再审法律后果,只有人民法院认为检察建议正确,的确需要再审的,才依职权启动再审程序。《民事诉讼法》对人民检察院对生效调解书的抗诉范围作了明确规定。对于人民检察院违反法律关于抗诉范围的规定,针对民事调解书确有错误的其他情形提出抗诉的,人民法院不予受理。人民法院在处理该类案件时要重点把握好对损害国家利益和社会公共利益的认定。

【典型案例】

武汉 A 劳动服务公司与 B 公司返还财产纠纷案

原审原告:武汉 A 劳动服务公司

原审被告:B 公司

〔基本案情〕

原审原告武汉 A 劳动服务公司(以下简称 A 公司)与原审被告 B 公司返还财产纠纷一案,湖北省高级人民法院于 1996 年 11 月 7 日作出(1996)鄂经初字第 73 号民事调解书,已经发生法律效力。因当事人 B 公司申请再审,湖北省高级人民法院经再审于 2001 年 3 月 23 日作出(2001)鄂高法监二民再字第 10 号民事调解书,后又因案外人 C 地产公司提出异议,湖北省高级人民法院对本案进行第二次再审并于 2003 年 9 月 5 日作出(2003)鄂高法监二民再字第 5 号民事裁定书。本院经复查,于 2005 年 7 月 15 日作出(2005)民四监字第 19 号民事裁定,对本案进行提审。本院依法组成合议庭,于 2005 年 11 月 17 日公开开庭审理了本案。本案现已审理终结。

湖北省高级人民法院经一审查明:1994 年 11 月 16 日,B 公司与 A 公司签订一份合作开发石家庄火车站空调候车厅协议,约定:1994 年 11 月底,B 公司出资 11000000 元,A 公司出资 9000000 元,投资款 18 个月收回,按年利率 25% 计息;收回投资款后,其余 8 年零 6 个月的石家庄火车站候车大厅项目的营业收入,按 B 公司 55%,A 公司 45% 进行分配。协议签订后,A 公司依约将投资款 9000000 元汇到 B 公司。1995 年 4 月 5 日,B 公司以其名义又与石家庄火车站华通总公司签订合作经营合同,共同经营石家庄火车站候车大厅,B 公司占其股份 45%。1996 年 3 月 23 日,B 公司向 A 公司出具《股权转让书》称:"我公司所欠 A 公司投资本金和投资回报款 12375000 元,如果在 1996 年 6 月 30 日以前不能按期归还,我公司愿将石家庄火车站候车大厅项目所占45%的股份全部转让给A公司所有。"因B公司未履行义务，A公司于1996年8月27日以B公司为被告向湖北省高级人民法院提起诉讼，要求B公司偿付投资本金9000000元和约定的投资回报款及其逾期利息。

〔一审裁判理由与结果〕

在审理过程中，经湖北省高级人民法院主持调解，双方当事人达成如下协议：一、B公司于1996年12月31日前偿付A公司投资本金9000000元，投资回报款3370000元，逾期利息810000元，共计13180000元。逾期不付，则按《民事诉讼法》第二百三十二条执行。二、案件受理费81885元，其他诉讼费8115元，财产保全费52395元，共计142395元，A公司承担71197.50元，B公司承担71197.50元。案件受理费、其他诉讼费、财产保全费共计142395元，已由A公司预交，B公司按应承担的款额于1996年12月31日前付给A公司。湖北省高级人民法院于1996年11月7日作出（1996）鄂经初字第73号民事调解书，对上述协议予以确认。

〔当事人申诉理由〕

此后，B公司以湖北省高级人民法院（1996）鄂经初字第73号民事调解书内容违法等为由，向湖北省高级人民法院申请再审。湖北省高级人民法院于2001年3月12日作出（2001）鄂高法监二民字第70号民事裁定书，决定对（1996）鄂经初字第73号案进行再审。

〔原审法院再审查明的事实及处理〕

湖北省高级人民法院再审确认了一审查明的事实。案件审理过程中，经湖北省高级人民法院主持调解，双方当事人自愿达成如下协议：一、解除B公司与A公司所签订的《关于合作开发石家庄火车站候车大厅的协议》，注销武汉银庆物业有限公司；二、B公司向A公司返还本金9000000元，并支付相应的资金占用费及其他补偿费4740000元；三、A公司向B公司据实返还从石家庄冀庆服务有限公司和更名后的石家庄冀昌服务有限公司获取的全部收益和资金（含原审执行款），该款项B公司与A公司于本调解书生效后一个月内进行清算，A公司不享有上述服务公司的股权。四、上述第二、三项相抵后，不足或超出部分的款项从本协议生效之日起，按人民银行一年期流动资金同期贷款利率分段计算资金占用费，清算完毕后，B公司因上述服务有限公司股权变更发生的问题，由B公司负责。五、原审诉讼费、财产保全费、执行费由A公司负担（已履行），再审诉讼费68700元由B公司负担。湖北省高级人民法院于2001年3月23日作出（2001）鄂高法监二民再字第10号民事调解书，对上述协议予以确认。湖北省高级人民法院在该调解书中同时表述：本调解书经双方当事人签收后，即具有法律效力，该院（1996）鄂经初字第73号民事调解书和该院（1997）鄂执字第5-1号、5-2号民事裁定书即视为撤销。

[执行程序中的处理]

因在执行（2001）鄂高法监二民再字第 10 号民事调解书时案外人提出异议，湖北省高级人民法院又于 2002 年 6 月 28 日作出（2002）鄂高法监二民字第 54 号民事裁定书决定对该案再审。湖北省高级人民法院经过再次再审又作出（2003）鄂高法监二民再字第 5 号民事裁定，其查明：该院（1996）鄂经初字第 73 号民事调解书发生法律效力后，B 公司未依约履行该调解书确定的义务。该院在执行中将 B 公司在原石家庄冀庆旅行服务有限公司 45% 的股权强制转让给 A 公司。1997 年 5 月 26 日，A 公司与 D 地产公司达成协议，约定将上述企业 45% 的股权有偿转让给 D 地产公司。同年 7 月，该院裁定将上述企业 45% 的股权变卖给 C 地产公司。另查明，前述 D 地产公司于 1991 年成立，以纳税人翁甲名义登记于澳门财税厅，其营业税档案编号为 52286，已于 1998 年 4 月结束营业，翁甲于 1998 年 4 月死亡。向该院提出异议的 C 地产公司是于 2001 年 4 月成立，以纳税人翁乙名义登记于澳门财税厅，营业税档案编号为 98349，该 C 地产公司与 D 地产公司虽然实际的名称完全相同，但是彼此无法律上的财产承接关系。湖北省高级人民法院认为：在该院执行中参与本案的 D 地产公司与本案有法律上的利害关系，已于 1998 年 4 月结束营业。而向该院提出异议的 C 地产公司并未参与本案的审理与执行，与本案没有法律上的利害关系，其于 2001 年 9 月向该院提出异议系冒用持牌人为翁甲且已结束营业的 D 地产公司的名义。该院（2002）鄂高法监二民字第 54 号民事裁定书认定事实有误。经该院审判委员会讨论决定，依据《中华人民共和国民事诉讼法》第一百四十条①第一款第十一项、《最高人民法院关于适用〈中华人民共和国民事诉讼法〉若干问题的意见》第一百零九条②并参照《最高人民法院关于适用〈中华人民共和国民事诉讼法〉若干问题的意见》第二百零一条③的规定，裁定如下：撤销该院（2002）鄂高法监二民字第 54 号民事裁定书和（2003）鄂高法监二民再字第 5-1 号民事裁定书。

[最高人民法院提审查明的事实]

本院提审期间，对于湖北省高级人民法院（1996）鄂经初字第 73 号民事调解书查明的事实，B 公司除对其中"A 公司依约将投资款 9000000 元汇到 B 公司"的表述认为属于笔误提出异议外，对其他事实均无异议。对于汇款部分的事实，B 公司主张 9000000 元 A 公司先汇到武汉银庆物业有限公司，而不是直接汇到 B 公司，但 B 公司对于其占用该款项的事实予以认可。故对于（1996）鄂经初字第 73 号民事调解书确认的事实，除其中表述 A 公司依约将投资款 9000000 元汇到 B 公司属于笔误外，其他事实均有相关证据证明，当事人亦无异议，本院予以确认。对于汇款的事实，本院查明 A 公司将

---

① 对应 2023 年《民事诉讼法》第 157 条。
② 对应《民事诉讼法解释》第 168 条。
③ 对应《民事诉讼法解释》第 405 条。

9000000 元先汇到武汉银庆物业有限公司，后该笔款项被 B 公司占用。

本院还查明以下事实：B 公司的法定代表人郑某于 1996 年 11 月 5 日代表 B 公司签署了（1996）鄂经初字第 73 号案的调解协议。A 公司于 1996 年 11 月 11 日签收了湖北省高级人民法院（1996）鄂经初字第 73 号民事调解书。李某于 1996 年 11 月 12 日代表 B 公司签收了（1996）鄂经初字第 73 号民事调解书。李某签收调解书时向人民法院提交了一份授权委托书，该委托书写明："兹委托本公司副总经理李某先生为全权代表，负责处理有关武汉 A 劳动服务公司诉本公司的合作开发工程合同纠纷的调解活动。"委托书落款处加盖了 B 公司的印章，同时有董事长郑某的签字。

因 B 公司未履行（1996）鄂经初字第 73 号民事调解书中确定的义务，A 公司向湖北省高级人民法院申请执行。湖北省高级人民法院在执行过程中于 1997 年 3 月 4 日作出（1997）鄂执字第 5-1 号民事裁定书，裁定书载明申请执行人为 A 公司，被执行人为 B 公司，湖北省高级人民法院裁定将 B 公司在石家庄冀庆旅行服务有限公司的红利（截至 1997 年 2 月 28 日）提取、支付给 A 公司，以抵偿部分债务；将 B 公司在石家庄冀庆旅行服务有限公司所占有的 45% 股权，从 1997 年 3 月 1 日起转让给 A 公司所有，以抵偿债务。此后，A 公司又申请将湖北省高级人民法院裁定归其所有的 B 公司的股权变卖给 D 地产公司。湖北省高级人民法院于 1997 年 9 月 14 日作出（1997）鄂执字第 5-2 号民事裁定书，裁定将 B 公司在原石家庄冀庆旅行服务有限公司所占有的 45% 权益，变卖给 D 地产公司，以抵偿债权人 A 公司的债务。上述裁定作出后，当事人办理了审批、变更登记等手续，D 地产公司取得了合作企业的股权。

B 公司因不服湖北省高级人民法院（1996）鄂经初字第 73 号民事调解书，于 2000 年 4 月 5 日向湖北省高级人民法院提出申诉，其申诉理由是：（1）B 公司从未签收过该调解书，亦未委托或指定任何他人签收过该调解书，尽管调解书经李某凭一份无明确委托事项的授权委托书签收，但其签收属越权代理，并不对 B 公司产生法律效力，该调解书并未生效，对本案的执行无法定依据。（2）A 公司请求 B 公司偿付的 9000000 元系双方合资兴办武汉银庆物业有限公司而向该公司的投资，A 公司就该款项提起诉讼无合同依据和法律依据，应予驳回。

另查明：湖北省高级人民法院为执行（2001）鄂高法监二民再字第 10 号民事调解书，于 2001 年 9 月 21 日作出了（2001）鄂执字第 16-1 号裁定书，裁定将 D 地产公司在石家庄冀昌旅行服务有限公司（原石家庄冀庆旅行服务有限公司）所占有的 45% 的股权执行回转给 B 公司所有。

C 地产公司及翁乙因对湖北省高级人民法院（2001）鄂高法监二民再字第 10 号民事调解书及（2003）鄂高法监二民再字第 5 号民事裁定书存在异议，向本院反映称：1. C 地产公司在石家庄冀昌旅行服务有限公司的股权系合法取得，C 地产公司已经支付了股权转让金，股权应受法律保护。C 地产公司的股权取得和 B 公司与 A 公司之间的财产返还纠纷不存在法律上的因果关系。2. 湖北省高级人民法院在 2001

年再审时,在未告知 C 地产公司的情况下直接作出了涉及处分 C 地产公司名下股权的(2001)鄂高法监二民再字第 10 号调解书,处分他人合法权益,属内容违法,应予以撤销。B 公司申请再审也已经超过了两年的诉讼时效。3. 湖北省高级人民法院在执行中作出相应执行回转的裁定,是执行了案外人的财产,严重侵犯了 C 地产公司的民事权益和诉权。4. C 地产公司与 D 地产公司虽然在澳门财政厅分别登记,但 C 地产公司事实上承接了 D 地产公司的所有权利义务,有权承接上述合作企业的外方股权。退一步说,翁乙作为翁甲的合法继承人,以继承人的身份也完全有权主张 D 地产公司的股权。湖北省高级人民法院(2003)鄂高法监二民再字第 5 号民事裁定驳回 C 地产公司的异议,对翁乙以继承人身份提出的异议置之不理,缺乏法律依据。

〔最高人民法院裁判理由与结果〕

本院经审理认为:湖北省高级人民法院一审作出(1996)鄂经初字第 73 号民事调解书后,在执行过程中,D 地产公司依法取得了原 B 公司在内地合作企业的股权,并办理了相关的审批、变更登记手续,成了合作企业的股东。D 地产公司的持牌人翁甲于 1998 年去世,D 地产公司已经于 1998 年 4 月结束营业。C 地产公司于 2001 年 4 月成立,持牌人为翁乙。C 地产公司未能提供充分的证据证明其在法律上承接了 D 地产公司的权利义务,故不能认定 C 地产公司与本案存在法律上的利害关系。D 地产公司因(1996)鄂经初字第 73 号民事调解书的执行参与到本案中来,本案的再审结果特别是执行措施的采取,与 D 地产公司存在法律上的利害关系。D 地产公司已经结束营业,其持牌人翁甲去世。根据翁甲之妻(翁乙之母)余某的声明书、相关的身份证明材料、在澳门初级法院的遗产管理人声明笔录等,可以认定翁甲之女翁乙系翁甲的合法继承人,且其接受其他继承人的委托暂管相关财产,故翁乙是与本案有利害关系的案外人,有权就 D 地产公司的相关权益向人民法院反映有关情况。且即使案外人与本案无利害关系,但根据其反映的情况,上级人民法院发现下级人民法院作出的法律文书确实存在错误,仍须予以纠正。对已经发生法律效力的调解书,人民法院如果发现确有错误,而又必须再审的,当事人没有申请再审,人民法院根据民事诉讼法的有关规定精神,可以按照审判监督程序再审。

《最高人民法院关于适用〈中华人民共和国民事诉讼法〉若干问题的意见》第 204 条[①]规定,当事人对已经发生法律效力的调解书申请再审,适用民事诉讼法第一百八十二条的规定,应在调解书发生法律效力后二年内提出。(1996)鄂经初字第 73 号民事调解书的两方当事人分别在 1996 年 11 月 11 日和 12 日签收了调解书,该调解书生效时间为 1996 年 11 月 12 日。B 公司未在法律规定的两年期限内申请再审。卷宗材料显示其仅于 2000 年 4 月 5 日向湖北省高级人民法院提出申诉。B 公司的申诉理由是:(1) B 公司从未签收过该调解书,亦未委托或指定任何他人签收过该调解

[①] 对应《民事诉讼法解释》第 382 条。

书，尽管调解书经李某凭一份无明确委托事项的授权委托书签收，但其签收属越权代理，并不对 B 公司产生法律效力，该调解书并未生效，对本案的执行无法定依据。（2）A 公司请求 B 公司偿付的 9000000 元系双方合资兴办武汉银庆物业有限公司而向该公司的投资，A 公司就该款项提起诉讼无合同和法律依据，应予驳回。根据查明的事实，本案中郑某作为 B 公司的董事长、法定代表人，代表该公司于 1996 年 11 月 5 日在（1996）鄂经初字第 73 号案的调解协议上签字。此后，郑某又以董事长身份于 1996 年 11 月 7 日出具了一份委托书，该委托书写明："兹委托本公司副总经理李某先生为全权代表，负责处理有关武汉 A 劳动服务公司诉本公司的合作开发工程合同纠纷的调解活动。"委托书落款处加盖了 B 公司的印章，同时有董事长郑某的签字。该份委托书的内容充分表明李某有权代表 B 公司签收调解书。（1996）鄂经初字第 73 号民事调解书已经双方当事人签收生效，B 公司的第（1）点申诉理由不能成立。B 公司与 A 公司之间合作开发石家庄火车站候车大厅项目并未实际进行，B 公司又与他人签订了共同经营石家庄火车站候车大厅的合作经营合同，且将 A 公司的 9000000 元资金占用。A 公司依据合作开发协议，以 B 公司为被告向人民法院提起诉讼，要求其返还款项，而非要求武汉银庆物业有限公司返还投资。B 公司与 A 公司在自愿的基础上达成调解协议，B 公司承诺返还其占用的相关款项，人民法院出具调解书予以确认，符合法律规定。B 公司的第（2）点申诉理由亦不能成立。湖北省高级人民法院对（1996）鄂经初字第 73 号民事调解书决定再审，但无论是决定再审的裁定还是在经过再审后作出的（2001）鄂高法监二民再字第 10 号民事调解书，均未阐明决定再审的理由及（1996）鄂经初字第 73 号民事调解书如何违法，再审缺乏事实和法律依据。

湖北省高级人民法院对（1996）鄂经初字第 73 号民事调解书再审后作出的（2001）鄂高法监二民再字第 10 号民事调解书，除对原调解书的内容全部予以维持外，增加了一项内容即要求 A 公司将从石家庄冀昌服务有限公司（原石家庄冀庆服务有限公司）取得的全部收益和资金（含原审执行款）返还给 B 公司，A 公司不享有在该合作企业的股权。而该项中所指的执行款是 A 公司因执行（1996）鄂经初字第 73 号民事调解书而取得的。（2001）鄂高法监二民再字第 10 号民事调解书在维持（1996）鄂经初字第 73 号民事调解书内容的同时，又确认 A 公司将原执行款返还 B 公司，内容存在矛盾，是非不清，违反了《中华人民共和国民事诉讼法》第八十五条①有关人民法院审理民事案件，应根据当事人自愿的原则，在事实清楚的基础上，分清是非，进行调解的规定。本案 A 公司作为原告提起诉讼，要求被告 B 公司承担责任，且一审及再审时，B 公司均未提起反诉。湖北省高级人民法院再审后作出的（2001）鄂高法监二民再字第 10 号民事调解书，却对作为原告的 A 公司返还被告 B 公司款项的内容予以确认，程序上存在问题，违反了不告不理这一民事诉讼的基本

---

① 对应 2023 年《民事诉讼法》第 96 条。

原则。且即使执行中存在问题，亦应通过执行程序解决，而不应作为申请再审的理由通过审判监督程序解决。《中华人民共和国民事诉讼法》第八十九条①第一款明确规定："调解达成协议，人民法院应当制作调解书。调解书应当写明诉讼请求、案件的事实和调解结果。"根据该规定，调解书是解决当事人之间实体争议的法律文书。人民法院在执行程序中所作裁定是否应予撤销不应在调解书中作出表述。湖北省高级人民法院在（2001）鄂高法监二民再字第10号民事调解书中表述该院为执行（1996）鄂经初字第73号民事调解书所作（1997）鄂执字第5-1号、5-2号民事裁定书视为撤销，违反法律规定。D地产公司根据（1996）鄂经初字第73号民事调解书及相关执行的裁定依法取得了原B公司在内地合作企业的股权，湖北省高级人民法院在未阐述任何理由的情况下，即在（2001）鄂高法监二民再字第10号调解书中表述原执行裁定视为撤销，否定了D地产公司取得股权的合法依据，损害了D地产公司的合法权益。

综上，湖北省高级人民法院（1996）鄂经初字第73号民事调解书并不存在违法的情形，B公司的申诉理由不能成立。湖北省高级人民法院在未指明（1996）鄂经初字第73号民事调解书存在何种错误的情况下即决定再审，对该案进行的再审缺乏事实和法律依据，且其经再审后作出的（2001）鄂高法监二民再字第10号民事调解书，在实质上确认了（1996）鄂经初字第73号民事调解书中曾经确认的内容后，在被告B公司未提出反诉的情况下，又对原告A公司向被告B公司返还因执行（1996）鄂经初字第73号民事调解书所取得的执行款的内容予以确认，违背了《民事诉讼法》第八十五条应该在分清是非的基础上进行调解的规定，亦违反了民事诉讼中不告不理这一基本原则。同时，湖北省高级人民法院在调解书中明确表述该院在执行（1996）鄂经初字第73号民事调解书时所作裁定视为撤销，违反法律规定，超出了调解书的适用范围。湖北省高级人民法院虽作出（2002）鄂高法监二民字第54号民事裁定书决定对（2001）鄂高法监二民再字第10号案进行再审，但其再审后并未对案件实体问题进行处理，而又作出（2003）鄂高法监二民再字第5号民事裁定书撤销了（2002）鄂高法监二民字第54号民事裁定书，程序上存在问题。本院依据《中华人民共和国民事诉讼法》第八十五条、第一百七十七条、第一百八十四条②之规定，判决如下：

一、撤销湖北省高级人民法院（2003）鄂高法监二民再字第5号民事裁定书和（2001）鄂高法监二民再字第10号民事调解书；

二、维持湖北省高级人民法院（1996）鄂经初字第73号民事调解书的法律效力。

本判决为终审判决。

---

① 对应2023年《民事诉讼法》第100条。
② 对应2023年《民事诉讼法》第93、209、216条。

第二十一章　案外人申请再审

> 规则 32：案外人可以通过另行提起诉讼解决其与案件一方当事人之间的债权债务关系的，其不能就该事项申请再审
> ——兰州 A 公司农垦食品有限公司与林某、郑州 A 公司食品有限公司债务纠纷案①

【裁判规则】

案外人在可以通过另行提起诉讼解决其与案件一方当事人之间的债权债务关系，且案件双方当事人在人民法院主持下达成调解协议、人民法院作出的调解书不涉及案外人与案件一方当事人之间的债权债务关系的情况下，对人民法院作出的调解书申请再审的，不符合法律关于案外人提起再审申请的规定，应予驳回。

【规则理解】

一、民事诉讼法关于案外人申请再审权利的规定

《民事诉讼法》关于案外人执行异议的规定是该法第 238 条："执行过程中，案外人对执行标的提出书面异议的，人民法院应当自收到书面异议之日起十五日内审查，理由成立的，裁定中止对该标的的执行；理由不成立的，裁定驳回。案外人、当事人对裁定不服，认为原判决、裁定错误的，依照审判监督程序办理；与原判决、裁定无关的，可以自裁定送达之日起十五日内向人民法院提起诉讼。"从该条规定看，对案外人的权利救济实际上包含三种方式。第一种方式是案外人异议声明。在执行过程中，案外人对执行标的提出书面异议的，人民法院应当自收到书面异议之日起 15 日内审查，理由成立的，裁定中止对该标的的执行，理由不成立的，裁定驳回。这种异议声明是由案外人就执行标的提起的，属于案外人异议制度。第二种方式是审判监督程序。案外人、当

---

① 载《中华人民共和国最高人民法院公报》2011 年第 4 期。

事人对人民法院作出的裁定不服，认为原判决、裁定错误的，依照审判监督程序办理。该种救济方式的适用前提是案外人异议的理由是执行根据即原生效判决、裁定有错误。直接涉及原判决、裁定的错误，需要通过审判监督程序来解决。第三种方式是案外人异议之诉。案外人的异议与原判决、裁定无关的，可以自人民法院裁定送达之日起 15 日内向人民法院提起诉讼。

在三种案外人救济制度中，第二种方式是案外人申请再审权利的规定，突破了之前民事诉讼法限定申请再审主体为案件当事人的规定，为案外人申请再审提供了法律依据。《民事诉讼法解释》第 421 条规定："根据民事诉讼法第二百三十四条规定，案外人对驳回其执行异议的裁定不服，认为原判决、裁定、调解书内容错误损害其民事权益的，可以自执行异议裁定送达之日起六个月内，向作出原判决、裁定、调解书的人民法院申请再审。"该条强调案外人申请再审以其提出执行异议为前置条件。此外，该条还规定案外人申请再审向作出原判决、裁定、调解书的人民法院提出，并未遵循《民事诉讼法》第 210 条的原则应上提一级管辖的规定，主要是考虑到案外人申请再审与第三人撤销之诉两种救济程序非常接近，而第三人撤销之诉规定由原审人民法院管辖，故在征得全国人大常委会法工委同意后，规定了案外人申请再审可以向原审人民法院提出。

二、对案外人申请再审条件的理解

（一）案外人申请再审必须以提出执行异议为前提条件

针对《民事诉讼法》第 238 条建立的案外人申请再审制度，《最高人民法院关于人民法院办理执行异议和复议案件若干问题的规定》使案外人申请再审条件宽泛化，包括案外人对执行标的主张权利且无法提起新的诉讼解决争议的情形。我国民事诉讼法没有明确规定判决效力的具体内涵，导致实践中对何种情形构成"无法提起新的诉讼解决争议"的认识较为混乱。首先，从审判监督即再审程序的价值和功能看，再审程序是为适应克服错误裁判、实现权利救济的客观需求，在审级制度之外构建的非常规救济机制。案外人申请再审的主旨是推翻损害其利益的生效裁判，并非通过再审判决为案外人设定权利义务关系。原生效裁判即使通过再审程序被撤销，案外人受到侵害的实体权利义务关系仍然需要通过另行诉讼加以判定。因此，如果能适用其他更为合适的救济机制（例如，案外人另行起诉或适用第三人撤销之诉的情形），就不应启动再审程序。[①] 其次，判决效力一般包括形式效力和实质效力两个方面，前者包括判决

[①] 肖建国：《论案外人申请再审的制度价值与程序设计》，载《法学杂志》2009 年第 9 期。

的拘束力和形式上的确定力；后者包括既判力、执行力和形成力。其中既判力又称判决的实质确定力，我国通说认为，既判力是指确定的终局判决内容的判断所具有的基准性和不可争性效果，[①] 即具有前诉拘束后诉的法律效果，表现为"一事不再理"的"消极效力"和先决事项拘束此后其他诉讼中法官判断的"积极效力"两个方面。一般认为，既判力的主观范围是当事人，即判决效力只及于当事人，而不能及于未参加诉讼的第三人，这是既判力的相对性原则。在既判力相对性原则下，案外人不受生效判决效力的约束，其完全可以基于其固有地位另行诉讼。最后，在特定情形下，判决的既判力会扩张至案外人。例如，针对特定物给付所做的判决，如果案外人是特定物的所有权人，则生效判决将对案外人就特定物实现所有权产生阻碍。再如，共同共有关系中因为不可归责于己的原因未能参加诉讼的共有人、代位权诉讼中未被列为第三人的债务人，也会受到生效判决的约束。又如，实践中出现的虚假诉讼，当事人之间恶意串通制造虚假债务，不当减少债务人的责任财产，导致合法债权人的债权受到侵害。在上述情形下，案外人即使无法通过另行诉讼予以救济，也可以通过第三人撤销之诉进行救济。

（二）案外人必须在法定期限内申请再审

《民事诉讼法》第216条规定："当事人申请再审，应当在判决、裁定发生法律效力后六个月内提出；有本法第二百一十一条第一项、第三项、第十二项、第十三项规定情形的，自知道或者应当知道之日起六个月内提出。"两者对案外人申请再审的时间规定并不相同。《民事诉讼法解释》第421条明确案外人申请再审的期限为执行异议裁定送达之日起6个月内。

三、民事再审案件案外人的诉讼地位

《民事诉讼法解释》第422条规定："根据民事诉讼法第二百一十四条规定，人民法院裁定再审后，案外人属于必要的共同诉讼当事人的，依照本解释第四百二十条第二款规定处理。案外人不是必要的共同诉讼当事人的，人民法院仅审理原判决、裁定、调解书对其民事权益造成损害的内容……"第420条第2款规定："人民法院因前款规定的当事人（即必须共同进行诉讼的当事人）申请而裁定再审，按照第一审程序再审的，应当追加其为当事人，作出新的判决、裁定；按照第二审程序再审，经调解不能达成协议的，应当撤销原判决、裁定，发回重审，重审时应追加其为当事人。"也就是说，依被遗漏的必要共

[①] 常怡：《民事诉讼法学》，中国政法大学出版社2008年版，第71页。

同诉讼人申请而启动再审时,应当依据所适用程序的不同,作出不同的处理。按照第一审程序再审的,应当追加其为当事人。按照第二审程序再审的,应当先进行调解。调解不成的,应撤销一、二审裁判,将案件发回重审,并在重审时追加被遗漏的必要共同诉讼人为当事人。但如经再审审理,认为该案外人不属于必要共同诉讼当事人的,则仅审理案外人对原判决提出异议的判项,是否确实侵害了案外人的权利,并根据审理情况决定是否撤销原判决相关判项。

四、当事人的权利义务受让人不属于可以申请再审的案外人

裁判文书生效后权利义务发生转移主要有两种情况:一是因当事人死亡或者终止而发生权利义务的概括转移;二是因签订合同等民事行为而发生权利义务的特定转移。理论和司法实践对此类情形下当事人的法定承继者享有申请再审权利的认识是一致的。

但是对于当事人基于自身意思表示将诉讼标的的权利义务转让给案外人,案外人是否代替原当事人对生效裁判享有申请再审的权利,理论和实务中存在一定争议。大陆法系有当事人恒定主义与诉讼承继主义两种不同的立法例。当事人恒定主义要求再审当事人原则上限于原审当事人,其他人不能作为再审当事人,着重保护程序安定。最高人民法院于2011年1月公布的《关于判决生效后当事人将判决确认的债权转让债权受让人对该判决不服提出再审申请人民法院是否受理问题的批复》(法释〔2011〕2号)认为,判决生效后当事人将判决确认的债权转让,债权受让人对该判决不服提出再审申请的,因其不具有申请再审人主体资格,人民法院应依法不予受理。该批复采当事人恒定主义模式,对特定承继持否定态度,确保案外人申请再审主体资格的有限性。

《民事诉讼法解释》第373条规定:"当事人死亡或者终止的,其权利义务承继者可以根据民事诉讼法第二百零六条、第二百零八条的规定申请再审。判决、调解书生效后,当事人将判决、调解书确认的债权转让,债权受让人对该判决、调解书不服申请再审的,人民法院不予受理。"

【拓展适用】

一、生效调解书的效力

在我国,法院调解是指在法官的主持下,双方当事人就发生争议的民事权利义务关系自愿进行协商,达成协议,解决纠纷的诉讼活动。[1]《民事诉讼法》

---

[1] 江伟:《民事诉讼法原理》,中国人民大学出版社1999年版,第528页。

第 96 条规定："人民法院审理民事案件，根据当事人自愿的原则，在事实清楚的基础上，分清是非，进行调解。"第 100 条规定："调解达成协议，人民法院应当制作调解书……调解书经双方当事人签收后，即具有法律效力。"《民事诉讼法》第三编"执行程序"第 245 条规定："人民法院制作的调解书的执行，适用本编的规定。"调解书是法院对调解协议作出确认的文书，被赋予与判决同等的效力，其不仅具有终结诉讼程序和终局确定当事人权利义务关系的效力，而且构成法院强制执行的依据。一方当事人不履行生效调解书确定的法律义务时，对方当事人可以请求人民法院依照执行的有关规定执行。如前所述，判决的形式效力分为判决的拘束力和形式上的确定力，实质效力分为既判力、执行力和形成力。因此，生效调解书具有拘束力、形式确定力和执行力当无疑问。但是生效调解书是否具有既判力？大陆法系的德国及日本民事诉讼法学界通说都不承认生效调解书具备拘束后诉中法官判断的积极效力，对其是否有消极效力则存在较大争议。[①] 我们认为，调解书一旦生效，意味着法院对当事人争议的诉讼标的作出了终局裁判，当事人不得就同一诉讼标的再行起诉，因此，调解书具有以消极效力形式表现的既判力。但是，就积极效力而言，尽管《民事诉讼法》要求庭后调解建立在查明事实、分清是非的基础上，并要求调解书写明案件的事实，但实践中调解书一般不写明查明的事实。调解协议的达成也往往是当事人妥协让步的结果，且调解书的内容可能超出或窄于当事人的诉讼请求。这些都意味着人民法院确认调解协议而作出的调解书并不一定与当事人实际权利义务关系相符。因此，我们倾向于认为调解书不应具有拘束后诉中法院不得再为相异判决的积极效力。

二、调解书的再审事由

由于调解书本质上是对调解协议的确认，对于当事人意思自治，一般应当予以尊重。《民事诉讼法》第 212 条规定："当事人对已经发生法律效力的调解书，提出证据证明调解违反自愿原则或者调解协议的内容违反法律的，可以申请再审。经人民法院审查属实的，应当再审。"因此，生效调解书的申请再审与生效判决、裁定的申请再审事由有很大区别，不适用《民事诉讼法》第 211 条规定的再审事由。对调解书申请再审的事由，首先考虑自愿性因素，是否符合当事人真实意思表示，是否存在违反自愿原则的强制调解；其次考虑合法性因素，调解协议内容是否违反法律的强制性规定。《民事诉讼法解释》第 407

---

① ［日］高桥宏志：《重点讲义民事诉讼法（上）》，有斐阁 2005 年版，第 684 页。

条第 1 款规定："人民法院对调解书裁定再审后，按照下列情形分别处理：（一）当事人提出的调解违反自愿原则的事由不成立，且调解书的内容不违反法律强制性规定的，裁定驳回再审申请……"其中将《民事诉讼法》第 212 条的"调解协议的内容违反法律"强调为"违反法律强制性规定"，突出了审查调解书的合法性，表述更为精确。此外，如发现调解书损害案外人合法权益的，则应通过第三人撤销之诉或者案外人申请再审程序处理。

三、第三人撤销之诉与案外人申请再审制度的关系

《民事诉讼法》第 59 条规定："对当事人双方的诉讼标的，第三人认为有独立请求权的，有权提起诉讼。对当事人双方的诉讼标的，第三人虽然没有独立请求权，但案件处理结果同他有法律上的利害关系的，可以申请参加诉讼，或者由人民法院通知他参加诉讼。人民法院判决承担民事责任的第三人，有当事人的诉讼权利义务。前两款规定的第三人，因不能归责于本人的事由未参加诉讼，但有证据证明发生法律效力的判决、裁定、调解书的部分或者全部内容错误，损害其民事权益的，可以自知道或者应当知道其民事权益受到损害之日起六个月内，向作出该判决、裁定、调解书的人民法院提起诉讼。人民法院经审理，诉讼请求成立的，应当改变或者撤销原判决、裁定、调解书；诉讼请求不成立的，驳回诉讼请求。"《民事诉讼法》第 59 条第 3 款规定的第三人撤销之诉是全新的独立诉讼制度，但就其内容看，也是以生效裁判错误作为实体条件，成为与案外人申请再审并列的纠错程序，且案外人不能另行提起诉讼实现权利救济是两种制度共同的前提。案外人或第三人如果可以通过另行提起诉讼解决其与案件一方当事人之间的债权债务关系，则不能通过纠错程序解决。人民法院应当告知案外人或第三人另行提起诉讼，以维护生效裁判的既判力。

那么案外人申请再审和第三人撤销之诉该如何有效区分呢？我们认为，两者之启动要件存在不同。根据《民事诉讼法》第 59 条第 3 款的规定，第三人撤销之诉必须符合如下启动要件：一是属于《民事诉讼法》第 59 条第 1 款、第 2 款规定的第三人。二是该第三人因为不能归责于本人的事由未参加诉讼，未能行使其程序权利。例如，在虚假诉讼损害第三人合法权益的情形中，第三人往往不知道诉讼的存在，故无法参加诉讼。但如果第三人已经知晓诉讼存在或收到法院参加诉讼通知，无正当理由不参加诉讼的，其程序权利已经受到保障，不符合第三人撤销之诉的条件。三是有证据证明生效判决、裁定、调解书的部分或者全部内容错误，损害其民事权益。目前主流意见认为，第三人撤销之诉主要有以下几类：（1）当事人恶意串通进行虚假诉讼，损害第三人利益；

(2) 第三人对原判决、裁定、调解书所处分的财产具有物上请求权；(3) 原诉遗漏了必要的共同诉讼当事人，损害该第三人的利益。[1] 四是自知道或者应当知道其民事权益受到损害之日起六个月内提起诉讼。而案外人申请再审以执行异议被驳回为前提条件。但实践中，由于案外人申请再审程序的适格案外人的范围界定较为模糊，并不排除案外人享有申请再审的权利，但又符合第三人撤销之诉的条件。为此，在《民事诉讼法解释》制定过程中，对厘清两种制度的倾向性意见为，按照启动程序的先后，当事人只能选择相应的救济程序。如果案外人先启动执行异议程序，对执行异议不符的，按照《民事诉讼法》第238条的规定救济，案外人只能申请再审，而不能再提起第三人撤销之诉。如果先启动第三人撤销之诉程序，即使在执行程序中又提出异议，第三人撤销之诉也要继续进行，当事人不能再根据《民事诉讼法》第238条的规定申请再审。

此外，我们认为，今后有必要通过完善第三人撤销之诉制度使之进一步区别于案外人申请再审制度。第三人撤销之诉制度发端于法国。[2] 从创设的背景看，该制度源于20世纪80年代，对于法定诉讼担当的判决效力扩张至被担当人的固有理论遭受质疑，认为被担当人未参加诉讼，无从适时提出攻击或防御，却受到败诉判决效力的拘束，与保障诉讼权利的立法意旨不符。例如，代位诉讼中代位债权人和次债务人进行诉讼的判决效力及于债务人，而诉讼担当人（代位债权人）与被担当人（债务人）的利害关系未必一致，债务人却需因代位债权人的败诉而蒙受不测损害。再如，部分共有人恢复共有物之诉，不必经其他共有人的同意或授权，如获败诉判决，未参与诉讼的其他共有人需受不利益判决效力的拘束。反之，如果认为既判力不能扩张到其他共有人，则会形成同一纠纷再度诉讼的局面。[3] 第三人撤销诉讼一方面旨在充足判决效力主观范围由当事人扩张及于第三人的正当化基础，使有法律上利害关系的第三人能知悉诉讼而有及时参与诉讼的机会，赋予法院适时主动将诉讼事件和进行程度通知该第三人的职权；另一方面赋予第三人符合一定要件时可选择通过撤销之诉动摇终局判决的权利。

---

[1] 王胜明主编：《中华人民共和国民事诉讼法释义》，法律出版社2012年版，第122页。

[2] 《法国民事诉讼法》第582条规定，第三人为其本人利益，有权提出撤销之诉，作为诉讼主体提出撤销判决或请求改判的诉请。参见罗结珍译：《法国新民事诉讼法典》，中国法制出版社1999年版。

[3] 许士宦：《新民事诉讼法》，北京大学出版社2013年版，第332~333页。

四、执行异议之诉、第三人撤销之诉、案外人申请再审三种诉讼制度的区别与联系

《民事诉讼法》第 59 条第 3 款规定了第三人撤销之诉，第 238 条规定了案外人申请再审和案外人执行异议之诉，这三项制度既有交叉又有区别，审判实践中极易混淆。这三种诉讼制度的区别包括：从提起诉讼的主体看，提起第三人撤销之诉的主体，除法律和司法解释有明确规定外，应限于原生效裁判案件的第三人，包括有独立请求权第三人和无独立请求权第三人；另外两种诉讼制度的原告为案外人。从诉讼的原因看，第三人撤销之诉系原裁判适格的第三人因不能归责于本人的事由未参加前案诉讼，但有证据证明发生法律效力的判决、裁定、调解书的部分或全部内容错误，损害其民事权益；案外人异议之诉系执行案件的案外人认为自己对执行标的享有足以排除执行的民事权益，对执行法院作出的执行裁定不服，且与原判决、裁定无关；案外人申请再审同样系基于对执行标的提出书面异议但被执行法院裁定驳回，认为系原判决、裁定错误的情形。

可以从以下几个方面把握这三种诉讼制度的联系：1. 第三人撤销之诉与案外人申请再审的选择问题。案外人如果既符合《民事诉讼法》第 59 条第 3 款规定的提起第三人撤销之诉要件，又符合第 234 条规定的案外人申请再审要件，根据《民事诉讼法解释》第 303 条规定，两种救济途径只能择一行使，无论先行选择哪种，均不能再行选择另一种。2. 根据《民事诉讼法解释》第 301 条规定，第三人撤销之诉审理期间，人民法院对生效判决、裁定、调解书裁定再审的，受理第三人撤销之诉的人民法院应当裁定将第三人的诉讼请求并入再审程序。但有证据证明原审当事人之间恶意串通损害第三人合法权益的，人民法院应当先行审理第三人撤销之诉案件，裁定中止再审诉讼。3. 案外人执行异议之诉的审理范围一般限于审查案外人是否就执行标的享有足以排除执行的民事权益，不涉及生效裁判是否错误的问题。案外人申请再审则涉及生效裁判是否错误的问题，虽然案外人也提出就执行标的享有足以排除执行的民事权益，但立足于作为执行依据的生效裁判错误。

【典型案例】

兰州 A 农垦食品有限公司与林某、郑州 A 食品有限公司债务纠纷案

再审申请人：兰州 A 农垦食品有限公司

再审被申请人（一审原告）：林某

再审被申请人（一审被告）：郑州 A 食品有限公司

[基本案情]

再审申请人兰州A农垦食品有限公司（以下简称兰州A公司）因与再审被申请人林某、郑州A食品有限公司（以下简称郑州A公司）债务纠纷一案，不服河南省高级人民法院2008年11月14日作出的（2008）豫法民三初字第2号民事调解书，向本院申请再审。本院依法组成合议庭对本案进行了审查，现已审查完毕。

林某因与郑州A公司债务纠纷一案，于2008年10月6日向河南省高级人民法院提起诉讼，请求判令：1. 林某与郑州A公司以及兰州A公司三方于2008年7月31日所签《债权转让协议》合法有效；2. 被告郑州A公司立即按照《债权转让协议》的约定向原告林某偿还欠付的99406235.82元；3. 诉讼费用由被告负担。

经当事人申请，河南省高级人民法院于2008年11月14日主持调解，双方当事人经协商自愿达成如下调解协议：1. 双方确认：截至2008年7月16日，郑州A公司拖欠林某99406235.82元没有偿还且已经超过双方约定的还款期限。2. 因郑州A公司资金和经营困难，没有能力在约定的期限内以现金向林某清偿上列欠款，郑州A公司自愿以截至2008年7月31日为基准日的郑州A公司全部资产的评估值为依据，将所欠林某的全部欠款转为郑州A公司的股权，自股权变更登记的法律手续完成之日起，林某成为郑州A公司的股东，不再享有债权人的权益，转而享有郑州A公司股东的权益，林某同意以债权转股权的方式实现债权的清偿。3. 债权转股权完成之后，林某持有郑州A公司的股份为：林某的债权数额占郑州A公司全部资产基准日评估值的百分比，即为林某享有的股权数额。4. 债权转股权的法律手续，及郑州A公司因债转股而增加的注册资本等，均根据中国外商投资企业等法律的相关规定办理。郑州A公司负责办理完成相关的法律手续，所发生的费用由郑州A公司负担。5. 如果因政策法律的障碍或郑州A公司的原因，而导致在180日内无法完成债权转股权的法律手续的，则郑州A公司承诺在该期间届满后30日内以现金清偿或以其全部实物资产作价抵偿所欠林某的全部欠款。6. 本调解协议经由人民法院司法确认后生效。

[一审裁判理由与结果]

河南省高级人民法院认为，林某系美国公民，因债务纠纷在中华人民共和国人民法院所提诉讼属于中华人民共和国人民法院受理的涉外民商事案件，应适用中华人民共和国的程序法律规范。该院作为所诉被告住所地人民法院受理本案，符合《中华人民共和国民事诉讼法》涉外民事诉讼程序的特别规定以及最高人民法院关于涉外民商事案件诉讼管辖的相关规定。因双方同意适用中华人民共和国法律，故本案应以中华人民共和国实体法律规范作为本案的准据法。经审查，双方自愿达成的上述协议，不违反中华人民共和国的法律规定，该院予以确认。该院根据上述调解协议制作（2008）豫法民三初字第2号民事调解书，并经双方当事人签收。

[当事人申请再审的理由及答辩意见]

兰州A公司不服原审调解书，向本院申请再审，请求：1. 依法撤销河南省高级人民法院作出的（2008）豫法民三初字第 2 号民事调解书；2. 追加兰州 A 公司参加诉讼，依法驳回林某的诉讼请求。其主要理由是：

一、有关本案的重要事实

兰州 A 公司系台商独资企业，是由林甲、郭甲等 8 名台商于 1991 年投资成立。2007 年 8 月 23 日，公司全体股东召开董事会，形成《董事会决议》，决定："林甲任期已满，经全体股东表决，决定由董事郭甲任董事长"。郑州 A 公司是由 7 名台商（其中包括郭甲与林甲两个家族成员）于 2006 年 1 月共同投资成立，林甲为法定代表人。2008 年 7 月 31 日，林甲（代表兰州 A 公司）、姜某（林甲的表哥，代表郑州 A 公司）与林某（林甲的胞姐，系美国加利福尼亚州公民）假借申请人的名义，使用林甲未交回的申请人的公章，签订了所谓的三方《债权转让协议》。《债权转让协议》约定：将申请人持有的被申请人郑州 A 公司 99406235.82 元的债权全部无偿转让给林某，申请人不再享有对郑州 A 公司的债权，并以郑州 A 公司的全部资产向林某提供担保，郑州 A 公司 30 日内不能清偿，林某有权以郑州 A 公司担保的全部资产抵偿，或将林某的债权全部转为郑州 A 公司的股权，林某成为郑州 A 公司的股东，享有股东的权利。林某于 2008 年 10 月 6 日向河南省高级人民法院提起诉讼。河南省高级人民法院受理该案后，于 2008 年 11 月 3 日向郑州 A 公司送达起诉状副本及应诉通知书。11 月 14 日，在没有征得郑州 A 公司其他股东同意，也没有董事会决议的情况下，郑州 A 公司、林某的两位代理人在河南省高级人民法院的主持下，达成了所谓的调解协议。同日，该调解协议经（2008）豫法民三初字第 2 号民事调解书加以确认。该民事调解书的内容和《债权转让协议》的内容基本一致。

二、（2008）豫法民三初字第 2 号民事调解书，违背事实和法律，依法应当撤销

1. 郑州 A 公司、林某于 2008 年 7 月 31 日签订的《债权转让协议》是伪造的、无效的。兰州 A 公司从未作出要将 99406235.82 元的债权转给林某的决定，更没有作出无偿转让给林某的决定。兰州 A 公司及其法定代表人郭甲从未授权林甲或其他人去签订所谓的三方《债权转让协议》。三方《债权转让协议》签订之时即 2008 年 7 月 31 日，林甲已不再担任兰州 A 公司董事长，林甲无权代表兰州 A 公司对外行使权力，更无权决定债权转让等重大事项。

2. 林甲与其胞姐林某、表哥姜某，恶意串通，签订所谓的三方《债权转让协议》，以合法形式掩盖非法目的，侵占兰州 A 公司的财产，严重损害了申请人的合法权益。

3. 河南省高级人民法院在主持调解时，置林某提出的确认三方签订的《债权转让协议》合法有效的第一诉求于不顾，对三方《债权转让协议》是否合法有效不作任何审查，最终导致无效的《债权转让协议》为法院的调解书所确认。

〔最高人民法院裁判理由与结果〕

本院认为：林某作为本案原审原告，所提出的诉讼请求有二，一是确认郑州 A

公司、兰州 A 公司及林某三方签订的《债权转让协议》合法有效；二是由原审被告郑州 A 公司立即按《债权转让协议》的约定向林某偿还 99406235.82 元。在原审诉讼中，林某与郑州 A 公司所达成的调解协议，对第一项诉讼请求未予涉及，仅对第二项诉讼请求形成合意。因兰州 A 公司未参加本案诉讼，亦未在调解协议上签字盖章，无论林某与郑州 A 公司达成调解协议的动机与意图如何，无论其是否以《债权转让协议》为基础而达成调解协议，对兰州 A 公司均无约束力，原审法院所作出的调解书当然亦对兰州 A 公司不发生法律效力。如果郑州 A 公司确对兰州 A 公司负有债务，郑州 A 公司不能以该调解书作为免除其对兰州 A 公司所负债务的依据，亦不能以该调解书作为兰州 A 公司将债权转让给林某的依据。因此，该调解书客观上不能产生损害兰州 A 公司债权的后果。如果兰州 A 公司认为其对郑州 A 公司享有债权，可以另行提起诉讼予以解决。至于《债权转让协议》是否存在恶意串通，是否以合法形式掩盖非法目的，均可在另行提起的诉讼中审理解决。再者，本案原审调解书对《债权转让协议》效力未作确认，可视为林某放弃了第一项诉讼请求，而第二项诉讼请求与兰州 A 公司无涉，兰州 A 公司是否参加诉讼均不影响其诉讼权利与民事权利。

综上，兰州 A 公司作为原审调解书的案外人，在可以通过另行提起诉讼解决其与郑州 A 公司之间的债权债务关系，且原审调解书未对兰州 A 公司与郑州 A 公司的债权债务关系进行认定及处分的情况下，对原审调解书申请再审不符合案外人提起再审申请的情形。本院依照《中华人民共和国民事诉讼法》第一百八十一条[①]第一款之规定，裁定如下：

驳回兰州 A 公司的再审申请。

[①] 对应 2023 年《民事诉讼法》第 215 条。

第二十二章 执行强制管理

> 规则33：人民法院在执行中为保障抵押物的正常经营，可委托相关机构对其进行托管
> ——A银行、A银行东京分行、B银行、C银行、D银行与某饭店有限公司仲裁裁决执行案[1]

【裁判规则】

在执行中为不影响抵押物的正常使用收益，人民法院可采用"托管方式"执行，委托机构使用管理抵押物的收益，应用以抵偿债务人的债务。

【规则理解】

一、执行强制管理的内涵及法律特征

（一）执行强制管理的含义

执行强制管理，亦称强制管理，其含义有广义和狭义之分。广义上的强制管理是指在金钱债权的执行程序中，执行法院依其职权选任管理人对已查封、扣押、冻结的被执行人的不动产、动产及股权强制实施管理行为，并以管理所取得的收益使债权得到清偿的执行活动。狭义上的强制管理，是指执行法院依职权选任管理人对已查封的被执行人所有的不动产强制实施管理行为，并以管理所得收益抵偿债务的活动。狭义上的强制管理其对象仅限于不动产，尤其是房屋等不动产；而广义上的强制管理其对象基本上不受限制，只要该对象能够产生收益。[2] 强制管理属于强制执行措施的一种，其法律依据是《民事诉讼法解释》第490条，根据该条规定，被执行人的财产无法拍卖或变卖的，经申请执行人同意，且不损害其他债权人合法权益和社会公共利益的，人民法院可以将该项财产作价后交付申请执行人抵偿债务，或者交付申请执行人管理。申请

---

[1] 载《中华人民共和国最高人民法院公报》1999年第5期。
[2] 李炎：《执行强制管理的法律问题》，载《人民司法》2001年第2期。

执行人拒绝接收或管理的，退回被执行人。据此，笔者认为《民事诉讼法解释》采强制管理的广义概念。

（二）强制管理的法律特征

用益物权是所有权权能分离形成的他物权，而强制管理是以使用收益为目的，不转移债务人对财产的所有权，强制获得了财产所有权的部分权能。其与用益物权在权利的来源上有所不同，但两者获得的所有权权能和行使目的基本相一致。强制管理具有以下特征：

1. 强制管理一般仅适用于不动产。以不动产的使用收益作为执行对象，目的在于获取不动产物权之使用价值偿债，不要求不动产有现实的收益，只要财产权的使用收益权能尚存即可。

2. 强制管理制度不剥夺债务人对不动产的支配权，管理期限届满，应将被管理的不动产交还被执行人。

3. 当执行债权金额不大，而不动产价值巨大时，实施管理制度能够兼顾债权人和债务人双方的利益，可为债务人节省评估、拍卖费用。

4. 强制管理针对的是不动产使用收益权的执行。因管理制度执行的是不动产的孳息，强制执行的过程受不动产使用收益量的影响，使用收益量越大，执行时间越短。据此，强制管理的本质特征是以使用收益为目的，将财产转移占有于管理人，不改变财产的所有权归属，强制获得财产所有权的部分权能，相当于物权法上的用益物权。"强制管理通过强制分离财产所有权的权能，使债权人的所有权成为一种观念的存在。"[1]

（三）强制管理的适用条件

强制管理仅于不动产不可或不宜拍卖时才可适用。"有禁止让与或有高额抵押权存在，致普通债权人无拍卖实益或须待其价格上涨后拍卖等情形者，虽不可或不宜进行拍卖程序，但仍可实施强制管理，以其收益清偿债权人之债权。"[2] 因此，强制管理适用须符合下列条件：1. 须发生在金钱债权的执行过程中。在关于物和行为的请求权的执行中，因执行标的是生效法律文书指定的物的交付或行为的履行，非经当事人协商一致，不得任意变更，一般不发生强制管理的情形。2. 被执行人对强制管理的财产必须具有自物权或用益物权，被执行人具有的担保物权如抵押权、留置权就不能成为强制管理的对象。3. 被执行

---

[1] 梁慧星：《中国物权法研究》，法律出版社1998年版，第584页。
[2] 杨与龄：《强制执行法论》，中国政法大学出版社2002年版，第460页。

财产须能产生一定数额的收益。

二、强制管理的执行程序

（一）强制管理执行程序的启动

强制管理执行措施的启动方式有两种：一是依申请执行人的申请，人民法院经审查同意而启动；二是人民法院依职权而启动。人民法院启动须事先征得申请执行人的同意，由申请执行人作出愿意接受强制管理措施相应的法律后果之意思表示。债权人申请强制执行的目的在于实现生效法律文书所确定的债权，由于强制管理过程与拍卖、变卖其他财产等措施相比，其持续时间较长，管理收益状况不确定，采取这种执行方式存在一定的风险，因此执行法院不宜径行采取，须尊重当事人的意愿，取得申请执行人的同意。应当注意的是，无论以哪种方式启动，都要保证强制管理措施的启动符合执行经济原则，防止启动强制管理措施给当事人造成不必要的损失。

（二）强制管理人的选定

管理人是指受人民法院委托对被执行人的财产进行管理、收益，使民事强制执行依据所确定的债权得到清偿的机构或人员，一般要求具有相应的从业资质或资格。人民法院决定采取强制管理措施后，应当及时选定管理人。从不同国家和地区的规定来看，一般规定包括债权人在内的任何自然人、法人、非法人团体都可以接受委任成为执行财产的管理人。然而，根据我国法律规定，只有债权人本人才能管理执行财产。不仅如此，各国和各地区在选任管理人时都较为慎重严谨。由此可见，强制管理中管理人在受命管理时，其享有的权利和承担的义务是相均衡的，管理人必须尽到善良人的注意义务。

通常情况下，强制管理的管理人由执行法院主持选任，选任方式可采取竞标方式，将不动产强制管理后的收益和管理费用制作成标，中标者当选。管理人主体可为自然人与法人，一般为案外人，但也不排除将执行债权人或者执行债务人选定为管理人；对选定的管理人，执行法院可以责令其提供担保；当事人认为管理人选任不当的，可以提出异议，是否重新选任，由执行法院决定。一般情况下，管理人的主要职责与权利义务，包括下列五个方面：[①]（1）接管不动产。执行法院发出强制管理裁定后，管理人即可接管不动产，不动产为执行债务人占有的，可以在执行法院协助下强制接管；不动产为第三人非法占有

[①] 戴玉龙：《强制管理之于不动产执行的困惑与突破——兼论债权实现与被执行人生存权之平衡》，载《法律适用》2008年第11期。

的，可以通过执行法院强制其交出。（2）管理人应当针对不动产的管理需要，及时实施管理行为并收取收益。（3）管理人必须履行善意管理不动产的义务，如果怠于行使管理权或者滥用管理权给当事人造成损失的，应当承担赔偿责任。（4）管理人接管不动产后，应当定期或逐月、逐季向执行法院提交财务报告，汇报收支情况。当事人对管理人提交的财务报告有异议，可以向执行法院提出。（5）获得报酬。管理人受命管理不动产，有权获得报酬，而且该报酬应当在不动产收益中优先扣除。

（三）强制管理的执行裁定

人民法院决定对被执行人的财产采取强制管理措施的，应当制作执行裁定书，送达当事人、管理人和其他相关人员，以落实执行公开原则，接受执行监督。裁定书的内容一般应当载明如下事项：（1）管理人，包括管理人的名称、住所地、法定代表人等自然情况。（2）标的物，包括强制管理的财产性质、数量、位置、现有法律状态等。（3）被执行人的义务，责令被执行人将标的物移交管理人，禁止被执行人干涉管理事务和处分管理收益。（4）其他事项。如针对标的物对被执行人负有给付义务的第三人，令其向管理人履行给付义务；令管理人将收益交至法院指定的银行账户；管理期限等。强制管理涉及不特定第三人的，裁定书作出后还应当张贴公告，避免不特定的第三人妨碍管理人进行管理。

（四）强制管理的终结

管理人接收管理财产，履行管理职责，所得的收益足以清偿强制执行的债权总额和被执行人应负担的相关费用时，强制管理的目的已经达到，或发现不动产收益扣除管理费用和其他必要开支后无余款可供清偿，执行法院应当终结强制管理。强制管理终结后，管理人应当向执行法院提交最终财务报告，并由执行法院将强制管理的财产以及强制管理期间取得的剩余收益返还给被执行人或进入其他执行程序。强制管理在下列情况下应当终结：（1）债务已经以强制管理期间的收益获得清偿。（2）被执行人以金钱方式或以其他财产抵债方式自动履行全部债务，或者已与债权人达成执行和解协议，债权人提出撤回执行申请。（3）实施强制管理的标的物因故灭失或因故丧失、部分丧失使用价值不能再行取得收益，或收益仅够抵扣管理费用及其他必要费用，无余款用以清偿债权。（4）实施强制管理的标的物经执行法院认可已由拍卖机构拍出或由当事人自行变卖成功，所得款项足以偿债。（5）出现了《民事诉讼法》第268条规定的应当终结执行的其他情形。人民法院终结强制管理措施时，也应当制作民事裁定书，送达当事人。强制管理终结后，其法律上的效果主要有：一是强制管理程序终结，应由执行法院为撤销强制管理之处分。二是执行法院应解除管理人的职务，并通知管理人。三是债务人恢复对不动产的管理和收益权。四是撤销强制管理。"这是向将来发生效力，管理人在撤销前所为之行为，仍继续有效。"①

【拓展适用】

一、委托管理协议

（一）委托管理协议的订立主体

执行法院选定管理人后，应当就管理人的职责、权利义务事项与管理人签订委托管理协议。委托管理协议的订立主体是执行法院与管理人，而不是申请执行人或被执行人。主要理由在于：第一，强制管理是人民法院在执行程序中采取的执行措施，属于公权力行为，执行法院应当作为管理协议的委托方，体现了其作为执行机关主导执行工作的身份，符合执行程序原理。第二，由于申请执行人和被执行人对执行财产存在利害关系，无论哪一方作为管理协议的委托方，都有可能会带来一些不必要的争议。第三，人民法院作为委托一方订立委托管理协议，对委托管理的事项直接知悉，当管理人违反委托管理协议时，可以依据执行工作的相关规定，直接责令管理人予以纠正或赔偿损失，使案件得到公正高效的执行。

（二）管理人的权利和义务

管理人的权利与义务是委托强制管理协议的核心内容。

管理人的主要权利应包括：（1）管理人应有独立管理的权利，其独立意味着管理行为独立于申请执行人和被执行人。特别是法律上要明确禁止被执行人干涉管理事务，其目的在于保障执行程序的顺利进行。（2）管理人对已受强制管理的财产，有管理、收益及将非金钱收益变现的权利。管理人应当针对不动产的管理需要，及时实施管理行为并收取收益。如对土地上的果树或其他农作物进行管理，收取天然孳息；或者将房屋出租，收取租金；或者对开设的酒店、旅馆进行管理经营，创造利润。如果不动产为第三人合法占有的，可以向第三人收取收益，对不动产的非金钱收益，管理人有变价权。（3）管理人的报酬权。即管理人为进行强制管理，可以接受费用预支及报酬，而且该报酬应当在

---

① 杨与龄：《强制执行法论》，中国政法大学出版社2002年版，第463~471页。

不动产收益中优先扣除。报酬数额以中标时的数额为准。被执行人若对该报酬数额有异议,可向执行机构提出,由执行机构核定。

管理人的义务应包括:(1) 接受执行法院监督的义务。管理人进行管理事务,应当以善良管理人的身份履行其职责,并接受执行法院的监督,对执行法院负责。如果管理人未尽管理之职责,申请执行人、被执行人或利害关系人也可以提出异议,申请执行法院对其采取监督措施。管理人因执行职务遇有障碍或者抗拒的,可以请求执行机构予以排除。(2) 进行财务报告的义务。强制管理的财务账目,管理人应于每月提交执行法院。执行法院认为有必要时,可以随时要求管理人提交。强制管理终结时,管理人应向执行法院提交最终的财务报告。同时,管理人还应当将财务报告提交执行当事人。提交的目的是供执行法院和当事人审核。执行当事人对管理人提交的财务账表和财务报告有异议的,可以向执行机构提出,由执行机构核定。(3) 交付收益的义务。管理人对强制管理的收益,应在扣除管理费用及其他必要费用后,及时交付申请执行人,并告知被执行人。当事人对所交数额有异议的,可以向执行法院提出。(4) 提供担保的义务。为保证管理人尽职尽责,适当地履行管理义务,并且在造成当事人损失时能予以赔偿,执行法院在选任管理人时,可命令管理人提供适当的担保。至于担保的数额可依照《民事诉讼法》中有关担保的规定办理。[①]

二、处理委托管理协议应当注意的事项

(一) 管理期限的确定

订立委托管理协议时,应当根据执行案件的标的和使用管理财产的收益大小合理确定管理期限。

1. 合理确定管理期限的意义在于:第一,督促管理人发挥主观能动性,做到人尽其才,物尽其用,争取最大利润。第二,缩短案件执行期限,防止执行案件久拖不结。

2. 委托管理期限超过执行期限的处理。由于强制管理是一种附有终期的法律行为,管理人对标的物所享有的权利是设定存续期间的权利,只能在执行法院指定的期间内存在,期限届满权利即归于消灭。《执行规定》第63条规定:"人民法院执行生效法律文书,一般应当在立案之日起六个月内执行结案,但中止执行的期间应当扣除。确有特殊情况需要延长的,由本院院长批准。"同时,根据《最高人民法院关于严格执行案件审理期限制度的若干规定》第5条

---

① 童兆洪主编:《民事强制执行新论》,人民法院出版社2007年版,第115页。

的规定，执行案件应当在立案之日起 6 个月内执结。有特殊情况需要延长的，经本院院长批准，可以延长 3 个月。由于委托管理的期限不属中止执行期间，一般不应当超过 6 个月的执行期限。但确实有特殊情况需要超过 6 个月的，执行案件应按相关规定报告院长审批延长执行期限。

（二）委托管理协议终止的处理

委托管理协议终止时，执行法院应当要求管理人将管理的财产如数返还。

1. 要求返还的理由。第一，基于委托管理协议的性质。委托管理协议在一定意义上除具有《民法典》规定的委托合同的性质外，还具有保管合同的性质。《民法典》第 888 条规定，保管合同是保管人保管寄存人交付的保管物，并返还该物的合同。据此，管理人对人民法院交其管理的被执行人的财产具有返还义务。第二，基于执行案件的客观需要。强制管理执行措施与强制拍卖执行措施的根本不同在于强制管理是以财产的使用价值及其收益作为执行对象，执行的是财产孳息而不涉及财产所有权本身，强制拍卖则是针对财产本身的交换价值而实施的变价行为，直接涉及财产所有权本身。强制管理措施执行终结，需将管理的被执行人的财产所有权予以返还。

2. 返还不能的处理。委托管理协议终止，管理人如对管理财产返还不能，应当折价赔偿。但折价时应考虑财产在使用过程中的磨损与折旧，公平合理地赔偿。人民法院应当将赔偿款支付给被执行人。

【典型案例】

A 银行、A 银行东京分行、B 银行、C 银行、D 银行与某饭店有限公司仲裁裁决执行案

申请执行人：A 银行、A 银行东京分行、B 银行、C 银行、D 银行

被执行人：某饭店有限公司

〔基本案情〕

被执行人某饭店有限公司是某服务公司与某投资公司合资设立的法人。该公司为兴建某饭店，曾于 1987 年 3 月 20 日与申请执行人 A 银行、A 银行东京分行、B 银行、C 银行、D 银行等 5 家银行组成的银团签订贷款协议，约定 A 银行等 5 家银行向某饭店有限公司发放 50 亿日元的贷款；同时还签订了"抵押协议"，约定将某饭店作为贷款的抵押物以及贷款方提供贷款额度的先决条件之一。A 银行等 5 家银行已经按照贷款协议的约定履行了全部放款义务，但是某饭店有限公司没有按时偿还到期贷款本息。双方当事人就如何履行"抵押协议"发生争议，因协商未成，A 银行等 5 家银行遂依据"抵押协议"中的仲裁条款向中国国际经济贸易仲裁委员会申请仲裁。

〔仲裁裁决意见〕

中国国际经济贸易仲裁委员会裁决：1. 申请人 A 银行等 5 家银行与被申请人某饭店有限公司于 1987 年 3 月 20 日签订的"抵押协议"有效；2. 申请人有权按照有关法律的规定，对协议规定的担保权益实行处分，用处分担保权益所得的款项偿付被申请人截至 1994 年 9 月 20 日应付申请人的款项总计 57.18 亿余日元和上述金额自 1994 年 9 月 20 日至实际支付日止按申请人与被申请人于 1987 年 3 月 20 日签订的"贷款协议"中所确定的利率支付利息；3. 被申请人应付申请人律师费及保全费合计 32.99 万余元；4. 本案仲裁费 18.58 万余美元和 97.15 万余元，应由被申请人承担。

仲裁裁决生效后，由于被执行人某饭店有限公司未履行裁决内容，申请执行人 A 银行等 5 家银行遂依照《中华人民共和国民事诉讼法》第二百一十七条[1]第一款的规定，向北京市第一中级人民法院申请执行，请求法院准许其接管某饭店，实现经仲裁裁决认定的有效"担保权益"，以便用处分"担保权益"所得款项偿付被执行人所欠的本金和利息。

〔法院裁判理由与结果〕

北京市第一中级人民法院经审查认为：仲裁裁决中的所谓"处分担保权益"，就是要实现抵押物权，因此强制执行的内容应当是将作为抵押物的某饭店的动产、不动产全部交付给申请执行人。该院为了在执行中不影响饭店的正常经营，又能顺利地完成饭店财产的清点核实工作，保证饭店移交，决定采用"托管方式"执行，即委托案外北京某饭店管理公司进驻某饭店，在指定期间内完成核查饭店资产的工作，并代为经营管理。

1998 年 11 月 18 日，北京市第一中级人民法院根据案外北京某饭店管理公司的报告，认定核查工作已经完成，遂将某饭店的全部资产正式移交给申请执行人 A 银行等 5 家银行。至此，这起标的额巨大的申请执行案执行终结。

---

[1] 对应 2023 年《民事诉讼法》第 248 条。

第二十三章　执行和解

> 规则 34：一方当事人不履行或不完全履行和解协议的，另一方当事人可以申请人民法院执行生效判决
> ——吴某与纸业公司买卖合同纠纷案[①]

【裁判规则】

民事案件二审期间，双方当事人达成和解协议，人民法院准许撤回上诉的，该和解协议未经人民法院依法制作调解书，属于诉讼外达成的协议。一方当事人不履行和解协议，另一方当事人申请执行一审判决的，人民法院应予支持。

【规则理解】

一、执行和解的内涵

所谓执行和解，是指在执行程序中，双方当事人在自愿的基础上，经过平等协商，就生效法律文书所确认的法律关系的实现程度和方式形成协议，并将该协议提交人民法院，以和解协议的履行替代原生效法律文书的执行，从而终结案件强制执行程序的法律行为。执行和解的理论基础是当事人的意思自治，即法律规定当事人所享有的处分权在执行程序中的具体体现。执行和解是当事人对生效法律文书所确定的给付内容、数额、方式以及期限等方面予以的变更，更加符合当事人的实际情况，有利于权利人的权利得以及时实现；有利于增进当事人之间的理解，消除矛盾，构建和谐；有利于节约执行成本，符合诉讼经济原则；有利于提升司法的权威和公信力，在一定程度上化解执行难的问题。

二、执行和解协议成立的条件

（一）执行和解协议成立的条件

执行和解作为一种法律行为，是执行中当事人通过协议变更原生效法律文

[①] 最高人民法院指导案例 2 号。

书确定的内容,以协议的履行代替生效法律文书的执行。执行和解协议的成立必须具备以下条件:(1) 和解协议的主体必须是双方当事人即申请执行人和被执行人。(2) 和解协议的达成须在执行程序中进行。(3) 和解协议必须是双方当事人真实的意思表示。(4) 和解协议的内容必须合法,不得损害国家利益、社会公共利益和第三人的合法权益,不得违反法律法规的强制性规定。(5) 和解协议一般应采用书面形式提交人民法院,或由人民法院记入笔录,并由双方当事人签字或盖章。

(二) 司法实践中应当注意的问题

司法实践中对于执行和解协议的成立,应当注意以下几点:

1. 协议变更的内容。《最高人民法院关于执行和解若干问题的规定》第1条第1款规定:"当事人可以自愿协商达成和解协议,依法变更生效法律文书确定的权利义务主体、履行标的、期限、地点和方式等内容。"实践中,主要表现为以下几类:(1) 义务的部分免除,即申请执行人放弃部分权利。(2) 履行期限的宽限,即申请执行人放弃期限利益,允许被执行人对全部义务或部分义务的履行期限延长。(3) 履行方式的变更,即双方当事人约定以物抵债、劳务抵债、债权转股权等方式履行义务。(4) 变更被执行主体,即约定由案外第三人自愿承担义务。[①]

2. 和解协议的形式。根据《最高人民法院关于执行和解若干问题的规定》第1条第2款、第2条规定,和解协议一般采取书面形式。当事人达成口头和解协议,执行人员将和解协议内容记入笔录,由各方当事人签名或者盖章。可见,现行法律、司法解释关于和解协议的形式,并未作出强制性要求,由于和解协议通常变更生效法律文书的内容,重新确定当事人之间的权利义务关系,一般情况下采取书面形式为好,有利于协议内容的固定和明确。如果没有书面协议的,也可以通过制作笔录,记载当事人达成协议的内容。经过法院记入笔录后,协议内容作为证据的证明效力得以提高。《民事诉讼法解释》第464条规定:"申请执行人与被执行人达成和解协议后请求中止执行或者撤回执行申请的,人民法院可以裁定中止执行或者终结执行。"第465条规定:"一方当事人不履行或者不完全履行在执行中双方自愿达成的和解协议,对方当事人申请执行原生效法律文书的,人民法院应当恢复执行,但和解协议已履行的部分应当扣除。和解协议已经履行完毕的,人民法院不予恢复执行。"有学者认为,

---

① 童兆洪主编:《民事执行调查与分析》,人民法院出版社2005年版,第416~417页。

法律规定"执行员应当将协议内容记入笔录,由双方当事人签名或者盖章"是和解协议成立的形式要件,和解协议必须有执行人员参与并应将和解协议的内容记入笔录,方能生效。① 然而,从条文本身分析,达成协议唯一的条件是双方当事人自行和解,而将协议内容记入笔录,由双方当事人签名或者盖章,是执行人员在协议成立后"应当"做的。如果执行人员未按法律要求将协议内容记入笔录,由双方当事人签名或者盖章,并不影响已成立的和解协议的效力。而且,执行人员将协议内容记入笔录的前提是当事人自行和解达成协议,由此,在执行人员记录之前,协议已经达成。②

3. 人民法院对于和解协议的审查。应注意:(1)促成和解协议要注意尊重当事人的意愿,不能搞强制性和解。对于法院提出方案,双方当事人都予以同意的,不应视为强制性和解。(2)对于和解协议应限于形式性的审查,主要审查双方当事人达成和解协议是否出于自愿,是否存在欺诈或胁迫的情形,协议的内容是否违反法律的强制性规定,是否损害国家利益、公共利益和第三人的合法权益等。(3)对于和解协议的法律效力予以释明,避免当事人产生误会,确保当事人的合法权益。

4. 人民法院不宜裁定确认和解协议,但当事人协议以物抵债,仅需要法院以裁定书确认产权转移的除外。因为:(1)裁定确认该协议内容,将在实质上限制当事人变更、终止和解协议的权利,侵犯了当事人的意思自治;(2)在当事人反悔和解协议或不履行时,将无法与现行法律关于恢复执行原生效法律文书的规定相协调;(3)如若协议内容违法,则该确认裁定也将相应违法,进而使法院处于非常被动和尴尬的境地。③ 因此,《最高人民法院关于执行和解若干问题的规定》第6条规定:"当事人达成以物抵债执行和解协议的,人民法院不得依据该协议作出以物抵债裁定。"

三、执行和解的法律效力

执行和解属于一种执行方式,其作为执行程序中的法律行为,无论其程序效力或是实体效力,不仅及于当事人双方,而且及于行使执行权的人民法院。

---

① 王利明:《关于和解协议的效力》,载王利明主编:《判解研究(总第4辑)》,人民法院出版社2001年版,第48页。
② 汤维建、许尚豪:《强制执行的契约化趋势——以执行和解为分析中心》,载最高人民法院执行工作办公室:《强制执行指导与参考(总第14辑)》,法律出版社2006年版,第111页。
③ 江必新主编:《新民事诉讼法执行程序讲座》,法律出版社2012年版,第54页。

《民事诉讼法解释》第464条规定："申请执行人与被执行人达成和解协议后请求中止执行或者撤回执行申请的，人民法院可以裁定中止执行或者终结执行。"第465条规定："一方当事人不履行或者不完全履行在执行中双方自愿达成的和解协议，对方当事人申请执行原生效法律文书的，人民法院应当恢复执行，但和解协议已履行的部分应当扣除。和解协议已经履行完毕的，人民法院不予恢复执行。"有学者认为，其法律效力具有两重性：一方面，它使当事人变更或消灭某种民事法律关系，从而实现法律文书确定的实体权利的民事行为；另一方面，这种和解由于发生在执行程序中，一经人民法院确认并实际得以履行，它又是当事人为消灭与人民法院之间业已存在的诉讼法律关系，从而结束执行程序的诉讼行为。[1] 具体而言，执行和解协议具有以下效力：

（一）程序上的效力

1. 执行和解协议达成后至履行完毕这一阶段，将产生执行程序中止的效力。中止执行后，因当事人反悔而不履行或不完全履行和解协议的，人民法院不得终结执行程序，而应依当事人的申请，恢复原生效法律文书的执行。但是，和解协议的达成并不能当然、自动地中止、终结执行程序。因为执行和解体现的是公权力（民事执行权）对私权利（当事人处分权）的容让，而不是私权利对公权力的制约，在民事执行程序中，私权利并不能制约公权力的运行方向。[2] 为了体现公权力对私权利的容让，同时根据处分原则的要求，人民法院应当尊重当事人通过和解协议对其权利义务作出的重新安排，对于执行中当事人达成和解的，应当允许其申请中止执行。对此，《民事诉讼法解释》第464条作出了相应规定。

2. 根据《最高人民法院关于执行和解若干问题的规定》第8条规定，当事人之间达成的和解协议履行完毕的，人民法院即可作执行结案处理，执行程序终结，产生终结执行的效力。但这种执行程序的终结并非自然终结，而是仍须经当事人申请。和解协议履行完毕，即可认为原生效法律文书所确定的内容已经得到实现，如果一方当事人反悔而申请恢复执行的，另一方可以和解协议履行完毕为由进行抗辩，人民法院不予恢复。但《民事诉讼法》第241条第2款规定的因欺诈、胁迫等达成的和解协议除外。

---

[1] 金俊银：《对执行和解若干问题的探讨》，载《法律适用》2005年第9期。
[2] 谭秋桂、陈浩：《民事执行和解若干问题分析》，载最高人民法院执行工作办公室：《强制执行指导与参考（总第14辑）》，法律出版社2006年版，第137~138页。

(二) 实体上的效力

1. 执行和解可变更当事人之间的实体权利义务关系。履行完毕的执行和解，具有消灭当事人之间由生效法律文书所确定的权利义务关系的效力。执行中的和解是权利人对其权利的自由处分，是当事人对原生效法律文书确定权利义务关系的约定变更。该和解协议履行完毕，其约定变更的内容在实体上生效，原生效法律文书的内容被视为全部实现，当事人之间的权利义务关系归于消灭。如果该和解协议不履行或未履行完毕，则其对原生效法律文书内容的变更不产生效力，当事人之间的权利义务关系仍未消灭。因此，法院依当事人申请可恢复执行原生效法律文书，只是已经履行的部分应予扣除。但并非所有的执行和解都必然变更当事人之间的实体权利义务关系，执行和解也不以实体权利义务关系的变更为要件。因为，执行和解既包括当事人对自己实体权利的处分，也包括对程序权利的处分，如果双方当事人仅就程序权利的处分达成一致，并约定不变更实体权利义务关系，即债务人承诺按照执行依据确定的期限、方式、内容履行义务，债权人借此同意申请法院中止执行，那么，此种执行和解显然没有变更当事人之间的实体权利义务关系。[①]

2. 执行和解导致原生效法律文书的申请执行时效中断。《民事诉讼法解释》第466条明确规定："申请恢复执行原生效法律文书，适用民事诉讼法第二百四十六条申请执行期间的规定。申请执行期间因达成执行中的和解协议而中断，其期间自和解协议约定履行期限的最后一日起重新计算。"应当注意：2007年《民事诉讼法》修改后将申请执行期限的性质由不变期间变更为时效，《最高人民法院关于适用〈中华人民共和国民事诉讼法〉执行程序若干问题的解释》第20条进而明确规定，申请执行时效因当事人双方达成和解协议而中断。从中断时起，申请执行时效期间重新计算。据此，根据《最高人民法院关于执行和解若干问题的规定》第10条第2款的规定，当事人不履行执行和解协议的，申请恢复执行原法律文书的期间，自执行和解协议约定履行期间的最后一日起计算。在该申请期限内，双方当事人未申请恢复执行的，法院应当裁定终结执行。

四、执行和解与诉讼和解的区别

虽然执行和解与诉讼和解都是当事人在平等、自愿的条件下，对自己民事权利的处分，但民事案件进入执行程序之后当事人达成的和解，不同于当事人在审判程序中达成的诉讼调解，也不同于当事人在诉讼外达成的和解。两者存

---

① 江必新主编：《新民事诉讼法执行程序讲座》，法律出版社2012年版，第55页。

在以下区别：①

1. 存在的程序阶段不同。诉讼中调解发生于诉讼系属中，存在于审判程序，而执行和解是在执行程序中达成，发生在诉讼系属终结之后的执行程序中。

2. 目的不同。诉讼中调解以终止争执为目的，即当事人之间对于权利或法律关系主张存在不一致的情况下达成。而执行和解中，不存在对权利义务的争议，其以终结强制执行为目的。

3. 对象不同。诉讼中的调解指向的对象是当事人的诉讼标的，即双方诉讼争议的民事法律关系，是对尚未依法确认的民事权利的处分，而执行和解协议所解决的对象是法律文书确定的执行标的，是对已经依法确认的民事权利的处分。

4. 性质不同。诉讼中的调解是人民法院代表国家对民商事案件依法行使审判权的一种职能活动，而执行和解则是当事人对自己的诉讼权利和实体权利依法处分的行为。

司法实践中应当注意的问题是：执行和解协议是当事人在执行程序中所达成的和解协议，而非执行程序外所达成的和解协议。当事人在执行程序开始前的和解是否属执行和解，应根据不同情形来确定。强制执行程序终结后的和解，不属于执行和解，不能适用法律有关执行和解效力的规定。如果是当事人在强制执行程序终结后所进行的和解，此时由于强制执行的失权，和解所约定的债务已归为自然债务，非经法定程序确认，不具有强制执行的效力，无法恢复执行原生效法律文书。如果是当事人在执行程序开始前所达成的和解，则要看当事人是否提交人民法院予以确认：如果经人民法院确认并制作了调解书，在当事人不自动履行时，权利人可以申请人民法院强制执行调解书所确认的法律关系；如果仅是当事人之间达成的协议，未经人民法院确认并制作调解书，在当事人不予履行的情况下，申请执行人可在法定时效内申请人民法院依法强制执行原生效法律文书。如果案件在二审期间，双方当事人达成和解协议，人民法院准许撤回上诉的，该和解协议未经人民法院依法制作调解书，属于诉讼外达成的协议。一方当事人不履行和解协议，另一方当事人申请执行一审判决的，人民法院应予支持。

---

① 最高人民法院民事诉讼法修改研究小组编著：《〈中华人民共和国民事诉讼法〉修改条文理解与适用》，人民法院出版社2012年版，第521~522页。

五、原生效法律文书的恢复执行

(一) 恢复执行的条件

1. 存在法定情形。《民事诉讼法》第 241 条第 2 款规定，申请执行人因受欺诈、胁迫与被执行人达成和解协议，或者当事人不履行和解协议的，人民法院可以根据当事人的申请，恢复对原生效法律文书的执行。上述规定将恢复执行的情形扩大到三种，除当事人不履行和解协议的情形外，增加了申请执行人因受欺诈或受胁迫与被执行人达成和解协议两种情形。

(1) 申请执行人受欺诈、胁迫。法律之所以作出这样的规定，是因为真实意思表示是当事人达成执行和解协议的基础，也往往是申请执行人作出某种妥协或让步后的结果，有必要对其利益予以特殊保护。针对实践中被执行人通过欺诈、胁迫等手段，与申请执行人达成和解协议，借此逃避债务、拖延履行等情形，应赋予申请执行人一定的救济途径。

依民法原理，当事人行为在意思表示有瑕疵、违反法律强制性规定或有悖于公序良俗时，不能发生预期的法律效果，即所谓"不完全法律行为"，法律对于不完全法律行为，依照其瑕疵的性质以及违背的程度，给予不同评价，区分为"无效""撤销"及"效力未定"三种。[①]《最高人民法院关于执行和解若干问题的规定》第 16 条对相关救济途径作出了规定，即"当事人、利害关系人认为执行和解协议无效或者应予撤销的，可以向执行法院提起诉讼。执行和解协议被确认无效或者撤销后，申请执行人可以据此申请恢复执行"，但同时规定"被执行人以执行和解协议无效或者应予撤销为由提起诉讼的，不影响申请执行人申请恢复执行"。《民法典》针对无效合同和可撤销合同分别作出了规定，第 148 条规定，一方以欺诈手段，使对方在违背真实意思的情况下实施的民事法律行为，受欺诈方有权请求人民法院或者仲裁机构予以撤销。第 149 条规定，第三人实施欺诈行为，使一方在违背真实意思的情况下实施的民事法律行为，对方知道或者应当知道该欺诈行为的，受欺诈方有权请求人民法院或者仲裁机构予以撤销。第 150 条规定，一方或者第三人以胁迫手段，使对方在违背真实意思的情况下实施的民事法律行为，受胁迫方有权请求人民法院或者仲裁机构予以撤销。第 151 条规定，一方利用对方处于危困状态、缺乏判断能力等情形，致使民事法律行为成立时显失公平的，受损害方有权请求人民法院或者仲裁机构予以撤销。但在执行和解中，由于现行法律对和解协议的效力未予

[①] 王泽鉴：《民法总则（增订版）》，中国政法大学出版社 2001 年版，第 476 页。

明确，故在申请执行人受欺诈、胁迫与被执行人达成和解协议之情形，并未采取撤销之诉的救济模式，而是在执行程序中与当事人不履行和解协议做一体化处理，直接赋予申请执行人申请恢复执行原法律文书的权利。[1] 根据文义解释，在法律规定的上述两种情形下，申请执行人可以随时申请恢复原生效法律文书的执行。但应注意两个问题：第一，人民法院在和解协议的达成阶段应着重审查是否出于双方当事人的自愿，是否存在欺诈或胁迫的情形，以防止程序的反复与司法资源的浪费。第二，在审查恢复对原生效法律文书的执行阶段，严格审查标准。对于在和解协议已经履行完毕的情况下，能否申请恢复，应该更加严格地掌握恢复执行的条件，避免申请执行人借口受到欺诈或胁迫而谋求不正当的利益。

（2）当事人不履行和解协议。根据《民事诉讼法》第241条第2款的规定，当事人不履行和解协议的，人民法院可以根据当事人的申请，恢复对原生效法律文书的执行。应当注意的是和解协议约定由第三人代被执行人履行义务的情形，即履行义务的主体发生了变更。在第三人不履行或不完全履行义务时，不宜直接裁定追加该第三人为被执行人，强制执行其财产。因为，这不仅违背了现行法律关于恢复执行原法律文书的规定，也不符合合同相对性的基本原理。《民法典》第523条规定："当事人约定由第三人向债权人履行债务，第三人不履行债务或者履行债务不符合约定的，债务人应当向债权人承担违约责任。"在和解协议约定由第三人代为履行义务的情形下，该协议实质为涉他契约，协议的当事人双方仍然是申请人与被执行人，第三人并不因该协议的订立而负给付义务。同时，该协议并无强制执行效力，而第三人是在和解协议中接受代为履行义务的，故法院不得执行其财产或追加其为被执行人，除非第三人为履行和解协议而向法院提供了执行担保。

2. 当事人申请。根据《民事诉讼法》第241条规定，恢复原生效法律文书执行需要当事人的申请。从法律条文的修改来看，在申请主体上去掉了"一方"与"对方"的限制，也可以理解为在申请执行人不履行生效判决的情形下，也可以申请恢复对于原生效法律文书的执行。应当注意的是，虽然申请执行人在受欺诈、胁迫的情形下可以恢复原生效法律文书执行，但只是规定了由当事人申请，并未限制是哪一方当事人。我们可以理解为前提是申请执行人受到欺诈或胁迫而达成的和解协议，所以，申请恢复者一般应是申请执行人。当

---

[1] 江必新主编：《新民事诉讼法执行程序讲座》，法律出版社2012年版，第57页。

然，也不排除被申请人存在上述情形。

3. 在法律规定的申请执行时效期间内申请。根据《最高人民法院关于适用〈中华人民共和国民事诉讼法〉执行程序若干问题的解释》第20条规定，申请执行时效因当事人双方达成和解协议而中断。从中断时起，申请执行时效期间重新计算。笔者认为，上述规定并不合理，因双方达成和解协议的内容可能是分期履行，如果时效从双方达成和解协议时开始重新计算，有可能超过法律规定的申请执行期间，故申请执行期间因达成执行中的和解协议而中断，根据《民事诉讼法解释》第466条和《最高人民法院关于执行和解若干问题的规定》第10条第2款的规定，申请执行期间应自和解协议所定履行期限的最后一日起重新计算。当事人应注意在重新计算的申请执行的时效期间内提出恢复执行的申请。

(二) 恢复执行后的处理

当事人在履行过程中发生任何反悔，只要没有完全履行执行和解协议，就不能产生和解协议在实体上消灭生效法律文书所确定的权利义务关系的效力，从而不能在程序上终结执行。根据《民事诉讼法解释》第465条规定，一方当事人不履行或者不完全履行和解协议，经对方当事人申请，人民法院恢复对原生效法律文书的执行后，对于和解协议已履行的部分应当扣除。而《民事诉讼法》第241条所规定的内容，对于执行中的和解协议与恢复强制执行之间的关系予以了一定的明确，即将和解协议是否得到实际履行作为是否恢复强制执行的前提。和解协议已经实际履行的，视为原判决已经得到实际履行。和解协议未履行的，则可申请恢复执行；已经履行的不能恢复执行。但就申请执行人受欺诈或胁迫所签订和解协议情形下的恢复执行，法律规范并未将申请期限局限于和解协议履行完毕前，如申请执行人在和解协议履行完毕后申请恢复对原生效法律文书的执行，如何处理已履行的和解协议与原生效法律文书的关系，需要进一步的研究。当然，在执行的司法实践中应当注意两个问题：

第一，对于和解协议是否得到实际履行应当予以审查，最高人民法院于2003年12月1日给山东省高级人民法院的复函中予以明确。该函认为："当事人之间在执行前达成的和解协议，具有民事合同的效力，但协议本身并不当然影响债权人申请强制执行的权利。债权人在法定的申请执行期限内申请执行的，人民法院应当受理。但你院请示的案件中，负有担保责任的被执行人提出，因债权人与主债务人等四方达成和解协议（简称四方协议），并且在其向人民法院申请解除保全查封时，明确表示调解书中确定的债务已经全部履行完毕，因此本案不能强制执行。鉴于我国目前尚无债务人异议之诉制度,执行法院应当在实际开始执行前对此予以审查核实。如果四方协议确实已经履行了,则说明原调解书确定的债务已经消灭,不能再以该调解书为依据强制执行;否则可以强制执行。"[1]《最高人民法院关于执行和解若干问题的规定》第11条规定:"申请执行人以被执行人一方不履行执行和解协议为由申请恢复执行,人民法院经审查,理由成立的,裁定恢复执行;有下列情形之一的,裁定不予恢复执行:(一)执行和解协议履行完毕后申请恢复执行的;(二)执行和解协议约定的履行期限尚未届至或者履行条件尚未成就的,但符合民法典第五百七十八条规定情形的除外;(三)被执行人一方正在按照执行和解协议约定履行义务的;(四)其他不符合恢复执行条件的情形。"第12条规定:"当事人、利害关系人认为恢复执行或者不予恢复执行违反法律规定的,可以依照民事诉讼法第二百二十五条规定提出异议。"

第二,案件有多名被执行人,达成和解协议后,部分被执行人已履行义务,若恢复执行原生效法律文书,已履行债务的被执行人如何承担责任问题。对此问题可分不同的情形进行讨论[2]:一是如果和解协议是申请执行人在受到欺诈、胁迫的情况下与被执行人达成的,无论和解协议是否已经履行,和解协议均不能产生固有的程序效力和实体效力,若人民法院根据申请执行人的申请,恢复对原生效法律文书的执行,在先行扣除已履行部分的债务后,各被执行人仍应按原生效法律文书的主文内容对未履行部分承担责任。二是如果和解协议不存在欺诈、胁迫的情形,而是因当事人不履行和解协议的约定而恢复原生效法律文书执行的,则要区分原生效法律文书所确认的各被执行人承担债务的方式。(1)如果法律文书确认各被执行人所承担的债务是独立的、不承担共同或连带责任,在部分被执行人依约履行了协议所约定的自己所应承担的责任后,履约被执行人与申请执行人之间原由生效法律文书所确定的权利义务关系消灭,申请执行人只能申请法院按原生效法律文书恢复对其他被执行人的执行,不应再恢复对已履约的被执行人的执行,以体现诚实信用的法律原则。(2)如果原生效法律文书确认各被执行人承担的是共同或连带责任,作为一方当事人,各被

---

[1] 黄金龙:《山东远东国际贸易有限公司诉青岛鸿荣金海湾房地产有限公司一案执行和解问题请示案》,载最高人民法院执行办公室编:《执行工作指导(2004年第1辑)》,人民法院出版社2004年版,第50页。

[2] 最高人民法院民事诉讼法修改研究小组编著:《〈中华人民共和国民事诉讼法〉修改条文理解与适用》,人民法院出版社2012年版,第527页。

执行人均有义务对全部债务承担清偿责任,任何一个被执行人的不履行或不完全履行,均应视同该方当事人不履行和解协议,恢复执行后按原生效判决确定的内容继续承担共同或连带的给付义务。

【拓展适用】

一、执行和解协议的性质

执行和解协议是在执行程序中,双方当事人通过平等协商,就变更执行依据所确定的给付标的、标的物及其数额、履行期限、履行方式等所达成的合意。它体现了当事人的合意,以原执行根据所确定的法律关系内容为客体,对执行程序产生一定的影响,可以成为一种阻却执行的事由。关于执行和解协议的性质,目前理论界尚未有统一的认识,主要有三种观点:第一种观点是私法行为说,认为执行和解纯粹是私法上的法律行为,和解协议属于私法上的契约,其效力完全等同于一般民事协议。有学者认为和解协议类似于实践性合同,[1] 其效力存在于履行完毕之后,还有人称其为附生效条件的合同,[2] 即以协议内容的完全适当履行作为生效条件。第二种观点是诉讼行为说,认为执行和解属于诉讼行为,执行和解协议本身属于诉讼契约。执行和解协议是对当事人诉讼权利的处分,若其得到了履行,则当事人放弃执行申请权;否则,执行申请人可申请执行。[3] 第三种观点是一行为两性质说,认为执行和解是和解契约与诉讼行为两者的结合体。执行和解有双重属性,既是当事人双方间存在的私法上的和解契约,又是当事人之间以及当事人和法院之间存在的诉讼行为。[4] 三种不同观点下和解协议的效力呈现出不同的特点,导致执行和解协议未得到履行时的争议救济途径也有所不同,各种学说均存在一定的不足。[5] "私法行为说"片面地强调了执行和解协议的独立性,忽略了其追求终结执行程序的目的,割裂了执行和解协议与执行程序之间的内在联系;"诉讼行为说"理顺了执行和解协议与执行程序之间的关系,但是,只能适用于兼具审判、执行职能的法院机构体系下,在实行审执分立的法院机构体系中存在无法跨越的障碍;"一行为

---

[1] 黄金龙:《关于人民法院执行工作若干问题的规定实用解析》,中国法制出版社2000年版,第262页。
[2] 肖建国、赵晋山:《民事执行若干疑难问题探讨》,载《法律适用》2005年第6期。
[3] 徐继军:《论执行和解的效力与性质》,载《法律适用》2006年第9期。
[4] 韩波:《执行和解争议的法理分析》,载《法学》2002年第9期。
[5] 范小华:《执行和解协议的效力分析及完善立法建议》,载《河北法学》2008年第6期。

两性质说"既考虑了执行和解协议以变更执行依据的实体关系为内容,又考虑其与执行程序的衔接;但在执行机构不具有充分的审判职能或对执行和解协议的公力介入不够的情况下,当事人达成的执行和解协议被赋予强制执行力有违诉讼法基本理论。①

笔者认为,根据《民事诉讼法》第241条的规定,"在执行中,双方当事人自行和解达成协议的,执行员应当将协议内容记入笔录,由双方当事人签名或者盖章。申请执行人因受欺诈、胁迫与被执行人达成和解协议,或者当事人不履行和解协议的,人民法院可以根据当事人的申请,恢复对原生效法律文书的执行"。从上述规定可以看出,执行和解协议一方面改变了执行依据的内容,但其法律效力低于作为执行依据的原生效法律文书,不具有强制执行力;另一方面意味着执行申请人放弃或者暂时放弃依照执行依据强制执行的权利,因此,执行和解具有私法行为与诉讼行为两种属性。具体理由如下:第一,执行程序是实现生效法律文书所确认的债权人债权的制度,债权人对于执行债权,仍然具有支配权和处分权,而债权人和债务人达成的执行和解协议,正是债权人处分债权的意思表示,只是其在执行阶段达成的合意,是在原生效法律文书基础上的合意,是区别于一般和解协议的特殊和解协议;但其本质上是一种契约行为,只要和解协议真实合法,就具有合同的性质。第二,执行和解协议是区别于一般和解协议的特殊和解协议,主要体现在程序上:对于达成的和解协议,执行法院要进行形式审查,对于真实、合法的和解协议,执行人员应当将其内容记入笔录,由双方当事人签名或盖章,并且作中止或终结执行程序处理;对于违法的、有违社会公序良俗的协议,人民法院不得认可,在程序上也不产生中止或终结执行程序的效力,体现了国家意志对执行和解协议的干预。第三,执行和解协议与原生效法律文书之间并不完全对立,但执行和解协议并没有替代原生效法律文书。执行和解协议是双方当事人以消灭生效法律文书确定的权利义务为目的而订立的,只是变更了原生效法律文书确定的权利义务关系。因为由法律文书确定的权利与其他方式设立的民事权利在本质上都是当事人的权利,当事人在法律规定的范围内有权处分,当事人对自己权利的处分并不应因法院的裁判而被否定。我们可以理解为,执行和解协议的内容是债权人对原生

---

① 一般认为,诉讼和解之所以具有与司法裁判一样的既判力和执行力,不是因为和解是当事人之间形成了合意,而是因为这种合意经过了审判机关的审查和确认。因此,即便是在诉讼过程中,如果当事人私下和解并达成协议,但没有经过审判机关的审查和确认并制作调解书,而是由原告撤诉,则体现双方合意的和解协议并不具有既判力和执行力。

效法律文书确定的执行债权予以部分放弃或处分的产物。第四，执行程序是为了保障和实现民事权利而存在。当事人请求法院启动执行程序，表明当事人为了实现自己的民事权利已由私力救济转向公力救济的轨道，基于当事人作为民事诉讼程序中处分私权利的主体，其既有对自己实体权利的处分权，也享有程序权利的处分权。当事人在执行中达成和解协议（如债权人放弃部分权利），只是对作为执行根据的生效法律文书确定的权利进行修正或变通，这种修正或变通不是为了放弃权利，而是实现生效法律文书已经确定的权利的一种方法，是为了更好地实现自己的权利。同时，如果在执行程序中，当事人处分了自己的民事权利（如全部放弃自己的权利）以及诉讼权利（如撤回执行申请），执行程序将失去其强制执行的意义。因此，当事人也可以对公力救济的诉讼权利作出处分，不能仅以执行程序的特殊性就否定执行和解的效力。第五，从执行中和解协议与恢复强制执行之间的关系看，执行和解协议是否得到实际履行应作为是否恢复强制执行的前提。执行和解是在当事人之间以及当事人和法院之间存在的诉讼行为，以追求执行程序终结为目的，其形成和履行必然会产生诉讼法上的效力，执行和解协议是否实际履行直接被视为原判决是否实际履行，直接影响执行程序是否终结，如果执行和解协议达成且通知执行机构，则视为申请执行人提出暂缓执行或中止执行；如果执行和解协议经法院执行人员确认并实际履行，法院将裁定终结执行程序，消灭与法院之间业已存在的诉讼法律关系。如果一方当事人（义务方）不履行执行和解协议，法院不能强制执行和解协议，则对方当事人（权利方）有权选择恢复原执行依据的执行或者选择通过审判程序赋予执行和解协议强制执行力。总之，执行和解行为就其法律性质而言，既具有当事人变更或消灭某种民事法律关系，从而实现法律文书确定的实体权利的民事行为性质；又具有一经人民法院执行人员确认并实际得以履行，消灭当事人与人民法院之间业已存在的诉讼法律关系，结束执行程序的诉讼行为性质。

二、执行和解协议的执行力

关于执行和解协议是否具有执行力，目前理论界有四种观点：[1] 第一种观点认为，执行和解协议本身不具有执行力。"……当事人不履行和解协议的，

---

[1] 李科：《论执行和解协议之执行力》，载《政治与法律》2008 年第 11 期；金俊银：《对执行和解若干问题的探讨》，载《法律适用》2005 年第 9 期；俞旭东：《浅析执行和解》，载《综合来源》2007 年第 5 期。

人民法院可以根据当事人的申请,恢复对原生效法律文书的执行。"[1] 第二种观点认为,双方当事人达成和解协议,明确约定原生效法律文书不再执行,并请求执行法院确认的,执行法院经审查,认定和解协议系自愿、合法的,可以裁定对原生效法律文书终结执行,并认可该和解协议具有执行力。该协议送达当事人后即生效。一方当事人不履行该和解协议,对方当事人可以申请执行该和解协议内容。第三种观点认为,应当将和解协议分为一般和解协议和特殊和解协议。一般的和解协议即现行《民事诉讼法》规定的和解协议,一方当事人不履行的,对方当事人可以申请执行原生效法律文书;特殊和解协议即双方当事人明确约定以其代替原生效法律文书的和解协议。双方当事人达成和解协议的,执行法院裁定终结执行。一方当事人不履行特殊和解协议的,对方当事人可以另行起诉。第四种观点认为,基于对执行和解性质的不同理解,将直接导致执行和解协议的不同效力。[2] 一是如果将和解定性为"私法行为",则对和解的效力一般是持否定态度的;由于作为执行依据的生效法律文书是一种公权性质的国家权力,其既判力是确定的,则作为纯粹私法行为的执行和解协议的效力明显低于原生效法律文书,和解协议不能替代判决。二是如果将执行和解定性为"诉讼行为",则对和解的效力一般持肯定态度;因为执行和解协议与原生效法律文书处于同等的效力层次,法律既然承认了和解行为为诉讼行为,也就是说法律赋予了和解在解决争议上与判决同等的效力,那么执行和解协议便具有了代替原生效法律文书的效力。三是如果将和解定性为"一行为两性质",对执行和解效力的认定则是一种有一定限制的肯定说:它一方面认可双方当事人在执行程序中的意思表示,将其与诉讼行为相提并论,而另一方面又要求法院予以一定程度的介入,如对和解协议进行一定的审查,从而赋予符合条件的和解协议以诉讼法上的效果,使和解协议能够在符合一定条件时起到替代原生效法律文书的作用而成为执行依据的效力。

《最高人民法院关于执行和解若干问题的规定》第19条规定:"执行过程中,被执行人根据当事人自行达成但未提交人民法院的和解协议,或者一方当事人提交人民法院但其他当事人不予认可的和解协议,依照民事诉讼法第二百二十五条规定提出异议的,人民法院按照下列情形,分别处理:(一)和解协

---

[1] 见《民事诉讼法》第241条第2款。
[2] 韩萌:《执行和解:定位与到位——论执行和解制度的完善》,载《中国律师》2006年第10期。

议履行完毕的，裁定终结原生效法律文书的执行；（二）和解协议约定的履行期限尚未届至或者履行条件尚未成就的，裁定中止执行，但符合民法典第五百七十八条规定情形的除外；（三）被执行人一方正在按照和解协议约定履行义务的，裁定中止执行；（四）被执行人不履行和解协议的，裁定驳回异议；（五）和解协议不成立、未生效或者无效的，裁定驳回异议。"执行和解协议是否具有执行力或应否赋予执行力与执行和解行为本身的性质密切相关。是否赋予和解协议执行力，关键在于执行和解行为本身是公法行为还是私法行为，国家公法意志是否介入当事人的合意过程、结果及表现形式等方面。[①]

（一）执行和解协议是否具有执行力问题

笔者认为，在我国现行的民事诉讼法律体系和司法框架下，执行与审判一起构成解决纠纷的全部过程。执行和解协议虽为当事人真实意思的合致，但并非国家基于公权力作出的法律文书，其不具有与确定判决同样的效力。因为，执行和解是一种特殊的附条件的民事法律行为，为履行、变更、消灭生效法律文书所确定之内容而订立，是债权人通过和解协议的方式处分已经法定程序所确定的权利的一种方式，它发生在执行阶段，而此时当事人之间的争议已经得到终局性的解决。在审判程序结束、判决发生既判力之后，和解协议并不是对生效法律文书的否定，也不是与生效法律文书的执行无关的独立的民事合同，而是一种特殊的、以实现法律文书确定的内容为目的的执行方式。它作为执行程序中的一种私力救济方法，只是公力救济的一种补充，其效力不能高于公力救济，也不能代替生效法律文书所确定的权利义务。[②] 在执行理论上认为，债权人的强制执行请求权为公法上的权利，不能以权利人的意思而为处分，亦不因其抛弃而消灭，也不因当事人间所订抛弃强制执行请求权之特约而丧失。如当事人在执行中成立和解，债权人表示抛弃强制执行请求权之全部或一部分，或由债权人撤回强制执行之申请者，其强制执行请求权均不因此而丧失，仍得依原执行名义，请求强制执行。如其和解为消灭或妨碍债权人请求之事由，债务人也只能依法提起债务人异议之诉，以排除其执行。[③]

（二）合法有效的和解协议能否直接被赋予强制执行效力问题

笔者认为，第一，执行和解协议不能取代已生效法律文书的效力。执行和

---

① 汤维建、许尚豪：《论民事执行程序的契约化——以执行和解为分析中心》，载《政治与法律》2006 年第 1 期。
② 金俊银：《对执行和解若干问题的探讨》，载《法律适用》2005 年第 9 期。
③ 杨与龄编著：《强制执行法论》，中国政法大学出版社 2002 年版，第 6 页。

解只是修正和变通原执行依据所确定权利义务的内容，并不能改变或消灭执行依据的效力。因为和解协议本质上是当事人对私权的处分，在达成和解协议的过程中，不存在国家公权力的干预。执行和解对执行机构的拘束力，只体现为执行机构暂时停止执行程序，以示对当事人私权的尊重，并不可直接依据和解协议强制执行。如果赋予和解协议以执行力，就意味着私人之间达成的协议可以消灭国家基于公权力作出的法律文书的效力，显然与法理相悖。第二，人民法院执行员将和解协议内容记入笔录的行为，并非法院对和解协议的审查和确认，仅仅是一种形式上的要求，其目的是警示和便于查证，并没有赋予和解协议既判力和执行力的法律后果。如果一方当事人不履行和解协议，只能走恢复原执行依据的执行或者通过审判程序赋予执行和解协议强制执行力的救济途径，可见现行法律没有直接赋予执行和解协议具有强制执行力进而取代原执行依据。第三，只有法律规定的生效法律文书才具有执行力，法律并非赋予任何文书以强制执行力。一般的民事合同不经审判、仲裁、公证或其他方式是不能取得强制执行力的。由于执行根据是由法律明确规定的，执行和解协议不是执行根据；如果一方不履行协议规定的内容，人民法院不能依照当事人的申请直接执行和解协议。第四，虽然执行和解协议可对执行程序产生一定影响，但达成执行和解协议不能终结执行程序，只可以产生中止执行程序的法律后果。而《民事诉讼法解释》第464条规定："申请执行人与被执行人达成和解协议后请求中止执行或者撤回执行申请的，人民法院可以裁定中止执行或者终结执行。"只有当事人达成和解协议，请求人民法院中止执行的，人民法院才可以裁定中止执行，当事人申请撤回执行的，人民法院才可以裁定终结执行。因为，尽管执行和解协议的履行和原执行依据的执行不可并行，但《民事诉讼法》及其相关司法解释均没有将当事人达成和解协议的情形作为人民法院应当裁定中止执行的情形。

(三) 和解协议能否由法律直接赋予执行力问题

一般而言是可以的，但不符合执行根据（执行名义）的基本要求，即只有公权力机关或法律授权之人为确定私权，而于其职权范围内作成，并已发生法律效力的公权力之文书，始得为执行名义。[①] 对于双方在执行程序中真实、合法的意思表示应当承认其有效性，赋予强制执行的效力，大陆法系国家有实例，如《法国民事执行程序法》第3条【需要查询】规定："仅有以下所列，是构

---

① 杨与龄编著：《强制执行法论》，中国政法大学出版社2002年版，第51页。

成执行根据……3）经法官与诸当事人签署的和解笔录的节本……"① 当然，经过程序设定，使和解协议成为公文书，也是可能的，但赋予执行法院类似于裁判的权力似有不妥。② 尽管执行裁判权实质上是审判权的组成部分。

三、执行和解协议的可诉性

一方当事人不履行执行和解协议的情况下，另一方当然有权根据《民事诉讼法》第241条第2款的规定申请恢复对原生效法律文书的执行，但也存在当事人无法恢复执行程序或者更愿意履行执行和解协议的情形。由于执行和解协议并不具有直接的强制执行力，实践中有权利人就执行和解协议另行诉讼，以获得胜诉判决作为执行依据。对于执行和解协议是否具有可诉性的问题，主要有正反两种观点：一种观点认为，和解协议尽管也是当事人之间变更权利义务的约定，但与一般程序外的实体协议不同，在性质上属于程序性协议，不具有可诉性。当和解协议不能履行时，只能根据对方当事人的申请，恢复原来的执行程序，而不能针对和解协议提起诉讼，否则必然导致纠纷解决成本的提高和司法资源的浪费。另一种观点认为，执行和解是诉讼外和解，具有当事人自主解决纠纷的性质，其本质上属于设立、变更、终止民事权利义务的私法契约，只要当事人之间关于和解协议本身存在争议，当然可以通过诉讼解决。可见，第一种观点对执行和解协议持诉讼行为说，强调维护诉讼经济，而第二种观点则持私法行为说，注重保障民事权利，这就涉及效率与公正之间的平衡问题。问题的核心在于执行和解协议的独立性，即是否形成了新的、不为既判力所涵盖的债权债务关系。《最高人民法院关于执行和解若干问题的规定》吸收了两种观点，其第9条规定："被执行人一方不履行执行和解协议的，申请执行人可以申请恢复执行原生效法律文书，也可以就履行执行和解协议向执行法院提起诉讼。"

（一）从和解协议的性质上分析

如前所述，民事执行和解具有诉讼行为和私法行为的双重属性。就诉讼行为而言，自然要考虑司法成本和既判力的问题，对重复起诉的滥用诉权行为予以抑制。但从执行和解实务来看，并不是只有权利人的容忍和减让，当事人往往本着一揽子解决纠纷的想法，就原生效法律文书未涉及的权利义务一并予以

---

① 转引自程政举：《民事执行和解问题研究》，载《河南省政法管理干部学院学报》2005年第2期。
② 金俊银：《对执行和解若干问题的探讨》，载《法律适用》2005年第9期。

约定和处分，其内容常常超出既判力的范围。就私法行为而言，和解协议并不仅是原债权债务关系的延续，而是当事人在原合同的基础上所设立的一种新的债的关系。尽管和解协议与原合同债务具有密切联系，但毕竟是两个不同的合同关系，具有一定的独立性，两者在合同的性质、内容及当事人等方面均可能存在根本区别。① 执行和解协议同样是当事人协商一致就其权利义务所进行的约定，这种约定与一般的合同行为并无二致。体现当事人的真实意思，合法有效的契约行为是权利义务人之间的"法锁"，具有相当于法律的拘束力。当事人应当诚实缔约并严格守约，任何恶意违约的行为均应受到法律的谴责和制裁，另一方有权起诉请求强制履行。这就使认为执行和解协议仅是程序性协议，是否履行完全取决于当事人的自愿，一方当事人可以随意不履行而无需承担任何责任，最坏的后果无非是恢复执行的观点不攻自破。诚实信用原则是民法尤其是债法领域中的"帝王条款"，要求民事主体在从事民事活动时诚实守信，以善意的方式履行其义务，不得滥用权利及规避法律或合同规定的义务，并要求维持当事人之间的利益以及当事人利益与社会利益之间的平衡。② 诚信原则不仅是基本的商业道德，是信用经济的基础，也是民事诉讼的基本原则。一方当事人随意违反约定而不受任何惩罚，是现代法治社会所不能容忍的。此时应当赋予非违约方以选择权，使其一方面可以选择申请恢复原生效法律文书的执行，撤销在执行和解协议中所作出的减让和处分；另一方面可以选择就执行和解协议中所约定的原生效法律文书未涉及的部分起诉追究债的不履行责任，并在获得胜诉判决后取得强制执行的依据。该两项选择权既可以择一行使，也可能先后甚至同时行使，这表明申请恢复执行程序并不意味着执行和解协议便自然失效。③ 但无论如何选择，债权人的债权如果已经实现，就不能重复主张权利，因为其同样应遵循诚信原则，不能通过滥用权利谋取不正当利益。债权人选择申请恢复原判执行的，如果原生效法律文书所确定的债权通过强制执行程序已经获得了实现，则执行和解协议中约定的相应债权归于消灭，债权人不得据此重复主张权利。同样，执行和解协议变更了执行标的后，如果债权人选择就执行和解协议另诉主张权利的，一旦获得胜诉判决，将产生先后两份不同的执行

---

① 参见王利明：《关于和解协议的效力》，载王利明：《民商法研究（第5辑）》，法律出版社2001年版，第440~442页。
② 王利明：《民法总则研究》，中国人民大学出版社2003年版，第122页。
③ 参见王利明：《关于和解协议的效力》，载《民商法研究（第5辑）》，法律出版社2001年版，第446~449页。

依据。债权人另诉的行为表明其已放弃原生效法律文书所确定的权利，故对于在先的判决应裁定终结执行，转为执行在后的判决所确定的权利义务。如果执行和解协议中增加了案外人作为担保人，则在债务人不履行债务时，债权人既可以申请恢复对原判的执行，又可以依据执行和解协议另诉要求担保人承担担保责任。当然，原债和担保之债其中之一获得清偿，则另一项债务也归于消灭。

（二）从诉的要素上分析

执行和解协议是对原生效法律文书所确定的权利义务的一种变更或补充，既可能由权利人作出减让以换取义务人的主动履行，也可能由当事人补充约定原生效法律文书未涉及的事项以一揽子解决纠纷。就执行和解协议另诉主张权利的主要限制在于不能够违反禁止重复起诉的诉讼法基本原则。诉，指的是特定原告对特定被告、向法院提出的审判特定实体权利主张的请求。一个完整的诉由诉的标的、诉的主体、诉的原因三项要素构成，此三项要素使某一个诉特定化，从而与其他诉区别开来。[①] 就诉讼标的而言，如果执行和解协议中变更了执行标的或者补充约定了原生效法律文书未涉及的标的，当事人就这些新的标的起诉主张权利的，由于已经超出了既判力的客观范围，自然不受其约束。例如，当事人在执行中达成了以物抵债协议，抵偿行为一旦履行完毕，人民法院将裁定终结执行程序，原债的关系视为消灭。此后，债权人如果认为以物抵债的标的物质量不合格，可以就该以物抵债协议另诉要求债务人承担瑕疵担保责任，这与原生效判决的既判力并不冲突。就诉讼当事人而言，如果执行和解协议中就案外人的权利义务进行了约定，并得到后者的签章认可，则该案外人亦受合同约定的拘束。和解协议当事人之间一旦就该协议的履行发生实体权利争议并提起诉讼，由于超出了既判力的主观范围，亦不受其束缚。例如，案外人在执行和解协议中为债务的履行提供担保的，如果债务人不履行债务，而债权人又希望担保人承担担保责任的，应通过另行起诉担保人的方式主张权利，此时执行和解协议便是提起诉讼和确定当事人之间权利义务的依据。就诉讼请求及事实理由而言，生效法律文书涉及的仅是当事人之间在法庭调查和法庭辩论终结前的法律关系，在执行和解过程中，由于存在权利的减让、处分、变更和补充，发生了新的事实，就这些新的事实所产生的新的争议，已经超出了既判力的时间范围。民事法律关系并非静止不动，既判力只有针对某一特定时间点上的民事法律关系所作的判断才有意义，在此时间点之后，民事法律关系可

[①] 江伟主编：《民事诉讼法》，中国人民大学出版社2008年版，第27~29页。

因法律事实而变动,在其变动之后出现的新的主张将不受前诉判决既判力的约束,对之当事人可以另行诉讼。[1] 因此,就执行和解协议的履行发生实体权利争议,以该协议中的约定为据起诉主张权利的,如果诉的主体要素、客体要素或者原因要素与原生效法律文书并不相同,则应认定该诉属于一个新的诉讼,不违反一事不再理和禁止重复起诉的原则。前诉中认定的事实应作为后诉中的免证事实,除非有相反的证据予以推翻,否则人民法院可直接进行认定。前诉中针对实体权利义务所作出的判决对于后诉具有预决的效力,[2] 即后诉法院应受前诉判决的约束,其所作判决应以前诉判决为基础,不能作出与前诉判决相互矛盾或重复的判决。

(三)从法律规定上分析

《民事诉讼法》并未就执行和解协议的可诉性问题作出明确规定,该法第241条采取了"在执行中,双方当事人自行和解达成协议的,执行员应当将协议内容记入笔录,由双方当事人签名或者盖章。申请执行人因受欺诈、胁迫与被执行人达成和解协议,或者当事人不履行和解协议的,人民法院可以根据当事人的申请,恢复对原生效法律文书的执行"的表述。其中"可以"一词的运用,表明了立法对此问题的态度,即赋予一方当事人在对方不履行执行和解协议的情况下向人民法院申请恢复原生效法律文书的执行的权利,但并未就此否定当事人依据执行和解协议另行起诉的权利。诉权系公民的基本权利,对该权利的限制应以法律的明文规定为限。在既无法律明文禁止,又无充分且正当理由的情况下,不宜否定和剥夺公民的诉权。执行和解协议是当事人之间协商一致,就原生效法律文书所确定的权利义务所达成的变更或补充协议,具有合同的性质,对签约当事人均具有法律上的约束力。在执行和解协议中如果约定了原生效法律文书未涉及的内容,而权利人又希望按此内容履行,根据"法无禁止即可为"的权利行使规则,其当然有权以此为诉因提起诉讼,以期获得强制执行的依据。这种对权利的选择与处分,人民法院应当予以尊重。

(四)从司法实践上分析

实践中就执行和解协议另行起诉的情况并不鲜见,且最高人民法院在对有关个案的答复中已经开始明确和解协议的可诉性。1997年4月16日,最高人

---

[1] 田平安主编:《民事诉讼法学研究》,高等教育出版社2008年版,第280页。
[2] 参见江伟主编:《中国民事诉讼法专论》,中国政法大学出版社1998年版,第165~166页、第174~175页。

民法院作出《关于超过诉讼时效期间当事人达成的还款协议是否应当受法律保护问题的批复》[1],指出超过诉讼时效期间,当事人双方就原债务达成的还款协议,属于新的债权、债务关系,该还款协议应受法律保护。人民法院在司法实践中对于认可当事人因执行和解协议而享有诉权持相当谨慎的态度,为新诉设定了相对单一的条件,即限于超过执行期限后又重新达成协议的情形,其中蕴含了对《民事诉讼法》中所规定的申请执行原判决的救济方式进行补充的浓厚意味。[2] 近年来,也逐渐明确就执行和解协议的履行本身发生实体权利争议的,在不违背禁止重复起诉原则的情况下,可以提起新的诉讼解决争议。2011年,最高人民法院在对某民事案件的再审申请进行审查的过程中,针对执行和解协议是否具有可诉性的问题,书面征求了该院立案一庭和执行局的意见。最高人民法院立案一庭答复认为:执行和解协议属于当事人就其权利义务达成的新协议,应视为当事人之间形成了新的民事法律关系,当事人就执行和解协议所变更标的部分另行起诉的,由于诉的标的不同,不违反一事不再理及禁止重复起诉的原则,人民法院可以立案受理。即在此情况下,权利人有两种程序选择权:一是申请恢复对原判的强制执行;二是放弃原判执行,另诉要求履行执行和解协议。最高人民法院执行局答复认为:根据《民事诉讼法》的规定,当事人不履行执行和解协议时,原则上应恢复原生效法律文书的执行。但考虑到个案特殊情况,如果执行和解协议中约定的债权一部分已经实现,另一部分存在实体权利争议,而且该实体权利争议无法在执行程序中解决,又不能恢复原生效法律文书的执行,在这种确有必要的情况下当事人可以通过另诉解决,在取得新的生效法律文书作为执行依据后,原生效法律文书应当依法裁定终结执行。

可见,执行和解协议是否具有可诉性,其关键在于执行和解协议的性质——是否属于当事人之间就其权利义务达成的新协议,以及当事人之间是否形成了新的民事法律关系。前文中已对该问题进行了论述,基于执行和解协议具有私法行为的属性,可以视为在原合同基础上设立了新的、独立的债权债务关系,因履行执行和解协议而产生的争议属于一般民事纠纷的范畴,具有可诉性。但这种可诉性并非不受任何限制,已为生效法律文书所确定的权利义务关系,当事人不得重复主张。故此,片面否定执行和解协议可诉性的诉讼行为说,

---

[1] 于2020年12月29日被《最高人民法院关于废止部分司法解释及相关规范性文件的决定》废止,其观点被《民法典》第192条吸收。

[2] 杨国香等:《执行和解协议纠纷解决机制探析》,载《人民司法》2011年第2期。

以及片面强调其可诉性的私法行为说，均没有充足的正当性基础，仍然应当坚持一行为两性质说，在兼顾程序经济和既判力约束的同时，注重对当事人合法权益的保障。一方不履行执行和解协议，另一方可就执行和解协议另诉解决纠纷，主要发生于以下两种情形：一是在申请执行期间已经过或者其他无法恢复原判执行的情况下，由于生效法律文书所确定的实体权利因程序的瑕疵而未能实现，权利人可以在诉讼时效期间内以执行和解协议为据另行起诉主张权利。二是执行和解协议对原生效法律文书进行了变更或者补充约定，权利人据此就原生效法律文书未涉及的部分起诉主张权利的，由于该部分并不为原生效法律文书的既判力所涵盖，人民法院可以立案和审理。

综上所述，执行和解具有诉讼行为和私法行为的双重属性，执行和解协议属于当事人就其权利义务达成的新协议，应视为当事人之间形成了新的民事法律关系。执行和解协议虽不具有直接的强制执行效力，但在一方当事人拒不履行的情况下，如果无法恢复原生效法律文书的执行或者协议中约定了原生效法律文书未涉及的部分，则另一方当事人可以以执行和解协议为诉因另行起诉追究债的不履行责任。

四、执行和解中的担保

（一）含义

执行和解中的担保是指在执行和解协议中，由担保人为被执行人提供担保，约定在和解协议履行期限届满后，被执行人不履行和解协议时，由担保人承担责任的行为。执行和解协议中设立担保的目的在于帮助被执行人全面履行执行和解协议，产生执行和解在程序上终结执行程序、在实体上消灭原生效法律文书所确定的权利义务关系的效力。

（二）担保协议的效力

担保债务从属于执行和解协议中约定的主债务，执行和解协议的法律性质不具有强制执行力，其中的担保协议自然也不具有强制执行的效力，担保人不履行担保义务，申请执行人只能申请恢复原生效法律文书的执行，不能对担保人申请强制执行，应当注意与执行担保相区分。

（三）担保人履行担保责任后的追偿

担保人承担担保责任后，能否行使追偿权？根据《民法典》第392条的规定，其有权向被担保人即被执行人进行追偿。但追偿程序不由执行法院在执行案件中处理，应当另行解决，因为担保人承担担保责任后，执行和解协议得到全面履行，执行程序终结。

五、执行和解协议中第三人担保不能将其追加为被执行人

被执行人未履行和解协议,恢复执行后人民法院可否直接裁定和解协议中的担保人代为履行?亦即在和解协议中由担保人提供担保的,履行期限届满后,被执行人不履行,债权人申请恢复执行后,申请执行人申请恢复执行时追加担保人为共同被执行人的,人民法院可否直接裁定由和解协议中的担保人代为履行?该问题的实质是执行和解中担保人的法律责任问题。对此,在执行实践中,存在两种不同的认识。第一种意见认为,不能直接裁定由担保人代为履行,也不能追加担保人为被执行人。其理由是恢复执行后据以执行的是原生效法律文书。第二种意见认为,可以直接裁定由担保人代为履行。其理由是,对申请人在法定的申请恢复执行期限内申请恢复执行,担保真实有效的,执行法院经审查,可以直接裁定担保人在担保范围内承担责任。笔者同意第一种意见。其理由在于:

1. 执行和解中的担保与执行担保不同。《民事诉讼法》第242条规定,在执行中,被执行人向人民法院提供担保,并经申请执行人同意的,人民法院可以决定暂缓执行及暂缓执行的期限。被执行人逾期仍不履行的,人民法院有权执行被执行人的担保财产或者担保人的财产。此为执行担保。执行和解协议中的担保不属于执行担保。对于执行担保,《民事诉讼法解释》第469条规定,"被执行人在人民法院决定暂缓执行的期限届满后仍不履行义务的,人民法院可以直接执行担保财产,或者裁定执行担保人的财产,但执行担保人的财产以担保人应当履行义务部分的财产为限"。如被执行人在暂缓执行期限内未履行执行根据所确定的义务,法律明确规定执行法院可直接执行担保财产或担保人的财产,可以追加该担保人为被执行人。而执行和解协议中的担保则既可能是担保人为被执行人的债务而向申请执行人提供的担保,也可能是担保人为申请执行人的案外债务人的债务而向申请执行人提供的担保。[1] 但都不是向执行法院提出的担保。而执行和解协议中的担保,是对和解协议所确定的债务的担保,现行法律及司法解释并没有规定可直接执行担保人的财产。

2. 执行和解协议不具有强制执行的效力。基于现行法律规定,人民法院的执行依据是生效的法律文书,而执行和解协议并不是法定的执行依据,不能改变或消灭执行依据的效力。因为执行和解只是改变原执行依据所确定权利义务的内容,并且执行和解协议对执行机构的拘束力,体现为执行机构暂时停止执

---

[1] 金俊银:《对执行和解若干问题的探讨》,载《法律适用》2005年第9期。

行程序，以示对当事人私权的尊重，而不是执行机构可以直接依据和解协议予以强制执行。如果赋予和解协议以执行力，就意味着私人之间达成的协议可消灭国家基于公权力作出法律文书的效力，显然有悖法理。同时，和解协议一旦没有履行，债权人申请恢复执行的仍是原执行依据，执行和解协议不具有强制执行的效力。

3. 执行和解中的担保与执行和解协议具有从属性。执行和解协议是主契约，执行和解协议的担保是从契约。案外人担保的债务内容是和解协议约定的债务内容。申请执行人与被执行人通过协商一致，以和解协议的方式，或者变更了原生效法律文书确定的债务数额，或者变更了生效法律文书确定的债务履行的期限和方式，亦即设定了新的不同于原生效法律文书的权利义务内容，故和解协议约定的权利义务内容不能等同于生效法律文书确定的权利义务内容。这种担保实际上是案外人对和解协议约定的债务内容进行担保而非对生效法律文书确定的债务内容进行担保，担保协议从属于和解协议，是和解协议的从协议，其效力存在和消灭的前提均附随于和解协议。因此，当执行和解协议约定的履行期限届满后，一方当事人不履行或不完全履行和解协议，另一方当事人申请人民法院恢复执行原执行依据时，和解协议的效力即行终止，和解协议担保也即行终止。

4. 担保协议与执行和解协议同样没有强制执行效力。和解协议作为私法合同没有强制执行力，其从属的担保协议亦必然没有强制执行力，可以说担保协议的效力及强制执行力均与和解协议"共命运"，完全受制于和解协议。在执行程序中，当事人就法律文书确定的权利义务关系达成和解协议，并在执行和解协议中由第三人提供担保的，是当事人对其权利进行了自愿、自由的处分，这种处分的结果是在原权利义务关系基础上，当事人之间形成了新的权利义务关系，第三人提供了担保，它具有独立性，并不因当事人反悔、执行和解效力终止而当然无效。如果当事人反悔而不履行和解协议时，申请人只能申请法院恢复执行原生效法律文书；对于第三人提供担保所形成新的法律关系，应由当事人以此为据，向法院提起新的诉讼。因此，债权人、债务人与第三人签订的执行和解协议是三方主体间为履行生效民事判决所作的真实意思表示，是三方自愿协商的结果，该约定不违背法律的禁止性规定，是有效的，故该三方和解协议是一个有效的民事合同。债务人没有严格、全面履行三方和解协议，导致债权人申请法院强制执行该生效民事判决，但并不影响三方和解协议的效力。因此，在三方和解协议中第三人为债务人向债权人作出的保证并不因债权人申请法院强制执行生效民事判决而解除或无效。如果债务人没有履行三方和解协议，法院应依债权人的申请对生效民事判决强制执行，对三方和解协议中的保证的约定，因为涉及的是第三人，并非债务人自身，所以债权人可以根据三方和解协议约定另行起诉第三人，要求其承担保证责任。

六、执行和解与执行担保竞合时担保人的法律责任

执行实践中存在执行和解与执行担保竞合的情形，即双方当事人既达成执行和解协议，案外人又向执行法院提供执行担保，这涉及当事人的处分自由与司法执行权的关系问题。当事人请求法院启动执行程序表明一项债权的实现已由私力救济转到公力救济的轨道上。在这种情况下，当事人可以对公力救济的诉讼权利作出处分。执行程序是为了保障和实现民事权利而存在的，如果在执行程序中，当事人处分了自己的民事权利和诉讼权利，执行程序自然也就失去了意义。因此，不能仅以执行程序的特殊性就否定执行和解的效力。在执行实践中，与债权人完全放弃自己的权利相反，当事人在执行中达成和解协议，是为了更好地实现自己的权利。其在执行和解时让步并不是为了放弃，而是一种以退为进的策略，并通过这种途径使其权利最大程度地得以实现。执行和解的过程，在实践操作的层面上体现了两面性，一方面是申请执行人与被执行人协商沟通的过程，另一方面执行法院往往积极介入其中，包括对第三人担保的审查认可，从而导致和解协议达成时，执行担保亦即成立。在这种执行和解与执行担保竞合的状态下，为依法保护申请人的权益，同时避免担保人规避法律而不直接、有效地承担执行担保的法律责任，法官应选择让担保人承担执行担保的法律后果。即人民法院直接执行担保财产或裁定执行担保人即参与执行和解的第三人、经协议变更的新履行义务主体的财产。这样既不违反既判力原理，也有利于促使当事人达成和解时尽量要求义务人提供担保，从而防止义务人以执行和解为名，行拖延执行逃避债务之实。① 针对上述情形，《最高人民法院关于执行和解若干问题的规定》第18条规定："执行和解协议中约定担保条款，且担保人向人民法院承诺在被执行人不履行执行和解协议时自愿接受直接强制执行的，恢复执行原生效法律文书后，人民法院可以依申请执行人申请及担保条款的约定，直接裁定执行担保财产或者保证人的财产。"

---

① 江必新、刘璐：《民事执行重大疑难问题研究》，人民法院出版社2010年版，第359~361页。

七、对和解协议达成前已采取强制执行措施的处理

司法实践中,常常出现法院对被执行人财产采取强制执行措施之后,当事人达成和解协议的情形。在和解协议达成后、履行完毕前,执行法院对已采取的查封、扣押、冻结等强制执行措施应当如何处理?理论上和实践中有两种不同观点。第一种观点认为,为保障申请执行人的合法权益,执行法院应当继续保持查封原状,直到和解协议履行完毕。[1] 第二种观点认为,执行和解是当事人为了结束执行程序,自愿协商解决纠纷的行为,所以,当事人达成和解协议后,法院就应当终止执行活动,已采取的强制执行措施也应该撤销。[2] 笔者认为,在现行法律制度下,当事人达成执行和解协议本身并不直接发生强制执行的效力,和解协议达成后,执行程序并不当然暂缓、中止或终结。基于强制执行程序的不停止原则,除申请执行人同意解除强制执行措施,或者和解协议履行完毕当事人申请终结执行外,即便是在当事人申请暂缓、中止执行的情形下,法院亦不应当主动解除已采取的强制执行措施。这不仅有利于促进当事人积极履行和解协议,也为将来恢复执行原生效法律文书提供了可能。但依据《最高人民法院关于人民法院民事执行中查封、扣押、冻结财产的规定》有关查封、扣押、冻结期限及续行查封、扣押、冻结的规定,查封、扣押、冻结措施期限届满,当事人不申请续行查封、扣押、冻结的,人民法院可不续行查封、扣押、冻结,执行措施自然解除,查封、扣押、冻结的效力消灭。《最高人民法院关于执行和解若干问题的规定》采纳了该观点,在第3条中作出明确规定:"中止执行后,申请执行人申请解除查封、扣押、冻结的,人民法院可以准许。"

【典型案例】

吴某与纸业公司买卖合同纠纷案

〔基本案情〕

原告吴某系四川省眉山市东坡区某收旧站业主,从事废品收购业务。约自2004年开始,吴某出售废书给被告纸业公司。2009年4月14日双方通过结算,纸业公司向吴某出具欠条载明:今欠到吴某废书款1970000元整。同年6月11日,双方又对后期货款进行了结算,纸业公司向吴某出具欠条载明:今欠到吴某废书款548000元整。因经多次催收上述货款无果,吴某向眉山市东坡区人民法院起诉,请求法院判令纸业公司支付货款251.8万元及利息。被告纸业公司对欠吴某货款251.8万元没有

---

[1] 刘柱、妥宪斌:《完善执行和解制度的几点思考》,载《人民司法》2002年第4期。
[2] 郭占湘等:《当议执行和解》,载《律师世界》2001年第7期。

异议。

一审法院经审理后判决：被告纸业公司在判决生效之日起十日内给付原告吴某货款251.8万元及违约利息。宣判后，纸业公司向眉山市中级人民法院提起上诉。二审审理期间，纸业公司于2009年10月15日与吴某签订了一份还款协议，商定纸业公司的还款计划，吴某则放弃了支付利息的请求。同年10月20日，纸业公司以自愿与对方达成和解协议为由申请撤回上诉。眉山市中级人民法院裁定准予撤诉后，因纸业公司未完全履行和解协议，吴某向一审法院申请执行一审判决。眉山市东坡区人民法院对吴某申请执行一审判决予以支持。纸业公司向眉山市中级人民法院申请执行监督，主张不予执行原一审判决。

〔裁判结果〕

眉山市中级人民法院于2010年7月7日作出（2010）眉执督字第4号复函认为：根据吴某的申请，一审法院受理执行已生效法律文书并无不当，应当继续执行。

〔裁判理由〕

法院认为：纸业公司对于撤诉的法律后果应当明知，即一旦法院裁定准予其撤回上诉，眉山市东坡区人民法院的一审判决即为生效判决，具有强制执行的效力。虽然二审期间双方在自愿基础上达成的和解协议对相关权利义务作出约定，纸业公司因该协议的签订而放弃行使上诉权，吴某则放弃了利息，但是该和解协议属于双方当事人诉讼外达成的协议，未经人民法院依法确认制作调解书，不具有强制执行力。纸业公司未按和解协议履行还款义务，违背了双方约定和诚实信用原则，故对其以双方达成和解协议为由，主张不予执行原生效判决的请求不予支持。

第二十四章　股权的执行

> 规则35：人民法院可依法强制公司收购控股股东的公司股份，并以收购款顶抵控股股东所欠公司债务
>
> ——江苏省无锡市A房地产经营公司、上海B国有资产投资管理有限公司与广东D集团股份有限公司强制收购持有的股份以抵顶其债务执行案[①]

【裁判规则】

一般情况下，公司是不能收购本公司股票的，但在特殊情况下，法律允许公司按照法定程序收购公司的股票。控股股东实施侵害公司利益的行为，为制裁股份公司内部发生的侵权行为，由人民法院强制公司收购股东持有的公司股份。公司的控股股东的财产为所持有的公司股份且无法变现时，人民法院可依法强制公司收购，并以收购款顶抵控股股东所欠公司债务。完成收购后，公司依法注销该部分股份。

【规则理解】

一、股权强制执行的法理分析

（一）股权的性质

《最高人民法院关于人民法院强制执行股权若干问题的规定》第1条规定："本规定所称股权，包括有限责任公司股权、股份有限公司股份，但是在依法设立的证券交易所上市交易以及在国务院批准的其他全国性证券交易场所交易的股份有限公司股份除外。"股权是股东因其出资而取得的，依法定或公司章程规定的规则和程序参与公司事务并在公司中享有财产权益，具有转让性的权利。如何认识股权的性质，对正确界定公司财产关系的属性和准确适用股权强制执行措施有重要的影响。然而，在理论界和司法实务界对股权的性质存在不

[①] 载《中华人民共和国最高人民法院公报》2001年第6期。

同的学说。第一种为所有权说。该说认为，股权是物权，更确切地说是所有权，是一种二重结构的所有权，即股东享有所有权，公司法人也享有所有权。公司法人所有权并不是对股东所有权的否定，只是股东所有权表现为收益权和处分权。[1] 第二种为债权说。该说认为，从公司取得法人资格时起，公司实质上就成了财产所有权的主体。此时股东对公司的唯一权利仅仅是收益，这是股东所有权向债权的转化。[2] 第三种为社员权说。该说认为，股权是社员权，股东转移财产所有权，以形成独立的法人所有权，同时，股东也相应地取得一定的权利，以解决其物质利益等法律问题。换句话说，"股东享有社员权作为产权交换的代价"[3]。第四种为独立民事权利说。该说认为，股东一旦完成出资并伴有公司设立的事实，股东即丧失了其对出资财产的所有权。此时，"公司享有法人财产所有权，股东享有股权，而股权是不同于所有权的独立的民事权利"[4]。

从上述学说的特点可以看出，所有权说、债权说、社员权说在诠释股权性质时都存在不能自圆其说的理论缺陷，无法为对股权性质的探讨提供令人信服的解答。而独立民事权利说则突破了传统理论中以财产权的物权、债权两分法对股权研究的局限，将股权作为一种独立的权利来对待，使我们对股权性质的认识有了一个质的飞跃，值得借鉴。因为，从股权的具体权能看，"股权以财产权为基本内容，但又不同于债权和所有权，它还包含有公司内部事务管理权等非财产权内容"[5]。可见，股权有其独特的内容，无法以现有的权利类型去解释。股权既不是所有权，也不是债权，更不是所谓物权特性、债权特性以及社员权特性的简单相加，而是一种与物权、债权并列的新型财产权，是一种独立的权利类型，兼具自益权能与共益权能的双重属性。[6] 其中自益权是股权的基本方面，收益是股东对公司投资的主要预期利益，是股东向公司投资的基本动机所在，也是股东的终极目的。而共益权是确保股东获得财产利益的手段，是自益权的体现和保障，这两种权利契合在一起构成股权完整的权利体系。[7] 因

---

[1] 康德琯：《股权性质论辩》，载《政法论坛》1994年第1期。
[2] 钱明星：《论公司财产与公司财产所有权、股东股权》，载《中国人民大学学报》1998年第2期。
[3] 储育明：《论股权的性质及其对我国企业产权理论的影响》，载《经济法制》1990年第2期。
[4] 范健：《商法》，高等教育出版社2002年版，第162页。
[5] 赵旭东：《公司法》，高等教育出版社2003年版，第285页。
[6] 陈国利：《股权强制执行问题初探》，载《法治研究》2007年第7期。
[7] 范健：《商法》，高等教育出版社2002年版，第159页。

此，可以将股权的性质理解为：第一，股权是一种私权利。法律可分为公法和私法，权利亦可分为公权与私权。由于公司法界于公法与私法之间，其股权的行使也受到一定的限制，但总的来说，股权是基于民法和公司法、证券法等商事法律而产生和享有的权利，以意思自治和私法自治为原则的基本特性未变。第二，股权作为一种特殊的社员权，有别于物权。因为股东出资应依法办理财产转让手续，这种手续的办理，无论从实践看还是从物权法的原则看，都会发生所有权的转移，股东因出资而丧失了所有权，这种失去的所有权转由公司享有。股权亦非债权，债权是债法上所规定的，或当事人间约定的特定权利和义务关系，是基于特定当事人之间互负一定的给付义务，而股权是由公司法规定的一种成员权。[①] 第三，股权既含有财产权利，也含有非财产权利。股权是股东基于其出资在法律上对公司所享有的权利，包括财产性权利和公司事务参与权，是一种独立的民事权利。公司作为营利性组织，其目的之一是追求利益的最大化，而股东则享有直接从公司获得经济利益的财产性权利。为了确保财产性权利，法律和公司章程一般都会规定股东参与公司经营管理权利，属于非财产性权利。股权的性质决定了法院对其进行强制执行所采取的执行方式、程序及法律的适用等都有别于对物权和债权的强制执行。

（二）股权的可执行性

一项权利之所以能被执行，是因为它具备成为强制执行标的的条件。作为执行标的应具备四个条件：第一，具有财产价值。只有具有财产价值的权利，才可能满足清偿债权人债权的需要。第二，具有可转让性。具有财产价值的权利是其成为执行标的的前提条件和物质基础，要成为执行标的还必须能够将体现在该项权利上的财产价值予以转移，通过转移来满足债权人的利益，具有可转让性。第三，不属于法律规定不得强制执行的财产。既不属于实体法上禁止转让、让与、查封的财产，如毒品等；也不属于程序法上禁止转让查封的财产，如保障债务人及由其扶养的家属生存的生活必需品、已被查封的财产等。第四，不属于在性质上不适于强制执行的财产。如不属于有违社会公序良俗的财产、不属于债务人所有的财产、不属于与债务人的身份存在不可分割的关系的财产。

股权是股东因其出资而取得的参与公司事务并在公司中享有财产权益，具

[①] 巫文勇：《民事强制执行中有关股东权益处置问题研究》，载《河北法学》2010 年第 3 期。

有转让性的权利,"兼具有请求权和支配权的属性,具有资本性和流转性"[①]。可见,股权具备成为强制执行标的的条件,具有可执行性。理由如下:第一,财产性是股权的最基本属性。股权中既含有财产性权利,也含有非财产性权利,两者相互关联,都是股权不可或缺的权能。其中,非财产性权利是实现财产性权利的手段,而财产性权利则是一种目的性权利,在股权中居于核心地位。股东因其出资行为,以实物或金钱为载体,将其出资转化为公司的注册资本,股权是出资财产所有权转让的对价,资本性使股权具有价值与价格,股权在变价时又可以金钱形式量化,因此股权具有典型的财产性。根据强制执行理论,凡具有财产价值者,均可为执行的标的物。第二,股权具有可转让性。股权的资本性决定了股权的非身份性与可转让性,股东与他人合意,可按股权的经济价值转让给他人,他人因而成为股东而享有股权。因此,股权通过可转让性实现其价值的最大化。我国公司法设专章规定了有限责任公司的股权转让。股权的转让以出资或股份的转让为标志。转让股权因股东可以取得相应对价,能够成为用于偿付债务的有效手段,强制股权转让的方法,可以作为对股东债权人的一种救济手段。第三,根据我国现行法律的规定,在总体上允许股权的自由流通和变现,如《公司法》第72条规定,人民法院依照法律规定的强制执行程序转让股东的股权时,应当通知公司及全体股东,其他股东在同等条件下有优先购买权。其他股东自人民法院通知之日起满20日不行使优先购买权的,视为放弃优先购买权。《执行规定》第39条规定:"……对被执行人在有限责任公司中被冻结的投资权益或股权,人民法院可以依据《中华人民共和国公司法》第七十一条、第七十二条、第七十三条的规定,征得全体股东过半数同意后,予以拍卖、变卖或以其他方式转让。不同意转让的股东,应当购买该转让的投资权益或股权,不购买的,视为同意转让,不影响执行……"《最高人民法院关于人民法院强制执行股权若干问题的规定》第2条规定:"被执行人是公司股东的,人民法院可以强制执行其在公司持有的股权,不得直接执行公司的财产。"人民法院也可允许并监督被执行人自行转让其投资权益或股权,将转让所得收益用于清偿对申请执行人的债务。总之,根据上述法律和司法解释,股权并不属于法律规定不得强制执行或在性质上不适于强制执行的财产。

二、执行股权的原则

股权强制执行的基本原则如同对其他财产的执行一样,对股权的强制执行

[①] 孔祥俊等:《论股权》,载《中国法学》1994年第1期。

也需遵循民事强制执行的一般原则。同时，由于股权性质的特殊性，在执行股权的过程中还必须遵循股权执行所要求的特有原则。执行股权应适用两项原则：

1. 启动股权执行程序前要适用财产除尽原则。即人民法院应当在债务人没有其他财产可供执行或者其他财产不足以清偿债务时，才对债务人的股权进行执行，其理由在于：第一，股权中的财产权利与非财产权利很难剥离，如果将股权强制转让给第三人，有可能破坏公司的人合性。第二，股权不同于一般财产，其价值难以准确评估，股权难以变现，执行起来比较棘手。第三，股权属于无形资产，执行须经冻结、评估、拍卖、通知其他股东优先受偿、通知市场监管部门协助执行等诸多事项，涉及的部门、人员多，执行程序复杂，周期长，不利于债权人尽早实现债权。据此，执行股权须以债务人的其他财产除尽为前提。

2. 在执行过程中应适用财产保护原则。一是股东的优先受偿权是法定权利，要注意处理好其他股东在同等条件下对被执行股权所享有的优先受让权。根据《公司法》第71条第3款规定，经股东同意转让的股权，在同等条件下其他股东有优先购买权。两个以上股东主张行使优先购买权的，协商确定各自的购买比例；协商不成的，按照转让时各自的出资比例行使优先购买权。因此，在执行有限责任公司的股权时必须严格履行法律规定的其他股东同意转让程序和优先购买程序。另外，对外资企业股权执行时其他合资方的优先购买权我国相关法律也有明确规定。在对公司股权进行强制执行时，要严格依照法律的规定操作，尽量满足其他股东的意愿，对其他股东因身份而确定的优先购买权应予充分保障。二是股东的出资与股东基于出资所享有的股权是两个不同的概念，股东出资后公司设立，股东的出资已成为公司的注册资金，是其承担民事责任的基础，且财产权归属于公司，《公司法》第35条规定，公司成立后，股东不得抽逃出资。因此，人民法院在执行被执行人的股权或投资权益的过程中，不能执行债务人股东在公司的出资，可通过转让等其他的方式执行，否则构成侵权。

三、执行股权的措施

《民事诉讼法》第253条规定，被执行人未按执行通知履行法律文书确定的义务，人民法院有权向有关单位查询被执行人的存款、债券、股票、基金份额等财产情况。人民法院有权根据不同情形扣押、冻结、划拨、变价被执行人的财产。人民法院查询、扣押、冻结、划拨、变价的财产不得超出被执行人应当履行义务的范围。人民法院决定扣押、冻结、划拨、变价财产，应当作出裁定,并发出协助执行通知书,有关单位必须办理。可见,强制执行股权最常用的措施是冻结和变价转让,其中变价程序包括评估、拍卖和变卖等方式,与强制执行其他财产权的措施基本相同。不同的是,《最高人民法院关于人民法院民事执行中拍卖、变卖财产的规定》第4条第3款规定,对被执行人的股权进行评估时,人民法院可以责令有关企业提供会计报表等资料;有关企业拒不提供的,可以强制提取;第30条规定,在执行程序中拍卖上市公司国有股和社会法人股的,适用《最高人民法院关于冻结、拍卖上市公司国有股和社会法人股若干问题的规定》。

(一)股票的扣押、冻结

所谓扣押,是指人民法院采取的强制扣留被执行人的财产,限制其占有和处分的一种措施。对于被扣押的财产,人民法院可以自己保管,也可以委托有关单位和个人保管,费用由被执行人负担。所谓冻结,是指对被执行人在有关单位的财产,人民法院采取不准其提取或转移的执行措施,主要是针对被执行人在银行等金融机构中的存款或财产性权利而采取的一种控制性措施。实施冻结后,非经人民法院通知,任何单位和个人不得提取和转移。通说认为,查封和扣押是两个不同的概念,二者的区别主要在于是否移动财产。一般来说,查封是对执行标的物加贴封条,不准债务人移动,即就地查封;扣押则要将执行标的物转移至其他场所,即异地扣押。[1] 根据《执行规定》第37条规定,对被执行人在其他股份有限公司中持有的股份凭证(股票),人民法院可以扣押,并强制被执行人按照公司法的有关规定转让,也可以直接采取拍卖、变卖的方式进行处分,或直接将股票抵偿给债权人,用于清偿被执行人的债务。据此,对股票的执行通常要先予以扣押。对股票的扣押、冻结,主要是通过一定方式将股票有效控制并进行公示,股票的表现形式不同,扣押、冻结的程序和方法也不相同。[2] 从表现形式上,可以将股票分为实物券式股票和簿记券式股票。

1. 关于对实物券式股票的扣押或冻结。所谓实物券式股票是指由国家证券管理部门指定的印刷机构依一定格式印制的表现为特定纸张载体的股票。传统意义上的股票多表现为实物券式股票。由于实物券式股票属于"特殊动产",可对查找到的实物券式股票,由执行法院作出扣押裁定,直接予以扣押,转移

---

[1] 参见江伟主编:《民事诉讼法学原理》,中国人民大学出版社1999年版,第855页;柴发邦主编:《民事诉讼法学新编》,法律出版社1992年版,第459页;孙加瑞:《强制执行制度概论》,中国民主法制出版社1999年版,第457页。

[2] 江必新主编:《新民事诉讼法专题讲座》,法律出版社2012年版,第274~275页。

股票的占有，同时向有关股份公司发出协助执行通知书，通知其不得办理被扣押股票的转移手续，不得向被执行人支付股息和红利。

2. 关于对簿记券式股票的扣押或冻结。所谓簿记券式股票是指由证券发行人依法定统一格式制作，由证券监管部门指定的机构托管，记载股东权益的书面名册。簿记券式股票具有无纸化特征，股份有限公司向社会公开发行的股票一般采簿记券式，以在证券登记结算机构记载股东账户的方式发行股票。上市公司股票一般为电子化的簿记券式股票，上市公司流通股实行双层托管、存管和集中统一的登记体制，即投资者委托证券公司代为保管证券，证券公司再委托中国证券登记结算有限责任公司集中保管其客户的证券，中国证券登记结算有限责任公司对存管的全部证券，直接以投资者名义集中登记。即在这种保管、登记体制下，投资者持有的实际上仅为股票托管的凭证，而非实际的权利凭证。因此，对该类股票实际上无法进行"实物"扣押，而必须通过有关单位办理登记的方式予以冻结。依据有关法律和司法解释的规定，人民法院冻结时应作出裁定，送达当事人，并应制作协助执行通知书，连同裁定书副本一并送达协助执行人；同时，还应书面通知有关公司，由其将冻结情况在股东名册中进行登记。

3. 办理冻结登记手续应注意的问题。依据最高人民法院、最高人民检察院、公安部、中国证券监督管理委员会四部门联合发布的《关于查询、冻结、扣划证券和证券交易结算资金有关问题的通知》规定，对于簿记券式股票的冻结需要办理登记手续，要根据不同的股票种类确定协助执行人。

（1）该通知第9条第1款规定，在证券公司托管的证券的冻结、扣划，既可以在托管的证券公司办理，也可以在证券登记结算机构办理。不同的执法机关同一交易日分别在证券公司、证券登记结算机构对同一笔证券办理冻结、扣划手续的，证券公司协助办理的为在先冻结、扣划。由此可见，对于在证券公司托管证券的冻结，执行法院既可以在托管的证券公司办理冻结登记，也可以在证券登记结算机构办理冻结登记。即对该类证券的冻结，有关的证券公司和证券登记结算机构均为协助执行人，如果两家法院在不同交易日分别前往两个不同部门办理冻结手续的，时间在先者为有效冻结，时间在后者为轮候冻结。但证券公司毕竟处于结算的前端，为鼓励执行机关尽量到证券公司办理冻结手续，对于不同执法机关在同一交易日分别在证券公司、证券登记结算机构对同一笔证券办理冻结手续的，证券公司协助办理的为在先冻结。

（2）因证券登记结算机构处于结算的后端，对其协助执行义务的要求不同于证券公司。根据该通知第10条的规定，证券登记结算机构受理冻结要求后，应当在受理日对应的交收日交收程序完成后根据交收结果协助冻结。证券公司受理冻结要求后，则应当立即停止证券交易，冻结时已经下单但尚未撮合成功的应当采取撤单措施。冻结后，根据成交结果确定的用于交收的应付证券和应付资金可以进行正常交收。同时，证券公司应当根据成交结果计算出同等数额的应收资金或者应收证券交由执法机关冻结或者扣划。

（3）上市公司非流通股的存管体制不同于流通股，因其不能公开上市交易，故不存在托管于证券公司的问题，而是直接存管于证券登记结算机构。因此，对上市公司非流通股冻结时，协助执行人应为证券登记结算机构，而非证券公司。在证券公司成为被执行人的情况下，其自营投资购买的股票也可以作为执行标的。证券公司的自营股票均托管在证券登记结算机构，因此，《关于查询、冻结、扣划证券和证券交易结算资金有关问题的通知》第9条第2款规定，冻结、扣划未在证券公司或者其他托管机构托管的证券或者证券公司自营证券的，由证券登记结算机构协助办理。

（4）对非上市公司簿记券式股票的冻结，应根据其实际由何种机构托管，选择确定相应的协助执行人。此外，《最高人民法院关于冻结、拍卖上市公司国有股和社会法人股若干问题的规定》中对上市公司国有股和社会法人股的冻结方式和程序作出了具体规定，执行实践中对上市公司国有股和社会法人股的冻结，应严格依照该司法解释的规定操作。

（二）股票的变价

所谓变价，是指执行法院将查封、扣押、冻结的被执行人财产，依法定程序和方式变换为价款，以清偿债务。变价方式主要有拍卖、变卖两种，也有人将以物抵债和强制管理视为变价方式。《民事诉讼法》第258条规定，被执行人逾期不履行的，人民法院应当拍卖被查封、扣押的财产；不适于拍卖或者当事人双方同意不进行拍卖的，人民法院可以委托有关单位变卖或者自行变卖。据此，对扣押、冻结的股票进行变价时，应区分不同情形采取不同的变价方式。[1]

1. 对于上市公司的流通股的变价。上市公司的流通股在证券交易所公开上市交易，市场机制本身足以确保形成合理的价格，因此，无须经过拍卖程序，而应由相关的证券公司协助执行，通过证券交易所直接予以变卖。根据《最高

---

[1] 江必新主编：《新民事诉讼法专题讲座》，法律出版社2012年版，第276~277页。

人民法院关于冻结、扣划证券交易结算资金有关问题的通知》第 5 条第 2 款的规定，人民法院执行流通证券，可以指令被执行人所在的证券公司营业部在 30 个交易日内通过证券交易将该证券卖出，并将变卖所得价款直接划付到人民法院指定的账户。执行实践中，为防止大宗流通股的变卖引发恐慌性抛盘，影响股市稳定，可以分次拆细变卖或请求证券交易所协助采取对敲买卖方式进行变卖。[①] 此外，《证券法》第 63 条规定："通过证券交易所的证券交易，投资者持有或者通过协议、其他安排与他人共同持有一个上市公司已发行的有表决权股份达到百分之五时，应当在该事实发生之日起三日内，向国务院证券监督管理机构、证券交易所作出书面报告，通知该上市公司，并予公告，在上述期限内不得再行买卖该上市公司的股票，但国务院证券监督管理机构规定的情形除外。投资者持有或者通过协议、其他安排与他人共同持有一个上市公司已发行的有表决权股份达到百分之五后，其所持该上市公司已发行的有表决权股份比例每增加或者减少百分之五，应当依照前款规定进行报告和公告，在该事实发生之日起至公告后三日内，不得再行买卖该上市公司的股票，但国务院证券监督管理机构规定的情形除外。投资者持有或者通过协议、其他安排与他人共同持有一个上市公司已发行的有表决权股份达到百分之五后，其所持该上市公司已发行的有表决权股份比例每增加或者减少百分之一，应当在该事实发生的次日通知该上市公司，并予公告。违反第一款、第二款规定买入上市公司有表决权的股份的，在买入后的三十六个月内，对该超过规定比例部分的股份不得行使表决权。"据此，在对大宗股票进行变卖时，执行法院应注意要求有关当事人按照《证券法》的有关规定进行报告和公告。

2. 对于非上市公司股票或上市公司国有股、社会法人股的变价。非上市公司股票或上市公司国有股、社会法人股没有公开的交易价格，因此，其变价应遵循拍卖优先原则。具体拍卖程序与其他动产、不动产的拍卖程序基本相同。根据《最高人民法院关于冻结、拍卖上市公司国有股和社会法人股若干问题的规定》的规定，对于上市公司国有股、社会法人股的变价，被执行人在限期内提供了方便执行的其他财产，应当首先执行其他财产。其他财产不足以清偿债务的，方可执行其持有的国有股或社会法人股。对国有股和社会法人股的变价，必须进行拍卖。执行法院裁定拍卖的，应当于委托拍卖之前将法律文书送达股

---

① 参见杜岩：《论对股票的强制执行》，载最高人民法院执行工作办公室编：《强制执行指导与参考（总第 7 集）》，法律出版社 2003 年版，第 314 页。

权持有人或者所有权人并书面通知上市公司,并告知该国有股份持有人5日内报主管财政部门备案。拍卖之前,人民法院应当委托具有证券从业资格的资产评估机构对股权价值进行评估。拍卖保留价应当按照评估值确定,第一次拍卖最高应价未达到保留价时,应当继续进行拍卖,每次拍卖的保留价应当不低于前次保留价的90%。经三次拍卖仍不能成交时,人民法院应当将所拍卖的股权按第三次拍卖的保留价折价抵偿给债权人。人民法院可以在每次拍卖未成交后主持调解,将所拍卖的股权参照该次拍卖保留价折价抵偿给债权人。拍卖过程中,竞买人已经持有的该上市公司股份数额和其竞买的股份数额累计不得超过该上市公司已经发行股份数额的30%。如竞买人累计持有该上市公司股份数额已达到30%仍参与竞买的,须依照《证券法》的相关规定办理,在此期间应当中止拍卖程序。拍卖成交后,人民法院应当向证券交易市场和证券登记结算机构出具协助执行通知书,由买受人持拍卖机构出具的成交证明和财政主管部门对股权性质的界定等有关文件,向证券交易市场和证券登记结算机构办理股权变更登记。

四、股权的强制转让[①]

(一) 对被执行人在有限责任公司股权的转让

根据《执行规定》第39条第2款、第3款,《公司法》第71条、第72条和第73条的规定,股东向股东以外的人转让股权,应当经其他股东过半数同意。对被执行人在有限责任公司中的股权进行转让时,应当通知该公司及其全体股东,并书面征求其他股东的意见。其他股东在接到书面通知起满30日未答复的,视为同意转让。经股东同意转让的股权,在同等条件下,其他股东有优先购买权。其他股东在接到人民法院按强制执行程序转让股东股权的通知之日起满20日不行使优先购买权的,视为放弃优先购买权。此时,人民法院对被执行人在有限责任公司的股权或投资权益予以拍卖、变卖或者以其他方式转让,其他股东对执行提出异议的,不影响执行。

(二) 对被执行人在股份有限公司中股权的转让

1. 对非上市公司股权或投资权益的执行。记名股票的转让,由股东以背书方式或法律、行政法规规定的其他方式转让,并由公司将受让人的姓名或名称及住所记载于股东名册。需注意公司董事、监事、经理所持本公司股票的转让,要按照公司法的有关规定执行。无记名股票的转让由股东在证券交易场所将该

[①] 参见陈国利:《股权强制执行问题初探》,载《法治研究》2007年第7期。

股票抵偿债权人后即发生法律效力，也可采取拍卖、变卖的方式变现。采取上述方式，均需对转让股份的价格进行评估。①

2. 对上市股份有限公司法人股和内部职工股的处分与非上市股份有限公司股票的处分应该相同。但上市股份有限公司的社会公众股（俗称流通股）在处分方式上和其他股票的处分有着很大的差异，这种差异主要是由流通股的可流通性、可变现性所决定的。法院在处分这类股票时，委托相关证券公司随行就市抛售所扣押的股票即可。② 采取上述方式转让，无需对转让股份的价格进行专门的评估。

（三）对被执行人在中外合资、合作经营企业股权的转让

对被执行人在中外合资、合作经营企业中的投资权益或股权，在征得合资或合作他方的同意和对外经济贸易主管机关的批准后，可以对冻结的投资收益或股权予以转让。需要注意的是，在征得合资或合作他方的同意和对外经济贸易主管机关的批准后对投资收益或股权进行转让时，"其他投资者或股东没有优先购买权，人民法院可以直接裁定予以转让"③。如果被执行人除在中外合资、合作经营企业中的股权以外别无其他财产可供执行，其他股东又不同意转让的，人民法院可以不经过对外经济贸易主管机关批准，直接强制转让被执行人的股权，但此时应保护其他投资者或股东的优先购买权。

（四）对被执行人在独资企业中股权的转让

根据《执行规定》第39条第1款规定，被执行人在其独资开办的法人企业中拥有的投资权益被冻结后，人民法院可以直接裁定予以转让，以转让所得清偿其对申请执行人的债务。实践中，如果被执行人在其独资开办的企业中的投资权益的价值大于应当执行的债权及执行费用数额的，执行时可以将该投资权益划分出份额，将其中部分份额予以转让。而申请执行人享有被执行人的独资公司部分或全部投资权益后，独资公司的经营行为仍受相关法律、法规的约束，公司债权人利益亦受到法律保护。公司债权人可以申请执行公司的具体财产，而申请执行人只享有对该公司的投资权益。

---

① 唐龙生等：《论对被执行人股权的执行》，载上海市第二中级人民法院网，http：//www.shezfy.com/view.html?id=3124，最后访问时间：2023年5月22日。

② 陈云良：《论对股权的执行》，载中国法院网，https://www.chinacourt.org/article/detail/2002/12/id/26298.shtml，最后访问时间：2023年5月22日。

③ 陈云良：《论对股权的执行》，载中国法院网，https://www.chinacourt.org/article/detail/2002/12/id/26298.shtml，最后访问时间：2023年5月22日。

(五) 对一人有限责任公司中股权转让

《公司法》将一人有限责任公司作为一种独立的公司类型在法律上作出了明确规定，使一人有限责任公司从法律的规定变成市场经济中现实的组织形态，实实在在地进入经济生活的各个领域。对于一人有限责任公司股权的执行将成为执行工作不得不面临的新课题。我国《公司法》并没有限制一人有限责任公司转让部分股权的规定，但一人有限责任公司如果转让部分股权，就不再是一人有限责任公司，其相关的权利义务关系也将发生根本性的变化。关于公司组织形式发生变更的法律问题，我国《公司法》没有明确规定，笔者认为应按照新设公司的相关规定进行。而按照新设公司的相关规定操作则可能因人合不能致使新的公司根本无法成立，造成买受人利益受损。因此，对一人有限责任公司的股权进行执行时亦应当参照非一人有限责任公司，以整体拍卖为原则，部分拍卖为例外。对一人有限责任公司的股权部分执行时，具体操作可以参照对独资企业中股权或投资权益执行的相关规定。执行的结果，可能导致一人有限责任公司所有人的变更，也可能因此成为合资企业或一般有限责任公司。同时，也应当对一人有限责任公司股权全部执行的限制予以注意，如前所述，对一人有限责任公司股权执行应当以整体执行为原则，但此原则亦应有所限制。《公司法》第58条规定，一个自然人只能投资设立一个有限责任公司。该一人有限责任公司不能投资设立新的一人有限责任公司。因此，在对一人有限责任公司股权全部转让时，如果受让人本身就是一人有限责任公司的股东，则该项转让应为禁止。①

五、公司收购股份的强制

强制公司收购股份是人民法院针对特殊的执行案件所采取的一种特殊执行方式，不具有普遍适用性。股份回购即公司收购本公司的股份，是指股份有限公司按照一定的价格，以公司拥有的资金从股东手中买回本公司的股份。为了维持公司资本结构的稳定，《公司法》第142条规定，公司不得收购本公司股份。但该法同时规定，有下列情形之一的除外：(1) 减少公司注册资本；(2) 与持有本公司股份的其他公司合并；(3) 将股份用于员工持股计划或者股权激励；(4) 股东因对股东大会作出的公司合并、分立决议持异议，要求公司收购其股份的。该法律规定的除外情形为人民法院以强制公司收购本公司股权的方式来强制债

---

① 何骥：《有限责任公司股权强制执行的新问题研究》，载《贵州社会科学》2010年第3期。

务人履行债务提供了法律支撑。在人民法院执行公司其他股东要求债务人股东偿还其对公司债务的民事案件中，债务人股东只有股权别无其他财产可以用来偿还其对公司债务，且债务人的该部分股权无人同意接受、其他股东作为申请执行人同意执行债务人股权的情况下，人民法院可以采取强制公司回购股份的执行方式。此情形下，公司回购股份，减少注册资金，并不损害公司和其他股东的利益。应注意的是，公司收购本公司的股份，注册资本减少，公司应当按《公司法》的规定履行相关程序，注销该部分股份。《公司法》第 177 条规定，公司需要减少注册资本时，必须编制资产负债表及财产清单。公司应当自作出减少注册资本决议之日起 10 日内通知债权人，并于 30 日内在报纸上公告。债权人自接到通知书之日起 30 日内，未接到通知书的自公告之日起 45 日内，有权要求公司清偿债务或者提供相应的担保。第 179 条第 2 款规定，公司减少注册资本，应当依法向公司登记机关办理变更登记。据此，人民法院通过强制公司收购本公司股份的执行程序完成后，为防止因公司注册资金减少给公司债权人带来损害，还应当强制公司履行相关程序和办理工商登记。

六、实体法中对股份转让的限制性规定不适用于强制执行

我国《公司法》第 141 条的规定，发起人持有的本公司股份，自公司成立之日起 1 年内不得转让。执行过程中，如果扣押、冻结了实体法限制转让的股份，就必然会面临是否受上述实体法规定的限制，是否可以采取强制拍卖、变卖的问题。对此，理论和实践中有两种不同观点：第一种观点认为，对实体法中限制处分的股份，执行中可以冻结，但必须在限制解除后才能进行拍卖。第二种观点则认为，实体法中对股份转让的限制，仅系限制权利人的自由转让，为保护债权人的利益，不能限制在执行程序中进行拍卖。[1] 最高人民法院执行工作办公室在 2000 年 1 月给福建省高级人民法院《关于执行股份有限公司发起人股份问题的复函》中指出，《公司法》第 147 条中关于发起人股份在 3 年内不得转让的规定[2]，是对公司创办者自主转让其股权的限制，其目的是防止发起人借设立公司投机牟利，损害其他股东的利益。人民法院强制执行不存在这一问题。被执行人持有发起人股份的有关公司和部门应当协助人民法院办理转让股份的变更登记手续。为保护债权人的利益，该股份转让的时间应从人民法院向有关单位送达转让股份的裁定书和协助执行通知书之日起算。该股份受让

---

[1] 参见杨与龄：《强制执行法论》，法律出版社 2002 年版，第 370 页。
[2] 现行《公司法》第 141 条已将此时限修改为 1 年。

人应当继受发起人的地位,承担发起人的责任。① 这一复函显然采纳了上述第二种观点,复函的意见可以作为办理类似案件的参考。②

【拓展适用】

实践中,经常出现空股股权和隐名股权,统称为特殊股权,其特殊性表现在实际出资金额与登记出资金额不符、实际出资人与登记的出资人不符等方面。对这类特殊股权人民法院可否强制执行,需要予以明确。

一、对空股股权的执行

(一) 空股股权的含义

所谓空股股权,即通常所说未缴付资本的股权。③ 对于空股股权,不能一律认为存在瑕疵,分两种情形:一种情形是在授权资本制下,投资人可按比例分期缴付出资中的尚未缴付出资,此情形的空股股权属于正常现象。另一种情形是在实收资本制下,公司法本身没有空股股权存在的法律空间,但因股东虚假出资或抽逃出资出现的空股股权,此情形的空股股权属于违法情形。《公司法》已将有关最低注册资本制度予以废除,取消了对公司注册资本的管制,将公司的注册资本事宜完全交由股东自治。认缴出资的股东是否履行出资义务,不再构成评判股东地位的考虑因素,股东地位的取得,仅以股东认缴出资的生效意思表示为必要,彻底否定了过去强调法定的最低注册资本,强调以股东出资是否达到了最低注册资本门槛作为是否维持股东有限责任的唯一标准的做法。

(二) 空股股权的特征及可执行性分析

空股股东的特征有:1. 空股股权虽没有缴足全部出资,但其具有股权的全部特征,包含股权中财产所有权和参与公司经营权等权利内容。2. 空股股权凝聚公司创办人的劳动价值,这些劳动价值附着于公司,只要公司在经营,有利润,空股股权也可分红利。3. 空股股权作为一个投资机会,本身也有价值,对于寻找投资机会的人而言,以购买空股股权之后补足出资的办法比从头开始设立公司更快捷、更方便、更廉价,可以省略寻找合作伙伴、办理设立手续及组合资产等过程。4. 空股股权可以转让或变现。

人民法院强制执行的目的是实现申请执行人的债权,要求强制执行的标的

---

① 参见最高人民法院执行工作办公室编:《强制执行指导与参考(总第3辑)》,法律出版社2003年版,第201页。
② 江必新主编:《新民事诉讼法专题讲座》,法律出版社2012年版,第278页。
③ 虞政平:《股权转让协议效力审查》,载《法律适用》2003年第9期。

物具有价值。空股股权虽属于未缴付资本的股权,但其作为一项财产具有独立性,具有一定的价值,可以转让,可以变现,且其所有权人的主体明确,因此,具有可执行性。实践中关于空股股权因没有足额出资而不能对其强制执行的观点是错误的。

(三) 对空股股权执行中应当注意的问题

第一,对空股股权价值的确定不能等同于空股股权所注明的资本额,其价值大小需要经过评估,评估中应考虑未缴付的出资额、公司的成长前景等因素。

第二,空股股权转让后不能任由空股股权予以持续,应当强制受让空股的股东承担补足出资的义务,而不能强制作为被执行人的原股东承担补足出资的责任。其理由为:1. 根据《最高人民法院关于适用〈中华人民共和国公司法〉若干问题的规定(三)》第1条规定,为设立公司而签署公司章程、向公司认购出资或者股份并履行公司设立职责的人,应当认定为公司的发起人,包括有限责任公司设立时的股东。就公司股东地位的取得条件而言,应以投资者"签署公司章程""认购出资或者股份"为必要,其是否有成立公司或认缴出资的意思表示,并不以投资者是否"应缴出资或者认购股份"为必要,股东未履行出资义务并不实质影响投资者因认缴出资而成为公司股东。除公司股东资格被解除或终止外,其作为公司股东有继续履行出资的义务。2. 执行时强制转让的就是空股股权,价值评估时考虑了未缴足资本的状况,如果要求原股东补足出资,则不能称为实质意义上的空股股权强制转让,也不符合等价交换原则。3. 要求原股东补足出资也不具有可行性。原股东作为被执行人,如果还有其他财产,应当先用于清偿债务。在原股东连执行债务都不能清偿的情况下不可能具备补足出资的能力。4. 受让人同意受让空股股权,其取得空股股权后即成为公司的一个股东,与公司利益相连,要求受让人承担补足责任,充实公司资本,对公司、对受让人均不构成损害,因为如果任凭空股股权一直"空"下去,既不利于公司的发展,也会破坏公司法制度。同时,根据《最高人民法院关于适用〈中华人民共和国公司法〉若干问题的规定(三)》第17条第1款的规定,有限责任公司的股东未履行出资义务,经公司催告缴纳出资而在合理期限内仍未缴纳出资的,公司可以通过股东会决议解除该股东的股东资格。

二、对隐名股权的强制执行

(一) 隐名股权的含义

隐名股权是指认购出资的实际投资人依据口头或书面协议委托他人代其持有的股权。隐名股东在公司章程、股东名册或公司登记材料上不作记载,具有一定的隐蔽性。隐名股权在实践中较为常见，我国承认隐名股权的合法性，但坚持股权代持协议合法有效这一前提，任何意在规避法律的代持股协议（如因不得为股东才让他人代持等），皆不能作为隐名股东诉请显名的证明依据。①《最高人民法院关于适用〈中华人民共和国公司法〉若干问题的规定（三）》第24条对此予以明确。

（二）有关隐名股权的规定

《最高人民法院关于适用〈中华人民共和国公司法〉若干问题的规定（三）》第24条至第27条对股权代持协议的效力、隐名股东的投资权益、隐名股权变更股东登记的条件、名义股东对隐名股东的义务、名义股东对公司的责任以及隐名股权的转让等作出了明确的规定。上述规定表明，司法解释对隐性股权所持的理论观点为，一方面，当名义股东与隐名股东之外的第三人发生法律关系时，股权以登记为准，此时隐名股权具有共享共责的法律特性，这样有利于维护公司治理的稳定以及明确对外关系。另一方面，当名义股东与隐名股东发生股权争议时，以双方签订的代持协议为准，其理由是既然双方签订的合同是有效的，就应受《民法典》的保护和制约。当然，隐名股东要求显名时，需征得公司其他过半数股东的同意。此种学说可以理解为"有条件的承认说"。

（三）隐名股权的强制执行

人民法院强制执行隐名股权，首先要对该股权的财产所有权人进行确认，确保被执行的财产属于被执行人的财产。由于隐名持股仅仅发生于隐名者与显名者之间，仅此两者之间就股份持有达成交易而已，公司并非明知，因此确认隐名股权最直接、最有效的方法是向公司章程、股东名册或公司登记材料上记载的名义股东进行调查，调查是否存在代持股协议以及代持股协议的内容，以确认隐名股权的实际持有人及其所持隐名股权财产份额。实践中，由于名义股东与隐名股东之间存在一定的利益关系，名义股东有可能拒绝接受调查或接受调查时不说实话，此种情形下，执行法院可以通过调查公司的财务资料、股东会决议等，确定是否属于隐名股权。应当注意的是，确认隐名股权必须找到相应的证据。

（四）执行隐名股权应注意的问题

1. 查明隐名股权被强制执行前是否已经发生转让。人民法院对被执行人的

---

① 虞政平：《股东资格的法律确认》，载《法律适用》2003年第8期。

隐名股权应当强制执行，才能保障申请执行人的合法权益。但隐名股权可能在强制执行前已被转让给第三人，受让人未及时到公司登记机关办理变更登记。在这种情况下，如果受让人对隐名股权的转让没有过错，且已经在股东名册上登记，执行法院应当考虑如何充分保护受让人的利益。当然，人民法院可以释明，告知受让人可以根据《民事诉讼法》的规定提出执行异议，并根据人民法院对其异议处理的情况，告知受让人、当事人可以提出异议之诉的方式予以救济。

2. 强制执行股权后如何办理股权过户登记。强制执行股权一般采用股权拍卖、变卖的变价方式，其实质还是股权转让。人民法院作出的执行法律文书具有确权的法律效力，受让人持执行法律文书就能到股权登记机关申请办理过户手续。由于隐名股权在登记机关的登记权利人是名义股东，因此，执行法律文书应载明，隐名股权属于隐名股东所有，将名义股东名下的股权过户至受让人名下等内容。

3. 被执行人为名义股东时，人民法院对隐名股权也应当进行强制执行。因为股权登记具有公示效力，隐名股东与名义股东之间的代持股权协议属于内部约定，对外不发生法律效力，不能对抗第三人。人民法院执行隐名股权后，隐名股东可以依据代持协议向名义股东进行追偿。

三、严格规范上市公司股票冻结

为维护资本市场稳定，依法保障债权人合法权益和债务人投资权益，人民法院在冻结债务人在上市公司的股票时，根据《最高人民法院关于在执行工作中进一步强化善意文明执行理念的意见》等规定，应当依照下列规定严格执行：

（一）严禁超标的冻结

冻结上市公司股票，应当以其价值足以清偿生效法律文书确定的债权额为限。股票价值应当以冻结前一交易日收盘价为基准，结合股票市场行情，一般在不超过20%的幅度内合理确定。股票冻结后，其价值发生重大变化的，经当事人申请，人民法院可以追加冻结或者解除部分冻结。

（二）可售性冻结

保全冻结上市公司股票后，被保全人申请将冻结措施变更为可售性冻结的，应当准许，但应当提前将被保全人在证券公司的资金账户在明确具体的数额范围内予以冻结。在执行过程中，被执行人申请通过二级市场交易方式自行变卖股票清偿债务的，人民法院可以按照《最高人民法院关于冻结、拍卖上市公司国有股和社会法人股若干问题的规定》办理,但应当要求其在10个交易日内变卖完毕。特殊情形下,可以适当延长。

(三) 已质押股票的冻结

上市公司股票可能存在质押且质权人非本案保全申请人或申请执行人。人民法院在采取冻结措施时,由于需要计入股票上存在的质押债权且该债权额往往难以准确计算,尤其是当股票存在多笔质押时还需指定对哪一笔质押股票进行冻结,为保障普通债权人合法权益,一般会对质押股票进行全部冻结,这既存在超标的冻结的风险,也会对质押债权人自行实现债权造成影响,不符合执行经济原则。为此,《最高人民法院、最高人民检察院、公安部、中国证券监督管理委员会关于进一步规范人民法院冻结上市公司质押股票工作的意见》(法发〔2021〕9号)第3条规定:"证券登记结算机构或者证券公司受理人民法院的协助冻结要求后,应当在系统中对质押股票进行标记,标记的期限与冻结的期限一致。其他人民法院或者其他国家机关要求对已被标记的质押股票进行冻结的,证券登记结算机构或者证券公司按轮候冻结依次办理。"第4条规定:"需要冻结的股票存在多笔质押的,人民法院可以指定某一笔或者某几笔质押股票进行标记。未指定的,证券登记结算机构或者证券公司对该只质押股票全部进行标记。"第6条规定:"质押股票在系统中被标记后,质权人持有证明其质押债权存在、实现质押债权条件成就等材料,向人民法院申请以证券交易所集中竞价、大宗交易方式在质押债权范围内变价股票的,应当准许,但是法律、司法解释等另有规定的除外。人民法院将债务人在证券公司开立的资金账户在质押债权、案件债权额及执行费用总额范围内进行冻结后,应当及时书面通知证券登记结算机构或者证券公司在系统中将相应质押股票调整为可售状态。质权人申请通过协议转让方式变价股票的,人民法院经审查认为不损害案件当事人利益、国家利益、社会公共利益且在能够控制相应价款的前提下,可以准许。质权人依照前两款规定自行变价股票的,应当遵守证券交易、登记结算相关业务规则。"第7条规定:"质权人自行变价股票且变价款进入债务人资金账户或者人民法院指定的账户后,向人民法院申请发放变价款实现质押债权的,应予准许,但是法律、司法解释等另有规定的除外。"第8条规定:"在执行程序中,人民法院可以对在系统中被标记的质押股票采取强制变价措施。"第9条规定:"在系统中被标记的任意一部分质押股票解除质押的,协助冻结的证券登记结算机构或者证券公司应当将该部分股票调整为冻结状态,并及时通知人民法院。冻结股票的数量达到人民法院要求冻结的数量后,证券登记结算机构或者证券公司应当及时通知人民法院。人民法院经审查认为冻结的股票足以实现案件债权及执行费用的,应当书面通知证券登记结算机构或者证券公司解除对其他股票的标记和冻结。"

四、强制执行股权的若干问题

执行实践中,人民法院强制执行股权主要存在冻结规则不明确、评估难、拍卖难、反规避执行难等难点和争议。为了正确处理人民法院强制执行股权中的有关问题,维护当事人、利害关系人的合法权益,2021年11月15日,《最高人民法院关于人民法院强制执行股权若干问题的规定》公布,自2022年1月1日起施行。主要从以下方面理解和把握[①]:

(一)股权冻结的方法及效力

关于股权的冻结方法和效力等问题,司法实践中一直存在争议。为解决上述争议,《最高人民法院关于人民法院强制执行股权若干问题的规定》第4条至第9条作了较为系统的规定。

1. 冻结时的权属判断规则。《最高人民法院关于人民法院民事执行中查封、扣押、冻结财产的规定》第2条第1款规定,人民法院可以查封、扣押、冻结被执行人占有的动产、登记在被执行人名下的不动产、特定动产及其他财产权。股权作为财产权的一种,原则上应当适用上述规则。但根据公司法的有关规定,无论有限责任公司还是股份公司的股权,均不采用登记生效主义,股东可以依据股东名册、公司章程或者股票等行使股东权利。换言之,在公司登记机关的登记之外,还存在其他可以用来判断股权权属的书面材料。为此,《最高人民法院关于人民法院强制执行股权若干问题的规定》第4条规定,对股权所在公司的章程和股东名册等资料、公司登记机关的登记及备案信息、国家企业信用信息公示系统的公示信息等资料或者信息之一载明属于被执行人的股权,人民法院均可以进行冻结。同时,案外人对冻结的股权主张排除执行的实体权利的,人民法院应当依照《民事诉讼法》第238条的规定进行审查。

2. 股权冻结的方法。在强制执行股权过程中,冻结程序规则不清晰一直是个"老大难"问题。2014年,最高人民法院与原国家工商总局联合出台的《关于加强信息合作规范执行与协助执行的通知》第11条第1款规定,人民法院冻结股权、其他投资权益时,应当向被执行人及其股权、其他投资权益所在市场

[①] 参见何东宁、邵长茂、刘海伟、王赫:《人民法院关于人民法院强制执行股权若干问题的规定的理解与适用》,载《中国应用法学》2022年第2期。

主体送达冻结裁定,并要求工商行政管理机关协助公示。虽然该规定的初衷是好的,但在实践中却产生了诸多争议。比如,人民法院仅向公司登记机关送达冻结手续的,或者仅向公司送达冻结手续的,该冻结是否生效?再如,在两家法院均冻结同一股权的情况下,有的法院只向公司登记机关送达了冻结手续,有的法院却只向公司送达了冻结手续,哪家法院的冻结为在先冻结?或者,虽然两家法院均向公司登记机关和公司送达了冻结手续,但由于有的法院在先向公司登记机关送达,有的法院在先向公司送达,在这种情况下,哪家法院的冻结为在先冻结,也存在很大争议。为此,《最高人民法院关于人民法院强制执行股权若干问题的规定》第6条第1款规定,人民法院冻结被执行人的股权,应当向公司登记机关送达裁定书和协助执行通知书,要求其在国家企业信用信息公示系统进行公示。股权冻结自在公示系统公示时发生法律效力。多个人民法院冻结同一股权的,以在公示系统先办理公示的为在先冻结。这就有效解决了实践中的各类争议。根据该规定,公司在为其股东办理股权变更手续时,应当提前到公示系统查询该股东的股权是否已被人民法院冻结,如已经冻结不得为其办理;市场主体在购买股权时,不仅要到公示系统查询该股权是否已被质押,也要查询该股权是否已被人民法院冻结,否则会有"钱股两空"的不利风险。同时,根据第6条第2款的规定,依照前款规定冻结被执行人股权的,应当及时向被执行人、申请执行人送达裁定书,并将股权冻结情况书面通知股权所在公司。

有观点认为,按照《公司法》的相关规定,股权所在公司掌握着股权权属变动的节点,尤其对于股份有限公司而言,公司登记机关并不登记非发起人股东的信息,向公司送达冻结手续,才能最先实现对股权的控制,所以应该将向公司送达冻结手续作为股权冻结的方法。经研究,我们认为,基于国家企业信用信息公示系统良好的公示性能和广泛的社会认可度,股权冻结情况在该系统公示后,股权所在公司不仅能够及时知晓,而且对于可能购买股权的不特定第三人来讲,也可以通过该系统实时查询拟购股权是否被法院冻结。在多个法院冻结同一股权的情况下,各个法院的冻结顺位在系统中也一目了然,能够有效杜绝目前实践中的各类争议。并且,在公示系统公示后,冻结即产生法律效力,被执行人就被冻结股权所作的转让、出质等有碍执行行为,并不能对抗人民法院的冻结措施。所以,在公示系统公示,也能够达到所谓"控制"股权的目的。

3. 股权冻结的效力。《最高人民法院关于人民法院民事执行中查封、扣押、冻结财产的规定》第 24 条第 1 款规定，被执行人就已经查封、扣押、冻结的财产所作的移转、设定权利负担或者其他有碍执行的行为，不得对抗申请执行人。该款明确了我国查封、扣押、冻结措施采用相对效规则。即人民法院查封、扣押、冻结的财产，被执行人并未完全丧失处分权，依然可以转让该财产或者用该财产设定权利负担进行融资。如转让款或者融资款清偿了执行债权，则人民法院应当解除查封、扣押、冻结措施。如未能清偿执行债权，由于查封、扣押、冻结措施之前已经进行了公示，受让人知道或者应当知道该财产上存在执行措施，故即便该财产已经转让到受让人名下，对于申请执行人而言依然属于被执行人的财产，人民法院可以进行处置变价。变价后，清偿执行债权仍有剩余的，则退还受让人。《最高人民法院关于人民法院强制执行股权若干问题的规定》第 7 条的规定，就是上述规则在强制执行股权程序中的体现。

4. 冻结股权后，是否影响公司增资、减资、合并、分立等。对此，实践中存在不同观点。一方面，股权所在公司增资、减资、合并、分立，常常会影响冻结股权的价值。在生效法律文书确定的执行标的就是股权的情况下，增资、减资等引起的股权比例变化更是对申请执行人具有直接影响。另一方面，如果冻结股权后，一律对股权所在公司的上述行为予以限制，又会对公司的经营活动造成较大干扰。为此，《最高人民法院关于人民法院强制执行股权若干问题的规定》第 8 条确立了以下规则：第一，冻结股权并不当然限制股权所在公司实施增资、减资、合并、分立等行为。第二，人民法院可以根据案件具体情况，决定是否向股权所在公司送达协助执行通知书，要求其在实施增资、减资、合并、分立等行为前向人民法院报告有关情况。第三，人民法院收到报告后，并不进行审查，但除涉及国家秘密或者商业秘密外应当及时通知申请执行人，以便申请执行人根据具体情况，决定是否要提起损害赔偿之诉或者代位提起确认决议无效、撤销决议等诉讼。第四，股权所在公司接到协助执行通知书后，不履行报告义务的，人民法院可以依法追究其法律责任。这种"事先报告"结合"事后救济"的规则设计，既可以满足公司的正常经营需求，也为人民法院制裁不法行为和申请执行人寻求救济提供了制度支持。

5. 冻结股权的效力是否自动及于股息、红利等收益。《最高人民法院关于冻结、拍卖上市公司国有股和社会法人股若干问题的规定》第 7 条第 2 款规定，股权冻结的效力及于股权产生的股息以及红利、红股等孳息。此为有关冻结上市公司股权的规定。多数意见认为，股息、红利等收益属于股东对股权所在公司享有的债权，冻结股权并不当然及于收益。对收益的执行，应当按照债权执行的规则处理。因此,《最高人民法院关于人民法院强制执行股权若干问题的规定》第9条第1款明确规定,人民法院冻结被执行人基于股权享有的股息、红利等收益,应当向股权所在公司送达裁定书,并要求其在该收益到期时通知人民法院。人民法院对到期的股息、红利等收益,可以书面通知股权所在公司向申请执行人或者人民法院履行。

(二)股权的评估、变价程序

1. 股权自行变价程序。相比强制变价,被执行人自行变价财产,具有避免争议、减少争议等优点。《执行规定》第33条、《最高人民法院关于在执行工作中进一步强化善意文明执行理念的意见》第9条已对被执行人自行变价财产问题进行了规范。《最高人民法院关于人民法院强制执行股权若干问题的规定》第10条在上述规范的基础上,坚持贯彻善意文明执行理念,明确了被执行人自行变价股权的两种情形:一是申请执行人以及其他已知的执行债权人同意;二是变价款足以清偿执行债务。所谓"已知的执行债权人",包括已经向执行法院申请参与分配股权变价款和轮候冻结该股权的债权人。符合前述情形的,被执行人可以向人民法院提出申请,由人民法院根据案件情况决定是否准许。为防止被执行人通过自行变价程序拖延执行或者转移变价款,人民法院准许被执行人自行变价的,应当严格控制变价款并要求其在指定期限内完成。这个"指定期限"由人民法院根据具体情况酌定,但最长不得超过3个月。在该期限内未能自行变价的,人民法院要及时强制变价。

2. 股权处置参考价和起拍价的确定。处置参考价难以确定一直是司法实践中影响股权变价的主要障碍。为解决该问题,《最高人民法院关于人民法院强制执行股权若干问题的规定》第11条、第12条从以下几个方面进行了规定:第一,人民法院应当依照《最高人民法院关于人民法院确定财产处置参考价若干问题的规定》的有关规定确定股权处置参考价,并参照参考价确定起拍价。第二,确定处置参考价时,需要相关材料的,人民法院可以向公司登记机关、税务机关等部门调取,也可以责令被执行人、股权所在公司以及控制相关材料的主体提供。相关主体拒不提供的,不仅可以强制提取,而且可以依照《民事诉讼法》追究其法律责任。第三,为确保评估机构准确评估公司价值进而准确评估股权价值,经当事人书面申请,人民法院可以委托审计机构对股权所在公司进行审计。第四,通过委托评估方式确定股权处置参考价的,如果评估机构因为缺少相关材料无法进行评估或者认为影响评估结果,被执行人未能提供且人民法院也无法调取补充材料的,人民法院应当通知评估机构根据现有材料进行评估，同时告知当事人因缺少材料可能产生的处置参考价偏离股权真实价值乃至适用"无底价拍卖"的不利后果。第五，评估机构根据现有材料出具了评估报告的，则参照该评估价确定起拍价；评估机构根据现有材料无法出具评估报告的，经申请执行人书面申请，人民法院可以结合案件具体情况和股权实际情况进行"无底价拍卖"，但确定的起拍价要适当高于执行费用，以避免发生"无益拍卖"的情形。

适用"无底价拍卖"需要注意的是：第一，人民法院要严格依照《最高人民法院关于人民法院强制执行股权若干问题的规定》第11条、第12条规定的程序调取或者责令有关主体提供评估所需有关材料，尽可能促成评估机构出具评估报告，不得任意适用"无底价拍卖"。第二，"评估机构根据现有材料无法出具评估报告"是指委托的三家评估机构均无法出具评估报告。第三，虽然三家评估机构均无法出具评估报告，但能够通过其他方式确定参考价的（比如，双方当事人达成议价一致意见），则参照该参考价确定起拍价。第四，对评估机构无法出具评估报告的，并非一律适用"无底价拍卖"，而要由人民法院根据具体情况来确定是否适用。第五，为避免浪费司法资源，防止扰乱市场秩序，依照《最高人民法院关于人民法院强制执行股权若干问题的规定》第12条第2款的规定，对于公司经营严重异常，股权明显没有价值的，比如一些"空壳公司"的股权，则不能适用"无底价拍卖"。

（三）股权拍卖的几类特殊情形

1. 整体拍卖与分割拍卖股权。不得超标的处置被执行人的财产是执行程序中的一项重要规则。《最高人民法院关于人民法院民事执行中拍卖、变卖财产的规定》第14条规定，拍卖多项财产时，其中部分财产卖得的价款足以清偿债务和支付被执行人应当负担的费用的，对剩余的财产应当停止拍卖，但被执行人同意全部拍卖的除外。《最高人民法院关于人民法院强制执行股权若干问题的规定》第13条第2款在此基础上进行了细化，明确在拍卖股权前，依据处置参考价并结合具体情况计算，拍卖被冻结股权所得价款可能明显高于债权额及执行费用的，应当对相应部分的股权进行拍卖，以避免超标的拍卖股权损害被执行人合法权益。此处的"结合具体情况"主要是指人民法院在拍卖前要根据公司经营状况、股价市场行情、拍卖溢价降价情况，以及分割拍卖与整体拍卖对股权价额的影响等因素综合考虑。同时，由于股权转让可能存在"控制权溢价"，如果对相应部分的股权拍卖严重减损被冻结股权价值，被执行人书面申请人民法院对全部被冻结股权进行拍卖的，人民法院也可以一并拍卖。

2. 瑕疵出资、未届出资期限股权的拍卖。对于被执行人瑕疵出资或者未届出资期限的股权，因为其仍然具有价值，所以人民法院可以对其采取强制拍卖措施。对此，《最高人民法院关于人民法院强制执行股权若干问题的规定》第14条第1款予以了明确。问题在于，对于前述股权强制拍卖后，后续出资义务应该如何承担？为最大限度降低强制执行股权对公司、公司其他股东和公司债权人权益的影响，应严格遵循有关公司法律制度，《最高人民法院关于人民法院强制执行股权若干问题的规定》第14条第2款规定，前述股权处置后，相关主体依照有关规定履行出资义务。此处的"有关规定"，对于瑕疵出资的股权，主要是指《最高人民法院关于适用〈中华人民共和国公司法〉若干问题的规定（三）》第18条的规定。对于未届出资期限的股权，股权转让后，后续出资义务应该如何承担，现行法律、司法解释并未明确规定，实践中存在很大争议。有观点认为，人民法院强制执行此类股权时，原股东的出资义务尚未届期，股权被强制转让后，原股东不应再承担后续出资义务。也有观点认为，出资义务是股东对公司、其他股东的恒定义务，无论该出资义务是否已届期，都不因股权转让而消除，原股东仍应承担出资义务。还有观点认为，这一问题比较复杂，不宜在有关强制执行股权的司法解释中规定，而应该留待公司法及其司法解释予以明确，在《最高人民法院关于人民法院强制执行股权若干问题的规定》中只要明确依照"有关规定"处理即可。《最高人民法院关于人民法院强制执行股权若干问题的规定》最终采纳了最后一种意见。

3. 自行转让受限的股权的拍卖。依照《公司法》第141条的规定，股份有限公司发起人及董事、监事、高级管理人员持有的股权，在特定期限或特定比例内应当限制转让。该规定的立法目的在于防止前述人员投机牟利，损害其他股东利益。但是，在前述人员对外负有债务，人民法院为保护债权人利益，将前述人员持有的股权强制变价清偿债务的，不存在投机牟利问题，并不违反公司法的立法目的。相应的，公司章程、股东协议对股权转让所做的限制，是公司股东之间的内部约定，同样也不能对抗人民法院的强制执行。基于上述考虑，《最高人民法院关于人民法院强制执行股权若干问题的规定》第14条第1款第3项、第4项明确对于前述股权，人民法院可以强制拍卖。当然，为尽可能降低强制处置股权对公司和其他股东的影响，买受人竞得股权后仍应当继续遵守有关限制股权转让的法律规定或者约定。

4. 前置审批类股权的拍卖。根据《证券法》《保险法》《商业银行法》《企业国有资产法》等法律规定，证券公司、保险公司、商业银行、国有企业等转让一定比例的股权前需经相关部门审批。人民法院对这类股权进行拍卖的，竞买人也应当符合相应的资格或条件。问题在于，应该要求竞买人在参与竞拍前即获得审批，还是可以在竞买成功后再获得审批？如果是后者，竞买人在竞买成功后未获审批的，应该如何处理？主要有两种观点：一种观点认为，在拍卖前人民法院只要明示竞买人应有相应资格和条件即可，竞买人在竞买成功后自行办理审批手续。获得审批的，人民法院出具成交裁定书；未获审批的，人民法院对股权重新进行拍卖。此种方式的优势在于，可以提高拍卖效率，确保充分竞价，最大限度实现股权价值。劣势在于，会出现竞买人在竞买成功后因无法获得审批而导致重新拍卖的问题。另外一种观点认为，只有获得相关部门审批的竞买人才可以参加竞买，此种方式的优势在于，能够确保竞买成功的竞买人已获得审批资格，尽可能避免重新拍卖情形的出现。劣势在于：一是在竞买前即限定竞买人的资格，合理性存疑，且会导致股权拍卖竞价不充分，可能会存在暗箱操作；二是由审批部门对所有竞买人的资格进行审核，实际操作并不可行；三是即使在竞买前已获得审批，在竞买成功后办理变更登记时，也可能会因种种原因出现不能办理变更登记的情形。基于上述考虑，《最高人民法院关于人民法院强制执行股权若干问题的规定》第 15 条最终采纳了第一种观点。

另外，根据《最高人民法院关于人民法院强制执行股权若干问题的规定》第 15 条第 3 款，买受人明知不符合竞买资格或者条件依然参加竞买，且在成交后未能在合理期限内取得相关部门股权变更批准手续的，交纳的保证金不予退还。保证金不足以支付拍卖产生的费用损失、弥补重新拍卖价款低于原拍卖价款差价的，人民法院可以裁定原买受人补交；拒不补交的，强制执行。如果保证金不足以支付拍卖费用损失和两次拍卖差价的，是否需要原买受人补交？依照《最高人民法院关于人民法院民事执行中拍卖、变卖财产的规定》第 22 条的规定，人民法院是可以责令买受人补交的。《最高人民法院关于人民法院民事执行中拍卖、变卖财产的规定》对此问题已有规定，所以后出台的《最高人民法院关于人民法院网络司法拍卖若干问题的规定》第 24 条对此问题未再规定，由此在实践中产生了误解和争议。有人据此认为保证金不足以支付费用损失和两次拍卖差价的，无需原买受人补交。对此，《最高人民法院关于人民法院强制执行股权若干问题的规定》第 15 条第 3 款再次明确，保证金不足以支付的，可以裁定原买受人补交；拒不补交的，强制执行，以重申最高人民法院对于悔拍保证金问题一贯的态度。

(四) 股权作为诉争标的物时的执行规则

1. 因公司增资或者减资导致被执行人实际持股比例降低或者升高时应该如何交付股权。《最高人民法院关于人民法院强制执行股权若干问题的规定》第16条区分两种情形作出规定：一是对于生效法律文书明确要交付一定数量出资额的，此种情形比较容易处理，人民法院按照生效法律文书确定的出资额交付即可。二是对于生效法律文书仅明确要交付一定比例的股权，公司在生效法律文书作出后增资或减资的，会对被执行人的持股比例产生影响，相应地也会对应当交付的股权比例产生影响。为此，《最高人民法院关于人民法院强制执行股权若干问题的规定》第16条明确，应当按照生效法律文书作出时该比例所对应出资额占当前公司注册资本总额的比例交付股权。也即，在此情况下，应当通过对生效法律文书的解释，来探究其本意，以保障各方当事人的合法权益。需要注意的是，如果人民法院在保全或者执行过程中已经冻结诉争股权并要求公司在增资、减资前向人民法院报告，公司未报告即增资、减资的，人民法院可依照《最高人民法院关于人民法院强制执行股权若干问题的规定》第8条对公司进行处罚，申请执行人认为利益受损的，也可依照该条依法提起诉讼追究公司及相关责任人的法律责任。

2. 股东资格确认判决的执行。为解决司法实践中，股东资格确认判决因无给付内容而无法申请人民法院强制变更登记的问题，根据《最高人民法院关于人民法院强制执行股权若干问题的规定》第17条第1款规定，在审理股东资格确认纠纷案件中，当事人提出要求公司签发出资证明书、记载于股东名册并办理公司登记机关登记的诉讼请求且其主张成立的，人民法院应当予以支持；当事人未提出前述诉讼请求的，可以根据案件具体情况向其释明，以确保其主张成立时，判决能够体现此项给付内容。同时，《最高人民法院关于人民法院强制执行股权若干问题的规定》第17条第2款重申，生效法律文书仅确认股权属于当事人所有，当事人可以持该生效法律文书自行向股权所在公司、公司登记机关申请办理股权变更手续；向人民法院申请强制执行的，不予受理。但是，当事人可以持该生效法律文书自行向公司、公司登记机关申请办理股权变更手续。

【典型案例】

江苏省无锡市 A 房地产经营公司、上海 B 国有资产投资管理有限公司与广东 D 集团股份有限公司强制收购持有的股份以抵顶其债务执行案

申请执行人：江苏省无锡市 A 房地产经营公司

申请执行人：上海 B 国有资产投资管理有限公司

申请执行人：江苏省无锡 C 实业股份有限公司

被执行人：广东 D 集团股份有限公司

〔基本案情〕

原告江苏省无锡市 A 房地产经营公司（以下简称 A 公司）、上海 B 国有资产投资管理有限公司（以下简称 B 公司）和被告广东 D 集团股份有限公司（以下简称 D 公司），都是第三人江苏省无锡 C 实业股份有限公司（以下简称 C 公司）的股东。在 C 公司 8000 万元的股本金中，D 公司持有 4400 万元的股份，为 C 公司的控股股东；A 公司持有 1450 万元股份，B 公司持有 400 万元股份，其余股份由各小股东占有。D 公司派张某出任 C 公司的董事长、法定代表人，并由张某提名任命 D 公司的石某为 C 公司总经理。

1998 年 8 月 20 日，被告 D 公司和第三人 C 公司签订了一份《债权债务处理协议书》，确认至 1998 年 6 月 30 日，D 公司欠 C 公司 3971 万元。D 公司以其在深圳上水径工业区的厂房、宿舍楼等共计 17897.04 平方米的房产，作价 40352784 元给 C 公司冲抵债务，房产与债务冲抵后的余额 642784 元，作为房产过户费用。

协议签订后，因厂房被海南省高级人民法院查封，被告 D 公司将其他房产过户给第三人 C 公司。1999 年 5 月 6 日，C 公司第二届四次董事会决议：责成经营班子对 D 公司抵债的房产组织评估。评估后如价值缩水，以 D 公司的股权冲抵。C 公司委托甲评估行进行了评估。经评估，D 公司的抵债房产，价值为 2516.88 万元。据此，C 公司的非控股股东认为：D 公司利用担任 C 公司董事长、总经理的优势地位，将评估价值仅为 2516.88 万元的房产，作价 4035 万余元给 C 公司抵债，损害了 C 公司和他们的利益，遂决定起诉 D 公司侵权。但由于 D 公司是 C 公司的控股股东，C 公司无法在董事会上形成起诉 D 公司的决议，非控股股东遂委托 A 公司、B 公司作为他们的代表，对 D 公司提起侵权诉讼。诉讼期间，D 公司对甲评估行的评估报告提出异议，法院又委托乙评估行重新评估。乙评估行以 1998 年 8 月 20 日（即 D 公司与 C 公司签订协议之日）的基准价进行了评估。扣除已被海南省高级人民法院查封并已执行给他人所有的房产，其余 D 公司给 C 公司抵债的房产，评估价为 1119.74 万元。此次的评估费用 19800 元，由 A 公司、B 公司垫付。

无锡市中级人民法院经审理认为：被告 D 公司给第三人 C 公司抵债的房产，实际价值仅为 1119.74 万元，根本不能抵偿其欠 C 公司的 3971 万元债务。D 公司利用自己在 C 公司的控股地位，用以物抵债、低值高估的方法为本公司牟取非法利益，给 C 公司造成 2851.26 万元的损失，侵害了 C 公司以及其他非控股股东的权益。D 公司与 C 公司于 1998 年 8 月 20 日签订的债权债务处理协议，其中有关 D 公司以房产作价抵偿 C 公司债务的条款，违背了公平和诚实信用的原则，应认定为无效。D 公司对其侵权行为给 C 公司造成的损失，应负赔偿责任。据此判决：

一、被告 D 公司于本判决生效之日，给付第三人 C 公司 2851.26 万元及利息

（自 1998 年 8 月 20 日起按同期银行逾期贷款利率计算）。

二、被告 D 公司于本判决生效之日，给付原告 A 公司和 B 公司垫付的房产评估费 19800 元。

案件受理费 152573 元、财产保全费 125000 元，合计 277573 元，由被告 D 公司负担。

D 公司不服一审判决提起上诉。后因该公司未按期交纳二审案件受理费，江苏省高级人民法院裁定：本案按自动撤回上诉处理，原审判决即发生效力。

一审判决生效后，被告 D 公司没有自觉履行判决所确定的给付义务。2000 年 11 月 10 日，原告 A 公司、B 公司和第三人 C 公司向无锡市中级人民法院申请执行。

接到执行申请后，无锡市中级人民法院依法立案，并向被执行人 D 公司送达了执行通知书。执行中了解到，除持有的 C 公司股份外，D 公司再无其他财产可供执行，遂于 2001 年 1 月 16 日查封了 D 公司持有的 4000 万股 C 公司股份，并委托无锡某会计师事务所对该股份的价值进行评估。经评估，C 公司的股份，每股净资产约为 0.92 元。

2001 年 4 月 16 日，无锡市中级人民法院委托拍卖查封的 4000 万股 C 公司股份。拍卖未成交，该股份也无法变卖。

至此，被执行人 D 公司所欠申请执行人 C 公司的全部本金和利息，以及所欠 C 公司以及 C 公司非控股股东垫付的诉讼费、财产保全费、执行费、评估费等，已达 36426331 元。

无锡市中级人民法院经研究认为：被执行人 D 公司所欠主要是申请执行人 C 公司的债务，而现在执行回来的只是 D 公司持有的 4000 万股 C 公司股份，该股份目前无法拍卖和变卖，只能由 C 公司收回以抵顶 D 公司欠其的债务。《中华人民共和国公司法》第一百四十九条[①]规定："公司不得收购本公司的股票，但为减少公司资本而注销股份或者与持有本公司股票的其他公司合并时除外。公司依照前款规定收购本公司的股票后，必须在十日内注销该部分股份，依照法律、行政法规办理变更登记，并公告。公司不得接受本公司的股票作为抵押权的标的。"从此条规定可以看出，一般情况下，公司是不能收购本公司股票的，但在特殊情况下，法律允许公司按照法定程序收购公司的股票。C 公司如果收购了 D 公司所持的股份，D 公司在 C 公司的股份才能注销，C 公司的资本也必然会减少，从而符合了法律对收购本公司股票的特殊要求。但是要做到这一步，必须经 C 公司的股东大会同意授权。D 公司至今仍然是 C 公司的控股股东，C 公司无法在股东大会上作出这样的决议。为维护法律的尊严，规范和完善股份公司制度，依法保护股份公司所有股东的合法权益，制裁股份公司内部发生的侵权行为，只能由人民法院强制 C 公司收购 D 公司持有的 C 公司股

---

① 对应 2018 年《公司法》第 142 条。

份。据此，无锡市中级人民法院依照《中华人民共和国民事诉讼法》第一百四十条①第一款第十一项的规定，于 2001 年 4 月 28 日裁定：

以 C 公司对 D 公司享有的 36426331 元债权作为收购款，强制收购 D 公司持有的 39593838 股 C 公司股份。收购后，C 公司依法相应减少其注册资本并注销股份。

无锡市中级人民法院的这一裁定发生法律效力后，被执行人 D 公司所欠申请执行人 C 公司的债务已清偿。D 公司所持有的 C 公司股份也相应地由 4400 万股减为 4576162 股。C 公司注销股份的法律手续已办理完毕，并已召开了新一届的股东大会，选举、组成了新的董事会和经营班子。

---

① 对应 2023 年《民事诉讼法》第 157 条。

第二十五章　公证债权文书的执行

> 规则36：人民法院处理不予执行公证债权文书的案件，应当审查公证债权文书的内容是否确有程序和实体错误
> ——重庆A房地产开发有限公司与重庆B资产管理有限公司、重庆D房地产发展有限公司执行裁定复议案[①]

【裁判规则】

人民法院在审查处理不予执行公证债权文书的案件时，应当全面审查公证债权文书的内容是否确有错误，包括审查程序问题和实体问题；实体审查的对象原则上应限定于被赋予强制执行效力的公证债权文书本身，而不涉及公证债权文书形成的基础事实。

【规则理解】

一、赋予强制执行力的公证债权文书的内涵

《最高人民法院关于公证债权文书执行若干问题的规定》第1条规定："本规定所称公证债权文书，是指根据公证法第三十七条第一款规定经公证赋予强制执行效力的债权文书。"所谓债权文书，是指双方当事人之间债权债务关系明确、行使权利和履行义务的方法具体，双方当事人的意思表示一致，对有关给付内容无异议的权利性文书。[②] 公证是国家公证机关根据当事人的申请，依照法定程序证明法律行为、有法律意义的文书和法律事实真实、合法存在的一种非诉讼活动。而公证文书是由依法设立的公证机关根据当事人的申请，依法定的程序作出的，证明法律行为、有法律意义的文书和事实的真实性、合法性的证明文书。债权文书经过公证机关按照公证程序进行公证，是一种记载经由

[①] 载《中华人民共和国最高人民法院公报》2011年第11期。
[②] 江必新主编：《新民事诉讼法理解适用与实务指南》，法律出版社2012年版，第903页。

公证机关证明的债权债务关系的法律文件，具有证据的效力，但不具有强制执行力。为了使公证债权文书能够得到执行，《公证法》第37条第1款规定，对经公证的以给付为内容并载明债务人愿意接受强制执行承诺的债权文书，债务人不履行或履行不适当的，债权人可以依法向有管辖权的人民法院申请执行。公证机关具有对债权文书依法赋予法律上强制执行力的特殊职能，该公证文书即为赋予强制执行力的公证债权文书。赋予强制执行力的公证债权文书，有利于发挥公证制度的法律作用，敦促当事人主动履行义务，快速解决纠纷；有利于降低当事人实现债权的成本，便利权利人如期实现权利；有利于疏减法院讼源，节约司法资源，减少不必要的诉讼案件进入法院审判程序。

二、赋予强制执行力的公证债权文书的条件和范围

一般的公证文书只涉及两种法律关系，一是债权人与债务人之间的基础法律关系；二是公证机关与当事人之间的既存法律关系的证明与被证明关系。当公证文书的功能由证明、依据扩张到执行力时，这种具有强制执行力的公证债权文书至少会涉及三种法律关系，即实体关系、证明关系和执行关系。因此，赋予强制执行力的公证债权文书需要对两个方面的内容进行公证。一是公证当事人之间的债权债务关系；二是公证债务人不履行债务自愿接受法院强制执行的意思表示，需公证的两项内容可以合并起来在一次公证程序中完成，也可以分成两次公证程序来完成。为了使赋予强制执行效力的公证债权文书具有实际法律效果，确保执行依据的准确性、合法性和可执行性，《公证法》和《公证程序规则》对赋予强制执行效力的公证债权文书的条件与范围作出了规定。

（一）赋予强制执行力的公证债权文书的条件

根据《最高人民法院、司法部关于公证机关赋予强制执行效力的债权文书执行有关问题的联合通知》（以下简称《联合通知》）第1条的规定，赋予强制执行力的公证债权文书应当具备以下条件：第一，债权文书具有给付货币、物品、有价证券的内容；第二，债权债务关系明确，债权人和债务人对债权文书有关给付内容无疑义；第三，债权文书中载明债务人不履行义务或不完全履行义务时，债务人愿意接受依法强制执行的承诺。《最高人民法院关于公证债权文书执行若干问题的规定》第4条规定："债权人申请执行的公证债权文书应当包括公证证词、被证明的债权文书等内容。权利义务主体、给付内容应当在公证证词中列明。"

（二）公证机关赋予强制执行力的债权文书的范围

公证机构办理具有强制执行效力的债权文书公证，债权文书应当以给付为内容。根据《联合通知》第 2 条的规定，公证机关赋予强制执行力的债权文书的范围为：（1）借款合同、借用合同、无财产担保的租赁合同；（2）赊欠货物的债权文书；（3）各种借据、欠单；（4）还款（物）协议；（5）以给付赡养费、扶养费、抚育费、学费、赔（补）偿金为内容的协议；（6）符合赋予强制执行效力条件的其他债权文书。同时，符合上述联合通知规定未经公证的债权文书，当事人就履行过程中出现的争议或者违约订立新的协议，并就新的协议共同向公证机构申请办理具有强制执行效力债权文书公证的，公证机构可以受理，但应当要求当事人提供原债权真实、合法的证明材料，并对证明材料采取适当的方式进行核实。

三、公证债权文书的执行启动

（一）申请执行的主体

《民事诉讼法》第 249 条第 1 款规定，对公证机关依法赋予强制执行效力的债权文书，一方当事人不履行的，对方当事人可以向有管辖权的人民法院申请执行，受申请的人民法院应当执行。公证债权文书执行程序的启动主体应当是公证债权文书中的一方当事人，公证机关和人民法院均不能主动启动执行程序。作为启动主体的一方当事人一般是债权人，有时也可以是债务人，比如公证债权文书记载的欠款利息高于银行贷款利息，债权人为了多得利息，拒不接受债务人清偿债务，在此情况下，债务人可以申请人民法院强制执行。还有一种情况：公证债权文书之外的第三人是否可以申请执行公证债权文书？笔者认为，在一定的条件下是可以的。比如，当债权人怠于要求债务人履行公证债权文书所确定的债务，且对该债权人的债权人造成损害时，该债权人的债权人就可以依据《民法典》第 535 条的规定行使代位权，前提条件是该债权人对其债权人所负的债务成立，且有权机关为该笔债权债务赋予了强制执行力。

（二）执行证书

对于公证机关依法赋予强制执行力的公证债权文书，人民法院应当予以执行。但是公证债权文书作出后当事人的部分履行可能会使人民法院应当执行的债务金额及其他事实发生变化。具有强制执行效力的债权文书要通过执行程序实现执行力，必须出具执行证书。公证机关签发执行证书应当注明被执行人、执行标的和申请执行的期限。债务人已经履行的部分，在执行证书中予以扣除。因债务人不履行或不完全履行而发生的违约金、利息、滞纳金等，可以列入执行标的。如公安机关未签发执行证书，是否人民法院就不予受理？有观点认为，公证债权文书被赋予强制执行力的条件，相关的法律和司法解释已进行了明确，主要是具有给付内容，债权债务关系明确，债务人承诺愿意接受强制执行。执行证书仅仅是公证机关出具的一种证书，如果公证机关已赋予了公证债权文书强制执行力的，双方当事人对公证机关不出具执行证书并无异议，申请人（债权人）向人民法院申请执行时，人民法院可以受理。但正常情况下，人民法院受理此类执行案件需债权人提供原公证书和执行证书。因此，《最高人民法院关于公证债权文书执行若干问题的规定》第8条规定："公证机构决定不予出具执行证书的，当事人可以就公证债权文书涉及的民事权利义务争议直接向人民法院提起诉讼。"这里规定的是"可以"，而不是"必须"。言外之意，对于公证机构决定不予出具执行证书的，如果一方当事人同意对方当事人申请人民法院对具有强制执行力的公证债权文书予以执行的，人民法院还是可以受理执行。

（三）申请执行的期限

《民事诉讼法》第250条规定，申请执行的期间为二年。申请执行时效的中止、中断适用法律有关诉讼时效中止、中断的规定。前款规定的期间，从法律文书规定履行期间的最后一日起计算；法律文书规定分期履行的，从最后一期履行期限届满之日起计算；法律文书未规定履行期间的，从法律文书生效之日起计算。由于公证债权文书的执行还涉及执行证书的出具，实践中存在对申请执行期限是从原公证书确定的履行期限届满之日起计算，还是从债权人申请取得执行证书之日起算的问题。由于赋予强制执行效力的公证债权文书作为执行依据时，公证机关签发执行证书并不构成对申请执行期限的变更，且《公证程序规则》第50条明确规定执行证书应当在法律规定的执行期限内作出。据此，申请执行期限应当从原公证书确定的履行期限届满之日起计算。但有一种例外，即对于《公证程序规则》施行前的公证债权文书，其申请执行期限应当如何起算？《最高人民法院关于赋予强制执行效力的公证债权文书申请执行期限如何起算问题的函》对此有明确意见：司法部《公证程序规则》第50条明确执行证书应当在法律规定的执行期限内出具，《公证程序规则》自2006年7月1日起施行，在司法部《公证程序规则》施行前，债权人申请执行期限可理解为从公证机关签发执行证书后起算。自2018年10月1日起施行的《最高人民法院关于公证债权文书执行若干问题的规定》第9条规定："申请执行公证债权文书的期间自公证债权文书确定的履行期间的最后一日起计算；分期履行的，自公证债权文书确定的每次履行期间的最后一日起计算。债权人向公证机构申请出具执行证书的，申请执行时效自债权人提出申请之日起中断。"

(四) 执行管辖法院

根据《民事诉讼法》第235条第2款的规定,法律规定由人民法院执行的其他法律文书,由被执行人住所地或者被执行的财产所在地人民法院执行。《最高人民法院关于公证债权文书执行若干问题的规定》第2条规定:"公证债权文书执行案件,由被执行人住所地或者被执行的财产所在地人民法院管辖。前款规定案件的级别管辖,参照人民法院受理第一审民商事案件级别管辖的规定确定。"执行管辖不属于私权利范畴,法律没有规定当事人可以约定执行管辖,也没有规定公证机关可以确认当事人约定执行管辖,因此,一般情况下,人民法院对公证债权文书不能依据当事人的约定予以立案执行。对于有多名被执行人或多处被执行财产的,可以由任一被执行人住所地或任一被执行财产所在地的人民法院执行。当事人在符合法律规定的管辖法院之间有约定的,应当从其约定;没有约定的,由最先立案的执行法院管辖。

四、公证债权文书执行的实施

公证债权文书的具体执行步骤适用《民事诉讼法》关于执行通知和对以给付金钱、物品或者有价证券为执行内容所采取的执行措施的相关规定。

(一) 对公证债权文书的审查

人民法院对任何法律文书立案执行,都要审查是否符合立案条件。人民法院对公证债权文书的审查,包括形式上的审查和实质上的审查。形式上的审查主要是指对执行材料是否齐全、是否有执行证书、公证债权文书中记载的内容是否符合前述的执行条件、是否属于本院管辖等。实质上的审查主要是指对公证债权文书中所记载的债权的合法性进行审查,审查当事人之间是否涉嫌以合法形式掩盖非法目的,是否恶意规避法律或损害国家利益、社会公共利益和他人的利益,公证程序是否违法等。对于符合执行条件的,予以立案执行,对于不符合执行条件的,裁定不予执行。人民法院在审查处理不予执行公证债权文书的案件时,应当全面审查公证债权文书的内容是否确有错误,包括审查程序问题和实体问题;实体审查的对象原则上应限定于被赋予强制执行效力的公证债权文书本身,而不涉及公证债权文书形成的基础事实。《最高人民法院关于公证债权文书执行若干问题的规定》第5条规定:"债权人申请执行公证债权文书,有下列情形之一的,人民法院应当裁定不予受理;已经受理的,裁定驳回执行申请:(一)债权文书属于不得经公证赋予强制执行效力的文书;(二)公证债权文书未载明债务人接受强制执行的承诺;(三)公证证词载明的权利义务主体或者给付内容不明确;(四)债权人未提交执行证书;(五)其他不符合受理条件的情形。"

(二) 执行通知

《民事诉讼法》第251条规定，执行员接到申请执行书或者移交执行书，应当向被执行人发出执行通知，并可以立即采取强制执行措施。该规定保留了执行通知制度，取消了限期履行的内容，有利于克服限期履行制度产生的弊端。

(三) 执行措施

根据《民法典》第387条的规定，在借贷、买卖、货物运输、加工承揽等经济活动中，债权人认为需要以担保方式保障其债权实现的，可以依法设定担保。担保方式为保证、抵押、质押、留置和定金。据此，当事人发生债权债务申请公证，公证债权文书记载的债权债务除主债务外，还可能存在设定有担保的从债务。但无论是主债务还是从债务，均应符合公证债权文书的执行条件，即执行标的仅限于被执行人的金钱、物品、有价证券等财产，不包括行为。根据《民事诉讼法》和执行工作的相关司法解释，人民法院对金钱的执行方式可以采取冻结、扣划的方式；对物品可以采取查封、扣押和变价的方式，对有价证券可以采取冻结和变价的方式，其中变价方式包括拍卖和变卖。当事人拒不履行公证债权文书中确定的主债务，也不履行从债务的，经人民法院执行通知，可以根据具体情况，对被执行人的财产或提供的担保物，采取冻结、扣划、查封、扣押、拍卖、变卖等不同的强制执行措施。

【拓展适用】

一、公证债权文书的裁定不予执行

《民事诉讼法》第249条第2款规定，公证债权文书确有错误的，人民法院裁定不予执行，并将裁定书送达双方当事人和公证机关。公证债权文书的裁定不予执行，是人民法院针对当事人提出的公证债权文书执行申请所作出不予执行的结论，以裁定书方式作出。申请执行人服从裁定的，可以按照《公证法》的相关规定，要求作出公证书的公证机关进行复查，或者就公证书有争议的内容向人民法院提起诉讼。根据《执行规定》第72条第1款规定，上级法院发现下级法院在执行中作出的裁定、决定、通知或具体执行行为不当或有错误的，应当及时指令下级法院纠正，并可以通知有关法院暂缓执行。据此，申请执行人对不予执行裁定不服的，可以向上级法院申请执行监督，通过人民法院的执行监督程序，实现权利救济。但当事人提出异议的，应当依据相关规定在期限内提出，即《民事诉讼法解释》第479条规定："当事人请求不予执行仲裁裁决或者公证债权文书的，应当在执行终结前向执行法院提出。"《最高人民法院关于公证债权文书执行若干问题的规定》第12条至第24条还对可以申请不予执行公证债权文书的情形、申请期限、人民法院的审查期限、处理方式、对不服处理的救济等作出具体规定，对相关问题作了进一步的细化。

二、公证债权文书执行中的案外人异议

公证债权文书执行中，案外人提出的异议一般体现在对执行标的提出异议，根据执行标的的主体，可分为对公证机关作出公证债权文书和对人民法院的执行标的两种情形提出异议。

（一）案外人对公证债权文书提出异议

根据《最高人民法院关于公证债权文书执行若干问题的规定》第24条第1款规定，利害关系人可以就公证债权文书涉及的民事权利义务争议直接向有管辖权的人民法院提起诉讼，该利害关系人即案外人。该条第3款还规定，利害关系人提起诉讼，不影响人民法院对公证债权文书的执行。利害关系人提供充分、有效的担保，请求停止相应处分措施的，人民法院可以准许；债权人提供充分、有效的担保，请求继续执行的，应当继续执行。人民法院经审查认为案外人提出的异议不成立的，继续执行；认为案外人异议成立的，人民法院撤销或终结执行案件，不再执行。

（二）案外人对执行标的提出异议

案外人对人民法院的执行标的提出异议，人民法院按照《民事诉讼法》第238条的规定，应当自收到书面异议之日起15日内审查，理由成立的，裁定中止对该标的执行；理由不成立的，裁定驳回，继续执行。案外人对驳回异议的裁定不服，可以自裁定送达之日起15日内向人民法院提起诉讼。《民事诉讼法解释》第463条第2款规定："驳回案外人执行异议裁定送达案外人之日起十五日内，人民法院不得对执行标的进行处分。"案外人就执行标的提起诉讼的案件立案后，人民法院应当根据《民事诉讼法解释》第313条规定执行，即"案外人执行异议之诉审理期间，人民法院不得对执行标的进行处分。申请执行人请求人民法院继续执行并提供相应担保的，人民法院可以准许。被执行人与案外人恶意串通，通过执行异议、执行异议之诉妨害执行的，人民法院应当依照民事诉讼法第一百一十六条规定处理。申请执行人因此受到损害的，可以提起诉讼要求被执行人、案外人赔偿"。

三、公证债权文书与生效裁判的执行冲突

由于公证机关作出的公证债权文书、仲裁机关作出的生效裁决书和人民法院作出的生效法律文书都可以作为人民法院强制执行的依据，因此公证债权文书的执行与其他法律文书发生冲突的情形不可避免，主要体现在执行标的上。对于可能存在的公证债权文书与人民法院生效裁判冲突的情形，执行法院应根据冲突的不同起因采取不同的解决方式，而不能简单地以人民法院的裁判效力高于公证债权文书来加以解决。根据冲突的起因，可以将冲突分为以下两种情况：（1）执行公证债权文书交付特定物与人民法院判决给付指向的同一特定标的物引起的冲突。这种因物权归属引起的冲突，根据一物一权的原理，在同一物上不能同时成立两个所有权，两份法律文书中必有一个是错误的，鉴于物权归属纷争终将通过诉讼解决，法院生效判决应认定为有效，而公证债权文书应不予执行。（2）因执行不同债权，在采取执行措施时指向同一物而引起的冲突。债权具有不确定性，在债务人不能以金钱给付满足债权人的债权时，可以执行债务人的其他财产。当申请人持有的公证债权文书和判决书均合法有效时，对同一标的物的执行，应按照执行法院采取执行措施的先后顺序受偿，不存在法院判决优先的问题。[1]

四、公证债权文书执行错误的法律责任

公证债权文书执行错误的法律责任，应当区分责任主体和责任范围。公证债权文书执行错误存在以下几种情形：一是公证机关作出的赋予强制执行力的公证债权文书错误，即执行根据错误，责任主体是公证机关；二是人民法院对公证债权文书所采取的执行行为错误，责任主体是人民法院。

（一）执行根据错误的损失承担

根据《民事诉讼法》第244条的规定，执行完毕后，据以执行的判决、裁定和其他法律文书确有错误，被人民法院撤销的，对已被执行的财产，人民法院应当作出裁定，责令取得财产的人返还；拒不返还的，强制执行。如果执行回转不能，原来的被执行人必然发生财产损失。该损失的承担可以从以下方面考虑。首先，公证机关作出的公证债权文书错误，经人民法院审查予以执行，属于人民法院在对公证机关的证明行为行使审查权时发生错误，不属于执行行为错误。由于我国的《国家赔偿法》实行法定赔偿原则，目前尚未将人民法院执行程序中的审查和裁判行为纳入法定赔偿范围，因此此种情形不属于国家赔偿范围，人民法院对此不承担赔偿责任。其次，根据《公证法》第43条的规

---

[1] 丁亮华：《最新民事执行程序解读与运用》，中国法制出版社2007年版，第161~164页。

定，公证机构及其公证员因过错给当事人、公证事项的利害关系人造成损失的，由公证机构承担相应的赔偿责任，公证机构赔偿后，可以向有故意或者重大过失的公证员追偿。当事人、公证事项的利害关系人与公证机构因赔偿发生争议的，可以向人民法院提起民事诉讼。因此，对于公证债权文书的错误而发生的侵权赔偿，受害人应当以公证机构为被告，通过民事诉讼途径解决。

(二) 执行行为错误的损失承担

根据《国家赔偿法》第 38 条规定，人民法院在民事诉讼过程中，对判决、裁定及其他生效法律文书执行错误，造成损害的，赔偿请求人有权要求赔偿。对财产权造成损害的赔偿范围，《国家赔偿法》规定按照请求人的直接损失给予赔偿。

五、赋予强制执行力的担保合同公证债权文书的执行

对于担保合同是否属于可经公证赋予强制执行力的债权文书，司法实践中存在不同认识。第一种观点认为可以对担保合同赋予强制执行力。理由是，法律规定债权文书经公证后具有强制执行力，是为了节约社会资源，简化程序，方便债权实现。因此，债权文书涉及的债权债务权责简单、清楚明了，债务人对债务也明确无异议的，便可以直接强制执行。担保行为虽然属于担保物权行为，但是作为主债权合同的从合同，只要主合同是经公证赋予强制执行力的债权文书，且保证人在保证合同中承诺当担保条件成立时，愿意接受依法强制执行，就可以经公证赋予其强制执行力。第二种观点认为不可对担保合同赋予强制执行力。理由是，担保合同中约定的担保关系，只有在特定条件（债权人到期未受清偿）成立时，担保人才负有清偿债务的义务，而且在许多情形下，担保人可以免除责任，比如：第三人提供担保；未经担保人书面同意，债权人允许债务人转移全部或者部分债务的；债权人放弃债务人的抵押权的；等等。因此，担保合同中所载明的担保关系不符合明确、简单的债权债务关系特征，也就不能通过公证进行强制执行。笔者认为，可以对担保合同赋予强制执行力。因为无论是民事诉讼法还是相关的司法解释，对于经公证赋予强制执行的债权文书并不仅限于当事人为"债权人"和"债务人"两方，虽然担保债权债务关系不仅涉及债权人、债务人、担保人三方当事人，而且涉及主债权债务关系和担保债权债务关系两个法律关系，相对而言是复杂一些。但根据《联合通知》第 1 条的规定，赋予强制执行力的公证债权文书只要具备三个条件：第一，债权文书具有给付货币、物品、有价证券的内容；第二，债权债务关系明确，债权人和债务人对债权文书有关给付内容无疑义；第三，债权文书中载明债务人不履行义务或不完全履行义务时，债务人愿意接受依法强制执行的承诺。如果涉及债权人或债务人违反损害担保人的利益的情形，履行另一法律关系，可以由担保人提起另外的诉讼解决。最高人民法院对此进行了明确规定，即《最高人民法院关于人民法院办理执行异议和复议案件若干问题的规定》第 22 条规定："公证债权文书对主债务和担保债务同时赋予强制执行效力的，人民法院应予执行；仅对主债务赋予强制执行效力未涉及担保债务的，对担保债务的执行申请不予受理；仅对担保债务赋予强制执行效力未涉及主债务的，对主债务的执行申请不予受理。人民法院受理担保债务的执行申请后，被执行人仅以担保合同不属于赋予强制执行效力的公证债权文书范围为由申请不予执行的，不予支持。"《最高人民法院关于公证债权文书执行若干问题的规定》第 6 条亦规定："公证债权文书赋予强制执行效力的范围同时包含主债务和担保债务的，人民法院应当依法予以执行；仅包含主债务的，对担保债务部分的执行申请不予受理；仅包含担保债务的，对主债务部分的执行申请不予受理。"

六、具有强制执行效力的公证债权文书可诉性的限度

（一）具有强制执行效力的公证债权文书可诉性的不同认识

《最高人民法院关于公证债权文书执行若干问题的规定》第 24 条第 1 款、第 2 款规定："有下列情形之一的，债权人、利害关系人可以就公证债权文书涉及的民事权利义务争议直接向有管辖权的人民法院提起诉讼：（一）公证债权文书载明的民事权利义务关系与事实不符；（二）经公证的债权文书具有法律规定的无效、可撤销等情形。债权人提起诉讼，诉讼案件受理后又申请执行公证债权文书的，人民法院不予受理。进入执行程序后债权人又提起诉讼的，诉讼案件受理后，人民法院可以裁定终结公证债权文书的执行；债权人请求继续执行其未提出争议部分的，人民法院可以准许。"

但此规定出台前，对于公证债权文书的债权人没有在《民事诉讼法》规定的申请执行期限内向法院提出强制执行申请，而是直接向法院提起民事诉讼的问题，实践中存在不同的认识。有观点认为，具有强制执行效力的债权文书公证书本身不具有排斥和禁止诉讼的效力。《公证法》第 37 条规定："对经公证的以给付为内容并载明债务人愿意接受强制执行承诺的债权文书，债务人不履行或者履行不适当的，债权人可以依法向有管辖权的人民法院申请执行。前款规定的债权文书确有错误的，人民法院裁定不予执行，并将裁定书送达双方当事人和公证机构。"《民事诉讼法》第 249 条明确将公证机关依法赋予强制执行效力的债权文书纳入可直接执行的程序中。因此，当事人可以不经过诉讼，持公证书直接申请人民法院对不履行债权文书的当事人强制执行。对于当事人而言，是依公证书申请强制执行还是再行诉讼，是债权人的权利，法律并不禁止当事人行使诉讼权利。还有观点认为[①]：公证机关已经赋予借款合同强制执行效力的，作为债权人没有诉权；债权人在法定期限内未申请强制执行的，在申请执行期限届满后不能另行起诉。主要理由是：第一，尽管《民事诉讼法》对此问题没有明确规定，但是，从《民事诉讼法》的立法精神看，《民事诉讼法》将人民法院的判决书、仲裁委员会的裁决书、公证机关赋予强制执行效力的债权文书放在同一位阶上，三者的效力是相等的，地位是相同的，即都属于执行根据。公证机关出具了具有强制执行效力的《债权文书公证书》后，作为债权人已经取得了与人民法院通过诉讼程序作出的判决书具有同等强制执行效力的执行根据。因此，债权人已经通过公证程序取得了执行根据，就不能另行寻求诉讼程序再次取得执行根据。第二，超过法定申请期限，债权人便丧失了申请执行的权利。因为，公证赋予强制执行力的债权文书是经过公证机关按法定程序公证的。债权文书本身没有错，只是债权人未在法定申请执行期间内申请强制执行，这说明债权人放弃了自己的权利，债权人享有的权利也就不再受法律保护。债权人不能另行通过诉讼程序重新确认公证机关已经确认了的债权。债权人再向法院起诉，法院当然不能受理。第三，从法学原理上讲，当事人申请公证机关赋予债权文书强制执行效力，是以放弃诉权为前提条件的。当事人既然自愿选择公证机关赋予债权文书强制执行效力这一债权确认方式，就意味着自愿放弃了诉权，不能再选择按诉讼程序二次确认债权。人民法院不能混淆审判程序与执行程序的关系，因为，诉讼的目的是通过审判程序来确认当事人之间的权利与义务关系，并取得执行根据。而公证机关赋予债权文书的强制执行效力就是对债权的一种国家确认，其本身也是一种执行根据。如果允许另行起诉，那么，一笔债权可获得两个执行根据，这样，显然对债务人是不公平的。也就是说，当事人不能在同一实体法律关系上设立两个程序法上的效力。二者非此即彼，公证机关赋予了债权文书的强制执行力就必然使诉权不再发生。而执行程序是强制实现当事人之间的权利与义务关系的。因此，当事人既然选择了申请公证机关赋予债权文书的强制执行效力，就不存在当事人另行诉讼的问

[①] 董少谋：《具有强制执行效力的公证债权文书应排斥另行诉讼——评最高人民法院（2001）民二终字第172号民事判决书》，载樊崇义主编：《中国诉讼法判解（第2卷）》，中国检察出版社2004年版。

题。不论是债权人还是债务人，都必须对自己的理性选择负责，一方不履行债务时，另一方不得再就同一债务向法院起诉。第四，从诉讼要件看，债权人另行起诉，即欠缺诉讼上的权利保护要件。根据具体诉权说，权利保护要件是指当事人请求法院作出有利于自己的本案判决必须具备的要件。权利保护要件就其内容而言，可分为诉讼上的权利保护要件和实体上的权利保护要件。诉讼上的权利保护要件又包括当事人适格要件和纠纷在法律上有受判决保护的利益，即诉的利益。从诉的利益的具体标准看，在给付之诉中，诉讼标的之请求权已届履行期仍不履行，不仅有侵害债权人权利之意，而且如果债权人不起诉，请求权有因为超过诉讼时效而丧失之虞，故债权人请求的首要目的在于请求法院对他们之间争议的民事实体权利义务关系进行确认，而赋予强制执行效力的公证文书已经对其民事实体权利义务关系进行了确认。因而，债权人如另行起诉，由于没有诉的利益而导致欠缺权利保护要件，则应驳回起诉。第五，从执行申请看，根据《民事诉讼法》关于人民法院在执行中发现"经过公证债权文书确有错误的，人民法院裁定不予执行，并将裁定书送达双方当事人和公证机关"的规定，故经公证之债权文书确认之事实或内容不符合法律规定者，人民法院应裁定不予执行。裁定送达后，执行程序终结。当事人得就其债权债务关系再向人民法院提起诉讼，以求解决。这就是说，只有在人民法院裁定不予执行的情况下，才可另行起诉。

最高人民法院的主流观点认为，公证债权文书的债权人提起诉讼，人民法院不应受理。根据《民事诉讼法》第249条和《公证法》第37条规定，具有强制执行效力的公证债权文书与法院生效裁判、仲裁裁决具有同等的法律效力，都是执行依据。既然债权人取得了一份具有法律效力的执行依据，就不能再取得另一份执行依据。债权人另行提起诉讼，目的也是取得执行依据，不符合"一事不再理"的基本原则。强制执行公证债权文书是双方当事人事先约定的，如果允许债权人既可申请执行，又可直接提起诉讼，不符合立法原意，对债务人不利，有失公平。债权人提起诉讼，往往是因为超过了申请执行期限。《民事诉讼法》规定的申请执行的期限是对申请人的义务，申请人必须遵守，申请人要对没有在申请执行的期限内提出执行申请承担不利的法律后果。申请人由于自己的原因丧失了法律规定的申请强制执行的权利又转而提起民事诉讼，法院不应支持。

（二）强制执行公证债权文书可诉性的限制条件

有关强制执行公证债权文书的可诉性问题，《最高人民法院关于公证债权文书执行若干问题的规定》第 22 条、第 24 条已经作出了相应的规定。此规定出台前曾有深入的讨论。公证债权文书制度的初始，是人们基于效率和经济的考量对诉权的放弃，因而作为法院的执行根据之一的债权人并没有诉权。① 但是，当客观情况的出现使得对诉权的呼唤成为一种必须时，说明制度的运行又出现了不均衡，因此诉权必须适时回归。强制执行公证债权文书具有一定的可诉性，但可诉性必须符合三个方面的限制条件。第一，强制执行公证债权文书确有错误；第二，强制执行公证债权文书业经人民法院否定；第三，当事人仅就"争议内容"部分可提起诉讼。笔者认为，若要从根本上解决问题，关键在于把握好诉的"门槛"高度。②

1. 强制执行公证债权文书确有错误的判断。《民事诉讼法解释》第 478 条规定："有下列情形之一的，可以认定为民事诉讼法第二百四十五条第二款规定的公证债权文书确有错误：（一）公证债权文书属于不得赋予强制执行效力的债权文书的；（二）被执行人一方未亲自或者未委托代理人到场公证等严重违反法律规定的公证程序的；（三）公证债权文书的内容与事实不符或者违反法律强制性规定的；（四）公证债权文书未载明被执行人不履行义务或者不完全履行义务时同意接受强制执行的。人民法院认定执行该公证债权文书违背社会公共利益的，裁定不予执行。公证债权文书被裁定不予执行后，当事人、公证事项的利害关系人可以就债权争议提起诉讼。"由此可确定公证债权文书"确有错误"包括以下五种情形：

（1）存在属于不得赋予强制执行效力的债权文书的情形。我国《公证法》中将可以赋予强制执行效力的公证债权文书限定于以给付为内容并载明债务人愿意接受强制执行承诺的债权文书。而《联合通知》中具体规定了具有强制执行效力的公证债权文书应当具备的条件和明确的文书类型范围，公证机构应按《公证法》和《联合通知》的规定严格限制这类债权文书的范围，如果不属于该范围内的债权文书却被赋予强制执行效力，则属于确有错误的情形，法院应当依法裁定不予执行。

（2）存在被执行人一方未亲自或者未委托代理人到场公证等严重违反法律规定的公证程序的情形。公证程序的正当性是公证债权文书合法性的基础，因

---

① 葛荣贵：《公证债权文书的债权人有否诉权》，载《法治论坛》2008 年第 3 期。
② 参见朱伯玉、徐德臣：《论公证债权文书的功能扩张与可诉性——以新制度主义变迁理论为契合点》，载《东疆学刊》2011 年第 4 期。

此，公证必须按照法定程序进行。《公证法》《公证程序规则》《联合通知》中对办理具有强制执行效力的公证债权文书的程序作出了具体、明确的规定。公证活动要严格按照法律规定的条件、范围、程序办理强制执行公证，如果被执行人一方未亲自或者未委托代理人到场公证等严重违反法律规定的公证程序作出的公证债权文书，则属于应当裁定不予执行的情形。

(3) 存在公证债权文书的内容与事实不符或者违反法律强制性规定的情形。具有强制执行效力的公证债权文书程序简便、快捷高效，可以方便快捷地预决纠纷。然而，正因其程序简便，公证债权文书的作出没有经过缜密的审判程序，有可能存在错误，导致当事人利益受损。如果发现公证债权文书的内容与事实不符，或者文书所载债权与权利人实际享有的权利相比，范围、内容不一致等，或者文书内容违反法律的强制性规定，都属于文书有错误的情形，应当裁定不予执行。

(4) 存在公证债权文书未载明被执行人不履行义务或者不完全履行义务时同意接受强制执行的情形。具有强制执行效力的公证债权文书中必须明确载明债务人在不履行义务或者不完全履行义务时愿意接受强制执行的承诺，以确保当事人选择公证赋予债权文书强制执行效力的自愿性。在我国法律及司法解释规定的具有强制执行效力的公证债权文书应当具备的条件中，无不明确要求债权文书中载明债务人不履行义务或不完全履行义务时，债务人愿意接受依法强制执行的承诺。缺少该种执行承诺而直接申请法院强制执行的，法院应当裁定不予执行。

(5) 存在违反公共利益条款的情形。我国法院对公证债权文书的审查以被动审查为原则，以主动审查为例外。司法解释规定的前述四种情形下，法院进行的是被动审查，即在当事人或利害关系人提出不予执行的申请后，在其请求的范围内法院才会进行审查。而只有在执行该公证债权文书违背社会公共利益的情形下，法院才可以依职权主动审查。人民法院认定执行该公证债权文书违背社会公共利益的，不需要被执行人提出不予执行的抗辩，依职权即可裁定不予执行。对公共利益的概念，法律和司法解释并没有明确的界定，从其他国家与地区的通例来看，对公共利益应该作严格的解释，这一法律原则只能是在特殊情况下，为维护国家、社会重大根本利益而不得已、例外地援引，不能滥用。此外，公共利益范围一般限制在公共使用和具有公共利益用途两方面，不能扩大为包括特定第三人的利益。

2. 人民法院已作出否定性裁决，即裁定不予执行公证债权文书。《民事诉讼法解释》第 478 条第 3 款规定,公证债权文书被裁定不予执行后,当事人、公证事项的利害关系人可以就债权争议提起诉讼。据此可知,启动诉讼程序的先决性条件是:人民法院对强制执行公正债权文书进行实质性审查后,认为债权文书存在"确有错误"的情形,作出裁定不予执行的法律文书并生效。

3. 争议内容的界定。就具有强制执行效力的公证债权文书而言,可能产生的纠纷有三种情形:一是债权文书确定的债权人提出文书所载债权之瑕疵抗辩;二是债权文书确定的债务人否认文书确定之债务或者文书之强制执行力抗辩;三是利害关系人提出文书确认的执行标的之瑕疵。《民事诉讼法解释》没有对当事人可提出的债权争议范围作具体的限定,当事人可就上述三种情形的任何一种提出异议。同时,根据民事诉讼不告不理的基本原则,法院在启动审判程序之后,并非对强制执行公证债权文书所涉及的所有法律事实进行审查,而是仅对当事人存有争议的问题进行审理与判决。

七、公证债权文书裁定不予执行后的复议救济

无论是《民事诉讼法解释》还是《最高人民法院关于公证债权文书执行若干问题的规定》都规定公证债权文书被裁定不予执行后,当事人、公证事项的利害关系人可以就债权争议提起诉讼,即起诉以公证债权文书被裁定不予执行为前提,一般情形下不能直接向法院起诉。这与《最高人民法院关于审理涉及公证活动相关民事案件的若干规定》第 3 条第 2 款"当事人、公证事项的利害关系人对具有强制执行效力的公证债权文书的民事权利义务有争议直接向人民法院提起民事诉讼的,人民法院依法不予受理。但是,公证债权文书被人民法院裁定不予执行的除外"的规定一致。

公证债权文书被裁定不予执行后,当事人、公证事项的利害关系人除可以就债权争议提起诉讼外,可否对于人民法院裁定不予执行公证债权文书申请执行异议及复议?就此问题,实践中存在争议,一种观点主张将执行法院对公证债权文书的审查作为执行行为,适用《民事诉讼法》第 236 条规定的程序,即人民法院裁定不予执行公证债权文书或驳回不予执行公证债权文书的申请后,当事人对该裁定不服的,可以向法院提出异议,对法院驳回异议的裁定还可以向上一级法院提起复议。另一种观点认为,执行法院对具有强制执行效力的公证债权文书的审查是对执行依据的司法监督,是法院执行工作的一部分,但并非执行行为。因此,对因公证债权文书错误导致法院裁定不予执行的,不能适用《民事诉讼法》第 236 条的规定,采用执行异议和复议的程序解决。对于裁定驳回不予执行公证债权文书的,根据《最高人民法院关于人民法院办理执行异议和复议案件若干问题的规定》第 10 条规定，当事人不服驳回不予执行公证债权文书申请的裁定的，可以自收到裁定之日起十日内向上一级人民法院申请复议。上一级人民法院应当自收到复议申请之日起三十日内审查，理由成立的，裁定撤销原裁定，不予执行该公证债权文书；理由不成立的，裁定驳回复议申请。复议期间，不停止执行。因此，具有强制执行效力的公证债权文书被法院裁定不予执行的，当事人、公证事项的利害关系人的救济方式是就争议内容向人民法院提起诉讼，对于不服驳回不予执行公证债权文书申请的裁定，可以在收到裁定之日起十日内直接向上一级人民法院申请复议，而不是先向作出原裁定的法院提出异议，异议被驳回后再向上一级人民法院申请复议。实践中应当注意，裁定公证债权文书不予执行和驳回公证债权文书不予执行的救济途径是不相同的，以及申请复议的期限为收到裁定之日起十日内。

【典型案例】

重庆 A 房地产开发有限公司与重庆 B 资产管理有限公司、重庆 D 房地产发展有限公司执行裁定复议案

申请复议人（被执行人）：重庆 A 房地产开发有限公司

申请执行人：重庆 B 资产管理有限公司

被执行人：重庆 D 房地产发展有限公司

〔基本案情〕

申请复议人重庆 A 房地产开发有限公司（以下简称 A 公司）不服重庆市高级人民法院（以下简称重庆高院）（2010）渝高法执异字 33 号执行裁定书，向本院申请复议。本院依法组成合议庭进行了审查，现已审查终结。

最高人民法院查明：2003 年 11 月 24 日，重庆市商业银行和平路支行（以下简称和平路商行）与 A 公司签订了《借款合同》，约定和平路商行向 A 公司提供借款 18918 万元，用于 A 公司归还旧贷款，借款期限自 2003 年 11 月 28 日至 2004 年 11 月 28 日。2008 年 3 月 20 日，重庆市 C 资产管理有限公司（以下简称 C 公司）与 A 公司、重庆 D 房地产发展有限公司（以下简称 D 公司）签订《还款协议》，协议载明：A 公司于 2003 年 11 月 28 日向和平路商行借款 18918 万元，该借款由 D 公司以其位于渝中区民权路 51 号平街的 3、4、5 层商场共计 17915.76 平方米作为抵押物提供担保，上述债权及债权项下的权利（含抵押权）转让给 C 公司，A 公司、D 公司对上述债权转让事项无异议。截至 2008 年 3 月 20 日，A 公司尚欠 C 公司 18918 万元本金和 71698624.29 元利息，A 公司自愿于 2008 年 7 月 31 日还清所欠 C 公司的债权本金 18918 万元，利随本清。如 A 公司未按约定期限清偿全部本息，D 公司将无条件接受人民法院对其抵押物的强制执行。2008 年 3 月 24 日，C 公司、A 公司、D 公司申请

对《还款协议》进行公证。同日，重庆市渝中公证处出具了（2008）渝中证字第650号公证书，赋予该《还款协议》以强制执行效力。因A公司逾期未履行《还款协议》约定的还款义务，经C公司申请，重庆市渝中公证处于2008年12月30日出具了（2008）渝中证字第3535号执行证书，C公司依据上述公证书及执行证书向重庆高院申请执行，该院于2009年1月7日立案执行。后因C公司将该债权转让，重庆高院依其申请于2009年5月22日变更重庆B资产管理有限公司为本案申请执行人。

在执行中，被执行人A公司于2009年6月18日申请对（2008）渝中证字第3535号执行证书不予执行。2009年10月19日，重庆高院作出（2009）渝高法执异字第81号执行裁定，驳回其申请。2010年8月24日，A公司向重庆高院提出执行异议，认为（2009）渝高法执异字第81号执行裁定依据的执行证书确有错误，认定事实不清，请求撤销该裁定，并请求裁定对（2008）渝中证字第3535号执行证书不予执行。

〔一审裁判理由与结果〕

重庆高院审查后作出（2010）渝高法执异字33号裁定。裁定认为：《中华人民共和国民事诉讼法》对公证债权文书裁定不予执行规定的情形是"公证债权文书确有错误"，但对于公证债权文书确有错误包括哪些情形未作具体规定。"确有错误"一般包含所公证的债权文书没有给付内容、债权文书约定的给付内容（数额、期限、方式）不明确或存在争议、债权文书没有明确载明债务人愿意接受强制执行的承诺、债务人与债权人恶意串通损害他人利益、有证据足以推翻公证债权文书、公证程序违法等情形。本案所公证的债权文书是C公司、A公司、D公司于2008年3月20日签订的《还款协议》，在该还款协议中，三方当事人对截至2008年3月20日A公司欠C公司的本金和利息的数额进行了确认，该还款协议约定的还款数额、还款期限具体明确，有债务人表明自愿接受强制执行的承诺，无证据证明债务人签订该协议意思表示不真实，因此，该还款协议系三方当事人真实意思表示，且未损害他人利益，公证机构对其真实性、合法性予以确认并赋予其强制执行效力符合法律规定。A公司异议称所公证的债权不真实，未提交证据加以证明，不足以认定公证债权文书确有错误。至于还款协议的基础事实《借款合同》是否存在违法高息或者不真实的借款，涉及借款合同效力的认定，该借款合同是否无效、是否可撤销，不属于本案执行审查范围。因此，A公司的异议理由不成立，裁定驳回其异议请求。

〔当事人申诉的理由及答辩意见〕

A公司就（2010）渝高法执异字33号裁定向本院申请复议的理由如下：

（一）重庆高院（2010）渝高法执异字33号裁定对执行证书是否确有错误即债权的真实性、合法性不予审查，属认定事实不清。本案所依据的公证债权文书，载明了债权是A公司与和平路商行签订的《借款合同》的本金、利息所形成，那么因

《借款合同》债权的真实性争议、合法性争议当然应属公证债权文书债权争议的范畴。重庆高院在裁定中列举了审查公证债权文书是否确有错误的几种情形，其中就包括了对债权存在争议的情况。重庆高院在既没有实质审查执行债权是否存在违法收取高息、是否真实、是否合法的事实，也没有审查是否是当事人的真实意思表示的情况下，径直放弃了对债权真实性、合法性应当履行的司法审查，属于认定事实不清。

（二）重庆高院故意回避审查执行债权是否存在违法收取高息、是否合法的事实，剥夺了申请人的司法救济权。第一，申请人向重庆高院提供了大量、翔实的证据证明债权的不合法、不真实，重庆高院只列明被申请人的答辩意见，却未有审查、评析、研判意见；第二，公证债权文书的形成，是因为抵押人 D 公司当时面临资产重组，为取得商业银行在抵押房屋与 D 公司资产重组同步及得到贷款支持的诱迫下形成的，并非申请人、D 公司真实意思的表示，也不符合民事行为的法律要件；第三，赋予强制执行力的公证债权文书没有诉权，而只被赋予执行异议权，显然是将司法审查置于执行环节，以保证任何被强制执行的债权合法。因此，执行中的审查不仅包括程序审查，而且包括实体审查，否则就剥夺了申请执行人的司法救济权。

〔最高人民法院裁判理由与结果〕

最高人民法院认为：依照《中华人民共和国民事诉讼法》第二百一十四条①以及《最高人民法院关于当事人对具有强制执行效力的公证债权文书的内容有争议提起诉讼人民法院是否受理问题的批复》②精神，人民法院在执行程序中，因被执行人提出不予执行抗辩的，应当对公证债权文书的内容是否确有错误进行审查，该审查应当包括公证债权文书的程序和实体问题。重庆高院的裁定内容表明其实际上已对公证债权文书即《还款协议》的内容进行了实体审查，本院确认其审查意见是正确的。至于该院将实体审查的范围限于本案所公证的债权文书《还款协议》，而未涉及《还款协议》的基础事实《借款合同》是否存在违法高息等问题，除非涉及明显违背当事人真实意愿以及损害社会公共利益或第三人利益的问题，执行程序中将实体审查的对象限定于被赋予强制执行效力的债权文书本身，是适当的。本案《还款协议》项下的债权源于 A 公司与和平路商行于 2003 年签订的《借款合同》项下的本金、利息，该合同又是以新贷款偿还 1997 年至 1998 年间形成的贷款本金和利息，在《还款协议》签订前以及执行程序开始之前，A 公司既未向债权人提出异议，也未向国家机关寻求救济，而在 2008 年与 C 公司就欠款的本金和利息的数额在《还款协议》中进行了确认，并明确表示自愿偿还。《还款协议》的内容并不涉及损害社会公共利益或第三人合法权益问题，也无证据表明违背 A 公司和担保人的真实意愿。A 公司所

---

① 对应 2023 年《民事诉讼法》第 249 条。
② 该批复已被废止。

谓《还款协议》因涉及被"诱迫"而属于非真实意思表示的主张，也无证据证明，应不予支持。而且该《还款协议》系以解决或防止三方当事人之间就欠款及数额等的争执为目的而达成，债务人不得再行就此前的基础法律关系提出主张。因此，重庆高院不对《还款协议》形成之前的《借款合同》实体问题进行审查，并无不当。

综上，重庆高院（2010）渝高法执异字33号裁定驳回A公司异议请求的处理意见并无不当。申请复议人的复议理由不成立。依据《中华人民共和国民事诉讼法》第二百零二条①之规定，裁定如下：

驳回重庆A房地产开发有限公司的复议请求。

本裁定为终审裁定。

---

① 对应2023年《民事诉讼法》第236条。

第二十六章 优先权的执行

> 规则37：被执行人与其他人将债权人享有优先受偿权的工程等资产变更至新建公司名下，侵犯工程价款优先债权人的合法权益，执行法院有权追加其他人和新建公司为被执行人
>
> ——吉林 A 房地产开发有限公司申诉案①

【裁判规则】

被执行人与其他人以复杂的出资组建新公司、收购股份及并购的名义，将债权人享有优先受偿权的工程及相关土地等主要资产变更至新组建的公司名下，而其他人控制新组建公司多数股权、新组建公司不承担工程价款的债务的，该情形可以认定为被执行人和其他人及新组建的公司之间转移资产，侵犯工程价款优先债权人的合法权益，其他人和新组建公司应当作为被执行人的权利义务承受人对该优先债权人承担责任。执行法院有权裁定追加其他人和新组建的公司为被执行人。

【规则理解】

一、建设工程价款优先受偿权的内涵及立法目的

（一）建设工程价款优先受偿权的内涵

建设工程价款优先受偿权又称建设工程承包人优先受偿权，简称建设工程优先受偿权。所谓建设工程价款优先受偿权，是指在发包人不依约定向承包人支付工程价款，经承包人合理催告仍不支付工程价款时，承包人可以与发包人协议将该工程折价或申请人民法院将该工程拍卖，对折价或拍卖所得价款享有的优先受偿的权利。此种权利具有权利法定性、建设工程价款优先受偿性、从

---

① 载《中华人民共和国最高人民法院公报》2012年第2期。

属不可分性以及物上代位性①等特点。《最高人民法院关于审理建设工程施工合同纠纷案件适用法律问题的解释（一）》第35条规定："与发包人订立建设工程施工合同的承包人，依据民法典第八百零七条的规定请求其承建工程的价款就工程折价或者拍卖的价款优先受偿的，人民法院应予支持。"第41条规定："承包人应当在合理期限内行使建设工程价款优先受偿权，但最长不得超过十八个月，自发包人应当给付建设工程价款之日起算。"

（二）建设工程价款优先受偿权的立法目的

在建筑市场不规范、供求失衡的社会条件下，因发包人和承包人地位不平等而导致的拖欠工程款现象依然存在。由于许多建设工程是靠承包人付出劳动和垫付资金修建的，为了平衡建设工程承包人和发包人的关系，制约发包人拖欠承包人工程款的行为，保障建筑工人的劳动收入，维护消费者和劳动者等社会弱势群体的利益，维护建设工程行业的交易秩序以及公平合理、等价有偿的合同法基本原则，法律规定了建设工程价款优先受偿权，旨在保护建设工程合同纠纷中往往处于劣势的承包人一方。《民法典》第807条规定："发包人未按照约定支付价款的，承包人可以催告发包人在合理期限内支付价款。发包人逾期不支付的，除根据建设工程的性质不宜折价、拍卖外，承包人可以与发包人协议将该工程折价，也可以请求人民法院将该工程依法拍卖。建设工程的价款就该工程折价或者拍卖的价款优先受偿。"该条款从立法上首次设定了工程价款优先受偿权的基本内涵。《最高人民法院关于审理建设工程施工合同纠纷案件适用法律问题的解释（一）》第36条规定："承包人根据民法典第八百零七条规定享有的建设工程价款优先受偿权优于抵押权和其他债权。"从上述法律规定和司法解释可见，建设工程价款优先受偿权属法定的优先受偿权，依据法律规定而产生，无需经判决确认，只要具备了法律规定的条件，优先权人无须经过审判程序就可以直接向法院申请执行该优先权，如果将建设工程依法拍卖，建筑工程承包人的建设工程价款就该工程拍卖价款优先受偿，而且优于约定的抵押权。

（三）对《最高人民法院关于商品房消费者权利保护问题的批复》的把握

2023年2月14日最高人民法院审判委员会第1879次会议通过《关于商品房消费者权利保护问题的批复》（法释〔2023〕1号），该批复自2023年4月

---

① 建设工程因灭失、毁损而取得相应赔偿金或其他财物替代时，承包人建设工程价款优先受偿权的效力应当及于以上赔偿金和财物。

20 日起施行。该批复规定："一、建设工程价款优先受偿权、抵押权以及其他债权之间的权利顺位关系，按照《最高人民法院关于审理建设工程施工合同纠纷案件适用法律问题的解释（一）》第三十六条的规定处理。二、商品房消费者以居住为目的购买房屋并已支付全部价款，主张其房屋交付请求权优先于建设工程价款优先受偿权、抵押权以及其他债权的，人民法院应当予以支持。只支付了部分价款的商品房消费者，在一审法庭辩论终结前已实际支付剩余价款的，可以适用前款规定。三、在房屋不能交付且无实际交付可能的情况下，商品房消费者主张价款返还请求权优先于建设工程价款优先受偿权、抵押权以及其他债权的，人民法院应当予以支持。"《最高人民法院关于审理建设工程施工合同纠纷案件适用法律问题的解释（一）》第 36 条规定："承包人根据民法典第八百零七条规定享有的建设工程价款优先受偿权优于抵押权和其他债权。"《民法典》第 807 条规定："发包人未按照约定支付价款的，承包人可以催告发包人在合理期限内支付价款。发包人逾期不支付的，除根据建设工程的性质不宜折价、拍卖外，承包人可以与发包人协议将该工程折价，也可以请求人民法院将该工程依法拍卖。建设工程的价款就该工程折价或者拍卖的价款优先受偿。"该批复主要是就人民法院在审理房地产开发企业因商品房已售逾期难以交付引发的相关纠纷案件中涉及的商品房消费者权利保护问题所作的规定。与以往的规定相比，价值取向上更兼顾各方利益，实现权利清偿顺序的公平，不仅仅是保护商品房消费者的权益，而更注重保护和防止市场风险和房地产行业整体风险。理解时应当注意两点：

1. 对债权之间的权利顺位关系确定的把握。从该批复第 1 条、第 2 条的规定来看，就债权之间的权利顺位关系的确定，很大程度上对原有法律规则通过新的司法解释予以承继和肯定，即"商品房消费者房屋交付请求权或购房款返还请求权>承包人建设工程价款优先权>银行抵押债权>普通债权"。但应当注意的是，从第 3 条所规定的内容来看，属于购房消费者权利优先保护例外的例外，对于商品房消费者要求返还购房款作出了限制，必须是在房屋不能交付且无实际交付可能的情况下，比以往的规定要严格，在开发商仍有可能交付的情况下，只能请求房屋交付而不能要求退还购房款。可从两个方面理解：一是购房消费者选择继续"要房"时，购房消费者的物权期待权优先于建设工程优先受偿权、抵押权等权利优先保护；二是即使购房消费者最终选择"不要房"时，商品房购房消费者的价款返还请求权也应优先于建设工程价款优先受偿权、抵押权以及其他债权。

2. 对商品房消费者认定标准的把握。本批复与以往相关规定的认定标准有所不同，该批复对认定商品房消费者的条件重新进行了明确：第一，只规定了以居住为目的购买房屋，不再限制"买受人名下无其他用于居住的房屋"，扩大了适用该司法解释的商品房消费者范围。第二，提高了支付价款标准，要求已支付全部价款，或者虽只支付了部分价款但在一审法庭辩论终结前已实际支付剩余价款即在一审法庭辩论终结前结清全部价款。不同于以往只要求达到合同约定总价款的百分之五十，或者支付的价款接近百分之五十，且已按照合同约定将剩余价款支付给申请执行人或者按照人民法院的要求交付执行。

二、建设工程价款优先受偿权的性质

关于建设工程价款优先受偿权的性质界定，我国实务界及理论界一直存在不同的看法，学者对这个问题的认识主要有三种观点，即留置权说、法定抵押权说以及法定优先权说。第一种观点为留置权说。该观点认为，此权利的性质为不动产留置权，其依据主要在于建设工程施工合同在很大程度上与承揽合同类似，承揽人既然对占有物享有留置权，那么承包人享有的优先权也应为留置权。如发包人不按约定支付工程价款，承包人即可留置该工程并以此优先受偿。债权人不能对诸如房屋等不动产行使留置权，这无疑不利于保护债权人的利益，尤其不利于保护建设工程合同中承包人的利益。第二种观点为法定抵押权说。该观点认为，我国法律在建筑工程合同中规定了法定抵押权，该法定抵押权实际上是指承包人的法定抵押权。[①] 建筑工程价款优先受偿权既排除由当事人约定，具有直接由法律规定的法定性，又以不转移占有的不动产为标的物，完全符合法定抵押权的一般特征。法定抵押权虽成立于工程竣工之时，但与银行或其他债权人享有的约定抵押权相比，有优先效力。第三种观点为法定优先权说。该观点则认为，建设工程价款优先受偿权在性质上应属优先权，[②] 因为这种优先求偿权不具有某一具体担保物权的性质，而是法律为了维护社会的公平和秩序，赋予债权人对某种特殊的债权享有优先于一般债权人而优先受偿的权利，其设立的目的是对某种特殊的债权加以特别的保护。从《合同法》第 286 条的立法背景看，此规定乃针对部分建设单位拖欠工程款现象严重，为切实保障承

[①] 王利明：《抵押权若干问题的探讨》，载法范精萃编辑委员会编：《中国民法学精萃（2001 年卷）》，机械工业出版社 2002 年版，第 193 页。

[②] 持该观点的著述有崔建远：《合同法》，法律出版社 2000 年版；最高人民法院经济审判庭：《合同法解释与适用》，新华出版社 1999 年版；郭明瑞、王轶：《合同法新论·分则》，中国政法大学出版社 1997 年版等。

包单位合法权益而设,而要使承包单位的优先受偿权真正落实,则必须将其定性为优先权,[①] 其性质和地位类似于《海商法》中的船舶优先权。

笔者认同第三种观点,即建设工程价款优先受偿权当属优先权范畴,原因有三:其一,留置权适用于动产,而建设工程为不动产,不属于留置权行使的标的范围,且留置权的行使受法律关系牵连性的制约,这就为工程款债权转让后受让人行使优先权设置了障碍。而不动产抵押权的成立,以登记为要件,建设工程价款优先受偿权的成立和行使均无须登记。同时,根据《民法典》第389条的规定,抵押权担保的债权范围包括主债权及其利息、违约金、损害赔偿金等,而建设工程价款优先受偿权所担保的建筑工程价款却不包括承包人因发包人违约所造成的损失。故此,将承包人的工程价款优先受偿权定性为留置权或者抵押权,均与民事基本法理及现行法律规定不相一致,建设工程价款优先受偿权显然并不属于抵押权和留置权的范畴。其二,建设工程价款优先受偿权具备优先权的众多特征:一是由法律直接规定,无需当事人约定,其产生与法律效力具有法定性;二是以特定财产担保债权实现;三是具备从属不可分性、物上代位性及优先受偿性等特征。其三,从立法目的来看,立法机关出于特殊政策考虑,可以直接规定某些特殊债权具有实现上的优先效力,法定优先权是立法机关出于特殊政策性考虑而作出的特别规定,其作用在于破除债权人平等原则以强化对某些特殊权利的保护,以实现社会公平正义。而建设工程价款优先受偿权正是通过破除债权平等,赋予特殊债权人以优于其他债权人而受偿的权利。由于建筑工人的工资涉及人的生存,应当予以优先保护;法律出于保护承包人生存权利和维持建筑行业的正常发展的需要而作出了一种价值取舍。因此,应将其认定为一种法定的优先权,该权利既无须由当事人订立担保合同,亦不必进行物权登记,直接基于法律的特别规定而产生,成为建设工程承包人工程款债权的法定担保。

三、对侵害建设工程价款优先受偿权行为的认定

建设工程价款优先受偿权的实质是特种债权,仅指建设工程合同所应支付的价款。《最高人民法院关于审理建设工程施工合同纠纷案件适用法律问题的解释(一)》第40条规定:"承包人建设工程价款优先受偿的范围依照国务院

[①] 马荣:《论建设工程价款优先受偿权的权利属性及其在司法实践中的适用》,载建筑律师网,http://www.zhongzhuls.com/Article_Show.asp?ArticleID=1062,最后访问时间:2012年4月1日。

有关行政主管部门关于建设工程价款范围的规定确定。承包人就逾期支付建设工程价款的利息、违约金、损害赔偿金等主张优先受偿的，人民法院不予支持。"法律对建筑工程价款优先权的范围进行了限定，也就限制了其他人对该权利的行使，优先权受到法律保护，任何人不能擅自处分。建设工程的所有权人作为被执行人，在尚未清偿建设工程价款的情况下，建设工程承包人依据《民法典》第807条的规定对该建设工程享有法定的优先受偿权。在人民法院执行优先受偿权的过程中，被执行人与其他人以复杂的出资组建新公司、收购股份及并购的名义，将债权人享有优先受偿权的工程及相关土地等主要资产变更至新组建的公司名下，而其他人控制新组建公司多数股权、新组建公司不承担工程价款的债务的，该情形可以认定为被执行人和其他人及新组建的公司之间转移资产，擅自处分建设工程所有权的行为，侵犯了工程价款优先债权人的合法权益，其他人和新组建公司应当作为被执行人的权利义务承受人对该优先债权人承担责任。

四、被执行人的追加及法律特征

（一）被执行人的追加

所谓被执行人，是指人民法院在执行程序中，据以执行的生效法律文书所确定的负有一定履行义务的自然人、法人或其他组织。被执行人的范围以生效法律文书所载为原则，但被执行人的追加是指在原执行当事人不退出执行程序的情况下，其他民事主体进入执行程序，成为执行当事人，是执行依据执行力主观范围扩张的结果。而执行依据执行力主观范围，"在一般情况下，以执行依据所指明者为限，即仅对债权人债务人有效；特殊情况下，也能及于当事人以外的其他人"[1]。在民事执行程序中，原则上只有据以执行的生效法律文书中载明的权利人及义务人才能成为被执行主体，执行依据没有载明的其他人，不能成为执行主体。但在执行程序开始后或进行中，如果被执行人丧失权利能力、行为能力，或发生其他事故而有变动，为避免就同一法律关系重复诉讼，减轻当事人的诉累，就有必要将生效法律文书的效力扩张及于承受该权利义务的人。生效法律文书依法及于当事人之外的第三人，学理上称之为执行名义对于人的效力或执行力的主观范围扩张，我国法上称之为被执行人的变更和追加。[2] 从执行依据执行力主观范围扩张的主要立法例来看，执行依据执行力主观范围扩

---

[1] 杨与龄：《强制执行法论》，中国政法大学出版社2002年版，第106页。
[2] 江必新、刘璐：《民事执行重大疑难问题研究》，人民法院出版社2010年版，第36页。

张的类型主要有三种：一是当事人的继受人；二是为当事人或其继受人利益占有执行标的物的人；三是诉讼担当时之他人。除此以外的人，或者与诉讼当事人、诉讼标的无关，或者虽有关联但存在自己独立的利益者，不得径直对其强制执行。①

（二）被执行人追加的法律特征

被执行人的追加，又称追加被执行人，是指在执行程序中，作为执行根据的生效法律文书所确定的债务人不能履行法定义务的条件下，执行法院发现其他公民、法人或组织与该债务人具有权利义务的关联性，依法裁定其与该债务人共同承担债务的司法活动。追加被执行人具有以下法律特征：1. 被执行人的追加必须发生在民事强制执行程序中。2. 追加被执行人的前提条件必须是债务人不能履行或不能全部履行生效法律文书所确定的义务。3. 追加的被执行人必须与原被执行人具有权利义务的关联性，这种关联性具体表现为同一性、责任性、连带性。同一性是指追加的被执行人与债务人相当于同一个民事主体，权利义务具有同一性，如个人独资企业不能履行法定义务时追加其投资人为被执行人。责任性是指追加的被执行人对债务人履行债务具有明确的法定责任。如执行返还特定物时，特定物的持有者负有交付特定物的责任，其不返还，法院可以追加其为被执行人。连带性是指追加的被执行人与债务人具有权利、义务的连带性，二者不可分割，如合伙人对合伙组织的债务承担连带清偿责任，合伙组织不能履行其债务时，法院可以追加合伙组织的合伙人为被执行人。4. 追加被执行人后，不免除债务人的民事责任，债务人与追加的被执行人形成共同的被执行主体。5. 被执行人的追加必须依照法定程序进行，由执行法院根据申请执行人的申请决定是否追加，同意追加的，作出追加被执行人的裁定，并通知案件当事人或相关第三人，对追加被执行人的裁定不服，可以提出执行异议。执行法院非经法定程序不得追加被执行人。《最高人民法院关于民事执行中变更、追加当事人若干问题的规定》第10~25条对可以追加被执行人的情形作出了具体规定。

【拓展适用】

一、执行竞合中的优先受偿权

（一）执行竞合

执行竞合，或称强制执行竞合，是指在民事执行程序中，两个或两个以上

---

① 最高人民法院执行局：《执行工作指导》，人民法院出版社2013年版，第60页。

的债权人同时或先后以不同的执行名义对同一债务人的特定财产，申请法院强制执行，而各债权人的请求之间相互排斥，各个债权人的权利难以同时获得满足的一种竞争状态。① 执行竞合须具备以下构成要件：1. 存在两个或两个以上的执行名义。这样才有可能存在权利互相排斥的现象。2. 数个债权人的执行名义必须是各自独立的发生法律效力的法律文书，且处于执行程序尚未终结期间，发生于同一时期。如果执行程序终结，不可能存在执行竞合。3. 债权人必须是两个或两个以上。申请执行主体单一不可能发生执行请求权互相排斥的状态。4. 强制执行的对象须为债务人的同一财产。如果请求执行同一债务人的不同财产，不发生执行竞合。

（二）执行竞合优先受偿的具体形态

执行竞合优先受偿原则，意指对于债务人的财产，先申请采取执行措施的债权人享有优先于其他无法定优先受偿权的债权人受清偿的权利。由于民事执行可分为终局执行和保全执行，涉及民事执行竞合中优先受偿权的具体形态可分为以下几种：

1. 保全执行之间的竞合。保全执行是强制执行的一种，是指在取得终局的、确定的法律文书之前，为了保证将来的生效法律文书所确定的债权得到顺利实现，对债务人的财产采取查封、扣押、冻结等临时性执行措施以维持财产现状，限制债务人处分财产的行为。保全执行之间的竞合，是指有多个保全裁定针对债务人的同一财产发生了执行时的排斥现象，其形态可分为以下两种：一是不同保全措施（如查封、扣押、冻结）之间的竞合。如果各债权对执行标的物均无担保物权的，依据采取执行措施的先后而定，采取执行措施在先的，取得优先受偿的地位。二是同种保全措施之间的竞合。如果后采取的保全措施与先采取的保全措施相抵触，后保全措施无效。由于后保全措施不得妨碍前保全措施，前保全债权人于取得执行依据后，即可申请执行法院除去后保全措施，以实现其权利。执行中的轮候查封方式就是为解决该排斥现象而设定的。

2. 终局执行之间的竞合。终局执行，是指以终局裁决或其他终局处理的法律文书为根据的强制执行。对已开始实施终局执行的特定财产，其他债权人依据不同的执行名义对其申请强制执行，就形成终局执行的竞合。根据执行依据所确定的给付内容不同，终局执行可分为：第一，数个执行名义指定交付同一

---

① 江必新、刘璐：《民事执行重大疑难问题研究》，人民法院出版社2010年版，第415页。

特定的标的物而发生的执行排斥现象。如执行中发现两地法院或人民法院与仲裁机构就同一标的物的归属作出不同裁判内容的法律文书，相关的执行法院应当立即停止执行，报请共同的上级法院处理，协助执行机构应当协助最先送达协助执行通知书的法院，予以查封、冻结，在有关法院报共同上级法院协调解决后，再按照上级法院的最终协调意见办理。第二，数个具有金钱给付内容的执行依据在执行中均要求对被执行人的同一标的物实施清偿而产生的执行排斥现象。如果各债权人对执行标的物均无担保物权，按照执行法院采取执行措施的先后顺序受偿。第三，执行依据确定的债权种类不同发生的执行竞合。该情形下，基于担保物权和所有权而享有的债权优先受偿于金钱债权；有多个担保物权的，按照法律规定的顺序或同类担保物权成立的先后顺序清偿；有多个金钱债权的，按执行法院采取执行措施的先后顺序清偿；一份生效法律文书中有多个金钱债权人的，确定金钱给付义务内容的多个债权人对同一被执行人申请执行，执行的财产不足清偿全部债务的，按照各债权比例受偿。

3. 保全执行与终局执行之间的竞合。保全执行与终局执行之间的竞合，是指针对债务人的同一特定财产，债权人请求实施保全执行，其他债权人请求依据终局执行根据请求实施强制执行而产生的执行排斥现象。这是执行竞合的典型形态，表现为在债权人依据保全裁定请求保全执行过程中，其他债权人依据终局执行名义针对同一特定财产强制执行，或者在债权人请求实施的终局执行过程中，其他债权人依据保全裁定请求对同一特定财产实施保全执行。保全执行与终局执行孰应优先受偿？《执行规定》第 56 条规定，对参与被执行人财产的具体分配，应当由首先查封、扣押或者冻结的法院主持进行，首先查封、扣押或者冻结的法院所采取的执行措施如系为了执行财产保全裁定，具体分配应在该案终结后进行。

由于执行措施既包括执行生效的法律文书所采取的执行措施，也包括法院在案件审理中采取的诉讼保全措施，终局判决执行不因其为终局而优先于保全执行，后行的终局执行对先行保全执行的财产采取拍卖、变卖等最终处分措施时，先行的保全执行可以排斥后行的终局执行。也就是说，先行的保全执行优先，体现我国在对待保全执行与终局执行的竞合问题上，采用了优先清偿原则，依据时间先后对强制执行的优先权进行了调整。因此，在执行的司法实践中，一般都是由首先查封法院处分查封财产，既符合查封制度的法理，也有利于调动申债执行人的积极性，及时发现、控制财产并实现生效法律文书确定的债权。但是当该查封财产上存在其他顺位在先的担保物权、优先权保障的债权时，如果首先查封法院迟延处分财产，就会损害到优先债权人的利益，优先债权人制度的目的就会落空。而实践中导致首先查封法院迟延处分查封财产的原因较为复杂，既有制度不协调的因素，也有地方保护主义的因素。为解决实践中普遍存在的首先查封法院与优先债权执行法院财产处分权冲突的问题，最高人民法院本着保障实体法上优债权制度的实现，兼顾执行程序法上首先查封制度的价值，在协调实体法与程序法制度的基础上，于2016年4月12日公布了《最高人民法院关于首先查封法院与优先债权执行法院处分查封财产有关问题的批复》，该批复从四个方面进行了规定："一、执行过程中，应当由首先查封、扣押、冻结（以下简称查封）法院负责处分查封财产。但已进入其他法院执行程序的债权对查封财产有顺位在先的担保物权、优先权（该债权以下简称优先债权），自首先查封之日起已超过60日，且首先查封法院就该查封财产尚未发布拍卖公告或者进入变卖程序的，优先债权执行法院可以要求将该查封财产移送执行。二、优先债权执行法院要求首先查封法院将查封财产移送执行的，应当出具商请移送执行函，并附确认优先债权的生效法律文书及案件情况说明。首先查封法院应当在收到优先债权执行法院商请移送执行函之日起15日内出具移送执行函，将查封财产移送优先债权执行法院执行，并告知当事人。移送执行函应当载明将查封财产移送执行及首先查封债权的相关情况等内容。三、财产移送执行后，优先债权执行法院在处分或继续查封该财产时，可以持首先查封法院移送执行函办理相关手续。优先债权执行法院对移送的财产变价后，应当按照法律规定的清偿顺序分配，并将相关情况告知首先查封法院。首先查封债权尚未经生效法律文书确认的，应当按照首先查封债权的清偿顺位，预留相应份额。四、首先查封法院与优先债权执行法院就移送查封财产发生争议的，可以逐级报请双方共同的上级法院指定该财产的执行法院。共同的上级法院根据首先查封债权所处的诉讼阶段、查封财产的种类及所在地、各债权数额与查封财产价值之间的关系等案件具体情况，认为由首先查封法院执行更为妥当的，也可以决定由首先查封法院继续执行，但应当督促其在指定期限内处分查封财产。"

二、关于未经依法清算即被注销公司的股东在执行程序中能否直接追加为被执行人的问题

公司法人未经依法清算即被注销的，能否在执行程序中直接变更股东为被执行人？有观点认为，如果公司股东在公司法人被注销时在工商登记材料中承诺对公司债务承担责任的，经听证程序后可追加其为被执行人。除此之外，公司法人未经依法清算即被注销的，债权人可以通过诉讼要求公司股东等责任主体承担相应赔偿责任。笔者认为，从目前的执行程序的法律依据来看，没有具体的法律规定可以直接追加股东为被执行人。从实体法律依据来看，根据我国公司法律规范，清算是公司终止的前置程序，公司未经清算不得办理注销登记。《最高人民法院关于适用〈中华人民共和国公司法〉若干问题的规定（二）》第 20 条规定："公司解散应当在依法清算完毕后，申请办理注销登记。公司未经清算即办理注销登记，导致公司无法进行清算，债权人主张有限责任公司的股东、股份有限公司的董事和控股股东，以及公司的实际控制人对公司债务承担清偿责任的，人民法院应依法予以支持。公司未经依法清算即办理注销登记，股东或者第三人在公司登记机关办理注销登记时承诺对公司债务承担责任，债权人主张其对公司债务承担相应民事责任的，人民法院应依法予以支持。"可见，上述规定再次确认了公司解散应当在依法清算完毕后申请办理注销登记，未经清算不得办理注销登记。公司未经清算即办理注销登记，导致公司无法进行清算，有限责任公司的股东、股份有限公司的董事和控股股东，以及公司的实际控制人对公司债务承担清偿责任。如果公司注销登记后，根据具体情况仍可进行清算的，则应当对公司进行清算，上述责任主体可在其造成的损失范围内对公司债务承担赔偿责任。当然，这些问题需要债权人通过诉讼解决，而不是在执行程序中直接追加或变更主体。而公司未经依法清算即办理注销登记，股东或者第三人在公司登记机关办理注销登记时承诺对公司债务承担责任，债权人有权主张其对公司债务承担相应民事责任。但这种责任的性质和范围可依据承诺的内容不同而有所不同：如果股东或者第三人承诺的内容是对公司债务承担偿还或保证责任等，承诺者则应根据其承诺的内容不承担其他责任，只是承担偿还或保证责任。如果承诺内容是负责处理公司的债权债务，我们可以理解为承诺人承担对公司财产进行清理的义务，如果公司的财产发生流失而无法清算，承诺者应当在造成公司财产损失的范围内承担赔偿责任。上述观点将在公司法人被注销时在工商登记材料中承诺对公司债务承担责任的公司股东，经听证程序后追加其为被执行人，过于简单化，虽然有可操作性的一面，但不符合程序的规定。对此类公司法人未经依法结算即被注销问题的处理可参照《最高人民法院关于民事执行中变更、追加当事人若干问题的规定》第 21 条、第 22 条、第 23 条的规定，第 21 条规定为"作为被执行人的公司，未经清算即办理注销登记，导致公司无法进行清算，申请执行人申请变更、追加有限责任公司的股东、股份有限公司的董事和控股股东为被执行人，对公司债务承担连带清偿责任的,人民法院应予支持",第 22 条规定为"作为被执行人的法人或非法人组织,被注销或出现被吊销营业执照、被撤销、被责令关闭、歇业等解散事由后,其股东、出资人或主管部门无偿接受其财产,致使该被执行人无遗留财产或遗留财产不足以清偿债务,申请执行人申请变更、追加该股东、出资人或主管部门为被执行人,在接受的财产范围内承担责任的,人民法院应予支持",第 23 条规定为"作为被执行人的法人或非法人组织,未经依法清算即办理注销登记,在登记机关办理注销登记时,第三人书面承诺对被执行人的债务承担清偿责任,申请执行人申请变更、追加该第三人为被执行人,在承诺范围内承担清偿责任的,人民法院应予支持"。

三、关于涉夫妻一方为被执行人案件能否直接追加另一方为被执行人的问题

人民法院在执行中经常会遇到夫妻一方为被执行人,被执行人没有财产可供执行的案件,其财产实际上是被其配偶控制或藏匿,如果人民法院对被执行人配偶名下的财产采取相应执行措施的,被执行人就以其配偶不是生效法律文书确定的义务承受人而提出异议。现行法律和司法解释未明确规定在执行程序中人民法院可以直接追加被执行人配偶为被执行人,致使各地法院做法不一。

(一)司法实践中的不同观点

第一种观点认为,不可以直接追加被执行人配偶为被执行人。理由主要有:一是追加被执行人的配偶为被执行人无法律依据。《民事诉讼法》《民事诉讼法解释》《执行规定》中关于追加、变更被执行主体的内容中,均没有涉及追加被执行人的配偶为被执行人的问题。二是不利于维护法院判决的既判力。追加被执行人的配偶为被执行人将会破坏法院生效裁判文书的严肃性,损害法院判决的既判力,在没有法规明确授权的情况下,不能轻易对当事人的主体资格进行变更或扩张,否则,不能较好地保护与判决无关的人的利益。三是不利于对执行人员的自由裁量权的规范,追加被执行人的配偶为被执行人极易导致执行人员自由裁量权的滥用,损害其他人的利益。

第二种观点认为,应当直接追加被执行人配偶为被执行人。理由主要有:第一,法律规定夫妻关系存续期间的债务应共同偿还。《民法典》规定夫妻对共同财产有平等的处分权,夫妻关系存续期间的债务应由夫妻双方共同偿还。第二,有利于提高执行效率。在当前执行难仍未得到彻底解决的情形下,追加被执行人的配偶一方为被执行人有利于提高执行效率,节省司法资源。第三,有利于社会诚信机制建设。追加被执行人的配偶为被执行人有利于消除利用夫妻关系规避执行行为,增加社会诚信。

第三种观点认为，应区分不同情况处理。第一种情况，执行依据明确债务为夫妻一方个人债务的，除能执行债务人的个人财产外，可以执行夫妻共同财产中的一半份额。配偶对于执行共同财产有异议的，可以根据《民事诉讼法》第238条的规定进行救济。第二种情况，执行依据未明确债务为夫妻一方个人债务的，如果债务发生在夫妻关系存续期间，配偶不能证明非夫妻共同债务的，可以推定为夫妻共同债务，并可以直接执行夫妻共同财产、配偶（包括已离婚的原配偶）的个人财产。配偶有异议的，可以根据《民事诉讼法》第238条的规定进行救济。主要理由是：第一，根据《民法典》的规定，夫妻一方对于夫妻共有财产一般并不按照份额享有权利，所以严格依照法律逻辑，对于夫妻共同财产的执行，应当先按照《民法典》第1062条的规定对共同财产进行分割，然后再执行分割后债务人的个人财产。执行程序中可以先执行夫妻共同财产中的一半，配偶对此有异议的，赋予其通过案外人异议和案外人异议之诉救济的权利，以平衡执行效率与权利救济。第二，根据《民法典》及相关司法解释的规定，对于婚姻关系存续期间的个人所负债务，推定为夫妻共同债务。第三，我国的审判实践中对于起诉夫妻一方欠债的，不追加配偶，也不判断是否为夫妻共同债务。如果执行中不处理夫妻共同债务的问题，那实体法的相关规定将难以实现。第四，推定为夫妻共同债务并直接执行共同财产与配偶财产，显然有利于提高执行效率。但因为存在将夫妻关系存续期间一方所负债务推定为共同债务的例外情形，所以应当赋予配偶举证与抗辩的权利以及通过诉讼救济的权利。

（二）追加配偶为被执行人的条件

夫妻一方为被执行人的案件，在执行中能否追加配偶为被执行人，应当首先确认生效判决所指的债务是个人债务还是共同债务，如果执行依据所确定的债务属于夫妻共同债务则可直接追加被执行人的配偶，如果是个人债务的，则需要区分不同情况来处理。

1. 夫妻共同债务的确定。所谓夫妻共同债务是指夫妻双方因婚姻共同生活及在婚姻关系存续期间履行法定扶养义务所负的债务。一般包括夫妻在婚姻关系存续期间为解决共同生活所需的衣、食、住、行、医等活动以及履行法定义务和共同生产、经营过程中所负的债务。确定夫妻共同债务，应当符合以下两个条件：一是夫妻双方有无共同举债的合意，如有，则无论举债所得的收益是否为夫妻共同享有，均应认定为共同债务；二是夫妻虽无举债的合意，但债务发生后，夫妻双方共同分享了债务所带来的利益，则同样视为共同债务。一旦认定为夫妻共同债务,即使被执行人与其配偶离婚亦不受影响,包括离婚协议或者人民法院的判决书、调解书已经对夫妻共同财产分割作出处理的,亦不能对抗债权人,债权人仍有权就夫妻共同债务向夫妻双方主张权利。

2. 确定夫妻共同债务的主要依据。第一,《民法典》第 1064 条规定:"夫妻双方共同签名或者夫妻一方事后追认等共同意思表示所负的债务,以及夫妻一方在婚姻关系存续期间以个人名义为家庭日常生活需要所负的债务,属于夫妻共同债务。夫妻一方在婚姻关系存续期间以个人名义超出家庭日常生活需要所负的债务,不属于夫妻共同债务;但是,债权人能够证明该债务用于夫妻共同生活、共同生产经营或者基于夫妻双方共同意思表示的除外。"第二,《民法典》第 1065 条第 3 款规定:"夫妻对婚姻关系存续期间所得的财产约定归各自所有,夫或者妻一方对外所负的债务,相对人知道该约定的,以夫或者妻一方的个人财产清偿。"第三,《民法典》第 1089 条规定:"离婚时,夫妻共同债务应当共同偿还。共同财产不足清偿或者财产归各自所有的,由双方协议清偿;协议不成的,由人民法院判决。"第四,《最高人民法院关于适用〈中华人民共和国民法典〉婚姻家庭编的解释(一)》第 33 条规定:"债权人就一方婚前所负个人债务向债务人的配偶主张权利的,人民法院不予支持。但债权人能够证明所负债务用于婚后家庭共同生活的除外。"第五,《最高人民法院关于适用〈中华人民共和国民法典〉婚姻家庭编的解释(一)》第 34 条规定:"夫妻一方与第三人串通,虚构债务,第三人主张该债务为夫妻共同债务的,人民法院不予支持。夫妻一方在从事赌博、吸毒等违法犯罪活动中所负债务,第三人主张该债务为夫妻共同债务的,人民法院不予支持。"第六,《最高人民法院关于适用〈中华人民共和国民法典〉婚姻家庭编的解释(一)》第 35 条规定:"当事人的离婚协议或者人民法院生效判决、裁定、调解书已经对夫妻财产分割问题作出处理的,债权人仍有权就夫妻共同债务向男女双方主张权利。一方就夫妻共同债务承担清偿责任后,主张由另一方按照离婚协议或者人民法院的法律文书承担相应债务的,人民法院应予支持。"第七,《最高人民法院关于适用〈中华人民共和国民法典〉婚姻家庭编的解释(一)》第 36 条规定:"夫或者妻一方死亡的,生存一方应当对婚姻关系存续期间的夫妻共同债务承担清偿责任。"

(三)不宜直接追加配偶为被执行人的理解

依据《民法典》的规定,夫妻对共同所有的财产享有平等的处理权。夫妻双方享受了共同财产的处分权利,就应该承担共同债务的清偿义务。将夫妻在婚姻关系存续期间以一方名义所负的债务推定为共同债务，其目的是保护交易安全，促进财产流转。但夫妻关系经历了从"身份到契约"的发展过程，其从"夫妻一体主义"沿革到"夫妻别体主义"，男女婚后各保有独立的人格，各有财产上的权利和行为能力，所以，不能简单认为只要在婚姻关系存续期间，夫妻以一方名义所负债务就都是共同债务，这无疑是过分强调了债权人的利益而抹杀了夫妻各自的独立人格。尤其是，夫妻一方所负的非法债务，如赌债等，配偶往往一无所知，自然无偿还的义务。

人民法院的执行行为，属于对被执行人权利的直接处置的公权力行为，其行使必须有法律法规的明确授权，所谓"法无明文规定即禁止"。目前，有的执行法院以法律规定了夫妻双方要为对方的夫妻共同债务承担赔偿责任等实体法规定，追加夫妻另一方为案件的被执行人，这也是没有法律依据的。夫妻双方要为对方的夫妻共同债务承担赔偿责任，这是法院在裁判夫妻之间责任承担时的裁判依据，并不是法院执行程序中追加被执行人的法律依据。裁判依据和追加被执行人的执行依据是两种不同性质的法律规定，在相关法律没有明确可以追加连带责任债务人或夫妻共同债务的另一方为被执行人的情况下，在执行程序中，不宜以夫妻共同债务为由直接追加夫或妻另一方为案件的被执行人。即使法律规定了执行回转制度，但事实上仍然很容易对被执行人的权利造成不可逆转的侵害。因此，不能轻易超越法律规定和执行依据确定的被执行人范围扩张执行。被执行人的配偶作为案外人，其没有参与裁判过程，如果在执行阶段直接被追加为被执行人，意味着其本应享有的一系列诉讼权利，如答辩、举证、质证、反诉、上诉等和实体权利全部被剥夺，可能给其造成极大的伤害。

对于夫妻共同债务应根据裁判文书作出的认定来判断，如果执行依据的裁判文书认定该债务为夫妻共同债务的，即使被执行人与其配偶离婚亦不受影响，离婚协议或者人民法院的判决书、调解书已经对夫妻共同财产分割作出处理的，亦不能对抗债权人，债权人仍有权就夫妻共同债务向夫妻双方主张权利。可以理解为，该裁判文书确定了对夫妻共同财产的执行依据，赋予了执行法院对于夫妻共同财产的执行权，执行法院虽然仍然不宜追加夫妻另一方为案件的被执行人，但是可以直接对夫妻共同财产采取执行措施，实现债权；也可以对配偶一方名下的财产先行采取查封、扣押等措施，以防止其转移财产，逃避执行。同时，还应注意保护夫妻另一方的案外人执行异议权，法院在采取扣划、过户等措施前，应当给予配偶一方合理的时限提出执行异议，通过执行异议或异议之诉程序解决，这样可以很好地平衡执行案件各方当事人的利益。如果执行依据的裁判文书没有认定为夫妻共同债务的,则不宜直接追加夫妻另一方为案件的被执行人,可以告知申请执行人通过诉讼程序解决。

对于夫妻双方利用离婚析产等方式转移财产规避执行的现象,《最高人民法院关于依法制裁规避执行行为的若干意见》第20条规定:"……有充分证据证明被执行人通过离婚析产、不依法清算、改制重组、关联交易、财产混同等方式恶意转移财产规避执行的,执行法院可以通过依法变更追加被执行人或者告知申请执行人通过诉讼程序追回被转移的财产。"根据该条规定,如果夫妻之间利用离婚析产、财产混同等方式规避法院执行的话,执行法院享有变更被执行人和告知诉讼的选择权,可以根据具体案情选择恰当的方式执行。但是前提是要有充分的证据证明。所以,在追加配偶为被执行人时,要慎之又慎,非经公开听证、没有充分证据证明为夫妻共同债务的,不得轻易追加配偶为被执行人。对于争议很大,案件事实经公开听证程序,仍然不能查实,没有充分证据,则执行部门不宜简单认定,应告知当事人另行诉讼,从而全面保护当事人的诉讼与实体权利。

【典型案例】

吉林A房地产开发有限公司申诉案

〔当事人的申诉事项〕

吉林A房地产开发有限公司(以下简称A公司)不服沈阳市铁路运输中级法院(2009)铁中执二复字第6号执行裁定及吉林铁路运输法院(2009)吉铁执字第3-9号、3-17号、3-18号执行裁定,向最高人民法院申诉。

〔裁判理由〕

最高人民法院认为:一、关于吉林B工程有限公司(以下简称B公司)与吉林C房地产开发有限公司(以下简称C公司)建设工程施工合同纠纷案在执行过程中,被执行人C公司通过《债务重组协议》,以出资的名义,将某项目A区和B区土地使用权分别变更至A公司和吉林D房地产开发有限公司(以下简称D公司)名下。随后,A公司收购了C公司在D公司的全部股权,D公司以1亿元价格并购C公司的B区土地及未售房屋资产,同时,A公司和D公司承接C公司1亿元债务。上述资产及股权变更的结果是C公司将B区土地转给了D公司,但不持有D公司的股权;将A区土地转给A公司,在A公司仅持有少量股权;而A公司和D公司仅承担C公司的部分债务。该情形应认定为C公司与A公司及D公司间的资产转移,该资产转移侵害了债权人的权益,A公司和D公司应当作为权利义务承受人对债权人B公司承担责任。二、B公司对某世纪城B区工程享有的工程价款优先权是基于法律规定而取得的,效力优先于一般债权和其他担保物权。在存在法定优先权的情况下,C公司与A公司、D公司通过《债务重组协议》对B区土地及地上物进行处置，侵害了优先权人的利益，B公司有权追及B区土地及地上物，主张优先受偿。鉴于B区土地及地上物已被D公司处置，B公司有权直接向D公司追偿。由于A公司持有D公司100%的股权，故A公司和D公司应共同对C公司的债权人B公司承担责任。三、关于A公司申诉称C公司对（2005）沈铁民房初字第10号民事调解书确定的债务已全部履行完毕、并就多履行部分另案诉讼问题。沈阳市铁路运输中级法院2007年2月10日核发的（2007）债字第3号债权凭证确认：本案未执行受偿债权余额为1632万元。在此后案件恢复执行过程中，C公司未向法院提供足以证明其已全部履行完毕的证据，故本院对A公司的该项主张不予支持。

〔裁判结果〕

吉林铁路运输法院追加A公司为被执行人并直接查封、处分A公司的财产并无不当。A公司的申诉理由不能成立，予以驳回。

第二十七章　仲裁协议与仲裁裁决

> 规则 38：当事人在合同中明确约定发生纠纷通过仲裁方式解决的，当事人均应受该合同条款的约束
> ——江苏省物资集团 A 总公司与（香港）B 集团有限公司、（加拿大）C 发展有限公司侵权损害赔偿纠纷案[1]

【裁判规则】

根据《仲裁法》和《中国国际经济贸易仲裁委员会仲裁规则》的规定，合同当事人约定凡因执行本合约所发生的或与本合约有关的一切争议交仲裁机构裁决的，仲裁机构有权受理在签订和履行合同过程中产生的侵权纠纷，人民法院无管辖权。双方当事人在合同中明确约定发生纠纷通过仲裁方式解决，在该合同未经有关机关确认无效的情况下，当事人均应受该合同条款的约束；即使案件涉及第三人，在仲裁庭不能追究第三人责任的情况下，合同当事人也可以第三人为被告另行提起诉讼。

【规则理解】

一、仲裁协议法律效力的含义

仲裁的基石是仲裁协议。仲裁协议是双方当事人自愿将他们之间已经发生或可能发生的争议提交仲裁解决的书面合同。仲裁协议作为双方当事人仲裁合意的表现形式，除具备合同的一般特征外，亦具有独立的个性。一方面，其内容具有特定性，即双方当事人提交仲裁解决的事项具有法律规定的可仲裁性；另一方面，其不仅具有约束当事人的法律效力，也具有约束法院和仲裁机构的法律效力。仲裁协议的法律效力[2]，是指法律赋予仲裁协议在解决其规定的仲裁争议过程中所具有的特殊作用及其法律拘束力。仲裁协议的法律效力问题对

---

[1] 载《中华人民共和国最高人民法院公报》1998 年 3 期。
[2] 李广辉、王瀚：《仲裁法》，对外经济贸易大学出版社 2011 年版，第 180 页。

于确定仲裁当事人、仲裁管辖权、仲裁管辖范围、适用的仲裁规则、仲裁裁决是否具有强制执行力具有十分重大的意义。

仲裁协议法律效力包括仲裁协议对当事人、仲裁机构和仲裁庭、法院的法律约束力。

（一）对当事人的法律约束力

仲裁协议以纠纷的解决方式为内容。当事人约定有仲裁协议的，任何一方都有义务将争议提交仲裁解决，不得提交法院解决。对于违反仲裁协议的，当事人只能以异议方式进行抗辩，从而使违约方遵守仲裁协议。仲裁协议对当事人的效力范围通常仅限于签订仲裁协议的当事人，而不及于第三人。但是由于当事人在仲裁协议中经常概括性地约定仲裁事项，因此在界定仲裁协议当事人时，对于未作出接受仲裁意思表示的，不宜列为仲裁当事人。

（二）对仲裁机构和仲裁庭的法律约束力

仲裁协议是仲裁机构和仲裁庭对争议案件行使仲裁管辖权的根据，仲裁机构、仲裁庭受理、审理、裁决争议案件必须以有效的仲裁协议为基础。仲裁协议对仲裁机构和仲裁庭的法律效力体现在以下方面：

1. 决定仲裁管辖权的范围。具体言之，赋予仲裁庭审理当事人提交仲裁的争议，作出裁决的权力，并决定仲裁庭可以审理和裁决何项争议或何种问题。仲裁协议同时也限制仲裁的范围。对仲裁协议未约定的其他争议，仲裁庭无权审理。如果进行了审理，就会出现超越管辖权范围的问题。此外，仲裁协议还制约仲裁权的行使方式，当事人在仲裁协议中有权选择所要适用的仲裁规则和仲裁的相关程序。有关仲裁示范条款中，当事人通常将仲裁事项表述为"因本合同纠纷引起的争议"或"因本合同引起的争议或与本合同有关的一切争议"。此类概括性的约定，体现了仲裁事项与当事人之间的特定法律关系的关联性。《仲裁法司法解释》第2条规定，当事人概括约定仲裁事项为合同争议的，基于合同成立、效力、变更、转让、履行、违约责任、解释、解除等产生的纠纷都可以认定为仲裁事项。由于民法上存在违约责任与侵权责任竞合的问题，当行为人实施的违法行为具有侵权行为与违约行为的双重特征，在法律上导致侵权责任与违约责任同时产生时，在对仲裁事项有概括性约定的情况下，对于当事人在签订和履行合同过程中产生的侵权纠纷，仲裁机构有权受理，人民法院无权管辖。但如果系由第三人的侵权行为发生的侵权纠纷，仲裁协议对该第三人没有法律效力的，则该侵权纠纷不属于仲裁范围，该侵权纠纷案件应由人民法院管辖。

2. 确定仲裁庭具有决定自身管辖权的权力。仲裁协议合法有效，即使没有明确规定这项授权，根据大多数国家仲裁立法和司法实践及相关仲裁规则，也可以基于仲裁协议的存在确定仲裁庭具有该项权力。如联合国国际贸易法委员会《国际商事仲裁示范法》规定，仲裁庭可以对有关仲裁庭没有管辖权的抗辩，作为一个初步问题或在实体裁决中进行裁定，即使发生要求撤销有关管辖权裁决的诉讼，仲裁庭仍然可以继续仲裁程序，并作出裁决。

（三）对法院的法律约束力

仲裁协议排除法院的司法管辖权，已成为商事仲裁法律制度中的一项基本原则。但仲裁协议排除法院司法管辖权的规定也不是绝对的，体现在法院具有对仲裁协议的存在与否、有效性和可执行性进行审查和裁判的权力。当法院认定仲裁协议不存在、无效或无法执行时，法院即对案件享有司法管辖权。根据《仲裁法司法解释》第 7 条的规定，当事人约定争议可以向仲裁机构申请仲裁也可以向人民法院起诉的，仲裁协议无效。但一方向仲裁机构申请仲裁，另一方未在《仲裁法》第 20 条第 2 款规定期间内提出异议的除外。

此外，仲裁协议是仲裁裁决得以执行的根据，包括当事人自动履行和法院强制执行。我国《仲裁法》第 62 条规定，一方当事人不履行仲裁裁决，另一方当事人可以按《民事诉讼法》的有关规定向人民法院申请执行，受理申请的人民法院应当执行。在当事人向法院申请强制执行时，仲裁协议的存在与否、有效与否是是否受理其申请的必要条件之一。如果不存在合法有效的仲裁协议，法院就会以仲裁协议不存在、无效为由撤销该仲裁裁决或裁定不予执行该有关的仲裁裁决。

二、仲裁协议有效性的判定

（一）有效仲裁协议必须具备的要素

仲裁协议的有效性直接决定着仲裁权取得和行使的合法性以及仲裁程序进行的有效性。一份完整、有效的仲裁协议必须具备法定的内容，否则仲裁协议会被认定为无效。根据《仲裁法》第 16 条的规定，一份有效的仲裁协议必须具备三要素：请求仲裁的意思表示、仲裁事项、选定的仲裁委员会即有明确的仲裁机构。

第一，请求仲裁的意思表示。此要件要求当事人在仲裁协议中明确、肯定地表达将争议提交仲裁解决的意思表示。既约定仲裁又约定诉讼的仲裁协议构成"或裁或审"情形，仲裁协议无效。

第二，仲裁事项。此要件是指当事人请求仲裁庭解决的具体争议事项。仲裁事项即要求仲裁庭审理和裁决的事项是明确的。一般而言，仲裁事项包括概括的仲裁事项和具体的仲裁事项，前者概括性约定提交仲裁的事项范围，如"因履行本合同而引起的争议"。后者明确约定具体的某项纠纷，如"股权转让合同所涉的款项支付纠纷"。《仲裁法》第 18 条规定："仲裁协议对仲裁事项或者仲裁委员会没有约定或者约定不明确的，当事人可以补充协议；达不成补充协议的，仲裁协议无效。"本案涉及对仲裁事项的解释问题。当事人在购销合同中约定："凡因执行本合同所发生的或与本合同有关的一切争议，双方可以通过友好协商解决，如果协商不能解决，应提交中国国际经济贸易仲裁委员会，根据该会的仲裁规则进行仲裁。"后因履行合同发生纠纷，原告认为对方欺诈，以侵权为由向江苏高院提起诉讼。被告提出管辖权异议，认为本案应该通过仲裁解决纠纷。江苏高院一审裁定驳回了被告的管辖权异议。被告不服，上诉至最高人民法院。最高人民法院二审认为，即使原告以侵权为由提起诉讼，其所陈述的对方的侵权行为皆是在签订和履行购销合同中发生的，根据仲裁条款的约定，该纠纷也应通过仲裁解决，人民法院不应行使管辖权。也就是说，侵权纠纷属于合同仲裁条款概括性约定的"与本合同有关的一切争议"。该案推翻了中国技术进出口总公司诉瑞士工业资源公司侵权损害赔偿纠纷案的裁判规则。[①]

第三，选定的仲裁委员会。由于仲裁没有法定管辖的规定，因此当事人在仲裁协议中没有选定仲裁委员会，仲裁就无法进行。尽管《仲裁法》第 16 条和第 18 条指出对仲裁机构的选择必须明确，但司法实践中基于当事人实际选定了仲裁机构但不能准确表述仲裁机构名称等各类瑕疵仲裁协议的情形作了较为宽松的规定，以最大限度促成当事人仲裁合意的实现。例如，约定某地的仲裁机构仲裁，没有明确仲裁机构的名称。如果该地仅有一个仲裁机构，则根据《仲裁法司法解释》第 6 条的规定，应当认定约定了明确的仲裁机构。又如，仲裁机构名称表述不准确、不规范，但能够推定仲裁机构的仲裁协议，根据《仲裁法司法解释》第 3 条的规定，应当认定选定了仲裁机构。再如，仅约定应适用仲裁机构的仲裁规则未同时约定仲裁机构，但依据该仲裁规则能够确定仲裁机构的，根据《仲裁法司法解释》第 4 条的规定，应当认定选定了仲裁机构。

---

① 载《最高人民法院公报》1989 年第 1 期。

(二) 仲裁协议的无效情形

由于仲裁协议具备合同的一般特征，其必须符合合同的有效要件，即争议事项具备可仲裁性、当事人具备完全民事行为能力、意思表示真实。《仲裁法》第 17 条规定："有下列情形之一的，仲裁协议无效：(一) 约定的仲裁事项超出法律规定的仲裁范围的；(二) 无民事行为能力人或者限制民事行为能力人订立的仲裁协议；(三) 一方采取胁迫手段，迫使对方订立的仲裁协议。"

第一，仲裁事项必须具有可仲裁性。《仲裁法》第 2 条规定："平等主体的公民、法人和其他组织之间发生的合同纠纷和其他财产权益纠纷，可以仲裁。"因此，我国《仲裁法》允许的仲裁事项仅限于平等主体之间的民商事纠纷，包括合同纠纷、侵权纠纷和其他涉及财产权益的纠纷。《仲裁法》第 3 条规定："下列纠纷不能仲裁：(一) 婚姻、收养、监护、扶养、继承纠纷；(二) 依法应当由行政机关处理的行政争议。"据此，身份关系的纠纷以及依法应由行政机关处理的行政争议不属于可仲裁范围。结合《仲裁法》第 77 条的规定，劳动争议和农业集体经济组织内部的农业承包合同纠纷的仲裁，分别适用《劳动争议调解仲裁法》《农村土地承包法》等相关规定，不适用《仲裁法》的规定，因而也不属于仲裁协议可规定的仲裁事项。此外，人事争议纠纷亦不属于《仲裁法》规定的仲裁事项。

第二，仲裁协议的当事人必须具有行为能力。《民法典》第 144 条规定："无民事行为能力人实施的民事法律行为无效。"第 145 条规定："限制民事行为能力人实施的纯获利益的民事法律行为或者与其年龄、智力、精神健康状况相适应的民事法律行为有效；实施的其他民事法律行为经法定代理人同意或者追认后有效。相对人可以催告法定代理人自收到通知之日起三十日内予以追认。法定代理人未作表示的，视为拒绝追认。民事法律行为被追认前，善意相对人有撤销的权利。撤销应当以通知的方式作出。"因此，限制行为能力人签订的仲裁协议经法定代理人追认的，可认定补正了行为能力的瑕疵。司法实践中，经常存在代理人无代理权、超越代理权或者代理权终止后仍订立仲裁协议等情形，此时可根据《民法典》的代理规则处理。

第三，当事人仲裁的意思表示必须是真实的。仲裁制度的灵魂是意思自治，即当事人选择仲裁必须是自愿的，而不是在外界强制下表现出来的虚假意思表示。受胁迫签订的仲裁协议无效。

【拓展适用】

一、仲裁当事人的含义

根据《仲裁法》第 2 条的规定，平等主体的公民、法人和其他组织之间发生的合同纠纷和其他财产权益纠纷，可以仲裁。因此，仲裁程序中的当事人是指依据生效仲裁协议，以自己的名义参加到仲裁程序并受仲裁裁决约束的平等公民、法人和其他组织。该法第 4 条规定，当事人采用仲裁方式解决纠纷，应当双方自愿，达成仲裁协议；没有仲裁协议，一方申请仲裁的，仲裁委员会不予受理。

二、仲裁当事人的权利与义务

(一) 仲裁当事人的权利

根据《仲裁法》的规定，当事人参与仲裁活动享有以下权利：

1. 请求仲裁保护。包括申请人的仲裁请求权、被申请人的答辩权和反请求权。

2. 约定仲裁庭的组成形式。当事人在仲裁规则规定的期间内，既可以约定由 3 名仲裁员组成合议仲裁庭，也可以约定 1 名仲裁员组成独任仲裁庭。如果没有约定，则由仲裁委员会主任指定。

3. 选定仲裁员。当事人约定由 3 名仲裁员组成仲裁庭的，应当各自选定或者各自委托仲裁委员会主任指定 1 名仲裁员，第三名仲裁员由当事人共同选定或者共同委托仲裁委员会主任指定，第三名仲裁员是首席仲裁员；当事人约定独任仲裁庭，应当共同选定或者共同委托仲裁委员会主任指定。当事人没有选定仲裁员的，则由仲裁委员会主任指定。

4. 委托仲裁代理人。

5. 申请仲裁员回避。

6. 收集、提供证据。

7. 申请财产保全和证据保全。

8. 承认、放弃和变更仲裁请求及反请求。一方当事人有权对自己的请求或反请求作出放弃或者变更，另一方当事人可以作出承认或者反驳。

9. 自行和解或请求调解。

10. 申请执行。当事人应当履行仲裁裁决，一方当事人不履行的，另一方当事人可以依照《民事诉讼法》的有关规定向人民法院申请执行。受理的人民法院应当执行。

(二) 仲裁当事人的义务

根据我国《仲裁法》的规定，当事人参与仲裁活动，应当承担以下义务：

1. 申请人有依法递交仲裁协议、仲裁申请书和副本的义务，被申请人有按规定日期提交答辩书的义务。

2. 有共同选定或者共同请求仲裁委员会主任指定独任仲裁员或者首席仲裁员的义务。

3. 有义务按时出庭，如实回答仲裁庭提问和根据仲裁庭要求提供证据和资料。

4. 有义务遵守仲裁决定、自觉遵守仲裁协议的约定。

5. 自觉履行仲裁裁决的义务等。

三、仲裁当事人的特征

仲裁当事人具有以下特征：

1. 当事人之间必须订立有效的仲裁协议。仲裁的开始与进行都必须以存在有效的仲裁协议为条件，一般情况下，仲裁当事人就是仲裁协议的签订人。

2. 仲裁当事人之间地位平等。根据《仲裁法》第2条的规定，仲裁的目的是解决平等主体的公民、法人和其他组织之间发生的合同纠纷和其他财产权益纠纷。当事人在仲裁程序中的法律地位平等。

3. 当事人之间的纠纷必须具有可仲裁性。民商事法律关系的当事人之间发生了仲裁协议范围内的纠纷，该仲裁协议约定的范围必须是《仲裁法》规定的可仲裁范围，如果约定了婚姻、收养、监护、扶养、继承等法律规定的不能仲裁的纠纷，即使当事人之间有协议，也不能提交仲裁。仲裁机关对上述不属于可以仲裁的内容不得仲裁。

4. 仲裁当事人以自己的名义参加仲裁。仲裁代理人也可代表当事人参加仲裁，不是以自己的名义提起，行为后果应由委托人承担。委托代理人不具有仲裁当事人的地位。

四、仲裁当事人的变更

仲裁中当事人的变更，是指在仲裁程序中，由于特殊事由的发生，仲裁协议的约定双方即原仲裁当事人由仲裁程序以外的人取代或者替代参加仲裁程序。仲裁当事人发生变更会导致一系列法律关系和仲裁主体资格的变化。常见的有以下几种情形：

(一) 当事人消亡

1. 自然人的死亡。我国《仲裁法》对自然人死亡后的法律继承没有明确的规定。鉴于仲裁协议属于私法契约范畴，应该适用民事实体法关于当事人变更的规定，自然人死亡导致仲裁程序中仲裁当事人变更，除非继承人明确表示放弃对被继承人权利的继承，否则应视为继承人对被继承人全部权利义务的继承，包括根据仲裁协议进行仲裁的权利和义务。

2. 法人的终止。法人的终止指法人因破产、注销、合并或分立而导致其法律主体资格消亡。第一，对于因合并或分立情形而发生的消亡，由于仲裁协议的契约属性，因此不论是合并后的新法人还是分立后形成的多个法人，都应适用民事实体法关于合同当事人变更的规定。我国《民法典》第 67 条规定："法人合并的，其权利和义务由合并后的法人享有和承担。法人分立的，其权利和义务由分立后的法人享有连带债权，承担连带债务，但是债权人和债务人另有约定的除外。"这种责任义务继受原则，是世界各国民事实体法普遍承认的原则。但如果当事人在仲裁协议中约定，法人分立后纠纷的解决不受仲裁协议的约束，就不会发生仲裁当事人的变更，当事人只能通过其他途径解决纠纷。第二，法人破产、注销，意味着它作为仲裁当事人的主体资格随之消失，与此同时，它作为一方当事人的仲裁程序应予终结。

（二）合同转让

因为合同转让而引起的仲裁过程中当事人的变更极其常见。合同的转让实质上是合同主体的变更，是变更后的主体对原有全部权利和义务的继受，或是债权的承认和债务的承担。这种变更以协商一致为前提，除当事人另有约定外，一般不应影响仲裁程序的进行。

五、关于仲裁第三人

诉讼当事人制度设立了诉讼第三人，可分为有独立请求权的第三人和无独立请求权的第三人。仲裁程序中是否存在"仲裁第三人"，从各国的立法例和司法实践看，不少国家赋予特定条件下的第三人申请撤销的权利。例如，根据英、美、德、日等国公司法上少数股东平等的原则，少数股东可以提起诉讼。如果公司与第三人有仲裁协议，少数股东可援引仲裁协议作为形式上的第三人提起仲裁。[①] 我国《仲裁法》没有作出规定，实践中存在三种观点。第一种观点认为，仲裁第三人具有仲裁主体地位，因为，仲裁第三人问题源于商事仲裁协议效力的扩张，基于特定事由导致仲裁协议的效力扩张到仲裁当事人以外的第三人。第二种观点认为，仲裁第三人不具有仲裁主体地位，因为，仲裁程序

---

① 王金兰：《国际商事仲裁司法监督研究》，载《河北法学》2004 年第 7 期。

中的当事人具有明确性和不可逾越的前提，即仲裁程序的申请人和被申请人在仲裁程序开始前就是确定的，自始至终不应变更。根据这种观点，仲裁程序不应涉及第三人的问题。尽管实践中会存在第三方对商事仲裁事项享有独立请求权，或虽无独立请求权但与裁判结果具有法律上的利害关系，但由于他们没有参与仲裁条款的订立，仲裁协议双方当事人无意与之采用仲裁的方式解决纠纷或冲突。没有在仲裁程序启动之前就同一仲裁标的签署仲裁协议，就不具备成为仲裁当事人的前提和基础。这些学者认为，在仲裁程序过程中对仲裁第三人地位的承认，动摇了仲裁存在的前提和基础，是对仲裁协议双方当事人"意思自治"原则的挑战。第三种观点认为，可以有条件地认可仲裁第三人的仲裁主体地位，因为，从仲裁的基本概念来看，"仲裁即指以司法方式进行的一致程序或合意程序，通过该程序双方或多方之间的争议由仲裁员的决定最终予以解决，仲裁员的决定对双方当事人有约束力且在法律上可以执行"。"另外，从广义上讲仲裁指依当事人将既存在或潜在的争议提交独任或多人仲裁庭作出决定的协议开始的非公开程序。"显然，无论是合意程序还是非公开程序，仲裁的本质是双方合意的体现，双方当事人必须以仲裁协议的方式确定同意仲裁，这是仲裁的原则和初始点。但也的确存在一些特殊情况，使得仲裁协议的范围可以扩展到未在仲裁协议上签字的一方当事人。只有在仲裁协议有效的前提下，才可能导致存在涵盖协议外第三人的有效仲裁协议，从而使第三人成为仲裁的主体。实际上的所谓扩展，也局限于其是一种达成仲裁协议的方式或者说调整原仲裁协议的途径，也只有在这个角度上，第三人才有可能成为适格的仲裁主体。

笔者赞同第二种观点，主要理由是：第一，自主性和独立性是仲裁制度的两大基本原则，如果允许第三人参加到仲裁程序中，"必然使仲裁管辖蒙上诉讼化的色彩，具有非契约性和强制性，从而与仲裁的本质相悖"[1]。第二，"一旦第三方参与仲裁则势必扩大知情人员的范围，使当事人陷于原本不存在的危险境地，从而违背了当事人选择仲裁程序的初衷"[2]，损害仲裁程序所具有的保密性。第三，如果允许在仲裁中追加第三人也无疑"会增加官司费用与事件上的延误"[3]，损害仲裁程序的经济性与效率优势。第四，第三人和仲裁当事人之

---

[1] 林一飞：《论仲裁与第三人》，载《法学评论》2000年第1期。
[2] 乔欣、赵艳群：《仲裁程序中不应存在第三人制度》，载《法制日报》2000年11月19日。
[3] 杨良宜：《国际商务仲裁》，中国政法大学出版社1997年版，第455页。

间的争议可以通过法律救济方式（如诉讼）另外进行，不会导致法律救济存在真空状态。

但实践中，当事人恶意串通利用仲裁裁决损害第三人利益的情形越来越多，尤其是执行程序中被执行人恶意串通对执行标的物另案确权的现象比较普遍，是否赋予符合条件的第三人申请撤销的权利，有待将来《仲裁法》修改时再予以解决。

六、申请撤销仲裁裁决和申请不予执行仲裁裁决重复救济的禁止

《仲裁法司法解释》第26条规定："当事人向人民法院申请撤销仲裁裁决被驳回后，又在执行程序中以相同理由提出不予执行抗辩的，人民法院不予支持。"从上述规定可以推知，当事人此前向法院申请撤销仲裁裁决被驳回后，又申请不予执行仲裁裁决的，其申请不予执行的理由应与申请撤销仲裁裁决的理由不同。如理由相同的，人民法院应驳回其不予执行的申请。实践中如何判断"相同理由"，尤其是当事人对同一事实从不同角度提出，是否为相同理由难以确定。

第一，采用何种标准的问题。在审查认定申请撤销仲裁裁决和不予执行抗辩的理由是否相同上，是采用"形式标准"还是采用"实质标准"？"形式标准"认为，只要当事人提出的理由不同，不管该理由所依据的事实是否相同，均应当作为不同理由对待。"实质标准"则认为，只要申请的理由所依据的事实是相同的，就应当视为相同理由。否则，只要变换说法就认定为不同理由，会给当事人拖延仲裁裁决执行留下制度漏洞。笔者认为，在审查认定申请撤销仲裁裁决和不予执行抗辩的理由是否相同上应以"实质标准"为主，兼"形式标准"。因此，可以认为虽然表面上理由不同，但其所基于的事实是相同的，一般应认为是相同理由。

第二，法院是否进行实质审查的问题。如果当事人在仲裁裁决撤销程序中提出的理由，受理法院没有进行实质性审查就直接予以驳回，而在执行程序中当事人又以同一理由提出不予执行的，是否可以直接认定为相同理由？笔者认为，《仲裁法司法解释》规定同一理由不得重复提出的目的是防止出现不同法院的认定矛盾以及浪费司法资源的问题，如果当事人提出的理由未被审查，则说明当事人的程序权利未得到充分保障和救济，受理撤销申请的法院没有对该理由是否成立作出实质性的结论，对问题还是没有作出解答。因此，当事人在不予执行程序中再次提出的，人民法院应当进行实质性审查，不能仅以在撤销申请中提出过而视为相同理由，直接裁定不予支持。

【典型案例】

江苏省物资集团 A 总公司与（香港）B 集团有限公司、（加拿大）C 发展有限公司侵权损害赔偿纠纷案

上诉人（原审被告）：（香港）B 集团有限公司

上诉人（原审被告）：（加拿大）C 发展有限公司

被上诉人（原审原告）：江苏省物资集团 A 总公司

〔基本案情〕

上诉人（香港）B 集团有限公司（以下简称 B 公司）、（加拿大）C 发展有限公司（以下简称 C 公司）因与被上诉人江苏省物资集团 A 总公司（以下简称 A 公司）侵权损害赔偿纠纷一案，不服江苏省高级人民法院一审民事裁定，向最高人民法院提起上诉。

原审江苏省高级人民法院经审理查明：1996 年 5 月 5 日，原告 A 公司与被告 B 公司签订了 CC960505 号销售合同，约定由 B 公司销售普通旧电机 5000 吨给 A 公司，每吨 348.9 美元。同年 5 月 6 日，A 公司与被告 C 公司签订了 CC960506 号销售合同，约定由 C 公司销售普通旧机电 5000 吨给 A 公司，每吨 348.9 美元。上述两份合同第 8 条均明确约定："凡因执行本合约所发生的或与本合约有关的一切争议，双方可以通过友好协商解决；如果协商不能解决，应提交中国国际经济仲裁委员会，根据该会的仲裁规则进行仲裁。仲裁裁决是终局的，对双方均有约束力。"货物到港后，经商检查明：货物总重量为 9586.323 吨，"本批货物主要为各类废结构件、废钢管、废齿轮箱、废元钢等"。A 公司遂以 B 公司和 C 公司侵权给其造成损失为由提起诉讼。B 公司和 C 公司在答辩期内提出管辖权异议称，本案当事人之间对合同纠纷已自愿达成仲裁协议，人民法院依法不应受理。

〔一审裁判理由与结果〕

江苏省高级人民法院认为：本案是因欺诈引起的侵权损害赔偿纠纷。虽然原告 A 公司和被告 B 公司、C 公司之间的买卖合同中订有仲裁条款，但由于被告是利用合同进行欺诈，已超出履行合同的范围，构成了侵权。双方当事人的纠纷已非合同权利义务的争议，而是侵权损害赔偿纠纷。A 公司有权向法院提起侵权上诉，而不受双方所订立的仲裁条款的约束。B 公司、C 公司所提管辖权异议，理由不能成立。据此，该院裁定：驳回 B 公司、C 公司对本案管辖权提出的异议。

〔当事人上诉及答辩意见〕

第一审宣判后，被告 B 公司、C 公司不服，向最高人民法院提起上诉。B 公司和 C 公司诉称：（一）A 公司诉讼状中的案由没有事实予以支持，其故意混淆侵权责任和合同责任，企图规避法律规定和合同约定。根据案件内容，本案案由应为合同纠纷。当事人之间对合同纠纷已自愿达成仲裁协议，依照法律原审法院不应受理此案。

(二) 原审法院在程序审理过程中，未经实体审理，就对 A 公司指控 B 公司和 C 公司进行"欺诈"的诉讼请求作出认定，是违法裁定。故请求撤销原审裁定，裁定人民法院不予受理本案。

原告 A 公司辩称：根据仲裁法的规定及有关仲裁惯例，仲裁机构只审理订立仲裁协议双方当事人之间的争议，对双方当事人之间发生的法律事实有利害关系的第三人却没有管辖权，不能进行审理，其裁决也不能涉及第三人问题。就本案事实而言，本案并非单纯的合同纠纷，它涉及欺诈侵权及走私犯罪问题。相关的行为与结果，也直接涉及第三人问题。如果按仲裁程序审理此案，显然不利于查清案件事实，不利于维护当事人的合法权益。人民法院审理此案，可以根据法律所赋予的审判权，彻底查清事实，追究不法者的责任，维护当事人的合法权益。故请求维护原审裁定，驳回被告 B 公司和 C 公司的上诉。

〔最高人民法院裁判理由与结果〕

最高人民法院认为：本案争议的焦点在于仲裁机构是否有权对当事人之间的侵权纠纷作出裁决。《中华人民共和国仲裁法》自 1995 年 10 月 1 日起施行，该法第二条规定："平等主体的公民、法人和其他组织之间发生的合同纠纷和其他财产权益纠纷，可以仲裁。"第三条规定："下列纠纷不能仲裁：（一）婚姻、收养、监护、扶养、继承纠纷；（二）依法应当由行政机关处理的行政争议"。《中国国际经济贸易仲裁委员会仲裁规则》（以下简称仲裁规则）第二条也明确规定，该委员会"解决产生于国际或涉外的契约性或非契约性的经济贸易等争议"。从被上诉人 A 公司在原审起诉状中所陈述的事实和理由看，其所述 B 公司和 C 公司的侵权行为，均是在签订和履行 CC960505 号和 CC960506 号两份销售合同过程中产生的，同时也是在仲裁法实施后发生的。而该两份合同的第 8 条均明确约定："凡因执行本合约所发生的或与本合约有关的一切争议，双方可以通过友好协商予以解决；如果协商不能解决，应提交中国国际经济贸易仲裁委员会，根据该会的仲裁规则进行仲裁。仲裁裁决是终局的，对双方均有约束力。"根据仲裁法和仲裁规则的上述规定，中国国际经济贸易仲裁委员会有权受理侵权纠纷，因此本案应通过仲裁解决，人民法院无管辖权。原审法院认为 A 公司提起侵权之诉，不受双方所订立的仲裁条款的约束，显然是与仲裁法和仲裁规则相悖的；况且原审法院在 A 公司起诉称 B 公司和 C 公司利用合同进行欺诈的情况下，未经实体审理就以实体判决确认，并以裁定的方式认定二上诉人利用合同进行欺诈，违反了我国《民事诉讼法》第一百四十条①关于裁定适用范围的规定，在程序上也是错误的，上诉人的上诉理由成立，应予支持。本案双方当事人在合同中明确约定发生纠纷通过仲裁方式解决，在该合同未经有关机关确认无效的情况下，当事人均应受该合同条款的约束；即使本案涉及第三人，在仲裁庭不能追究

---

① 对应 2023 年《民事诉讼法》第 157 条。

第三人责任的情况下，A公司可以以第三人为被告向人民法院另行提起诉讼，当事人的合法权益仍然可以得到维护。A公司关于"本案涉及第三人……只有人民法院审理此案，才能查清事实，保护当事人的合法权益"的答辩理由，不予采纳。

综上，本案各方当事人均应受合同中订立的仲裁条款的约束，所发生的纠纷应通过仲裁解决，人民法院无管辖权。江苏省高级人民法院所作裁定适用法律错误，应予撤销。据此，最高人民法院依照《民事诉讼法》第一百一十一条第二项[1]、第二百五十七条[2]第一款之规定，于1998年5月31日裁定：一、撤销江苏省高级人民法院（1996）苏经初字第78-1号民事裁定；二、驳回江苏省物资集团A总公司的起诉。

> **规则39：当事人约定仲裁管辖必须有明确的意思表示并订立仲裁协议，仲裁条款也只在达成仲裁协议的当事人之间产生法律效力**
>
> ——苏州A置业有限公司、苏州市B担保有限责任公司、苏州市某金属材料有限公司、苏州市某黑色金属材料有限公司、徐某与某市百货总公司、江苏C集团公司资产转让合同纠纷案[3]

【裁判规则】

当事人签订的多份合同中，有的约定了仲裁条款，有的既没有约定仲裁条款，也没有明确将其列为约定了仲裁条款的合同的附件，或表示接受约定了仲裁条款的合同关于仲裁管辖的约定。尽管多份合同之间具有一定的关联性，但不能因此否认各自的独立性。当事人采用仲裁方式解决纠纷，应当自愿达成仲裁协议；未达成仲裁协议，一方当事人申请仲裁的，仲裁委员会不予受理。因此，当事人约定仲裁管辖必须有明确的意思表示并订立仲裁协议，仲裁条款也只在达成仲裁协议的当事人之间产生法律效力。

【规则理解】

一、仲裁协议的内涵与法律特征

（一）仲裁协议的含义

所谓仲裁协议，是指当事人各方约定将他们之间已经发生或可能发生的争

---

[1] 对应2023年《民事诉讼法》第127条第2项。
[2] 对应2023年《民事诉讼法》第282条。
[3] 载《中华人民共和国最高人民法院公报》2007年第2期。

议提交仲裁解决的协议。根据我国《仲裁法》第 16 条规定，仲裁协议包括合同中订立的仲裁条款和以其他书面方式在纠纷发生前或纠纷发生后达成的请求仲裁的协议。

(二) 仲裁协议的法律特征

仲裁协议是当事人达成的民事合意，其具有以下六个方面的法律特征：

第一，仲裁协议是双方当事人一致的、真实的意思表示，当事人之间一致同意将有关争议提交仲裁解决的意思表示是仲裁协议的基本要素，没有当事人的一致同意，则不存在有效的仲裁协议。[①] 因此，仲裁协议具有自治性与合意性。

第二，仲裁协议确定双方当事人解决纠纷的仲裁途径。仲裁协议为双方当事人之间已经或将来可能发生的有关争议规定一种固定解决办法，通过该办法间接实现双方当事人之间的实体权利和义务，它不能直接确认双方当事人之间的实体权利和义务关系。故仲裁协议可以认为是一种程序性契约。

第三，仲裁协议的效力及于双方当事人，还约束仲裁协议所指定的仲裁机构和仲裁员，约束被仲裁协议排除了司法管辖权的法院以及承认与执行仲裁裁决的法院，这要求仲裁协议的主体具有缔约能力。

第四，通过仲裁条款方式所体现的仲裁协议效力具有独立性。商事仲裁条款一经订立，即具有独立性，不因主合同无效而无效。

第五，仲裁协议所处分的客体范围受一定程度的法律限制，并非所有的争议都可以提交仲裁解决。如需要公权力介入的身份权和涉及社会公共秩序的事项，当事人无权自治的纠纷，就不能提交仲裁。

第六，仲裁协议具有严格的形式要求。我国《仲裁法》规定仲裁协议应采用书面形式，这是一项基本要求，无论其表现为仲裁条款、独立的仲裁协议，还是交换函电，是纸质文件还是电子文件均可。

二、仲裁协议的形式与内容

(一) 仲裁协议的形式

仲裁协议作为仲裁的依据，必须具备法定的形式。根据《仲裁法》规定，仲裁协议应以书面形式订立，口头方式达成仲裁的意思表示无效。

1. 根据仲裁协议订立的时间，仲裁协议可以分类为事先仲裁协议和事后仲

[①] 李军、李长喜：《论仲裁中的当事人意思自治原则》，载《仲裁与法律通讯》1995 年第 5 期。

裁协议。在争议发生之前签订的仲裁协议属于事先仲裁协议，一般是双方当事人在合同中或单独约定的仲裁条款；事后仲裁协议是当事人发生纠纷之后达成的请求仲裁机关予以仲裁裁决的协议。

2. 根据订立仲裁协议的意思表示方式，仲裁协议可以分为明示仲裁协议和默示仲裁协议。明示仲裁协议是当事人以口头或书面等形式明确、积极地表示将争议交付仲裁的意思而达成的仲裁协议。明示仲裁协议又分为口头的仲裁协议和书面的仲裁协议。默示仲裁协议是指当事人以实际行为表示仲裁意思而达成的仲裁协议。即双方当事人既无口头方式又无书面方式的仲裁协议，争议发生后，一方当事人向仲裁机构申请仲裁，另一方当事人未提出异议而应诉。对于该种情形应如何认定？仲裁机构能否仲裁？由于《仲裁法》不承认默示仲裁协议，也不承认口头仲裁协议，只承认以书面方式明示的仲裁协议，因此仲裁机构不能以此作出仲裁裁决。

3. 根据仲裁协议与主合同的关系，书面仲裁协议分为包含于主合同中的仲裁条款和其他书面方式的仲裁协议等两种形式。

（1）仲裁条款是以当事人之间民商事合同组成部分的一个条款为表现形式。仲裁条款的特点有：

①从该条款与当事人的民商事合同（主合同）的关系来讲，其既有独立性，又有一定依赖性。仲裁协议的独立性，即仲裁协议有效成立后，不受合同本身效力的影响，表现在：第一，仲裁条款不因主合同的变更、中止、解除、无效而失去效力。第二，主合同的其他条款在于规定当事人之间的实体性法律关系，而仲裁条款则在于规定当事人间的程序性法律关系。

②仲裁条款只能在争议发生前订立，即只适用于将来可能发生的争议。

③从仲裁条款的适用范围来看，其只适用于合同纠纷和财产权益纠纷。

（2）其他书面方式的仲裁协议，是指当事人在主合同之外，单独就仲裁问题达成的协议，通常称为仲裁协议以区别于仲裁条款。其他仲裁协议有如下特点：

①仲裁协议从形式到内容都完全独立，它不依赖于其他合同。

②仲裁协议既可以在争议发生前达成，也可以在争议发生后达成，即其既适用于将来可能发生的争议，也适用于已经发生的争议。

③仲裁协议不仅适用于合同纠纷，也适用于合同以外的其他纠纷。

根据《仲裁法司法解释》第1条的规定，《仲裁法》第16条规定的其他书面形式，包括以合同书、信件和数据电文（包括电报、电传、传真、电子数据交换和电子邮件）等形式在内所达成的请求仲裁协议，都是书面形式仲裁协议。下列情形原则上符合关于仲裁协议书面方式要求：①当事人在订立仲裁协议后合并、分立的，其权利义务的继受人与合同他方之间就该仲裁协议约定条款；②当事人在订立仲裁协议后死亡的，继承被继承人权利义务的继承人与合同他方之间就仲裁协议约定条款；③债权债务的受让人与合同他方之间就仲裁协议约定条款；④合同中未约定仲裁条款，但明确约定争议解决适用其他合同中有效仲裁条款的；⑤涉外合同中未约定仲裁条款，但应适用的有关公约、双边协议明确规定纠纷应提请仲裁解决的。

（二）仲裁协议的内容

仲裁协议的内容可以分为法定内容和约定内容两类。法定内容，即法律规定仲裁协议必须具备的内容。约定内容，即除法定内容外可以由当事人自由约定的内容。

1. 仲裁协议的法定内容。《仲裁法》对仲裁协议必须具备的法定内容作出了明确的规定。根据《仲裁法》第16条规定，仲裁协议应当有3项内容：请求仲裁的意思表示，仲裁事项以及选定的仲裁委员会。

2. 仲裁协议的约定内容，包括仲裁机构适用的仲裁规则；涉外仲裁中适用的实体法律；仲裁裁决的效力、仲裁费用的负担等。

根据我国《仲裁法》有关规定及部分涉外仲裁机构的仲裁规则，由于我国商事仲裁实行一裁终局制，仲裁裁决作出后，当事人不得就同一纠纷再申请仲裁或者向人民法院起诉；费用的负担、仲裁员的选定、指定方法均由法律规定，仲裁适用的仲裁规则也由仲裁机构决定，因此，在我国仲裁当事人可以协议约定的仲裁协议的内容较少。[①]

【拓展适用】

一、对仲裁权的理解

仲裁权[②]是指在法律授权的范围内，经双方当事人授权的仲裁庭，对当事人提交仲裁的争议作出裁决的权力。可从以下几个方面理解：第一，仲裁权的本质是一种服务性权力，仲裁权的产生基础在于当事人的授权，是一种来源于特定化授予的权力，它的目的是帮助当事人迅速而有效地解决纠纷。第二，仲裁庭获得仲裁权的基础与前提是当事人的授权，当纠纷发生时，当事人根据仲

---

① 李广辉、王瀚：《仲裁法》，对外经济贸易大学出版社2011年版，第168页。
② 参见江伟主编：《仲裁法》，中国人民大学出版社2009年版，第34~51页。

裁协议，请求仲裁庭审理并裁决纠纷，从而使仲裁庭获得在仲裁程序中采取必要手段的能力和资格，即仲裁权。同时，仲裁庭作为解决纠纷的机构，应当以法律认可的方式和程序审理并裁决案件，不符合法律授权的要求或超出法律授权范围的行为会导致仲裁权行使的结果被否定，因此法律授权也是仲裁权的重要源权，当事人授权与法律授权相结合构成了仲裁权的权力来源。第三，仲裁权只有在当事人的授权范围内取得和行使，仲裁庭只有在仲裁法律所规定的、可以通过仲裁方式解决争议的范围内行使仲裁权，才能被法律认可，作出的仲裁裁决才具有可执行性。仲裁由于其局限性与公正性产生的冲突所引入的司法监督，如法院有权认定仲裁协议的效力、有权撤销仲裁裁决或不予执行仲裁裁决等，表明仲裁权是一种受到制约的有限权力。第四，当事人提起仲裁的目的是解决纠纷，确定权利义务关系，通过行使仲裁权作出仲裁裁决最终实现这个目的和要求，仲裁权的核心是裁决权。

二、仲裁权的法律特征

仲裁权是当事人赋予仲裁机构依法处理争议事项的权力，具有以下法律特征：

（一）意思自治是仲裁权的根本原则

当事人的仲裁意愿是取得和行使仲裁权的基础，主要体现在：是否将争议提交仲裁，将哪些争议提交仲裁，提交给依据哪个仲裁委员会的仲裁规则组成的仲裁庭进行仲裁，以及仲裁庭如何组成，仲裁依何种方式进行等，都由当事人决定。

（二）公正性是仲裁权的必然要求

仲裁权是国家法律所授予的解决纠纷的权力，公正性是其立法意图的出发点和归宿。法律为仲裁权的公正行使提供了充分的程序保障，规范了仲裁庭和当事人的关系，规定仲裁权的行使要依靠高素质的仲裁员、保持独立性与中立性的仲裁庭，作出公正的仲裁裁决，以符合当事人提交仲裁解决纠纷的根本目的。

（三）民间性是仲裁权的本质特征

仲裁权的民间性具体现在：1. 仲裁权的产生以双方当事人的合意为基础，通过双方达成的仲裁协议，授权仲裁庭解决他们之间的纠纷。这种授权方式是一种自由的、民间性的行为，由此产生的仲裁权也具有民间性。2. 仲裁机构是民间组织，与国家行政机构没有隶属关系，具有独立性。3. 仲裁庭是由各行各业的专家学者组成的临时性组织，其所行使的权力带有民间性色彩。

（四）赋予仲裁裁决强制执行力

仲裁权基于其民间性，无法实施保障仲裁程序顺利进行的各种强制措施，更无权强制执行仲裁裁决，需要国家司法权的支持与监督，但这种支持与监督是被动的、潜在的，要以当事人的意愿和程序的需要为前提。仲裁权司法性的特征最主要的表现是法律赋予仲裁裁决具有强制执行力。

三、仲裁权的构成

"权力"一般由权力主体、权力客体、权力内容及权力关系等基本要素构成，仲裁权属于权力的范畴，具有以下构成要素：

（一）仲裁权主体

仲裁权的主体是仲裁庭，不是仲裁委员会，也不是仲裁员。可从以下方面进行理解：1. 仲裁权的本质是判断权，核心是裁决权，亲自审理案件并作出有效裁决的组织才是真正的权力主体。2. 仲裁委员会属于管理机构，它的权力体现在仲裁事务管理权，仲裁事务管理权不是仲裁权，而是一种对仲裁工作的组织、协调权，不直接解决当事人之间的纠纷。3. 仲裁庭是拟制的形式，作为个体的仲裁员代表仲裁庭推进程序，仲裁员只是仲裁庭的代表，真正的权力主体是仲裁庭。

（二）仲裁权客体

仲裁权的客体，是指仲裁权所指向的能够产生一定后果的对象。仲裁程序的进行、仲裁权的行使以及对仲裁权的制约与监督，仲裁权客体是仲裁程序进行所围绕的中心，是指当事人提交仲裁解决的具体争议事项。可从以下方面理解：

1. 仲裁权行使范围是由法律明确规定具有可仲裁性的争议事项。可仲裁性的争议事项指依据仲裁法律或相关司法解释，可以通过仲裁解决的争议范围。只有符合法律规定的可以通过仲裁解决的争议，仲裁庭才有权管辖并作出裁决。

2. 仲裁权行使范围是双方当事人以仲裁协议的方式提交仲裁解决的争议事项。法律规定的具有可仲裁性的争议事项，在当事人请求仲裁庭进行仲裁之前，仅是一种理论上的仲裁事项，只有当事人将他们之间的争议以仲裁协议的方式提交仲裁解决，该争议事项才能成为现实的、具体的仲裁权行使的范围。

3. 仲裁权行使范围是由仲裁庭进行审理并作出仲裁裁决的争议事项。对当事人提交的争议，仲裁庭必须审查自己是否具有对该事项的仲裁管辖权。只有在具有仲裁管辖权的基础上，通过审理并作出仲裁裁决的争议事项才是真正的仲裁权的行使范围。

(三) 仲裁权内容

仲裁权内容是指仲裁权所包括的具体权力。仲裁权作为裁决权，包括顺利解决纠纷所必不可少的要素，主要内容包括：

1. 仲裁庭管辖权，是指仲裁庭依据当事人的授权和法律授权所享有的，可以对当事人之间的争议进行审理并作出裁决的权力。同时，对其是否具有对某个具体案件的管辖权，包括对仲裁协议的存在或效力的异议，有权作出裁定。

2. 仲裁审理权，包括对程序的指挥权、证据的获取与认定权以及对事实的确认权等一系列权力。程序指挥权是指仲裁庭具有仲裁程序控制权、支配权，指挥仲裁审理程序进行的权力。证据获取与认定权是指仲裁庭有权通过不同渠道获得作为认定事实和裁决案件根据的证据，包括要求当事人提供证据、调查取证等。对事实的确认权是指仲裁庭在认证基础上，对当事人争议的事实进行认定的权力。

3. 仲裁调解权，是仲裁庭在当事人请求或同意的情况下，主持当事人自愿协商，相互谅解，达成协议，以解决纠纷的权力。仲裁庭行使调解权要遵循当事人自愿和合法原则。

4. 仲裁裁决权，是指仲裁庭对仲裁当事人所提交的争议事项，通过行使审理权而作出的具有权威性及结论性意见的权力。仲裁裁决权一般包括中间裁决权、部分裁决权和最终裁决权。仲裁裁决权的最终行使及行使的结果，标志着仲裁程序的终结和仲裁权行使的结束。

(四) 仲裁权的法律关系

仲裁权的法律关系是指仲裁权行使过程中，仲裁庭与相关方发生的法律关系。主要体现在以下方面：

1. 仲裁庭与当事人之间的关系，可从以下方面理解：(1) 当事人的合意是仲裁权取得和行使的依据，仲裁庭对案件的审理范围限制在当事人的授权范围之内，仲裁庭应当履行当事人授权和法律所规定的义务。(2) 仲裁庭应当尊重和保护当事人的程序权利和实体权利，公正有效地解决纠纷。(3) 当事人应当服从仲裁庭对程序的指挥权，遵守程序规则，自觉履行仲裁庭所作出的裁决的内容，实现仲裁裁决所确定的实体权利义务。

2. 仲裁庭与仲裁机构的关系。仲裁机构即仲裁管理机构，在我国为仲裁委员会。仲裁庭与仲裁机构的关系体现在：(1) 仲裁机构为仲裁庭的组成和仲裁权的行使提供服务，如提供仲裁员名册，根据当事人的意愿确定具体仲裁员组成仲裁庭；为仲裁庭提供以服务和协调组织为主要内容的工作，负责受理案件、协助组成仲裁庭、送达仲裁文书、通知、收取和管理仲裁费用、处理回避、保全等程序性事务,但仲裁委员会不得对仲裁庭的审理和裁决进行干涉。(2) 仲裁庭独立行使仲裁权,公正而高效地解决当事人之间的纠纷,同时遵守法律和仲裁规则的规定,服从仲裁机构的管理。

3. 仲裁庭与法院的关系,主要体现为法院对仲裁庭的支持与监督,以及仲裁庭的独立性在一定程度上对法院行使相关权力的约束,避免司法的任意性。一方面,法院负责保障仲裁权行使过程中的证据保全、财产保全以及对生效仲裁裁决的执行等,仲裁庭在法律的范围内接受法院的监督,包括撤销仲裁裁决、不予执行仲裁裁决等。另一方面,仲裁庭行使仲裁权不受法院的干涉。

四、仲裁裁决不予执行程序的性质及其救济

所谓仲裁裁决的不予执行,是指人民法院受理仲裁裁决的执行申请之后,应按照仲裁裁决确定的给付内容执行,但被执行人向人民法院提出不予执行的抗辩,人民法院经过审查认为被执行人提出的证据证明仲裁裁决存在法定不予执行情形的,裁定对仲裁裁决不予执行的制度。

(一) 仲裁裁决不予执行程序的性质

仲裁裁决不予执行程序是属于执行异议程序还是一种独立的程序,司法实践中存在不同做法,也有不同认识。第一种观点认为,应将其作为执行行为异议的一种,赋予仲裁裁决当事人甚至利害关系人对驳回或者不予执行仲裁裁决的裁定向上一级人民法院提起复议的权利。第二种观点认为,应将其作为一种独立的特别程序,实行一裁终局,不允许当事人对驳回或者不予执行仲裁裁决的裁定提起复议。最高人民法院主流观点认为,仲裁裁决不予执行程序实质上属于否定仲裁裁决的既判力和执行力的程序,属于对执行依据的监督程序,并不是对执行程序中的执行行为提出异议,不属于执行异议和复议程序的一种情形。《民事诉讼法解释》第476条明确规定:"依照民事诉讼法第二百四十四条第二款、第三款规定,人民法院裁定不予执行仲裁裁决后,当事人对该裁定提出执行异议或者复议的,人民法院不予受理……"

(二) 不予执行仲裁裁决或者驳回不予执行仲裁裁决裁定的救济

关于不予执行仲裁裁决或者驳回不予执行仲裁裁决裁定如何救济,在司法实践中应当注意几个问题:

第一,有权提出不予执行抗辩的主体只能是被执行人。因为不予执行并非独立的程序,只能在执行程序中由被执行人针对申请执行人的执行申请提出抗辩。

第二,被执行人提出不予执行的抗辩,应当受一定期限的限制。目前法律对被执行人提出不予执行抗辩的期限没有明确限制,导致实践中被执行人可以随时提出不予执行请求,有的甚至在执行终结之后还提出不予执行的申请,造成执行程序的滞碍和拖延。笔者认为,被执行人提出不予执行抗辩应受到一定期限的限制,可参照申请撤销仲裁裁决的期限,限定于被执行人收到执行通知书 6 个月之内或执行程序终结之前。但被执行人有下列情形之一的,不应允许再提出不予执行抗辩:(1)被执行人向执行法院通过明示或者默示的方式认可仲裁裁决确定的债务的;(2)与申请执行人达成执行和解协议的。

第三,对不予执行仲裁裁决或者驳回不予执行仲裁裁决裁定,未赋予当事人复议的权利。对此问题,实践中存在不同认识。第一种观点认为,按照现行法律的规定和最高人民法院有关个案批复的精神,对不予执行仲裁裁决所作裁定不允许上诉和申请再审,如果在执行程序中对不予执行或者驳回不予执行的裁定赋予当事人复议权,与法律的精神相悖。第二种观点认为,虽然司法解释明确规定了执行法院裁定不予执行仲裁裁决的,当事人无权申请执行异议或复议,但没有明确规定驳回不予执行仲裁裁决申请的裁定,有无申请执行异议或复议权的问题。因为执行法院裁定不予执行仲裁裁决的,当事人能够重新申请仲裁或向法院起诉,对当事人来讲,依然有救济途径。执行法院裁定不予执行仲裁裁决的,对于驳回裁定的当事人而言,被执行人再无其他救济途径。加之,对国内仲裁裁决随意裁定不予执行的问题比较突出,部分仲裁机构对此意见很大。如果上级法院对此不行使监督权力,将有架空仲裁制度的危险。笔者认为,驳回或者不予执行仲裁的裁定不应当允许复议。一是根据《民事诉讼法》第 157 条规定,不予执行仲裁裁决的裁定属于不能提起上诉的裁定,从上述规定中可以明确:(1)法律将"不予执行仲裁裁决"的裁定规定为不可上诉的裁定;(2)不予执行仲裁裁决的裁定未赋予当事人在执行程序中提起复议的权利。二是仲裁裁决作为一种方便快捷的纠纷解决方式,当事人既然选择了仲裁,在享受这种制度带来好处的同时,也应当承受仲裁制度自身缺点所可能带来的权利损害。当事人提出不予执行的抗辩,法院裁定驳回,审查中已经对仲裁裁决进行了司法监督,无需再提供救济途径。因此,虽然司法解释不涉及法院裁定驳回不予执行仲裁裁决申请的情形,但对上述裁定也不能进行异议或复议。

第四,对不予执行仲裁裁决或者驳回不予执行仲裁裁决裁定不可以再审。

第五,对于仲裁不予执行程序的救济。最高人民法院主流观点认为,应以执行仲裁裁决为主,不予执行为例外。上级人民法院监督的重点是对下级法院不予执行仲裁裁决的裁定;对于驳回不予执行的裁定,一般不宜再监督。仲裁裁决被人民法院裁定不予执行的，当事人的救济途径有两条：一是根据双方达成的书面仲裁协议重新申请仲裁；二是向人民法院起诉。因此，《民事诉讼法解释》第 476 条规定："依照民事诉讼法第二百四十四条第二款、第三款规定，人民法院裁定不予执行仲裁裁决后，当事人对该裁定提出执行异议或者复议的，人民法院不予受理。当事人可以就该民事纠纷重新达成书面仲裁协议申请仲裁，也可以向人民法院起诉。"

五、仲裁裁决不予执行后，特殊情形下，上级人民法院可再监督

对于执行法院不予执行仲裁裁决的裁定，当事人能否向上级人民法院申请执行监督，在执行实践中也存有争议。

第一种意见认为，《民事诉讼法》第 248 条规定："对依法设立的仲裁机构的裁决，一方当事人不履行的，对方当事人可以向有管辖权的人民法院申请执行。受申请的人民法院应当执行。被申请人提出证据证明仲裁裁决有下列情形之一的，经人民法院组成合议庭审查核实，裁定不予执行：（一）当事人在合同中没有订有仲裁条款或者事后没有达成书面仲裁协议的；（二）裁决的事项不属于仲裁协议的范围或者仲裁机构无权仲裁的；（三）仲裁庭的组成或者仲裁的程序违反法定程序的；（四）裁决所根据的证据是伪造的；（五）对方当事人向仲裁机构隐瞒了足以影响公正裁决的证据的；（六）仲裁员在仲裁该案时有贪污受贿，徇私舞弊，枉法裁决行为的。人民法院认定执行该裁决违背社会公共利益的，裁定不予执行。裁定书应当送达双方当事人和仲裁机构。仲裁裁决被人民法院裁定不予执行的，当事人可以根据双方达成的书面仲裁协议重新申请仲裁，也可以向人民法院起诉。"如果仲裁裁决被人民法院裁定不予执行，当事人可以选择相应的程序对自己的权利进行救济：一是根据当事人双方达成的书面仲裁协议重新申请仲裁机构进行仲裁；二是可以就双方的争议纠纷向人民法院提起诉讼。因此，基于法律对不予执行仲裁裁决的当事人已经规定了相应的救济途径，人民法院没有必要再通过执行监督程序对当事人权利予以相应的救济。

第二种意见认为，《执行规定》第 71 条规定："上级人民法院依法监督下级人民法院的执行工作。最高人民法院依法监督地方各级人民法院和专门法院的执行工作。"第 72 条规定："上级法院发现下级法院在执行中作出的裁定、决定、通知或具体执行行为不当或有错误的，应当及时指令下级法院纠正，并可以通知有关法院暂缓执行。下级法院收到上级法院的指令后必须立即纠正。如果认为上级法院的指令有错误，可以在收到该指令后五日内请求上级法院复议。上级法院认为请求复议的理由不成立，而下级法院仍不纠正的，上级法院可直接作出裁定或决定予以纠正，送达有关法院及当事人，并可直接向有关单位发出协助执行通知书。"从上述规定可知，上级人民法院有权依法监督下级人民法院的执行工作。裁定不予执行仲裁裁决也属于下级人民法院执行工作的一部分，上级人民法院有权对其进行监督。对此问题，最高人民法院有观点认为，应当赋予当事人更多救济途径。仲裁裁决被下级人民法院裁定不予执行的，当事人既可以根据《民事诉讼法》的规定重新申请仲裁或起诉，也可以根据《执行规定》向上级人民法院申诉，请求上级人民法院依法监督。司法实践中，最高人民法院在数起案件中的观点也均认为上级人民法院对下级人民法院不予执行或驳回不予执行申请的裁定有权提起执行监督。

笔者认为，仲裁裁决被人民法院裁定不予执行，法律已赋予了当事人两条救济途径，即达成仲裁协议重新申请仲裁机构仲裁或向人民法院提起诉讼。如果上级法院再予监督，有可能导致当事人无所适从，也可能导致下级法院受案判决结果与上级法院监督结果不一致，不仅浪费司法资源，还会导致新的矛盾。但司法实践中也存在对国内仲裁裁决随意裁定不予执行的问题，如果上级法院对此不行使监督权力，将不利于仲裁制度的发展。因此，对于不予执行仲裁裁决的裁定，一般情形下，应按上述规定执行，由当事人达成仲裁协议重新申请仲裁机构仲裁或向人民法院提起诉讼。如果当事人达成仲裁协议重新申请仲裁机构仲裁或向人民法院提起诉讼的，人民法院对于不予执行仲裁裁决的裁定不应当再行监督。特殊情形下，上级法院可再监督，但就此问题，亦有待于最高人民法院作出司法解释予以明确。

【典型案例】

苏州 A 置业有限公司、苏州市 B 担保有限责任公司、苏州市某金属材料有限公司、苏州市某黑色金属材料有限公司、徐某与某市百货总公司、江苏 C 集团公司资产转让合同纠纷案

  上诉人（原审原告）：苏州 A 置业有限公司
  上诉人（原审原告）：苏州市 B 担保有限责任公司
  上诉人（原审原告）：苏州市某金属材料有限公司
  上诉人（原审原告）：苏州市某黑色金属材料有限公司
  上诉人（原审原告）：徐某
  被上诉人（原审被告）：某市百货总公司
  被上诉人（原审被告）：江苏 C 集团公司

〔基本案情〕

上诉人苏州A置业有限公司（以下简称A公司）、苏州市B担保有限责任公司（以下简称担保公司）、苏州市某金属材料有限公司（以下简称金属公司）、苏州市某黑色金属材料有限公司（以下简称黑色金属公司）、徐某为与被上诉人某市百货总公司（以下简称百货公司）、江苏C集团公司（以下简称C公司）资产转让合同纠纷一案，不服江苏省高级人民法院（2005）苏民二初字第023号-2民事裁定，向本院提起上诉。本院依法组成合议庭，对本案进行了审理，现已审理终结。

原审法院审查查明：2004年9月10日，百货公司与拍卖公司签订了一份《委托拍卖合同》，由百货公司委托拍卖公司拍卖某商厦公司，该合同第十二条约定：因本合同发生的纠纷，双方同意向苏州市仲裁委员会申请仲裁。之后，A公司于2004年12月28日经拍卖取得某商厦公司，并在《拍卖成交确认书》（乙种）上签字盖章，该确认书载明，乙种拍卖成交确认书仅适用于拍卖人与买受人就单个的拍卖物达成的交易行为，如有争议，由苏州市仲裁委员会仲裁解决。2004年12月28日，百货公司、C公司与A公司签订了一份《转让协议》，该协议约定，A公司给付的转让款支付到拍卖公司指定的银行账户。该协议没有约定仲裁条款，亦没有将其作为《委托拍卖合同》和《拍卖成交确认书》的附件等内容的约定。之后，A公司亦是按约将5450万元转让款打到拍卖公司指定账户，再由拍卖公司转给百货公司、C公司。后因履行合同发生纠纷，A公司、担保公司、金属公司、黑色金属公司、徐某于2005年8月29日向江苏省高级人民法院提起诉讼。请求判令百货公司、C公司支付因迟延履行和不能完全履行合同的违约金1090万元；判决原告中止给付最后一期股权转让款5450万元；诉讼费由百货公司、C公司负担。被告百货公司、C公司在答辩期间提出管辖异议，认为本案实际为股权拍卖纠纷，应由苏州市仲裁委员会仲裁，故应驳回原告的起诉。2005年9月16日，百货公司向苏州市仲裁委员会递交仲裁申请书。2005年9月28日，苏州市仲裁委员会对百货公司的申请予以受理。

〔一审裁判理由与结果〕

原审认为：百货公司与拍卖公司之间的《委托拍卖合同》约定了仲裁条款，拍卖公司对某商厦公司的全部股权（百货公司、C公司各占50%股权）进行公开拍卖。A公司于2004年12月28日通过竞拍获得该标的，并在《拍卖成交确认书》上签字盖章，该确认书上也约定了仲裁条款，上述仲裁条款明确了仲裁机构及用仲裁方式解决纠纷，该约定不违反法律及有关规定，应当确认有效。百货公司、C公司与A公司签订了一份《转让协议》，约定A公司给付百货公司、C公司的转让款是通过拍卖公司的账户予以支付，且A公司实际履行中亦是按约将5450万元转让款打到拍卖公司指定账户，再由拍卖公司转给百货公司、C公司。综上，本案《转让协议》是以委托拍卖合同、成交确认书为基础，没有委托拍卖合同及成交确认书就没有本案的《转让协议》，《转让协议》与委托拍卖合同及成交确认书为一个紧密联系的整体，相互依存，《转让协议》的履行不能脱离委托拍卖合同及成交确认书，也不能脱离拍卖公司，A 公司与百货公司、C 公司签订的《转让协议》也没有排除拍卖成交确认书上的仲裁条款，故 A 公司、担保公司、金属公司、黑色金属公司、徐某在本案中的诉讼请求应当受到《拍卖成交确认书》中仲裁条款的约束。综上，A 公司的诉讼请求不符合法定的起诉条件，该院依照《中华人民共和国民事诉讼法》第一百一十一条第二项①的规定，裁定：驳回 A 公司、担保公司、金属公司、黑色金属公司、徐某的起诉。

[当事人上诉及答辩意见]

A 公司、担保公司、金属公司、黑色金属公司、徐某不服该民事裁定，向本院提起上诉称：（一）本案当事人之间没有仲裁协议，一审裁定违反仲裁法第四条的规定；（二）本案与委托拍卖合同属不同性质的合同，与成交确认书主体不同、法律关系不同，一审裁定认定本案当事人受成交确认书仲裁条款约束属适用法律错误；（三）在本案起诉后，百货公司、C 公司进行了答辩，接受了司法管辖，此后又提出管辖异议问题不应采信；（四）本案在原告起诉前，被告百货公司、C 公司在江苏省高级人民法院以本案所涉《转让协议》纠纷为由提出诉前保全，江苏省高级人民法院依法进行了保全，现又对法院管辖提出异议，十分可笑；（五）本案起诉的是股权转让纠纷，被告答辩也是股权转让纠纷，双方都认可，一审裁定改为资产转让纠纷没有事实依据。综上，请求撤销一审裁定，指令江苏省高级人民法院依法及时审理并由百货公司和 C 公司承担诉讼费。

百货公司和 C 公司答辩称：（一）一审法院对本案的事实认定无误；（二）一审法院对《委托拍卖合同》《成交确认书》《转让协议》之间的关系的性质认定准确，本股权转让是通过拍卖程序进行的，只有等双方转让款和拍卖标的交付完毕后，成交确认书才算履行完毕；股权《转让协议》是履行《成交确认书》的一项内容，其性质应是对《成交确认书》的补充和特别约定，故由《转让协议》引起的纠纷应当按照《成交确认书》确定的方式来执行；（三）上诉人的上诉理由无法律依据；《转让协议》不能独立存在，没有《成交确认书》就没有 A 公司与百货公司之间的法律关系，《成交确认书》中的约定包含买受人在履行拍卖活动中所发生的一切行为，故因履行《转让协议》所产生的争议，理所当然要按照《成交确认书》的约定提起仲裁；股权转让款也是由 A 公司打入拍卖公司账户，这也是因为有成交确认书存在，从付款方式上也可证明《转让协议》是《成交确认书》的实施细则和补充条款。综上，《转让协议》虽未直接约定仲裁条款，但其是《成交确认书》的组成部分，是对《成交确认书》的明确和细化，其与《委托拍卖合同》一起构成紧密联系的整体，因《转让协议》所产生的争议实质就是因《成交确认书》而产生的争议，两者调整的是

---

① 对应 2023 年《民事诉讼法》第 127 条第 2 项。

同一法律关系,请求驳回上诉,维持原裁定。

〔最高人民法院查明的事实〕

最高人民法院另查明：2005年5月20日,担保公司、金属公司及徐某共同向百货公司、C公司、拍卖公司出具《承诺担保函》,承诺对A公司支付剩余部分股权转让款的义务,由担保公司和徐某承担连带担保责任,由金属公司以委托拍卖公司拍卖的有关房产土地权证作担保。

2005年6月6日,A公司、金属公司、黑色金属公司、担保公司共同向百货公司、C公司出具《请求提供抵押担保书》,承诺对A公司支付转让款的义务,除2005年5月20日承诺不变外,金属公司、黑色金属公司分别承担连带责任。

〔最高人民法院裁判理由与结果〕

最高人民法院认为：与本案确定管辖权有关的三份合同分别为：百货公司与拍卖公司签订的《江苏省委托拍卖合同》,其中约定有仲裁条款；A公司与拍卖公司签订的《江苏省拍卖成交确认书》,其中约定有仲裁条款；百货公司、C公司和A公司签订的《转让协议》,该协议中没有将其列为另两份合同附件或接受另两份合同仲裁管辖的约定,也没有约定仲裁条款。这三份合同的主体不同,所形成的法律关系不同。尽管三份合同的产生有一定的关联性,但并不能因此否认三份合同的各自独立性。A公司、担保公司、金属公司、黑色金属公司、徐某依《转让协议》向原审法院提起诉讼,因该转让协议没有约定仲裁条款,《转让协议》中也没有接受另两份合同中仲裁管辖的内容,且A公司、担保公司、金属公司、黑色金属公司、徐某五方当事人明确表示不接受仲裁管辖。根据仲裁法的相关规定,当事人采用仲裁方式解决纠纷,应当自愿达成仲裁协议,没有仲裁协议,一方申请仲裁的,仲裁委员会不予受理。由此可见,当事人约定仲裁管辖必须有明确的意思表示并签订有仲裁协议,仲裁条款也仅在达成仲裁协议的当事人之间产生法律效力,不能约束合同之外的人。因此,对于A公司、担保公司、金属公司、黑色金属公司、徐某五方当事人依《转让协议》向人民法院提起的诉讼,人民法院具有管辖权。从《转让协议》内容看,转让股权的成交价为10900万元,本案的诉讼标的额超过5000万元,从级别管辖上,符合最高人民法院核准的江苏省高级人民法院受理一审案件的标的额的规定。故江苏省高级人民法院应当依法受理此案。

综上,原审裁定认定事实清楚,但适用法律不当,应予撤销。上诉人上诉有理,本院予以支持。本院依照《中华人民共和国民事诉讼法》第一百五十二条第一款、第一百五十三条第一款第二项、第一百五十四条、第一百五十八条①之规定,裁定如下：

一、撤销江苏省高级人民法院（2005）苏民二初字第023号-2民事裁定；

---

① 对应2023年《民事诉讼法》第176条第1款、第177条第1款第2项、第178条、第182条。

二、本案由江苏省高级人民法院受理。

本案一审案件审理费 50 元,其他费用 200 元,二审案件受理费 50 元,其他费用 200 元,由百货公司、C 公司共同承担。

本裁定为终审裁定。

> **规则 40:当事人签订多个合同,未约定仲裁条款的合同发生争议形成诉讼的,人民法院有权管辖**
>
> ——某电子有限责任公司、某机器翻译有限公司与某市科技风险投资有限公司、谢某、张某、仇某、黄某合作协议纠纷案[①]

【裁判规则】

为达成合作目的,当事人签订多个合同,但仅在一个合同中约定了仲裁条款,涉及该合同的仲裁裁决生效后,又因其他未约定仲裁条款的合同的争议形成诉讼,一方当事人仅以仲裁裁决已生效为由主张人民法院无管辖权的,人民法院不予支持。在生效仲裁裁决依据的合同与人民法院处理争议案件依据的合同不同,人民法院审理的内容也不涉及仲裁条款约定事项的情形下,一方当事人以"一事不再理"为由主张人民法院不应重复处理的,人民法院不予支持。

【规则理解】

一、仲裁协议纠纷或裁或审制度的内涵

仲裁协议纠纷或裁或审制度是仲裁法的基本制度之一,是指当事人发生合同纠纷或其他财产权益纠纷,选择解决争议途径时,在仲裁或者诉讼中只能二者取其一的制度。当事人选择了仲裁,就不能再选择诉讼;当事人选择了诉讼,就不能再选择仲裁。《仲裁法》第 5 条规定:"当事人达成仲裁协议,一方向人民法院起诉的,人民法院不予受理,但仲裁协议无效的除外。"这是仲裁协议纠纷或裁或审制度的法律依据。其含义体现在:1. 当事人对纠纷的解决方式具有选择权。如果当事人选择仲裁方式,当事人在纠纷提交有关机构处理前应达成仲裁协议,当纠纷发生时,任何一方当事人可以根据仲裁协议向仲裁机构申请仲裁。如果当事人没有达成仲裁协议,或者当事人达成的仲裁协议属于无效

[①] 载《中华人民共和国最高人民法院公报》2011 年第 3 期。

协议时，当事人只能通过诉讼方式解决纠纷，当事人选择仲裁方式的，仲裁机构不能仲裁。2. 在受理纠纷时仲裁和诉讼两种方式之间具有排斥性，即仲裁机构不能受理当事人之间没有达成仲裁协议的纠纷案件，法院一般情况下也不宜受理当事人之间已经达成仲裁协议的纠纷案件。仲裁协议是确定纠纷解决方式的唯一依据，有效的仲裁协议具有排除法院管辖的效力。只有在没有仲裁协议，仲裁协议无效、失效，或者双方当事人共同放弃仲裁协议的情况下，法院才可以行使司法权。①《民事诉讼法》第 127 条第 2 项规定，依照法律规定，双方当事人达成书面仲裁协议申请仲裁、不得向人民法院起诉的，告知原告向仲裁机构申请仲裁。《民事诉讼法解释》第 215 条规定："依照民事诉讼法第一百二十七条第二项的规定，当事人在书面合同中订有仲裁条款，或者在发生纠纷后达成书面仲裁协议，一方向人民法院起诉的，人民法院应当告知原告向仲裁机构申请仲裁，其坚持起诉的，裁定不予受理，但仲裁条款或者仲裁协议不成立、无效、失效、内容不明确无法执行的除外。"第 216 条规定："在人民法院首次开庭前，被告以有书面仲裁协议为由对受理民事案件提出异议的，人民法院应当进行审查。经审查符合下列情形之一的，人民法院应当裁定驳回起诉：（一）仲裁机构或者人民法院已经确认仲裁协议有效的；（二）当事人没有在仲裁庭首次开庭前对仲裁协议的效力提出异议的；（三）仲裁协议符合仲裁法第十六条规定且不具有仲裁法第十七条规定情形的。"

二、仲裁协议纠纷案件管辖权的基础

仲裁与诉讼相互独立，是两种并列的纠纷解决机制，但两者所确立的案件管辖权的基础不同。仲裁机构受理仲裁案件的管辖权来自当事人的授权，当事人之间只有签订了合法有效的仲裁协议，才能通过仲裁方式解决纠纷。仲裁案件管辖权的基础建立在双方当事人达成的仲裁协议的基础上。法院受理案件的管辖权来自法律赋予的主管权，即法院受理民事案件，必须符合法律规定的法院受理民事诉讼的范围和受诉法院管辖，当事人之间无须达成协议就可直接向有管辖权的人民法院提起民事诉讼。对案件管辖权的基础不同是仲裁与民事诉讼的重大区别之一。当双方当事人因为多个合同发生纠纷，且纠纷并未同时发生，没有在一个案件中解决时，这些单个的合同纠纷是通过仲裁还是通过诉讼方式予以解决，需要根据合同是否约定了仲裁进行判断：合同中约定了仲裁条款，证明该案仲裁具备了案件管辖权的基础，案件应当通过仲裁方式解决，法

---

① 江伟主编：《仲裁法》，中国人民大学出版社 2009 年版，第 86 页。

院对案件没有管辖权；反之，如果当事人没有约定仲裁，由于缺乏对案件管辖权的基础，当事人不能通过仲裁方式解决，而应当通过民事诉讼解决。但双方放弃仲裁协议，或一方主张诉讼，另一方不主张仲裁且答辩的，可以通过诉讼的方式解决纠纷。

三、仲裁协议纠纷或裁或审制度的适用

仲裁协议纠纷在适用或裁或审制度时，主要存在以下两种情形：

第一，当事人双方达成仲裁协议后，一方当事人不信守协议向人民法院起诉，另一方当事人在对实体权利作实质性答辩之前，可以向人民法院提出管辖异议，以当事人之间存在仲裁协议，应通过仲裁方式解决为由，申请法院驳回起诉。

第二，当事人之间没有达成仲裁协议，一方当事人向法院提起诉讼，另一方当事人以双方存在仲裁协议，应当通过仲裁方式解决为由，要求法院不予受理，驳回起诉。对于此种情形，法院应当在审查当事人主张的仲裁协议是否真实存在、是否合法有效、是否与本案具有关联后再作出认定，即审查提出异议一方当事人的主张是否具有证据支持。如果有证据支持，则其异议成立，人民法院应依法驳回原告的起诉。否则，其异议不成立，人民法院继续审理。

四、仲裁的受理

所谓仲裁的受理是指仲裁委员会对当事人的仲裁申请经过审查，认为符合法律规定的申请条件，从而决定立案的行为。仲裁的受理以当事人申请仲裁为前提，没有当事人的申请仲裁行为，就没有仲裁委员会的仲裁受理行为发生，仲裁程序就无法开始，也就无法得出仲裁裁决结果。

（一）立案审查

仲裁委员会在受理案件时，至少应当依法对当事人的仲裁申请作如下审查：1. 审查有无仲裁协议，仲裁协议是否合法、有效；2. 当事人提交的仲裁申请书是否符合要求，是否具有明确的仲裁请求、请求的事实和理由；3. 是否属于仲裁委员会的受理范围等。经审查，符合受理条件的，仲裁委员会作出受理案件的决定，依法立案；对于不符合条件的，作出不予受理的决定，将仲裁申请连同其他材料退还当事人，如果属于人民法院受理案件范围的，告知当事人向有管辖权的人民法院提起诉讼。

（二）受理的法律效力

仲裁委员会决定受理案件，申请人和被申请人即取得了仲裁当事人的法律资格，当事人依法享有仲裁法及仲裁规则规定的权利，也要承担相应的义务；同时，受理仲裁申请的仲裁委员会取得了对这一案件的仲裁权，当事人与仲裁委员会发生仲裁的法律关系。仲裁委员会应当依据仲裁法和仲裁规则的规定对案件进行审理并作出仲裁裁决，当事人不得就同一纠纷向人民法院提起诉讼或者向其他仲裁委员会申请仲裁。

五、仲裁裁决

所谓仲裁裁决是指仲裁庭依法对当事人提交仲裁的案件在审理过程中或审理后，在认定证据、查明事实的基础上，依法对当事人提出的仲裁请求或反请求以及与仲裁请求或反请求相关事项作出的书面决定。[①] 仲裁裁决是仲裁案件经过申请、受理、组庭、审理等环节，由仲裁庭"生产"出的"产品"，确定争议各方当事人之间的权利义务关系，宣示了仲裁程序的终结。

（一）裁决结果和依据

裁决结果是仲裁裁决的核心，仲裁裁决不仅载明裁决结果，还载明仲裁请求、争议事项、查明的事实和裁决理由等。裁决结果是仲裁庭对当事人之间实体权利义务的确定，是对当事人提请仲裁的争议案件的最终观点，也是当事人行使权利、履行义务的根据。裁决的依据包括仲裁结果所认定的事实和适用的法律。仲裁结果是仲裁庭依据当事人提出的请求及与请求相关的事项，围绕争议的事实进行审理并作出的裁决，因此，当事人没有争议、没有提出请求或者有争议未请求的事项均不是仲裁庭的裁决范围，与裁决的案件不属同一个法律关系，当事人如果有争议，应当根据合同约定或法律规定选择争议的解决方式另行解决。

（二）仲裁裁决的证据效力

仲裁裁决作为生效法律文书，具有证据效力，可以作为证据使用。但仲裁裁决证明力的效力范围仅限于其本身所记载并确认的事项，对于未予记载和确认的事项，该裁决书并不能证明之。因此，生效仲裁裁决能证明的是已经裁决的事项，未予裁决事项不属于证明内容。

【拓展适用】

一、一裁终局制度

一裁终局是指仲裁机构对其受理的当事人之间的纠纷，经过审理作出的仲

---

① 江伟主编：《仲裁法》，中国人民大学出版社2009年版，第193页。

裁裁决具有终局法律效力的制度。一裁终局是我国《仲裁法》的一项基本制度。《仲裁法》第9条第1款规定："仲裁实行一裁终局的制度。裁决作出后，当事人就同一纠纷再申请仲裁或者向人民法院起诉的，仲裁委员会或者人民法院不予受理。"第62条进一步规定："当事人应当履行裁决。一方当事人不履行的，另一方当事人可以依照民事诉讼法的有关规定向人民法院申请执行。受申请的人民法院应当执行。"一裁终局的具体含义是：当事人之间的纠纷经仲裁裁决后，任何一方当事人不得就同一纠纷再次向仲裁委员会申请仲裁，也不得向人民法院起诉；仲裁庭作出的仲裁裁决，如同人民法院作出的终审判决，具有终局的法律效力，当事人应当履行，拒绝履行的，另一方当事人可以依照《民事诉讼法》的有关规定向人民法院申请强制执行。

一裁终局法律制度的设立，体现了尊重当事人意思自治，体现了仲裁程序的高效快捷，体现了仲裁裁决的权威性，为迅速、经济地解决纠纷提供了保障，为世界多国认可和遵循。

二、仲裁裁决的撤销

（一）仲裁裁决撤销程序的性质及效力

1. 仲裁裁决撤销程序的性质。所谓撤销仲裁裁决，是指发生法律效力的仲裁裁决如果存在法律规定的条件和事由，当事人或者利害关系人有权提起诉讼请求人民法院撤销该裁决，以维护其合法权益的程序法律制度。撤销仲裁裁决具有救济和监督两个方面的意义：一方面，申请撤销仲裁裁决是仲裁法赋予当事人和利害关系人的一项重要诉讼权利，是当事人、利害关系人寻求司法救济纠正错误仲裁裁决的重要手段。另一方面，撤销仲裁裁决和法院裁定不予执行仲裁裁决一样，是人民法院对仲裁实施司法监督和司法控制的一项重要措施，是实现仲裁裁决公正性、仲裁制度有效性的根本保障。

对于仲裁裁决撤销程序的性质，在理论上存在三种不同观点：[1] 第一种观点为给付之诉说。该观点认为，仲裁裁决是由仲裁员而非法院作出，法院不得撤销。申请人申请撤销仲裁，是在请求法院命令对方不得主张仲裁裁决的效力。第二种观点为确认之诉说。该观点认为，当事人订立仲裁协议的目的，在于取得有效的仲裁裁决。仲裁机构作出的裁决如有瑕疵，则对当事人无拘束力。当事人对此如有争执，向法院提起撤销之诉，视为确认仲裁裁决对当事人没有拘束力。第三种观点为形成之诉说。该观点认为，申请人申请将已经生效的仲裁

---

[1] 林一飞：《仲裁裁决抗辩的法律与实务》，武汉大学出版社2008年版，第57页。

裁决撤销，是以法院的判决或裁定消灭仲裁裁决的效力。笔者认为，从申请撤销仲裁裁决导致已经确定的法律关系发生消灭这一法律效果而言，仲裁裁决撤销程序具有形成之诉的特征。

2. 撤销仲裁裁决对仲裁协议的效力。仲裁裁决被撤销后，对原仲裁协议是否产生约束力，当事人之间的仲裁协议如何，不同的国家有不同的立法例[①]：第一，完全排除仲裁协议的效力。例如，法国法律规定，法院撤销裁决的，除非当事人有相反的约定，受理撤销案件的法院应当就争议的实体问题作出裁决。第二，由法院决定仲裁协议的效力。例如，英国法律规定，裁决全部或部分被撤销或被宣布无效的，法院可命令仲裁协议关于裁决由于诉讼程序的任何规定，在某些情况下就裁决的相关事项而言，均为无效。第三，维持仲裁协议的效力。例如，德国法律规定，裁决被撤销后，在无相反指定的情况下，与争议标的有关的仲裁协议继续有效。第四，对仲裁协议的效力继续限制。例如，《仲裁法》第9条第2款规定："裁决被人民法院依法裁定撤销或者不予执行的，当事人就该纠纷可以根据双方重新达成的仲裁协议申请仲裁，也可以向人民法院起诉。"从上述规定可见，我国对撤销仲裁裁决采取了排除仲裁协议效力的做法，但又允许当事人重新达成仲裁合意。

（二）仲裁裁决撤销的事由

撤销仲裁裁决的事由是指法院据以撤销仲裁裁决的原因和依据，包括国内仲裁裁决撤销事由和涉外仲裁裁决撤销事由。

1. 对于国内仲裁裁决的撤销事由，我国仲裁法从违背程序和实体公正、仲裁员违背道德行为准则、违背公共秩序等方面作出了规定。根据《仲裁法》第58条规定，撤销国内仲裁裁决的事由为：（1）没有仲裁协议的；（2）裁决的事项不属于仲裁协议的范围或者仲裁委员会无权仲裁的；（3）仲裁庭的组成或者仲裁的程序违反法定程序的；（4）裁决所依据的证据是伪造的；（5）对方当事人隐瞒了足以影响公正裁决的证据的；（6）仲裁员在仲裁该案时有索贿受贿、徇私舞弊、枉法裁决行为的；（7）法院认定裁决违背社会公共利益的。

2. 涉外仲裁裁决的撤销事由。依照《仲裁法》第70条规定和《民事诉讼法》第291条第1款规定，涉外仲裁裁决的撤销事由为：（1）当事人在合同中没有订有仲裁条款或者事后没有达成书面仲裁协议的；（2）被申请人没有得到

[①] 袁冶：《论国际商事仲裁裁决撤销的若干程序问题》，载《西南政法大学学报》2004年第11期。

指定仲裁员或者进行仲裁程序的通知,或者由于其他不属于被申请人负责的原因未能陈述意见的;(3) 仲裁庭的组成或者仲裁的程序与仲裁规则不符的;(4) 裁决的事项不属于仲裁协议的范围或者仲裁机构无权仲裁的。

从上述不同事由可见,国内仲裁和涉外仲裁裁决撤销程序审查事由范围存在不同,其主要区别在于是否审查实体问题。我国法院对国内仲裁裁决既审查程序问题也审查实体问题;但我国法院对涉外仲裁裁决只进行程序审查,而不审查裁决的实体问题。

(三) 撤销仲裁裁决的程序

1. 当事人提起撤销仲裁裁决之诉。根据《仲裁法》第58条、第59条、第70条的规定,提起撤销仲裁裁决之诉必须具备以下条件:(1) 提出撤销仲裁裁决的主体必须是仲裁当事人;但是下列主体也应当有权以当事人的身份提起撤销程序:一是属于自然人的当事人死亡的,其继承人;二是当事人是法人,发生分立或者合并的,其权利义务承受人;三是债权让与中的权利受让人或者债务转移的债务承继人,但当事人另有约定、在受让债权债务时明确反对或者不知有单独仲裁协议的除外;四是人民法院发现仲裁裁决违反公共利益的,可依职权主动予以撤销。(2) 必须在法定的期限即收到裁决书之日起6个月内提出;此期间为不变期间,不适用诉讼时效中止、中断和延长的规定。(3) 必须有证据证明仲裁裁决有法定规定的应予撤销的情形。

2. 人民法院对撤销裁决请求的审查处理。根据《仲裁法》第60条和第61条的规定,人民法院应当区别不同的情形作出以下裁定:裁定驳回申请;裁定撤销裁决;裁定中止撤销程序;裁定恢复撤销程序。其中裁定驳回申请和裁定撤销裁决具有终局性,当事人不能上诉,不能申请再审,检察院不能提起抗诉。仲裁裁决被依法撤销后,当事人的纠纷没有解决。当事人可以重新寻求解决纠纷的方法,重新达成仲裁协议申请仲裁或者直接向人民法院提起诉讼。裁定中止撤销程序和裁定恢复撤销程序属于撤销仲裁裁决程序中出现重新仲裁情形后作出的中间裁决,不具有终局性。

三、重新仲裁

(一) 重新仲裁的内涵

重新仲裁是指当事人对仲裁裁决提出异议,人民法院经审查认为该仲裁裁决存在瑕疵,但该瑕疵可以通过重新仲裁裁决进行弥补修正的,将当事人申请撤销仲裁裁决的案件发回仲裁庭进行重新仲裁审理的制度,《仲裁法》第61条规定:"人民法院受理撤销裁决的申请后,认为可以由仲裁庭重新仲裁的,通知仲裁庭在一定期限内重新仲裁,并裁定中止撤销程序。仲裁庭拒绝重新仲裁的,人民法院应当裁定恢复撤销程序。"重新仲裁是原仲裁程序的继续,是仲裁裁决撤销程序中法院在尊重仲裁终局性基础上的司法支持和司法监督。

重新仲裁是仲裁裁决的救济制度,具有以下意义:1. 可以减少仲裁裁决被撤销的机会,提高纠纷解决的效率;2. 给予仲裁庭自行纠正、完善仲裁程序的机会,可以消除仲裁程序上的瑕疵,较为经济地弥补仲裁程序的缺陷和不足,有利于维护仲裁裁决的终局性;3. 符合纠纷解决机制的效率和公正原则,既维护公正原则,又体现对效率的追求,防止社会资源的浪费。

(二) 重新仲裁的适用条件

重新仲裁的适用,至少应当具备以下三个条件:一是必须在撤销仲裁裁决的诉讼程序中启动,不能在执行仲裁裁决程序中启动。二是启动的理由必须符合法定事由之一,且重新仲裁的理由不能超出当事人申请撤销仲裁裁决的法定事由的范围。三是仲裁裁决的错误是仲裁庭可以通过重新仲裁加以纠正的错误。这是决定重新仲裁范围的最本质的条件。

实践中应当注意,当事人可以申请撤销仲裁裁决的法定事由并不全部适用于重新仲裁,如没有仲裁协议的、裁决事项不属于仲裁协议范围的、仲裁委员会无权仲裁的情形等,不能适用重新仲裁。

四、对撤销仲裁裁决或者指令重审的裁定不得上诉和再审

(一) 部分国家和地区对于撤销仲裁裁决的裁判允许上诉

对于仲裁裁决的撤销或者指令重审是否实行一审终局,对此问题不同国家和地区的立法例有不同的规定。部分国家和地区,对于撤销仲裁裁决的裁判是允许上诉救济的。[①]

(二) 我国法律规定撤销仲裁裁决或者指令重审的裁定不得上诉和再审

《民事诉讼法》第 157 条、第 248 条,以及《仲裁法》第 58 条、第 59 条和第 70 条规定了对仲裁裁决的裁定不予执行和撤销制度,除不予执行的裁定不能上诉外,上述法律对撤销裁决的裁定、驳回撤销申请的裁定、驳回不予执行申请的裁定是否可以上诉以及所有司法监督裁定可否申请再审均未作规定。但从最高人民法院的角度而言,始终坚持撤销裁决的"一审终局"原则,集中体现在司法解释中,就是既不允许对撤销仲裁裁决的裁定提起上诉和再审,也不

---

① 江必新主编:《新民事诉讼法执行程序讲座》,法律出版社 2012 年版,第 191~192 页。

允许检察机关抗诉。具体体现：第一，对撤销仲裁裁决裁定不能上诉。不论是裁定撤销仲裁裁决，还是驳回当事人申请撤销仲裁裁决的申请后，当事人均无权上诉。第二，对撤销仲裁裁决的裁定不能向人民法院申请再审。《最高人民法院关于当事人对人民法院撤销仲裁裁决的裁定不服申请再审人民法院是否受理问题的批复》（法释〔1999〕6号）明确规定："根据《中华人民共和国仲裁法》第九条规定的精神，当事人对人民法院撤销仲裁裁决的裁定不服申请再审的，人民法院不予受理。"第三，对裁定的抗诉人民法院不予受理。根据《最高人民法院关于人民检察院对撤销仲裁裁决的民事裁定提起抗诉人民法院应如何处理问题的批复》（法释〔2000〕17号）和《最高人民法院关于人民检察院对不撤销仲裁裁决的民事裁定提出抗诉人民法院应否受理问题的批复》（法释〔2000〕46号），不论是人民检察院针对撤销仲裁裁决的裁定，还是不予撤销仲裁裁决的裁定提出的抗诉，人民法院均不予受理。当事人唯一的法律救济途径就是根据《仲裁法》第9条的规定，双方重新达成仲裁协议申请仲裁，也可以向人民法院起诉。以上均从另外的角度维护仲裁的"终局性"。

五、对驳回撤销仲裁裁决申请的裁定不能再审

（一）当事人对驳回撤销仲裁裁决申请的裁定不能申请再审

对于人民法院驳回申请撤销仲裁裁决的裁定，当事人能否申请再审，是否属于申请再审案件受理范围，存在两种不同意见。

第一种意见认为，对人民法院驳回撤销仲裁裁决的裁定申请再审，不属于申请再审案件受理范围，应当不予受理。其理由是：（1）《民事诉讼法解释》第379条规定，当事人认为发生法律效力的不予受理、驳回起诉的裁定错误的，可以申请再审。该条未规定对驳回申请撤销仲裁裁决的裁定，当事人可以申请再审。（2）《最高人民法院关于人民检察院对不撤销仲裁裁决的民事裁定提出抗诉人民法院应否受理问题的批复》（以下简称《抗诉批复》）规定，人民检察院对发生法律效力的不撤销仲裁裁决的民事裁定提出抗诉，没有法律依据，人民法院不予受理。既然人民检察院不能对发生法律效力的不撤销仲裁裁决的民事裁定提出抗诉，按照该批复的精神，不撤销仲裁裁决的裁定也应当不属于申请再审范围，当事人不能对驳回申请撤销仲裁裁决的裁定申请再审。（3）仲裁实行"一裁终局"的制度，人民法院应当遵循这一制度，尊重仲裁裁决的效力，尽可能维持仲裁裁决的效力。当事人不服仲裁裁决，向人民法院申请撤销仲裁裁决，人民法院审理后，无论作出何种裁定，都不能允许当事人申请再审，否则将破坏"一裁终局"制度，对仲裁作用的发挥产生不良影响。

第二种意见认为，对人民法院驳回申请撤销仲裁裁决的裁定申请再审，属于申请再审案件受理范围，应予受理；人民法院院长发现确有错误，认为需要撤销的，应当提交审判委员会讨论决定后，裁定撤销原裁定。理由如下：（1）《最高人民法院关于规范人民法院再审立案的若干意见（试行）》（以下简称《再审立案若干意见（试行）》）第14条列举了申请再审不予受理的各类案件，其中第2项明确规定了人民法院裁定撤销仲裁裁决和裁定不予执行仲裁裁决的案件不属于申请再审受理范围，但并未规定驳回申请撤销仲裁裁决的裁定也属于不予受理之列，司法解释没有明确禁止的，应当理解为法律并不禁止申请再审。虽然《抗诉批复》规定人民法院对检察院关于不撤销仲裁裁决的民事裁定的抗诉不予受理，但并不意味着驳回申请撤销仲裁裁决的裁定不属于申请再审范围。（2）《民事诉讼法》和《仲裁法》均规定了司法对仲裁的监督制度，对于具备法定情形的仲裁裁决，经当事人申请，人民法院可以裁定不予执行或者撤销仲裁裁决，这说明仲裁"一裁终局"制度并不是绝对的。《再审立案的若干意见（试行）》对于人民法院裁定撤销仲裁裁决和裁定不予执行仲裁裁决的案件明确规定不能申请再审，是考虑到在人民法院裁定撤销仲裁裁决或裁定不予执行仲裁裁决后，当事人可以依据《民事诉讼法》和《仲裁法》的规定，就该纠纷根据双方重新达成的仲裁协议申请仲裁，或者向人民法院起诉，当事人仍有救济权利的途径。但驳回申请撤销仲裁裁决的裁定与此不同，当事人申请撤销仲裁裁决被驳回后，仲裁裁决依然有效，当事人既不能重新达成仲裁协议申请仲裁，也不能向人民法院另行起诉，如果仲裁裁决确实存在应当依法撤销的情形却不允许当事人申请再审，那么当事人就丧失了权利救济的途径，其合法权益无法得到保护。因此，对于驳回撤销仲裁裁决的裁定，应当与撤销仲裁裁决或不予执行仲裁裁决的裁定区别对待，从保护当事人权益的角度出发，给予当事人申请再审的权利，或者以院长发现法院依职权再审予以撤销解决。

最高人民法院于2004年7月20日作出《关于当事人对驳回其申请撤销仲裁裁决的裁定不服而申请再审，人民法院不予受理问题的批复》（法释〔2004〕9号），认为：当事人对人民法院驳回其申请撤销仲裁裁决的裁定不服而申请再审的，人民法院不予受理。主要理由是：第一，根据《仲裁法》"一裁终局"原则，对于驳回申请撤销仲裁裁决的裁定不应允许申请再审。《仲裁法》第9条第1款规定："仲裁实行一裁终局的制度。裁决作出后，当事人就同一纠纷再申请仲裁或者向人民法院起诉的，仲裁委员会或者人民法院不予受理。"根据《最高人民法院关于当事人对人民法院撤销仲裁裁决的裁定不服申请再审人民法院是否受理问题的批复》《最高人民法院关于人民检察院对撤销仲裁裁决的民事裁定提起抗诉人民法院应如何处理问题的批复》《最高人民法院关于人民检察院对不撤销仲裁裁决的民事裁定提出抗诉人民法院应否受理问题的批复》等文件的规定,对于法院撤销仲裁裁决的裁定,当事人无上诉权和申请再审权,检察院不能抗诉;对于法院驳回撤销申请和不撤销仲裁裁决的裁定,当事人无上诉权,检察院亦不得抗诉。另外,对于人民法院裁定不予执行仲裁裁决的,当事人也无申请再审权。这一系列批复表明,虽然《仲裁法》和《民事诉讼法》规定了仲裁司法监督制度,但最高人民法院一贯持仲裁司法监督有限的态度,避免审判权对仲裁的干预过大,以保护当事人的意思自治,促进仲裁事业的发展。如果允许当事人对法院驳回申请撤销仲裁裁决的裁定申请再审,则仲裁裁决随时有可能通过再审程序被撤销,效力无法确定,违背了"一裁终局"和仲裁司法监督有限的原则。第二,根据尊重当事人意思自治,迅速、快捷解决纠纷等仲裁法的立法意旨,对于驳回撤销仲裁裁决的裁定不应允许申请再审。仲裁是当事人自治性解决纠纷的制度,其立法意旨在于充分尊重当事人的意思自治、简化程序、迅速快捷地解决纠纷。根据《民事诉讼法》《仲裁法》和有关司法解释,法院就仲裁所作出的各类裁定均不允许当事人上诉和申请再审。就驳回申请撤销仲裁裁决的裁定而言,最高人民法院明确规定,当事人不得上诉,人民检察院亦不得抗诉。根据诉讼程序设置的一般原理,上诉审是针对未生效裁判的普通救济程序,再审是针对已生效裁判的特别救济程序,相对于上诉审程序而言,再审程序的启动应当更为慎重,对于法律未赋予上诉审救济的裁判,不应允许通过启动再审程序予以变更。如果允许一方当事人对驳回撤销仲裁裁决的裁定申请再审,必然导致程序的复杂化,纠纷长期得不到根本解决,违背了当事人选择仲裁迅速解决纠纷的一致意思表示,同时也不符合诉讼程序设置的一般原理。第三,仲裁权的来源是双方当事人意思表示一致达成的仲裁协议,当事人在达成仲裁协议时就应当具备尊重仲裁权并履行仲裁裁决的诚意,并预见到仲裁裁决对其不利的后果。人民法院认为仲裁裁决不具备法定撤销的情形,裁定不撤销仲裁裁决,实质上是维护了仲裁裁决的效力,纠纷通过仲裁已经得以解决,当事人应当履行裁决内容,这也是"一裁终局"原则和诚实信用原则的必然要求。

(二)人民法院不能依职权启动对驳回撤销仲裁裁决申请裁定的再审

对于撤销仲裁裁决后又依职权启动再审应如何处理,存在不同的意见。第一种意见认为,根据《仲裁法》和最高人民法院有关司法解释规定,人民法院撤销仲裁裁决后，当事人对法院的裁定无上诉权和申诉权，检察机关亦不得抗诉。当事人可以重新达成仲裁协议申请仲裁，也可以向人民法院提起诉讼，法律已明确了解决此类问题的救济程序规定。且《仲裁法》是特别法，应优于《民事诉讼法》。故本院院长对此类生效裁定启动审判监督程序没有法律依据。即使撤销仲裁裁定有误，当事人亦应通过仲裁法规定的解决纷争的程序规定，实现其权利。第二种意见认为，依据《民事诉讼法》的规定，本院院长对本院已发生法律效力的判决、裁定具有监督权。《仲裁法》和最高人民法院的批复都是指当事人申诉的情形，目前没有法律明确规定把院长对此类案件的监督权排除掉。本院院长发现本院生效的判决、裁定有错误，当事人没有申诉，也应监督，故本院院长决定再审，依法有据。主要理由是：第一，从《仲裁法》规定的当事人享有的法律救济途径而言，不应允许以院长发现确有错误为由对撤销仲裁裁决的裁定提起再审。《仲裁法》第9条第2款规定："裁决被人民法院依法裁定撤销或者不予执行的，当事人就该纠纷可以根据双方重新达成的仲裁协议申请仲裁，也可以向人民法院起诉。"据此，仲裁裁决被人民法院裁定撤销的，当事人之间的纠纷即恢复到尚未解决的状态，当事人既可以重新达成仲裁协议申请仲裁，也可以直接向人民法院起诉，从而享有选择解决纠纷方式的权利。允许法院以院长发现确有错误为由，对于撤销仲裁裁决的裁定进行再审，实质上是否定纠纷已恢复到未解决的状态，试图恢复原有仲裁裁决的法律效力，与《仲裁法》上述规定直接冲突，剥夺了当事人依据《仲裁法》享有的纠纷解决方式选择权，可能导致此类纠纷最终转移至法院，从而根本妨碍《仲裁法》相关规定的实施。第二，从减少对当事人意思自治的职权干预，坚持仲裁司法监督有限原则而言，不应允许以院长发现确有错误为由对撤销仲裁裁决的裁定提起再审。根据最高人民法院《关于当事人对人民法院撤销仲裁裁决的裁定不服申请再审人民法院是否受理问题的批复》《关于人民检察院对撤销仲裁裁决的民事裁定提起抗诉人民法院应如何处理问题的批复》《关于人民检察院对不撤销仲裁裁决的民事裁定提出抗诉人民法院应否受理问题的批复》的规定，对于法院撤销仲裁裁决的裁定，当事人无上诉权和申请再审权，检察院抗诉的，人民法院不予受理；对于法院驳回撤销申请和不撤销仲裁裁决的裁定，当事人无上诉权，检察院抗诉的，人民法院亦不予受理。另外，对于人民法院裁定不予执行仲裁裁决的，当事人也无申请再审权。这一系列批复表明，仲裁司法监督有限是最高人民法院一贯坚持的原则。将仲裁司法监督限制在一定范围内，避免审判权对于仲裁的干预过大，体现了对当事人意思自治的保护，有利于仲裁事业的发展。允许以院长监督程序提起再审有悖于这一原则，与当事人的意思自治根本违背。第三，从防止无限再审，简化程序，迅速解决纠纷的角度而言，应当对院长提起再审进行限制，不应允许对撤销仲裁裁决的裁定提起再审。仲裁是当事人自治性解决纠纷的制度，其立法意旨在于充分尊重当事人的意思自治、简化程序、迅速快捷地解决纠纷，遵循一裁终局原则。

根据《民事诉讼法》《仲裁法》和有关司法解释，法院就仲裁所作出的各类裁定均不允许当事人上诉和申请再审。根据诉讼程序设置的一般原理，上诉审是针对未生效裁判的普通救济程序，再审是针对已生效裁判的特别救济程序，相对于上诉审程序而言，再审程序的启动应当更为慎重，对于法律未赋予上诉审救济的裁判，不应允许通过启动再审程序予以变更。尽管《民事诉讼法》未明确限定院长提起再审的案件范围，但如果允许以院长发现确有错误为由对撤销仲裁裁决的裁定提起再审，显然使程序复杂化，不利于纠纷的迅速解决。以《民事诉讼法》未明确限定院长提起再审的适用范围为由，对于此类裁定提起再审，是审判职权主义的表现，可能产生审判监督权凌驾于当事人诉权和检察监督权之上的后果，是导致实践中无限再审的重要根源。

【典型案例】

某电子有限责任公司、某机器翻译有限公司与某市科技风险投资有限公司、谢某、张某、仇某、黄某合作协议纠纷案

再审申请人（一审原告、二审被上诉人）：某电子有限责任公司

再审申请人（一审原告、二审被上诉人）：某机器翻译有限公司

再审被申请人（一审被告、二审上诉人）：某市科技风险投资有限公司

再审被申请人（一审被告、二审上诉人）：谢某

再审被申请人（一审被告、二审上诉人）：张某

再审被申请人（一审被告、二审上诉人）：仇某

再审被申请人（一审被告）：黄某

[基本案情]

申请再审人某电子有限责任公司（以下简称某电子公司）、某机器翻译有限公司（以下简称某翻译公司）与被申请人某市科技风险投资有限公司（以下简称科技公司）、谢某、张某、仇某、黄某合作协议纠纷一案，广东省高级人民法院于2008年6月3日作出（2007）粤高法民一终字第315号民事裁定，已经发生法律效力。本院于2009年7月20日作出（2008）民申字第833号民事裁定，提审本案。本院依法组成合议庭，于2010年5月13日开庭审理了本案。本案现已审理终结。

2006年8月8日，某电子公司、某翻译公司起诉至广东省广州市中级人民法院

称，2004年下半年，由于广州市某科技发展有限公司（以下简称发展公司）业绩不理想及股市低迷等，某电子公司、某翻译公司的海外子公司上市进程搁浅。经多方面考虑，2005年初某电子公司、某翻译公司与科技公司、谢某、张某、仇某、黄某达成了共识，认为短期内上市存在困难，同意根据《合作协议》的约定，终止已经签署的三份协议，即《合作协议》《股权转让协议》及某电子公司引进风险投资者的《框架协议》，将发展公司恢复原状。但是科技公司借口种种理由屡次拖延办理发展公司股权恢复原状的工商变更手续。2005年底，科技公司更是不顾已经达成的关于终止合作，恢复股权架构的合意，利用尚未恢复原状的发展公司的股权工商登记现状，单独以《股权转让协议》为依据，申请仲裁。由于仲裁条款仅在《股权转让协议》中进行了约定，而科技公司又拒绝对作为一个整体合作项目下的《合作协议》《框架协议》达成仲裁合意，最终导致北京仲裁委员会裁决某电子公司承担支付股权转让金及利息责任的不利后果。根据某电子公司、某翻译公司与科技公司、谢某、张某、仇某、黄某签订的《合作协议》第三条第十五项的约定，如因各种原因某电子公司重组上市未果，则终止本协议、《股权转让协议》和《框架协议》。对已经履行的部分，双方同意尽可能恢复原状，包括（但不限于）返还协议价格，恢复发展公司股权架构，重新进行相应工商变更等，对由此给双方造成的损失，双方同意按照公平原则各自承担。科技公司割裂《合作协议》《框架协议》《股权转让协议》的整体关系，隐瞒股权转让的真实背景，申请仲裁的行为严重违反了《合作协议》第三条第十五项的约定，该行为直接导致某电子公司、某翻译公司为还原事实真相、维护自身合法权益，不得不提起本案诉讼，给某电子公司、某翻译公司造成了严重的经济损失。请求人民法院：1.确认《合作协议》合法有效；2.判令终止《合作协议》，将某电子公司名义上的90%的发展公司股权分别变更登记由谢某持有36.11%、黄某持有14.33%、张某持有14.31%、仇某持有0.25%、科技公司持有25%，将某翻译公司名义上的10%的发展公司股权变更登记由谢某持有；3.判令科技公司赔偿因其违约给某电子公司、某翻译公司造成的额外经济损失166435.3元，包括仲裁律师费5万元，北京市海淀区人民法院执行仲裁裁决已扣划的款项48000元，某电子公司承担的仲裁费51630元，往返广州调查取证的费用16805.3元；4.本案诉讼费用由科技公司承担。

科技公司答辩称，《合作协议》是双方的真实意思表示，合法有效，但是《合作协议》并没有实际履行，这只是双方合作的意向，对双方没有具体的约束力；科技公司不同意某电子公司、某翻译公司的第二项诉讼请求，其并没有请求终止《合作协议》，所以某电子公司、某翻译公司没有依据请求科技公司按照《合作协议》第三条第十五项履行，在没有终止《股权转让协议》的前提下，其提出的第二项诉讼请求不能成立。

谢某、张某、仇某一审共同答辩称，同意科技公司的答辩意见，即《合作协议》

只是双方的意向书，双方并没有实际履行，真正履行的是《股权转让协议》，《合作协议》无论是否合法有效，与变更股权架构没有联系，某电子公司、某翻译公司诉称没有参加经营策划，但发展公司的董事都是由某电子公司、某翻译公司任命。

广东省广州市中级人民法院查明，2003年12月25日，某电子公司、某翻译公司共同作为甲方与谢某、黄某、张某、仇某及科技公司共同作为乙方签订一份《合作协议》约定，甲、乙双方就股权转让和投资事宜达成合作意向，甲方拟收购乙方持有的发展公司的全部股权，同时，乙方拟作为甲方之海外拟上市公司的风险投资者；甲方承诺乙方关联公司可以按照《框架协议》的条款，获得甲方拟在香港创业板上市的子公司股份；为了甲方有关上市工作需要，乙方同意在此协议签订后，开始按甲方要求对发展公司进行工商变更，但甲方承诺，至上市前发展公司的实际控制人仍为乙方，其实际所有者权益在上市前不作任何改变；如因各种原因甲方重组上市未果，则终止本协议、《股权转让协议》和《框架协议》。对已经履行部分，双方同意尽可能地恢复原状，包括（但不限于）返还协议价款，恢复发展公司股权架构，重新进行相应工商变更登记等，对由此给双方造成的损失，双方同意按照公平原则各自承担。

上述协议签订的同一天，某电子公司作为甲方与谢某、张某、黄某、仇某、科技公司作为乙方签订一份某电子公司引进风险投资者的《框架协议》，约定甲方拟将业务重组并在香港创业板上市，甲方保证乙方在股份转让后要进行股权置换，即股权置换后乙方要拥有某电子公司拟在香港创业板上市的子公司8%的股权，但最终乙方拥有该子公司的股权比例由该公司在发行招股时的总市值及经甲乙双方最终确认的可供乙方认购的市值数来确定；甲乙双方每股转让价格为该子公司于香港创业板上市时的发行价格；甲方保证以该子公司在香港创业板上市，如因各种原因而上市未果，则终止甲、乙双方签订的《合作协议》，并按《合作协议》中规定的方式返回乙方业已支付的全部款项等条款。

上述两份协议签订的当天，谢某、黄某、张某、仇某及科技公司共同作为甲方与某电子公司、某翻译公司共同作为乙方签订一份《股权转让协议》，约定甲方持有发展公司95%的股权转让给乙方，其中科技公司将其所持有的发展公司25%的股权全部转让给某电子公司；如有争议，提请北京仲裁委员会解决。鉴于发展公司注册资本为1200万元，科技公司向某电子公司转让的注册资本额为300万元。以上股权转让后，发展公司的股本结构是，谢某的出资金额为60万元，占注册资本5%，某电子公司的出资金额为1080万元，占90%，某翻译公司的出资金额为60万元，占5%，双方依法办理了股权变更登记。2004年2月2日，某电子公司、某翻译公司及谢某召开股东会，决定同意谢某将其5%共60万元的出资转让给某翻译公司，并办理了工商变更登记手续。

2003年2月5日，中国证券监督管理委员会批准同意受理某电子公司重组境外上市申请，并要求该公司按照有关法律、法规和规则，抓紧各项准备工作，履行有关审批手续。

2004年下半年，由于公司业绩、上市时机等多方面的考虑，上市进程出现一定程度的滞后。2005年初，经多方面考虑后，某电子公司与发展公司的原股东达成了共识，认为短期内上市存在困难，同意解除已经签署的协议，并签署相应的终止协议，将发展公司恢复原状。2005年3月中旬，发展公司召开董事会（即原股东及股东代表），集体讨论恢复发展公司股权架构事宜，当时，科技公司代表也出席了会议，经协商一致，全体同意恢复事宜，并决定由发展公司向某电子公司发函，要求配合办理工商变更手续。2005年4月30日，某电子公司将其起草的终止协议及相应文件通过电子邮件发给黄某。2006年2月13日，黄某、张某向某电子公司、某翻译公司出具一份声明及保证书称，2003年12月，某电子公司、某翻译公司与谢某、科技公司、黄某、张某、仇某签订的《合作协议》、《框架协议》及《股权转让协议》（含95%、100%、5%股权转让）不论是否有效，我们声明自2006年2月13日起终止履行该三份协议，同时，我们保证不依据该三份协议向某电子公司和某翻译公司主张履行该三份协议所约定的任何义务。谢某亦向某电子公司、某翻译公司出具保证书称，我们保证不依据该三份协议向某电子公司、某翻译公司主张履行该三份协议所约定的任何义务。

2005年12月12日，科技公司根据《股权转让协议》中的仲裁条款，向北京仲裁委员会申请仲裁，请求裁决某电子公司支付股权转让款300万元及利息。仲裁庭经审理认为，鉴于《框架协议》和《合作协议》没有约定由北京仲裁委员会仲裁解决双方相关争议，仲裁庭曾建议双方当事人考虑将《框架协议》和《合作协议》项下纠纷交由仲裁庭一并审理，但双方当事人未能就此达成一致意见，据此，仲裁庭对双方基于《框架协议》和《合作协议》而可能存在的争议，不予审理。仲裁庭还指出，《中华人民共和国合同法》（以下简称《合同法》）第一百二十五条规定解释合同时应当考虑合同目的，但基于约定仲裁规则的存在，即使查知双方签订《股权转让协议》时还有其他复杂的商业目的，仲裁庭也无权单独依据合同目的作出越权裁判。遂于2006年5月16日作出（2006）京仲裁字第0474号裁决书，裁决内容：1. 某电子公司向科技公司支付股权转让费300万元；2. 某电子公司向科技公司支付逾期付款利息440000元及从2005年12月1日起至股权转让款清偿完毕之日止的逾期付款利息（按日万分之二点一计算）。科技公司依据（2006）京仲裁字第0474号裁决，向北京市海淀区人民法院申请强制执行，北京市海淀区人民法院依法扣划了某电子公司48000元。

〔一审裁判理由与结果〕

广东省广州市中级人民法院认为，某电子公司、某翻译公司与谢某、黄某、张某、仇某、科技公司签订的《合作协议》是各方当事人的真实意思表示，协议的内容没有违反法律法规的强制性规定，属有效协议。各方当事人应当严格依约履行各自义务。该协议约定："如因各种原因甲方重组上市未果，则终止本协议、双方签订的股权转让协议、VC 投资协议。对已经履行的部分，双方同意尽可能地恢复原状，包括（但不限于）返还协议价格，恢复发展公司股权架构，重新进行相应工商变更等，对由此给双方造成的损失，双方同意按照公平原则各自承担。"《合作协议》签订后，某电子公司依约将谢某持有的发展公司 46.11% 的股权，黄某持有的 14.33%，张某持有的 14.31%，仇某持有的 0.25%，科技公司持有的 25% 的股权全部变更登记为某电子公司持有 90%，某翻译公司持有 10% 的股权。某电子公司签订上述协议及进行股权变更登记，目的是按照中国证券监督管理委员会的要求，抓紧各项准备工作，履行有关审批手续。由于公司业绩、上市时机等多种原因，某电子公司以间接方式在境外上市没有完成。对于上市未果，某电子公司已通知发展公司原股东，并要求终止《合作协议》。科技公司、谢某、张某、仇某、黄某没有依约协助某电子公司、某翻译公司履行工商变更登记义务，恢复发展公司的股权原状，其行为已经构成违约，应当承担相应的违约责任。因此，某电子公司、某翻译公司以科技公司、谢某、张某、仇某、黄某没有履行《合作协议》约定的义务为由，要求将其各自持有发展公司 90% 和 10% 的股权全部变更登记在谢某、黄某、张某、仇某、科技公司的名下，应予以支持。

某电子公司、某翻译公司与科技公司、谢某、张某、仇某、黄某签订的《股权转让协议》约定了仲裁条款，且经过北京仲裁委员会的仲裁，该裁决已经发生法律效力。某电子公司须将其持有的 25% 发展公司股权变更登记在科技公司名下，因此，科技公司取得股权转让款 48000 元，失去合法的依据，科技公司应将该款返还给某电子公司。某电子公司、某翻译公司以科技公司违约给其造成的额外经济损失包括仲裁律师费 5 万元，某电子公司应承担的仲裁费 51630 元、往返广州调查取证费用 16805.3 元，共计 118435.3 元，因上述损失与本案没有必然的因果关系，某电子公司、某翻译公司要求赔偿该损失的理由不能成立，不予支持。广州市中级人民法院于 2007 年 8 月 23 日作出（2006）穗中法民二初字第 220 号民事判决：（一）解除某电子公司、某翻译公司与谢某、黄某、张某、仇某、科技公司于 2003 年 12 月签订的《合作协议》。（二）谢某、黄某、张某、仇某、科技公司在判决发生法律效力之日起一个月内协助某电子公司、某翻译公司，将某电子公司、某翻译公司各自持有的 90% 和 10% 发展公司股权变更登记在科技公司、谢某、张某、仇某、黄某名下，分别由谢某持有 46.11%，黄某持有 14.33%，张某持有 14.31%，仇某持有 0.25%，科技公司持有 25%。（三）科技公司在判决发生法律效力之日起十日内返还 48000 元给某电子公司。（四）驳回某电子公司、某翻译公司的其他诉讼请求。案件受理费 70842 元，由某电子公司、某翻译公司共同负担 690 元；由谢某、黄某、张某、仇某、科技公司按各自持股比例负担 70152 元。

〔当事人上诉及答辩意见〕

科技公司不服一审判决,上诉称:一、《合作协议》所约定的终止条件为非真正条件,原审判决认定条件成就的依据不足,判令解除《合作协议》没有事实依据。二、原审判决无视已生效的仲裁裁决,在《股权转让协议》没有解除、撤销或被确认无效的情况下,径行裁决恢复股权,严重违反"一事不再理"的原则,该判决一旦生效将出现与仲裁裁决冲突的严重结果,有损司法的权威。终止《合作协议》无法产生恢复股权比例的法律后果,原审判决判令恢复股权没有法律依据。北京仲裁委员会作出的(2006)京仲裁字第0474号裁决已经认定了以下事实:实际履行的是《股权转让协议》(转让95%的股权),该协议合法有效,科技公司有权要求继续履行即有权要求某电子公司支付股权转让款300万元及违约金。某电子公司向北京市第二中级人民法院申请撤销该仲裁裁决,已被驳回。而本案中,某电子公司、某翻译公司提出请求事项是终止《合作协议》并恢复股权,而根据《合作协议》第三条第十五项之约定,只有在同时终止《合作协议》《股权转让协议》《框架协议》的前提下,才产生股权恢复的法律后果,而不是履行《合作协议》的法律后果,《合作协议》本身并没有涉及股权转让的具体事宜,仅仅终止《合作协议》无法产生恢复股权比例的法律后果。而原审法院在一审判决中未涉及《股权转让协议》(转让95%的股权),或确认该协议无效,却径行判令恢复股权比例并要求科技公司返还依照生效仲裁裁决取得的款项,是完全错误的判决。

张某不服一审判决,上诉称:一、原审判决割裂《合作协议》《股权转让协议》及《股东转让出资合同书》之间的联系。某电子公司、某翻译公司的诉讼请求为终止《合作协议》,将某电子公司名下36.11%的股权及某翻译公司10%的股权变更至张某名下,但某电子公司、某翻译公司并没有同时请求解除《股权转让协议》及《股东转让出资合同书》,而《合作协议》仅是张某与某电子公司、某翻译公司之间的一份合作意向书,具体明确双方权利义务的是双方签订的《股权转让协议》及《股东转让出资合同书》。双方在工商行政管理部门办理登记备案的是《股东转让出资合同书》,而不是《合作协议》。张某在2003年、2004年是依据与某电子公司、某翻译公司签订的《股东转让出资合同书》,将持有的涉案公司46.11%的股权转让给某电子公司、某翻译公司,而某电子公司、某翻译公司并没有要求解除《股权转让协议》和《股东转让出资合同书》,因此,自然不能根据《合作协议》将股权返还给张某。二、原审判决适用法律不当,引用法律自相矛盾,其判决内容超过某电子公司、某翻译公司的诉讼请求。某电子公司、某翻译公司请求终止《合作协议》而不是解除该协议,而原审判决超过了某电子公司、某翻译公司的诉讼请求。三、北京仲裁委员会作出并生效的(2006)京仲裁字第0474号仲裁书,裁决某电子公司、某翻译公司支付300万元的股权转让款给科技公司,且该裁决已生效并已执行,但原审判决却以判决内容推翻上述仲裁裁决,严重违反法律。综上所述,原审判决认定事实不清，适用法律不当，请求二审法院撤销原审判决第一项、第二项，驳回某电子公司、某翻译公司的诉讼请求。

谢某、仇某也不服原审判决，提起上诉，其上诉请求和上诉理由与张某相同。

某电子公司、某翻译公司二审共同答辩称，原审判决认定事实清楚，适用法律正确，科技公司、谢某、仇某、张某的上诉均没有依据，请求二审法院驳回其上诉请求。

〔二审查明的事实〕

广东省高级人民法院经审理查明，原审法院对本案所查明的事实基本属实，该院予以确认。

另查明：2003年12月，科技公司、谢某、张某、仇某、黄某与某电子公司、某翻译公司签订了《股权转让协议》，约定科技公司、谢某、张某、仇某、黄某将发展公司的全部股权转让给某电子公司、某翻译公司，某电子公司、某翻译公司支付股权转让费1200万元给科技公司、谢某、张某、仇某、黄某。

某电子公司认为北京仲裁委员会作出的（2006）京仲裁字第0474号仲裁裁决认定事实错误，向北京市第二中级人民法院申请撤销（2006）京仲裁字第0474号仲裁裁决，北京市第二中级人民法院于2006年10月27日作出（2006）二中民特字第12426号民事裁定，驳回某电子公司的撤销仲裁裁决申请。

〔二审裁判理由与结果〕

广东省高级人民法院认为，某电子公司、某翻译公司与科技公司、张某、谢某、仇某、黄某就发展公司的股份转让问题签订了《合作协议》《框架协议》《股权转让协议》。上述协议均是当事人之间的真实意思表示，没有违反法律、法规的强制性规定，发展公司的股份也已经转到某电子公司、某翻译公司的名下，因此，上述合同均为有效合同，对当事人各方具有法律上的约束力。

上述合同签订后，科技公司、张某、谢某、仇某、黄某依照合同的约定将其在发展公司的股份转让给某电子公司、某翻译公司并将相关股权登记到某电子公司、某翻译公司的名下。科技公司以某电子公司违反《股权转让协议》约定，未向科技公司支付股权转让款为由于2005年12月12日向北京仲裁委员会申请仲裁，北京仲裁委员会于2006年5月16日作出（2006）京仲裁字第0474号裁决书，裁决某电子公司向科技公司支付股权转让费300万元、逾期付款利息440000元及从2005年12月1日起到股权转让款清偿完毕之日止的逾期付款利息。某电子公司不服该仲裁裁决，向北京市第二中级人民法院提起撤销该仲裁裁决的申请，被驳回。现某电子公司、某翻译公司依照《合作协议》向人民法院起诉科技公司、张某、谢某、仇某、黄某，请求终止《合作协议》并将发展公司的股份办理到科技公司及张某、谢某、仇某、黄某的名下。尽管当事人在《合作协议》与《框架协议》约定如某电子公司的海外子公司在香港上市未果，则应终止《合作协议》及《框架协议》并将发展公司的股份恢复到科技公司及张某、谢某、仇某、黄某的名下，但仲裁机构没有对《合作协议》和《框架协议》进行裁决。在本案中，《合作协议》《框架协议》《股权转让协议》属于不可分割的整体，人民法院应对上述协议一并审理。仲裁机构已依据《股权转让协议》的约定裁决某电子公司向科技公司支付股权转让费300万元及逾期付款利息，因此人民法院受理某电子公司、某翻译公司要求终止《合作协议》并将发展公司的股份办理到科技公司及张某、谢某、仇某、黄某名下的起诉必然涉及《股权转让协议》，而仲裁机构对《股权转让协议》已作出裁决，因此某电子公司、某翻译公司的诉讼请求势必与仲裁裁决相冲突。原审法院判决解除《合作协议》并将发展公司在某电子公司、某翻译公司名下的股份恢复办理到科技公司及张某、谢某、仇某、黄某的名下与涉案仲裁裁决的内容相矛盾，实质上将仲裁机构所裁决的内容再次进行裁判，违反一事不再理的原则。原审法院受理某电子公司、某翻译公司的起诉并作出实体判决不当，依法予以纠正。广东省高级人民法院于2008年6月3日作出（2007）粤高法民一终字第315号民事裁定：撤销广州市中级人民法院（2006）穗中法民二初字第220号民事判决；驳回某电子公司、某翻译公司的起诉。一、二审案件受理费各50元，由某电子公司、某翻译公司负担。

[当事人申请再审的理由]

某电子公司、某翻译公司根据《中华人民共和国民事诉讼法》（以下简称《民事诉讼法》）第一百七十九条①第一款第六项的规定申请再审，请求撤销广东省高级人民法院（2007）粤高法民一终字第315号民事裁定书，维持广东省广州市中级人民法院（2006）穗中法民二初字第220号民事判决书。主要理由如下：

（一）某电子公司、某翻译公司的起诉符合法律规定的条件，且提起诉讼所依据的两份合同均未约定仲裁条款，人民法院应予受理并进行实体审理。广东省高级人民法院依据《民事诉讼法》第一百一十一条第二项②的规定驳回某电子公司、某翻译公司的起诉，适用法律错误。

（二）人民法院审理本案与北京仲裁委员会的裁决并不矛盾。各方根据《合作协议》和《框架协议》就发展公司股权结构恢复原状的纠纷与各方根据《股权转让协议》就发展公司股权转让款项支付的纠纷系不同法律关系，不符合"一事不再理"原则规定的情形，广东省高级人民法院在二审裁定书中适用该原则明显属于适用法律错误。

（三）某电子公司、某翻译公司依有效的《合作协议》《框架协议》起诉被人民法院驳回，仲裁庭在审理《股权转让协议》时又不涉及《合作协议》与《框架协议》，这就导致某电子公司、某翻译公司的合法权益没有途径得到保护。

---

① 对应2023年《民事诉讼法》第211条。
② 对应2023年《民事诉讼法》第127条第2项。

科技公司答辩认为，人民法院确实有权审理《合作协议》及《框架协议》。然而，由于本案中《合作协议》所约定的协议终止条件并不成就，人民法院不能据此认定《合作协议》及相关协议应当终止，更不能据此直接作出恢复股权结构的判决。

谢某、张某答辩认为，虽然人民法院对《合作协议》《框架投资协议》拥有管辖权，但是如果人民法院认定《合作协议》第三条第十五项为有效约定，那么判决结果必然和生效的仲裁裁决相冲突，违反"一事不再理"的原则。

〔最高人民法院查明的事实〕

最高人民法院再审查明的事实与一、二审法院查明的事实相同。

〔最高人民法院裁判理由与结果〕

最高人民法院认为，根据当事人申请再审的理由以及答辩情况，本案争议的焦点如下：

一、关于本案是否归人民法院主管的问题

广东省高级人民法院依据《民事诉讼法》第一百一十一条第二项的规定驳回某电子公司、某翻译公司的起诉。某电子公司、某翻译公司申请再审认为，其提起诉讼所依据的两份合同均未约定仲裁条款，人民法院应予受理并进行实体审理。本院开庭审理后，被申请人科技公司、谢某、张某也认为人民法院对本案具有管辖权。

本院认为，某电子公司、某翻译公司提起本案诉讼的依据是《合作协议》《框架协议》，这两份协议并没有仲裁条款。仲裁裁决书明确指出："仲裁庭对双方基于《框架协议》和《合作协议》而可能存在的争议，不予审理。"据此，本案属人民法院主管。广东省高级人民法院依据《民事诉讼法》第一百一十一条第二项的规定，认为本案不属于人民法院主管，适用法律错误，本院依法予以纠正。

二、关于《合作协议》第三条第十五项的约定是否无效、其约定的终止条件是否成就的问题

科技公司认为，《合作协议》第三条第十五项关于"如因各种原因甲方重组上市未果，则终止本协议、双方签订的股权转让协议和VC投资协议"的约定应属于附条件终止协议条款，但所附条件"如因各种原因甲方重组上市未果"为非真正条件，该约定无效。某电子公司、某翻译公司认为，该约定不违反法律的强制性规定，应为有效。

本院认为，认定合同或者合同约定的条件无效，其依据是《合同法》第五十二条的规定。《合作协议》第三条第十五项约定的条件，并不违反《合同法》第五十二条关于合同无效的规定，依法应当认定为有效。既然合同有效，就应当严格按照《合作协议》第三条第十五项的约定内容履行。"如因各种原因甲方重组上市未果"这一条件如果已经成就，那么就应当"终止本协议、双方签订的股权转让协议和VC投资协议"。本案中，某电子公司的海外子公司最终未在香港上市是客观事实，符合双方的约定即"如因各种原因甲方重组上市未果"，故终止《合作协议》等合同的条

件已经成就。因此，一审法院关于"对于上市未果，某电子公司已通知发展公司原股东，并要求终止合作协议。五被告没有依约协助两原告履行工商变更登记义务，恢复发展公司的股权原状，其行为已经构成违约，应当承担相应的违约责任。因此，两原告以五被告没有履行合作协议约定的义务为由，要求将其各自持有发展公司90%和10%的股权全部变更登记在被告谢某、黄某、张某、仇某、科技公司的名下，本院予以支持"的认定，符合双方的约定和法律规定，本院依法予以维持。根据《合作协议》的约定，双方对已履行的《股权转让协议》进行恢复原状，某电子公司将其持有的25%发展公司股权退还给科技公司，科技公司将取得转让该股权的对价，包括48000元返还给某电子公司。

三、关于一审法院股权恢复原状的判决是否违反了"一事不再理"的原则、是否与仲裁裁决矛盾的问题

科技公司和谢某、张某都认为，仲裁裁决书已经裁决：1. 某电子公司向科技公司支付股权转让费300万元；2. 某电子公司向科技公司支付逾期付款利息440000元及从2005年12月1日起至股权转让款清偿完毕之日止的逾期付款利息（按日万分之二点一计算）。如果人民法院再判决股权恢复原状，则违反了"一事不再理"的原则，与仲裁裁决矛盾。某电子公司、某翻译公司认为，各方根据《合作协议》和《框架协议》就发展公司股权结构恢复原状的纠纷与各方根据《股权转让协议》就发展公司股权转让款项支付的纠纷系不同法律关系，不符合"一事不再理"原则规定的情形，人民法院审理本案与北京仲裁委员会的裁决并不矛盾。

本院认为，一审法院股权恢复原状的判决并没有违反"一事不再理"的原则。理由是：由于"重组上市未果"，某电子公司、某翻译公司请求根据《合作协议》第三条第十五项的规定就发展公司股权结构恢复原状的纠纷与双方根据《股权转让协议》就发展公司股权转让款项支付的纠纷系不同法律关系，是各方基于不同的法律事实提出的不同请求。从《合作协议》的约定来看，该协议的履行分为两个阶段，第一阶段是为了某电子公司的海外子公司重组上市成功，进行发展公司股权转让并支付股权转让款；第二阶段是如果"重组上市未果"，则恢复发展公司股权结构并返还转让款。为履行第一阶段的约定事项，各方又签订了《股权转让协议》，并约定了仲裁条款，排除了人民法院的管辖权。该纠纷已经过北京仲裁委员会仲裁。但为履行第二阶段的约定事项，即"如因各种原因甲方重组上市未果，则终止本协议、双方签订的股权转让协议和VC投资协议。对已经履行的部分，双方同意尽可能地恢复原状，包括（但不限于）返还协议价格，恢复科技公司股权架构、重新进行相应工商变更等，对由此给双方带来的损失，双方同意按照公平原则各自承担"，某电子公司依据该约定提起诉讼，本案解决的正是履行《合作协议》第二阶段发生的纠纷。由于一审法院处理本案的依据并不是《股权转让协议》，而是《合作协议》第三条第十五项，而仲裁所依据的是《股权转让协议》，并不是《合作协议》第三条第十五

项，基于仲裁裁决所依据的协议与一审法院处理本案所依据的协议不同，一审法院并没有处理双方履行《股权转让协议》所发生的争议，仲裁裁决也明确表示不将《合作协议》纳入仲裁范围。也就是说，仲裁裁决所处理的"一事"即《股权转让协议》所发生的纠纷，人民法院并没有处理，所以一审法院股权恢复原状的判决并没有违反"一事不再理"的原则。

在一审法院股权恢复原状的判决并没有违反"一事不再理"原则的情况下，就谈不上判决与仲裁裁决是否矛盾的问题。即使仲裁裁决的结果是履行《股权转让协议》，而判决的结果是恢复发展公司的股权结构，判决是根据《合作协议》第三条第十五项的约定作出的，该约定仍然是双方当事人包括科技公司及张某、谢某、仇某、黄某的真实意思表示。也就是说，一审判决与仲裁裁决都是根据当事人的真实意思表示作出的，都是当事人履行双方协议的必然结果。换言之，当事人的真实意思表示就是，为了重组上市，先要进行发展公司的股权变更，而且实际上也进行了股权变更。但是，如果上市未果，已经变更的股权就应恢复原状。在上市未果的情况下，一审法院判决恢复发展公司的股权架构，依法应予维持。

综上，依据《中华人民共和国民事诉讼法》第一百八十六条第一款、第一百五十三条第一款第一项①之规定，判决如下：

一、撤销广东省高级人民法院（2007）粤高法民一终字第315号民事裁定。

二、维持广东省广州市中级人民法院（2006）穗中法民二初字第220号民事判决。

本判决为终审判决。

---

① 对应2023年《民事诉讼法》第218条第1款、第177条第1款第1项。

第二十八章　瑕疵仲裁协议的效力

> 规则41：仲裁协议对仲裁事项或者仲裁机构没有约定或者约定不明确的，当事人可以通过补充协议约定；达不成补充协议的，仲裁协议无效。当事人向有管辖权的人民法院提起诉讼，人民法院应当受理
> ——景德镇市A实业有限公司与景德镇B置业有限公司商品房买卖合同纠纷案①

【裁判规则】

根据《仲裁法》第18条的规定，仲裁协议对仲裁事项或者仲裁委员会没有约定或者约定不明确的，当事人可以通过补充协议约定；达不成补充协议的，仲裁协议无效。根据《最高人民法院关于确认仲裁协议效力几个问题的批复》第1条的规定，在《仲裁法》实施后重新组建仲裁机构前，当事人达成的仲裁协议只约定了仲裁地点，未约定仲裁机构的，双方当事人在补充协议中选定了在该地点依法重新组建的仲裁机构的，仲裁协议有效；双方当事人达不成补充协议的，仲裁协议无效。依照上述规定认定仲裁协议无效的，当事人向有管辖权的人民法院提起诉讼，人民法院应当受理。

【规则理解】

一、瑕疵仲裁协议的内涵

所谓瑕疵的仲裁协议，是指仲裁协议具备了法定生效的一些基本条件，但因欠缺法律要求的基本内容，导致仲裁协议不能得到执行。仲裁协议在没有全部满足法定生效条件时，并不当然无效，可以通过允许当事人进行补救的方式使得约定的内容得以完善，达到法定的要求。《仲裁法》第18条规定的有关仲裁事项或者仲裁委员会的约定就属于此类情况。当事人在仲裁协议对仲裁事项

---

① 载《中华人民共和国最高人民法院公报》2006年第6期。

或仲裁委员会未作约定或约定不明确时，可以达成补充协议，弥补瑕疵。

二、瑕疵仲裁协议的补救

根据《仲裁法》第 18 条规定，仲裁协议对仲裁事项或者仲裁委员会没有约定或者约定不明确的，当事人可以补充协议，达不成补充协议的，仲裁协议无效。仲裁协议的瑕疵补救体现在以下几个方面：

（一）对仲裁事项没有约定或约定不明的补救

仲裁协议对仲裁事项约定不明的情形，通常表现为当事人概括约定仲裁事项为"因本合同引起的争议""凡因本合同引起的争议或与本合同有关的一切争议"等情形，《仲裁法司法解释》第 2 条规定："当事人概括约定仲裁事项为合同争议的，基于合同成立、效力、变更、转让、履行、违约责任、解释、解除等产生的纠纷都可以认定为仲裁事项。"需要注意的是，对于违约责任与侵权责任竞合情况下仲裁事项的范围问题，《民法典》规定了责任竞合时由当事人选择的制度，侵权责任包括人身侵权和财产侵权，人身侵权纠纷不属于《仲裁法》第 2 条规定的可仲裁事项范围。因此，在概括约定的情形下，当事人主张财产权益侵权纠纷的，可以通过仲裁解决。但主张人身权益纠纷的，应当通过诉讼解决。

（二）对仲裁委员会没有约定或约定不明的补救

当事人对仲裁委员会约定不明确的情形有：

1. 约定的仲裁机构不明确。为充分体现当事人的意思自治原则，《仲裁法司法解释》第 3 条规定，仲裁协议约定的仲裁机构名称不准确，但能够确定具体的仲裁机构的，应当认定当事人选定了仲裁机构。

2. 仅约定仲裁规则。我国的《仲裁法》没有规定当事人有选择仲裁规则的权利，当事人在仲裁协议中选定了仲裁委员会，就意味着选择了该仲裁委员会的仲裁规则。但对当事人在仲裁协议中仅选择仲裁规则的情形，最高人民法院作出的司法解释突破了《仲裁法》的规定，充分尊重当事人的意思自治，即《仲裁法司法解释》第 4 条规定，仲裁协议仅约定纠纷适用的仲裁规则的，视为未约定仲裁机构，但当事人达成补充协议或者按照约定的仲裁规则能够确定仲裁机构的除外。

3. 仅约定仲裁地点。当事人在仲裁协议中仅约定了仲裁地点而未约定明确的仲裁机构，则意味着该仲裁协议可能会因不具有可执行性而无效。由于我国法律不承认临时仲裁，只承认机构仲裁，在当事人仅约定仲裁地点的情况下，依然可能推定出具体的仲裁机构对仲裁事项享有管辖权，从而使当事人通过仲裁解决纠纷的意愿得以实现。因此，在当事人仅约定仲裁地点，但该地点只有一个仲裁委员会的情况下，能够认定仲裁条款可以得到执行，从而认定该仲裁条款有效。

4. 选择两个仲裁机构。《仲裁法司法解释》第5条规定："仲裁协议约定两个以上仲裁机构的，当事人可以协议选择其中的一个仲裁机构申请仲裁；当事人不能就仲裁机构选择达成一致的，仲裁协议无效。"第6条进一步规定："仲裁协议约定由某地的仲裁机构仲裁且该地仅有一个仲裁机构的，该仲裁机构视为约定的仲裁机构。该地有两个以上仲裁机构的，当事人可以协议选择其中的一个仲裁机构申请仲裁；当事人不能就仲裁机构选择达成一致的，仲裁协议无效。"总之，当事人必须在申请仲裁之前确定唯一具有管辖权的仲裁机构，从而使得仲裁协议达到"约定了明确的仲裁机构"的要求。否则，应认定该仲裁协议无效。

（三）对既选择仲裁又选择诉讼的仲裁协议的补救

仲裁协议具有排斥诉讼管辖的效力，当事人达成的仲裁协议有效，就会排除法院的诉讼管辖。仲裁协议既约定仲裁又约定诉讼，意味着当事人的选择模棱两可。针对这种情况，《仲裁法司法解释》第7条规定："当事人约定争议可以向仲裁机构申请仲裁也可以向人民法院起诉的，仲裁协议无效。但一方向仲裁机构申请仲裁，另一方未在仲裁法第二十条第二款规定期间内提出异议的除外。"该条规定有限地突破了《仲裁法》关于仲裁协议应当采用书面形式的规定，将当事人申请仲裁的行为视为要约，承认当事人采取默示的承诺行为，使得仲裁机构基于当事人之间的默示仲裁协议获得对仲裁事项的管辖权。

三、瑕疵仲裁协议的补救方式

就仲裁协议瑕疵补救的方式来看，最为重要的是通过双方当事人协商，达成协议的方式解决。主要有以下三种方式：

（一）当事人自行补充完善仲裁协议

这是最佳方式，当事人对有瑕疵的仲裁协议加以补充完善，使其成为一个明确、完整的仲裁协议，从而使选定的仲裁机构能够及时顺利地受理该案。此法虽好，但成功率不高，还是应尽量争取在争议公开前将协议补充完善。[①]

（二）仲裁机构协助当事人补充完善仲裁协议

仲裁委员会收到当事人仲裁申请书及递交的仲裁协议后，发现仲裁协议欠

[①] 宋连斌：《国际商事仲裁管辖权研究》，法律出版社2000年版，第80页。

缺必要条款,需要加以补充完善的,可以要求当事人予以补充完善,也可以在征得当事人同意后,由仲裁委员会自己补充完善。

(三) 人民法院督促当事人补充完善仲裁协议

对内容不明确的仲裁协议,人民法院受理案件后,也可以督促或要求或帮助当事人补充、完善仲裁协议。补充完善后的仲裁协议符合法律规定条件的,应为有效。因当事人要求通过仲裁解决,原告申请撤诉的,人民法院应当裁定准许。无法完成仲裁协议的补充完善,则该仲裁协议无效,当事人的争议不能协商解决的,只能通过诉讼解决。

【拓展适用】

一、仲裁协议生效要件的含义

仲裁协议作为一种特殊形式的合同,根据《民法典》和《仲裁法》规定,认定其发生法律效力所需要具备的必要条件,包括《民法典》规定的合同有效的一般要件,也包括《仲裁法》规定的仲裁协议生效的特殊要件。[①]

二、仲裁协议生效要件的内容

根据《民法典》和《仲裁法》的相关规定,仲裁协议应当具备以下生效条件:

(一) 主体要件

仲裁协议当事人应当具备缔约能力。根据《仲裁法》第17条第2款的规定,仲裁协议当事人必须具备完全民事行为能力,无民事行为能力人或限制民事行为能力人订立的仲裁协议无效。

(二) 形式要件

我国《仲裁法》只承认以书面形式订立的仲裁协议。《仲裁法》第16条规定,仲裁协议可以采用仲裁条款或者其他书面形式订立。以书面形式订立的仲裁协议包括:

1. 合同中的仲裁条款,是指当事人在争议发生之前,在主合同中订立的表示愿意将其将来可能发生的争议提交给仲裁机构进行仲裁解决的协议,因以主合同条款的形式存在而被称为仲裁条款。

2. 仲裁协议书,是指当事人在争议发生之前或者之后订立的,同意将争议提交仲裁机构进行仲裁解决的单独协议。仲裁协议书完全独立存在,不受主合

[①] 江伟:《仲裁法》,中国人民大学出版社2009年版,第101~107页。

同的约束，当事人在仲裁协议中约定的仲裁事项范围不仅限于合同纠纷，也可以包括其他财产权益纠纷。

3. 其他书面形式的仲裁协议，如当事人以信函、电报、电传、传真、电子数据交换和电子邮件等方式达成的仲裁协议。但有其他证据足以推翻的除外。

4. 当事人通过援引达成的仲裁协议，是指当事人之间没有直接订立仲裁协议，而是在合同中援引包含仲裁条款的合同、票据或其他书面文件，将其作为仲裁的依据。如相关司法解释规定，合同约定解决争议适用其他合同、文件中的有效仲裁条款的，发生合同争议时，当事人应当按照该仲裁条款提请仲裁。

(三) 实质要件

仲裁协议的实质要件主要涉及的是仲裁协议的内容。根据我国《仲裁法》第 16 条的规定，仲裁协议应当具备三项基本内容：

1. 请求仲裁的意思表示。首先，必须是当事人双方共同的意思表示，而不是单方当事人的意思表示；其次，应当是当事人双方真实的意思表示，而不存在胁迫、欺诈、重大误解等情形。

2. 仲裁事项。指当事人在仲裁协议中约定的、通过仲裁解决的争议内容。它直接决定了仲裁机构管辖权的范围，仲裁机构只能在仲裁协议约定的仲裁事项范围内进行裁决，超出此范围所作的仲裁裁决，经一方当事人申请，法院可以撤销或者不予执行。可从以下方面理解：

(1) 仲裁事项须具有可仲裁性，即仲裁法允许以仲裁的方式解决有关该事项的争议，至少法律未作禁止性规定。《仲裁法》第 2 条规定，"平等主体的公民、法人和其他组织之间发生的合同纠纷和其他财产权益纠纷，可以仲裁"，《仲裁法司法解释》第 2 条进一步规定，"当事人概括约定仲裁事项为合同争议的，基于合同成立、效力、变更、转让、履行、违约责任、解释、解除等产生的纠纷都可以认定为仲裁事项"。此外，《仲裁法》第 3 条对仲裁事项作了禁止性规定，即婚姻、收养、监护、扶养、继承纠纷以及依法应当由行政机关处理的行政争议不能进行仲裁。

(2) 仲裁事项必须具备特定性，即必须与当事人之间特定的法律关系相关联。不论在签订仲裁协议时，当事人双方之间的争议是否已经发生，都必须在仲裁协议中约定仲裁事项的特征，使得仲裁机构能够据此确定具体的仲裁事项。

3. 选定仲裁委员会。我国仲裁法律仅涉及常设仲裁机构，而不承认临时仲裁，因此选定仲裁委员会被规定为仲裁协议的重要内容之一。由于仲裁不实行法定管辖，既不存在级别管辖，也不存在地域管辖，仲裁委员会由当事人自行选定，原则上选定的仲裁委员会应当具体、明确。司法实践中，当事人意思自治的原则得到更加充分的体现，法律上对仲裁协议中有关选定仲裁委员会的内容的要求日渐放宽，根据《仲裁法司法解释》的相关规定，对于当事人在仲裁协议中对仲裁委员会的选择不明确，但从仲裁协议的内容中能够推断出当事人所选择的仲裁委员会的，仍应视为仲裁协议有效。

仲裁地点由当事人在仲裁协议中自行约定，或者依据仲裁所适用的仲裁规则确定。我国《仲裁法》没有将约定仲裁地点列为仲裁协议的基本内容，当事人选择常设的仲裁机构时，如果没有其他约定，就意味着由该仲裁委员会在其所在地进行仲裁，因此，仲裁地点就是仲裁委员会所在的地点。有关仲裁委员会在其仲裁规则中都存在相关规定。仲裁地点对于仲裁协议的重要意义在于，在涉外仲裁中它可能决定解决争议所适用的准据法，影响仲裁裁决的承认与执行。正因如此，在涉外仲裁实践中，无论是临时仲裁还是机构仲裁，当事人在仲裁协议中就各种事项作出约定，其中对仲裁地点的约定，被认为是最为重要的。[①]

三、仲裁协议无效的情形

仲裁协议欠缺生效要件，将不发生法律效力。仲裁协议的无效是指仲裁协议不符合法定要件而自始不具有法律效力。无效仲裁协议不受国家法律的承认和保护，不能作为提请仲裁的依据，亦不能排除有关法院对争议案件的管辖权。根据《仲裁法》的相关规定，当事人订立的仲裁协议，存在下列情形之一的无效：（一）无民事行为能力或限制行为能力人订立的；（二）以口头方式订立的；（三）约定的仲裁事项超出法律规定的仲裁范围，且不具有可仲裁性的；（四）对仲裁协议未作约定或约定不明确，当事人不能达成补充协议明确仲裁事项的；（五）对仲裁机构未作约定或者约定不明确，当事人不能达成补充协议明确仲裁机构且无法根据仲裁协议的其他内容推定仲裁机构的；（六）一方采取胁迫手段，迫使对方订立仲裁协议的；（七）无法实现的仲裁协议，如约定的仲裁机构根本不存在，约定的提交中国仲裁机构依照外国仲裁协会的仲裁规则进行仲裁、提交隶属于某行政机关的仲裁委员会仲裁等；（八）仲裁终局性不确定的仲裁协议。如约定发生争议协商解决，协商不成可提交某仲裁机构仲裁，如对仲裁裁决不服，可向法院起诉。这种协议因违背仲裁的终局性原则而无效；（九）模棱两可的仲裁协议，如约定发生争议后当事人可以申请仲裁

[①] 参见赵秀文：《论法律意义上的仲裁地点及其确定》，载《时代法学》2005年第1期。

或者到法院起诉，这类仲裁协议因内容不明确、无法作出判断而无效。

四、仲裁机构确认仲裁协议有效对人民法院以仲裁协议无效为由裁定不予执行的影响

由于认定仲裁协议效力的权力并非人民法院所独享，仲裁机构亦有权认定仲裁协议的效力。如果仲裁机构已经对仲裁协议的效力问题进行过审查，而且认定仲裁协议有效，人民法院在执行程序中还能否以仲裁协议无效为由裁定不予执行？根据《仲裁法司法解释》第27条规定，当事人在仲裁程序中未对仲裁协议的效力提出异议，在仲裁裁决作出后以仲裁协议无效为由主张撤销仲裁裁决或者提出不予执行抗辩的，人民法院不予支持。当事人在仲裁程序中对仲裁协议的效力提出异议，在仲裁裁决作出后又以此为由主张撤销仲裁裁决或者提出不予执行抗辩，经审查符合《仲裁法》第58条或者《民事诉讼法》第248条、第291条规定的，人民法院应予支持。从上可知，一是当事人在仲裁程序中从未对仲裁协议的效力提出异议，不能因为不想执行就在仲裁裁决作出后再以仲裁协议无效为由提出，这样其不予执行的请求是得不到人民法院支持的；二是当事人不仅在仲裁程序中对仲裁协议的效力提出异议，而且在仲裁裁决作出后又以此为由提出不予执行抗辩，经审查符合民事诉讼法关于不予执行仲裁裁决的有关规定的，人民法院应裁定不予执行仲裁裁决。但在仲裁机构已经认定仲裁协议有效的情况下，人民法院能否再以仲裁协议无效为由裁定不予执行，主要取决于当事人是否在仲裁程序中对仲裁协议提出过异议，即当事人始终否认仲裁机构的管辖权，并且当事人在仲裁程序中的行为并不构成对仲裁机构管辖权的"默示的协议管辖"。① 因此，当事人是否在仲裁程序中对仲裁协议的效力提出过异议，也是人民法院审查是否执行仲裁裁决应当考虑的内容。如果当事人在仲裁程序中已经对仲裁协议提出了异议，虽经仲裁机构认定仲裁协议有效，人民法院在仲裁裁决不予执行程序中仍然有权对仲裁协议的效力予以审查，并根据实际情况作出相应的裁定。②

【典型案例】

景德镇市A实业有限公司与景德镇B置业有限公司商品房买卖合同纠纷案

上诉人（原审被告）：景德镇市A实业有限公司

---

① 万鄂湘主编：《最高人民法院仲裁法司法解释的理解与适用》，人民法院出版社2007年版，第234页。

② 江必新主编：《新民事诉讼法执行程序讲座》，法律出版社2012年版，第208页。

被上诉人（原审原告）：景德镇 B 置业有限公司

〔基本案情〕

上诉人景德镇市 A 实业有限公司（以下简称 A 公司）与被上诉人景德镇 B 置业有限公司（以下简称 B 公司）商品房买卖合同纠纷一案，江西省高级人民法院于 2005 年 12 月 9 日作出（2005）赣民一初字第 9 号民事裁定驳回了 A 公司提出的管辖权异议。A 公司不服该裁定，向本院提起上诉。本院受理后依法组成合议庭，于 2006 年 2 月 20 日组织双方当事人进行了询问。本案现已审理终结。

一审法院经审理查明：A 公司在答辩期内提出管辖权异议，一审法院于 2005 年 11 月 11 日召集 A 公司、B 公司双方对 A 公司提出的管辖异议事由进行了听证。

A 公司提出管辖权异议认为：1. 从受案范围看，该纠纷不归人民法院主管。双方当事人在 2004 年 3 月 7 日、9 月 7 日签订的《补充协议》中已达成协议选择当地仲裁机构仲裁，根据《中华人民共和国仲裁法》第五条规定，本案不应由人民法院管辖，应由景德镇仲裁委员会受理。2. 违反地域管辖的规定。申请人是中外合资企业，根据相关司法解释规定，本案一审由省会城市所在地即南昌市中级人民法院受理。《最高人民法院关于当事人对仲裁协议的效力提出异议由哪一级人民法院管辖问题的批复》规定，当事人对仲裁委员会没有约定或者约定不明的，由被告所在地的中级人民法院管辖，即使由人民法院主管，也应由景德镇市中级人民法院管辖。3. 级别管辖存在问题。据业内人士反映，江西省高级人民法院受理一审民事案件的诉讼标的起点在 5000 万元以上，而本案标的只有约 3000 万元，按人民法院内部级别管辖的规定，也应由景德镇市中级人民法院管辖。因此，本案要么由景德镇仲裁委员会管辖，要么由有管辖权的中级人民法院管辖。

B 公司答辩称，双方当事人之间的协议有五份，其中只有两份协议包含仲裁条款，且仲裁条款均存在仲裁机构约定不明的情况，其他三份协议并未约定仲裁条款，因此人民法院对本案仍有管辖权。另外，依据《最高人民法院关于内地与香港特别行政区相互执行仲裁裁决的安排》（法释〔2000〕3 号）所附的内地仲裁委员会名单，截至 1999 年 5 月 31 日，内地依照《中华人民共和国仲裁法》成立的仲裁委员会在江西省的只有南昌、新余、萍乡三地。由此可见，所谓景德镇仲裁委员会的合法性可以排除。

〔一审裁判理由与结果〕

一审法院经审理认为：本案涉及的是房地产买卖纠纷，属于不动产引起的纠纷，根据《中华人民共和国民事诉讼法》第三十四条①第一项的规定，应由不动产所在地人民法院管辖。该案买卖的不动产坐落在江西省境内，江西省高级人民法院受理本

---

① 对应 2023 年《民事诉讼法》第 34 条。

案并未违反专属管辖的规定，A 公司对地域管辖的异议不符合法律规定。另外，本案标的超过 1000 万元，达到了由江西省高级人民法院受理一审民事案件的界限。

关于仲裁条款问题。A 公司与郑某于 2003 年 11 月 26 日、2004 年 3 月 7 日、2004 年 4 月 7 日、2004 年 9 月 7 日签订的《售房协议》及《补充协议》共四份。其中，2003 年 11 月 26 日《售房协议》没有仲裁条款。2004 年 3 月 7 日《补充协议》第十四条约定"未尽事宜，协商解决，协商不成，由地方仲裁机关仲裁"。2004 年 4 月 7 日《补充协议》没有仲裁条款。2004 年 9 月 7 日《补充协议》第六条约定"未尽事宜，协商解决，协商不成，由当地仲裁机关仲裁"。郑某与 B 公司于 2004 年 12 月 4 日签订的《房屋产权转让协议》（合同上没有注明签订时间）第二条约定郑某在前述四份协议中的权利义务均由 B 公司承受。以上协议均在景德镇市签订，B 公司及 A 公司住所地均在景德镇市。从以上协议约定的内容来看，郑某与 A 公司之间约定了以仲裁解决纠纷的方式，意思清楚明确。不论是从 2004 年 3 月 7 日《补充协议》规定的"地方仲裁机关"，还是 2004 年 9 月 7 日《补充协议》规定的"当地仲裁机构"，双方约定的均是由所在地在景德镇仲裁委员会仲裁。但根据《最高人民法院关于确认仲裁协议效力几个问题的批复》第 1 条规定，"在《中华人民共和国仲裁法》实施后重新组建仲裁机构前，当事人达成的仲裁协议只约定了仲裁地点，未约定仲裁机构，双方当事人在补充协议中选定了在该地点依法重新组建的仲裁机构的，仲裁协议有效；双方当事人达不成补充协议的，仲裁协议无效"。据调查，江西省人民政府虽然批准景德镇市人民政府组建"景德镇仲裁委员会"，但景德镇市人民政府并未在《中华人民共和国仲裁法》实施之后重新组建"景德镇仲裁委员会"，这在《最高人民法院关于内地与香港特别行政区相互执行仲裁裁决的安排》（法释〔2000〕3 号）所附的内地仲裁委员会名单上可以得到证明。到目前为止，景德镇尚未组建可以接受民商事案件仲裁事务的仲裁委员会，如果将本案移送 A 公司所称的"景德镇仲裁委员会"受理，将使本案纠纷落入无机构受理的结果。B 公司并未选择与 A 公司补充协议重新选择其他地点的仲裁机构，而是直接向人民法院起诉，对其合法诉讼权利应予以保护。两份《补充协议》的仲裁条款应认定为无效，本案应由人民法院管辖。综上，A 公司的申请缺乏合同和法律依据，依照《中华人民共和国民事诉讼法》第三十八条①的规定，裁定驳回 A 公司对本案管辖权提出的异议。

[当事人上诉及答辩意见]

A 公司不服一审裁定，向本院提起上诉，请求撤销一审裁定，驳回 B 公司的起诉。事实和理由：1. 双方约定的仲裁条款合法有效。双方当事人均属景德镇的企业，协议签订地、履行地均在景德镇市，有关条款表述的"由地方仲裁机关仲裁""由当地仲裁机关仲裁"，不属于"只约定仲裁地点、未约定仲裁机构"的情形，而应理解

---

① 对应 2023 年《民事诉讼法》第 130 条。

为"由所在地景德镇的仲裁委员会仲裁"。2. 景德镇仲裁委员会已于2006年1月28日正式成立,可以受理仲裁案件。应尊重当事人的意思自治,将争议提交仲裁裁决。

B公司答辩称,一审裁定驳回A公司提出的管辖权异议,认定事实清楚,适用法律正确,依法应予维持。事实和理由：1. 双方签订《补充协议》时,当地并未成立仲裁机构,且只约定仲裁地点,未约定仲裁机构,有关仲裁协议约定无效。景德镇仲裁委员会于2006年1月28日才依法设立,双方在发生争议后,对新建的仲裁机构,没有再达成补充协议选定。2. 一审法院受理本案时,仲裁机构仍未成立,依法可以排除仲裁管辖。

[最高人民法院查明的事实]

本院二审查明：2005年9月9日,B公司以A公司为被告向一审法院提起诉讼,请求：1. 解除B公司、A公司签订的2003年11月26日《售房协议》、2004年3月7日《补充协议》、2004年4月7日《补充协议》、2004年9月7日《补充协议》；2. 由A公司返还B公司购房款现金16363946.6元；3. 由A公司支付B公司违约金370万元；4. A公司赔偿B公司损失1500万元；5. 由A公司承担本案一切诉讼费用。A公司于2005年10月8日向一审法院提出管辖权异议。

A公司二审期间提交了景德镇仲裁委员会于2006年1月28日依法成立的有关文件。B公司对景德镇仲裁委员会于2006年1月28日依法成立的事实予以认可。

[最高人民法院裁判理由与结果]

最高人民法院认为,从A公司上诉提出的管辖权异议和B公司的抗辩看,双方争议的焦点是本案争议是否属于人民法院主管。

本案涉及双方当事人约定的仲裁条款有两条：一是2004年3月7日《补充协议》第十四条"未尽事宜,协商解决,协商不成,由地方仲裁机关仲裁"；二是2004年9月7日《补充协议》第六条"未尽事宜,协商解决,协商不成,由当地仲裁机关仲裁"。从上述协议内容看,双方虽然曾经约定以仲裁解决纠纷的方式,但是无论从2004年3月7日《补充协议》约定的"地方仲裁机关",还是2004年9月7日《补充协议》约定的"当地仲裁机关",都未明确仲裁机构。《中华人民共和国仲裁法》对当事人约定选择仲裁机关有明确的法律规定,该法第十八条规定"仲裁协议对仲裁事项或者仲裁委员会没有约定或者约定不明确的,当事人可以补充协议；达不成补充协议的,仲裁协议无效"。《最高人民法院关于确认仲裁协议效力几个问题的批复》第1条规定："在《中华人民共和国仲裁法》实施后重新组建仲裁机构前,当事人达成的仲裁协议只约定了仲裁地点,未约定仲裁机构,双方当事人在补充协议中选定了在该地点依法重新组建的仲裁机构的,仲裁协议有效；双方当事人达不成补充协议的,仲裁协议无效。"本案双方当事人对选择仲裁机构的问题发生了争议,并没有重新达成补充协议,未对在该地点依法重新组建的仲裁机构予以选定。因此,该两份《补充协议》中约定有关仲裁事项的条款为无效条款。该民事纠纷属于人民法院受案范围，B 公司向人民法院提起诉讼，由人民法院主管并无不当。A 公司上诉理由不能成立，依法不予支持。综上，根据《中华人民共和国民事诉讼法》第一百零八条第四项、第一百五十四条①之规定，裁定如下：

驳回上诉，维持原裁定。

二审案件受理费 50 元，由景德镇市 A 实业有限公司负担。

本裁定为终审裁定。

---

① 对应 2023 年《民事诉讼法》第 122 条第 4 项、第 178 条。

第二十九章 涉外仲裁

> **规则42**：涉外合同中当事人约定适用于解决合同争议的准据法，不能用以判定仲裁条款的效力
>
> ——A有限公司、深圳市B商业投资控股有限公司申请确认仲裁协议效力案[1]；中国A集团有限公司、北京B有限责任公司与C投资发展有限公司、香港B科技发展有限公司借款担保合同纠纷案[2]

【裁判规则】

在涉外合同纠纷案件中，当事人在合同中约定有仲裁条款的，可以同时对确定该仲裁条款效力的准据法作出明确约定。因仲裁条款具有独立性，故合同中约定的适用于解决合同争议的准据法，不能用以判定该仲裁条款的效力。如果当事人在合同中没有约定确定仲裁条款效力的准据法，也没有约定仲裁地或者对仲裁地约定不明，应当适用法院地法律审查仲裁协议的效力。

【规则理解】

一、涉外合同中仲裁协议独立性内涵及法律特征

（一）仲裁协议独立性的内涵

仲裁协议的独立性，或称仲裁协议自治权原则，是现代仲裁制度的基石，是指如果当事人表明了以仲裁解决争议的意愿，这种意愿就应得到保护，仲裁协议具有保障当事人通过寻求某种救济而实现当事人权利义务的特殊性质，具有相对的独立性。因此，仲裁协议应被视为独立于合同的存在，它与主合同是可分割或相分离的，主合同的无效、失效或不成立均不影响仲裁协议的效力，即使当事人主张合同无效、失效或不成立，仲裁庭基于仲裁协议仍有管辖权。

---

[1] 最高人民法院（2019）最高法民特1号民事裁定书。
[2] 载《中华人民共和国最高人民法院公报》2008年第1期。

(二) 仲裁协议独立性的法律特征

仲裁协议与主合同是可以分割的两个独立的协议，仲裁协议虽然附属于主合同，但是与主合同形成了两项可分离或独立的契约。主合同涉及当事人在交易中的权利义务，仲裁协议作为附属合同则具有保障当事人通过寻求某种救济从而实现当事人权利的特殊性质，它具有相对的独立性，其有效性不受主合同效力的影响。即使主合同无效，仲裁条款也不一定无效。其法律特征体现在以下方面：

1. 仲裁协议与主合同彼此独立。主合同规定当事人在实体方面的权利义务，作为附属合同的仲裁协议，规定了当事人在实体方面的权利义务如不能如约实现时的救济措施，即以仲裁的方式解决当事人之间的争议，保护当事人的合法权益。从合同的实施以主合同中的权利与义务不能实施或不能完全实施为前提，并作为主合同不能履行或不能完全履行时的一种救济手段而存在。它因主合同而订立，并随主合同的完全履行而终止。

2. 仲裁协议的效力独立于主合同的效力。主合同的有效与否不影响仲裁协议的效力。因为主合同是否有效决定于合同的形式要件和实质要件是否符合该合同准据法的规定。如果仅仅是因为主合同的无效而使仲裁协议无效，仲裁协议就无存在之必要。相反，仲裁协议的有效与否也不影响主合同的效力，因为构成仲裁协议有效的条件与主合同不同，它可能是因为仲裁条款的内容、形式不符合仲裁机构所在地国家仲裁法或该机构的仲裁规则而无效。仲裁条款无效并不影响当事人在合同中实体方面权利义务的实现。正如有的学者所言，仲裁协议不像一般的从属合同那样，完全依赖于主合同，它的效力是必须独立于主合同的效力而存在的。[1]

3. 仲裁条款独立于主合同中的其他条款。合同中的其他条款均可与仲裁条款相分离，这些条款的存在与否和是否有效，均不影响仲裁条款对当事人的拘束力。合同中的其他条款可以通过当事人的协议而变更、终止；而仲裁条款一经订立，即不得撤销，仲裁条款还排除了法院对该争议的管辖权。

二、仲裁条款独立性的相关立法情况

(一) 域外立法情况

仲裁条款独立原则最早是 1963 年法国最高上诉法院在"戈塞特"案中提出的。在该案中，法国最高上诉法院称，仲裁条款独立于主合同，如果主合同

---

[1] 韩德培：《国际私法新论》，武汉大学出版社 1997 年版，第 728 页。

无效，只有在无效理由影响到仲裁协议时，仲裁协议才可能无效。《联合国国际贸易法委员会仲裁规则》（UNCITRAL Arbitration Rules）是最早采纳仲裁条款独立性原则的国际仲裁规则，该仲裁规则第 23 条第 1 款规定："仲裁庭有权力对其自身管辖权作出裁定，包括对与仲裁协议的存在或效力有关的任何异议作出裁定。为此目的，构成合同一部分的仲裁条款，应视为独立于合同中其他条款的一项协议。仲裁庭作出合同无效的裁定，不应自动造成仲裁条款无效。"此后，仲裁条款独立性原则也为许多国际仲裁法律所采纳，如联合国国际贸易法委员会《国际商事仲裁示范法》第 16 条第 1 款规定："仲裁庭可以对它自己的管辖权包括对仲裁协议的存在或效力的任何异议，作出裁定。为此目的，构成合同的一部分的仲裁条款应视为独立于其他合同条款以外的一项协议。仲裁庭作出关于合同无效的决定，不应在法律上导致仲裁条款的无效。"[1]

（二）国内立法情况

我国的《仲裁法》和《民法典》明确承认商事仲裁协议自治权理论，并同时适用于国内和国际商事仲裁协议。《仲裁法》第 19 条第 1 款规定："仲裁协议独立存在，合同的变更、解除、终止或者无效，不影响仲裁协议的效力。"《民法典》第 507 条规定，"合同不生效、无效、被撤销或者终止的，不影响合同中有关解决争议方法的条款的效力"。

现行《中国国际经济贸易仲裁委员会仲裁规则》《中国海事仲裁委员会仲裁规则》也规定了仲裁协议的独立性原则，规定主合同中的仲裁条款和仲裁协议书均作为与合同的其他条款分离的、独立存在的一个部分看待。

三、仲裁协议独立性在适用中应注意的问题

仲裁协议独立性理论比较抽象，具体适用中应注意以下问题：[2]

（一）主合同转让、变更或解除、终止情况下仲裁协议的独立性

1. 主合同转让时仲裁协议独立性。根据《仲裁法司法解释》第 9 条的规定，债权债务无论是全部还是部分转让的，受让人均受仲裁协议的限制，即仲裁协议对受让人有效，只有下列三种情形除外：（1）当事人另有约定；（2）在受让债权债务时受让人明确反对；（3）受让人不知有单独仲裁协议。

2. 主合同变更时仲裁协议独立性。原有仲裁协议是否继续有效取决于当事人对合同进行的修订或者补充。如果当事人只变更了主合同条款，而未涉及仲

---

[1] 崔卓兰等：《仲裁法学》，北京大学出版社 2006 年版，第 42~43 页。
[2] 江伟：《仲裁法》，中国人民大学出版社 2009 年版，第 96~101 页。

裁协议，则仲裁协议继续对当事人有效，新的主合同发生的争议依然按照原有的仲裁协议进行仲裁；如果原有的仲裁协议被变更，新的仲裁协议取代旧的仲裁协议，主合同发生的争议按新仲裁协议进行仲裁；如果当事人既变更主合同又变更争议的解决方式，新的主合同发生纠纷后按照新约定的争议解决方式进行救济。

3. 主合同解除或终止时仲裁协议独立性。主合同解除或终止，对合同的当事人不再具有约束力，但应对合同的履行情况进行清理。这通常是对主合同中的实体权利义务关系而言的，并不涉及仲裁协议。因此，主合同被解除或终止后，仲裁协议仍然有效，其效力持续期间视具体情况而定。如果当事人在解除或终止原合同关系后又产生新的合同关系，因新的合同关系产生的纠纷应认定为超出了约定的仲裁事项的范围，对此不能继续适用原仲裁协议。

（二）主合同无效情况下仲裁协议的独立性

1. 主体欠缺民事行为能力，包括两种情况：第一，当合同主体为自然人时，根据《仲裁法》相关规定，应认定欠缺民事行为能力的人订立的仲裁协议无效。第二，当合同主体为法人时，一般应认定其订立的仲裁协议有效，但具有法律限制其法人主体资格时的特殊情形除外，如处于破产程序中的法人订立的仲裁协议可能无效。

2. 主合同的内容违反法律或者社会公共利益。此种情形下仲裁协议的效力独立于主合同的效力，仲裁协议不因主合同无效而无效。

3. 主合同不成立情况下仲裁协议的独立性。适用《仲裁法司法解释》第10条第2款的规定，"当事人在订立合同时就争议达成仲裁协议的，合同未成立不影响仲裁协议的效力"。

4. 主合同意思表示不真实情况下仲裁协议的独立性。适用《仲裁法司法解释》第10条第1款的规定，"合同成立后未生效或者被撤销的，仲裁协议效力的认定适用仲裁法第十九条第一款的规定"，仲裁协议的效力不受影响。符合《仲裁法》第17条第3项规定情形的，即一方采用胁迫手段迫使对方签订仲裁协议的，仲裁协议无效。

【拓展适用】

一、涉外仲裁的内涵及涉外因素的认定

（一）涉外仲裁的含义

所谓涉外仲裁，是指含有涉外因素或者国际因素的仲裁，即当事人选定的涉外仲裁机构根据当事人之间订立的仲裁协议对当事人提交的在国际经济贸易及海事等活动中发生的争议进行审理并作出仲裁裁决的活动。从国际商事仲裁的范围来看，涉外商事仲裁也就是国际商事仲裁。

(二) 涉外因素的认定

在确定争议案件是否具有"涉外"或者"国际"因素时，传统的国际私法认为，涉外民事法律关系是指民商事法律关系的三要素，即主体、内容、客体中至少有一个因素同外国具有一定的联系，具体包括三个方面：1. 民商事法律关系中至少有一方当事人是外国人、无国籍人、外国法人、外国国家或者国际组织；2. 引起民商事法律关系发生、变更、消灭的法律事实发生在国外；3. 民商事法律关系的客体即双方当事人争议的标的物在国外。

我国《仲裁法》对何谓"涉外"因素未作出明确的规定。《民事诉讼法解释》第520条规定："有下列情形之一，人民法院可以认定为涉外民事案件：(一) 当事人一方或者双方是外国人、无国籍人、外国企业或者组织的；(二) 当事人一方或者双方的经常居所地在中华人民共和国领域外的；(三) 标的物在中华人民共和国领域外的；(四) 产生、变更或者消灭民事关系的法律事实发生在中华人民共和国领域外的；(五) 可以认定为涉外民事案件的其他情形。"联合国国际贸易法委员会《国际商事仲裁示范法》第1条第3款规定："仲裁如有下列情况即为国际仲裁：(a) 仲裁协议的当事各方在缔结协议时，他们的营业地点位于不同的国家；或 (b) 下列地点之一位于当事各方营业地点所在国以外：(一) 仲裁协议中确定的或根据仲裁协议而确定的仲裁地点；(二) 履行商事关系的大部分义务的任何地点或与争议标的关系最密切的地点；或 (c) 当事各方明确地同意，仲裁协议的标的与一个以上的国家有关。"

二、涉外仲裁协议界定的不同标准

以仲裁协议是否含有国际因素为标准，可以将其分为国内仲裁协议和国际仲裁协议。国内仲裁协议与国际仲裁协议决定了仲裁的类型。许多国家的仲裁立法和司法实践中，国内仲裁与国际仲裁分别适用不同的法律或仲裁规则，分别由不同的常设仲裁机构行使仲裁管辖权。我国仲裁立法规定，对于国内仲裁，主要由各地仲裁委员会和中国海事仲裁委员会依其仲裁规则行使管辖权。而对于国际仲裁，主要由中国国际经济贸易仲裁委员会总会、华南分会、上海分会、西南分会和中国海事仲裁委员会行使管辖权。有关国家的仲裁立法、有关仲裁的国际条约和示范法，对国际仲裁协议的界定标准也不统一，主要有以下标准[①]：

---

① 参见李广辉、王瀚：《仲裁法》，对外经济贸易大学出版社2011年版，第157~158页。

（一）以主体或仲裁地含有国际因素为标准

这种标准是以仲裁协议中当事人的国籍、住所或居所、法人注册地或公司管理中心所在地，仲裁地点等连结因素之一含有国际因素来确定。依此标准确定的仲裁协议即为国际仲裁协议。

（二）以争议的性质为标准

这种标准是以引起争议的法律关系具有国际性质，或有关争议在国际关系领域发生，或涉及当事人国际商事利益的仲裁协议等来确定，将其确定为国际仲裁协议。按照这一标准，即使当事人的国籍相同，或其住所、营业地、惯常居所位于同一国家或地区，仲裁地位于该国境内或仲裁机构为该国常设仲裁机构，若争议涉及国际商事利益或在国际商事关系领域发生，其仲裁协议也可以被认定为国际仲裁协议。

（三）混合标准

前述联合国国际贸易法委员会《国际商事仲裁示范法》对涉外仲裁中"涉外因素"所确立的标准是前述两种标准的综合，相较于前两种标准，具有明显的优点，容易为各国仲裁立法和司法实践以及仲裁法学理论所接受。

三、涉外仲裁协议的法律适用

涉外仲裁协议的法律适用即准据法问题是确定涉外仲裁协议效力的先决问题。涉外仲裁协议由于其国际性，当事人可能具有不同国籍，或者其住所或营业所位于不同的国家，或者仲裁协议缔结地在外国，或者仲裁地在外国等而与几个国家的法律发生联系，从而涉及不同国家的法律，但不同国家和地区的法律对有效的仲裁协议的要求各不相同，依不同的法律判断可能会出现不同甚至相反的结果，并因此而发生法律冲突。因此，涉外仲裁中首先必须解决的一个问题就是适用何国法律确定仲裁协议的有效性。

（一）确定仲裁协议准据法的理论与方法

如何认定仲裁协议效力的准据法，各国有不同的理解和做法，确定仲裁协议准据法的方式归纳起来有以下几种：

1. 依当事人明示选择的法律。仲裁协议准据法的确定应适用当事人意思自治原则，这是各国国际私法普遍接受的一项原则。

2. 依合同准据法。实践中大量的仲裁协议没有明示选择的准据法。由于仲裁协议不同于确定当事人实体权利义务关系的合同，在法律适用上具有相对独立性，因此英国法院基于仲裁条款属于附属于主合同的自治合同的观念，主张仲裁协议的适用法律应当与主合同的适用法律一致，即适用合同准据法，但在例外情况下，两者可适用不同的法律体系。

3. 依最密切联系原则确定的法律。符合国际私法中的最密切联系原则，实践中一般都直接适用仲裁地或裁决地法，只有在仲裁地或裁决地无法确定的情况下才依其标准，如缔约地、争议标的所在地、当事人的住所、国籍、惯常居所、营业地确定仲裁协议的准据法。

4. 依仲裁地或裁决地的法律。当事人未明示选择仲裁协议的准据法时，直接适用或推定适用仲裁地法或裁决地法作为仲裁协议的准据法，此种理论在国际商事仲裁实践中得到了广泛的接受。

5. 依其他方法适用的法律。如意大利、奥地利适用缔约地法，《瑞士联邦国际私法法规》依尽量使其有效的原则，有的仲裁机构依超越于各国内法体系的跨国法律观念，如一般法律原则、国际商事惯例等来确定仲裁协议的效力。

(二) 我国对仲裁协议准据法的确定

根据《仲裁法司法解释》第 16 条的规定，对涉外仲裁协议的效力审查，适用当事人约定的法律；当事人没有约定适用的法律但约定了仲裁地的，适用仲裁地法律；没有约定适用的法律也没有约定仲裁地或者仲裁地约定不明的，适用法院地法律。《涉外民事关系法律适用法》第 18 条对仲裁协议准据法作了规定："当事人可以协议选择仲裁协议适用的法律。当事人没有选择的，适用仲裁机构所在地法律或者仲裁地法律。"需要特别注意的是，该条规定和《仲裁法司法解释》第 16 条的规定并不完全一致。《最高人民法院关于适用〈中华人民共和国涉外民事关系法律适用法〉若干问题的解释（一）》第 12 条规定："当事人没有选择涉外仲裁协议适用的法律，也没有约定仲裁机构或者仲裁地，或者约定不明的，人民法院可以适用中华人民共和国法律认定该仲裁协议的效力。"

结合上述规定，确定仲裁协议准据法时应当把握以下几个要点：第一，仲裁协议准据法的确定必须充分尊重当事人意思自治，当事人选择的仲裁协议效力准据法应优先适用。此处所指的当事人约定的仲裁协议准据法是指特定调整仲裁协议的法律，当事人约定的主合同的准据法不是仲裁协议的准据法。典型案例二中，《可转换债发行协议》约定有仲裁条款，同时约定"本协议适用中华人民共和国香港特别行政区法律"，但该法律适用的约定是关于主合同准据法的约定，而非对仲裁条款特别约定的准据法，此时应当认定当事人未约定仲裁协议准据法，在协议没有约定仲裁机构，也没有约定仲裁地时，应当适用法院地法即内地《仲裁法》作为仲裁协议准据法来认定仲裁协议的效力。而根据《仲裁法》第 16 条的规定，没有约定明确的仲裁机构，当事人又不能达成补充协议的，仲裁协议应当认定无效。

第二，当事人未选择仲裁协议准据法的，适用仲裁机构所在地或仲裁地法律。仲裁协议同时约定仲裁机构所在地和仲裁地，两者又不一致时，根据《涉外民事关系法律适用法》第 16 条的规定，如当事人不能达成一致的，法院可以在仲裁机构所在地法和仲裁地法中进行选择，此时应秉着"尽可能使仲裁协议有效"的原则，确定仲裁协议的准据法。

第三，当事人未选择仲裁协议准据法的，亦未约定仲裁机构所在地或仲裁地或两者不明的，适用法院地法。由于仲裁协议是一种程序性契约，在当事人没有约定仲裁协议适用的法律也没有约定仲裁地或者仲裁地约定不明的情形下，适用法院地法是合理的。因此，尽管《涉外民事关系法律适用法》第 18 条不作规定，但《最高人民法院关于适用〈中华人民共和国涉外民事关系法律适用法〉若干问题的解释（一）》仍然吸收了《仲裁法司法解释》第 16 条的规定，将法院地法作确定仲裁协议准据法的兜底情形。

第四，如依据上述规定，确定仲裁协议的准据法为外国法，人民法院有义务对该外国准据法应依职权主动查明。《涉外民事关系法律适用法》第 10 条也确立了对于外国法的查明，以法院、仲裁机构或行政机关依职权查明为主，当事人提供外国法为辅的查明方法。从司法实践的实际情况来看，绝大部分国家以成文的仲裁法或民事诉讼法规定仲裁协议的效力，查明外国法的难度不大，加之我国对仲裁协议效力要件的认定非常严格，如人民法院以该外国法不能查明为由，直接适用法院地法，可能导致轻易认定仲裁协议无效，造成不好的国际影响。此应在司法实践中予以注意。

四、人民法院对涉外仲裁裁决处理的程序

我国法院对裁定撤销或不予执行涉外仲裁裁决实行内部监督。人民法院经过审查核实，如果认为涉外仲裁裁决应当被撤销或者不予执行，在作出裁定前必须逐级报告最高人民法院。

（一）撤销仲裁裁决的审理程序

仲裁法和民事诉讼法对仲裁裁决撤销的方式均未规定，是适用普通诉讼程序还是适用特别程序？《仲裁法司法解释》第 24 条规定："当事人申请撤销仲裁裁决的案件，人民法院应当组成合议庭审理，并询问当事人。"从上述规定看，仲裁裁决撤销适用的是审理程序，但有两点需要注意[①]：（1）应当组成合议庭审查，不能采用独任方式。撤销仲裁裁决是对仲裁庭作出的仲裁裁决是否符合法定可撤销理由的审查，案件一般比较复杂，由合议庭审理更为妥当。（2）可以开庭审理，也可以不开庭审理，如果不开庭审理则应当询问当事人。同时，为了体现对涉外仲裁裁决撤销的特别慎重，相关司法解释还规定了撤销仲裁裁决的报告制度。依据《最高人民法院关于人民法院撤销涉外仲裁裁决有关事项的通知》的规定：第一，凡一方当事人按照仲裁法的规定向人民法院申请撤销我国涉外仲裁裁决，如果人民法院经审查认为涉外仲裁裁决具有《民事诉讼法》第291条第1款规定的情形之一的，在裁定撤销裁决或通知仲裁重新仲裁之前，须报请本辖区所属高级人民法院进行审查。如果高级人民法院同意撤销裁决或通知仲裁庭重新仲裁，应将其审查意见报最高人民法院。待最高人民法院答复后，方可裁定撤销裁决或通知仲裁庭重新仲裁。第二，受理申请撤销裁决的人民法院如认为应予撤销裁决或通知仲裁庭重新仲裁的，应在受理申请后三十日内报其所属的高级人民法院，该高级人民法院如同意撤销裁决或通知仲裁庭重新仲裁的，应在十五日内报最高人民法院，以严格执行《仲裁法》第60条的规定。报告制度是最高人民法院为防止涉外仲裁监督方面出现执法不统一的现象，通过工作机制创设的法院系统内部的监控措施，体现了对涉外仲裁的大力支持。[②]

（二）仲裁裁决撤销的审查程序

《民事诉讼法》第248条和第291条对于仲裁裁决不予执行和涉外仲裁裁决的不予执行审查程序，均规定应由合议庭审查核实，但没有规定具体的审查程序。由于不予执行仲裁裁决涉及当事人的重大程序和实体权利，参照《仲裁法司法解释》第24条关于仲裁裁决撤销的审理程序，应当听取双方当事人的陈述，必要时应当召开听证会。[③] 2017年11月20日，最高人民法院通过《关于仲裁司法审查案件报核问题的有关规定》，正式以司法解释形式确认报核制度。2021年11月15日，最高人民法院通过《关于修改〈最高人民法院关于仲裁司法审查案件报核问题的有关规定〉的决定》，该修正自2022年1月1日起施行。

[①] 万鄂湘主编：《最高人民法院仲裁法司法解释的理解与适用》，人民法院出版社2007年版，第212~213页。

[②] 万鄂湘主编：《最高人民法院仲裁法司法解释的理解与适用》，人民法院出版社2007年版，第214页。

[③] 江必新主编：《新民事诉讼法执行程序讲座》，法律出版社2012年版，第203页。

修改后的第 2 条规定:"各中级人民法院或者专门人民法院办理涉外涉港澳台仲裁司法审查案件,经审查拟认定仲裁协议无效,不予执行或者撤销我国内地仲裁机构的仲裁裁决,不予认可和执行香港特别行政区、澳门特别行政区、台湾地区仲裁裁决,不予承认和执行外国仲裁裁决,应当向本辖区所属高级人民法院报核;高级人民法院经审查拟同意的,应当向最高人民法院报核。待最高人民法院审核后,方可依最高人民法院的审核意见作出裁定。各中级人民法院或者专门人民法院办理非涉外涉港澳台仲裁司法审查案件,经审查拟认定仲裁协议无效,不予执行或者撤销我国内地仲裁机构的仲裁裁决,应当向本辖区所属高级人民法院报核;待高级人民法院审核后,方可依高级人民法院的审核意见作出裁定。"第 3 条规定:"本规定第二条第二款规定的非涉外涉港澳台仲裁司法审查案件,高级人民法院经审查,拟同意中级人民法院或者专门人民法院以违背社会公共利益为由不予执行或者撤销我国内地仲裁机构的仲裁裁决的,应当向最高人民法院报核,待最高人民法院审核后,方可依最高人民法院的审核意见作出裁定。"即区分涉外和非涉外,涉外仲裁裁决的撤销或不予执行仍采取报核至最高人民法院的做法;非涉外的仲裁裁决撤销或不予执行,应报核至高级人民法院,但以违背社会公共利益为由撤销或不予执行,亦须报核至最高人民法院。该规定还明确了高级人民法院审核的案件,应当在作出审核意见之日起 15 日内向最高人民法院报备。

【典型案例一】

A 有限公司、深圳市 B 商业投资控股有限公司申请确认仲裁协议效力案

申请人:A 有限公司

被申请人:深圳市 B 商业投资控股有限公司

〔基本案情〕

申请人 A 有限公司(以下简称 A 公司)与被申请人深圳市 B 商业投资控股有限公司(以下简称 B 公司)申请确认仲裁协议效力一案,本院于 2019 年 2 月 19 日立案后进行了审查。现已审查终结。

A 公司请求:确认 A 公司与 B 公司之间就《产权交易合同》及《债权清偿协议》不存在有效的仲裁条款。事实和理由如下:合同本身未成立,因而其中的仲裁条款亦未成立。(一)合同未成立。A 公司通过北京产权交易所(以下简称北交所)挂牌转让其持有的 C 公司 100% 的股权,B 公司被确定为唯一合格意向受让方。之后,双方就《产权交易合同》及《债权清偿协议》通过电子邮件反复磋商,明确两份文件的草签版须经北交所及 A 公司等最终确认后方可签署。A 公司还要求 B 公司

依据国家相关规定，办理境外投资手续并在境外以外汇方式支付交易价款。B 公司拒绝履行境外投资审批和外汇登记手续等法定义务。A 公司在多次催告未果的情况下，通知 B 公司取消交易。《中华人民共和国合同法》（以下简称《合同法》）第三十二条规定，"当事人采用合同书形式订立合同的，自双方当事人签字或者盖章时合同成立"。《产权交易合同》草签版本第十七条约定："本合同经甲乙双方法定代表人或授权代表签字并盖章后，与《债权清偿协议》同时生效。"依据上述法律规定和约定，因 B 公司拒绝履行法定义务与合规要求，合同文本未达成一致，更未能签署，故《产权交易合同》《债权清偿协议》均未成立。事实上，双方甚至未完成合同订立的要约和承诺过程。（二）合同中的仲裁条款亦未成立。两份文件草签版均包含如下仲裁条款：有关争议，提交深圳国际仲裁院仲裁。但仲裁条款不能脱离主合同而单独成立，双方当事人亦无脱离主合同成立而先行单独达成仲裁协议的明确意思表示。故仲裁条款也未成立，A 公司与 B 公司之间就《产权交易合同》文本所商讨事项不存在有效的仲裁条款。（三）A 公司并非《债权清偿协议》的当事方，故该协议中的仲裁条款不能拘束 A 公司。

B 公司称，《产权交易合同》《债权清偿协议》已经成立并生效，双方在协商履行《产权交易合同》《债权清偿协议》中已就本案纠纷提交仲裁达成合意，双方之间存在有效的仲裁协议。（一）合同已成立并生效。本案产权转让是在北交所主持下、根据相关交易规则达成交易，交易合同依法成立并生效。A 公司、C 公司、深圳 D 酒店有限公司（以下简称 D 酒店公司）、北京 E 国际酒店管理有限公司（以下简称 E 酒店公司）（上述四公司以下合称 A 公司等）均应按照公告内容与 B 公司签署《产权交易合同》《债权清偿协议》文本。1. 双方已就案涉产权的转让完成了要约和承诺。A 公司委托北交所发布案涉交易公告，披露了交易的全部信息，并作出相关承诺。以上公告为 A 公司等发出的要约邀请。之后，B 公司向北交所提出受让申请。北交所向 B 公司发出《受让资格确认通知书》，要求 B 公司在 2017 年 5 月 4 日前支付保证金，"在上述时限内交纳保证金后获得资格确认"，这是 A 公司等提出的要约。B 公司按照要求，当天即支付了 2.7 亿元保证金，获得唯一受让资格，构成承诺。至此双方达成交易并按北交所交易规则开始履行。鉴于本案合同并非法律法规规定应办理批准生效手续的情形，本案交易合同依法已经成立和生效。2. 根据 A 公司挂牌公告的承诺和北交所交易规则，A 公司等有义务在确定 B 公司为最终受让人起五个工作日内，按照公告条件与 B 公司在《产权交易合同》《债权清偿协议》文本上签字盖章。3. A 公司等在双方已按公告条件确认成交后，随意更改挂牌的交易条件，改变结算的交易规则，要求 B 公司在境外以外汇方式向其支付本次交易价款，违反了自身承诺和北交所交易规则。4. 本案交易是在北交所进行，双方就交易的标的、价款、数量、履行方式、前置条件等实质性条款已经达成一致意见后摘牌成交。书面交易合同并非双方之间关于本次交易的唯一法律文件，决定双方存在产权交易合同关系的文件还包括双方向北交所提出的申请书、承诺书、公告、通知、保证金支付凭证等,这些文件同样对双方具有约束力。本案产权交易不属于需经政府部门核准生效的境外投资事项,而属于政府部门备案事项,签署产权交易合同是办理本案交易合同备案手续的前提。(二)仲裁条款已成立。1. 2017年5月11日,A公司等通过电子邮件向B公司发来命名为"草签版"的交易合同文本,其中明确向B公司提出了将争议提交深圳国际仲裁院仲裁的要约。B公司于当天即在该交易合同文本上签字盖章,以电子签名、电子邮件和纸质签字盖章EMS邮递两种方式回复告知了A公司等。至此,双方之间已就仲裁协议达成合意,且仲裁合意之后保持不变。2. 仲裁条款独立性原则决定,即使双方还没有完成签署书面合同文本,仲裁条款的存在及生效也不受影响。《中华人民共和国仲裁法》(以下简称《仲裁法》)第十九条、《最高人民法院关于适用〈中华人民共和国仲裁法〉若干问题的解释》(以下简称《仲裁法解释》)第十条等规定确认了仲裁条款的独立性。根据上述规定,本案仲裁条款已经达成,独立存在且已生效。A公司等最终声称"取消交易",但始终未要求取消仲裁协议。3. A公司等以交易合同文本未经其集团内部最终审批同意,亦未签署为由,认为仲裁条款不存在,是将其内部审批的效力强加于B公司,混淆了内部管理关系和外部法律关系。因此,本案"草签版"合同中的仲裁条款,应对双方有约束力。(三)A公司等尽管主体不同,但实质上权利全部归属于某旅游集团公司,《产权交易合同》和《债权清偿协议》共同构成本案交易的完整内容,不可分割,应共同履行交易合同转让方的义务,接受仲裁条款约束。综上,本案双方之间的仲裁协议在形式上、内容上已经满足我国仲裁法规定的所有必要条件,请求依法认定双方之间存在有效的仲裁协议,驳回A公司的申请。

[基本案情]

某旅游集团公司是国有独资公司。香港某旅游(集团)有限公司(以下简称香港某旅游公司)是某旅游集团公司的全资子公司,注册于我国香港特别行政区。A公司是香港某旅游公司的全资子公司,注册于英属维尔京群岛。C公司是A公司的全资子公司,亦注册于英属维尔京群岛。

2016年3月24日,某旅游集团公司作出《关于同意挂牌转让C公司100%股权的批复》,同意A公司依法合规转让其所持有的C公司100%的股权。2017年3月29日,A公司通过北交所公开挂牌转让其持有的C公司100%的股权。挂牌转让公告中"与转让相关的其他条件"要求受让方"在签署《产权交易合同》的同时与转让方的关联方签署《债权清偿协议》,明确了解并同意《产权交易合同》约定的债权清偿是股权转让的重要前置条件。"4月,B公司与北京某投资咨询有限公司签订《产权交易委托合同》,委托后者按照北交所的交易规则为B公司收购C公司股权交易提供场内经纪服务。4月27日,北交所向A公司出具《受让资格确认意见函》,载明案涉项目信息披露公告期满,征得意向受让方两个——B公司和许某。4月28日,北交所向B公司发出《受让资格确认通知书》，通知B公司于5月4日前，将保证金2.7亿元交付到北交所指定的结算账户，并明确B公司在规定时限内交纳保证金后获得资格确认，如逾期未交，则视为放弃受让。同日，B公司向北交所指定的结算账户转入2.7亿元保证金。5月3日，北交所向B公司出具2.7亿元保证金收据。由于许某逾期未交纳保证金，案涉项目仅剩B公司一个意向受让人。

随后，B公司与A公司等就签订案涉项目的产权交易合同等事宜开展磋商。5月9日，深圳市某金融控股集团有限公司（B公司的上级集团公司）风控法务中心张某代表B公司向某集团酒店子公司（某旅游集团公司的全资子公司）法务部法务经理刘某发送电子邮件，内容为："请把合同及合同附件发送至本人邮箱。"同日，刘某回复电子邮件称："合同及附件文件会由我方指定对外联络人陈某经理统一发给你们指定联系人李某。"同日，某集团酒店子公司投资管理部经理陈某发送电子邮件给张某，内容为："附件为此前提供给贵司的两份合同及附件，我司会尽快根据今天会议商议的条款对合同进行补充并提交北交所审核，同时也请贵司在我们此前提供的这版合同基础上将修改意见批注出来，尽快形成书面意见反馈给我们，下一步我们再综合北交所的反馈进行最终修订。"上述电子邮件的附件《产权交易合同》，系北交所提供的标准文本，载明甲方为A公司，乙方为B公司，双方根据相关法律、法规、规章的规定，就A公司向B公司转让其拥有的C公司100%股权签订《产权交易合同》。合同主要内容为：1. 甲方拟转让其合法持有的标的企业的100%股权；乙方拟收购上述股权。2. 乙方依本合同的约定受让甲方所拥有的转让标的事项，已依法律、行政法规和章程的规定，履行了相应的批准或授权、备案等程序。转让价格为9亿元。3. 签订本合同所需的包括但不限于授权、审批、公司内部决策等在内的一切手续均已合法有效取得，本合同成立和产权转让的前提条件均已满足。4. 本合同经甲乙双方法定代表人或授权代表签字并盖章后，与《债权清偿协议》同时生效。5. 第十六条管辖及争议解决方式：16.1 本合同及产权交易中的行为均适用中华人民共和国法律；16.2 有关本合同的解释或履行，当事人之间发生争议的，应由双方协商解决；协商解决不成的，提交北京仲裁委员会仲裁。上述电子邮件的附件《债权清偿协议》，载明甲方一为香港某旅游公司，甲方二为E酒店公司，乙方为B公司，丙方一为C公司，丙方二为D酒店公司。该协议约定：1. 乙方同意自合同生效之日起五个工作日内代丙方一次性清偿甲方持有的107886893.15元的债权及其资金占用费。2. 第十二条：本协议适用中华人民共和国法律。有关本协议的解释或履行，当事人之间发生争议的，应由各方协商解决；协商解决不成的，任何一方均有权提交北京仲裁委员会以仲裁方式解决。

5月10日，张某发送电子邮件给陈某、刘某，内容为："附件为我们公司对合同的一个修改意见，请贵公司在基于平等、公平的原则及合同签订后的有效原则慎重考虑加以确认。"在该邮件的附件中，《产权交易合同》文本第十六条"管辖及争议解决方式"修改为"16.1 本合同及产权交易中的行为均适用中华人民共和国法律。16.2 有关本合同的解释或履行，当事人之间发生争议的，应由双方协商解决；协商解决不成的，提交深圳国际仲裁院仲裁"；《债权清偿协议》文本第十二条修改为"本协议适用中华人民共和国法律。有关本协议的解释或履行，当事人之间发生争议的，应由各方协商解决；协商解决不成的，任何一方均有权提交【深圳国际仲裁院】以仲裁方式解决"。5 月 11 日 13 时 42 分，陈某发送电子邮件给张某和 B 公司高级管理人员李某，针对 B 公司对两个合同文本提出的修改意见进行了回应，并表示"现将修订后的合同草签版发送给贵司，请接到附件内容后尽快回复意见。贵方与我司确认后的合同将被提交至北交所及我司内部审批流程，经北交所及我司集团公司最终确认后方可签署（如有修改我司会再与贵司确认）"。该邮件附件《产权交易合同》（草签版）第十六条"管辖及争议解决方式"与《债权清偿协议》（草签版）第十二条和上述 5 月 10 日张某发送给陈某、刘某的电子邮件附件中的有关内容相同。同日 18 时 39 分，张某发送电子邮件给陈某，内容为"附件为我司签署完毕的产权交易合同（草签版）及债权清偿协议（草签版）、项目签约说明函等扫描件，请查收并回复"。该邮件附件《产权交易合同》（草签版）和《债权清偿协议》（草签版）的管辖及争议解决方式的内容与陈某在同日发送电子邮件附件中的有关内容相同。B 公司在合同上盖章，并将该文本送达 A 公司。该电子邮件的另一附件为 B 公司向 A 公司发出的《C 公司 100%股权签约说明函》，内容为：可于 2017 年 5 月 11 日与贵司签署《产权交易合同》（草签版）和《债权清偿协议》（草签版）；理解《产权交易合同》（草签版）和《债权清偿协议》（草签版）需经北交所进行合规性审核后报某旅游集团公司批准签署，最终《产权交易合同》和《债权清偿协议》签署版本以正式版本内容为准；《产权交易合同》和《债权清偿协议》签署形式遵从贵司安排。

　　5 月 17 日，陈某发送电子邮件给李某，载明："深圳项目我司集团最终审批流程目前正进行中，如审批顺利计划可在本周五上午在北京某国际大酒店举办签约仪式，具体情况待我司确认后通知贵司。现将《产权交易合同》及《债权清偿协议》拟签署版本提前发送给贵司以便核对。"该邮件附件 1 为《股权转让项目产权交易合同》（拟签署版），附件 2 为《股权转让项目债权清偿协议》（拟签署版）。上述两个合同文本中的仲裁条款仍与草签版相同。

　　6 月 1 日，经法律合规性审核后，A 公司向 B 公司发出《复函》，主要内容为：1. 鉴于本次交易的转让方和转让的标的公司均系注册在境外英属维尔京群岛的公司，受让方为注册在境内深圳的公司，本次交易属于境外投资，依据《境外投资项目核准和备案管理办法》《境外投资管理办法》《境内机构境外直接投资外汇管理规定》等有关规定，贵司依法应当为本项目办理境外投资所需的发改委、商务部备案或者核准等审批手续，并需要在外汇局办理境外直接投资外汇登记手续，在境外以外汇方式向转让方我司支付本次交易价款。2. 对于贵司来函所附《产权交易合同》第

15.3条款，我司法律顾问认为不符合3月29日本项目在北交所交易挂牌文件的要求。依据挂牌文件第四部分"与转让相关的其他条件"之3之（4）的规定，受让方未及时按照约定时限支付剩余价款的，意向受让方所缴纳的保证金将被全额扣除。因此，我司要求将该条款改为：乙方未按照合同约定期限付清全部转让价款，乙方所交纳的2.7亿元保证金将被全额扣除，乙方无条件同意北交所将保证金2.7亿元一次性划转至甲方指定账户。

B公司分别于同年6月6日、8月29日及10月23日致函A公司，催促A公司尽快签署《产权交易合同》《债权清偿协议》。10月27日，A公司向B公司发出《通知函》，称鉴于已多次告知并催促贵司依法办理法定手续，而贵司迟迟无法确认，故正式通知取消本次产权交易。11月12日，B公司致函A公司，要求A公司尽快安排签约事宜，并请A公司配合出具向主管部门申办手续的相关文件。11月27日，A公司函复B公司，表示已于10月27日向B公司发出取消交易的通知，并提议双方立即向北交所办理保证金返还手续。

2018年4月4日，B公司根据《产权交易合同》草签版本第16.2条及《债权清偿协议》草签版本第十二条的约定，向深圳国际仲裁院提出仲裁申请，将A公司等列为共同被申请人。在仲裁庭开庭前，A公司等分别向广东省深圳市中级人民法院提起诉讼，申请确认仲裁协议不存在。该院于2018年9月11日立案，形成了本案和另外两个关联案件。在该院审查期间，本院认为，本案及关联案件有重大法律意义，由国际商事法庭审查有利于统一适用法律，且有利于提高纠纷解决效率，故裁定本案由本院第一国际商事法庭审查。本院在审查期间，询问了各方当事人，各方当事人同意就争议解决方式进行协商、调解。之后，当事人就争议解决方式及实体问题进行多次磋商，不能达成一致。本院恢复审查。

〔**最高法院裁判理由与结果**〕

本院经审查认为，本案争议焦点是案涉仲裁条款是否成立。

A公司在B公司申请仲裁后，以仲裁条款未成立为由，向人民法院申请确认双方之间不存在有效的仲裁条款。虽然这不同于要求确认仲裁协议无效，但是仲裁协议是否存在与是否有效同样直接影响到纠纷解决方式，同样属于需要解决的先决问题，因而要求确认当事人之间不存在仲裁协议也属于广义的对仲裁协议效力的异议。《仲裁法》第二十条第一款规定，当事人对仲裁协议的效力有异议的，可以请求仲裁委员会作出决定或者请求人民法院作出裁定。据此，当事人以仲裁条款未成立为由要求确认仲裁协议不存在的，属于申请确认仲裁协议效力案件，人民法院应予立案审查。

在确认仲裁协议效力时，首先要确定准据法。《中华人民共和国涉外民事关系法律适用法》第十八条规定："当事人可以协议选择仲裁协议适用的法律。当事人没有选择的，适用仲裁机构所在地法律或者仲裁地法律。"在本院询问时，各方当事人均明确表示同意适用中华人民共和国法律确定案涉仲裁协议效力。因此，本案仲裁协议适用中华人民共和国法律。

《仲裁法》第十六条第一款规定："仲裁协议包括合同中订立的仲裁条款和以其他书面方式在纠纷发生前或者纠纷发生后达成的请求仲裁的协议。"可见，合同中的仲裁条款和独立的仲裁协议这两种类型，都属于仲裁协议，仲裁条款的成立和效力的认定也适用关于仲裁协议的法律规定。

仲裁协议独立性是广泛认可的一项基本法律原则，是指仲裁协议与主合同是可分的，互相独立，它们的存在与效力以及适用于它们的准据法都是可分的。由于仲裁条款是仲裁协议的主要类型，仲裁条款与合同其他条款出现在同一文件中，赋予仲裁条款独立性，比强调独立的仲裁协议具有独立性更有实践意义，甚至可以说仲裁协议独立性主要是指仲裁条款和主合同是可分的。对于仲裁协议的独立性，中华人民共和国法律和本院司法解释均有规定。《仲裁法》第十九条第一款规定："仲裁协议独立存在，合同的变更、解除、终止或者无效，不影响仲裁协议的效力。"从上下文关系看，该条是在第十六条明确了仲裁条款属于仲裁协议之后，规定了仲裁协议的独立性。因此，仲裁条款独立于合同。对于仲裁条款能否完全独立于合同而成立，《仲裁法》的规定似乎不是特别清晰，不如已成立合同的变更、解除、终止或者无效不影响仲裁协议效力的规定那么明确。在司法实践中，合同是否成立与其中的仲裁条款是否成立这两个问题常常引发争议。但是，《仲裁法》第十九条第一款开头部分"仲裁协议独立存在"，是概括性、总领性的表述，应当涵盖仲裁协议是否存在即是否成立的问题，之后的表述则是进一步强调列举的几类情形也不能影响仲裁协议的效力。《仲裁法解释》第十条第二款进一步明确："当事人在订立合同时就争议达成仲裁协议的，合同未成立不影响仲裁协议的效力。"因此，在确定仲裁条款效力包括仲裁条款是否成立时，可以先行确定仲裁条款本身的效力；在确有必要时，才考虑对整个合同的效力包括合同是否成立进行认定。本案亦依此规则，先根据本案具体情况来确定仲裁条款是否成立。

仲裁条款是否成立，主要是指当事人双方是否有将争议提交仲裁的合意，即是否达成了仲裁协议。仲裁协议是一种合同，判断双方是否就仲裁达成合意，应适用《合同法》关于要约、承诺的规定。从本案磋商情况看，当事人双方一致认可将争议提交仲裁解决。本案最早的《产权交易合同》，系北交所提供的标准文本，连同《债权清偿协议》由A公司等一方发给B公司，两份合同均包含将争议提交北京仲裁委员会仲裁的条款。之后，当事人就仲裁机构进行了磋商。A公司等一方发出的合同草签版的仲裁条款，已将仲裁机构确定为深圳国际仲裁院。就仲裁条款而言，这是A公司等发出的要约。B公司在合同草签版上盖章，表示同意，并于2017年5月11日将盖章合同文本送达A公司，这是B公司的承诺。根据《合同法》第二十五条、第二十六条等相关规定，承诺通知到达要约人时生效，承诺生效时合同成立。因此，

《产权交易合同》《债权清偿协议》中的仲裁条款于 2017 年 5 月 11 日分别在两个合同的各方当事人之间成立。之后，当事人就合同某些其他事项进行交涉，但从未对仲裁条款有过争议。鉴于 A 公司等并未主张仲裁条款存在法定无效情形，故应当认定双方当事人之间存在有效的仲裁条款，双方争议应由深圳国际仲裁院进行仲裁。虽然 A 公司等没有在最后的合同文本上盖章，其法定代表人也未在文本上签字，不符合合同经双方法定代表人或授权代表签字并盖章后生效的要求，但根据《仲裁法解释》第十条第二款的规定，即使合同未成立，仲裁条款的效力也不受影响。在当事人已达成仲裁协议的情况下，对于本案合同是否成立的问题无需再行认定，该问题应在仲裁中解决。

A 公司还提出其并非《债权清偿协议》当事人，其中的仲裁条款不能拘束 A 公司。鉴于《产权交易合同》中的仲裁条款已能约束 A 公司，其与 B 公司之间的纠纷应通过仲裁解决，且 A 公司等为同一仲裁案件的共同被申请人，无需本院在本案中对《债权清偿协议》中的仲裁条款能否约束 A 公司进行判断。

综上，A 公司的理由和请求不能成立。本院依照《中华人民共和国仲裁法》第十六条、第十九条、第二十条之规定，裁定如下：

驳回 A 有限公司的申请。

申请费 400 元，由申请人 A 有限公司负担。

【典型案例二】

中国 A 集团有限公司、北京 B 有限责任公司与 C 投资发展有限公司、香港 B 科技发展有限公司借款担保合同纠纷案

上诉人（原审被告）：中国 A 集团有限公司

上诉人（原审被告）：北京 B 有限责任公司

被上诉人（原审原告）：C 投资发展有限公司

原审被告：香港 B 科技发展有限公司

〔基本案情〕

上诉人中国 A 集团有限公司（以下简称 A 公司）、北京 B 有限责任公司（以下简称北京 B 公司）为与 C 投资发展有限公司（以下简称 C 公司）、原审被告香港 B 科技发展有限公司（以下简称香港 B 公司）借款、担保合同纠纷一案，不服广东省高级人民法院（2006）粤高法民四初字第 1 号民事裁定书，向本院提起上诉。本院依法组成合议庭，对本案进行了审理，现已审理终结。

原审中，C 公司以借款合同纠纷起诉 A 公司、香港 B 公司、北京 B 公司还款，A 公司和北京 B 公司在提交答辩状期间对管辖权提出异议，认为《可转换债发行协议》约定有仲裁条款，法院无管辖权，请求驳回起诉。

〔一审裁判理由与结果〕

原审法院经审查认为，本案中 C 公司起诉的主要依据是《可转换债发行协议》及其相关担保协议，《可转换债发行协议》第十条约定："四方应妥善解决履行中发生的争议，协商解决不成的，提交仲裁解决。本协议适用中华人民共和国香港特别行政区法律。"该条款体现了双方当事人将争议提交仲裁的意思表示，同时约定了解决协议争议的准据法。但由于当事人没有约定仲裁条款效力的准据法，且当事人没有约定仲裁地，无法确定仲裁地的法律，在此情形下，应适用法院地法即我国内地法律作为确认该仲裁条款效力的准据法。根据《中华人民共和国仲裁法》第十六条第二款的规定，仲裁协议应具有选定的仲裁委员会的内容，而本案所涉仲裁条款中，当事人仅有仲裁的意思表示，没有确定的仲裁机构名称，当事人也没有就仲裁机构达成补充协议。根据《中华人民共和国仲裁法》第十八条的规定，该仲裁条款应被确认为无效。由于仲裁条款无效，C 公司有权向法院提起诉讼。从当事人的诉请和主要表面证据来看，《可转换债发行协议》为双务合同，双方当事人履行义务的地点都可以作为合同履行地。本案中，C 公司委托关联公司从广州的银行划款到 A 公司在北京的关联公司，因此，广州市应为合同履行地之一。参照《中华人民共和国民事诉讼法》第二百四十三条①的规定，原审法院对 C 公司诉 A 公司的可转换债发行协议纠纷有管辖权。

香港 B 公司和北京 B 公司因《可转换债发行协议》向 C 公司提供担保，因此，《可转换债发行协议》为主合同，担保协议和担保函为从合同。在 C 公司就主合同和从合同一并提起诉讼时，从合同的管辖应依主合同确定。该院对可转换债发行协议纠纷有管辖权，故对 C 公司诉香港 B 公司和北京 B 公司的担保纠纷亦享有管辖权。综上所述，A 公司和北京 B 公司的管辖权异议理由不充分，应予驳回。该院依照《中华人民共和国民事诉讼法》第三十八条②的规定，裁定：驳回 A 公司和北京 B 公司对本案管辖权提出的异议。

〔当事人上诉及答辩意见〕

A 公司不服原审法院上述裁定，向本院提起上诉称：（一）一审裁定在仲裁条款效力的判定和准据法适用上错误。《可转换债发行协议》的仲裁条款应从整体上理解，凡涉及判定本协议内容的准据法，不论是解决争议还是判定仲裁条款的效力均适用香港法律。该仲裁条款有效。（二）一审裁定认定广州市为合同履行地属事实认定错误。根据《可转换债发行协议》，C 公司委托广东省 C 资产经营有限公司履行了义务，即向我公司委托的北京 A 电子产品有限公司（A 公司在北京的子公司）支付了 1 亿元，后因我公司未成功上市，前述款项亦转换为借款，《可转换债发行协议》

---

① 对应 2023 年《民事诉讼法》第 276 条。
② 对应 2023 年《民事诉讼法》第 130 条。

未约定合同履行地，根据《合同法》第六十二条①的规定，履行地应为我公司委托接收款项的北京 A 电子产品有限公司所在地，而不是 C 公司所在地。（三）一审裁定适用法律错误。本案只有在适用《合同法》第六十二条的前提下，才能"参照"《中华人民共和国民事诉讼法》第二百四十三条②的规定确定管辖法院。综上，请求撤销一审法院（2006）粤高法民四初字第 1 号裁定书，驳回 C 公司的起诉。

北京 B 公司亦不服原审法院的上述裁定，向本院提起上诉称：（一）原审法院适用法律不当。《可转换债发行协议》已明确约定准据法，该约定自然及于仲裁条款；此外，协议各方当事人均为香港法人，按照国际私法原则，以当事人本国法确定协议适用的准据法，故本案争议包括确认仲裁条款效力应适用香港法律。（二）原审法院认定事实不清，《可转换债发行协议》没有实际履行，无合同履行地。本案为借款合同纠纷，合同的当事人全部为香港法人，住所地在香港，依据《最高人民法院关于适用〈中华人民共和国民事诉讼法〉若干问题的意见》第十八条③规定，即使仲裁条款无效，本案也应由被告住所地法院管辖，即由香港法院管辖，而非原审法院管辖。请求：依法撤销广东省高级人民法院（2006）粤高法民四初字第 1 号民事裁定书，裁定驳回被上诉人的起诉。

C 公司答辩称：（一）原审法院适用法律正确，仲裁条款具有独立性，仲裁条款使用的准据法不同于合同所适用的准据法。（二）合同已实际履行，广州是付款地，为合同履行地之一，广东高院拥有合法管辖权。《合同法》的相关规定不适用本案。（三）北京 B 公司作为独立于合同之外的担保人，无权就主合同所产生的管辖权提出异议。

香港 B 公司未提交书面法律意见。

[最高人民法院查明的事实]

最高人民法院查明：2002 年 12 月 25 日，C 公司、A 公司、香港 B 公司和东英亚洲有限公司签订了《可转换债发行协议》。该协议第十条约定："四方应妥善解决履行中发生的争议，协商解决不成的，提交仲裁解决。本协议适用中华人民共和国香港特别行政区法律。"

2002 年 12 月 25 日，北京 B 公司向 C 公司出具《担保函》，主要内容是承认其全资子公司香港 B 公司签订的《可转换债发行协议》，并声明对香港 B 公司在《可转换债发行协议》的担保义务承担连带责任。该《担保函》没有约定仲裁条款。

[最高人民法院裁判理由与结果]

最高人民法院认为：本案中《可转换债发行协议》约定有仲裁条款，并约定，

---

① 对应《民法典》第 511 条。
② 对应 2023 年《民事诉讼法》第 276 条。
③ 对应《民事诉讼法解释》第 18 条。

"本协议适用中华人民共和国香港特别行政区法律",故对仲裁条款效力审查所要适用的准据法就成为本案首先要考量的问题。

《最高人民法院关于适用〈中华人民共和国仲裁法〉若干问题的解释》第十六条规定:"对涉外仲裁协议的效力审查,适用当事人约定的法律;当事人没有约定适用的法律但约定了仲裁地的,适用仲裁地法律;没有约定适用的法律也没有约定仲裁地或者仲裁地约定不明的,适用法院地法律。"由此可以看出,当事人对确定仲裁条款效力的准据法是可以在合同中约定的,但这种约定必须是明确约定,合同中约定的适用于解决合同争议的准据法,不能用来判定涉外仲裁条款的效力。也就是说,对仲裁条款效力适用的准据法要与解决争议适用的准据法相区别。本案中,在仲裁条款项下约定"本协议适用中华人民共和国香港特别行政区法律",是对仲裁条款效力适用的准据法还是适用于解决合同争议的准据法容易产生歧义,不能视为明确约定了仲裁条款效力的准据法。因《可转换债发行协议》中没有约定仲裁地,故应适用法院地法即我国内地法律来认定该仲裁条款效力。

《中华人民共和国仲裁法》第十八条规定:"仲裁协议对仲裁事项或者仲裁委员会没有约定或者约定不明确的,当事人可以补充协议;达不成补充协议的,仲裁协议无效。"本案中的仲裁条款尽管明确了发生争议要通过仲裁解决的意思表示,但没约定仲裁机构,各方当事人也没有对仲裁机构达成补充协议,故该仲裁条款应属无效,人民法院对本案享有管辖权。原审法院认定仲裁条款无效是正确的。

《中华人民共和国民事诉讼法》第二十四条规定:"因合同纠纷提起的诉讼,由被告住所地或者合同履行地人民法院管辖。"因本案所涉协议没有约定合同履行地,故应以合同的实际履行地来确定管辖权。

A公司和C公司作为《可转换债发行协议》中本债的发行人和买受人,均确认C公司已委托其关联公司支付款项给A公司在北京的关联公司的事实,并认可该行为的目的是履行《可转换债发行协议》。尽管B公司提出该付款行为受限于我国外汇管理规定,所付款项不能用于履行协议,且其未接到合同已履行的通知,协议没有实际履行。但合同是否得以履行是事实问题,而履行合同是否适当、合法,属于合同履行的后果及责任问题,是法律对于法律事实、行为的价值判断。其关于合同未履行的主张不能得到支持。

《中华人民共和国合同法》第六十二条第三项规定,"履行地点不明确,给付货币的,在接受货币一方所在地履行";从本案主合同当事人确认的事实看,接受货币的一方为A公司在北京的关联公司,即北京A电子产品有限公司,住所地在北京,故本案合同履行地应认定为北京。原审法院认定广州为合同履行地之一,并依此认定广东省高级人民法院对本案享有管辖权,缺乏事实和法律依据,应予纠正。

C公司起诉中所主张的还款额在1亿元以上,按照最高人民法院核准的收案标准,北京市高级人民法院对C公司诉A公司、香港B公司借款纠纷享有管辖权。

北京 B 公司向 C 公司出具《担保函》，承诺对香港 B 公司因《可转换债发行协议》产生的债务承担连带保证责任，故该《担保函》应为《可转换债发行协议》的从合同。因《担保函》中没有约定仲裁条款，北京 B 公司住所地在北京，且 C 公司将主债务人及担保人一并起诉，故北京市高级人民法院对该担保纠纷亦享有管辖权。

综上，上诉人的上诉理由部分成立，本院予以支持。原审法院对本案管辖权所作裁定不当，应予撤销。广东省高级人民法院应将本案移送至北京市高级人民法院审理。本院裁定如下：

一、撤销广东省高级人民法院（2006）粤高法民四初字第 1 号民事裁定书；

二、广东省高级人民法院将本案移送北京市高级人民法院审理。

本案二审案件受理费 50 元由 C 投资发展有限公司承担。

本裁定为终审裁定。

第三十章 刑民交叉案件的处理程序

> 规则43：人民法院审理当事人之间的合同关系，当事人仅以经手人涉嫌犯罪为由主张中止案件审理的，人民法院不予支持
> ——郭某与天津石油集团A石油有限公司、B石化有限公司天津分公司买卖合同纠纷案[1]

【裁判规则】

在买卖合同纠纷中，被告以订立该买卖合同的经手人涉嫌经济犯罪被刑事拘留为由，主张先中止审理买卖合同纠纷，等待刑事案件处理结果，但不能用证据来否定其与原告之间的买卖合同关系真实存在的，该诉讼主张人民法院不予支持。

【规则理解】

一、刑民交叉案件的内涵及类型

（一）刑民交叉案件的内涵

刑民交叉案件是司法实践中一个复杂而又普遍的问题。所谓刑民交叉案件，又称刑民交织、刑民互涉案件，是指案件性质既涉及刑事法律关系又涉及民事法律关系，且相互之间存在交叉、牵连、影响的案件，[2]或根据同一法律事实所涉及的法律关系，一时难以确定是刑事法律关系还是民事法律关系的案件。

（二）刑民交叉案件的类型

目前学界将刑民交叉案件的类型划分为"两类说"和"三类说"。[3] 1. "两类说"。该学说认为，刑民交叉案件可分为两大类：第一类是因不同法律事实，分别涉及刑事法律关系和民事法律关系，但法律事实之间具有一定的牵连关系

---

[1] 载《中华人民共和国最高人民法院公报》2006年第4期。
[2] 何帆：《刑民交叉案件审理的基本思路》，中国法制出版社2007年版，第25~26页。
[3] 黄东平：《刑民交叉案件处理问题的探讨》，载《法制与经济》2010年第1期。

而造成的刑民交叉案件。第二类是因同一法律事实，同时涉及刑事法律关系和民事法律关系，从而构成刑民案件交叉。2. "三类说"。该学说认为，刑民交叉案件可划分为三大类：第一类是因不同法律事实分别涉及刑事法律关系和民事法律关系，但法律事实之间具有一定的牵连关系而造成的刑民交叉案件。第二类是因同一法律事实涉及的法律关系一时难以确定是刑事法律关系还是民事法律关系而造成的刑民交叉案件。第三类是因同一法律事实客观上同时侵犯了刑事法律关系和民事法律关系，从而构成了刑民交叉。

我们认为，上述"两类说"和"三类说"实质上并没有差异，都是依据法律事实这一要素对刑民交叉案件的分类。"三类说"中的第二类和第三类案件，实质上都属于同一法律事实所引发的刑民交叉案件。因此，我们赞同以法律事实的个数为"统一标准"对刑民交叉案件进行分类的"两类说"，即将刑民交叉案件总体上分为以下两类：

1. 因不同法律事实，分别涉及刑事法律关系和民事法律关系，但法律事实之间具有一定的牵连关系而造成的刑民交叉案件。典型的是同一行为主体实施了两个独立的法律行为，分别侵犯了刑事法律关系和民事法律关系，但都是基于同一行为主体，法律事实牵连，导致刑民案件交叉。[1] 如合同纠纷案件的民事被告同时又是合同诈骗案件中的刑事被告人。此类案件一般应当分别立案和处理，采取刑民分离的处理方式。

2. 因同一法律事实，同时涉及刑事法律关系和民事法律关系，构成的刑民交叉案件。此类案件可细分为：（1）刑事附带民事诉讼。此种情形一般是同一行为人的同一犯罪行为，造成一个侵害结果，既需承担民事侵权责任，又要受到刑事处罚；其适用刑民合一的处理方式。（2）决定民事判决结果的重要事实，有待刑事审判认定与查明的案件。这类情况可以是标的物的关联，如民事案件的标的物，同时又是刑事案件的标的物[2]；也可以是事实相关联，如甲是一起民事纠纷的原告，多次伪造民事证据提起诉讼，骗取他人钱财，公安机关决定对其立案侦查，此时，法院结合正在审理的事实，认为甲提供的证据也有可能是伪造，但通过民事审判又很难查证。对于此类案件，法院可以依据《民事诉讼法》关于"本案必须以另一案的审理结果为依据，而另一案尚未审结"

---

[1] 江伟、范跃如：《刑民交叉案件处理机制研究》，载《法商研究》2005年第4期。
[2] 陈光中、陈桂明：《是否"先刑后民"要酌情而定》，载《检察日报》2006年8月6日。

的规定，裁定中止审理，或将案件线索移送侦查机关。（3）决定民事判决结果的重要事实，无须刑事审判认定和查明的案件。例如，对于损害结果既产生于刑事案件被告人的犯罪行为，又产生于他人过错行为的案件，受害人因犯罪分子无法确定或脱逃、下落不明而仅要求他人承担民事损害赔偿责任的，就可以越过刑事案件的处理环节，先行提起民事诉讼。再如，合同纠纷案件中，由于合同一方的经办人涉嫌刑事犯罪，需要追究其个人的刑事责任，但不影响该经办人所代表的公司承担合同责任的，在合同权利方作为原告提起的民事案件中，合同另一方当事人不能以其经办人涉嫌犯罪为由进行抗辩，主张民事案件中止审理。

二、刑民交叉案件的处理原则

处理刑民交叉案件的法律依据是《刑法》《刑事诉讼法》《民法典》《民事诉讼法》，针对刑民交叉案件的处理程序，目前没有专门的程序法律规范，也没有一个内容较为全面的司法解释。现有规范性文件集中于经济犯罪与经济纠纷交叉的领域，体现在下列司法解释或法律文件之中：《最高人民法院关于审理存单纠纷案件的若干规定》《最高人民法院关于在审理经济纠纷案件中涉及经济犯罪嫌疑若干问题的规定》《最高人民法院关于审理票据纠纷案件若干问题的规定》等。司法实践中，因交叉情形使得有些案件法律关系相当复杂，操作规范相对缺乏，给审判部门带来不少困惑。笔者认为，关于刑民交叉案件的处理，应当遵循一个基本原则，摒弃一律"先刑后民"的观念，即基于刑事案件与民事案件的差异性，应当以分离审判为原则，而案件处理的先后顺序则在所不问。一般而言，若刑民案件的独立审理并不引起相互之间的冲突，以实行分离审判为宜。若民事处理结果依赖于刑事处理结果或者刑事处理依赖于民事处理的结果，则需要考虑期间的牵连关系，采取区别对待的原则，案件情况不同，处理方式不尽相同，视不同情况采取"先刑后民""先民后刑""刑民并行""刑事附带民事"等不同的处理方式，在分清案件的交叉、关联或牵连范围的情况下，对案件审慎处理。

三、处理刑民交叉案件应注意的几个程序性问题

（一）关于应当按照民商事纠纷立案而不立案的问题

《民事诉讼法》第 122 条明确规定了起诉应当具备的几个条件，即原告是与本案有直接利害关系的公民、法人或其他组织；有明确的被告；有具体的诉讼请求和事实、理由；属于人民法院受理民事诉讼的范围和受诉人民法院管辖。

另外，涉及公益诉讼的案件，应严格按照《民事诉讼法》第 58 条的规定进行审查。当事人提起的民商事诉讼案件只要符合上述起诉条件，人民法院就应当受理，特别是实行立案登记制后，更应对符合条件的案件办理登记立案，不应当以"先刑后民"为由而不予立案。

（二）关于不当驳回当事人起诉的问题

在刑民交叉案件中，不能一发现案件涉嫌刑事犯罪，而不论何人犯罪或犯何种罪，就以案件涉嫌刑事犯罪为由，一概裁定驳回起诉，或裁定移交公安机关处理，因为如果做法过于简单化和绝对化，容易剥夺当事人的诉权。

（三）关于对侦查过程中的证据材料是否应当质证和采信的问题

根据民事诉讼证据规则，任何证据材料都必须进行质证之后才能作为法院认定事实的依据。对于侦查机关在侦查过程中获取的证据材料，一般情况下应当组织当事人进行质证。对于经质证当事人有争议的，如果能够证明侦查机关系依据合法程序取得，不存在刑讯逼供等违法取证的情形，符合证据规定的相应要求，一般应当予以采信，但有反证的除外。

（四）民刑交叉案件中民商事案件中止审理的条件

人民法院在审理民商事案件时，如果民商事案件必须以相关刑事案件的审理结果为依据，而刑事案件尚未审结的，应当根据《民事诉讼法》第 157 条第 6 项的规定裁定中止诉讼。待刑事案件审结后，再恢复民商事案件的审理。如果民商事案件不是必须以相关的刑事案件的审理结果为依据，则民商事案件应当继续审理。

（五）涉众型经济犯罪与民商事案件的程序处理

2014 年颁布实施的《最高人民法院、最高人民检察院、公安部关于办理非法集资刑事案件适用法律若干问题的意见》和 2019 年颁布实施的《最高人民法院、最高人民检察院、公安部关于办理非法集资刑事案件若干问题的意见》规定的涉嫌集资诈骗、非法吸收公众存款等涉众型经济犯罪，往往所涉人数众多、当事人分布地域广、标的额特别巨大、影响范围广，严重影响社会稳定，对于受害人就同一事实提起的以犯罪嫌疑人或者刑事被告人为被告的民事诉讼，人民法院应当裁定不予受理，并将有关材料移送侦查机关、检察机关或者正在审理该刑事案件的人民法院。受害人的民事权利保护应当通过刑事追赃、退赔的方式解决。正在审理民商事案件的人民法院发现有上述涉众型经济犯罪线索的，应当及时将犯罪线索和有关材料移送侦查机关。侦查机关作出立案决定前，人民法院应当中止审理；作出立案决定后，应当裁定驳回起诉；侦查机关未及时立案的,人民法院必要时可以将案件报请党委政法委协调处理。除上述情形人民法院不予受理外,要防止通过刑事手段干预民商事审判,影响营商环境。当事人因租赁、买卖、金融借款等与上述涉众型经济犯罪无关的民事纠纷,请求上述主体承担民事责任的,人民法院应予受理。

【拓展适用】

一、"先刑后民"不是一项诉讼基本原则

（一）"先刑后民"的含义

所谓"先刑后民",是指法院受理的民商事纠纷案件涉及刑事犯罪嫌疑时,由法院视该民商事纠纷案件与刑事犯罪案件是否因不同法律事实产生,而决定将民商事纠纷案件全案移送或者部分移送。部分移送的,民商事纠纷案件中止审理,等待刑事判决结果作出后恢复审理;如果刑事案件已经受理,则民商事案件不应受理,已受理的应裁定驳回起诉。①

（二）"先刑后民"不是一项司法原则

持"先刑后民"观点者认为,"先刑后民"是一项司法原则或基本原则,甚至可以适用于一切案件。其主要理由为,公权优先于私权,对私权提供救济的民事诉讼活动应当服从于国家追究犯罪的刑事诉讼活动的需要。刑事诉讼的目的在于惩罚犯罪,保护人民,保障国家安全和社会公共安全,维护社会秩序,保护的是国家利益。民事诉讼的目的在于确认民事权利义务关系,制裁民事违法行为,保护当事人的合法权益。在刑民交叉案件中,公权利益与私权利益原本都应受到保护,但当保护遇有冲突之时优先实现哪种权益的保护更加有利,并不是一成不变的。将"先刑后民"作为一项司法原则,适用于所有的刑民交叉案件,这种观点应当受到质疑。有学者认为,将"先刑后民"作为一项司法原则,存在以下弊端:第一,"先刑后民"体现了公权优先的价值观念,与现代法治理念不符。第二,刑民难以区分之时,"先刑后民"不具有可行性,在此情况下,一味强调"先刑后民",会为地方保护主义大开方便之门,为司法机关干预经济纠纷提供理由,为某些人恶意利用国家司法资源用以实现个人不正当利益提供理论根据。第三,"先刑后民"容易侵犯当事人的权利,不利于

---

① 宋晓明、张雪楳:《民商事审判若干疑难问题——民刑交叉案件》,载《人民法院报》2006年8月30日。

保护被害人的权利,为被告人逃避承担民事责任提供了理由。[①]

笔者认为,"先刑后民"不应是一项司法原则,而应是审理刑民交叉案件的一种处理方式。首先,所谓司法原则,应当是在某项法律制度或某类司法活动中贯穿始终、具有普遍意义的准则。[②]"先刑后民"不具有较高的法律渊源,现行法律规范中并没有关于"先刑后民"的明确规定,相关的司法解释也只将其定位于协调刑民交叉案件的方法之一,并未给予其一般原则的地位,"先刑后民"不能达到普适性标准。其次,在处理刑民交叉案件中,对当事人的权益与国家利益应当平等保护,并不存在权利保护的优劣和先后。对当事人的权益与国家利益的保护,只不过是各自适用的实体法和程序法不同而已,只要依据相应的证据规则和归责原则,能够认定因不同法律事实而引发的两类案件的责任人应承担刑事责任和民事责任,两类案件就应该分别进行审理。当然,当事人提起刑事附带民事诉讼并因权利得到充分救济不再另行提起民事诉讼的除外。

(三)"先刑后民"的适用标准

司法实务中,存在一案的审理必须依据另案审理结果的情形,既包括民事案件的审理需依据刑事案件的审理结果的情形,也包括刑事案件的审理必须依据民事判决结果的情形,先刑后民和先民后刑的情况都可能存在。如在审理侵害商业秘密刑事案件时,需先通过对民商事纠纷案件的审理确定权利主体后,才能进行刑事案件的审理,确定犯罪嫌疑人是否构成犯罪。在民商事案件的审理过程中,重要的是通过证据认定,依据相关事实和法律进行审理。因此,对于刑民交叉案件,并非一定要等待刑事案件的审理结果。只有在依据《民事诉讼法》第153条第1款第5项关于"本案必须以另一案的审理结果为依据,而另一案尚未审结"的规定,民事案件的审理必须以刑事案件的审理结果为依据的情形下,民事案件才应中止审理。此处必须强调,刑事案件的处理结果应对民事案件的处理产生实质性影响。

二、适用"先刑后民"应当注意的问题

为保护当事人的民事诉权和实体权益,先刑后民应区别情形适用,既要防止机械适用"先刑后民"方法,将"先刑后民"绝对化和扩大化,"以刑止民",对于不适用"先刑后民"处理方式的案件随便中止审理和驳回起诉;又

[①] 陈兴良:《关于"先刑后民"司法原则的反思》,载《北京市政法管理干部学院学报》2004年第2期。

[②] 何帆:《刑民交叉案件审理的基本思路》,中国法制出版社2007年版,第199页。

要防止过于刻板地固守刑事诉讼和民事诉讼的独立性,一概排斥"先刑后民"方法的适用,防止对"先刑后民"的观点矫枉过正。正确把握"先刑后民"的适用,应注意以下几点:

(一)人民法院要掌握最终审查确认权

基于民事案件中出现的犯罪事实,当事人均有权向法院申请对民事案件中止审理或请求对刑事部分予以调查。公安机关、检察机关可因民事案件涉嫌犯罪向法院具函反映刑事侦查情况,或请求法院中止审理该民商事纠纷案件。法院作为审判机关当然可以根据案件实际情况,中止民商事纠纷的审理,以等待刑事判决的结果,或将正在审理的民事案件全案移送公安或检察机关立案侦查处理。无论哪种情形,都是由人民法院审查决定是否适用"先刑后民"的方法处理民商事案件,人民法院具有最终审查确认权。

(二)要树立"刑"与"民"无先后、优劣之分的观念

对于国家利益与当事人权益坚持平等保护。法律面前人人平等是我国宪法确定的原则。无论刑事案件还是民事案件,法律赋予人民法院处理一定要依法、公正。法律对当事人的行为是否构成犯罪,是否应当受到刑事惩罚,还是应当依据民事法律确定其为民事纠纷,都应在查明事实的基础上,依据法律作出综合判断。当某一行为既可能涉及刑事,又可能涉及民事时,应以对该行为的处理结果是否实质影响到另一行为作为判断前提来确定"刑""民"的先后。不存在只要发生"刑民交叉"时就要"先刑后民"的逻辑。

(三)针对个案进行具体情况具体分析

在实体上,应采取区别处理的方法,只有在刑事案件的处理结果对民事案件的处理结果足以产生实质性影响的前提下,才适用"先刑后民"。

(四)关注司法效率的提高

在"先刑后民"情形下,应注意审理程序的公平、公开和公正,防止因程序问题影响实体公正,从而使刑事案件久拖不决,民商事纠纷案件当事人的合法权益因刑事案件的处理期限过长无法得到及时保护。

(五)处理方法得当

适用"先刑后民",要区分不同情形做好刑民案件的沟通、移送工作。对于法院主动决定移送的,移送前法院与侦查部门应进行事先沟通,防止法院移送的理由不能得到侦查机关的认可,而使民商事案件不能得到及时处理。对于侦查部门来函要求移送的,法院应在合理的期限内审查决定是否移送,函告有关侦查机关以及当事人。另外,也应建议侦查机关提起公诉或撤销案件后将侦

查结果函告法院，以便法院根据侦查结果，及时处理民商事案件。

【典型案例】

郭某与天津石油集团 A 石油有限公司、B 石化有限公司天津分公司买卖合同纠纷案

原告：郭某

被告：天津石油集团 A 石油有限公司

被告：B 石化有限公司天津分公司

〔基本案情〕

原告郭某因与被告天津石油集团 A 石油有限公司（以下简称 A 公司）、B 石化有限公司天津分公司（以下简称 B 公司）发生买卖合同纠纷，向天津市西青区人民法院提起诉讼。

原告郭某诉称：原告与二被告素有业务往来。原告向被告 A 公司的业务员李某交付货款后，得到 A 公司出具的提货单，让原告到被告 B 公司处提货。B 公司也开出提货单，允诺 9 月 20 日给原告提货。原告在约定时间前往提货时，被 B 公司拒绝。请求判令二被告立即给付 300 吨+5#测线油，或者退还原告已付的 102.3 万元购油款。

原告郭某提交 A 公司的提货单、A 公司的授权委托书、B 公司的提货单等证据。

被告 A 公司辩称：原告所称的李某不是本公司业务员，与本公司之间不存在管理和被管理关系，也不存在代理关系。李某向原告卖油，是其个人行为。本公司没有收到原告交付的货款，与原告不存在买卖合同关系。原告所诉事实与本公司无关，诉讼请求不明确，不符合《中华人民共和国民事诉讼法》（以下简称民事诉讼法）第一百零八条①的规定。因涉嫌诈骗，现在李某已被天津市公安局塘沽分局刑事拘留，李某诈骗案已进入立案侦查阶段，李某的个人行为已经属于刑事犯罪范畴。按照"先刑后民"原则，即使原告的诉讼请求能够成立，本案也需要中止审理，等待李某诈骗案的处理结果，故应当驳回原告的诉讼请求。

被告 A 公司提交保证书、审计报告、控告书、公安机关制作的询问笔录、公安机关出具的证明等证据。

被告 B 公司辩称：本公司与被告 A 公司有长期业务关系。2004 年 9 月 17 日，A 公司财务科长亲自携带转账支票到本公司销售处，要求办理一笔 300 吨+5#测线油的买卖业务。由于转账支票当时不能入账，本公司在与 A 公司负责人通过电话确认了此笔买卖确实是 A 公司要求办理的以后，基于长期合作产生的信任，才向 A 公司开具一张只用于本公司内部销售和财务、生产等部门之间传递的内部提货单。双方约定：待 A 公司转账支票上的款项足额如实划入本公司后，本公司再为其更换正式提

---

① 对应 2023 年《民事诉讼法》第 122 条。

货单。后因银行退回了 A 公司的转账支票，本公司才拒绝供货。原告所持提货单是本公司向 A 公司开出的内部提货单，不能证明原告与本公司存在买卖合同关系，能够凭该内部提货单从本公司提货。由于 A 公司的货款未到账，这张内部提货单无论由谁持有，均不发生见单付货的效力。应当驳回原告对本公司的诉讼请求。

被告 B 公司提交转账支票、退票证明、内部提货单及正式提货单样本等证据。

天津市西青区人民法院经审理查明：

2004 年 9 月 14 日，案外人李某向原告郭某出示一份由被告 A 公司于当日出具的授权委托书，内容为："我公司现有一石化+5#测线油壹千吨整供李某销售，但必须货款到我公司账户后方可付油。"授权委托书的落款处为 A 公司，并加盖该公司公章。郭某遂与李某口头商定，给李某付款 102.3 万元，购买+5#测线油 300 吨；李某同时向郭某出具了加盖 A 公司分提专用章的提货单，并告知郭某到被告 B 公司处提货。次日，郭某到 B 公司提货时，B 公司称，因货款未到不能提货。9 月 17 日，郭某找到李某，李某称其已将货款打入 A 公司账户，李某的丈夫张某和 A 公司的财务人员刘甲也立即携带 A 公司转账支票，与郭某共同前往 B 公司。B 公司收到 A 公司转账支票后，与 A 公司经理刘乙通电话，刘乙证实是该公司工作人员携带支票到 B 公司办理业务。B 公司立即开具一张盖有 B 公司销售处业务专用章的提货单，注明购货单位为 A 公司。当着在场的张某的面，刘甲将此提货单交给郭某。9 月 20 日，郭某持此提货单到 B 公司提货时，B 公司以 A 公司的转账支票已经被银行退票为由，拒绝向郭某付货。

另查明：原告郭某在第一次到被告 B 公司处提货被拒绝后，曾将案外人李某和此笔交易的介绍人石某扭送到大港公安分局。2004 年 9 月 17 日，李某、石某、张某向郭某出具一份保证书。保证书载明："李某收郭某油款 102.3 万元整，限今日上午付油或退款，如出现意外由其丈夫张某和石某、李某退款。"为查明李某与 A 公司之间的油款结算情况，A 公司曾委托天津广信有限责任会计师事务所进行审核。审计报告表明，2004 年 9 月 14 日至同年 9 月 20 日，A 公司共收到李某交来的现金货款 424.5 万元。2004 年 10 月 11 日，大港公安分局经侦支队证明：该队于 2004 年 9 月 20 日受理了 A 公司控告李某诈骗一案，就李某等人涉嫌诈骗一事进行审查。

以上事实，由 A 公司授权委托书、A 公司的提货单、B 公司的提货单及样本、转账支票、退票证明、李某、石某、张某书写的保证书、审计报告、A 公司控告书、大港公安分局经侦支队制作的询问笔录、大港公安分局经侦支队的证明以及双方当事人的陈述证实。

〔一审裁判理由与结果〕

本案应解决的争议焦点是：1. 李某有无权利代理 A 公司订立油品买卖合同？2. 本案有无必要先中止审理，等待刑事案件的处理结果？3. 本案的油品买卖合同是否成立？如果成立，应当由谁履约？

天津市西青区人民法院认为:

案外人李某向原告郭某出售+5#测线油时,出示了被告 A 公司出具的授权委托书。该委托书上有 A 公司加盖的公章,依法有效。公民、法人可以通过代理人实施民事法律行为。代理人在代理权限内,以被代理人的名义实施民事法律行为。被代理人对代理人的代理行为,承担民事责任。民事法律行为的委托代理,可以用书面形式,也可以用口头形式。法律规定用书面形式的,应当用书面形式。书面委托代理的授权委托书应当载明代理人的姓名或者名称、代理事项、权限和期间,并由委托人签名或者盖章。授权委托书证实,A 公司与李某之间存在代理关系。当 A 公司工作人员刘甲携带 A 公司支票,与郭某等人前往被告 B 公司处,为郭某购买的 300 吨+5#测线油向 B 公司交支票付款时,A 公司法定代表人刘乙证实,刘甲是 A 公司工作人员,代表该公司办理业务。这个情节说明,A 公司对李某代该公司销售 300 吨+5#测线油一事完全知情,该公司应当对李某在委托书授权范围内实施的代理行为承担民事责任。A 公司关于李某与该公司之间不存在代理关系,李某向郭某卖油是个人行为,该公司与郭某之间不存在买卖合同关系等辩解理由,与事实不符,不予采纳。

《最高人民法院关于在审理经济纠纷案件中涉及经济犯罪嫌疑若干问题的规定》第一条规定:"同一公民、法人或其他经济组织因不同的法律事实,分别涉及经济纠纷和经济犯罪嫌疑的,经济纠纷案件和经济犯罪嫌疑案件应当分开审理。"本案买卖合同虽然是由案外人李某与原告郭某口头订立,但李某只是被告 A 公司的代理人,不是买卖合同主体,合同主体是郭某和 A 公司。李某在授权范围内代理 A 公司订立的买卖合同,应当由 A 公司承担责任。由于 A 公司的控告,李某因涉嫌诈骗被公安机关刑事拘留。本案是买卖合同纠纷,李某的行为无论是否构成诈骗罪,均与本案无关,不应影响到本案审理结果,故本案无需中止审理。A 公司关于本案应先中止审理的辩解理由,不能成立。

当事人应当按照约定全面履行自己的义务。当事人一方不履行合同义务或者履行合同义务不符合约定的,应当承担继续履行、采取补救措施或者赔偿损失等违约责任。出卖人应当履行向买受人交付标的物或者交付提取标的物的单证,并转移标的物所有权的义务。李某、石某、张某向原告郭某出具的保证书证实,为购买 300 吨+5#测线油,郭某向李某交付了 102.3 万元货款。A 公司提交的审计报告证实,2004 年 9 月 14 日至同年 9 月 20 日,该公司收到李某交来的现金货款 424.5 万元。A 公司辩称没有收到郭某交付的货款,与事实不符。郭某已经履行了买卖合同中买方的付款义务。作为被代理人,A 公司应当按照合同约定,履行交付油品的义务。A 公司未能履行此项合同义务,实属违约,应当承担继续履行、采取补救措施或者赔偿损失等违约责任。郭某诉请判令 A 公司给付油品或者退还货款,应当支持。

原告郭某虽然持有被告 B 公司出具的提货单,但该提货单是 B 公司针对与被告 A 公司的买卖关系开出的。郭某与 B 公司之间不存在买卖关系,故对郭某关于判令 B

公司给付 300 吨+5#测线油或者退还货款的诉讼请求，不予支持。

据此，天津市西青区人民法院于 2004 年 11 月 15 日判决：

一、被告 A 公司于本判决发生法律效力后 10 日内，给付原告郭某+5#测线油 300 吨；如不能按时交付，则向郭某退还购油款 102.3 万元；

二、驳回原告郭某的其他诉讼请求。

〔当事人上诉及答辩意见〕

一审宣判后，A 公司不服，向天津市第一中级人民法院提起上诉，主要理由是：无论是公安机关正在调查的经济诈骗问题，还是法院要解决的本案买卖合同纠纷，都是建立在同一个法律事实上，即李某以上诉人名义与被上诉人郭某订立买卖合同，赚取了被上诉人交付的油款。这个法律事实，是由同一公民即李某的行为造成的。上诉人与被上诉人之间没有订立过油品买卖合同，李某既不是上诉人的工作人员，也不是上诉人的代理人，无权代理上诉人招揽业务，李某的行为与上诉人无关。因此，只有在确定李某的行为是否构成诈骗后，才能解决上诉人与被上诉人之间是否存在买卖合同关系、被上诉人的油款应当由谁退还等一系列问题。故本案必须中止审理，等待刑事案件的审理结果。原审不中止审理本案，是程序违法。请求依法改判 A 公司对本案的所谓"买卖合同"不承担法律责任。

被上诉人郭某认为原判事实清楚，判处恰当，应当维持。

原审被告 B 公司亦同意一审判决。

〔二审查明的事实〕

天津市第一中级人民法院经公开审理，确认了一审查明的事实。

〔二审裁判理由与结果〕

天津市第一中级人民法院认为：

案外人李某是凭盖有上诉人 A 公司公章的授权委托书，才与被上诉人郭某口头订立油品买卖合同；李某交给郭某的提货单上，也有 A 公司的公章。A 公司上诉虽称李某无权代理该公司从事业务活动，但却不能提交相反证据否认授权委托书和提货单上公章的真实性，更对其法定代表人证实刘甲用该公司支票给郭某付购油款一事不作任何解释。故原审认定 A 公司与郭某之间的买卖合同关系成立，是正确的；判决 A 公司承担违约责任，并无不当。A 公司的上诉理由因证据不足，不予支持。

据此，天津市第一中级人民法院依照《中华人民共和国民事诉讼法》第一百五十三条①第一款第一项的规定，于 2005 年 1 月 21 日判决：

驳回上诉，维持原判。

---

① 对应 2023 年《民事诉讼法》第 177 条。

> **规则44：自然人、法人或其他经济组织因同一行为，同时涉及民商事纠纷和犯罪嫌疑的，应分别审理**
>
> ——北京某中医药科技发展中心与广东某实业集团有限公司一般股权转让侵权纠纷案①

【裁判规则】

担任法人之法定代表人的自然人，以该法人的名义，采取欺诈手段与他人订立民事合同，从中获取的财产被该法人占有，该自然人涉嫌合同诈骗犯罪，同时该法人与他人之间因合同被撤销而形成债权债务关系。人民法院应当依照《最高人民法院关于在审理经济纠纷案件中涉及经济犯罪嫌疑若干问题的规定》第10条的规定，将自然人涉嫌犯罪部分移交公安机关处理，同时继续审理民事纠纷部分。

【规则理解】

一、刑民交叉案件中"不同法律事实""同一事实""关联事实"的界定

（一）刑民交叉案件中"不同法律事实"的界定

在刑民交叉案件中，所谓"不同法律事实"，是指刑事犯罪与民事纠纷并非基于同一法律关系产生，而是由于不同性质的基础事实引起，但不同基础事实之间存在密切关联。不同性质的基础事实之间的关联程度，是影响此类刑民交叉案件实行"先刑后民"还是"刑民并行"处理方式的决定性因素。

（二）刑民交叉案件中"同一事实"的界定

刑民交叉案件所涉及的事实是否构成"同一事实"，是选择刑事程序吸收民事程序还是分别审理的核心标准。人民法院根据有关法律和司法解释的规定，审理刑民交叉案件，民事案件和刑事案件所涉事实属于"同一事实"的，应当将民事案件移送侦察、起诉或者审判机关；民事案件和刑事案件所涉事实不属于"同一事实"的，民事案件和刑事案件可以分别审理，采取的审理方式可以是"刑民并行""先刑后民""先民后刑"三种。

对于"同一事实"的认定，至少可以从两个方面予以把握：第一，刑民交叉案件的主体相同。即民事案件的原告、被告与刑事案件的被害人、犯罪嫌疑

---

① 载《中华人民共和国最高人民法院公报》2009年第1期。

人相同。如果民事案件当事人双方与刑事案件的主体不一致,就不能认定为"同一事实"。《全国法院民商事审判工作会议纪要》第128条对司法实践中常见的主体不一致的情形进行了列举,这对于我们在审判实践中认定是否属于同一事实具有很强的参考意义,司法实践中要好好把握。第二,刑民交叉案件所涉的基本事实相同。案件事实分为基本事实和非基本事实,"同一事实"是指案件的基本事实相同,即民事案件中当事人应否承担民事责任以及应承担何种责任的基本事实,与刑事案件中是否构成犯罪以及构成何种犯罪的基本事实相同。

(三) 刑民交叉案件中"关联事实"的界定

所谓关联事实,是两个或两个以上的不同事实互成关联事实,其中必有一个或一个以上的关联点。这些关联点通常包括:1. 主体上的关联。刑事犯罪的行为人与合同主体不是同一人,但存在某种关系,如行为人是合同主体的员工、法定代表人、授权签订合同的经办人等;2. 行为上的关联,如犯罪行为人用伪造的单位公章签订合同、采取欺诈的手段以单位的名义诱使对方订立合同等;3. 标的物上的关联,如刑事犯罪行为与合同行为指向同一标的物等。具备上述关联点之一的两个或两个以上不同事实,都可称为关联事实。

二、个人涉嫌犯罪与单位承担民事责任的关联

(一) 个人涉嫌犯罪与单位承担民事责任的依据

行为主体存在关联的事实,并不一定会在法律关系的责任主体上产生关联,但个人涉嫌犯罪与单位承担民事责任的刑民交叉案件在实践中并不少见。《最高人民法院关于在审理经济纠纷案件中涉及经济犯罪嫌疑若干问题的规定》第1条规定,"同一自然人、法人或非法人组织因不同的法律事实,分别涉及经济纠纷和经济犯罪嫌疑的,经济纠纷案件和经济犯罪嫌疑案件应当分开审理"。该规定要求区分的"不同法律事实"主要是指以单位名义发生的民事法律关系事实和个人犯罪的刑事法律事实。第3条规定:"单位直接负责的主管人员和其他直接责任人员,以该单位的名义对外签订经济合同,将取得的财物部分或全部占为己有构成犯罪的,除依法追究行为人的刑事责任外,该单位对行为人因签订、履行该经济合同造成的后果,依法应当承担民事责任。"第4条规定:"个人借用单位的业务介绍信、合同专用章或者盖有公章的空白合同书,以出借单位名义签订经济合同,骗取财物归个人占有、使用、处分或者进行其他犯罪活动,给对方造成经济损失构成犯罪的,除依法追究借用人的刑事责任外,出借业务介绍信、合同专用章或者盖有公章的空白合同书的单位,依法应当承担赔偿责任。但是,有证据证明被害人明知签订合同对方当事人是借用行为,仍与之签订合同的除外。"第5条规定:"行为人盗窃、盗用单位的公章、业务介绍信、盖有公章的空白合同书,或者私刻单位的公章签订经济合同,骗取财物归个人占有、使用、处分或者进行其他犯罪活动构成犯罪的,单位对行为人该犯罪行为所造成的经济损失不承担民事责任。行为人私刻单位公章或者擅自使用单位公章、业务介绍信、盖有公章的空白合同书以签订经济合同的方法进行的犯罪行为,单位有明显过错,且该过错行为与被害人的经济损失之间具有因果关系的,单位对该犯罪行为所造成的经济损失,依法应当承担赔偿责任。"第6条规定:"企业承包、租赁经营合同期满后,企业按规定办理了企业法定代表人的变更登记,而企业法人未采取有效措施收回其公章、业务介绍信、盖有公章的空白合同书,或者没有及时采取措施通知相对人,致原企业承包人、租赁人得以用原承包、租赁企业的名义签订经济合同,骗取财物占为己有构成犯罪的,该企业对被害人的经济损失,依法应当承担赔偿责任。但是,原承包人、承租人利用擅自保留的公章、业务介绍信、盖有公章的空白合同书以原承包、租赁企业的名义签订经济合同,骗取财物占为己有构成犯罪的,企业一般不承担民事责任。单位聘用的人员被解聘后,或者受单位委托保管公章的人员被解除委托后,单位未及时收回其公章,行为人擅自利用保留的原单位公章签订经济合同,骗取财物占为己有构成犯罪,如给被害人造成经济损失的,单位应当承担赔偿责任。"可见,上述司法解释分别从"主管人员、责任人员以单位的名义对外签订经济合同""个人借用单位介绍信、合同专用章或者盖有公章的空白合同书,以出借单位名义签订经济合同""企业承包、租赁经营合同期满后,企业法人未收回公章、业务介绍信、盖有公章的空白合同书,或者没有及时采取措施通知相对人,致原企业承包人、租赁人用原承包、租赁企业的名义签订经济合同"的角度,对单位民事责任的承担规定了两种情况——第一种是单位因合同之债产生的民事责任;第二种是个人涉嫌犯罪,单位因过错行为产生的民事责任——并视不同情形,区分了单位应负民事责任和不负民事责任两种情况。这类案件的一个共同特点:都涉及个人犯罪而单位是否承担责任的问题。

(二)个人涉嫌犯罪与单位承担民事责任案件的主要情形

个人涉嫌犯罪与单位承担民事责任的案件情形,主要有以下几种:

1. 单位直接负责的主管人员和其他直接责任人员,以该单位的名义对外签订经济合同,将取得的财物部分或全部占为己有构成犯罪的,行为人应当承担刑事责任,该单位对行为人因签订、履行该经济合同造成的后果依法应当承担民事责任的。

2. 个人借用单位的业务介绍信、合同专用章或者盖有公章的空白合同书,以出借单位名义签订经济合同,骗取财物归个人占有、使用、处分或者进行其他犯罪活动,给对方造成经济损失构成犯罪的,借用人应当承担刑事责任,出借业务介绍信、合同专用章或者盖有公章的空白合同书的单位依法应当承担赔偿责任的。

3. 行为人私刻单位公章或者擅自使用单位公章、业务介绍信、盖有公章的空白合同书以签订经济合同的方法进行的犯罪行为,应当承担刑事责任,但单位有明显过错,且该过错行为与被害人的经济损失之间具有因果关系的,应当对该犯罪行为所造成的经济损失依法承担赔偿责任的。(如果单位没有过错,不应承担赔偿责任。)

4. 企业承包、租赁经营合同期满后,企业按规定办理了企业法定代表人的变更登记,而企业法人未采取有效措施收回其公章、业务介绍信、盖有公章的空白合同书,或者没有及时采取措施通知相对人,致原企业承包人、租赁人得以用原承包、租赁企业的名义签订经济合同,骗取财物占为己有构成犯罪的,该企业对被害人的经济损失,依法应当承担赔偿责任的。(如果原承包人、承租人利用擅自保留的公章、业务介绍信、盖有公章的空白合同书以原承包、租赁企业的名义签订经济合同,骗取财物占为己有构成犯罪的,企业一般不承担民事责任。)

5. 单位聘用的人员被解聘后,或者受单位委托保管公章的人员被解除委托后,单位未及时收回其公章,行为人擅自利用保留的原单位公章签订经济合同,骗取财物占为己有构成犯罪,单位应对被害人造成的经济损失承担赔偿责任的。

三、个人涉嫌犯罪与单位承担民事责任案件的处理方式

根据《最高人民法院关于在审理经济纠纷案件中涉及经济犯罪嫌疑若干问题的规定》第10条的规定,人民法院在审理经济纠纷案件中,发现与本案有牵连,但与本案不是同一法律关系的经济犯罪嫌疑线索、材料,应将犯罪嫌疑线索、材料移送有关公安机关或检察机关查处,经济纠纷案件继续审理。该规定的理由在于法律关系的责任主体不同,对损害事实认定等刑民案件互不依赖,采取"刑民并行"的处理方式,更有利于提高办案效率,保护受害人的利益。个人涉嫌犯罪、单位承担责任的刑民交叉案件符合责任主体不同,对损害事实认定等刑民案件互不依赖的特征,因此采用"刑民并行"的处理方式,是解决

该类案件的合理选择。

【拓展适用】

一、移送处理的内涵及特点

根据《最高人民法院关于在审理经济纠纷案件中涉及经济犯罪嫌疑若干问题的规定》第 10 条规定，"人民法院在审理经济纠纷案件中，发现与本案有牵连，但与本案不是同一法律关系的经济犯罪嫌疑线索、材料，应将犯罪嫌疑线索、材料移送有关公安机关或检察机关查处，经济纠纷案件继续审理"；第 11 条规定，"人民法院作为经济纠纷受理的案件，经审理认为不属经济纠纷案件而有经济犯罪嫌疑的，应当裁定驳回起诉，将有关材料移送公安机关或检察机关"。刑民交叉案件中的移送处理，是指法院在民事案件处理中发现犯罪嫌疑，将有关犯罪嫌疑线索、材料予以移送，交由公安机关或检察机关予以查处的程序。移送处理是刑事案件立案前的程序，具有以下几个特点：1. 公安机关和检察机关分别根据本机关的职责范围受理法院移送的线索和材料，法院移送时应根据侦查机关的职权范围进行移送。2. 法院移送处理是法院根据自己的判断作出的移送决定，公安或检察机关对法院的判断不予认可的，可能会拒绝接收。3. 法院移送处理，只意味着刑事案件可能立案审查，并不表明民事案件审理终结，民事案件如何处理，需根据是否须以刑事案件的处理结果为依据等具体情况，确定是否中止审理或继续审理等。

二、移送处理的条件

法院将线索移送侦查机关处理，需具备以下条件：

（一）民事案件应当已经由法院受理

未受理的民事案件涉嫌犯罪的，法院不可能会有犯罪线索和材料。在民事案件受理前，法院以案件涉嫌犯罪而不予立案的，不适用法院移送。涉嫌犯罪的民事案件是否应当立案，法院应当根据该案是否符合《民事诉讼法》第 122 条规定的起诉条件而决定，不能简单地以案件涉嫌犯罪线索将会移送而将当事人的起诉阻挡于法院门外。

（二）应当具备一定关联性

一是与民事案件有牵连；二是具有犯罪嫌疑。如经审查，认为全案涉嫌刑事犯罪，而且涉嫌刑事犯罪与民事纠纷所指向的主体竞合，确有必要追究犯罪嫌疑人刑事责任的，应当裁定中止民事案件的审理，将案件移送有管辖权的公安或检察机关。

（三）具有犯罪嫌疑线索和材料

仅凭民事案件当事人的陈述或是办案法官的主观猜想，不能证明犯罪嫌疑存在的，不能移送，必须具有犯罪行为的线索和相关的证据材料。

三、移送处理对人民法院审理民事案件的影响

对有经济犯罪嫌疑的，法院经审查应当将案件移送公安机关或检察机关，并书面通知当事人。法院将犯罪线索、材料移送侦查机关后，侦查机关是否立案处理应当存在两种结果，一种是予以立案侦查，另一种是不予立案侦查。对于不予立案侦查的，对法院审理民事案件没有影响；对于予以立案侦查的，对法院审理民事案件在程序和实体上均会存在一定的影响：1. 民事案件的处理可能需要以刑事案件处理结果为依据。对于该类案件，法院可以中止民事诉讼审理程序，待刑事诉讼程序终结后，恢复民事案件的审理。2. 刑事案件处理结果对民事案件的处理可能没有影响，对于该类案件，法院应当继续审理民事案件，在审限内结案。3. 对于当事人的请求事项不属于民事诉讼审理范围，而只能通过刑事案件解决的，法院应当裁定驳回起诉，移送侦查机关处理，并退还诉讼费。

总之，法院在处理刑民交叉案件中，要与公安机关、检察机关及时沟通，全面掌握案件的进展情况。民事案件移送公安、检察机关处理后，公安、检察机关应当将处理结果及时告知法院，以便法院了解刑事案件的进展情况，保护债权人的合法权益。实践中，需要防止法院将案件或案件材料移送后，侦查机关迟迟不决定是否立案、法院的民事案件最后不了了之的现象出现。

四、法院将犯罪线索移送后对民事案件的处理

法院移送处理，根据移送的范围可以分为全案移送和部分移送。

（一）全案移送后的处理

全案移送是指将民事案件移送公安机关处理，受害人的损失可通过侦查机关收缴赃款后的发还予以弥补，也可以提起刑事附带民事诉讼。全案移送主要针对的是《最高人民法院关于在审理经济纠纷案件中涉及经济犯罪嫌疑若干问题的规定》第11条规定的情形，即"人民法院作为经济纠纷受理的案件，经审理认为不属经济纠纷案件而有经济犯罪嫌疑"的案件。该情形下，民事案件的处理方式是裁定驳回起诉。裁定驳回起诉，通常只有在民商事纠纷与犯罪属于"同一事实"的情况下才可以考虑适用。在这种情况下，民商事纠纷中的一方当事人本身就是刑事犯罪的嫌疑人，所谓的纠纷，实质上就是犯罪，为节约

司法资源，更有效地维护当事人利益，避免民、刑判决发生冲突，裁定驳回起诉，并将整起案件移送公安、检察部门处理，是可行的。问题在于，由民事审判部门来判断"经济犯罪嫌疑"，并作出驳回起诉的裁定，也可能造成"以刑阻民"的情况。[①] 因此，有人建议，未来修订司法解释时，可考虑将"驳回起诉"修改为"中止审理"，给民事救济途径留下回旋的余地。[②]

(二) 部分移送后的处理

部分移送是指将民事案件中涉嫌犯罪部分的线索和材料移送公安机关处理，受害人的损害需要通过民事诉讼才能得到救济。这主要针对的是《最高人民法院关于在审理经济纠纷案件中涉及经济犯罪嫌疑若干问题的规定》第10条规定的情形，即"人民法院在审理经济纠纷案件中，发现与本案有牵连，但与本案不是同一法律关系的经济犯罪嫌疑线索、材料，应将犯罪嫌疑线索、材料移送"的案件。该情形下，民事纠纷案件可以继续审理，但需要以刑事判决结果为依据的，应当中止审理。民事案件是中止审理还是继续审理，取决于法院在处理案件过程中，发现的刑事犯罪嫌疑与民商事纠纷的关联性质和程度。

1. 适用裁定中止诉讼的情形包括：(1) 刑事案件需要查明和最终认定的事实真相，对于民事案件中的处理结果将会产生影响，原则上应按"先刑后民"处理，裁定中止审理，等刑事判决生效后恢复对民事案件的审理。(2) 刑事案件经过侦查，可能会出现民事案件所不能掌握的，但可能对案件最终处理结果产生极大影响的事实，为避免刑事判决与民事判决在认定事实上的矛盾，应当中止审理。如果能够确认刑事案件查明的事实不会影响民事案件中当事人的责任承担的，无须中止审理。

对于民事案件因"先刑后民"而中止审理的问题要特别注意。具体而言，一般出现下列情形之一的，应当中止民事案件的审理：(1) 在民事案件的基本事实无法查清，或者依据民事证据规则认定的事实可能严重背离客观事实，出现显失公正的裁判结果的情况下，刑事案件的处理结果更有利于查明事实真相，有利于认定民事案件的基本事实，更接近于客观真实的；(2) 民事案件当事人以刑事犯罪相关事实作为支持其主要诉讼请求的依据，而刑事案件尚未有处理结果的；(3) 直接关系民事合同效力如何、民事责任承担与否、民事责任大小的关键证据，依赖刑事案件处理结果的；(4) 民事案件争议的标的物已被办理

---

① 江伟、范跃如：《刑民交叉案件处理机制研究》，载《法商研究》2005年第4期。
② 何帆：《刑民交叉案件审理的基本思路》，中国法制出版社2007年版，第207页。

刑事案件的有关机关查封的；（5）民事案件争议的合同只是整个犯罪链条中的一个环节的；（6）刑事案件的犯罪嫌疑人逃匿，导致无法查清民事案件事实的。

2. 适用继续审理的情形包括：（1）刑事问题的处理有赖于民事问题的解决时，继续进行民事案件的审理，不仅有助于刑事诉讼的顺利进行，而且可避免业已经过的民事程序前功尽弃。比如，侵犯商业秘密案件，由民事审判认定商业秘密的属性、法律意义上的"权利人"、实际损失的金额，有助于刑事案件的继续进行，避免刑事审判在民事事实认定部分过多纠缠。①（2）民事案件的审理基本结束，只剩下合议庭合议和民事判决书的制作与宣判时，在能够作出妥当判决的情况下，不宜中止民事诉讼程序。此为防止恶意利用"先刑后民"，拖延诉讼。总之，只要正在审理的民事案件与刑事案件不属于"同一法律关系"或"不同的法律事实"，相关事实无须刑事判决认定的，法院都可以继续审理。

【典型案例】

北京某中医药科技发展中心与广东某实业集团有限公司一般股权转让侵权纠纷案

上诉人（原审被告）：北京某中医药科技发展中心

被上诉人（原审原告）：广东某实业集团有限公司

〔基本案情〕

上诉人北京某中医药科技发展中心（以下简称某中心）为与被上诉人广东某实业集团有限公司（以下简称实业公司）一般股权转让侵权纠纷一案，不服北京市高级人民法院（2007）高民初字第773号民事判决，向本院提起上诉。本院依法组成合议庭进行了审理，本案现已审理终结。

北京市高级人民法院审理查明：北京某医药科学城投资有限公司（以下简称医药公司）成立于2003年4月，法定代表人刘某，注册资本5000万元，股东为：某中心出资3000万元，占注册资本60%；葫芦岛某经贸有限公司出资2000万元，占注册资本40%。

2004年12月，葫芦岛某经贸有限公司将其在医药公司2000万元的股份转让给北京某投资有限公司（以下简称投资公司）。医药公司变更后的股权结构为：某中心出资3000万元，占注册资本60%；投资公司出资2000万元，占注册资本40%。某中心为股份合作制企业，注册资金288万元，法定代表人刘某。

2006年11月19日、20日、21日，某中心、投资公司、医药公司先后作出股东

---

① 薛进等：《刑事优先原则适用与限制的具体途径》，载《法学》2006年第2期。

会决议,主要内容为:1. 股东一致同意某中心持有的医药公司60%的股权转让给实业公司;2. 投资公司放弃股权优先购买权;3. 股权转让后,投资公司承担医药公司在股权转让前所有的债权债务。

2006年11月22日,某中心与实业公司签订了《股权转让协议书》,约定:1. 某中心转让持有的医药公司60%的股权给实业公司,价款2.6亿元;2. 实业公司在协议书签署3日内支付定金1000万元,2006年12月30日前支付9000万元,2007年6月30日前支付6000万元,2007年12月31日前支付1亿元;3. 某中心在收到实业公司的全部转让价款后,开始协助办理股东名册变更,自变更之日,实业公司成为医药公司的股东;4. 违约责任:实业公司每迟延支付转让款一日,支付某中心1%的滞纳金,某中心有权解除协议,实业公司承担股份转让款2%的违约金。

该《股权转让协议书》后附有14份附件。依据该协议书附件的内容:2002年全国高科技健康产业工作委员会中医药专业委员会(以下简称中医药专业委员会)与北京市宣武区人民政府签订协议,约定由中医药专业委员会在宣武区建立"北京某医学科学城"。2003年3月18日,中医药专业委员会决定建立"北京某医学科学城",并为此组建医药公司,后该计划未实现。2005年3月,中医药专业委员会与河北大厂县回族自治县人民政府(以下简称大厂县政府)签订协议,约定中医药专业委员会在大厂县成立××医药科学城,总投资215亿元,建设期6年,分三期进行,第一期投资30亿元,建设期两年,两年内无明显进展,协议自行终止。后经大厂县政府申请,大厂县人大常委会批准,同意《中医药科学城规划方案》,该项目规划面积46800亩。

2006年11月24日,某中心与实业公司签订了协议书后,实业公司将定金1000万元打入某中心账户。此后,实业公司认为刘某有诈骗嫌疑,遂向北京市公安局朝阳分局(以下简称朝阳公安分局)报案,并通过银监会冻结了1000万元股权转让款。实业公司未支付剩余股权转让款,双方亦未履行股东名称变更手续。

本案审理中,由于本案某中心法定代表人刘某涉嫌犯罪,该院审理本案的合议庭向朝阳公安分局调查相关情况,朝阳公安分局称,双方签订协议书时,刘某称其拥有大厂县46800亩土地的一级开发权,用于开发××医药科学城,上一个五年计划国家发改委已有规划,已立项审批,包括国土资源部的审批,只要交了土地出让金,就可以进行一级开发。刘某还称由于其身份特殊,不能直接卖项目,但可以通过股权转让的方式来实现,即医药公司是唯一可以开发科学城的企业,如果实业公司购买某中心在医药公司60%的股权,实业公司拥有医药公司60%的股权,就会成为医药公司大股东,就控制了医药公司,从而实质取得项目土地的一级开发权。实业公司请刘某拿出国家发改委同意立项及土地部门的审批文件,刘某以虚假理由骗取实业公司信任,双方签订了《股权转让协议书》,即实业公司在没有看到任何国家级批文的情况下签订了合同。实业公司支付给某中心1000万元股权转让金后,提出与刘某共管 1000 万元，被刘某拒绝，引起了实业公司的怀疑。后实业公司了解到，刘某所称皆不属实，遂向公安机关报案。

2006 年 11 月 26 日，朝阳公安分局决定对刘某以诈骗立案侦查。同年 11 月 27 日，对刘某进行了拘留。同年 12 月 30 日，刘某取保候审。2007 年 8 月 6 日，北京市朝阳区人民检察院以刘某涉嫌诈骗对其批捕。

为确定刘某身份的真实性，朝阳公安分局到相关部门进行了调查，确认刘某所自称的种种身份均为虚假。

为确定该项目的真实性，朝阳公安分局到相关部门进行了调查，材料显示：1. 2006 年 11 月 28 日，国家事业单位登记管理局出具《证明》：经查，全国高科技健康产业工作委员会、全国高科技健康产业工作委员会中医药专业委员会未在我局办理事业单位法人登记。2. 民政部档案资料馆 2007 年 6 月 1 日出具了五份《证明》，证明案件中出现的 6 个名称"全国高科技健康产业工作委员会""CHC 全国高科技健康产业工作委员会""全国高科技健康产业工作委员会中医药专业委员会""CHC 全国高科技健康产业工作委员会中医药专业委员会""全国高技术产业化协作组织""全国高科技产业化协作联合体"均未在民政部登记注册。

为确定刘某所称项目土地开发的真实性，朝阳公安分局走访了国家发改委，国家发改委称没有这个立项审批；走访了国土资源部，答复没有这个立项；走访了河北省国土资源厅，答复没有这个申请，因为用地 500 亩以上就须报国务院审批；走访了河北省大厂县政府，答复是不否认有刘某这样一个人，但是已明确告知其开发的手续要其自己办理，大厂县人大出了文件，同意刘某的想法，但不管办理手续，这个项目连河北省廊坊市都没有报。

2007 年 4 月 3 日，大厂县政府向全国高科技健康产业工作委员会出具《关于终止合作建设××医药科学城协议的函》载明：贵单位（2007）第 03 号、第 11 号函收悉。根据双方 2005 年 3 月 30 日签订的《合作建设××医药科学城协议书》第五条规定：本协议项下××医药科学城项目总投资 215 亿元，建设期 6 年，分三期进行（每期 2 年），第一期投资 30 亿元，建设期 2 年。2 年内无明显进展，协议自行终止。鉴于贵方至今未按照协议的约定履行投资、建设等相关协议义务，经研究，双方于 2005 年 3 月 30 日签订的《合作建设××医药科学城协议书》自行终止。

2007 年 4 月 17 日，大厂县政府向朝阳公安分局出具《证明》，内容为：（1）大厂县政府与中医药专业委员会 2005 年 3 月 30 日签订的《合作建设××医药科学城协议书》自行终止，已函告全国高科技健康产业工作委员会；（2）双方签订《合作建设××医药科学城协议书》后，仅县人大常委会同意批准了《××医药科学城规划方案》，至 2006 年底因此项目还不具备申请立项条件，一直未申请立项，未经上级有关部门批准；（3）中医药专业委员会未取得项目规划内的土地使用权，仅依据我县人大常委会同意批准的《××医药科学城规划方案》，还不能进行开发建设。

通过以上的调查，朝阳公安分局确认，刘某在为某中心与实业公司签订《股权转让协议书》时，虚构了身份和事实。

2007年4月18日，某中心向北京市高级人民法院提起诉讼，请求判令：实业公司给付股权转让款9000万元及滞纳金9720万元。同年10月30日，实业公司对某中心提起反诉，请求判令：1. 撤销双方签订的股权转让协议书；2. 某中心返还其1000万元并支付违约金80.4万元（庭审中经法庭释明，实业公司违约金的请求明确为利息请求，按照企业同期存款利率计算至给付之日）；3. 诉讼费由某中心负担。同年12月10日，某中心申请撤回对实业公司的起诉，北京市高级人民法院已裁定准许某中心撤回起诉。

〔一审裁判理由与结果〕

北京市高级人民法院审理认为，某中心是本案当事人之一，刘某作为该公司法定代表人，因本案股权转让事宜涉嫌诈骗，已被检察机关批准逮捕并全国通缉。《最高人民法院关于在审理经济纠纷案件中涉及经济犯罪嫌疑若干问题的规定》第十条规定："人民法院在审理经济纠纷案件中，发现与本案有牵连，但与本案不是同一法律关系的经济犯罪嫌疑线索、材料，应将犯罪嫌疑线索、材料移送有关公安机关或检察机关查处，经济纠纷案件继续审理。"依据上述规定，本案关于刘某涉嫌犯罪的部分，该院将相关案卷材料送至朝阳公安分局，不影响本案某中心与实业公司股权转让民事部分的审理。

依据现有证据，能够证明2006年11月22日某中心与实业公司签订《股权转让协议书》之前，某中心法定代表人刘某虚构特殊身份，虚构可一级开发土地的事实，采用欺诈手段，使实业公司误以为真，作出错误的意思表示，在违背真实意思表示的情况下，签订了协议书。双方在签订协议书时，实业公司的目的是取得46800亩土地的开发权，双方是以高于所转让股权的价格转让的，且协议书附件已经对在大厂县境内开发××医药科学城有所体现，可见股权转让协议的真正目的是取得所谓的46800亩土地的一级开发权，但实际上某中心根本不具有该土地开发权。刘某以虚假身份采用欺诈的手段骗取了实业公司的信任，签订了协议书，使某中心从实业公司获得1000万元的股权转让款。

《中华人民共和国合同法》第五十四条第二款①规定，"一方以欺诈、胁迫的手段或者乘人之危，使对方在违背真实意思的情况下订立的合同，受损害方有权请求人民法院或者仲裁机构变更或者撤销"。依据该规定，本案双方签订的《股权转让协议书》的性质应确定为可撤销合同。实业公司依据该协议书向某中心交付了定金1000万元，属于受损害方，其有权在撤销权行使期间内请求人民法院撤销该协议，请求侵害方某中心返还定金1000万元并赔偿损失。由于可撤销合同自始没有法律约

---

① 对应《民法典》第150条。

束力，因此某中心已经收取实业公司的 1000 万元股权转让款，应当返还给实业公司，并赔偿实业公司损失。实业公司关于撤销合同并返还股权转让款的请求，予以支持。由于双方之间的合同被撤销，不存在违约的问题，因此实业公司在庭审中将违约金的请求变更为利息损失请求，符合法律规定，予以支持。关于刘某涉嫌经济犯罪问题，该院依法将涉嫌犯罪的案件材料移送至公安机关，不影响本案民事部分的审理和判决。综上，该院判决：一、撤销某中心与实业公司 2006 年 11 月 22 日签订的《股权转让协议书》；二、某中心于该判决生效之日起十日内返还实业公司股权转让款 1000 万元并赔偿相应利息（按照中国人民银行同期企业存款利率计算，自 2006 年 11 月 24 日计算至款付清之日止）。如果未按该判决指定的期间履行给付金钱义务，应当加倍支付迟延履行期间的债务利息。一审案件受理费 43312 元，由某中心负担。

〔当事人上诉及答辩意见〕

某中心不服原审法院上述民事判决，向本院提起上诉称：（一）原审判决依据朝阳公安分局侦查材料及与办案警官的谈话记录认定刘某构成欺诈，属认定事实证据不足。关于项目的真实性，朝阳公安分局提供给原审法院的关于全国高科技健康产业工作委员会等机关登记情况的材料，与本案无关联性。对此，某中心提交了相关证据，因其中部分证据属于国家机关保存的公文，请求法院对证据原件进行调取。原审法院不予调查取证，且对已提交的证据也未组织质证，仅凭缺乏关联性的证据就认定项目缺乏真实性属于证据不足。全国高技术产业化协作组织系信息产业部等九个部委或所属部门联合成立的旨在促进科技产业化的协作组织，就其性质而言，既不是企业又不是社会团体，也不是国家机关和事业单位，因此相应的登记机构当然不可能有本案所涉机构的登记材料。案件中所涉及的中医药科学城项目确实存在，至于项目开发进展如何与项目存在与否是两个性质不同的事情。大厂县政府出具的函和证明，证明此项目是真实存在的，并已进行了有效的开发工作。确定欺诈是否成立的关键在于合同签订时该项目是否存在，而合同履行过程中出现各种情况，致使进展缓慢等都属于正常的商业风险。实业公司受让某中心在医药公司的股份，可能是考虑到中医药行业的乐观前景或出于其他考虑，双方协商确定的股权转让价格，根本不存在以 2.6 亿元购买土地 46800 亩的意思表示。实业公司的合同目的就是取得某中心在医药公司的股权，取得土地开发权只不过是动机而已。原审判决对实业公司合同目的的认定违背合同法原理，有失公允。（二）原审判决认定刘某作为某中心法定代表人与实业公司签订股权转让合同时虚构事实已构成欺诈，不但与公安机关认为的犯罪嫌疑基于同一法律关系，而且与公安机关认为的诈骗行为是同一行为。因此，原审判决自相矛盾，其以公安机关侦查材料为依据，适用《最高人民法院关于在审理经济纠纷案件中涉及经济犯罪嫌疑若干问题的规定》第十条的规定，显属适用法律错误。本案中，本诉涉嫌犯罪，而反诉则与刑事犯罪嫌疑不属于同一法律关系，并利用刑事方面的材料来定案，原审判决剥夺了某中心的诉讼权利，损害了某中心的合法权益。请求撤销原审判决，裁定驳回实业公司的起诉。

被上诉人实业公司答辩称：根据原审法院庭审调查确定的事实，某中心的法定代表人刘某采取冒充身份、虚构中医药科学城项目及已经取得46800亩土地一级开发权的事实，骗取了实业公司的信任，通过签订《股权转让协议书》的形式，骗得首期资金1000万元，造成了巨大的经济损失。事实证明，某中心根本没有也无法取得46800亩土地一级开发权。鉴于《股权转让协议书》是在实业公司受到欺骗，违背真实意思的情况下签订的，原审判决撤销该协议认定事实清楚，适用法律正确。请求驳回上诉，维持原判。

〔最高人民法院查明的事实〕

最高人民法院经二审审理，对原审法院查明的事实予以确认。

〔最高人民法院裁判理由与结果〕

最高人民法院认为，实业公司向原审法院提起诉讼，请求撤销其与某中心签订的《股权转让协议书》，理由是该协议系受某中心的法定代表人刘某欺诈而为，违背了实业公司的真实意思表示。为查明该事实，原审法院向侦查刘某涉嫌犯罪的朝阳公安分局进行了调查。朝阳公安分局根据刘某的供述以及对相关部门的调查，确认刘某在为某中心与实业公司签订《股权转让协议书》时，虚构身份和事实。原审法院依据现有证据，作出关于刘某以虚假身份采用欺诈的手段骗取了实业公司的信任，签订了协议书，使某中心从实业公司获得1000万元股权转让款的认定，并无不当。某中心上诉主张认为本案认定事实证据不足，但其并不能提供否定上述事实的证据。故其上诉主张不能成立，本院不予支持。

根据本案查明的事实，刘某作为某中心的法定代表人，以某中心的名义，采取欺诈手段与实业公司签订民事合同，所获取的款项被某中心占有。上述事实产生的法律后果是除刘某个人涉嫌诈骗犯罪外，某中心与实业公司之间亦因合同被撤销形成了债权债务关系，某中心依法应当承担相应的民事责任。故原审法院依据本院《关于在审理经济纠纷案件中涉及经济犯罪嫌疑若干问题的规定》第十条的规定，将刘某涉嫌犯罪的部分移送公安机关，而继续审理本案民事纠纷部分并无不当，本院予以维持。某中心以本案与公安机关认为的犯罪嫌疑基于同一法律关系，应当裁定驳回实业公司起诉的上诉理由没有法律依据，本院不予支持。

综上，某中心的上诉理由没有事实依据和法律依据，原审判决认定事实清楚，适用法律正确，应予维持。本院依照《中华人民共和国民事诉讼法》第一百五十三条①第一款第一项的规定，判决如下：

驳回上诉，维持原判。

---

① 对应2023年《民事诉讼法》第177条。

二审案件受理费 43312 元,由北京某中医药科技发展中心承担。

本判决为终审判决。

> **规则 45**:民事案件的审理并不必须以刑事案件的审理结果为依据的,无须中止审理
>
> ——吴某与陈某、王某及德清县某房地产开发有限公司民间借贷、担保合同纠纷案①

【裁判规则】

民间借贷涉嫌构成非法吸收公众存款罪,合同一方当事人可能被追究刑事责任的,并不当然影响民间借贷合同以及相对应的担保合同的效力。如果民间借贷纠纷案件的审理并不必须以刑事案件的审理结果为依据,民间借贷纠纷案件无须中止审理。

【规则理解】

一、犯罪行为对民事合同效力的影响

(一)合同效力的内涵

所谓合同的效力,是指依法成立的合同在当事人之间所产生的法律拘束力,合同效力反映了法律对当事人之间合意的评价。在商事合同纠纷案件的裁判过程中,首先应当对当事人的争议所依据或者涉及的商事合同效力进行审查判断,对合同效力审查判断是人民法院正确处理当事人之间的商事合同纠纷案件的前提与关键。② 法院对合同效力的认定结果不同,适用的法律规定不同,当事人承担责任的性质不一样,对于有效合同,当事人承担合同项下的权利与义务,对于无效合同,当事人承担的是财产返还或缔约过失责任。民事案件中合同效力的认定直接影响到民事判决的结果。刑民交叉案件行为人虽然涉嫌刑事犯罪,属于违法行为,但对其所签订的合同效力不一定都会产生影响,是否产生影响,应当根据不同案件的具体情况进行认定。

(二)犯罪行为对民事合同效力产生影响的情形

犯罪行为对民事合同效力的影响,不存在影响大小的问题,只存在有无影

---

① 载《中华人民共和国最高人民法院公报》2011 年第 11 期。
② 吴庆宝:《商事裁判标准规范》,中国法制出版社 2006 年版,第 41 页。

响的问题。是否只要与犯罪行为有关的合同就一概认定无效呢？从审判实践看，如果一味认为当事人的行为构成犯罪就必然导致合同无效，既不利于实现打击犯罪和保护被害人的刑法目的，也不符合民法典的有关规定。我们认为，犯罪行为对民事合同效力的影响体现在两个方面：一方面是有影响，犯罪事实必然会导致合同无效；另一方面是没有影响，无论是否构成犯罪均不导致合同无效。是否产生影响，应当根据《民法典》有关合同效力的相关法律规范进行确认。从价值导向和诉讼程序来判断，依据我国刑法和民法的立法精神，任何人都不得因违法行为而获利；对于涉及犯罪的合同效力的认定，人民法院要正确适用法律和运用程序，既要防止违法犯罪者因违反犯罪行为获利，也要防止民事裁判对守法当事人造成"二次伤害"。比如，单位工作人员在职务或授权范围之内，以单位名义对外签订合同，并将依合同关系取得的财产非法占为己有，行为人可能构成贪污罪，应当依法承担相应的刑事责任，行为人的单位对外也应当承担相应的民事责任。此种情形，就不应当认定合同无效。如果行为人一开始便以非法占有公私财产为目的，并通过捏造事实或隐瞒真相的手段骗取当事人的财物，签订合同仅仅是犯罪的一个手段，此种情形，则应以行为人所签的民事合同"以合法形式掩盖非法目的"为由认定其无效。

（三）对刑民交叉案件的处理方式

行为人涉嫌的犯罪行为对民事合同效力的影响不同，法院对案件的处理方式也有所不同，有的可能导致合同无效，有的则不影响合同效力。因此，法院在审理民事案件时应对刑事犯罪行为是否影响合同效力这一问题进行审查。对于不影响民事合同效力的，民事案件应当继续审理；对于影响合同效力认定的，应当裁定中止诉讼，将案件移送公安机关，待刑事案件对行为人的犯罪事实作出认定后，再对民事案件恢复审理。据此，对行为人的犯罪行为可能影响民事合同效力的刑民交叉案件，应当在确定"有影响"成立后，选择适用"先刑后民"或"刑民分离"的处理方式。一概适用"先刑后民"是错误的，对于刑事犯罪不影响合同效力的，刑事案件与民事案件可以分开处理。例如，作为犯罪构成要件之一的"损害"是否发生、企业的性质是国有还是民营等需要先审理民事案件才能查清的，还是要采用"先民后刑"方式，也就是要等民事案件审结后再进行刑事案件的审理。

《全国法院民商事审判工作会议纪要》认为，近年来，在民间借贷、P2P等融资活动中，与涉嫌诈骗、合同诈骗、票据诈骗、集资诈骗、非法吸收公众存款等犯罪有关的民商事案件的数量有所增加，出现了一些新情况和新问题。

在审理案件时，应当依照《最高人民法院关于在审理经济纠纷案件中涉及经济犯罪嫌疑若干问题的规定》《最高人民法院关于审理非法集资刑事案件具体应用法律若干问题的解释》《最高人民法院、最高人民检察院、公安部关于办理非法集资刑事案件适用法律若干问题的意见》等规定，处理好民刑交叉案件之间的程序关系。

同一当事人因不同事实分别发生民商事纠纷和涉嫌刑事犯罪，民商事案件与刑事案件应当分别审理，主要有下列情形：（1）主合同的债务人涉嫌刑事犯罪或者刑事裁判认定其构成犯罪，债权人请求担保人承担民事责任的；（2）行为人以法人、非法人组织或者他人名义订立合同的行为涉嫌刑事犯罪或者刑事裁判认定其构成犯罪，合同相对人请求该法人、非法人组织或者他人承担民事责任的；（3）法人或者非法人组织的法定代表人、负责人或者其他工作人员的职务行为涉嫌刑事犯罪或者刑事裁判认定其构成犯罪，受害人请求该法人或者非法人组织承担民事责任的；（4）侵权行为人涉嫌刑事犯罪或者刑事裁判认定其构成犯罪，被保险人、受益人或者其他赔偿权利人请求保险人支付保险金的；（5）受害人请求涉嫌刑事犯罪的行为人之外的其他主体承担民事责任的。审判实践中出现的问题是，在上述情形下，有的人民法院仍然以民商事案件涉嫌刑事犯罪为由不予受理，已经受理的，裁定驳回起诉。对此，应予纠正。

二、民事欺诈行为与刑事诈骗行为的区别

在民事上，所谓欺诈，是指一方故意告知对方虚假情况或者故意隐瞒真实情况的行为。"以欺诈手段订立合同"不仅包括以欺诈为手段，引诱对方订立合同的行为，也应当包括订立的合同本身就是欺诈性的。[①] 以欺诈手段订立合同应当具备以下条件：（1）当事人一方有欺诈的故意；（2）当事人一方有欺诈的行为；（3）对方当事人因受欺诈而陷入了错误认识；（4）受欺诈方基于自己的错误认识而作出了意思表示。刑法中的合同诈骗罪，是指以非法占有为目的，在签订、履行合同过程中，骗取对方财物，数额较大的行为。构成合同犯罪的主体可以是个人，也可以是单位。从客体上看，合同诈骗罪并未侵犯法律意义上的"国家利益"。犯罪客体分为一般客体、同类客体、直接客体，这三者是按照犯罪所犯的社会关系之范围，作出的不同层次的概括，是一般与特殊、整体与部分的关系，其中一般客体是指一切犯罪所共同侵犯的客体，即刑法所保

[①] 王利明主编：《合同法要义与案例析解（总则）》，中国人民大学出版社2001年版，第135页。

护的整个社会关系。同类客体是指某一类犯罪所共同侵犯的客体,即刑法所保护的社会关系的某一部分或者某一方面。而犯罪的直接客体,是指每一个具体犯罪构成的必要要件,是决定具体犯罪性质的重要因素。《民法典》不再规定"国家利益",而是规定"公序良俗"。如果合同欺诈行为构成犯罪,考量该行为是否损害国家利益,应当以犯罪的直接客体为依据,结合合同的具体内容来判断,而非一般客体、同类客体,如果合同诈骗行为伤害的只是单纯的财产权益而非国家利益,相关民商事合同并不当然无效,仍然属于民事上的可撤销合同。[1]

三、实践中常见的可能影响合同效力的几类案件

司法实践中,以下几类案件需要注意刑事犯罪可能影响合同效力:1. 涉嫌合同诈骗的合同纠纷;2. 涉嫌保险诈骗的保险合同纠纷;3. 涉嫌侵犯商业秘密罪的商业秘密纠纷;4. 涉嫌信用卡诈骗罪的储蓄合同纠纷;5. 涉嫌金融诈骗犯罪的存单纠纷;6. 涉嫌非法集资的民间借贷纠纷;7. 主合同涉嫌诈骗的担保纠纷等。上述案件中,对一些事实和问题的认识不同可能导致在合同效力的认定上存在影响,如合同法上的表见代理,借用、盗用、私刻单位公章签订合同,虚构被保险人的年龄签订保险合同,采取欺诈手段签订合同,合同一方对约定的标的物无权处分,扰乱市场秩序和金融秩序的行为等。

【拓展适用】

一、刑事附带民事诉讼的特性

刑事附带民事诉讼是一种特殊的民事诉讼,其特殊性体现在附带的民事诉讼由犯罪行为而引起,在刑事诉讼过程中提起,犯罪行为造成物质损害是提起刑事附带民事的实质条件,该被告人的同一犯罪行为,造成一个侵害结果,其犯罪行为同时触犯了刑事法律规范和民事法律规范,在刑事上须科以刑罚,同时在民事上需要赔偿被害人物质损失,该刑事被告人同时也是依法承担民事赔偿责任案件的被告。刑事附带民事诉讼案件属于责任竞合型刑民交叉案件,或者是牵连性刑民交叉案件,具有刑民交叉案件中刑民互涉的特点,其归属于刑民交叉案件,是刑民交叉案件中的一种特殊处理方式,相对于"先刑后民""刑民并行"等方式而言,可以称之为"刑民合一"的处理方式。

二、提起刑事附带民事诉讼的条件

根据《刑事诉讼法》第101条的规定,提起刑事附带民事诉讼,需具备以

---

[1] 何帆:《刑民交叉案件审理的基本思路》,中国法制出版社2007年版,第225~226页。

下条件：1. 被告人的行为构成犯罪；2. 被告人的犯罪行为对被害人所造成的损失，必须是被害人的物质损失；3. 被害人的物质损失必须是由被告人的犯罪行为所造成，两者之间存在因果关系；4. 附带民事诉讼的提起，只能在刑事诉讼过程中提出。如果在判决生效后才提出，也与法律设置刑事附带民事诉讼程序的初衷不符。[①]

三、刑事附带民事诉讼与刑民交叉案件处理方式比较

刑事附带民事诉讼作为刑民交叉案件中的"刑民合一"处理方式，该方式中的民事诉讼具有附带性，体现在：附带民事诉讼以刑事诉讼程序的存在为条件，与刑事诉讼的过程同时进行。实行刑事附带民事诉讼这一"刑民合一"方式的意义在于：1. 有利于正确处理刑事案件，有利于敦促被告人认罪悔罪；2. 有利于保障公民和国家、集体的财产不受侵犯，使被害人的合法权益得到切实的保护；3. 有利于节约司法资源，提高诉讼效率。但该方式亦有以下缺陷：1. 刑事案件与附带民事诉讼案件的进程互相影响，使得案件不能及时审结，加重了当事人的负担，增加了案件的审理难度；2. 由同一审判组织审理刑事和民事两种不同性质的诉讼，违背了诉讼的内在规律，民事诉讼与刑事诉讼的诉讼目的不同，决定了两者在原则、程序制度设计上的不同，将民事诉讼放在刑事诉讼程序中，由负责审理刑事案件的法官一并审理，有可能使受害人的权利受到限制，不能得到及时、全面的保护，如受害人的精神损害不能支持；对于犯罪行为之外其他行为引起的赔偿责任不能一并得到追究等。

刑民交叉案件中"刑民并行""先刑后民""先民后刑"等其他处理方式实行刑事诉讼与民事诉讼分开进行，相互独立，只是在诉讼时间上存在先后，不存在刑事附带民事诉讼中的上述问题。因此，案件中的民事诉讼是实行附带的民事诉讼，还是实行独立的民事诉讼，是刑事附带民事诉讼区别于刑民交叉案件其他处理方式的根本所在。

四、刑事案件未经追赃对民商事案件受理和审理的影响

（一）刑事案件未经追赃影响民商事案件的受理

笔者认为，根据《最高人民法院关于在审理经济纠纷案件中涉及经济犯罪

[①] 郎胜主编：《中华人民共和国刑事诉讼法释义》，法律出版社2012年版，第236页。

嫌疑若干问题的规定》第8条①的规定，追赃系刑事诉讼中的法定程序，只有经过追赃，被害人的损失不能得到全额弥补的情况下，被害人才可以提起民事诉讼，人民法院才应该受理。

（二）民事案件因未经追赃而应中止审理

笔者认为，根据《最高人民法院关于在审理经济纠纷案件中涉及经济犯罪嫌疑若干问题的规定》第8条的规定，由于未经追赃，在被害人或其法定代理人、近亲属提起的民事诉讼案件审理中，被害人或其法定代理人、近亲属的损失数额无法确定，民事责任主体的赔偿数额必须等待刑事追赃结果之后方能确定，故根据《民事诉讼法》关于中止诉讼的相关规定，因民商事案件的审理需等待刑事追赃结果，故在刑事追赃之前，民事案件应中止审理。

【典型案例】

吴某与陈某、王某及德清县某房地产开发有限公司民间借贷、担保合同纠纷案

上诉人（原审被告）：王某

上诉人（原审被告）：德清县某房地产开发有限公司

被上诉人（原审原告）：吴某

被告：陈某

〔基本案情〕

原告吴某因与被告陈某、王某、德清县某房地产开发有限公司（以下简称房地产公司）发生民间借贷、担保合同纠纷，向浙江省德清县人民法院提起诉讼。

原告吴某诉称：2008年11月4日，原被告签订一借款协议，被告陈某共向原告借款200万元，借款期限为2008年11月4日至2009年2月3日，并由被告王某和被告房地产公司提供连带责任担保，当日陈某收到吴某的200万元的借款，因陈某拖欠其他债权人款项无法及时偿还，数额较大，并已严重丧失信誉，现陈某无力归还借款，依照协议，遂要求陈某提前归还，王某、房地产公司承担连带责任。请求法院判令：1. 解除原告与三被告之间订立的借款协议；2. 陈某立即归还原告借款200万元，王某、房地产公司承担连带清偿责任。

原告吴某提交了如下证据：

---

① 条文内容为："根据《中华人民共和国刑事诉讼法》第一百零一条第一款的规定，被害人或其法定代理人、近亲属对本规定第二条因单位犯罪行为造成经济损失的，对第四条、第五条第一款、第六条应当承担刑事责任的被告人未能返还财物而遭受经济损失提起附带民事诉讼的，受理刑事案件的人民法院应当依法一并审理。被害人或其法定代理人、近亲属因被害人遭受经济损失也有权对单位另行提起民事诉讼。若被害人或其法定代理人、近亲属另行提起民事诉讼的，有管辖权的人民法院应当依法受理。"

1. 借款协议原件 1 份，证明被告陈某向原告吴某借款 200 万元，并由王某、房地产公司承担连带担保责任的事实。

2. 被告陈某签字的收条 1 份，证明陈某于 2008 年 11 月 4 日收到原告吴某所借的 200 万元的事实。

3. 银行凭证 1 份，证明原告吴某于 2008 年 11 月 4 日通过银行转账将 200 万元借给陈某的事实。

被告陈某辩称：向原告吴某借款 200 万元到期未还是事实。目前无偿还能力，今后尽力归还。

被告王某、房地产公司辩称：本案的程序存在问题，本案因被告陈某涉嫌犯罪，故应中止审理，2009 年 4 月 15 日德清人民法院以（2009）湖德商初字第 52 号—2 号民事裁定，本案中止审理，且明确待刑事诉讼审理终结后再恢复审理本案。现陈某的刑事案件并未审理终结。本案借款的性质可能为非法吸收公众存款。在未确定本案借款的性质时，该案应该中止审理本案。且如确定陈某涉及犯罪，那么王某和房地产公司无需承担保证责任。

以上事实有各当事人陈述、借款和担保协议、被告陈某签字的收条、银行凭证、德清县公安局立案决定书等证据，足以认定。

[一审裁判理由与结果]

德清县人民法院一审认为：本案的争议焦点是：一、涉案民间借贷合同和担保合同的效力认定；二、本案是否需要中止审理。

关于第一个焦点问题。本案原、被告之间的借贷关系成立且合法有效，应受法律保护。本案中，单个的借款行为仅仅是引起民间借贷这一民事法律关系的民事法律事实，并不构成非法吸收公众存款的刑事法律事实，因为非法吸收公众存款的刑事法律事实是数个"向不特定人借款"行为的总和，从而从量变到质变。《合同法》第五十二条①规定了合同无效的情形，其中符合"违反法律、法规的强制性规定""以合法形式掩盖非法目的"两种情形的合同无效。当事人在订立民间借贷合同时，主观上可能确实基于借贷的真实意思表示，不存在违反法律、法规的强制性规定或以合法形式掩盖非法目的。非法吸收公众存款的犯罪行为与单个民间借贷行为并不等价，民间借贷合同并不必然损害国家利益和社会公共利益，两者之间的行为极有可能呈现为一种正当的民间借贷关系，即贷款人出借自己合法所有的货币资产，借款人自愿借入货币，双方自主决定交易对象与内容，既没有主观上要去损害其他合法利益的故意和过错，也没有客观上对其他合法利益造成侵害的现实性和可能性。建立在真实意思基础上的民间借款合同受法律保护。因此，被告陈某向原告吴某借款后，理应按约定及时归还借款。陈某未按其承诺归还所欠原告借款，是引起本案

---

① 对应《民法典》第 153 条、第 154 条。

纠纷的原因，陈某应承担本案的全部民事责任。

被告王某和被告房地产公司未按借款协议承担担保义务，对于王某、房地产公司提出被告陈某可能涉及非法吸收公众存款，其不应再承担责任的辩称，根据担保法有关规定，如债权人与债务人恶意串通或债权人知道或应当知道主合同债务人采取欺诈手段，使保证人违背真实意思提供保证的，则保证人应免除保证责任。现王某和房地产公司未能提供相关证据佐证原告吴某与陈某之间具有恶意串通的事实，亦未能提供相关证据证明吴某知道或应当知道陈某采取欺诈手段骗取王某和房地产公司提供担保。在主合同（借款合同）有效，从合同（担保合同）本身无瑕疵的情况下，民间借贷中的担保合同也属有效。从维护诚信原则和公平原则的法理上分析，将与非法吸收公众存款罪交叉的民间借贷合同认定为无效会造成实质意义上的不公，造成担保人以无效为由抗辩其担保责任，即把自己的担保错误作为自己不承担责任的抗辩理由，这更不利于保护不知情的债权人，维护诚信、公平也无从体现。涉嫌非法吸收公众存款的犯罪嫌疑人（或被告人、罪犯）进行民间借贷时，往往由第三者提供担保，且多为连带保证担保。债权人要求债务人提供担保人，是降低贷款风险的一种办法。保证人同意提供担保，应当推定为充分了解行为的后果。若因债务人涉嫌非法吸收公众存款而认定借贷合同无效，主合同无效前提下的担保合同也应当无效，保证人可以免除担保责任。债权人旨在降低贷款风险的努力没有产生任何效果，造成事实上的不公。因此，对于王某和房地产公司的抗辩理由，法院不予支持。

关于第二个焦点问题。原告吴某根据借款协议给被告陈某200万元后，其对陈某的债权即告成立。至于陈某可能涉及非法吸收公众存款的犯罪，与本案合同纠纷属于两个法律关系，公安部门立案侦查、检察院起诉以及法院判决构成刑事犯罪，并不影响法院依据民事诉讼法审理本案当事人间的民事合同纠纷。对合同效力进行判断和认定属于民商事审判的范围，判断和认定的标准也应当是民事法律规范。非法吸收公众存款罪和合同的效力问题是两个截然不同的法律问题。判定一个合同的效力，应从民事法律的角度去考虑，从有效合同的三个要件来考察：1. 行为人是否具有相应的民事行为能力；2. 意思表示是否真实；3. 是否违反法律或者社会公共利益。且本案涉嫌的是非法吸收公众存款罪，涉嫌犯罪的当事人单个的借贷行为不构成犯罪，只有达到一定量后才发生质变，构成犯罪，即犯罪行为与合同行为不重合，故其民事行为应该有效。鉴于此，法院受理、审理可以"刑民并行"。"先刑后民原则"并非法定原则，任何一部法律都未对这一原则作出明确规定。实行"先刑后民"有一个条件：只有符合《民事诉讼法》第一百三十六条①规定，即"本案必须以另一案的审理结果为依据，而另一案尚未审结的"，才"先刑后民"。不符合《民事诉

---

① 对应2023年《民事诉讼法》第153条。

讼法》第一百三十六条规定的，应"刑民并行"审理。"先刑后民"并非审理民刑交叉案件的基本原则，而只是审理民刑交叉案件的一种处理方式。据此，对于被告王某和被告房地产公司提出本案在未确定本案借款的性质时应该中止审理的诉讼主张，法院不予支持。因此，本案原被告之间的民间借贷法律关系明确，被告对该借款应当予以归还，王某和房地产公司自愿为陈某借款提供担保，应承担本案连带清偿责任。

据此，浙江省德清县人民法院判决：

一、被告陈某限在判决生效后十日内归还原告吴某200万元的借款；

二、被告王某、房地产公司对上述债务承担连带清偿责任。

〔当事人上诉及答辩意见〕

王某、房地产公司不服一审判决，向浙江省湖州市中级人民法院提起上诉，主要理由是：1. 如原审被告陈某经人民法院审理后确定涉及合同诈骗罪和非法吸收公众存款罪，那么本案借款协议存在"违反法律、法规的强制性规定""以合法形式掩盖非法目的"两种法定无效情形，借款协议显然无效，由此担保当然无效。2. 本案导致担保合同无效的责任不在其，其没有过错。但原判未对借款协议的效力进行认定，直接侵犯了其合法权益。因此，请求二审撤销原判第三项，依法改判确认担保无效，其不承担担保责任，驳回被上诉人吴某对其的诉请。

被上诉人吴某辩称：一审判决认定事实清楚，适用法律正确，应予维持。

二审中，上诉人王某、房地产公司，被上诉人吴某均未提交新的证据。

〔二审查明的事实〕

湖州市中级人民法院经二审，确认了一审查明的事实。又查明，2010年1月13日德清县人民法院以原审被告陈某犯非法吸收公众存款罪，判处有期徒刑五年二个月，并处罚金25万元。该判决已生效。

〔二审裁判理由与结果〕

湖州市中级人民法院二审认为：合同效力的认定应尊重当事人的意思自治原则，只要订立合同时各方意思表示真实，又没有违反法律、行政法规的强制性规定，就应当确认合同有效。《最高人民法院关于正确适用〈中华人民共和国合同法〉若干问题的解释（二）》[①] 第十四条对《中华人民共和国合同法》第五十二条第五项规定"强制性规定"解释为效力性强制性规定，本案原审被告陈某触犯刑律的犯罪行为，并不必然导致借款合同无效。借款合同的订立没有违反法律、行政法规效力性的强制性规定。效力上采取从宽认定，是该司法解释的本意，也可在最大程度上尊重当事人的意思自治。因此，原审判决陈某对本案借款予以归还，王某、房地产公司承

---

① 该司法解释已废止。

担连带清偿责任，并无不当。王某、房地产公司的上诉理由不能成立。

据此，湖州市中级人民法院依据《中华人民共和国民事诉讼法》第一百五十三条①第一款第一项之规定，判决：

驳回上诉，维持原判。

本判决为终审判决。

---

① 对应 2023 年《民事诉讼法》第 177 条。